专利复审和无效审查决定汇编丛书

专利复审和无效审查决定汇编
(2007)

外观设计（第三卷）

国家知识产权局专利复审委员会 编

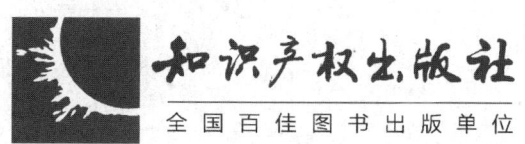

图书在版编目（CIP）数据

专利复审和无效审查决定汇编.2007.外观设计/国家知识产权局专利复审委员会编.—北京：知识产权出版社，2015.12

ISBN 978-7-5130-1607-0

Ⅰ.①专… Ⅱ.①国… Ⅲ.①专利权法—案例—中国 Ⅳ.①D923.425

中国版本图书馆 CIP 数据核字（2012）第 249540 号

内容提要

本书汇集了专利复审委员会 2007 年作出的外观设计专利复审和无效审查决定及相关审查决定和司法判决（根据法律规定需要保密的除外），比较全面地反映了专利复审委员会的审查工作和人民法院专利行政案件审理工作取得的进展，对专利工作者具有一定的借鉴和指导作用，也有利于当事人及广大公众对专利复审委员会的审查工作进行监督。

责任编辑：崔开丽 刘 畅   责任校对：董志英
责任出版：孙婷婷   封面设计：品 序

专利复审和无效审查决定汇编丛书
专利复审和无效审查决定汇编（2007）
外观设计（第三卷）

国家知识产权局专利复审委员会 编

出版发行：知识产权出版社有限责任公司	网　　址：http://www.ipph.cn
社　　址：北京市海淀区马甸南村1号（邮编：100088）	天猫旗舰店：http://zscqcbs.tmall.com
责编电话：82000860 转 8377	责编邮箱：cui_kaili@sina.com
发行电话：010-82000860 转 8101/8102	发行传真：010-82000893/82005070/82000270
印　　刷：北京中献拓方科技发展有限公司	经　　销：各大网上书店、新华书店及相关专业书店
开　　本：880mm×1230mm 1/16	印　　张：308.75
版　　次：2015年12月第1版	印　　次：2015年12月第1次印刷
字　　数：8668 千字	定　　价：1500.00元（全6卷）
ISBN 978-7-5130-1607-0	

出版权专有 侵权必究
如有印装质量问题，本社负责调换。

本书编委会

主　任： 廖　涛

副主任： 杨　光　　胡文辉　　祁德山

编　委： 金泽俭　　徐晓敏　　廖志峰　　张予革
　　　　　白剑峰　　马　昊　　蒋　彤　　李人久
　　　　　李　越　　陈迎春　　于　萍　　吴赤兵
　　　　　李　隽

前　言

随着经济全球化和我国国民经济的飞速发展，专利制度在经济活动中的作用和地位越来越突出，国民的专利意识也在不断增强。目前，我国专利申请总量超过1170万件，每年专利复审与无效宣告请求案件已超过2万件，2012年达到20261件。作为专利复审和无效宣告请求案件审查的专属机构，专利复审委员会每年都要作出数以千计的审查决定。与之相应，人民法院每年要作出数百篇司法判决。每一篇审查决定和判决书都凝聚着审查员和审判人员的心血和智慧。通过审查员和审判人员结合具体案情的创作型劳动，生硬的法律条文变得鲜活和丰满，形成一笔宝贵的精神财富和公共资源，并不断有专利代理机构、专利代理人以及审查员希望专利复审委员会能够出版专利复审和无效审查决定，作为学习和工作时的重要参考资料。

除根据法律规定需要保密的外，《专利复审和无效审查决定汇编（2007）》汇集了专利复审委员会2007年作出的审查决定，包括针对相应审查决定的司法判决，以便读者了解审查决定的法律状态并对照阅读和分析。本汇编按照技术专业领域将分为8大册，共25分卷：机械（3卷）、电学（4卷）、通信（2卷）、医药（2卷）、化学（2卷）、材料（3卷）、光电（3卷）、外观设计（6卷）。因此，本汇编比较全面地反映了专利复审委员会的审查工作和人民法院专利行政案件审理工作取得的进展。

我们相信，本汇编对专利工作者具有一定的借鉴和指导作用，也有利于当事人及广大公众对专利复审委员会的审查工作进行监督。本汇编也将为推动专利复审委员会的发展，促进专利代理业务水平的提高，为《国家知识产权战略纲要》进一步实施尽微薄之力。

本书编委会
2013年8月

目 录

259 订书机（WL3215）
　　无效宣告请求审查决定（第9686号） ……………………………………… 1633

260 保温瓶（I）
　　无效宣告请求审查决定（第9689号） ……………………………………… 1638

261 保温瓶（III）
　　无效宣告请求审查决定（第9690号） ……………………………………… 1646

262 手表（XJ-701）
　　无效宣告请求审查决定（第9691号） ……………………………………… 1654
　　北京市第一中级人民法院行政判决书（2007）一中行初字第897号 ……… 1657

263 包装盒（肾宝糖浆）
　　无效宣告请求审查决定（第9692号） ……………………………………… 1660

264 包装桶（三）
　　无效宣告请求审查决定（第9696号） ……………………………………… 1664

265 茶叶罐
　　无效宣告请求审查决定（第9697号） ……………………………………… 1668

266 头盔（FF336）
　　无效宣告请求审查决定（第9698号） ……………………………………… 1674

267 煮粥锅（T）
　　无效宣告请求审查决定（第9699号） ……………………………………… 1680

268 双头麦克笔
　　无效宣告请求审查决定（第9701号） ……………………………………… 1685
　　北京市第一中级人民法院行政裁定书（2007）一中行初字第1111号 …… 1687

269 笔（圆珠笔、活动铅笔）
　　无效宣告请求审查决定（第9703号） ……………………………………… 1688

270 节能环保窗式空调（六）
　　无效宣告请求审查决定（第9704号） ……………………………………… 1695

271 灯（太阳能多功能）
　　无效宣告请求审查决定（第9706号） ……………………………………………………… 1700

272 双振动手柄（酷豹3）
　　无效宣告请求审查决定（第9707号） ……………………………………………………… 1710

273 手表（XJ-672）
　　无效宣告请求审查决定（第9708号） ……………………………………………………… 1716

274 周转盛具架（大型齿轮）
　　无效宣告请求审查决定（第9710号） ……………………………………………………… 1719

275 周转盛具架（横栏齿轮）
　　无效宣告请求审查决定（第9711号） ……………………………………………………… 1724

276 轮胎（6）
　　无效宣告请求审查决定（第9714号） ……………………………………………………… 1729
　　北京市第一中级人民法院行政判决书（2007）一中行初字第1076号 …………………… 1735
　　北京市高级人民法院行政判决书（2008）高行终字第400号 ……………………………… 1738

277 制冰机（EC30）
　　无效宣告请求审查决定（第9716号） ……………………………………………………… 1742

278 大孔轻集料填充墙砌块（三孔）
　　无效宣告请求审查决定（第9720号） ……………………………………………………… 1747
　　北京市第一中级人民法院行政判决书（2007）一中行初字第991号 ……………………… 1754
　　北京市高级人民法院行政裁定书（2008）高行终字第49号 ………………………………… 1757

279 大孔轻集料填充墙砌块（四孔）
　　无效宣告请求审查决定（第9721号） ……………………………………………………… 1759
　　北京市第一中级人民法院行政判决书（2007）一中行初字第992号 ……………………… 1765
　　北京市高级人民法院行政裁定书（2008）高行终字第48号 ………………………………… 1768

280 大孔轻集料填充墙砌块（双孔）
　　无效宣告请求审查决定（第9722号） ……………………………………………………… 1770
　　北京市第一中级人民法院行政判决书（2007）一中行初字第993号 ……………………… 1777
　　北京市高级人民法院行政裁定书（2008）高行终字第50号 ………………………………… 1780

281 手表（XJ-665）
　　无效宣告请求审查决定（第9724号） ……………………………………………………… 1781
　　北京市第一中级人民法院行政判决书（2007）一中行初字第896号 ……………………… 1787

282 集尘极室（3）
　　无效宣告请求审查决定（第9725号） ……………………………………………………… 1791
　　北京市第一中级人民法院行政裁定书（2007）一中行初字第843号 ……………………… 1797

北京市第一中级人民法院行政判决书（2007）一中行初字第945号 ·················· 1798

283 瓶贴（燕康纯净水瓶）
　　　无效宣告请求审查决定（第9730号）·· 1803

284 步行机（升降式）
　　　无效宣告请求审查决定（第9732号）·· 1808

285 面盆龙头（A3403AC）
　　　无效宣告请求审查决定（第9737号）·· 1814

286 包装袋（夏珍超甜玉米）
　　　无效宣告请求审查决定（第9740号）·· 1818

287 温控器
　　　无效宣告请求审查决定（第9741号）·· 1824
　　　北京市第一中级人民法院行政判决书（2007）一中行初字第1001号 ················ 1833

288 酒包装盒（双回沙酒）
　　　无效宣告请求审查决定（第9742号）·· 1842
　　　北京市第一中级人民法院行政判决书（2007）一中行初字第1004号 ················ 1848
　　　北京市高级人民法院行政判决书（2009）高行终字第285号 ·························· 1856

289 视听柜（ST0006）
　　　无效宣告请求审查决定（第9759号）·· 1864

290 珩磨刀杆（二）
　　　无效宣告请求审查决定（第9763号）·· 1866

291 型材（内开内挺）
　　　无效宣告请求审查决定（第9767号）·· 1869

292 型材（内平开框）
　　　无效宣告请求审查决定（第9768号）·· 1873

293 摩托车
　　　无效宣告请求审查决定（第9774号）·· 1878

294 炼钢中间包定位上水口
　　　无效宣告请求审查决定（第9776号）·· 1903
　　　北京市第一中级人民法院行政判决书（2007）一中行初字第947号 ·················· 1908
　　　北京市高级人民法院行政判决书（2008）高行终字第26号 ···························· 1913

295 炼钢中间包滑块
　　　无效宣告请求审查决定（第9777号）·· 1918
　　　北京市第一中级人民法院行政判决书（2007）一中行初字第948号 ·················· 1923
　　　北京市高级人民法院行政判决书（2008）高行终字第20号 ···························· 1928

296	型材（外平开框一）	
	无效宣告请求审查决定（第9778号）	1933

297	电脑机箱	
	无效宣告请求审查决定（第9782号）	1937

298	包装罐	
	无效宣告请求审查决定（第9785号）	1941

299	汽车保险杠	
	无效宣告请求审查决定（第9786号）	1944

300	餐台（OD303）	
	无效宣告请求审查决定（第9787号）	1950

301	床（OB312）	
	无效宣告请求审查决定（第9788号）	1955

302	瓶子（精品老作坊）	
	无效宣告请求审查决定（第9789号）	1959

303	摩托车	
	无效宣告请求审查决定（第9793号）	1963

304	巧克力包装盒标贴	
	无效宣告请求审查决定（第9794号）	1973

305	包装袋（德氏草莓真果）	
	无效宣告请求审查决定（第9799号）	1978

306	啤酒瓶（刻花折光）	
	无效宣告请求审查决定（第9802号）	1980

307	台灯（鼠标电脑GUL0305C）	
	无效宣告请求审查决定（第9804号）	1984

308	头戴式放大镜	
	无效宣告请求审查决定（第9806号）	1989

309	平底爪链	
	无效宣告请求审查决定（第9808号）	1995

310	带纸圆珠笔	
	无效宣告请求审查决定（第9811号）	2001

311	包装袋（秦白二号）	
	无效宣告请求审查决定（第9812号）	2005

312 MP3 播放器（TA-690）
　　无效宣告请求审查决定（第 9814 号） …… 2009

313 笔　具
　　无效宣告请求审查决定（第 9822 号） …… 2013
　　北京市第一中级人民法院行政裁定书（2007）一中行初字第 1112 号 …… 2015

314 抽油烟机
　　无效宣告请求审查决定（第 9827 号） …… 2016

315 篮球中胎（十二片）
　　无效宣告请求审查决定（第 9830 号） …… 2022

316 篮　球
　　无效宣告请求审查决定（第 9831 号） …… 2026

317 前组合灯（WY-036）
　　无效宣告请求审查决定（第 9832 号） …… 2031

318 滤芯（有扣）
　　无效宣告请求审查决定（第 9835 号） …… 2036

319 电吹风（RW-615）
　　无效宣告请求审查决定（第 9838 号） …… 2040

320 电吹风（1）
　　无效宣告请求审查决定（第 9839 号） …… 2044

321 电脑机箱面板（1821）
　　无效宣告请求审查决定（第 9842 号） …… 2048

322 反光工矿靴
　　无效宣告请求审查决定（第 9845 号） …… 2055

323 包装袋（转化洗衣粉）
　　无效宣告请求审查决定（第 9856 号） …… 2058

324 警示夹克衫（04-06）
　　无效宣告请求审查决定（第 9857 号） …… 2062

325 洗盆的混合龙头
　　无效宣告请求审查决定（第 9862 号） …… 2068

326 瓷　砖
　　无效宣告请求审查决定（第 9863 号） …… 2074

327 节能灯（R50）

无效宣告请求审查决定（第9867号） ……………………………………………… 2077

328 美工刀（FL-04）
无效宣告请求审查决定（第9868号） ……………………………………………… 2080

329 鲜橙多饮料标签
无效宣告请求审查决定（第9870号） ……………………………………………… 2085

330 标贴（统一桂花清茶）
无效宣告请求审查决定（第9871号） ……………………………………………… 2089

331 活动铅笔（TM017）
无效宣告请求审查决定（第9872号） ……………………………………………… 2093
北京市第一中级人民法院行政判决书（2007）一中行初字第1193号 …………… 2096
北京市高级人民法院行政判决书（2008）高行终字第71号 ………………………… 2100

332 灯座控制面板
无效宣告请求审查决定（第9873号） ……………………………………………… 2105

333 膝下热浴器（3）
无效宣告请求审查决定（第9874号） ……………………………………………… 2107

334 酒瓶（溶江三花）
无效宣告请求审查决定（第9876号） ……………………………………………… 2116

335 封口机（FW-D2）
无效宣告请求审查决定（第9878号） ……………………………………………… 2120

336 珩磨刀杆（三）
无效宣告请求审查决定（第9879号） ……………………………………………… 2126

337 自动煎药机（4）
无效宣告请求审查决定（第9883号） ……………………………………………… 2129

338 毛衣（5568674）
无效宣告请求审查决定（第9884号） ……………………………………………… 2133

339 包装桶
无效宣告请求审查决定（第9886号） ……………………………………………… 2136

340 拉手（985）
无效宣告请求审查决定（第9887号） ……………………………………………… 2140

341 USB移动硬盘（U225B型）
无效宣告请求审查决定（第9891号） ……………………………………………… 2145

342 应急灯（KN-1830RD）
无效宣告请求审查决定（第9892号） ……………………………………………… 2150

343 椅扶手
　　无效宣告请求审查决定（第9893号） ……………………………………………………… 2157

344 包装盒（酒B）
　　无效宣告请求审查决定（第9895号） ……………………………………………………… 2162

345 包装盒（粉底）
　　无效宣告请求审查决定（第9896号） ……………………………………………………… 2168
　　北京市第一中级人民法院行政判决书（2007）一中行初字第1449号 ………………… 2171

346 多用架
　　无效宣告请求审查决定（第9900号） ……………………………………………………… 2175
　　北京市第一中级人民法院行政判决书（2007）一中行初字第1293号 ………………… 2180

347 包装箱
　　无效宣告请求审查决定（第9901号） ……………………………………………………… 2185

348 沙发（2）
　　无效宣告请求审查决定（第9904号） ……………………………………………………… 2192

349 马灯（2）
　　无效宣告请求审查决定（第9909号） ……………………………………………………… 2197

350 花　布
　　无效宣告请求审查决定（第9920号） ……………………………………………………… 2201

351 节能灯（GU10-2）
　　无效宣告请求审查决定（第9925号） ……………………………………………………… 2205

352 集尘极室（4）
　　无效宣告请求审查决定（第9927号） ……………………………………………………… 2211
　　北京市第一中级人民法院行政裁定书（2007）一中行初字第1066号 ………………… 2216
　　北京市第一中级人民法院行政判决书（2007）一中行初字第1042号 ………………… 2217
　　北京市高级人民法院行政判决书（2008）高行终字第377号 …………………………… 2222

353 矿泉水瓶（4）
　　无效宣告请求审查决定（第9928号） ……………………………………………………… 2225

354 编织袋（黑绿蓝条）
　　无效宣告请求审查决定（第9933号） ……………………………………………………… 2232

355 杯（龙）
　　无效宣告请求审查决定（第9936号） ……………………………………………………… 2235

356 杯子（金玉满堂）
　　无效宣告请求审查决定（第9937号） ……………………………………………………… 2237

| 357 | 杯（竹报平安）
无效宣告请求审查决定（第9938号） ……………………………………………………… 2239

| 358 | 杯（凤）
无效宣告请求审查决定（第9939号） ……………………………………………………… 2241

| 359 | 杯子（花开富贵）
无效宣告请求审查决定（第9940号） ……………………………………………………… 2243

| 360 | 塑料大桶（一）
无效宣告请求审查决定（第9941号） ……………………………………………………… 2245

| 361 | 塑料大桶（二）
无效宣告请求审查决定（第9942号） ……………………………………………………… 2251

| 362 | 塑料桶（三）
无效宣告请求审查决定（第9943号） ……………………………………………………… 2257

| 363 | 塑料桶（四）
无效宣告请求审查决定（第9944号） ……………………………………………………… 2262

| 364 | 塑料桶（五）
无效宣告请求审查决定（第9945号） ……………………………………………………… 2268

| 365 | 桶（六）
无效宣告请求审查决定（第9946号） ……………………………………………………… 2273

| 366 | 钓竿用导线环
无效宣告请求审查决定（第9949号） ……………………………………………………… 2278

| 367 | 插跟（坡型）
无效宣告请求审查决定（第9950号） ……………………………………………………… 2283

| 368 | 土工格室
无效宣告请求审查决定（第9956号） ……………………………………………………… 2288

| 369 | 包装盒（高堂菜脯）
无效宣告请求审查决定（第9960号） ……………………………………………………… 2291

| 370 | 电壁炉
无效宣告请求审查决定（第9961号） ……………………………………………………… 2294

| 371 | 轮胎（HN308）
无效宣告请求审查决定（第9963号） ……………………………………………………… 2297

| 372 | 按摩器（RT-Q008）
无效宣告请求审查决定（第9967号） ……………………………………………………… 2301

373 石膏板封头纸
   无效宣告请求审查决定（第9969号） ········· 2305

374 罐贴（红毛丹水果罐）
   无效宣告请求审查决定（第9970号） ········· 2308

375 酒　瓶
   无效宣告请求审查决定（第9973号） ········· 2312

376 包装桶（WSO-1 4L）
   无效宣告请求审查决定（第9979号） ········· 2316

377 水泵自动控制器
   无效宣告请求审查决定（第9980号） ········· 2319

378 无轨自动伸缩门（中华豪门）
   无效宣告请求审查决定（第9981号） ········· 2324
   北京市第一中级人民法院行政判决书（2007）一中行初字第1343号 ········· 2328
   北京市高级人民法院行政判决书（2008）高行终字第94号 ········· 2332

379 酵母包装袋
   无效宣告请求审查决定（第9985号） ········· 2336

380 条形熔断器式隔离开关
   无效宣告请求审查决定（第9987号） ········· 2340

381 外墙砖（世纪砖）
   无效宣告请求审查决定（第9993号） ········· 2345

382 瓷砖（七）
   无效宣告请求审查决定（第9994号） ········· 2349

383 手动搅拌器
   无效宣告请求审查决定（第9995号） ········· 2354
   北京市第一中级人民法院行政判决书（2007）一中行初字第1302号 ········· 2359
   北京市高级人民法院行政判决书（2008）高行终字第336号 ········· 2365

384 玩具（智醒甲虫车）
   无效宣告请求审查决定（第9996号） ········· 2370

385 清洁刷手柄
   无效宣告请求审查决定（第9997号） ········· 2377

386 清洁刷（F-700）
   无效宣告请求审查决定（第9998号） ········· 2384

387 包装盒（复方地塞米松乳膏）

无效宣告请求审查决定（第9542号） ……………………………………………… 2391

388 包装盒（酒A）
无效宣告请求审查决定（第10000号） ……………………………………… 2395

389 包装盒（酒C）
无效宣告请求审查决定（第10005号） ……………………………………… 2400

390 包装盒（酒C）
无效宣告请求审查决定（第10006号） ……………………………………… 2404

391 包装盒（酒C）
无效宣告请求审查决定（第10007号） ……………………………………… 2408

392 清洁刷（F-600）
无效宣告请求审查决定（第10016号） ……………………………………… 2413

393 清洁刷（F-800）
无效宣告请求审查决定（第10017号） ……………………………………… 2420

394 簸箕（二）
无效宣告请求审查决定（第10018号） ……………………………………… 2430

395 马桶（一）
无效宣告请求审查决定（第10019号） ……………………………………… 2436

396 饲料槽
无效宣告请求审查决定（第10020号） ……………………………………… 2442

397 饲料盘（一）
无效宣告请求审查决定（第10021号） ……………………………………… 2448

398 马桶（二）
无效宣告请求审查决定（第10022号） ……………………………………… 2454

399 塑料缸（二）
无效宣告请求审查决定（第10023号） ……………………………………… 2461

订书机（WL3215）

无效宣告请求审查决定（第9686号）

决 定 号	第9686号
决 定 日	2007年4月17日
外观设计名称	订书机（WL3215）
外观设计分类号	19-02
无效宣告请求人	马培德公司
专 利 权 人	宁波万里实业有限公司
专 利 号	03354841.2
申 请 日	2003年6月30日
授权公告日	2003年12月31日
合议组组长	徐媛媛
主 审 员	隋璐
参 审 员	杨存吉
附 图	2页
法 律 依 据	专利法第23条

决 定 要 点

本专利与对比文件的区别属于局部的细微变化，对产品外观设计的整体视觉效果不具有显著影响，本专利和对比文件相近似，故本专利的授权不符合专利法第23条的规定。

一、案由

本无效宣告请求涉及国家知识产权局于2003年12月31日授权公告的03354841.2号外观设计专利，其产品名称为"订书机（WL3215）"，申请日为2003年6月30日，专利权人为宁波万里实业有限公司。

针对上述外观设计专利（下称本专利），马培德公司（下称请求人）于2005年10月25日向专利复审委员会提出无效宣告请求，认为本专利的授权不符合专利法第23条的规定，同时请求人提交了下列附件：

附件1：ZL00351021.2号中国外观设计专利公报，授权公告日为2001年9月12日，共1页；
附件2：ZL03354841.2号中国外观设计专利公报，即本专利，共1页。

请求人认为：附件1所示外观设计的授权公告日为2001年9月12日，早于本专利的申请日。本专利的外观设计的整体造型、各视图的形状上都与附件1所示外观设计十分近似，不同之处只是一些细小的部分，这些细小的部分不容易被消费者所注意，容易导致消费者混淆。因此，本外观设计专利与申请日以前的国内公开的出版物所公开的外观设计相近似，其授权不符合专利法第 23 条的规定。

经形式审查合格，专利复审委员会依法受理了上述无效宣告请求，并于 2006 年 7 月 24 日向请求人和专利权人发出无效宣告请求受理通知书，同时将专利权无效宣告请求书及其附件清单中所列附件的副本转送给专利权人，并要求专利权人在指定的期限内陈述意见。

对此，专利权人未在指定期限内进行意见陈述。

专利复审委员会依法成立合议组，并于 2007 年 1 月 25 日向双方当事人发出无效宣告请求口头审理通知书，定于 2007 年 4 月 3 日举行口头审理。

口头审理如期进行，专利权人缺席口头审理。请求人对合议组成员无回避请求。在口头审理中，请求人明确其无效理由为：本专利与申请日以前在国内公开的出版物上所公开的外观设计相近似，其授权不符合专利法第 23 条的规定，同时请求人结合所提交的附件 1 就其所持观点进行了充分的意见论述。

在上述工作的基础上，合议组认为本案事实已经调查清楚，可以依法作出审查决定。

二、决定的理由

1. 法律依据

根据请求人在无效宣告请求中提出的理由，本案合议组依据专利法第 23 条进行审理。

专利法第 23 条规定：授予专利权的外观设计，应当同申请日以前在国内外出版物上公开发表过或者国内公开使用过的外观设计不相同和不相近似，并不得与他人在先取得的合法权利相冲突。

2. 证据认定

附件 1 为第 00351021.2 号中国外观设计专利授权公报，合议组对该附件的真实性予以了核实。附件 1 的公开日期为 2001 年 9 月 12 日，早于本专利申请日 2003 年 6 月 30 日，因此其上记载的订书机外观设计可用以评价本专利的授权是否符合专利法第 23 条的规定。

3. 关于专利法第 23 条

本专利为一种订书机的外观设计，包括六面视图和一幅立体图。该订书机整体形状呈半个长椭圆体，由上压板、订针槽、底座构成。该订书机的上压板的头部较高呈尖圆形，逐渐向尾部倾斜；上压板前端嵌置一呈长圆形的压块，从俯视图可见，压块上有两圈椭圆形的凹槽，压块的前端呈尖形；从右视图可见，后部的套筒形状均为圆顶的柱形，上部较窄，下部较宽，中间有一个台阶底座的尾部向上抬起；从主视图可见，底座的侧面有一平行底面的凹槽；从立体图可见，底座上有订槽板，订槽板的形状为椭圆形；订书机的各部分都由弧形圆滑连接（详见本专利附图）。

附件 1（下称对比文件）同样为一种订书机的外观设计，包括六面视图和两幅立体图。该订书机整体形状呈半个长椭圆体，由上压板、订针槽、底座构成。该订书机的上压板的头部较高呈尖圆形，逐渐向尾部倾斜；上压板前端嵌置一呈长圆形的压块，从俯视图可见，压块上有两圈椭圆形凹陷，压块的前端呈尖形；从右视图可见，后部的套筒形状均为圆顶的柱形，上部较窄，下部较宽，中间有一个台阶底座的尾部向上抬起；从主视图可见，底座的侧面有一平行底面的凹陷；从后侧立体图可见，底座上有订槽板，订槽板的形状为圆形；订书机的各部分都由弧形圆滑连接（详见对比文件附图）。

对比文件与本专利产品相比，属于相同种类的产品，可以进行如下相同和相近似的比较。

本专利与对比文件的相同点在于：（1）两者整体形状均呈半个长椭圆体；（2）两者上压板的头部均较宽较高呈尖圆形，逐渐向尾部倾斜；（3）两者上压板前端均嵌置一呈长圆形的压块，压块的前端呈尖形；（4）两者上压板的压块上都有两圈椭圆形线条；（5）两者底座的尾部均向上抬起；（6）两者的底座的侧面均有一平行底面的曲线；（7）两者后部的套筒形状均为圆顶的柱形，上部较窄，下部较宽，中间有一个台阶；（8）两者的各部分均由弧形圆滑连接。

本专利与对比文件的区别点主要在于：（1）本外观设计上压板的压块上的两圈椭圆形线圈及底座的侧面的曲线均为凹槽，而附件1相对应于本专利凹槽的部位均为凹陷；（2）本专利的订槽板的形状为椭圆形，而附件1的订槽板的形状为圆形。

通过上述对比可以看出，两者的整体形状基本相同，两者的区别之处在于局部的细微变化，其对于产品外观设计的整体视觉效果不具有显著的影响，根据整体观察、综合判断的原则，两者属于相近似的外观设计。

综上所述，在本专利的申请日之前已有与之相近似的订书机外观设计在出版物上公开发表过，本专利的授权不符合专利法第23条的规定。

三、决定

宣告03354841.2号外观设计专利权无效。

当事人对本决定不服的，可以根据专利法第46条第2款的规定，自收到本决定之日起三个月内向北京市第一中级人民法院起诉。根据该款的规定，一方当事人起诉后，另一方当事人应当作为第三人参加诉讼。

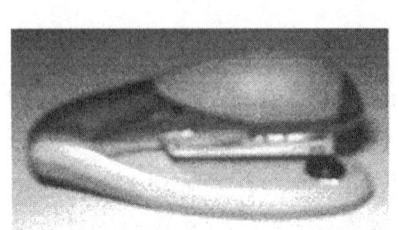 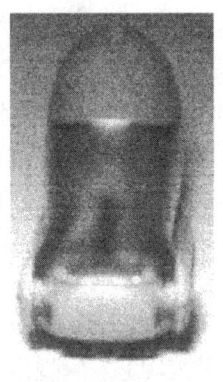

后视图　　　　　　　右视图

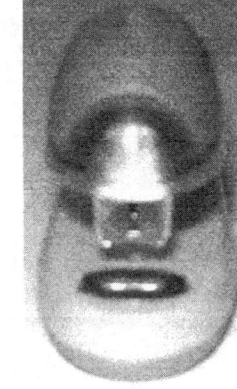

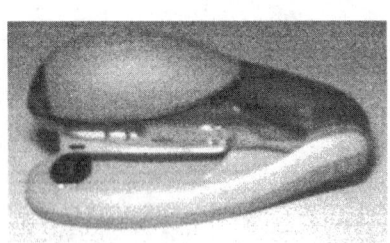 　　　左视图

俯视图

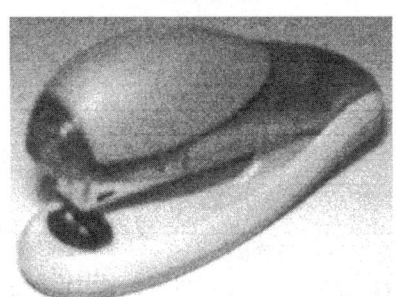

主视图　　　　　　　立体图

仰视图

本专利

 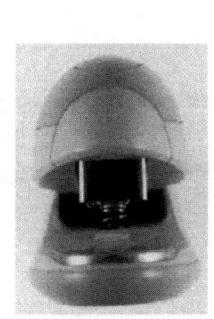 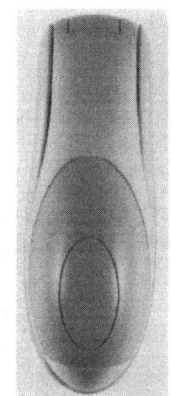

仰视图　　　　主视图　　　　俯视图

 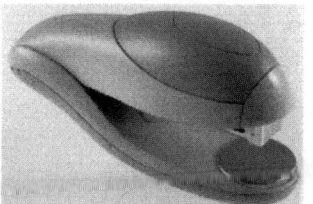

立体图1　　　　　　　立体图2

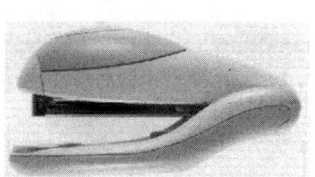 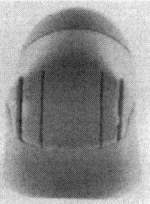 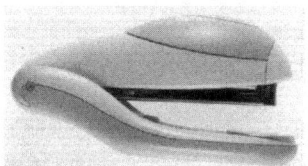

右视图　　　　后视图　　　　左视图

对比文件

保温瓶（Ⅰ）

无效宣告请求审查决定（第9689号）

决 定 号	第9689号
决 定 日	2007年2月26日
发明创造名称	保温瓶（Ⅰ）
外观设计分类号	07-01
无效宣告请求人	爱尔菲股份有限公司（alfi GmbH）
专 利 权 人	肖安江
专 利 号	200430029493.9
申 请 日	2004年1月17日
授权公告日	2004年12月1日
合议组组长	张美菊
主 审 员	李韵美
参 审 员	孙治国
附 图	2页
法 律 依 据	专利法第23条

决 定 要 点

对于保温瓶的外观设计的相近似性判断而言，从整体观察、综合判断的角度出发，瓶体线条、有无瓶颈、瓶把形状的设计的不同，能够给整体的外观设计带来明显不同的视觉效果，因此，本专利的保温瓶与在先设计不属于相近似的外观设计。

一、案由

本无效宣告请求涉及国家知识产权局于2004年12月1日授权公告的200430029493.9号外观设计专利（下称本专利），其名称为"保温瓶（Ⅰ）"，申请日为2004年1月17日，专利权人是肖安江。

针对上述专利权，爱尔菲股份有限公司（alfi GmbH）（下称请求人）于2006年1月27日向国家知识产权局专利复审委员会提出无效宣告请求，认为本专利不符合专利法第23条的规定，请求宣告本专利无效。请求人提交了如下附件作为证据：

附件1：本专利的著录信息及图片复印件；

附件2（证据1）：2004年版"DEUTSCHESTANDARDS"（德国标准）封面、第18~19页以及第600页复印件及其公证、认证文件的复印件；

附件3（证据2）：封面上标有"28. November 2003"字样的"Ratgeber Frau und Familie"杂志的

封面、第 1660 页复印件及其公证、认证文件复印件；

附件 4（证据 3）：封面上标有"Heft 12 Dezember 2003"字样的"DERFEINSCHMECKER"杂志的封面、第 145 页复印件及其公证、认证文件复印件；

附件 5（证据 4）：封面上标有"1992"字样的"MäRKTE & MEDIEN KONTAKTBUCH PORTRATS DEUTSCHER WERBEAGENTUREN"的封面、第 130 页、第 6 页复印件及其公证、认证文件复印件；

附件 6（证据 5）：封面上标有"2003/2004"字样的"alfi ® Design your life"（总（产品）目录）的封面、第 6、7 页、第 26 页、第 102 页复印件及其公证、认证文件复印件；

附件 7（证据 6）：alfi 有限责任公司出具的日期为 2002.12.13 的"Invoice"（发票）及其公证、认证文件复印件；

请求人在无效宣告请求书中认为：证据 1~4 均为本专利申请日前的公开出版物，在其上分别公开了与本专利相同或相近似的设计；证据 5、6 的结合证明与本专利相同或相近似的外观设计在申请日前已经公开销售过，在中国公开使用过，因此本专利不符合专利法第 23 条的规定。

2006 年 2 月 27 日请求人补充提交了意见陈述书及其附件，提交的附件如下：

附件 8：证据 1 的公证、认证文件的中文译文，以及证据 1 的部分译文；

附件 9：证据 2 的公证、认证文件的中文译文，以及证据 2 的部分译文；

附件 10：证据 3 的公证、认证文件的中文译文，以及证据 3 的部分译文；

附件 11：证据 4 的公证、认证文件的中文译文，以及证据 4 的部分译文；

附件 12：证据 5 的公证、认证文件的中文译文，以及证据 5 的部分译文；

附件 13：证据 6 的公证、认证文件的中文译文，以及证据 6 的部分译文；

附件 14（证据 7）：2001 年版《DEUTSCHE STANDARDS》的封面、第 180、181、476 页、版权页复印件及部分中文译文。

经形式审查合格，专利复审委员会依法受理了上述无效宣告请求，并于 2006 年 3 月 22 日向请求人和专利权人发出无效宣告请求受理通知书，并将请求人提交的无效宣告请求书及其附件清单中所列附件的副本以及请求人于 2006 年 2 月 27 日提交的补充意见及其附件清单中所列附件副本转送给专利权人，要求其在指定的期限内答复，同时依法成立合议组对本无效宣告请求案进行审理。

专利权人在指定的期限内未对上述无效宣告请求受理通知书进行答复。

合议组于 2006 年 8 月 29 日向双方当事人发出无效宣告请求口头审理通知书，定于 2006 年 9 月 27 日在专利复审委员会进行口头审理。

为了方便双方当事人，经与双方当事人协商同意后，口头审理改为 2006 年 9 月 26 日举行，双方当事人均到庭参加口头审理，在口头审理过程中双方当事人对合议组成员无回避请求，对对方出庭人员身份没有异议。请求人当庭提交了证据 1~6 的公证认证书的原件，证据 7 的原件，证据 5 的原件；专利权人对证据 1~6 的公证认证书的真实性、译文的准确性没有异议，但专利权人认为一个公开出版物不会将一个企业的产品罗列到一起，因此对证据 4 是公开出版物有异议，专利权人还认为证据 7 无公证认证文件，对其真实性有异议；合议组当庭告知双方当事人证据 1 的出版时间晚于本专利的申请日，域外证据 7 无公证认证文件，因此上述两个证据不能作为在先出版物使用；请求人明确其无效理由为专利法第 23 条，所使用的在先设计为：证据 2 第 1660 页的左下角图片中的两个瓶；证据 3 第 145 页中间的图片；证据 4 的左栏上数第 2 行图片中最左边和最右边两个瓶以及上数第 3 行图片中最左边的一个瓶；请求人认为证据 6 中 2/8 页中有关 90 0572.000.560 型保温瓶的销售记录以及证据 5 第 7 页 0572 系列保温瓶的图片证明了与本专利相同或相近似的设计在申请日前已经公开。

2006 年 9 月 29 日，请求人提交了口头审理答辩的书面提纲。

在此基础上，合议组认为当事人已经充分发表了意见，本案事实已经调查清楚，可以依法作出本决定。

二、决定的理由

1. 法律依据

根据请求人提出的无效宣告请求的理由和提交的证据，本案合议组依据专利法第 23 条对本案进行审理。

专利法第 23 条规定：授予专利权的外观设计，应当同申请日以前在国内外出版物上公开发表过或者国内公开使用过的外观设计不相同和不相近似，并不得与他人在先取得的合法权利相冲突。

2. 证据的认定

证据 1 是一份德国标准，该证据 1 虽然有公证认证文件证明其真实性，但其上标有 2004 年出版，根据审查指南第二部分第三章第 2.1.3.1 节规定："印刷日只写明年月或年份的，以所写月份的最后一日或者所写年份的 12 月 31 日为公开日"，因此可以推定其公开日为 2004 年 12 月 31 日，由于该日期晚于本专利的申请日 2004 年 1 月 17 日，因此该证据不能作为本专利的在先公开出版物使用。

证据 2 是 2003 年第 12 期的《教程女性与家庭》杂志封面及第 1660 页复印件及其公证认证文件，该公证认证文件由韦尔特海姆市第二公证处证明上述复印件复印自 2003 年 11 月 28 日出版的该杂志，2003 年第 12 期，公证员为施密特博士；由莫斯巴赫地方法院院长米斯勒博士签字证明韦尔特海姆市公证处公证员的签字和印章属实，并且属于授权履行职务；由德意志联邦共和国外交部的官员内尔斯签字证明莫斯巴赫地方法院院长米斯勒博士的签字属实；再由我国驻法兰克福总领事馆认证德意志联邦共和国外交部的印章和内尔斯签字属实。由于证据 2 的公证认证文件齐备，其出版日在本专利的申请日之前，因此，证据 2 属于本专利申请日前的公开出版物，该证据 2 中的图片可以作为在先设计用来评价本专利是否符合专利法第 23 条的规定。

证据 3 是 2003 年 12 月第 12 期的《美食家》杂志封面及第 145 页复印件及其公证认证文件，该公证认证文件由韦尔特海姆市第二公证处公证上述复印件复印自 2003 年 12 月出版的该杂志，公证员为施密特博士；由莫斯巴赫地方法院院长米斯勒博士签字证明韦尔特海姆市公证处公证员的签字和印章属实，并且属于授权履行职务；由德意志联邦共和国外交部的官员内尔斯签字证明莫斯巴赫地方法院院长米斯勒博士的签字属实；再由我国驻法兰克福总领事馆认证德意志联邦共和国外交部的印章和内尔斯签字属实。由于证据 3 的公证认证文件齐备，其出版日在本专利的申请日之前，因此，证据 3 属于本专利申请日前的公开出版物，该证据 3 中的图片可以作为在先设计用来评价本专利是否符合专利法第 23 条的规定。

证据 4 是《1992 市场 & 媒体联系名册德国广告代理概貌》的封面、第 130 页、第 6 页复印件及其公证、认证文件。其国际标准刊号是 "ISSN 0171-3353"；国际标准图书编号为 "ISBN 3-88546-011-4"。可见，该出版物属于公开出版物。其版权页（第 6 页）记载，该出版物是 1991 年度第 24 期，推定其公开日期为 1991 年 12 月 31 日。该公证认证文件由韦尔特海姆市第二公证处公证上述复印件复印自 "1992 版德国广告代理概貌"，公证员为施密特博士；由莫斯巴赫地方法院院长米斯勒博士签字证明韦尔特海姆市公证处公证员的签字和印章属实；由德意志联邦共和国外交部的官员内尔斯签字证明莫斯巴赫地方法院院长米斯勒博士的签字属实；再由我国驻法兰克福总领事馆认证德意志联邦共和国外交部的印章和内尔斯签字属实。证据 4 的公证认证文件齐备，证据 4 的其出版日在本专利的申请日之前，故证据 4 属于本专利申请日前的公开出版物，该证据 4 中的图片可以作为在先设计用来评价本专利是否符合专利法第 23 条的规定。

证据 5 是一份来自 alfi 的产品目录的封面、第 6、7、26 页和第 102 页的复印件及其公证认证文件，虽然证据5具有公证认证文件，但在该产品目录的封面上标有2003/2004年，不能确认该日期是印刷日期还是出版日期，根据审查指南第二部分第三章第2.1.3.1节规定："印刷日只写明年月或年份的，以所写月份的最后一日或者所写年份的12月31日为公开日"，因此可以推定其公开日为2004年12月31日，由于该日期晚于本专利的申请日2004年1月18日，因此该证据不能适用专利法第23条的规定作为本案有效证据。

证据6是货单发票的复印件及其公证认证文件，该公证认证文件由韦尔特海姆市第二公证处公证上述复印件复印自alfi有限责任公司出示的alfi发票原件，公证员为施密特博士；由莫斯巴赫地方法院院长米斯勒博士签字证明韦尔特海姆市公证处公证员的签字和印章属实，并且属于授权履行职务；由德意志联邦共和国外交部的官员内尔斯签字证明莫斯巴赫地方法院院长米斯勒博士的签字属实；再由我国驻法兰克福总领事馆认证德意志联邦共和国外交部的印章和内尔斯签字属实。由于证据6的公证认证文件齐备，且专利权人对其公证书的真实性、译文的准确性均没有异议，因此，合议组认为证据6是真实有效的，具有证据证明效力。

证据7是一份德国标准复印件，其上标有2001年版，该证据属于域外证据，由于其没有履行公证认证手续，因此其真实性无法予以确定，故在本案中，合议组对该证据不予采信。

3. 关于专利法第23条

本专利的保温瓶从其主视图、左视图、右视图以及俯视图可以看出该保温瓶包括呈长圆柱形的瓶体、手提式把手、瓶盖和底座四个部分。瓶体的下部有一条环线，将其分为上下两层，瓶体下端有底座，且瓶体上下两端略向里收拢；瓶盖呈半圆形，通过卡子连接到瓶口，瓶口位于瓶体上端；把手的两端分别固定于瓶体中部和瓶体上部靠近瓶口的位置，大致呈自上向下向外侧倾斜的字母"C"的形状，靠近瓶口的把手上部向上凸起形成尖角（参见附图，本专利）。

(1) 关于证据2与本专利相对比。

请求人欲使用证据2第1660页的左下角图片中的两个瓶证明在申请日之前已有相同或相似的外观设计被公开。证据2的第1660页的左下角图片中的两个瓶，为保温瓶的外观设计，其与本专利属于同种类的产品，故可以进行如下相似性对比：

证据2中的保温瓶共有两个（左侧一个称在先设计1、右侧一个称在先设计2）。从在先设计1的图中可以看出其呈鼓形，中部有多条环线组成环线带，将其分为上下两层，且其上下两端圆滑地向里收拢成鼓形瓶体，瓶体上端向内凹陷收拢形成瓶颈，瓶颈上为瓶口，把手的上端位于瓶颈部分，下端固定在瓶体中间环线的上面，瓶盖带有提手，并且把手的形状呈向斜上方拉伸的框形，瓶体底部有底座（参见证据2，在先设计1）。

将本专利与在先设计1相比可以看出，两者的整体形状不同，本专利瓶体的侧面线条为直线，整个瓶体呈圆柱体，没有瓶颈，而在先设计1为上下两端收拢的鼓形，其瓶体的侧面线条为圆滑的弧线设计，瓶体上端向内收拢形成瓶颈；把手的设计也不相同，本专利的把手大致呈自上而下向外侧倾斜的字母"C"的形状，仅在靠近瓶颈的把手上部向上凸起形成尖角，而在先设计1的把手的形状呈向斜上方拉伸的框形；此外，还存在本专利瓶体上的环线在瓶体的下端，而在先设计1的环线带在瓶体的中部，以及本专利的瓶盖是通过卡子连接到瓶体，而在先设计1的瓶盖带有提手而没有通过卡子连接到瓶体等其他区别。

本案合议组认为，本专利保温瓶与在先设计1由于存在瓶身线条（具体包括轮廓线和环线）的差别，有无瓶颈的差别，以及把手的不同设计，使得它们设计的整体视觉效果完全不同。前者造型稳重、敦实，后者造型圆润、优美。根据外观设计专利整体观察、综合对比的原则，本专利外观设计与在先设计1不属于相近似的外观设计。

在先设计 2 呈鼓形，中部有一条环线，将其分为上下两层，且其上下两端圆滑地向里收拢成鼓形瓶体，瓶体上端向内凹陷并收拢形成瓶颈，瓶颈上端连接有瓶口，把手的上端位于瓶颈部分，下端固定在瓶体中间环线的上方，瓶盖呈半圆形，通过卡子连接到瓶口，并且把手的形状为自上而下向内倾斜的尖角（参见证据 2，在先设计 2）。

将本专利与在先设计 2 相比可以看出，两者的整体形状不同，本专利瓶体的侧面线条为直线，整个瓶体呈圆柱体，没有瓶颈，而在先设计 2 为上下两端收拢的鼓形，其瓶体的侧面线条为圆滑的弧线设计，瓶体上端向内凹陷并收拢形成瓶颈；把手的设计也不相同，本专利的把手大致呈自上而下向外侧倾斜的字母"C"的形状，仅在靠近瓶颈的把手上部向上凸起形成尖角，而在先设计 2 的把手的形状为自上而下向内倾斜的尖角；此外，还存在本专利瓶体上的环线在瓶体的下端，而在先设计 2 的环线在瓶体的中部，以及本专利的具有底座，而在先设计 2 没有底座等其他区别。

本案合议组认为，本专利保温瓶与在先设计 1 由于存在瓶身线条（具体包括轮廓线和环线）的差别、有无瓶颈的差别，以及把手的不同设计，使得它们设计的整体视觉效果完全不同。前者造型稳重、敦实，后者造型圆润、优美。根据外观设计专利整体观察、综合对比的原则，本专利外观设计与在先设计 2 不属于相近似的外观设计。

综上所述，本专利与申请日之前公开发表的证据 2 中的保温瓶外观设计不相同也不相近似。

(2) 关于证据 3 与本专利相比。

请求人欲使用证据 3 第 145 页中间的图片（下称在先设计 3）证明在申请日之前已有相同或相似的外观设计被公开。证据 3 中的图片中示出的保温瓶呈鼓形，中部有一条环线，将其分为上下两层，且其上下两端圆滑地向里收拢成鼓形瓶体，瓶体上端向内凹陷并收拢形成瓶颈，瓶颈上部为瓶口，把手的上端位于瓶颈部分，下端固定在瓶体中间环线的上面，瓶盖呈半圆形，通过卡子连接到瓶口，并且把手的形状为自上而下向内倾斜的尖角（参见证据 3，在先设计 3）。

将本专利与在先设计 3 相比可以看出，两者的整体形状不同，本专利瓶体的侧面线条为直线，整个瓶体呈圆柱体，没有瓶颈，而在先设计 3 为上下两端收拢的鼓形，其瓶体的侧面线条为圆滑的弧线设计，瓶体上端向内凹陷并收拢形成瓶颈；把手的设计也不相同，本专利的把手大致呈自上而下向外侧倾斜的字母"C"的形状，仅在靠近瓶颈的把手上部向上凸起形成尖角，而在先设计 3 的把手的形状为自上而下向内倾斜的尖角；此外，还存在本专利瓶体上的环线在瓶体的下端，而在先设计 3 的环线在瓶体的中部，以及本专利的具有底座，而在先设计 3 没有底座等其他区别。

本案合议组认为，本专利保温瓶与在先设计 3 由于存在瓶身线条（具体包括轮廓线和环线）的差别、有无瓶颈的差别，以及把手的不同设计，使得它们设计的整体视觉效果完全不同。前者造型稳重、敦实，后者造型圆润、优美。根据外观设计专利整体观察、综合对比的原则，本专利外观设计与在先设计 3 不属于相近似的外观设计。

综上所述，本专利与申请日之前公开发表的证据 3 中的保温瓶外观设计不相同也不相近似。

(3) 关于证据 4 与本专利相比。

请求人欲使用证据 4 的左栏上数第 2 行图片中最左边和最右边两个瓶以及上数第 3 行图片中最左边的一个瓶证明在申请日之前已有相同或相似的外观设计被公开。

证据 4 中的保温瓶共有三个，分别是左栏上数第 2 行第 1 个图片中最左边的瓶（下称在先设计 4）、该图中最右边的瓶（下称在先设计 5）、第 3 行第 1 个图片中最左边的瓶（下称在先设计 6）。

在先设计 4 呈鼓形，中部有一条环线，将其分为上下两层，且其上下两端圆滑地向里收拢成鼓形瓶体，瓶体上端为向内凹陷并收拢的瓶颈，瓶颈上端为瓶口，把手的上端位于瓶颈部分，下端固定在瓶体中间环线的上面，瓶盖带有提手，并且把手的形状呈向斜上方拉伸的框形，瓶体底部有底座

（参见证据4，在先设计4）。

将本专利与在先设计4相比可以看出，两者的整体形状不同，本专利瓶体的侧面线条为直线，整个瓶体呈圆柱体，没有瓶颈，而在先设计4为上下两端收拢的鼓形，其瓶体的侧面线条为圆滑的弧线设计，瓶体上端向内凹陷并收拢形成瓶颈；把手的设计也不相同，本专利的把手大致呈自上而下向外侧倾斜的字母"C"的形状，仅在靠近瓶颈的把手上部向上凸起形成尖角，而在先设计4的把手的形状呈向斜上方拉伸的框形；此外，还存在本专利瓶体上的环线在瓶体的下端，而在先设计4的环线带在瓶体的中部，以及本专利的瓶盖是通过卡子连接到瓶口，而在先设计4的瓶盖带有提手而没有通过卡子连接到瓶口等其他区别。

本案合议组认为，本专利保温瓶与在先设计4由于存在瓶身线条（具体包括轮廓线和环线）的差别、有无瓶颈的差别，以及把手的不同设计，使得它们设计的整体视觉效果完全不同。前者造型稳重、敦实，后者造型圆润、优美。根据外观设计专利整体观察、综合对比的原则，本专利外观设计与在先设计4不属于相近似的外观设计。

在先设计5呈鼓形，中部有一条环线，将其分为上下两层，且其上下两端圆滑地向里收拢成鼓形瓶体，瓶体上端向内凹陷并收拢形成瓶颈，把手的上端位于瓶颈部分，下端固定在瓶体中间环线的上面，瓶盖呈半圆形，通过卡子连接到瓶体，并且把手的形状为自上而下向内倾斜的尖角（参见证据4，在先设计5）。

将本专利与在先设计5相比可以看出，两者的整体形状不同，本专利瓶体的侧面线条为直线，整个瓶体呈圆柱体，没有瓶颈，而在先设计5为上下两端收拢的鼓形，其瓶体的侧面线条为圆滑的弧线设计，瓶体上端向内凹陷并收拢形成瓶颈；把手的设计也不相同，本专利的把手大致呈自上而下向外侧倾斜的字母"C"的形状，仅在靠近瓶颈的把手上部向上凸起形成尖角，而在先设计5的把手的形状为自上而下向内倾斜的尖角；此外，还存在本专利瓶体上的环线在瓶体的下端，而在先设计5的环线在瓶体的中部，以及本专利的具有底座，而在先设计5没有底座等其他区别。

本案合议组认为，本专利保温瓶与在先设计5由于存在瓶身线条（具体包括轮廓线和环线）的差别，有无瓶颈的差别，以及把手的不同设计，使得它们设计的整体视觉效果完全不同。前者造型稳重、敦实，后者造型圆润、优美。根据外观设计专利整体观察、综合对比的原则，本专利外观设计与在先设计5不属于相近似的外观设计。

在先设计6的图片模糊、难以辨识瓶身及瓶盖部分的具体外观，合议组无法将其与本专利进行对比并得出有意义的结论。

综上所述，本专利与申请日之前公开发表的证据4中的在先设计4、5、6不相同也不相近似。

（4）关于证据5和证据6结合证明与本专利相同或相近似的设计在申请日前已经公开。

由于证据6中仅有关于0572.000.560型保温瓶的销售记录而无该型号保温瓶的图片，而证据5中仅显示了0572 000 032、0572 000 075等型号的保温瓶的外观，而并没有显示证据6中涉及的0572 000 560型保温瓶的外观，因此证据5、6无法证明alfi有限责任公司销售的0572 000 560型保温瓶的产品外观，故二者无法形成一个完整的证据链以证明与本专利保温瓶相同或相近似的保温瓶已经在申请日前被公开。

三、决定

维持200430029493.9号外观设计专利权有效。

当事人对本决定不服的，可以根据专利法第46条第2款的规定，自收到本决定之日起三个月内向北京市第一中级人民法院起诉。根据该款的规定，一方当事人起诉后，另一方当事人应当作为第三人参加诉讼。

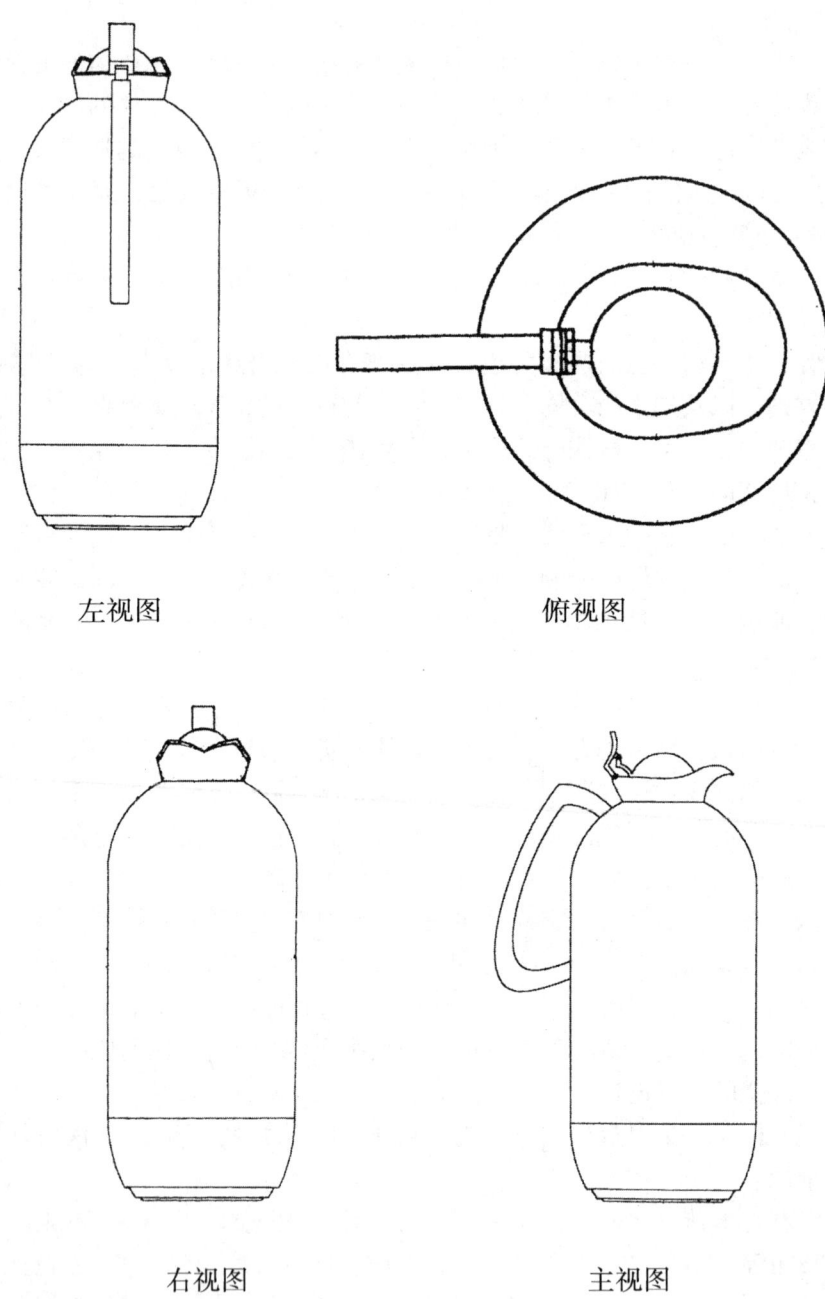

左视图　　　俯视图

右视图　　　主视图

本专利

在先设计 1、2　　　　　　　　　在先设计 3

在先设计 4　　　在先设计 5　　　　　在先设计 6

保温瓶（Ⅲ）

无效宣告请求审查决定（第 9690 号）

决 定 号	第 9690 号
决 定 日	2007 年 2 月 26 日
发明创造名称	保温瓶（Ⅲ）
外观设计分类号	07-01
无效宣告请求人	爱尔菲股份有限公司（alfi GmbH）
专 利 权 人	肖安江
专 利 号	200430029491.X
申 请 日	2004 年 1 月 17 日
授权公告日	2004 年 10 月 20 日
合议组组长	张美菊
主 审 员	李韵美
参 审 员	孙治国
附 图	2 页

法 律 依 据 专利法第 23 条

决 定 要 点

对于保温瓶的外观设计的相近似性判断而言，从整体观察、综合判断的角度出发，瓶体线条、瓶把形状的设计的不同能够给保温瓶整体的外观设计带来明显不同的视觉效果，本专利的保温瓶与在先设计不属于相近似的外观设计。

一、案由

本无效宣告请求涉及国家知识产权局于 2004 年 10 月 20 日授权公告的 200430029491.X 号外观设计专利（下称本专利），其名称为"保温瓶（Ⅲ）"，申请日为 2004 年 1 月 17 日，专利权人是肖安江。

针对上述专利权，爱尔菲股份有限公司（alfi GmbH）（下称请求人）于 2006 年 1 月 27 日向国家知识产权局专利复审委员会提出无效宣告请求，认为本专利不符合专利法第 23 条的规定，请求宣告本专利无效。请求人提交了如下附件：

附件 1：本专利的著录信息及图片复印件；

附件 2（证据 1）：2004 年版"DEUTSCHE STANDARDS"的封面、第 18~19 页以及第 600 页复印件及其公证、认证文件复印件；

附件3（证据2）：封面上标有"28. November 2003"字样的"Ratgeber Frau und Familie"杂志的封面、第1660页复印件及其公证、认证文件复印件；

附件4（证据3）：封面上标有"Heft 12 Dezember 2003"字样的"DER FEINSCHMECKER"杂志的封面、第145页复印件及其公证、认证文件复印件；

附件5（证据4）：封面上标有"1992"字样的"MÄRKTE & MEDIEN KONTAKTBUCH PORTRATS DEUTSCHER WERBEAGENTUREN"的封面、第130页、第6页复印件及其公证、认证文件复印件；

附件6（证据5）：封面上标有"2003/2004"字样的"alfi ® Design your life"（总（产品）目录）的封面、第6、7页、第26页、第102页复印件及其公证、认证文件复印件；

附件7（证据6）：alfi有限责任公司出具的日期为2002.12.13的"Invoice"（发票）及其公证、认证文件复印件；

请求人在无效宣告请求书中认为：证据1~4均为本专利申请日前的公开出版物，在其上分别公开了与本专利相同或相近似的设计；证据5、6的结合证明与本专利相同或相近似的外观设计在申请日前已经公开销售过，在中国公开使用过，因此本专利不符合专利法第23条的规定。

2006年2月27日请求人补充提交了意见陈述书及其附件，提交的附件如下：

附件8：证据1的公证、认证文件的中文译文，以及证据1的部分译文；

附件9：证据2的公证、认证文件的中文译文，以及证据2的部分译文；

附件10：证据3的公证、认证文件的中文译文，以及证据3的部分译文；

附件11：证据4的公证、认证文件的中文译文，以及证据4的部分译文；

附件12：证据5的公证、认证文件的中文译文，以及证据5的部分译文；

附件13：证据6的公证、认证文件的中文译文，以及证据6的部分译文；

附件14（证据7）：2001年版《DEUTSCHE STANDARDS》的封面、第180、181、476页、版权页复印件及部分中文译文。

经形式审查合格，专利复审委员会依法受理了上述无效宣告请求，并于2006年3月22日向请求人和专利权人发出无效宣告请求受理通知书，并将请求人提交的无效宣告请求书及其附件清单中所列附件的副本以及请求人于2006年2月27日提交的补充意见及其附件清单中所列附件副本转送给专利权人，要求其在指定的期限内答复，同时依法成立合议组对本无效宣告请求案进行审理。

专利权人在指定的期限内未对上述无效宣告请求受理通知书进行答复。

合议组于2006年8月29日向双方当事人发出无效宣告请求口头审理通知书，定于2006年9月27日在专利复审委员会进行口头审理。

为了方便双方当事人，经与双方当事人协商同意后，口头审理改为2006年9月26日举行，双方当事人均到庭参加口头审理，在口头审理过程中双方当事人对合议组成员无回避请求，对对方出庭人员身份没有异议。请求人当庭提交了证据1~6的公证认证书的原件，证据7的原件，证据5的原件；专利权人对附件1~6的公证认证书的真实性、译文的准确性没有异议，但专利权人认为一个公开出版物不会将一个企业的产品罗列到一起，因此对证据4是公开出版物有异议，专利权人还认为证据7无公证认证文件，对其真实性有异议；合议组当庭告知双方当事人证据1的出版时间晚于本专利的申请日，域外证据7无公证认证文件，因此上述两个证据不能作为在先出版物使用；请求人明确其无效理由为专利法第23条，所使用的在先设计为：证据2第1660页的左下角图片中的两个瓶；证据3第145页中间的图片；证据4的左栏上数第2行图片中最左边和最右边两个瓶以及上数第3行图片中最左边的一个瓶；请求人认为证据6中2/8页中有关90 0572.000.560型保温瓶的销售记录以及证据5

第 7 页 0572 系列保温瓶的图片证明了与本专利相同或相近似的设计在申请日前已经公开。

2006 年 9 月 29 日，请求人提交了口头审理答辩的书面提纲。

在此基础上，合议组认为当事人已经充分发表了意见，本案事实已经调查清楚，可以依法作出本决定。

二、决定的理由

根据请求人提出的无效宣告请求的理由和提交的证据，本案合议组依据专利法第 23 条对本案进行审理。

专利法第 23 条规定：授予专利权的外观设计，应当同申请日以前在国内外出版物上公开发表过或者国内公开使用过的外观设计不相同和不相近似，并不得与他人在先取得的合法权利相冲突。

1. 关于证据

证据 1 是一份德国标准，该证据 1 虽然有公证认证文件证明其真实性，但其上标有 2004 年出版，根据审查指南第二部分第三章第 2.1.3.1 节规定："印刷日只写明年月或年份的，以所写月份的最后一日或者所写年份的 12 月 31 日为公开日"，因此可以推定其公开日为 2004 年 12 月 31 日，由于该日期晚于本专利的申请日 2004 年 1 月 17 日，因此该证据不能作为本专利的在先公开出版物使用。

证据 2 是 2003 年第 12 期的《教程女性与家庭》杂志封面及第 1660 页复印件及其公证认证文件，该公证认证文件由韦尔特海姆市第二公证处证明上述复印件复印自 2003 年 11 月 28 日出版的该杂志，2003 年第 12 期，公证员为施密特博士；由莫斯巴赫地方法院院长米斯勒博士签字证明韦尔特海姆市公证处公证员的签字和印章属实，并且属于授权履行职务；由德意志联邦共和国外交部的官员内尔斯签字证明莫斯巴赫地方法院院长米斯勒博士的签字属实；再由我国驻法兰克福总领事馆认证德意志联邦共和国外交部的印章和内尔斯签字属实。由于证据 2 的公证认证文件齐备，其出版日在本专利的申请日之前，因此，证据 2 属于本专利申请日前的公开出版物，该证据 2 中的图片可以作为在先设计用来评价本专利是否符合专利法第 23 条的规定。

证据 3 是 2003 年 12 月第 12 期的《美食家》杂志封面及第 145 页复印件及其公证认证文件，该公证认证文件由韦尔特海姆市第二公证处公证上述复印件复印自 2003 年 12 月出版的该杂志，公证员为施密特博士；由莫斯巴赫地方法院院长米斯勒博士签字证明韦尔特海姆市公证处公证员的签字和印章属实，并且属于授权履行职务；由德意志联邦共和国外交部的官员内尔斯签字证明莫斯巴赫地方法院院长米斯勒博士的签字属实；再由我国驻法兰克福总领事馆认证德意志联邦共和国外交部的印章和内尔斯签字属实。由于证据 3 的公证认证文件齐备，其出版日在本专利的申请日之前，因此，证据 3 属于本专利申请日前的公开出版物，该证据 3 中的图片可以作为在先设计用来评价本专利是否符合专利法第 23 条的规定。

证据 4 是《1992 市场 & 媒体联系名册德国广告代理概貌》的封面、第 130 页、第 6 页复印件及其公证、认证文件。其国际标准刊号是"ISSN 0171-3353"；国际标准图书编号为"ISBN 3-88546-011-4"。可见，该出版物属于公开出版物。其版权页（第 6 页）记载，该出版物是 1991 年度第 24 期，推定其公开日期为 1991 年 12 月 31 日。该公证认证文件由韦尔特海姆市第二公证处公证上述复印件复印自"1992 版德国广告代理概貌"，公证员为施密特博士；由莫斯巴赫地方法院院长米斯勒博士签字证明韦尔特海姆市公证处公证员的签字和印章属实；由德意志联邦共和国外交部的官员内尔斯签字证明莫斯巴赫地方法院院长米斯勒博士的签字属实；再由我国驻法兰克福总领事馆认证德意志联邦共和国外交部的印章和内尔斯签字属实。证据 4 的公证认证文件齐备，证据 4 的其出版日在本专利的申请日之前，故证据 4 属于本专利申请日前的公开出版物，该证据 4 中的图片可以作为在先设计用来评价本专利是否符合专利法第 23 条的规定。

证据 5 是一份来自 alfi 的产品目录的封面，第 6、7 页，第 26 页和 102 页的复印件及其公证认证文件，虽然证据 5 具有公证认证文件，但在该产品目录的封面上标有 2003/2004 年，不能确认该日期是印刷日期还是出版日期，同时根据审查指南第二部分第三章第 2.1.3.1 节规定："印刷日只写明年月或年份的，以所写月份的最后一日或者所写年份的 12 月 31 日为公开日"，因此可以推定其公开日为 2004 年 12 月 31 日，由于该日期晚于本专利的申请日 2004 年 1 月 18 日，因此该证据不能适用专利法第 23 条的规定作为本案有效证据。

证据 6 是货单发票的复印件及其公证认证文件，该公证认证文件由韦尔特海姆市第二公证处公证上述复印件复印自 alfi 有限责任公司出示的 alfi 发票原件，公证员为施密特博士；由莫斯巴赫地方法院院长米斯勒博士签字证明韦尔特海姆市公证处公证员的签字和印章属实，并且属于授权履行职务；由德意志联邦共和国外交部的官员内尔斯签字证明莫斯巴赫地方法院院长米斯勒博士的签字属实；再由我国驻法兰克福总领事馆认证德意志联邦共和国外交部的印章和内尔斯签字属实。由于证据 6 的公证认证文件齐备，且专利权人对其公证书的真实性、译文的准确性均没有异议，因此，合议组认为证据 6 是真实有效的，具有证据证明效力。

证据 7 是一份德国标准复印件，其上标有 2001 年版，该证据属于域外证据，由于其没有履行公证认证手续，因此其真实性无法予以确定，故在本案中，合议组对该证据不予采信。

2. 关于专利法第 23 条

本专利的保温瓶从其主视图、左视图、右视图以及俯视图可以看出该保温瓶包括呈长圆柱形的瓶体、瓶颈、手提式把手、瓶盖和底座五个部分。瓶体的下部有一条环线，将其分为上下两层，瓶体下端有底座，且瓶体上下两端略向里收拢；瓶盖呈半圆形，通过卡子连接到瓶颈上的瓶口，瓶颈连接瓶体上端；把手的两端分别固定于瓶体中部和瓶体上部靠近瓶颈的位置，大致呈自上向下向外侧倾斜的字母"C"的形状，靠近瓶颈的把手上部向上凸起形成尖角（参见本专利附图）。

（1）关于证据 2 与本专利相对比。

请求人欲使用证据 2 第 1660 页的左下角图片中的两个瓶证明在申请日之前已有相同或相似的外观设计被公开。证据 2 的第 1660 页的左下角图片中的两个瓶，为保温瓶的外观设计，其与本专利属于同种类的产品，故可以进行如下相似性对比：

证据 2 中的保温瓶共有两个（左侧一个称在先设计 1、右侧一个称在先设计 2）。从在先设计 1 的图中可以看出其瓶体呈鼓形，中部有多条环线组成环线带，将其分为上下两层，且其上下两端圆滑地向里收拢成鼓形瓶体，把手的上端位于瓶颈部分，下端固定在瓶体中间环线的上面，瓶盖带有提手，并且把手的形状呈向斜上方拉伸的框形，瓶体底部有底座（参见证据 2，在先设计 1）。

将本专利与在先设计 1 相比可以看出，两者的整体形状不同，本专利瓶体的侧面线条为直线，整个瓶体呈圆柱体，而在先设计 1 为上下两端收拢的鼓形，其瓶体的侧面线条为圆滑的弧线设计，瓶体上端向内收拢形成瓶颈；把手的设计也不相同，本专利的把手大致呈自上而下向外侧倾斜的字母"C"的形状，仅在靠近瓶颈的把手上部向上凸起形成尖角，而在先设计 1 的把手的形状呈向斜上方拉伸的框形；此外，还存在本专利瓶体上的环线在瓶体的下端，而在先设计 1 的环线带在瓶体的中部，以及本专利的瓶盖是通过卡子连接到瓶口，而在先设计 1 的瓶盖带有提手而没有通过卡子连接到瓶口等其他区别。

本案合议组认为，本专利保温瓶与在先设计 1 由于存在瓶身线条（具体包括轮廓线和环线）的差别以及把手的不同设计，使得它们设计的视觉效果完全不同。前者造型稳重、敦实，后者造型圆润、优美。根据外观设计专利整体观察、综合对比的原则，本专利外观设计与在先设计 1 不属于相近似的外观设计。

在先设计 2 呈鼓形，中部有一条环线，将其分为上下两层，且其上下两端圆滑地向里收拢成鼓形瓶体，瓶体上端向内收拢形成瓶颈，把手的上端位于瓶颈部分，下端固定在瓶体中间环线的上方，瓶盖呈半圆形，通过卡子连接到瓶体，并且把手的形状为自上而下向内倾斜的尖角（参见证据 2，在先设计 2）。

将本专利与在先设计 2 相比可以看出，两者的整体形状不同，本专利瓶体的侧面线条为直线，整个瓶体呈圆柱体，而在先设计 2 为上下两端收拢的鼓形，其瓶体的侧面线条为圆滑的弧线设计，瓶体上端向内收凹陷并收拢形成瓶颈；把手的设计也不相同，本专利的把手大致呈自上而下向外侧倾斜的字母"C"的形状，仅在靠近瓶颈的把手上部向上凸起形成尖角，而在先设计 2 的把手的形状为自上而下向内倾斜的尖角；此外，还存在本专利瓶体上的环线在瓶体的下端，而在先设计 2 的环线在瓶体的中部，以及本专利的具有底座，而在先设计 2 没有底座等其他区别。

本案合议组认为，本专利保温瓶与在先设计 2 由于存在瓶身线条（具体包括轮廓线和环线）的差别以及把手的不同设计，使得它们设计的视觉效果完全不同。前者造型稳重、敦实，后者造型圆润、优美。根据外观设计专利整体观察、综合对比的原则，本专利外观设计与在先设计 2 不属于相近似的外观设计。

综上所述，本专利与申请日之前公开发表的证据 2 中的保温瓶外观设计不相同也不相近似。

（2）关于证据 3 与本专利相比。

请求人欲使用证据 3 第 145 页中间的图片证明在申请日之前已有相同或相似的外观设计被公开。证据 3（下称在先设计 3）中的图片中示出的保温瓶呈鼓形，中部有一条环线，将其分为上下两层，且其上下两端圆滑地向里收拢成鼓形瓶体，瓶体上端向内收拢形成瓶颈，把手的上端位于瓶颈部分，下端固定在瓶体中间环线的上面，瓶盖呈半圆形，通过卡子连接到瓶口，并且把手的形状为自上而下向内倾斜的尖角（参见在先设计 3）。

将本专利与在先设计 3 相比可以看出，两者的整体形状不同，本专利瓶体的侧面线条为直线，整个瓶体呈圆柱体，而在先设计 3 为上下两端收拢的鼓形，其瓶体的侧面线条为圆滑的弧线设计，瓶体上端向内收拢形成瓶颈；把手的设计也不相同，本专利的把手大致呈自上而下向外侧倾斜的字母"C"的形状，仅在靠近瓶颈的把手上部向上凸起形成尖角，而在先设计 3 的把手的形状为自上而下向内倾斜的尖角；此外，还存在本专利瓶体上的环线在瓶体的下端，而在先设计 3 的环线在瓶体的中部，以及本专利的具有底座，而在先设计 3 没有底座等其他区别。

本案合议组认为，本专利保温瓶与在先设计 3 由于存在瓶身线条（具体包括轮廓线和环线）的差别以及把手的不同设计，使得它们设计的视觉效果完全不同。前者造型稳重、敦实，后者造型圆润、优美。根据外观设计专利整体观察、综合对比的原则，本专利外观设计与在先设计 3 不属于相近似的外观设计。

综上所述，本专利与申请日之前公开发表的证据 3 中的保温瓶外观设计不相同也不相近似。

（3）关于证据 4 与本专利相比。

请求人欲使用证据 4 的左栏上数第 2 行图片中最左边和最右边两个瓶以及上数第 3 行图片中最左边的一个瓶证明在申请日之前已有相同或相似的外观设计被公开。

证据 4 中的保温瓶共有三个，分别是左栏上数第 2 行第 1 个图片中最左边的瓶（下称在先设计 4）、该图中最右边的瓶（下称在先设计 5）、第 3 行第 1 个图片中最左边的瓶（下称在先设计 6）。

在先设计 4 的瓶体呈鼓形，中部有多条环线组成环线带，将其分为上下两层，且其上下两端圆滑地向里收拢成鼓形瓶体，把手的上端位于瓶颈部分，下端固定在瓶体中间环线的上面，瓶盖带有提手，并且把手的形状呈向斜上方拉伸的框形，瓶体底部有底座（参见证据 4，在先设计 4）。

将本专利与在先设计4相比可以看出，两者的整体形状不同，本专利瓶体的侧面线条为直线，整个瓶体呈圆柱体，而在先设计4为上下两端收拢的鼓形，其瓶体的侧面线条为圆滑的弧线设计，瓶体上端向内收拢形成瓶颈；把手的设计也不相同，本专利的把手大致呈自上而下向外侧倾斜的字母"C"的形状，仅在靠近瓶颈的把手上部向上凸起形成尖角，而在先设计4的把手的形状呈向斜上方拉伸的框形；此外，还存在本专利瓶体上的环线在瓶体的下端，而在先设计4的环线带在瓶体的中部，以及本专利的瓶盖是通过卡子连接到瓶口，而在先设计4的瓶盖带有提手而没有通过卡子连接到瓶口等其他区别。

本案合议组认为，本专利保温瓶与在先设计4由于存在瓶身线条（具体包括轮廓线和环线）的差别，以及把手的不同设计，使得它们设计的视觉效果完全不同。前者造型稳重、敦实，后者造型圆润、优美。根据外观设计专利整体观察、综合对比的原则，本专利外观设计与在先设计4不属于相近似的外观设计。

在先设计5呈鼓形，中部有一条环线，将其分为上下两层，且其上下两端圆滑地向里收拢成鼓形瓶体，瓶体上端向内收拢形成瓶颈，把手的上端位于瓶颈部分，下端固定在瓶体中间环线的上方，瓶盖呈半圆形，通过卡子连接到瓶体，并且把手的形状为自上而下向内倾斜的尖角（参见证据4，在先设计5）。

将本专利与在先设计5相比可以看出，两者的整体形状不同，本专利瓶体的侧面线条为直线，整个瓶体呈圆柱体，而在先设计5为上下两端收拢的鼓形，其瓶体的侧面线条为圆滑的弧线设计，瓶体上端向内收拢形成瓶颈；把手的设计也不相同，本专利的把手大致呈自上而下向外侧倾斜的字母"C"的形状，仅在靠近瓶颈的把手上部向上凸起形成尖角，而在先设计5的把手的形状为自上而下向内倾斜的尖角；此外，还存在本专利瓶体上的环线在瓶体的下端，而在先设计5的环线在瓶体的中部，以及本专利的具有底座，而在先设计5没有底座等其他区别。

本案合议组认为，本专利保温瓶与在先设计5由于存在瓶身线条（具体包括轮廓线和环线）的差别以及把手的不同设计，使得它们设计的视觉效果完全不同。前者造型稳重、敦实，后者造型圆润、优美。根据外观设计专利整体观察、综合对比的原则，本专利外观设计与在先设计5不属于相近似的外观设计。

在先设计6的图片模糊、难以辨识瓶身及瓶盖部分的具体外观，合议组无法将其与本专利进行对比并得出有意义的结论。

综上所述，本专利与申请日之前公开发表的证据4中的在先设计4、5、6不相同也不相近似。

关于证据5和证据6结合证明与本专利相同或相近似的设计在申请日前已经公开

由于证据6中仅有关于0572.000.560型保温瓶的销售记录而无该型号保温瓶的图片，而证据5中仅显示了0572 000 032、0572 000 075等型号的保温瓶的外观，而并没有显示证据6中涉及的0572 000 560型保温瓶的外观，因此证据5、6无法证明alfi有限责任公司销售的0572 000 560型保温瓶的产品外观，故二者无法形成一个完整的证据链以证明与本专利保温瓶相同或相近似的保温瓶已经在申请日前被公开。

三、决定

维持200430029491.X号外观设计专利权有效。

当事人对本决定不服的，可以根据专利法第46条第2款的规定，自收到本决定之日起三个月内向北京市第一中级人民法院起诉。根据该款的规定，一方当事人起诉后，另一方当事人应当作为第三人参加诉讼。

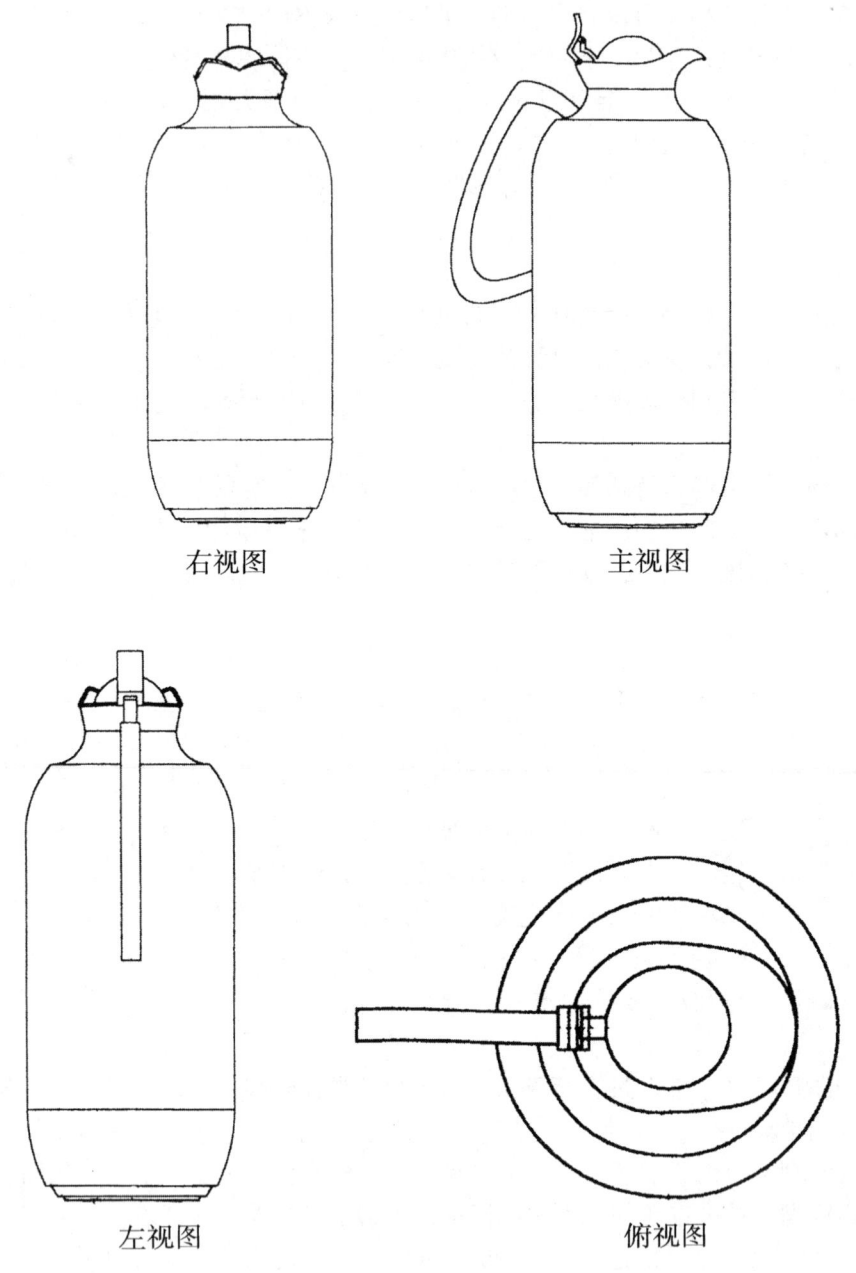

在先设计 1、2 附图　　　　　　　　在先设计 3 附图

在先设计 4 附图　　　在先设计 5 附图　　　　在先设计 6 附图

手表（XJ-701）

无效宣告请求审查决定（第 9691 号）

决 定 号	第 9691 号
决 定 日	2007 年 4 月 20 日
发明创造名称	手表（XJ-701）
外观设计分类号	10-02
无效宣告请求人	石狮市龙盛塑胶电子有限公司
专 利 权 人	李仁续
专 利 号	200530080132.1
申 请 日	2005 年 1 月 15 日
授权公告日	2005 年 9 月 7 日
合议组组长	张雪飞
主 审 员	李巍巍
参 审 员	王霞军

法 律 依 据 专利法第 23 条

决 定 要 点

对于在香港地区形成的证据，若缺少必要的有效证据证明其真实性，且专利权人又提出质疑，则其真实性不能被认定。

一、案由

本无效宣告请求涉及 2005 年 9 月 7 日国家知识产权局授权公告的 200530080132.1 号外观设计专利，其产品名称是"手表（XJ-701）"，申请日是 2005 年 1 月 15 日，专利权人是李仁续。

针对上述外观设计专利权（下称本专利），石狮市龙盛塑胶电子有限公司（下称请求人）于 2006 年 7 月 16 日向专利复审委员会提出无效宣告请求，其理由是本专利不符合专利法第 23 条的规定。请求人认为，在本专利申请日以前已有与其相近似的外观设计产品在出版物上公开发表过，并提交了如下附件作为证据：

附件 1 是 2003 年 12 月新电子《New Electronics》杂志复印件 3 页；

附件 2 是 2004 年 8 月新电子《New Electronics》杂志复印件 3 页。

专利复审委员会根据无效宣告请求审查程序的规定受理了该无效宣告请求，并于 2006 年 8 月 31 日将无效宣告请求书和证据的副本转送给专利权人，限其在指定的期限内答复。并告知专利权人如逾期不答复，不影响专利复审委员会的审理。

专利复审委员会于 2006 年 10 月 10 日收到专利权人的意见陈述书，专利权人针对无效宣告请求的理由进行了意见陈述，专利权人认为，附件 1 和附件 2 均是香港《New Electronics》杂志，其形成地在香港，请求人既未提供中文译文，也没有提供相关的公证认证文件，其上也没有印刷时间，不能证明其为本专利申请日以前的公开出版物，附件 1 和附件 2 与本专利均不具有可比性。因此，应当维持本专利有效。

专利复审委员会于 2007 年 1 月 15 日向双方当事人发出《无效宣告请求口头审理通知书》，定于 2007 年 3 月 7 日对本案进行口头审理。同日还将专利权人提交的意见陈述转送给请求人，并告知在收到通知之日起 1 个月内答复，也可以在口头审理时当庭陈述意见；期满未答复的，视为当事人已得知转送文件中所涉及的事实、理由和证据，并且未提出反对意见。

专利复审委员会于 2007 年 1 月 29 日向双方当事人发出《合议组成员告知通知书》，指出如对本案合议组人员有回避请求的，请于收到本通知之日起 7 天内提交书面请求书，逾期未答复，视为无回避请求。

口头审理如期举行，仅请求人一方委托代理人参加了口头审理，请求人对合议组成员无回避请求，专利权人在规定的期限内未对合议组成员提出回避请求。在口头审理过程中，请求人当庭放弃附件 1 作为本案的证据，提交了附件 2 的原件，同时提交了用于完善附件 2 所示在香港地区形成的证据法定形式的公证认证类证据附件如下（编号续前）：

附件 3 是中国委托公证人、香港律师汤达熙出具的"深办第 50177 号"公证文书，内含《证明书（公司注册资料证明）》1 页和全球推广有限公司的《商业登记证》复印件、《公司注册证书》复印件及《周年申报表》复印件共 12 页，证明内容为证实全球推广有限公司的注册和有关的登记信息，上述复印件与确认本相符，确认本经其查证属实，公证日期为 2006 年 10 月 18 日；

附件 4 是中国委托公证人、香港律师汤达熙出具的"深办第 50176 号"公证文书，内含《证明书》1 页、《新电子》2001 年 10 月的封面、目录页及第 74 页复印件和《新电子》2004 年 8 月的封面、目录页及部分内页复印件共 7 页，证明页中记载：随附下列之复印本与该文件原本相符，文件内容由提供文件当事人负责，公证日期为 2006 年 10 月 18 日。

请求人称虽然附件 2 是香港出版物，但经香港律师公证认证，查实了香港出版商的出版状况，因此，专利权人在意见陈述中提到的情况已不存在，该杂志可以作为公开出版物使用，请求人还认为：该杂志中所记载的 TS—5523 与本专利最为接近，证明本专利的形状、构造在本专利申请日以前已经公开，本专利的授予不符合专利法第 23 条的规定。

专利复审委员会于 2007 年 3 月 12 日将请求人在口头审理时提交的用于完善附件 2 所示在香港地区形成证据法定形式的公证认证书复印件转送给专利权人，并告知在收到通知之日起 1 个月内答复，如需查看附件 2 原件和公证认证书原件，请在该转文通知答复期限届满前，到专利复审委员会查询；期满未答复或未到专利复审委员会查询的，视为当事人已得知转送文件中所涉及的事实、理由和证据，并且未提出反对意见。

2007 年 3 月 27 日专利权人向专利复审委员会递交了意见陈述书，首先专利权人认定请求人在口头审理时提交的完善附件 2 所示在香港地区形成证据法定形式的公证认证书包括两份证明，一份为全球推广有限公司的注册资料证明；另一份为新电子杂志相关内容的证明。其次认为：（1）全球推广有限公司的注册资料证明与本案没有关联性，不予质证；（2）新电子杂志相关内容的证明书内明确提到"随附下列附件之复印本与该文件原本相符，文件内容由提供文件当事人负责。也就是说，这份证明书只能证明无效请求人所提供的复印件与其原件相符，并不能证明其原件的真实性。且附件 2 与本专利不具有可比性，应当维持本专利有效。

在口头审理和意见陈述的基础上，本案合议组经合议，认为本案事实清楚，依法作出本审查决定。

二、决定的理由

1. 法律依据

根据请求人提出的无效宣告请求的理由和提交的证据，本案合议组依据专利法第23条的规定对本案进行审理。

专利法第23条规定："授予专利权的外观设计，应当同申请日以前在国内外出版物上公开发表过或者国内公开使用过的外观设计不相同和不相近似，并不得与他人在先取得的合法权利相冲突。"

2. 证据的认定

附件1是2003年12月新电子《New Electronics》杂志复印件，该杂志为香港出版物，参照最高人民法院《关于行政证据的若干问题》第16条第2款的规定：当事人提供的中华人民共和国香港特别行政区、澳门特别行政区和台湾地区内形成的证据，应当具有按照有关规定办理的证明手续。请求人需同时提交针对该附件的公证认证材料，来证明其客观真实性。由于请求人没有提交上述公证认证材料，且专利权人对其客观真实性提出质疑，合议组认为：仅仅根据该附件1尚不能确认其客观真实性，故对该附件1合议组不予采信。

请求人提交的附件2是2004年8月新电子《New Electronics》杂志复印件，并在口头审理中提交了附件2所示刊物的原件及其公证认证材料（即附件3：中国委托公证人、香港律师汤达熙出具的"深办第50177号"公证文书，内含《证明书（公司注册资料证明）》和全球推广有限公司的《商业登记证》复印件、《公司注册证书》复印件及《周年申报表》复印件，证明内容为证实全球推广有限公司的注册和有关的登记信息，上述复印件与确认本相符，确认本经其查证属实；附件4是中国委托公证人、香港律师汤达熙出具的"深办第50176号"公证文书，内含《证明书》1页、《新电子》2001年10月的封面、目录页及第74页复印件和《新电子》2004年8月的封面、目录页及部分内页复印件共7页，证明页中记载：随附下列之复印本与该文件原本相符，文件内容由提供文件当事人负责）。针对上述附件，合议组认为：虽然请求人提交了刊物原件，具有形式上的真实性，但由于该刊物属于在香港地区形成的证据，而请求人提交的附件4所示公证文书仅证明该刊物复印件与原本相符，并未对该刊物内容的真实性作出证明，因此在专利权人对其真实性提出质疑、请求人又未提交其他证据证明其内容真实性的情况下，合议组对该刊物内容的真实性不予认定；同时请求人提交的附件3仅是对于全球推广有限公司的企业信息资料所进行的公证，与附件2所示刊物本身的真实性无关，因此也不足为证。

综上所述，请求人提交的证据均不足以支持其无效宣告请求的理由。

请求人对其提出的无效宣告请求的主张有责任提供充分的证据，如果其提供的证据不够充分，应承担其主张不能成立的法律后果。

三、决定

维持200530080132.1号外观设计专利权有效。

当事人对本决定不服的，可以根据专利法第46条第2款的规定，自收到本决定之日起三个月内向北京市第一中级人民法院起诉。根据该款的规定，一方当事人起诉后，另一方当事人应当作为第三人参加诉讼。

北京市第一中级人民法院
行政判决书

(2007) 一中行初字第 897 号

原告石狮市龙盛塑胶电子有限公司，住所地福建省石狮市灵秀镇钞坑村双龙新区华盛工业大厦。

委托代理人倪英富，福建中言律师事务所律师。

委托代理人张景华，福建中言律师事务所律师。

被告国家知识产权局专利复审委员会，住所地北京市海淀区北四环西路9号银谷大厦10~12层。

法定代表人廖涛，副主任。

委托代理人王霞军，女，国家知识产权局专利复审委员会审查员。

委托代理人高雪，女，国家知识产权局专利复审委员会审查员。

第三人李仁续，男，1957年5月25日出生，汉族，石狮市信嘉电子有限公司董事长，住福建省石狮市新源中街105号。

委托代理人刘兰，女，1961年6月4日出生，福建省泉州市文华专利代理有限公司职员，住福建省泉州市丰泽街兴业银行22楼B单元。

委托代理人赖开慧，男，1976年4月27日出生，福建省泉州市文华专利代理有限公司职员，住福建省泉州市丰泽街兴业银行22楼B单元。

原告石狮市龙盛塑胶电子有限公司不服被告国家知识产权局专利复审委员会作出的第9691号无效宣告请求审查决定（以下简称无效决定），向本院提起行政诉讼。本院受理后依法组成合议庭，根据《中华人民共和国行政诉讼法》第二十七条、《中华人民共和国专利法》（以下简称《专利法》）第四十六条第二款的规定，通知李仁续作为第三人参加诉讼。本院于2007年9月3日公开开庭审理了本案，原告的委托代理人倪英富和张景华、被告的委托代理人王霞军和高雪、第三人的委托代理人刘兰到庭参加了诉讼。本案现已审理终结。被告针对原告提出的无效请求于2007年4月20日作出无效决定，其主要内容如下：本无效宣告请求案涉及名称为"手表（XJ-701）、第200530080132.1号外观设计专利（以下简称本专利），专利权人为第三人。针对本专利，原告于2006年7月16日向被告提出无效宣告请求及相关证据。被告经审查后认为：（1）法律依据被告依据《专利法》第二十三条的规定对本案进行审理。（2）关于证据的认定原告提交的附件1是2003年12月新电子《NewElectronics》杂志复印件，该杂志为香港出版物，因原告没有提交上述公证认证材料，且第三人对其客观真实性提出质疑，仅根据附件1尚不能确认其客观真实性，故对附件1不予采信。原告提交的附件2是2004年8月新电子《New Electronics》杂志复印件，虽然原告提交了刊物原件，具有形式上的真实性，但由于该刊物属于在香港地区形成的证据，而原告提交的公证文书仅证明该刊物复印件与原本相符，并未对该刊物内容的真实性作出证明，因此在第三人对其真实性提出质疑、原告又未提交其他证据证明其内容真实性的情况下，被告对该刊物内容的真实性不予认定；同时原告提交的公证文书仅是对于全球推广有限公司的企业信息资料所进行的公证，与附件2所示刊物本身的真实性无关，因此也不足为证。（3）原告提交的证据均不足以支持其无效宣告请求的理由。被告依据《专利法》第二十三条的规定，决定维持本专利有效。被告为证明无效决定的合法性，向本院提交了下列证据，用于证明被告的审查情况：（1）专利权无效宣告请求书及其附件清单；（2）口头审理记录。原告诉称，已经发生法律效力的福建省泉州市中级人民法院（2006）泉民初字第259号民事判决确认了本专利与《New Electronics》

杂志2004年第8期93页TS-5522型手表的外观一致，本专利技术已属于公知技术；原告在本专利申请日以前已经将与本专利外观一致的M-5522型产品在网上公开展示，原告向法院提交的公证书证实了展示的情况。本专利不符合《专利法》第二十三条的规定，原告请求撤销无效决定。原告向本院提交了下列证据，用于支持其诉讼主张：（1）福建省泉州市中级人民法院（2006）泉民初字第259号民事判决书；（2）2004年第8期《New Electronics》杂志；（3）（2006）厦思证经字第438号公证书。原告在本院庭审中明确，其在无效程序中没有向被告提交过证据1、证据3。被告辩称，无效决定认定的事实清楚、适用法律正确、程序合法，被告坚持无效决定的理由，请求法院判决维持无效决定。第三人请求法院判决维持无效决定。第三人未向本院提交证据。

经庭审质证，原告对于被告提交证据1没有异议，对证据2的合法性持有异议，第三人对于被告提交的证据没有异议。对于原告提交的证据，被告及第三人认为因原告在无效程序中没有提交证据1、证据3，故该证据与本案无关，对原告提交证据2的关联性、合法性、真实性没有异议，对其证明作用持有异议。本院根据最高人民法院《关于行政诉讼证据若干问题的规定》，对当事人提交的证据认证如下：被告提交的证据符合关联性、合法性、真实性的要求，可以证明本案的相关事实，本院予以确认；原告提交的证据1、证据3，因其在无效程序中没有向被告提交，故不能作为认定被诉具体行政行为是否合法的证据，本院不予以确认；原告提交的证据2符合证据的相关要求，可以证明其在无效程序中向被告提交证据的情况，本院予以确认。

依据上述有效证据以及均无异议的当事人陈述，本院认定事实如下：

第三人于2005年1月15日向国家知识产权局申请名称是"手表（XJ-701）"的外观设计专利（即本专利），2005年9月7日授权公告，专利号为第200530080132.1号，专利权人是第三人。

针对本专利，原告于2006年7月16日向被告提出无效宣告请求，其理由是本专利不符合《专利法》第二十三条的规定。原告向被告提交了下列证据：

附件1：附件2003年12月新电子《New Electronics》杂志复印件3页；

附件2：附件2004年8月新电子《New Electronics》杂志复印件3页。

被告经形式审查合格后受理了原告提出的无效请求，并成立合议组对本无效请求案进行审理。被告向原告和第三人送达了《无效宣告请求口头审理通知书》，并将《专利权无效宣告请求书》及其附件副本及第三人的意见陈述书分别转送给第三人和原告。

2007年3月7日进行了口头审理，仅原告参加了口头审理。在口头审理过程中，原告当庭放弃附件1作为本案的证据，提交了附件2的原件，同时提交了用于完善附件2所示在香港地区形成的证据法定形式的公证认证类证据附件如下（编号续前）：

附件3：中国委托公证人、香港律师汤达熙出具的"深办第50177号"公证文书，内含《证明书（公司注册资料证明）》1页和全球推广有限公司的《商业登记证》复印件、《公司注册证书》复印件及《周年申报表》复印件共12页，证明内容为证实全球推广有限公司注册和有关的登记信息，上述复印件与确认本相符，确认本经其查证属实，公证日期为2006年10月18日；

附件4：中国委托公证人、香港律师汤达熙出具的"深办第50176号"公证文书，内含《证明书》1页、《新电子》2001年10月的封面、目录页及第74页复印件和《新电子》2004年8月的封面、目录页及部分内容复印件共7页，证明页中记载：随附下列之复印本与该文件原本相符，文件内容由提供文件当事人负责，公证日期为2006年10月18日。

被告经审查后作出无效决定，维持本专利有效。原告不服无效决定，向本院提起行政诉讼。另，原告在本院庭审中明确：对于无效决定案由部分载明的事实、审查程序以及理由部分关于法律依据部分没有异议。

本院认为：根据《专利法》第四十六条第一款的规定，被告具有受理无效请求和作出无效决定的法定职权。经各方当事人确认，本案的争议焦点是被告对本案证据附件2的认定是否正确。

原告提交的附件2是2004年8月新电子《New Electronics》杂志复印件，原告在口头审理中提交了附件2所示刊物的原件及其公证认证材料。根据深办第50177号、第50176号公证文书，公证机关公证的内容仅涉及全球推广有限公司的商业登记材料、以及《新电子》刊物复印本与该文件原本相符，且注明文件内容由提供文件当事人负责。基于专利权人（即第三人）在无效程序中针对《新电子》的真实性提出异议，原告未能就该刊物本身的真实性提交相关证据，因此，被告对该证据未予认定的结论正确，本院应予支持。

被告作出的无效决定认定事实清楚，适用法律正确，程序合法。原告的诉讼请求缺乏事实和法律依据，本院不予支持。据此，本院依照《中华人民共和国行政诉讼法》第五十四条第（一）项的规定，判决如下：

维持被告国家知识产权局专利复审委员会于二〇〇七年四月二十日作出的第9691号无效宣告请求审查决定。

案件受理费100元，由原告石狮市龙盛塑胶电子有限公司负担（已交纳）。

如不服本判决，可在本判决书送达之日起15日内向本院递交上诉状，并按对方当事人人数提交副本，上诉于北京市高级人民法院。

审　判　长　齐　莹
代理审判员　乔　军
代理审判员　张靛卿
二〇〇七年九月二十七日
书　记　员　张　涵

包装盒（肾宝糖浆）

无效宣告请求审查决定（第9692号）

决 定 号	第9692号
决 定 日	2007年4月23日
发明创造名称	包装盒（肾宝糖浆）
外观设计分类号	09-03
无效宣告请求人	江西汇仁药业有限公司
专 利 权 人	熊志刚
专 利 号	200530026384.6
申 请 日	2005年8月1日
授权公告日	2006年6月28日
合议组组长	张雪飞
主 审 员	徐清平
参 审 员	王霞军
附 图	1页
法 律 依 据	专利法第23条

决 定 要 点

本专利与在先设计所示包装盒均采用了长方形条带图案和半圆形图案、基本相同的变体文字和背景文字图案、基本相同的色彩搭配设计和整体构图，所形成的具有醒目视觉效果的主体设计是相近似的，而其他部分文字排列的不同、顶面设计上的差异对主体设计视觉效果不具显著影响，因此，二者整体视觉效果相近似，其属于相近似的外观设计。

一、案由

本无效宣告请求涉及的是国家知识产权局于2006年6月28日授权公告的200530026384.6号外观设计专利，使用该外观设计的产品名称为"包装盒（肾宝糖浆）"，申请日是2005年8月1日，专利权人是熊志刚。

针对上述专利权（下称本专利），江西汇仁药业有限公司（下称请求人）于2006年8月30日向专利复审委员会提出无效宣告请求，其依据的事实和理由是：本专利包装盒外观设计在申请日之前已于国内公开使用过，并且与请求人的01319211.6号外观设计专利相同，因此，本专利不符合专利法第23条的规定。请求人同时提交了如下附件作为证据：

附件1：01319211.6号外观设计专利证书复印件1页及"肾宝合剂"包装盒实物1个。

专利复审委员会经形式审查合格受理了该无效宣告请求，并于 2006 年 11 月 1 日将无效宣告请求书及其附件的副本转送给专利权人，要求其在指定期限内陈述意见。

专利权人逾期未作答复。

针对本专利，请求人于 2007 年 1 月 26 日再次提出无效宣告请求，其依据的事实和理由是：在本专利申请日之前，江西禹欣药业有限公司的产品上已经使用了本专利外观设计，并在国内市场上公开销售，因此，本专利不符合专利法第 23 条的规定。请求人同时提交了如下附件作为证据：

附件 A：江西禹欣药业有限公司的民事答辩状复印件 1 份；

附件 B：江西省南昌市中级人民法院"（2006）洪民三初字第 13 号"民事调解书复印件 1 份；

附件 C：编号为 00365721 的辽宁省丹东市商业货物销售剪贴发票复印件 1 张；

附件 D：本专利专利证书复印件、公报复印件共 5 页。

专利复审委员会经形式审查合格受理了该无效宣告请求，并于 2007 年 2 月 12 日将无效宣告请求书及其附件的副本转送给专利权人，要求其在指定期限内陈述意见。

专利权人逾期未作答复。

专利复审委员会成立合议组对上述两次无效宣告请求合并审理，于 2007 年 3 月 1 日向专利权人发出无效宣告请求审查通知书，随通知将 01319211.6 号外观设计专利的公报复印件转送给专利权人，要求其结合请求人的无效宣告请求理由在指定期限内陈述意见，未作答复的视为已得知所转送的文件、理由和事实，并且未提出反对意见。同日分别向双方发出合议组成员告知通知书。

专利权人逾期未作答复，双方均未对合议组成员提出回避请求。

合议组经合议，认为本案事实清楚，依法作出本审查决定。

二、决定的理由

基于请求人提出无效宣告请求所依据的事实和理由，合议组对本专利是否符合专利法第 23 条的规定进行审查。专利法第 23 条规定：授予专利权的外观设计，应当同申请日以前在国内外出版物上公开发表过或者国内公开使用过的外观设计不相同和不相近似，并不得与他人在先取得的合法权利相冲突。

请求人提交的作为证据的附件 1 包括 01319211.6 号外观设计专利证书复印件，合议组在审理过程中已将所述专利的公报复印件转送给专利权人，该专利授权公告日为 2002 年 1 月 23 日，即在本专利申请日之前，其使用外观设计的产品名称为"包装盒（肾宝）"，经合议组核实，该专利确系本专利申请日之前公开发表的外观设计（下称在先设计），可作为判断本专利是否符合专利法第 23 条规定的证据。

在先设计为"包装盒"的外观设计，与本专利使用外观设计的产品属相同种类的产品，故对二者外观设计作如下对比：

本专利包括主视图、左视图、右视图、俯视图，后视图与主视图相同，仰视图无设计要点，省略后视图和仰视图，请求保护的外观设计包含有色彩。所示包装盒为长方体，盒正面背景图为：左侧竖向长方形条带图案、向右与一大一小两半圆形图案相接一体，右侧均布竖向排列的"shenbao"较小文字，其色彩为从左侧红色向右侧黄色渐变过渡；在背景图案上嵌有竖向排列的较大的"shenbao"变体文字和"肾宝糖浆"文字，左顶部和右底部有较小横向排列的文字；盒顶面下部为横向长方形条带图案、向上与半圆形图案相接一体，上部背景图案中均布横向排列的"shenbao"较小文字，其色彩为从下部红色向上部黄色渐变过渡，在以上背景图案上嵌有横向排列的较大的"shenbao"变体文字和"金禹欣"文字；盒左、右侧面为红色底色，其上有若干行细小的说明性文字和条形码图案（详见本专利附图）。

在先设计包括主视图、左视图、右视图、俯视图，后视图与主视图相同，仰视图无图案，省略后视图和仰视图，请求保护的外观设计包含有色彩。所示包装盒为长方体，盒正面背景图为：左侧竖向长方形条带图案、向右与较大半圆形图案相接一体，右侧均布竖向排列的"shenbao"较小文字，其色彩为从左侧红色向右侧黄色渐变过渡；在背景图案上嵌有竖向排列的较大的"shenbao"变体文字和"汇仁"、"肾宝"文字图案，左上部和右底部分别有较小竖向、横向排列的文字；盒顶面均布竖向排列的"shenbao"较小黄色文字，中上部有红色半圆形图案并嵌有"肾宝"文字，其下为横向排列的较大的"shenbao"变体文字，及一行较小文字；盒左、右侧较正面除无"汇仁"文字图案外其余与正面设计基本相同（详见在先设计附图）。

将本专利与在先设计相比较，二者所示包装盒在图案设计均采用了长方形条带图案与半圆形图案相接一体、均布竖向排列的"shenbao"较小文字、相同的"shenbao"变体文字，其文字图案整体构图基本相同，色彩设计上均采用从红色向黄色渐变过渡的主体色彩；二者不同之处主要在于，所述半圆形图案本专利为一大一小组合，在先设计仅一个较大半圆形图案与长方形条带图案相接，二者具体文字内容有所不同，部分文字排列不同，在顶面设计上在先设计无相应长方形条带图案。合议组认为：本专利醒目视觉效果在于其长方形条带图案与半圆形图案相接一体、均布排列的"shenbao"较小文字、"shenbao"变体文字及其红色、黄色渐变过渡色彩设计，在先设计虽无较小的半圆形图案，但所述较大的半圆形图案与相同的长方形条带图案相结合的视觉效果相近，同时如前述二者所采用的"shenbao"较小文字、"shenbao"变体文字及色彩搭配、整体构图基本相同，二者在所述具醒目视觉效果的主体设计是相近似的，而其他部分文字排列的不同、顶面设计上的差异对主体设计视觉效果不具显著影响；二者具体文字内容字意的不同在外观设计对比中不作考虑；虽然本专利左右视图无相应图案设计，但主视图、后视图上述相近似设计已使得二者具有相近似的整体视觉效果，因此，二者属于相近似的外观设计。

综上所述，本专利与其申请日前授权公告的外观设计专利所示包装盒外观设计相近似，因此，本专利不符合专利法第23条的规定。

鉴于上述已得出本专利不符合专利法第23条规定的结论，本决定对请求人提出的其他理由和证据不作评述。

三、决定

宣告200530026384.6号外观设计专利权全部无效。

当事人对本决定不服的，可以根据专利法第46条第2款的规定，自收到本决定之日起三个月内向北京市第一中级人民法院起诉。根据该款的规定，一方当事人起诉后，另一方当事人应当作为第三人参加诉讼。

 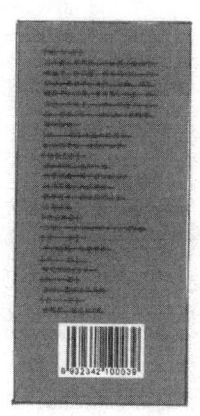 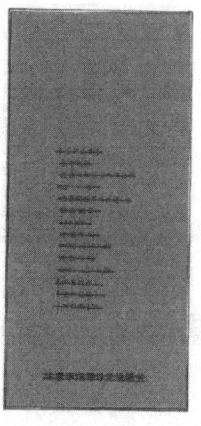 

主视图　　　左视图　　　右视图　　　俯视图

本专利

主视图　　　左视图　　　右视图　　　俯视图

在先设计

包装桶（三）

无效宣告请求审查决定（第9696号）

决 定 号	第9696号
决 定 日	2007年4月24日
发明创造名称	包装桶（三）
外观设计分类号	09-02
无效宣告请求人	壳牌统一（北京）石油化工有限公司
专 利 权 人	李 丽
专 利 号	200530137449.4
申 请 日	2005年11月12日
授权公告日	2006年9月13日
合议组组长	张跃平
主 审 员	徐清平
参 审 员	周 佳
附 图	1页

法 律 依 据 专利法第23条

决 定 要 点

本专利与在先设计所示包装桶的整体造型、桶把手部分的凹陷和镂空设计、桶口与桶体的搭配组合设计具有醒目的视觉效果，其与在先设计在这些主体设计所形成的整体视觉效果上极相近似，而其不同之处对整体设计影响甚微，因此，二者属于相近似的外观设计。

一、案由

本无效宣告请求涉及的是国家知识产权局于2006年9月13日授权公告的200530137449.4号外观设计专利，使用该外观设计的产品名称为"包装桶（三）"，申请日是2005年11月12日，专利权人是李丽。

针对上述专利权（下称本专利），壳牌统一（北京）石油化工有限公司（下称请求人）于2006年11月16日向专利复审委员会提出无效宣告请求，其依据的事实和理由是：本专利与其申请日前在先授权公告的外观设计专利所示塑桶外观设计相近似，具体对比可见二者整体构思及造型设计基本相同，二者的不同点在于桶口与桶盖的区别，但该不同点不足以对二者的整体外观设计构成显著差别；

因此，本专利不符合专利法第23条的规定。请求人同时提交了如下附件作为证据：

附件1：200530000902.7号外观设计专利的公报复印件1页；

附件2：本专利公报复印件1页。

专利复审委员会经形式审查合格受理了该无效宣告请求，并于2006年12月29日将无效宣告请求书及其附件的副本转送给专利权人，要求其在指定期限内陈述意见。

专利权人逾期未作答复。

专利复审委员会成立合议组对本案进行审理，于2007年3月8日分别向请求人和专利权人发出合议组成员告知通知书，告知其合议组成员；又于2007年3月22日分别向双方发出合议组成员告知通知书，告知其变更后的合议组成员；双方均逾期未对合议组成员提出回避请求。

合议组经合议，认为本案事实清楚，依法作出本审查决定。

二、决定的理由

基于请求人提出无效宣告请求所依据的事实和理由，合议组对本专利是否符合专利法第23条的规定进行审查。

专利法第23条规定：授予专利权的外观设计，应当同申请日以前在国内外出版物上公开发表过或者国内公开使用过的外观设计不相同和不相近似，并不得与他人在先取得的合法权利相冲突。

请求人提交的作为证据的附件1是200530000902.7号外观设计专利的公报复印件，所示专利授权公告日为2005年8月24日，使用外观设计的产品名称为"塑桶（44）"，经合议组核实，该复印件所示内容属实，其公告日在本专利申请日之前，确系本专利申请日之前公开发表的外观设计（下称在先设计），可作为认定本专利是否符合专利法第23条规定的证据。

在先设计为"塑桶"的外观设计，与本专利使用外观设计的产品"包装桶"属相同种类的产品，故对二者外观设计作如下对比：

本专利视图包括主视图、后视图、左视图、右视图、仰视图和俯视图，后视图与主视图对称，省略后视图。所示包装桶包括桶体、把手、桶口等组成部分，其桶体整体外形类似直角扇形体，在靠近弧形边设有弧形凹陷和倒圆角长条形镂空，由此形成把手，桶体侧面、顶面均呈类似倒圆角弧形面，桶体顶部为略凸出的圆形桶口并带有桶盖（详见本专利附图）。

在先设计视图包括六面正投影视图。所示塑桶包括桶体、把手、桶口等组成部分，其桶体整体外形类似直角扇形体，在靠近弧形边设有弧形凹陷和倒圆角长条形镂空，由此形成把手，桶体侧面、顶面均呈类似倒圆角弧形面，桶体顶部为略凸出的圆形桶口，桶口下部的桶体部分有略凹陷区域（详见在先设计附图）。

将本专利与在先设计相比较，二者所示包装桶或塑桶的不同之处主要在于其桶口形状有所不同且在先设计无桶盖，本专利无在先设计桶口下部的略凹陷区域设计，二者桶侧面、顶面的倒圆角弧形面的弧度有所不同；除此之外，二者的整体造型及各组成部分设计及其比例位置关系基本相同。合议组认为，对于一般消费者而言，本专利包装桶的整体造型、桶把手部分的凹陷和镂空设计、桶口与桶体的搭配组合设计具有醒目的视觉效果，其与在先设计在这些主体设计所形成的整体视觉效果上极相近似，而上述不同之处为局部差异或细微不同，其对整体设计影响甚微，因此，二者属于相近似的外观设计。

综上所述，本专利的包装桶与其申请日前授权公告的外观设计专利所示塑桶外观设计相近似，因此，本专利不符合专利法第23条的规定。

三、决定

宣告 200530137449.4 号外观设计专利权全部无效。

当事人对本决定不服的，可以根据专利法第 46 条第 2 款的规定，自收到本决定之日起三个月内向北京市第一中级人民法院起诉。根据该款的规定，一方当事人起诉后，另一方当事人应当作为第三人参加诉讼。

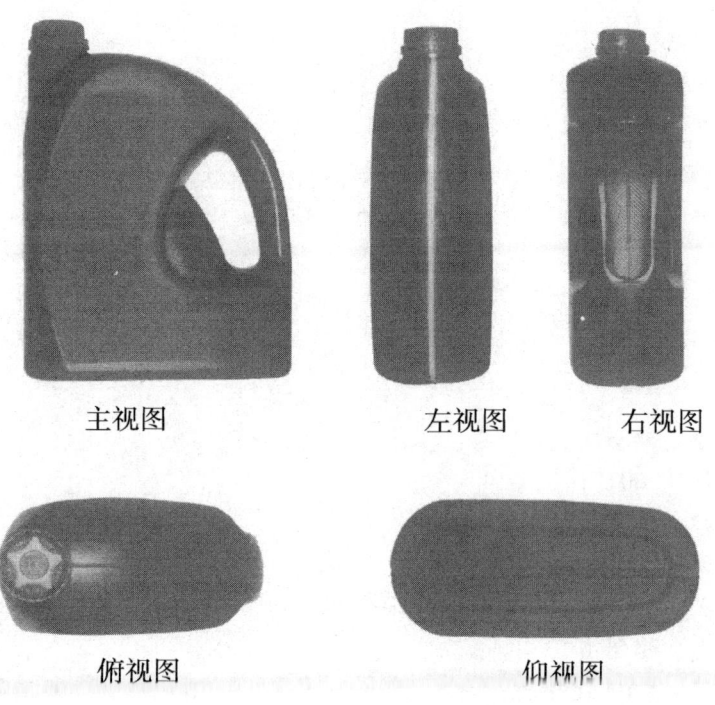

主视图　　　　左视图　　　右视图

俯视图　　　　　　　仰视图

本专利

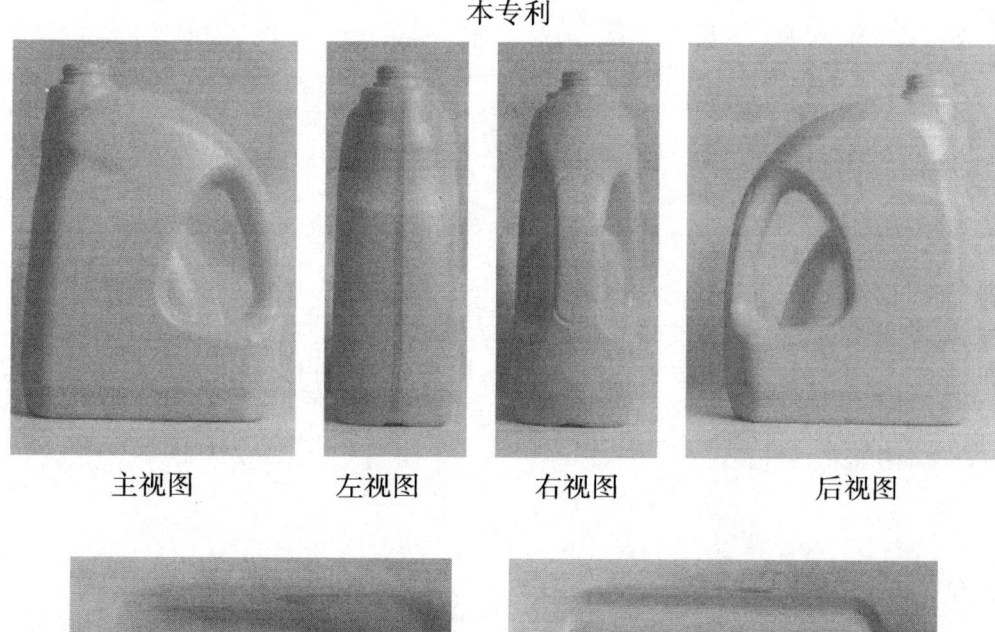

主视图　　　左视图　　　右视图　　　后视图

俯视图　　　　　　　仰视图

在先设计

茶叶罐

无效宣告请求审查决定（第 9697 号）

决　　定　　号　　第 9697 号
决　　定　　日　　2007 年 4 月 24 日
发 明 创 造 名 称　　茶叶罐
外 观 设 计 分 类 号　　07-01
无 效 宣 告 请 求 人　　浙江荣盛达锡制品有限公司，永康市方泰锡制工艺品有限公司
专　利　权　人　　谢伟杰
申　　请　　号　　200430008065.8
申　　请　　日　　2004 年 4 月 9 日
授 权 公 告 日　　2004 年 11 月 3 日
合 议 组 组 长　　徐清平
主　　审　　员　　王霞军
参　　审　　员　　钟华
附　　　　　图　　2 页

法　律　依　据　　专利法第 23 条
决　定　要　点

本专利和在先设计比较，虽然茶叶罐的罐体形状均有正六棱柱体设计，但由于罐体上下端部位形状及表面图案设计区别明显，从而导致本专利与在先设计外观产生了显著不同的视觉印象，因此，二者属于不相同且不相近似的外观设计。

一、案由

本无效宣告请求案涉及的是国家知识产权局于 2004 年 11 月 3 日授权公告的，名称为"茶叶罐"的外观设计专利（下称本专利），其申请号是 200430008065.8，申请日是 2004 年 4 月 9 日，专利权人是谢伟杰。

针对上述专利权，浙江荣盛达锡制品有限公司（下称请求人1）于 2006 年 8 月 8 日向专利复审委员会提出无效宣告请求，其理由是：本专利不符合专利法第 23 条的规定。与此同时，请求人提交了如下附件作为证据：

附件 1：本专利公报复印件；
附件 2：03343398.4 号外观设计专利公报复印件；
附件 3：浙江武义心连心工艺厂《锡工艺》产品宣传册和《君子之风》宣传册复印件共 7 页；

附件4：《国际礼品百货》产品广告册复印件3页；

附件5：《石涛画集》复印件2页。

请求人1认为附件2至附件4证明在本专利申请日前已有与本专利相同或相近似产品在出版物上公开发表，附件3还证明在先公开使用过，附件5证明专利权人未经著作权人许可私自将由荣宝斋出版社摄影和汇编的"临风长啸图"置于本专利产品上，不符合专利法第23条关于授予专利权的外观设计不得与他人在先取得的合法权利相冲突的规定。

经形式审查合格，专利复审委员会于2006年8月8日受理了上述无效宣告请求，并将无效请求书及相关材料转送给专利权人。

针对上述专利权，永康市方泰锡制工艺品有限公司（下称请求人2）于2006年8月18日向专利复审委员会提出无效宣告请求，其理由和证据与请求人1相同。

经形式审查合格，专利复审委员会于2006年9月8日受理了上述无效宣告请求，并将无效请求书及相关材料转送给专利权人。

专利权人于2006年10月13日针对请求人1和请求人2提交的无效宣告请求书进行了答复。专利权人认为：附件2所示外观设计产品形状与本专利不同，而且产品上没有任何图案，本专利六面视图有多种不同的图案；附件3宣传册上没有出版时间；针对附件4专利权人没有看到与本专利相同和相近似的产品，针对附件5请求人1和请求人2均没有提出具有法律依据的他人具有著作权的证据，专利权人的外观设计中使用的清代画家石涛的"临风长啸图"等中国名画是博物馆的藏品，但清代画家石涛已经去世282年，根据我国的著作权法的规定，著作权人可以在去世后的50年内享有其著作权，专利权人的外观设计中使用的清代画家石涛的"临风长啸图"等中国名画是人类共有财产，本专利权人没有侵犯他人的著作权。本专利的授予符合专利法第23条的规定。

专利复审委员会于2006年12月29日向各方当事人发出《无效宣告请求口头审理通知书》，定于2007年2月8日举行口头审理。同日，将专利权人的意见陈述书转给请求人1和请求人2。

口头审理如期举行，各方当事人均委托代理人参加了审理，请求人1和请求人2委托同一代理人出席口头审理，陈述意见相同（下将请求人1和请求人2统称请求人）。双方对对方参加口头审理人员的身份和资格没有异议，对合议组成员变更无异议，没有回避请求。请求人当庭提交了附件3、附件4、附件5证据的原件，并指认了附件3、附件4宣传册中与本专利相近似的产品图片，专利权人对请求人提交的证据进行质证，对请求人提交的附件2至附件5证据真实性没有异议，但认为附件3产品说明书没有日期，不能证明该说明书公开发表的时间，附件2、附件4宣传册中的产品外观设计与本专利外观设计不相同也不相近似，各方当事人坚持原有观点。

合议组认为本案事实清楚，可以依法作出审查决定。

二、决定的理由

基于请求人提出的无效宣告请求理由，合议组对本专利是否符合专利法第23条的规定进行审查。

专利法第23条规定：授予专利权的外观设计，应当同申请日以前在国内外出版物上公开发表过或者国内公开使用过的外观设计不相同和不相近似，并不得与他人在先取得的合法权利相冲突。

专利法实施细则第65条第2款规定：以授予专利权的外观设计与他人在先取得的合法权利相冲突为理由请求宣告外观设计专利权无效，但是未提交生效的能够证明权利冲突的处理决定或者判决的，专利复审委员会不予受理。

1. 证据认定

请求人提交的附件2是国家知识产权局于2004年1月7日授权公告的、专利号是03343398.4外观设计专利公报复印件（下称在先设计1），经合议组核实复印件与原件相符，其真实性可以确认。

在先设计1与本专利的外观设计产品均为茶叶罐，其用途相同，二者具有可比性，可以进行相近似比较。

请求人提交的附件3是浙江武义心连心工艺厂出版的名称为《锡工艺》茶叶罐宣传单和名为《君子之风》的宣传册复印件，口头审理当庭提交了附件3两本宣传册的原件，但两本宣传单上均没有印制出版日期，合议组认为，宣传单上没有印刷时间，无法确定其公开发表日期，该证据不属专利法第23条规定的在本专利申请日前公开的出版物，附件3不能作为本专利的对比文件使用，同样也不能证明有关在先公开使用的事实。

请求人提交的附件4是一本《国际礼品百货》杂志复印件，口头审理当庭提交了整本杂志的原件，专利权人对其真实性没有异议。该杂志的封页上印有"2003年11月"，目录页上印有"中国发行：中国图书进出口广州公司"字样，可以确认该杂志是在本专利申请日前（2004年4月9日）在国内公开发行，属于专利法第23条规定的出版物，请求人当庭指认在杂志的第1页标注"宁波风光"字样的茶叶罐图片（下称在先设计2）与本专利相近似，在先设计2与本专利的外观设计产品均为茶叶罐，其用途相同，属于同类产品，在外观设计相近似判断中具有可比性，可以作为对比文件适用本案。

请求人提交的附件5是《石涛画集》复印件2页，口头审理当庭提交了整本原件。请求人提交该证据欲证明本专利与他人在先取得的合法权利相冲突，根据专利法实施细则第65条第2款规定，请求人未提交生效的能够证明权利冲突的处理决定或者判决的，专利复审委员会不予受理，因此，合议组不予审理该项无效宣告请求的理由。

2. 相近似比较

本专利公开了产品6面视图，如图所示，本专利茶叶罐的罐体形状为正六棱柱体，罐盖类似扁圆柱体，罐体六个面均设计为四角内向呈圆弧形的边框，每个框内均有一幅浮雕名画或题词，每幅画的下方均有一横框注有画名，罐体底座呈两阶梯状向外延伸（详见本专利附图）。

在先设计1公开产品4幅视图，如图所示，在先设计1茶叶罐的罐体形状为正六棱柱体，罐盖类似扁圆柱状，罐体的上端和下端呈台阶状向外凸出，使罐体中部缩进呈正六棱体形状，罐体底座呈两阶梯状向外延伸（详见在先设计1附图）。

在先设计2公开产品立体图，如图所示，在先设计2茶叶罐的罐体形状为正六棱柱体，罐盖类似扁圆柱状，罐体的上端和下端呈台阶状向外凸出，使罐体中部缩进呈正六棱体形状，每个面长方框里为浮雕宁波风光图案，罐体底座呈两阶梯状向外延伸（详见在先设计2附图）。

将本专利与在先设计1进行比较，二者相同点是罐体的整体形状均为正六棱柱体，罐盖类似扁圆柱体，罐体底座呈两阶梯状向外延伸。其主要不同点是：罐体上下端形状、罐体表面图案不同，本专利罐体上下平整，每个面上均镶嵌着边框，框内雕刻有中国名画或题词，而在先设计1罐体上、下两端呈阶台状向外凸出，仅在罐体中部呈六棱体形状，罐体表面无图案。合议组认为，从整体观察，虽然二者罐体形状均有正六棱柱体设计，但本专利罐体表面上下贯通平整，在先设计1罐体中部凹进，罐体形状设计区别明显，罐体表面有无图案明显不同，从而导致二者的整体外观产生了明显不同的视觉印象，二者属于不相同且不相近似的外观设计。

将本专利与在先设计2进行比较，在先设计2的整体形状与在先设计1基本相同，因此，可直接得出本专利与在先设计2的整体形状不相同且不相近似。虽然本专利与在先设计2罐体表面均雕刻有图案，但二者图案内容差别明显，本专利为中国名画或题词，而在先设计2为宁波风光图案。合议组认为，二者形状和图案的差别对于产品外观设计的整体视觉效果具有显著的影响。因此，本专利与在先设计2外观设计也不相同且不相近似。

综上所述，请求人提交的所有证据均不能支持其主张，其无效宣告请求不成立。

三、决定

维持 200430008065.8 号外观设计专利有效。

当事人对本决定不服的，可以根据专利法第 46 条第 2 款的规定，自收到本决定之日起三个月内向北京市第一中级人民法院起诉。根据该款的规定，一方当事人起诉后，另一方当事人应当作为第三人参加诉讼。

主视图

后视图

左视图

右视图

俯视图

仰视图

本专利附图

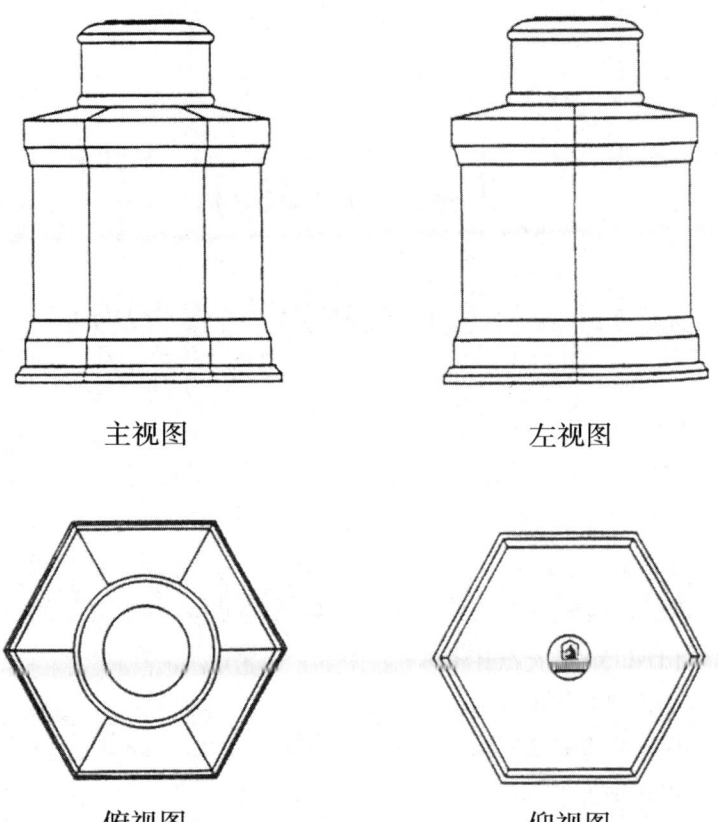

主视图　　　　　　　　左视图

俯视图　　　　　　　　仰视图

在先设计附图1

在先设计附图2（宁波风光）

1673

头盔（FF336）

无效宣告请求审查决定（第 9698 号）

决 定 号	第 9698 号
决 定 日	2007 年 4 月 23 日
发明创造名称	头盔（FF336）
外观设计分类号	02-03
无效宣告请求人	佛山市南海区九江佳德士头盔有限公司
专 利 权 人	江门市鹏程头盔有限公司
专 利 号	200530050751.6
申 请 日	2005 年 1 月 25 日
授 权 公 告 日	2005 年 11 月 2 日
合 议 组 组 长	张雪飞
主 审 员	徐清平
参 审 员	王霞军
附 图	2 页

法 律 依 据 专利法第 23 条

决 定 要 点

本专利与在先设计所示头盔虽存在相同的组成部分，但在正面各部位的具体外观设计上存在明显差别，二者在整体造型上因下巴位形状的不同而形成的前部圆滑和尖突造型亦差别明显，在图案设计上，本专利遍布盔体表面的图案亦具有醒目的视觉效果，相对于在先设计无图案设计差别明显。因此，二者整体视觉效果差别显著，其属于不相同且不相近似的外观设计。

一、案由

本无效宣告请求涉及的是国家知识产权局于 2005 年 11 月 2 日授权公告的 200530050751.6 号外观设计专利，使用该外观设计的产品名称为"头盔（FF336）"，申请日是 2005 年 1 月 25 日，专利权人是江门市鹏程头盔有限公司。

针对上述专利权（下称本专利），佛山市南海区九江佳德士头盔有限公司（下称请求人）于 2006 年 11 月 3 日向专利复审委员会提出无效宣告请求，其依据的事实和理由是：本专利与其申请日前出版物上公开发表的在先外观设计相近似，具体对比可见二者所示头盔均沿用了惯常的大包围盔体设计，其形状相近似，均设有大小相近的视窗口并装置了可活动的透明遮护镜，并在视窗口下方开设了进气口，在进气口设置了隔网，二者盔体顶部凸起部的位置及形状、凸起部进气口的位置及形状、盔体后端部凸肋和出气口的数量及设置方式均相同，故二者在形状上是相近似的；对于本专利盔体表面的图案和色彩，由于各生产厂家为吸引消费者均会在头盔上附上各式各样、绚丽夺目的图案和色彩，这反而会引起一般消费者对头盔上图案和色彩产生视觉疲劳；而头盔的进气口、出气口为惯常且必须的结构设计，视窗口和遮护镜的形状亦为惯常设计，不会引起一般消费者注意；故从整体观察本专利与在先设计构成相近似。因此，本专利不符合专利法第23条的规定。请求人同时提交了如下附件作为证据：

附件1：美国D499，213S号外观设计专利公报复印件8页。

经形式审查合格，专利复审委员会受理了该无效宣告请求，并于2006年11月3日将无效宣告请求书及其附件的副本转送给专利权人，要求其在指定期限内陈述意见。

专利权人逾期未作答复。

2006年12月1日请求人补充提交了意见陈述，请求人认为：其补充提交的证据可证明本案外观设计产品上某些设计是头盔类产品公认惯常设计，即本专利产品的遮护镜形状设计、盔体前端部的下巴位形状设计和下巴位进气口的半月形设计均为惯常设计，故在将本专利与附件1所示外观设计对比时，一般消费者不会考虑上述惯常设计，其差别对于产品外观设计的整体视觉效果不具显著影响，二者属于相近似的外观设计；同时坚持原书面意见陈述观点。请求人补充提交的证据如下（编号续前）：

附件2：附件1所示专利公报的部分内容中文译文1页；

附件3：《大众汽车摩托车版》2004年5月号相关页复印件4页；

附件4：《大众汽车摩托车版》2004年11月号相关页复印件5页；

附件5：《中国机械》摩托版2003年12月号第24期相关页复印件3页；

附件6：《中国机械》摩托版2004年11月号第21期相关页复印件3页；

附件7：香港《劲车誌》2001年8月第115期相关页复印件7页。

专利复审委员会成立合议组对本案进行审理，于2007年1月12日向请求人和专利权人发出口头审理通知书，定于2007年3月13日对本案进行口头审理。同时将上述请求人的补充意见陈述及其附件的副本转送给专利权人。

口头审理如期举行，请求人和专利权人均委托代理人参加了审理。双方对对方参加口头审理人员的身份和资格没有异议，对合议组成员没有回避请求。双方对请求人提交的证据进行了质证，对本案无效宣告请求理由是否成立充分陈述了意见，调查内容主要如下：（1）请求人当庭提交了盖有"广东省专利信息中心检索专用章"的附件1所示专利公报复印件，合议组当庭将其转给专利权人，请求人同时当庭提交了附件3至附件7的原件，并陈述其中附件7为香港地区形成的证据；专利权人当庭核实上述证据，对于附件7的真实性有异议，理由是其作为香港形成的证据请求人未进行相关公证认证，对附件1、附件3至附件6的真实性无异议，对附件2的所示译文内容无异议，并认可附件1属于本专利申请日前的公开出版物。（2）请求人当庭指定了附件3至附件5中的具体外观设计图片，用以证明头盔相关部分为惯常设计，以说明附件1与本专利外观设计相近似，并确认附件3至附件7不作单独证明本专利不符合专利法第23条规定的证据，对于附件6和附件7没有指出可支持其主张的具体外观设计图片；专利权人认为请求人的该主张不能成立。（3）双方将本专利与附件1所示外观设计进行了详细对比，专利权人还提出附件1所示专利分类号与本专利不同，二者产品类别不同，其不具可比性。

经过上述审理，合议组经合议，认为本案事实清楚，依法作出本审查决定。

二、决定的理由

1. 法律依据

基于请求人提出无效宣告请求所依据的事实和理由，合议组对本专利是否符合专利法第23条的规定进行审查。专利法第23条规定：授予专利权的外观设计，应当同申请日以前在国内外出版物上公开发表过或者国内公开使用过的外观设计不相同和不相近似，并不得与他人在先取得的合法权利相冲突。

2. 证据认定

请求人提交的附件1是美国D499，213S号外观设计专利公报复印件，口头审理中提交了盖有"广东省专利信息中心检索专用章"的附件1所示专利公报复印件，附件2是该专利公报的部分内容中文译文，所示外观设计专利的公告日为2004年11月30日，其外观设计产品名称为"带遮护的头盔"，国际外观设计分类号为09-03；专利权人对所述证据的真实性无异议，合议组对其予以采信，该专利的公告日在本专利申请日之前，确系本专利申请日之前公开发表的外观设计，可作为认定本专利是否符合专利法第23条规定的证据。

请求人提交的附件3是《大众汽车摩托车版》2004年5月号相关页复印件，附件4是《大众汽车摩托车版》2004年11月号相关页复印件，附件5是《中国机械》摩托版2003年12月号第24期相关页复印件，附件6是《中国机械》摩托版2004年11月号第21期相关页复印件，并在口头审理中分别提交了其原件，专利权人对上述证据的真实性无异议，合议组对所述证据的真实性予以确认。

请求人提交的附件7是香港《劲车誌》2001年8月第115期相关页复印件，在口头审理中提交了其原件，并陈述该证据为香港地区形成，专利权人对其真实性不予认可。合议组认为，该证据作为香港地区形成的证据，请求人未履行相关证明手续，因此，合议组对该证据不予采信。

3. 外观设计对比

附件1所示为"带遮护的头盔"外观设计（下称在先设计），虽其分类号与本专利不同，但与本专利使用外观设计的产品"头盔"用途相同，其属相同种类的产品，故对二者外观设计作如下对比：

本专利所示头盔采用大包围盔体造型，其正面开设有视窗口并装置相应的可活动遮护镜，该遮护镜为弧形环带板状；视窗口下方的进气口为半月形设计，其下方有类似椭圆形闭合开关；盔体顶面有凸起部设计，并在凸起部前侧设有带隔网的类似月牙形进气口；盔体后面自上而下横向设置三条带有一定弧度的凸肋，靠上部设有三个带隔网的出气口；盔体外表面设有贯穿前后的或局部的流线型图案和文字等设计（详见本专利附图）。

在先设计中图1至图4表示了头盔除遮护镜部分的外观设计，图5至图7表示了带遮护镜的图1至图4所示头盔外观设计，所示头盔采用大包围盔体造型，其正面开设有视窗口并装置相应的可活动遮护镜，该遮护镜为不规则曲面状；视窗口下方为三个带隔网的进气口，分别为类似三角形和菱形设计；盔体顶面有凸起部设计，并有两个带隔网的类似平行四边形进气口；盔体后面自上而下横向设置三条带有一定弧度的凸肋，靠上部设有三个带隔网的出气口。详见在先设计附图。

将本专利与在先设计相比较，二者所示头盔均采用大包围盔体造型，均在相应部位设有视窗口、遮护镜、进气口、出气口和相应凸起部、凸肋设计；其不同之处在于：二者盔体正面的视窗口、遮护镜形状明显不同，正面、顶面的进气口数量和形状不同，在先设计无本专利所示闭合开关设计，整体造型上二者在下巴位形状存在差别，从俯视图可见本专利较为圆滑而在先设计为较尖突设计，在先设计无本专利所示图案设计。合议组认为，二者所示头盔虽存在上述相同的组成部分，但在各部位的具体外观设计上，存在上述正面视窗口、遮护镜形状明显差别和正面进气口数量、形状的明显差别，以及在下巴位形状设计亦存在较大差别，对于本案所示头盔设计，其正面为一般消费者所关注部位，二者在正面所述差别对整体视觉效果具有显著影响；同时，二者在整体造型上虽有相近似的顶面、后面凸起部和凸肋设计，但因下巴位形状的不同而形成的上述圆滑和尖突造型亦具有明显差别，在图案设计上，本专利遍布盔体表面的图案亦具有醒目的视觉效果，相对于在先设计无图案设计差别明显。因此，通过整体观察、综合判断，二者整体视觉效果差别显著，其属于不相同且不相近似的外观设计。

4. 关于惯常设计

请求人主张其提交的附件3至附件7可证明本专利产品的遮护镜形状设计、盔体前端部的下巴位形状设计和下巴位进气口的半月形设计均为惯常设计。合议组认为，这些证据仅表明所示部分厂家生产的部分头盔产品的外观设计，尚不足以说明相关部位的设计为该类产品广泛、普遍采用的设计；并且，对于头盔产品的一般消费者，根据其知识水平和对该类产品的常识性了解，所述相关部位的设计并未达到一般消费者对惯常设计所应普遍知晓的熟知程度，况且，如前述，请求人所述这些部位位于头盔正面，为一般消费者所关注的部位，其对整体视觉效果更具显著影响。因此，请求人主张所述有关部位设计为惯常设计而不会引起一般消费者注意、对整体视觉效果不具显著影响不能成立。

综上所述，请求人提交的证据不足以证明本专利在其申请日前已有相近似的外观设计在出版物上公开发表过，因此，请求人据此证明本专利不符合专利法第23条规定的主张不能成立。

三、决定

维持200530050751.6号外观设计专利权有效。

当事人对本决定不服的，可以根据专利法第46条第2款的规定，自收到本决定之日起三个月内向北京市第一中级人民法院起诉。根据该款的规定，一方当事人起诉后，另一方当事人应当作为第三人参加诉讼。

主视图

左视图

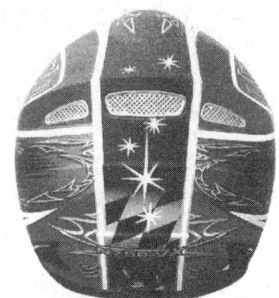
右视图

俯视图

仰视图

使用状态参考图1

使用状态参考图2

本专利

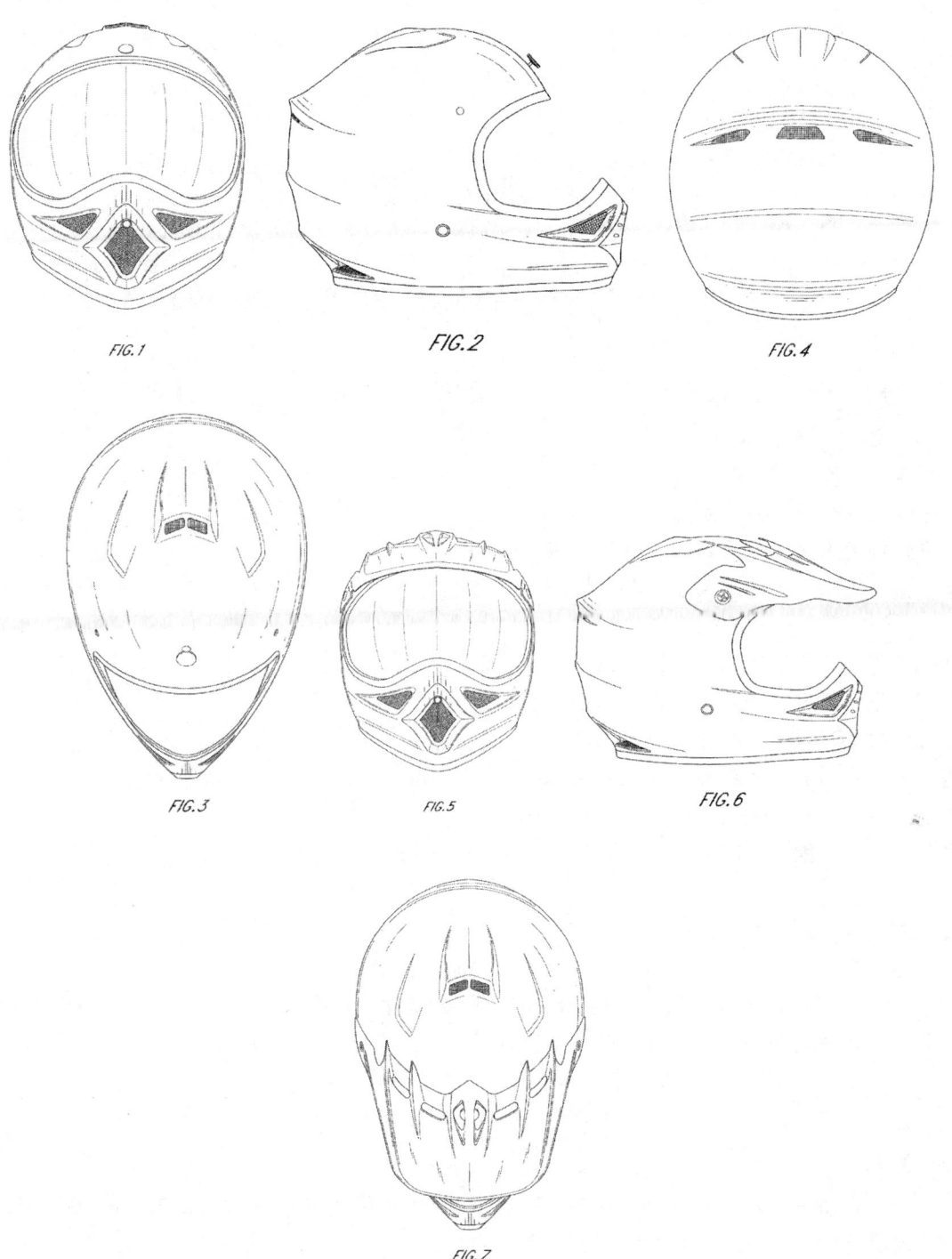

FIG.1　　FIG.2　　FIG.4

FIG.3　　FIG.5　　FIG.6

FIG.7

在先设计

煮粥锅（T）

无效宣告请求审查决定（第9699号）

决 定 号	第9699号
决 定 日	2007年4月24日
发明创造名称	煮粥锅（T）
外观设计分类号	07-02
无效宣告请求人	陈钦城
专 利 权 人	广东天际电器有限公司
专 利 号	200430114219.1
申 请 日	2004年12月22日
授 权 公 告 日	2005年10月26日
合 议 组 组 长	钱亦俊
主 审 员	张跃平
参 审 员	张雪飞
附 图	2页

法 律 依 据 专利法第23条

决 定 要 点

将本专利与在先设计的"锅"相比，各部分形状设计上均存在显著差异。对于一般消费者而言上述差别对整体视觉效果具有显著性的影响，因此，二者既不相同也不相近似。

一、案由

本无效宣告请求涉及2005年10月26日国家知识产权局授权公告的200430114219.1号外观设计专利，其名称是"煮粥锅（T）"，申请日是2004年12月22日，专利权人是广东天际电器有限公司。

针对上述外观设计专利权（下称本专利），2006年4月17日陈钦城（下称请求人）向专利复审委员会提出无效宣告请求，其理由是本专利不符合中国专利法第23条的规定。请求人认为本专利与在先公开的专利号为200430015916.1的外观设计专利十分相近似。具体而言，二者整体形状并无差别，都是由弧形的锅盖、柱状外形锅体构成，且关键部件如开关面板的位置、把手的位置都无差别。把手都是位于锅体的上部并对称设置，开关面板位于锅体的正面下部，开关面板外形都是弧形，因此细部也很近似。并提交了作为证据的附件：公开日为2004年9月8日的200430015916.1号外观设计专利公报复印件1页。

专利复审委员会根据无效宣告请求审查程序的规定受理了该无效宣告请求,并于2006年4月17日将请求人的无效宣告请求文件的副本转送专利权人。

专利权人于2006年5月17日向专利复审委员会提交了意见陈述书。专利权人认为本专利与200430015916.1号外观设计专利所示"慢炖锅"的外观设计既不相同也不相近似。具体而言,本专利的煮粥锅包括锅盖和锅体,锅盖设在锅体上。锅盖包括盖体和提手,盖体向上鼓起为一曲面,盖体中部设有一个圆形凹坑,凹口内设有把手,把手呈类"蘑菇"状,盖体上凹口的周围设有三个均匀分布的圆孔。锅体呈圆柱状,锅体的左右两侧各设有一个把手,把手的形状呈类"7"字状,并且其底面设有四个凹槽。锅体上端为圆环状的锅沿,正面的下方设有控制装置,控制装置的形状为一曲面,曲面中部设有呈类似子弹状的控制面板区,控制面板区内为呈拱门状的控制面板。而200430015916.1号外观设计专利所示"慢炖锅"的盖体为一个圆滑的曲面,且外沿为椭圆,盖体中部设有把手。锅体呈椭圆柱状,锅体的左右两侧各设有一个把手,把手的形状呈类"帽檐"状。锅体上端为椭圆环状的锅沿,正面的下方设有控制装置,控制装置的形状为椭圆曲面,曲面中部设有椭圆形的控制面板。从二者的形状比较无论是锅盖还是锅体的形状差异都比较大,这种差异使得二者外观设计既不相同也不相近似。

专利复审委员会于2006年8月4日将专利权人的上述意见陈述书转送请求人,并通知其在收到通知之日起一个月内答复,期满未答复的,视为当事人已得知转送文件中涉及的事实、理由和证据,并且未提出反对意见。与此同时向专利权人发出合议组成员告知通知书。要求其在收到通知之日起7日内提交书面请求书。逾期未答复,视为无回避请求。

请求人在专利复审委员会指定的期限内未提交答复意见,专利权人在专利复审委员会指定的期限内未对合议组的组成提出回避请求。

至此,合议组认为,本案事实清楚,可以依法作出审查决定。

二、决定的理由

1. 法律依据

基于请求人提出的无效宣告请求的理由和证据,合议组依据专利法第23条中有关在先公开发表过的规定对本案进行审理。

专利法第23条规定:授予专利权的外观设计,应当同申请日以前在国内外出版物上公开发表过或者国内公开使用过的外观设计不相同和不相近似,并不得与他人在先取得的合法权利相冲突。

2. 证据认定

请求人提交的证据是公开日为2004年9月8日的200430015916.1号外观设计专利授权公告文本复印件1页。经合议组核实,该证据所示内容真实,确系在本专利申请日(2004年12月22日)以前公开的外观设计专利,属于专利法第23条所规定的公开出版物,可以作为评价本专利是否符合专利法第23条的证据予以采纳。

3. 相同和相近似比较

在200430015916.1号外观设计专利授权公告文本中公开了一款慢炖锅的外观设计(下称在先设计),其公开的图片有主视图、后视图、左视图、右视图、俯视图和仰视图。从在先设计图片观察,在先设计的慢炖锅由锅体和锅盖两部分构成。从俯视图看,锅盖周边呈椭圆形,锅盖中央设有一个圆形提手,从其他视图看,锅盖呈外凸弧形,提手类似"蘑菇"状。在先设计的锅体从俯视图看,锅体截面为椭圆形,两侧对称分布的把手呈弧形环状;从主视图看,把手设置在锅体两侧靠上位置,锅体中部靠下位置带有一个控制面板,面板中间有一个椭圆形按钮,其右下方还有四个小按钮,锅体在控制面板下方还有一个向下略外凸的分界线;从后视图看,分界线为直线,锅体底部有两个支腿

（详见在先设计附图）。

本专利公开了七幅视图，即主视图、后视图、左视图、右视图、俯视图、仰视图和立体图，从这些图片可知，本专利的煮粥锅包括锅盖和锅体。锅盖包括盖体和提手。从主视图看盖体向上鼓起为四周呈弧形、中间扁平的形状；从立体图和俯视图看，盖体周边呈圆形，中央设有一个圆形凹坑，凹坑内设有"蘑菇"状提手，盖体四周设有三个均匀分布的小圆孔。锅体呈圆柱状，锅体上部的左右两侧各设有一个把手，从主视图看把手的形状呈类"7"字状，锅体中部下方位置设有控制面板，其周边呈"拱门"状，面板中部是上部为弧形的竖长条的控制区，锅体控制面板下方有一条水平分界线；从左右视图看，控制装置的形状为一曲面；从仰视图看，锅体底部周边均布有六个小支腿（详见本专利附图）。

合议组认为：本专利和在先设计均为"锅"的外观设计，二者用途相同，属于相同种类的产品，具有可比性。

将本专利与在先设计相比较，虽然二者都是由锅体及其上部的锅盖构成，但二者无论各部分形状设计、还是由其构成的整体形状均存在显著差异。具体而言，本专利的锅体形状呈圆柱状，而在先设计的锅体形状呈椭圆柱状，二者锅体两侧的把手形状、控制面板及其下部分界线的形状也存在很大的差异，本专利锅盖的形状比较扁平，而在先设计的锅盖比较外凸。对于一般消费者而言上述差别对整体视觉效果具有显著性的影响，所以，二者属于不相同也不相近似的外观设计。

综上所述，请求人提交的上述证据不能证明在本专利申请日前已有与其相同或相近似的外观设计在国内外出版物上公开发表过。

三、决定

维持200430114219.1号外观设计专利权有效。

当事人对本决定不服的，可以根据专利法第46条第2款的规定，自收到本决定之日起三个月内向北京市第一中级人民法院起诉。根据该款的规定，一方当事人起诉后，另一方当事人应当作为第三人参加诉讼。

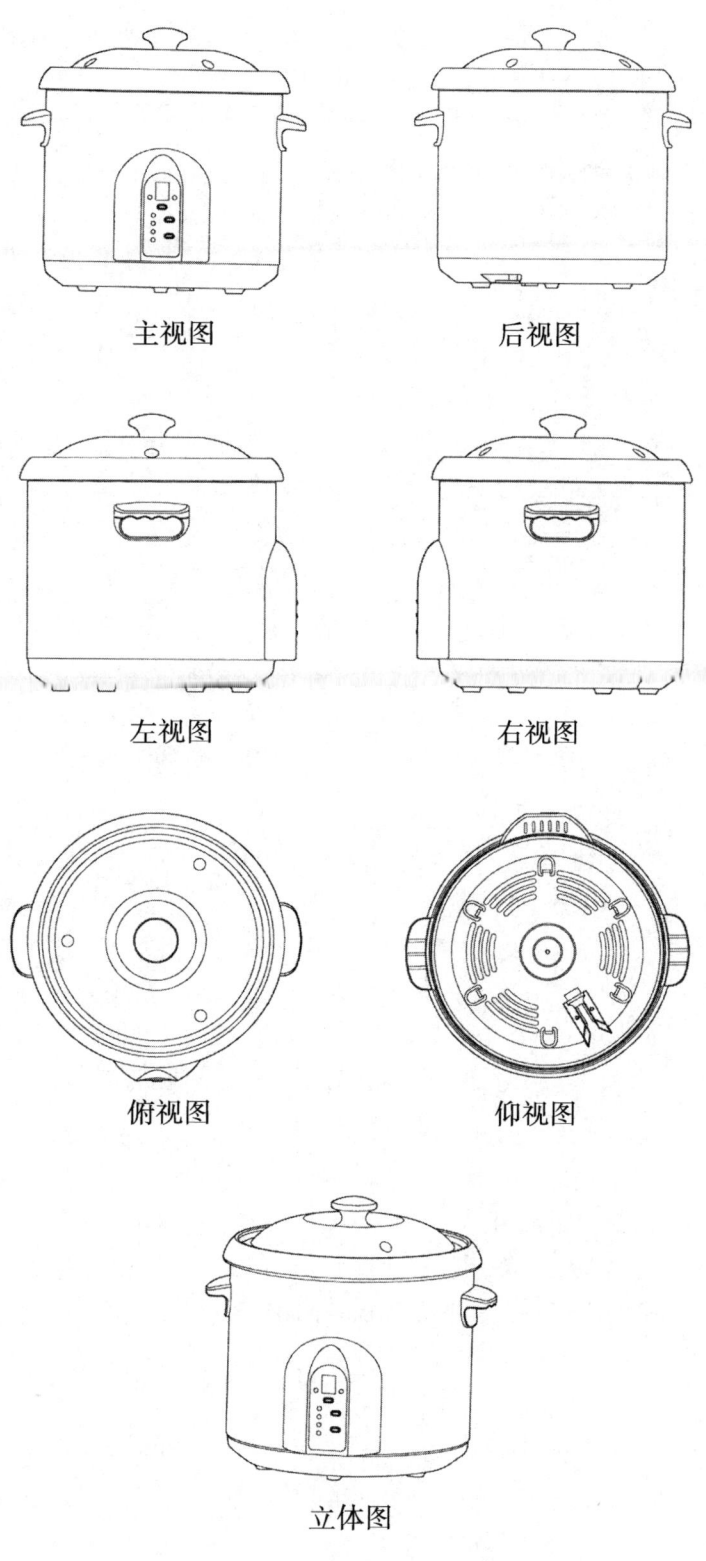

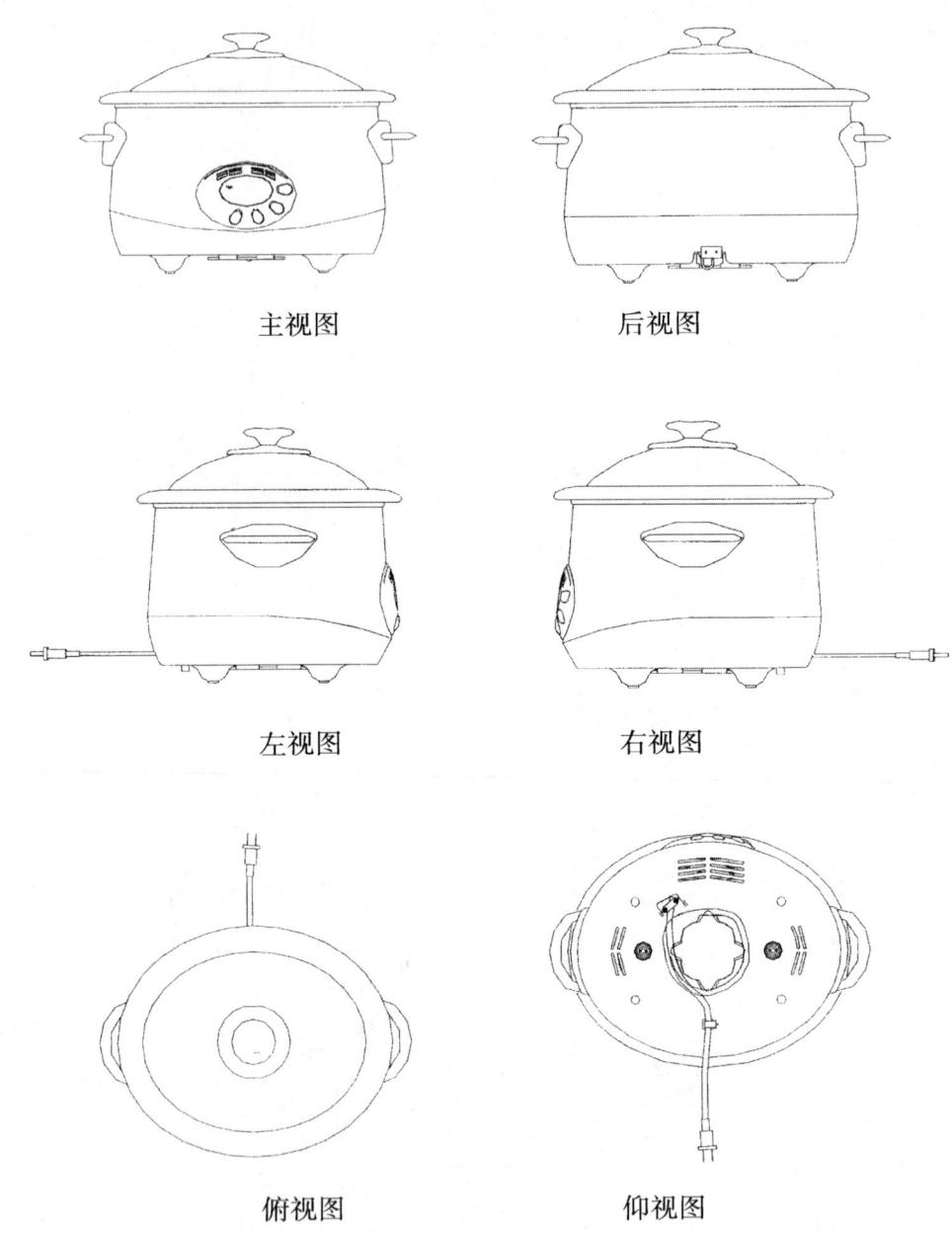

主视图　　　后视图

左视图　　　右视图

俯视图　　　仰视图

在先设计附图

双头麦克笔

无效宣告请求审查决定（第9701号）

决 定 号	第9701号
决 定 日	2007年4月23日
发明创造名称	双头麦克笔
外观设计分类号	19-06-E0270
无效宣告请求人	上海派克笔有限公司
专 利 权 人	亚坦股份有限公司
专 利 号	96305430.9
申 请 日	1996年5月16日
授权公告日	1997年5月28日
合议组组长	吴赤兵
主 审 员	周 佳
参 审 员	张雪飞

法 律 依 据 专利法第22条

决 定 要 点

专利法第22条是关于发明和实用新型专利的无效宣告请求适用法条，不适用于外观设计专利的无效宣告请求，据此提出的无效宣告请求理由不能成立。

一、案由

本无效宣告请求涉及的是1997年5月28日国家知识产权局授权公告的96305430.9号外观设计专利，其名称为"双头麦克笔"，申请日是1996年5月16日，专利权人为亚坦股份有限公司。

针对上述外观设计专利（下称本专利），2006年11月2日上海派克笔有限公司（下称请求人）向专利复审委员会提出无效宣告请求，其理由是本专利不符合专利法第22条的规定，并提交了1项证据：93306021.1号外观设计专利，授权公告日为1994年11月30日。请求人认为，本专利的设计是行业通用设计，且在其授权公告日前本专利产品已经生产并销售，因此本专利不具备新颖性的要求，不应当授予专利权。

经形式审查合格后，专利复审委员会受理了上述无效宣告请求，并于2006年11月2日向双方发出无效宣告请求受理通知书，并将无效宣告请求书及其附件副本转送给专利权人，要求其在指定期限内答复。

专利权人逾期未答复。

合议组于 2007 年 2 月 6 日向双方发出合议组成员告知通知书。同时向请求人发出无效宣告请求审查通知书，告知请求人其依据专利法第 22 条提出无效宣告请求，而该条款是关于发明和实用新型专利的无效宣告请求适用条款，所以其提出本无效宣告请求依据的法条错误，请求人应在指定期限内陈述意见是否需要对法条进行变更，期满未答复的，不影响专利复审委员会审理。

在规定的期限内，请求人没有对无效宣告请求审查通知书进行答复，视为对提出无效宣告请求依据的法条不变更。双方当事人没有对合议组成员告知通知书进行答复，视为对合议组成员没有回避请求。合议组认为本案事实清楚，可以依法作出审查决定。

二、决定的理由

1. 法律依据

基于请求人提出的无效宣告请求理由，合议组对本专利是否符合专利法第 22 条规定进行审查。专利法第 22 条规定：授予专利权的发明和实用新型，应当具备新颖性、创造性和实用性。

2. 无效宣告理由的认定

专利法第 22 条规定了发明和实用新型授予专利权的条件，属于针对发明和实用新型专利权无效宣告请求的理由，本案所涉及的是外观设计专利权的无效宣告请求。

根据审查指南第四部分第三章第 4 节的规定，合议组于 2007 年 2 月 6 日发出无效宣告请求审查通知书明确告知请求人其无效宣告请求的法律依据错误，要求其在规定的期限内对是否需要变更其法律依据陈述意见。请求人未在规定的期限内答复。在此基础上，本案合议组仍对本专利是否符合专利法第 22 条的规定进行审理。

合议组认为，专利法第 22 条所针对的客体不是外观设计，不能依据该法律条款对外观设计专利权提出无效宣告请求，因此本无效宣告请求法律依据错误，其无效宣告请求理由不能成立。

3. 结论

综上所述，请求人提出的本专利不符合专利法第 22 条规定的无效宣告请求理由不能成立。

三、决定

维持 96305430.9 号外观设计专利权有效。

当事人对本决定不服的，可以根据专利法第 46 条第 2 款的规定，自收到本决定之日起三个月内向北京市第一中级人民法院起诉。根据该款的规定，一方当事人起诉后，另一方当事人应当作为第三人参加诉讼。

北京市第一中级人民法院
行政裁定书

（2007）一中行初字第 1111 号

原告上海派克笔有限公司，住所地上海市浦东新区联明路 696 号 2 号楼。

委托代理人郭宇航，上海白玉兰律师事务所律师 委托代理人尹智育，上海白玉兰律师事务所律师。

被告中华人民共和国国家知识产权局专利复审委员会，住所地北京市海淀区北四环西路 9 号银谷大厦 10~12 层。

法定代表人廖涛，副主任 委托代理人周佳，国家知识产权局专利复审委员会审查员 委托代理人瞿晓峰，国家知识产权局专利复审委员会审查员。

第三人亚坦股份有限公司，住所地中国台湾省台北县。

原告上海派克笔有限公司（以下简称派克笔公司）不服被告中华人民共和国国家知识产权局专利复审委员会（以下简称专利复审委员会）于 2007 年 4 月 23 日作出的第 9701 号无效宣告请求审查决定，于法定期限内向本院提起行政诉讼。

本院于 2007 年 8 月 14 日受理后，依法组成合议庭对本案进行审理。2007 年 11 月 30 日原告派克笔公司向本院提交书面撤诉申请，申请撤回对被告专利复审委员会的起诉。

本院认为，原告派克笔公司的撤诉申请理由正当、未违反有关法律规定，应予准许。依照《中华人民共和国行政诉讼法》第五十一条之规定，本院裁定如下：

准予原告上海派克笔有限公司撤回对被告中华人民共和国国家知识产权局专利复审委员会的起诉。

案件受理费 100 元，减半收取 50 元，由原告上海派克笔有限公司负担（已交纳）。

审　判　长　姜　颖
代理审判员　苏　杭
代理审判员　芮松艳
二〇〇七年十二月十一日
书　记　员　陈文煊

笔（圆珠笔、活动铅笔）

无效宣告请求审查决定（第 9703 号）

决 定 号	第 9703 号
决 定 日	2007 年 3 月 21 日
发明创造名称	笔（圆珠笔、活动铅笔）
外观设计分类号	19-06
无效宣告请求人	王萃提
专 利 权 人	郑文龙
申 请 号	02312863.1
申 请 日	2002 年 3 月 18 日
授 权 公 告 日	2002 年 9 月 4 日
合 议 组 组 长	徐清平
主 审 员	吴红权
参 审 员	任晓兰
附 图	2 页

法 律 依 据 专利法第 23 条

决 定 要 点

本专利与在先设计除笔夹形状不同外，其余区别如握持部弧度大小和按动钮形状仅属于细微的局部差别，虽然二者所述笔夹的形状设计不同，但是笔夹在整个笔中仅占一小部分，对于笔的外观设计的整体视觉不具有显著的影响，二者在按动钮、上半部笔杆、握持部、笔尖部等各部分形成的整体形状上基本相同，容易造成一般消费者将本专利与在先设计误认、混同，因此，二者属于相近似的外观设计。

一、案由

本无效宣告请求案涉及国家知识产权局于 2002 年 9 月 4 日授权公告、申请日为 2002 年 3 月 18 日、名称为"笔（圆珠笔、活动铅笔）"的第 02312863.1 号外观设计专利（下称本专利），专利权人为郑文龙。

针对上述专利权，王萃提（下称请求人）于 2006 年 7 月 24 日向专利复审委员会提出无效宣告请求，并提交了如下附件作为证据：

附件 1：专利号为 02312863.1、申请日为 2002 年 3 月 18 日、公告日为 2002 年 9 月 4 日、名称为笔（圆珠笔、活动铅笔）的中国外观设计专利（本专利），共 3 页；

附件2：专利号为97312078.9、申请日为1997年5月8日、公告日为1998年10月28日、名称为笔的中国外观设计专利，共3页；

附件3：专利号为00300089.3、申请日为2000年1月10日、公告日为2000年7月12日、名称为笔（B）的中国外观设计专利，共3页；

附件4：专利号为98308190.5、申请日为1998年5月21日、公告日为1999年3月17日、名称为笔的中国外观设计专利，共4页。

请求人认为：本专利与附件2相近似，不符合专利法第23条的规定，具体理由为：本专利与附件2同是笔的外观设计，均为上端可以按动的笔。二者相同的部分为：笔大体均为圆柱形，在笔的上端设有一按动钮，在按动钮下方的笔体上设有一笔夹，在笔体的中下部设有一握持部，握持部下方的笔体为倒锥形的笔尖部。二者设计要点相似，用途相同，属于相同种类的物品，具有可比性。对于附件3和4，请求人未将其结合无效宣告请求理由进行具体说明。

经形式审查合格后，专利复审委员会受理了上述请求，于2006年7月25日向双方当事人发出了《无效宣告请求受理通知书》，并将《专利权无效宣告请求书》及其附件清单中所列附件副本转送给专利权人，要求其在指定的期限内答复，同时成立合议组对本无效请求案进行审理。

2006年8月22日，请求人提交了补充的意见陈述书和附件5~22：

附件5：专利号为93310448.0、申请日为1993年12月21日、公告日为1995年1月4日、名称为笔的中国外观设计专利，共1页；

附件6：专利号为98308351.7、申请日为1998年5月21日、公告日为1999年5月5日、名称为笔的中国外观设计专利，共2页；

附件7：专利号为99305654.7、申请日为1999年5月11日、公告日为1999年12月8日、名称为中性笔的中国外观设计专利，共2页；

附件8：专利号为97315173.0、申请日为1997年9月24日、公告日为1998年11月11日、名称为笔的中国外观设计专利，共2页；

附件9：专利号为00306168.X、申请日为2000年5月18日、公告日为2000年12月6日、名称为书写笔的中国外观设计专利，共2页；

附件10：专利号为01320095.X、申请日为2001年6月19日、公告日为2002年2月13日、名称为笔（AD8016）的中国外观设计专利，共2页；

附件11：专利号为98321979.6、申请日为1998年1月16日、公告日为1999年1月20日、名称为笔的中国外观设计专利，共2页；

附件12：专利号为00319356.X、申请日为2000年11月14日、公告日为2001年7月4日、名称为笔（AD2018B）的中国外观设计专利，共2页；

附件13：专利号为98321980.X、申请日为1998年1月16日、公告日为1999年3月24日、名称为笔的中国外观设计专利，共2页；

附件14：专利号为01328815.6、申请日为2001年5月10日、公告日为2001年12月19日、名称为笔（CX506）的中国外观设计专利，共2页；

附件15：专利号为00300089.3、申请日为2000年1月10日、公告日为2000年7月12日、名称为笔（B）的中国外观设计专利（同附件3），共2页；

附件16：专利号为99305651.2、申请日为1999年5月11日、公告日为1999年12月8日、名称为笔（CLD2604）的中国外观设计专利，共2页；

附件17：专利号为00301179.8、申请日为2000年2月24日、公告日为2000年8月2日、名称为笔（504）的中国外观设计专利，共2页；

附件18：专利号为00349528.0、申请日为2000年12月29日、公告日为2001年9月26日、名称为笔（R206）的中国外观设计专利，共2页；

附件19：专利号为00300092.3、申请日为2000年1月10日、公告日为2000年8月2日、名称为笔（1）的中国外观设计专利，共2页；

附件20：专利号为00306141.8、申请日为2000年5月15日、公告日为2000年11月22日、名称为笔（CLE2999）的中国外观设计专利，共2页；

附件21：专利号为99340610.6、申请日为1999年11月29日、公告日为2000年8月2日、名称为笔（AA1000H）的中国外观设计专利，共2页；

附件22：专利号为01321389.X、申请日为2001年7月25日、公告日为2002年3月13日、名称为多功能笔的中国外观设计专利，共2页。

请求人认为：与附件5相比：本专利大体为圆柱形的笔，在笔的上端设有一按动钮，其上部的圆柱状凸起为一按动钮，其用于控制笔芯的进出；在按动钮下方的笔体中上部设有一大致呈长椭圆形笔夹，该笔夹在近按动钮一端向内略有弧状收缩；在笔体的中下部设有一握持部，在该握持部中部有向内的弧状凹陷；握持部下方的笔体为倒锥形的笔尖部。附件5中公开的圆柱形笔，在笔的上端设有同样的为了控制笔芯进出的按动钮；在按动钮下方的笔体上设有一大致呈长椭圆形笔夹；在笔体的中下部设有一握持部，在该握持部中部有向内的弧状凹陷；握持部下方的笔体为倒锥形的笔尖部。二者的差别在于笔夹处所存在的差别，其设计要点相似，用途相同，属于相同种类的物品，具有可比性。按照外观设计整体观察、综合判断的判断原则，二者的差别对产品外观设计整体视觉效果不具有显著的影响，容易造成一般消费者将本专利外观设计与附件5的在先设计误认、混同。同时，从附件6～22可以看出，笔夹部为长椭圆形、在笔夹近笔体上方的一端向内有弧状收缩，实际为该类产品笔的惯常设计，而且该类产品笔的其余设计的变化对整体视觉效果更具有显著的影响，因此本专利与附件5相近似，不符合专利法第23条的规定。

2006年8月22日，专利权人针对该无效宣告请求陈述了意见。专利权人认为：本专利的笔从主视图看可以视为四段式笔杆，该笔杆的主体呈圆柱形，其上段为套接着平板状笔夹的圆柱台阶状笔尾，所述的平板状笔夹从俯视图中可视为鸭舌状，笔尾的上端中央设计有柱状按动钮；主体笔杆的下段为内弧形收缩状的手指握持部，下面笔头呈圆锥状。附件2与本专利至少有四点不同：（1）附件2所示的笔尾的笔夹套圈成中间大、两头小的腰圆形，不能形成一种圆柱台阶状笔尾；而本专利所示的笔尾设计，其笔夹套圈呈圆柱状，使得整个笔尾形成较为一体的圆柱台阶状笔尾，并与整体形成一体。（2）附件2所示的笔夹从右视图和俯视图、仰视图观察，带有明显的中间外凸形状，并形成一个较大的外凸弧度，而从正面看，呈一宽板状的、两边呈外凸的腰圆弧状；本专利所示的笔夹从主视图看为平板状，从俯视图看为两边侧呈对称性的凹凸弧边，形似鸭舌状。（3）附件2的手指握持部呈带有一定弧度的锥体形状，与笔夹中间外凸的粗状形成一致性；而本专利所示的手指握持部设置有供手握持的内凹弧形收缩状，具有手指握持定位的功能，并与上面笔夹的鸭舌形状成统一。（4）附件2所示的笔尾上中间的按动钮头端部位圆弧形状过渡，而本专利所示为简单的柱状。由于二者的设计风格不同，消费者很容易将两者区分开，因此本专利与附件2属于不相同和不相近似的外观设计，符合专利法第23条的规定。此外，专利权人还对本专利与附件3和4进行了比较，认为本专利与附件3和4同样不相同和不相近似。

2006年10月13日，合议组分别向请求人和专利权人发出《转送文件通知书》，将请求人于2006年8月22日提交的意见陈述书及其附件清单中所列附件的副本转送给专利权人，将专利权人于2006

年8月22日提交的意见陈述书转送给请求人，要求其在收到上述文件之日起一个月内答复。请求人和专利权人在规定的时间内均没有对《转送文件通知书》作出答复。

2007年1月15日，合议组向双方当事人发出《无效宣告请求口头审理通知书》，拟定于2007年3月9日举行口头审理。

2007年3月9日，口头审理如期举行。请求人的代理人参加了口头审理，专利权人缺席，请求人对变更后的合议组成员无回避请求。合议组在此情况下就本无效宣告请求案进行了庭审调查：(1) 请求人确认无效理由为专利法第23条；证据的使用方式为：证据2和证据5分别单独使用，证据5结合证据6~22一起使用。(2) 请求人就有关事实进行了陈述，并坚持其主张。

至此，合议组认为本案的事实已经调查清楚，可以依法作出审查决定。

二、决定的理由

1. 关于无效理由和证据的认定

专利法实施细则第64条第1款规定：无效宣告请求书应当结合提交的所有证据，具体说明无效宣告请求的理由，并指明每项理由所依据的证据。

审查指南第四部分第三章第4.1节规定：请求人在提出无效宣告请求时没有具体说明的无效宣告理由以及没有用于具体说明相关无效宣告理由的证据，且在提出无效宣告请求之日起一个月内也未补充具体说明的，专利复审委员会不予考虑。

请求人在提出无效宣告请求时没有对附件3和4具体说明理由，也没有在提出无效宣告请求之日起一个月内补充具体说明，因此根据专利法实施细则第64条第1款以及审查指南第四部分第三章第4.1节的规定，合议组对附件3和4不予考虑。

请求人在口头审理时明确表示附件6~22不单独作为证据使用，因此，合议组不对附件6~22与本专利进行单独对比，因此，合议组审理的无效宣告理由及其证据是：本专利相对于附件2不符合专利法第23条的规定，相对于附件5不符合专利法第23条的规定，相对于附件5与附件6~22的结合不符合专利法第23条的规定。

请求人提交的附件2、6以及7~22均为外观设计专利文献，合议组经核对原件后，对其真实性予以认可。其授权公告日均早于本专利的申请日，因此可以作为评价本专利是否符合专利法第23条规定的证据。

2. 关于专利法第23条

专利法第23条规定：授予专利权的外观设计，应当同申请日以前在国内外出版物上公开发表过或者国内公开使用过的外观设计不相同和不相近似，并不得与他人在先取得的合法权利相冲突。

本专利涉及笔（圆珠笔、活动铅笔）的外观设计，其大体呈圆柱形，在笔的上端有用于控制笔芯进出的按动钮，该按动钮的形状为柱状；在按动钮下方的笔体中上部设有一个笔夹，该笔夹为两边侧呈对称凹凸弧状的平板状，形似鸭舌状；在笔体的中下部设有一握持部，该握持部为中间向内凹陷的收腰柱状；握持部的下方笔体为倒锥形的笔尖部。

请求人提供的附件5同样为笔的外观设计（下称在先设计），其大体呈圆柱形，在笔的上端有用于控制笔芯进出的按动钮，该按动钮的形状与柱状非常接近；在按动钮下方的笔体中上部设有一个笔夹，该笔夹为两头稍细、中间稍粗的宽板状；在笔体的中下部设有一握持部，该握持部为中间稍微向内凹陷的收腰柱状；握持部的下方笔体为倒锥形的笔尖部。

本专利与在先设计产品种类相同，具有可比性。将二者相比较，存在以下三点区别：(1) 本专利的按动钮为柱状，在先设计的按动钮非常接近于柱状；(2) 二者握持部向内凹陷的弧度略有差别；(3) 本专利的笔夹为类似于鸭舌状，而在先设计的笔夹为宽板状。对此，合议组认为，本专利与在先设计除笔夹形状不同外，其余区别如握持部弧度大小和按动钮形状均属于局部的细微变化差别，虽然二者笔夹的形状设计不同，但是笔夹在整个笔中仅占一小部分，对于笔的整体视觉效果不具有显著的影响，而本专利与在先设计在笔的上端都设有一按动钮，在按动钮下方的笔体上都设有一笔夹，在笔体的中下部都设有具有一定向内凹陷弧度的握持部，握持部下方的笔体都为倒锥形的笔尖部，二者在整体形状上基本相同，容易造成一般消费者将本专利与在先设计误认、混同，因此，二者属于相近似的外观设计，故而，本专利不符合专利法第 23 条的规定。

鉴于根据上述理由和证据已经得出本专利不符合专利法第 23 条规定的结论，因此，对请求人提出的其他理由和证据，合议组在此不予评述。

根据上述事实和理由，合议组作出如下审查决定。

三、决定

宣告 02312863.1 号外观设计专利权无效。

当事人对本决定不服的，可以根据专利法第 46 条第 2 款的规定，自收到本决定之日起三个月内向北京市第一中级人民法院起诉。根据该款规定，一方当事人起诉后，另一方当事人应当作为第三人参加诉讼。

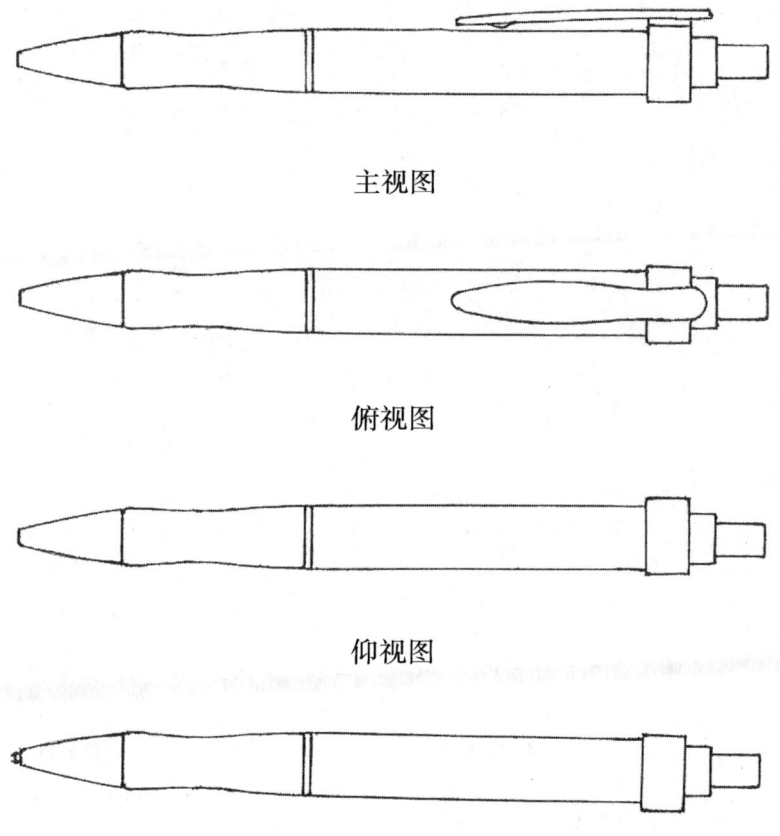

主视图

俯视图

仰视图

使用状态参考图

 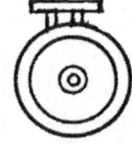

右视图　　　　左视图

在先设计图

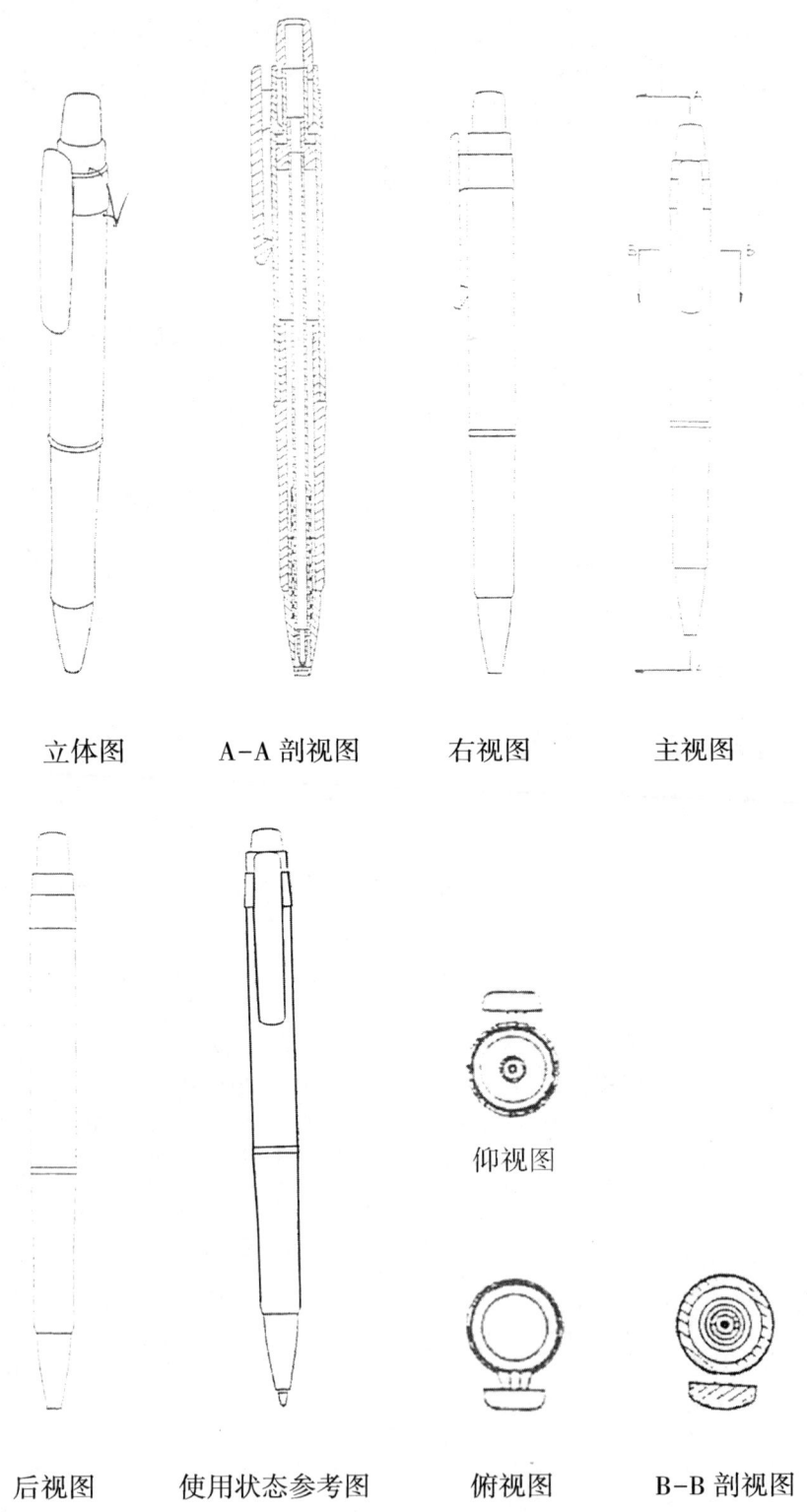

立体图　　A-A剖视图　　右视图　　主视图

后视图　　使用状态参考图　　俯视图　　B-B剖视图

仰视图

在先设计图

节能环保窗式空调（六）

无效宣告请求审查决定（第9704号）

决 定 号	第9704号
决 定 日	2007年4月25日
发明创造名称	节能环保窗式空调（六）
外观设计分类号	23-04
无效宣告请求人	东莞市科达机电设备有限公司
专 利 权 人	湘潭喜尔电器有限公司
专 利 号	03325715.9
申 请 日	2003年6月13日
授权公告日	2004年5月19日
合议组组长	张雪飞
主 审 员	张跃平
参 审 员	王霞军
附 图	2页

法 律 依 据 专利法第23条

决 定 要 点

窗式空调通常安装在窗户上，一般消费者可以观察到空调的整体设计，但最吸引一般消费者注意的是其四个侧面的设计，将本专利与在先设计相比，二者整体构成相同，四个侧面进出风口格栅及壳体的形状非常相近，机壳下部底板及机壳顶部的不同不会对整体视觉效果产生显著影响，一般消费者整体观察、综合判断，尤其是在使用状态下容易引起一般消费者注意的四个侧面设计如此近似的情况下，二者应属于相近似的外观设计。

一、案由

本无效宣告请求涉及2004年5月19日国家知识产权局授权公告的03325715.9号外观设计专利，其名称是"节能环保窗式空调（六）"，申请日是2003年6月13日，专利权人是湘潭喜尔电器有限公司。

针对上述外观设计专利权（下称本专利），2006年3月14日东莞市科达机电设备有限公司（下称请求人）向专利复审委员会提出无效宣告请求，其理由是本专利不符合专利法第9条、第23条和专利法实施细则第13条第1款的规定。请求人认为在先公开的专利号为01355117.5、02325072.0的外观设计专利的公开日均早于本专利的申请日，本专利与二者属于相同类别产品的外观设计，具有可比性，具体而言，本专利与上述两在先设计的主视图同为一个近似正方形的矩形结构，在矩形中央有一个方形风口，在风口内有若干百叶窗式的平行线条并均匀排列三条竖线，矩形结构下方有一长方形底座，左右视图及仰视图分别相比也近似，本专利俯视图为不常见面且无设计要素，不影响相近似性。因此，与上述两个在先设计单独对比属于相近似的外观设计，不符合专利法第 9 条、第 23 条及专利法实施细则第 13 条第 1 款的规定。与此同时，请求人提交了作为证据的下列附件：

附件 1：公开日为 2002 年 8 月 21 日的 01355117.5 号外观设计专利公报复印件 1 页；

附件 2：公开日为 2002 年 12 月 11 日的 02325072.0 号外观设计专利公报复印件 1 页。

专利复审委员会根据无效宣告请求审查程序的规定受理了该无效宣告请求，并于 2006 年 3 月 14 日将请求人的无效宣告请求文件的副本转送专利权人。

针对上述无效宣告请求，专利权人于 2006 年 4 月 19 日向专利复审委员会提交了意见陈述书。专利权人认为本专利与附件 1 相比，本专利外观设计突破了传统的百叶窗设计，代之以四面凸出叶片，叶片两端圆弧连接，侧面与侧面超大圆弧过渡，突破了风只能从正面进入的缺陷，其设计简洁、明快流畅，极具现代流行时尚风格，而附件 1 中百叶窗式叶片凹于侧面的风口方框内，顶部重叠式塔形构造，其设计错综复杂。特别是底部左下方的几个小部件设计，更显繁杂之感。这种差异使得二者外观设计既不相同也不相近似。将本专利与附件 2 相比，附件 2 各视图外轮廓均为正四边形结构，风口也为方形结构，风口处有一横线从中间将其一分为二，这与本专利侧面间为大圆弧连接、风口与侧面为圆弧连接所显示的美感结构完全不同也不近似。

专利复审委员会于 2006 年 8 月 4 日将专利权人的上述意见陈述书转送请求人，并通知其在收到通知之日起一个月内答复，期满未答复的，视为当事人已得知转送文件中涉及的事实、理由和证据，并且未提出反对意见。与此同时，向双方当事人发出合议组成员告知通知书。要求其在收到通知之日起 7 日内提交书面请求书。逾期未答复，视为无回避请求。

请求人在专利复审委员会指定的期限内未提交答复意见，双方当事人在专利复审委员会指定的期限内未对合议组的成员提出回避请求。

至此，合议组认为，本案事实清楚，可以依法作出审查决定。

二、决定的理由

1. 法律依据

基于请求人提出的无效宣告请求的理由和证据，合议组首先依据专利法第 23 条的规定对本案进行审理。

专利法第 23 条规定：授予专利权的外观设计，应当同申请日以前在国内外出版物上公开发表过或者国内公开使用过的外观设计不相同和不相近似，并不得与他人在先取得的合法权利相冲突。

2. 证据认定

请求人提交的附件 1 是公开日为 2002 年 8 月 21 日的 01355117.5 号外观设计专利授权公告文本复印件 1 页。经合议组核实，该证据所示内容真实，确系在本专利申请日（2003 年 6 月 13 日）以前公开的外观设计专利，属于专利法第 23 条所规定的公开出版物，可以作为评价本专利是否符合专利法第 23 条的证据予以采纳。

3. 相同和相近似比较

在专利号为 01355117.5 的外观设计专利授权公告文本中公开了一款空调机的外观设计（下称在先设计），其公开的图片有主视图、后视图、左视图、右视图、俯视图和仰视图。从在先设计图片观察，在先设计的空调机由机壳和风口格栅构成，机壳主体设计为近似立方体，立方体四个侧面中央均带有一个方形风口，在每个方形风口设有百叶窗式格栅，平行的百叶窗式格栅排列有两条竖向分隔线，格栅框微突出于机壳，每两个相邻侧面格栅之间的机壳圆弧过渡形成四条机壳支腿；机壳顶部有很薄的三层塔式结构，机壳下部为底座部分，底座部分由连接进出风口的底板和下部的底座构成，连接进出风口的底板下表面为倾斜面，从仰视图看，下部底座形状为正方形和内切圆（详见在先设计附图）。

本专利公开了五幅视图，即主视图、左视图、俯视图、仰视图和立体图，后视图与主视图相同，右视图和左视图相同。从这些图片可知，本专利的窗式空调机由机壳和风口格栅构成，机壳主体设计为近似立方体，立方体四个侧面中央均带有一个方形风口，在每个方形风口设有百叶窗式格栅，平行的百叶窗式格栅均匀排列有三条竖向分隔线，格栅微突出于机壳，每两个相邻侧面格栅之间的机壳圆弧过渡形成四条机壳支腿；机壳顶部为正方形平面，机壳下部为底座部分，底座部分由连接进出风口的底板和下部的底座构成，从仰视图看，底座形状为正方形和内切圆，正方形四角设有加强筋板（详见本专利附图）。

合议组认为：本专利和在先设计均为"空调"的外观设计，二者用途相同，属于相同种类的物品，具有可比性。

将本专利与在先设计相比较，二者都属于窗式空调，都是由机壳和进出风格栅构成，机壳都带有底座，机壳形状均类似于立方体，立方体四个侧面中央的进出风口设置百叶窗式进出风格栅，而且格栅或格栅框均微突出于机壳，两个相邻侧面格栅之间的机壳支腿都呈圆弧过渡，只是本专利的圆弧大于在先设计相应圆弧。机壳底座部分构成相同，不同的是底座上面连接进出风口的底板，在先设计的底板有一定倾斜度，而本专利呈水平设置。还有一点不同是机壳顶部，本专利为正方形平面，在先设计的正方形平面上还设有三层很薄的塔式结构。综合分析本专利与在先设计的相同点和不同点，合议组认为，窗式空调通常安装在窗户上，一般消费者可以观察到空调的整体设计，但最吸引一般消费者注意的是其四个侧面的设计，通过上述分析比较，二者整体构成相同，四个侧面进出风口格栅及壳体的形状非常相近，虽然二者顶部设计不同，但本专利空调顶面只是一个平面设计，没有容易引起一般消费者注意的设计，机壳下部底板是否倾斜的不同也不会对整体视觉效果产生显著影响，一般消费者整体观察、综合判断，尤其是在使用状态下容易引起一般消费者注意的四个侧面设计如此近似的情况下，二者应属于相近似的外观设计。

综上所述，请求人提交的上述证据可以证明在本专利申请日前已有与其相同或相近似的外观设计在国内外出版物上公开发表过，本专利不符合专利法第23条的规定。

在得出上述结论的基础上，合议组对请求人提交的其他证据及理由不再予以评述。

三、决定

宣告03325715.9号外观设计专利权全部无效。

当事人对本决定不服的，可以根据专利法第46条第2款的规定，自收到本决定之日起三个月内向北京市第一中级人民法院起诉。根据该款的规定，一方当事人起诉后，另一方当事人应当作为第三人参加诉讼。

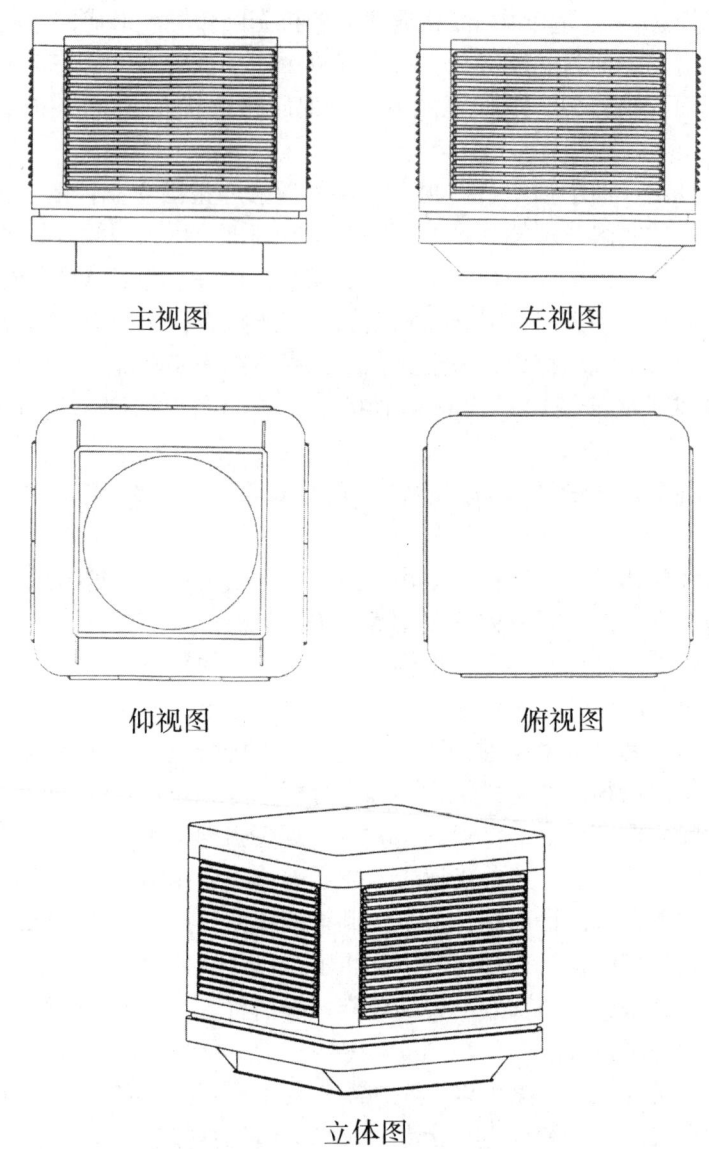

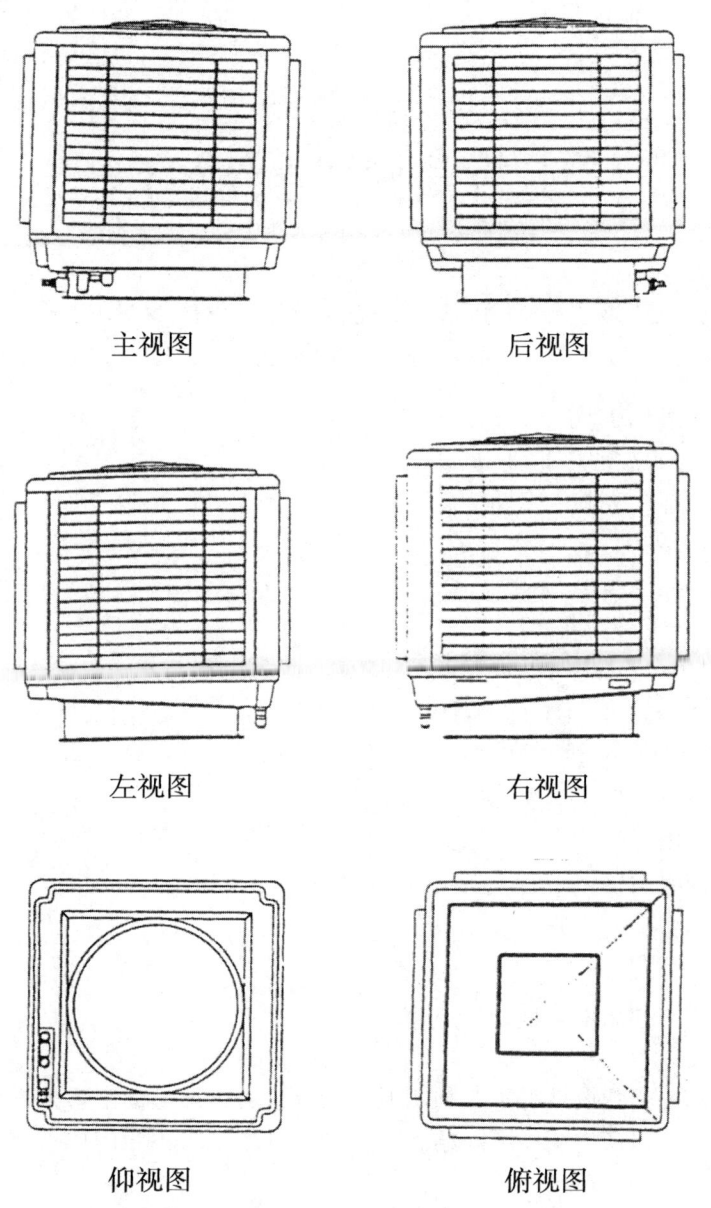

在先设计附图

灯（太阳能多功能）

无效宣告请求审查决定（第9706号）

决 定 号	第9706号
决 定 日	2007年4月18日
发明创造名称	灯（太阳能多功能）
外观设计分类号	26-02
无效宣告请求人	陈长春
专 利 权 人	李伟光
专 利 号	03322560.5
申 请 日	2003年4月15日
授权公告日	2003年12月10日
合议组组长	吴赤兵
主 审 员	周 佳
参 审 员	张雪飞
附 图	6页

法 律 依 据 专利法第23条

决 定 要 点

对比专利主视图的网格状设计与本专利明显不同，且占据产品的主要视觉面的主要区域，一般消费者会对二者整体视觉效果产生明显不同的感受，因此导致二者不相同也不相近似。

一、案由

本无效宣告请求涉及的是2003年12月10国家知识产权局授权公告的03322560.5号外观设计专利，其名称为"灯（太阳能多功能）"，申请日是2003年4月15日，专利权人为李伟光。

针对上述外观设计专利权（下称本专利），2006年11月8日陈长春（下称请求人）向专利复审委员会提出无效宣告请求，其理由是本专利不符合专利法第23条的规定，请求人认为在本专利申请日以前已有与其相同或者相近似的外观设计在国内外出版物上公开发表过或者国内公开使用过，且本专利与他人在先取得的合法权利相冲突，并提交了2项证据：

证据1：国家知识产权局专利检索咨询中心出具的G062209号《外观设计检索报告》复印件，其中涉及8项外观设计专利：

(1) 02302236.1号外观设计专利（下称在先设计1），授权公告日2002年8月14日；
(2) 02323068.1号外观设计专利（下称在先设计2），授权公告日2002年8月21日；

（3）02312161.0 号外观设计专利（下称在先设计 3），授权公告日 2002 年 8 月 14 日；

（4）02312163.7 号外观设计专利（下称在先设计 4），授权公告日 2002 年 8 月 14 日；

（5）02312162.9 号外观设计专利（下称在先设计 5），授权公告日 2002 年 8 月 21 日；

（6）01300142.6 号外观设计专利（下称在先设计 6），授权公告日 2001 年 9 月 19 日；

（7）01309616.8 号外观设计专利（下称在先设计 7），授权公告日 2001 年 9 月 19 日；

（8）99317318.7 号外观设计专利（下称在先设计 8），授权公告日 2000 年 10 月 4 日。

证据 2：本专利图片及著录项目信息。

请求人认为，在先设计 1 与本专利的整体形状设计相同，外轮廓基本相同，在各视图中的相同位置有相近似线条设计，因此二者属于相近似的外观设计，另外在先设计 2~8 与本专利的设计构思相近似，故本专利不符合专利法第 23 条的规定，应予以无效。

经形式审查合格后，专利复审委员会受理了上述无效宣告请求，于 2006 年 11 月 13 日向双方当事人发出无效宣告请求受理通知书，并将无效宣告请求书及其附件副本转送给专利权人，要求其在指定期限内答复。

专利权人于 2007 年 12 月 17 日提交意见陈述书，认为本专利与在先设计 1~8 既不相同也不相近似，且主要针对本专利与在先设计 1 的外观设计比较陈述了意见，认为本专利符合专利法第 23 条的规定，应维持专利权有效。

合议组于 2007 年 1 月 30 日向双方当事人发出合议组成员告知通知书，并将专利权人的意见陈述书转送给请求人，要求其在指定期限内再次陈述意见。

请求人于 2007 年 2 月 27 日提交意见陈述书，坚持认为在先设计 1 与本专利相近似。

在规定的期限内，双方当事人未对合议组告知通知书进行答复，视为对合议组成员没有回避请求。

在上述审理的基础上，合议组认为本案事实清楚，可以依法作出审查决定。

二、决定的理由

1. 法律依据

基于请求人提出的无效宣告请求理由，合议组对本专利是否符合专利法第 23 条的规定进行审查。专利法第 23 条规定：授予专利权的外观设计，应当同申请日以前在国内外出版物上公开发表过或者国内公开使用过的外观设计不相同和不相近似，并不得与他人在先取得的合法权利相冲突。

2. 证据的认定

请求人提交的证据 1 为国家知识产权局专利检索咨询中心出具的 G062209 号《外观设计检索报告》复印件，其中附录了 8 项外观设计专利的公报复印件，分别为 02302236.1、02323068.1、02312161.0、02312163.7、02312162.9、01300142.6、01309616.8、99317318.7 号外观设计专利，经合议组核实，上述证据复印件所示内容与其原件一致，均属于本专利申请日以前的公开出版物，能够依照专利法第 23 条的规定适用于本案。

3. 外观设计相近似性认定

请求人提交的 8 项在先外观设计专利中，在先设计 1、2、3、4、5、7、8 均为照明灯设备，与本专利为相同类别产品，在先设计 6 为带有收音功能的照明灯，与本专利为相近类别产品，所以该 8 项在先设计均具有可比性。

本专利为由提手、灯盖、灯身、底座四部分组成的手提灯。从主视图看，灯体外轮廓由灯盖、灯身、底座自上而下构成平滑曲面，灯盖为略鼓形，灯身为略凹形且占据灯体的主要高度，底座为上窄下宽的梯台形且底端向内收缩，底座高度高于灯盖高度。提手连接于灯盖左右两侧，呈倒 U 形。灯盖顶端左右分布两个按钮，灯盖正面中央为一长方形面板，内置一圆心。灯身中央为一类似 U 形灯管的图案。底座正面布置一 U 形面板，上布有一椭圆形和三个圆形。从俯视图看，灯盖呈近似方形，后部平直，前部为拱状弧形曲线，灯盖偏上区域分布左小右大两个按钮，偏下区域分布两个竖直椭圆形开关。从后视图看，灯身为平板形，底座中央为一 U 形面板，上布有横格状圆形蜂鸣器。从右视图看，提手位于灯体垂直中心线偏灯体后部位置，灯体左右两侧外轮廓线不对称。详见本专利附图。

在先设计 1 为由提手、灯盖、灯身、底座四部分组成的手提灯。从主视图看，灯身外轮廓线垂直，灯身占据灯体的主要高度，灯盖中央布有一竖列格状长方形，两侧为对称的两个竖列格状不规则横条，灯身为排列紧密的网格形结构。从俯视图看，灯盖为近似圆形，上布有三个按钮。从后视图看，灯身左右两侧排布竖状条纹，中间偏上区域印有两行英文字母图案，底座中央为一 U 形面板，上布有 S 形蜂鸣器。在先设计 1 详见本决定附图。

将本专利与在先设计 1 相比较，二者的共同点为：整体外形结构均为由提手、灯盖、灯身、底座构成，且灯体的各部分位置比例相近似。二者的不同点为：从主视图看，在先设计 1 的灯盖中央布有一竖列格状长方形，两侧为对称的两个竖列格状不规则横条，灯身通体为排列紧密的网格形结构，从整体观察，灯体前部呈现出较明显的格状排列视觉效果。而本专利贯穿灯盖、灯身、底座左右两侧纵列排布几列线条，灯盖中央为一长方形块，灯身中央为一类似 U 形灯管图案，专利权人陈述其为从透过透明灯体看到的内部的 U 形灯管。在先设计 1 和本专利在主视图面存在明显不同的视觉效果，在先设计 1 给人以网格状排列的感受，本专利则给人较简单的线条设计感觉。从后视图看，在先设计 1 的背板左右两侧排布竖状条纹，中间偏上区域印有两行英文字母图案，而本专利的背板为无图案的平板，且在先设计 1 的 S 形蜂鸣器也与本专利的圆形蜂鸣器不相同。二者在灯盖顶部的按钮设计上也存在差别，在先设计 1 为呈倒三角形排布的三个旋钮，且底部旋钮半径明显大于另外两个旋钮，本专利灯盖偏上区域平行分布左小右大两个按钮，偏下区域平行分布两个竖直椭圆形开关。另外，二者在还存在其他一些细微差别。从上述比较得出，在先设计 1 和本专利的差别足以对整体视觉效果产生显著影响，所以二者不相同也不相近似。

请求人在无效宣告请求中主要针对在先设计 1 与本专利进行比较，认为在先设计 2~8 仅与本专利设计构思相似。合议组认为对于一般消费者而言在先设计 2~8 在整体视觉效果上均与本专利存在显著差异，且双方当事人在答辩意见中主要以在先设计 1 为比较对象，所以对在先设计 2~8 做以下简单评述：

在先设计 2 的底座高度占据整体灯身的比例高于本专利，背板较厚，从右视图看，折叠后背板明显突出，而本专利的背板则较薄，可紧密贴于灯身后部，从而与灯盖、灯身、底座形成一光滑曲面。二者在灯盖顶部按钮排布、底座后部蜂鸣器形状等方面也存在明显差别，因此从整体上观察，二者不相同也不相近似（在先设计 2 详见本决定附图）。

在先设计 3 为回转体形状，灯盖呈帽状，灯身为略向下收缩的圆柱体形，底座与灯身呈明显梯状连接，灯盖、灯身、底座呈三段式结构，从整体上观察与本专利灯盖、灯身、底座光滑过渡连接的结构有显著差别。且在先设计 3 灯体正面无按钮，背面无蜂鸣器，灯盖顶部中央布有一圆形旋钮，均与本专利存在明显差异，因此在先设计 3 与本专利不相同也不相近似（在先设计 3 详见本决定附图）。

在先设计 4 为回转体形状，灯盖呈帽状，底座与灯身呈明显梯状连接，灯盖、灯身、底座呈三段式结构，从整体上观察与本专利灯盖、灯身、底座光滑过渡连接的结构有显著差别，因此与本专利不相同也不相近似（在先设计 4 详见本决定附图）。

在先设计 5 为回转体形状，灯盖呈帽状，底座与灯身呈明显梯状连接，灯盖、灯身、底座呈三段式结构，整体形状上与本专利有显著差别。因此与本专利不相同也不相近似（在先设计 5 详见本决定附图）。

在先设计 6 灯盖、灯身、底座整体呈明显三段式结构，灯盖为帽状，底座为方柱形，底座面板上的按钮排布与本专利明显不同，二者在整体视觉效果上存在显著差别，因此与本专利不相同也不相近似（在先设计 6 详见本决定附图）。

在先设计 7 为回转体形状，灯盖、灯身、底座整体呈三段式结构，灯盖为帽状，灯身为圆柱体，底座与灯身呈明显梯状连接，整体形状上与本专利有显著差别，因此与本专利不相同也不相近似（在先设计 7 详见本决定附图）。

在先设计 8 整体为回转体，灯盖呈帽状，底座与灯身呈明显梯状连接，灯盖、灯身、底座呈三段式结构，整体形状上与本专利有显著差别，因此与本专利不相同也不相近似（在先设计 8 详见本决定附图）。

4. 结论

综上所述，本专利与请求人提交的所有证据所示在先外观设计均不相同也不相近似，其据此证明本专利不符合专利法第 23 条规定的无效宣告请求理由不能成立。

请求人提出的无效宣告理由中指出本专利申请日前有相同和相近似的外观设计在国内公开使用过，但未提交相关证据证明该事实，因此该无效宣告理由不能成立。

请求人提出的无效宣告理由中还指出本专利与他人在先取得的合法权利相冲突，但未能提交生效的能够证明权利冲突的处理决定或者判决，根据专利法实施细则第 65 条的规定，该理由不予受理和审理。

三、决定

维持 03322560.5 号外观设计专利权有效。

当事人对本决定不服的，可以根据专利法第 46 条第 2 款的规定，自收到本决定之日起三个月内向北京市第一中级人民法院起诉。根据该款的规定，一方当事人起诉后，另一方当事人应当作为第三人参加诉讼。

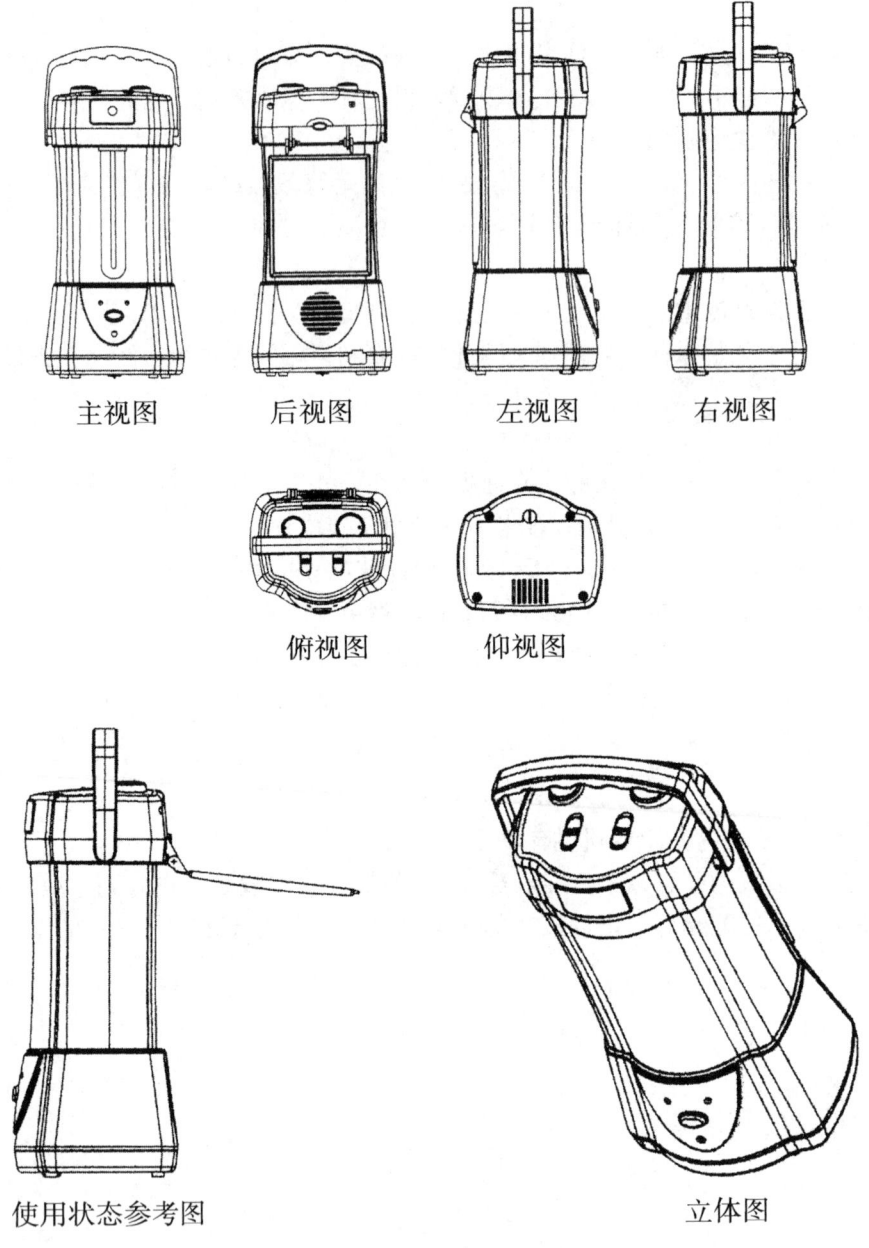

主视图　后视图　左视图　右视图

俯视图　仰视图

使用状态参考图　立体图

本专利

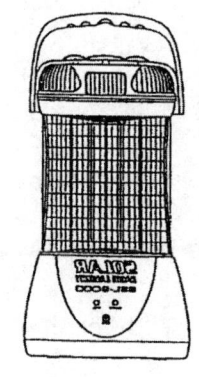  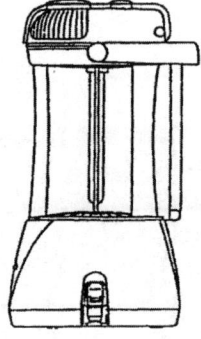 

主视图　　　　　后视图　　　　　右视图　　　太阳光受光部之展开图

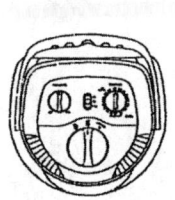 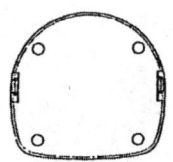 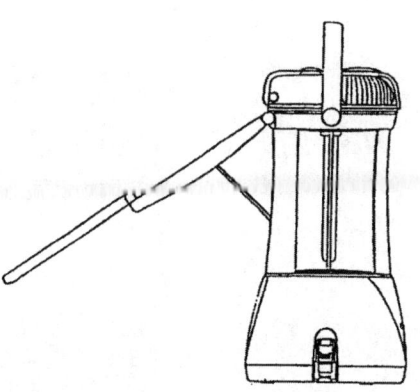

俯视图　　　　仰视图　　　　　　使用状态参考图

在先设计1

主视图　　　　后视图　　　　左视图　　　　右视图

 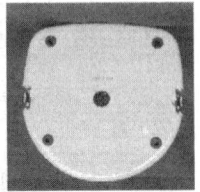 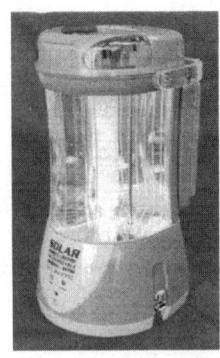 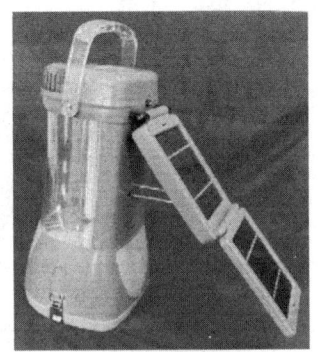

| 俯视图 | 仰视图 | 立体图 | 使用状态参考图 |

在先设计 2

   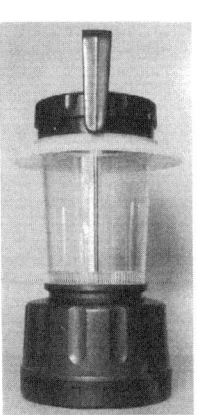

| 主视图 | 后视图 | 左视图 | 右视图 |

| 俯视图 | 仰视图 | 立体图 1 | 立体图 2 |

在先设计 3

| 主视图 | 后视图 | 左视图 | 右视图 |

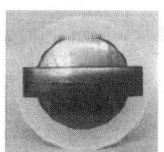 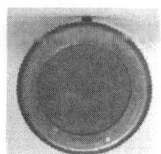  

| 俯视图 | 仰视图 | 立体图 1 | 立体图 2 |

在先设计 4

| 主视图 | 后视图 | 左视图 | 右视图 |

  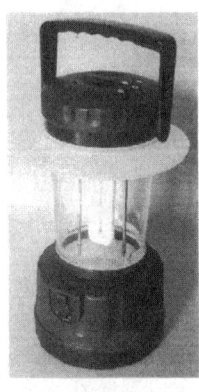 

俯视图　　仰视图　　立体图1　　立体图2

在先设计5

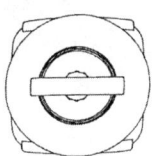

俯视图

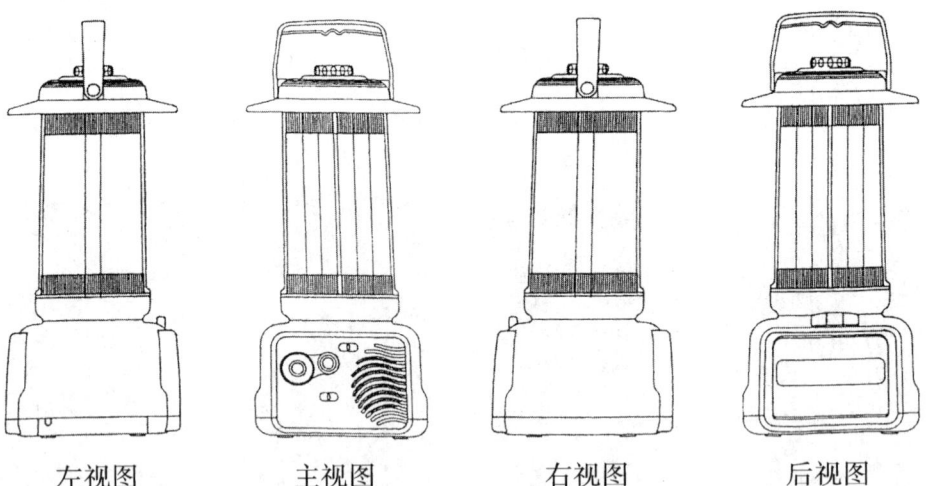

左视图　　主视图　　右视图　　后视图

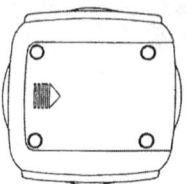

仰视图

在先设计6

主视图　　　后视图　　　左视图　　　右视图

 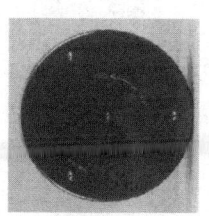 

俯视图　　　仰视图　　　立体图

在先设计 7

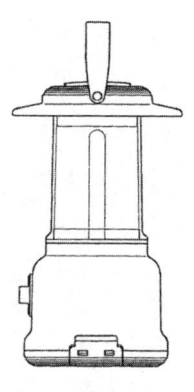 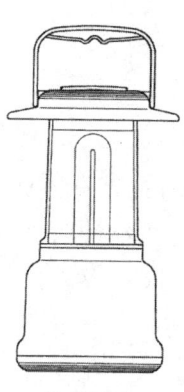 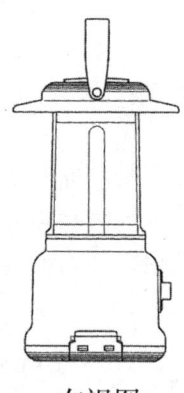 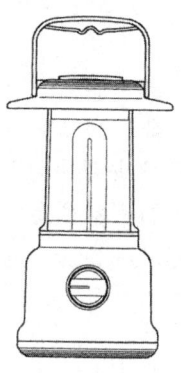

左视图　　　主视图　　　右视图　　　后视

 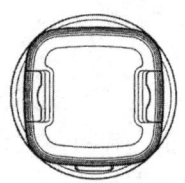

俯视图　　　仰视图

在先设计 8

1709

双振动手柄（酷豹3）

无效宣告请求审查决定（第9707号）

决 定 号	第9707号
决 定 日	2007年4月25日
发明创造名称	双振动手柄（酷豹3）
外观设计分类号	21-01
无效宣告请求人	索尼电脑娱乐公司
专 利 权 人	郭伯祥
专 利 号	200430109482.1
申 请 日	2004年11月23日
授权公告日	2005年7月27日
合议组组长	张跃平
主 审 员	钟华
参 审 员	徐清平
附 图	2页

法律依据 专利法第23条、第46条

决定要点

对于本案游戏用振动手柄而言，其正面是消费者所主要关注的部位，一般情况下其后面和侧面不容易引起一般消费者注意。本专利的外形与在先设计外形近似、正面设计完全相同，本专利的后面、侧面也没有特别的容易引起一般消费者注意的设计，应该认定本专利与在先设计相近似。

一、案由

本无效宣告请求涉及国家知识产权局于2005年7月27日授权公告的名称为"双振动手柄（酷豹3）"的200430109482.1号外观设计专利（下称本专利），其申请日为2004年11月23日，专利权人为郭伯祥。

针对本专利，索尼电脑娱乐公司（下称请求人）于2006年5月9日向专利复审委员会提出无效宣告请求，其理由是在本专利申请日前已经有与之相同和相近似的外观设计在出版物上公开发表过或者在国内公开使用过，因此本专利不符合专利法第23条的规定，请求人同时提交如下附件作为证据：

附件1：《计算机世界》第48期首页及其相关页C7的复印件；

附件2：授权公告号为CN3080379D的中国外观设计专利公报及其专利证书复印件；

附件3：中华人民共和国上海市公证处出具的（2006）沪证经字第1026号公证书原件；

附件4：本外观设计专利公报复印件。

经形式审查合格，专利复审委员会依法受理了上述无效宣告请求，并于2006年6月23日将无效宣告请求书及相关文件的副本转给专利权人，要求其在指定的期限内答复。

2006年7月21日，专利权人提交了意见陈述书，认为：附件3所附的打印网页内容与2006年1月26日公证员看到的内容一致，不能证明该网页的实际公开时间早于本专利申请日，因此附件3不能用以评述本专利的新颖性；附件1仅公开了手柄的一面视图，而对于游戏手柄来说，任何一面视图都是不可缺少的，仅仅依靠附件1公开的一面视图无法否定本专利的新颖性；附件2所公开的外观设计与本专利相比不相同且不相近似。因此请求人提交的所有证据不能证明本专利不符合专利法第23条的规定。

2006年10月9日，专利复审委员会向请求人转送了专利权人的上述意见陈述书，同日向双方当事人发出口头审理通知书，定于2006年11月30日举行口头审理。

口头审理如期举行，请求人委托有代理人参加本次口头审理，专利权人缺席本次口头审理。在口头审理中，请求人当庭提交了附件1所属整本期刊的原件，并就其证据的单独和相互结合使用作了明确的说明，指出附件1至附件3均可单独证明与本专利相近似的外观设计在本专利申请日前公开发表过和公开使用过，根据附件1的文字说明，结合附件3，也可以证明本专利与申请日前在国内公开使用过的外观设计相似。

本案合议组经过合议，鉴于本无效宣告请求日为2006年5月9日，早于2006年7月1日，根据2006年审查指南所附《施行修订后审查指南的过渡办法》的规定，关于新理由、新证据的审查本案应适用2001年审查指南第四部分第三章第3.1节的有关规定。根据该节规定，对于请求人在提出无效宣告请求之日起一个月后提出的需要新的证据支持的新的无效宣告理由和提交的用于证明在提出无效宣告请求之日起一个月内未举证主张的具体事实的新证据，合议组不予考虑。换言之，除上述规定情形外，合议组可以考虑新的理由和新证据。结合本案，合议组注意到，请求人在无效宣告请求书中也已经提到有关"本专利不符合中国专利法第23条的外观设计应当同申请日以前在国内外出版物上公开发表过或者国内公开使用过的外观设计不相同或不相近似的规定"，因此合议组对请求人在口头审理中明确的证据使用方式和无效宣告理由予以考虑。

专利复审委员会于2007年2月6日向专利权人发出审查意见通知书，指出：在口头审理中请求人明确附件1、附件2、附件3独立使用或者以附件1和附件3结合使用，证明与本专利相近似的外观设计在本专利申请日前公开发表过或者在国内公开使用过。合议组对以上理由和证据独立或者组合使用方式均进行审查，专利权人可以在审查通知书指定的期限内陈述意见。在该审查意见通知书指定期限内，专利权人未进行答复。

至此，合议组认为本案事实已经调查清楚，依法作出如下审查决定。

二、决定的理由

1. 法律依据

专利法第23条规定：授予专利权的外观设计，应当同申请日以前在国内外出版物上公开发表过或者国内公开使用过的外观设计不相同和不相近似，并不得与他人在先取得的合法权利相冲突。

专利法第46条规定：专利复审委员会对宣告专利权无效的请求应当及时审查和作出决定，并通知请求人和专利权人。宣告专利权无效的决定，由国务院专利行政部门登记和公告。

对专利复审委员会宣告专利权无效或者维持专利权的决定不服的，可以自收到通知之日起三个月内向人民法院起诉。人民法院应当通知无效宣告请求程序的对方当事人作为第三人参加诉讼。

2. 证据的认定

附件1为《计算机世界》第48期首页及其相关页C7页，请求人在口头审理过程中提交了附件1所属整本期刊原件，经合议组核实，附件1的原件与复印件相符，其真实性应予以确认，附件1可以作为本案的定案依据。附件1的首页上记载有出版日期"2003年12月15日"，该日期早于本专利申请日2004年11月23日，因此附件1属于专利法第23条的规定的在先公开出版物，其上所记载的手柄的外观设计在本专利申请日前公开发表过。

附件1的C7页记载："目前，升技宣布从即日起到2004年1月10日止开展865PE乐翻天行动。活动期间用户只要购买升技i865PE主板IS-E、IS7和AI7中的任意一款，再加20元就可以获赠游戏'重装备'——价值89元的北通震动手柄3一个。升技表示，该公司为活动准备乐3000个手柄，先到先得，送完为止。据悉，此次升技865PE乐翻天行动所附赠的北通震动手柄3，目前的全国统一零售价89元，用户可以享受全国联保（6月包换，1年保修）的服务。"

根据附件1的上述记载，由公司开展推广营销的常态可以推知，北通震动手柄3在升技开展上述活动的截止日2004年1月10日前已经公开销售，因此该手柄的外观设计还在本专利申请日前在国内公开使用过（下称在先设计）。

附件2为授权公告号为CN3080379D的中国外观设计公报及专利证书复印件，经合议组核实，其内容真实，可以作为本案的定案依据。附件2的授权公告日为1998年6月24日，该日期早于本专利申请日2004年11月23日，因此附件2可用以评述本专利是否符合专利法第23条的规定。

附件3为中华人民共和国上海市公证处出具的（2006）沪证经字第1026号公证书，请求人提交了该公证书的原件，专利权人对附件3的真实性未提出异议，也没有提交任何否定附件3的真实性的证据，因此附件3的真实性应予以确认，可以作为本案的定案依据。

附件4为本外观设计专利公报复印件，经合议组核实，其内容真实，可以证明本专利的有关内容。

3. 本专利是否符合专利法第23条的规定

本专利为一种游戏用的振动手柄，在先设计也为一种游戏用的振动手柄，两者所属产品的种类相同，可以进行相近似性比较。

本专利为一种振动手柄，其整体外形轮廓近似上短下长的"H"形。从该手柄的正面看，其上部的左右端各一个小凸起，中部为按键面板，按键面板的中间为三个小圆形刻度表和若干小按键，按键面板的左边为一个不规则凹陷的大按钮，该按钮外边为刻度表和一个大金属装饰圆环，按键面板的右边为四个小圆形按钮呈十字形排列，四个圆形小按钮外边有刻度表和一个大金属装饰圆环，上述两个大金属装饰环的下边内侧均与外切有一较小的金属圆环，两个较小金属圆环内均设置有一个凸出的圆纽扣形按钮。振动手柄的下部为呈八字外张开的左右两个手柄，本专利的后面与正面外形一致，上部略凹下部呈弧线形突起。侧面近似脚弓形，与正面、后面呈圆弧过渡。整体呈圆滑造型。（详见本专利附图。）

在先设计也为一种振动手柄，其整体外形轮廓近似上短下长的"H"形。该手柄正面的上部左右端各一个小凸起，中部为按键面板，按键面板的中间为三个小圆形刻度表和若干小按键，按键面板的左边为一个不规则凹陷的大按钮，该按钮外边为刻度表和一大金属装饰圆环，按键面板的右边为四个小圆形按钮呈十字形排列，四个圆形小按钮外边有刻度表和一大金属装饰圆环，上述两个大金属装饰圈的下边内侧均与有一较小的金属圆环相外切，两个较小金属圆环内均设置有一个凸出的圆形纽扣形按钮。振动手柄的下部为呈八字外张开的左右两个手柄。整体呈圆滑造型。（详见在先设计附图。）

将本专利与在先设计相比，两者整体外形轮廓近似，正面的各部分设计完全相同，两者的区别在于：在先设计没有公开后视图和侧视图。合议组认为：对于游戏用振动手柄而言，其正面是消费者所主要关注的部位，在使用状态下背面和侧面不容易引起一般消费者注意，且本专利的后面与正面外形一致，侧面与正面、后面圆弧过渡，即本专利在后面、侧面并无特别的容易引起一般消费者注意的设计。因此上述区别不足以使游戏用振动手柄的一般消费者对两者的整体视觉印象产生显著的影响，应该认定本专利与在先设计相近似，本专利不符合专利法第23条的规定。

鉴于上述评述已经得出本专利不符合专利授权条件的结论，合议组对请求人提出的其他理由和证据不再予以评述。

三、决定

根据专利法第23条和第46条第1款的规定，宣告200430109482.1号外观设计专利权无效。

根据专利法第46条第2款的规定，当事人对本决定不服的，自收到本决定之日起三个月内向北京市第一中级人民法院起诉，根据该款规定，一方当事人起诉后，另一方当事人应当作为第三人参加诉讼。

 主视图
 后视图

 左视图
 右视图

 俯视图
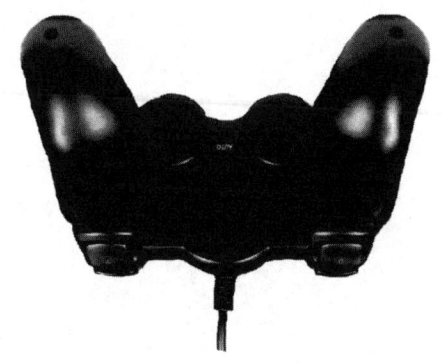 仰视图

 立体图

本专利附图

在先设计附图

手表（XJ-672）

无效宣告请求审查决定（第9708号）

决　定　号	第9708号
决　定　日	2007年4月24日
发明创造名称	手表（XJ-672）
外观设计分类号	10-02
无效宣告请求人	石狮市龙盛塑胶电子有限公司
专 利 权 人	李仁续
申　请　号	200530079946.3
申　请　日	2005年1月12日
授权公告日	2005年9月7日
合议组组长	张跃平
主 审 员	张　鹏
参 审 员	王霞军
法 律 依 据	专利法第23条

决 定 要 点

对于复印件，若无法与原件核对，则不能单独作为认定案件事实的依据；

以产品宣传样本作为出版物公开的证据，在签订印制该样本的合同时该样本并不处于公众可以得知的状态，不能以此作为认定该出版物公开的时间。

一、案由

本无效宣告请求涉及国家知识产权局于2005年9月7日授权公告的200530079946.3号外观设计专利，使用该外观设计的产品名称为"手表（XJ-672）"，申请日是2005年1月12日，专利权人是李仁续。

针对上述外观设计专利权（下称本专利），石狮市龙盛塑胶电子有限公司（下称请求人）于2006年8月30日向专利复审委员会提出无效宣告请求，其理由是本专利不符合专利法第23条的规定。请求人认为在本专利申请日以前已有与其相近似的外观设计在出版物上公开发表过，并提交了如下证据：

证据1：请求人声称为《Asian Sources Timepieces》杂志的复印件，共3页；

证据2：请求人与石狮市源兴彩印有限公司签订的《合同》复印件、第0001201号《源兴彩印（商标）厂送货单》复印件和产品宣传样页的确认件复印件，共4页。

请求人指明证据1所示CASIO款电子表（第1款）的外观设计与本专利构成相近似的外观设计。

专利复审委员会根据无效宣告请求审查程序的规定受理了该无效宣告请求，并于2006年8月31日将请求人的无效宣告请求文件转送专利权人。

专利权人于2006年10月1日向专利复审委员会提交了意见陈述书，认为证据1是复印件，无法看出印刷时间，并且请求人没有提供中文译文；证据2所示合同和单据的复印件上均无可与本专利进行对比的图片，且样页的来源和印刷时间不明；因此本专利应予维持。专利权人随意见陈述书附带了请求人提交的证据1、2。

专利复审委员会于2007年1月8日依法成立合议组进行审理。专利复审委员会合议组于2007年1月15日将专利权人的意见陈述及证据转送请求人，同时向双方当事人发出口头审理通知书，定于2007年3月7日对本案进行口头审理。

口头审理如期举行，双方当事人均委托代理人出庭；双方均对对方出庭人员的身份无异议，对合议组成员无回避请求。在口头审理中，请求人坚持其原有观点，当庭提交了证据2的原件，但是没有提交证据1的原件。专利权人对于证据1的真实性不予认可，专利权人当庭核实了证据2的原件，认为证据2的真实性不能认定，其中合同、送货单和样页之间均无关联性。

在上述审理的基础上，合议组经合议，认为本案事实清楚，依法作出本审查决定。

二、决定的理由

1. 法律依据

基于请求人提出的无效宣告请求的理由，合议组依据专利法第23条的规定对本案进行审理。

专利法第23条规定：授予专利权的外观设计，应当同申请日以前在国内外出版物上公开发表过或者国内公开使用过的外观设计不相同和不相近似，并不得与他人在先取得的合法权利相冲突。

2. 证据认定

请求人提交的证据1是请求人声称为《Asian Sources Timepieces》杂志的复印件。专利权人对该证据的真实性提出异议，请求人未提供证据1的原件，致使无法与该证据的原件进行核对，参照《最高人民法院关于民事诉讼证据的若干规定》第69条，无法与原件、原物核对的复印件、复制品不能单独作为认定案件事实的依据。

请求人提交的证据2是请求人与石狮市源兴彩印有限公司签订的《合同》复印件、第0001201号《源兴彩印（商标）厂送货单》复印件和产品宣传样页的确认件复印件；并在口头审理中提交了相关原件。针对证据2，合议组认为：虽然单张产品宣传样页上显示的确认日期为2005年1月5日，合同的签订日期为2005年1月6日，但是合同的签订日期并不能证明其按合同要印制的出版物即已同时处于公开状态，同时合同中写明的《LSH广告图册》的交货期为2005年1月15日前，而注明品名为《LSH广告图册》的送货单的实际开具日期为2005年1月12日，因送货单不同于发票，其制作具有一定的随意性，且其开具日期与本专利申请日为同一日，因此不能证明上述合同、送货单和样页所显示的完整《LSH广告图册》的印制完成日期确在本专利申请日（2005年1月12日）以前，更不能证明公众可在本专利申请日以前通过获得该《LSH广告图册》而得知其内记载的相关产品的信息，因此请求人提交的证据2不足以证明相关产品的外观设计在本专利申请日以前公开的事实。

综上所述，请求人提交的证据均不足以支持其无效宣告请求的理由。

三、决定

维持 200530079946.3 号外观设计专利权有效。

当事人对本决定不服的，可以根据专利法第 46 条第 2 款的规定，自收到本决定之日起三个月内向北京市第一中级人民法院起诉。根据该款的规定，一方当事人起诉后，另一方当事人应当作为第三人参加诉讼。

周转盛具架（大型齿轮）

无效宣告请求审查决定（第9710号）

决 定 号	第9710号
决 定 日	2007年4月11日
发明创造名称	周转盛具架（大型齿轮）
外观设计分类	06-06
无效宣告请求人	朱有红
专 利 权 人	陈永德
专 利 号	200530010013.9
申 请 日	2005年4月6日
授权公告日	2005年12月28日
合议组组长	石 清
主 审 员	郑 直
参 审 员	苏 青
附 图	2页

法律依据 专利法第23条

决定要点

在申请日前已有与本专利相近似的外观设计在公开出版物上发表，因此本专利不符合专利法第23条的规定。

一、案由

本无效宣告请求涉及国家知识产权局于2005年12月28日授权公告、申请日为2005年4月6日、名称为"周转盛具架（大型齿轮）"的200530010013.9号外观设计专利（下称本专利），专利权人陈永德。

2006年7月7日，朱有红（下称请求人）针对本专利向专利复审委员会提出无效宣告请求，并提交了以下附件作为证据：

附件1：本专利的外观设计专利公告文件；

附件2：中国200330113165.2号外观设计专利公告文件；

附件3：中国200330113166.7号外观设计专利公告文件；

附件4：中国200320114647.4号实用新型专利说明书；

请求人请求宣告无效的理由是：本专利与第三人鲁包蒙在先获得的200330113165.2、200330113166.7、

200320114647.4专利中的外观设计相近似，因此涉案专利不符合专利法第23条的规定。

经形式审查合格以后，专利复审委员会受理了上述无效宣告请求，于2006年8月15日向双方当事人发出了无效宣告请求受理通知书，并将无效宣告请求书及其附件清单所列附件的副本转送给专利权人，要求专利权人于指定期限内陈述意见。

专利权人于2006年9月14日寄交了意见陈述书，以及关于手提、隔架、支架、丝杆（加强筋）的细节图共4幅，专利权人认为：本专利与附件2、3、4相比，在隔架、支架、手提以及加强筋螺母上均存在区别，从实用的角度看，本专利只能存放大型齿轮，与附件2、3、4能够存放齿轮的规格、型号均不同，因此本专利符合专利法第23条的规定。专利权人还寄交了按照本专利和附件2的外观设计专利生产的盛具架实物，以在口头审理过程中展示。

专利复审委员会依法成立合议组，于2006年11月23日向双方当事人发出了无效宣告请求口头审理通知书，定于2007年1月16日进行口头审理，并随口头审理通知书将专利权人于2006年9月14日提交的意见陈述书转送给请求人。

口头审理如期举行，双方当事人均参加了口头审理。在口审过程中，双方当事人对合议组成员无异议、无回避请求；对对方出庭人员身份无异议；请求人放弃附件3和附件4，并明确无效理由为本专利与附件2相比不符合专利法第23条的规定。专利权人对附件2的真实性无异议。

在此基础上，合议组认为双方已经充分陈述了意见，可以依法作出审查决定。

二、决定的理由

1. 法律依据

基于请求人提出的无效宣告请求的理由，合议组依据中国专利法第23条的规定进行审理。

专利法第23条规定：授予专利权的外观设计，应当同申请日以前在国内外出版物上公开发表过或者国内公开使用过的外观设计不相同和不相近似，并不得与他人在先取得的合法权利相冲突。

2. 关于证据

附件2（200330113165.2）为外观设计专利公告文件，其发明名称为盛具箱（三排齿轮），授权公告日为2004年8月4日，在本专利申请日（2005年4月6日）之前，可以作为在先设计与本专利相比较。

3. 关于专利法第23条

本专利与在先设计均为用于盛放齿轮的盛具箱的外观设计，用途相同，属于相同种类的产品，可以进行如下相近似性对比：

本专利为一个盛放大型齿轮的周转盛具箱，左右各具有一个提手，提手上端中部设有供抓握的孔，该孔上边是一个直线形、下边是一向上凸的弧线形，该孔下方从上到下交替排布了若干固定孔和二个横长的左右两边呈外凸的弧形的大致矩形的孔，提手两侧上下分别有两个沿竖直方向伸长的上、下边呈半圆形，左、右边为直线形的大致矩形的孔，在两个提手之间交替的设置有具有两个U形槽的隔架和支架，隔架和支架由上、中各2条、下端4条加强筋串接在一起，加强筋的两头固定在提手上（详见本专利附图）。

在先设计为一个能够盛放三排齿轮的盛具箱，左右各具有一个提手，提手上端中部设有供抓握的孔，该孔是一矩形，该孔下方从上到下交替排布了若干固定孔和一个横长的左右两边呈外凸的弧形的大致矩形的孔，提手两侧分别有一个沿竖直方向伸长的上、下边呈半圆形，左、右边为直线形的大致矩形的孔，在两个提手之间交替的设置有具有三个大致U型凹槽的隔架和支架，隔架和支架由上下各四条横向加强筋串接在一起，加强筋的两头固定在提手上（详见在先设计附图）。

本专利与在先设计相比，二者均为由手提、支架、隔架、加强筋构成的盛具箱。其区别在于：第一，隔架的形状不同，本专利是两层有 U 形槽的隔架，而在先设计是单层有大致 U 形槽的隔架；第二，支架的形状不同，本专利是两层支架，而在先设计是单层支架；第三，手提不同，本专利为双层手提，在先设计为单层手提，并且手提上设置的抓握孔的形状存在差别，孔的数量和固定孔的排布方式不同。通过对两个外观设计的整体观察，由于本专利用于盛放大型齿轮，因而其隔架、支架以及手提的高度会相应增加，因此上述双层与单层的区别是由于产生的功能所限定的，至于其他区别仅在于局部的细微变化，这些细微的差别对于盛具架的整体视觉效果不足以产生显著的影响，二者在主要部件连接等方面均采用了相近似的设计，导致二者产生了相近似的整体视觉效果，因此二者应属于相近似的外观设计，本专利不符合专利法第 23 条的规定。

专利权人在意见陈述书中借助附图指出本专利与在先设计一些细节上的不同，如：本专利的加强筋（丝杆）一端扁平，另一端拴紧固型螺母，而在先设计的加强筋为两端拴螺母，但是上述内容在本专利的外观设计图片中没有具体体现，因此合议组对上述区别不予考虑。

还有，专利权人认为从实用性比较，本专利用于盛放大型齿轮，而在先设计用于盛放小齿轮，其存放齿轮的规格、型号不同，但是本专利保护的是一种外观设计，外观设计产品的功能不是本专利的保护范围，因此合议组对上述区别也不予支持。

三、决定

宣告 200530010013.9 号外观设计专利权全部无效。

当事人对本决定不服的，可以根据专利法第 46 条第 2 款的规定，自收到本决定之日起三个月内向北京市第一中级人民法院起诉。根据该款的规定，一方当事人起诉后，另一方当事人应当作为第三人参加诉讼。

立体图

使用状态参考图

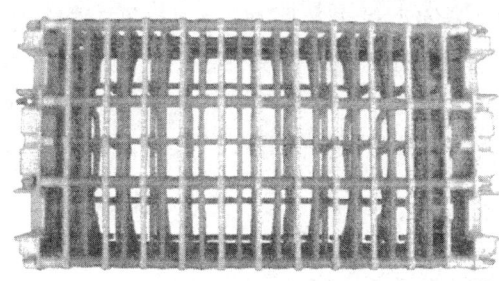
仰视图

主视图

右视图

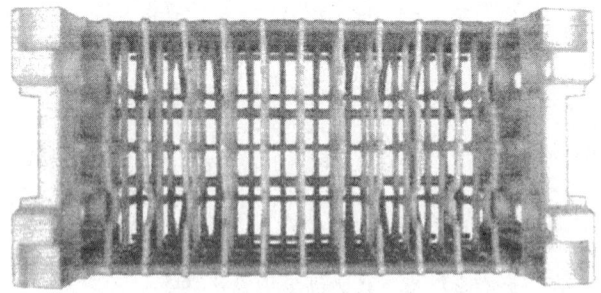
俯视图

本专利附图

使用状态参考图

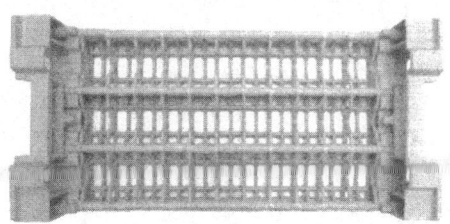

俯视图

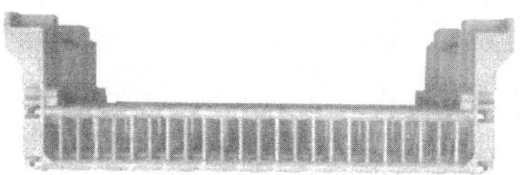

主视图

右视图

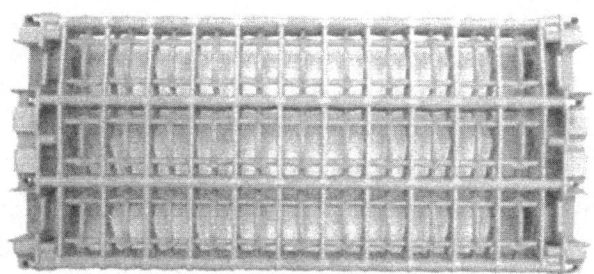

仰视图

在先设计附图

周转盛具架（横栏齿轮）

无效宣告请求审查决定（第9711号）

决 定 号	第9711号
决 定 日	2007年4月11日
发明创造名称	周转盛具架（横栏齿轮）
外观设计分类号	06-06
无效宣告请求人	朱有红
专 利 权 人	陈永德
专 利 号	200530010019.6
申 请 日	2005年4月6日
授权公告日	2005年12月28日
合议组组长	石 清
主 审 员	郑 直
参 审 员	苏 青
附 图	2页

法 律 依 据 专利法第23条

决 定 要 点

在申请日前已有与本专利相近似的外观设计在公开出版物上发表，因此本专利不符合专利法第23条的规定。

一、案由

本无效宣告请求涉及国家知识产权局于2005年12月28日授权公告、申请日为2005年4月6日、名称为"周转盛具架（横栏齿轮）"的200530010019.6号外观设计专利（下称本专利），专利权人陈永德。

2006年7月7日，朱有红（下称请求人）针对本专利向专利复审委员会提出无效宣告请求，并提交了以下附件作为证据：

附件1：本专利的外观设计专利公告文件；

附件2：中国200330113165.2号外观设计专利公告文件；

附件3：中国200330113166.7号外观设计专利公告文件；

附件4：中国200320114647.4号实用新型专利说明书；

请求人请求宣告无效的理由是：本专利与第三人鲁包蒙在先获得的200330113165.2、200330113166.7、

200320114647.4 专利的外观设计相近似，因此涉案专利不符合专利法第 23 条的规定。

经形式审查合格以后，专利复审委员会受理了上述无效宣告请求，于 2006 年 8 月 7 日向双方当事人发出了无效宣告请求受理通知书，并将无效宣告请求书及其附件清单所列附件的副本转送给专利权人，要求专利权人于指定期限内陈述意见。

专利权人于 2006 年 9 月 14 日寄交了意见陈述书以及关于手提、隔架、支架、丝杆（加强筋）的细节图共 4 幅，专利权人认为：本专利与附件 2、3、4 相比，在隔架、支架、手提、加强筋螺母以及箱体形状上均存在区别，同时从实用性的角度考虑，本专利使每个齿轮得到有效保护，并不致造成存放齿轮之间的相互挤压、磨损和碰伤，因此本专利符合专利法第 23 条的规定。此外，为直观起见，专利权人还寄交了按照本专利和附件 2 的外观设计专利生产的盛具架实物，以在口头审理过程中展示。

专利复审委员会依法成立合议组，于 2006 年 11 月 23 日向双方当事人发出了无效宣告请求口头审理通知书，定于 2007 年 1 月 16 日进行口头审理，并随口头审理通知书将专利权人于 2006 年 9 月 14 日提交的意见陈述书转送给请求人。

口头审理如期举行，双方当事人均参加了口头审理。在口审过程中，双方当事人对合议组成员无异议、无回避请求；对对方出庭人员身份无异议；请求人放弃附件 3 和附件 4，并明确无效理由为本专利与附件 2 相比不符合专利法第 23 条的规定。专利权人对附件 2 的真实性无异议。

在此基础上，合议组认为双方已经充分陈述了意见，可以依法作出审查决定。

二、决定的理由

1. 法律依据

基于请求人提出的无效宣告请求的理由，合议组依据专利法第 23 条的规定进行审理。

专利法第 23 条规定：授予专利权的外观设计，应当同申请日以前在国内外出版物上公开发表过或者国内公开使用过的外观设计不相同和不相近似，并不得与他人在先取得的合法权利相冲突。

2. 关于证据

附件 2 为中国外观设计专利公告文件，其名称为"盛具箱（三排齿轮）"，授权公告日为 2004 年 8 月 4 日，在本专利的申请日（2005 年 4 月 6 日）之前，可以作为在先设计与本专利相比较。

3. 关于专利法第 23 条

本专利与在先设计均为用于盛放齿轮的盛具的外观设计，其用途相同，属于相同种类的产品，可以进行如下相近似性对比：

本专利为一个盛放横栏齿轮的周转盛具架，左右各具有一个提手，提手上端中部设有供抓握的孔，该孔是一矩形，该孔下方从上到下交替排布了若干固定孔和一个横长的左右两边呈外凸的弧形的大致矩形的孔，提手两侧各设有一个沿竖直方向伸长的上、下边呈半圆形，左、右边为直线形的大致矩形的孔，在两个提手之间交替的设置有隔架和三槽支架，支架槽口向下，隔架和支架由上下各四条横向加强筋串接在一起，丝杆的两头固定在提手上面承受力（详见本专利附图）。

在先设计为一个能够盛放三排齿轮的盛具箱，左右各具有一个提手，提手上端中部设有供抓握的孔，该孔是一矩形，该孔下方从上到下交替排布了若干固定孔和一个横长的左右两边呈外凸的弧形的大致矩形的孔，提手两侧分别有一个沿竖直方向伸长的上、下边呈半圆形，左、右边为直线形的大致矩形的孔，在两个提手之间交替的设置有具有三个大致 U 型凹槽的隔架和支架，隔架和支架由上下各四条横向加强筋串接在一起，加强筋的两头固定在提手上（详见在先设计附图）。

本专利与在先设计相比，两者均为各由手提、支架、隔架、加强筋构成的盛具箱。其区别在于：第一，隔架的形状不同，在先设计的隔架是 U 型的，本专利不是；第二，在先设计的支架槽口向上，本专利的支架槽口向下；第三，手提上螺杆孔的排布存在差别。通过对两个外观设计的整体观察，上述区别仅在于局部的细微变化，这些细微的差别对于盛具架的整体视觉效果不足以产生显著的影响，二者无论是在整体形状还是在主要部件连接等方面均采用了相近似的设计，导致二者产生了相近似的整体视觉效果，因此二者应属于相近似的外观设计，本专利不符合专利法第23条的规定。

专利权人在意见陈述书中借助附图指出本专利与在先设计一些细节上的不同，如本专利的加强筋（丝杆）一端扁平，另一端拴紧固型螺母，而在先设计的加强筋为两端拴螺母，但是上述内容在本专利的外观设计图片中没有具体体现，因此合议组对上述区别不予考虑。

还有，专利权人认为从实用性比较，本专利使每个齿轮得到有效保护，并不致造成存放齿轮之间的相互挤压、磨损和碰伤，但是本专利保护的是一种外观设计，由外观设计产品的功能所引起的设计的变化对整体视觉效果不造成显著的影响，因此合议组对专利权人的意见不予支持。

三、决定

宣告200530010019.6号外观设计专利权全部无效。

当事人对本决定不服的，可以根据专利法第46条第2款的规定，自收到本决定之日起三个月内向北京市第一中级人民法院起诉。根据该款的规定，一方当事人起诉后，另一方当事人应当作为第三人参加诉讼。

立体图

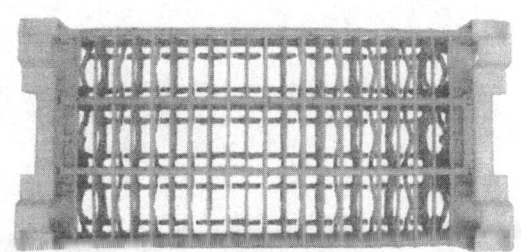

俯视图

主视图

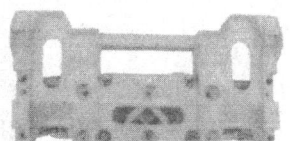
右视图

仰视图

本专利附图

使用状态参考图

俯视图

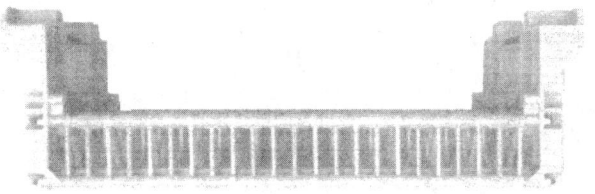
主视图

右视图

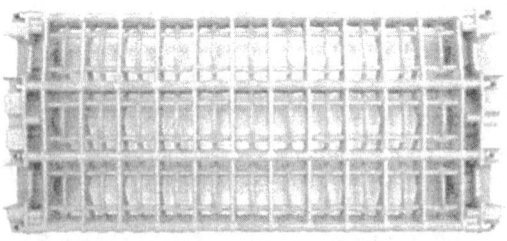

仰视图

在先设计附图

轮胎（6）

无效宣告请求审查决定（第9714号）

决 定 号	第9714号
决 定 日	2007年4月16日
发明创造名称	轮胎（6）
外观设计分类号	12-15
无效宣告请求人	住友橡胶工业株式会社
专 利 权 人	广州市宝力轮胎有限公司
专 利 号	200430086586.5
申 请 日	2004年10月19日
授权公告日	2005年7月13日
合议组组长	钟　华
主 审 员	赵博华
参 审 员	郑　直
附 　 图	3页

法 律 依 据 专利法第23条

决 定 要 点

对于轮胎的一般消费者而言，本专利与对比文件在轮胎侧视图上形状，表面纹理的不同已经给两者的整体视觉效果带来显著的影响，本专利的矩形侧翼及凹陷的轮胎内缘都给人刚硬有棱角的视觉感，而对比文件的圆周侧翼及平滑的轮胎内缘视觉感是很圆滑流畅的，因此本专利与对比文件不相同且不相近似。

一、案由

本无效宣告请求涉及国家知识产权局于2005年7月13日授权公告的200430086586.5号外观设计专利，其名称为"轮胎（6）"，申请日是2004年10月19日，专利权人是广州市宝力轮胎有限公司（下称专利权人）。

针对上述专利权（下称本专利），住友橡胶工业株式会社（下称请求人）于2006年7月7日向专利复审委员会提出无效宣告请求，其依据的事实和理由是：本专利与在先公开发表的外观设计专利相近似，两个外观设计专利所示轮胎的整体形状均为常见的圆环形状，轮胎内径与外径的比例基本一致，轮胎的直径与轮胎厚度（轴向距离）基本一致。本专利具有靠近外缘的圆周背脊，其显示为矩形侧翼，而对比专利没有圆周背脊，其显示为圆形侧翼，但是该差异对于整体视觉效果并没有显著影响，因此本专利不符合专利法第 23 条的规定。请求人同时提交了如下附件作为证据：

附件 1：本专利公报复印件；

附件 2：日本外观设计专利 D1194347 号专利公报复印件，下称对比文件 1；

附件 3：美国 US D470102S 号外观设计专利公报复印件，下称对比文件 2。

专利复审委员会受理了该无效宣告请求，于 2006 年 8 月 10 日向双方当事人发出无效宣告请求受理通知书，并将无效宣告请求书及其附件的副本转送给专利权人，要求其在指定期限内陈述意见。专利权人逾期未答复。

专利复审委员会于 2007 年 2 月 27 日向双方当事人发出口头审理通知书，定于 2007 年 4 月 9 日进行口头审理。

口头审理如期举行，专利权人未出席口头审理，请求人出席了口头审理并陈述了意见。在口审中，请求人明确其无效理由为：本专利的外观设计不符合专利法第 23 条"在先公开发表"的规定。请求人认为对比文件 1 和对比文件 2 的图片完全一样，主要以对比文件 2 进行评述，对比文件 1 和对比文件 2 的关于相近似性比较的陈述意见相同。请求人以对比文件 1 的发行日 2004 年 1 月 13 日为其公开日，以对比文件 2 的授权日 2003 年 2 月 11 日为公开日。请求人认为本专利与对比文件 2 基本相似，其区别仅在于纵向短槽，本专利具有靠近外缘的圆周背脊，其显示为矩形侧翼，纵向短槽与轮胎边缘平行，间隔设置在长曲轴向槽和短曲轴向槽之间，而对比文件 2 的纵向槽与轮胎外缘具有较小的夹角，而不是平行关系。本专利的内缘凹陷，对比文件 2 的内缘较为平滑。请求人认为上述区别容易被消费者忽视，对整体视觉效果不具有显著影响。

至此，合议组经合议，认为本案事实清楚，可以依法作出本审查决定。

二、决定的理由

1. 法律依据

专利法第 23 条规定：授予专利权的外观设计，应当同申请日以前在国内外出版物上公开发表过或者国内公开使用过的外观设计不相同和不相近似，并不得与他人在先取得的合法权利相冲突。

2. 证据认定

附件 1 是本专利公报，经合议组核实，其内容真实，可用以说明本专利的授权范围。

对比文件 1、2 分别是日本和美国的外观设计专利公报，经合议组核实，其内容真实，可以作为本案的定案依据。对比文件 1 的公开日为 2004 年 1 月 13 日，对比文件 2 的公开日为 2003 年 2 月 11 日，均早于本专利申请日 2004 年 10 月 19 日，因此对比文件 1、2 上记载的外观设计可以作为评价本专利是否符合专利法第 23 条的规定的对比文件。

3. 本专利是否符合专利法第 23 条的规定

由于请求人认为对比文件 1 和对比文件 2 的图片完全一样，对比文件 1 和对比文件 2 关于相近似性比较的陈述意见相同，经合议组核实，对比文件 1 为对比文件 2 的优先权文本，两者记载的外观设计相同，因此以下以对比文件 2 进行评述，本专利与对比文件 1 的相近似性评述意见和本专利与对比文件 2 的相近似性评述意见相同。

本专利为一种轮胎的外观设计，未请求保护色彩，其所示的轮胎纹理在圆周面上左右反向对称，以单元纹理作圆周循环，设有左右两条圆周肩槽和中间圆周主槽，紧邻主槽两侧分别设有与主槽平行的细圆周纹。长曲轴向槽起始于轮胎外缘，在靠近肩槽的位置变成细纹连接到肩槽，再从肩槽继续，终止在接近主槽的位置。该长曲轴向槽向内（向主槽方向）具有较大的弧度，向外（向轮胎外缘方向）具有较小弧度。短曲轴向槽设置在两个长曲轴向槽之间，起始于轮胎的外缘，终止于到达主槽的途中。短曲轴向槽与长曲轴向槽在外侧的弧度相同。纵向短槽为矩形，间隔设置在长曲轴向槽和短曲轴向槽之间，其接近并平行于轮胎的外缘，在靠近圆周外缘处有圆周背脊，显示为矩形侧翼（详见本专利附图）。

对比文件2公开了一种轮胎面的外观设计，其所示的轮胎纹理在圆周面上左右反向对称，以单元纹理作圆周循环，设有左右两条圆周肩槽和中间圆周主槽，紧邻主槽两侧分别设有与主槽平行的细圆周纹。长曲轴向槽起始于轮胎外缘，并终止在接近主槽的位置。该长曲轴向槽向内（向主槽方向）具有较大的弧度，向外（向轮胎外缘方向）具有较小弧度。短曲轴向槽设置在两个长曲轴向槽之间，起始于轮胎外缘，在靠近肩槽的位置变成细纹，终止在到达主槽的途中。短曲轴向槽与长曲轴向槽在外侧的弧度相同。弯曲的纵向短槽设置在相邻的两个短曲轴向槽之间，与轮胎的外缘具有很小的角度，但是不平行（详见对比文件2附图）。

将本专利与对比文件2相比较，二者轮胎形状均为常见的圆环形状，其轮胎纹理在圆周面上左右反向对称，以单元纹理作圆周循环，都设有左右两条圆周肩槽和中间圆周主槽，在紧邻主槽两侧分别设有与主槽平行的细圆周纹。两者的区别主要在于：（1）长曲轴向槽与短曲轴向槽变成细纹的方式不同，本专利长曲轴向槽中间变成细纹到达肩槽后继续，而对比文件2是短曲轴向槽变成细纹到达肩槽后继续，以细纹终止；（2）纵向短槽不同，本专利纵向短槽为矩形，间隔设置在长曲轴向槽和短曲轴向槽之间，其接近并平行于轮胎的外缘，在靠近圆周外缘处有圆周背脊，呈现为矩形侧翼，而对比文件2是弯曲的纵向短槽设置在相邻的两个短曲轴向槽之间，与轮胎的外缘具有很小的角度，而不平行，因此呈现为圆形侧翼。（3）轮胎的内缘不同，本专利的轮胎内缘凹陷，对比文件2的轮胎内缘较为平滑。合议组认为：对于一般消费者而言，轮胎的主视图固然重要，但是本专利与对比文件2的上述区别尤其是两者在轮胎侧视图上的形状及表面纹理的不同已经给两者的整体视觉效果带来显著的影响，本专利的矩形侧翼及凹陷的轮胎内缘都给人刚硬有棱角的视觉感，而对比文件2的圆周侧翼及平滑的轮胎内缘视觉感是很圆滑流畅的，因此本专利与对比文件2不相同且不相近似。

三、决定

维持200430086586.5号外观设计专利权有效。

当事人对本决定不服的，可以根据专利法第46条第2款的规定，自收到本决定之日起三个月内向北京市第一中级人民法院起诉。根据该款的规定，一方当事人起诉后，另一方当事人应当作为第三人参加诉讼。

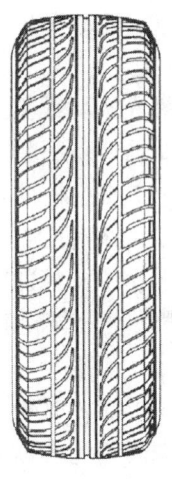
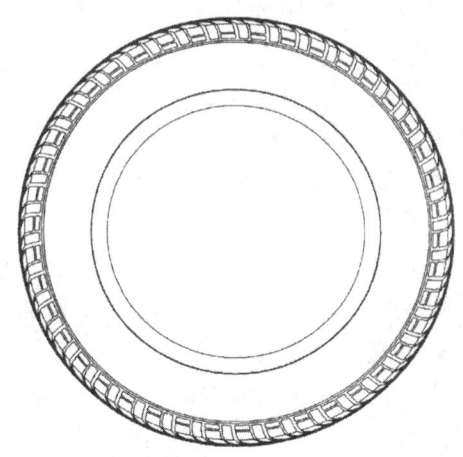

主视图　　　　　　左视图

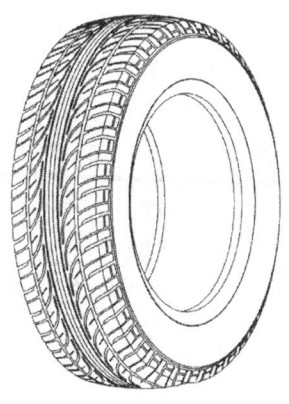

立体图

本专利附图

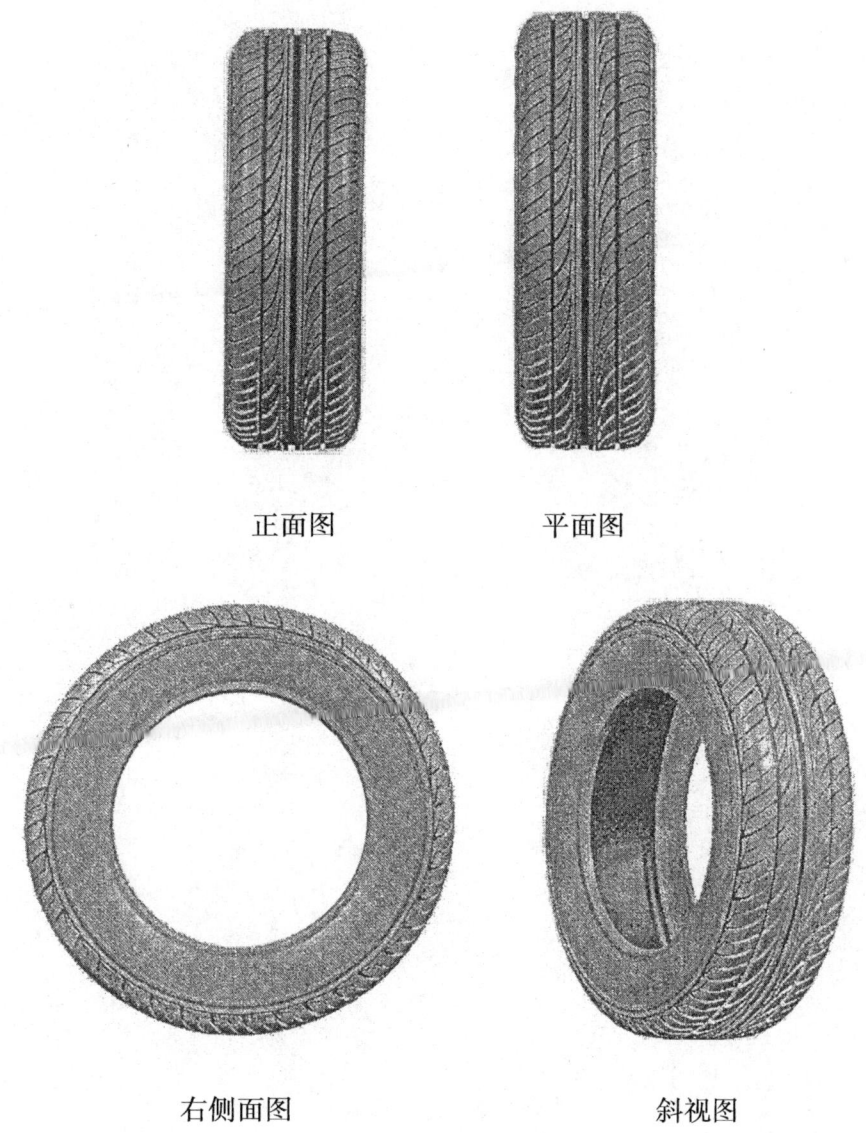

对比文件1附图

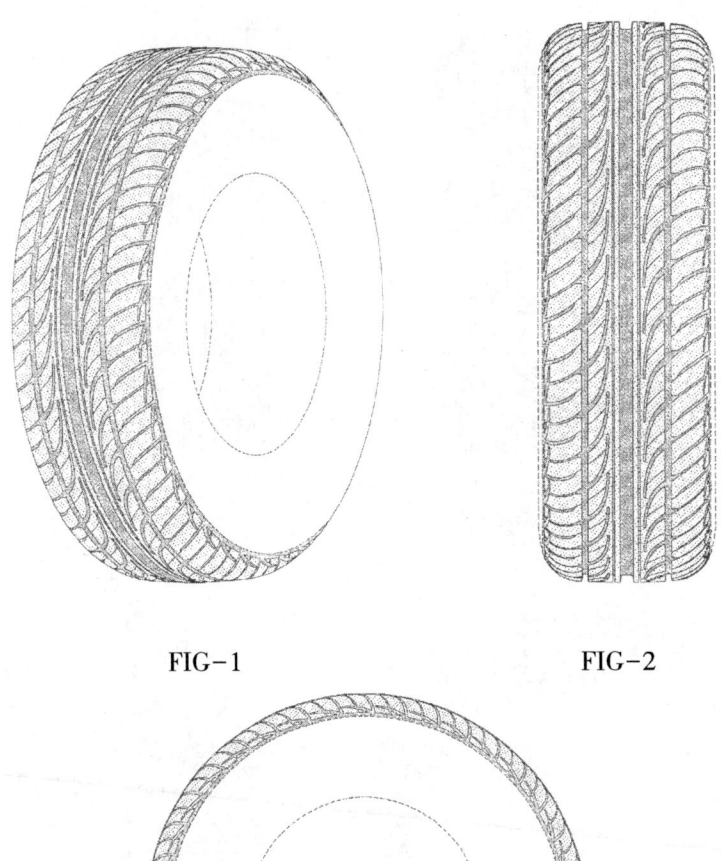

FIG-1 FIG-2

FIG-3

对比文件 2 附图

北京市第一中级人民法院
行政判决书

(2007) 一中行初字第1076号

原告住友橡胶工业株式会社，住所地日本国兵库县神户市中央区胁滨町3丁目6番9号。

委托代理人梁勇，北京市集佳律师事务所律师。

委托代理人雒运朴，男，北京集佳知识产权代理有限公司专利代理人。

被告中华人民共和国国家知识产权局专利复审委员会，住所地中华人民共和国北京市海淀区北四环西路9号银谷大厦10~12层。

法定代表人廖涛，副主任。

委托代理人郑直，女，中华人民共和国国家知识产权局专利复审委员会审查员。

委托代理人余心蕾，女，中华人民共和国国家知识产权局专利复审委员会审查员。

第三人广州市宝力轮胎有限公司，住所地中华人民共和国广东省广州市花都炭步镇松仔岗。

法定代表人浦鹏华，董事长。

委托代理人秦光，女，广州市宝力轮胎有限公司经理原告住友橡胶工业株式会社不服被告作出的第9714号无效宣告请求审查决定（以下简称第9714号决定），于2007年8月8日向本院提起诉讼。本院受理后，依法组成合议庭并通知被诉具体行政行为的利害关系人广州市宝力轮胎有限公司作为第三人参加诉讼。本院于2007年9月14日公开开庭审理了本案，原告的委托代理人梁勇，被告的委托代理人郑直、余心蕾，第三人的委托代理人秦光到庭参加了诉讼。本案现已审理终结。2007年4月16日，被告作出第9714号决定，依据《中华人民共和国专利法》（以下简称《专利法》）第二十三条，宣告200430086586.5号外观设计专利权（以下简称本专利）无效。被告在法定的举证期限内向本院提交的证据有：（1）本外观设计专利附图；（2）日本外观专利设计D1194347号专利公报复印件（即行政程序中的对比文件1）；（3）美国USD470102S号外观设计专利公报复印件（即行政程序中的对比文件2）；（4）口头审理记录附表。上述证据用于证明第9714号决定认定事实清楚、适用法律正确、程序合法。原告诉称：（1）被告在无效审查程序中认定事实不清，错误地将被比设计中的"轮胎内缘凹陷"这种惯常设计认定为主要区别设计点之一，并因此而得出了错误的结论；（2）被告在无效审查中明显违反了审查指南中关于外观设计近似性判断所必须遵循的"整体观察、综合判断"原则，刻意强化了局部细微设计的比对；（3）被告在无效审查程序中确定了错误的判断主体，没有从被比设计产品的一般消费者的角度进行比较，混同了一般消费者和设计专家的概念。在一般消费者从通常的角度对本专利和对比专利2进行观察时，由于具有突出特征的轮胎纹理图案的主体部分基本相同，而一般消费者"不会注意到产品的形状、图案以及色彩的微小变化"，被告在决定中所认为的本专利和对比专利的不同点均不足以引起一般消费者的一般注意力，本专利轮胎的局部细微的变化（包括在轮胎纹理图案的整体设计中占很小比例的边缘部分的纹理图案的变化）对于产品外观设计的整体视觉效果不具有显著的影响。因此，本专利和对比专利2是相近似的外观设计。本专利与对比专利2的整体形状均为惯常的设计，轮胎纹理图案的主体部分基本相同，二者的差别均属于局部且细微的差异或变化，不足以使本专利与对比专利产生整体视觉效果上的显著区别。根据整体观察、综合判断的对比方法，本专利与对比专利是相近似的外观设计。因此，第9714号决定认定事实不清，适用法律不当，请求法院予以撤销。被告辩称：由于原告认为对比文件1和对比文件2的图片完全一样，对比文件1和对比文件2关于相近似性比较的陈述意见相同，我委在第9714号审查决定中以本专利与对比文件2所示图片进行相近似性评述，本专利与对比文件1的相近似性评述意见和本专利与对比文件2的相近似性的意见相同。本专利与对比文件2相比较，二者既有相同之处又存在明显区别，这些区别足以使两者既不相同且不相近似。综上，第9714号决定认定事实清楚、适用法律正确、审理程序合法，原告的诉讼请求无事实和法律依据，请求法院依法驳回原告的诉讼请求，维持第9714号决定。第三人同意被告意见，其未向本院提供书面意见及证据。

经庭审质证，被告提交的证据与被诉第9714号决定有关，且合法，各方当事人对其真实性均无异议，能够证明本案的事实，本院予以采纳。

根据上述有效证据及各方当事人在庭审中无争议的陈述，本院确认如下事实：

本案涉及申请日为2004年10月19日，授权公告日为2005年7月13日，专利号为200430086586.5的外观设计专利，名称是"轮胎（6）"，专利权人为第三人广州市宝力轮胎有限公司。

针对本专利，原告于2006年7月7日向被告提出无效宣告请求，其依据的事实和理由是：本专利不符合《专利法》第二十三条的规定。原告同时提交了如下附件作为证据：附件1：本专利公报复印件；附件2：日本外观设计专利D1194347号专利公报复印件（即对比文件1）；附件3：美国USD470102S号外观设计专利公报复印件（即对比文件2）。

被告受理了该无效宣告请求，向双方当事人发出无效宣告请求受理通知书，并将无效宣告请求书及其附件的副本转送给第三人。被告于2007年4月9日进行口头审理。第三人未出席口头审理，原告出席了口头审理并陈述了意见。在口审中，原告认为对比文件1和对比文件2的图片完全一样，主要以对比文件2进行评述，对比文件1和对比文件2的关于相近似性比较的陈述意见相同。原告以对比文件1的发行日2004年1月13日为其公开日，以对比文件2的授权日2003年2月11日为公开日。原告认为本专利与对比文件2基本相似，其区别仅在于纵向短槽，本专利具有靠近外缘的圆周背脊，其显示为矩形侧翼，纵向短槽与轮胎边缘平行，间隔设置在长曲轴向槽和短曲轴向槽之间，而对比文件2的纵向槽与轮胎外缘具有较小的夹角，而不是平行关系。本专利的内缘凹陷，对比文件2的内缘较为平滑。原告认为上述区别容易被消费者忽视，对整体视觉效果不具有显著影响。

关于证据，被告认为，附件1是本专利公报，其内容真实，可用以说明本专利的授权范围。对比文件1、对比文件2分别是日本和美国的外观设计专利公报，其内容真实，可以作为本案的定案依据。对比文件1的公开日为2004年1月13日，对比文件2的公开日为2003年2月11日，均早于本专利申请日2004年10月19日，因此对比文件1、对比文件2上记载的外观设计可以作为评价本专利是否符合《专利法》第二十三条规定的对比文件。

关于是否符合《专利法》第二十三条的规定，由于原告认为对比文件1和对比文件2的图片完全一样，对比文件1和对比文件2关于相近似性比较的陈述意见相同，经被告核实，对比文件1为对比文件2的优先权文本，两者记载的外观设计相同，因此以对比文件2进行评述，本专利与对比文件1的相近似性评述意见和本专利与对比文件2的相近似性评述意见相同。

本专利为一种轮胎的外观设计，未请求保护色彩，其所示的轮胎纹理在圆周面上左右反向对称，以单元纹理作圆周循环，设有左右两条圆周肩槽和中间圆周主槽，紧邻主槽两侧分别设有与主槽平行的细圆周纹。长曲轴向槽起始于轮胎外缘，在靠近肩槽的位置变成细纹连接到肩槽，再从肩槽继续，终止在接近主槽的位置。该长曲轴向槽向内（向主槽方向）具有较大的弧度，向外（向轮胎外缘方向）具有较小弧度。短曲轴向槽设置在两个长曲轴向槽之间，起始于轮胎的外缘，终止于到达主槽的途中。短曲轴向槽与长曲轴向槽在外侧的弧度相同。纵向短槽为矩形，间隔设置在长曲轴向槽和短曲轴向槽之间，其接近并平行于轮胎的外缘，在靠近圆周外缘处有圆周背脊，显示为矩形侧翼（详见本专利附图)。

对比文件2公开了一种轮胎面的外观设计,其所示的轮胎纹理在圆周面上左右反向对称,以单元纹理作圆周循环,设有左右两条圆周肩槽和中间圆周主槽,紧邻主槽两侧分别设有与主槽平行的细圆周纹。长曲轴向槽起始于轮胎外缘,并终止在接近主槽的位置。该长曲轴向槽向内(向主槽方向)具有较大的弧度,向外(向轮胎外缘方向)具有较小弧度。短曲轴向槽设置在两个长曲轴向槽之间,起始于轮胎外缘,在靠近肩槽的位置变成细纹,终止在到达主槽的途中。短曲轴向槽与长曲轴向槽在外侧的弧度相同。弯曲的纵向短槽设置在相邻的两个短曲轴向槽之间,与轮胎的外缘具有很小的角度,但是不平行(详见对比文件2附图)。

被告认为,将本专利与对比文件2相比较,二者轮胎形状均为常见的圆环形状,其轮胎纹理在圆周面上左右反向对称,以单元纹理作圆周循环,都设有左右两条圆周肩槽和中间圆周主槽,在紧邻主槽两侧分别设有与主槽平行的细圆周纹。两者的区别主要在于:(1)长曲轴向槽与短曲轴向槽变成细纹的方式不同,本专利长曲轴向槽中间变成细纹到达肩槽后继续,而对比文件2是短曲轴向槽变成细纹到达肩槽后继续,以细纹终止;(2)纵向短槽不同,本专利纵向短槽为矩形,间隔设置在长曲轴向槽和短曲轴向槽之间,其接近并平行于轮胎的外缘,在靠近圆周外缘处有圆周背脊,呈现为矩形侧翼,而对比文件2是弯曲的纵向短槽设置在相邻的两个短曲轴向槽之间,与轮胎的外缘具有很小的角度,而不平行,因此呈现为圆形侧翼。(3)轮胎的内缘不同,本专利的轮胎内缘凹陷,对比文件2的轮胎内缘较为平滑。对于一般消费者而言,轮胎的主视图固然重要,但是本专利与对比文件2的上述区别尤其是两者在轮胎侧视图上的形状及表面纹理的不同已经给两者的整体视觉效果带来显著的影响,本专利的矩形侧翼及凹陷的轮胎内缘都给人刚硬有棱角的视觉感,而对比文件2的圆周侧翼及平滑的轮胎内缘视觉感是很圆滑流畅的,因此本专利与对比文件2不相同且不相近似。

综上所述,被告作出第9714号决定。原告不服,向本院提起行政诉讼。

本院认为:根据《专利法》第二十三条的规定,"授予专利权的外观设计,应当同申请日以前在国内外出版物上公开发表过或者国内公开使用过的外观设计不相同和不相近似,并不得与他人在先取得的合法权利向冲突。"本案中,本专利与原告提交的对比文件相比,两者属于同一主题的外观设计,作为"轮胎"的外观设计,其形状均为圆环形,而其轮胎纹理的设计对整体视觉效果更具有显著的影响,本专利矩形侧翼带来的刚硬有棱角的视觉效果与对比文件圆周侧翼带来的圆滑流畅的视觉感,使得两者成为不相同亦不近似的外观设计,故本专利符合《专利法》第二十三条的规定,应维持其专利权有效。原告认为对比文件1、对比文件2的图片一致,并指定主要以对比文件2进行评述时,亦承认对比文件2内缘较为平滑,但结合对比文件1、对比文件2,可以看出对比文件1存在"轮胎内缘凹陷"的设计,两者在该部位尚有区别。鉴于本专利与对比文件所存在的"长曲轴向槽与短曲轴向槽变成细纹的方式不同"及"纵向短槽不同"这两项区别特征,足以使本专利与对比文件成为不同的外观设计,故第9714号决定对内缘设计区别判断的正确与否,不影响该决定的结论。

综上,被告作出的第9714号决定认定事实清楚,对证据的判断适当,适用法律正确,符合法定程序,本院应予维持;原告诉讼理由缺乏事实和法律依据,其诉讼请求本院不予支持。依照《中华人民共和国专利法》第二十三条、《中华人民共和国行政诉讼法》第五十四条第(一)项,判决如下:

维持被告中华人民共和国国家知识产权局专利复审委员会于二〇〇七年四月十六日作出的第9714号无效宣告请求审查决定。

案件受理费100元,由原告住友橡胶工业株式会社负担(已交纳)。

如不服本判决,原告住友橡胶工业株式会社可在判决书送达之日起30日内,被告中华人民共和国国家知识产权局专利复审委员会及第三人广州市宝力轮胎有限公司可在判决书送达之日起15日内，向本院递交上诉状，并按对方当事人的人数提出副本，预交上诉案件受理费100元，上诉于中华人民共和国北京市高级人民法院。

审　判　长　饶亚东
代理审判员　刘景文
代理审判员　吕志华
二〇〇六年十二月二十六日
书　记　员　盛　阳

北京市高级人民法院
行政判决书

（2008）高行终字第400号

上诉人（一审原告）住友橡胶工业株式会社，住所地日本国兵库县神户市中央区胁滨町3丁目6番9号。

法定代表人三野哲治，代表取缔役社长。

委托代理人梁勇，北京市集佳律师事务所律师。

委托代理人雒运朴，北京集佳知识产权代理有限公司专利代理人。

被上诉人（一审被告）中华人民共和国国家知识产权局专利复审委员会，住所地中华人民共和国北京市海淀区北四环西路9号银谷大厦10~12层。

法定代表人廖涛，副主任。

委托代理人郑直，中华人民共和国国家知识产权局专利复审委员会审查员。

委托代理人余心蕾，中华人民共和国国家知识产权局专利复审委员会审查员。

被上诉人（一审第三人）广州市宝力轮胎有限公司，住所地中华人民共和国广东省广州市花都炭步镇松仔岗。

法定代表人浦鹏华，董事长。

上诉人住友橡胶工业株式会社因专利无效宣告请求审查决定一案，不服中华人民共和国北京市第一中级人民法院（2007）一中行初字第1076号行政判决，向本院提出上诉。本院依法组成合议庭，公开开庭审理了本案。上诉人住友橡胶工业株式会社的委托代理人梁勇、雒运朴；被上诉人中华人民共和国国家知识产权局专利复审委员会（以下简称专利复审委）的委托代理人郑直、余心蕾出庭参加了诉讼。被上诉人广州市宝力轮胎有限公司经本院合法传唤未到庭。本案现已审理终结。

2007年4月16日，专利复审委作出第9714号无效宣告请求审查决定（以下简称第9714号决定），认定广州市宝力轮胎有限公司（以下简称宝力公司）的第200430086586.5号外观设计专利权（以下简称本专利），符合《中华人民共和国专利法》（以下简称《专利法》）第二十三条的规定，维持本专利权有效。住友橡胶工业株式会社遂诉至中华人民共和国北京市第一中级人民法院（以下简称一审法院）。

一审法院经审理认为，本专利与对比文件相比，两者属于同一主题的外观设计，作为"轮胎"的外观设计，其形状均为圆环形，而其轮胎纹理的设计对整体视觉效果更具显著影响。本专利矩形侧翼带来的刚硬有棱角的视觉效果与对比文件圆周侧翼带来的圆滑流畅的视觉感，使得两者成为不相同亦不近似的外观设计，故本专利符合《专利法》第二十三条的规定，应维持其专利权有效。住友橡胶工业株式会社认为对比文件1、2的图片一致，并指定主要以对比文件2进行评述时，亦承认对比文件2内缘较为平滑，但结合对比文件1、2，可以看出对比文件1存在"轮胎内缘凹陷"的设计，两者在该部位尚有区别。鉴于本专利与对比文件所存在的"长曲轴向槽与短曲轴向槽变成细纹的方式不同"及"纵向短槽不同"这两项区别特征，足以使本专利与对比文件成为不同的外观设计，故第9714号决定对内缘设计区别判断的正确与否，不影响该决定的结论。专利复审委作出的第9714号决定认定事实清楚，适用法律正确，符合法定程序，应予维持。住友橡胶工业株式会社的诉讼理由缺乏事实和法律依据，不予支持。依照《专利法》第二十三条、《中华人民共和国行政诉讼法》第五十四条第（一）项，判决维持专利复审委所作第9714号决定。

住友橡胶工业株式会社不服一审判决，向本院提起上诉。其主要理由是：在一审中，住友橡胶工业株式会社向一审法院提交了两份证据，而一审法院对此未予评述，属于对提交证据情况认定事实不清。专利复审委、一审法院均强调了局部差异而忽略了对产品外观的整体观察和综合判断，导致错误结论。另外，遵循隔离比对的原则，一般消费者对本专利和对比文件必然会产生混淆，二者应被认定为近似设计。故请求二审法院撤销一审判决，撤销专利复审委所作第9714号决定，判令由专利复审委重新作出审查决定。

专利复审委答辩认为，第9714号决定通过对本专利与对比文件2的整体外观设计进行比对，从而得出对于一般消费者而言，二者区别尤其是在轮胎侧视图上的形状及表面纹理的不同，已经给两者的整体视觉效果带来显著影响，本专利的矩形侧翼及凹陷的轮胎内缘，都给人以刚硬有棱角的视觉感，而对比文件2的圆周侧翼及平滑的轮胎内缘视觉感是很圆滑流畅的，因此，本专利与对比文件2不相同也不相近似，符合《专利法》第二十三条的规定。一审判决认定事实清楚，适用法律正确，程序合法。请求二审法院驳回上诉，维持一审判决。

宝力公司未向本院提交书面答辩意见。

一审法院审理期间，专利复审委在法定期限内向法院提交了以下证据：（1）本专利附图；（2）对比文件1，即日本外观专利设计D1194347号专利公报复印件；（3）对比文件2，即美国USD470102S号外观设计专利公报复印件；（4）专利复审委口头审理记录表。

住友橡胶工业株式会社在一审庭审中向一审法院提交了以下证据：（1）网页资料复印件四页（轮胎结构示意图）；（2）其他在先外观专利公告文本复印件七页。

宝力公司未向一审法院提交证据。

一审法院经审查认为，专利复审委提交的证据与被诉的第9714号决定有关，且合法，且当事人对其真实性并无异议，能够证明案件事实，故予以采纳。

上述证据均已随案移送本院。二审期间，各方当事人未向本院提交新证据。经庭审质证并审查，本院认为，专利复审委提交的证据能够证明本案相关事实，一审法院的认证意见正确，本院予以确认。因住友橡胶工业株式会社在一审庭审时提交的证据，并非专利复审委所作第9714号决定事实依据的证据，不符合最高人民法院《关于行政诉讼证据若干问题的规定》的相关规定，一审法院未予采信正确。但一审法院就此未予评述不妥，本院应予纠正。

根据以上有效证据及当事人的有关陈述，本院确认如下事实：

2004年10月19日，宝力公司申请本专利。2005年7月13日，获得授权公告。

2006年7月7日，住友橡胶工业株式会社以本专利不符合《专利法》第二十三条的规定为由，向专利复审委提出无效宣告请求。同时提交了对比文件1、2作为证据。

2007年4月9日，专利复审委举行口头审理。口审中，住友橡胶工业株式会社认为，对比文件1和对比文件2的图片完全一样，主要以对比文件2进行评述。对比文件1和对比文件2的关于相近似性比较的陈述意见相同；且以对比文件1的发行日2004年1月13日为其公开日，以对比文件2的授权日2003年2月11日为公开日。住友橡胶工业株式会社认为本专利与对比文件2基本相似，其区别仅在于纵向短槽，本专利具有靠近外缘的圆周背脊，其显示为矩形侧翼，纵向短槽与轮胎边缘平行，间隔设置在长曲轴向槽和短曲轴向槽之间，而对比文件2的纵向槽与轮胎外缘具有较小的夹角，而不是平行关系。本专利的内缘凹陷，对比文件2的内缘较为平滑。住友橡胶工业株式会社认为上述区别容易被消费者忽视，对整体视觉效果不具有显著影响。

专利复审委认为，对比文件1和对比文件2，均早于本专利申请日，因此对比文件1、2上记载的外观设计可以作为评价本专利是否符合《专利法》第二十三条规定的对比文件。由于住友橡胶工业株式会社认为对比文件1和对比文件2的图片完全一样，对比文件1和对比文件2关于相近似性比较的陈述意见相同，故以对比文件2进行评述，本专利与对比文件1的相近似性评述意见和本专利与对比文件2的相近似性评述意见相同。

本专利为一种轮胎的外观设计，未请求保护色彩，其所示的轮胎纹理在圆周面上左右反向对称，以单元纹理作圆周循环，设有左右两条圆周肩槽和中间圆周主槽，紧邻主槽两侧分别设有与主槽平行的细圆周纹。长曲轴向槽起始于轮胎外缘，在靠近肩槽的位置变成细纹连接到肩槽，再从肩槽继续，终止在接近主槽的位置。该长曲轴向槽向内（向主槽方向）具有较大的弧度，向外（向轮胎外缘方向）具有较小弧度。短曲轴向槽设置在两个长曲轴向槽之间，起始于轮胎的外缘，终止于到达主槽的途中。短曲轴向槽与长曲轴向槽在外侧的弧度相同。纵向短槽为矩形，间隔设置在长曲轴向槽和短曲轴向槽之间，其接近并平行于轮胎的外缘，在靠近圆周外缘处有圆周背脊，显示为矩形侧翼。

对比文件2公开了一种轮胎面的外观设计，其所示的轮胎纹理在圆周面上左右反向对称，以单元纹理作圆周循环，设有左右两条圆周肩槽和中间圆周主槽，紧邻主槽两侧分别设有与主槽平行的细圆周纹。长曲轴向槽起始于轮胎外缘，并终止在接近主槽的位置。该长曲轴向槽向内（向主槽方向）具有较大的弧度，向外（向轮胎外缘方向）具有较小弧度。短曲轴向槽设置在两个长曲轴向槽之间，起始于轮胎外缘，在靠近肩槽的位置变成细纹，终止在到达主槽的途中。短曲轴向槽与长曲轴向槽在外侧的弧度相同。弯曲的纵向短槽设置在相邻的两个短曲轴向槽之间，与轮胎的外缘具有很小的角度，但是不平行。

将本专利与对比文件2相比较，二者轮胎形状均为常见的圆环形状，其轮胎纹理在圆周面上左右反向对称，以单元纹理作圆周循环，都设有左右两条圆周肩槽和中间圆周主槽，在紧邻主槽两侧分别设有与主槽平行的细圆周纹。二者区别主要在于：（1）长曲轴向槽与短曲轴向槽变成细纹的方式不同，本专利长曲轴向槽中间变成细纹到达肩槽后继续，而对比文件2是短曲轴向槽变成细纹到达肩槽后继续，以细纹终止；（2）纵向短槽不同，本专利纵向短槽为矩形，间隔设置在长曲轴向槽和短曲轴向槽之间，其接近并平行于轮胎的外缘，在靠近圆周外缘处有圆周背脊，呈现为矩形侧翼，而对比文件2是弯曲的纵向短槽设置在相邻的两个短曲轴向槽之间，与轮胎的外缘具有很小的角度，而不平行，因此呈现为圆形侧翼。（3）轮胎的内缘不同，本专利的轮胎内缘凹陷，对比文件2的轮胎内缘较为平滑。对于一般消费者而言，轮胎的主视图固然重要，但是本专利与对比文件2的上述区别尤其是两者在轮胎侧视图上的形状及表面纹理的不同已经给两者的整体视觉效果带来显著的影响，本专利的矩形侧翼及凹陷的轮胎内缘都给人刚硬有棱角的视觉感，而对比文件2的圆周侧翼及平滑的轮胎内缘视觉感是很圆滑流畅的，因此本专利与对比文件2不相同且不相近似。

基于上述理由，专利复审委作出第9714号决定。住友橡胶工业株式会社不服，遂诉至一审法院。

本院认为，对比文件1、2均早于本专利申请日，且与本专利属于同一主题的外观设计，专利复审委以对比文件1、2上记载的外观设计作为评价本专利是否符合《专利法》第二十三条规定的对比文件正确。轮胎作为成熟产品，其形状为圆环形。其表面纹理的变化已成为外观设计的重要组成部分。作为相关的消费者，轮胎纹理的变化和差异，必然影响其消费认知。本案中，本专利与对比文件2存在着差异，包括长曲轴向槽与短曲轴向槽变成细纹的方式、纵向短槽等不同。专利复审委认为二者的区别已经给整体视觉效果带来显著的影响，认定二者已构成不相近似的外观设计正确。

综上，第9714号决定维持本专利权有效，符合《专利法》第二十三条的规定。一审法院判决维持专利复审委所作第9714号决定，认定事实清楚，适用法律正确，审理程序合法，本院应予维持。上诉人住友橡胶工业株式会社的上诉理由缺乏事实和法律依据，本院不予支持。依照《中华人民共和国行政诉讼法》第六十一条第（一）项的规定，判决如下：

驳回上诉，维持一审判决。

二审案件受理费人民币100元，由上诉人住友橡胶工业株式会社负担（已交纳）。

本判决为终审判决。

审　判　长　赵宇晖
代理审判员　朱海宏
代理审判员　高京雯
二〇〇八年十二月二十日
书　记　员　张　怡

制冰机（EC30）

无效宣告请求审查决定（第9716号）

决　定　号	第9716号
决　定　日	2007年4月25日
发明创造名称	制冰机（EC30）
外观设计分类号	15-07
无效宣告请求人	上海因纽特制冷设备有限公司
专　利　权　人	马尼托瓦（中国）制冷有限公司
专　利　号	200430020942.3
申　请　日	2004年3月15日
授权公告日	2005年4月27日
合议组组长	张雪飞
主　审　员	钟　华
参　审　员	王霞军
附　　　图	2页

法　律　依　据　专利法第23条，第46条

决　定　要　点

原件与复印件明显不一致的书证不能作为定案依据。

企业的产品宣传页或者生产目录类证据形成随意，当事人仅提交了与复印件相符的原件，但未出具证明此类证据的来源合法及内容真实的其他证据，在对方当事人不认可其真实性与合法性的情况下，此类证据不能作为定案依据。

一、案由

本无效宣告请求涉及国家知识产权局于2005年4月27日授权公告的名称为"制冰机（EC30）"的200430020942.3号外观设计专利（下称本专利），其申请日为2004年3月15日，专利权人为马尼托瓦（中国）制冷有限公司。

针对本专利，上海因纽特制冷设备有限公司（下称请求人）于2006年9月4日向专利复审委员会提出无效宣告请求，其理由是在本专利申请日前已经有相近似的外观设计在出版物上公开发表过，因此本专利不符合专利法第23条的规定，请求人同时提交如下附件作为证据：

附件1：《慧聪商情广告》杂志第23期首页、第31页复印件；

附件2：产品宣传广告页复印件2页；

附件3：产品目录页复印件双面页2页；
附件4：公告号为CN3178407的外观设计专利公报复印件。

经形式审查合格，专利复审委员会依法受理了上述无效宣告请求，并于2006年11月1日将无效宣告请求书及相关文件的副本转给专利权人，要求其在指定的期限内答复。

2006年12月6日，专利权人提交了意见陈述书，认为：附件1所示制冰机模糊不清，整体形状与本专利有明显的区别；附件2和附件3的真实性和相关性不能确认，且只是内部的文件资料，不属于专利法第23条所述的出版物；附件4所记载的外观设计与本专利相比较，两者不相同且不相近似。

专利复审委员会于2007年2月9日将上述专利权人的意见陈述书转送给请求人，同时向双方当事人发出口头审理通知书，定于2007年3月29日举行口头审理。

口头审理如期举行，双方当事人均有代理人参加本次口头审理。在口头审理中，请求人提交了附件1至附件3的原件，专利权人认为附件1与原件明显不符，不认可附件1至附件3的真实性，对附件4的真实性和合法性没有异议。在此基础上，双方当事人进行了充分的意见陈述和辩论。

至此，合议组认为本案事实已经调查清楚，可以作出如下审查决定。

二、决定的理由

1. 法律依据

专利法第23条规定：授予专利权的外观设计，应当同申请日以前在国内外出版物上公开发表过或者国内公开使用过的外观设计不相同和不相近似，并不得与他人在先取得的合法权利相冲突。

专利法第46条规定：专利复审委员会对宣告专利权无效的请求应当及时审查和作出决定，并通知请求人和专利权人。宣告专利权无效的决定，由国务院专利行政部门登记和公告。

对专利复审委员会宣告专利权无效或者维持专利权的决定不服的，可以自收到通知之日起三个月内向人民法院起诉。人民法院应当通知无效宣告请求程序的对方当事人作为第三人参加诉讼。

2. 证据的认定

请求人在口头审理过程中提交了附件1的原件，经合议组核实，该原件的首页与附件1的首页明显不符，因此附件1不能作为本案的定案依据。

附件2为企业的产品宣传页，请求人在口头审理中提交了附件2的原件，经合议组核实，该原件与复印件相符，原件上有蓝色"中国泛旅酒店用品中心"等字样。请求人称该原件在中国泛旅酒店用品中心获得，但是并未出具该单位的相关证明或者其他证明其来源合法及内容真实的证据，专利权人不认可附件2的真实性。合议组认为，该类证据形成随意，在没有相关证据佐证其真实性和合法性的情况下，附件2不能作为本案的定案依据。

附件3为企业的产品目录，请求人在口头审理中提交了附件3的原件，经合议组核实，该原件与复印件相符。请求人未出具证明附件3的来源合法及内容真实的证据，专利权人不认可附件3的真实性。合议组认为，该类证据形成随意，在没有相关证据佐证其真实性和合法性的情况下，附件3不能作为本案的定案依据。

附件4为公告号为CN3178407的中国外观设计专利公报，经合议组核实，其内容真实，专利权人对其真实性和合法性也没有异议，因此附件4可以作为本案的定案依据。附件4的授权公告日为2001年2月28日，早于本专利申请日2004年3月15日，因此附件4上所记载的外观设计（下称在先设计）可用以评述本专利是否符合专利法第23条的规定。

3. 本专利是否符合专利法第23条的规定

本专利为一种制冰机，在先设计也为一种制冰机，两者所属产品的种类相同，因此可以进行外观设计相近似性比较。

本专利为一种制冰机，其整体形状近似长方体，正面近似大括号状向外弧形凸出，正面分为大致均等的上中下三个长方形，靠近上部长方形的底端中部有扁梯形凹陷扣手，中部长方形较其他部位浅亮，右上角有雪花图案，下部长方形水平设置有若干栅栏。其余部位无设计（详见本专利附图）。

在先设计为一种制冰机，其整体形状近似长方体，正面近似钢笔夹状向外不规则凸出，正面可分为上中下三个长方形，中间的长方形较窄，下部长方形水平设置有若干栅栏。其余部位无设计（详见在先设计图）。

将本专利与在先设计相比，两者整体形状均近似长方体，正面均向外凸出，正面均可分为上中下三个长方形，下部长方形水平设置有栅栏。两者不同之处在于：两者正面向外凸出的形状不同，本专利上部的长方形的底端中部有扁梯形凹陷扣手，本专利中部的长方形较其他部位浅亮且右上角有雪花图案。合议组认为：对于制冰机的一般消费者而言，了解制冰机的通常形状和构成，本专利与在先设计所属近似长方形为制冰机的基本形状，制冰机均应设置有若干栅栏，本专利与在先设计的上述区别尤其是两者正面向外凸出的形状的不同、有无扁梯形凹陷扣手的不同已经给两制冰机的整体视觉效果带来显著的影响，因此本专利与在先设计属于不相同且不相近似的外观设计。

综上所述，请求人提交的所有证据均不能支持其主张，其无效宣告请求不成立。

三、决定

根据专利法第 23 条和专利法第 46 条第 1 款的规定，维持 200430020942.3 号外观设计专利权有效。

根据专利法第 46 条第 2 款的规定，当事人对本决定不服的，自收到本决定之日起三个月内向北京市第一中级人民法院起诉，根据该款规定，一方当事人起诉后，另一方当事人应当作为第三人参加诉讼。

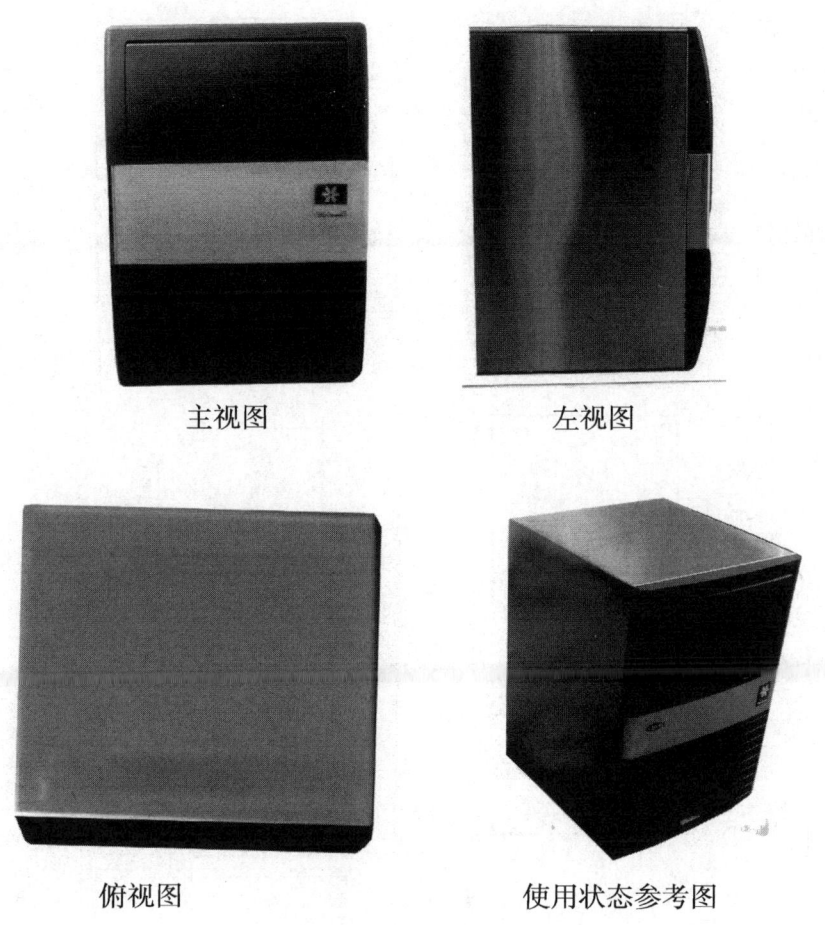

主视图　　　　左视图

俯视图　　　　使用状态参考图

本专利附图

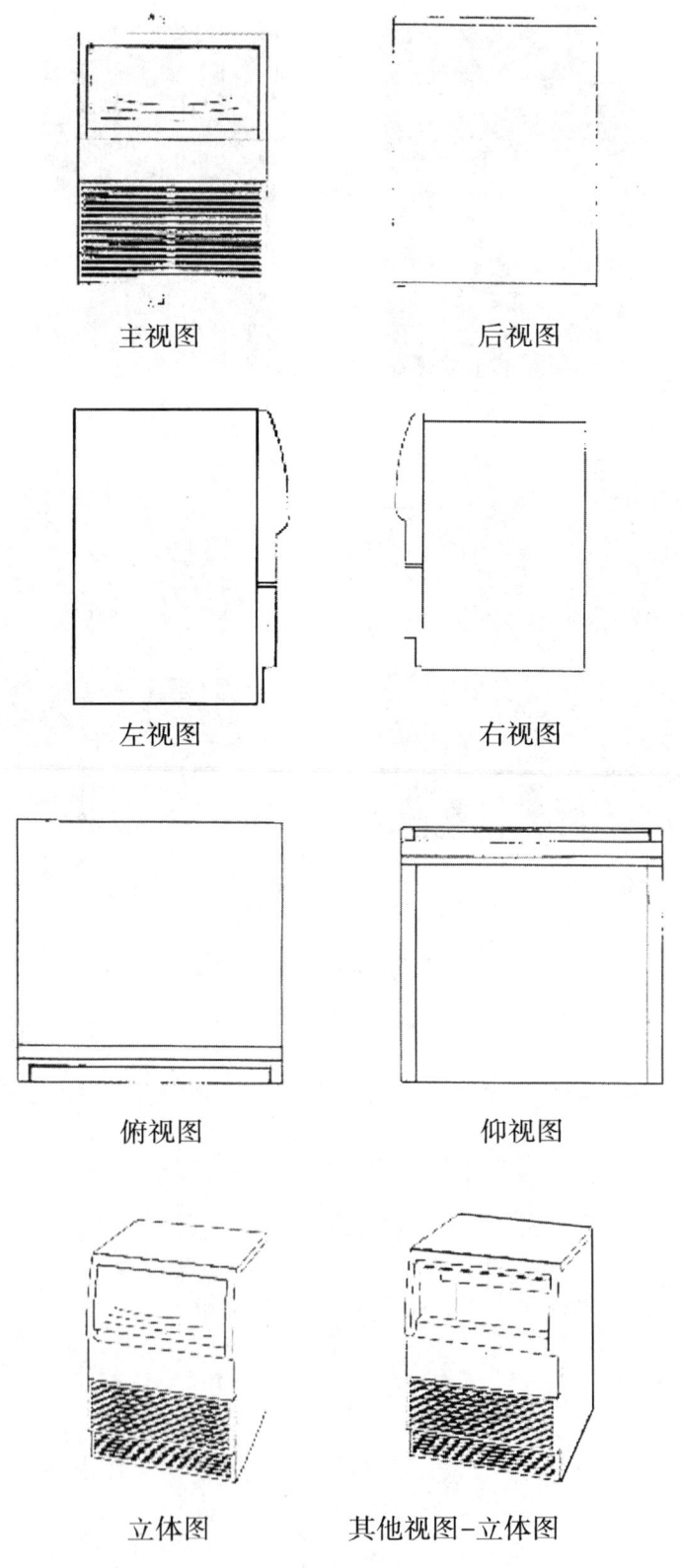

在先设计附图

大孔轻集料填充墙砌块（三孔）

无效宣告请求审查决定（第9720号）

决　定　号	第9720号
决　定　日	2007年4月10日
发明创造名称	大孔轻集料填充墙砌块（三孔）
国际分类号	25-01
无效宣告请求人	北京铭剑创业装饰材料有限公司
专　利　权　人	北京市燕兴隆新型墙体材料有限公司
专　利　号	200530003570.8
申　请　日	2005年3月9日
授权公告日	2006年1月18日
合议组组长	张美菊
主　审　员	孙治国
参　审　员	樊晓东
附　　图	1页

法律依据 专利法第23条

决定要点

对于社会公众可以从中国域内公共图书馆获得的域外文献资料，当事人可以在无效宣告程序中不办理相关的证明手续。

如果本专利与在先设计是相同类别的产品，根据整体观察、综合判断的原则，二者的区别相对于产品的整体视觉效果而言并不具有显著性的影响，则本专利与在先设计属于相近似的外观设计。

一、案由

本无效宣告请求涉及中华人民共和国国家知识产权局于2006年1月18日授权公告的200530003570.8号外观设计专利，其名称为"大孔轻集料填充墙砌块（三孔）"，申请日为2005年3月9日，专利权人是北京市燕兴隆新型墙体材料有限公司。

针对上述专利权（下称本专利），北京铭剑创业装饰材料有限公司（下称请求人）于2006年7月26日向专利复审委员会提出无效宣告请求，认为附件1-1的外观图形与本专利的外观图形相近似，不符合专利法第23条和专利法实施细则第2条第3款的规定，其提交的附件如下：

附件1-1：由王墨耕、刘玲编译的《混凝土砌块建筑构造详图》的封面页1、封面页2、前言页、正文第3页的复印件，2份，每份4页；

附件1-2：法定代表人身份证明书，1份，每份1页；

附件1-3：专利权无效宣告程序授权委托书，1份，每份1页；

附件1-4：本专利授权公告文本复印件，2份，每份1页；

附件1-5：北京市第二中级人民法院应诉通知书复印件，2份，每份1页；

附件1-6：北京市第二中级人民法院传票复印件，2份，每份1页。

经形式审查合格后，专利复审委员会依法受理了上述请求（案件编号为W606396），于2006年7月27日向双方当事人发出了无效宣告请求受理通知书，向北京市第二中级人民法院发出了无效案件审查状态通知书，并将无效宣告请求书及其附件清单中所列附件的副本转送给专利权人，要求其在指定的期限内答复。

2006年8月24日，专利权人针对上述无效宣告请求提交意见陈述，专利权人认为本专利的长方形孔是通孔，并且孔的长边与长度方向平行，因此与附件1-1不构成相同相近似，符合专利法第23条和专利法实施细则第2条第3款的规定。

2006年8月25日，请求人再次提交了意见陈述书，其认为附件1-1是由北京砌块建筑技术研究中心于1994年出版发行，本专利与附件1-1的第3页公开的外观设计相比，不符合专利法第23条的规定。

2006年10月8日，专利复审委员会向双方当事人发出无效宣告请求口头审理通知书，定于2006年11月15日对本案进行口头审理，并将专利权人于2006年8月24日提交的答复意见转送给请求人，将请求人于2006年8月25日提交的意见陈述书转送给专利权人。

2006年11月15日，口头审理如期举行。口审中，双方当事人对对方出庭人员的身份没有异议；双方当事人对合议组成员没有回避请求。请求人当庭提交附件1-1的原件；专利权人当庭核实附件1-1的原件，认为复印件与原件相符，对附件1-1的真实性没有异议，但认为附件1-1属于内部刊物不是公开出版物。合议组当庭告知当事人，由于请求人未详细阐述专利法实施细则第2条第3款的无效理由，根据审查指南的规定，此无效理由合议组不予考虑。请求人明确其无效理由为：本专利相对于附件1-1不符合专利法第23条的规定。

针对本专利，请求人于2006年12月13日再次向专利复审委员会提出无效宣告请求，在意见陈述书中认为证据1包括附件2-2和附件2-3，本专利相对于证据1、附件2-4不符合专利法第23条的规定，附件2-7用于证明证据1的名称和出版时间以及证据1属于公知技术。其提交的附件如下：

附件2-1：意见陈述书，2份，每份2页；

附件2-2：相关地方标注有中文翻译的《Concrete Masonry Handbook》一书的封面页、版权页、目录页、正文第11页的复印件，请求人声称该附件2-2由美国波特兰石协会1976~1985年发行，该手册的编者为：Frank. A. Randall；William. C. Panarese，2份，每份4页；

附件2-3：由北京市宣武区公证处出具的（2006）京宣证字第8905号公证书（下称公证书1）的复印件，2份，每份13页；

附件2-4：由王墨耕、刘玲编译的《混凝土砌块建筑构造详图》的封面页2、前言页、正文第3页的复印件，2份，每份3页；

附件2-5：法定代表人身份证明书，1份，每份1页；

附件2-6：专利代理授权委托书，1份，每份1页；

附件2-7：中国建材工业出版社出版的《混凝土砌块生产与应用》的封面页、版权页、前言页、目录页第1页、正文第16页和18页、以及参考文献页的复印件，1992年10月第1版，1998年7月第二次印刷，2份，每份7页。

经形式审查合格后,专利复审委员会依法受理了上述请求(案件编号为 W606753),于 2006 年 12 月 13 日向双方当事人发出了无效宣告请求受理通知书,并将无效宣告请求书及其附件清单中所列附件的副本转送给专利权人,要求其在指定的期限内答复。

请求人于 2006 年 12 月 21 日提交补充意见,并提交了在相关地方标注有中文的《Concrete Masonry Handbook》一书的封面页、版权页、第 11、20 页和封底的复印件,2 份,每份 5 页。

2007 年 1 月 5 日,专利复审委员会向双方当事人发出无效宣告请求口头审理通知书,定于 2007 年 2 月 9 日对 W606753 案进行口头审理,并将请求人于 2006 年 12 月 21 日针对 W606753 案提交的补充意见转送给专利权人。

2007 年 1 月 9 日,专利权人针对案件编号为 W606753 的无效宣告请求提交意见陈述,并同时提交了反证 1(中国 00312047.3 号外观设计专利,公开日为 2001 年 2 月 7 日)。专利权人认为:(1)请求人提交的附件 2-2 的公证书 1 不符合域外证据证明手续的要求,从公证书 1 的全文上找不到页码,公证书 1 共有多少页并包含哪些内容无从得知,请求人在请求书中填写公证书 1 为 15 页也不能证实,公证书 1 后面所附的三张图形复印件上既没有公证处也无图书馆的签章,是否来源于《Concrete Masonry Handbook》一书不能确定;(2)附件 2-4 在 W606396 案中已作对比文件提交过,根据审查指南第三章第 2.1 节一事不再理原则,应不予受理和审查;(3)附件 2-4 显示的三个长形孔不能确定为通孔结构,其显示的长形孔的长边与长度方向相垂直,而本专利则是三个长形孔完全可以确定为通孔,并且长形孔的长边与长度方向平行,其与本专利既不相同也不相近似;附件 2-7 与本专利不具有可比性,因此本专利符合专利法第 23 条的规定。

2007 年 1 月 18 日专利复审委员会发出转送文件通知书,将专利权人于 2007 年 1 月 9 日提交的意见陈述书及其附件转给了请求人。

2007 年 2 月 9 日,口头审理如期举行,双方当事人均参加了口头审理。口头审理中,双方当事人对对方出庭人员的身份没有异议;双方当事人对合议组成员没有回避请求。请求人提交了附件 2-2、2-3、2-7 的原件;专利权人当庭核实附件 2-7 的原件,认为复印件与原件相符,对其真实性没有异议;专利权人认为:(1)附件 2-3 的公证书 1 的原件本身而言是真实的,但是在公证书 1 原件后面所附的复印件的来源不清楚;(2)请求人当庭提交的《Concrete Masonry Handbook》原件与附件 2-2 不一致,但与公证书 1 后边附的内容一致,公证书 1 的钢印错开了,而且使用订书钉装订不能排除公证书 1 被拆开过,公证书 1 后边所附的内容是否是公证书 1 的内容不得而知;(3)附件 2-2 与请求人当庭提交的证据原件在版权页处有不相符之处;(4)专利权人对于附件 2-4 坚持在 W606396 案件中对附件 1-1 的意见;(5)请求人对反证 1 的真实性没有异议;(6)请求人明确其无效理由为:本专利分别相对于附件 2-2、附件 2-3、附件 2-4 不符合专利法第 23 条,附件 2-7 用于证明附件 2-2 是公开出版物。合议组当庭告知双方当事人可以在一个月的期限内进一步提交证明文件,用以证明公证书 1 是否完整。

请求人于 2007 年 2 月 13 日向专利复审委员会提交了由北京市宣武区公证处重新出具的(2006)京宣证字第 8905 号公证书原件(下称公证书 2),专利权人的代理人于 2007 年 2 月 14 日核实公证书 2 的原件后认为:公证书 2 的原件虽然加盖了钢印,但印迹不清,并未消除原有的缺陷,装订格式不正规,订书钉装订处明显有拆过的痕迹,专利权人不认定该份证据。合议组于 2007 年 2 月 25 日将专利权人针对公证书 2 原件的意见陈述转给请求人,同时请求人取走了公证书 2 的原件。

请求人于 2007 年 2 月 25 日再次提交了由北京市宣武区公证处重新出具的(2006)京宣证字第 8905 号公证书原件(下称公证书 3),公证书 3 的原件较前次提交的公证书 2 的原件在公证书内容部分有四处修改,且在修改之处加盖了标有"宣武区公证处校对专用章"的印章。合议组于 2007 年 2

月27日将公证书3的复印件转给专利权人，专利权人的代理人于2007年2月27日核实公证书3原件后认为：所收到的公证书3的复印件与原件相符，专利权人将在2007年3月2日前提交意见陈述书。

专利权人于2007年3月2日提交了意见陈述书，专利权人认为：（1）公证书3虽然从形式上弥补了前两次公证书的制作缺陷，但内容上对第一次提交的公证书给予了改动，造成的结果是对同一事实，同一公证处出具了三份不同的公证文书，使人不能唯一确认其内容，不知道以哪个为准，不能作证据使用；（2）一份公证书从第一份出台到第三份经过了近三个月的时间，已失去了公证的意义，也不符合公证文书出具的规定。

至此，合议组认为本案事实已经调查清楚，现依法作出审查决定。

二、决定的理由

1. 关于公证书

在口头审理中专利权人对公证书1本身的真实性没有异议，对公证书1的文书形式有关装订方式、钢印印章以及公证书1中附件来源等问题的提出了质疑。请求人为消除公证书1的形式缺陷，先后提交了由北京市宣武区公证处重新出具的公证书2和公证书3。合议组认为：请求人所提交的公证书1、公证书2和公证书3均为由北京市宣武区公证处出具的编号为（2006）京宣证字第8905号的公证书，公证书2和公证书3均是请求人为克服由北京市宣武区公证处出具的编号为（2006）京宣证字第8905号公证书的形式缺陷而进一步提交的，尽管公证书3相对于公证书1在内容上有所修改，将原公证书第1页和第4页的"第十二页"该为"第二十页"，并在第4页增加了"与本公证书相粘连的"文字内容，但是所有的这些修改均加盖了标有"宣武区公证处校对专用章"的印章，而且修改后的内容与公证书1以及公证书3所附的附件的实际页数是一致的，增加的文字也未对公证书的实质内容进行修改，因此该部分的修改仍然属于编号为（2006）京宣证字第8905号的公证书1的内容之内，并未出现不能唯一确认公证书内容的情况，而且专利权人对公证书3的真实性以及形式缺陷未再提出异议，合议组对公证书3予以接受，并确认公证书3真实有效。

由公证书3可知，公证员张伏林与公证人员郭健以及北京铭剑创业装饰材料有限公司的法定代表人韩宝君、摄影人李润东、见证人刘进全、张志华于2006年12月6日来到位于北京市海淀区中关村南大街33号的国家图书馆，由韩宝君以个人名义申办国家图书馆（临时）读者卡一张（编号：8888 8888 0541 5435），借阅《Concrete MasonrY Handbook》图书。与公证书3相粘连的的上述《Concrete MasonrY Handbook》图书封面、封底、版权页、第11页、第20页（复制件）系北京铭剑创业装饰材料有限公司法定代表人韩宝君以个人名义在国家图书馆"基藏书刊临时阅览室"借阅处以公众借阅及复制方式由国家图书馆工作人员复制后取得，与原件内容相符。虽然公证书中的书名与其后粘连的图书复印件在书名中存在有"MasonrY"和"Masonry"的区别，但仅仅是大小写字不一致的问题，并且该附件确系粘连在公证书3后，可以确定公证内容中所指的图书与公证书3后的附件指向同一本书。可见，公证书3已经足以证明：《Concrete Masonry Handbook》一书可以由公众在国内的公共图书馆获得这一事实，且公证书3后所附的《Concrete Masonry Handbook》一书的相关页的复印件与从图书馆借出的原件一致。

根据审查指南第四部分第八章第2.2.2节的规定，由公证书3可知，《Concrete Masonry Handbook》一书是社会公众可以在中国域内图书馆获得的域外文献资料，其在无效宣告程序中无需办理域外证据所需的公证认证手续就可以作为有效的证据使用。

在公证书3所附的《Concrete Masonry Handbook》一书的版权页中标有"© Portland Cement Association 1976"字样，在《Concrete Masonry Handbook》一书的真实性得以确定、且无相反证据的前提下，应当推定其版权标识©后所示的日期为公开日，即推定该书的公开日为1976年12月31日。

综上所述，《Concrete Masonry Handbook》一书在本专利的申请日 2005 年 3 月 9 日之前已经公开，并且请求人在 W606753 案的无效宣告请求书中都明确用证据 1 第 11 页第（e）组左数第 2 图与本专利进行对比，而在该请求书中表明证据 1 又包括了附件 2-2 和（2006）京宣证字第 8905 号的公证书，因此公证书 3 附件中的《Concrete Masonry Handbook》一书第 11 页（e）组左数第 2 图可以作为本专利的在先设计（下称在先设计 1），与本专利进行相近似性的比较。

2. 关于反证 1

请求人对于专利权人提供的反证 1 的真实性没有异议，因此合议组对反证 1 的真实性予以认可。反证 1 的公开日在本专利申请日之前，是本专利申请日之前已经公开的外观设计专利。

3. 关于本专利是否符合专利法第 23 条

专利法第 23 条规定：授予专利权的外观设计，应当同申请日以前在国内外出版物上公开发表过或者国内公开使用过的外观设计不相同和不相近似，并不得与他人在先取得的合法权利相冲突。

从本专利的两个立体图可以看出，本专利的大孔轻集料砌块主体部分呈沿水平方向延伸的长方体状，在该长方体垂直于水平面的一个侧面上设置有一个凹入主体部分的榫槽，在与该侧面相对的另一个侧面上则设置有一相对应的凸出于主体部分的榫头；结合本专利的俯视图和仰视图可以看出，该榫头呈四棱台状，沿水平方向突出于呈长方体状的砌块主体部分，榫槽的形状与榫头相对应，二者可以相互嵌合；在砌块主体部分开设有均匀分布的沿垂线方向延伸的三个呈矩形的孔，该矩形的长边与砌块主体长边平行，矩形的长边与短边以弧形连接过渡。

从在先设计 1 可以看出，在先设计 1 的砌块主体部分呈沿水平方向延伸的长方体状，在该长方体垂直于水平面的一个侧面上设置有一个略向内凹入主体部分的榫槽，在与该侧面相对的另一个侧面上则设置有一相对应的略向外凸出于主体部分的榫头；该榫头呈四棱台状，沿水平方向突出于呈长方体状的砌块主体部分，榫槽的形状与榫头相对应，二者可以相互嵌合；在砌块主体部分开设有沿垂线方向、均匀分布的三个矩形孔，从在先设计 1 仅有的一幅图中无法确认所述的矩形孔是否贯通所述砌块，该矩形孔的长边与砌块主体宽边平行，矩形的长边与短边以弧形连接过渡。

将本专利与在先设计 1 中的砌块相比可以看出，两者的整体形状是基本上相同的，相同之处在于：二者砌块主体部分均呈长方体状，在该长方体垂直于水平面的一个侧面上设置有一个凹入主体部分的榫槽，在与该侧面相对的另一个侧面上则设置有一相对应的凸出于主体部分的榫头；所述榫头呈四棱台状，沿水平方向突出于呈长方柱状的砌块主体部分，榫槽的形状与榫头相对应；在砌块主体部分开设有沿垂线方向、均匀分布的三个矩形孔，该矩形孔的四个角呈圆弧过渡状。二者的区别在于：（1）本专利的榫槽、榫头与砌块主体部分之间均是平面连接，而在先设计 1 的榫槽、榫头与砌块主体部分之间均是弧面形连接；（2）从本专利砌块的顶面和底面都可以看到孔，而从在先设计 1 的图中无法确认其底面是否开设有与顶面孔对应的三个孔；（3）本专利显示的三孔砌块的长边与矩形孔的矩形长边平行，而在先设计 1 显示的三孔砌块的长边与矩形孔的矩形宽边平行。

本案合议组认为，就区别（1）而言，榫头榫槽都占整个砌块砖很小的体积，并且位于砌块砖的两侧，其属于微小的差别，只是外观设计的细微、不容易引起消费者注意的地方；就区别（2）而言，在先设计 1 中的底面是否有与顶面对应的孔无法确定，但本专利也仅仅是在底面上也开设有与顶面对应的三个矩形孔，除此之外再无其他设计，虽然专利权人提供了反证 1 用于证明在空心砌块砖中也存在盲孔的情况，但合议组认为反证 1 仅仅证明了在 00312047.3 号中国外观设计专利中要求保护的外观是一面为盲孔的空心砌块砖，它仅仅是诸多类型的空心砌块砖的其中一种，但是其并不能证明在先设计 1 也是这种盲孔类型，其也不能证明空心砌块砖的孔是否是盲孔对这种产品的整体外观具有显著的影响，合议组认为，无论砌块主体的底面是否开设有孔，以及无论所开设的孔是通孔还是盲孔，本专利与在先设计 1 给人的整体视觉效果都是具有长方形孔的空心砌块砖，在砌块砖上均匀分布有三个矩形孔，此区别对于砌块的整体而言并不具有显著性的影响；就区别（3）而言，本专利与在先设计的三个孔都是矩形孔，并且孔都均匀分布，而孔的长边的走向并不能给砌块砖带来引人注目的视觉效果。

综合前述的区别（1）~（3），并且根据外观设计专利整体观察、综合判断的原则，本专利外观设计与在先设计 1 中的砌块属于相近似的外观设计，本专利与申请日之前公开发表的在先设计 1 中的砌块相近似，本专利不符合专利法第 23 条的规定。

鉴于本专利与上述在先设计 1 相比较已得出本专利不符合专利法第 23 条所规定的授权条件的结论，合议组对请求人提出的其他无效理由和证据不再进行评述。

三、决定

宣告 200530003570.8 号外观设计专利权无效。

当事人对本决定不服的，可以根据专利法第 46 条第 2 款的规定，自收到本决定之日起三个月内向北京市第一中级人民法院起诉。根据该款的规定，一方当事人起诉后，另一方当事人应当作为第三人参加诉讼。

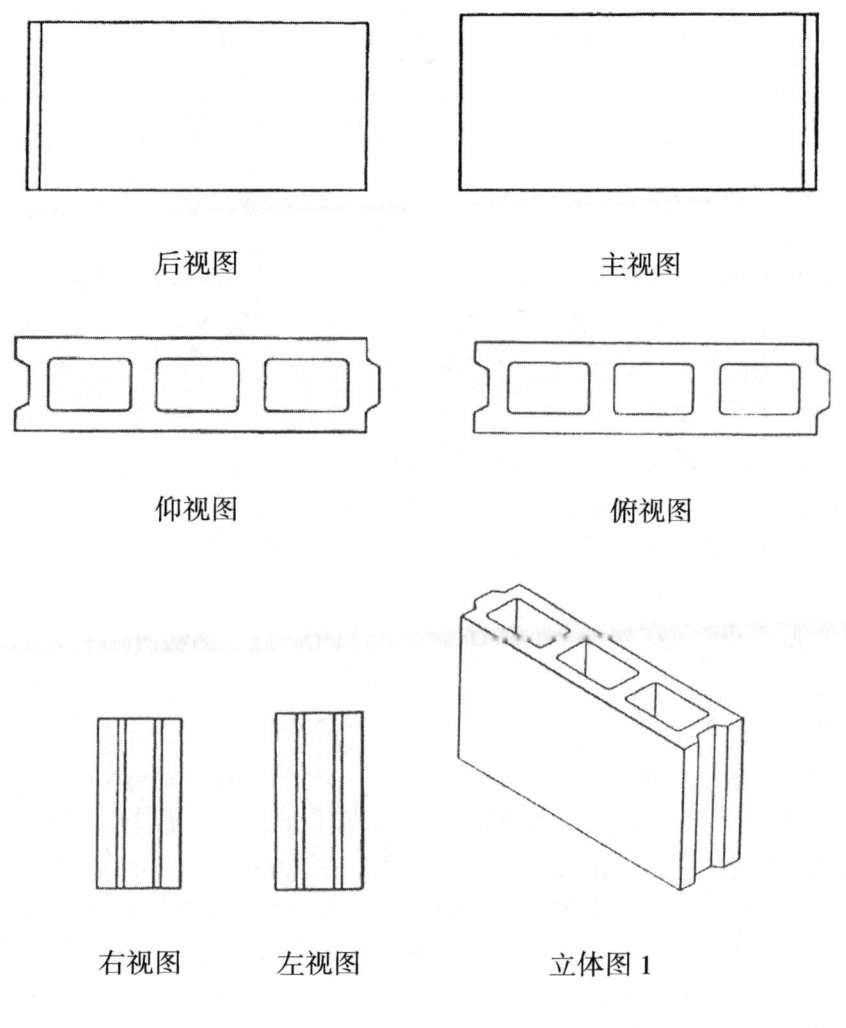

后视图　　　主视图

仰视图　　　俯视图

右视图　　左视图　　立体图 1

本专利

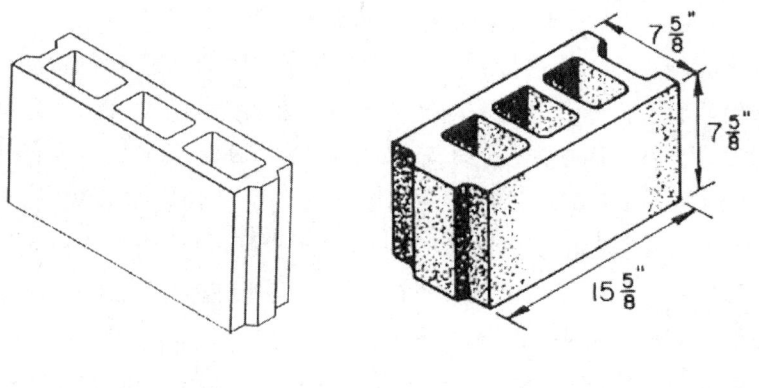

立体图 2

在先设计 1

北京市第一中级人民法院
行政判决书

(2007) 一中行初字第991号

原告北京市燕兴隆新型墙体材料有限公司,住所地北京市平谷区兴谷开发区10号。

委托代理人耿慕白,北京金之桥知识产权代理有限公司专利代理人。

被告国家知识产权局专利复审委员会,住所地北京市海淀区北四环西路9号银谷大厦10~12层。

法定代表人廖涛,副主任。

委托代理人孙治国,国家知识产权局专利复审委员会审查员。

委托代理人程强,国家知识产权局专利复审委员会审查员。

第三人北京铭剑创业装饰材料有限公司,住所地北京市平谷区金海湖镇胡庄村胡黑路1号。

法定代表人韩宝君,总经理。

委托代理人王咏雯,女,满族,1935年11月27日出生,北京铭剑创业装饰材料有限公司法律顾问,住北京市西城区月坛北街。

原告北京市燕兴隆新型墙体材料有限公司(以下简称燕兴隆公司)不服被告国家知识产权局专利复审委员会(以下简称专利复审委员会)作出的第9720号无效宣告请求审查决定(以下简称第9720号决定),在法定期限内向本院提起行政诉讼。本院于2007年7月19日受理后,依法组成合议庭,并通知北京铭剑创业装饰材料有限公司(以下简称铭剑公司)作为本案的第三人参加诉讼。本院于2007年10月15日公开开庭对本案进行了审理。原告燕兴隆公司的委托代理人耿慕白,被告专利复审委员会的委托代理人孙治国、程强,第三人铭剑公司的法定代表人韩宝君、委托代理人王咏雯到庭参加了诉讼。本案现已审理终结。第9720号决定系被告专利复审委员会就第三人铭剑公司针对原告燕兴隆公司拥有的名称为"大孔轻集料填充墙砌块(三孔)"的外观设计专利(以下简称本专利)提出的无效宣告请求而作出,该决定认为:将本专利与在先设计1中的砌块相比可以看出,二者的区别在于:(1)本专利的榫槽、榫头与砌块主体部分之间均是平面连接,而在先设计1的榫槽、榫头与砌块主体部分之间均是弧面形连接;(2)从本专利砌块的顶面和底面都可以看到孔,而从在先设计1的图中无法确认其底面是否开设有与顶面孔对应的三个孔;(3)本专利显示的三孔砌块的长边与矩形孔的矩形长边平行,而在先设计1显示的三孔砌块的长边与矩形孔的矩形宽边平行。就区别(1)而言,榫头榫槽都占整个砌块砖很小的体积,并且位于砌块砖的两侧,其属于微小的差别,只是外观设计的细微、不容易引起消费者注意的地方;就区别(2)而言,在先设计1中的底面是否有与顶面对应的孔无法确定,但本专利也仅仅是在底面上也开设有与顶面对应的三个矩形孔,除此之外再无其他设计,虽然专利权人提供了反证1用于证明在空心砌块砖中也存在盲孔的情况,但反证1仅仅证明了在00312047.3号中国外观设计专利中要求保护的外观是一面为盲孔的空心砌块砖,它仅仅是诸多类型的空心砌块砖的其中一种,但是其并不能证明在先设计1也是这种盲孔类型,其也不能证明空心砌块砖的孔是否是盲孔对这种产品的整体外观具有显著的影响。无论砌块主体的底面是否开设有孔,以及无论所开设的孔是通孔还是盲孔,本专利与在先设计1给人的整体视觉效果都是具有长方形孔的空心砌块砖,在砌块砖上均匀分布有三个矩形孔,此区别对于砌块的整体而言并不具有显著性的影响；就区别（3）而言，本专利与在先设计的三个孔都是矩形孔，并且孔都均匀分布，而孔的长边的走向并不能给砌块砖带来引人注目的视觉效果。综合前述的区别（1）~（3），并且根据外观设计专利整体观察、综合判断的原则，本专利外观设计与在先设计1中的砌块属于相近似的外观设计，本专利与申请日之前公开发表的在先设计1中的砌块相近似，本专利不符合《专利法》第二十三条的规定。鉴于本专利与上述在先设计1相比较已得出本专利不符合《专利法》第二十三条所规定的授权条件的结论，专利复审委员会对其他无效理由和证据不再进行评述。据此，专利复审委员会作出第9720号决定，宣告本专利权无效。原告燕兴隆公司不服，于法定期限内向本院提起诉讼，其诉称：第一，本专利与在先设计1不属于相近似的外观设计。将二者相比，本专利除具有第9720号决定中所具有的三点区别外，二者的长宽高比例亦明显不同。具体而言，因砌块砖产品在其使用过程中，主要是靠榫头、榫槽两两相互嵌合从而起到稳固作用，榫头及榫槽对于砌块砖而言为重要部份，故在该部份的区别为显著区别。据此，本专利榫头、榫槽与砌块主体部分组成的直边平面形状与在先设计1的圆弧形状的不同，其给消费者的视觉效果显然不同。本专利与在先设计1在通孔长短边与砌块长边对应关系上的不同以及二者在长宽高比例上的不同，均会给消费者带来不同的视觉效果。此外，在先设计1未公开底部结构，故其存在底部为盲孔的可能性，在底部为盲孔的情况下，该差异对于砌块砖的整体形状亦具有显著影响。综上，上述区别导致本专利与在先设计1在整体视觉上具有明显差异，据此，本专利与在先设计1为不相同不相近似的外观设计。第二，被告在无效审查过程中错误地将证明在先设计1底部为盲孔的举证责任加给原告，属于程序错误。综上，原告认为，第9720号决定认定事实及适用法律错误，请求法院判决撤销该决定。被告专利复审委员会辩称：首先，对于本专利与在先设计1的相近似性判断问题，坚持第9720号决定中的意见。其次，对于举证责任问题，被告并未将证明在先设计为盲孔的举证责任强加给原告。被告是认为无论砌块主体的底面是否开设有孔，以及无论所开设的孔是通孔还是盲孔，该区别对于砌块的整体而言均不具有显著性影响。据此，原告的诉讼请求缺少事实及法律依据，第9720号决定认定事实清楚，适用法律正确，请求法院予以维持。第三人铭剑公司述称：外观设计不保护尺寸、大小、长短及宽窄等因素，原告将上述因素与外观设计的形状特征混淆在一起，属于对外观设计定义的理解错误。从形状特征上看，本专利与在先设计1为相近似的外观设计。原告主张的在先设计1可能是盲孔的主张不符合常理。综上，本专利不符合《专利法》第二十三条的规定，第9720号决定认定事实及适用法律正确，请求法院维持。

本院经审理查明：

本专利是名称为"大孔轻集料填充墙砌块（三孔）"，专利号为ZL200530003570.8号的外观设计专利，其申请日为2005年3月9日，授权公告日为2006年1月18日，专利权人为燕兴隆公司。本专利包括八幅视图，即主视图、后视图、左视图、右视图、俯视图、仰视图、立体图1、立体图2（详见附图）。

针对本专利，铭剑公司于2006年7月26日向专利复审委员会提出无效宣告请求，认为附件1-1的外观图形与本专利的外观图形相近似，不符合《专利法》第二十三条和《专利法实施细则》第二条第三款的规定。

2006年11月15日，专利复审委员会针对该无效请求进行了口头审理。

针对本专利，铭剑公司于2006年12月13日再次向专利复审委员会提出无效宣告请求，认为本专利相对于附件2-2和附件2-3、附件2-4不符合《专利法》第二十三条的规定。其中附件2-2为相关地方标注有中文翻译的《Concrete Masonry Handbook》一书的封面页、版权页、目录页、正文第

11页的复印件，该手册的公开日为1976年12月31日，该手册的编者为：Frank. A. Randall；William. C. Panarese。该书第11页（e）组左数第2图作为本专利的在先设计（即在先设计1）（详见附图）。

2007年2月9日，专利复审委员会针对该无效请求进行了口头审理。

专利复审委员会将上述两个无效宣告请求合并审理，并于2007年4月10日作出第9720号决定，宣告本专利无效。

将本专利与在先设计1中的砌块相比可以看出，相同之处在于：二者砌块主体部分均呈长方体状，在该长方体垂直于水平面的一个侧面上设置有一个凹入主体部分的榫槽，在与该侧面相对的另一个侧面上则设置有一相对应的凸出于主体部分的榫头；所述榫头呈四棱台状，沿水平方向突出于呈长方柱状的砌块主体部分，榫槽的形状与榫头相对应；在砌块主体部分开设有沿垂线方向、均匀分布的三个矩形孔，该矩形孔的四个角呈圆弧过渡状。

以上事实有第9720号决定、本专利授权公告文本、附件2-2及庭审笔录在案佐证。

本院认为：

《专利法》第二十三条规定，授予专利权的外观设计，应当同申请日以前在国内外出版物上公开发表过或者国内公开使用过的外观设计不相同和不相近似，并不得与他人在先取得的合法权利相冲突。

专利法所保护的外观设计是指对产品的形状、图案或者其结合以及色彩与形状、图案的结合所作出的富有美感并适于工业应用的新设计。由此可知，专利法所保护的外观设计使得产品在具有功能性的同时，亦具有美感，即装饰性。鉴于此，对于工业产品中只具有功能性，而不具有装饰性的部分，在外观设计相近似性判断中不应考虑。对于外观设计产品在最终使用状态下无法被看到的部分的设计，则应认为主要是功能性设计，该部分的区别应认为是细微差别，对产品的整体视觉效果不产生显著影响。

本案中，鉴于本专利外观设计所附着的产品为砌块砖，而该产品在使用中通常是将若干块砖堆砌而形成一堵墙，并非单独使用，故在最终使用状态下其能够被看到的产品外观通常仅是本专利主视图及后视图中所示部分，即砌块砖的两个侧面。因此，只有在该两个侧面上的设计要素才有可能会对产品的整体视觉效果产生显著影响。

对于第9720号决定中认定的本专利与在先设计1存在的三点区别，因均分布在砌块砖产品最终使用状态下无法看到的部分，故上述区别应认为主要是功能上的区别，属于细微差别，不会对产品的整体视觉效果产生显著影响。

对于原告认为二者在长宽高比例上亦存在明显区别这一主张，本院认为，将本专利设置槽孔的面与在先设计1对应的面进行对比，二者在长宽比例上确有不同，但因该面在最终使用状态下无法被看到，故即使有不同亦不会产生视觉上的显著影响。而对于消费者能够看到的两个侧面，本专利与在先设计1在图中无法看出长宽比例的明显区别，鉴于此，二者即使有不同，亦仅为细微差别，对产品的整体视觉效果不会产生显著的影响。据此，对原告的上述主张本院不予支持。

对于原告认为被告在无效审查过程中错误地将证明在先设计1底部为盲孔的举证责任加给原告，属于程序错误这一主张，本院认为，第9720号决定中并未在认定在先设计1底部为盲孔的前提下，认定本专利与在先设计1相近似，而是认为无论砌块主体的底面是否开设有孔，以及无论其底部是通孔或是盲孔，该区别对于砌块的整体而言并不具有显著性的影响，据此，被告在无效程序中并未将举证责任强加于原告，原告的上述主张不能成立，本院不予支持。

综上，本专利与在先设计1为相近似的外观设计，本专利不符合《专利法》第二十三条的规定。

原告燕兴隆公司的起诉理由不能成立，本院不予支持。被告专利复审委员会作出的第9720号决定认定事实清楚，适用法律正确，程序合法，本院予以维持。依照《中华人民共和国行政诉讼法》第五十四条第（一）项之规定，本院判决如下：

维持被告国家知识产权局专利复审委员会作出的第9720号无效宣告请求审查决定。

案件受理费100元，由原告北京市燕兴隆新型墙体材料有限公司负担（已交纳）。

如不服本判决，各方当事人可于本判决送达之日起15日内，向本院提交上诉状及其副本，并交纳上诉案件受理费100元，上诉于北京市高级人民法院。

审　判　长　姜　颖
代理审判员　芮松艳
代理审判员　郝建欣
二〇〇六年十二月九日
书　记　员　王　晔

北京市高级人民法院
行政裁定书

（2008）高行终字第49号

上诉人（原审原告）北京市燕兴隆新型墙体材料有限公司，住所地北京市平谷区兴谷开发区10号。

被上诉人（原审被告）国家知识产权局专利复审委员会，住所地北京市海淀区北四环西路9号银谷大厦10~12层。

法定代表人廖涛，副主任。

委托代理人孙治国，该委员会审查员。

委托代理人程强，该委员会审查员。

原审第三人北京铭剑创业装饰材料有限公司，住所地北京市平谷区金海湖镇胡庄村胡黑路1号。

法定代表人韩宝军，总经理。

委托代理人王咏雯，女，满族，1935年11月27日出生，北京铭剑创业装饰材料有限公司法律顾问，住北京市西城区月坛北街16栋501号。

上诉人北京市燕兴隆新型墙体材料有限公司因专利权无效行政纠纷一案，不服北京市第一中级人民法院（2007）一中行初字第991号行政判决，向本院提出上诉。本院于2008年2月13日受理后，依法组成合议庭进行审理。在本案审理过程中，上诉人北京市燕兴隆新型墙体材料有限公司于2008年3月3日向本院申请撤回上诉。

本院经审查认为，上诉人北京市燕兴隆新型墙体材料有限公司的撤诉申请系其真实意思表示，未违反法律规定，亦未侵犯他人合法权益，应予准许。依照《中华人民共和国行政诉讼法》第五十一条之规定，裁定如下：

准许上诉人北京市燕兴隆新型墙体材料有限公司撤回上诉，各方均按原审判决执行。

一审案件受理费 100 元，由北京市燕兴隆新型墙体材料有限公司负担（已交纳）；二审案件受理费 100 元，减半收取 50 元，由北京市燕兴隆新型墙体材料有限公司负担（已交纳）。

本裁定为终审裁定。

审　判　长　张雪松
代理审判员　刘晓军
代理审判员　李燕蓉
二〇〇八年二月五日
书　记　员　毕　怡

大孔轻集料填充墙砌块（四孔）

无效宣告请求审查决定（第9721号）

决 定 号	第9721号
决 定 日	2007年4月10日
发明创造名称	大孔轻集料填充墙砌块（四孔）
外观设计分类号	25-01
无效宣告请求人	北京铭剑创业装饰材料有限公司
专 利 权 人	北京市燕兴隆新型墙体材料有限公司
专 利 号	200430109494.4
申 请 日	2004年11月23日
授权公告日	2005年8月3日
合议组组长	张美菊
主 审 员	孙治国
参 审 员	樊晓东
附 图	1页

法 律 依 据 专利法第23条，专利法实施细则第65条第2款

决 定 要 点

对未作出审查决定的无效宣告案件涉及的专利权，以同样的理由和证据再次提出无效宣告请求应当是允许的，不属于审查指南第四部分第三章2.1节"一事不再理原则"所规定的情形。

在先设计与本专利外观设计的局部的微小差别以及产品功能性的设计对本专利外观设计的整体视觉效果通常不具有显著影响。

一、案由

本无效宣告请求涉及中华人民共和国国家知识产权局于2005年8月3日授权公告的200430109494.4号外观设计专利，其名称为"大孔轻集料填充墙砌块（四孔）"，申请日为2004年11月23日，专利权人是北京市燕兴隆新型墙体材料有限公司。

针对上述专利权（下称本专利），北京铭剑创业装饰材料有限公司（下称请求人）于2006年7月26日向专利复审委员会提出无效宣告请求，认为附件1的外观图形与本专利的外观图形相近似，本专利不符合专利法第23条和专利法实施细则第2条第3款的规定，其提交的附件如下：

附件1：德国DE-816744号专利，其公告日为1951年12月10日，2份，每份3页；

附件2：附件1的权利要求部分的中文译文，2份，每份1页；

附件3：法定代表人身份证明书，1份，每份1页；
附件4：专利权无效宣告程序授权委托书，1份，每份1页；
附件5：本专利授权公告文本复印件，2份，每份1页；
附件6：北京市第二中级人民法院应诉通知书复印件，2份，每份1页；
附件7：北京市第二中级人民法院传票复印件，2份，每份1页。

经形式审查合格后，专利复审委员会依法受理了上述请求（案件编号为W606398），于2006年7月27日向双方当事人发出了无效宣告请求受理通知书，向北京市第二中级人民法院发出了无效案件审查状态通知书，并将无效宣告请求书及其附件清单中所列附件的副本转送给专利权人，要求其在指定的期限内答复。

2006年8月24日，专利权人针对上述无效宣告请求提交意见陈述。专利权人认为：（1）本专利显示的四孔砌块外形近似于长方形，而附件1显示的四孔砌块外形近似于正方形；（2）本专利显示的四孔砌块，其上的四个孔是长方形孔且长方形孔的长边与砌块砖长度方向平行，附件1显示的四孔砌块砖其上设有四个孔是方形孔，但无法确定四个方形孔是孔还是盲孔；（3）本专利显示的四孔砌块在相互平行的两个侧面上没有任何的凹槽和凸起，是一个完整的平面结构设计，附件1显示的四孔砌块砖在相平行的两个侧面上都设有类似锯齿形状的凹槽和凸起；（4）本专利显示的四孔砌块棱边都未进行倒棱边加工，全部为平面直角设计，附近1显示的四孔砌块砖都做了倒棱边加工。综上，本专利与附件1构不成相同或相似的外观设计，因此，本专利符合专利法第23条和专利法实施细则第2条第3款的规定。

2006年8月25日，请求人提交了意见陈述，进一步认为本专利与附件1同是长方形，属于相近似的情形，并且认为附件1中的涂装饰层的条纹是由产品的功能唯一限定的条纹，对整体视觉效果不具有显著影响，请求人进一步引述审查指南第四部分第五章第4节规定，认为本专利与附件1相比不符合专利法第23条的规定。请求人还提交了复审无效程序补正书，对附件1的中文译文中的个别词语进行了修改，同时提交了加盖有"国家知识产权局专利检索咨询中心副本认证专用章"红章的附件1的说明书复印件。

2006年10月8日，专利复审委员会向双方当事人发出无效宣告请求口头审理通知书，定于2006年11月15日对本案进行口头审理，并将请求人于2006年8月25日提交的意见陈述书转交专利权人，将专利权人于2006年8月24日提交的答复意见转交请求人。

2006年11月15日，口头审理如期举行。口头审理中，双方当事人对对方出庭人员的身份没有异议；双方当事人对合议组成员没有回避请求。请求人明确其无效理由为：本专利相对于附件1不符合专利法第23条的规定。合议组当庭告知当事人，由于请求人未详细阐述专利法实施细则第2条第3款的无效理由，根据审查指南的规定，此无效理由合议组不予考虑。专利权人当庭表示对附件1真实性没有异议，对附件1中文译文的准确性没有异议。

针对本专利，请求人于2006年12月13日再次向专利复审委员会提出无效宣告请求，认为本专利与附件2′~4′的外观设计相同相近拟，不符合专利法第23条的规定，其提交的附件如下：

附件1′：意见陈述书，2份，每份3页；
附件2′：中国建材工业出版社出版的《混凝土砌块生产与应用》的封面页、版权页、前言页、目录第1页、正文第16页、18页及参考文献页的复印件，1992年10月第1版，1998年7月第二次印刷，2份，每份7页；
附件3′：德国DE-816744号专利及其部分译文，其公告日为1951年12月10日，2份，每份4页；

附件4'：瑞士CH-195580号专利及其部分译文，其公告日为1938年5月2日，2份，每份4页；

附件5'：法定代表人身份证明书，1份，每份1页；

附件6'：专利权无效宣告程序授权委托书，1份，每份1页。

经形式审查合格后，专利复审委员会依法受理了上述请求（案件编号为W606752），于2006年12月13日向双方当事人发出了无效宣告请求受理通知书，并将无效宣告请求书及其附件清单中所列附件的副本转送给专利权人，要求其在指定的期限内答复。

2007年1月5日，专利复审委员会向双方当事人发出无效宣告请求口头审理通知书，定于2007年2月9日对本案进行口头审理。

2007年1月9日，专利权人针对上述无效宣告请求提交意见陈述。认为：（1）附件2'、4'与本专利的外观不相同不相近似，本专利符合专利法第23条的规定；（2）附件3'在W606398案中已作对比文件提交过，根据审查指南第三章2.1节一事不再理原则，附件3'应予不受理和审查。

2007年1月18日，专利复审委员会向请求人发出转送文件通知书，将专利权人于2007年1月9日提交的答复意见转交请求人。

2007年2月9日，口头审理如期举行。口头审理中，双方当事人对对方出庭人员的身份没有异议，双方当事人对合议组成员没有回避请求。专利权人当庭表示对附件2'、附件3'、附件4'的真实性没有异议，对附件3'、4'中文译文的准确性没有异议。专利权人表示对附件3'的答辩意见与W606398无效宣告请求案中的答辩意见一致。请求人明确其无效理由为：本外观设计分别相对于附件2'、3'、4'不符合专利法第23条的规定。

根据审查指南第四部分第三章第4.5节的规定，专利复审委员会对上述两个无效宣告请求合并审理。

至此，合议组认为本案事实已经调查清楚，现依法作出审查决定。

二、决定的理由

1. 证据的认定

附件1为德国DE-816744号专利，专利权人对附件1的真实性以及附件1译文的准确性没有异议，因此合议组对附件1的真实性予以确认。附件1公开了一种空心砌块砖，与本专利属于相同类别的产品，其公开日为1951年12月10日，早于本专利的申请日，因此附件1可以作为与本专利进行相近似性比较的在先设计。由于专利权人对于附件1的中文译文（即附件2）的准确性没有异议，因此该中文译文可以作为附件1的中文译文在本案中使用。

2. 关于"一事不再理"原则

专利法实施细则第65条第2款规定：在专利复审委员会就无效宣告请求作出决定之后，又以同样的理由和证据请求无效宣告的，专利复审委员会不予受理。

审查指南第四部分第三章2.1节所规定："对已作出审查决定的无效宣告案件涉及的专利权，以同样的理由和证据再次提出无效宣告请求的，不予受理和审查。如果再次提出的无效宣告请求的理由（简称无效宣告理由）或者证据因时限等原因未被在先的无效宣告请求审查决定所考虑，则该请求不属于上述不予受理和审查的情形。"

由于请求人在案件编号为W606398的无效宣告请求作出审查决定前，重新提出了新的无效宣告请求，且专利复审委员会依法受理了该新的请求（案件编号为W606752），专利复审委员会并没有针对W606398案中所使用的证据对W606398号无效宣告请求作出审查决定，在W606752案中重新提交W606398案中所使用的证据应当是允许的，并且在W606752案中附件3'的中文译文与W606398案中的中文译文也不相同，因此请求人在W606752案中重新提交附件3'并不属于审查指南第四部分第三章 2.1 节所规定的"一事不再理原则"的情形。

3. 关于专利法第 23 条

专利法第 23 条规定：授予专利权的外观设计，应当同申请日以前在国内外出版物上公开发表过或者国内公开使用过的外观设计不相同和不相近似，并不得与他人在先取得的合法权利相冲突。

从本专利的各个视图可以看出，本专利的大孔轻集料砌块主体部分呈沿水平方向延伸的长方体状，在该长方体垂直于水平面的一个侧面上设置有一个凹入主体部分的榫槽，在与该侧面相对的另一个侧面上则设置有一相对应的凸出于主体部分的榫头；结合本专利的俯视图和仰视图可以看出，该榫头呈四棱台状，沿水平方向突出于呈长方柱状的砌块主体部分，榫槽的形状与榫头相对应，二者可以相互嵌合，用以连接相邻的砌块；在砌块主体部分上面和底面均开设有四个相同的长方形孔，该长方形的四个角呈圆弧过渡状，且该长方形的长边平行于砌块主体长边。

在附件 1 附图 2 所示的截面图中的右上角是一个砌块砖的截面图，该砌块主体部分呈沿与截面垂直方向延伸的长方体状，在该长方体水平方向的一个侧面上设置有一个略向内凹入主体部分的榫槽，在与该侧面相对的另一个侧面上则设置有一相对应的略向外凸出于主体部分的榫头，该榫头呈四棱台状，突出于呈长方体状的砌块主体部分，榫槽的形状与榫头相对应，二者可以相互嵌合，用以连接相邻的砌块；在砌块主体部分开设有四个基本相同的正方形孔，具有倒圆棱边的空心砌块砖（1、10）的空腔（6、7、8）的上面和下面用平面加以封闭（参见附件 1 的部分中文译文的权利要求 2），且在砌块砖的两侧面上带有大约 2mm 深的用于涂装饰层的条纹。此外，从图中可以看出所述正方形的四角也是圆弧过渡的。

将本专利与附件 1 中的砌块相比可以看出，两者的整体形状是基本上相同的。二者砌块主体部分均呈长方体状，在该长方体垂直于水平面的一个侧面上设置有一个凹入主体部分的榫槽，在与该侧面相对的另一个侧面上则设置有一相对应的凸出于主体部分的榫头；所述榫头呈四棱台状，沿水平方向突出于呈长方柱状的砌块主体部分，榫槽的形状与榫头相对应，二者可以相互嵌合，用以连接相邻的砌块；在砌块主体部分均开设有四个相同的类似长方形的孔，该长方形的四个角呈圆弧过渡状。二者的区别在于：（1）本专利的砌块主体部分开设有四个相同的基本呈长方形的孔，而附件 1 砌块主体部分开设有四个基本相同的正方形孔；（2）附件 1 空心砌块砖具有倒圆棱边的设计，而本专利则无此设计；（3）在附件 1 砌块砖可以在普通的两侧面上带有大约 2mm 深的用于涂装饰层的条纹，而本专利无此设计；（4）本专利显示的四孔砌块的长、宽、高的比例不同于附件 1 显示的四孔砌块的长、宽、高的比例；（5）从附件 1 中无法确认该砌块中的四个孔是通孔还是盲孔。

本案合议组认为，就区别（1）而言，由于长方形孔和正方形孔在各自产品中的位置大致相同，且长方形和正方形均是四边形，因此二者仅仅在长方形和正方形这一形状上的差别对于产品的整体视觉效果并不具有显著的影响；就区别（2）而言，附件 1 空心砌块砖的倒圆棱边位于砌块砖的边棱，该设计相对于空心砌块砖而言，属于局部的微小差别，只是外观设计的细微、不容易引起消费者注意的地方；就区别（3）而言，附件 1 砌块砖的两侧面上带有大约 2mm 深的条纹是用于涂装饰层的功能性设计，而且从附件 1 的图中可以看出砌块仅仅在边缘处显示了条纹，而侧面整体上显示为一个光滑平面，这也说明了其侧面的条纹属于侧面上的微小设计，根据审查指南第四部分第五章第 4 节的规定，其对整体视觉效果不具有显著的影响；就区别（4）而言，尽管本专利的砌块和附件 1 的砌块的长、宽、高的比例不同，但是，这仅仅是尺寸上的不同，本专利和附件 1 在视觉效果上均为立方体，它们的视觉效果是相似的，区别（4）对产品的整体视觉效果不具有显著的影响；就区别（5）而言，无论附件 1 中的砌块中的四个孔是通孔还是盲孔，本专利与附件 1 给人的整体视觉效果都是具有长方形孔的空心砌块砖，在砌块砖上均匀分布有四个矩形孔，而且本专利也仅仅是在底面上也开设有与顶面对应的四个矩形孔，除此之外再无其他设计，因此该区别对于砌块的整体而言并不具有显著性的影响。

综合前述的区别（1）~（5），并且根据外观设计专利整体观察、综合对比的原则，本专利外观设计与附件1中的砌块属于相近似的外观设计，本专利与申请日之前公开发表的附件1中的砌块相近似，本专利不符合专利法第23条的规定。

鉴于本专利与上述附件1相比较已得出本专利不符合专利法第23条所规定的授权条件的结论，合议组对请求人提出的其他无效理由和证据不再进行评述。

三、决定

宣告200430109494.4号外观设计专利权无效。

当事人对本决定不服的，可以根据专利法第46条第2款的规定，自收到本决定之日起三个月内向北京市第一中级人民法院起诉。根据该款的规定，一方当事人起诉后，另一方当事人应当作为第三人参加诉讼。

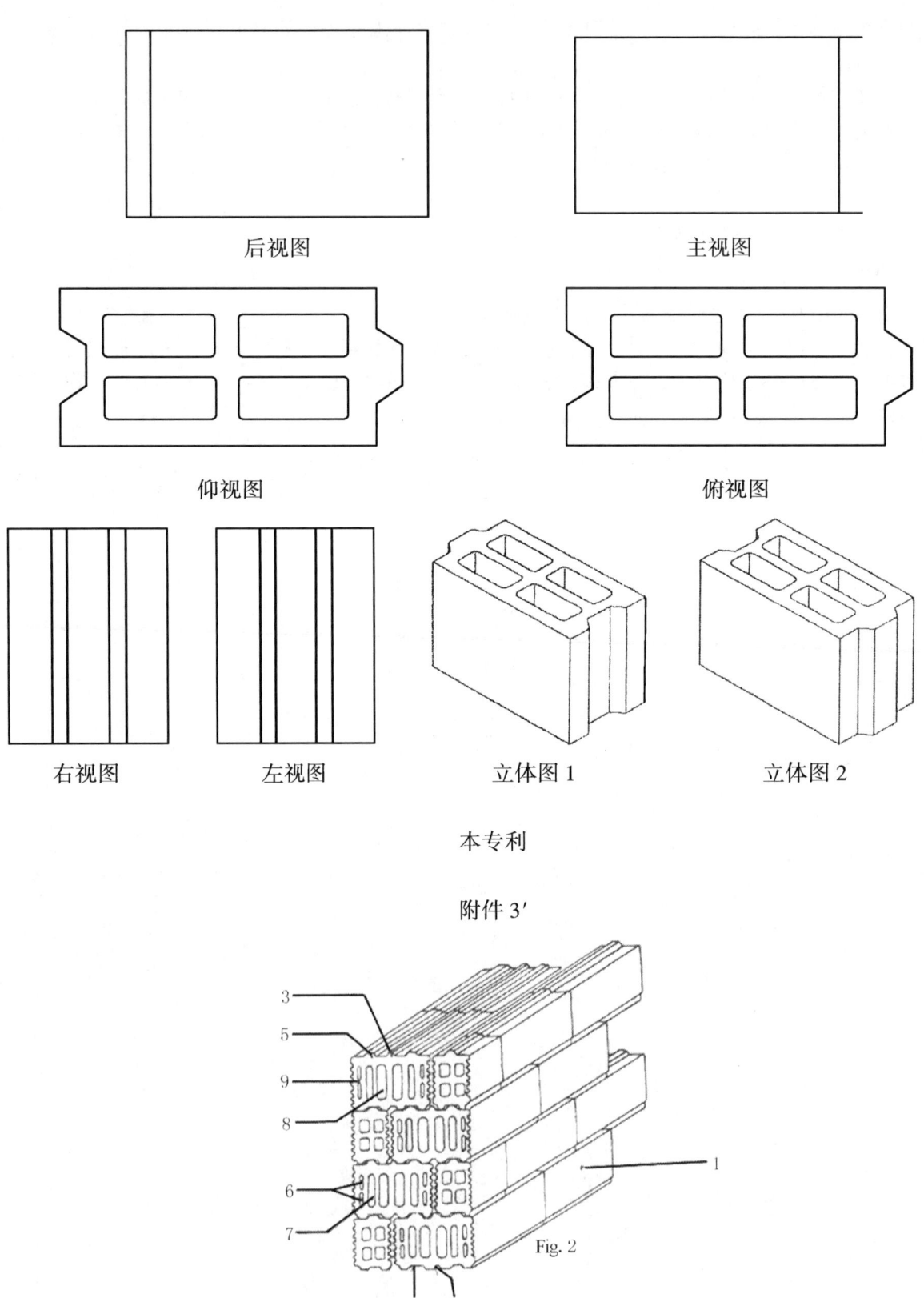

后视图　主视图　仰视图　俯视图　右视图　左视图　立体图1　立体图2

本专利

附件3'

Fig. 2

北京市第一中级人民法院
行政判决书

（2007）一中行初字第992号

原告北京市燕兴隆新型墙体材料有限公司，住所地北京市平谷区兴谷开发区10号。

委托代理人耿慕白，北京金之桥知识产权代理有限公司专利代理人。

被告国家知识产权局专利复审委员会，住所地北京市海淀区北四环西路9号银谷大厦10~12层。

法定代表人廖涛，副主任。

委托代理人孙治国，国家知识产权局专利复审委员会审查员。

委托代理人程强，国家知识产权局专利复审委员会审查员。

第三人北京铭剑创业装饰材料有限公司，住所地北京市平谷区金海湖镇胡庄村胡黑路1号。

法定代表人韩宝君，总经理。

委托代理人王咏雯，女，满族，1935年11月27日出生，北京铭剑创业装饰材料有限公司法律顾问，住北京市西城区月坛北街。

原告北京市燕兴隆新型墙体材料有限公司（以下简称燕兴隆公司）不服被告国家知识产权局专利复审委员会（以下简称专利复审委员会）作出的第9721号无效宣告请求审查决定（以下简称第9721号决定），在法定期限内向本院提起行政诉讼。本院于2007年7月19日受理后，依法组成合议庭，并通知北京铭剑创业装饰材料有限公司（以下简称铭剑公司）作为本案的第三人参加诉讼。本院于2007年10月15日公开开庭对本案进行了审理。原告燕兴隆公司的委托代理人耿慕白，被告专利复审委员会的委托代理人孙治国、程强，第三人铭剑公司的法定代表人韩宝君、委托代理人王咏雯到庭参加了诉讼。本案现已审理终结。第9721号决定系被告专利复审委员会就第三人铭剑公司针对原告燕兴隆公司拥有的名称为"大孔轻集料填充墙砌块（四孔）"的外观设计专利（以下简称本专利）提出的无效宣告请求而作出，该决定认为：将本专利与附件1中的砌块相比可以看出，二者的区别在于：（1）本专利的砌块主体部分开设有四个相同的基本呈长方形的孔，而附件1砌块主体部分开设有四个基本相同的正方形孔；（2）附件1空心砌块砖具有倒圆棱边的设计，而本专利则无此设计；（3）附件1砌块砖可以在普通的两侧面上带有大约2mm深的用于涂装饰层的条纹，而本专利无此设计；（4）本专利显示的四孔砌块的长、宽、高的比例不同于附件1显示的四孔砌块的长、宽、高的比例；（5）从附件1中无法确认该砌块中的四个孔是通孔还是盲孔。就区别（1）而言，由于长方形孔和正方形孔在各自产品中的位置大致相同，且长方形和正方形均是四边形，因此二者仅仅在长方形和正方形这一形状上的差别对于产品的整体视觉效果并不具有显著的影响；就区别（2）而言，附件1空心砌块砖的倒圆棱边位于砌块砖的边棱，该设计相对于空心砌块砖而言，属于局部的微小差别，只是外观设计的细微、不容易引起消费者注意的地方；就区别（3）而言，附件1砌块砖的两侧面上带有大约2mm深的条纹是用于涂装饰层的功能性设计，而且从附件1的图中可以看出砌块仅仅在边缘处显示了条纹，而侧面整体上显示为一个光滑平面，这也说明了其侧面的条纹属于侧面上的微小设计，根据审查指南第四部分第五章第4节的规定，其对整体视觉效果不具有显著的影响；就区别（4）而言，尽管本专利的砌块和附件1的砌块的长、宽、高的比例不同，但是，这仅仅是尺寸上的不同，本专利和附件1在视觉效果上均为立方体，它们的视觉效果是相似的，区别（4）对产品的整体视觉效果不具有显著的影响；就区别（5）而言，无论附件1中的砌块中的四个孔是通孔还是盲孔，本专利与附件1给人的整体视觉效果都是具有长方形孔的空心砌块砖，在砌块砖上均匀分布有四个矩形孔，而且本专利也仅仅是在底面上也开设有与顶面对应的四个矩形孔，除此之外再无其他设计，因此该区别对于砌块的整体而言并不具有显著性的影响。综合前述的区别（1）～（5），并且根据外观设计专利整体观察、综合对比的原则，本专利外观设计与附件1中的砌块属于相近似的外观设计，不符合《专利法》第二十三条的规定。鉴于本专利与上述附件1相比较已得出本专利不符合《专利法》第二十三条所规定的授权条件的结论，专利复审委员会对其他无效理由和证据不再进行评述。据此，专利复审委员会宣告本专利权无效。原告燕兴隆公司不服，于法定期限内向本院提起诉讼，其诉称：本专利与附件1不属于相近似的外观设计。将二者相比，本专利除具有第9721号决定中所具有的五点区别外，二者的整体形状亦完全不同，本专利整体形状是长方体，是纵向使用，而附件1整体形状是长方筒，是横向使用，该区别使得二者给人的整体效果完全不同。同时，第9721号决定中认定的砌块边缘处的条纹实际上应为锯齿状的凸起和凹下，该区别并非由产品功能唯一限定的特定形状，其使得本专利与附件1形成鲜明区别。此外，附件1未公开底部结构，故其存在四个孔底部为盲孔的可能性，在底部为盲孔的情况下，该差异对于砌块砖的整体形状亦具有显著影响。同时，附件1上倒圆棱边对于砌块砖来说亦是重要部位，该部位的区别亦不能认为是细小差别。同时，北京市高级人民法院作出的生效判决中亦认定了二者既不相同亦不相似，综上，上述区别导致本专利与附件1在整体视觉上具有明显差异，据此，本专利与附件1为不相同不相近似的外观设计。综上，原告认为第9721号决定认定事实及适用法律错误，请求法院判决撤销该决定。被告专利复审委员会辩称：对于本专利与附件1的相近似性判断问题，仍坚持第9721号决定中的理由，认为二者属于相近似的外观设计。原告的诉讼请求既无事实依据亦无法律依据，请求法院驳回原告诉讼请求，维持第9721号决定。第三人铭剑公司述称：本专利与附件1相比，二者属于相近似的外观设计。原告认为附件1的空心砌块砖底部是封闭的，且为长方筒形，其主张缺乏事实依据。对于砌块砖两侧面上大约2mm深的条纹，因其仅起功能作用，故在对比时不应予以考虑。综上，本专利不符合《专利法》第二十三条的规定，第9721号决定认定正确，请求法院维持。

本院经审理查明：

本专利是名称为"大孔轻集料填充墙砌块（四孔）"、专利号为200430109494.4号的外观设计专利，其申请日为2004年11月23日，授权公告日为2005年8月3日，专利权人为燕兴隆公司。本专利包括八幅视图，即主视图、后视图、左视图、右视图、俯视图、仰视图、立体图1、立体图2（详见附图）。

针对本专利，铭剑公司于2006年7月26日向专利复审委员会提出无效宣告请求，认为附件1的外观图形与本专利的外观图形相近似，本专利不符合《专利法》第二十三条和《专利法实施细则》第二条第三款的规定，并提交7份附件，其中附件1为德国DE-816744号专利，其公告日为1951年12月10日；附件2为附件1的权利要求部分的中文译文。该专利的说明书中记载，"这种砌块砖可以在普通的外侧面上带有大约2mm深的用于粉饰的细槽"（详见附图）。

2006年11月15日，专利复审委员会进行了口头审理。在口头审理中，铭剑公司明确其无效理由为：本专利相对于附件1不符合《专利法》第二十三条的规定。燕兴隆公司当庭表示对附件1真实性没有异议，对附件1中文译文的准确性没有异议。

针对本专利，铭剑公司于2006年12月13日再次向专利复审委员会提出无效宣告请求，认为本专利与附件2、附件3、附件4的外观设计相同相近似，不符合《专利法》第二十三条的规定。

2007年2月9日，专利复审委员会针对该无效请求进行了口头审理。

专利复审委员会对上述两个无效宣告请求合并审理，并于2007年4月10日作出第9721号决定，宣告本专利无效。

将本专利与附件1中的砌块相比可以看出，二者在砌块主体垂直于水平面的一个侧面上均设置有一个凹入主体部分的榫槽，在与该侧面相对的另一个侧面上则设置有一相对应的凸出于主体部分的榫头；所述榫头呈四棱台状，沿水平方向突出于呈长方柱状的砌块主体部分，榫槽的形状与榫头相对应，二者可以相互嵌合，用以连接相邻的砌块；在砌块主体部分均开设有四个相同的类似长方形的孔，该长方形的四个角呈圆弧过渡状。

第9721号决定作出之前，燕兴隆公司曾以铭剑公司为被告向北京市第二中级人民法院提起侵犯外观设计专利权诉讼，铭剑公司在该案中提出公知技术抗辩，其使用的在先设计即为本案附件1。2007年1月19日，北京市高级人民法院针对该案作出终审判决，其认为，被控侵权产品与本专利产品的外观相同，但被控侵权产品与在先设计既不相同也不相近似。

以上事实有第9721号决定、本专利授权公告文本、附件1及部分中文译文、北京市高级人民法院（2007）高民终字第18号民事判决书、庭审笔录在案佐证。

本院认为：

《专利法》第二十三条规定，授予专利权的外观设计，应当同申请日以前在国内外出版物上公开发表过或者国内公开使用过的外观设计不相同和不相近似，并不得与他人在先取得的合法权利相冲突。

专利法所保护的外观设计是指对产品的形状、图案或者其结合以及色彩与形状、图案的结合所作出的富有美感并适于工业应用的新设计。由此可知，专利法所保护的外观设计使得产品在具有功能性的同时，亦具有美感，即装饰性。鉴于此，对于工业产品中只具有功能性，而不具有装饰性的部分，在外观设计相近似性判断中不应考虑。对于外观设计产品在最终使用状态下无法被看到的部分的设计，则应认为主要是功能性设计，该部分的区别应认为是细微差别，对产品的整体视觉效果不产生显著影响。

本案中，鉴于本专利外观设计所附着的产品为砌块砖，而该产品在使用中通常是将若干块砖堆砌而形成一堵墙，并非单独使用，故在最终使用状态下其能够被看到的产品外观通常仅是本专利主视图及后视图中所示部分，即砌块砖的两个侧面。因此，只有在该两个侧面上的设计要素才有可能会对产品的整体视觉效果产生显著影响。

对于原告认为本专利是长方体，是纵向使用，而附件1是长方筒，是横向使用这一主张，本院认为，外观设计相近似性的判断应以具体视图所体现出的形状为基础，从本专利与附件1的视图中可以看出，二者均是长方体，其不同仅在于长宽高的比例不同。而对于使用方式，本专利仅为单块砖的视图，并无使用状态的视图，故其使用方式在本案外观设计相近似性判断中不应予以考虑。据此，对于原告的上述主张本院不予支持。

对于第9721号决定中认定的本专利与附件1之间存在的区别（1）、（2）、（5），因均分布在最终使用状态下无法看到的部分，故上述区别应认为主要是功能上的区别，属于细微差别，不会对产品的整体视觉效果产生显著影响。

对于原告认为区别（3）附件1砌块边缘处的条纹实际上应为锯齿状的凸起和凹下，该区别使得本专利与附件1具有明显区别这一主张，本院认为，虽然附件1图中砌块砖的两个侧面均为完整平滑的平面，并无任何标示线，但鉴于附件1显示砌块边缘有锯齿状标示线，故从制图基本原理进行判断，并结合说明书中已说明外侧面上带有大约2mm深的用于粉饼的细槽这一描述，本院认定在该砌块砖的两个侧面应有与锯齿状标示线对应的凸起和凹槽。第9721号决定中认定附件1仅在砌块边缘处有条纹，而侧面整体为光滑平面属于认定错误，本院予以纠正。虽然本专利侧面为光滑表面，附件

1则具有凸起和凹槽,二者在侧面具有不同的外观,但鉴于该凸起和凹槽的功能在于用于涂装饰层,而本专利的侧面并不具有该功能,本专利在减少该功能的同时,仅仅是将相应的凸起和凹槽亦去掉,而并未对于侧面进行其他任何设计,故对于一般消费者而言,在排除该功能因素的情况下,二者在砌块侧面的上述区别不会产生显著视觉差异,据此,原告的上述主张不能成立,本院不予支持。对于区别特征(4),本院认为,虽然本专利与附件1在砌块砖侧面的长宽比例并不相同,但鉴于二者均为长方形,且均既可横向使用亦可纵向使用,故在使用状态下该区别对于一般消费者而言,仅为细微差别,不会产生显著视觉差异。对于原告认为因在先生效判决已认定本专利与附件1不相近似,故本案中亦应认定本专利与附件1为不相近似的外观设计这一主张,本院认为,首先,在该判决中,法院仅是对被控侵权产品与本专利及附件1分别进行了比对,并未将本专利与附件1进行直接比对,亦未对本专利与附件1是否相同相近似得出明确结论;其次,该生效判决所解决的是民事纠纷,而本案诉讼为行政纠纷。该判决所针对的法律关系是本案第三人的行为是否构成对本案原告专利权的侵犯,只有对该法律关系所作出的认定才具有既判力。至于本专利与附件1是否为相近似的外观设计及本专利是否具有专利性,因并非该生效判决所解决的法律关系,故其对本案不具有既判力。综上,本院认为,该在先判决对于本案中本专利与附件1的相近似性判断问题不产生任何影响。据此,原告的上述主张不能成立,本院不予支持。

综上,本专利与附件1为相近似的外观设计,本专利不符合《专利法》第二十三条的规定。原告燕兴隆公司的起诉理由不能成立,本院不予支持。被告专利复审委员会作出的第9721号决定认定事实清楚,适用法律正确,程序合法,本院予以维持。依照《中华人民共和国行政诉讼法》第五十四条第(一)项之规定,本院判决如下:

维持被告国家知识产权局专利复审委员会作出的第9721号无效宣告请求审查决定。案件受理费100元,由原告北京市燕兴隆新型墙体材料有限公司负担(已交纳)。

如不服本判决,各方当事人可于本判决送达之日起15日内,向本院提交上诉状及其副本,并交纳上诉案件受理费100元,上诉于北京市高级人民法院。

审 判 长 姜 颖
代理审判员 芮松艳
代理审判员 郝建欣
二○○六年十二月九日
书 记 员 王 晔

北京市高级人民法院
行政裁定书

(2008)高行终字第48号

上诉人(原审原告)北京市燕兴隆新型墙体材料有限公司,住所地北京市平谷区兴谷开发区10号。

法定代表人贾海旺,总经理。

被上诉人(原审被告)国家知识产权局专利复审委员会,住所地北京市海淀区北四环西路9号银谷大厦10~12层。

法定代表人廖涛，副主任。

委托代理人孙治国，该委员会审查员。

委托代理人程强，该委员会审查员。

原审第三人北京铭剑创业装饰材料有限公司，住所地北京市平谷区金海湖镇胡庄村胡黑路1号。

法定代表人韩宝军，总经理。

委托代理人王咏雯，女，满族，1935年11月27日出生，该公司法律顾问，住北京市西城区月坛北街16栋501号。

上诉人北京市燕兴隆新型墙体材料有限公司因专利权无效行政纠纷一案，不服北京市第一中级人民法院（2007）一中行初字第992号行政判决，向本院提出上诉。本院于2008年2月13日受理后，依法组成合议庭进行审理。在本案审理过程中，上诉人北京市燕兴隆新型墙体材料有限公司于2008年3月3日向本院申请撤回上诉。

本院经审查认为，上诉人北京市燕兴隆新型墙体材料有限公司的撤诉申请系其真实意思表示，未违反法律规定，亦未侵犯他人合法权益，应予准许。依照《中华人民共和国行政诉讼法》第五十一条之规定，裁定如下：

准许上诉人北京市燕兴隆新型墙体材料有限公司撤回上诉，各方均按原审判决执行。

一审案件受理费100元，由北京市燕兴隆新型墙体材料有限公司负担（已交纳）；二审案件受理费100元，减半收取50元，由北京市燕兴隆新型墙体材料有限公司负担（已交纳）。

本裁定为终审裁定。

审 判 长　张雪松
代理审判员　刘晓军
代理审判员　李燕蓉
二〇〇八年三月五日
书 记 员　毕 怡

大孔轻集料填充墙砌块（双孔）

无效宣告请求审查决定（第9722号）

决 定 号	第9722号
决 定 日	2007年4月10日
发明创造名称	大孔轻集料填充墙砌块（双孔）
外观设计分类号	25-01
无效宣告请求人	北京铭剑创业装饰材料有限公司
专 利 权 人	北京市燕兴隆新型墙体材料有限公司
专 利 号	200430109495.9
申 请 日	2004年11月23日
授权公告日	2006年4月26日
合议组组长	张美菊
主 审 员	孙治国
参 审 员	樊晓东
附 图	2页
法 律 依 据	专利法第23条，专利法实施细则第65条第2款

决 定 要 点

对未作出审查决定的无效宣告案件涉及的专利权，以同样的理由和证据再次提出无效宣告请求应当是允许的，不属于审查指南第四部分第三章第2.1节"一事不再理原则"所规定的情形。

在先设计与本专利外观设计的局部的微小差别以及产品功能性的设计对本专利外观设计的整体视觉效果通常不具有显著的影响。

一、案由

本无效宣告请求涉及中华人民共和国国家知识产权局于2006年4月26日授权公告的200430109495.9号外观设计专利，其名称为"大孔轻集料填充墙砌块（双孔）"，申请日为2004年11月23日，专利权人是北京市燕兴隆新型墙体材料有限公司。

针对上述专利权（下称本专利），北京铭剑创业装饰材料有限公司（下称请求人）于2006年7月26日向专利复审委员会提出无效宣告请求，认为附件1的外观图形与本专利的外观图形的外观特征完全相同，本专利同申请日以前公开发表过的外观设计相比，不符合专利法第23条和专利法实施细则第2条第3款的规定，其提交的附件如下：

附件1：中国第00312047.3号外观设计专利复印件，授权公告日为2001年2月7日，2份，每份

1 页；

附件 2：法定代表人身份证明书，1 份，每份 1 页；

附件 3：专利权无效宣告程序授权委托书，1 份，每份 1 页；

附件 4：本专利公告文本复印件，2 份，每份 1 页；

附件 5：北京市第二中级人民法院应诉通知书复印件，2 份，每份 1 页；

附件 6：北京市第二中级人民法院传票复印件，2 份，每份 1 页。

经形式审查合格后，专利复审委员会依法受理了上述请求（案件编号为 W606397），于 2006 年 7 月 27 日向双方当事人发出了无效宣告请求受理通知书，向北京市第二中级人民法院发出了无效案件审查状态通知书，同时将无效宣告请求书及其附件清单中所列附件的副本转送给专利权人，要求其在指定的期限内答复。

2006 年 8 月 24 日，专利权人针对上述无效宣告请求提交意见陈述书。专利权人认为本专利三个方形孔是通孔，而附件 1 不是通孔，本专利与附件 1 构不成相同或相似的外观设计，符合专利法第 23 条和专利法实施细则第 2 条第 3 款的规定。

2006 年 8 月 25 日，请求人提交了补充意见陈述。请求人认为附件 7 具有本专利的全部外形特征，而附件 7 与本专利的区别属于由产品的功能唯一限定的特定形状，对整体视觉效果不具有显著影响，本专利不符合专利法第 23 条的规定，并提交如下附件：

附件 7：盖有"国家知识产权局专利检索咨询中心副本认证专用章"红章的专利号为 US-2688245 的美国专利说明书，公开日为 1954 年 9 月 7 日，2 份，每份 4 页；

附件 8：附件 7 的部分中文译文，2 份，每份 2 页。

2006 年 10 月 8 日，专利复审委员会向双方当事人发出无效宣告请求口头审理通知书，定于 2006 年 11 月 15 日对本案进行口头审理，并将请求人于 2006 年 8 月 25 日提交的意见陈述书转交专利权人，将专利权人于 2006 年 8 月 24 日提交的答复意见转交请求人。

2006 年 11 月 15 日，口头审理如期举行。口头审理中，双方当事人对对方出庭人员的身份没有异议；双方当事人对合议组成员没有回避请求。请求人当庭表示放弃使用附件 1。请求人当庭提交教学用书《混凝土砌块生产与应用》的原件以及复印件封面、封 2、版权页、前言页、目录第 1 页、正文第 16 页及参考文献页共 7 页，合议组当庭将其转给专利权人，专利权人当庭核实后认为复印件与原件一致，并对该证据的真实性没有异议。专利权人当庭表示对附件 7 的真实性没有异议，对附件 7 中文译文的准确性没有异议。请求人明确其无效理由为本专利与附件 7 相比不符合专利法第 23 条的规定；教学用书《混凝土砌块生产与应用》用于证明方形孔、棱边属于惯常设计。合议组告知专利权人应自口审之日起 15 日内提交针对惯常设计证据的意见陈述，逾期不提交视为无新的意见，并且不影响合议组对本案的继续审理。合议组当庭告知当事人，由于请求人未详细阐述专利法实施细则第 2 条第 3 款的无效理由，根据审查指南的规定，此无效理由合议组不予考虑。

2006 年 11 月 27 日，专利权人针对请求人在口头审理中补充的证据进行意见陈述。专利权人认为请求人当庭提交的教学用书《混凝土砌块生产与应用》的提交日期已过举证期限，应不予采信，并且该书也不属于教科书，应属正常的出版物，其并不能与原提交的证据结合使用。

针对本专利，请求人于 2006 年 12 月 13 日再次向专利复审委员会提出无效宣告请求，认为本专利的外观设计与附件 2′、附件 3′的在先设计相比，不符合专利法第 23 条的规定，其提交的附件如下：

附件 1′：意见陈述书，2 份，每份 2 页；

附件 2′：中国建材工业出版社出版的《混凝土砌块生产与应用》的封面页 1、封 2、版权页、前言页、目录第 1 页、正文第 16、18 页及参考文献页的复印件，1992 年 10 月第 1 版，1998 年 7 月第二次印刷，2份，每份8页；

附件3'：专利号为US-2688245的美国专利说明书，公开日为1954年9月7日，2份，每份4页；

附件4'：附件3的部分中文译文，2份，每份1页；

附件5'：法定代表人身份证明书，1份，每份1页；

附件6'：授权委托书，1份，每份1页。

经形式审查合格后，专利复审委员会依法受理了上述请求（案件编号为W606751），于2006年12月13日向双方当事人发出了无效宣告请求受理通知书，并将无效宣告请求书及其附件清单中所列附件的副本转送给专利权人，要求其在指定的期限内答复。

2007年1月5日，专利复审委员会向双方当事人发出无效宣告请求口头审理通知书，定于2007年2月9日对本案进行口头审理。

2007年1月9日，专利权人针对第二个无效宣告请求提交意见陈述。专利权人认为：（1）附件2'砌块中显示的二个孔不能确定为唯一的通孔结构，而本专利显示的二个方形孔确定为通孔结构，因此本专利符合专利法第23条的规定；（2）附件3'在W606397案中已作对比文件提交过，根据审查指南第三章第2.1节一事不再理原则，该附件3'应不予受理和审查。专利权人同时提交了如下证据作为反证：

反证1：专利号为00312047.3的中国外观设计专利，其公开日为2001年2月7日。

2007年1月18日，专利复审委员会向请求人发出转送文件通知书，将专利权人于2007年1月9日提交的意见陈述书及其所附的附件转送请求人。

2007年2月9日，口头审理如期举行。口头审理中，双方当事人对对方出庭人员的身份没有异议。双方当事人对合议组成员没有回避请求。专利权人当庭表示对附件2'、附件3'的真实性没有异议，对附件3'中文译文的准确性没有异议。专利人表示对附件3'的答辩意见与W606397无效宣告请求案中的答辩意见一致。请求人对反证1的真实性没有异议。请求人当庭明确其无效理由为：本外观设计分别相对于附件2'、附件3'不符合专利法第23条的规定。专利权人提交反证1的目的在于说明空心砌块存在"盲孔"的情况，附件2'并未展示另三个面的外观，未展示"凹槽"和"孔"的显著特征。

根据审查指南第四部分第三章第4.5节的规定，专利复审委员会对上述两个无效宣告请求合并审理。

至此，合议组认为本案事实已经调查清楚，现依法作出审查决定。

二、决定的理由

1. 证据的认定

附件7是专利号为US-2688245的美国专利说明书，且专利权人对于附件7的真实性没有异议，因此合议组对附件7的真实性予以确认。附件7公开了一种建筑砌块，与本专利属于相同类别的产品，其公开日为1954年9月7日，早于本专利的申请日，因此附件7可以作为与本专利进行相近似性比较的在先设计。由于专利权人对于附件7的部分中文译文（即附件8）的准确性没有异议，因此附件8可以作为附件7的部分中文译文在本案中使用。

2. 关于"一事不再理"原则

专利法实施细则第65条第2款规定：在专利复审委员会就无效宣告请求作出决定之后，又以同样的理由和证据请求无效宣告的，专利复审委员会不予受理。

审查指南第四部分第三章第2.1节所规定："对已作出审查决定的无效宣告案件涉及的专利权，

以同样的理由和证据再次提出无效宣告请求的，不予受理和审理。如果再次提出的无效宣告请求的理由（简称无效宣告理由）或者证据因时限等原因未被在先的无效宣告请求审查决定所考虑，则该请求不属于上述不予受理和审理的情形。"

请求人在案件编号为 W606397 的无效宣告请求作出审查决定前，重新提出了新的无效宣告请求，且专利复审委员会依法受理了该新的请求（案件编号为 W606751），由于专利复审委员会并没有针对 W606397 案中所使用的证据对 W606397 号无效宣告请求作出审查决定，因此在 W606751 案中重新提交在 W606397 案中所使用的证据应当是允许的，不属于审查指南第四部分第三章第 2.1 节所规定的"一事不再理原则"的情形。

3. 关于专利法第 23 条

专利法第 23 条规定：授予专利权的外观设计，应当同申请日以前在国内外出版物上公开发表过或者国内公开使用过的外观设计不相同和不相近似，并不得与他人在先取得的合法权利相冲突。

从本专利的各个图可以看出，本专利的大孔轻集料砌块主体部分呈沿水平方向延伸的长方体状，在该长方体垂直于水平面的一个侧面上设置有一个凹入主体部分的榫槽，在与该侧面相对的另一个侧面上则设置有一相对应的凸出于主体部分的榫头；结合本专利的俯视图和仰视图可以看出，该榫头呈四棱台状，沿水平方向突出于呈长方柱状的砌块主体部分，榫槽的形状与榫头相对应，二者可以相互嵌合，用以连接相邻的砌块；在砌块主体部分顶面和底面分别沿垂线方向开设有相同大小的两个矩形的孔，该矩形的长边平行于砌块主体长边，该矩形的长边略长于其短边。

从附件 7 的附图 1 可以看出，附件 7 的砌块主体部分呈沿水平方向延伸的长方体状，在该长方体垂直于水平面的一个侧面上设置有一个略向内凹入主体部分的榫槽，在与该侧面相对的另一个侧面上则设置有一相对应的略向外凸出于主体部分的榫头；结合附件 7 的附图 3 和附图 5 可以看出，该榫头呈四棱台状，沿水平方向突出于呈长方体状的砌块主体部分，榫槽的形状与榫头相对应，二者可以相互嵌合，用以连接相邻的砌块；在砌块主体部分开设有沿垂线方向、相同大小的两个矩形孔，该矩形的长边平行于砌块主体长边，该矩形的长边明显长于短边；从附件 7 的图 1 及附件 8 可知，在图中所示的砌块是空心形式，它具有一对孔（g）和（h），如常规的空心砌块结构那样在其中垂直贯通，在上表面（a）的所述每一个矩形孔的四个角附近分别构成四个凹槽（7），而下表面（b）构成四个类似球面的凸起（8），它设置在与凹槽（7）对应的位置，配合于其下方的另一互补砌块的凹槽（7）中，该砌块用其上表面（a）邻接于重叠砌块的下表面（b）上，在砌块主体的四个长边上分别设有凸缘（11）、（12）和槽边（9）、（10）。

将本专利与附件 7 中的砌块相比可以看出，两者的整体形状是基本上相同的。二者砌块主体部分均呈长方体状，在该长方体垂直于水平面的一个侧面上设置有一个凹入主体部分的榫槽，在与该侧面相对的另一个侧面上则设置有一相对应的凸出于主体部分的榫头；所述榫头呈四棱台状，沿水平方向突出于呈长方柱状的砌块主体部分，榫槽的形状与榫头相对应，二者可以相互嵌合，用以连接相邻的砌块；在砌块主体部分均开设有两个相同的类似矩形的孔，该矩形的四个角呈圆弧过渡状。二者的区别在于：（1）本专利的榫槽凹入主体部分的程度略高于附件 7，本专利的榫头凸出主体部分的程度略高于附件 7；（2）本专利中矩形孔的长、宽比例不同于附件 7 矩形孔的长、宽比例；（3）在附件 7 砌块上表面（a）的所述每一个矩形孔的四个角附近分别构成四个凹槽（7），而下表面（b）构成四个类似球面的凸起（8），而本专利无此设计；在附件 7 砌块主体的四个长边上分别设有凸缘（11）、（12）和槽边（9）、（10），而本专利无此设计。

本案合议组认为，就区别（1）而言，榫槽凹入主体部分的程度以及榫头凸出主体部分的程度相对于砌块整体而言，属于空心砌块砖尺寸上的微小差别，只是外观设计的细微、不容易引起消费者注意的地方；就区别（2）而言，尽管本专利的砌块的孔和附件7砌块的孔的长、宽的比例也不同，但是，本专利和附件7的砌块中的孔均为矩形，且孔的形状也均为立方体孔，孔在各自产品中的位置也大致相同，它们给人的视觉效果是相似的，区别（2）对产品的整体视觉效果不具有显著的影响；就区别（3）而言，附件7中的凹槽（7）、凸起（8）以及有凸缘（11）、（12）和槽边（9）、（10）是用于相互配合以便于连接相邻砌块的功能性设计，根据审查指南第四部分第五章第4节的规定，其对整体视觉效果不具有显著的影响。

综合前述的区别（1）~（3），并且根据外观设计专利整体观察、综合判断的原则，本专利外观设计与附件7中的砌块属于相近似的外观设计，本专利与申请日之前公开发表的附件7中的砌块相近似，本专利不符合专利法第23条的规定。

鉴于由本专利与上述附件7相比较已得出本专利不符合专利法第23条所规定的授权条件的结论，合议组对请求人提出的其他无效理由和证据不再进行评述。

三、决定

宣告200430109495.9号外观设计专利权无效。

当事人对本决定不服的，可以根据专利法第46条第2款的规定，自收到本决定之日起三个月内向北京市第一中级人民法院起诉。根据该款的规定，一方当事人起诉后，另一方当事人应当作为第三人参加诉讼。

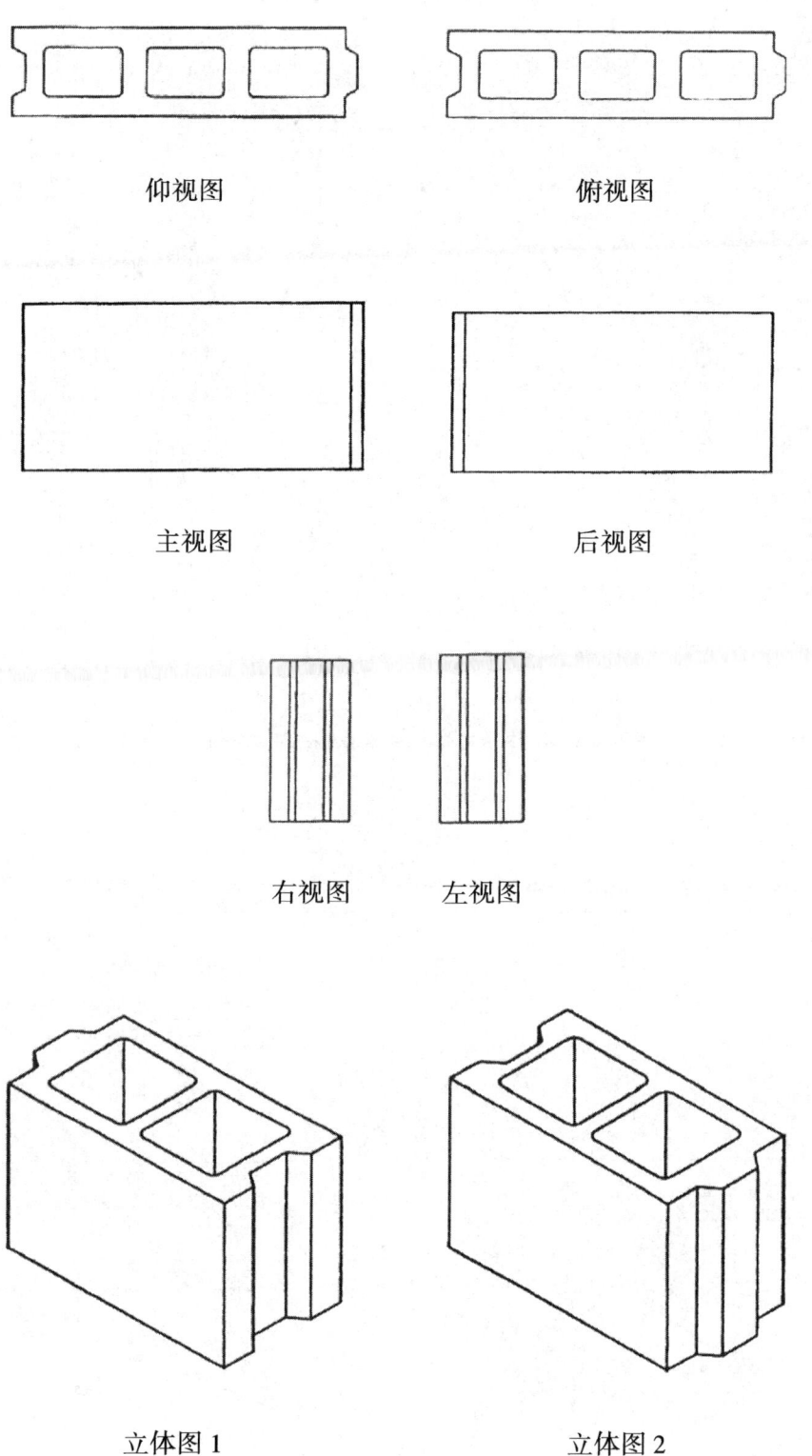

仰视图 俯视图

主视图 后视图

右视图 左视图

立体图1 立体图2

本专利

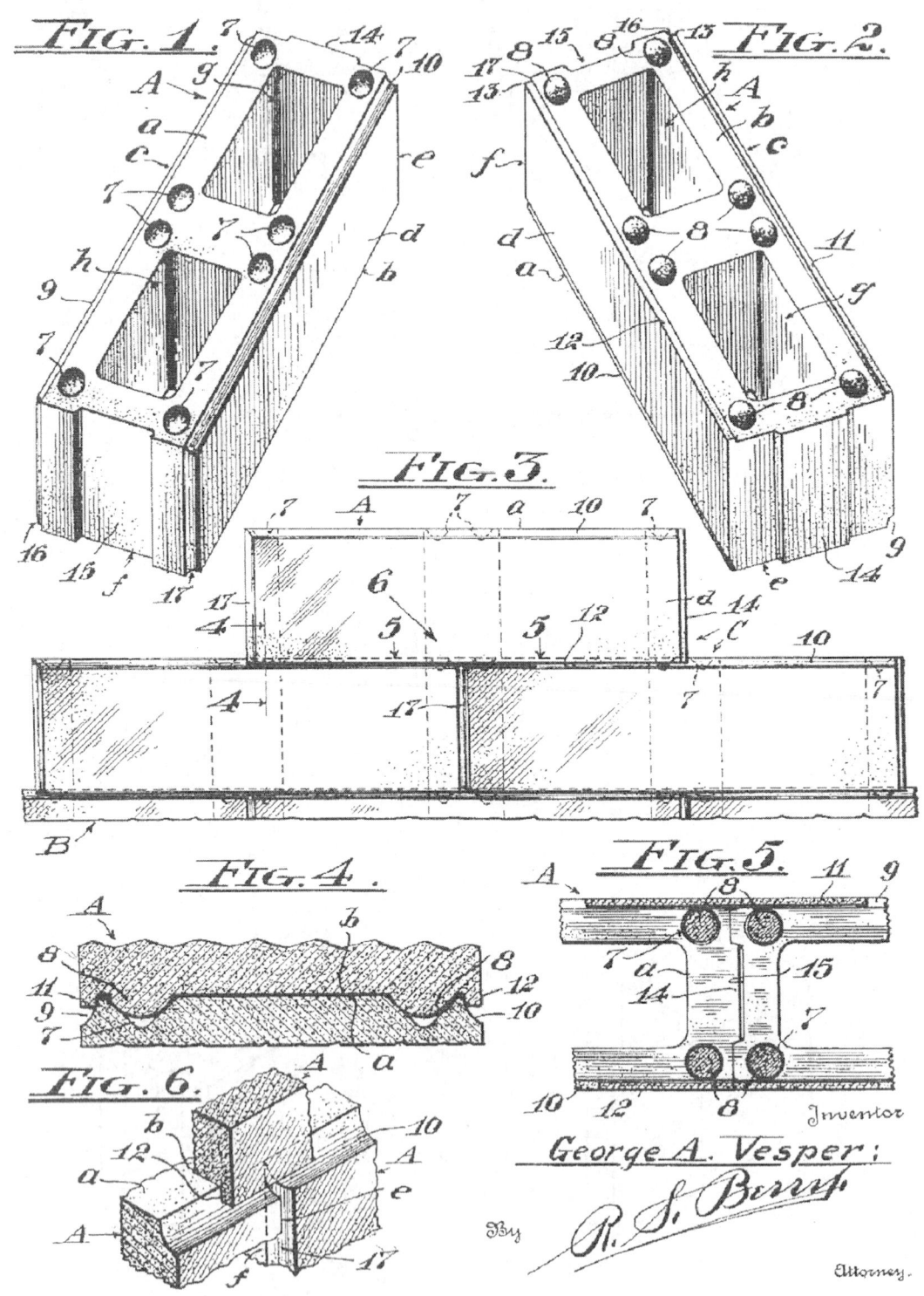

北京市第一中级人民法院
行政判决书

（2007）一中行初字第993号

原告北京市燕兴隆新型墙体材料有限公司，住所地北京市平谷区兴谷开发区10号。

委托代理人耿慕白，北京金之桥知识产权代理有限公司专利代理人。

被告国家知识产权局专利复审委员会，住所地北京市海淀区北四环西路9号银谷大厦10~12层。

法定代表人廖涛，副主任。

委托代理人孙治国，国家知识产权局专利复审委员会审查员。

委托代理人程强，国家知识产权局专利复审委员会审查员。

第三人北京铭剑创业装饰材料有限公司，住所地北京市平谷区金海湖镇胡庄村胡黑路1号。

法定代表人韩宝君，总经理。

委托代理人王咏雯，女，满族，1935年11月27日出生，北京铭剑创业装饰材料有限公司法律顾问，住北京市西城区月坛北街。

原告北京市燕兴隆新型墙体材料有限公司（以下简称燕兴隆公司）不服被告国家知识产权局专利复审委员会（以下简称专利复审委员会）作出的第9722号无效宣告请求审查决定（以下简称第9722号决定），在法定期限内向本院提起行政诉讼。本院于2007年7月19日受理后，依法组成合议庭，并通知北京铭剑创业装饰材料有限公司（以下简称铭剑公司）作为本案的第三人参加诉讼。本院于2007年10月15日公开开庭对本案进行了审理。原告燕兴隆公司的委托代理人耿慕白，被告专利复审委员会的委托代理人孙治国、程强，第三人铭剑公司的法定代表人韩宝君、委托代理人王咏雯到庭参加了诉讼。本案现已审理终结。第9722号决定系被告专利复审委员会就第三人铭剑公司针对原告燕兴隆公司拥有的名称为"大孔轻集料填充墙砌块（双孔）"的外观设计专利（以下简称本专利）提出的无效宣告请求而作出，该决定认为：本专利与附件7的区别在于：（1）本专利的榫槽凹入主体部分的程度略高于附件7，本专利的榫头凸出主体部分的程度略高于附件7；（2）本专利中矩形孔的长、宽比例不同于附件7矩形孔的长、宽比例；（3）在附件7砌块上表面（a）的所述每一个矩形孔的四个角附近分别构成四个凹槽（7），而下表面（b）构成四个类似球面的凸起（8），而本专利无此设计；在附件7砌块主体的四个长边上分别设有凸缘（11）、（12）和槽边（9）、（10），而本专利无此设计。就区别（1）而言，榫槽凹入主体部分的程度以及榫头凸出主体部分的程度相对于砌块整体而言，属于空心砌块砖尺寸上的微小差别，只是外观设计的细微、不容易引起消费者注意的地方；就区别（2）而言，尽管本专利的砌块的孔和附件7砌块的孔的长、宽的比例也不同，但是，本专利和附件7的砌块中的孔均为矩形，且孔的形状也均为立方体孔，孔在各自产品中的位置也大致相同，它们给人的视觉效果是相似的，区别（2）对产品的整体视觉效果不具有显著的影响；就区别（3）而言，附件7中的凹槽（7）、凸起（8）以及有凸缘（11）、（12）和槽边（9）、（10）是用于相互配合以便于连接相邻砌块的功能性设计，根据审查指南第四部分第五章第4节的规定，其对整体视觉效果不具有显著的影响。综合前述的区别（1）~（3），并且根据外观设计专利整体观察、综合判断的原则，本专利外观设计与附件7中的砌块属于相近似的外观设计，本专利与申请日之前公开发表的附件7中的砌块相近似，本专利不符合《专利法》第二十三条的规定。鉴于由本专利与上述附件7相比较已得出本专利不符合《专利法》第二十三条所规定的授权条件的结论，被告对其他无效理由和证据不再进行评述。据此，被告作出第9722号决定，宣告本专利权无效。原告燕兴隆公司不服，于法定期限内向本院提起诉讼，其诉称：第一，本专利与附件7为不相近似的外观设计。将本专利与附件7相比，本专利除具有第9722号决定中所认定的三点区别外，本专利的长宽高比例与附件7亦明显不同，附件7的砌块长度几乎是本专利的2倍。上述区别使得二者具有明显区别，同时北京市高级人民法院作出的生效判决中亦认定了二者既不相同亦不相似，据此，本专利与附件7属于不相近似的外观设计。第二，第9722号决定中认定附件7中的凹槽（7）、凸起（8）以及有凸缘（11）、（12）和槽边（9）、（10）是功能性设计，其对整体视觉效果不具有显著的影响，属于认定错误。因只有产品的功能唯一限定的特定形状对整体视觉效果通常不会产生显著影响。上述设计虽然是功能性设计，但不是由产品的功能所唯一限定的特定形状，因此其会对整体视觉效果带来显著影响。据此，第9722号决定认定事实及适用法律错误，请求法院判令撤销第9722号决定。被告专利复审委员会辩称：第一，对于本专利与附件7的相近似性判断，仍坚持第9722号决定中的审查意见。第二，北京市高级人民法院的生效判决未对本专利与附件7是否相近似作出判断，因此，对本案并无影响。第三，第9722号决定中认定附件7中的凹槽（7）、凸起（8）以及有凸缘（11）、（12）和槽边（9）、（10）是功能性设计，其对整体视觉效果不具有显著的影响，此处的功能性设计并非如原告认为的是指由产品功能唯一限定的，因此，原告的该主张缺乏依据。综上，原告的起诉理由不能成立，第9722号决定认定事实清楚，适用法律正确，请求法院予以维持。第三人铭剑公司述称：本专利与附件7为相近似的外观设计，本专利不符合《专利法》第二十三条的规定，被告所作的第9722号决定认定事实清楚，适用法律正确，请求法院维持。

本院经审理查明：

本专利是名称为"大孔轻集料填充墙砌块（双孔）"、申请号为200430109495.9号的外观设计专利，其申请日为2004年11月23日，授权公告日为2006年4月26日，专利权人为燕兴隆公司。本专利包括八幅视图，即主视图、后视图、左视图、右视图、俯视图、仰视图、立体图1、立体图2（详见附图）。

2006年7月26日，铭剑公司针对本专利向专利复审委员会提出无效宣告请求，认为附件1的外观图形与本专利的外观图形的外观特征完全相同，本专利同申请日以前公开发表过的外观设计相比，不符合《专利法》第二十三条和《专利法实施细则》第二条第三款的规定。

2006年8月25日，铭剑公司提交附件7，并认为附件7具有本专利的全部外形特征，附件7与本专利的区别属于由产品的功能唯一限定的特定形状，对整体视觉效果不具有显著影响，本专利不符合《专利法》第二十三条的规定。附件7为专利号为US-2688245的美国专利说明书，公开日为1954年9月7日，铭剑公司同时提交了附件7的部分中文译文（详见附图）。

2006年11月15日，专利复审委员进行了口头审理。在口头审理中，燕兴隆公司当庭表示对附件7的真实性没有异议，对附件7中文译文的准确性没有异议。铭剑公司明确其无效理由为本专利与附件7相比不符合《专利法》第二十三条的规定。

针对本专利，铭剑公司于2006年12月13日再次向专利复审委员会提出无效宣告请求。2007年2月9日，专利复审委员进行了口头审理。

专利复审委员会对上述两个无效宣告请求合并审理，并于2007年4月10日作出第9722号决定，宣告本专利无效。

将本专利与附件7中的砌块相比可以看出，二者砌块主体部分均呈长方体状，在该长方体垂直于水平面的一个侧面上设置有一个凹入主体部分的榫槽，在与该侧面相对的另一个侧面上则设置有一相对应的凸出于主体部分的榫头；所述榫头呈四棱台状，沿水平方向突出于呈长方柱状的砌块主体部分，榫槽的形状与榫头相对应，二者可以相互嵌合，用以连接相邻的砌块；在砌块主体部分均开设有两个相同的类似矩形的孔，该矩形的四个角呈圆弧过渡状。

第9722号决定作出之前，燕兴隆公司曾以铭剑公司为被告向北京市第二中级人民法院提起侵犯外观设计专利权诉讼，铭剑公司在该案中提出公知技术抗辩，其使用的在先设计即为本案附件7。2007年1月19日，北京市高级人民法院针对该案作出终审判决，其认为，被控侵权产品与本专利产品的外观相同，但被控侵权产品与在先设计既不相同也不相近似。

以上事实有第9722号决定、本专利授权公告文本、附件7及其部分中文译文、北京市高级人民法院（2007）高民终字第17号民事判决书及庭审笔录在案佐证。

本院认为：

《专利法》第二十三条规定，授予专利权的外观设计，应当同申请日以前在国内外出版物上公开发表过或者国内公开使用过的外观设计不相同和不相近似，并不得与他人在先取得的合法权利相冲突。

专利法所保护的外观设计是指对产品的形状、图案或者其结合以及色彩与形状、图案的结合所作出的富有美感并适于工业应用的新设计。由此可知，专利法所保护的外观设计使得产品在具有功能性的同时，亦具有美感，即装饰性。鉴于此，对于工业产品中只具有功能性，而不具有装饰性的部分，在外观设计相近似性判断中不应考虑。对于外观设计产品在最终使用状态下无法被看到的部分的设计，则应认为主要是功能性设计，该部分的区别应认为是细微差别，对产品的整体视觉效果不产生显著影响。

本案中，鉴于本专利外观设计所附着的产品为砌块砖，而该产品在使用中通常是将若干块砖堆砌而形成一堵墙，并非单独使用，故在最终使用状态下其能够被看到的产品外观通常仅是本专利主视图及后视图中所示部分，即砌块砖的两个侧面。因此，只有在该两个侧面上的设计要素才有可能会对产品的整体视觉效果产生显著影响。

对于第9722号决定中认定的本专利与附件7之间存在的三点区别，因均分布在最终使用状态下无法看到的部分，故上述区别主要是功能上的区别，对产品的整体视觉效果而言，属于细微差别，不会对产品的整体视觉效果产生显著影响。

对于原告认为本专利与附件7还存在长宽高比例不同这一区别的主张，本院认为，因本专利与附件7的图中可以看出，二者在长宽高的比例上确有区别，故对于原告的该主张本院予以支持。虽然上述区别的存在使得在砌块砖侧面，本专利与附件7的长与高的比例并不相同，但本院认为其仅是砌块砖产品尺寸上的微小区别，对整体视觉效果不具有显著影响。据此，原告的上述主张不能成立，本院不予支持。

对于原告认为因在先生效判决已认定本专利与附件1不相近似，故本案中亦应认定本专利与附件1为不相近似的外观设计这一主张，本院认为，首先，在该判决中，法院仅是对被控侵权产品与本专利及附件1分别进行了比对，并未将本专利与附件1进行直接比对，亦未对本专利与附件1是否相同相近似得出明确结论；其次，该生效判决所解决的是民事纠纷，而本案诉讼为行政纠纷。该判决所针对的法律关系是本案第三人的行为是否构成对本案原告专利权的侵犯，只有对该法律关系所作出的认定才具有既判力。至于本专利与附件1是否为相近似的外观设计及本专利是否具有专利性，因并非该生效判决所解决的法律关系，故其对本案不具有既判力。综上，本院认为，该在先判决对于本案中本专利与附件1的相近似性判断问题不产生任何影响。据此，原告的上述主张不能成立，本院不予支持。

综上，本专利与附件7为相近似的外观设计，本专利不符合《专利法》第二十三条的规定。原告燕第（一）项之规定，本院判决如下：

维持被告国家知识产权局专利复审委员会作出的第9722号无效宣告请求审查决定。

案件受理费100元，由原告北京市燕兴隆新型墙体材料有限公司负担（已交纳）。

如不服本判决，各方当事人可于本判决送达之日起15日内，向本院提交上诉状及其副本，并交纳上诉案件受理费100元，上诉于北京市高级人民法院。

审 判 长　姜　颖
代理审判员　芮松艳
代理审判员　郝建欣
二〇〇六年十二月九日
书 记 员　王　晫

北京市高级人民法院
行政裁定书

（2008）高行终字第50号

上诉人（原审原告）北京市燕兴隆新型墙体材料有限公司，住所地北京市平谷区兴谷开发区10号。

被上诉人（原审被告）国家知识产权局专利复审委员会，住所地北京市海淀区北四环西路9号银谷大厦10~12层。

法定代表人廖涛，副主任。

委托代理人孙治国，该委员会审查员。

委托代理人程强，该委员会审查员。

原审第三人北京铭剑创业装饰材料有限公司，住所地北京市平谷区金海湖镇胡庄村胡黑路1号。

法定代表人韩宝军，总经理。

委托代理人王咏雯，女，满族，1935年11月27日出生，北京铭剑创业装饰材料有限公司法律顾问，住北京市西城区月坛北街16栋501号。

本院经审查认为，上诉人北京市燕兴隆新型墙体材料有限公司的撤诉申请系其真实意思表示，未违反法律规定，亦未侵犯他人合法权益，应予准许。依照《中华人民共和国行政诉讼法》第五十一条之规定，裁定如下：

准许上诉人北京市燕兴隆新型墙体材料有限公司撤回上诉，各方均按原审判决执行。

一审案件受理费100元，由北京市燕兴隆新型墙体材料有限公司负担（已交纳）；二审案件受理费100元，减半收取50元，由北京市燕兴隆新型墙体材料有限公司负担（已交纳）。

本裁定为终审裁定。

审 判 长　张雪松
代理审判员　刘晓军
代理审判员　李燕蓉
二〇〇八年三月五日
书 记 员　毕　怡

手表（XJ-665）

无效宣告请求审查决定（第9724号）

决 定 号	第9724号
决 定 日	2007年4月20日
发明创造名称	手表（XJ-665）
外观设计分类号	10-02
无效宣告请求人	石狮市龙盛塑胶电子有限公司
专 利 权 人	李仁续
专 利 号	200530080117.7
申 请 日	2005年1月15日
授权公告日	2005年9月7日
合议组组长	张跃平
主 审 员	翁晓君
参 审 员	张雪飞
附 图	2页

法 律 依 据 专利法第23条

决 定 要 点

对于域外证据，若缺少必要的有效证据证明其真实性，专利权人又提出质疑，则其真实性不能被认定；

以产品宣传样本作为出版物公开的证据，在签订印制该样本的合同时该样本并不处于公众可以得知的状态，不能以此作为认定该出版物公开的时间；

在进行外观设计的相近似性判断时，若在视觉瞩目的部分存在明显差别，而请求人未能提出证据证明本专利的差别设计属于应弱化考虑的惯常设计等情形，则能够认定该差别对于整体外观设计构成显著的视觉影响。

一、案由

本无效宣告请求涉及国家知识产权局于2005年9月7日授权公告的、名称为"手表（XJ-665）"、申请号是200530080117.7的外观设计专利（下称本专利），其申请日是2005年1月15日，专利权人是李仁续。

针对上述专利权，石狮市龙盛塑胶电子有限公司（下称请求人）于2006年8月30日向专利复审委员会提出无效宣告请求，其理由是：在本专利申请日之前已有与之相近似的外观设计在出版物上公开发表过，本专利不符合专利法第23条的规定。与此同时，请求人提交了如下附件作为证据：

附件1是《Asian Sources Timepieces》的中港台版杂志复印件共3页；

附件2是《enterprise》1998年第3期的封面、第382页、第482页和封底复印件共4页；

附件3是请求人与石狮市源兴彩印有限公司签订的《合同》复印件、第0001201号《源兴彩印（商标）厂送货单》复印件和产品宣传样页的确认件复印件共4页。

请求人指出附件1所示UT6657型电子表、附件2中UT8813、UT6657、UT6657A型电子表、附件3样页所示电子表的外观设计均与本专利构成相近似。

专利复审委员会根据无效宣告请求审查程序的规定受理了该无效宣告请求，并于2006年8月31日向双方当事人发出了无效宣告请求受理通知书，并将专利权无效宣告请求书及其附件清单中所列附件副本转给了专利权人，要求其在指定的期限内答复。专利复审委员会依法成立合议组对本案进行审查。

针对上述无效宣告请求，专利权人于2006年10月1日向专利复审委员会提交了意见陈述书，专利权人指出：（1）请求人没有提交附件1、附件2的相应中文译文，且从附件1和附件2的复印件中无法看出其是公开出版物，也没有看到其印刷时间，所以附件1、2与本专利不具有可比性；（2）附件3所示合同和单据的复印件上均无可与本专利进行对比的图片，且样页的来源和印刷时间不明，因此本专利应予维持。专利权人随意见陈述书附带了请求人提交的附件1~3。

合议组于2007年1月16日向双方当事人发出了口头审理通知书，定于2007年3月7日进行口头审理，并随口头审理通知书向请求人转送了专利权人于2006年10月1日提交的意见陈述书和附件的副本。

口头审理如期举行，双方当事人均委托代理人出庭。双方均对对方出庭人员的身份无异议，对合议组成员无回避请求。在口头审理中，请求人坚持其原有观点，请求人未能提交附件1的原件，但当庭提交了附件2和附件3的原件，并提交了用于完善附件2所示域外证据法定形式的公证认证类证据附件如下（编号续前）：

附件4是中国委托公证人、香港律师汤达熙出具的"深办第49190号"公证文书，内含《证明书》1页和《enterprise》1998年第3期的封面及第162页复印件，证明内容为上述复印件与原本相符，原本经其查证属实。

合议组当庭将上述公证认证材料转送专利权人。

专利权人对附件1的真实性、合法性不予认可，认为没有提交附件1的原件，并且附件1是香港杂志的复印件，没有中文译文，没有杂志的出版刊号、印刷时间，没有任何证据证明该杂志在本专利申请日前已经公开；专利权人当庭核实了相关证据和公证认证材料的原件，认可附件2的真实性；但认为附件4所证明的《enterprise》1998年第3期的第162页与附件2不符，应属于不予考虑的新证据，且附件4未证明附件2所示刊物的刊号、出版时间和注册记录号等信息，请求人又未提交中文译文，无法得知其内是否含有保密条款，因此不能证明附件2所示刊物属于公开出版物，同时也不能确定其内所示产品的类别与本专利相同；附件3的真实性不能认定，其中合同、送货单和样页之间均无关联性。

针对专利权人的质疑，请求人认为经过了公证认证，附件2所示刊物是真实的，其上标明了相关信息，应属于公开出版物，且其内所示的图片本身不需要翻译，附件3的证据之间是相互关联的。

在相近似性判断方面，请求人坚持其原有观点；专利权人认为请求人指定的附件2所示图片中所示的外观设计均与本专利不相同且不相近似，附件3所示图片的外观设计与本专利相近似。

在上述审理的基础上，合议组经合议，认为本案事实清楚，依法作出本审查决定。

二、决定的理由

1. 法律依据

基于请求人提出的无效宣告请求的理由，合议组依据专利法第23条的规定对本案进行审理。

专利法第23条规定：授予专利权的外观设计，应当同申请日以前在国内外出版物上公开发表过或者国内公开使用过的外观设计不相同和不相近似，并不得与他人在先取得的合法权利相冲突。

2. 证据认定

请求人提交的附件1是《Asian Sources Timepieces》的中港台版杂志复印件共3页。由于请求人未能提交该附件1的原件，并且专利权人对附件1的真实性、合法性不予认可。因此，无法确认其真实性，合议组不予采信。

请求人提交的附件2是《enterprise》1998年第3期的封面、第382页、第482页和封底复印件；并在口头审理中提交了附件2所示刊物的原件及其公证认证材料（即附件4：中国委托公证人、香港律师汤达熙出具的"深办第49190号"公证文书，内含《证明书》和《enterprise》1998年第3期的封面及第162页复印件，证明内容为上述复印件与原本相符，原本经其查证属实）。专利权人认可附件2的真实性。针对上述附件，合议组认为：附件4公证文书证明了《enterprise》1998年第3期原件的真实性，专利权人对其真实性也无异议，因此能够认定其真实性；对于该刊物封面上记载的年代、期号等信息请求人已在无效宣告请求书中译明，且在该刊物上记载了定价及多个厂家的产品介绍等内容，能够认定该刊物属于在本专利申请日（2005年1月15日）以前向公众公开的出版物；在请求人提交的证据已披露足够的公开信息的情况下，专利权人仅提出质疑，而未提交任何反证否定上述公开信息，因此合议组对该刊物的在先公开性予以认定。

请求人提交的附件3是请求人与石狮市源兴彩印有限公司签订的《合同》复印件、第0001201号《源兴彩印（商标）厂送货单》复印件和产品宣传样页的确认件复印件；并在口头审理中提交了相关原件。针对附件3，合议组认为：虽然单张产品宣传样页上显示的确认日期为2005年1月5日，合同的签订日期为2005年1月6日，但是合同的签订日期并不能证明其按合同要印制的出版物即已同时处于公开状态，同时合同中写明的《LSH广告图册》的交货期为2005年1月15日前，而注明品名为《LSH广告图册》的送货单的实际开具日期为2005年1月12日，因送货单不同于发票，其制作具有一定的随意性，在无发票或者公开散发等证据的情况下，这些现有的证据尚不足以证明公众可在本专利申请日以前通过获得该《LSH广告图册》而得知其内记载的相关产品的信息，因此请求人提交的附件3不足以证明相关产品的外观设计在本专利申请日以前公开的事实。

3. 相近似性判断

在请求人提交的附件2所示《enterprise》1998年第3期的第382页中公开了一款UT8813型手表的外观设计（下称在先设计1）。从图片上观察，在先设计1由表盘和表带两部分构成；表盘整体为近似圆盘形，表盘圆形轮廓有阶梯状设计，阶梯状的最上一层即表盘正面为圆形，表盘正面为透明设计，表盘正面上部有近似梯形的框，内有矩形显示屏，表盘正面下部按左右排列两个近似三角形按键，其中间按上下排列两个点状按键，表盘背面不可见；表带端部有凹槽设计，表带其他部分不可见；其他另有细小结构设计和文字设计（详见在先设计1附图）。

在请求人提交的附件2所示《enterprise》1998年第3期的第482页中公开了一款UT6657型手表的外观设计（下称在先设计2）。从图片上观察，在先设计2由表盘和表带两部分构成；表盘整体为近似圆盘形，两侧轮廓平滑，表盘正面上部有近似梯形的框，内有矩形显示屏，表盘正面下部按左右排列两个近似三角形按键，其中间按上下排列两个点状按键，表盘背面不可见；表带端部有凹槽设计，表带其他部分不可见；其他另有细小结构设计和文字设计（详见在先设计2附图）。

在请求人提交的附件2所示《enterprise》1998年第3期的第482页中公开了一款UT6657A型手表的外观设计（下称在先设计3）。从图片上观察，在先设计3由表盘和表带两部分构成；表盘整体为近似圆盘形，两侧轮廓平滑，表盘正面上部有近似梯形的框，内有矩形显示屏，表盘正面下部按左右排列两个近似三角形按键，其中间按上下排列两个点状按键，表盘背面不可见；表带端部有凹槽设计，表带其他部分不可见；其他另有细小结构设计和文字设计（详见在先设计3附图）。

本专利是手表的外观设计，由表盘和表带两部分构成；表盘整体为近似圆盘形，两侧轮廓中部有两层阶梯状设计，阶梯状的最上一层即表盘正面近似长方形，表盘正面上部有近似梯形的框，内有矩形显示屏，表盘正面下部按左右排列两组按键，左边一组为上下排列，上边为一长椭圆形按键，下边为两个左右排列的小圆形按键，右边一组为一个较大的圆形按键，表盘背面以圆形设计为主，并有文字排列；表带上有扣头、扣眼、凹槽等设计；其他另有细小结构设计和文字设计（详见本专利附图）。

合议组认为：本专利和上述在先设计均为手表的外观设计，用途相同，均属于相同种类的产品，具有可比性。虽然专利权人认为在没有文字说明的情况下仅依据在先设计1~3的图片无法判断其是否属于手表的用途，但是合议组认为通过图片公开的内容已能够明确得出手表产品的信息，在专利权人未提出反证证明其确实属于手表形状的其他种类产品的情况下，合议组对其质疑不予支持。

将本专利与在先设计1相比较，其相同点为：二者的表盘形状均以圆盘形为基础，圆盘轮廓有阶梯状设计，表盘正面上部有近似梯形的框，显示屏均为矩形。合议组认为：从整体视觉观察，虽然二者具有上述相同点，但是由于二者表盘正面的轮廓形状设计和按键设计明显不同，足以导致二者的整体外观设计产生显著的视觉差别，且请求人未能提交证据证明上述不同点属于应弱化考虑的惯常设计等情形，因此二者应属于不相同且不相近似的外观设计。

将本专利与在先设计2相比较，其相同点为：二者的表盘形状均以圆盘形为基础，表盘正面上部有近似梯形的框，显示屏均为矩形。合议组认为：从整体视觉观察，虽然二者具有上述相同点，但是由于二者表盘正面的轮廓形状设计和按键设计明显不同，足以导致二者的整体外观设计产生显著的视觉差别，且请求人未能提交证据证明上述不同点属于应弱化考虑的惯常设计等情形，因此二者应属于不相同且不相近似的外观设计。

将本专利与在先设计3相比较，其相同点为：二者的表盘形状均以圆盘形为基础，表盘正面上部有近似梯形的框，显示屏均为矩形。合议组认为：从整体视觉观察，虽然二者具有上述相同点，但是由于二者表盘正面的轮廓形状设计和按键设计明显不同，足以导致二者的整体外观设计产生显著的视觉差别，且请求人未能提交证据证明上述不同点属于应弱化考虑的惯常设计等情形，因此二者应属于不相同且不相近似的外观设计。

综上所述，请求人提交的证据均不足以支持其无效宣告请求的理由。

三、决定

维持200530080117.7号外观设计专利权有效。

当事人对本决定不服的，可以根据专利法第46条第2款的规定，自收到本决定之日起三个月内向北京市第一中级人民法院起诉。根据该款规定，一方当事人起诉后，另一方当事人应当作为第三人参加诉讼。

俯视图	后视图	立体图

使用状态参考图	仰视图	右视图
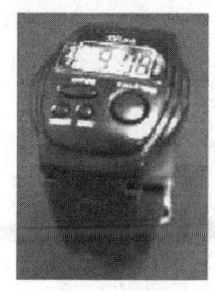		

主视图（缩小）	左视图

本专利

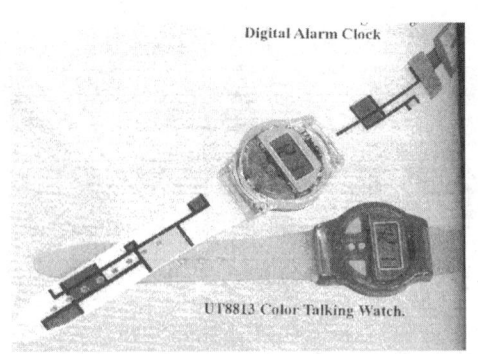

在先设计 1

 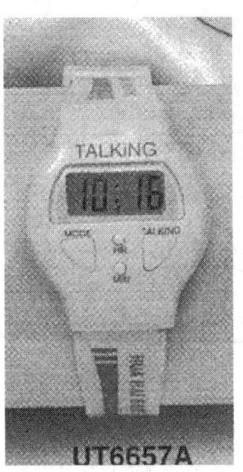

在先设计 2　　　　　在先设计 3

北京市第一中级人民法院
行政判决书

(2007) 一中行初字第 896 号

原告石狮市龙盛塑胶电子有限公司，住所地福建省石狮市灵秀镇钞坑村双龙新区华盛工业大厦。

委托代理人倪英富，福建中言律师事务所律师。

委托代理人杨光，北京市万腾律师事务所律师。

被告国家知识产权局专利复审委员会，住所地北京市海淀区北四环西路9号银谷大厦 10~12 层。

法定代表人廖涛，副主任。

委托代理人翁晓君，男，国家知识产权局专利复审委员会审查员。

委托代理人高雪，女，国家知识产权局专利复审委员会审查员。

第三人李仁续，男，1957年5月25日出生，汉族，石狮市信嘉电子有限公司董事长，住福建省石狮市新源中街105号。

委托代理人刘兰，女，1961年6月4日出生，福建省泉州市文华专利代理有限公司职员，住福建省泉州市丰泽街兴业银行22楼B单元。

委托代理人赖开慧，男，1976年4月27日出生，福建省泉州市文华专代理有限公司职员，住福建省泉州市丰泽街兴业银行22楼B单元。

原告石狮市龙盛塑胶电子有限公司不服被告国家知识产权局专利复审委员会作出的第9724号无效宣告请求审查决定（以下简称无效决定），向本院提起行政诉讼。本院受理后依法组成合议庭，根据《中华人民共和国行政诉讼法》第二十七条、《中华人民共和国专利法》（以下简称《专利法》）第四十六条第二款的规定，通知李仁续作为第三人参加诉讼。本院于2007年9月3日公开开庭审理了本案，原告的委托代理人倪英富和杨光、被告的委托代理人翁晓君和高雪、第三人的委托代理人刘兰到庭参加了诉讼。本案现已审理终结。被告针对原告提出的无效请求于2007年4月20日作出无效决定，其主要内容如下：本无效宣告请求案涉及名称为"手表（XJ-665）"、申请号是第200530080117.7号外观设计专利（以下简称本专利），专利权人为第三人。针对本专利，原告于2006年8月30日向被告提出无效宣告请求及相关证据。被告经审查后认为：（1）关于法律依据被告依据《专利法》第二十三条的规定对本案进行审理。 （2）关于证据认定原告提交的附件1是《AsianSources Timepieces》的中港台版杂志复印件共3页。因原告未能提交该附件1的原件，无法确认其真实性，故不予采信。原告提交的附件2是《enterprise》1998年第3期的封面、第382页、第482页和封底复印件，可以作为在先设计评价本专利。原告提交的附件3是原告与石狮市源兴彩印有限公司签订的《合同》复印件、第0001201号《源兴彩印（商标）厂送货单》复印件和产品宣传样页的确认件复印件，原告在口头审理中提交了相关原件。被告认为，原告提交的附件3不足以证明相关产品的外观设计在本专利申请日以前公开的事实。（3）关于相近似性判断将本专利与在先设计附件2《enterprise》1998年第3期第382页中公开的一款UT8813型手表的外观设计（以下简称在先设计1）、第482页中公开的一款UT6657型手表的外观设计（下称在先设计2）、第482页中公开的一款UT6657A型手表的外观设计（下称在先设计3）相比较，均属于不相同且不相近似的外观设计。（4）综上所述，原告提交的证据均不足以支持其无效宣告请求的理由。被告依据《专利法》第二十三条的规定，决定维持本专利有效。被告为证明无效决定的合法性，向本院提交了下列证据：（1）

本专利公告文本,证明相关信息及其保护内容;(2)专利权无效宣告请求书及其附件清单,证明原告在无效程序中的理由及证据;(3)口头审理记录,证明无效决定认定事实清楚、适用法律正确。原告诉称,将本专利与在先设计1、在先设计2、在先设计3相比较,虽然存在视觉差异,但均属于细微差别,本专利与在先设计1、在先设计2、在先设计3属于相近似的外观设计。原告请求法院判决撤销无效决定。原告向本院提交了下列证据,用于证明本专利已经在先公开:(1)(2006)厦思证经字第438号公证书;(2)工商登记信息表及广告图。原告在本院庭审中确认其在无效程序中没有向被告提交过上述证据。被告辩称,无效决定认定的事实清楚、适用法律正确、程序合法,被告坚持无效决定的理由,请求法院判决维持无效决定。第三人请求法院判决维持无效决定。第三人未向本院提交证据。

经庭审质证,原告对于被告提交证据1、证据2没有异议,对于证据3的关联性、合法性、真实性没有异议,对其证明作用持有异议;第三人对于被告提交的证据,坚持其无效程序中陈述的意见。对于原告提交的证据,被告及第三人认为因原告在无效程序中没有提交,故与本案无关。本院根据最高人民法院《关于行政诉讼证据若干问题的规定》,对当事人提交的证据认证如下:被告提交证据符合关联性、合法性、真实性的要求,可以证明本案的相关事实,本院予以确认;原告提交的证据,因其在无效程序中没有向被告提交,故不能作为认定被诉具体行政行为是否合法的证据,本院不予以确认。

依据上述有效证据以及均无异议的当事人陈述,本院认定事实如下:

第三人于2005年1月15日向国家知识产权局申请名称是"手表(XJ-665)"的外观设计专利(即本专利),2006年3月22日授权公告,专利号为第200530080117.7号,专利权人是第三人。

针对本专利,原告于2006年8月30日向被告提出无效宣告请求,其理由是本专利不符合《专利法》第二十三条的规定。原告向被告提交了下列证据:

附件1:《Asian Sources Timepieces》的中港台版杂志复印件共3页;

附件2:《enterprise》1998年第3期的封面、第382页、第482页和封底复印件共4页;

附件3:原告与石狮市源兴彩印有限公司签订的《合同》复印件、第0001201号《源兴彩印(商标)厂送货单》复印件和产品宣传样页的确认件复印件共4页。

被告经形式审查合格后受理了原告提出的无效请求,并成立合议组对本无效请求案进行审理。被告向原告和第三人送达了《无效宣告请求口头审理通知书》,并将《专利权无效宣告请求书》及其附件副本及第三人的意见陈述书分别转送给第三人和原告。

2007年3月7日进行了口头审理,原告和第三人均参加了口头审理。在口头审理过程中,原告提交了附件2、附件3、附件4的原件,并提交了用于完善附件2所示域外证据法定形式的公证认证类证据附件如下(编号续前):

附件4是中国委托公证人、香港律师汤达熙出具的"深办第49190号"公证文书,内含《证明书》1页和《enterprise》1998年第3期的封面及第162页复印件,证明内容为上述复印件与原本相符,原本经其查证属实。

被告在口头审理当庭将上述公证认证材料转送第三人。第三人对附件1的真实性、合法性不予认可,认为没有提交附件1的原件,并且附件1是香港杂志的复印件,没有中文译文,没有杂志的出版刊号、印刷时间,没有任何证据证明该杂志在本专利申请日前已经公开;第三人当庭核实了相关证据和公证认证材料的原件,认可附件2的真实性;但认为附件4所证明的《enterprise》1998年第3期的第162页与附件2不符,应属于不予考虑的新证据,且附件4未证明附件2所示刊物的刊号、出版时间和注册记录号等信息,原告又未提交中文译文,无法得知其内是否含有保密条款,因此不能证明附件 2 所示刊物属于公开出版物，同时也不能确定其内所示产品的类别与本专利相同；附件 3 的真实性不能认定，其中合同、送货单和样页之间均无关联性。在相近似性判断方面，原告坚持其原有相近似的观点，第三人认为原告指定附件 2、附件 3 所示的图片中的外观设计均与本专利不相同且不相近似。

被告经审查后作出无效决定，维持本专利有效。原告不服无效决定，向本院提起行政诉讼。另，原告在本院庭审中明确：对于无效决定案由部分载明的事实、审查程序以及理由部分关于法律依据和证据的认定没有异议。

本院认为：根据《专利法》第四十六条第一款的规定，被告具有受理无效请求和作出无效决定的法定职权。经各方当事人确认，本案的争议焦点是被告关于本专利与在先设计 1、在先设计 2、在先设计 3 属于不相近似的外观设计的认定是否正确。

本专利是手表的外观设计，由表盘和表带两部分构成；表盘整体为近似圆盘形，两侧轮廓中部有两层阶梯状设计，阶梯状的最上一层即表盘正面近似长方形，表盘正面上部有近似梯形的框，内有矩形显示屏，表盘正面下部按左右排列两组按键，左边一组为上下排列，上边为一长椭圆形按键，下边为两个左右排列的小圆形按键，右边一组为一个较大的圆形按键，表盘背面以圆形设计为主，并有文字排列；表带上有扣头、扣眼、凹槽等设计；其他另有细小结构设计和文字设计（详见本专利附图）。

在先设计 1 中公开了一款 UT8813 型手表的外观设计。从图片上观察，在先设计 1 由表盘和表带两部分构成；表盘整体为近似圆盘形，表盘圆形轮廓有阶梯状设计，阶梯状的最上一层即表盘正面为圆形，表盘正面为透明设计，表盘正面上部有近似梯形的框，内有矩形显示屏，表盘正面下部按左右排列两个近似三角形按键，其中间按上下排列两个点状按键，表盘背面不可见；表带端部有凹槽设计，表带其他部分不可见；其他另有细小结构设计和文字设计（详见在先设计 1 附图）。

在先设计 2 中公开了一款 UT6657 型手表的外观设计。从图片上观察，在先设计 2 由表盘和表带两部分构成；表盘整体为近似圆盘形，两侧轮廓平滑，表盘正面上部有近似梯形的框，内有矩形显示屏，表盘正面下部按左右排列两个近似三角形按键，其中间按上下排列两个点状按键，表盘背面不可见；表带端部有凹槽设计，表带其他部分不可见；其他另有细小结构设计和文字设计（详见在先设计 2 附图）。

在先设计 3 中公开了一款 UT6657A 型手表的外观设计。从图片上观察，在先设计 3 由表盘和表带两部分构成；表盘整体为近似圆盘形，两侧轮廓平滑，表盘正面上部有近似梯形的框，内有矩形显示屏，表盘正面下部按左右排列两个近似三角形按键，其中间按上下排列两个点状按键，表盘背面不可见；表带端部有凹槽设计，表带其他部分不可见；其他另有细小结构设计和文字设计（详见在先设计 3 附图）。

本专利和上述在先设计均为手表的外观设计，用途相同，均属于相同种类的产品，具有可比性。

将本专利与在先设计 1 相比较，其相同点为：二者的表盘形状均以圆盘形为基础，圆盘轮廓有阶梯状设计，表盘正面上部有近似梯形的框，显示屏均为矩形。从整体视觉观察，虽然二者具有上述相同点，但是由于二者表盘正面的轮廓形状设计和按键设计明显不同，足以导致二者的整体外观设计产生显著的视觉差别，因此二者属于不相同且不相近似的外观设计。

将本专利与在先设计 2 相比较，其相同点为：二者的表盘形状均以圆盘形为基础，表盘正面上部有近似梯形的框，显示屏均为矩形。从整体视觉观察，虽然二者具有上述相同点，但是由于二者表盘正面的轮廓形状设计和按键设计明显不同，足以导致二者的整体外观设计产生显著的视觉差别，因此二者属于不相同且不相近似的外观设计。

将本专利与在先设计 3 相比较，其相同点为：二者的表盘形状均以圆盘形为基础，表盘正面上部有近似梯形的框，显示屏均为矩形。从整体视觉观察，虽然二者具有上述相同点，但是由于二者表盘正面的轮廓形状设计和按键设计明显不同，足以导致二者的整体外观设计产生显著的视觉差别，因此二者属于不相同且不相近似的外观设计。

综上所述，被告作出的无效决定认定的事实清楚，适用法律正确，程序合法。原告的诉讼请求缺乏事实和法律依据，本院不予支持。据此，本院依照《中华人民共和国行政诉讼法》第五十四条第（一）项的规定，判决如下：

维持被告国家知识产权局专利复审委员会于二〇〇七年四月二十日作出的第 9724 号无效宣告请求审查决定。

案件受理费 100 元，由原告石狮市龙盛塑胶电子有限公司负担（已交纳）。

如不服本判决，可在本判决书送达之日起 15 日内向本院递交上诉状，并按对方当事人人数提交副本，上诉于北京市高级人民法院。

审　判　长　齐　莹
代理审判员　乔　军
代理审判员　张靛卿
二〇〇七年九月二十七日
书　记　员　张　涵

集尘极室（3）

无效宣告请求审查决定（第 9725 号）

决 定 号	第 9725 号
决 定 日	2007 年 4 月 14 日
发明创造名称	集尘极室（3）
外观设计分类号	15-99
无效宣告请求人	江西华邦复合材料有限公司
专 利 权 人	宜兴市化工成套设备厂
专 利 号	03315513.5
申 请 日	2003 年 3 月 27 日
授 权 公 告 日	2003 年 10 月 8 日
合 议 组 组 长	马志远
主 审 员	翁晓君
参 审 员	张 霞
附 图	2 页

法 律 依 据 专利法实施细则第 13 条第 1 款

决 定 要 点

根据审查指南第四部分第五章第 5.4.1 节第（2）部分的记载，对于各构件之间无组装关系的组件产品，在购买和使用这类产品的过程中，一般消费者会对单个构件的外观留下印象，所以，应当以所有单个构件的外观为对象来判断相同或者相近似。

一、案由

本无效宣告请求涉及国家知识产权局于 2003 年 10 月 8 日授权公告的申请号为 03315513.5 的外观设计专利，其产品名称是"集尘极室（3）"，申请日是 2003 年 3 月 27 日，专利权人是宜兴市化工成套设备厂。

针对上述外观设计专利权（下称本专利），江西华邦复合材料有限公司（下称请求人）于 2006 年 6 月 5 日向专利复审委员会提出了无效宣告请求，请求人提出的宣告本专利无效的事实和理由是：在本专利申请日之前已有与之相同和相近似的外观设计在国内公开出版物上发表，因此，本专利不符合专利法第 23 条的规定；与本专利同样的外观设计被授予专利权，因此本专利不符合专利法实施细则第 13 条第 1 款的规定；并且本专利不符合专利法实施细则第 2 条第 3 款。请求人同时提交了如下附件作为证据：

附件1：专利号为97305260.0的中国外观设计专利公报复印件，其授权公开日为1998年11月11日；

附件2：专利号为03315511.9的中国外观设计专利公报复印件，其申请日为2003年3月27日，专利权人为宜兴市化工成套设备厂；

附件3：专利号为03315515.1的中国外观设计专利公报复印件，其申请日为2003年3月27日，专利权人为宜兴市化工成套设备厂。

请求人指出：附件1~3与本专利属于同一技术领域，它们所公开的外观设计分别与本专利相近似，而且附件1的公开日早于本专利的申请日，因此本专利相对于附件1不符合专利法第23条的规定；附件2和附件3的申请日与本专利的申请日相同，并且都被授予专利权，因此本专利分别相对于附件2和附件3不符合专利法实施细则第13条第1款的规定；且本专利的外观无法实现集尘极室，因此本专利不符合专利法实施细则第2条第3款。

经专利复审委员会形式审查合格后，受理了该无效宣告请求，并于2006年6月6日将无效宣告请求书及其附件副本转送给了专利权人，要求其在指定的期限内答复。

针对上述无效宣告请求，专利权人于2006年7月20日提交了意见陈述书，专利权人指出：本专利申请日为2003年3月27日，而附件2和件3的公开日为2003年10月8日，所以附件2和附件3构不成专利法第23条所指对比外观设计；附件2、附件3与本专利的外观设计完全不相同，不是同样的发明创造，所以本专利符合专利法实施细则第13条第1款的规定；虽然附件1的公开日早于本专利的申请日，但是两者外观设计不相同，所以本专利符合专利法第23条的规定；本专利为产品形状设计，符合专利法实施细则第2条第3款的规定。

请求人于2006年6月27日向专利复审委员会提交了关于请求宣告本专利无效补充证据的意见陈述书，与此同时，请求人提交了如下附件作为补充证据：

附件4：专利号为03315514.3的中国外观设计专利公报复印件，其申请日为2003年3月27日，专利权人为宜兴市化工成套设备厂；

附件5：江西省贵溪市公证处于2006年4月13日出具的（2006）贵证字第181号公证书复印件共8页。

请求人指出：本专利相对于附件4不符合专利法实施细则第13条第1款的规定，本专利相对于附件5不符合专利法第23条的规定。

专利复审委员会依法成立合议组对本案进行审理。合议组于2006年8月30日向双方当事人发出了口头审理通知书，定于2006年10月26日进行口头审理，并与口头审理通知书一同将请求人于2006年6月27日提交的意见陈述书转送给专利权人，将专利权人于2006年7月20日提交的意见陈述书转送给请求人。

口头审理如期举行，双方当事人均出席了口头审理。在口头审理中，双方当事人对合议组成员无回避请求。双方当事人对对方当事人身份无异议。请求人明确其无效理由为：本专利外观设计不符合专利法第23条，专利法实施细则第13条第1款、第2条第3款的规定。请求人当庭提交意见陈述书及附件6（专利号为97305259.7的中国外观设计专利公报复印件），合议组当庭将其转交给专利权人。合议组当庭告知请求人，请求人当庭提交的附件6属于在提出本无效宣告请求之日起1个月以后增加的新的证据，根据专利法实施细则第66条的规定在本案的审理中不予考虑。请求人具体评述的理由为：本专利相对于附件2、3、4不符合专利法实施细则第13条第1款的规定；本专利相对于附件1、5不符合专利法第23条的规定；本专利不符合专利法实施细则第2条第3款的规定。请求人当庭出示了附件5的原件，专利权人经比对认为附件5的内容和所出示的原件内容一致。专利权人对附件1~5的真实性无异议，对附件5的适用性有异议。

因合议组成员变更，国家知识产权局专利复审委员会于2007年1月18日向双方当事人发出了合议组成员告知通知书。双方当事人在规定期限内没有提出回避请求。

专利权人于2007年3月27日提交了意见陈述书，其中指出：附件1与本专利没有一副视图相同，是专利权人申请的两个不相同也不相近似的外观设计，所以本专利相对于附件1符合专利法第23条的规定；附件2~4为专利权人同日申请的系列不同外观设计，各外观设计整体均不相同，与本专利为两个不相同及不相近似的外观设计，所以不属于专利法实施细则第13条第1款所称的"同样的发明创造"；附件5是一份图纸公证书，专利权人认为以此作为无效的证据是不充分的。

至此，在当事人意见陈述和口头审理的基础上，本案合议组经合议，认为本案事实清楚，依法作出本审查决定。

二、决定的理由

1. 证据的认定

请求人提交的附件1~4分别为中国外观设计专利公报复印件，经本案合议组核实，附件1~4的复印件与原件相符，其中附件1的授权公告日为1998年11月11日，早于本专利的申请日，故附件1已构成本专利的对比文件，可以用于评价本专利是否符合专利法第23条的规定；附件2~4的申请日均为2003年3月27日，与本外观设计申请日相同，其中外观设计的产品名称均为"集尘极室"，申请人均为宜兴市化工成套设备厂，所以附件2~4的外观设计专利属于同一专利权人在本专利申请日提出申请并在其后被授予专利权的外观设计专利，故附件2~4可以用于评价本专利是否符合专利法实施细则第13条第1款的规定。

请求人提交的附件5是（20006）贵证字第181号公证书复印件，其中该公证书中附有江西铜业公司贵溪冶炼厂工程公司设计的名称为集尘极室的平面图复印件，其上注明日期为1993年12月7日，图中画有集尘极室，该公证书所公证的内容是上述平面图复印件与原件内容相符。合议组认为附件5的设计图纸是单位内部的资料，本身不具有公开性，故不能以其内容单独与本专利进行比较而评价其专利性，且该图纸也不能证明该集尘极室是否于本专利申请日之前即已经照图施工建成并可让公众自由、合法地见到其中的集尘极室，故附件5本身不能用来评价本专利是否符合专利法第23条的规定。

2. 关于专利法实施细则第13条第1款

专利法实施细则第13条第1款规定：同样的发明创造只能被授予一项专利。

附件4（下称对比文件1）与本专利产品相比，属于相同种类的产品，可以进行如下相同和相近似的比较。

本专利是一种集尘极室，集尘极室大致呈方形柱体。其中主视图和左视图的形状完全相同，从这两个视图观察，在方形柱体的底面上具有正四边形的横向支承方框，其方框的四边均凸出方形柱体外表面一定距离，在该支承方框的下表面上具有上窄下宽的梯形底座，该底座的上表面宽度与上述支持方框的宽度相同。在方形柱体的顶面上具有完全相同的支承方框，在该支承方框的上表面上具有与底座相互对应的上宽下窄的梯形顶盖，该顶盖的下表面宽度与上述支持方框的宽度相同。在上述底座和顶盖的四个侧面上分别设置了均分侧面的八个竖棱。在方形柱体的柱面上分别设置了等分柱面的五个上述横向支承方框。从俯视图观察，设置了从左到右八列等六边形，其中从左边数第1、3、5、7列为7个等六边形，第2、4、6、8列为6个等六边形，其八列等六边形整体构成了一个蜂窝状（详见本专利附图）。

对比文件1是一种集尘极室，其由两个单独的集尘极室并排放置，其中每个集尘极室大致呈方形柱体。其中每个集尘极室的主视图和左视图的形状完全相同,从这两个视图观察,在方形柱体的底面上具有正四边形的横向支承方框,其方框的四边均凸出方形柱体外表面一定距离,在该支承方框的下表面上具有上窄下宽的梯形底座,该底座的上表面宽度与上述支持方框的宽度相同。在方形柱体的顶面上具有完全相同的支承方框,在该支承方框的上表面上具有与底座相互对应的上宽下窄的梯形顶盖,该顶盖的下表面宽度与上述支持方框的宽度相同。在上述底座和顶盖的四个侧面上分别设置了均分侧面的八个竖棱。在方形柱体的柱面上分别设置了等分柱面的五个上述横向支承方框。从俯视图观察,设置了从左到右八列等六边形,其中从左边数第1、3、5、7列为7个等六边形,第2、4、6、8列为6个等六边形,其八列等六边形整体构成了一个蜂窝状。详见对比文件1附图。

将本专利与对比文件1比较,其不同点在于:本专利是单个集尘极室,而对比文件1是两个单独的集尘极室并排放置。审查指南第四部分第五章第5.4.1节第(2)部分中记载"对于各构件之间无组装关系的组件产品,例如扑克牌、象棋棋子等组件产品,在购买和使用这类产品的过程中,一般消费者会对单个构件的外观留下印象,所以,应当以所有单个构件的外观为对象来判断相同或者相近似"。根据审查指南的上述规定,对比文件1中的集尘极室属于各构件之间无组装关系的组件产品。因为对比文件1只是简单的将本外观设计的集尘极室并排放置两个,在实际使用中不排除放置多于两个的情形,因此对比文件1中的两个放置并非固定的组配关系,所以在购买或者使用上述集尘极室产品时,一般消费者会对单个的集尘极室的外观留下印象。而根据上述对本专利和对比文件1的外观描述可知,分别将单个集尘极室进行比较,本专利与对比文件1的单个集尘极室的形状是完全相同的,两者给予一般消费者的整体视觉效果也是完全相同的。所以两者是相同的外观设计,属于同样的发明创造,因此本专利相对于对比文件1不符合专利法实施细则第13条第1款的规定。

专利权人在无效审查期间,未能作出放弃本专利或附件2、3、4专利权的意思表示,因此合议组认为本案外观设计专利权应当被宣告无效。

在得出上述结论的基础上,合议组对请求人提出的其他无效理由不再进行评述。

三、决定

宣告03315513.5号外观设计专利权无效。

当事人对本决定不服的,可以根据专利法第46条第2款的规定,自收到本决定之日起三个月内向北京市第一中级人民法院起诉。根据该款规定,一方当事人起诉后,另一方当事人应当作为第三人参加诉讼。

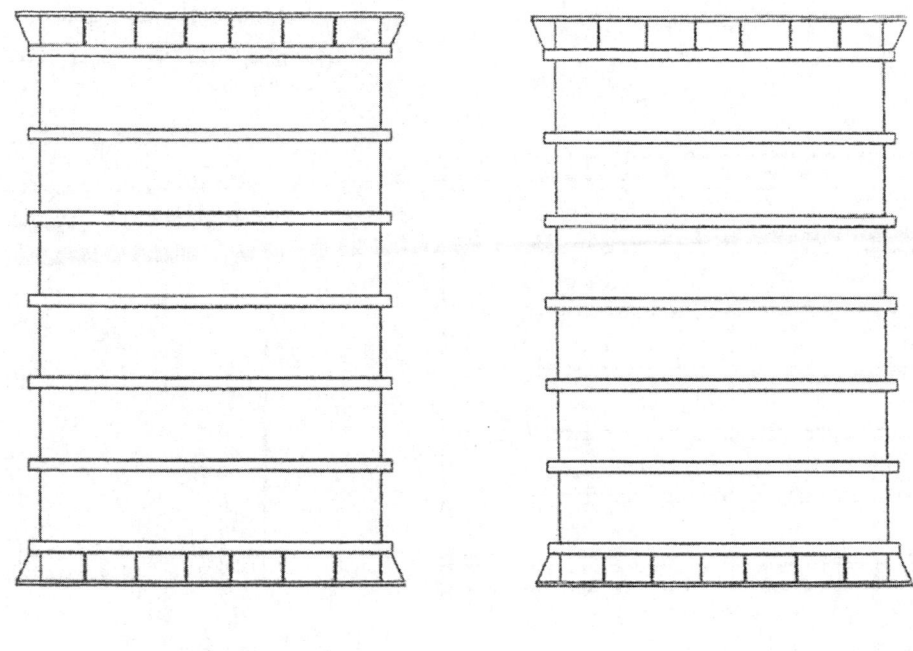

主视图　　　　　　　　左视图

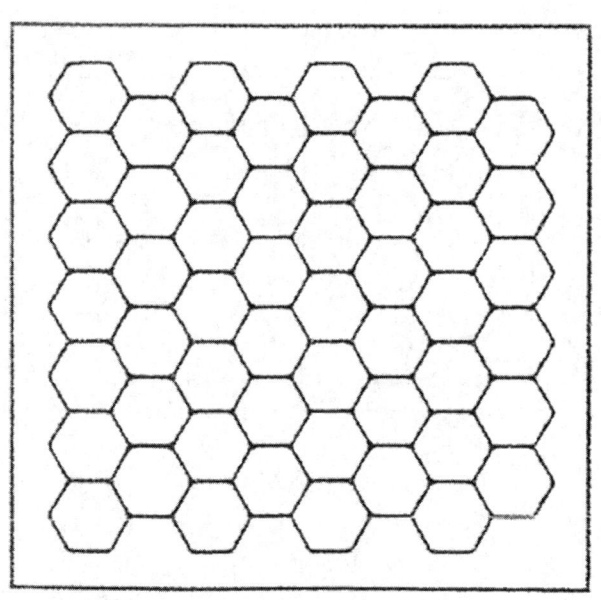

俯视图

本专利附图

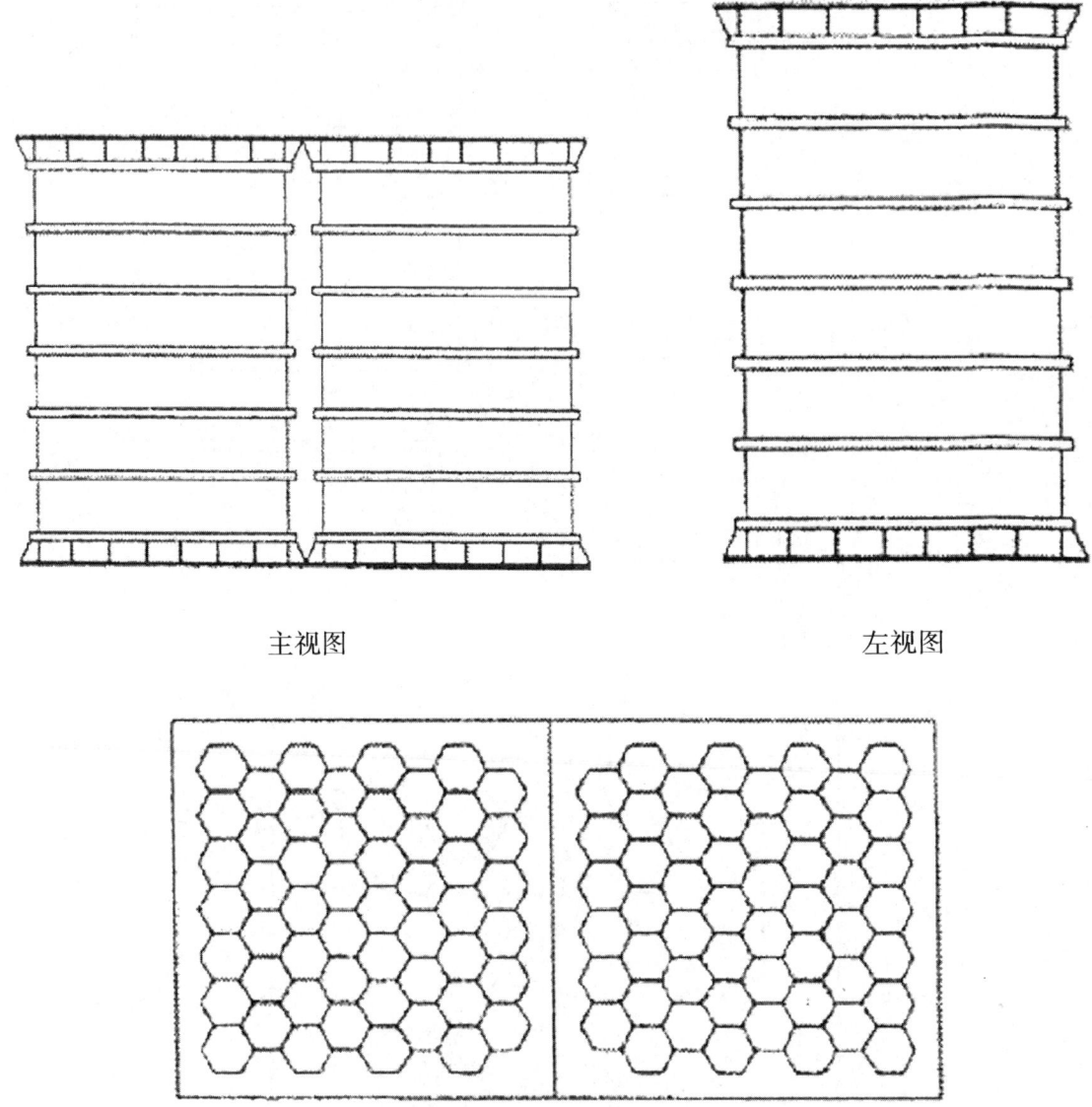

主视图　　　左视图

俯视图

对比文件1附图

北京市第一中级人民法院
行政裁定书

(2007) 一中行初字第 843 号

原告江西华邦复合材料有限公司，住所地江西省贵溪市罗河工业区。
委托代理人江长生，贵溪市法律援助中心律师。
委托代理人朱黎光，北京金之桥知识产权代理有限公司专利代理人。
被告国家知识产权局专利复审委员会，住所地北京市海淀区北四环西路9号银谷大厦10~12层。
法定代表人廖涛，副主任。
委托代理人翁晓君，国家知识产权局专利复审委员会审查员。
委托代理人杜微科，国家知识产权局专利复审委员会审查员。
第三人宜兴市化工成套设备有限公司，住所地江西省宜兴环科园绿园路105号。
法定代表人宋小良，董事长。
委托代理人丁琛，北京市高界律师事务所律师。
委托代理人周缅，北京市高界律师事务所律师。

原告江西华邦复合材料有限公司（简称华邦公司）不服被告国家知识产权局专利复审委员会（以下简称专利复审委员会）于2007年4月14日作出的第9725号无效宣告请求审查决定，于法定期限内向本院提起行政诉讼。本院于2007年6月12日受理后，依法组成合议庭，通知宜兴市化工成套设备有限公司作为第三人参加本案诉讼，并于2007年8于31日公开开庭进行审理。2007年9月6日原告华邦公司向本院提提交书面撤诉申请，申请撤回对被告专利复审委员会的起诉。

本院认为，原告华邦公司的撤诉申请理由正当、未违反有关法律规定，应予准许。依照《中华人民共和国行政诉讼法》第五十一条之规定，裁定如下：

准予原告江西华邦复合材料有限公司撤回对被告国家知识产权局专利复审委员会的起诉。

案件受理费100元，减半收取50元，由原告江西华邦复合材料有限公司负担（已交纳）。

审 判 长 姜 颖
代理审判员 周云川
代理审判员 乔 平
二〇〇七年九月十七日
书 记 员 牛 捷

北京市第一中级人民法院
行政判决书

(2007) 一中行初字第945号

原告宜兴市化工成套设备有限公司，住所地江西省宜兴环科园绿园路105号。

法定代表人宋小良，董事长。

委托代理人丁琛，北京市高界律师事务所律师。

委托代理人周缅，北京市高界律师事务所律师。

被告国家知识产权局专利复审委员会，住所地北京市海淀区北四环西路9号银谷大厦10~12层。

法定代表人廖涛，副主任。

委托代理人翁晓君，国家知识产权局专利复审委员会审查员。

委托代理人杜微科，国家知识产权局专利复审委员会审查员。

第三人江西华邦复合材料有限公司，住所地江西省贵溪市罗河工业区。

法定代表人朱晓华，董事长。

委托代理人江长生，江西省贵溪市法律援助中心律师。

委托代理人朱黎光，北京金之桥知识产权代理有限公司专利代理人。

原告宜兴市化工成套设备有限公司（以下简称化工成套公司）不服被告国家知识产权局专利复审委员会（以下简称专利复审委员会）作出的第9725号无效宣告请求审查决定（以下简称第9725号决定），在法定期限内向本院提起行政诉讼。本院于2007年7月9日受理本案后，依法组成合议庭，并通知江西华邦复合材料有限公司（以下简称华邦公司）作为第三人参加本案诉讼，于2007年8月31日公开开庭进行了审理。原告化工成套公司的委托代理人丁琛、周缅，被告专利复审委员会的委托代理人翁晓君、杜微科，第三人华邦公司的委托代理人江长生、朱黎光到庭参加了诉讼。本案现已审理终结。

第9725号决定系被告专利复审委员会就第三人华邦公司针对原告化工成套公司拥有的名称为"集尘极室（3）"的外观设计专利（以下简称本专利）提出的无效宣告请求而作出，该决定认为：附件2-4属于同一专利权人在本专利申请日提出申请并在其后被授予专利权的外观设计专利，可以用于评价本专利是否符合《中华人民共和国专利法实施细则》（以下简称《专利法实施细则》）第十三条第一款的规定。附件4（以下简称对比文件1）与本专利产品相比，属于相同种类的产品，可以进行相同和相近似的比较。将本专利与对比文件1比较，其不同点在于：本专利是单个集尘极室，而对比文件1是两个单独的集尘极室并排放置。《审查指南》第四部分第五章第5.4.1节第（2）部分中记载"对于各构件之间无组装关系的组件产品，例如扑克牌、象棋棋子等组件产品，在购买和使用这类产品的过程中，一般消费者会对单个构件的外观留下印象，所以，应当以所有单个构件的外观为对象来判断相同或者相近似"。根据《审查指南》的上述规定，对比文件1中的集尘极室属于各构件之间无组装关系的组件产品。因为对比文件1只是简单的将本外观设计的集尘极室并排放置两个，在实际使用中不排除放置多于两个的情形，因此对比文件1中的两个放置并非固定的组配关系，所以在购买或者使用上述集尘极室产品时，一般消费者会对单个的集尘极室的外观留下印象。而根据上述对本专利和对比文件1的外观描述可知，分别将单个集尘极室进行比较，本专利与对比文件1的单个集尘极室的形状是完全相同的，两者给予一般消费者的整体视觉效果也是完全相同的，所以两者是相同的外观设计,属于同样的发明创造。因此,本专利相对于对比文件1不符合《专利法实施细则》第十三条第一款的规定。化工成套公司在无效审查期间,未作出放弃本专利或附件2、3、4专利权的意思表示,因此本专利应当被宣告无效。在得出上述结论的基础上,对华邦公司提出的其他无效理由不再进行评述。据此,专利复审委员会作出第9725号决定,宣告本专利无效。

化工成套公司不服第9725号决定,在法定期限内向本院提起行政诉讼,其诉称:(1)被告在没有准确界定评价主体的情况下,就作出了本专利与对比文件的外观设计为同一发明创造的判断,违反了法定的判断程序,造成案件认定事实出现严重错误。(2)被告在没有任何证据证明的情况下认定对比文件1为"无组装关系的组件产品",并仅仅截取对比文件1中一个完整设计中的一部分,用以与本专利进行相同性对比,属于认定事实错误。(3)本专利与对比文件1的外观存在重大差异,这些差异的存在足以说明二者并非《专利法实施细则》第十三条第一款所规定的"同样的发明创造",可以分别获得专利权。据此,请求人民法院撤销第9725号决定,并判决维持本专利权有效。

被告专利复审委员会辩称:(1)关于外观设计相近似性的判断主体。第9725号决定中使用对比文件1与本专利进行了相同和相近似性的判断,在判断过程中,严格按照《审查指南》的相关规定,采用了被比设计产品一般消费者的判断主体对外观设计进行评价,而并非原告所称的仅依靠审查员自身的经验和认知水平进行判断。(2)关于对比文件1有关事实的认定。从对比文件1各个附图可以清楚得出,对比文件1仅是将单个集尘极室并排放置两个,并且在两个单独的集尘极室之间并不存在连接构件,即并没有固定的组配关系,而且从主视图、左视图,俯视图的对应关系可以看出,两个单独集尘极室的形状、尺寸大小完全相同,所以第9725号决定认定事实清楚。(3)关于相近似性判断。在上述认定基础上,针对对比文件1的外观设计,一般消费者会对单个集尘极室的外观留下印象。本专利与对比文件1的单个集尘极室的形状完全相同,并不存在原告所指出的区别。综上所述,第9725号决定认定事实清楚,适用法律正确,程序合法,请求人民法院维持该决定。

第三人华邦公司未提交书面陈述意见,其在庭审中表示同意被告的答辩意见。

本院经审理查明:

产品名称为"集尘极室(3)"的外观设计专利(即本专利)由宜兴市化工成套设备厂于2003年3月27日向国家知识产权局提出申请,于2003年10月8日被授权公告,专利号为03315513.5。本专利授权公告有3幅视图,包括主视图、左视图、俯视图(见附图),"简要说明"中指出"后视图与主视图相同、右视图与左视图相同、仰视图与俯视图相同,省略后视图、右视图、仰视图"。

2006年6月5日,华邦公司以本专利不符合《中华人民共和国专利法》(以下简称《专利法》)第二十三条和《专利法实施细则》第二条第三款、第十三条第一款的规定为由,向专利复审委员会提出无效宣告请求,并提交了3份附件。

2006年6月27日,华邦公司补充了2份附件,其中:

附件4系专利号为ZL03315514.3的中国外观设计专利公报复印件。该专利的申请日为2003年3月27日,专利权人为宜兴市化工成套设备厂。该专利公报包括3幅视图,即主视图、左视图、俯视图(见附图),"简要说明"中指出"后视图与主视图相同、右视图与左视图相同、仰视图与俯视图相同,省略后视图、右视图、仰视图"。

2006年10月26日,专利复审委员会就华邦公司的无效宣告请求进行了口头审理,华邦公司在口头审理中补充了附件6。

2007年4月14日,专利复审委员会作出第9725号决定。

本院另查明,2004年7月22日,宜兴市化工成套设备厂经无锡市宜兴工商行政管理局核准变更企业名称为宜兴市化工成套设备有限公司。

上述事实，有本专利公报复印件、第9725号决定、附件4、"公司变更核准通知书"等证据在案佐证。

本院认为：

《专利法》第九条规定：两个以上的申请人分别就同样的发明创造申请专利的，专利权授予最先申请的人。该条规定体现了专利制度中禁止重复授权的基本原则，其目的在于避免多项专利权之间发生冲突。但该条仅涉及不同申请人就相同的发明创造申请专利的处理，而没有涉及同一申请人就相同的发明创造多次申请专利的问题，没有排斥同一申请人可以就相同的发明创造获得多项专利权的可能性，违背了禁止重复授权的基本原则。为了弥补该条规定的缺陷，在《专利法实施细则》第十三条第一款中规定：同样的发明创造只能被授予一项专利。这一规定不仅涵盖了不同申请人的情况，也涵盖了同一申请人的情况；不仅涵盖了先后提出两项以上专利申请的情况，也涵盖了同日提出两项以上专利申请的情况，更为全面地表述了禁止重复授权的原则。

《审查指南》第一部分第三章第4.5.1节判断原则中针对在外观设计领域如何理解《专利法》第九条和《专利法实施细则》第十三条第一款规定的"同样的发明创造"进行了规定，即：同样的外观设计是指两项外观设计相同或者相近似。根据专利法及其实施细则和《审查指南》的上述规定，无论是同一申请人还是不同申请人，亦无论是同日还是先后就相同产品申请两件以上相同或者相近似的外观设计均属于重复授权。

本院认为，在判断是否属于重复授权时，应当结合禁止重复授权这一原则的立法目的进行。申请人的发明创造只要符合相关法律规定，不会导致多项专利权之间存在冲突，且没有侵犯国家利益、社会公共利益及他人的合法权益，即应当予以保护。同一申请人在同一日申请两项或两项以上相近似的外观设计，既不会因权利主体不同而导致权利冲突，亦不会因为保护期不同而导致权利人的专利权获得超过法定期限的保护而损害国家利益、社会公共利益或他人的合法权益，如果对其多项申请均授予专利权，并不违背禁止重复授权的基本原则，不应属于重复授权。因此，就同一申请人就相同产品于同一日申请多项外观设计的情况，《审查指南》将"同样的外观设计"界定为"两项外观设计相同或者相近似"明显与专利法及其实施细则的立法本意不符，该规定不应成为本院审理本案的参照。在此情况下，"同样的外观设计"应解释为相同的外观设计，而不应包括相近似的外观设计。本案中，由于本专利与对比文件均为原告于2003年3月27日提出的外观设计专利申请，属于同一申请人同一日申请的情形，则判断本专利是否违反《专利法实施细则》第十三条第一款的关键在于，本专利与对比文件是否属于相同的外观设计。

《审查指南》在第四部分第五章中明确规定，在判断外观设计是否相同或者相近似时，应当基于被比设计产品的一般消费者的知识水平和认知能力进行评价。其中，还对一般消费者应当具备的特点进一步进行了说明。《审查指南》上述关于判断主体的规定，是被告进行外观设计相同或者相近似判断的根据。在《审查指南》已对判断主体应具备的知识和水平进行了规定的情况下，被告在其作出的第9725号决定中没有对判断主体的确定进行表述，并不能说明被告对于判断主体的界定错误。因此，原告关于被告未确定判断主体属违反法定程序，并导致决定错误的理由不能成立，本院不予支持。

被告在第9725号决定中认定，对比文件1是两个单独的集尘极室并排放置，属于各构件之间无组装关系的组件产品，原告对于该认定提出了异议。对此本院认为，《审查指南》第一部分第三章第6.2.1.2节中规定：由数件物品组合为一体的产品，其中每一单独的构成部分没有独立的使用价值，组合成一体时才能使用的产品为组件产品。首先，对比文件1仅给出了一个独立、完整的集尘极室的产品视图，在没有给出各构成部分的视图，亦没有相应说明的情况下，不能将其认定为组件产品。其次，如果按照被告的认定，对比文件1是两个单独的集尘极室并排放置，则意味着每个集尘极室具有独立的使用价值，并没有组合在一起的必要，因此，对比文件1的外观设计不符合《审查指南》关于组件产品的定义，不属于组件产品。在此情况下，被告按照无组装关系的组件产品的对比原则，以对比文件1的单个集尘极室与本专利进行对比并得出本专利与对比文件1属于相同的外观设计，其在认定事实和适用法律上均存在错误，本院予以纠正。

将本专利与对比文件1的外观设计进行比较可知，二者的长宽比例以及中部设计存在明显差异，不属于相同的外观设计，其专利权的授予不属于重复授权，没有违反《专利法实施细则》第十三条第一款的规定。被告依据《专利法实施细则》第十三条第一款关于重复授权的规定宣告本专利权无效属于理解和适用法律错误，本院不予支持。

综上，被告作出的第9725号决定适用法律错误，原告请求撤销该决定的部分理由成立，本院予以支持。由于被告在第9725号决定中未对第三人提出的本专利不符合《专利法》第二十三条和《专利法实施细则》第二条第三款的无效理由及相关证据进行评述，其应当在对这些理由和证据进行审查的基础上重新作出无效宣告请求审查决定。同时，基于该理由，本院对原告提出的维持本专利权有效的诉讼请求不予支持。依照《中华人民共和国行政诉讼法》第五十四条第（二）项第2目，最高人民法院《关于执行〈中华人民共和国行政诉讼法〉若干问题的解释》（法释〔2000〕8号）第五十六条第（四）项之规定，本院判决如下：

1. 撤销被告国家知识产权局专利复审委员会作出的第9725号无效宣告请求审查决定；
2. 被告国家知识产权局专利复审委员会就专利号为03315513.5的外观设计专利重新作出无效宣告请求审查决定；
3. 驳回原告宜兴市化工成套设备有限公司的其他诉讼请求。

案件受理费100元，由被告国家知识产权局专利复审委员会负担（于本判决生效之日起7日内交纳）。

如不服本判决，各方当事人可于本判决送达之日起15日内，向本院提交上诉状及其副本，并交纳上诉案件受理费100元，上诉于北京市高级人民法院。

审　判　长　姜　颖
代理审判员　周云川
代理审判员　乔　平
二〇〇七年十二月十八日
书　记　员　牛　捷

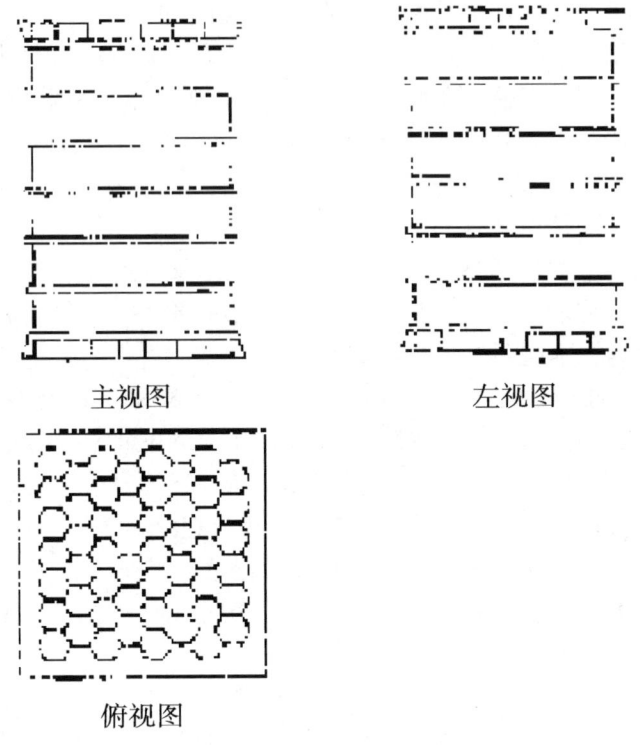

主视图　　　　左视图

俯视图

本专利

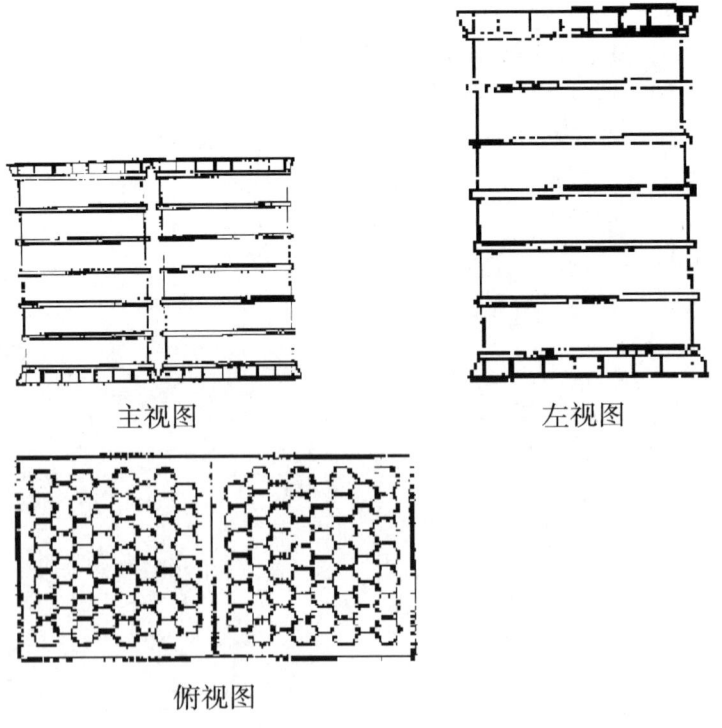

主视图　　　　左视图

俯视图

对比文件1

瓶贴（燕康纯净水瓶）

无效宣告请求审查决定（第 9730 号）

决 定 号	第 9730 号
决 定 日	2007 年 3 月 18 日
发明创造名称	瓶贴（燕康纯净水瓶）
外观设计分类号	19-08
无效宣告请求人	杭州娃哈哈集团有限公司
专 利 权 人	刘国帅
申 请 号	01350993.4
申 请 日	2001 年 11 月 16 日
授 权 公 告 日	2002 年 5 月 29 日
合议组组长	李 隽
主 审 员	崔国振
参 审 员	耿 博
附 图	2 页

法 律 依 据　专利法第 23 条
决 定 要 点

在本专利申请日以前，已有与其相近似的标贴在出版物上公开发表，因此，本专利不符合专利法第 23 条的规定。

一、案由

本无效宣告请求涉及中华人民共和国国家知识产权局于 2002 年 5 月 29 日授权公告的、名称为"瓶贴（燕康纯净水瓶）"的外观设计专利（下称本专利），其申请号是 01350993.4，申请日是 2001 年 11 月 16 日，专利权人是刘国帅（下称专利权人）。

针对上述专利权，杭州娃哈哈集团有限公司（下称请求人）于 2006 年 8 月 24 日向专利复审委员会提出无效宣告请求，同时，请求人提交了如下证据：

证据 1：盖有浙江省科技信息研究院文献馆印章的 97306759.4 号外观设计专利授权公告，复印件 1 页；

证据 2：浙江日报广告中心的《证明》，复印件 1 页；

证据 3：《浙江日报》，1996 年 8 月 18 日，第八版，复印件 1 页；

证据 4：加盖有杭州市图书馆期刊阅览室印章及"原件与复印件相符"文字的证据 3，复印件

1页；

证据5：第1089597号商标注册证及该商标核准转让注册商标通知单，复印件4页；

证据6：《商标公告》（下册）1997/20，封面、1030页复印件2页；

证据7：《商标公告》1997/32，封面、536页复印件2页；

证据8：国家知识产权局1999年6月1日针对97306759.4号专利作出的《撤销专利权请求的审查决定书》及相关证据，复印件20页；

证据9：正定县工商行政管理局扣留财务通知书、财务清单及燕康标贴，复印件3页。

结合上述证据，请求人提出以下理由：证据1~9中的相关内容在本专利的申请日前在国内出版物上公开发表或者使用或者是已经生效的法律文书，其中公开的瓶帖与本专利的瓶帖属于相同种类的产品，并且外形相同、图案相近似，因此本专利的授权不符合专利法第23条规定，应予无效。

在提出上述无效宣告请求的同时，请求人提交了《调查收集证据申请书》和《本案与01350993.4无效案合并审理请求书》，请求专利复审委员会依法调查证据9的真实性和将本请求与6W04665案合案审理。

经形式审查合格后，专利复审委员会于2006年10月9日受理了上述无效宣告请求，立案号6W06561。同日，将无效宣告请求书及相关材料转送给专利权人，并告知专利权人在指定期限内答复，期满未答复的不影响专利复审委员会审理。

专利权人在指定期限内没有答复。

专利复审委员会于2006年11月1日向双方当事人发出无效宣告请求口头审理通知书，定于2006年12月11日在专利复审委员会对本案进行口头审理。

口头审理如期举行，专利权人未出席口头审理，请求人对变更后的合议组成员无回避请求。

请求人明确其无效理由为本专利相对于其提交的证据不符合专利法第23条的规定，当庭出示了证据1~8的原件，合议组当庭予以核查。合议组对请求人的无效理由和证据进行了调查，并当庭告知请求人，由于请求人于2006年11月10就6W04665案提出撤销请求，该案已经审结，因此口头审理仅针对6W06561案进行。

合议组于2006年12月25日向专利权人发出《合议组成员告知通知书》，告知专利权人其有权在收到该《通知书》之日起7日内对变更后合议组成员提出回避请求，逾期未答复的，视为无回避请求，专利权人在法定期限内未答复。

经过上述审查程序，合议组认为本案事实已经调查清楚，可以依法作出本审查决定。

二、决定的理由

1. 法律依据

专利法第23条规定：授予专利权的外观设计，应当同申请日以前在国内外出版物上公开发表过或者国内公开使用过的外观设计不相同和不相近似，并不得与他人在先取得的合法权利相冲突。

2. 证据认定

请求人提交的证据2是浙江日报广告中心的《证明》，其内容是证明"娃哈哈公司于1996年8月18日在我报刊登广告"；请求人提交的证据3是1996年8月18日的《浙江日报》第八版，其上有杭州娃哈哈集团公司的矿泉水商品的广告，证据4是加盖有杭州市图书馆期刊阅览室印章及"原件与复印件相符"文字的证据3，请求人口头审理时当庭出示了证据2和证据4的原件，经核查该复印件与原件一致，专利权人对该证据未提出异议，据此可以确定证据3的真实性。由于证据3的公开日在本专利申请日之前，其上矿泉水广告的"娃哈哈"瓶帖与本专利用途相同，因此可以作为在先设计评价本专利是否符合专利法第23条的规定（下简称在先设计）。

3. 关于相近似判断

本专利"瓶贴（燕康纯净水瓶）"包括主视图，未要求保护色彩。主视图为长条形，长方形的边框内的图案从左至右可分为四部分。其中第一部分和第三部分基本相同（下称主体图案部分），上部有"燕康"两个汉字，文字的下方为带有包含表现波纹水面和近似日出的圆形图案，下部从中部开始向左右两边由深至浅各有三条弯弯的色带，如两只手托起带有"燕康"字样的近似日出圆形图案，下部在上述色带之上有一行小字；第二部分和第四部分基本相同，都是说明性文字，其宽度略窄于第一和第三部分（详见本专利附图）。

在先设计的瓶贴为长条形，从公开的图片来看，其由说明性文字和图案部分两部分组成；其中图案部分上部有"娃哈哈"三个大字，文字下方是一行小字，下部从中部开始向左右两边由深至浅各有三条弯弯的色带，如两只手托起带有上述文字图案（详见在先设计附图）。

将本专利与在先设计相比较，二者所涉及的外观设计产品都是瓶帖，属于相同种类的产品。二者图案的主体部分都是由文字和图形组成，所述图形的位置、形状基本相同，都是在图案主体部分的中下部，且都是由左右两边的各三条由深至浅的弯弯色带组成。二者的主要区别在于：（1）本专利整体上可以分为四个部分，其中第一部分与第三部分、第二部分和第四部分基本相同，而在先设计只能看到两部分；（2）本专利的主体图案部分上部由两个较大的汉字"燕康"和一个圆形图案组成，在先设计由三个较大的汉字"娃哈哈"和一行文字组成。合议组认为，对于纯净水的标贴而言，在使用状态下，带有标识性的主体图案部分对消费者的视觉最具有影响，在本专利与在先设计的主体图案部分基本相同、图案布局整体相近似的情况下，上述及其他区别均属于细微的差别，对消费者的视觉不能产生显著的影响，因此本专利与在先设计相近似，本专利不符合专利法第23条的规定。

鉴于根据请求人提交的上述证据已得出本专利的外观设计产品在其申请日前已经在出版物上公开发表过，本专利不符合专利法第23条的规定的结论，本决定对请求人提出的其他无效宣告请求理由及证据不再进一步评述，亦不对证据9的真实性进行调查。

基于上述理由，合议组作出如下决定。

三、决定

宣告01350993.4号外观设计专利权无效。

当事人对本决定不服的，可以根据专利法第46条第2款的规定，在收到本决定之日起三个月内向北京市第一中级人民法院起诉，根据该款的规定，一方当事人起诉后，另一方当事人应当作为第三人参加诉讼。

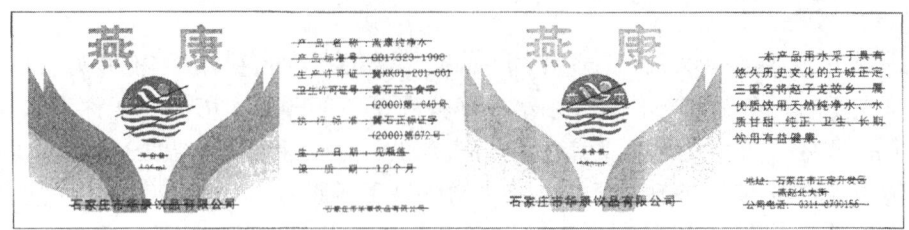

主视图

使用状态参考图1

使用状态参考图2

本专利附图

在先设计附图

步行机（升降式）

无效宣告请求审查决定（第9732号）

决 定 号	第9732号
决 定 日	2007年4月21日
发明创造名称	步行机（升降式）
外观设计分类号	24-04
无效宣告请求人	李 滇
专 利 权 人	上海海行机械有限公司
专 利 号	02342987.9
申 请 日	2002年10月21日
授权公告日	2003年7月2日
合议组组长	马志远
主 审 员	李玲玲
参 审 员	刘路尧
附 图	1页

法律依据 专利法第23条

决定要点

如果一件外观设计专利和对比文件无论是从整体形状上还是在大部分主要组成部件等结构的形状及布局等方面均采用了相同或相近似的设计，使二者的整体外观形状产生了相近似的视觉效果，则二者属于相近似的外观设计。

一、案由

本无效请求涉及国家知识产权局于2003年7月2日授权公告的02342987.9号外观设计专利（下称本专利），其名称为"步行机（升降式）"，申请日是2002年10月21日，专利权人是上海海行机械有限公司。

针对上述外观设计专利权，李滇（下称请求人）于2006年1月13日向国家知识产权局专利复审委员会提出无效宣告请求（案件编号为6W06001），其无效宣告请求的理由是：本专利不符合专利法第23条的规定。请求人提交了如下附件作为证据：

附件1：声称是2002年12月9日上海市工商行政管理局出具的企业变更核准通知书复印件，沪名称变核号：01200212090003，其上盖有三个公章；声称是1996年6月19日独家销售协议书复印件，其上记载的甲方是上海海行机械厂、乙方是 THE FOREST GROUP, INC（A Texas Conporation），其中盖有甲方的公章及有双方代表签字及证明人的签字；声称是1996年7月中美合资上海申威紧固器制造有限公司章程，其中记载甲方是上海海行机械厂、乙方是美国森林集团公司THE FOREST GROUP, INC，其中双方代表于1996年8月6日签字；声称是传真复印件，共8页；

附件2：声称是1996年8月上海海行机械厂GHJB步行升降器图纸复印件；

附件3：声称是中华人民共和国驻休斯顿总领事馆于2005年8页8日出具的认证书（2005）休认字第0015278号复印件及认证书中文译文的复印件，其中文译文中记载"证明前面文书上美国德克萨斯州政府的印章和该州州务卿Roger Williams的签字均属实。该文书内容由出文机构负责。"声称是德克萨斯州州务卿Roger Williams于2005年7月14日证明帕蒂·延（PATTY YUEN）于2003年5月18日取得担任德克萨斯州公证员资格，任期于2007年5月18日届满；声称是公证员帕蒂·延（PATTY YUEN）证明2005年7月13日德克萨斯州哈里斯县乔·林（Joe Lin）森林集团公司（THE FOREST GROUP, INC）公司总裁确认附件4、附件5、附件6、附件7（见下面）；

附件4：声称是2002年ADO产品公司（ADO PRODUCTS）的产品目录首页、第32页（步行器，带产品照片）的复印件及相应部分的中文译文复印件；

附件5：声称是《现场》杂志；第3卷第2期，2001年4月/5月出版，第10页步行器（带现场照片）、第36页金刚石墙公司的步行器（广告）、第8页金刚石墙工程公司的工作步行器（带产品照片）的复印件及相应部分的中文译文复印件；

附件6：声称是公证员辛迪·廖（CINDY LIAO）证明2005年8月12日乔·林（JOW LIN）的通用宣誓证明书的复印件及其中文译文复印件；

附件7：由美国专利局出具的美国专利US5645515A号说明书全文复印件及全部中文译文复印件，其美国专利的公开日为1997年7月8日。

请求人认为：步行机（升降式）的生产技术是美国森林集团公司于1996年和海行公司合作时提供给海行机械厂（现已变更为上海海行机械有限公司，即专利权人）的，海行机械厂及后来双方成立的合资公司于1996年6月开始公开生产、销售步行机（升降式）；本专利的外观设计与上述附件2、附件3、附件4、附件5、附件6、附件7所示的步行器外观相同，不符合专利法第23条的规定。

经形式审查合格，专利复审委员会于2006年3月30日向双方当事人发出无效宣告请求受理通知书，并向专利权人转送了无效宣告请求书以及附件清单中所列附件副本，要求专利权人在指定期限内答复。

专利权人针对无效宣告请求受理通知书于2006年4月30日提交了意见陈述书以及授权委托书。专利权人有以下几点意见。

1. 关于附件1和附件2

（1）专利权人对附件1、附件2的合法性有异议，其中，独家销售协议书、传真、图纸等均系企业的保密文件，请求人未提供其合法来源。

（2）专利权人对附件1、附件2的真实性有异议，附件1没有相应的原件，附件2中没有任何自然人或单位的签名或盖章，专利权人对此证据不予认可。

（3）附件1中没有对步行机的外观作任何记载，也没有任何销售记录，附件2是一步行升降器的图纸，虽记载了步行器的一面视图，但没有公开该步行器的整体外观，而且，附件1与附件2无任何关联性，请求人据此认为"海行机械厂及后来双方成立的合资公司也于1996年6月开始公开生产、销售步行机"、本专利与"当时海行机械厂公开生产、销售的步行机（升降机）的外观设计单独对比是相同的"，显然没有事实依据。

2. 关于附件 3 至附件 7

（1）附件 3 和附件 4 中记载，该产品目录是 2002 年度产品目录，而未见其具体的印刷时间及公开发行时间，附件 3 和附件 4 不能证明该产品目录已公开发行。即使已公开发行，其推定的公开日期应为 2002 年 12 月 31 日，晚于本专利的申请日 2002 年 10 月 21 日，因此该产品目录不能作为本专利的对比文件使用。

（2）附件 5 第 10 页图片中显示的是一个具有双重侧支杆的步行器，与本专利只有一根侧支杆相比，二者的差异对整体的视觉效果具有显著的影响，而且，从该图片中也不能观察到本专利所具有的两根相互平行的内、外套管的上端与下端分别设有上脚板和下脚板、在外套管的内侧设有两弹簧支撑、该两弹簧支撑设置的位置将外套管大约分为三等分的外观形状，因此附件 5 第 10 页未公开本专利的外观设计。

附件 5 第 8 页和第 36 页的图片尺寸较小，难以直接观察出步行器的具体外观设计。从图中粗略可见，这两页中显示的步行器其外套管的长度与两套管之间的距离之比比较小，而两弹簧支撑的上端和下端与脚板的距离很短，从而使这两页中显示的步行器显得粗笨、厚重、呆板，不具有美感，这与本专利呈现的精致、轻巧、匀称的整体视觉效果相差甚远，对一般消费者进行判断、辨别此外观设计具有显著的影响，因此，本专利与这两页显示的外观设计不相同也不相近似。

（3）附件 6 是公证文书，附件 7 记载了一项步行器的发明专利，此专利旨在"提供一个经改进的腿支架装置"，涉及的是一种技术方案而不是对产品外形的设计，虽然该专利有说明书附图，但这些附图的作用在于补充说明书文字部分的描述，使公众能够直观理解发明的技术特征，从这些附图中，并不能从整体上反映产品的整体结构与外形，因而请求人只有借助说明书的文字部分才能判断其具体结构与外形是否与本专利相同或相近似，这违反了直接观察的原则。而且，附件 7 附图中显示步行器其外套管的长度与两套管之间的距离之比约为 2:1，而两弹簧支撑的上端和下端与脚板的距离很短，几乎相接，从而使该步行器显得粗笨、厚重、呆板，不具有美感，与本专利精致、轻巧、匀称的整体视觉效果迥异，这些差别对此外观设计具有显著的影响，因此本专利与附件 7 记载的步行器不相近似，更非相同。

综上所述，请求人请求宣告本专利无效没有事实与法律依据，本专利符合专利法第 23 条的规定。

针对上述同一专利权，请求人于 2006 年 2 月 21 日再次向国家知识产权局专利复审委员会提出无效宣告请求（案件编号为 6W06000），其提交的无效宣告请求的证据和理由与其于 2006 年 1 月 13 日提交的证据和理由一致。

经形式审查合格，专利复审委员会于 2006 年 8 月 31 日向双方当事人发出无效宣告请求受理通知书，并向专利权人转送了无效宣告请求书以及附件清单中所列附件副本，要求专利权人在指定期限内答复。

根据审查指南第四部分第 3.5 节的规定，合议组决定对上述两项无效宣告请求 6W06001 和 6W06000 合案进行审查。2007 年 1 月 17 日，本案合议组向双方当事人发出口头审理通知书，定于 2007 年 3 月 14 日对上述两案进行口头审理，随口头审理通知书专利权人于 2006 年 4 月 30 日提交的意见陈述书转给请求人。

口头审理于 2007 年 3 月 14 日如期举行。双方当事人均到庭出席了口头审理，且均对合议组的变更无异议，对对方出庭人员身份无异议。在此基础上合议组进行了庭审调查：

（1）请求人当庭出示了盖有"上海市工商行政管理局闵行分局档案室材料证明章"红章的附件 1 中的"企业名称变更核准通知书"复印件、当庭出示了盖有"上海市工商行政管理局闵行分局档案室材料证明章"红章的附件 1 中的"中美合资上海申威紧固器制造有限公司章程"复印件、附件 1

中的传真件原件，没有出示附件1中的"独家销售协议书"原件。专利权人对附件1中的"企业名称变更核准通知书"、"中美合资上海申威紧固器制造有限公司章程"的真实性无异议，对附件1中的"独家销售协议书"、传真件的真实性有异议。

请求人当庭出示了附件2"GHJB步行升降器"图纸的原件。专利权人认为附件2不属于公开出版物，属于保密资料，由请求人非法获得。

请求人当庭出示了附件3的公证认证书原件，专利权人对公证认证书本身的真实性无异议。请求人明确未提交附件3中所提及的"1999年华纳制造公司的产品目录"，当庭出示了附件3中所提及的"《现场》杂志2001年6月/7月刊"第11页的彩色复印件。

请求人当庭出示了附件4"2002年ADO公司的产品目录"、附件5中的"《现场》杂志2001年4月/5月刊"原件。专利权人认为附件3的公证认证书仅仅是对证人证言的公证，没有对附件4、5证据材料本身的真实性进行公证认证，上述两件证据材料系境外形成，应当履行公证认证手续。出具证人证言的森林集团公司总裁与请求人有利害关系，且证人未出庭作证，未经过质证的证人证言不能采信。专利权人认为附件4没有写明出版的具体日期，其公开日只能视为2002年年底，晚于本专利的申请日。

请求人当庭出示了附件6的公证认证书原件，专利权人对公证认证书本身的真实性无异议。

请求人当庭出示了附件7由美国专利局出具的US5645515A号专利说明书原件。专利权人对附件7的真实性和中文译文的准确性无异议。

（2）请求人以附件1、2证明本外观设计的产品在申请日前已经在国内公开生产，但请求人承认合资企业所生产的步行机产品完全按照外方的订单生产，全部外销，没有在国内销售，附件1、2不用于证明其产品在国内公开销售，只证明在国内公开生产。请求人以附件1中的传真件证明合资企业所生产的步行机产品通过"武汉市五金矿产进出口公司"出口销售。请求人以上述证据证明专利权人的步行机外观设计来源于美国森林集团。

（3）请求人以附件4中第32页的图片所示2440、1830两型号，附件5第8页图片所示1830型号、第10页图片所示2440型号、第36页图片所示的请求人推断为1830型号，附件7中附图1所示步行器系统作为在先公开发表的外观设计与本外观设计比较。请求人指出《现场》杂志封面有®注册标识，属于公开出版物。

专利权人认为：附件1、2不能证明本外观设计在国内公开生产，《现场》杂志封面有®标识只是表明商标注册，而不能证明是公开出版物。

在上述工作的基础上，合议组认为本案事实已经清楚，可依法作出无效宣告请求审查决定。

二、决定的理由

1. 关于证据

附件7中的US5645515A号美国专利公开说明书（下称对比文件1），属于公开出版物，其公开日1997年7月8日在本外观设计专利的申请日之前。请求人当庭出示了由美国专利局出具的对比文件1的原件。专利权人对对比文件1的真实性和中文译文的准确性无异议。因此，对比文件1中的附图可以作为本专利的在先设计使用。

2. 关于专利法第23条

专利法第23条规定：授予专利权的外观设计，应当同申请日以前在国内外出版物上公开发表过或者国内公开使用过的外观设计不相同和不相近似，并不得与他人在先取得的合法权利相冲突。

本外观设计专利步行机的外观由六面视图组成，从主视图、后视图、左视图和右视图可以看出：该外观设计包括两根相互平行的内、外套管；内、外套管的上端与下端分别设有上脚板和下脚板，上脚板有护跟挡板；在外套管的内侧设有平行于内、外套管的两支承弹簧，该两支承弹簧设置的位置将外套管分为大约三等分；从左视图、右视图可以看出：在两根相互平行的内、外套管的一侧平行设置有一根长套管，其上端有一半圆柱形设计，其下端呈弯曲与两根相互平行的内、外套管中的外套管底端部连接；在半圆柱形设计外侧有一根长条形绑带；在上脚板两端分别有一根长条形绑带。

而对比文件1的附图1所示的步行器的主视图中，该外观设计包括两根相互平行的内、外套管；内、外套管的上端与下端分别设有上脚板和下脚板；在外套管的内侧设有平行于内外套管的两支承弹簧，该两支承弹簧的上端和下端分别与外套管的上端和下端的距离较小；从左视图、右视图可以看出：在两根相互平行的内、外套管的相对一侧有一根长套管，其上端有一半圆柱形设计，其下端呈弯曲与两根相互平行的内、外套管中的外套管底端部连接；在半圆柱形设计外侧有一根长条形绑带；在上脚板两端分别有一根长条形绑带。

将本外观设计专利的六面视图与对比文件1的附图1比较可知，本外观设计与对比文件1的附图1的外观设计主要有以下相同点：（1）包括两根相互平行的内、外套管；（2）两根相互平行的内、外套管的上端与下端分别设有上脚板和下脚板；（3）在外套管的内侧设有平行于内外套管的两弹簧支承；（4）在两根相互平行的内、外套管的一侧有一根长套管；（5）长套管的上端有一半圆柱形设计，其下端呈弯曲与两根相互平行的内、外套管中的外套管底端部连接；（6）在半圆柱形设计外侧有一根长条形绑带，在上脚板两端分别有一根长条形绑带。

本外观设计与对比文件1的附图1的外观设计主要有以下不同点：（1）本外观设计专利的长套管位于两根平行的内、外套管中靠左侧的套管后面，而对比文件1的附图1中长套管位于两根平行的内、外套管中靠右侧的套管后面；（2）本外观设计专利的长套管下端的弯曲从其与内、外套管的连接处以下靠近底端部处开始，而对比文件1的附图1中长套管下端的弯曲大致从其与内、外套管的连接处开始；（3）两支撑弹簧的上端与下端分别与外套管的上端与下端距离不同；（4）本外观设计上脚板有护跟挡板，对比文件1中没有。

对于区别点（1），因为步行机产品是成套设备，其左右两侧的套管为对称设计，该区别不足以导致步行机外观设计产生显著性的视觉变化，因此从整体视觉感受上并未与对比文件产生显著的差别；对于区别点（2）、（3）和（4），长套管下端的弯曲从其与内、外套管的连接处开始还是连接处以下开始以及其他细微形状结构的不同均属于细微局部的变化，不影响产品的整体外观，不足以对二者的整体外观设计产生显著的视觉影响。因此，二者仅仅在局部细节上存在一些差别，而二者的整体形状、主要组成部件等结构的形状及布局等方面均采用了相同或相近似的设计，使二者的整体外观形状产生了相近似的视觉效果，因此二者属于相近似的外观设计。

对于专利权人的意见，合议组认为：由于两根内、外套管的相对长度在使用状态下均是可调的，因此对于专利权人关于本外观设计专利与对比文件1的附图1中外套管的长度与两套管之间的距离之比不同的意见合议组不予考虑。

综上所述，在本专利申请日以前已有与其相近似的外观设计在出版物上公开发表过，本专利不符合专利法第23条的规定。在此基础上，合议组对请求人的其他无效理由不再加以评述。

三、决定

宣告02342987.9号外观设计专利权全部无效。

当事人对本决定不服的，可以根据专利法第46条第2款的规定，自收到本决定之日起三个月内向北京市第一中级人民法院起诉。根据该款规定，一方当事人起诉后，另一方当事人应当作为第三人参加诉讼。

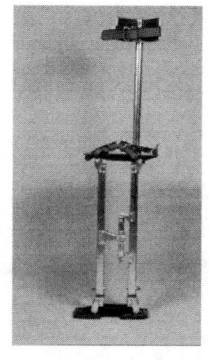  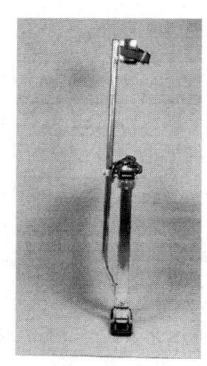 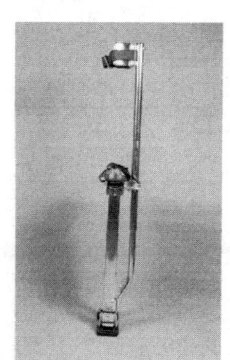

主视图   后视图   左视图   右视图

  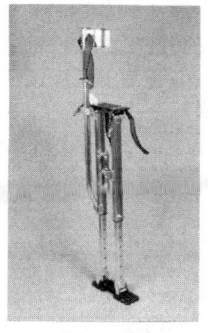

俯视图   仰视图   立体参考图

本专利附图

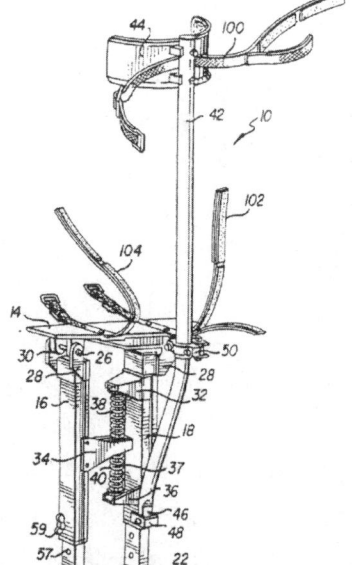

FLG. 1
对比文件附图

面盆龙头（A3403AC）

无效宣告请求审查决定（第9737号）

决 定 号	第9737号
决 定 日	2007年4月25日
发明创造名称	面盆龙头（A3403AC）
外观设计分类号	23-02
无效宣告请求人	李　朋
专 利 权 人	林永辉
专 利 号	03361405.9
申 请 日	2003年8月21日
授权公告日	2004年4月21日
合议组组长	张雪飞
主 审 员	邢文飞
参 审 员	苏　青
附　　　图	1页

法 律 依 据 专利法第23条

决 定 要 点

本专利外观设计与在先公开发表的外观设计在视觉效果上没有明显差别，属于相近似的外观设计，因此，本专利不符合专利法第23条的规定。

一、案由

本无效宣告请求涉及国家知识产权局于2004年4月21日授权公告的、名称为"面盆龙头（A3403AC）"的外观设计专利（下称本专利），其申请日为2003年8月21日，专利号为03361405.9，专利权人为林永辉。

针对上述专利权，李朋（下称请求人）于2005年12月30日向专利复审委员会提出了无效宣告请求，其理由是本专利不符合专利法第23条的规定。请求人提交的作为证据使用的附件如下：

附件1：标记有196/2002的《伊尔拜格诺的今日与未来》杂志（ILBAGNO OGGIE DOMANI）第196期封面以及第179页的复印件共2页。

请求人认为：本专利与附件1所示的外观设计属于相同的外观设计，不符合专利法第23条的规定。

经形式审查合格，专利复审委员会受理了上述无效宣告请求，并于2006年3月29日发出无效宣告请求受理通知书，并将该无效宣告请求书及其附件的副本转送给专利权人。

在指定的期限内，专利权人无意见陈述。

本案合议组于2006年9月11日向双方当事人发出口头审理通知书，定于2006年10月19日上午举行口头审理。

口头审理如期举行，仅请求人的代理人参加了口头审理，专利权人未出席口头审理。

在口头审理中，请求人对合议组成员没有回避请求；请求人当庭提交了附件1《伊尔拜格诺的今日与未来》杂志（ILBAGNO OGGIE DOMANI）的原件；并明确无效理由为：在本专利申请日之前已有与其相同或者相近似的外观设计在出版物上公开发表过，本专利不符合专利法第23条的规定；合议组要求请求人在口头审理结束之日起两个月内提交针对附件1提交公证认证材料及其中文译文和附件1相关页的中文译文，合议组当庭将请求人提交附件1的原件交还请求人做公证认证，请求人应在上述指定期限内将附件1的原件交还专利复审委员会。

2006年12月13日，请求人提交了下述附件作为附件1的佐证：

附件2：《伊尔拜格诺的今日与未来》杂志（ILBAGNO OGGIE DOMANI）第196期原件；

附件3：上海市卢湾区公证处出具的（2006）沪卢证经字第3425号公证书原件1份、复印件1份，每份共8页；

附件4：《伊尔拜格诺的今日与未来》杂志相关内容译文共2份，每份1页。

2006年12月27日，合议组将请求人于2006年12月13日提交的意见陈述书及其所附附件的复印件转送给专利权人。

在指定的期限内，专利权人无意见陈述。

在上述审理的基础上，合议组认为本案事实清楚，可以依法作出本无效宣告请求审查决定。

二、决定的理由

1. 法律依据

根据请求人提出的无效宣告请求的范围、理由和提交的证据，本案合议组依据专利法第23条对本案进行审理。

专利法第23条规定：授予专利权的外观设计，应当同申请日以前在国内外出版物上公开发表过或者国内公开使用过的外观设计不相同和不相近似，并不得与他人在先取得的合法权利相冲突。

2. 关于证据

请求人提交附件1是名称为《伊尔拜格诺的今日与未来》（ILBAGNO OGGIE DOMANI）的外文杂志，并且当庭提交了该杂志的原件；附件2是上海市卢湾区公证处出具的（2006）沪卢证经字第3425号公证书原件，用于证明附件1所示杂志可以在国内公开渠道，即可以从上海图书馆获得，并且上海图书馆的工作人员确认该杂志的复印件与原件相符，公证处也公证了与公证书相粘连的复印件与原件相符，因此合议组对附件1的真实性予以认可。该杂志为2002年3月第196期，其公开日期早于本专利的申请日，属于本专利申请日之前的公开出版物，适用于本案。

本专利与附件1第179页左上角所公开的面盆龙头产品的外观设计（下称在先设计）均为面盆龙头的外观设计，属于同类产品，具有可比性。

本专利外观设计包括面盆龙头的七面视图，即俯视图、后视图、仰视图、右视图、左视图、主视图和立体图。如各视图所示，本专利的面盆龙头分为水龙头本体、操作把手、操纵杆、出水管四部分，其中水龙头本体从整体上看是圆柱形，该水龙头本体的底部有个扁圆柱形的底座，该底座直径略大于本体直径，在该水龙头本体的上部设有环绕该本体外周的环槽；本专利的操作把手通过其底部的圆柱形连接杆连接设置在该水龙头本体的顶端，并且该把手为圆柱形且成棒状，该连接杆的直径略小于该把手直径，而该把手直径明显小于水龙头本体的直径，该把手连接杆的底部有个圆形上凸的底座，其直径也小于水龙头本体的直径；本专利的操纵杆一端倾斜的设置在该水龙头本体后侧靠近底部处，操纵杆的一端设有一个操作部，该操作部的直径明显小于水龙头本体的直径；本专利的出水管是横截面为圆形的"L"形管，一端倾斜设置在水龙头本体中部靠上位置，另一端向下弯折延伸一段长度（详见本专利附图）。

在先设计所示的面盆龙头也分为水龙头本体、操作把手、操纵杆、出水管四部分，其中水龙头本体从整体上看是圆柱形，该水龙头本体的底部有个扁圆柱形的底座，该底座直径略大于本体直径，在该水龙头本体的上部设有环绕该本体外周的环槽；本专利的操作把手通过其底部的圆柱形连接杆连接设置在该水龙头本体的顶端，并且该把手为圆柱形且成棒状，该连接杆的直径略小于该把手直径，而该把手直径明显小于水龙头本体的直径，该把手连接杆的底部有个圆形下凹的底座，其直径也小于水龙头本体的直径；本专利的操纵杆一端倾斜的设置在该水龙头本体后侧靠近底部处，杆操纵杆的一端设有一个操作部，该操作部的直径明显小于水龙头本体的直径；本专利的出水管是横截面为圆形的"L"形管，一端倾斜设置在水龙头本体中部靠上位置，另一端向下弯折延伸一段长度（详见在先设计附图）。

将本专利和在先设计相比较可知，本专利和在先设计的面盆龙头均可分为水龙头本体、操作把手、操纵杆、出水管四部分，并且上述部分的整体形状基本一致，其区别在于：本专利的把手连接杆的底部有个圆形上凸的底座，而在先设计把手连接杆的底部有个圆形下凹的底座；且水龙头本体上部环槽的位置也略有不同。虽然本专利与在先设计存在着上述区别，但是这种区别过于细微，并未对消费者的观察判断产生显著的影响。因此合议组根据整体观察、综合判断，本专利与在先设计整体设计基本相同，其区别点属于局部的细微变化，尚不足以构成整体视觉效果的明显差别，因此本专利与在先设计的外观设计是相近似的。

综上所述，合议组认为：在本专利申请日之前已有与其相近似的外观设计在出版物上公开发表，因此本专利不符合专利法第23条的规定。

三、决定

宣告03361405.9号外观设计专利权全部无效。

当事人对本决定不服的，可以根据专利法第46条第2款的规定，自收到本决定之日起三个月内向北京市第一中级人民法院起诉。根据该款的规定，一方当事人起诉后，另一方当事人应当作为第三人参加诉讼。

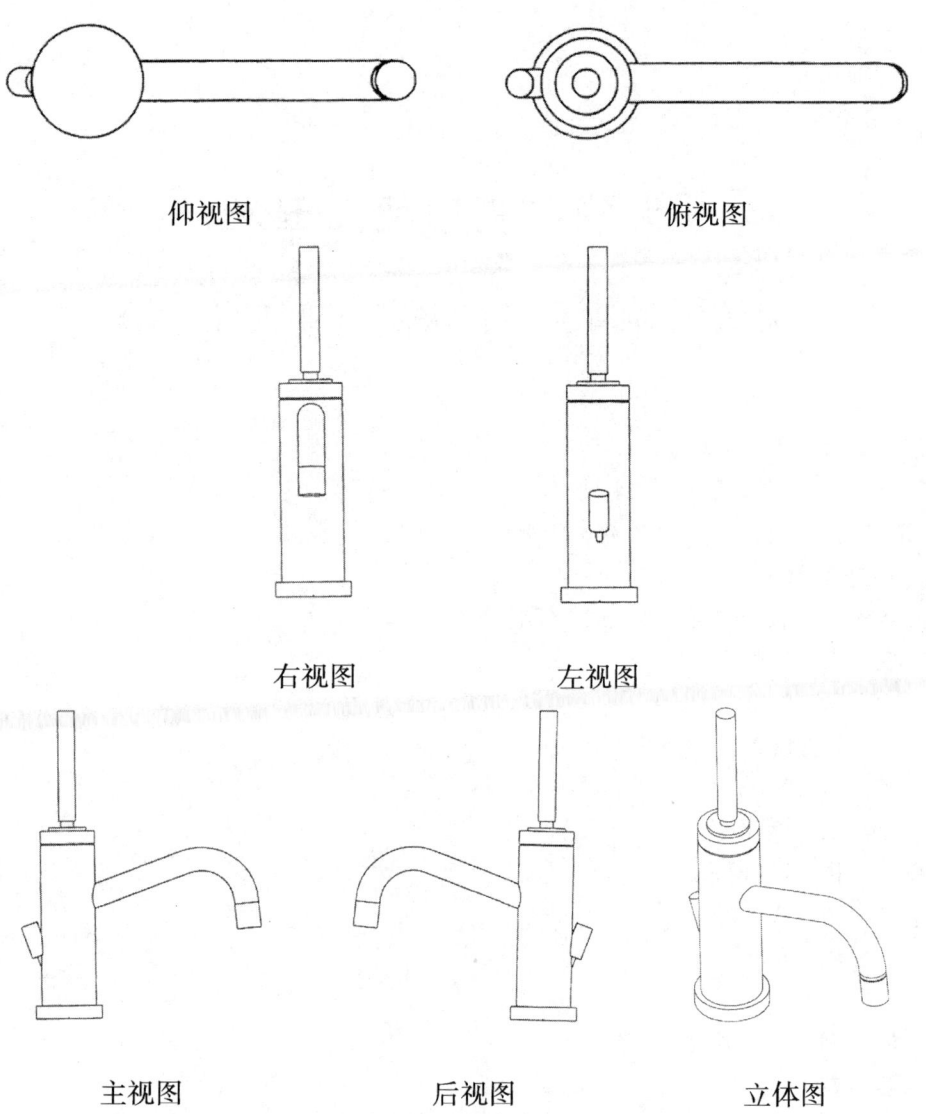

仰视图　　俯视图

右视图　　左视图

主视图　　后视图　　立体图

本专利附图

在先设计图

包装袋（夏珍超甜玉米）

无效宣告请求审查决定（第 9740 号）

决 定 号	第 9740 号
决 定 日	2007 年 4 月 24 日
发明创造名称	包装袋（夏珍超甜玉米）
外观设计分类号	09-05
无效宣告请求人	农友种苗（中国）有限公司
专 利 权 人	黄建花
专 利 号	03307617.0
申 请 日	2003 年 4 月 11 日
授权公告日	2003 年 10 月 1 日
合议组组长	徐清平
主 审 员	马桂丽
参 审 员	高 颖
附 图	1 页

法 律 依 据 专利法第 23 条

决 定 要 点

由于在先设计的包装袋不能清楚地展示本专利包装袋正面的主体图案，据此尚不能认定本专利的包装袋与在先设计的包装袋为相同或相近似的外观设计。

一、案由

本无效宣告请求涉及国家知识产权局于 2003 年 10 月 1 日授权公告的 03307617.0 号外观设计专利，其名称为"包装袋（夏珍超甜玉米）"，申请日是 2003 年 4 月 11 日，专利权人是黄建花。

针对上述专利权（下称本专利），农友种苗（中国）有限公司（下称请求人）于 2006 年 9 月 13 日向专利复审委员会提出无效宣告请求，其依据的事实和理由是：本专利的外观设计在其申请日 2003 年 4 月 11 日之前，已经在国内外公开出版物上公开发表过，在国内公开使用过，因此不符合专利法第 23 条的规定。请求人同时提交了如下附件作为证据：

附件 1：本专利外观设计专利公告复印件。

附件 2：台湾高雄地方法院公证处第 001624 号公证认证文件复印件，其中附有请求人的声明书复印件 1 页、《农友种苗》第 16 期中文版相关页复印件 3 页、秋雨印刷股份有限公司印刷《农友种苗》的报价单复印件 1 页、农友种苗股份有限公司印刷《农友种苗》第 16 期中文版的开支请示及付款单复印件1张、秋雨印刷股份有限公司开具的印刷费用发票复印件1张。

附件3：台湾高雄地方法院公证处第001625号公证认证文件复印件，其中附有请求人的声明书复印件1页，农友种苗股份有限公司印刷《农友种苗》英文版的开支请示及付款单复印件1张、秋雨印刷股份有限公司开具的印刷费用发票复印件1张、秋雨印刷股份有限公司印刷《农友种苗》1997年产品目录英文版的报价单复印件1页、《农友种苗》第16期英文版相关页复印件3页。

附件4：台湾高雄地方法院公证处第001626号公证认证文件的复印件，其中附有请求人的声明书复印件1页、农友种苗股份有限公司简介印刷费用的开支请示及付款单复印件1张、秋雨印刷股份有限公司开具的简介印刷费用发票复印件1张、《农友种苗股份有限公司简介》相关页复印件3页。

附件5：台湾高雄地方法院公证处第001627号公证认证文件的复印件，其中附有请求人的声明书复印件1页、瑞昌铝箔股份有限公司给农友种苗开具的订购单复印件1页、农友种苗股份有限公司2003年3月6日开具的用于包装种子用的其他材料制造费用的开支请示及付款单复印件1张、瑞昌铝箔股份有限公司开具的包装袋的费用发票复印件1张、瑞昌铝箔股份有限公司开具的包装袋的费用发票复印件1张、农友种苗有限公司2003年5月7日开具的用于包装种子用的其他材料制造费用的开支请示及付款单复印件1张、瑞昌铝箔股份有限公司开具的包装袋186,200袋的费用发票复印件1张。

附件6：瑞昌铝箔股份有限公司出具的"于2002年12月受农友种苗股份有限公司的委托，代为印刷华珍种子包装袋"的证明复印件2页，并在证明附件中附有包装袋图样复印件4页。

附件7：台湾高雄地方法院公证处第001628号公证认证文件的复印件，其中附有请求人的声明书复印件1页、农友种苗有限公司1998年7月8日开具的用于包装种子用的其他材料制造费用的开支请示及付款单复印件1张、瑞昌铝箔股份有限公司1998年5月27日开具的包装袋费用发票复印件1张、1998年5月给农友种苗股份有限公司发货的厂商发货证明复印件3页、农友种苗有限公司1998年10月7日开具的用于包装种子用的其他材料制造费用的开支请示及付款单复印件1张、瑞昌铝箔股份有限公司1998年8月19日开具的包装袋的费用发票复印件1张、1998年8月给农友种苗股份有限公司发货的厂商发货证明复印件2页。

附件8：瑞昌铝箔股份有限公司出具的"于1998年5月受农友种苗股份有限公司的委托，代为印刷华珍种子包装袋"的证明复印件2页，并在证明附件中附有包装袋图样复印件4页。

请求人针对上述证据陈述的本专利不符合专利法第23条的规定的理由为：附件2的第102页上公开有与本专利相同的外观设计图片，在《农友种苗》上的尾页标有"1997×30000"，表示其为1997年印刷，30000本，附件2中其他单据的时间用于证明《农友种苗》公开日期在本专利的公开日之前；附件3的第88页上公开有与本专利相同的外观设计图片，在《农友种苗》上的尾页标有"1997×6000"，表示其为1997年印刷，6000本，附件3中其他单据的时间用于证明《农友种苗》公开日期在本专利的公开日之前；附件4中《农友种苗股份有限公司简介》的尾页标有2001年2月×5000，附件4中的其他单据用于证明该简介印刷日为2001年；附件5是2002年12月印刷华珍包装袋的请示及付款单和印刷费用发票，附件6是印刷包装袋的瑞昌铝箔股份有限公司对该印刷事实的证明和包装袋图样，其包装袋图样与本专利的外观设计专利属于相同的外观设计，其公开日期在本专利的公开日之前；附件7是1998年5月印刷华珍包装袋的请示及付款单和印刷费用发票，附件8是印刷包装袋的瑞昌铝箔股份有限公司对该印刷事实的证明和包装袋图样，其包装袋图样与本专利的外观设计专利属于相同的外观设计，其公开日期在本专利的公开日之前。综上所述，专利号为03307617.0的外观设计在其申请日之前，该外观设计已经在国内外公开出版物上公开发表过，在国内公开使用过，因此，不符合专利法第23条的规定，应被宣告无效。

经形式审查合格后，专利复审委员会受理了上述请求，于2006年10月11日向双方当事人发出无效宣告请求受理通知书,并将无效宣告请求书及其附件的副本转送给专利权人,要求其在指定期限内陈述意见。

2006年11月3日专利权人提交了意见陈述书,提出如下意见:(1)请求人提供的附件2~5.7中有姓名为陈龙木的声明书,首先,因为陈龙木为"农友种苗股份有限公司"的代表人,与请求人之间存在利害关系,因此对其声明内容的真实性有异议;其次,附件2.3.4中的《农友种苗》中英文版和《农友种苗股份有限公司简介》并非公开出版物,没有出版号、出版时间等标志,不能证明其公开发表过,而且,其仅仅是内部刊物,并不是包装袋,没有公开包装袋产品所采用的设计方案,其上的图片并没有公开本专利包装袋后视图的图案,也没有公开本专利包装袋主视图的形状、图案和色彩,其上的图片与本专利包装袋的外观设计没有可比性。(2)附件5中提到的农友种苗股份有限公司于2002年12月委托瑞昌铝箔股份有限公司印刷华珍彩色包装袋,但没有提供彩色包装袋的图样,因此附件5不能证明本专利不符合专利法第23条的规定,基于同样的理由,附件7也不能证明本专利不符合专利法第23条的规定。(3)请求人提供的附件6.8是瑞昌铝箔股份有限公司的证明,附件6.8不符合证据的要求,瑞昌铝箔股份有限公司是台湾的公司,该证据属于域外证据,但没有履行相应的证明手续,因此附件6.8不能证明本专利不符合专利法第23条的规定。

专利复审委员会于2007年2月27日向双方当事人发出口头审理通知书,定于2007年4月12日进行口头审理。

口头审理如期举行,双方委托的代理人出席了口头审理并陈述了意见。双方当事人对合议组成员无回避请求。双方当事人对对方出庭人员身份无异议。请求人当庭提交了北京市公证协会转交的附件2~5.7的公证文件,并提交了公证文件的原件,以及附件2~8中所涉及的声明书及公证文件所涉及的附件的原件。请求人明确无效理由为:本专利不符合专利法第23条的规定。请求人明确附件2~8用于证明本专利的外观设计在其申请日之前公开发表的事实。请求人提出增加附件2、附件3还可证明本专利与在先版权相冲突的理由,合议组当庭告知该无效理由的提出已超过增加理由的期限,合议组不予考虑。专利权人明确表示:对所有附件的原件和复印件的一致性没有异议,对附件2~5.7由北京市公证员协会转交的公证文件的真实性没有异议,并对附件2~5.7的公证程序以及公证书本身真实性没有异议,对公证书中所涉及的《农友种苗》(包括中英文版)、开支请示及付款单、发票、报价单、《农友种苗股份有限公司简介》、订购单、签收单的真实性没有异议,但是对上述证据的关联性有异议;对附件6、附件8的真实性有异议。鉴于双方有和解愿望,合议组给予双方七天和解时间。

和解期限已届满,合议组未收到双方达成和解而撤回无效宣告请求的声明。

至此,合议组经合议,认为本案事实清楚,可以依法作出本审查决定。

二、决定的理由

1. 法律依据

基于请求人提出无效宣告请求所依据的事实和理由,合议组对本专利是否符合专利法第23条的规定进行审查。

专利法第23条规定:授予专利权的外观设计,应当同申请日以前在国内外出版物上公开发表过或者国内公开使用过的外观设计不相同和不相近似,并不得与他人在先取得的合法权利相冲突。

2. 证据和事实认定

附件6、8均为中国台湾的瑞昌铝箔股份有限公司出具的证明及附件(包装袋图样和包装袋),该两份证据属于在台湾地区形成的。根据审查指南第四部分第八章第2.2.2节规定:"当事人向专利复审委员会提供的证据是在香港、澳门、台湾地区形成的,应当履行相关的证明手续"。但是请求人并没有对这两份证据履行相关证明手续,合议组认为证据6、8在形式要件上不符合规定,在专利权人又对这两份证据的真实性有异议的情况下，合议组对这两份证据不予采信。

附件5、7是涉及农友种苗股份有限公司委托印刷华珍包装袋订购单、开支请示及付款单、印刷费用发票和厂商发货证明的公证书，请求人主张将附件5、7分别与附件6、8结合能证明农友种苗有限公司印刷的包装袋外观设计具体内容，其结合能形成完整的证据链，但在合议组对附件6、8不予采信的情况下，附件5、7单独使用不能形成完整的证据链。因此，请求人以附件5至附件8证明所示外观设计已在先公开的主张不能成立。

附件2是农友种苗股份有限公司印刷的《农友种苗》第16期中文版相关页以及印刷过程中产生的相关票据的公证书，请求人在口审中提交了经北京市公证协会转交的该公证书，并提交了《农友种苗》第16期中文版原件及相关票据的原件，专利权人对《农友种苗》第16期中文版及相关票据的真实性无异议，故本案合议组对附件2予以采信。

附件3是农友种苗股份有限公司印刷的《农友种苗》第16期英文版相关页以及印刷过程中产生的相关票据的公证书，请求人在口审中提交了经北京市公证协会转交的该公证书，并提交了《农友种苗》第16期英文版原件及相关票据的原件，专利权人对《农友种苗》第16期英文版及相关票据的真实性无异议，故本案合议组对附件3予以采信。

附件4是农友种苗股份有限公司印刷的《农友种苗股份有限公司简介》相关页以及印刷过程中产生的相关票据的公证书，请求人在口审中提交了经北京市公证协会转交的该公证书，并提交了《农友种苗股份有限公司简介》原件及相关票据的原件，专利权人对《农友种苗股份有限公司简介》及相关票据的真实性无异议，故本案合议组对附件4予以采信。

请求人提交的附件2中《农友种苗》第16期中文版封底上印有1997×30000，请求人提出其中1997就表示1997年印刷的，30,000为印刷数量。该附件中的农友种苗股份有限公司开支请示及付款单上用途一栏记载为"种苗目录第16期印刷费"，开支日期为1997年8月6日，开支金额为1,864,500元。该附件中的秋雨印刷股份有限公司出具的发票上日期1997年7月21日，买受人为"农友种苗（股）公司"，品名为"产品种苗目录"，数量为30000本，总计金额为1,864,500元。开支请示及付款单与发票上的金额、数量、用途、品名是吻合的，相互印证。在此基础上，合议组认为根据上述证据可以证明在1997年7月21日秋雨印刷股份有限公司收到了农友种苗股份有限公司印刷《农友种苗》第16期中文版的费用，即可证明《农友种苗》第16期中文版在1997年7月21日已印刷完成及印刷数量为30000本。从而结合《农友种苗》中文版封底"1997×30,000"字样可印证其印刷时间为1997年，且其作为广告宣传册，在其真实性可确认的情况下，符合审查指南中关于出版物的规定，即可认定属于本专利申请日前的出版物。

请求人提交的附件3中《农友种苗》第16期英文版封底上印有1997×6,000，请求人提出其中1997就表示1997年印刷的，6,000为印刷数量。该附件中的农友种苗股份有限公司开支请示及付款单上用途一栏记载为"种苗目录（英文版）6,000本印刷费"，开支日期为1997年12月31日，开支金额为489,000元。该附件中的秋雨印刷股份有限公司出具的发票上日期为1997年11月28日，买受人为"农友种苗（股）公司"，品名为"97年产品目录（英文版）"，数量为6000本，总计金额为489,000元。开支请示及付款单与发票上的金额、数量、用途、品名是吻合的，相互印证。在此基础上，合议组认为根据上述证据可以证明在1997年11月28日秋雨印刷股份有限公司收到了农友种苗股份有限公司印刷《农友种苗》英文版的费用，即可证明《农友种苗》英文版在1997年11月28日已印刷完成及印刷数量为6000本。从而结合《农友种苗》英文版封底"1997×6,000"字样可印证其印刷时间为1997年，且其作为广告宣传册，在其真实性可确认的情况下，符合《审查指南》中关于出版物的规定，即可认定属于本专利申请日前的出版物。

请求人提交的附件4中《农友种苗股份有限公司简介》封底上印有2001年2月×5000，请求人提出其中2001年2月是印刷时间，5000为印刷数量。该附件4中的农友种苗股份有限公司开支请示及付款单上用途一栏写的是"简介印刷费用（5000本）"，开支日期为2001年4月9日，开支金额为78000元。该附件中的秋雨印刷股份有限公司出具的发票上日期为2001年3月26日，买受人为"农友种苗股份有限公司"，品名为"简介"，数量为5000本，总计金额为78000元。开支请示及付款单与发票上的金额、数量、用途、品名是吻合的，相互印证。在此基础上，合议组认为根据上述证据可以证明在2001年3月26日秋雨印刷股份有限公司收到了农友种苗股份有限公司印刷《农友种苗股份有限公司简介》的费用，即可证明《农友种苗股份有限公司简介》在2001年3月26日已印刷完成及印刷数量为5000本。从而结合《农友种苗股份有限公司简介》封底"2001年2月×5,000"字样可印证其印刷时间为2001年，且其作为广告宣传册，在其真实性可确认的情况下，符合审查指南中关于出版物的规定，即可认定属于本专利申请日前的出版物。

3. 本专利是否符合专利法第23条的规定

附件2和附件3中《农友种苗》第16期中文版的第102页、《农友种苗》第16期英文版的第88页的右上角分别都有一副关于华珍玉米的图片，画面为两根黄色的玉米和三根绿色的玉米交叉放在一个筐子里，筐子下面还有一根绿色的和一根黄色的玉米。请求人提出这两幅图与本专利的包装袋上的图相同，因此，在本专利的申请日之前已经有相同的外观设计公开发表。合议组认为，上述图片并不能显示涉及包装袋的外观设计，仅为一副图片，即不能确认是某种具体产品的外观设计，无从认定与本专利所示的包装袋在产品种类上是否相同或相近。根据审查指南的规定，产品种类不相同也不相近的外观设计，不再进行比较判断，即认定其不相近似。因此本专利与附件2、3出版物中所示的图片不属于相同或相近似的外观设计，其不能证明本专利不符合专利法第23条的规定。

请求人指定附件4中《农友种苗股份有限公司简介》第12页左上角的一副图片为对比外观设计，图片下方印有文字"本公司贩卖的一部分种子，用彩色袋及罐头小包装"。合议组认为，结合该图片内容及其文字说明可以确认该图片为包装袋产品的外观设计（下称在先设计），即与本专利产品包装袋属相同种类产品，可进一步进行外观设计对比。

在先设计包装袋上有两个黄色的玉米，其底色为绿色，但未清楚显示具体图案内容，包装袋的左下角有红色文字。详见在先设计附图。

本专利请求保护色彩，包装袋的正面色彩、图案内容为有两个黄色玉米和三个绿色玉米交叉放在一个筐子上，筐子下面还有一个绿色的和一个黄色的玉米，右上角有红色的中文字"夏珍"和其英文"BRIGHT JEAN"文字。包装袋背面为绿色底色，其上有多行细小文字及图表等设计。详见本专利附图。

将本专利与在先设计相比较，合议组认为，由于在先设计包装袋未清楚地展示其正面的图案，无法判断画面中两个黄色玉米之后的具体图案内容，未显示本专利所示玉米置于筐子上及筐子下面的玉米等主体图案，未显示包装袋的右上角是否有红色文字，据此尚不足以认定二者整体视觉效果相近似。因此，请求人认为本专利与在先设计属于相近似的外观设计不能成立，即附件4不能证明本专利不符合专利法第23条的规定。

综上所述，请求人提交的证据不能支持其主张，其无效宣告请求理由不能成立。

三、决定

维持03307617.0号外观设计专利权有效。

当事人对本决定不服的，可以根据专利法第46条第2款的规定，自收到本决定之日起三个月内向北京市第一中级人民法院起诉。根据该款的规定，一方当事人起诉后，另一方当事人应当作为第三人参加诉讼。

主视图   后视图

本专利附图

在先设计附图

温控器

无效宣告请求审查决定（第 9741 号）

决 定 号	第 9741 号
决 定 日	2007 年 4 月 25 日
发明创造名称	温控器
外观设计分类号	10-05-T0178
无效宣告请求人	施特里克斯有限公司
专 利 权 人	邵志成
专 利 号	00323624.2
申 请 日	2000 年 7 月 24 日
授权公告日	2001 年 2 月 14 日
合议组组长	张跃平
主 审 员	马桂丽
参 审 员	瑜 佳
附 图	2 页

法 律 依 据 专利法实施细则第 2 条第 3 款，专利法第 23 条

决 定 要 点

对于具有形状、图案的工业产品的外观设计而言，如果请求人没有提供证据证明该工业产品不能通过工业方法生产出来，或者本专利的外观设计不具有美感，则不能认为该设计不是专利法意义上的外观设计。

由于使用而导致技术方案的公开，或者导致技术方案处于公众可以得知的状态，这种公开方式称为使用公开。因此，所谓使用公开，实际上就是公众中不负有保密义务的人通过具体接触或者能够接触一种产品或者一种方法，而知晓其技术方案的行为。

使用公开包括进口，如果进口单位对进口产品不负有保密义务，则该进口单位作为"公众中不负有保密义务的人"即可通过进口行为而知晓该进口产品的技术方案，而该进口产品也因为该进口行为而在国内使用公开。对于通过有关进口行为证明进口产品在国内使用公开的情况，如果当事人提交的各种有关进口行为的证据可以证明该进口产品已经脱离海关监管，准予放行的，则可认为该进口行为已经完成，而其放行日期成为该进口产品在中国境内的公开日。

对于一般消费者来说，通过从温控器上开关键侧面的形状、开关键是否是阶梯形、开关键上是否有弧形圈等区别，在试图购买温控器时很容易将本专利与 R4802 产品区分开，不会相混淆。因此，本专利的外观设计与 R4802 产品的外观设计不相近似。

一、案由

本无效宣告请求涉及国家知识产权局于 2001 年 2 月 14 日授权公告的 00323624.2 号外观设计专利，其名称为"温控器"，申请日是 2000 年 7 月 24 日，专利权人是邵志成。

针对上述专利权（下称本专利），施特里克斯有限公司（下称请求人）于 2006 年 2 月 14 日向专利复审委员会提出无效宣告请求，理由是该外观设计专利不符合专利法实施细则第 2 条第 3 款和专利法第 23 条的规定，应当被宣告无效。请求人所提供的作为证据的附件如下：

附件 1：本专利 00323624.2 号外观设计专利公告文本复印件共 1 页；

附件 2A：经公证的编号为 781-1384-4250 的中国东方航空公司的空运单复印件及其中文译文（上述词语"经公证的"含义为：复印件的背面盖有"中国法律服务（香港）有限公司的中华人民共和国司法部委托香港律师办理内地使用的公证文书的转递专用章"，并有说明字样"兹证明此复印件与当事人提供的该文件原本相符"，以下"经公证的"与此处的含义相同），其上记载的班机日期为 2000 年 1 月 17 日，托运人为施特里克斯（香港）有限公司，收货人为台州市云峰电器有限公司，货品型号为 R4802，名称为温控器，数量为 9000 件，离境机场为香港，目的地为宁波，公证日为 2003 年 5 月 14 日（公证书原件在专利复审委员会编号为 5W05822 的案卷中），复印件共 3 页；

附件 2B：经公证的施特里克斯公司开具的 143391 号发票复印件及其中文译文，发票日期为 2000 年 1 月 13 日，账单及运货至台州市云峰电器有限公司，货品型号为 AR4802，名称为电热水壶温控器，数量为 9000 件，公证日为 2003 年 5 月 14 日（公证书原件在专利复审委员会编号为 5W05822 案卷中），复印件共 3 页；

附件 2C：经公证的宁波海关出具的相对应于施特里克斯公司委托中国东方航空公司空运至宁波的该批 9000 件编号 R4802 货物的进口货物报关单的公证书复印件，提单号为 781-13844250，海关放行日为 2000 年 1 月 19 日，复印件共 3 页；

附件 3A：经公证的施特里克斯公司与台州市云峰电器有限公司签订的编号为 CRF1223/1&CRF1276/1 销售合同的传真件及其中文译文，传真日期为 2000 年 4 月 13 日，复印件共 3 页；

附件 3B：经公证的台州市云峰电器有限公司向施特里克斯公司发出的要求修改编号为 CRF1223/1&CRF1276/1 销售合同中货物定购数量的传真件，传真日期为 2000 年 5 月 17 日，复印件共 2 页；

附件 3C：经公证的就编号为 CRF1223/1 销售合同由施特里克斯公司为台州市云峰电器有限公司开具的估价发票传真件及其中文译文，传真日期为 2000 年 5 月 19 日，复印件共 3 页；

附件 3D：经公证的云峰公司就编号为 CRF1223/1 销售合同中定购货物的境外汇款申请书客户收条，复印件共 2 页；

附件 3E：经公证的编号为 781-1546-7896 的中国东方航空公司空运单及其中文译文，复印件共 3 页；

附件 3F：经公证的施特里克斯公司给台州市云峰电器有限公司发出的确认函及编号为 146485 的发票传真件及其中文译文，复印件共 6 页；

附件 3G：经公证的宁波海关出具的相对应于施特里克斯公司委托中国东方航空公司空运至宁波的 4500 件编号 R4802 货物的进口货物报关单的公证书复印件，提单号为 781-15467896，海关放行日为 2000 年 7 月 5 日，复印件共 5 页；

以上附件 3A-3F 公证书的原件在专利复审委员会编号为 6W04257 的案卷中；

附件 4：经公证的施特里克斯公司司徒志发于 2003 年 12 月 5 日在香港所作的声明，公证日为 2003 年 12 月 12 日，以及该声明所附的经公证的司徒志发香港身份证复印件和经公证的一件 R4802 温控器实物，附件 4 的原件在专利复审委员会编号为 5W05822 的案卷中；

附件5：台州市云峰电器有限公司张子峰出具的证明书及附件复印件共17页，附件5的原件在专利复审委员会编号为5W06672的案卷中；

附件6：R4802实物多面图形。

请求人在无效宣告请求书中认为：（1）本专利缺乏美感，本专利仅有形状要素，而没有图案和色彩，因此本专利并没有足够用于刺激消费者视觉的形状，不能给消费者带来任何美的感受，其结构杂乱无序，线条反复而无法使人产生视觉上的愉悦感受。这种工业品属于内部元器件，没有任何特别的外观，不存在特别的创作部位，既无美感也物设计可言。因此，本专利不符合专利法实施细则第2条第3款的规定。（2）①附件2证明整个销售过程，形成一个完整的证据链，证明了施特里克斯公司销售给台州市云峰电器有限公司该批R4802型温控器的这个进口行为已在本专利申请日之前的2000年1月17日完成；②附件3证明了两批R4802货物先后由云峰电器有限公司于2000年1月17日及2000年7月1日从请求人的香港公司进口至中国境内，有关交易已经完成，即R4802货物在被请求人外观设计专利的申请日前就已经在中国境内公开使用过；③附件4是R4802温控器实物及来源的证明，将附件4与被请求外观设计进行比较可以发现，被请求外观设计的物品是温控器，对比文件的物品也是温控器，因此被请求人外观设计与对比文件的物品相同，两者属相同种类产品的外观设计，两者在色彩和图案方面没有差异，故此只需进行形状的比较。比较后明显看出两设计无论从主视图、后试图、左试图、右视图的形状均非常相似，故此两设计整体上属近似设计。综上所述，专利号为03307617.0的外观设计在其申请日之前，该外观设计已经在国内公开使用过，因此，不符合专利法第23条的规定，应被宣告无效。

专利复审委员会于2006年3月22日发出了无效宣告请求补正通知书（一），告知请求人请求书表格中代理人的个数与委托书上的代理人个数不一致，附件清单与实际递交文件的页数不符。

2006年3月30日，请求人提交了补正书，并将请求书表格代理人修改为两人，将附件清单修改为与实际递交文件的页数相符。

经形式审查合格，专利复审委员会受理了该无效宣告请求，并于2005年5月12日向双方当事人发出了无效宣告请求受理通知书，同时将无效宣告请求书及附件的副本转送专利权人，要求其在指定的期限内答复。

2006年6月27日专利权人提交了意见陈述书，指出：（1）本专利符合专利法实施细则第2条第3款的规定，理由如6W04257决定书。（2）附件2中货品的名称均不相同，型号也不相同，无法知道制造商通过哪些渠道销到中国，无法构成销售证据链，请求人没有列明证据来源地，证据的提交不符合《最高人民法院关于民事诉讼证据的若干规定》，也不符合《北京市高级人民法院关于办理各类案件有关证据问题的规定》。附件3中货品名称均不相同，型号也不相同，无法知道制造商通过哪些渠道销到中国，无法构成销售证据链，而且请求人没有列明证据来源地，证据的提交不符合《最高人民法院关于民事诉讼证据的若干规定》，也不符合《北京市高级人民法院关于办理各类案件有关证据问题的规定》，显然是拼凑出来的证据链，无法证明上述专利在申请日前公开销售过。关于实物来源证明，专利权人认为只通过司徒志发的香港人作的声明书只能证明该实物源于2003年12月5日，无法证明其根据实物所绘制的图是否就是当时所出售温控器实物。

请求人于2007年1月9日提交了第9318号无效宣告请求审查决定书共15页。

请求人专利权人都没有提交口审回执。

专利复审委员会于2007年2月27日向双方当事人发出口头审理通知书，定于2007年4月12日进行口头审理。

口头审理如期举行，请求人的委托代理人董巍、张焱，专利权人的委托代理人蔡蔚毅参加了口头审理。在口头审理中，双方当事人对对方的身份及资格无异议，对合议组成员无回避请求。请求人明确无效理由为本专利外观设计专利不符合专利法第 23 条和专利法实施细则第 2 条第 3 款的规定，具体以附件 2、附件 3 两组证据作为在先公开使用的证据，附件 2 中的附件 2A、2C 是用于证明其进口行为成立的直接证据，附件 2B 是间接证据，附件 3 中的附件 3E、3G 是用于证明其进口行为成立的直接证据，附件 3 中的其余证据为间接证据。请求人当庭提交附件 2C、3G 公证书的原件，并出示了附件 2C、3G 所公证的报关单的原件。专利权人对附件 2A、2B 的真实性没有异议。专利权人对附件 3A 的公证行为的真实性没有异议，但对其内容的真实性有异议，对附件 3B、3C、3D、3E、3F 的真实性有异议。专利权人对附件 3G 的真实性没有异议。专利权人对附件 4、5 的真实性有异议。

至此，合议组经合议，认为本案事实清楚，可以依法作出本审查决定。

二、决定的理由

1. 证据的认定

附件 1 是本专利公报，经合议组核实，其内容真实，可用以说明本专利的授权范围。

审查指南第四部分第八章第 2.2.2 节的规定，域外证据应当经所在国公证机关予以证明，并经中华人民共和国驻该国使领馆予以认证，当事人向专利复审委员会提供的证据是在香港地区形成的，应当履行相关的证明手续。最高人民法院《关于民事诉讼证据的若干规定》第 11 条关于域外证据证明手续中也规定，凡发生在香港地区的法律行为、有法律意义的事实和文书的公证事项，可由我国司法部委托的香港律师办理。

附件 2A 航空货运单的形成地在香港，其原件的背面盖有蓝色"中国法律服务（香港）有限公司的中华人民共和国司法部委托香港律师办理内地使用的公证文书的转递专用章"，并有说明字样"兹证明此复印件与当事人提供的该文件原本相符"。可见，附件 2A 的证明手续符合上述审查指南第四部分第八章第 2.2.2 节和最高人民法院《关于民事诉讼证据的若干规定》第 11 条的规定，且专利权人对作为附件 2A 的真实性也予以认可，因此，合议组对附件 2A 的真实性予以认可。

附件 2B 发票的形成地在英国，其已经由香港律师进行公证，但根据上述审查指南第四部分第八章第 2.2.2 节的规定，该证据应当由证据形成地即英国的公证机关予以证明，并经中华人民共和国驻英国使领馆予以认证，鉴于专利权人对该证据的真实性无异议，因此虽然该证据的证明手续仍然不完备，但合议组对其真实性予以认可。

附件 2C 为北京市海淀第二公证处出具的公证书，包括提单号为 781-13844250 的进口货物报关单复印件，以及证明该报关单复印件与原件相符的（2005）京海民证字第 2226 号公证书，专利权人对附件 2C 的真实性予以认可，合议组对其真实性也予以认可。

专利权人对附件 3A-3F 的真实性有异议，针对这些证据，合议组认为附件 3A、3B、3C、3F 公证书针对的原件就是传真件，而由于传真件伪造起来很容易，其真实性难以确定，因此，合议组对附件 3A、3B、3C、3F 的真实性不予认可。附件 3D 为台州市云峰电器有限公司的境外汇款申请书客户收条，由于该证据进行了合法的公证手续，并且这种单据是可以进行查证的，因此合议组对其真实性予以认可。但由于该收条上信息与本案没有直接关系，该收条上仅写明用于进口商品，但是没有公开进口什么型号的什么商品，因此该收条与本案的温控器没有关联性，因此，合议组对其不予采信。附件 3E 采用了与附件 2A 相同的公证手续，其公证手续合法有效，因此合议组对其真实性予以认可。

附件 3G 为北京市海淀第二公证处出具的公证书，包括提单号为 781-15467896 的进口货物报关单复印件，以及证明该报关单复印件与原件相符的（2005）京海民证字第 2227 号公证书，专利权人对附件 3G 的真实性予以认可，合议组对其真实性也予以认可。

附件 4 为施特里克斯公司亚洲区销售经理司徒志发在香港所作的声明，其形成地在香港，符合上述审查指南第四部分第八章第2.2.2节和最高人民法院《关于民事诉讼证据的若干规定》第11条的规定。合议组认为，附件4不能单独作为本合案的定案依据，而应作为佐证与其他直接证据结合进行考虑。

附件5中的证明书原件上盖有"台州市云峰电器有限公司"红章并签有进口部张子峰签名，合议组认为，该证明书所包括的"我公司于2000年1月收到从英国STRIX公司订购的型号为R4802的温控器"以及"附件中所包括的R4802温控器与2000年1月进口的产品相同"的内容不能单独作为本合案的定案依据，而应作为佐证与其他直接证据结合进行考虑。

附件4声明所附的经公证的请求人提供了一件R4802温控器实物、附件6的温控器产品结构图，合议组认为，在无相反证据证明其系伪造的情况下，根据该实物上印制的产品型号可以与其他证据结合来佐证本专利是否在先使用公开。

2. 本专利是否符合专利法实施细则第2条第3款的规定

专利法实施细则第2条第3款规定：专利法所称外观设计是指对产品的形状、图案或者其结合以及色彩与形状、图案的结合所作出的富有美感并适用于工业应用的新设计。

对于具有形状、图案的工业产品的外观设计而言，如果请求人没有提供证据证明该工业产品不能通过工业方法生产出来，或者本专利的外观设计不具有美感，则不能认为该设计不是专利法意义上的外观设计。

在本案中，请求人认为本专利的外观设计除了给消费者留下杂乱的印象外，并不能带来任何美的感受，其结构杂乱无序，线条反复而无法使人产生视觉上的愉悦感受，该设计并非产品的外部设计，而是产品的内部结构和功能的集合，不具有专利法意义上的富有美感的设计的定义。合议组认为，本专利"温控器"是具有形状、图案的工业产品，在请求人既没有提供证据证明本专利"温控器"不能通过工业方法生产出来，也没有提供证据证明该外观设计不具有美感的情况下，不能仅依据请求人的主管判断来确定本专利的外观设计不具有美感。因此，请求人关于本专利不符合专利法实施细则第2条第3款的规定的主张不能成立。

3. 本专利是否符合专利法第23条的规定

专利法第23条规定：授予专利权的外观设计，应当同申请日以前在国内外出版物上公开发表过或者国内公开使用过的外观设计不相同和不相近似，并不得与他人在先取得的合法权利相冲突。

审查指南第二部分第三章第2.13.2节规定：由于使用而导致技术方案的公开，或者导致技术方案处于公众可以得知的状态，这种公开方式称为使用公开。因此，所谓使用公开，实际上就是公众中不负有保密义务的人通过具体接触或者能够毫无障碍地接触一种产品或者一种方法，而知晓其技术方案的行为。使用公开包括进口，如果进口单位对进口产品不负有保密义务，则该进口单位作为"公众中不负有保密义务的人"即可通过进口行为而知晓该进口产品的技术方案，而该进口产品也因为该进口行为而在国内使用公开。对于通过有关进口行为证明进口产品在国内使用公开的情况，如果当事人提交的各种有关进口行为的证据可以证明该进口产品已经脱离海关监管，准予放行的，则可认为该进口行为已经完成，而其放行日期成为该进口产品在中国境内的公开日。

本合案中，附件2A是编号为781-1384-4250的中国东方航空公司的空运单复印件及其中文译文，其班机日期为2000年1月17日，托运人为施特里克斯（香港）有限公司（STRIX（HK）LTD），收货人为台州市云峰电器有限公司，离境机场为香港，货品型号为R4802，货品数量为9000件；附件2C是中华人民共和国北京市海淀第二公证处出具的公证书，包括盖有中华人民共和国宁波海关行政案件专用章的进口货物报关单复印件，以及证明复印件与原件相符的公证书，报关单上记载的提单号为781-13844250，进口日期为2000年1月17日，放行日期为2000年1月19日，收货单位为台州市云峰电器有限公司，货名为温控器零件，货品数量为 9000 只，产销国为英国，征免性质为进料加工。由此可见，附件 2A 与附件 2C 之间在空运单编号和提单号、班机日期和进口日期、收货人和收货单位、货品数量上一一对应，且附件 2A 中记载有货品型号，附件 2C 中记载有货品名称，因此，附件 2A 和附件 2C 之间相互印证，证明了台州云峰电器有限公司自施特里克斯（香港）有限公司进口 R4802 型温控器的进口行为已在本专利申请日之前的 2000 年 1 月 19 日完成。同时，附件 2B 可以作为佐证，证明施特里克斯公司已经收到该次进口行为所涉及 R4802 共 9000 件的货款，因此该次进口行为成立。合议组注意到虽然附件 2C 报关单上记载的征免性质为进料加工，用途为返销，但是，实际情况是台州市云峰电器有限公司自施特里克斯（香港）有限公司进口 R4802 温控器后用于生产电热水瓶等产品，这种 R4802 温控器进入台州市云峰公司后，进行加工生产、制成品外销国外的过程与施特里克斯公司不再有任何关系，也并没有与施特里克斯公司签署任何保密协议，因此在台州市云峰电器有限公司内部对 R4802 温控器的技术内容并不负有保密义务。所以，该批 R4802 温控器的技术内容自其放行日 2000 年 1 月 19 日起已经在国内被使用公开。

同样的道理，附件 3E 和附件 3G 组合在一起也能够形成完整的证据链。附件 3E 是编号为 781-1546-7896 的中国东方航空公司的空运单复印件及其中文译文，其班机日期为 2000 年 7 月 1 日，托运人为施特里克斯（香港）有限公司（STRIX（HK）LTD），收货人为台州市云峰电器有限公司，离境机场为香港，货品型号中包括 R4802，其货品数量为 4500 件；附件 3G 是中华人民共和国北京市海淀第二公证处出具的公证书，包括盖有中华人民共和国宁波海关行政案件专用章的进口货物报关单复印件，以及证明复印件与原件相符的公证书，其中包括三张报关单，第三张报关单上记载的提单号为 781-15467896，进口日期为 2000 年 7 月 1 日，放行日期为 2000 年 7 月 5 日，收货单位为台州市云峰电器有限公司，货名为温控器零件，规格为 R4802，货品数量为 4500 只，产销国为英国，征免性质为进料加工。由此可见，附件 2A 与附件 2C 之间在空运单编号和提单号、班机日期和进口日期、收货人和收货单位、货品数量、规格上一一对应，且附件 2A 中记载有货品型号，附件 2C 中记载有货品名称，因此，附件 2A 和附件 2C 之间相互印证，证明了台州云峰电器有限公司自施特里克斯（香港）有限公司进口 R4802 型温控器的进口行为已在本专利申请日之前的 2000 年 7 月 5 日完成。合议组注意到虽然附件 3G 报关单上记载的征免性质为进料加工，用途为返销，但是，实际情况是台州市云峰电器有限公司自施特里克斯（香港）有限公司进口 R4802 温控器后用于生产电热水瓶等产品，这种 R4802 温控器进入台州市云峰公司后，进行加工生产、制成品外销国外的过程与施特里克斯公司不再有任何关系，也并没有与施特里克斯公司签署任何保密协议，因此在台州市云峰电器有限公司内部对 R4802 温控器的技术内容并不负有保密义务。所以，该批 R4802 温控器的技术内容自其放行日 2000 年 7 月 5 日起已经在国内被使用公开。由于该次进口行为晚于附件 2A、2B、2C 所证明的进口行为，因此以下评述中仅采用了附件 2A、2B、2C 这组证据。

附件 4 中有 R4802 温控器实物样品，其上印有的绿色"R4802"字样与附件 2A 上的货品型号相对应，其上印有的"Strix"英文字样也与附件 2A 上的托运人相呼应，虽然专利权人认为无法证明该实物是附件 4 所涉及的在先使用公开行为中所进口的产品，但是专利权人并没有证据来证明其观点，根据常理推断，同一型号的产品其结构应当相同，且有附件 4 证明书内容"所附的 R4802 温控器与所出售的实际产品相同"为佐证，因此，附件 2A、2B、2C、4 结合起来证明了台州云峰电器有限公司自施特里克斯（香港）有限公司进口的 R4802 型温控器具有与附件 4 实物样品相同的结构，合议组将附件 4 的 R4802 实物样品与附件 6 的 R4802 结构图比较后，认可附件 4 所涉及的实物样品的结构与附件 6 的结构图一致，因此，附件 2A、2B、2C、4、6 构成一个完整的证据链，证明了如附件 6 结构图所示的与附件 4 的实物结构相同的 R4802 温控器自其放行日 2000 年 1 月 19 日起已经在国内被使用公开。

将与本专利的外观设计与附件4中的R4802实物样品、附件6的结构图进行比较可见，本专利不包括图案和色彩，仅仅需要进行形状的比对。本专利形状主要体现在左视图、右视图、主视图、后视图。从本专利的右视图（与左视图对称）看，该温控器开关键的翘动部分是近似弓形的；从主视图看，该温控器的开关键位于温控器中部，左右对称并且两边有两个凸出的转轴，从上到下是阶梯形的，并且阶梯逐渐加宽；从后视图看，温控器上部有一个花瓣形，花瓣形左、右方有方形固定件，花瓣形下方有半圆形固定件，下部为长方形，中间有一个圆孔，最下端是一个半圆形，半圆形的中间有一个圆孔。从附件4的R4802实物并结合附件6的结构图看，从R4802的侧面（与本专利左、右视图对应）看开关键的翘动部分是平直的；从上向下看（与本专利主视图对应），R4802产品的开关键也位于温控器中部，但其从上到下不是阶梯形的，并且开关键上有两个左右对称的弧形圈；从下向上看（与本专利后视图对应），R4802上部有一个花瓣形双金属片，金属片左、右方有方形固定件，金属片下方有半圆形固定件，下部为长方形，中间有两个方形孔，最下端是一个圆形，圆形的中间有一个圆孔。

通过上述分析可见，本专利与R4802的外观不相同，其区别主要在于：本专利开关键的翘动部分是弓形的，R4802开关键的翘动部分是平直的；本专利主视图中间的开关键部分从上到下是阶梯形的，而R4802的开关键部分不是阶梯形的；本专利主视图上开关键上并不包含左右对称的弧形圈；本专利后视图下部长方形部分中间有一个圆孔，R4802下部长方形部分中间有两个方形孔；本专利后视图最下端是一个半圆形，R4802最下端是一个圆形。合议组认为：对于一般消费者来说，通过从温控器上开关键侧面的形状、开关键是否是阶梯形、开关键上是否有弧形圈等区别，在试图购买温控器时很容易将本专利与R4802产品区分开，不会相混淆。因此，应认为本专利的外观设计与R4802产品的外观设计不相近似，因此，本专利符合专利法第23条的规定。

三、决定

维持00323624.2号外观设计专利权有效。

当事人对本决定不服的，可以根据专利法第46条第2款的规定，自收到本决定之日起三个月内向北京市第一中级人民法院起诉。根据该款的规定，一方当事人起诉后，另一方当事人应当作为第三人参加诉讼。

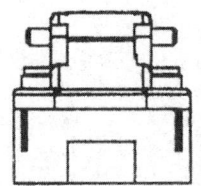

仰视图

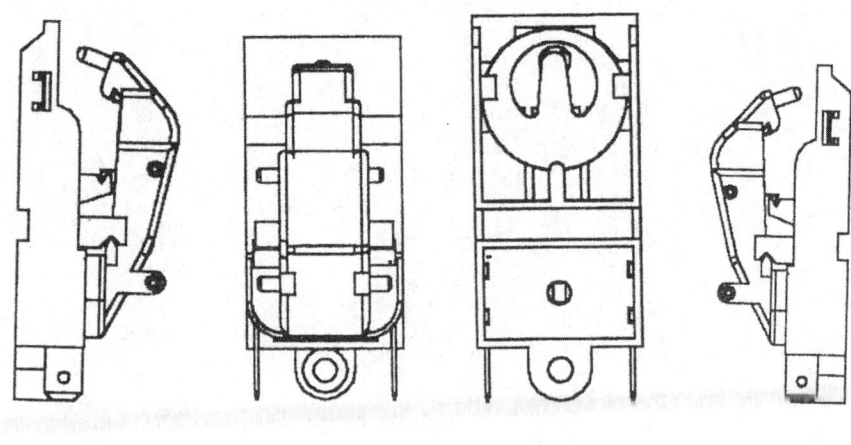

左视图　　主视图　　后视图　　右视图

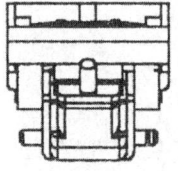

俯视图

本专利附图

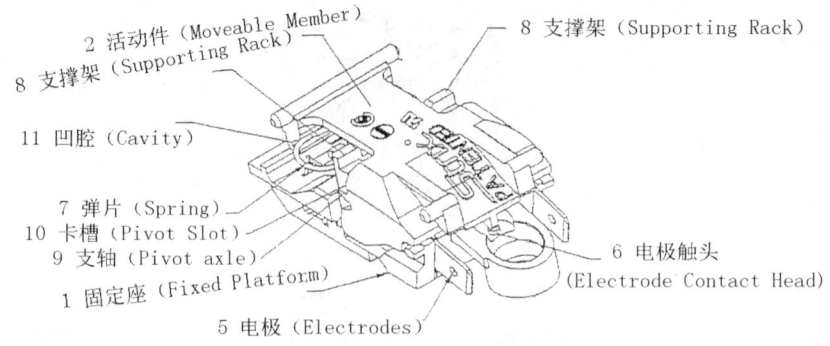

图（1）

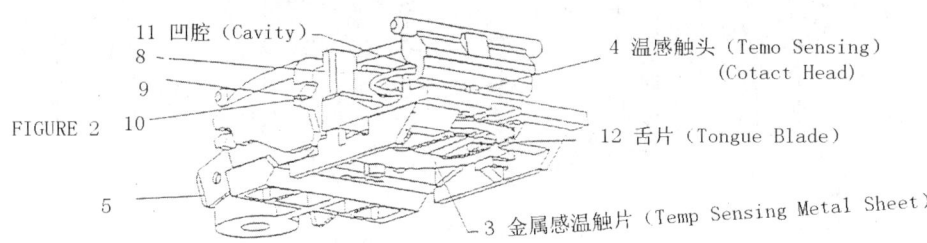

图（2）

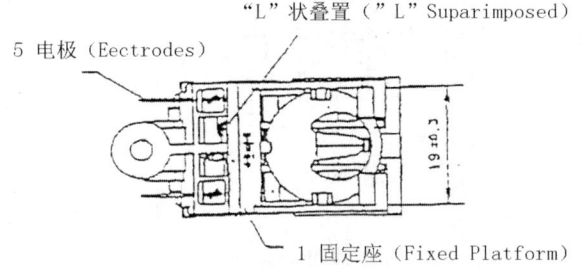

图（3）

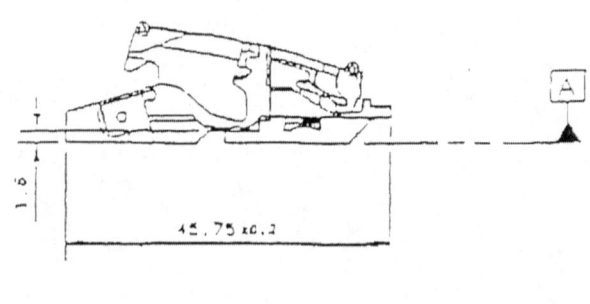

图（4）

附件 6 中 R4802 结构图

北京市第一中级人民法院
行政判决书

(2007) 一中行初字第1001号

原告邵志成，男，1973年10月4日出生，汉族，住中华人民共和国广东省佛山市南海区桂城街道南桂西路33号3座302房。

委托代理人蔡蔚毅，广州市南锋专利事务所有限公司专利代理人。

被告中华人民共和国国家知识产权局专利复审委员会，住所地中华人民共和国北京市海淀区北四环西路9号银谷大厦10~12层。

法定代表人廖涛，副主任。

委托代理人瑜佳，女，中华人民共和国国家知识产权局专利复审委员会审查员。

委托代理人郭鹏鹏，男，中华人民共和国国家知识产权局专利复审委员会审查员。

第三人施特里克斯有限公司，住所地英国人岛。

法定代表人麦克·詹姆斯·斯考特，集团技术总监。

委托代理人董巍，北京市德恒律师事务所律师。

委托代理人张焱，北京市德恒律师事务所律师。

原告邵志成不服被告中华人民共和国国家知识产权局专利复审委员会于2007年4月25日作出的第9741号无效宣告请求审查决定（以下简称被诉决定），向本院提起行政诉讼。本院受理后，依法组成合议庭，并依法通知与本案被诉决定存在法律上利害关系的施特里克斯有限公司作为本案第三人参加诉讼。2007年11月2日，本院依法公开开庭审理了本案。原告的委托代理人蔡蔚毅，被告的委托代理人瑜佳、郭鹏鹏以及第三人的委托代理人董巍到庭参加了诉讼。本案现已审理终结。2007年4月25日，被告依照第三人的无效请求，作出被诉决定，维持原告所有的第00323624.2号"温控器"外观设计专利（以下简称本专利）有效。为证明被诉决定合法，被告在法定期限内向本院提交了下列证据：1（被诉决定中的附件2A）：经公证的编号为781-1384-4250的中国东方航空公司的空运单复印件及其中文译文；2（被诉决定中的附件2B）：经公证的施特里克斯公司开具的143391号发票复印件及其中文译文复印件；3（被诉决定中的附件2C）：经公证的宁波海关出具的相对应于施特里克斯公司委托中国东方航空公司空运至宁波的该批9000件编号R4802货物的进口货物报关单的公证书复印件；4（被诉决定中的附件3A）：经公证的施特里克斯公司与台州市云峰电器有限公司签订的编号为CRF1223/1 & CRF1276/1销售合同的传真件及其中文译文复印件；5（被诉决定中的附件3B）：经公证的台州市云峰电器有限公司向施特里克斯公司发出的要求修改编号为CRF1223/1 & CRF1276/1销售合同中货物定购数量的传真件复印件；6（被诉决定中的附件3C）：经公证的就编号为CRF1223/1销售合同由施特里克斯公司为台州市云峰电器有限公司开具的估价发票传真件及其中文译文复印件；7（被诉决定中的附件3D）：经公证的云峰公司就编号为CRF1223/1销售合同中定购货物的境外汇款申请书客户收条；8（被诉决定中的附件3E）：经公证的编号为781-1546-7896的中国东方航空公司空运单及其中文译文复印件；9（被诉决定中的附件3F）：经公证的施特里克斯公司给台州市云峰电器有限公司发出的确认函及编号为146485的发票传真件及其中文译文；10（被诉决定中的附件3G）：经公证的宁波海关出具的相对应于施特里克斯公司委托中国东方航空公司空运至宁波的4500件编号R4802货物的进口货物报关单的公证书复印件；11（被诉决定中的附件4）：经公证的施特里克斯公司司徒志发于 2003 年 12 月 5 日在香港所作的声明及附件复印件；12（被诉决定中的附件5）；台州市云峰电器有限公司张子峰出具的证明书及附件复印件；13（被诉决定中的附件 6）：R4802实物多面图形；14（被诉决定中的附件 1）：本专利公告文本。原告诉称：第一，在无效过程中，我们对第三人提出的证据明确指出，各个证据组成证据链时相互印证存在问题，尤其对附件 2A、附件2B、附件 2C、附件 3D、附件 3E、附件 3G、附件 4、附件 5、附件 6 的真实性提出了质疑。对于前述证据，原告仅认可其形式上的真实性，但对其内容的真实性均不予认可。由于附件 3A、附件 3B、附件 3C、附件 3F 公证书针对的原件是传真件，其真实性难以确定，由于其他附件均与前述四份附件同在一份公证书中，因此，其他附件的真实性也不能认定。第二，附件 2A 是一份空运单复印件，其中标明运送的是 R4802SWITCH ASSEMBLY，中文应当是 R4802 开关组件，而非温控器。附件 2B 是一份传真复印件发票，根据其内容说明，应当源自英国，该证据应当进行公证、认证，而且该证据提到的 AR4802KETTLE CONTROL STEAM SWITCH 的中文应当是 AR4802 水壶控制蒸汽开关。附件 2C 是进口货物报关单，其中提到的货物名称是温控器零件。前述三个附件中均没有提到其中涉及的是本案的温控器。第三，附件 3E 也是一份空运单，其中标明运送的是 R4802SWITCH ASSEMBLY，中文应当是 R4802 开关组件，而非温控器。附件 3G 是报关单，其中提到的货名也是温控器配件。因此，附件3E 与附件 3G 也没有关联性。附件 4 是一份声明以及一个实物，其中的证人是第三人的高层管理人员，没有出席口审，也没有对该证人进行询问，因此无法证实该证据的真实性。对于第三人提供的实物，原告指出该实物样品上有 PATENT 字样，说明其是一个专利产品，原告据此主张该实物样品是一个在本专利申请日之后的专利产品，第三人应提供与该实物样品相对应的专利文件，否则第三人就是在造假。根据中华人民共和国最高人民法院《关于民事诉讼证据的若干规定》（以下简称《民诉证据规定》）第七十五条的规定，原告推定该实物样品产生在本专利申请日后。附件 5 是第三人提供给"台州市云峰电器有限公司"的资料做出来的附件，不具有真实性。第四，被诉决定将《审查指南》第二部分第三章 2.1.3.2 节规定中的"公众"改成公众中不负有保密义务的人，再进行判断从而导致使用公开的错误结论。因为"公众中不负有保密义务的人"不能代表公众，他们仅仅是公众中一小部分特定条件下的人，他们的得知并不表示处于公众可以得知的状态。第五，即使进口成立，这种进口也不能证明使用公开。根据附件 2C 和附件 3G 中"免征性质"、"进料加工"、"关税额"、"免征"、"0"、"用途"、"返销"内容可以知道进口货物属于海关监管货物，只能用于特定企业，即"台州市云峰电器有限公司"，这些货物并不处于公众可以得知的状态。第六，第三人没有证据证明放行日起这些货物已经在国内公开，被告的认定也缺乏证据支持。综上，请求本院撤销被诉决定，责令被告重新作出无效决定。为支持自己的主张，原告在法定期限内向本院提交了下列证据：中华人民共和国广东省广州市白云区公证处于 2007 年 9 月 5 日作出的（2007）穗白内民证字第 3055 号《公证书》及相关译文。被告辩称：首先，附件 2A 是一份航空货运单，其证明手续符合《审查指南》第四部分第八章第 2.2.2 节和《民诉证据规定》第十一条的规定。附件 2C 是北京市海淀第二公证处出具的公证书，包括进口货物报关单复印件及证明该复印件与原件相符的公证书。上述两份证据之间在空运单编号和提单号、班机日期和进口日期、收货人和收货单位、货品数量上一一对应，尤其是空运单编号和提单号的对应，使得这两份证据相互印证，证明附件 2A 中记载的货品型号 R4802 的进口行为已在2000 年 1 月 19 日完成。同理，附件 3E 和附件 3G 组合在一起也能够形成完整的证据链。由于原告对附件 2B 的真实性无异议，被告对此予以认可正确。在被诉决定中，附件 2B 是作为佐证，证明第三人已经收到了进口行为涉及 R4802 共 9000 件的货款。而附件 4 中的声明，作为证据符合相关规定，具有形式要件，其中所附实物样品上印有绿色的"R4802"字样，也印有"Strix"字样，根据常理，同一生产单位同一型号的产品其结构应当相同，且有声明中的内容作为佐证。将附件 4 中的实物与附件6的结构图进行比较后可知，附件4所涉及的实物样品的结构与附件6的结构图一致。因此，附件2A、附件2B、附件2C、附件4、附件6构成一个完整的证据链，证明R4802温控器的技术内容自放行日2000年1月19日起已经在国内被使用公开。其次，第三人提交的实物上印有"PATENT"字样并不能标志该实物样品即是原告在本专利申请日后的专利产品，原告也未提交任何这方面的证据，而且，该实物的专利文件与本专利无任何关联性。对此，被告在认为并不必要的情况下，可以不进行调查收集。第三，由于没有证据显示"台州市云峰电器有限公司"对R4802温控器的技术内容负有保密义务，因此，理论上讲，公众都可以得知有关R4802温控器的技术内容。综上，被诉决定认定事实清楚，适用法律正确，审查程序合法，请求人民法院维持被诉决定，驳回原告的诉讼请求。第三人陈述意见称：对被告维持本专利有效的结论不发表意见，但原告提出的理由并不成立，请求人民法院驳回原告的诉讼请求。在法定期限内，第三人未向本院提交证据。

经庭审质证，原告对于被告证据1、证据2、证据3、证据4、证据5、证据6、证据7、证据8、证据9、证据10、证据11、证据12、证据13的真实性有异议，对于被告的证据14的真实性无异议，并认为被告的证据不能证明被诉决定合法；第三人对于被告证据的真实性及证明作用无异议。被告认为原告的证据未在行政阶段提交，且无正当理由，因此不能作为诉讼阶段的证据；第三人认为原告证据中的图片与第三人提交的实物一致，可以证明R4802温控器的技术内容在本专利申请日前已经公开的事实。

本院经审查认为，被告提交的证据均系在行政阶段中当事人提交过的证据，可以证明本案相关事实，本院予以确认。原告提交的证据未在行政阶段提交，其无正当理由在诉讼中提交，本院不予接纳。

根据上述有效证据及各方当事人无争议的陈述，本院认定事实如下：

本专利的申请日是2000年7月24日，由中华人民共和国国家知识产权局于2001年2月14日授权公告。

针对本专利，第三人于2006年2月14日向被告提出无效宣告请求，理由是该本专利不符合《中华人民共和国专利法实施细则》（以下简称《专利法实施细则》）第二条第三款和《中华人民共和国专利法》（以下简称《专利法》）第二十三条的规定，应被宣告无效。第三人同时提交了下列证据：附件1、附件2A、附件2B、附件2C、附件3A、附件3B、附件3C、附件3D、附件3E、附件3F、附件3G、附件4、附件5、附件6。其中附件2A、附件2B公证书的原件在被告编号为5W05822的案卷中；附件3A、附件3B、附件3C、附件3D、附件3E、附件3F公证书的原件在被告编号为6W04257的案卷中。

经形式审查合格，被告受理该无效宣告请求后，于2006年5月12日向双方当事人发出了无效宣告请求受理通知书，同时将上述材料依法进行了转文，并要求原告在指定的期限内答复。

2006年6月27日，第三人向被告提交了意见陈述书。

第三人于2007年1月9日提交了第9318号无效宣告请求审查决定书供15页。

被告于2007年2月27日向双方当事人发出口头审理通知书，定于2007年4月12日进行口头审理。

2007年4月12日，第三人的委托代理人董巍、张焱与原告的委托代理人蔡蔚毅参加了被告举行的口头审理。在口头审理中，原告与第三人对对方的身份及资格无异议，对被告合议组成员无回避请求。第三人明确无效理由为本专利不符合《专利法》第二十三条和《专利法实施细则》第二条第三款的规定，具体以附件2组、附件3组两组证据作为在先公开使用的证据，附件2组中的附件2A、附件2C是用于证明其进口行为成立的直接证据，附件2B是间接证据，附件3组中的附件3E、附件

3G 是用于证明其进口行为成立的直接证据,附件 3 中的其余证据为间接证据。第三人当庭提交了附件 2C、附件 3G 公证书的原件,并出示了附件 2C、附件 3G 所公证的报关单的原件。原告对附件 2A、附件 2B 的真实性没有异议。原告对附件 3A 的公证行为的真实性没有异议,但对其内容的真实性有异议,对附件 3B、附件 3C、附件 3D、附件 3E、附件 3F 的真实性有异议。原告对附件 3G 的真实性无异议,对附件 4、附件 5 的真实性有异议。

被告经审查认为:

1. 证据的认定

在案由部分使用的词语"经公证的"含义为:复印件的背面盖有"中国法律服务(香港)有限公司的中华人民共和国司法部委托香港律师办理内地使用的公证文书的转递专用章",并有说明字样"兹证明此复印件与当事人提供的该文件原本相符",除有特殊说明之外,其余"经公证的"与上述含义相同。

附件 2A 航空货运单的形成地在香港,其上记载的班机日期为 2000 年 1 月 17 日,托运人为施特里克斯(香港)有限公司,收货人为台州市云峰电器有限公司,货品型号为 R4802,名称为温控器,数量为 9000 件,离境机场为香港,目的地为宁波,公证日为 2003 年 5 月 14 日。其原件的背面盖有蓝色"中国法律服务(香港)有限公司的中华人民共和国司法部委托香港律师办理内地使用的公证文书的转递专用章",并有说明字样"兹证明此复印件与当事人提供的该文件原本相符"。可见,附件 2A 的证明手续符合《审查指南》第四部分第八章第 2.2.2 节和《民诉证据规定》第十一条的规定,且原告对附件 2A 的真实性也予以认可,因此,对附件 2A 的真实性予以认可。

附件 2B 发票的形成地在英国,发票日期为 2000 年 1 月 13 日,帐单及运货至台州市云峰电器有限公司,货品型号为 AR4802,名称为电热水壶温控器,数量为 9000 件,公证日为 2003 年 5 月 14 日。其已经由香港律师进行公证,但根据《审查指南》第四部分第八章第 2.2.2 节的规定,该证据应当由证据形成地即英国的公证机关予以证明,并经中华人民共和国驻英国使领馆予以认证,鉴于原告对该证据的真实性无异议,因此虽然该证据的证明手续仍然不完备,但其真实性也可以确认。

附件 2C 为北京市海淀第二公证处出具的公证书,包括提单号为 781-13844250 的进口货物报关单复印件,以及证明该报关单复印件与原件相符的(2005)京海民证字第 2226 号公证书,第三人当庭出示了报关单原件,在无其他证据否认其真实性的情况下,对其真实性也予以认可。

原告对附件 3A、附件 3B、附件 3C、附件 3D、附件 3E、附件 3F 的真实性有异议,针对这些证据,被告认为附件 3A、附件 3B、附件 3C、附件 3D、附件 3E、附件 3F 公证书针对的原件就是传真件,其真实性难以确定,因此,对附件 3A、附件 3B、附件 3C、附件 3E、附件 3F 的真实性不予认可。附件 3D 为台州市云峰电器有限公司的境外汇款申请书客户收条,由于该证据进行了合法的公证手续,并且这种单据是可以进行查证的,因此其真实性可以确认。但由于该收条上信息与本案没有直接关系,该收条上仅写明用于进口商品,但是没有公开进口什么型号的什么商品,因此该收条与本案的温控器没有关联性。附件 3E 采用了与附件 2A 相同的公证手续,其公证手续合法有效,因此对其真实性亦予认可。

附件 3G 为北京市海淀第二公证处出具的公证书,包括提单号为 781-15467896 的进口货物报关单复印件,以及证明该报关单复印件与原件相符的(2005)京海民证字第 2227 号公证书,原告对附件 3G 的真实性予以认可,故对其真实性也予以认可。

附件 4 为第三人亚洲区销售经理司徒志发在香港所作的声明,其形成地在香港,符合《审查指南》第四部分第八章第 2.2.2 节和《民诉证据规定》第十一条的规定,具有形式要件。但附件 4 属于证人证言,不能单独作为本合案的定案依据,而应作为佐证与其他直接证据结合进行考虑。

附件 5 中的证明书原件上盖有"台州市云峰电器有限公司"红章并签有进口部张子峰签名，具有形式要件。但该证明书所包括的"我公司于 2000 年 1 月收到从英国 STRIX 公司订购的型号为 R4802 的温控器"以及"附件中所包括的 R4802 温控器与 2000 年 1 月进口的产品相同"的内容不能单独作为本案的定案依据，而应作为佐证与其他直接证据结合进行考虑。

附件 4 所附的实物为第三人提供的经公证的一件 R4802 温控器实物、附件 6 为 R4802 的温控器产品结构图，在无相反证据证明其系伪造的情况下，根据该实物上印制的产品型号可以与其他证据结合来佐证本专利是否在先使用公开。

2.《专利法实施细则》第二条第三款的问题

本专利"温控器"是具有形状的工业产品，在第三人既没有提供证据证明本专利"温控器"不能通过工业方法生产出来，也没有提供证据证明该外观设计不具有美感的情况下，不能仅依据第三人的主观判断来确定本专利的外观设计不具有美感。因此，第三人关于本专利不符合《专利法实施细则》第二条第三款规定的主张不能成立。

3.《专利法》第二十三条的问题

《专利法》第二十三条规定：授予专利权的外观设计，应当同申请日以前在国内外出版物上公开发表过或者国内公开使用过的外观设计不相同和不相近似，并不得与他人在先取得的合法权利相冲突。

《审查指南》第一部分第三章第 2.1.3.2 节规定：由于使用而导致技术方案的公开，或者导致技术方案处于公众可以得知的状态，这种公开方式称为使用公开。因此，所谓使用公开，实际上就是公众中不负有保密义务的人通过具体接触或者能够毫无障碍地接触一种产品或者一种方法，而知晓其技术方案的行为。使用公开包括进口，如果进口单位对进口产品不负有保密义务，则该进口单位作为"公众中不负有保密义务的人"即可通过进口行为而知晓该进口产品的技术方案，而该进口产品也因为该进口行为而在国内使用公开。对于通过有关进口行为证明进口产品在国内使用公开的情况，如果当事人提交的各种有关进口行为的证据可以证明该进口产品已经脱离海关监管，准予放行的，则可认为该进口行为已经完成，而其放行日期成为该进口产品在中国境内的公开日。

本案中，附件 2A 是编号为 781-1384-4250 的中国东方航空公司的空运单复印件及其中文译文，其班机日期为 2000 年 1 月 17 日，托运人为施特里克斯（香港）有限公司（STRIX（HK）LTD），收货人为台州市云峰电器有限公司，离境机场为香港，货品型号为 R4802，货品数量为 9000 件；附件 2C 是中华人民共和国北京市海淀第二公证处出具的公证书，包括盖有中华人民共和国宁波海关行政案件专用章的进口货物报关单复印件，以及证明复印件与原件相符的公证书，报关单上记载的提单号为 781-13844250，进口日期为 2000 年 1 月 17 日，放行日期为 2000 年 1 月 19 日，收货单位为台州市云峰电器有限公司，货名为温控器零件，货品数量为 9000 只，产销国为英国，征免性质为进料加工。由此可见，附件 2A 与附件 2C 之间在空运单编号和提单号、班机日期和进口日期、收货人和收货单位、货品数量上一一对应，且附件 2A 中记载有货品型号，附件 2C 中记载有货品名称，因此，附件 2A 和附件 2C 之间相互印证，证明了台州云峰电器有限公司自施特里克斯（香港）有限公司进口 R4802 型温控器的进口行为已在本专利申请日之前的 2000 年 1 月 19 日完成。同时，附件 2B 可以作为佐证，证明施特里克斯公司已经收到该次进口行为所涉及 R4802 共 9000 件的货款，因此该次进口行为成立。虽然附件 2C 报关单上记载的征免性质为进料加工，用途为返销，但是，该 R4802 温控器进口后本身不需要再加工，而是作为一个在国外加工好的零部件在国内安装于电热水器等产品中返销国外，不属于按照国外技术要求来料加工的返销行为，加工单位对温控器不负有默示的保密义务。且没有证据显示在台州市云峰电器有限公司内部对 R4802 温控器的技术内容负有保密义务。所以，该批

R4802 温控器的技术内容自其放行日 2000 年 1 月 19 日起已经在国内被使用公开。

同样的道理，附件 3E 和附件 3G 组合在一起也能够形成完整的证据链。附件 3E 是编号为 781-1546-7896 的中国东方航空公司的空运单复印件及其中文译文，其班机日期为 2000 年 7 月 1 日，托运人为施特里克斯（香港）有限公司（STRIX（HK）LTD），收货人为台州市云峰电器有限公司，离境机场为香港，货品型号中包括 R4802，其货品数量为 4500 件；附件 3G 是中华人民共和国北京市海淀第二公证处出具的公证书，包括盖有中华人民共和国宁波海关行政案件专用章的进口货物报关单复印件，以及证明复印件与原件相符的公证书，其中包括三张报关单，第三张报关单上记载的提单号为 781-15467896，进口日期为 2000 年 7 月 1 日，放行日期为 2000 年 7 月 5 日，收货单位为台州市云峰电器有限公司，货名为温控器零件，规格为 R4802，货品数量为 4500 只，产销国为英国，征免性质为进料加工，用途为返销。由此可见，附件 3E 与附件 3G 之间在空运单编号和提单号、班机日期和进口日期、收货人和收货单位、货品数量、规格上一一对应，且附件 3E 中记载有货品型号，附件 3G 中记载有相同的型号，因此，附件 3E 和附件 3G 之间相互印证，证明了台州云峰电器有限公司自施特里克斯（香港）有限公司进口 R4802 型温控器的进口行为已在本专利申请日之前的 2000 年 7 月 5 日完成。被告注意到虽然附件 3G 报关单上记载的征免性质为进料加工，用途为返销，但是，该 R4802 温控器进口后本身不需要再加工，而是作为一个在国外加工好的零部件在国内安装于电热水器等产品中返销国外，不属于按照国外技术要求来料加工的返销行为，加工单位对温控器不负有默示的保密义务。且没有证据显示台州市云峰电器有限公司内部对 R4802 温控器的技术内容负有保密义务。所以，该批 R4802 温控器的技术内容自其放行日 2000 年 7 月 5 日起已经在国内被使用公开。以下评述中仅采用一组进口公开使用证据，即采用附件 2A、附件 2B、附件 2C 这组证据进行评述。

附件 4 中有 R4802 温控器实物样品，原告与第三人在口头审理中均认为本专利与附件 4 的实物属于相近似。但实物样品上印有的绿色"R4802"字样与附件 2A 上的货品型号相对应，其上印有的"Strix"英文字样也与附件 2A 上的托运人相呼应，虽然原告认为该实物并不一定是附件 4 所涉及的在先使用公开行为中所进口的产品，但其并没有证据来证明其观点，根据常理推断，同一生产单位同一型号的产品其结构应当相同，且有附件 4 证明书内容"所附的 R4802 温控器与所出售的实际产品相同"为佐证，因此，附件 2A、附件 2B、附件 2C、附件 4 结合起来证明了台州云峰电器有限公司自施特里克斯（香港）有限公司进口的 R4802 型温控器具有与附件 4 实物样品相同的结构，将附件 4 的 R4802 实物样品与附件 6 的 R4802 结构图比较后，可以认定附件 4 所涉及的实物样品的结构与附件 6 的结构图一致，因此，附件 2A、附件 2B、附件 2C、附件 4、附件 6 构成一个完整的证据链，证明了如附件 6 结构图所示的与附件 4 的实物结构相同的 R4802 温控器自其放行日 2000 年 1 月 19 日起已经在国内被使用公开。

将本专利的外观设计与附件 4 中的 R4802 实物样品、附件 6 的结构图进行比较可见，本专利不包括图案和色彩，仅仅需要进行形状的比对。本专利形状主要体现在左视图、右视图、主视图、后视图。从本专利的右视图（与左视图对称）看，该温控器开关键的翘动部分是近似弓形的；从主视图看，该温控器的开关键位于温控器中部，左右对称并且两边分别有两个凸出的转轴，从上到下是阶梯形的，并且阶梯逐渐加宽；从后视图看，温控器上部有一个花瓣形，花瓣形左、右方有方形固定件，花瓣形下方有半圆形固定件，下部为长方形，中间有一个圆孔，最下端是一个半圆形，半圆形的中间有一个圆孔。从附件 4 的 R4802 实物并结合附件 6 的结构图看，从 R4802 的侧面（与本专利左、右视图对应）看开关键的翘动部分是平直的；从上向下看（与本专利主视图对应），R4802 产品的开关键也位于温控器中部，但其从上到下不是阶梯形的，并且开关键上有两个左右对称的弧形圈；从下向上看（与本专利后视图对应），R4802 上部有一个花瓣形双金属片，金属片左、右方有方形固定件，金属片下方有半圆形固定件，下部为长方形，中间有两个方形孔，最下端是一个圆形，圆形的中间有一个圆孔。

通过上述分析可见，本专利与R4802的外观不相同，其区别主要在于：本专利开关键的翘动部分是弓形的，R4802开关键的翘动部分是平直的；本专利主视图中间的开关键部分从上到下是阶梯形的，而R4802的开关键部分不是阶梯形的；本专利主视图上开关键上并不包含左右对称的弧形圈；本专利后视图下部长方形部分中间有一个圆孔，R4802下部长方形部分中间有两个方形孔；本专利后视图最下端是一个半圆形，R4802最下端是一个圆形。被告认为：对于一般消费者来说，通过从温控器上开关键侧面的形状、开关键是否是阶梯形、开关键上是否有弧形圈等区别，在试图购买温控器时很容易将本专利与R4802产品区分开，二者的这种区别对整体视觉效果具有显著影响，本专利的外观设计与R4802产品的外观设计既不相同也不相近似。因此，第三人提供的证据不能证明本专利不符合《专利法》第二十三条的规定，其认为本专利与在先设计相近似的主张不能成立。

在上述基础上，被告作出了被诉决定。原告不服，在法定期限内，向本院提起行政诉讼。

在本院开庭审理中，原告与第三人明确表示对于被诉决定的下列内容不持异议：被诉决定作出的行政程序；被诉决定"案由"部分记载的内容。原告明确表示对于被诉决定的下列内容亦不持异议：本专利符合《专利法实施细则》第二条第三款的规定；在被诉决定中"证据的认定"部分合法的前提下，被诉决定认定本专利符合《专利法》第二十三条的规定；附件3A、附件3B、附件3C、附件3F的真实性不能认可；附件3D与本案的温控器无关；附件4不能单独作为本案的证据，仅应作为佐证与其他直接证据结合进行考虑。第三人明确表示对于被诉决定认定本专利符合《专利法实施细则》第二条第三款、《专利法》第二十三条的规定不发表意见，并且表示对于被诉决定中关于"证据的认定"的部分无异议。

另查，第三人未对被诉决定提起行政诉讼。

本院认为：对于被诉决定中原告与第三人均不持异议的部分，本院经审查，对其合法性予以确认。鉴于原告对于被诉决定认定本专利符合《专利法实施细则》第二条第三款、《专利法》第二十三条的规定无异议，第三人未针对被诉决定提起行政诉讼，且在庭审中表示对此不发表意见，本院经审查，对该部分的合法性亦予以确认。在此基础上，本案的争议焦点在于：被诉决定认定附件2A、附件2B、附件2C、附件3E、附件3G、附件4、附件5、附件6的真实性是否合法以及相关附件之间能否形成证据链；被诉决定将《审查指南》第二部分第三章2.1.3.2节规定中的"公众"理解为"公众中不负有保密义务的人"是否合法；本案中的进口行为完成的日期是否其产品在中国境内的公开日。

首先，关于相关附件真实性以及各附件之间可否形成证据链的问题。本院认为，在同一份公证书中公证的数个证据如果各自相互独立，其中某个或某些证据的真实性不能确定，并不必然导致其他独立的证据的真实性亦不能确定。

附件2A原件的背面盖有蓝色"中国法律服务（香港）有限公司的中华人民共和国司法部委托香港律师办理内地使用的公证文书的转递专用章"，并有说明字样"兹证明此复印件与当事人提供的该文件原本相符"。因此，附件2A的证明手续符合《审查指南》第四部分第八章第2.2.2节和《民诉证据规定》第十一条的规定，且原告对附件2A的真实性也予以认可，因此，被告对附件2A的真实性予以认可正确。

由于原告在行政阶段中对于附件2B的真实性无异议，被告据此对其真实性予以认可正确。

附件2C为北京市海淀第二公证处出具的公证书，包括提单号为781-13844250的进口货物报关单复印件，以及证明该报关单复印件与原件相符的（2005）京海民证字第2226号公证书，第三人当庭出示了报关单原件，在无其他证据否认其真实性的情况下，被告对其真实性予以认可也正确。

附件3E采用了与附件2A相同的公证手续，其公证手续合法有效，因此被告对其真实性亦予认可正确。

附件3G为北京市海淀第二公证处出具的公证书，包括提单号为781-15467896的进口货物报关单复印件，以及证明该报关单复印件与原件相符的（2005）京海民证字第2227号公证书，原告对附件3G的真实性予以认可，故被告对其真实性予以认可正确。

附件4为第三人亚洲区销售经理司徒志发在香港所作的声明，属证人证言，在已经对其公证的基础上，被告对其真实性亦予以认可并认为其不能单独作为定案证据正确。同理，被告对附件5的真实性予以认可，并认为该附件同样不能单独作为定案证据，也是正确的。

附件4所附的实物为第三人提供的经公证的一件R4802温控器实物、附件6为R4802的温控器产品结构图，在无相反证据证明其系伪造的情况下，被告认为根据该实物上印制的产品型号可以与其他证据结合来佐证本专利是否在先使用公开正确。

经过上述审查可知，附件2A与附件2C之间在空运单编号和提单号、班机日期和进口日期、收货人和收货单位、货品数量上一一对应，尤其是空运单编号和提单号的对应，使得这两份证据相互印证，证明附件2A中记载的货品型号R4802的进口行为已在2000年1月19日完成。在被诉决定中，附件2B是作为佐证，证明第三人已经收到了进口行为涉及R4802共9000件的货款。而附件4所附实物样品上印有绿色的"R4802"字样，也印有"Strix"字样，根据常理，同一生产单位同一型号的产品其结构应当相同，且有声明中的内容作为佐证。将附件4中的实物与附件6的结构图进行比较后可知，附件4所涉及的实物样品的结构与附件6的结构图一致。因此，附件2A、附件2B、附件2C、附件4、附件6构成一个完整的证据链，证明R4802温控器的技术内容自放行日2000年1月19日起已经在国内被使用公开。同理，附件3E和附件3G组合在一起也能够形成完整的证据链。因此，被告关于相关附件可以形成证据链的认定也是正确的。

其次，《审查指南》第二部分第三章2.1.3.2节中"公众"的理解问题。《审查指南》第二部分第三章2.1.3.2节规定：由于使用而导致技术方案的公开，或者导致技术方案处于公众可以得知的状态，这种公开方式称为使用公开。此处的"公众"若不负有保密义务，则这些不负有保密义务的人通过具体接触或者能够毫无障碍地接触一种产品或者一种方法，而知晓其技术方案的行为，从而构成专利法意义上的公开。因此，被告对于此节规定的"公众"的理解是正确的。

第三，进口行为完成日期与在中国境内公开日的问题。使用公开包括进口，如果进口单位对进口产品不负有保密义务，则该进口单位作为"公众中不负有保密义务的人"即可通过进口行为而知晓该进口产品的技术方案，而该进口产品也因为该进口行为而在国内使用公开。对于通过有关进口行为证明进口产品在国内使用公开的情况，《中华人民共和国海关法》第八条规定，进出境运输工具、货物、物品，必须通过设立海关的地点进境或者出境。该法第二十三条、第二十九条规定进口货物自进境起到办结海关手续止，应当接受海关监管。除海关特许的，进出口货物在收发货人缴清税款或者提供担保后，由海关签印放行。因此，海关向收货人出具进口货物提取放行的有关手续后，方能确认该进口行为已依法完成，届时该进口货物能够处于国内任何人通过正当途径均可获得的状态，其进口行为方构成国内公开使用，而海关放行日期成为该进口产品在中国境内的公开日。因此，被告认定进口货物在海关的放行日期即该产品在中国境内的公开日期是正确的。

综上，被诉决定认定事实清楚，适用法律正确，审查程序合法，本院应予维持。原告的诉讼请求缺乏事实及法律依据，本院不予支持。依照《中华人民共和国行政诉讼法》第五十四条第（一）项之规定，判决如下：

维持中华人民共和国国家知识产权局专利复审委员会于二〇〇七年四月二十五日作出的第9741号无效宣告请求审查决定。

案件受理费100元，由原告邵志成负担（已交纳）。如不服本判决，原告邵志成、被告中华人民共和国国家知识产权局专利复审委员会可于判决书送达之日起15日内，第三人施特里克斯有限公司可于判决书送达之日起30日内，向本院递交上诉状，并按对方当事人人数提出副本，上诉于中华人民共和国北京市高级人民法院。上诉人在上诉期满后7日内未预交上诉费，又不提出缓交申请的，按自动撤回上诉处理。

审　判　长　梁　菲
代理审判员　司品华
代理审判员　欧万雄
二〇〇七年十二月二十日
书　记　员　李轶萌

酒包装盒（双回沙酒）

无效宣告请求审查决定（第9742号）

决 定 号	第9742号
决 定 日	2007年4月28日
发明创造名称	酒包装盒（双回沙酒）
外观设计分类号	09-03
无效宣告请求人	贵州金沙窖酒厂
专 利 权 人	贵阳峡凌酒厂
专 利 号	200530006144.X
申 请 日	2005年7月27日
授权公告日	2006年3月29日
合议组组长	徐清平
主 审 员	任晓兰
参 审 员	黄 强
法 律 依 据	专利法第23条
决 定 要 点	

当以证人证言作为无效宣告请求的证据时，需要同时提供其他客观证据构成完整的证据链加以佐证，否则，即使这种证人证言类证据再多也不足以证明所主张的事实。

一、案由

本无效宣告请求案涉及国家知识产权局于2006年3月29日授权公告的、名称为"酒包装盒（双回沙酒）"的外观设计专利（下称本专利），其申请号为200530006144.X，申请日为2005年7月27日，专利权人为贵阳峡凌酒厂。

针对上述专利权，贵州金沙窖酒厂（下称请求人）于2006年6月27日向专利复审委员会提出无效宣告请求，认为本专利与请求人于1999年投放市场的"金沙"牌双回沙酒的外观包装在图案设计、颜色使用、文字大小及整体布局上完全相同，不符合专利法第23条的规定。在提交无效宣告请求时，请求人提交了如下证据：

证据1：贵州金沙窖酒厂企业法人营业执照，复印件共1页；

证据2：贵州金沙窖酒厂的全国工业产品生产许可证，复印件共1页；

证据3：贵州金沙窖酒厂卫生许可证，复印件共1页；

证据4：江苏南通县酒厂的第124667号"金沙"商标注册证，复印件共1页；

证据5：第124667号商标核准续展注册证明，复印件共1页；
证据6："金沙牌双回沙酒"被确认为贵州省名牌产品的证书，复印件共1页；
证据7："金沙牌双回沙酒500ml"被确认为贵州省名牌产品的证书，复印件共1页；
证据8：贵阳卡梦岛动漫文化有限公司证明，复印件共1页；
证据9：金沙牌双回沙酒的包装装潢图片，复印件共2页；
证据10：贵阳旭达彩印有限公司企业法人营业执照，复印件共1页；
证据11：贵阳旭达彩印有限公司印刷经营许可证，复印件共1页；
证据12：贵阳旭达彩印有限公司证明，复印件共1页；
证据13：金沙牌双回沙酒的包装装潢图片，复印件共2页；
证据14：贵阳云岩金磊酒业经营部个体工商户营业执照，复印件共1页；
证据15：贵阳云岩金磊酒业经营部证明，复印件共1页；
证据16：贵州金沙窖酒厂与浙江省平阳县长明彩印厂的订货合同，复印件共1页；
证据17：金沙窖酒厂收料单，复印件共2页；
证据18：贵州金沙窖酒厂的购货发票，复印件共3页；
证据19：泸州市龙马潭玻璃厂关于金沙窖酒瓶的货运单，复印件共1页；
证据20：贵州金沙窖酒厂关于模具款的收款收据，复印件共1页；
证据21：金沙窖酒厂质检科关于"双回沙45°"的检验报告，复印件共7页；
证据22：贵州省毕节地区产品质量监督检验所酒质监字第99-10-42号检验报告，复印件共1页；
证据23：贵州省产品质量监督中心检验所第SPW00489和SPW01412号食品检验报告，复印件共4页；
证据24：贵州省产品质量监督检验所［黔］质监检第2002012221号、第2002012215号、第2002012217号、第2002012218号、第2002012219号检验报告，复印件共10页；
证据25：贵州金沙窖酒厂与贵州双回沙酒业有限公司的双回沙酒的外箱包装、瓶标包装、及酒盒包装的图样比对，复印件共4页；
证据26：平坝县工商行政管理局平工商执处字（2003）04号行政处罚决定书，复印件共3页；
证据27：贵州省工商行政管理局黔工商处字（2005）23号行政处罚决定书，复印件共6页。

经形式审查合格后，专利复审委员会受理了上述请求，于2006年8月10日向双方当事人发出《无效宣告请求受理通知书》，并将《专利权无效宣告请求书》及其他有关文件的副本转送给专利权人，要求其在指定的期限内答复，同时成立合议组对本无效宣告请求案进行审理。

2006年9月25日，专利权人针对上述《专利权无效宣告请求书》提交了意见陈述书并同时提交以下反证证据：

反证1：盖有"贵阳市工商行政管理局信息服务中心信息查询专用章"的"贵阳卡梦岛动漫文化有限公司"的工商注册情况查询结果，复印件共1页；

反证2：盖有"贵阳市工商行政管理局云岩分局查询专用章"的"贵阳云岩金磊酒业经营部"的工商注册情况查询结果，复印件共1页。

专利权人认为：（1）请求人的商标为"金沙"，本专利外观设计上无此标志，因此不存在与其取得的在先权利相冲突的问题；（2）请求人提供的所有证据均无法证明其包装装潢在本专利的申请日前在国内外公开刊物上发表过或在国内公开使用过。因此，本专利符合专利法第23条的规定。

2007年1月22日，本案合议组向双方当事人发出《无效宣告请求口头审理通知书》，定于2007年4月18日进行口头审理，同时将专利权人于2006年9月25日提交的意见陈述书及相关文件的副本转送请求人。

2007年4月18日，口头审理如期进行，双方均委托代理人出席了口头审理，并对对方参加口审人员的身份和出庭资格没有异议。合议组当庭告知了合议组成员的变更情况，双方当事人对合议组成员均无回避请求，合议组在此情况下就本无效宣告请求案进行了庭审调查：

（1）请求人当庭提交了盖有请求人印章的证据1~7、16~21的复印件，证据8~9、12~13、15、23~24的原件，盖有贵阳旭达彩印有限公司印章的证据10~11的复印件，盖有贵阳云岩金磊酒业经营部印章的证据14的复印件，盖有贵州省工商行政管理局经济检查总队印章的证据27的复印件；并补充提交如下证据：

证据28：盖有贵阳卡梦岛动漫文化有限公司印章的刘意签名的证明，1页；

证据29：盖有贵阳卡梦岛动漫文化有限公司印章的王来坤和刘意的身份证复印件，1页；

证据30：盖有贵阳卡梦岛动漫文化有限公司印章的公司变更登记申请书，复印件共1页；

证据31：盖有贵阳卡梦岛动漫文化有限公司印章的该公司的企业法人营业执照，复印件共1页；

证据32：盖有贵阳卡梦岛动漫文化有限公司印章的王来坤的法人代表证明，复印件共1页；

证据33：盖有贵阳卡梦岛动漫文化有限公司印章的贵阳零点包装设计有限公司的企业法人营业执照，复印件共1页；

证据34：盖有贵阳旭达彩印有限公司印章的发票，复印件共4页；

证据35：盖有贵阳云岩金磊酒业经营部的印章的王裔伦签名的证明，1页；

证据36：盖有贵阳云岩金磊酒业经营部的印章的王裔伦和朱小会的身份证复印件，共2页；

证据37：盖有贵阳云岩金磊酒业经营部的印章的双回沙酒的图片，复印件共2页；

证据38：贵州省金沙县质量技术监督局出具的证明，1页；

证据39：盖有贵州省金沙县质量技术监督局印章的金沙牌双回沙酒的包装盒实物，1件。

合议组将以上补充证据28~38当庭转送专利权人。专利权人当庭核实所有的证据，认可证据1~15、21~24、26~33、38的真实性，对证据16~20、34~37及39的真实性提出质疑。

（2）专利权人当庭提交反证1~2的原件，请求人经核实，认可该反证1~2的真实性。

（3）请求人明确其无效理由是：本专利与申请日前国内公开使用的外观设计相近似。

（4）合议组就本案的无效理由及证据逐一进行了调查，双方当事人充分陈述了各自的意见。

至此，合议组认为本案的事实清楚，可以作出审查决定。

二、决定的理由

1. 法律依据

基于请求人的无效宣告请求理由，合议组对本专利是否符合专利法第23条的规定进行审查。

专利法第23条规定：授予专利权的外观设计，应当同申请日以前在国内外出版物上公开发表过或者国内公开使用过的外观设计不相同和不相近似，并不得与他人在先取得的合法权利相冲突。

2. 关于举证期限

根据2006版审查指南的过渡办法，对于在2006年7月1日之前提出的无效宣告请求，对其自无效宣告请求之日起一个月后提出的新理由、新证据的审查适用2001年10月18日公布的审查指南第四部分第三章第3.1节的规定。本案中，请求人提出无效宣告请求的日期为2006年6月27日，适用2001版审查指南。根据2001版审查指南的上述相关规定，合议组对请求人当庭提交的用于证明在提出无效宣告请求时已举证主张的具体事实的补充证据予以考虑。

3. 关于证据的认定和证据链的形成

（1）关于证据1~7。

证据1~7分别是请求人的营业执照、生产许可证、卫生许可证、商标注册证和续展注册证明、以及其生产的"金沙牌双回沙酒"在2002年和2005年被评为贵州省名牌产品的证书，在专利权人对其真实性未提出异议的情况下，合议组对其真实性予以认可。该证据1~7证明请求人在本专利的申请日前合法生产"金沙牌"双回沙酒，但不能证明所采用的具体的外观包装。

（2）关于证据8~9、证据28~33和反证1。

证据8是贵阳卡梦岛动漫文化有限公司（下称卡梦岛公司）出具的证明材料，内容是：该公司于1999年8月受贵州金沙窖酒厂的委托，为其设计"金沙牌"双回沙酒简装、一星级两种产品的外观包装图案，该图案如证据9所示。在专利权人依据反证1对证据8~9的真伪提出质疑（即，反证1中提到卡梦岛公司的成立日期是2001年6月4日，而证据8中卡梦岛公司所要证明的事件发生在1999年8月，在其成立之前）时，请求人提供证据28~33，以期证明卡梦岛公司是由贵阳零点包装设计有限公司（下称零点公司）变更而来，而零点公司又是由贵阳脑力集形象设计中心（下称脑力集中心）变更而来的。

基于专利权人对证据8~9、28~33的真实性未提出异议，请求人对反证1的真实性也未表示质疑，合议组认可这些证据的真实性。

证据30~33可以证明卡梦岛公司是由零点公司变更而来的，二者的成立日期为2001年6月4日。但请求人关于"零点公司是由脑力集中心变更而来"的主张所依据的只有证据28~29，即，设计师刘意的证人证言。在仅有证人证言、没有其他相关证据佐证的情况下，其证明力尚不充分，所证明的事实不能被采信，在此情况下，证据28~29不足以与证据30~33构成一个完整的证据链，无法证明卡梦岛公司最终是由脑力集中心变更而来的。因而，也无法与证据8~9相关联用于佐证证据8中卡梦岛公司证言所证明事实的真实性。

同时，就证据8~9本身而言，请求人关于"证据9的图片即为卡梦岛公司于1999年8月设计的图片"的主张所依据也只有证据8的证人证言。同样，在仅有证人证言、没有其他相关证据佐证的情况下，其证明力尚不充分，所证明的事实不能被采信。即使卡梦岛公司在1999年确实为请求人设计过双回沙酒的包装，单凭证据8~9也不足以证明证据9中的图片所示就是当时所设计的双回沙酒的包装。

（3）关于证据10~13和证据34。

证据10和11分别是贵阳旭达彩印有限公司（下称旭达公司）的营业执照、印刷经营许可证，证据12是该公司出具的证言，证据13是证据12的证言中所称的图片。为了证明贵阳旭达彩印有限公司确实为请求人印制过包装箱，请求人补充提交证据34，即，贵阳旭达彩印有限公司出具的发票。

基于专利权人对证据10~13的真实性未提出异议，合议组认可证据10~13的真实性。专利权人基于证据34中的发票不是原件而对证据34的真实性表示质疑，在请求人未提供证据34的发票原件，无法核实其真实性的情况下，合议组对证据34的真实性不予认可。

证据10~11证明了旭达公司经营印刷业务的合法性。证据12拟用证人证言的形式证明旭达公司在1999年8月受贵州金沙窖酒厂的委托印制的包装即为证据13中所示的图案，但是，请求人用于支持该主张所依据的只有证据12的证人证言，无其他相关证据加以佐证。在此情况下，其证明力尚不充分，所证明的事实不能被采信。即使旭达公司在1999年确实曾为请求人印制过双回沙酒的包装，仅凭证据12~13也无法证明证据13中所示的图片就是证据12的证人证言中提到的当时所设计的酒包装。

（4）关于证据14~15、证据35~37和反证2。

证据14是贵阳云岩金磊酒业经营部（下称云岩经营部）的营业执照，证据15是该经营部出具的证言，其主要内容是该经营部于1999年9月开始经销"金沙牌"双回沙酒的简装和一星级两种产品。在专利权人依据反证2质疑证据14~15的真伪（即，反证2中提到云岩经营部的成立日期是2002年8月24日，而证据15中该经营部所要证明的事件发生在1999年9月，在其成立之前）时，请求人提供证据35~37，其中证据35是云岩经营部王裔伦的证言，拟证明该经营部在成立之前就已经在销售"金沙牌"双回沙酒，证据36是王裔伦和相关人员朱小会的身份证复印件，证据37是盖有贵阳云岩金磊酒业经营部印章的两张"双回沙酒"包装图片影印件。

基于专利权人对证据14~15的真实性未提出异议，合议组认可证据14~15的真实性。在专利权人对证据35~37的真实性表示质疑的情况下，由于出具证据35证言的证人未出庭作证，同时也没有其他相关的证据对其证言内容加以佐证，因此，合议组对证据35~37的证明内容不予采信。请求人对反证2的真实性未提出异议，合议组认可该反证的真实性。

证据14证明了云岩经营部经营酒类产品的合法性，证据15拟用证人证言的形式证明云岩经营部在1999年9月开始销售"金沙牌"双回沙酒，但请求人用于支持这一主张所依据的只有证据15的证人证言，无其他相关证据加以佐证。在此情况下，其证明力尚不充分，所证明的事实不足以被采信。即使云岩经营部在1999年确实销售过"金沙牌"双回沙酒，仅凭证据14~15也无法证明其销售的"金沙牌"双回沙酒究竟具有什么样的外观包装。

（5）关于证据16~20。

证据16是贵州金沙窖酒厂向浙江省平阳县长明彩印厂订购酒盒和外箱的订货合同，证据17~20是相关的收料单、购货发票、货运单和收款收据。专利权人对其真实性表示异议。在请求人未提供这些单据的原件，无法核实其真实性的情况下，合议组对证据16~20的真实性不予认可。

（6）关于证据21~24和证据38~39。

证据21~24分别是贵州金沙窖酒厂质检科、贵州省毕节地区产品质量监督检验所、贵州省产质量监督中心检验所、贵州省产品质量监督检验所对于金沙窖酒厂生产的双回沙酒的检验报告。专利权人对证据21~24的真实性未提出异议，合议组在此基础上认可证据21~24的真实性。

证据21~24可以证明，贵州金沙窖酒厂在本专利的申请日前生产了双回沙酒，但从所述证据21~24中并不能得知其生产的双回沙酒的具体外观包装。并且，从证据24可以看出，该厂生产的双回沙酒是系列产品，至少有5个品种。对此，请求人和专利权人均表示认同。

请求人认为，证据24中编号为［黔］质监检第2002012215号的检验报告中所检的产品，即，一星级双回沙酒（46% V/V）的包装盒的外观设计与本专利相近似，为了支持这一主张，请求人补充提供证据38~39，其中，证据38是贵州省金沙县质量技术监督局出具的证明材料，其内容是："金沙牌"一星双回沙酒、简装双回沙酒的包装装潢和设计图案从1999年上市以后从未改变过，证据39是盖有金沙县质量技术监督局印章的"金沙牌"双回沙酒牌包装盒实物。基于专利权人对证据38的真实性未提出异议，合议组认可该证据的真实性。对于证据39，在专利权人对其真实性提出质疑的情况下，由于包装盒内批号章的印制具有一定的随意性，并且，金沙县质量技术监督局在其证明材料（证据38）中并未就该包装实物的批号时间作出认定，同时也没有其他相关证据佐证该包装实物内的批号时间，因此，合议组对该包装盒所示批号时间的真实性不予认可。在此情况下，证据24中上述检验报告与证据39的包装盒实物之间缺乏关联性。

请求人拟用证据38证明"金沙牌一星双回沙酒、简装双回沙酒的包装装潢和设计图案从1999年上市以后从未改变过"，但是，请求人用于支持这一主张所依据的证据只有证据38的证人证言，没有其他相关的证据对该主张加以佐证，在此情况下，其证明力尚不充分，所证明的事实尚不足以被采信。因此，证据21~24及证据38只能证明贵州金沙窖酒厂在本专利的申请日前生产了双回沙酒，无法证明所述双回沙酒具有什么样的外观包装。

（7）关于证据26~27。

证据26是平坝县工商行政管理局对平坝酒厂一分厂擅自使用"贵州名牌"标志进行处罚的决定书，证据27是贵州省工商行政管理局对贵阳峡凌酒厂、贵州双回沙酒业有限公司擅自仿冒贵州金沙窖酒厂"简装"双回沙酒所作出的处罚决定书。专利权人未对其真实性提出异议。合议组对该证据26~27的真实性予以认可。

请求人明确表示证据26~27的处罚决定书中涉及到的产品均为"简装"双回沙酒，该简装双回沙酒的包装装潢如附图1所示，与其所主张的与本专利外观设计相近似的"一星"双回沙酒（如附图2所示）完全不同，因此，合议组认为，证据26~27与本案无关联性。

（8）关于证据链的构成。

请求人用于证明其在申请日前生产的"金沙牌"一星双回沙酒采用的具体包装装潢依据的所有证据均为证人证言（证据8~9、10~13、14~15以及证据38），但未提供充分的用于佐证所述证言内容真实性的客观证据。证据21~24所示客观证据虽能证明其在申请日前生产了一系列多个品种的"金沙牌"双回沙酒，但不能证明一星双回沙酒采用的具体外观包装。在仅有证人事后回忆的主观性证明，而没有提交其他原始客观证据的情况下，这样的证人证言再多也不足以证明"金沙牌"一星双回沙酒具有怎样的外观包装。在此情况下，上述7个证据组由于各组证据的举证不充分而不能形成一个完整的证据链，故而无法进行如证据25所示的相同相近似性对比，无法证明本专利不符合专利法第23条的规定。

基于以上事实和理由，本案合议组作出如下审查决定。

三、决定

维持200530006144.X号外观设计专利权有效。

当事人对本决定不服的，可以根据专利法第46条第2款的规定，自收到本决定之日起三个月内向北京市第一中级人民法院起诉。根据该款的规定，一方当事人起诉后，另一方当事人应当作为第三人参加诉讼。

北京市第一中级人民法院
行政判决书

(2007) 一中行初字第1004号

原告贵州金沙窖酒厂，住所地贵州省金沙县大水。

法定代表人丁光成，厂长。

委托代理人李莉，全联律师事务所律师。

被告国家知识产权局专利复审委员会，住所地北京市海淀区北四环西路9号银谷大厦。

法定代表人廖涛，副主任。

委托代理人任晓兰，女，国家知识产权局专利复审委员会审查员。

委托代理人瞿晓峰，男，国家知识产权局专利复审委员会审查员。

第三人贵阳峡凌酒厂。

原告贵州金沙窖酒厂（以下简称金沙窖酒厂）不服被告国家知识产权局专利复审委员会（以下简称专利复审委）作出的无效宣告请求审查决定，向本院提起行政诉讼。本院受理后，依法组成合议庭，并依法通知与被诉具体行政行为有利害关系的贵阳峡凌酒厂参加诉讼。本院于2007年11月27日公开开庭审理了本案。原告金沙窖酒厂的委托代理人李莉，被告专利复审委的委托代理人任晓兰瞿晓峰到庭参加了诉讼，第三人贵阳峡凌酒厂经公告传唤，未到庭参加诉讼。本案现已审理终结。

2007年4月28日，被告依据《中华人民共和国专利法》（以下简称《专利法》）第二十三条的规定，作出第9742号无效宣告请求审查决定（以下简称第9742号决定），维持第200530006144.X号外观设计专利权（以下简称本专利）有效。

被告于答辩期内向本院提交了作出被诉具体行政行为的证据材料：

证据1：原告企业法人营业执照，复印件共1页；

证据2：原告的全国工业产品生产许可证，复印件共1页；

证据3：原告卫生许可证，复印件共1页；

证据4：江苏南通县酒厂的第124667号"金沙"商标注册证，复印件共1页；

证据5：第124667号商标核准续展注册证明，复印件共1页；

证据6："金沙牌双回沙酒"被确认为贵州省名牌产品的证书，复印件共1页；

证据7："金沙牌双回沙酒500ml"被确认为贵州省名牌产品的证书，复印件共1页；

证据8：贵阳卡梦岛动漫文化有限公司证明，复印件共1页；

证据9：金沙牌双回沙酒的包装装潢图片，复印件共2页；

证据10：贵阳旭达彩印有限公司企业法人营业执照，复印件共1页；

证据11：贵阳旭达彩印有限公司印刷经营许可证，复印件共1页；

证据12：贵阳旭达彩印有限公司证明，复印件共1页；

证据13：金沙牌双回沙酒的包装装潢图片、复印件共2页；

证据14：贵阳云岩金磊酒业经营部个体工商户营业执照，复印件共1页；

证据15：贵阳云岩金磊酒业经营部证明，复印件共1页；

证据16：原告与浙江省平阳县长明彩印厂的订货合同，复印件共1页；

证据17：原告收料单，复印件共2页；

证据18：原告的购货发票，复印件共3页；

证据19：泸州市龙马潭玻璃厂关于金沙窖酒瓶的货运单，复印件共1页；

证据20：原告关于模具款的收款收据，复印件共1页；

证据21：原告质检科关于"双回沙45°"的检验报告，复印件共7页；

证据22：贵州省毕节地区产品质量监督检验所酒质监字第99-10-42号检验报告，复印件共1页；

证据23：贵州省产品质量监督中心检验所第SPW00489和SPW01412号食品检验报告，复印件共4页；

证据24：贵州省产品质量监督检验所[黔]质监检第2002012221号、第2002012215号、第2002012217号、第2002012218号、第2002012219号检验报告，复印件共10页；

证据25：原告与贵州双回沙酒业有限公司的双回沙酒的外箱包装、瓶标包装、及酒盒包装的图样比对，复印件共4页；

证据26：平坝县工商行政管理局平工商执处字（2003）04号行政处罚决定书，复印件共3页；

证据27：贵州省工商行政管理局黔工商处字（2005）23号行政处罚决定书，复印件共6页。

证据28：盖有贵阳卡梦岛动漫文化有限公司印章的刘意签名的证明，1页；

证据29：盖有贵阳卡梦岛动漫文化有限公司印章的王来坤和刘意的身份证复印件，1页；

证据30：盖有贵阳卡梦岛动漫文化有限公司印章的公司变更登记申请书，复印件共1页；

证据31：盖有贵阳卡梦岛动漫文化有限公司印章的该公司的企业法人营业执照，复印件共1页；

证据32：盖有贵阳卡梦岛动漫文化有限公司印章的王来坤的法人代表证明，复印件共1页；

证据33：盖有贵阳卡梦岛动漫文化有限公司印章的贵阳零点包装设计有限公司的企业法人营业执照，复印件共1页；

证据34：盖有贵阳旭达彩印有限公司印章的发票，复印件共4页；

证据35：盖有贵阳云岩金磊酒业经营部的印章的王裔伦签名的证明，1页；

证据36：盖有贵阳云岩金磊酒业经营部的印章的王裔伦和朱小会的身份证复印件，共2页；

证据37：盖有贵阳云岩金磊酒业经营部的印章的双回沙酒的图片，复印件共2页；

证据38：贵州省金沙县质量技术监督局出具的证明，1页；

证据39：盖有贵州省金沙县质量技术监督局印章的金沙牌双回沙酒的包装盒实物，1件；

证据40：盖有"贵阳市工商行政管理局信息服务中心信息查询专用章"的"贵阳卡梦岛动漫文化有限公司"的工商注册情况查询结果，复印件共1页（即第三人在无效程序中提交的反证1）；

证据41：盖有"贵阳市工商行政管理局云岩分局查询专用章"的"贵阳云岩金磊酒业经营部"的工商注册情况查询结果，复印件共1页（即第三人在无效程序中提交的反证2）；

证据42：第9742号决定复印件；

证据43：口头审理记录表复印件。

上述证据用以证明被诉决定认定事实清楚，适用法律正确，程序合法。

原告金沙窖酒厂诉称，第9742号决定认定事实不清，证据不足且前后矛盾。请求法院撤销该决定。

原告向法院提交了如下证据：（1）第9742号决定复印件；（2）第10166号无效宣告请求审查决定（以下简称第10166号决定），上述二证据用以证明原告向被告提交了相同的证据材料，被告却作出了结果相互矛盾的两个决定；（3）贵阳市工商行政管理局作出的筑工商处（2006）260号行政处罚决定书复印件，用以证明原告于1999年即印制了金沙牌双回沙酒的包装及标识。

被告专利复审委辩称，原告提交的证据均无法证明在本专利申请日前有同样的外观设计公开使用。第9742号决定认定事实清楚，适用法律法规正确、审理程序合法，请求法院维持该决定。

经庭审质证，原告对被告证据的关联性、合法性、真实性无异议；被告对原告证据1无异议，同时认为原告证据2、3在无效程序中未提交，与本案无关。

经审查，本院对被告及原告提交的证据认证如下：

被告提交的证据1～7能够证明原告在本专利申请日之前生产了金沙牌双回沙酒，但是不能证明该酒所使用的包装的外观形状；证据8、9及证据28～33仅仅能够证明贵阳卡梦岛动漫文化有限公司由贵阳零点包装设计有限公司变更而来，并不能证明贵阳卡梦岛动漫文化有限公司由贵阳脑力集形象设计中心变更而来，而仅凭证据28贵阳卡梦岛动漫文化有限公司设计人刘意的证言不足以使证据8、9及证据28～33形成证据链以证明贵阳卡梦岛动漫文化有限公司为原告设计过双回沙酒外包装的行为；证据10～13不能证明贵阳旭达彩印有限公司为原告印制过包装箱；证据34亦不能补充证明贵阳旭达彩印有限公司的印制行为，首先该证据的真实性不能确定，其次，即使该证据真实性可以确认，但从该发票的内容也不能看出贵阳旭达彩印有限公司为原告印制的是何种酒的外包装箱；证据14、15及证据35～37不能证明贵阳云岩金磊酒业经营部于1999年9月即已开始销售"金沙牌"双回沙酒的简装和一星级两种产品的事实；证据16～20因原告未提交证据原件，故真实性无法确认，无法证明原告向浙江省平阳县长明彩印厂订购酒盒及外箱的事实；证据21～24能够证明原告在本专利申请日之前生产了双回沙酒，但不能证明其生产的双回沙酒的具体外观包装的形态；证据38与证据39之间缺乏关联性，不能证明证据38中所述的"一星双回沙酒"的包装装潢即是证据39中所示的包装图案；证据26、27因涉及的是"简装双回沙酒"，其包装装潢与本案无关联；证据40、41能够证明贵阳卡梦岛动漫文化有限公司及贵阳云岩金磊酒业经营部的工商注册情况；证据42能够证明被告作出被诉决定的相关程序。

原告提交的证据2、3系在行政程序中未提交，不是被诉决定的依据，与本案无关联，本院不予采纳。

经审理查明，本无效宣告请求案涉及国家知识产权局于2006年3月29日授权公告的、名称为"酒包装盒（双回沙酒）"的外观设计专利（即本专利），其申请号为200530006144.X，申请日为2005年7月27日，专利权人为本案第三人。

针对上述专利权，本案原告于2006年6月27日向被告提出无效宣告请求，认为本专利与原告于1999年投放市场的"金沙"牌双回沙酒的外观包装在图案设计、颜色使用、文字大小及整体布局上完全相同，不符合《专利法》第二十三条的规定。在提交无效宣告请求时，原告提交了如下证据：

证据1：原告企业法人营业执照，复印件共1页；

证据2：原告的金园工业产品生产许可证，复印件共1页；

证据3：原告卫生许可证，复印件共1页；

证据4：江苏南通县酒厂的第124667号"金沙"商标注册证，复印件共1页；

证据5：第124667号商标核准续展注册证明，复印件共1页；

证据6："金沙牌双回沙酒"被确认为贵州省名牌产品的证书，复印件共1页；

证据7："金沙牌双回沙酒500ml"被确认为贵州省名牌产品的证书，复印件共1页；

证据8：贵阳卡梦岛动漫文化有限公司证明，复印件共1页；

证据9：金沙牌双回沙酒的包装装潢图片，复印件共2页；

证据10：贵阳旭达彩印有限公司企业法人营业执照，复印件共1页；

证据11：贵阳旭达彩印有限公司印刷经营许可证，复印件共1页；

证据12：贵阳旭达彩印有限公司证明，复印件共1页；
证据13：金沙牌双回沙酒的包装装潢图片，复印件共2页；
证据14：贵阳云岩金磊酒业经营部个体工商户营业执照，复印件共1页；
证据15：贵阳云岩金磊酒业经营部证明，复印件共1页；
证据16：原告与浙江省平阳县长明彩印厂的订货合同，复印件共1页；
证据17：原告收料单，复印件共2页；
证据18：原告的购货发票，复印件共3页；
证据19：泸州市龙马潭玻璃厂关于金沙窖酒瓶的货运单，复印件共1页；
证据20：原告关于模具款的收款收据，复印件共1页；
证据21：原告质检科关于"双回沙45°"的检验报告，复印件共7页；
证据22：贵州省毕节地区产品质量监督检验所酒质监字第99-10-42号检验报告，复印件共1页；
证据23：贵州省产品质量监督中心检验所第SPW00489和SPW01412号食品检验报告，复印件共4页；
证据24：贵州省产品质量监督检验所〔黔〕质监检第2002012221号、第2002012215号、第2002012217号、第2002012218号、第2002012219号检验报告，复印件共10页；
证据25：原告与贵州双回沙酒业有限公司的双回沙酒的外箱包装、瓶标包装、及酒盒包装的图样比对，复印件共4页；
证据26：平坝县工商行政管理局平工商执处字（2003）04号行政处罚决定书，复印件共3页；
证据27：贵州省工商行政管理局黔工商处字（2005）23号行政处罚决定书，复印件共6页。

经形式审查合格后，被告受理了上述请求，于2006年8月10日向双方当事人发出《无效宣告请求受理通知书》，并将《专利权无效宣告请求书》及其他有关文件的副本转送给专利权人，要求其在指定的期限内答复，同时成立合议组对本无效宣告请求案进行审理。

2006年9月25日，第三人针对上述《专利权无效宣告请求书》提交了意见陈述书并同时提交以下反证证据：

反证1：盖有"贵阳市工商行政管理局信息服务中心信息查询专用章"的"贵阳卡梦岛动漫文化有限公司"的工商注册情况查询结果，复印件共1页；

反证2：盖有"贵阳市工商行政管理局云岩分局查询专用章"的"贵阳云岩金磊酒业经营部"的工商注册情况查询结果，复印件共1页。

第三人认为：（1）原告的商标为"金沙"，本专利外观设计上无此标志，因此不存在与其取得的在先权利相冲突的问题；（2）原告提供的所有证据均无法证明其包装装潢在本专利的申请日前在国内外公开刊物上发表过或在国内公开使用过。因此，本专利符合《专利法》第二十三条的规定。

2007年1月22日，被告向双方当事人发出《无效宣告请求口头审理通知书》，定于2007年4月18日进行口头审理，同时将第三人于2006年9月25日提交的意见陈述书及相关文件的副本转送原告。

2007年4月18日，口头审理如期进行，双方均委托代理人出席了口头审理，并对对方参加口审人员的身份和出庭资格没有异议。被告当庭告知了合议组成员的变更情况，双方当事人对合议组成员均无回避请求，被告在此情况下就本无效宣告请求案进行了庭审调查：

（1）原告当庭提交了盖有原告印章的证据1~7、16~21的复印件，证据8~9、12~13、15、23~24的原件，盖有贵阳旭达彩印有限公司印章的证据10~11的复印件，盖有贵阳云岩金磊酒业经营部印章的证据14的复印件，盖有贵州省工商行政管理局经济检查总队印章的证据27的复印件；并补充提交如下证据：

证据28：盖有贵阳卡梦岛动漫文化有限公司印章的刘意签名的证明，1页；

证据29：盖有贵阳卡梦岛动漫文化有限公司印章的王来坤和刘意的身份证复印件，1页；

证据30：盖有贵阳卡梦岛动漫文化有限公司印章的公司变更登记申请书，复印件共1页；

证据31：盖有贵阳卡梦岛动漫文化有限公司印章的该公司的企业法人营业执照，复印件共1页；

证据32：盖有贵阳卡梦岛动漫文化有限公司印章的王来坤的法人代表证明，复印件共1页；

证据33：盖有贵阳卡梦岛动漫文化有限公司印章的贵阳零点包装设计有限公司的企业法人营业执照，复印件共1页；

证据34：盖有贵阳旭达彩印有限公司印章的发票，复印件共4页；

证据35：盖有贵阳云岩金磊酒业经营部的印章的王裔伦签名的证明，1页；

证据36：盖有贵阳云岩金磊酒业经营部的印章的王裔伦和朱小会的身份证复印件，共2页；

证据37：盖有贵阳云岩金磊酒业经营部的印章的双回沙酒的图片；复印件共2页；

证据38：贵州省金沙县质量技术监督局出具的证明，1页；

证据39：盖有贵州省金沙县质量技术监督局印章的金沙牌双回沙酒的包装盒实物，1件。

被告将以上补充证据28~38当庭转送第三人。第三人当庭核实所有的证据，认可证据1~15、21~24、26~33、38的真实性，对证据16~20、34~37及39的真实性提出质疑。

（2）第三人当庭提交反证1~2的原件，原告经核实，认可该反证1~2的真实性。

（3）原告明确其无效理由是：本专利与申请日前国内公开使用的外观设计相近似。

（4）被告就本案的无效理由及证据逐一进行了调查，双方当事人充分陈述了各自的意见。

被告经审查认为：

1. 法律依据

基于原告的无效理由，被告对本专利是否符合《专利法》第二十三条的规定进行审查。《专利法》第二十三条规定：授予专利权的外观设计，应当同申请日以前在国内外出版物上公开发表过或者国内公开使用过的外观设计不相同和不相近似，并不得与他人在先取得的合法权利相冲突。

2. 关于举证期限

根据2006版《审查指南》的过渡办法，对于在2006年7月1日之前提出的无效宣告请求，对其自无效宣告请求之日起一个月后提出的新理由，新证据的审查适用2001年10月18日公布的《审查指南》第四部分第三章第3.1节的规定。本案中，原告提出无效宣告请求的日期为2006年6月27日，适用2001版《审查指南》。根据2001版《审查指南》的上述相关规定，被告对原告当庭提交的用于证明在提出无效宣告请求时已举证主张的具体事实的补充证据予以考虑。

3. 关于证据的认定和证据链的形成

（1）关于证据1~7。

证据1~7分别是原告的营业执照、生产许可证、卫生许可证、商标注册证和续展注册证明以及其生产的"金沙牌双回沙酒"在2002年和2005年被评为贵州省名牌产品的证书，在第三人对其真实性未提出异议的情况下，被告对其真实性予以认可。该证据1~7证明原告在本专利的申请日前合法生产"金沙牌"双回沙酒，但不能证明所采用的具体的外观包装。

（2）关于证据8~9、证据28~33和反证1。

证据8是贵阳卡梦岛动漫文化有限公司出具的证明材料，内容是：该公司于1999年8月受贵州金沙窖酒厂的委托，为其设计"金沙牌"双回沙酒简装、一星级两种产品的外观包装图案，该图案如证据9所示。在第三人依据反证1对证据8~9的真伪提出质疑（即反证1中提到贵阳卡梦岛动漫文化有限公司的成立日期是2001年6月4日，而证据8中贵阳卡梦岛动漫文化有限公司所要证明的事件发生在1999年8月，在其成立之前）时，原告提供证据28~33，以期证明贵阳卡梦岛动漫文化有限公司是由贵阳零点包装设计有限公司变更而来，而贵阳零点包装设计有限公司又是由贵阳脑力集形象设计中心变更而来的。

基于第三人对证据8~9、28~33的真实性未提出异议，原告对反证1的真实性也未表示质疑，被告认可这些证据的真实性。

证据30~33可以证明贵阳卡梦岛动漫文化有限公司是由贵阳零点包装设计有限公司变更而来的，二者的成立日期为2001年6月4日。但原告关于"零点公司是由脑力集中心变更而来"的主张所依据的只有证据28~29，即设计师刘意的证人证言。在仅有证人证言、没有其他相关证据佐证的情况下，其证明力尚不充分，所证明的事实不能被采信，在此情况下，证据28~29不足以与证据30~33构成一个完整的证据链，无法证明贵阳卡梦岛动漫文化有限公司最终是由贵阳脑力集形象设计中心变更而来的，因而，也无法与证据8~9相关联用于佐证证据8中贵阳卡梦岛动漫文化有限公司证言所证明事实的真实性。

同时，就证据8~9本身而言，原告关于"证据9的图片即为卡梦岛公司于1999年8月设计的图片"的主张所依据也只有证据8的证人证言。同样，在仅有证人证言、没有其他相关证据佐证的情况下，其证明力尚不充分，所证明的事实不能被采信，即使贵阳卡梦岛动漫文化有限公司在1999年确实为原告设计过双回沙酒的包装，单凭证据8~9也不足以证明证据9中的图片所示就是当时所设计的双回沙酒的包装。

（3）关于证据10~13和证据34。

证据10和11分别是贵阳旭达彩印有限公司的营业执照、印刷经营许可证，证据12是该公司出具的证言，证据13是证据12的证言中所称的图片。为了证明贵阳旭达彩印有限公司确实为原告印制过包装箱，原告补充提交证据34，即贵阳旭达彩印有限公司出具的发票。

基于第三人对证据10~13的真实性未提出异议，被告认可证据10~13的真实性。第三人基于证据34中的发票不是原件而对证据34的真实性表示质疑，在原告未提供证据34的发票原件，无法核实其真实性的情况下，被告对证据34的真实性不予认可。

证据10~11证明了贵阳旭达彩印有限公司经营印刷业务的合法性。证据12拟用证人证言的形式证明贵阳旭达彩印有限公司在1999年8月受贵州金沙窖酒厂的委托印制的包装即为证据13中所示的图案，但是，原告用于支持该主张所依据的只有证据12的证人证言，无其他相关证据加以佐证。在此情况下，其证明力尚不充分，所证明的事实不能被采信。即使贵阳旭达彩印有限公司在1999年确实曾为原告印制过双回沙酒的包装，仅凭证据12~13也无法证明证据13中所示的图片就是证据12的证人证言中提到的当时所设计的酒包装。

（4）关于证据14~15、证据35~37和反证2。

证据14是贵阳云岩金磊酒业经营部（以下简称云岩经营部）的营业执照，证据15是该经营部出具的证言，其主要内容是该经营部于1999年9月开始经销"金沙牌"双回沙酒的简装和一星级两种产品。在第三人依据反证2质疑证据14~15的真伪（即反证2中提到云岩经营部的成立日期是2002年8月24日，而证据15中该经营部所要证明的事件发生在1999年9月，在其成立之前）时，原告提供证据35~37，其中证据35是云岩经营部三裔伦的证言，拟证明该经营部在成立之前就已经在销售"金沙牌"双回沙酒，证据36是王裔伦和相关人员朱小会的身份证复印件，证据37是盖有贵阳云岩金磊酒业经营部印章的两张"双回沙酒"包装图片影印件。

基于第三人对证据14~15的真实性未提出异议，被告认可证据14~15的真实性在第三人对证据35~37的真实性表示质疑的情况下，由于出具证据35证言的证人未出庭作证，同时也没有其他相关的证据对其证言内容加以佐证，因此，被告对证据35~37的证明内容不予采信。原告对反证2的真实性未提出异议，被告认可该反证的真实性。

证据14证明了云岩经营部经营酒类产品的合法性，证据15拟用证人证言的形式证明云岩经营部在1999年9月开始销售"金沙牌"双回沙酒，但原告用于支持这一主张所依据的只有证据15的证人证言，无其他相关证据加以佐证。在此情况下，其证明力尚不充分，所证明的事实不足以被采信。即使云岩经营部在1999年确实销售过"金沙牌"双回沙酒，仅凭证据14~15也无法证明其销售的"金沙牌"双回沙酒究竟具有什么样的外观包装。

（5）关于证据16~20。

证据16是贵州金沙窖酒厂向浙江省平阳县长明彩印厂订购酒盒和外箱的订货合同，证据17~20是相关的收料单、购货发票，货运单和收款收据。第三人对其真实性表示异议。在原告未提供这些单据的原件，无法核实其真实性的情况下，被告对证据16~20的真实性不予认可。

（6）关于证据21~24和证据38~39。

证据21~24分别是贵州金沙窖酒厂质检科、贵州省毕节地区产品质量监督检验所、贵州省产品质量监督中心检验所、贵州省产品质量监督检验所对于金沙窖酒厂生产的双回沙酒的检验报告。第三人对证据21~24的真实性未提出异议，被告在此基础上认可证据21~24的真实性。

证据21~24可以证明，原告在本专利的申请日前生产了双回沙酒，但从所述证据21~24中并不能得知其生产的双回沙酒的具体外观包装。并且，从证据24可以看出，该厂生产的双回沙酒是系列产品，至少有5个品种。对此，原告和第三人均表示认同。

原告认为，证据24中编号为［黔］质监检第2002012215号的检验报告中所检的产品，即一星级双回沙酒（46％V/V）的包装盒的外观设计与本专利相近似，为了支持这一主张，原告补充提供证据38~39，其中，证据38是贵州省金沙县质量技术监督局出具的证明材料，其内容是：

"金沙牌"一星双回沙酒，简装双回沙酒的包装装潢和设计图案从1999年上市以后从未改变过，证据39是盖有金沙县质量技术监督局印章的"金沙牌"双回沙酒牌包装盒实物。基于第三人对证据38的真实性未提出异议，被告认可该证据的真实性。对于证据39，在第三人对其真实性提出质疑的情况下，由于包装盒内批号章的印制具有一定的随意性，并且，金沙县质量技术监督局在其证明材料（证据38）中并未就该包装实物的批号时间作出认定，同时也没有其他相关证据佐证该包装实物内的批号时间，因此，被告对该包装盒所示批号时间的真实性不予认可。在此情况下，证据24中上述检验报告与证据39的包装盒实物之间缺乏关联性。

原告拟用证据38证明"金沙牌一星双回沙酒、简装双回沙酒的包装装潢和设计图案从1999年上市以后从未改变过"，但是，原告用于支持这一主张所依据的证据只有证据38的证人证言，没有其他相关的证据对该主张加以佐证，在此情况下，其证明力尚不充分，所证明的事实尚不足以被采信，因此，证据21~24及证据38只能证明贵州金沙窖酒厂在本专利的申请日前生产了双回沙酒，无法证明所述双回沙酒具有什么样的外观包装。

（7）关于证据26~27。

证据26是平坝县工商行政管理局对平坝酒厂一分厂擅自使用"贵州名牌"标志进行处罚的决定书，证据27是贵州省工商行政管理局对贵阳峡凌酒厂、贵州双回沙酒业有限公司擅自仿冒贵州金沙窖酒厂"简装"双回沙酒所作出的处罚决定书。第三人未对其真实性提出异议。被告对该证据26~27的真实性予以认可。

原告明确表示证据26~27的处罚决定书中涉及到的产品均为"简装"双回沙酒，该简装双回沙酒的包装装潢如附图1所示，与其所主张的与本专利外观设计相近似的"一星"双回沙酒（如附图2所示）完全不同，因此，被告认为，证据26~27与本案无关联性。

（8）关于证据链的构成。

原告用于证明其在申请日前生产的"金沙牌"一星双回沙酒采用的具体包装装潢依据的所有证据均为证人证言（证据8~9、10~13、14~15以及证据38），但未提供充分的用于佐证所述证言内容真实性的客观证据。证据21~24所示客观证据虽能证明其在申请日前生产了一系列多个品种的"金沙牌"双回沙酒，但不能证明一星双回沙酒采用的具体外观包装。在仅有证人事后回忆的主观性证明，而没有提交其他原始客观证据的情况下，这样的证人证言再多也不足以证明"金沙牌"一星双回沙酒具有怎样的外观包装。在此情况下，上述7个证据组由于各组证据的举证不充分而不能形成一个完整的证据链，故而无法进行如证据25所示的相同相近似性对比，无法证明本专利不符合《专利法》第二十三条的规定。

综上，被告作出第9742号决定。原告不服，诉至本院。

本院认为，《专利法》第二十三条规定：授予专利权的外观设计，应当同申请日以前在国内外出版物上公开发表过或者国内公开使用过的外观设计不相同和不相近似，并不得与他人在先取得的合法权利相冲突。根据《审查指南》的相关规定，要求宣告专利无效的申请人对其无效请求负有举证责任。本案中，原告认为在本专利申请日之前，其已经生产设计、印制、销售了"一星双回沙酒"及其包装，并提交了相关证据证明本专利不符合《专利法》第二十三条规定。但是，根据原告提交的证据材料，其形成证据链的每一个证据环节的主要证据均为证人证言，上述证人证言在无其他证据佐证的情况下，不足以使原告提交的证据形成一个完整且具有足够证明力的证据链，不能证明在本专利申请日之前，国内有相同或近似的外观设计存在。

综上，第9742号决定认定事实清楚，适用法律正确，行政程序合法，本院应予维持。原告的诉讼主张缺乏事实和法律依据，本院不予支持。据此，依照《中华人民共和国行政诉讼法》第五十四条第（一）项之规定，判决如下：

维持被告国家知识产权局专利复审委员会于二〇〇七年四月二十八日作出的第9742号无效宣告请求审查决定；

案件受理费100元，由原告贵州金沙窖酒厂负担（已交纳）。

如不服本判决：可在本判决书送达之日起15日内，向本院提交上诉状，并按对方当事人人数提出副本，上诉于北京市高级人民法院。上诉人在上诉期满后7日内未提交上诉案件受理费又不提交缓交申请的，按自动撤回上诉处理。

审　判　长　强刚华
代理审判员　贾志刚
人民陪审员　谢冬伟
二〇〇八年一月八日
书　记　员　张　莹

北京市高级人民法院
行政判决书

(2009) 高行终字第285号

上诉人（一审原告）贵州金沙窖酒厂，住所地贵州省金沙县大水。

法定代表人丁光成，厂长。

被上诉人（一审被告）国家知识产权局专利复审委员会，住所地北京市海淀区北四环西路9号银谷大厦。

法定代表人廖涛，副主任。

委托代理人任晓兰，女，国家知识产权局专利复审委员会审查员。

委托代理人齐宏涛，男，国家知识产权局专利复审委员会审查员。

被上诉人（一审第三人）贵阳峡凌酒厂。

上诉人贵州金沙窖酒厂因专利无效宣告请求审查决定一案，不服北京市第一中级人民法院（2007）一中行初字第1004号行政判决，向本院提起上诉。本院依法组成合议庭，审理了本案。本案现已审理终结。

2007年4月28日，国家知识产权局专利复审委员会（以下简称专利复审委）作出第9742号无效宣告请求审查决定（以下简称第9742号决定），维持贵阳峡凌酒厂（以下简称峡凌酒厂）的第200530006144.X号名称为"酒包装盒（双回沙酒）"外观设计专利权（以下简称本专利）有效。贵州金沙窖酒厂（以下简称金沙窖酒厂）不服，向北京市第一中级人民法院（以下简称一审法院）提起行政诉讼。

一审法院判决认定，金沙窖酒厂认为在本专利申请日之前，其已经生产、设计、印制、销售了"一星双回沙酒"及其包装，并提交了相关证据证明本专利不符合《中华人民共和国专利法》（以下简称《专利法》）第二十三条规定。但是，根据金沙窖酒厂提交的证据材料，其形成证据链的每一个证据环节的主要证据均为证人证言，上述证人证言在无其他证据佐证的情况下，不足以使其提交的证据形成一个完整且具有足够证明力的证据链，不能证明在本专利申请日之前，国内有相同或近似的外观设计存在。综上，第9742号决定认定事实清楚，适用法律正确，行政程序合法，应予维持。金沙窖酒厂的诉讼主张缺乏事实和法律依据，不予支持。据此，依照《中华人民共和国行政诉讼法》第五十四条第（一）项之规定，判决维持专利复审委所作第9742号决定。

金沙窖酒厂不服一审判决，向本院提起上诉。其主要理由是：一审判决认定事实不清、证据不足。金沙窖酒厂所提交的证据不仅为证人证言，还包括书证、物证等，能相互印证而形成完整的证据链；一审判决中确认的关于对专利复审委认定的理由不能成立。七组证据均可相互印证，并有内在联系；一审法院没有站在公正立场上审查证据材料，并作出错误的判决结果。综上，请求二审法院查明事实，撤销一审判决。

专利复审委答辩认为，上诉人金沙窖酒厂在提起无效宣告请求时提交了27份证据；在口头审理时提交了12份证据。这些证据分为七组。由于用于形成证据链的每一个环节的主要证据均为证人证言，在没有其他证据佐证的情况下，这些证据组无法形成一个完整的有足够证明力的证据链。因此，不能证明在本专利申请日之前，国内有相同或近似的外观设计存在。金沙窖酒厂在一审程序中提交了无效程序中未提交的证据，一审法院不予采纳符合法律规定。综上，上诉人金沙窖酒厂的上诉理由不能成立，一审判决认定事实清楚，适用法律正确，请求二审法院驳回上诉，维持一审判决，维持专利复审委所作第9742号决定。

峡凌酒厂未向本院提交答辩意见。

一审法院审理期间，专利复审委在法定期限内向法院提交了以下证据的复印件：

（1）金沙窖酒厂企业法人营业执照；

（2）金沙窖酒厂的全国工业产品生产许可证；

（3）金沙窖酒厂卫生许可证；

（4）江苏南通县酒厂的第124667号"金沙"商标注册证；

（5）第124667号商标核准续展注册证明；

（6）"金沙牌双回沙酒"被确认为贵州省名牌产品的证书；

（7）"金沙牌双回沙酒500ml"被确认为贵州省名牌产品的证书；

（8）贵阳卡梦岛动漫文化有限公司证明；

（9）金沙牌双回沙酒的包装装潢图片；

（10）贵阳旭达彩印有限公司企业法人营业执照；

（11）贵阳旭达彩印有限公司印刷经营许可证；

（12）贵阳旭达彩印有限公司证明；

（13）金沙牌双回沙酒的包装装潢图片；

（14）贵阳云岩金磊酒业经营部个体工商户营业执照；

（15）贵阳云岩金磊酒业经营部证明；

（16）金沙窖酒厂与浙江省平阳县长明彩印厂的订货合同；

（17）金沙窖酒厂收料单；

（18）金沙窖酒厂的购货发票；

（19）泸州市龙马潭玻璃厂关于金沙窖酒瓶的货运单；

（20）金沙窖酒厂关于模具款的收款收据；

（21）金沙窖酒厂质检科关于"双回沙45°"的检验报告；

（22）贵州省毕节地区产品质量监督检验所酒质监字第99-10-42号检验报告；

（23）贵州省产品质量监督中心检验所第SPW00489和SPW01412号食品检验报告；

（24）贵州省产品质量监督检验所［黔］质监检第2002012221号、第2002012215号、第2002012217号、第2002012218号、第2002012219号检验报告；

（25）金沙窖酒厂与贵州双回沙酒业有限公司的双回沙酒的外箱包装、瓶标包装、及酒盒包装的图样比对；

（26）平坝县工商行政管理局平工商执处字（2003）04号行政处罚决定书；

（27）贵州省工商行政管理局黔工商处字（2005）23号行政处罚决定书。

（28）盖有贵阳卡梦岛动漫文化有限公司印章的刘意签名的证明；

（29）盖有贵阳卡梦岛动漫文化有限公司印章的王来坤和刘意的身份证；

（30）盖有贵阳卡梦岛动漫文化有限公司印章的公司变更登记申请书；

（31）盖有贵阳卡梦岛动漫文化有限公司印章的该公司的企业法人营业执照；

（32）盖有贵阳卡梦岛动漫文化有限公司印章的王来坤的法人代表证明；

（33）盖有贵阳卡梦岛动漫文化有限公司印章的贵阳零点包装设计有限公司的企业法人营业执照；

（34）盖有贵阳旭达彩印有限公司印章的发票；

（35）盖有贵阳云岩金磊酒业经营部的印章的王裔伦签名的证明；

（36）盖有贵阳云岩金磊酒业经营部的印章的王裔伦和朱小会的身份证；

（37）盖有贵阳云岩金磊酒业经营部的印章的双回沙酒的图片；

（38）贵州省金沙县质量技术监督局出具的证明；

（39）盖有贵州省金沙县质量技术监督局印章的金沙牌双回沙酒的包装盒实物；

（40）盖有"贵阳市工商行政管理局信息服务中心信息查询专用章"的"贵阳卡梦岛动漫文化有限公司"的工商注册情况查询结果（即峡凌酒厂在无效程序中提交的反证1）；

（41）盖有"贵阳市工商行政管理局云岩分局查询专用章"的"贵阳云岩金磊酒业经营部"的工商注册情况查询结果（即峡凌酒厂在无效程序中提交的反证2）。

（42）口审记录表。

金沙窖酒厂向一审法院提交了以下证据的复印件：第10166号无效宣告请求审查决定（以下简称第10166号决定）；贵阳市工商行政管理局作出的筑工商处（2006）260号行政处罚决定书。

峡凌酒厂未向一审法院提交证据。

一审法院经审查认为，专利复审委提交的证据1~7能够证明金沙窖酒厂在本专利申请日之前生产了金沙牌双回沙酒，但是不能证明该酒所使用的包装的外观形状；证据8、9及证据28~33仅仅能够证明贵阳卡梦岛动漫文化有限公司由贵阳零点包装设计有限公司变更而来，并不能证明贵阳卡梦岛动漫文化有限公司由贵阳脑力集形象设计中心变更而来，而仅凭证据28贵阳卡梦岛动漫文化有限公司设计人刘意的证言不足以使证据8、9及证据28~33形成证据链以证明贵阳卡梦岛动漫文化有限公司为金沙窖酒厂设计过双回沙酒外包装的行为；证据10~13不能证明贵阳旭达彩印有限公司为原告印制过包装箱；证据34亦不能补充证明贵阳旭达彩印有限公司的印制行为，首先该证据的真实性不能确定，其次，即使该证据真实性可以确认，但从该发票的内容也不能看出贵阳旭达彩印有限公司为金沙窖酒厂印制的是何种酒的外包装箱；证据14、15及证据35~37不能证明贵阳云岩金磊酒业经营部于1999年9月即已开始销售"金沙牌"双回沙酒的简装和一星级两种产品的事实；证据16~20因金沙窖酒厂未提交证据原件，故真实性无法确认，无法证明其向浙江省平阳县长明彩印厂订购酒盒及外箱的事实；证据21~24能够证明金沙窖酒厂在本专利申请日之前生产了双回沙酒，但不能证明其生产的双回沙酒的具体外观包装的形态；证据38与证据39之间缺乏关联性，不能证明证据38中所述的"一星双回沙酒"的包装装潢即是证据39中所示的包装图案；证据26、27因涉及的是"简装双回沙酒"，其包装装潢与本案无关联；证据40、41能够证明贵阳卡梦岛动漫文化有限公司及贵阳云岩金磊酒业经营部的工商注册情况；证据42能够证明专利复审委作出第9742号决定的相关程序。

金沙窖酒厂提交的证据在行政程序中未提交，不是第9742号决定的依据，与本案无关联，故不予采纳。

上述证据均随案移送本院。二审期间，各方当事人均未向本院提交新证据。经审查，一审法院的认证意见正确，本院予以确认。

本院经审理查明事实如下：

2005年7月27日，峡凌酒厂向国家知识产权局申请名称为"酒包装盒（双回沙酒）"的外观设计专利（即本专利），申请号为200530006144.X。2006年3月29日，本专利获得授权公告。

2006年6月27日，金沙窖酒厂针对本专利向专利复审委提出无效宣告请求。理由是：本专利与金沙窖酒厂1999年投放市场的"金沙"牌双回沙酒的外观包装在图案设计、颜色使用、文字大小及整体布局上完全相同，不符合《专利法》第二十三条的规定。同时，金沙窖酒厂提交了如下证据的复印件：

证据1：企业法人营业执照；

证据2：金沙窖酒厂的全国工业产品生产许可证；

证据3：金沙窖酒厂卫生许可证；

证据4：江苏南通县酒厂的第124667号"金沙"商标注册证；

证据5：第124667号商标核准续展注册证明；

证据6："金沙牌双回沙酒"被确认为贵州省名牌产品的证书；

证据7："金沙牌双回沙酒500ml"被确认为贵州省名牌产品的证书；

证据8：贵阳卡梦岛动漫文化有限公司证明；

证据9：金沙牌双回沙酒的包装装潢图片；

证据10：贵阳旭达彩印有限公司企业法人营业执照；

证据11：贵阳旭达彩印有限公司印刷经营许可证；

证据12：贵阳旭达彩印有限公司证明；

证据13：金沙牌双回沙酒的包装装潢图片；

证据14：贵阳云岩金磊酒业经营部个体工商户营业执照；

证据15：贵阳云岩金磊酒业经营部证明；

证据16：金沙窖酒厂与浙江省平阳县长明彩印厂的订货合同；

证据17：金沙窖酒厂收料单；

证据18：金沙窖酒厂的购货发票；

证据19：泸州市龙马潭玻璃厂关于金沙窖酒瓶的货运单；

证据20：金沙窖酒厂关于模具款的收款收据；

证据21：金沙窖酒厂质检科关于"双回沙45°"的检验报告；

证据22：贵州省毕节地区产品质量监督检验所酒质监字第99-10-42号检验报告；

证据23：贵州省产品质量监督中心检验所第SPW00489和SPW01412号食品检验报告；

证据24：贵州省产品质量监督检验所［黔］质监检第2002012221号、第2002012215号、第2002012217号、第2002012218号、第2002012219号检验报告；

证据25：金沙窖酒厂与贵州双回沙酒业有限公司的双回沙酒的外箱包装、瓶标包装、及酒盒包装的图样比对；

证据26：平坝县工商行政管理局平工商执处字（2003）04号行政处罚决定书；

证据27：贵州省工商行政管理局黔工商处字（2005）23号行政处罚决定书。

专利复审委审查后，于2006年8月10日向双方当事人发出《无效宣告请求受理通知书》，并转文至峡凌酒厂，要求其在指定的期限内答复。

2006年9月25日，峡凌酒厂提交了意见陈述书，同时提交了以下证据：

反证1：盖有"贵阳市工商行政管理局信息服务中心信息查询专用章"的"贵阳卡梦岛动漫文化有限公司"的工商注册情况查询结果；

反证2：盖有"贵阳市工商行政管理局云岩分局查询专用章"的"贵阳云岩金磊酒业经营部"的工商注册情况查询结果。

峡凌酒厂认为：（1）金沙窖酒厂的商标为"金沙"，本专利外观设计上无此标志，因此不存在与其取得的在先权利相冲突的问题；（2）金沙窖酒厂提供的所有证据均无法证明其包装装潢在本专利的申请日前在国内外公开刊物上发表过或在国内公开使用过。因此，本专利符合《专利法》第二十三条的规定。

2007年4月18日，专利复审委举行口头审理。金沙窖酒厂补充提交了以下证据的复印件：

证据28：盖有贵阳卡梦岛动漫文化有限公司印章的刘意签名的证明；

证据29：盖有贵阳卡梦岛动漫文化有限公司印章的王来坤和刘意的身份证；

证据30：盖有贵阳卡梦岛动漫文化有限公司印章的公司变更登记申请书；

证据31：盖有贵阳卡梦岛动漫文化有限公司印章的该公司的企业法人营业执照；

证据32：盖有贵阳卡梦岛动漫文化有限公司印章的王来坤的法人代表证明；

证据33：盖有贵阳卡梦岛动漫文化有限公司印章的贵阳零点包装设计有限公司的企业法人营业执照；

证据34：盖有贵阳旭达彩印有限公司印章的发票；

证据35：盖有贵阳云岩金磊酒业经营部的印章的王裔伦签名的证明；

证据36：盖有贵阳云岩金磊酒业经营部的印章的王裔伦和朱小会的身份证；

证据37：盖有贵阳云岩金磊酒业经营部的印章的双回沙酒的图片；

证据38：贵州省金沙县质量技术监督局出具的证明；

证据39：盖有贵州省金沙县质量技术监督局印章的金沙牌双回沙酒的包装盒实物。

专利复审委经审查，对金沙窖酒厂的证据认为：

（1）关于证据1~7：均为金沙窖酒厂的营业执照、生产许可证、卫生许可证、商标注册证和续展注册证明以及其生产的"金沙牌双回沙酒"在2002年和2005年被评为贵州省名牌产品的证书，峡凌酒厂对其真实性不持异议，专利复审委对其真实性予以认可。上述证据证明金沙窖酒厂在本专利申请日前生产"金沙牌"双回沙酒，但不能证明其采用的具体外观包装。

（2）关于证据8~9、证据28~33和反证1：证据8是贵阳卡梦岛动漫文化有限公司出具的证明材料，内容是：该公司于1999年8月受贵州金沙窖酒厂的委托，为其设计"金沙牌"双回沙酒简装、一星级两种产品的外观包装图案，该图案如证据9所示。在峡凌酒厂依据反证1对证据8~9的真伪提出质疑（即，反证1中提到贵阳卡梦岛动漫文化有限公司的成立日期是2001年6月4日，而证据8中贵阳卡梦岛动漫文化有限公司所要证明的事件发生在1999年8月，在其成立之前）时，金沙窖酒厂提供证据28~33，以期证明贵阳卡梦岛动漫文化有限公司是由贵阳零点包装设计有限公司变更而来，而贵阳零点包装设计有限公司又是由贵阳脑力集形象设计中心变更而来的。

基于峡凌酒厂对证据8~9、28~33的真实性未提出异议，金沙窖酒厂对反证1的真实性也未表示质疑，专利复审委认可这些证据的真实性。

证据30~33可以证明贵阳卡梦岛动漫文化有限公司是由贵阳零点包装设计有限公司变更而来的，二者的成立日期为2001年6月4日。但金沙窖酒厂关于"零点公司是由脑力集中心变更而来"的主张所依据的只有证据28~29，即，设计师刘意的证人证言。在仅有证人证言、没有其他相关证据佐证的情况下，其证明力尚不充分，所证明的事实不能被采信，在此情况下，证据28~29不足以与证据30~33构成一个完整的证据链，无法证明贵阳卡梦岛动漫文化有限公司最终是由贵阳脑力集形象设计中心变更而来的。因而，也无法与证据8~9相关联用于佐证证据8中贵阳卡梦岛动漫文化有限公司证言所证明事实的真实性。

金沙窖酒厂关于"证据9的图片即为卡梦岛公司于1999年8月设计的图片"的主张所依据也只有证据8的证人证言。同样，在仅有证人证言、没有其他相关证据佐证的情况下，其证明力尚不充分，所证明的事实不能被采信。即使贵阳卡梦岛动漫文化有限公司在1999年确实为金沙窖酒厂设计过双回沙酒的包装，单凭证据8~9也不足以证明证据9中的图片所示就是当时所设计的双回沙酒的包装。

(3) 关于证据10~13和证据34：证据10和11分别是贵阳旭达彩印有限公司的营业执照、印刷经营许可证，证据12是该公司出具的证言，证据13是证据12的证言中所称的图片。为了证明贵阳旭达彩印有限公司确实为金沙窖酒厂印制过包装箱，该厂补充提交证据34，即贵阳旭达彩印有限公司出具的发票。

基于峡凌酒厂对证据10~13的真实性未提出异议，专利复审委认可证据10~13的真实性。峡凌酒厂基于证据34中的发票不是原件而对证据34的真实性表示质疑，在金沙窖酒厂未提供证据34的发票原件，无法核实其真实性的情况下，专利复审委对证据34的真实性不予认可。

证据10~11证明了贵阳旭达彩印有限公司经营印刷业务的合法性。证据12拟用证人证言的形式证明贵阳旭达彩印有限公司在1999年8月受贵州金沙窖酒厂的委托印制的包装即为证据13中所示的图案，但是，金沙窖酒厂用于支持该主张所依据的只有证据12的证人证言，无其他相关证据加以佐证。在此情况下，其证明力尚不充分，所证明的事实不能被采信。即使贵阳旭达彩印有限公司在1999年确实曾为其印制过双回沙酒的包装，仅凭证据12~13也无法证明证据13中所示的图片就是证据12的证人证言中提到的当时所设计的酒包装。

(4) 关于证据14~15、证据35~37和反证2：证据14是贵阳云岩金磊酒业经营部（以下简称云岩经营部）的营业执照，证据15是该经营部出具的证言，其主要内容是该经营部于1999年9月开始经销"金沙牌"双回沙酒的简装和一星级两种产品。在峡凌酒厂依据反证2质疑证据14~15的真伪（即，反证2中提到云岩经营部的成立日期是2002年8月24日，而证据15中该经营部所要证明的事件发生在1999年9月，在其成立之前）时，金沙窖酒厂提供证据35~37，其中证据35是云岩经营部王裔伦的证言，拟证明该经营部在成立之前就已经在销售"金沙牌"双回沙酒，证据36是王裔伦和相关人员朱小会的身份证复印件，证据37是盖有云岩经营部印章的两张"双回沙酒"包装图片复印件。

基于峡凌酒厂对证据14~15的真实性未提出异议，专利复审委认可证据14~15的真实性。在峡凌酒厂对证据35~37的真实性表示质疑的情况下，由于出具证据35证言的证人未出庭作证，同时也没有其他相关的证据对其证言内容加以佐证，故专利复审委对证据35~37的证明内容不予采信。金沙窖酒厂对反证2的真实性未提出异议，专利复审委认可该反证的真实性。

证据14证明了云岩经营部经营酒类产品的合法性，证据15拟用证人证言的形式证明云岩经营部在1999年9月开始销售"金沙牌"双回沙酒，但金沙窖酒厂用于支持这一主张所依据的只有证据15的证人证言，无其他相关证据加以佐证。在此情况下，其证明力尚不充分，所证明的事实不足以被采信。即使云岩经营部在1999年确实销售过"金沙牌"双回沙酒，仅凭证据14~15也无法证明其销售的"金沙牌"双回沙酒的外观包装。

(5) 关于证据16~20：证据16是贵州金沙窖酒厂向浙江省平阳县长明彩印厂订购酒盒和外箱的订货合同，证据17~20是相关的收料单、购货发票、货运单和收款收据。峡凌酒厂对其真实性表示异议。在金沙窖酒厂未提供这些单据的原件，无法核实其真实性的情况下，专利复审委对证据16~20的真实性不予认可。

(6) 关于证据21~24和证据38~39：证据21~24分别是贵州金沙窖酒厂质检科、贵州省毕节地区产品质量监督检验所、贵州省产品质量监督中心检验所、贵州省产品质量监督检验所对于金沙窖酒厂生产的双回沙酒的检验报告。峡凌酒厂对其真实性未提出异议，专利复审委对其予以认可。

证据21~24可以证明，金沙窖酒厂在本专利的申请日前生产了双回沙酒，但不能得知其生产的双回沙酒的具体外观包装。并且，从证据24可以看出，该厂生产的双回沙酒是系列产品，至少有五个品种。对此，金沙窖酒厂和峡凌酒厂均表示认同。

金沙窖酒厂认为证据24中编号为［黔］质监检第2002012215号的检验报告中所检的产品，即，一星级双回沙酒（46%V/V）的包装盒的外观设计与本专利相近似，为了支持该主张，金沙窖酒厂补充提交证据38、39。其中，证据38是贵州省金沙县质量技术监督局出具的证明材料，其内容是："金沙牌"一星双回沙酒、简装双回沙酒的包装装潢和设计图案从1999年上市以后从未改变过；证据39是盖有金沙县质量技术监督局印章的"金沙牌"双回沙酒牌包装盒实物。基于峡凌酒厂对证据38的真实性未提出异议，专利复审委认可该证据的真实性。对于证据39，在峡凌酒厂对其真实性提出质疑的情况下，由于包装盒内批号章的印制具有一定的随意性，并且，金沙县质量技术监督局在其证明材料（证据38）中并未就该包装实物的批号时间作出认定，同时也无其他相关证据佐证该包装实物内的批号时间，因此，专利复审委对该包装盒所示批号时间的真实性不予认可。在此情况下，证据24中上述检验报告与证据39的包装盒实物之间缺乏关联性。

金沙窖酒厂拟用证据38证明"金沙牌一星双回沙酒、简装双回沙酒的包装装潢和设计图案从1999年上市以后从未改变过"，但是，其用于支持这一主张所依据的证据只有证据38的证人证言，没有其他相关的证据对该主张加以佐证，因此证明力尚不充分，所证明的事实尚不足以被采信。证据21~24及证据38只能证明贵州金沙窖酒厂在本专利的申请日前生产了双回沙酒，无法证明所述双回沙酒的外观包装。

（7）关于证据26~27：证据26是平坝县工商行政管理局对平坝酒厂一分厂擅自使用"贵州名牌"标志进行处罚的决定书，证据27是贵州省工商行政管理局对峡凌酒厂、贵州双回沙酒业有限公司擅自仿冒贵州金沙窖酒厂"简装"双回沙酒所作出的处罚决定书。峡凌酒厂未对其真实性提出异议，专利复审委对该证据26~27的真实性予以认可。

金沙窖酒厂明确表示证据26~27的处罚决定书中涉及到的产品均为"简装"双回沙酒，该简装双回沙酒的包装装潢如附图1所示，与其所主张的与本专利外观设计相近似的"一星"双回沙酒（如附图2所示）完全不同，因此，专利复审委认为证据26~27与本案无关联性。

（8）关于证据链的构成。金沙窖酒厂用于证明其在申请日前生产的"金沙牌"一星双回沙酒采用的具体包装装潢依据的所有证据均为证人证言（证据8~9、10~13、14~15以及证据38），但未提供充分的用于佐证所述证言内容真实性的客观证据。证据21~24所示客观证据虽能证明其在申请日前生产了一系列多个品种的"金沙牌"双回沙酒，但不能证明一星双回沙酒采用的具体外观包装。在仅有证人事后回忆的主观性证明，而没有提交其他原始客观证据的情况下，不足以证明"金沙牌"一星双回沙酒的外观包装。上述七个证据组由于各组证据的举证不充分而不能形成一个完整的证据链，故而无法进行如证据25所示的相同相近似性对比，无法证明本专利不符合《专利法》第二十三条的规定。

综上，专利复审委作出第9742号决定。金沙窖酒厂不服，遂诉至一审法院。

本院认为，根据《专利法》第二十三条的规定：

"授予专利权的外观设计，应当同申请日以前在国内外出版物上公开发表过或者国内公开使用过的外观设计不相同和不相近似，并不得与他人在先取得的合法权利相冲突"。据此，对是否构成外观设计的相同和相近似，必须进行比对后，方可进行下一步的判断。

本案中，金沙窖酒厂在无效宣告行政程序中虽提交了证据，但是该厂提交的证据无法形成一个具有证明力的完整证据链，从而不足以证明"金沙牌"一星双回沙酒的具体外观包装状态。专利复审委对其无法进行相同和相近似的比对，故不能判定本专利不符合《专利法》第二十三条的规定。因此，专利复审委所作第9742号决定合法，一审判决维持正确，本院应予维持。金沙窖酒厂的上诉理由缺乏事实和法律依据,本院不予支持。依照《中华人民共和国行政诉讼法》第六十一条第（一）项的规定,判决如下：

驳回上诉,维持一审判决。

二审案件受理费人民币100元,由上诉人贵州金沙窖酒厂负担（已交纳）。

本判决为终审判决。

审　判　长　赵宇晖
代理审判员　朱海宏
代理审判员　胡华峰
二〇〇九年六月十六日
书　记　员　张　怡

视听柜（ST0006）

无效宣告请求审查决定（第9759号）

决 定 号	第9759号
决 定 日	2007年4月25日
外观设计名称	视听柜（ST0006）
外观设计分类号	06-04
无效宣告请求人	王苹
专 利 权 人	叶宗高
申 请 号	200430052830.6
申 请 日	2004年9月27日
授权公告日	2005年4月6日
合议组组长	徐洁玲
主 审 员	郭健国
参 审 员	王伟艳
法 律 依 据	专利法第23条

决 定 要 点

若本专利与在先设计存在差异，而这种差异能够对一般消费者的视觉造成显著的影响，二者为不相近似的外观设计。

一、案由

本无效宣告请求涉及国家知识产权局于2005年4月6日授权公告的200430052830.6号外观设计专利，其产品名称为"视听柜（ST0006）"，申请日为2004年9月27日，专利权人为叶宗高。

针对上述外观设计专利（下称本专利），王苹（下称请求人）于2006年5月26日向专利复审委员会提出无效宣告请求，请求人提交了下列证据：

证据1：专利号为02320178.9号外观设计网页检索文本打印件，其申请日为2002年5月24日，公开日为2003年2月5日；

证据2：专利号为200430052412.7号外观设计网页检索文本打印件，其申请日为2004年9月6日，公开日为2005年3月9日。

请求人认为，证据1、2与本专利同属于一个类别，证据1、2已经将本专利所含有的设计要素全部公开，本外观设计不符合专利法第23条的规定。

经形式审查合格，专利复审委员会于2006年5月29日受理了上述请求，并于同日将宣告专利权无效请求书及其他有关文件副本转送给专利权人，要求其在指定的期限内答复。

2007年3月15日，专利复审委员会向双方当事人发出了《合议组成员告知通知书》，并在通知书中告知当事人对本案进行书面审理。

双方当事人在指定的期限内没有对合议组成员提出回避请求，亦未对书面审理提出异议。

在上述工作的基础上，合议组认为上述案件事实已经清楚，可作出审查决定。

二、决定的理由

1. 关于证据

经合议组核实，对证据1、2的真实性予以确认。

证据1的公开日早于本专利的申请日，可以用于评述本专利是否符合专利法第23条。证据2的申请日虽然早于本专利申请，但公开日晚于本专利的申请日，故证据2不能作为评述本专利是否符合专利法第23条的在先设计。

2. 相同和相近似比较

专利法第23条规定：授予专利权的外观设计，应当同申请日以前在国内外出版物上公开发表过或者在国内公开使用过的外观设计不相同和不相近似，并不得与他人在先取得的合法权利相冲突。

本专利的主视图呈长方形，左右对称布置，四周设有边框，上下边框略突出于左右边框外缘，边框围成的空间大致分成四个部分，下部为两个抽屉，抽屉的把手为长方形，上部空间被居中设置的立板分割成两个电器容纳腔，电器容纳腔后部背板中央处开有圆形线孔，电器容纳腔内靠近左右边框附近各有一条立线；由立体图和主、左、右视图来看，下边框左右各布有一个长方体支脚，后部支脚为一整体长方形立板（详见本专利附图）。

证据1的主视图呈长方形，左右对称布置，四周设有边框，上边框略突出于左右边框外缘，边框围成的空间大致分成四个部分，下部为两个抽屉，抽屉的把手为正方形，上部空间被居中设置的立板分割成两个电器容纳腔，电器容纳腔后部背板中央处开有长圆形线孔，电器容纳腔内靠近左右边框附近各有二条立线，左、右边框的上下均设有圆形装饰线条；由立体图和主、右视图来看，共设有六个支脚，支脚呈锥体，两侧的支脚略大于中间支脚，左右两侧的四个支脚依附于左右边框延伸下来的板条，板条与底板围成中空构造（详见证据1附图）。

经比较可知，本专利与证据1相比主要存在如下区别：（1）支脚的形状及位置不同；（2）抽屉上的把手形状不同；（3）在本专利的左右两侧边框上未设有圆形装饰线条，而证据1具有此设计；（4）本专利的下边框略突出于左右边框，而证据1则无此设计。上述区别足以引起一般消费者的注意，并且一般消费者通过整体观察，可以看出二者差别对产品外观设计的整体视觉效果产生显著的影响。因此，本专利与证据1不相同也不相近似，本专利符合专利法第23条的规定。

三、决定

根据专利法第23条，维持200430052830.6号外观设计专利权有效。

当事人对本决定不服的，可以根据专利法第46条第2款的规定，自收到本决定之日起三个月内向北京市第一中级人民法院起诉。根据该款的规定，一方当事人起诉后，另一方当事人应当作为第三人参加诉讼。

珩磨刀杆（二）

无效宣告请求审查决定（第9763号）

决 定 号	第9763号
决 定 日	2007年4月26日
发明创造名称	珩磨刀杆（二）
外观设计分类号	08-01
无效宣告请求人	江西佳业精密机械有限责任公司
专 利 权 人	易祖平
专 利 号	200430014335.6
申 请 日	2004年3月24日
授权公告日	2004年10月20日
合议组组长	徐媛媛
主 审 员	瞿晓峰
参 审 员	张 华
法律依据	专利法第23条
决 定 要 点	

请求人提交的证据不充分，不足以证明附件1的公开时间早于本专利的申请日并进而构成现有技术，故附件1无法与本专利进行相同和相近似的比较，不足以认定本专利的授权不符合专利法第23条的规定。

一、案由

本无效宣告请求涉及国家知识产权局于2004年10月20日授权公告、名称为"珩磨刀杆（二）"的200430014335.6号外观设计专利（下称本专利），其申请日为2004年3月24日，专利权人为易祖平。

针对上述专利权，江西佳业精密机械有限责任公司（下称请求人）于2006年5月16日向专利复审委员会提出无效宣告请求，其理由是本专利的授权不符合专利法第23条的规定，并同时提交了以下附件作为证据：

附件1：江西赣新砂轮厂产品简介一份；
附件2-1：江西省新干县公证处出具的（2006）干证字第184号公证书的复印件一份；
附件2-2：编号为No：00304627的江西增值税专用发票的复印件一张；

附件2-3：江西省增值税专用发票销货清单的复印件一张；
附件2-4：江西赣新砂轮厂产品简介的复印件一份（同附件1）；
附件3：江西省新干县工商局出具的证明的复印件一份。

请求人认为：

（1）附件1介绍了江西赣新砂轮厂的金刚石珩磨刀具，其中第3页的图1与本专利的主视图、后视图、左视图、右视图完全相同，而且这些产品已经替代进口多年。

（2）附件2-1至附件2-4证明附件1的印刷日期早于本专利的申请日，结合附件1中陈述的该产品早已普及国内各地，替代进口已多年，可以证明本专利的外观设计在申请日之前已经在在国内公开使用。

（3）附件3中的厂址变更信息可以证明该产品介绍的印刷时间在本专利的申请日之前。

经形式审查合格后，专利复审委员会受理了上述请求，于2006年7月19日向双方当事人发出无效宣告请求受理通知书，同时将无效宣告请求书及其他有关文件的副本转送给专利权人，要求其在指定的期限内答复。对此，专利权人逾期未答复。

请求人于2007年1月12日再次寄交了意见陈述书，并同时提交以下附件：

（1）附件4：江西省南昌市中级人民法院调查取证函复印件一份；

（2）附件5：关于江西省南昌市中级人民法院调查取证函的答复复印件一份；

（3）附件6：扎努西电气机械天津压缩机有限公司出具的证明复印件一份。

专利复审委员会于2007年2月2日将请求人的上述意见陈述书及其所附附件副本转送给专利权人，并同时向双方当事人发出了口头审理通知书，定于2007年3月13日对本案进行口头审理。

口头审理如期举行，双方当事人及其委托的代理人参加了审理。在口头审理中，双方当事人对合议组成员无回避请求，对对方当事人出席口头审理的身份和资格无异议。合议组当庭告知请求人，由于附件4至附件6的提交期限不符合专利法实施细则第66条以及审查指南第四部分第三章第4.3.1节的规定，所以对附件4至附件6不予考虑。

请求人当庭明确无效宣告请求理由为：通过附件1至附件3证明与本专利相同的外观设计已经在申请日之前在国内出版物上公开发表过，以及在国内公开使用过，故本专利授权不符合专利法第23条的规定。具体理由如下：附件1第二页左栏指出赣新砂轮厂的金刚石珩磨刀具用于珩磨加工业务普及国内各地，替代进口多年，以及赣新砂轮厂的厂址为：江西省新干县城车站北路97号；附件1第3页图1显示了江西赣新砂轮厂生产的金刚石珩磨刀具的具体外观。请求人认为，尽管附件1中并没有直接表明其印刷时间，但是，附件2-1至附件2-4、附件3均可证明附件1的公开时间早于本专利的申请日。请求人认为附件2-1的《证明》中对产品简介的外观的描述与附件1相一致，因此可以证明作为附件1的产品简介是在2000年7月份由江西省新干县印刷厂印刷的；附件2-1中公证书正文表明公证书所附《证明》的内容是真实的，再结合附件2-2至附件2-4，可以证明附件1的公开时间早于本申请的申请日。请求人还认为，由于附件1中记载的赣新砂轮厂的厂址为江西省新干县城车站北路97号，结合附件3可以进一步证明附件1的公开时间早于本申请的申请日。请求人当庭提交了附件1至附件3的原件。专利权人认为请求人提交的原件与复印件在形式上是相同的，但是对其内容不予认可。专利权人指出附件2-1的《证明》中所记载的增值税发票号为0004627号，而在请求人所提交的附件2-2江西增值税专用发票的复印件中记载的增值税发票号为00304627，两者不一致，另外，附件2-3销货清单复印件的第四行中所记载的是"产品说明书"，而不是"产品简介"，也与附件1的名称不一致。所以，附件1和附件2-1至附件2-4不能组成完整的证据链。专利权人还对附件 3 的形式有异议，认为不应采信。

至此，合议组认为本案事实已经清楚，可以作出审查决定。

二、决定的理由

1. 法律依据

专利法第 23 条规定：授予专利权的外观设计，应当同申请日以前在国内外出版物上公开发表过或者国内公开使用过的外观设计不相同和不相近似，并不得与他人在先取得的合法权利相冲突。

2. 关于证据

请求人当庭提交了附件 1、附件 2-1 至附件 2-4 以及附件 3 的原件，专利权人认可附件 1 至附件 3 的复印件与原件相一致，但对这些证据所记载内容的真实性持异议。合议组认为，虽然专利权人对附件 1、附件 2-1 至附件 2-4 的内容的真实性持有异议，但是由于专利权人未能提出相应证据予以支持，因此，合议组对附件 1、附件 2-1 至附件 2-4 予以采信。就附件 3 而言，其是江西省新干县工商局出具的证明，属于证人证言，从形式上看，这份证明文件只有单位印章，没有自然人的签名或者印章，该证据不符合法人出证的形式要件，因此，合议组对附件 3 的的证明力不予认可，即对该证据不予考虑。

请求人主张附件 2-1 至附件 2-4 构成完整的证据链，可以证明附件 1 的公开时间早于本专利申请日，对此，合议组认为：

首先，附件 2-1 的公证书正文称"前面影印件与江西省新干县印刷厂于二〇〇六年四月十日开给杨贱生的《证明》的原件相符。原件上的江西省新干县印刷厂的印鉴属实。"所以，附件 2-1 的公证书公证的内容仅涉及附件 2-1 中《证明》的影印件与原件相符，以及原件上的印鉴是真实的，而并未对附件 2-1 中《证明》所记载内容的真实性予以公证。

其次，即使考虑附件 2-1 中《证明》所记载的内容，这些内容与附件 2-2 至附件 2-4 也存在不一致之处：一方面，附件 2-1 的《证明》中称印刷的是"彩色产品简介说明书"，而与之对应的附件 2-3 销货清单的第四行中所记载的商品名称是"产品说明书"，附件 2-4 的名称是"产品简介"，可见，附件 2-1 的《证明》中所说的印刷品名称与附件 2-3 和附件 2-4 中所记载的名称均不一致，所以，不足以证明附件 2-1 的《证明》中所说的彩色产品简介说明书与附件 2-3 和附件 2-4 具有唯一对应关系。另一方面，附件 2-1 的《证明》中记载的增值税发票号为 0004627，而附件 2-2 江西增值税专用发票的复印件中显示的增值税发票号为 00304627，两者显然也不具有唯一对应关系。

最后，附件 2-4 首页上虽写有"此复印件与原件相符"，落款时间为 06.4.10，加盖有江西省新干县印刷厂的印章。但是，上述内容属于证人证言，并且其仅能证明复印件与原件相符，而无法证明其本身或者附件 1 的公开时间。

故附件 2-1 至附件 2-4 不足以构成一完整的证据链，不能证明附件 1 的公开时间早于本专利的申请日。

鉴于请求人提供的附件 1 至附件 3 未能形成完整的证据链，不足以证明附件 1 在本专利的申请日以前已经公开，故附件 1 无法与本专利进行相同和相近似的比较，因此，合议组对请求人认为本专利的授权不符合专利法第 23 条的主张不予支持。

三、决定

维持 200430014335.6 号外观设计专利权有效。

当事人如对本决定不服，可以根据专利法第 46 条第 2 款的规定，自收到本决定之日起三个月内向北京市第一中级人民法院起诉。根据该款的规定，一方当事人起诉后，另一方当事人应当作为第三人参加起诉。

型材（内开内挺）

无效宣告请求审查决定（第9767号）

决 定 号	第9767号
决 定 日	2007年4月26日
发明创造名称	型材（内开内挺）
外观设计分类号	25-01
无效宣告请求人	营口瑞达铝业有限公司
专 利 权 人	刘烈壮
专 利 号	03311380.7
申 请 日	2003年5月9日
授权公告日	2003年12月31日
合议组组长	王霞军
主 审 员	钟 华
参 审 员	徐清平
附 图	1页

法律依据 专利法第23条、第46条，专利法实施细则第66条

决定要点

对于型材类产品的一般消费者而言，在本专利的其余视图无特别设计的情况下，型材的横截面是其重点关注的部位，本专利与在先设计横截面上的区别已经给两者的整体视觉效果带来显著的影响，两者给一般消费者的整体视觉印象明显不同，因此本专利与在先设计不相同且不相近似。

一、案由

本无效宣告请求涉及国家知识产权局于2003年12月31日授权公告的名称为"型材（内开内挺）"的03311380.7号外观设计专利（下称本专利），其申请日为2003年5月9日，专利权人为刘烈壮。

针对本专利，营口瑞达铝业有限公司（下称请求人）于2006年9月27日向专利复审委员会提出无效宣告请求，其理由是本专利与一份在先公开的实用新型专利上记载的外观设计相近似，因此本专利不符合专利法第23条的规定，请求人同时提交如下附件作为证据：

附件1：02211258.8号实用新型专利说明书复印件5页，授权公告日为2003年7月16日；

附件2：本外观设计专利公报复印件。

经形式审查合格，专利复审委员会依法受理了上述无效宣告请求，并于2006年9月29日将无效

宣告请求书及相关文件的副本转给专利权人，要求其在指定的期限内答复。

2006年10月27日，请求人提交了意见陈述书，坚持认为本专利与在先公开的外观设计相近似，不符合专利法第23条的规定，同时补充提交了如下附件作为证据（编号续前）：

附件3：02211257.X号实用新型专利说明书复印件5页。

2006年11月7日，专利权人提交了意见陈述书，认为：附件1的公开日晚于本专利的申请日，不能用于评述本专利是否符合专利法第23条的规定；附件1为实用新型专利，两个权利属性不相同，保护范围也不相同，不可能是同样的发明创造。

专利复审委员会于2007年2月9日将上述请求人提交的意见陈述书和附件转送给专利权人，将专利权人的意见陈述书转送给请求人，同时向双方当事人发出口头审理通知书，定于2007年4月4日举行口头审理。

2007年3月9日，专利权人提交了意见陈述书，认为本专利与补充附件上所示外观设计存在如下区别：（1）中心部位的方管，本专利为正方形，在先设计为六边形；（2）本专利的正方形方管内设有两个圆孔，在先设计没有两圆孔；（3）本专利方管的上部有两个对称形状的角，在先设计的相应位置呈燕尾形。专利权人认为，方管位于视觉要部，要部上的差异具有显著特征，因此两者不相近似。

口头审理如期举行，双方当事人均有代理人参加本次口头审理。合议组当庭将上述专利权人提交的意见陈述书转送给请求人。在口头审理中，请求人明确放弃附件1作为本案的证据，专利权人对补充附件的真实性没有异议。在此基础上，双方当事人就补充证据上请求人指认的外观设计与本专利是否相近似进行了充分的意见陈述和辩论。针对当庭转送的文件，请求人表示无需在庭后再补充答辩意见。

至此，合议组认为本案事实已经调查清楚，可以作出如下审查决定。

二、决定的理由

1. 法律依据

专利法第23条规定：授予专利权的外观设计，应当同申请日以前在国内外出版物上公开发表过或者国内公开使用过的外观设计不相同和不相近似，并不得与他人在先取得的合法权利相冲突。

专利法第46条规定：专利复审委员会对宣告专利权无效的请求应当及时审查和作出决定，并通知请求人和专利权人。宣告专利权无效的决定，由国务院专利行政部门登记和公告。

对专利复审委员会宣告专利权无效或者维持专利权的决定不服的，可以自收到通知之日起三个月内向人民法院起诉。人民法院应当通知无效宣告请求程序的对方当事人作为第三人参加诉讼。

专利法实施细则第66条规定：在专利复审委员会受理无效宣告请求后，请求人可以在提出无效宣告请求之日起1个月内增加理由或者补充证据。逾期增加理由或者补充证据的，专利复审委员会可以不予考虑。

2. 证据的认定

请求人已经放弃附件1作为本案的证据，合议组对该证据不再予以评述。

附件2为本专利公报，经合议组核实，其内容真实，可用以证明本专利的有关信息。

附件3为补充提交的证据，其提交日为2006年10月27日，在本次无效宣告请求日2006年9月27日起算的举证期限1个月内，因此合议组对该证据予以考虑。附件3为02211257.X号实用新型专利说明书，经合议组核实，其内容真实，专利权人对该证据的真实性也没有异议，因此附件3可以作为本案的定案依据。附件3的公告日为2003年4月16日，早于本专利申请日2003年5月9日，因此附件3属于在本专利申请日前公开的出版物，请求人指认的附件3的附图中的"件2"可以作为评价本专利是否符合专利法第 23 条的在先设计（下称在先设计）。

3. 本专利是否符合专利法第 23 条的规定

本专利为一种型材的外观设计，在先设计也为型材的外观设计，两者所属产品的种类相同，因此可以进行外观设计相近似性比较。

本专利为一种型材的外观设计，从主视图看，本专利的横截面的中央部位为近似六边形的空腔，六边形的内侧中间部位各设置有一个小圆环，六边形外缘的上端设置有两个往外张开的折角状突起，六边形外侧中间部位各有一个极小的三角形凹陷，偏下部位各有上下两个逗号状突起，下边的突起的边缘与六边形外缘的底端平齐。本专利的其他视图无特别设计（详见本专利附图）。

在先设计为一种型材的外观设计，从横截面看：其中央部位为近似六边形的空腔，六边形外缘的上端呈燕尾形往外突出，六边形外侧偏下部位各有上下两个突起，上边的突起呈直角形，下边的突起为逗号形且边沿与六边形外缘的底端平齐（详见在先设计附图）。

将本专利与在先设计相比，两者横截面的空腔形状均近似六边形，六边形外缘的外侧中间偏下部位均设置有两个突起，下边突起的形状均为逗号形且与六边形外缘的底端平齐。其不同之处在于：本专利的横截面的六边形空腔更矮壮，在先设计的横截面的六边形空腔更瘦长；本专利六边形的内侧中间部位各设置有一个小圆环，在先设计无此设计；本专利六边形外缘的上端设置的突起成两个对外张开的折角状，在先设计相应部位呈燕尾形向外突出；本专利的六边形外侧中间部位各有一个极小的三角形凹陷，在先设计无此设计；本专利的六边形外侧的中间偏下部位的突起呈逗号状，在先设计相应部位的突起呈直角形。合议组认为：对于型材类产品的一般消费者而言，在本专利的其他视图无特别设计的情况下，型材的横截面是其重点关注的部位，本专利与在先设计的上述区别，尤其是两者六边形空腔形状的不同、有无小圆环的区别以及六边形外缘上端突起形状的不同已经给两者的整体视觉效果带来显著的影响，两者给一般消费者的整体视觉印象明显不同，因此本专利与在先设计不相同且不相近似，附件 3 不能证明本专利不符合专利法第 23 条的规定。

综上所述，请求人提交的所有证据均不能支持其主张，其无效宣告请求不成立。

三、决定

根据专利法第 23 条和专利法第 46 条第 1 款的规定，维持 03311380.7 号外观设计专利权有效。

根据专利法第 46 条第 2 款的规定，当事人对本决定不服的，自收到本决定之日起三个月内向北京市第一中级人民法院起诉，根据该款规定，一方当事人起诉后，另一方当事人应当作为第三人参加诉讼。

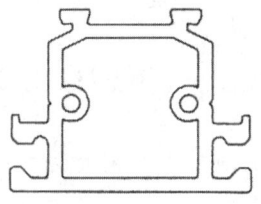

主视图

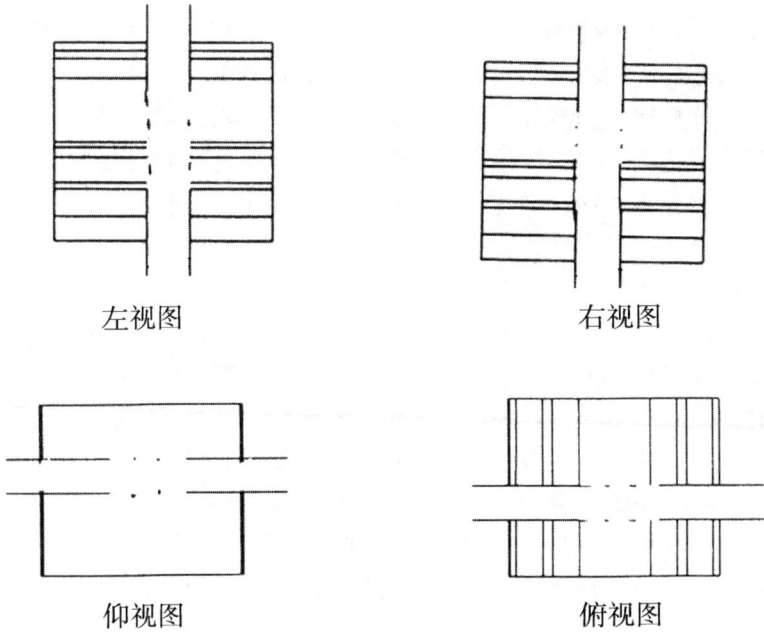

左视图　　　　　　　右视图

仰视图　　　　　　　俯视图

本专利附图

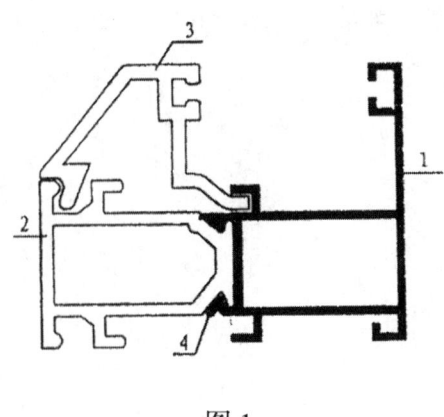

图1

在先设计附图（件2）

型材（内平开框）

无效宣告请求审查决定（第9768号）

决 定 号	第9768号
决 定 日	2007年4月27日
发明创造名称	型材（内平开框）
外观设计分类号	25-01
无效宣告请求人	营口瑞达铝业有限公司
专 利 权 人	刘烈壮
专 利 号	02353684.5
申 请 日	2002年10月10日
授权公告日	2003年6月18日
合议组组长	王霞军
主 审 员	钟 华
参 审 员	徐清平
附 图	1页

法律依据 专利法第23条、第46条、第56条第2款，专利法实施细则第64条、第66条

决定要点

对于型材类产品的一般消费者而言，在本专利的其余视图无特别设计的情况下，型材的横截面是其重点关注的部位，本专利与在先设计横截面上的区别，已经给两者的整体视觉效果带来显著的影响，两者给一般消费者的整体视觉印象明显不同，因此本专利与在先设计不相同且不相近似。

一、案由

本无效宣告请求涉及国家知识产权局于2003年6月18日授权公告的名称为"型材（内平开框）"的02353684.5号外观设计专利（下称本专利），其申请日为2002年10月10日，专利权人为刘烈壮。

针对本专利，营口瑞达铝业有限公司（下称请求人）于2006年9月27日向专利复审委员会提出无效宣告请求，其理由是本专利与一份在先公开的实用新型专利上记载的外观设计相近似，因此本专利不符合专利法第23条的规定，请求人同时提交如下附件作为证据：

附件1：02211257.X号实用新型专利说明书复印件5页，授权公告日为2003年4月16日；

附件2：本外观设计专利公报复印件。

经形式审查合格，专利复审委员会依法受理了上述无效宣告请求，并于2006年9月29日将无效

宣告请求书及相关文件的副本转给专利权人，要求其在指定的期限内答复。

2006年10月27日，请求人提交了意见陈述书，坚持认为本专利与在先公开的外观设计相近似，不符合专利法第23条的规定，同时补充提交了如下附件作为证据（编号续前）：

附件3：02300919.5号外观设计专利公报复印件1页。

2006年11月14日，专利复审委员会收到专利权人的意见陈述书，专利权人认为附件1的公开日晚于本专利申请日，因此不能用以评价本专利是否符合专利法第23条的规定，同时二者保护的范围不同，也不属于同样的发明创造。

专利复审委员会于2007年2月9日将上述请求人提交的意见陈述书和附件转送给专利权人，将上述专利权人提交的意见陈述书转送给请求人，同时向双方当事人发出口头审理通知书，定于2007年4月4日举行口头审理。

2007年3月9日，专利权人提交了意见陈述书，认为：附件3共有六幅图，请求人在意见陈述书中没有具体指出哪幅图和本专利进行比较，即没有结合证据具体说明其无效理由，因此不符合专利法实施细则第64条第1款的规定，根据审查指南第四部分第三章第4.3.1节的规定，该证据不应考虑。

口头审理如期举行，双方当事人均有代理人参加本次口头审理。合议组当庭将上述专利权人提交的意见陈述书转送给请求人。在口头审理中，请求人明确放弃附件1作为本案的证据，专利权人坚持认为请求人未履行专利法实施细则第64条的规定，附件3不应予以考虑。在此基础上，双方当事人就请求人指认附件3上的外观设计与本专利是否相近似进行了充分的意见陈述和辩论。针对当庭转送的文件，请求人表示无需在庭后再补充答辩意见。

至此，合议组认为本案事实已经调查清楚，可以作出如下审查决定。

二、决定的理由

1. 法律依据

专利法第23条规定：授予专利权的外观设计，应当同申请日以前在国内外出版物上公开发表过或者国内公开使用过的外观设计不相同和不相近似，并不得与他人在先取得的合法权利相冲突。

专利法第46条规定：专利复审委员会对宣告专利权无效的请求应当及时审查和作出决定，并通知请求人和专利权人。宣告专利权无效的决定，由国务院专利行政部门登记和公告。

对专利复审委员会宣告专利权无效或者维持专利权的决定不服的，可以自收到通知之日起三个月内向人民法院起诉。人民法院应当通知无效宣告请求程序的对方当事人作为第三人参加诉讼。

专利法实施细则第64条第1款规定：依照专利法第45条的规定，请求宣告专利权无效或者部分无效的，应当向专利复审委员会提交专利权无效宣告请求书和必要的证据一式两份。无效宣告请求书应当结合提交的所有证据，具体说明无效宣告请求的理由，并指明每项理由所依据的证据。

专利法实施细则第66条规定：在专利复审委员会受理无效宣告请求后，请求人可以在提出无效宣告请求之日起一个月内增加理由或者补充证据。逾期增加理由或者补充证据的，专利复审委员会可以不予考虑。

2. 证据的认定

请求人已经放弃附件1作为本案的证据，合议组对该证据不再予以评述。

附件2为本专利公报，经合议组核实，其内容真实，可用以证明本专利的有关信息。

附件3为补充提交的证据，专利权人认为请求人未履行专利法实施细则第64条所规定的义务，因此根据审查指南第四部分第三章第4.3.1节的规定，该证据不应考虑。

审查指南第四部分第三章第4.3.1节规定：请求人在提出无效宣告请求之日起一个月内补充提交证据的，应当在该期限内结合该证据具体说明相关的无效宣告理由，否则，专利复审委员会不予考虑。

经核实，附件3的提交日为2006年10月27日，在本次无效宣告请求日2006年9月27日起算的举证期限1个月内，请求人在随同附件3提交的意见陈述书中记载有：补充专利申请号为02300919.5的外观设计专利作为本专利的在先设计，该项专利的授权公告日为2002年7月17日，在本专利申请日2002年10月10日之前，因而可以作为被比外观设计的在先设计。在先设计的附图中右侧的型材形状和本专利的外形基本完全相同，无论是从设计风格还是从外形上看，两者都是相近似的。唯一的差别是本外观设计型材左侧为一个片，一般消费者根本难以注意到。

由上述意见陈述书可见，请求人在举证期限内补充提交了附件3，且同时结合附件3具体说明了相关的无效宣告理由，因此合议组对附件3应予以考虑。专利权人认为请求人在意见陈述书中没有具体指出哪幅图和本专利进行比较，因此不应考虑附件3作为本案证据。由上述意见陈述书的内容可以看出，请求人已经指认"在先设计的附图中右侧的型材"，附件3仅两幅图涉及"右侧型材"，请求人在口头审理中进一步确认用以比较的外观设计为右上角上视图的"右侧型材"。合议组认为，专利权人在收到专利复审委员会转送的请求人的附件3及附随的意见陈述书后，必然会注意到附件3中的两幅图涉及的"右侧型材"，合议组在口头审理中也给予了专利权人陈述本专利与请求人指认的在先设计进行相近似性比较的机会。因此专利权人据此主张附件3不应予以考虑的主张不成立。

附件3为02300919.5号外观设计专利公报，经合议组核实，其内容真实，因此附件3可以作为本案的定案依据。附件3的公告日为2002年7月17日，早于本专利申请日2002年10月10日，因此附件3属于在本专利申请日前公开的出版物，请求人指认的附件3上的外观设计（下称在先设计）可用以评价本专利是否符合专利法第23条的规定。

3. 本专利是否符合专利法第23条的规定

本专利为一种型材的外观设计，在先设计也为型材的外观设计，两者所属产品的种类相同，因此可以进行外观设计相近似性比较。

本专利为一种型材的外观设计，从主视图看，本专利的横截面的中央部位为近似六边形的空腔，六边形外缘的上端设置有两个往外张开的折角状突起，六边形外侧中间部位各有一个极小的三角形凹陷，外侧偏下部位有一个逗号状突起，右边外侧还有一个逗号状突起与六边形外缘的底端平齐。本专利的其他视图无特别设计（详见本专利附图）。

在先设计为一种型材的外观设计，从横截面看：其中央部位为正方形的空腔，正方形上部外缘的顶端各设置有一个前伸的鞋子状突起，上部外缘的中间还设置有两个呈八字形张开的小突起。正方形右侧的外缘靠近顶端设置有一个钉子状向外伸出。左右侧外缘各有一个直角状突起与正方形的底端平齐（详见在先设计附图）。

将本专利与在先设计相比，两者相同之处在于：左右侧外缘各有一个突起与空腔底端平齐，空腔上部外缘均设置有若干突起。其不同之处在于：本专利的横截面的空腔为六边形，在先设计的横截面空腔为正方形；空腔上部外缘设置的突起的位置、数量、形状均不相同；空腔外侧底端突起的形状不同；空腔右侧外缘的上端的突起的位置、形状不同；本专利外侧的中间部位各有一个极小的三角形凹陷，在先设计无此设计。合议组认为：对于型材类产品的一般消费者而言，在本专利的其他视图无特别设计的情况下，型材的横截面是其重点关注的部位，本专利与在先设计的上述区别，尤其是两者空腔形状的不同、空腔外缘的突起的位置、数量、形状的不同已经给两者的整体视觉效果带来显著的影响，两者给一般消费者的整体视觉印象明显不同，因此本专利与在先设计不相同且不相近似，附件3不能证明本专利不符合专利法第23条的规定。

综上所述，请求人提交的所有证据均不能支持其主张，其无效宣告请求不成立。

三、决定

根据专利法第 23 条和专利法第 46 条第 1 款的规定，维持 02353684.5 号外观设计专利权有效。

根据专利法第 46 条第 2 款的规定，当事人对本决定不服的，自收到本决定之日起三个月内向北京市第一中级人民法院起诉，根据该款规定，一方当事人起诉后，另一方当事人应当作为第三人参加诉讼。

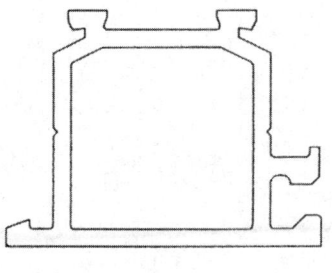

主视图

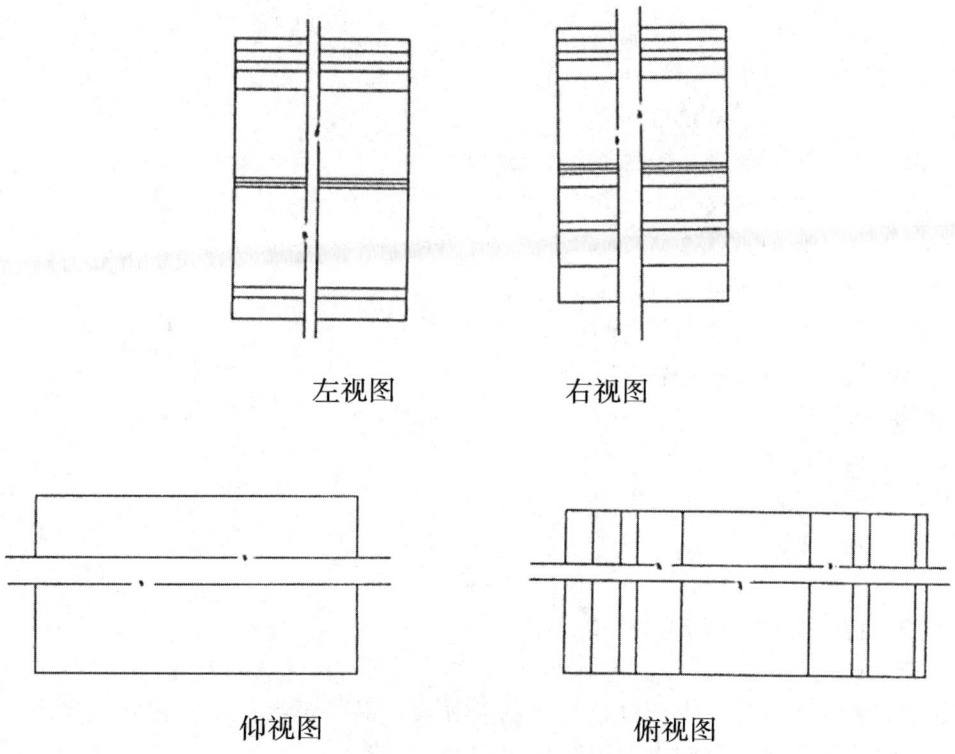

左视图　　　右视图

仰视图　　　俯视图

本专利附图

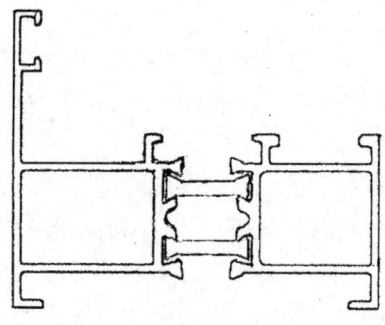

在先设计附图（右侧型材）

摩托车

无效宣告请求审查决定（第 9774 号）

决　定　号	第 9774 号
决　定　日	2007 年 5 月 9 日
发明创造名称	摩托车
外观设计分类号	12-11-M0263
无效宣告请求人	江苏金捷摩托制造有限公司
专 利 权 人	铃木株式会社
专　利　号	01300052.7
申　请　日	2001 年 1 月 4 日
优　先　权　日	2000 年 7 月 21 日
授权公告日	2001 年 10 月 17 日
合议组组长	徐媛媛
主　审　员	杨存吉
参　审　员	徐洁玲
附　　　图	9 页

法律依据 专利法第 23 条

决定要点

如果被比设计和在先设计各个部件设计上的差异对产品外观设计整体视觉效果产生了显著的影响，则被比设计和在先设计不相同也不相近似。

一、案由

本无效宣告请求涉及国家知识产权局于 2001 年 10 月 17 日授权公告的申请号为 01300052.7 的外观设计专利（下称本专利），其产品名称为"摩托车"、申请日为 2001 年 1 月 4 日、优先权日为 2000 年 7 月 21 日，专利权人为铃木株式会社。

针对本专利，江苏金捷摩托制造有限公司（下称请求人）于 2003 年 11 月 11 日向专利复审委员会提出无效宣告请求，其理由是本专利的授权不符合专利法第 23 条。请求人同时提交了下列附件作为证据：

附件 1：授权公告号为 CN3055662D 的中国外观设计专利公告文件的复印件 1 页，授权公告日为 1997 年 3 月 12 日；

附件 2：授权公告号为 CN3086683D 的中国外观设计专利公告文件的复印件 1 页，授权公告日为

1998年10月7日；

附件3：授权公告号为CN3132811D的中国外观设计专利公告文件的复印件1页，授权公告日为1999年12月29日；

附件4：授权公告号为CN3153781D的中国外观设计专利公告文件的复印件1页，授权公告日为2000年7月12日；

附件5：授权公告号为CN3065455D的中国外观设计专利公告文件的复印件2页，授权公告日为1997年10月8日。

请求人认为：本专利与上述附件1~5中在先外观设计属于相近似外观设计，本专利的授权不符合专利法第23条的规定。

经形式审查合格，专利复审委员会受理了上述无效宣告请求，并于2003年11月11日向请求人和专利权人发出了无效宣告请求受理通知书，同时将专利权无效请求书及相关文件的副本转送给了专利权人，要求其在指定的期限内答复。

请求人于2003年12月11日提交了下列附件作为补充证据：

附件6：2000年1月日本"摩托车"杂志相关页复印件及中译文，共5页；

附件7：1996年4月日本"世界摩托"杂志相关页复印件及中译文，共8页；

附件8：1996年机车年鉴台湾"风火轮"杂志相关页复印件，共3页；

附件9：1998年2月1日发行的日本"年轻人的机器"杂志相关页复印件及中译文，共6页；

附件10：1997年8月1日出版的中国台湾"流行骑士"杂志相关页复印件，共4页；

附件11：1996年10月1日出版的中国台湾"流行骑士"杂志相关页复印件，共4页；

附件12：1997年9月号香港"机车同志"杂志相关页复印件，共6页；

附件13：中国台湾"风火轮2000Models"杂志（1999~2000年机车年鉴）相关页复印件，共3页。

请求人认为上述附件中所示的川崎ZRX1100、本田CB400、超级4雅马哈XJR400II、铃木GSX400等摩托车与本专利相近似。

专利权人于2004年1月5日针对无效请求书及其附件提交了意见陈述书，其认为请求人应当指明与本专利最接近的对比文件，同时说明宣告本专利无效的具体理由。

专利复审委员会依法成立合议组并于2004年4月15日向双方当事人发出了口头审理通知书，同时将请求人所提交的补充证据转送给专利权人，将专利权人的上述答复意见转送给请求人。

请求人于2004年5月20日针对上述转送文件通知书提交了意见陈述书，其中将所引用的12款摩托车与本专利进行了具体比较，进而认为在本专利的优先权日前已有与本专利相近似的外观设计公开。随该意见陈述书还附有附件1~5的网上下载图片的放大图（共14页）和关于附件13的出版日期的"声明书"复印件（下称附件13-1，共5页）。

口头审理如期举行，双方当事人都参加了口头审理。请求人出示了附件6~13、附件13-1的原件。专利权人对附件1~12的真实性无异议，认可它们作为支持无效理由的对比文件使用，但对附件13的出版日期有异议，不认可附件13-1的真实性。合议组当庭将未曾转送过的意见陈述书及附件分别转送给对方当事人，并限双方当事人在口头审理结束后十天内提交书面意见陈述书。

请求人于2004年6月14日提交了意见陈述书，其中附有"江苏省公证员协会出具的（2004）江苏公协核字第254号证明书"原件（下称附件13-2）、法盟承办人简志道关于出版日期公认证事宜的传真函复印件（下称附件13-3）。专利权人认为附件13-2、13-3使附件13-1满足了法定的形式要件。

专利权人于 2004 年 6 月 14 日提交了意见陈述书，其将本专利分别与附件 1、附件 6、日本川崎 ZRX1100、日本本田 CB400 和 FT150-5GeNIUS 五款摩托车作了详细对比，认为请求人所提交的所有证据均不能宣告本专利无效。

在此基础上，专利复审委员会于 2004 年 10 月 25 日作出第 6502 号无效宣告审查决定（下称第 6502 号决定），认定本专利与附件 5 所公开的在先设计属于相近似的外观设计，本专利的授权不符合专利法第 23 条的规定。

专利权人对第 6502 号决定不服于法定期限内向北京市第一中级人民法院提起行政诉讼，该法院于 2005 年 12 月 6 日作出（2005）一中行初字第 235 号判决书，认定附件 5 所公开的在先设计与本专利二者属于不相近似的外观设计，故撤销专利复审委员会作出的第 6502 号决定。请求人对上述判决不服于法定期限内向北京市高级人民法院提起上诉，该法院于 2006 年 9 月 20 日作出终审判决书，驳回上诉，维持原判。

专利复审委员会依法重新成立合议组对本案进行审理，并于 2007 年 3 月 14 日向双方当事人发出口头审理通知书，定于 2007 年 4 月 9 日上午在专利复审委员会举行口头审理。因故，专利复审委员会于 2007 年 3 月 27 日再次向专利权人发出口头审理通知书。

口头审理如期举行，双方当事人均到庭参加了口头审理。在口头审理中，双方当事人对合议组成员无回避请求，对对方出庭人员身份和资格无异议。请求人当庭明确其无效理由是本专利与附件 1~4 和附件 6~13 中的日本川崎 ZRX1100、日本本田 CB400、日本雅马哈 XJR400RⅡ、日本铃木 GSX400、日本铃木 GS125、韩国大林机械场 VX125、台湾霹雳大力神 FT150-4GENIUS 的摩托车属于相近似的外观设计，其授权不符合专利法第 23 条的规定，并提交了相应的书面意见陈述。专利权人对附件 1~4、6~12 的真实性无异议，对附件 13 的出版时间有异议；专利权人认可对于相同型号的摩托车，其外观除了可能会存在局部微小差异外，形状基本相同；认为附件 6~13 仅公开了部分视图，无法与本专利进行全面的比较；专利权人还认为本专利与附件 1~4 和附件 6~13 也属于不相近似的外观设计。在此基础上，双方当事人进行了充分的意见陈述。鉴于请求人在口头审理当庭提交的书面意见陈述书中的主要内容在口头审理过程中已述及，故合议组未将该书面意见陈述转送专利权人。

至此，合议组认为本案事实已经查清，可以依法作出如下决定。

二、决定的理由

1. 关于证据

附件 1 为授权公告号为 CN3055662D 的中国外观设计专利公告文件，专利权人对该附件 1 的真实性无异议，同时该附件 1 的授权公告日为 1997 年 3 月 12 日，早于本专利的优先权日，其中记载的名称为摩托车（劲豹）的外观设计可作为在先设计与本专利进行相近似性比较。

附件 2 为授权公告号为 CN3086683D 的中国外观设计专利公告文件，专利权人对该附件 2 的真实性无异议，同时该附件 2 的授权公告日为 1998 年 10 月 7 日，早于本专利的优先权日，其中记载的名称为摩托车（SRZ 劲豹）的外观设计可作为在先设计与本专利进行相近似性比较。

附件 3 为授权公告号为 CN3132811D 的中国外观设计专利公告文件，专利权人对该附件 3 的真实性无异议，同时该附件 3 的授权公告日为 1999 年 12 月 29 日，早于本专利的优先权日，其中记载的名称为摩托车（SRV-1）的外观设计可作为在先设计与本专利进行相近似性比较。

附件 4 为授权公告号为 CN3153781D 的中国外观设计专利公告文件，专利权人对该附件 4 的真实性无异议，同时该附件 4 的授权公告日为 2000 年 7 月 12 日，早于本专利的优先权日，其中记载的名称为摩托车的外观设计可作为在先设计与本专利进行相近似性比较。

附件 6 为 2000 年 1 月日本"摩托车"杂志相关页复印件及中译文，专利权人对其真实性无异议，合议组对此予以确认。附件 6 的出版时间在 2000 年，早于本专利的优先权日，其第 158 页记载的名称为日本川崎 ZRX1100 摩托车的外观设计可作为在先设计与本专利进行相近似性比较。

附件 7 为 1996 年 4 月日本"世界摩托"杂志相关页复印件及中译文，专利权人对其真实性无异议，合议组对此予以确认。附件 7 的出版时间在 1996 年 4 月，早于本专利的优先权日，其第 54 页记载的名称为日本雅马哈 XJR400RⅡ、第 55 页记载的名称为日本本田 CB400、第 57 页记载的名称为日本铃木 GSX400 摩托车的外观设计可作为在先设计与本专利进行相近似性比较。

附件 8 为 1996 年机车年鉴中国台湾"风火轮"杂志相关页复印件，专利权人对其真实性无异议，合议组对此予以确认。附件 8 的出版时间在 1996 年以前，早于本专利的优先权日，其第 113 页记载的名称为日本铃木 GS125、第 195 页记载的名称为韩国大林机械场 VX125 摩托车的外观设计可作为在先设计与本专利进行相近似性比较。

附件 9 为日本"年轻人的机器"杂志相关页复印件及中译文，专利权人对其真实性无异议，合议组对此予以确认。附件 9 的出版时间在 1998 年 2 月 1 日，早于本专利的优先权日，其第 87 页记载的名称为日本川崎 ZRX1100 摩托车的外观设计可作为在先设计与本专利进行相近似性比较。

附件 10 为中国台湾"流行骑士"杂志相关页复印件，专利权人对其真实性无异议，合议组对此予以确认。附件 10 的出版时间为 1997 年 8 月 1 日，早于本专利的优先权日，其第 64~65 页记载的名称为日本川崎 ZRX1100 摩托车的外观设计可作为在先设计与本专利进行相近似性比较。

附件 11 为中国台湾"流行骑士"杂志相关页复印件，专利权人对其真实性无异议，合议组对此予以确认。附件 11 的出版时间为 1996 年 10 月 1 日，早于本专利的优先权日，其第 60~61 页记载的名称为日本雅马哈 XJR400RⅡ摩托车的外观设计可作为在先设计与本专利进行相近似性比较。

附件 12 为中国香港"机车同志"杂志相关页复印件，专利权人对其真实性无异议，合议组对此予以确认。附件 12 的出版时间在 1997 年 9 月，早于本专利的优先权日，其第 9 页和第 67 页记载的名称为日本本田 CB400、第 30 页记载的名称为日本川崎 ZRX1100 摩托车的外观设计可作为在先设计与本专利进行相近似性比较。

附件 13：中国台湾"风火轮 2000Models"杂志（1999~2000 年机车年鉴）相关页，专利权人对其出版日期有异议。请求人提交了附件 13-1 至 13-3 来证明附件 13 的出版日期为 1999 年 12 月 6 日。对此，合议组认为：鉴于附件 13-1 是由与本案无利害关系的风火轮机车杂志社出具的且已经得到公证认证，符合了法定要件，所以对该声明书的真实性予以确认，认定附件 13 的出版日期为 1999 年 12 月 6 日。该日期早于本专利的优先权日，故其第 106 页记载的名称为台湾霹雳大力神 FT150-4GENIUS 的摩托车的外观设计可作为在先设计与本专利进行相近似性比较。

2. 关于专利法第 23 条

专利法第 23 条规定：授予专利权的外观设计，应当同申请日以前在国内外出版物上公开发表过或者国内公开使用过的外观设计不相同和不相近似，并不得与他人在先取得的合法权利相冲突。

本专利为摩托车的外观设计，其由车架、车轮、油箱、车座、发动机、车把、后视镜、前罩、前挡泥板、后挡泥板、中后部罩壳、排气管、下导流罩等构成。该摩托车为一种骑跨式摩托车，其前、后轮均为辐条式，前轮的轴线与车前罩前端位于同一垂直线上，尾架后端与后轮后侧亦位于同一垂直线上；从摩托车的主视图看，其油箱上表面轮廓为弧度较大的拱形，下表面轮廓为弧度略小的波浪形、前后收敛成纺锤状，构成轮廓的线条为光滑圆润的曲线，油箱表面的各个曲面过渡部分棱角分明，高度较大，纵向较短，从摩托车的俯视图看，其油箱前中部明显相外突出，前部内凹成">"形，油箱盖周围部分突起，其余未突起部分轮扩大致呈叉子形；从摩托车的主视图看，该摩托车的座垫上表面分为前后基本等长的两部分，其上表面前半部分下凹且弧度较大，从摩托车的俯视图看，该座垫前后基本等宽；该摩托车的发动机为立式；该摩托车的车把向后向下倾斜，上面安装有一对后视镜；从该摩托车的左视图看，其车头前罩整体呈扁平状的类六边形形状，上表面宽度小于下表面宽度，前罩下部安装有一个呈长方形形状的前灯，从该摩托车的主视图看，其车头前罩整体轮廓呈上大、下小，中部略鼓的形状；从该摩托车的左视图看，其前挡泥板自前减震架向外侧伸展，遮盖了部分前减震架；该摩托车的后挡泥板末端扬起呈钝状；该摩托车的中后部罩壳由独立两部分构成，其中部断为两截，断开处为后轮安装支架与座垫底部车架的连接处，通体造型光滑圆润，该罩壳后部有呈长条平板状的尾架，伸出的扶手长度较短；该摩托车的排气管由较小直径圆管部、锥形过渡段和较大直径圆管部构成；该摩托车发动机的左下部安装有一个导流罩，导流罩遮蔽部分排气管（详见本专利各视图）。

（1）本专利与附件1的对比。

附件1为摩托车（劲豹）的外观设计，其由车架、车轮、油箱、车座、发动机、车把、后视镜、前罩、前挡泥板、后挡泥版、中后部罩壳、排气管、下导流罩等构成。该摩托车为一种骑跨式摩托车，其前、后轮均为辐条式，前轮的轴线位于车前罩前端垂直线外，尾架后端位于后轮后侧的垂直线内；从摩托车的主视图看，其油箱上下表面轮廓线均为直线，前后端轮廓线呈三角形，从摩托车的俯视图看，该油箱呈前后小中部大的纺锤状，前部轮廓呈直线；从该摩托车的主视图看，其座垫上表面分为前长后短的两部分，其上表面前半部分下凹但弧度较小，从摩托车的俯视图看，该座垫前窄后宽；该摩托车的发动机为立式；该摩托车的车把向后向下倾斜，上面安装有一对后视镜；从该摩托车的左视图看，其车头前罩整体呈直立状，左右分别有耳状结构，中部平板状突起，上表面宽度大于下表面宽度，前罩下部安装有一个基本呈正方形的前灯，从该摩托车的主视图看，其车头前罩右边有缺口，整体轮廓有上下两块大致呈梯形的构造组成；从该摩托车的左视图看，其前挡泥板在前减震架内伸出；该摩托车的后挡泥板末端垂下呈尖角状；该摩托车的中后部罩壳一体并遮盖了后轮安装支架与座垫底部车架的连接处，该罩壳后部有格状体的尾架，伸出的扶手长度较长；该摩托车的排气管整体由锥形管构成；该摩托车发动机的左下部安装有一个导流罩，导流罩遮蔽部分排气管（详见附件1各视图）。

由此可见，本专利与附件1的主要不同之处在于：

第一，前后轮轴线位置：本专利前轮的轴线与车前罩前端位于同一垂直线上，尾架后端与后轮后侧亦位于同一垂直线上；附件1的前轮的轴线位于车前罩前端垂直线外，尾架后端位于后轮后侧的垂直线内。

第二，油箱：从摩托车的主视图看，本专利的油箱上表面轮廓为弧度较大的拱形，下表面轮廓为弧度略小的波浪形、前后收敛成纺锤状，构成轮廓的线条为光滑圆润的曲线，油箱表面的各个曲面过渡部分棱角分明，高度较大，纵向较短，从摩托车的俯视图看，其油箱前中部明显相外突出，前部内凹成">"形，油箱盖周围部分突起，其余未突起部分轮扩大致呈叉子形；从摩托车的主视图看，附件1的油箱上下表面轮廓线均为直线，前后端轮廓线呈三角形，从摩托车的俯视图看，该油箱呈前后小中部大的纺锤状，前部轮廓呈直线。

第三，车座：从摩托车的主视图看，本专利的座垫上表面分为前后基本等长的两部分，其上表面前半部分下凹且弧度较大，从摩托车的俯视图看，该座垫前后基本等宽；从摩托车的主视图看，附件1的座垫上表面分为前长后短的两部分，其上表面前半部分下凹但弧度较小，从摩托车的俯视图看，该座垫前窄后宽。

第四，前罩：从摩托车的左视图看，本专利的车头前罩整体呈扁平状的类六边形形状，上表面宽度小于下表面宽度，前罩下部安装有一个呈长方形形状的前灯，从该摩托车的主视图看，其车头前罩整体轮廓呈上大、下小，中部略鼓的形状；从该摩托车的左视图看，附件1的车头前罩整体呈直立状，左右分别有耳状结构，中部平板状突起，上表面宽度大于下表面宽度，前罩下部安装有一个基本呈正方形的前灯，从该摩托车的主视图看，其车头前罩右边有缺口，整体轮廓有上下两块大致呈梯形的构造组成。

第五，前后挡泥板：本专利的前挡泥板自前减震架向外侧伸展，遮盖了部分前减震架，后挡泥板末端扬起呈钝状；附件1的前挡泥板在前减震架内伸出，后挡泥板末端垂下呈尖角状。

第六，中后部罩壳：本专利的中后部罩壳由独立两部分构成，其中部断为两截，断开处为后轮安装支架与座垫底部车架的连接处，通体造型光滑圆润，该罩壳后部有呈长条平板状的尾架，伸出的扶手长度较短；而附件1的中后部罩壳一体并遮盖了后轮安装支架与座垫底部车架的连接处，通体造型生硬，该罩壳后部有格状体的尾架，伸出的扶手长度较长。

第七，排气管：本专利的排气管由较小直径圆管部、锥形过渡段和较大直径圆管部构成；而附件1的排气管整体由锥形管构成。

对此，合议组认为：虽然本专利与附件1的摩托车产品均由车架、车轮、油箱、车座、发动机、车把、后视镜、前罩、前挡泥板、后挡泥版、中后部罩壳、排气管、下导流罩等构成，并且上述部件的连接及布局基本相同，但是摩托车已经成为常用产品，一般消费者对其常规性的设计已经非常熟悉，因此他们在购买此类产品时会不自觉地将注意力放在各个构成部件设计的变化上，所以在外观设计相近似性判断中，应当重点考虑各个部件设计上的变化是否对整体视觉效果产生了显著的影响，如果一般消费者根据这些变化能够容易地将两种摩托车区别开来，那么就应当认为它们之间的差别对产品外观设计整体视觉效果产生了显著得影响，认定这两者的外观设计不相同也不相近似。通过将本专利与附件1的上述比较可知，两外观设计在各个主要构成部件如前后轮轴线位置、油箱、车座、前罩、前后挡泥板、中后部罩壳、排气管等的外观设计上存在明显不同，两者的差别对于产品的外观设计的整体视觉效果具有显著的影响，本专利和附件1属于不相同也不相近似的外观设计。

（2）本专利与附件2的对比。

附件2为摩托车（SRZ劲豹）的外观设计，其由车架、车轮、油箱、车座、发动机、车把、后视镜、前罩、前挡泥板、后挡泥版、中后部罩壳、排气管、下导流罩等构成。该摩托车为一种骑跨式摩托车，其前、后轮均为辐板式，前轮的轴线位于车前罩前端垂直线外，尾架后端位于后轮后侧的垂直线内；从摩托车的主视图看，其油箱上下表面轮廓线均为直线，从摩托车的俯视图看，该油箱从前到后逐步变小呈纺锤状，前部轮廓为向前凸的弧线；从该摩托车的主视图看，其座垫上表面分为前长后短的两部分，其上表面前半部分下凹但弧度较小，从摩托车的俯视图看，该座垫前窄后宽；该摩托车的发动机为立式；该摩托车的车把向后向下倾斜，上面安装有一对后视镜；从该摩托车的右视图看，其车头前罩整体呈直立状，左右分别有耳状结构，中部平板状突起，上表面宽度大于下表面宽度，前罩下部安装有一个基本呈正方形的前灯，从该摩托车的主视图看，其车头前罩一体构成，整体轮廓为向后倾斜的矩形；从该摩托车的右视图看，其前挡泥板在前减震架内伸出；该摩托车的后挡泥板末端垂下呈尖角状；该摩托车的中后部罩壳一体并遮盖了后轮安装支架与座垫底部车架的连接处，该罩壳后部有格状体的尾架，伸出的扶手长度较长；该摩托车的排气管整体由锥形管构成；该摩托车发动机的左下部安装有一个导流罩，导流罩遮蔽部分排气管（详见附件2各视图）。

由此可见，本专利与附件2的主要不同之处在于：

第一，车轮和前后轮轴线位置：本专利的车轮为辐条式，前轮的轴线与车前罩前端位于同一垂直线上，尾架后端与后轮后侧亦位于同一垂直线上；附件2的车轮为辐板式，前轮的轴线位于车前罩前端垂直线外，尾架后端位于后轮后侧的垂直线内。

第二，油箱：从摩托车的主视图看，本专利的油箱上表面轮廓为弧度较大的拱形，下表面轮廓为弧度略小的波浪形、前后收敛成纺锤状，构成轮廓的线条为光滑圆润的曲线，油箱表面的各个曲面过渡部分棱角分明，高度较大，纵向较短，从摩托车的俯视图看，其油箱前中部明显相外突出，前部内凹成">"形，油箱盖周围部分突起，其余未突起部分轮扩大致成叉子形；从摩托车的主视图看，附件2的油箱上下表面轮廓线均为直线，从摩托车的上面看，该油箱从前到后逐渐变小，前部轮廓为向前凸的弧线。

第三，车座：从摩托车的主视图看，本专利的座垫上表面分为前后基本等长的两部分，其上表面前半部分下凹且弧度较大，从摩托车的俯视图看，该座垫前后基本等宽；从摩托车的主视图看，附件2的座垫上表面分为前长后短的两部分，其上表面前半部分下凹但弧度较小，从摩托车的俯视图看，该座垫前窄后宽。

第四，前罩：从摩托车的左视图看，本专利的车头前罩整体呈扁平状的类六边形形状，上表面宽度小于下表面宽度，前罩下部安装有一个呈长方形形状的前灯，从该摩托车的主视图看，其车头前罩整体轮廓呈上大、下小，中部略鼓的形状；从该摩托车的右视图看，附件2的车头前罩整体呈直立状，左右分别有耳状结构，中部平板状突起，上表面宽度大于下表面宽度，前罩下部安装有一个基本呈正方形的前灯，从该摩托车的主视图看，其车头前罩一体构成，整体轮廓为向后倾斜的矩形。

第五，前后挡泥板：本专利的前挡泥板自前减震架向外侧伸展，遮盖了部分前减震架，后挡泥板末端扬起呈钝状；附件2的前挡泥板在前减震架内伸出，后挡泥板末端垂下呈尖角状。

第六，中后部罩壳：本专利的中后部罩壳由独立两部分构成，其中部断为两截，断开处为后轮安装支架与座垫底部车架的连接处，该罩壳后部有呈长条平板状的尾架，伸出的扶手长度较短；而附件2的中后部罩壳一体并遮盖了后轮安装支架与座垫底部车架的连接处，该罩壳后部有格状体的尾架，伸出的扶手长度较长。

第七，排气管：本专利的排气管由较小直径圆管部、锥形过渡段和较大直径圆管部构成；而附件2的排气管整体由锥形管构成。

通过将本专利与附件2的上述比较，合议组认为：两外观设计在各个主要构成部件如前后轮轴线位置、油箱、车座、前罩、前后挡泥板、中后部罩壳、排气管等的外观设计上存在明显不同，两者的差别对于产品的外观设计的整体视觉效果具有显著的影响，本专利和附件2属于不相同也不相近似的外观设计。

（3）本专利与附件3的对比。

附件3为摩托车（SRV-1）的外观设计，其由车架、车轮、油箱、车座、发动机、车把、后视镜、前罩、前挡泥板、后挡泥版、中后部罩壳、排气管、下导流罩等构成。该摩托车为一种骑跨式摩托车，其前、后轮均为辐板式，前轮的轴线位于车前罩前端垂直线外，尾架后端位于后轮后侧的垂直线内；从摩托车的左视图看，其油箱上下表面轮廓线均为直线，后端相中间收拢成尖角状，从摩托车的俯视图看，该油箱呈前后小中部大的纺锤状；从该摩托车的左视图看，其座垫上表面分为前后两部分，其上表面前半部分下凹但弧度较小，从摩托车的俯视图看，该座垫窄宽基本等宽；该摩托车的发动机为立式；该摩托车的车把向后向下倾斜，上面安装有一对后视镜；从该摩托车的主视图看，其车头前罩整体呈盾形，前罩下部安装有一个基本呈半圆形的前灯，从该摩托车的左视图看，其下表面轮廓为内凹地曲线；从该摩托车的前面看，其前挡泥板在前减震架内伸出；该摩托车的后挡泥板末端垂下呈尖角状；该摩托车的中后部罩壳一体并遮盖了后轮安装支架与座垫底部车架的连接处，通体呈板状，该罩壳后部有尾架，伸出的扶手长度较长；该摩托车的排气管整体由锥形管构成；该摩托车发动机的左下部安装有一个导流罩，导流罩遮蔽部分排气管（详见附件3各视图）。

由此可见，本专利与附件3的主要不同之处在于：

第一，车轮和前后轮轴线位置：本专利的车轮为辐条式，前轮的轴线与车前罩前端位于同一垂直线上，尾架后端与后轮后侧亦位于同一垂直线上；附件3的车轮为辐板式，前轮的轴线位于车前罩前端垂直线外，尾架后端位于后轮后侧的垂直线内。

第二，油箱：从摩托车的主视图看，本专利的油箱上表面轮廓为弧度较大的拱形，下表面轮廓为弧度略小的波浪形、前后收敛成纺锤状，构成轮廓的线条为光滑圆润的曲线，油箱表面的各个曲面过渡部分棱角分明，高度较大，纵向较短，从摩托车的俯视图看，其油箱前中部明显相外突出，前部内凹成">"形，油箱盖周围部分突起，其余未突起部分轮扩大致成叉子形；从摩托车的左视图看，附件3的油箱上下表面轮廓线均为直线，后端向后收拢呈尖角状，从摩托车的俯视图看，该油箱呈前后小中部大的纺锤状。

第三，车座：从摩托车的主视图看，本专利的座垫上表面分为前后基本等长的两部分，其上表面前半部分下凹且弧度较大；从摩托车的左视图看，附件3的座垫上表面分为前长后短的两部分，其上表面前半部分下凹但弧度较小。

第四，前罩：从摩托车的左视图看，本专利的车头前罩整体呈扁平状的类六边形形状，上表面宽度小于下表面宽度，前罩下部安装有一个呈长方形形状的前灯，从该摩托车的主视图看，其车头前罩整体轮廓呈上大、下小，中部略鼓的形状；从该摩托车的主视图看，附件3的车头前罩整体呈盾形，前罩下部安装有一个基本呈半圆形的前灯，从该摩托车的左视图看，其下表面轮廓为内凹的曲线。

第五，前后挡泥板：本专利的前挡泥板自前减震架向外侧伸展，遮盖了部分前减震架，后挡泥板末端扬起呈钝状；附件3的前挡泥板在前减震架内伸出，后挡泥板末端垂下呈尖角状。

第六，中后部罩壳：本专利的中后部罩壳由独立两部分构成，其中部断为两截，断开处为后轮安装支架与座垫底部车架的连接处，该罩壳后部有呈长条平板状的尾架，伸出的扶手长度较短；而附件3的中后部罩壳一体并遮盖了后轮安装支架与座垫底部车架的连接处，该罩壳后部有尾架，伸出的扶手长度较长。

第七，排气管：本专利的排气管由较小直径圆管部、锥形过渡段和较大直径圆管部构成；而附件3的排气管整体由锥形管构成。

通过将本专利与附件3的上述比较，合议组认为：两外观设计在各个主要构成部件如前后轮轴线位置、油箱、车座、前罩、前后挡泥板、中后部罩壳、排气管等的外观设计上存在明显不同，两者的差别对于产品的外观设计的整体视觉效果具有显著的影响，本专利与附件3属于不相同也不相近似的外观设计。

（4）本专利与附件4的对比

附件4为摩托车的外观设计，其由车架、车轮、油箱、车座、发动机、车把、后视镜、前罩、前挡泥板、后挡泥版、中后部罩壳、排气管、下导流罩等构成。该摩托车为一种骑跨式摩托车，其前、后轮均为辐板式，前轮的轴线位于车前罩前端垂直线外，尾架后端位于后轮后侧的垂直线内；从摩托车的主视图看，其油箱上表面轮廓线为由两条直线组成一定角度的折线，下表面轮廓为两条斜线段中间夹有一个拱形线段，该油箱整体明显分为前后两部分，后半部分向内收敛，从摩托车的俯视图看，该油箱呈前中部宽度基本相等，后部逐渐变小；从该摩托车的侧面看，其座垫上表面分为前长后短的两部分，其上表面前半部分下凹，从摩托车的俯视图看，该座垫基本呈长方形；该摩托车的发动机为立式；该摩托车的车把向后向下倾斜；从该摩托车的左视图看，其车头前罩整体呈直立状，整体形状像人脸，从该摩托车的主视图看，整体轮廓大致为先后倾斜的矩形；从该摩托车的左视图看，其前挡泥板在前减震架内伸出；该摩托车的后挡泥板末端垂下呈尖角状；该摩托车的中后部罩壳一体并遮盖了后轮安装支架与座垫底部车架的连接处，通体呈板形，该罩壳后部有格状体的尾架，伸出的扶手长度较长；该摩托车的排气管整体由锥形管构成；该摩托车发动机的左下部安装有一个导流罩，导流罩遮蔽部分排气管（详见附件4各视图）。

由此可见，本专利与附件4的主要不同之处在于：

第一，车轮和前后轮轴线位置：本专利的车轮为辐条式，前轮的轴线与车前罩前端位于同一垂直线上，尾架后端与后轮后侧亦位于同一垂直线上；附件4的车轮为辐板式，前轮的轴线位于车前罩前端垂直线外，尾架后端位于后轮后侧的垂直线内。

第二，油箱：从摩托车的主视图看，本专利的油箱上表面轮廓为弧度较大的拱形，下表面轮廓为弧度略小的波浪形、前后收敛成纺锤状，构成轮廓的线条为光滑圆润的曲线，油箱表面的各个曲面过渡部分棱角分明，高度较大，纵向较短，从摩托车的俯视图看，其油箱前中部明显相外突出，前部内凹呈">"形，油箱盖周围部分突起，其余未突起部分轮扩大致呈叉子形；从摩托车的主视图看，附件4油箱上表面轮廓线为由两条直线组成一定角度的折线，下表面轮廓为两条斜线段中间夹有一个拱形线段，该油箱整体明显分为前后两部分，后半部分向内收敛，从摩托车的俯视图看，该油箱呈前中部宽度基本相等，后部逐渐变小。

第三，车座：从摩托车的主视图看，本专利的座垫上表面分为前后基本等长的两部分，其上表面前半部分下凹且弧度较大，从摩托车的俯视图看，该座垫前后基本等宽；从摩托车的主视图看，附件4的座垫上表面分为前长后短的两部分，从摩托车的俯视图看，该座垫基本呈长方形。

第四，前罩：从摩托车的左视图看，本专利的车头前罩整体呈扁平状的类六边形形状，上表面宽度小于下表面宽度，前罩下部安装有一个呈长方形形状的前灯，从该摩托车的主视图看，其车头前罩整体轮廓呈上大、下小，中部略鼓的形状；从该摩托车的左视图看，附件4车头前罩整体呈直立状，整体形状象人脸，从该摩托车的主视图看，整体轮廓大致为先后倾斜的矩形。

第五，前后挡泥板：本专利的前挡泥板自前减震架向外侧伸展，遮盖了部分前减震架，后挡泥板末端扬起呈钝状；附件4的前挡泥板在前减震架内伸出，后挡泥板末端垂下呈尖角状。

第六，中后部罩壳：本专利的中后部罩壳由独立两部分构成，其中部断为两截，断开处为后轮安装支架与座垫底部车架的连接处，该罩壳后部有呈长条平板状的尾架，伸出的扶手长度较短；而附件4的中后部罩壳一体并遮盖了后轮安装支架与座垫底部车架的连接处，通体造型生硬，该罩壳后部有格状体的尾架，伸出的扶手长度较长。

第七，排气管：本专利的排气管由较小直径圆管部、锥形过渡段和较大直径圆管部构成；而附件4的排气管整体由锥形管构成。

第八，车把：本专利车上面安装有一对后视镜，而附近4的车把上没有安装后视镜。

通过将本专利与附件4的上述比较，合议组认为：两外观设计在各个主要构成部件如前后轮轴线位置、油箱、车座、前罩、前后挡泥板、中后部罩壳、排气管、车把等的外观设计上存在明显不同，两者的差别对于产品的外观设计的整体视觉效果具有显著的影响，本专利与附件4属于不相同也不相近似的外观设计。

（5）本专利与日本川崎ZRX1100摩托车的对比。

附件6第158页、附件9第87页、附件10第64~65页、附件12第30页和第33页示出日本川崎ZRX1100摩托车的外观设计，其由车架、车轮、油箱、车座、发动机、车把、后视镜、前罩、前挡泥板、后挡泥版、中后部罩壳、排气管等构成。该摩托车为一种骑跨式摩托车，其前后轮均为辐板式，前轮的轴线位于车前罩前端垂直线外，尾架后端位于后轮后侧的垂直线内；从摩托车的侧面看，其油箱上表面轮廓线较平直，下表面轮廓为稍微弯曲的弧线；从该摩托车的侧面看，其座垫上表面分为前后两部分，其上表面前半部分稍微下凹；该摩托车的车把向后向下倾斜；从该摩托车的前面看，其车头前罩中间部分有大致呈正方形的前灯，两边呈耳状突出，从该摩托车的侧面看，车头前罩上部较小、中部鼓起、下部收敛；从该摩托车的前面看，其前挡泥板在前减震架内伸出；该摩托车的后挡泥板末端垂下呈尖角状；其后部罩壳由独立两部分构成，其中部断为两截，断开处为后轮安装支架与座垫底部车架的连接处，该罩壳后部有呈长条平板状的尾架；该摩托车的排气管基本由两段直径明显差异的圆管构成，发动机右侧排气管垂直设置，与水平方向的排气管垂直，排气管的尾部抬起明显，高出后轮轴线（详见日本川崎 ZRX1100 摩托车各视图）。

由此可见，本专利与日本川崎 ZRX1100 摩托车的主要不同之处在于：

第一，车轮和前后轮轴线位置：本专利的车轮为辐条式，前轮的轴线与车前罩前端位于同一垂直线上，尾架后端与后轮后侧亦位于同一垂直线上；日本川崎 ZRX1100 摩托车的车轮为辐板式，前轮的轴线位于车前罩前端垂直线外，尾架后端位于后轮后侧的垂直线内。

第二，油箱：从摩托车的主视图看，本专利的油箱上表面轮廓为弧度较大的拱形，下表面轮廓为弧度略小的波浪形、前后收敛成纺锤状，构成轮廓的线条为光滑圆润的曲线，油箱表面的各个曲面过渡部分棱角分明，高度较大，纵向较短，从摩托车的俯视图看，其油箱前中部明显相外突出，前部内凹呈"＞"形，油箱盖周围部分突起，其余未突起部分轮扩大致呈叉子形；从摩托车的侧面看，日本川崎 ZRX1100 摩托车的油箱油箱上表面轮廓线较平直，下表面轮廓为稍微弯曲的弧线。

第三，前罩：从摩托车的左视图看，本专利的车头前罩整体呈扁平状的类六边形形状，上表面宽度小于下表面宽度，前罩下部安装有一个呈长方形形状的前灯，从该摩托车的主视图看，其车头前罩整体轮廓呈上大、下小，中部略鼓的形状；从从摩托车的前面看，日本川崎 ZRX1100 摩托车的车头前罩中间部分有大致呈正方形的前灯，两边呈耳状突出，从该摩托车的侧面看，车头前罩上部较小、中部鼓起、下部收敛。

第四，前后挡泥板：本专利的前挡泥板自前减震架向外侧伸展，遮盖了部分前减震架，后挡泥板末端扬起呈钝状；日本川崎 ZRX1100 摩托车的前挡泥板在前减震架内伸出，后挡泥板末端垂下呈尖角状。

第五，尾架：本专利的尾架上有扶手；而日本川崎 ZRX1100 摩托车的尾架上无扶手。

第六，排气管：本专利的排气管由较小直径圆管部、锥形过渡段和较大直径圆管部构成；日本川崎 ZRX1100 摩托车的基本由两段直径明显差异的圆管构成，发动机右侧排气管垂直设置，与水平方向的排气管垂直，排气管的尾部抬起明显，高出后轮轴线。

通过将本专利与日本川崎 ZRX1100 摩托车的上述比较，合议组认为：两外观设计在各个主要构成部件如前后轮轴线位置、车轮、油箱、前罩、前后挡泥板、尾架、排气管等的外观设计上存在明显不同，而且两者的差别对于产品的外观设计的整体视觉效果具有显著的影响，两者属于不相同也不相近似的外观设计。

（6）本专利与日本本田 CB400 摩托车的对比。

附件 7 第 55 页、附件 12 第 9 页和第 67 页示出了日本本田 CB400 摩托车的外观设计，其由车架、车轮、油箱、车座、发动机、车把、后视镜、前罩、前挡泥板、后挡泥版、中后部罩壳、排气管等构成。该摩托车为一种骑跨式摩托车，其前后轮均为辐板式，前轮的轴线位于车前罩前端垂直线外，尾架后端位于后轮后侧的垂直线内；从摩托车的侧面看，其油箱整体轮廓为前端大后端小，上表面轮廓线较平直，下表面轮廓为折线；从该摩托车的侧面看，其座垫上表面分为前后两部分，其上表面前半部分下凹，座垫的后部前方有绷带；该摩托车的车把向后向下倾斜；从该摩托车的侧面看，车头前罩上部较小、中部鼓起、下部收敛；该摩托车的前挡泥板在前减震架内伸出；其后部罩壳由独立两部分构成，其中部断为两截，断开处为后轮安装支架与座垫底部车架的连接处，该罩壳后部有呈长条平板状的尾架；该摩托车的排气管基本由两段直径明显差异的圆管构成，发动机右侧排气管垂直设置，与水平方向的排气管垂直，排气管的尾部抬起明显，高出后轮轴线（详见日本本田 CB400 摩托车各视图）。

由此可见，本专利与日本本田 CB400 摩托车的主要不同之处在于：

第一，车轮和前后轮轴线位置：本专利的车轮为辐条式，前轮的轴线与车前罩前端位于同一垂直线上，尾架后端与后轮后侧亦位于同一垂直线上；而日本本田 CB400 摩托车的车轮为辐板式，前轮的轴线位于车前罩前端垂直线外，尾架后端位于后轮后侧的垂直线内。

第二，油箱：从摩托车的主视图看，本专利的油箱上表面轮廓为弧度较大的拱形，下表面轮廓为弧度略小的波浪形、前后收敛成纺锤状，构成轮廓的线条为光滑圆润的曲线，油箱表面的各个曲面过渡部分棱角分明，高度较大，纵向较短，从摩托车的俯视图看，其油箱前中部明显相外突出，前部内凹呈">"形，油箱盖周围部分突起，其余未突起部分轮扩大致呈叉子形；从摩托车的侧面看，日本本田 CB400 摩托车的从摩托车的侧面看，其油箱整体轮廓为前端大后端小，上表面轮廓线较平直，下表面轮廓为折线。

第三，车座：本专利的车座上方无绷带，而日本本田 CB400 摩托车的有绷带。

第四，前罩：从摩托车的左视图看，本专利的车头前罩整体呈扁平状的类六边形形状，上表面宽度小于下表面宽度，前罩下部安装有一个呈长方形形状的前灯，从该摩托车的主视图看，其车头前罩整体轮廓呈上大、下小，中部略鼓的形状；从该摩托车的侧面看，日本本田 CB400 摩托车的上部较小、中部鼓起、下部收敛。

第五，前挡泥板：本专利的前挡泥板自前减震架向外侧伸展，遮盖了部分前减震架；日本本田 CB400 摩托车的前挡泥板在前减震架内伸出。

第六，尾架：本专利的尾架上有扶手；而日本本田 CB400 摩托车的尾架上无扶手。

第七，排气管：本专利的排气管由较小直径圆管部、锥形过渡段和较大直径圆管部构成；而日本本田 CB400 摩托车的基本由两段直径明显差异的圆管构成，发动机右侧排气管垂直设置，与水平方向的排气管垂直，排气管的尾部抬起明显，高出后轮轴线。

通过将本专利与日本本田 CB400 摩托车的上述比较，合议组认为：两外观设计在各个主要构成部件如前后轮轴线位置、车轮、油箱、车座、前罩、前挡泥板、尾架、排气管等的外观设计上存在明显不同，而且两者的差别对于产品的外观设计的整体视觉效果具有显著的影响，两者属于不相同也不相近似的外观设计。

（7）本专利与日本雅马哈 XJR400R Ⅱ 摩托车的对比。

附件7第54页、附件11第60~61页示出了日本雅马哈 XJR400R Ⅱ 摩托车的外观设计，其由车架、车轮、油箱、车座、发动机、车把、后视镜、前罩、前挡泥板、后挡泥版、中后部罩壳、排气管等构成。该摩托车为一种骑跨式摩托车，其前后轮均为辐板式，前轮的轴线位于车前罩前端垂直线外，尾架后端位于后轮后侧的垂直线内；从摩托车的侧面看，其油箱整体轮廓为前端大后端小，上下表面轮廓线均较平直；从该摩托车的侧面看，其座垫上表面分为前后两部分，其上表面前半部分下凹，座垫的后部前方有绷带；该摩托车的车把向后向下倾斜；从该摩托车的侧面看，车头前罩整体轮廓呈靴子状；该摩托车的前挡泥板在前减震架内伸出；该摩托车的后挡泥板先向后折再垂下呈尖角状；其中后部罩壳由独立两部分构成，其中部断为两截，断开处为后轮安装支架与座垫底部车架的连接处，该罩壳后部有呈长条平板状的尾架；该摩托车的排气管基本由两段直径明显差异的圆管构成，发动机右侧排气管垂直设置，与水平方向的排气管垂直，排气管的尾部抬起明显，高出后轮轴线（详见雅马哈 XJR400R Ⅱ 摩托车各视图）。

由此可见，本专利与雅马哈 XJR400RⅡ摩托车的主要不同之处在于：

第一，车轮和前后轮轴线位置：本专利的车轮为辐条式，前轮的轴线与车前罩前端位于同一垂直线上，尾架后端与后轮后侧亦位于同一垂直线上；而雅马哈 XJR400RⅡ摩托车的车轮为辐板式，前轮的轴线位于车前罩前端垂直线外，尾架后端位于后轮后侧的垂直线内。

第二，油箱：从摩托车的主视图看，本专利的油箱上表面轮廓为弧度较大的拱形，下表面轮廓为弧度略小的波浪形、前后收敛成纺锤状，构成轮廓的线条为光滑圆润的曲线，油箱表面的各个曲面过渡部分棱角分明，高度较大，纵向较短，从摩托车的俯视图看，其油箱前中部明显相外突出，前部内凹呈">"形，油箱盖周围部分突起，其余未突起部分轮扩大致呈叉子形；从摩托车的侧面看，雅马哈 XJR400RⅡ摩托车油箱整体轮廓为前端大后端小，上下表面轮廓线均较平直。

第三，车座：本专利的车座上方无绷带，而雅马哈 XJR400RⅡ摩托车的有绷带。

第四，前罩：从摩托车的前面看，本专利的车头前罩整体呈扁平状的类六边形形状，上表面宽度小于下表面宽度，前罩下部安装有一个呈长方形形状的前灯，从该摩托车的侧面看，其车头前罩整体轮廓呈上大、下小，中部略鼓的形状；从该摩托车的侧面看，雅马哈 XJR400RⅡ摩托车的整体轮廓呈靴子状。

第五，前后挡泥板：本专利的前挡泥板自前减震架向外侧伸展，遮盖了部分前减震架，其后挡泥板末端垂下呈尖角状；雅马哈 XJR400RⅡ摩托车的前挡泥板在前减震架内伸出，后挡泥板先向后折再垂下呈尖角状。

第六，尾架：本专利的尾架上有扶手；而雅马哈 XJR400RⅡ摩托车的尾架上无扶手。

第七，排气管：本专利的排气管由较小直径圆管部、锥形过渡段和较大直径圆管部构成；而雅马哈 XJR400RⅡ 的基本由两段直径明显差异的圆管构成，发动机右侧排气管垂直设置，与水平方向的排气管垂直，排气管的尾部抬起明显，高出后轮轴线。

通过将本专利与雅马哈 XJR400RⅡ摩托车的上述比较，合议组认为：两外观设计在各个主要构成部件如前后轮轴线位置、车轮、油箱、车座、前罩、前后挡泥板、尾架、排气管等的外观设计上存在明显不同，而且两者的差别对于产品的外观设计的整体视觉效果具有显著的影响，两者属于不相同也不相近似的外观设计。

（8）本专利与日本铃木 GSX400 摩托车的对比。

附件7第57页示出了日本铃木 GSX400 摩托车的外观设计，其由车架、车轮、油箱、车座、发动机、车把、后视镜、前罩、前挡泥板、后挡泥版、中后部罩壳、排气管等构成。该摩托车为一种骑跨式摩托车，其前后轮均为辐板式，前轮的轴线位于车前罩前端垂直线外，尾架后端位于后轮后侧的垂直线内；从摩托车的侧面看，其油箱整体轮廓为前端大后端小，上下表面轮廓线均较平直；从该摩托车的侧面看，其座垫上表面分为前后两部分，其上表面前半部分下凹，其侧面和下表面的轮廓基本由三斜线段构成，左边部分向左上倾斜，中间部分稍向右上倾斜，右边部分更加上右上倾斜，座垫的后部前方有绷带；该摩托车的车把向后向下倾斜；从该摩托车的侧面看，车头前罩上下基本等宽，中间向右弯曲；该摩托车的前挡泥板在前减震架内伸出；该摩托车的后挡泥板垂下呈尖角状；其中后部罩壳由独立两部分构成，其中部断为两截，断开处为后轮安装支架与座垫底部车架的连接处，该罩壳后部有呈长条平板状的尾架；该摩托车的排气管基本由两段直径明显差异的圆管构成，发动机右侧排气管垂直设置，与水平方向的排气管垂直，排气管的尾部抬起明显，高出后轮轴线（详见日本铃木 GSX400 摩托车视图）。

由此可见，本专利与日本铃木 GSX400 摩托车的主要不同之处在于：

第一，车轮和前后轮轴线位置：本专利的车轮为辐条式，前轮的轴线与车前罩前端位于同一垂直线上,尾架后端与后轮后侧亦位于同一垂直线上;而日本铃木 GSX400 摩托车的车轮为辐板式,前轮的轴线位于车前罩前端垂直线外,尾架后端位于后轮后侧的垂直线内。

第二,油箱:从摩托车的主视图看,本专利的油箱上表面轮廓为弧度较大的拱形,下表面轮廓为弧度略小的波浪形、前后收敛成纺锤状,构成轮廓的线条为光滑圆润的曲线,油箱表面的各个曲面过渡部分棱角分明,高度较大,纵向较短,从摩托车的俯视图看,其油箱前中部明显相外突出,前部内凹呈">"形,油箱盖周围部分突起,其余未突起部分轮扩大致呈叉子形;从摩托车的侧面看,日本铃木 GSX400 摩托车油箱整体轮廓为前端大后端小,上下表面轮廓线均较平直。

第三,车座:本专利的车座上方无绷带,而日本铃木 GSX400 摩托车的有绷带。

第四、前罩:从摩托车的左视图看,本专利的车头前罩整体呈扁平状的类六边形形状,上表面宽度小于下表面宽度,前罩下部安装有一个呈长方形形状的前灯,从该摩托车的主视图看,其车头前罩整体轮廓呈上大、下小,中部略鼓的形状;从该摩托车的侧面看,日本铃木 GSX400 摩托车的前罩上下基本等宽、中间向右弯曲。

第五,前后挡泥板:本专利的前挡泥板自前减震架向外侧伸展,遮盖了部分前减震架其后挡泥板末端垂下呈尖角状;日本铃木 GSX400 摩托车的前挡泥板在前减震架内伸出,后挡泥板垂下呈尖角状。

第六,尾架:本专利的尾架上有扶手;而日本铃木 GSX400 摩托车的尾架上无扶手。

第七,排气管:本专利的排气管由较小直径圆管部、锥形过渡段和较大直径圆管部构成;而日本铃木 GSX400 的基本由两段直径明显差异的圆管构成,发动机右侧排气管垂直设置,与水平方向的排气管垂直,排气管的尾部抬起明显,高出后轮轴线。

通过将本专利与日本铃木 GSX400 摩托车的上述比较,合议组认为:两外观设计在各个主要构成部件如前后轮轴线位置、车轮、油箱、车座、前罩、前后挡泥板、尾架、排气管等的外观设计上存在明显不同,而且两者的差别对于产品的外观设计的整体视觉效果具有显著的影响,两者属于不相同也不相近似的外观设计。

(9) 本专利与日本铃木 GS125 摩托车的对比。

附件 8 第 113 页示出日本铃木 GS125 摩托车的外观设计,其由车架、车轮、油箱、车座、发动机、车把、后视镜、前罩、前挡泥板、后挡泥版、中后部罩壳、排气管等构成。该摩托车为一种骑跨式摩托车,其前、后轮均为辐条式,前轮的轴线位于车前罩前端垂直线外,尾架后端位于后轮后侧的垂直线内;从摩托车的侧面看,其油箱前端大后端小,上表面轮廓线较平直、左侧轮廓线为直线,前部轮廓较钝;从该摩托车的侧面看,其座垫上表面轮廓大致为直线,中后部有绷带;该摩托车的发动机为立式;该摩托车的车把向后向下倾斜;从该摩托车的侧面看,车头前罩上部较小,中部突出呈尖角状,下部收敛;从该摩托车的侧面看,其前挡泥板在前减震架内伸出;后挡泥板末端扬起呈钝状;该摩托车的中后部罩壳结合在一起,两端较大,中部很细,通体呈板状、棱角分明,罩壳后部有尾架;该摩托车的排气管整体由锥形管构成(详见日本铃木 GS125 摩托车视图)。

由此可见,本专利与日本铃木 GS125 摩托车的主要不同之处在于:

第一,前后轮轴线位置:本专利前轮的轴线与车前罩前端位于同一垂直线上,尾架后端与后轮后侧亦位于同一垂直线上;日本铃木 GS125 摩托车前轮的轴线位于车前罩前端垂直线外,尾架后端位于后轮后侧的垂直线内。

第二,油箱:从摩托车的主视图看,本专利的油箱上表面轮廓为弧度较大的拱形,下表面轮廓为弧度略小的波浪形、前后收敛成纺锤状,构成轮廓的线条为光滑圆润的曲线,油箱表面的各个曲面过渡部分棱角分明,高度较大,纵向较短,从摩托车的俯视图看,其油箱前中部明显相外突出,前部内凹呈">"形，油箱盖周围部分突起，其余未突起部分轮扩大致呈叉子形；从摩托车的侧面看，日本铃木 GS125 摩托车的油箱前端大后端小，上表面轮廓线较平直、左侧轮廓线为直线，前部轮廓较钝。

第三，车座：从摩托车的主视图看，本专利的座垫上表面分为前后基本等长的两部分，其上表面前半部分下凹且弧度较大，从摩托车的俯视图看，该座垫前后基本等宽；从摩托车的侧面看，日本铃木 GS125 摩托车其座垫座垫上表面轮廓大致为直线，中后部有绷带。

第四，前罩：从摩托车的左视图看，本专利的车头前罩整体呈扁平状的类六边形形状，上表面宽度小于下表面宽度，前罩下部安装有一个呈长方形形状的前灯，从该摩托车的主视图看，其车头前罩整体轮廓呈上大、下小，中部略鼓的形状；从该摩托车的前面看，日本铃木 GS125 摩托车的车头前罩上部较小，中部突出呈尖角状，下部收敛。

第五，前挡泥板：本专利的前挡泥板自前减震架向外侧伸展，遮盖了部分前减震架，后挡泥板末端扬起呈钝状；日本铃木 GS125 摩托车的前挡泥板在前减震架内伸出。

第六，中后部罩壳：本专利的中后部罩壳由独立两部分构成，其中部断为两截，断开处为后轮安装支架与座垫底部车架的连接处，该罩壳后部有呈长条平板状的尾架，伸出的扶手长度较短；而日本铃木 GS125 摩托车的中后部罩壳结合在一起，两端较大，中部很细，通体呈板状，尾架无扶手。

第七，排气管：本专利的排气管由较小直径圆管部、锥形过渡段和较大直径圆管部构成；而日本铃木 GS125 的排气管整体由锥形管构成。

通过将本专利与日本铃木 GS125 的上述比较，合议组认为：两外观设计在各个主要构成部件如前后轮轴线位置、油箱、车座、前罩、前挡泥板、中后部罩壳、排气管等的外观设计上存在明显不同，而且两者的差别对于产品的外观设计的整体视觉效果具有显著的影响，两者属于不相同也不相近似的外观设计。

（10）本专利与韩国大林机械场 VX125 摩托车的对比。

附件 8 第 195 页示出了韩国大林机械场 VX125 摩托车的外观设计，其由车架、车轮、油箱、车座、发动机、车把、后视镜、前罩、前挡泥板、后挡泥版、中后部罩壳、排气管等构成。该摩托车为一种骑跨式摩托车，其前、后轮均为辐条式，前轮的轴线位于车前罩前端垂直线外，尾架后端位于后轮后侧的垂直线内；从摩托车的侧面看，其油箱上下表面轮廓线均较直，前后两端向中间收敛呈尖角状；从该摩托车的侧面看，其座垫上表面分为前后两部分，其上表面前半部分稍微下凹，中部靠后有绷带；该摩托车的发动机为立式；该摩托车的车把向后向下倾斜；从该摩托车的侧面看，其前罩上下部较细长，中部较宽厚；该摩托车前挡泥板在前减震架内伸出，后挡泥板末端垂下呈尖角状；该摩托车的中后部罩壳连接一体，前后部较大，中部较细，通体呈板状，罩壳后部有尾架，无扶手；该摩托车的排气管由较小直径圆管部、锥形过渡段和较大直径圆管部构成，整个排气管暴露于外（详见韩国大林机械场 VX125 摩托车的视图）。

由此可见，本专利与韩国大林机械场 VX125 摩托车主要不同之处在于：

第一，前后轮轴线位置：本专利前轮的轴线与车前罩前端位于同一垂直线上，尾架后端与后轮后侧亦位于同一垂直线上；韩国大林机械场 VX125 摩托车前轮的轴线位于车前罩前端垂直线外，尾架后端位于后轮后侧的垂直线内。

第二，油箱：从摩托车的主视图看，本专利的油箱上表面轮廓为弧度较大的拱形，下表面轮廓为弧度略小的波浪形、前后收敛成纺锤状，构成轮廓的线条为光滑圆润的曲线，油箱表面的各个曲面过渡部分棱角分明，高度较大，纵向较短，从摩托车的俯视图看，其油箱前中部明显相外突出，前部内凹呈">"形，油箱盖周围部分突起，其余未突起部分轮扩大致呈叉子形；从摩托车的侧面看，韩国大林机械场 VX125 摩托车油箱上下表面轮廓线均较直，前后两端向中间收敛呈尖角状。

第三，车座：从摩托车的主视图看，本专利的座垫上表面分为前后基本等长的两部分，其上表面前半部分下凹且弧度较大，从摩托车的俯视图看，该座垫前后基本等宽；从摩托车的侧面看，韩国大林机械场VX125摩托车的座垫上表面分为前后两部分，其上表面前半部分稍微下凹，中部靠后有绷带。

第四，前罩：从摩托车的左视图看，本专利的车头前罩整体呈扁平状的类六边形形状，上表面宽度小于下表面宽度，前罩下部安装有一个呈长方形形状的前灯，从该摩托车的主视图看，其车头前罩整体轮廓呈上大、下小，中部略鼓的形状；从该摩托车的前面看，从摩托车的前面看，韩国大林机械场VX125摩托车车头前罩整体上下部较细长，中部较宽厚。

第五，前后挡泥板：本专利的前挡泥板自前减震架向外侧伸展，遮盖了部分前减震架，后挡泥板末端扬起呈钝状；韩国大林机械场VX125摩托车的前挡泥板在前减震架内伸出，后挡泥板末端垂下呈尖角状。

第六，中后部罩壳：本专利的中后部罩壳由独立两部分构成，其中部断为两截，断开处为后轮安装支架与座垫底部车架的连接处，通体造型光滑圆润，该罩壳后部有呈长条平板状的尾架，伸出的扶手长度较短；而韩国大林机械场VX125摩托车的中后部罩壳连接一体，前后部较大，中部较细，通体呈板状，尾架上无扶手。

第七，排气管：本专利的排气管的一部分被下导流罩遮蔽，而韩国大林机械场VX125摩托车的排气管整体暴露于外，位置很显眼。

通过将本专利与韩国大林机械场VX125摩托车的上述比较，合议组认为：两外观设计在各个主要构成部件如前后轮轴线位置、油箱、车座、前罩、前后挡泥板、中后部罩壳、排气管等的外观设计上存在明显不同，而且两者的差别对于产品的外观设计的整体视觉效果具有显著的影响，两者属于不相同也不相近似的外观设计。

（11）本专利与台湾霹雳大力神FT150-4GENIUS摩托车的对比。

附件13第106页示出台湾霹雳大力神FT150-4GENIUS摩托车的外观设计，其由车架、车轮、油箱、车座、发动机、车把、后视镜、前罩、前挡泥板、后挡泥版、中后部罩壳、排气管等构成。该摩托车为一种骑跨式摩托车，其前、后轮均为辐板式，前轮的轴线位于车前罩前端垂直线外，尾架后端位于后轮后侧的垂直线内；从摩托车的侧面看，其油箱前部大后部小，表面轮廓光滑；从该摩托车的侧面看，其座垫上表面分为前后两部分，其上表面前半部分稍微下凹；该摩托车的发动机为立式，从侧面看，所占据的部位居有一定的透空感；该摩托车的车把向后向下倾斜；从该摩托车的侧面看，其前罩整体轮廓呈半球形，前面有圆形的前灯；该摩托车前挡泥板在前减震架内伸出，后挡泥板末端扬起呈钝状；该摩托车的由独立两部分构成，其中部断为两截，断开处为后轮安装支架与座垫底部车架的连接处，通体造型光滑圆润，该罩壳后部有尾架，无扶手；该摩托车的排气管基本由锥形筒构成，整个排气管暴露于外（详见台湾霹雳大力神FT150-4GENIUS摩托车的视图）。

由此可见，本专利与台湾霹雳大力神FT150-4GENIUS摩托车主要不同之处在于：

第一，车轮和前后轮轴线位置：本专利的车轮为辐条式，前轮的轴线与车前罩前端位于同一垂直线上，尾架后端与后轮后侧亦位于同一垂直线上；台湾霹雳大力神FT150-4GENIUS摩托车的车轮为辐板式，前轮的轴线位于车前罩前端垂直线外，尾架后端位于后轮后侧的垂直线内。

第二，油箱：从摩托车的主视图看，本专利的油箱上表面轮廓为弧度较大的拱形，下表面轮廓为弧度略小的波浪形、前后收敛成纺锤状，构成轮廓的线条为光滑圆润的曲线，油箱表面的各个曲面过渡部分棱角分明，高度较大，纵向较短，从摩托车的俯视图看，其油箱前中部明显相外突出，前部内凹呈">"形，油箱盖周围部分突起，其余未突起部分轮扩大致呈叉子形；从摩托车的侧面看，中国台湾霹雳大力神 FT150-4GENIUS 摩托车油箱前部大后部小，表面轮廓光滑。

第三，前罩：从摩托车的左视图看，本专利的车头前罩整体呈扁平状的类六边形形状，上表面宽度小于下表面宽度，前罩下部安装有一个呈长方形形状的前灯，从该摩托车的主视图看，其车头前罩整体轮廓呈上大、下小，中部略鼓的形状；从该摩托车的前面看，从摩托车的前面看，台湾霹雳大力神 FT150-4GENIUS 摩托车其前罩整体轮廓呈半球形，前面有圆形的前灯。

第四，前挡泥板：本专利的前挡泥板自前减震架向外侧伸展，遮盖了部分前减震架；台湾霹雳大力神 FT150-4GENIUS 摩托车的前挡泥板在前减震架内伸出。

第五，中后部罩壳：本专利的中后部罩壳的尾架上有扶手；而台湾霹雳大力神 FT150-4GENIUS 摩托车的尾架上无扶手。

第六，排气管：本专利的排气管由较小直径圆管部、锥形过渡段和较大直径圆管部构成，一部分排气管被下导流罩遮蔽，而中国台湾霹雳大力神 FT150-4GENIUS 摩托车的排气管整体暴露于外，位置很显眼。

通过将本专利与中国台湾霹雳大力神 FT150-4GENIUS 摩托车的上述比较，合议组认为：两外观设计在各个主要构成部件如前后轮轴线位置、车轮、油箱、前罩、前挡泥板、中后部罩壳、排气管等的外观设计上存在明显不同，而且两者的差别对于产品的外观设计的整体视觉效果具有显著的影响，两者属于不相同也不相近似的外观设计。

另外，需要说明的是，鉴于北京市高级人民法院已经作出终审判决认定附件5与本专利属于不相同也不相近似的外观设计，故合议组不再对附件5与本专利的相同和相近似性进行比较。

综上所述，合议组认为请求人的无效理由不能成立，故作出如下决定。

三、决定

维持 01300052.7 号外观设计专利权有效。

根据专利法第46条第2款的规定，当事人对本决定不服的，可以自收到本决定通知书之日起三个月内向北京市第一中级人民法院起诉。根据该款的规定，一方当事人起诉后，另一方当事人应当作为第三人参加诉讼。

主视图

后视图

左视图

右视图

俯视图

仰视图

立体图1

立体图2

本专利

主视图

后视图

左视图

右视图

俯视图

立体图

附件1

主视图

后视图

俯视图

左视图　　　右视图

附件2

主视图　　　后视图

左视图　　　右视图

俯视图　　　立体图1

立体图2　　　立体图3

附件3

主视图

后视图

俯视图

左视图　　　右视图

附件4

附件 6 第 158 页

附件 9 第 87 页

附件 10 第 64~65 页

附件 12 第 30 页和第 33 页

日本川崎 ZRX1100

附件 7 第 55 页

附件 12 第 9 页

附件 12 第 67 页
日本本田 CB400

附件 7 第 54 页

附件 11 第 60~61 页

日本雅马哈 XJR400R Ⅱ

附件 7 第 57 页

日本铃木 GSX400

附件 8 第 113 页

日本铃木 GS125

附件 8 第 195 页

韩国大林机械场 VX125

附件 13 第 106 页

中国台湾霹雳大力神 FT150-4GENIUS

炼钢中间包定位上水口

无效宣告请求审查决定（第 9776 号）

决 定 号	第 9776 号
决 定 日	2007 年 4 月 28 日
发明创造名称	炼钢中间包定位上水口
外观设计分类号	15-99
无效宣告请求人	济南麦哈勃冶金技术开发有限公司
专 利 权 人	济南新峨嵋实业有限公司
申 请 号	01335089.7
申 请 日	2001 年 8 月 21 日
授 权 公 告 日	2002 年 3 月 6 日
合 议 组 组 长	李 隽
主 审 员	田 华
参 审 员	张 鹏
附 图	2 页
法 律 依 据	专利法第 23 条

决 定 要 点

由于在先设计的视图未反映产品的各面视图，即使考虑文字说明，从在先设计所公开的信息中也不能唯一确定产品的外部形状，因此基于现有证据不能认定本专利与在先设计相同或相近似。

一、案由

本无效宣告请求涉及国家知识产权局于 2002 年 3 月 6 日授权公告的的 01335089.7 号外观设计专利权，名称为"炼钢中间包定位上水口"，其申请日是 2001 年 8 月 21 日，专利权人是济南新峨嵋实业有限公司。

针对上述外观设计专利权（下称本专利），济南麦哈勃冶金技术开发有限公司（下称请求人）于 2006 年 5 月 10 日向专利复审委员会提出无效宣告请求，其理由是：本专利不符合专利法第 23 条的规定，请求专利复审委员会宣告本专利无效，并提交了如下附件作为证据：

证据 1-1：莱芜钢铁股份有限公司炼钢厂于 2006 年 4 月 28 日出具的证明复印件 1 页；

证据 1-2：编号为 00793467 的山东增值税专用发票发票联复印件 1 页，开票日期为 2000 年 12 月 26 日；

证据 1-3：编号为 00762439 的山东增值税专用发票发票联复印件 1 页，开票日期为 2000 年 9 月

15 日；

证据 1-4：编号为 00762412 的山东增值税专用发票发票联复印件 1 页，开票日期为 2000 年 2 月 22 日；

证据 1-5：编号为 00762414 的山东增值税专用发票发票联复印件 1 页，开票日期为 2000 年 2 月 22 日；

证据 1-6：编号为 00762440 的山东增值税专用发票发票联复印件 1 页，开票日期为 2000 年 9 月 15 日；

证据 1-7：编号为 00762427 的山东增值税专用发票发票联复印件 1 页，开票日期为 2000 年 7 月 6 日；

证据 2：00248548.6 号中国实用新型专利说明书，授权公告日为 2001 年 7 月 11 日。

请求人认为，证据 1-1 至证据 1-7 可证明本专利的上水口在申请日以前是早已在炼钢行业普遍使用的产品，证据 2 可证明本专利可以应用于多种结构的定径水口快换装置中，从证据 2 的图 1、2 所示数字编号为 5 的上水口的形状可以看出其与本专利的外观设计是完全相同的，因此本专利不符合专利法第 23 条的规定。

经形式审查合格后，专利复审委员会受理了该无效宣告请求，并将无效宣告请求书及相关证据材料副本转送给了专利权人，同时依法成立合议组对本案进行审查。

专利权人在指定期限内未予答复。

专利复审委员会于 2006 年 11 月 27 日向双方当事人发出口头审理通知书，定于 2007 年 1 月 9 日在专利复审委员会举行本案的口头审理。

口头审理如期举行。双方当事人的委托代理人出席了口头审理，并对对方当事人及出庭人员的身份资格无异议，对合议组成员无回避请求。请求人明确无效理由为专利法第 23 条，使用的证据为证据 1-1 至证据 1-7 和证据 2。请求人当庭提交证据 1-1 的盖有莱芜钢铁有限公司炼钢厂红章的证明原件，未提交证据 1-2 至证据 1-7 即六张发票的原件，并且向合议组表示无证人出庭作证，对该证人证言也没有其他佐证。请求人认为证据 2 中附图 1、2 的剖视图可以清楚显示本专利外观，其中附图 1 的轮廓与本专利的主视图相同，附图 2 的轮廓与本专利的右视图相同。专利权人对证据 1-1 证人证言原件与复印件的一致性无异议，但认为该证人证言是法人证言，无法确定其上的签名人的身份及签字、公章的真实性，并且对该证人证言与发票的关联性有异议，对证据 2 的真实性、合法性、关联性无异议。双方当事人在口头审理中充分陈述了各自的意见。

至此，合议组认为本案事实已经清楚，在此基础上可以作出无效决定。

二、决定的理由

1. 关于证据

证据 1-1 为请求人提交的声称为莱芜钢铁股份有限公司炼钢厂于 2006 年 4 月 28 日出具的证明，其内容为证明该厂自 1999 年至今在连铸中间包定径水口快换装置之中使用的上水口和加长滑块其形状和专利 01335089.7 及 01335090.0 中表示的一样。虽然请求人提交了盖有莱芜钢铁股份有限公司炼钢厂红章的证明原件，但是该证明上签名人的身份无法证明，该单位也未派证人出席口头审理，同时请求人认可没有其他证据予以佐证，并且专利权人对证据 1-1 的真实性持有异议，因此，仅有该炼钢厂的红章也无法证明该单位出具证言的真实性，综上，合议组对证据 1-1 的真实性不予认可。证据 1-2 至 1-7 为发票的复印件，由于请求人未提交这六张发票的原件，因此，合议组对六张发票的真实性不予认可。

证据 2 为名称为"定径水口快换装置"的中国实用新型专利文献，其授权公告日为 2001 年 7 月

11日，早于本专利的申请日，其上载有可与本专利外观设计对比的在先设计。

2. 关于专利法第 23 条

专利法第 23 条规定：授予专利权的外观设计，应当同申请日以前在国内外出版物上公开发表过或者国内公开使用过的外观设计不相同和不相近似，并不得与他人在先取得的合法权利相冲突。

本专利公开了一种炼钢中间包定位上水口，其外观设计包括右视图、主视图、仰视图、俯视图及 A-A 剖视图，且主视图与后视图、右视图与左视图对称相同，从各个视图观察，该炼钢中间包定位上水口由两部分组成，下方为近似椭圆形截面的底座，该近似椭圆形截面的底座长轴方向的边缘为两条平行的直边，定位上水口的上方为近似圆台，近似圆台最下方的直径与近似椭圆形截面的底座的短轴长度相同，整个上水口内部有通孔，上水口上部通孔的半径较大，下部通孔的半径稍小（详见本专利附图）。

证据 2 公开了一种定径水口快换装置，其中的一个部件即上水口 5 与本专利产品相对应，从证据 2 说明书附图所表示的在先设计来看，其公开了上水口 5 两个垂直方向的剖视图，图 1 的剖视图反映的上水口 5 分为两部分，上部分为梯形，下部分为长方形，图 2 的剖视图反映的上水口 5 从下向上由长方形过渡到梯形，从图 1、图 2 看上水口内部有通孔（详见证据 2 附图）。

合议组认为，对于上水口 5 的剖视图中所反映的上水口 5 梯形部分而言，缺少了俯视图与仰视图，仅凭两个垂直方向的侧剖视图，不能确定该梯形部分的立体形状是圆锥体还是棱锥体或其他形状，其外部形状可以有多种可能。同样，对于上水口 5 的剖视图中所反映的上水口 5 长方形部分而言，缺少了俯视图与仰视图，仅凭两个垂直方向的侧剖视图，不能确定该长方形部分的立体形状是椭圆柱体还是长方体或其他形状，其外部形状也可以有多种可能。由于在先设计没有公开其他视图，即使其剖视图的外轮廓与本专利的主视图和右视图相近，也不能唯一确定其外部形状。

请求人认为，从证据 2 说明书的文字记载中可以说明凸台（即上水口的底座）是椭圆形的，根据消费者的认知常识及产品的惯常设计，上水口上部应是圆形。合议组认为，尽管证据 2 的说明书中记载 "底座 3 中部设置椭圆形凹槽 19，上水口 5 下平面上设置凸台 18"，该文字仅说明凹槽 19 是椭圆形，未直接公开上水口 5 的底座是椭圆形，由于缺少了上水口 5 的俯视图和仰视图，仅凭两个侧剖视图，即使考虑附图的这种文字解释也不能唯一确定凸台是椭圆形的，并且请求人也未举证说明上水口上部的惯常设计是圆形，因此，合议组对请求人的上述主张不予支持。

也就是说，由于在先设计的视图未反映产品的各面视图，即使考虑文字说明，从在先设计所公开的信息中不能唯一确定其外部形状，因此，基于现有证据不能认定本专利与在先设计相同或相近似。

综上，基于现有证据的在先设计不能证明本专利不符合专利法第 23 条的规定。

三、决定

维持 01335089.7 号外观设计专利权有效。

当事人对本决定不服的，可以根据专利法第 46 条第 2 款的规定，自收到本决定之日起三个月内向北京市第一中级人民法院起诉。根据该款的规定，一方当事人起诉后，另一方当事人应当作为第三人参加诉讼。

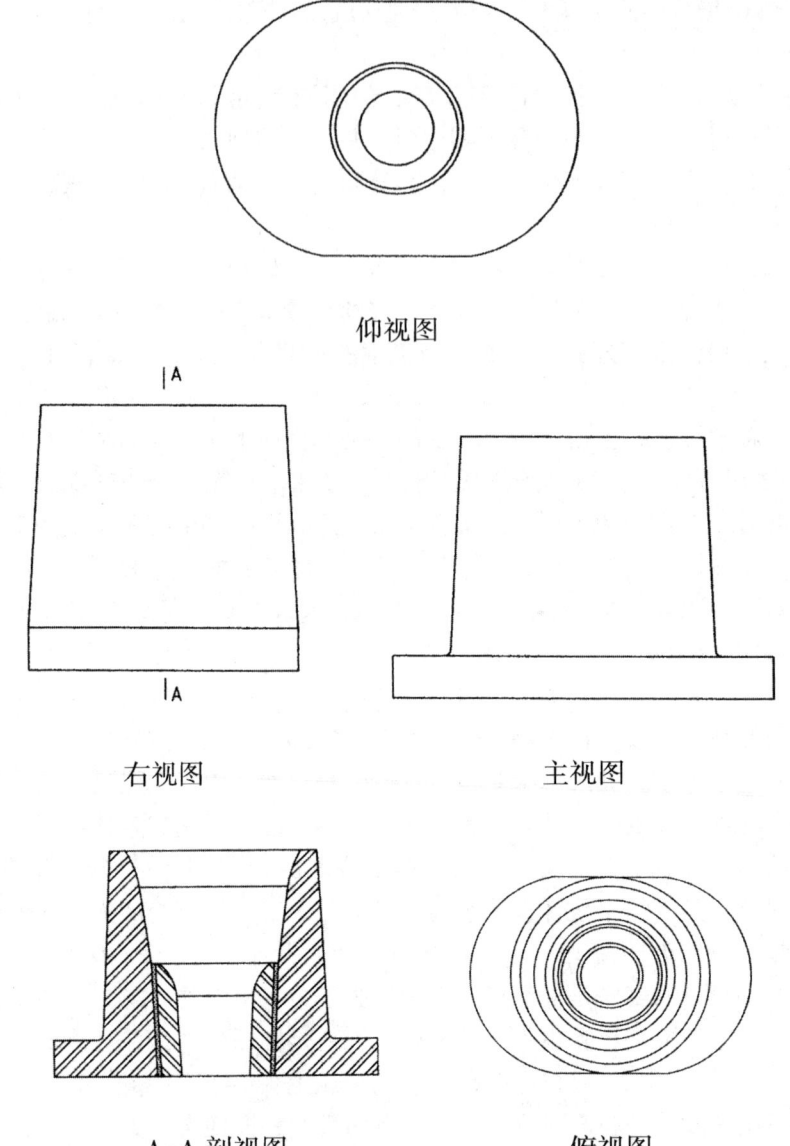

本专利

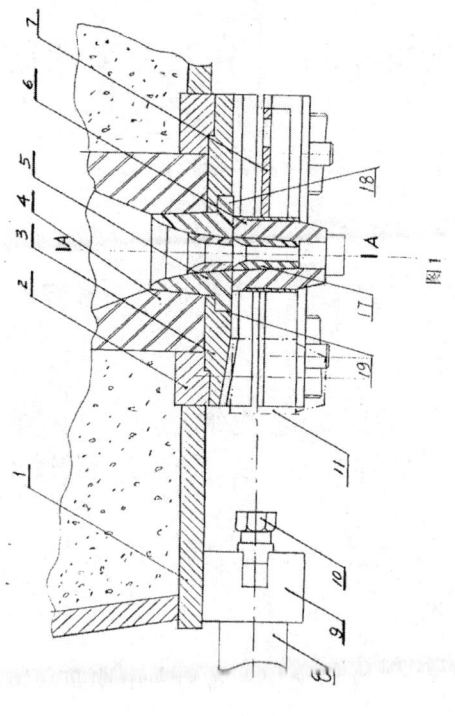

图1

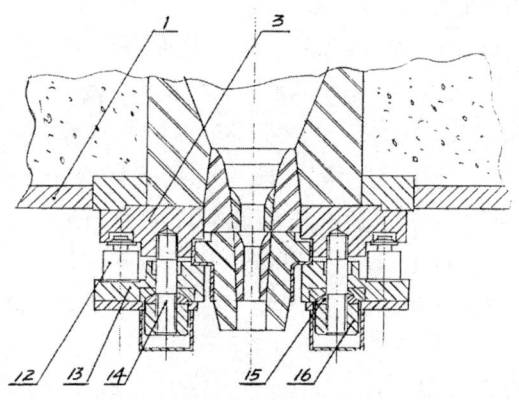

图2
对比文件

北京市第一中级人民法院
行政判决书

(2007) 一中行初字第947号

原告济南麦哈勃冶金技术开发有限公司，住所地山东省济南市高新开发区新泺大街786号110室。

法定代表人刘翠芳，执行董事。

委托代理人陈俊由，北京中知法苑知识产权代理事务所专利代理人。

委托代理人靳巍，男，1958年12月25日出生，济南麦哈勃冶金技术开发有限公司副总经理，住济南市历下区仁智街32号。

被告国家知识产权局专利复审委员会，住所地北京市海淀区北四环西路9号银谷大厦10~12层。

法定代表人廖涛，副主任。

委托代理人余心蕾，国家知识产权局专利复审委员会审查员。

第三人济南新峨嵋实业有限公司，住所地山东省济南市槐荫区段店镇小金村南。

法定代表人李庆林，总经理。

委托代理人张建成，济南舜源专利事务所有限公司专利代理人。

原告济南麦哈勃冶金技术开发有限公司（以下简称麦哈勃公司）不服被告国家知识产权局专利复审委员会（以下简称专利复审委员会）于2007年4月28日作出的第9776号无效宣告请求审查决定（以下简称第9776号决定），于法定期限内向本院提起诉讼。本院于2007年7月12日受理本案后，依法组成合议庭，并按照法律规定通知济南新峨嵋实业有限公司（以下简称新峨嵋公司）作为第三人参加诉讼，于2007年10月16日公开开庭审理了本案。原告麦哈勃公司的委托代理人陈俊由、靳巍，被告专利复审委员会的委托代理人余心蕾，第三人新峨嵋公司的委托代理人张建成到庭了参加诉讼。本案现已审理终结。

第9776号决定系专利复审委员会就麦哈勃公司针对新峨嵋公司享有的专利号为01335089.7号、名称为"炼钢中间包定位上水口"的外观设计专利（以下简称本专利）所提出的无效宣告请求作出的。专利复审委员会在该决定中认定：对于证据2上水口5的剖视图中所反映的上水口5梯形部分而言，缺少了俯视图与仰视图，仅凭两个垂直方向的侧剖视图，不能确定该梯形部分的立体形状是圆锥体还是棱锥体或其他形状，其外部形状可以有多种可能。同样，对于上水口5的剖视图中所反映的上水口5的长方形部分而言，缺少了俯视图与仰视图，仅凭两个垂直方向的侧剖视图，不能确定该长方形部分的立体形状是椭圆柱体还是长方体或其他形状，其外部形状也可以有多种可能。由于在先设计没有公开其他视图，即使其剖视图的外轮廓与本专利的主视图和右视图相近，也不能唯一确定其外部形状。由于在先设计的视图未反映产品的各面视图，即使考虑文字说明，从在先设计所公开的信息中不能唯一确定其外部形状，因此，基于现有证据不能认定本专利与在先设计相同或相近似，不能证明本专利不符合《专利法》第二十三条的规定。综上，专利复审委员会作出第9776号决定，维持本专利权有效。

麦哈勃公司不服该决定，向本院起诉称：（1）由于本专利产品为工件，不是装饰产品，故判断本专利上水口外观设计和证据2中的上水口5是否相近似的一般消费者应当是本行业技术人员。（2）证据2附图1与本专利外观的剖视图完全相同，如果按照本专利上水口形状，将其另一垂直面进行中心剖视时，必然也与附图2所示的上水口剖面完全相同。这说明证据2附图1和2表示的上水口5的主视图和右视图轮廓基本与本专利外观相应视图形状相同。（3）证据2中载有"底座3中部设置椭圆形凹槽19，上水口5下平面设置凸台18"，"本实用新型椭圆形凹槽19与凸台18配合，保证了上水口的准确定位"文字内容。根据上述内容可知凹槽19是椭圆形，上水口5的凸台18是与其配合定位，则凸台18的形状应为椭圆形，不可能是长方形或其他形状。由此可确定证据2上水口的仰视图和俯视图的外轮廓是椭圆形。（4）证据2附图反映的上水口5的梯形部分是管状件，无论从加工方便还是节省材料方面看，没有理由将其外轮廓加工成棱锥体，故该部分必然是圆锥体。即便梯形部分外轮廓是棱锥体，证据2上水口5也与本专利上水口的总体形状构成相近似。因此，本专利与证据2公开的外观设计相近似，不符合《专利法》第二十三条的规定。综上，原告请求人民法院撤销第9776号决定。

被告专利复审委员会辩称：（1）原告在诉讼程序中提交的公知常识证据在无效宣告程序中并未提交，不是审查第9776号决定的依据。（2）关于本专利与证据2公开的在先设计是否相近似，仍坚持在第9776号决定中的意见。综上，被告认为第9776号决定认定事实清楚、适用法律正确、审理程序合法，原告的诉讼理由不能成立，请求法院予以维持。

第三人新峨嵋公司述称：（1）由于剖面图不能准确反映产品外观形状，故在进行外观设计相近似对比时，应当对两产品的形状进行比对，不应当是剖面图的比对。即便将本专利另一个垂直面进行中心剖视时，与证据2所示的上水口剖面亦不相同，二者圆台高度与"底座"高度比不同，导致两产品外部形状截然不同。（2）本专利的下部底座的形状并不是椭圆，而是由长轴方向两条平行的直边和另两侧边缘为相同半径圆弧共同组成外缘轮廓的特定形状。与证据2文字描述的椭圆形状不同。综上所述，证据2并没有给出确切的产品外形，即便将该证据仅有的剖面图结合说明书的文字记载与本专利剖面图对比，两者也有明显的不同，因此，两者既不相同，也不相近似。

本院经审理查明：

产品名称为"炼钢中间包定位上水口"的外观设计专利（即本专利）由新峨嵋公司于2001年8月21日向国家知识产权局提出申请，于2002年3月6日被授权公告，专利号为01335089.7。本专利授权公告有5幅视图，包括主视图、右视图、仰视图、俯视图、A-A剖视图（见附件1）。

2006年5月10日，麦哈勃公司以本专利不符合《专利法》第二十三条的规定为由，向专利复审委员会提出无效宣告请求，并提交了两组证据。其中，证据2为00248548.6号实用新型专利说明书，该专利（即在先设计）名称为"定径水口快换装置"，授权公告日为2001年7月11日。该专利授权公告说明书中包括有两幅附图（见附件2），附图1为该专利的结构示意图，附图2为附图1中A-A剖视图。该专利授权说明书中还载有如下内容："底座3中部设置椭圆形凹槽19，上水口5下平面上设置凸台18"，"本实用新型椭圆形凹槽19与凸台18配合，保证了上水口5的准确定位，并不产生任何位移"。

专利复审委员会于2007年1月9日对该无效宣告请求进行了口头审理，并于2007年4月28日作出第9776号决定。

在本案审理过程中，麦哈勃公司另向本院提交了3份证据用于证明公知常识。被告认为该3份证据在无效审查程序中并未提交，不应予以考虑。

上述事实有本专利授权公报、00248548.6号实用新型专利授权公告说明书、第9776号决定以及当事人庭审陈述等证据在案佐证。

本院认为：

1. 原告在无效审查程序中未提交而在本行政诉讼中提交的证据应否予以考虑

按照《行政诉讼法》第五条的规定，人民法院审理行政案件，对具体行政行为的合法性进行审查。本案为原告不服被告作出的无效宣告请求审查决定提起的行政诉讼，故本院应当就被告作出第9776号决定是否具备事实和法律依据进行审查。

原告作为行政程序中的无效请求人，有义务就其主张提供证据，其因自身原因未提供充分证据的法律后果应自行承担。原告在行政程序中无正当理由未提交而在本案诉讼过程中提供的证据，因不是被告作出第9776号决定的依据，不应作为本院审查被告作出该决定是否具备合法性的事实根据，本院对于原告在本案诉讼过程中新提交的证据不予采信。

2. 本专利是否违反了《专利法》第二十三条的规定

根据《专利法》第二十三条的规定，授予专利权的外观设计，应当同申请日以前在国内外出版物上公开发表过的外观设计不相同和不相近似。

由证据2的附图可知，其附图1和附图2中所反映的上水口5的视图均为剖视图。根据机械制图的基本原理，同一剖视图所对应的产品的外观形状存在多种可能性。在没有其他视图的情况下，不能仅以证据2的两幅剖视图直接地、毫无疑义地确定其上水口5的外观形状。虽然由该在先设计说明书记载的内容可以看出，上水口5下平面设置的凸台18因需与椭圆形凹槽19配合，故该凸台的形状亦应是椭圆柱体。但是，对于上水口5的梯形部分而言，仅以两幅剖视图不能确定其外观形状，原告关于证据2所反映的上水口5的梯形部分必然是圆锥体的推论，因无证据支持，不能成立。由于根据证据2公开的内容不能直接地、毫无疑义地确定上水口5的外观形状，因此，不能认定本专利与该在先设计相同或者相近似。被告以此为由认定本专利未违反《专利法》第二十三条的规定并无不当，本院予以支持。

综上，被告作出的第9776号决定认定事实清楚，适用法律正确，应予维持。原告麦哈勃公司请求撤销该决定的理由不成立，本院不予支持。依照《中华人民共和国行政诉讼法》第五十四条第（一）项之规定，本院判决如下：

维持被告国家知识产权局专利复审委员会作出的第9776号无效宣告请求审查决定。

案件受理费100元，由原告济南麦哈勃冶金技术开发有限公司负担（已交纳）。

如不服本判决，各方当事人可于本判决送达之日起15日内，向本院提交上诉状及其副本，并交纳上诉案件受理费100元，上诉于北京市高级人民法院。上诉期满后7日内未交纳上诉案件受理费的，按自动撤回上诉处理。

审　判　长　姜　颖
代理审判员　芮松艳
人民陪审员　唐晓君
二〇〇七年十二月二十日
书　记　员　朱　平

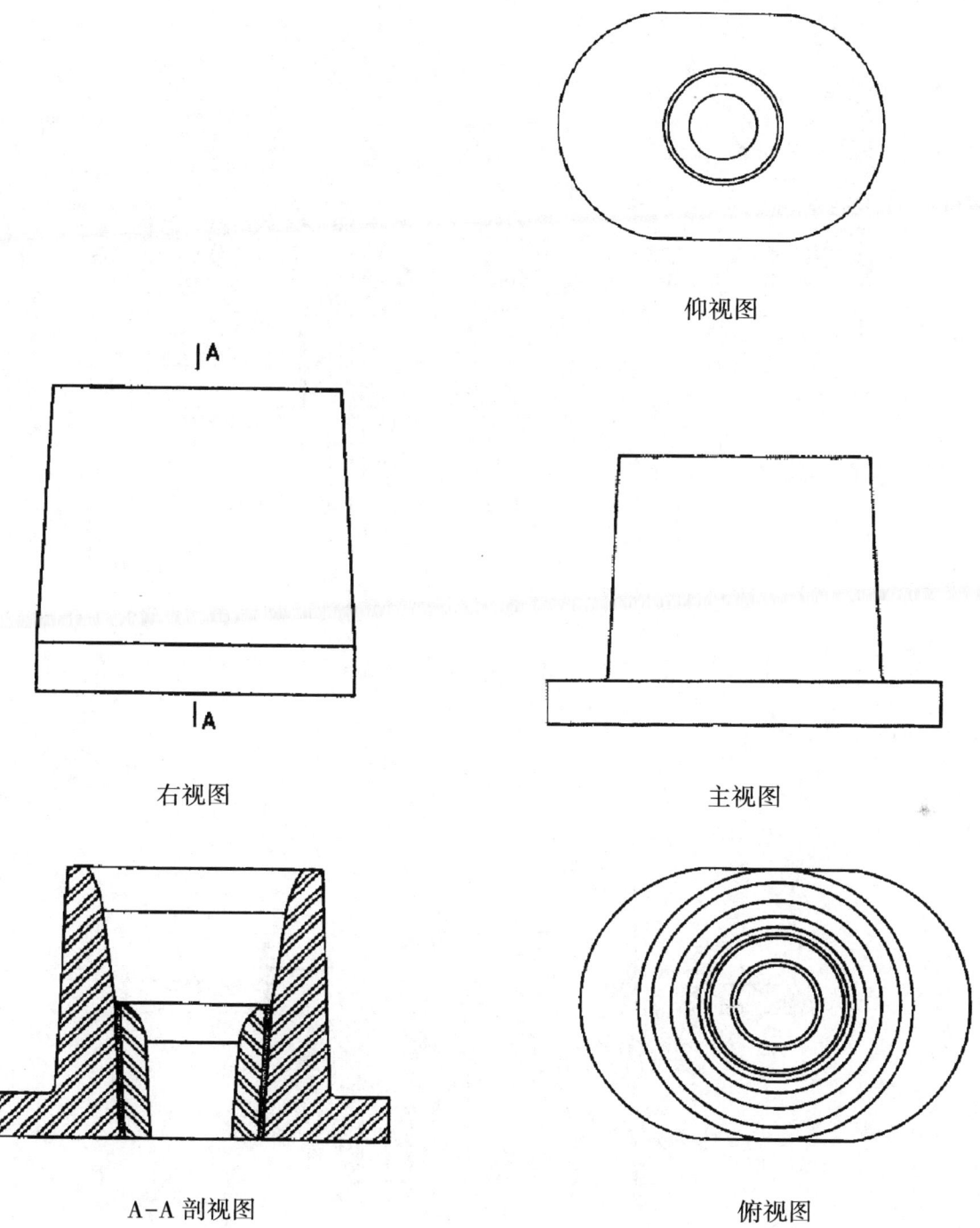

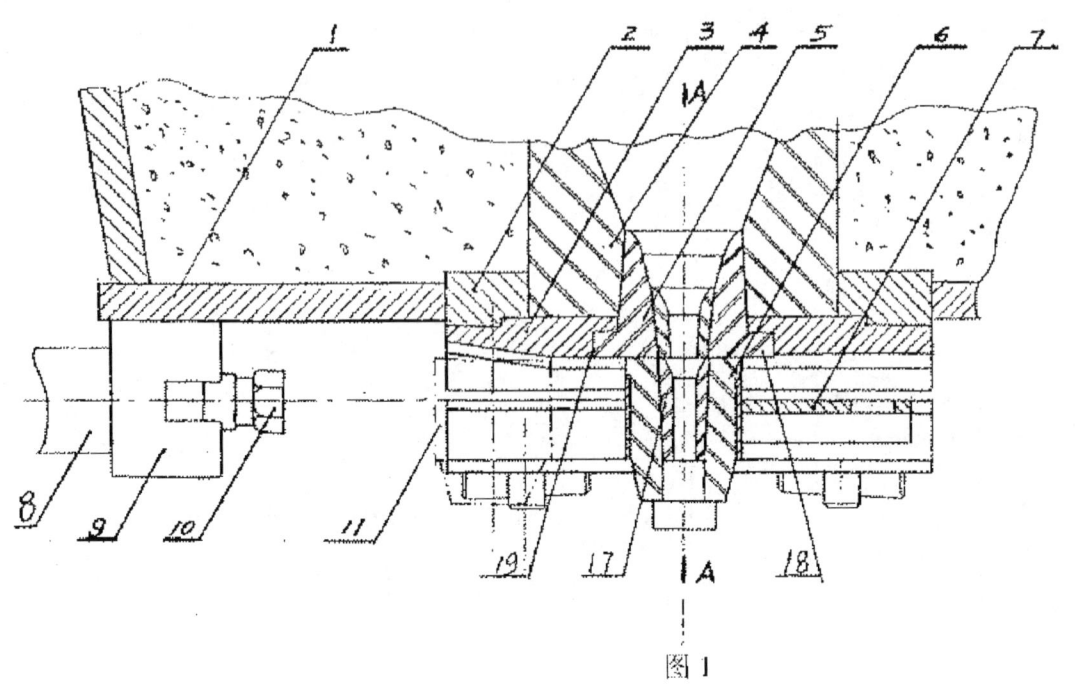

图 1

证据 2 附图 1

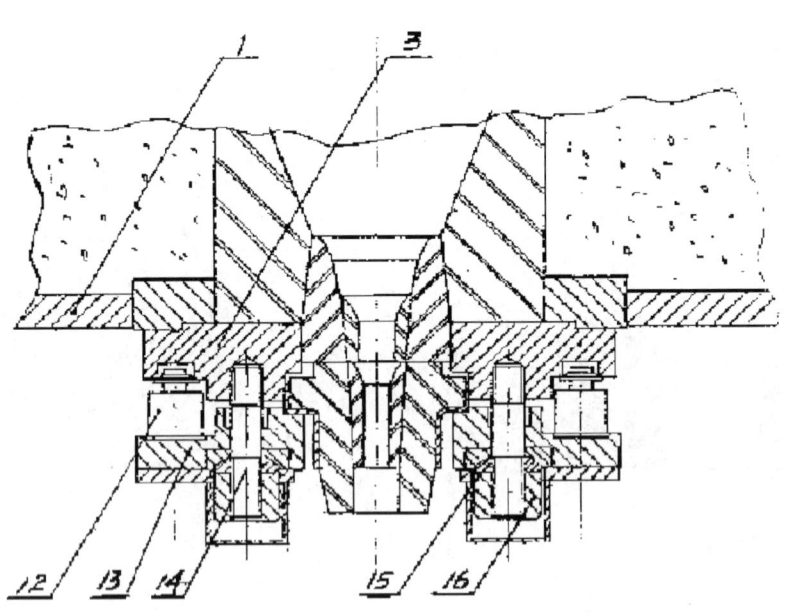

证据 2 附图 2

北京市高级人民法院
行政判决书

(2008) 高行终字第 26 号

上诉人（原审原告）济南麦哈勃冶金技术开发有限公司，住所地山东省济南市高新开发区新泺大街 786 号 410 室。

法定代表人刘翠芳，执行理事。

委托代理人陈俊由，男，汉族，1947 年 10 月 30 日出生，北京中知法苑知识产权代理事务所专利代理人，住北京市昌平区北七家镇温泉花园 66 号楼单元 502 号。

委托代理人靳巍，男，汉族，1958 年 12 月 25 日出生，该公司副总经理，住山东省济南市历下区仁智街 32 号 4 号楼 1 单元 302 号。

被上诉人（原审被告）国家知识产权局专利复审委员会，住所地北京市海淀区北四环西路 9 号银谷大厦 10~12 层。

法定代表人廖涛，副主任。

委托代理人余心蕾，该委员会审查员。

委托代理人张鹏，该委员会审查员。

原审第三人济南新峨嵋实业有限公司，住所地山东省济南市槐荫区段店镇小金村南。

法定代表人李庆林，总经理。

委托代理人张建成，男，汉族，1955 年 3 月 22 日出生，济南舜源专利事务所有限公司专利代理人，住山东省济南市历下区甸柳新村五区 8 号楼 1 单元 401 号。

上诉人济南麦哈勃冶金技术开发有限公司（以下简称麦哈勃公司）国外观设计专利权无效行政纠纷一案，不服北京中第一中级人民法院（2007）一中行初字第 947 号行政判决，向本院提出上诉。本院 2007 年 12 月 27 日受理本案后，依法组成合议庭，于 2008 年 1 月 16 日公开开庭进行了审理。上诉人麦哈勃公司的委托代理人陈俊由、靳巍，被上诉人国家知识产权局专利复审委员会（以下简称专利复审委员会）的委托代理人余心蕾、张鹏，原审第三人济南新峨嵋实业有限公司（以下简称新峨嵋公司）的委托代理人张建成到庭参加了诉讼。本案现已审理终结。

北京市第一中级人民法院认定，新峨嵋公司是 01335089.7 号"炼钢中间包定位上水口"（以下简称本专利）的外观设计专利权人。针对本专利，麦哈勃公司于 2006 年 5 月 10 日向专利复审委员会提出无效宣告请求，认为本专利不符合《专利法》第二十三条的规定。专利复审委员会于 2007 年 4 月 25 日做出第 9776 号无效宣告请求审查决定（以下简称第 9776 号决定），维持本专利权有效。

北京市第一中级人民法院认为，麦哈勃公司作为无效请求人，在行政程序中无正当理由未提交而在本案诉讼过程中提供的证据，不应作为法院审查行政决定是否具备合法性的事实根据，故对其在本案诉讼过程中新提交的证据不予采信。

根据麦哈勃司提交的证据，不能直接地、毫无疑义地确定在先设计的外观形状，因此，不能认定本专利与该在先设计相同或者相近似。专利复审委员会作出的第 9776 号决定认定事实清楚，适用法律正确，应予维持。

北京市第一中级人民法院依照《中华人民共和国行政诉讼法》第五十四条第（一）项之规定，判决：维持专利复审委员会做出的第 9776 号决定。

麦哈勃公司不服原审判决，向本院提出上诉，请求撤销原审判决及第9776号决定，理由是：第9776号决定对证据2公开的上水口5的形状判断忽略了此领域一般消费者的认知能力；即便按一般常识也可以确定上水口5下部分是椭圆柱体、上部的梯形部分是圆台形状。本专利外观设计因与在先设计形状构成相同或相近似，不符合《专利法》第二十三条之规定。专利复审委员会、新峨嵋公司服从原审判决。

经审理查明：本专利名称为"炼钢中间包定位上水口"，白新峨嵋公司于2001年8月21日向国家知识产权局提出申请，于2002年3月6日被公告授权，专利号为01335089.7。本专利授权公告有5幅视图，包括主视图、右视图、仰视图、俯视图、A-A剖视图（见本判决书附件1）。

2006年5月10日，麦哈勃公司以本专利不符合《专利法》第二十三条的规定为由，向专利复审委员会提出无效宣告请求，并提交了两组证据。其中，证据2为00248548.6号实用新型专利说明书，该专利（即在先设计）名称为"定径水口快换装置"，授权公告日为2001年7月11日，该专利授权公告说明书中包括有两幅附图（见本判决书附件2），附图1为该专利的结构示意图，附图2为附图1中A-A图。该专利授权说明书中还载有如下内容："底座3中部设置椭圆形凹槽19，上水口5下平面上设置凸台18"，"本实用新型椭圆形凹槽19与凸台18配合，保证了上水口5的准确定位，并不产生任何位移"。

专利复审委员会于2007年1月9日对该无效宣告请求进行了口头审理，并于2007年4月28日作出第9776号决定，维持本专利权有效。其理由是对于证据2上水口5的剖视图中所反映的上水口5梯形部分而言，缺少了俯视图与仰视图，仅凭两个垂直方向的侧剖视图，不能确定该梯形部分的立体形状是圆锥体还是棱锥体或其他形状，其外部形状可以有多种可能。同样，对于上水口5的剖视图中所反映的上水口5的长方形部分而言，缺少了俯视图与仰视图，仅凭两个垂直方向的侧剖视图，不能确定该长方形部分的立体形状是椭圆柱体还是长方体或其他形状，其外部形状也可以有多种可能。由于在先设计没有公开其他视图，即使其剖视图的外轮廓与本专利的主视图和右视图相近，也不能唯一确定其外部形状。由于在先设计的视图未反映产品的各面视图，即使考虑文字说明，从在先设计所公开的信息中不能唯一确定其外部形状，因此，基于现有证据不能认定本专利与在先设计相同或相近似，不能证明本专利不符合《专利法》第二十三条的规定基于上述理由：专利复审委员会作出第9776号决定，维持本专利权有效。

在一审法院审理过程中，麦哈勃公司提交了3份证据用于证明公知常识。专利复审委员会认为该3份证据在无效审查程序中并未提交，不应予以考虑。

上述事实有本专利授权公报、00248548.6号实用新型专利授权公告说明书，第9776号决定以及当事人庭审陈述等证据在案佐证。

本院认为：根据《专利法》第二十三条的规定，授予专利权的外观设计，应当同申请日以前在国内外出版物上公开发表过的外观设计不相同和不相近似。判断在先设计与本专利是否相同或相近似，首先必须确定二者的整体外观形状。

根据机械制图的基本原理，同一剖视图所对应的产品的外观形状存在多种可能性。本案中，在先设计即证据2的附图1和附图2中所反映的上水口5的视图均为剖视图，缺少了俯视图和仰视图，仅以该两幅剖视图不能确定其上水口5的外观形状。虽然结合证据2的说明书记载的关于"本实用新型椭圆形凹槽19与凸台18配合，保证了上水口5的准确定位"的内容可以确定上水口5的长方形部分即凸台18的形状应是4圆柱体，但是，就上水口5的梯形部分而言，仅以两幅剖视图不能唯一确定其外观形状。上诉人麦哈勃张证据2的附图1和附图2中所反映的上水口5的梯形部分必然是圆锥体或圆台的推论，缺乏证据支持，本院不予采纳。因此，根据证据2的附图1和附图2公开的内容不能唯一确定上水口5的整体外观形状综上，根据现有证据不能认定本专利与该在先设计相同或者相似，不能证明本专利不符合《专利法》第二十三条的规定。

综上所述，麦哈勃司的上诉理由缺乏事实和法律依据，其上诉请求本院不予支持。原审判决认定事实清楚，适用法律正确。依照《中华人民共和国行政诉讼法》第六十一条第一款第（一）项之规定，判决如下：

驳回上诉，维持原判。

一审案件受理费100元，由济南麦哈勃冶金技术开发有限公司负担（已交纳）；二审案件受理费100元，由济南麦哈勃冶金技术开发有限公司负担（已交纳）。

本判决为终审判决。

审　判　长　刘　辉
代理审判员　岑宏宇
代理审判员　张冬梅
二〇〇八年十二月十四日
书　记　员　陈　明

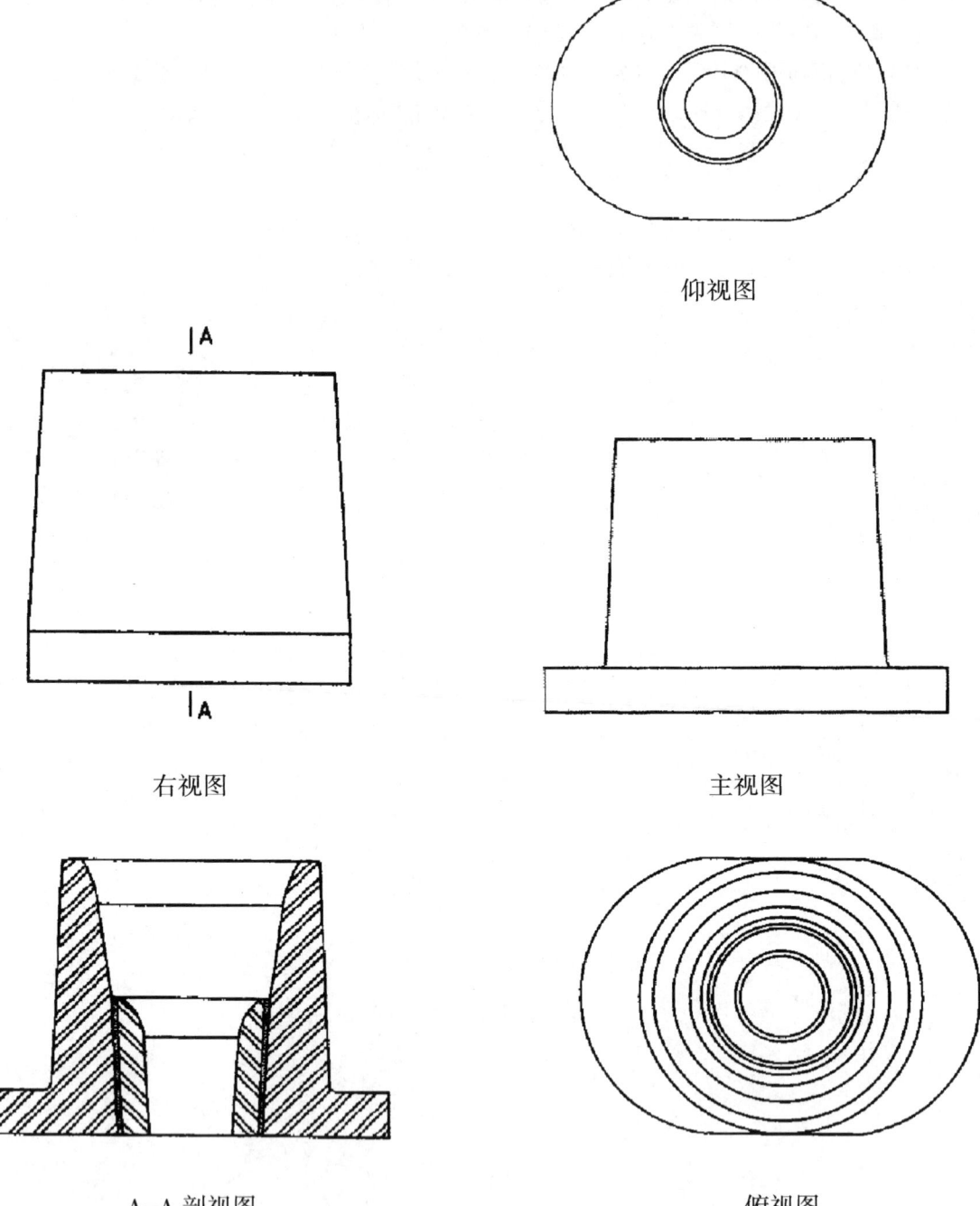

本专利

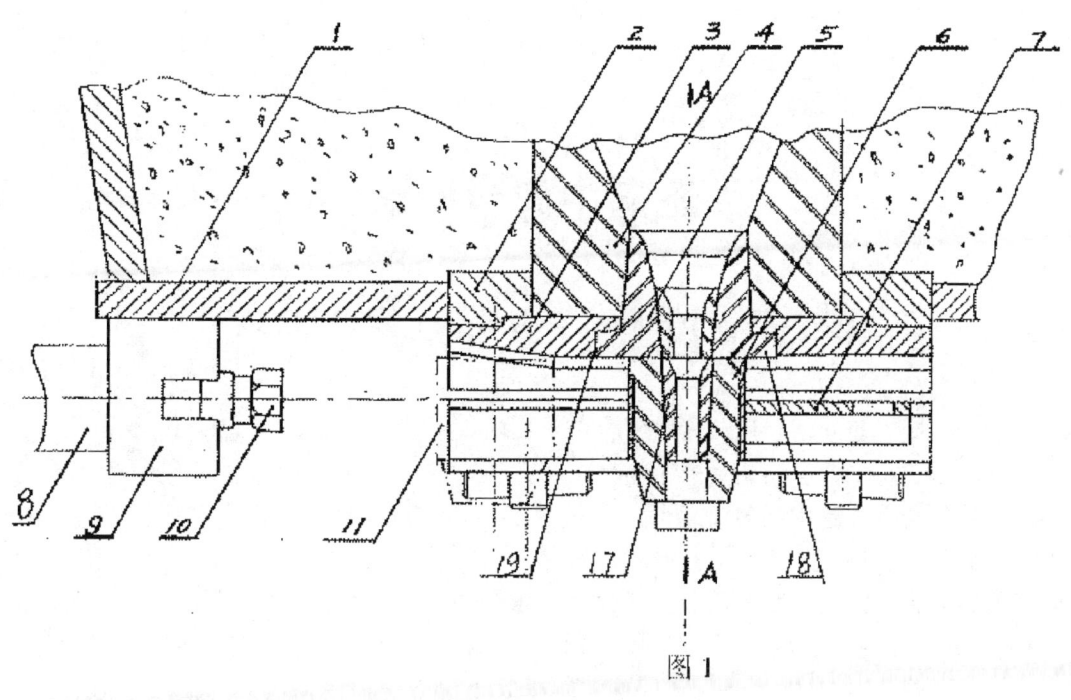

图 1

证据 2 附图 1

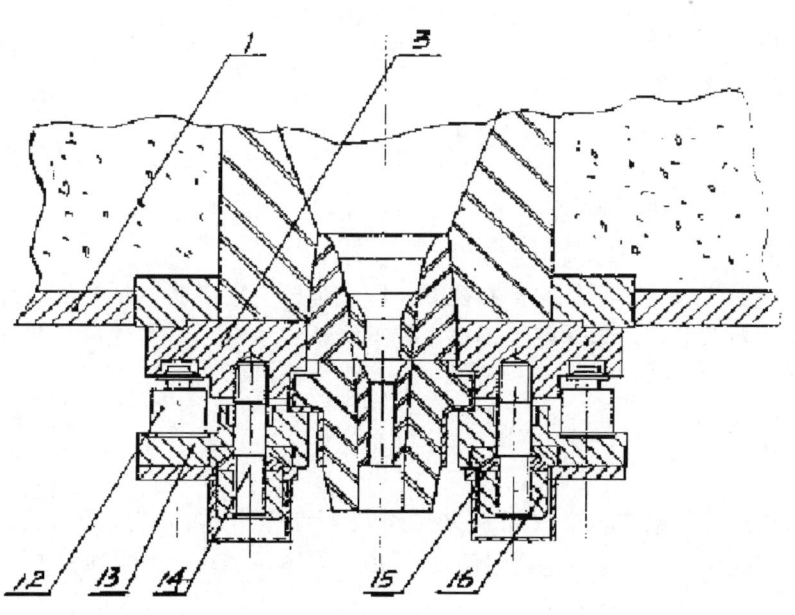

证据 2 附图 2

炼钢中间包滑块

无效宣告请求审查决定（第9777号）

决 定 号	第9777号
决 定 日	2007年4月25日
发明创造名称	炼钢中间包滑块
外观设计分类号	15-99
无效宣告请求人	济南麦哈勃冶金技术开发有限公司
专 利 权 人	济南新峨嵋实业有限公司
申 请 号	01335090.0
申 请 日	2001年8月21日
授权公告日	2002年2月27日
合议组组长	李 隽
主 审 员	田 华
参 审 员	张 鹏
附 图	2页
法 律 依 据	专利法第23条

决 定 要 点

由于在先设计的视图未反映产品的各面视图，即使考虑文字说明，从在先设计所公开的信息中也不能唯一确定产品的外部形状，因此基于现有证据不能认定本专利与在先设计相同或相近似。

一、案由

本无效宣告请求涉及国家知识产权局于2002年2月27日授权公告的的01335090.0号外观设计专利权，名称为"炼钢中间包滑块"，其申请日是2001年8月21日，专利权人是济南新峨嵋实业有限公司。

针对上述外观设计专利权（下称本专利），济南麦哈勃冶金技术开发有限公司（下称请求人）于2006年5月10日向专利复审委员会提出无效宣告请求，其理由是本专利不符合专利法第23条的规定，请求专利复审委员会宣告本专利无效，并提交了如下附件作为证据。

证据1-1：莱芜钢铁股份有限公司炼钢厂于2006年4月28日出具的证明复印件1页；

证据1-2：编号为00793467的山东增值税专用发票发票联复印件1页，开票日期为2000年12月26日；

证据1-3：编号为00762439的山东增值税专用发票发票联复印件1页，开票日期为2000年9月

15 日；

证据 1-4：编号为 00762412 的山东增值税专用发票发票联复印件 1 页，开票日期为 2000 年 2 月 22 日；

证据 1-5：编号为 00762414 的山东增值税专用发票发票联复印件 1 页，开票日期为 2000 年 2 月 22 日；

证据 1-6：编号为 00762440 的山东增值税专用发票发票联复印件 1 页，开票日期为 2000 年 9 月 15 日；

证据 1-7：编号为 00762427 的山东增值税专用发票发票联复印件 1 页，开票日期为 2000 年 7 月 6 日；

证据 2：00248548.6 号中国实用新型专利说明书，授权公告日为 2001 年 7 月 11 日。

请求人认为，证据 1-1 至证据 1-7 可证明本专利的滑块在申请日以前是早已在炼钢行业普遍使用的产品，证据 2 可证明本专利可以应用于多种结构的定径水口快换装置中，从证据 2 的图 1、2 所示数字编号为 6 的滑块的形状可以看出其与本专利的外观设计是完全相同的，因此本专利不符合专利法第 23 条的规定。

经形式审查合格后，专利复审委员会受理了该无效宣告请求，并将无效宣告请求书及相关证据材料副本转送给了专利权人，同时依法成立合议组对本案进行审查。

专利权人在指定期限内未予答复。

专利复审委员会于 2006 年 11 月 27 日向双方当事人发出口头审理通知书，定于 2007 年 1 月 9 日在专利复审委员会举行本案的口头审理。

口头审理如期举行。双方当事人的委托代理人出席了口头审理，并对对方当事人及出庭人员的身份资格无异议，对合议组成员无回避请求。请求人明确无效理由为专利法第 23 条，使用的证据为证据 1-1 至证据 1-7 和证据 2。请求人当庭提交证据 1-1 的盖有莱芜钢铁股份有限公司炼钢厂红章的证明原件，未提交证据 1-2 至证据 1-7 即六张发票的原件，并且向合议组表示无证人出庭作证，对该证人证言也没有其他佐证。请求人认为证据 2 中附图 1、2 的剖视图可以清楚显示本专利外观，其中附图 1 的轮廓与本专利的右视图相同，附图 2 的轮廓与本专利的主视图相同。专利权人对证据 1-1 证人证言原件与复印件的一致性无异议，但认为该证人证言是法人证言，无法确定其上的签名人的身份及签字、公章的真实性，并且对该证人证言与发票的关联性有异议，对证据 2 的真实性、合法性、关联性无异议。双方当事人在口头审理中充分陈述了各自的意见。

至此，合议组认为本案事实已经清楚，在此基础上可以作出无效决定。

二、决定的理由

1. 关于证据

证据 1-1 为请求人提交的声称为莱芜钢铁股份有限公司炼钢厂于 2006 年 4 月 28 日出具的证明，其内容为证明该厂自 1999 年至今在连铸中间包定径水口快换装置之中使用的上水口和加长滑块其形状和专利 01335089.7 及 01335090.0 中表示的一样。虽然请求人提交了盖有莱芜钢铁股份有限公司炼钢厂红章的证明原件，但是该证明上签名人的身份无法证明，该单位也未派证人出席口头审理，同时请求人认可没有其他证据予以佐证，并且专利权人对证据 1-1 的真实性持有异议，因此，仅有该炼钢厂的红章也无法证明该单位出具证言的真实性，综上，合议组对证据 1-1 的真实性不予认可。证据 1-2 至 1-7 为发票的复印件，由于请求人未提交这六张发票的原件，因此，合议组对六张发票的真实性不予认可。

证据 2 为名称为"定径水口快换装置"的中国实用新型专利文献，其授权公告日为 2001 年 7 月

11日,早于本专利的申请日,其上载有可与本专利外观设计对比的在先设计。

2. 关于专利法第 23 条

专利法第 23 条规定:授予专利权的外观设计,应当同申请日以前在国内外出版物上公开发表过或者国内公开使用过的外观设计不相同和不相近似,并不得与他人在先取得的合法权利相冲突。

本专利公开了一种炼钢中间包滑块,其外观设计包括右视图、主视图、仰视图、俯视图及 A-A 剖视图,且主视图与后视图、右视图与左视图对称相同,从各个视图观察,该炼钢中间包滑块由四部分组成,从下至上分别为近似圆台、近似圆柱体、近似长方体、横截面为长方形的近似凸台,近似圆台的半径由下至上逐渐增大,近似圆柱体的半径大于近似圆台的最大半径,其直径与近似长方体的宽度相同,近似凸台的宽度与近似长方体的宽度相同,其长度略小于近似长方体的长度,整个滑块内部有通孔(详见本专利附图)。

证据 2 公开了一种定径水口快换装置,其中的一个部件即滑块 6 与本专利产品相对应,从证据 2 说明书附图所表示的在先设计来看,其公开了滑块 6 两个垂直方向的剖视图,图 1 的剖视图反映的滑块 6 是从下至上由倒梯形过渡到近似正方形,图 2 的剖视图包括三个宽度不同的长方形与一个倒梯形,其中中间的长方形的长度最长,从图 1、图 2 看滑块内部有通孔(详见证据 2 附图)。

合议组认为,对于滑块 6 的剖视图中所反映的梯形部分而言,缺少了俯视图与仰视图,仅凭两个垂直方向的侧剖视图,不能确定该梯形部分的立体形状是圆锥体还是棱锥体或其他形状,其外部形状可以有多种可能。同样,对于滑块 6 的剖视图中所反映的长方形部分而言,缺少了俯视图与仰视图,仅凭两个垂直方向的侧剖视图,不能确定该长方形部分的立体形状是圆柱体还是长方体或其他形状,其外部形状也可以有多种可能。由于在先设计缺少其他视图,即使其剖视图的外轮廓与本专利的右视图和主视图相近,也不能唯一确定其外部形状。

请求人认为,从证据 2 说明书的文字记载中可以说明滑块是上方下圆的。合议组认为,"上方下圆"分别是指滑块中的哪部分并不清楚,缺少了俯视图和仰视图,仅凭两个侧剖视图,即使考虑附图的这种文字解释也不能唯一确定产品的外观形状,因此,合议组对请求人的上述主张不予支持。

也就是说,由于在先设计的视图未反映产品的各面视图,即使考虑文字说明,从在先设计所公开的信息中也不能唯一确定其外部形状,因此,基于现有证据不能认定本专利与在先设计相同或相近似。

综上,基于现有证据的在先设计不能证明本专利不符合专利法第 23 条的规定。

三、决定

维持 01335090.0 号外观设计专利权有效。

当事人对本决定不服的,可以根据专利法第 46 条第 2 款的规定,自收到本决定之日起三个月内向北京市第一中级人民法院起诉。根据该款的规定,一方当事人起诉后,另一方当事人应当作为第三人参加诉讼。

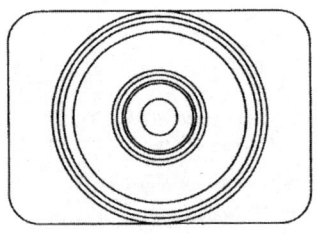

仰视图

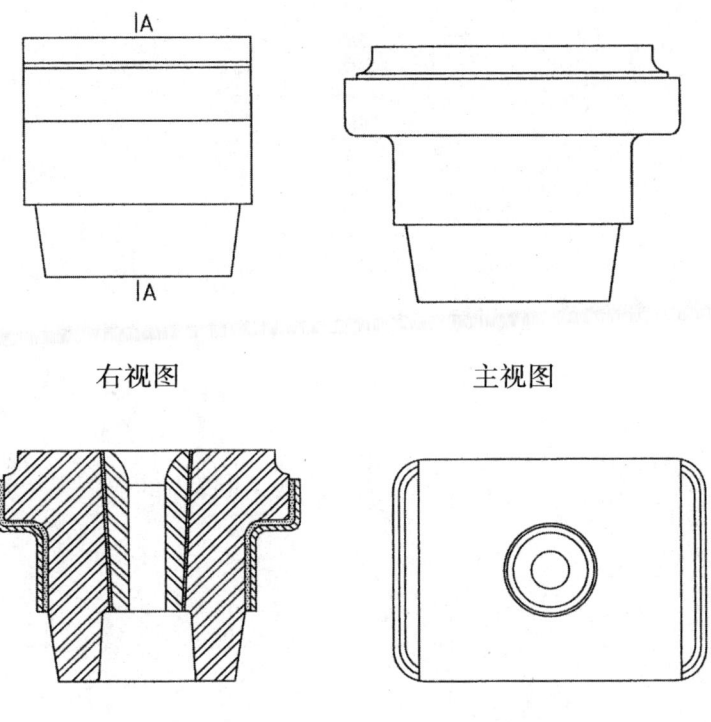

右视图　　　　　主视图

A-A 剖视图　　　　俯视图

本专利

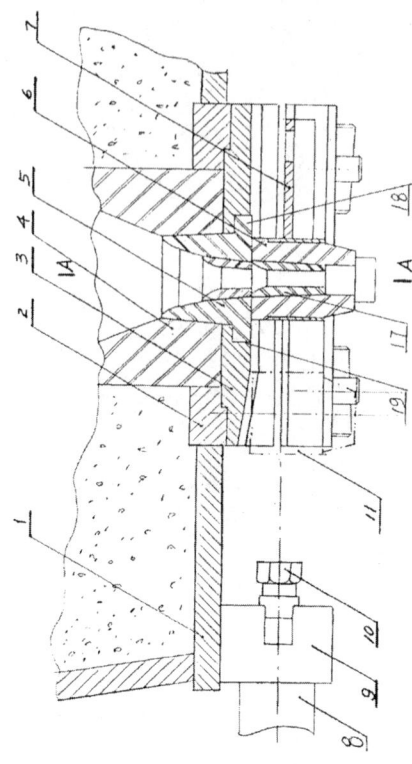

图 1

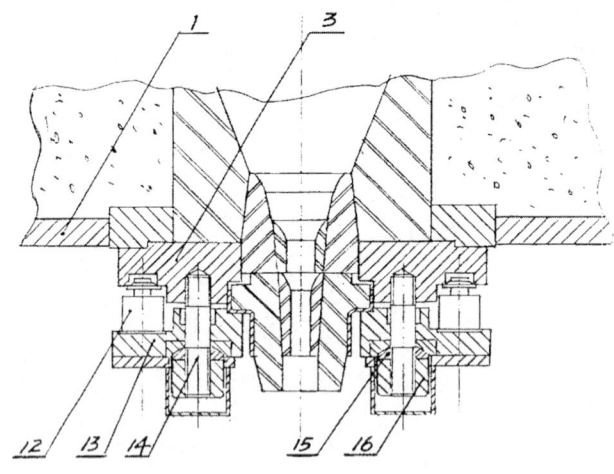

图 2

对比文件

北京市第一中级人民法院
行政判决书

(2007) 一中行初字第948号

原告济南麦哈勃冶金技术开发有限公司, 住所地山东省济南市高新开发区新泺大街786号110室。

法定代表人刘翠芳, 董事。

委托代理人陈俊由, 北京中知法苑知识产权代理事务所专利代理人。

委托代理人靳巍, 男, 1958年12月25日出生, 济南麦哈勃冶金技术开发有限公司副总经理, 住济南市历下区仁智街32号。

被告国家知识产权局专利复审委员会, 住所地北京市海淀区北四环西路9号银谷大厦10~12层。

法定代表人廖涛, 副主任。

委托代理人余心蕾, 国家知识产权局专利复审委员会审查员。

第三人济南新峨嵋实业有限公司, 住所地山东省济南市槐荫区段店镇小金村南。

法定代表人李庆林, 总经理。

委托代理人张建成, 济南舜源专利事务所有限公司专利代理人。

原告济南麦哈勃冶金技术开发有限公司(以下简称麦哈勃公司)不服被告国家知识产权局专利复审委员会(以下简称专利复审委员会)于2007年4月25日作出的第9777号无效宣告请求审查决定(以下简称第9777号决定), 于法定期限内向本院提起诉讼。本院于2007年7月12日受理此案后, 依法组成合议庭, 并按照法律规定通知济南新峨嵋实业有限公司(以下简称新峨嵋公司)作为第三人参加诉讼, 于2007年10月16日公开开庭审理了本案。原告麦哈勃公司的委托代理人陈俊由、靳巍, 被告专利复审委员会的委托代理人余心蕾, 第三人新峨嵋公司的委托代理人张建成到庭参加诉讼。本案现已审理终结。

专利复审委员会第9777号决定系就麦哈勃公司针对新峨嵋公司享有的专利号为01335090.0号、名称为"炼钢中间包滑块"的外观设计专利(以下简称本专利)所提出的无效宣告请求作出的。专利复审委员会在该决定中认定: 对于证据2滑块6的剖视图中所反映的梯形部分而言, 缺少了俯视图与仰视图, 仅凭两个垂直方向的侧剖视图, 不能确定该梯形部分的立体形状是圆锥体还是棱锥体或其他形状, 其外部形状可以有多种可能。同样, 对于滑块6的剖视图中所反映的长方形部分而言, 缺少了俯视图与仰视图, 仅凭两个垂直方向的侧剖视图, 不能确定该长方形部分的立体形状是圆柱体还是长方体或其他形状, 其外部形状也可以有多种可能。由于在先设计缺少其他视图, 即使其剖视图的外轮廓与本专利的右视图和主视图相近, 也不能唯一确定其外部形状。此外, 证据2说明书的文字记载中虽然记载了滑块是上方下圆的, 但上方下圆分别是指滑块中的哪部分并不清楚, 这种文字解释也不能唯一确定产品的外观形状。由于在先设计的视图未反映产品的各面视图, 即使考虑文字说明, 从在先设计所公开的信息中也不能唯一确定其外部形状, 因此, 基于现有证据不能认定本专利与在先设计相同或相近似, 不能证明本专利不符合《专利法》第二十三条的规定。综上, 专利复审委员会作出第9777号决定, 维持本专利权有效。

原告麦哈勃公司不服该决定, 向本院起诉称: (1) 由于本专利产品为工件, 不是装饰产品, 故判断本专利滑块外观设计和证据2中的滑块6是否相近似的一般消费者应当是本行业技术人员。(2) 证据

2附图2的滑块剖视图与本专利滑块的剖视图完全相同,如果按照本专利滑块的形状,将其另一垂直面进行中心剖视时,必然也与附图1所示的滑块剖面完全相同。这说明证据2的滑块6与本专利滑块形状相同。(3)证据2中记载了滑块6采用上方下圆的预装结构,结合附图和该文字内容表明,滑块6自下而上的4个部分为圆锥体、圆柱体、长方体、短长方体,与本专利滑块形状相同。因此,本专利与证据2公开的外观设计相近似,不符合《专利法》第二十三条的规定。综上,原告请求人民法院撤销第9777号决定。

被告专利复审委员会辩称:(1)原告在诉讼程序中提交的公知常识证据在无效宣告程序中并未提交,不是审查第9777号决定的依据。(2)关于本专利与证据2公开的在先设计是否相近似,仍坚持在第9777号决定中的意见。综上,被告认为第9777号决定认定事实清楚、适用法律正确、审理程序合法,原告的诉讼理由不能成立,请求法院予以维持。

第三人新峨嵋公司述称:(1)本专利是关于炼钢中间包滑块形状的外观设计,因此客观的评价应当建立在先设计与本专利外部形状的比对基础上。由于剖面图是沿产品某一截面剖开后,关于该截面的形状展示,而不是产品外形的展示,因此不能以证据2中的剖面图推导、确定产品的外部形状。(2)只有在说明书文字能够准确无误的描述出唯一地、毫无歧义地形状时,该文字内容才可以加以考虑。而在本案中,证据2虽然提到"上方下圆"的字样,但是该段文字不能导出唯一的与本专利外观相同或相近似的产品形状。综上,由在先设计给出的图形和文字不能得出与本专利相同或者相近似的产品外形,因此,原告的诉讼请求应当被驳回。

本院经审理查明:

产品名称为"炼钢中间包滑块"的外观设计专利(即本专利)由新峨嵋公司于2001年8月21日向国家知识产权局提出申请,于2002年2月27日被授权公告,专利号为01335090.0。本专利授权公告有5幅视图,包括主视图、右视图、仰视图、俯视图、A-A剖视图(见附件1)。

2006年5月10日,麦哈勃公司以本专利不符合《专利法》第二十三条的规定为由,向专利复审委员会提出无效宣告请求,并提交了两组证据。其中,证据2为00248548.6号实用新型专利说明书,该专利(即在先设计)名称为"定径水口快换装置",授权公告日为2001年7月11日。该专利授权公告说明书中包括有两幅附图(见附件2),附图1为该专利的结构示意图,附图2为附图1中A-A剖视图。该专利授权说明书中还载有如下内容:"本实用新型由于滑块6采用上方下圆的予装盒结构……。"

专利复审委员会于2007年1月9日对该无效宣告请求进行了口头审理,并于2007年4月25日作出第9777号决定。

在本案审理过程中,麦哈勃公司另向本院提交了1份证据用于证明公知常识。被告认为该证据在无效审查程序中并未提交,不应予以考虑

上述事实有本专利授权公报、00248548.6号实用新型专利授权公告说明书、第9777号决定以及当事人庭审陈述等证据在案佐证。

本院认为:

1. 原告在无效审查程序中未提交而在本行政诉讼中提交的证据应否予以考虑

按照《行政诉讼法》第五条的规定,人民法院审理行政案件,对具体行政行为的合法性进行审查。本案为原告不服被告作出的无效宣告请求审查决定提起的行政诉讼,故本院应当就被告作出第9777号决定是否具备事实和法律依据进行审查。

原告作为行政程序中的无效请求人,有义务就其主张提供证据,其因自身原因未提供充分证据的法律后果应自行承担。原告在行政程序中无正当理由未提交而在本案诉讼过程中提供的证据,因不是

被告作出第 9777 号决定的依据，不应作为本院审查被告作出该决定是否具备合法性的事实根据，本院对于原告在本案诉讼过程中新提交的证据不予采信。

2. 本专利是否违反了《专利法》第二十三条的规定

根据《专利法》第二十三条的规定，授予专利权的外观设计，应当同申请日以前在国内外出版物上公开发表过的外观设计不相同和不相近似。

由证据 2 的附图可知，其附图 1 和附图 2 中所反映的滑块 6 的视图均为剖视图。根据机械制图的基本原理，同一剖视图所对应的产品的外观形状存在多种可能性。在没有其他视图的情况下，不能仅以证据 2 的两幅剖视图直接地、毫无疑义地确定其滑块 6 的外观形状。虽然由该在先设计说明书记载了滑块 6 采用上方下圆的结构，但并未明确给出上方下圆分别是指滑块中的哪部分，该文字内容也不能唯一确定产品的具体形状。由于根据证据 2 公开的内容不能直接地、毫无疑义地确定滑块 6 的外观形状，因此，不能认定本专利与该在先设计相同或者相近似。被告以此为由认定本专利未违反《专利法》第二十三条的规定并无不当，本院予以支持。

综上，专利复审委员会作出的第 9777 号决定认定事实清楚，适用法律正确，应予维持。原告麦哈勃公司请求撤销该决定的理由不成立，本院不予支持。依照《中华人民共和国行政诉讼法》第五十四条第（一）项之规定，本院判决如下：

维持被告国家知识产权局专利复审委员会作出的第 9777 号无效宣告请求审查决定。

案件受理费 100 元，由原告济南麦哈勃冶金技术开发有限公司负担（已交纳）。

如不服本判决，各方当事人可分别于本判决送达之日起 15 日内，向本院提交上诉状及其副本，并分别交纳上诉案件受理费 100 元，上诉于北京市高级人民法院。上诉期满后 7 日内未交纳上诉案件受理费的，按自动撤回上诉处理。

审　判　长　姜　颖
代理审判员　芮松艳
人民陪审员　唐晓君
二〇〇七年十一月十九日
书　记　员　朱　平

仰视图

右视图

主视图

A-A 剖视图

俯视图

本专利

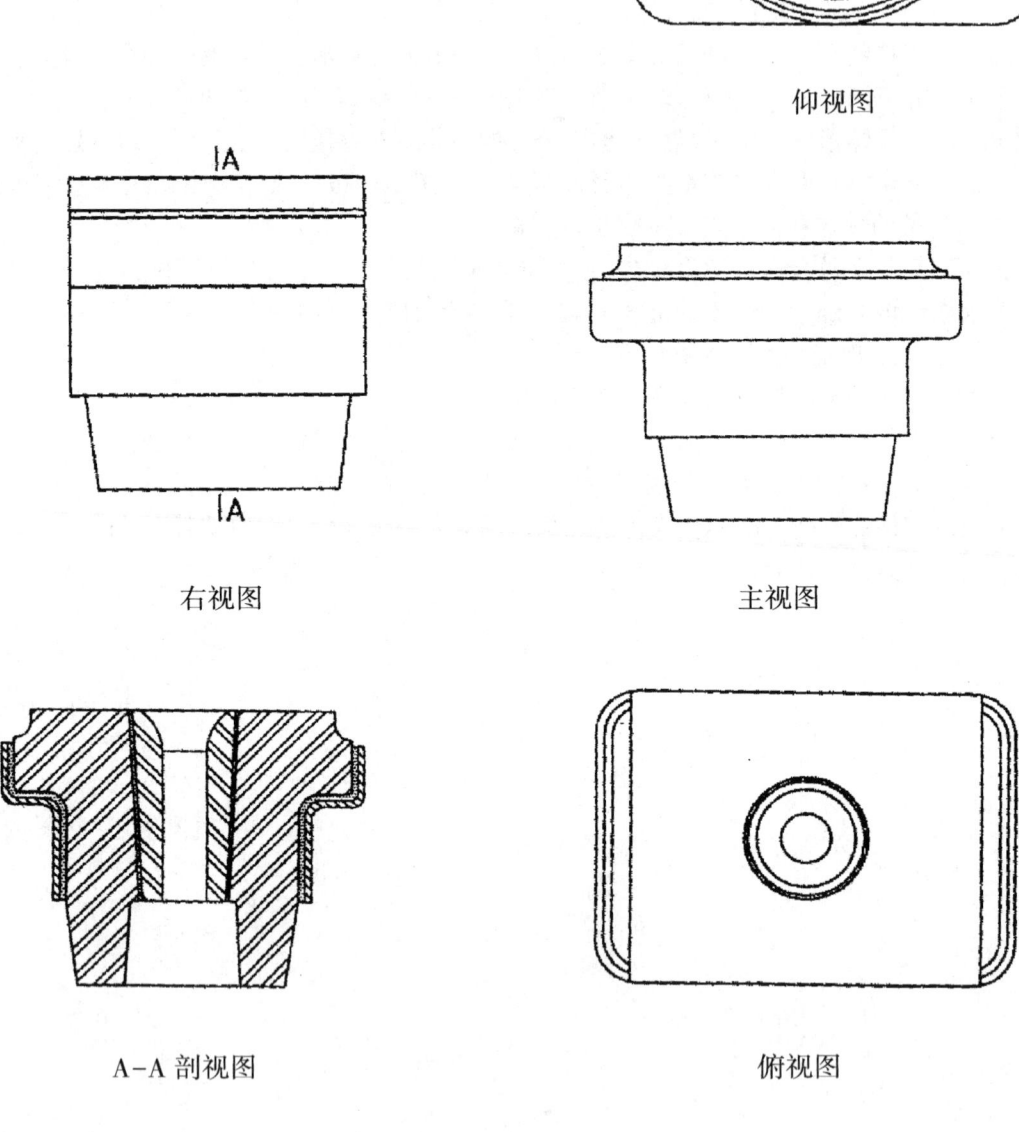

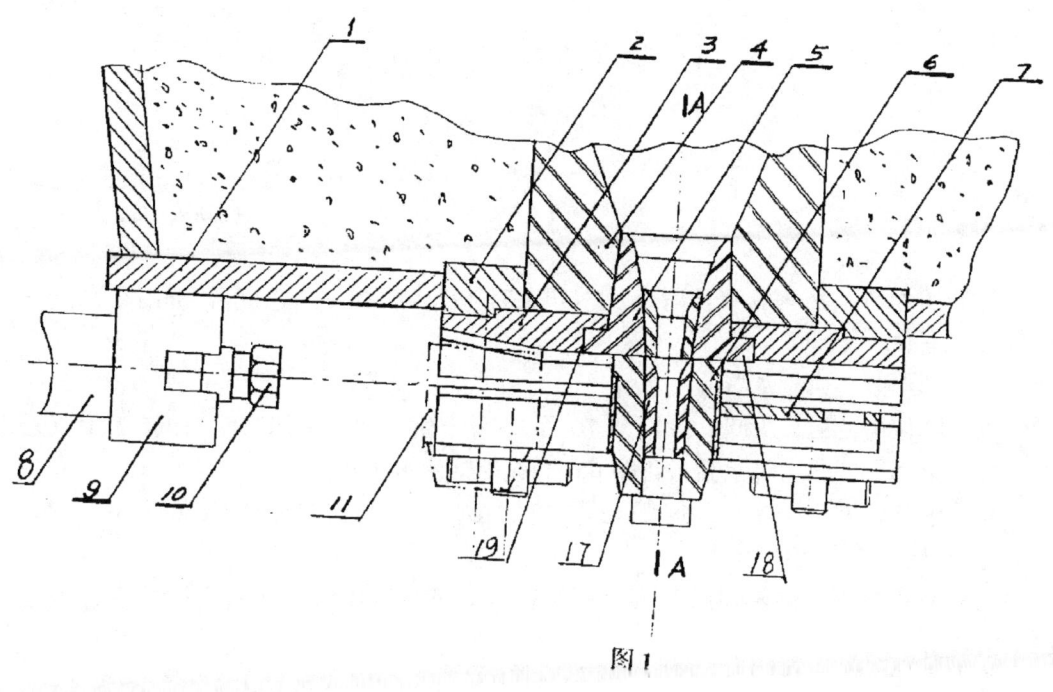

证据2附图1

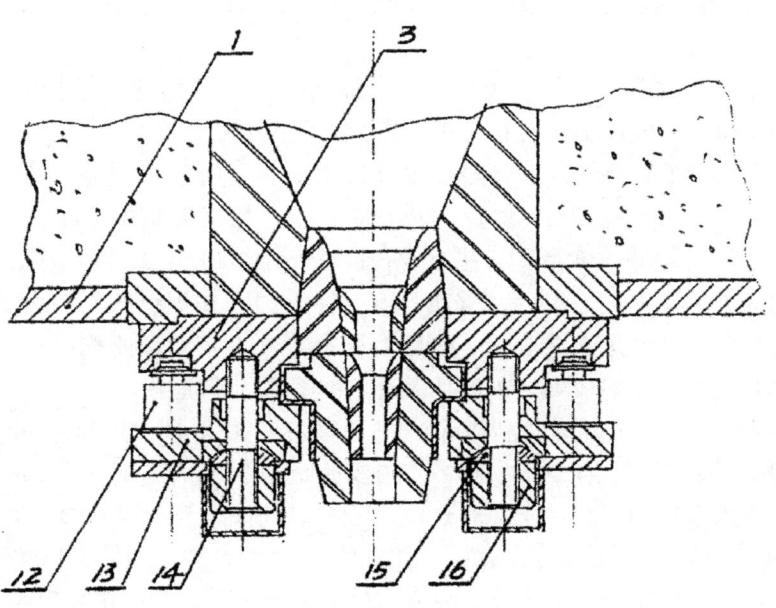

证据2附图2

北京市高级人民法院
行政判决书

（2008）高行终字第20号

上诉人（原审原告）济南麦哈勃冶金技术开发有限公司，住所地山东省济南市高新开发区新泺大街786号410室。

法定代表人刘翠芳，执行董事。

委托代理人陈俊由，男，汉族，1947年10月30日出生，北京中知法苑知识产权代理事务所专利代理人，住北京市昌平区北七家镇温泉花园66号楼A单元502号。

委托代理人靳巍，男，汉族，1958年12月25日出生，该公司副总经理，住山东省济南市历下区仁智街32号4号楼1单元302号。

被上诉人（原审被告）国家知识产权局专利复审委员会，住所地北京市海淀区北四环西路9号银谷大厦10~12层。

法定代表人廖涛，副主任。

委托代理人余心蕾，该委员会审查员。

委托代理人张鹏，该委员会审查员。

原审第三人济南新峨嵋实业有限公司，住所地山东省济南市槐荫区段店镇小金村南。

法定代表人李庆林，总经理。

委托代理人张建成，男，汉族，1955年3月22日出生，济南舜源专利事务所有限公司专利代理人，住山东省济南市历下区甸柳新村五区8号楼1单元401号。

上诉人济南麦哈勃冶金技术开发有限公司（以下简称麦哈勃公司）因外观设计专利权无效行政纠纷一案，不服北京市第一中级人民法院（2007）一中行初字第948号行政判决，向本院提出上诉。本院2007年12月27日受理本案后，依法组成合议庭，于2008年1月16日公开开庭进行了审理。上诉人麦哈勃公司的委托代理人陈俊由、靳巍，被上诉人国家知识产权局专利复审委员会（以下简称专利复审委员会）的委托代理人余心蕾、张鹏，原审第三人济南新峨嵋实业有限公司（以下简称新峨嵋公司）的委托代理人张建成到庭参加了诉讼。本案现已审理终结。

北京市第一中级人民法院认定，新峨嵋公司是01335090.0号"炼钢中间包滑块"（以下简称本专利）的外观设计专利权人。针对本专利，麦哈勃公司于2006年5月10日向专利复审委员会提出无效宣告请求，认为本专利不符合《专利法》第二十三条的规定。专利复审委员会于2007年4月25日做出第9777号无效宣告请求审查决定（以下简称第9777号决定），维持本专利权有效。

北京市第一中级人民法院认为，麦哈勃公司作为无效请求人，在行政程序中无正当理由未提交而在本案诉讼过程中提供的证据，不应作为法院审查行政决定是否具备合法性的事实根据，故对其在本案诉讼过程中新提交的证据不予采信。

根据麦哈勃公司提交的证据，不能直接地、毫无疑义地确定在先设计的外观形状，因此，不能认定本专利与该在先设计相同或者相近似。专利复审委员会作出的第9777号决定认定事实清楚，适用法律正确，应予维持。

北京市第一中级人民法院依照《中华人民共和国行政诉讼法》第五十四条第（一）项之规定，判决：维持专利复审委员会作出的第9777号决定。

麦哈勃公司公司不服原审判决,向本院提出上诉,请求撤销原审判决及第9777号决定其理由是:第9777号决定对证据2公开的滑块6的形状判断忽略了此领域一般消费者的认知能力;即便按一般常识也可以确定滑块6的形状。本专利外观设计因与在先设计形状构成相同或相近似,不符合《专利法》第二十三条之规定。专利复审委员会、新峨嵋公司服从原审判决。

经审理查明:本专利名称为"炼钢中间包滑块",由新峨嵋公司于2001年8月21日向国家知识产权局提出申请,于2002年2月27日被公告授权,专利号为013350090.0。本专利授权公告有5幅视图,包括主视图、右视图、仰视图、俯视图、A-A剖视图(见本判决书附件1)。

20006年5月10日,麦哈勃公司以本专利不符合《专利法》第二十三条的规定为由,向专利复审委员会提出无效宣告请求,并提交了两组证据。其中,证据2为00248548.6号实用新型专利说明书,该专利(即在先设计)名称为"定径水口快换装置",授权公告日为2001年7月11日,该专利授权公告说明书中包括有两幅附图(见本判决书附件2),附图1为该专利的结构示意图,附图2为附图1中A-A剖视图。该专利授权说明书中还载有如下内容:

"本实用新型由于滑块6采用上方下圆的予装盒结构……"

专利复审委员会于2007年1月9日对该无效宣告请求进行了口头审理,并于2007年4月25日作出第9777号决定,维持本专利权有效。其理由是:对于证据2滑块6的剖视图中所反映的梯形部分而言,缺少了俯视图与仰视图,仅凭两个垂直方向的侧剖视图,不能确定该梯形部分的立体形状是圆锥体还是棱锥体或其他形状,其外部形状可以有多种可能。同样,对于滑块6的剖视图中所反映的长方形部分而言,缺少了俯视图与仰视图,仅凭两个垂直文向的侧剖视图,不能确定该长方形部分的立体形状是圆柱体还是长方体或其他形状,其外部形状也可以有多利可能。由于在先设计缺少其他视图,即使其剖视图的外轮廓与本专利的右视图和主视图相近,也不能唯确定其外部形状。此外,证据2说明书的文字记载中虽然记载了滑块是上方下圆的,但上方下圆分别是指滑块中的哪部分并不清楚,这种文字解释也不能唯一确定产品的外观形状。由于在先设计的视图未反映产品的各面视图,即使考虑文字说明,从在先设计所公开的信息中也不能唯一确定其外部形状,因此,基于现有证据不能认定本专利与在先设计相同或相近似,不能证明本专利不符合《专利法》第二十三条的规定。综上,专利复审委员会作出第9777号决定,维持本专利权有效。

在一审法院审理过程中,麦哈勃公司向法院提交了一份证据用于证明公知常识。专利复审委员会认为该证据在无效审查程序中并未提交,不应予以考虑。

上述事实有本专利授权公报、00248548.6号实用新型专利授权公告说明书、第9777号决定以及当事人陈述等证据在案佐证

本院认为:根据《专利法》第二十三条的规定,授予专利权的外观设计,应当同申请日以前在国内外出版物上公开发表过的外观设计不相同和不相近似。判断在先设计与本专利是否相同或相近似,首先必须确定二者的整体外观形状。

根据机械制图的基本原理,同一剖视图所对应的产品的外现形状存在多种可能性。本案中,在先设计即证据2的附图1和附图2中所反映的滑块6的视图均为剖视图,缺少了俯视图和仰视图,仅以该两幅剖视图不能确定其小块6的外观形状。虽然证据2的说明书记载了"滑块6采用上方下圆的予装盒结构",但并未明确给出上方下圆分别是指滑块中的哪部分,结合该文字内容也不能唯一确定产品的外观形状,基于现有证据,不能认定本专利与在先设计相同或者相近似,不能证明本专利不符合《专利法》第二十三条的规定。

综上,麦哈勃公司的上诉理由缺乏事实和法律依据,其上诉请求本院不予支持。原审判决认定事实清楚,适用法律正确。依照《中华人民共和国行政诉讼法》第六十一条第一款第(一)项之规定,

判决如下：

驳回上诉，维持原判。

一申案件受理费 100 元，由济南麦哈勃冶金技术开发有限公司负担（已交纳）；二审案件受理费 100 元，由济南麦哈勃冶金技术开发有限公司负担（已交纳）。

本判决为终审判决。

审 判 长 刘 辉
代理审判员 岑宏宇
代理审判员 张冬梅
二〇〇八年二月十四日
书 记 员 陈 明

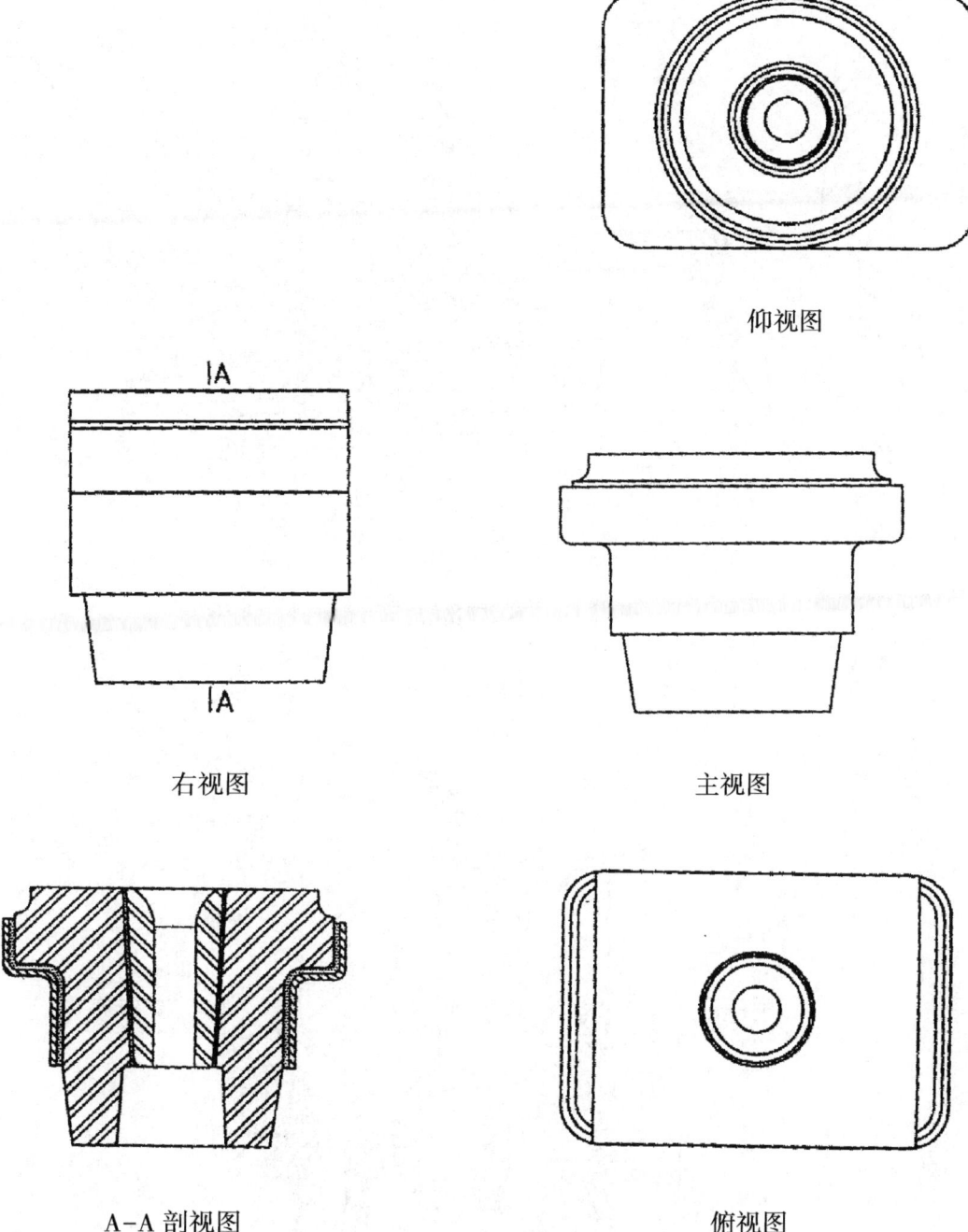

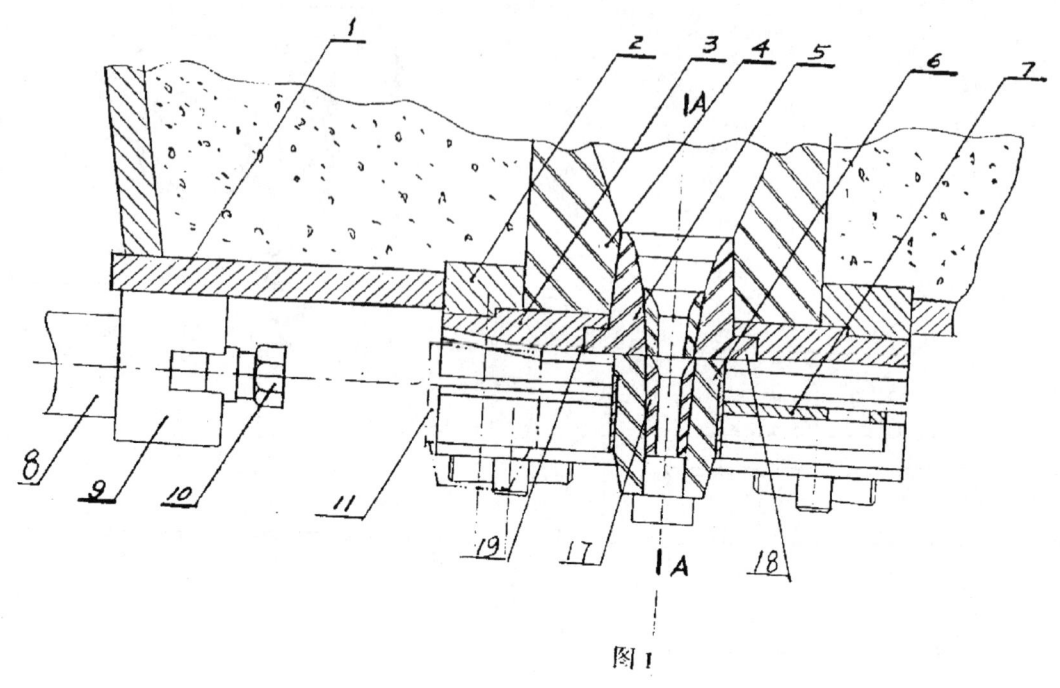

证据2附图1

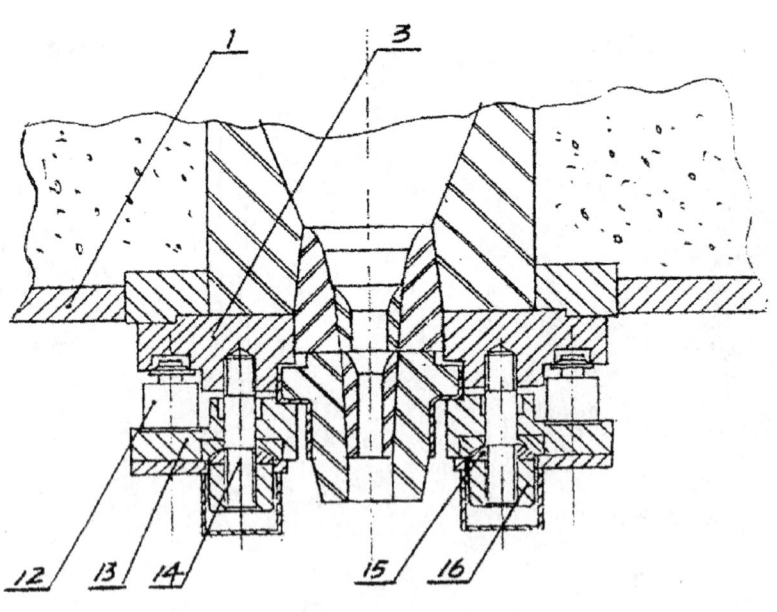

证据2附图2

型材（外平开框一）

无效宣告请求审查决定（第 9778 号）

决 定 号	第 9778 号
决 定 日	2007 年 4 月 29 日
发明创造名称	型材（外平开框一）
外观设计分类号	25-01
无效宣告请求人	营口瑞达铝业有限公司
专 利 权 人	刘烈壮
专 利 号	02353112.6
申 请 日	2002 年 7 月 11 日
授 权 公 告 日	2003 年 2 月 19 日
合 议 组 组 长	王霞军
主 审 员	钟 华
参 审 员	徐清平
附 图	1 页

法 律 依 据 专利法第 9 条、第 56 条第 2 款

决 定 要 点

对于型材类产品的一般消费者而言，在本专利的其余视图无特别设计的情况下，型材的横截面是其重点关注的部位，本专利与在先设计横截面上的区别已经给两者的整体视觉效果带来显著的影响，两者给一般消费者的整体视觉印象明显不同，因此本专利与在先设计不相同且不相近似。

一、案由

本无效宣告请求涉及国家知识产权局于 2003 年 2 月 19 日授权公告的名称为"型材（外平开框一）"的 02353112.6 号外观设计专利（下称本专利），其申请日为 2002 年 7 月 11 日，专利权人为刘烈壮。

针对本专利，营口瑞达铝业有限公司（下称请求人）于 2006 年 9 月 27 日向专利复审委员会提出无效宣告请求，其理由是本专利与一份在先公开的外观设计专利上记载的外观设计相近似，因此本专利不符合专利法第 23 条的规定，请求人同时提交如下附件作为证据：

附件 1：02300920.9 号外观设计专利公报复印件 2 页，授权公告日为 2003 年 1 月 1 日；
附件 2：本外观设计专利公报复印件。

经形式审查合格，专利复审委员会依法受理了上述无效宣告请求，并于 2006 年 9 月 29 日将无效

宣告请求书及相关文件的副本转给专利权人，要求其在指定的期限内答复。

2006年11月7日，专利权人提交了意见陈述书，认为：附件1的公开日为2003年1月1日，晚于本专利申请日2002年7月11日，因此不能用以评价本专利是否符合专利法第23条的规定。附件1中记载的外观设计也与本专利不相同且不相近似。

专利复审委员会于2007年2月9日将上述专利权人提交的意见陈述书转送给请求人，同时向双方当事人发出口头审理通知书，定于2007年4月4日举行口头审理。

口头审理如期举行，双方当事人均委托代理人参加本次口头审理。在口头审理中，请求人明确将无效宣告的理由由专利法第23条变更为专利法第9条。在此基础上，双方当事人就请求人指认附件1上的外观设计与本专利是否相近似进行了充分的意见陈述和辩论。

至此，合议组认为本案事实已经调查清楚，可以作出如下审查决定。

二、决定的理由

1. 法律依据

专利法第9条规定：两个以上的申请人分别就同样的发明创造申请专利的，专利权授予最先申请的人。

专利法第56条第2款规定：外观设计专利权的保护范围以表示在图片或者照片中的该外观设计专利产品为准。

2. 证据的认定

附件1为中国外观设计专利公报，经合议组组核实，其内容真实，专利权人对其真实性也没有异议，因此附件1可以作为本案的定案依据。附件1的申请日为2002年1月30日，早于本专利申请日，附件1的公开日为2003年1月1日，晚于本专利申请日，专利权人与本专利不同，因此附件1所申请保护的外观设计可用以评述本专利是否符合专利法第9条的规定。

请求人指认附件1的件1的左侧的视图为与本专利相比较的在先设计，对此，合议组认为，根据专利法第56条第2款的规定，附件1的保护内容以其表示在图片上的该外观设计产品为准，因此在以附件1作为证据判断本专利是否符合专利法第九条的规定的时候，应当以附件1所记载的件1的外观设计（下称在先设计）整体与本专利进行比较判断两者是否属于同样的发明创造，而不能以件1的外观设计的一部分与本专利进行比较进而判断两者是否属于同样的发明创造。

审查指南第四部分第七章第1节规定：专利法第9条和专利法实施细则第13条第1款所述的"同样的发明创造"……对于外观设计而言，是指外观设计相同或者相近似，所述相同或者相近似的判断适用本部分第五章的规定。

附件2为本专利公报，经合议组核实，其内容真实，可用以证明本专利的有关信息。

3. 本专利是否符合专利法第9条的规定

本专利为一种型材的外观设计，在先设计也为型材的外观设计，两者所属产品的种类相同，因此可以进行外观设计相近似性比较。

本专利为一种型材的外观设计，从主视图看，本专利的横截面的中央部位为近似正方形的空腔，但该空腔右顶端内外缘均内凹为圆弧形倒角，倒角向右侧伸出一长的近似直角钩，空腔的左侧内缘稍上突出有一个小突起，左侧外缘的顶端有折角状突起与正方形空腔的上端平齐，空腔的下端外缘顶角处设置有两个折角状突起，稍内侧还设置有两个外张的小突起（详见本专利附图）。

在先设计为一种型材的外观设计，从横截面看：其包括三部分，左侧型材的中央部位为长方形空腔，长方形空腔的右侧外缘顶角处向外伸出两个折角状突起，稍内侧还设置有两个呈八字外张的小突起，空腔的左上角向上伸出一长的直角钩，左下角向下伸出一短的直角钩。右侧型材的横截面的主体部位为近似正方形框体，框体的左侧设置有四个突起与上述左侧型材的右侧外缘的四个突起对成，框体右侧外缘有顶端各有一个直角状突起向左方伸出。中间的型材为两根平行设置的横杆连接，横杆的两端卡入左右侧型材的突起形成的凹槽内（详见在先设计附图）。

将本专利与在先设计相比，两者相同之处在于：本专利空腔的外缘的突起的数量、位置与在先设计的左侧型材近似，本专利空腔的下端外缘的突起与在先设计左侧型材空腔的右侧外缘的突起的形状近似。两者不同之处在于：在先设计还有中间、右侧的型材；本专利与在先设计左侧型材的空腔形状不同，本专利与在先设计左侧型材外缘的其他突起的形状不同。合议组认为：对于型材类产品的一般消费者而言，在本专利的其他视图无特别设计的情况下，型材的横截面是其重点关注的部位，本专利与在先设计的上述区别，尤其是在先设计还包括中间及右侧的型材、本专利与在先设计左侧型材空腔形状的不同已经给两者的整体视觉效果带来显著的影响，两者给一般消费者的整体视觉印象明显不同，因此本专利与在先设计不相同且不相近似，两者不属于同样的发明创造，附件1不能证明本专利不符合专利法第9条的规定。

综上所述，请求人提交的所有证据均不能支持其主张，其无效宣告请求不成立。

三、决定

根据专利法第9条和专利法第46条第1款的规定，维持02353112.6号外观设计专利权有效。

根据专利法第46条第2款的规定，当事人对本决定不服的，自收到本决定之日起三个月内向北京市第一中级人民法院起诉，根据该款规定，一方当事人起诉后，另一方当事人应当作为第三人参加诉讼。

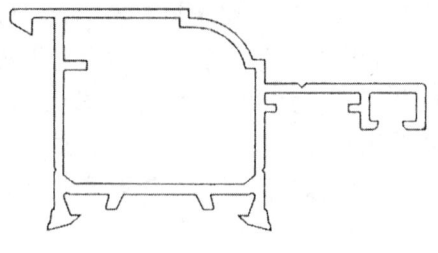

主视图

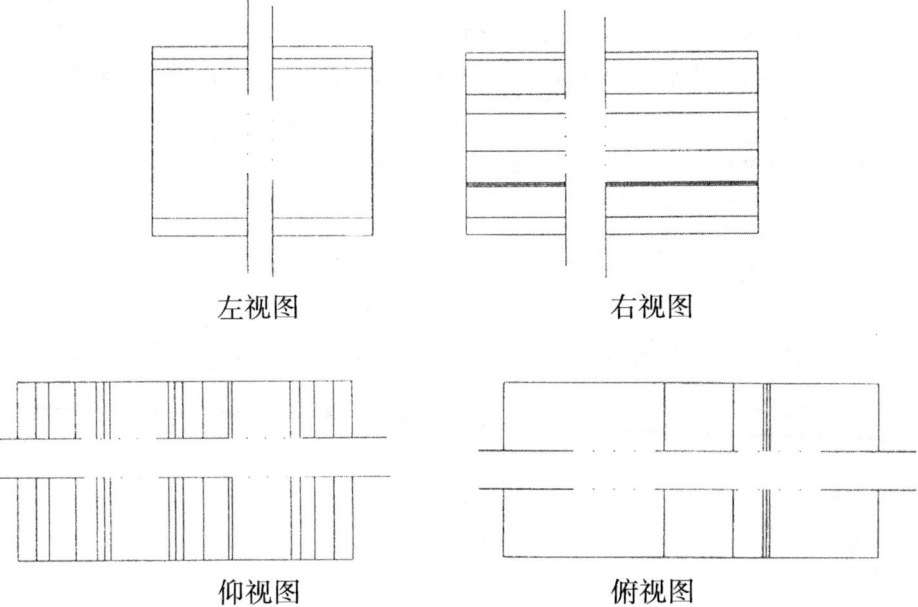

左视图　　　右视图

仰视图　　　俯视图

本专利附图

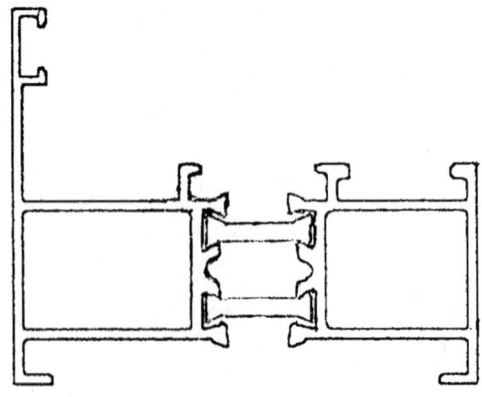

在先设计附图

电脑机箱

无效宣告请求审查决定（第 9782 号）

决 定 号	第 9782 号
决 定 日	2007 年 4 月 26 日
发明创造名称	电脑机箱
外观设计分类号	14-02
无效宣告请求人	东莞市森特电子有限公司
专 利 权 人	周生富
专 利 号	200530062632.2
申 请 日	2005 年 7 月 1 日
授 权 公 告 日	2006 年 5 月 17 日
合 议 组 组 长	张雪飞
主 审 员	周 佳
参 审 员	王霞军
法 律 依 据	专利法第 23 条

决 定 要 点

互联网的网页具有可编辑性和时效性，对相同网址内的网页内容可随时进行更新，同一网址在不同时间内呈现的网页内容可能发生改变，所以公证日当天登录网址对其网页内容所作出的公证，只能证明该时间段内的网页内容，在没有其他佐证的情况下，不能直接推断出其他时间的网页内容与之相同的事实。因此，以在本专利申请日之后某一时间对网页内容所进行的公证证据，主张网页上所显示的相关产品已经于申请日前在同一网页上公开的事实不能成立。

一、案由

本无效宣告请求涉及的是 2006 年 5 月 17 日国家知识产权局授权公告的 200530062632.2 号外观设计专利，其名称为"电脑机箱"，申请日为 2005 年 7 月 1 日，专利权人为周生富。

针对上述外观设计专利（下称本专利），2006 年 11 月 17 日东莞市森特电子有限公司（下称请求人）向专利复审委员会提出无效宣告请求，其理由是本专利不符合专利法第 23 条的规定。请求人认为在本专利申请日以前已有与其外观设计相同或者相近似的产品在国内外出版物上公开发表过并且在国内公开使用过，有证据显示在本专利申请日前已有与其相近似的"TITA"型号电脑机箱（下称对比文件）在网站上公开，并提交了以下 3 个附件作为证据：

附件 1：本专利的图片及著录项目复印件 1 页；

附件 2：香港骏傲国际有限公司的网站（www.gtr.com.hk）网页复印件 4 页；

附件 3：香港期刊《电脑①周》第 243 期杂志相关页复印件，共 3 页，其上记载了 GTR-TITA 系列机箱图片。

2006 年 11 月 21 日请求人补充提交证据一份：（编号续前）

附件 4：广东省东莞市公证处（2006）东证内字第 9752 号公证书摘页复印件，共 6 页，为 2006 年 11 月 10 对网址为"www.gtr.com.hk"的网页内容所作的网上证据保全。

经形式审查合格后，专利复审委员会受理了上述无效宣告请求，并于 2006 年 12 月 13 日向双方当事人发出无效宣告请求受理通知书，并将无效宣告请求书及其附件和补充意见陈述书及其附件转送给专利权人，要求其在指定期限内答复。

2006 年 12 月 14 日请求人补充提交证据一份：（编号续前）

附件 5：中国委托公证人张永财律师出具的证明书及附页，档案编号为 97817 号，复印件共 4 页。

2007 年 1 月 12 日专利权人提交意见陈述书，对请求人以互联网上公布的图片及图片旁记载的时间作为证据的合法性提出质疑，并认为东莞市公证处于 2006 年 11 月 10 日登录"www.gtr.com.hk"网址所作出的网上证据保全只能证明当日该网址上所公布的内容，而不能证明在此日期之前该网址上所公布的内容；《电脑①周》杂志的出版日期在本专利申请日之后，其上公布了 GTR-TITA 系列机箱图片的事实无法证明本专利不符合专利法第 23 条的规定，并提交了反证证明香港骏傲国际有限公司并未于本专利申请日前在公司网站上公布过本专利的图片：

反证 1：香港骏傲国际有限公司出具的证明函复印件 1 页，证明其未于 2005 年 7 月 1 日前在本公司网站"www.gtr.com.hk"上公开专利号为 200530062632.2 号外观设计专利的图片。

针对上述无效宣告请求，专利复审委员会依法成立合议组，对本案进行审查。

2007 年 2 月 26 日合议组向双方当事人发出口头审理通知书，定于 2007 年 4 月 9 日对该无效请求进行口头审理，并随口头审理通知书将请求人 2006 年 12 月 14 日再次补充提交的意见陈述书及其附件、专利权人提交的意见陈述书及其附件分别转送给对方当事人。

2007 年 3 月 24 日请求人又补充提交附件 6（编号续前）作为证据，其为东莞市公证处于 2007 年 1 月 11 日再次登录"www.gtr.com.hk"网站，对"产品目录\Case\Micro SFX"目录下网页内容进行的公证。请求人陈述对比附件 4 和附件 6 两份公证文件可看出对比文件图片旁记载的日期有所不同，这是由于香港骏傲国际有限公司为掩盖该网页在本专利申请日前实际公开的真实情况而对其进行了修改，证据如下：

附件 6：广东省东莞市公证处（2007）东证内字第 252 号公证书摘页复印件，共 8 页。

口头审理如期举行，双方当事人均委托代理人出庭，双方对合议组成员无回避请求，对对方出庭人员资格无异议。合议组当庭向专利权人转送了请求人于 2007 年 3 月 24 日提交的补充证据材料附件 6。口头审理中，请求人当庭出示了附件 3、附件 4、附件 6 的原件和附件 5 首页的原件，专利权人提交了反证 1 的原件。双方就证据进行了质证，并在各自坚持其观点的基础上进一步详细阐述了自己的具体主张及理由。请求人认为附件 4 显示了对比文件在本专利申请日前已经销售使用并在网页上公开，附件 3 是一份香港地区电脑行业内会收到的刊物，其上内容进一步证明了对比文件处于对外发售状态中的事实。请求人和专利权人均认可对比文件与本专利的外观是相近似的。

在双方当事人意见陈述及口头审理的基础上，合议组经合议，认为本案事实清楚，依法作出本审查决定。

二、决定的理由

1. 法律依据

基于请求人提出的无效宣告请求理由，合议组依据专利法第 23 条对本案进行审理。

专利法第 23 条规定：授予专利权的外观设计，应当同申请日以前在国内外出版物上公开发表过或者国内公开使用过的外观设计不相同和不相近似，并不得与他人在先取得的合法权利相冲突。

2. 证据和事实的认定

请求人于 2007 年 3 月 24 日补充提交附件 6 东莞市公证处（2007）东证内字第 252 号公证书作为证据。合议组认为，该补充证据材料不是在自无效宣告请求之日起 1 个月内提交的，是关于网址为"www.gtr.com.hk"的网站在无效宣告请求日之后记载的网页内容的公证，而其与原有证据附件 2 和附件 4 记载的在同一网址下的内容均不相同，并不是对附件 2 或附件 4 的证据形式的完善，不属于审查指南第四部分第三章第 4 节所规定的用于完善证据法定形式而提交的公证书的情形，因此其属于超期提交的证据，根据专利法实施细则第 66 条的规定，对该证据不予考虑。

请求人提交的附件 3 为香港期刊《电脑①周》第 243 期杂志，封面记载出版日期为 2005 年 7 月 5 日，内页第 35 页记载了 GTR-TITA 系列机箱图片及相关的产品说明文字。同时，请求人提交附件 5 由中国委托公证人张永财律师出具的证明书，其为中国法律服务（香港）有限公司转送的中华人民共和国司法部委托香港律师办理内地使用的公证文书，用以证明该杂志的真实性。合议组认为，《电脑①周》杂志为在香港地区发行的刊物，根据审查指南第四部分第八章第 2 节的规定，应当履行相关的证明手续证明其真实性，但附件 5 证明书中仅证实了请求人提供的杂志封面及第 35 页、37 页复印本与文件原本内容相一致的事实，而未对该杂志内容的真实性进行证明，且证明书中明确指出"文件内容由提供文件当事人负责"，仅凭上述证据不足以认定该杂志内容的真实性，因此不能作为本案的证据使用。

请求人提交的附件 2 为香港骏傲国际有限公司网站"www.gtr.com.hk"中"产品目录\Case\Micro SFX"目录下公开的对比文件的图片，共 4 页，在第 1 页和第 2 页"TITA"机箱图片旁有"27-06-2005"字样。请求人指出其为该机箱图片的公开日期，即该机箱已于 2005 年 6 月 27 日在网站上公开。合议组认为，该附件材料为请求人自行打印，且未有其他佐证证明该材料确系从网站"www.gtr.com.hk"上下载，而请求人随后提交的附件 4 广东省东莞市公证处出示的公证文件中记载的相同网站下的网页内容与附件 2 并不相同，故无法证实附件 2 的真实性，不能作为认定本案事实的证据。

请求人提交的附件 4 为广东省东莞市公证处于 2006 年 11 月 10 登录网址"www.gtr.com.hk"对其网页内容做出的公证。公证书第 28 页显示了对比文件的图片，且在机箱图片右侧上方标有"27-06-2005"字样。双方均未对"27-06-2005"表示为日期提出质疑。请求人认为其日期表示了在本专利申请日 2005 年 7 月 1 日之前对比文件已在互联网上公开展示。合议组认为，附件 4 只能够证明公证日当天网址"www.gtr.com.hk"网页公开的内容，但由于互联网记载信息的形式决定网页内容具有可编辑性，对同一网址下的网页可随时进行更新，即相同网址在不同时间内网页页面具有发生改变的可能性，所以对网页内容的公证有时效性的限制，不能仅由公证日当天的网页内容推断出在其他时间段内的该网页内容仍与其相一致。另外，公证书第 28 页显示该同页网页记载的"Model"型号机箱图片右侧标注有"11-08-2005"字样，根据生活常识的合理推断，公司网站上可公布的应为其已有产品，按照时间的发生顺序，该页网页公布的时间应在2005年8月11日当日或之后，所以其并不是在本专利申请日2005年7月1日以前公开的网页内容。在附件2、3、5均不能作为定案依据的前提下，没有其他佐证的证明，仅凭附件4无法证明对比文件在本专利申请日前已在互联网上公开的事实。同时，由于网页内容编辑的随意性，在没有销售过程中产生的原始票据等证据的支持下，仅凭网页上记载的日期本身不足以认定对比文件在先使用公开的事实。

综上所述，请求人提交的证据均不足以支持其无效宣告请求的理由。

鉴于上述结论，对专利权人提交的反证不再作出评述。

三、决定

维持200530062632.2号外观设计专利权有效。

当事人对本决定不服的，可以根据专利法第46条第2款的规定，自收到本决定之日起三个月内向北京市第一中级人民法院起诉。根据该款的规定，一方当事人起诉后，另一方当事人应当作为第三人参加诉讼。

包装罐

无效宣告请求审查决定（第9785号）

决 定 号	第9785号
决 定 日	2007年4月14日
发明创造名称	包装罐
外观设计分类号	09-03
无效宣告请求人	温灿辉
专 利 权 人	红牛维他命饮料有限公司
申 请 号	200430067925.5
申 请 日	2004年7月16日
授权公告日	2005年2月23日
合议组组长	马志远
主 审 员	杜微科
参 审 员	左 一
法律依据	专利法第23条

决定要点

本专利产品为圆柱形，在使用时可以根据使用者的需要随意直立摆放，不属于在使用时具有特定朝向的商品，产品四周的色彩和图案均易于被一般消费者观察到，因此本专利产品的各个视图均对其整体视觉效果产生显著影响。在先设计与本专利的后视图在色彩、图案上均存在明显差异，使得在先设计与本专利的整体视觉效果差异明显，一般消费者在上述差异的基础上很容易将二者区分开来，因此本专利与在先设计不相近似。

一、案由

本无效宣告请求涉及国家知识产权局于2005年2月23日授权公告的申请号为200430067925.5、名称为"包装罐"的外观设计专利权（下称本专利），其申请日为2004年7月16日，专利权人为红牛维他命饮料有限公司。

针对上述专利权，温灿辉（下称请求人）于2006年1月7日向专利复审委员会提出无效宣告请求，理由是本专利不符合专利法第23条的规定，请求人在提出无效宣告请求时提交了以下证据以支持其主张：

证据1：96307886.0号外观设计的专利公报及彩色图片，其授权公告日为1997年6月7日；

证据2：96316171.7号外观设计的专利公报及彩色图片，其授权公告日为1997年2月15日；

证据3：02302511.5号外观设计的专利公报及彩色图片，其授权公告日为2003年1月15日；

请求人在无效宣告请求书中认为，本专利与证据1~3相比，形状、大小完全一样，罐身均为黄色，因此本专利不符合专利法第23条的规定。

经形式审查合格，专利复审委员会受理了上述请求，并于2006年2月23日向双方当事人发出了无效宣告请求受理通知书，并将无效宣告请求书及其附件的副本转给了专利权人。

合议组于2006年3月23日收到专利权人提交的意见陈述书，专利权人认为本专利是专为F1赛事设计的产品，后视图是使用当中的主要视图，从后视图中可以清楚看到"畅饮红牛赢F1套票"等字样以及"车模造型"图案，因此本专利与证据1~3相比既不相同也不近似，符合专利法第23条的规定。

合议组于2006年5月22日再次收到专利权人提交的意见陈述书，专利权人提交了以下附件以证明专利权人将本专利应用于F1赛事：

附件1：上海中国青年旅行社出具的《关于已购F1赛票的证明》复印件1页；

附件2：北京市怀柔区公证处出具的（2004）怀证字第336号公证书复印件；

合议组于2006年10月8日向双方当事人发出口头审理通知书，定于2006年11月23日举行口头审理，同时将合议组分别于2006年3月23日、2006年5月22日收到的专利权人提交的意见陈述书及其附件转给了请求人。

口头审理如期举行。专利权人对请求人提交的证据1~3的真实性无异议，但认为本专利的后视图与证据1~3均不相同；请求人认为本专利与证据1~3在后视图上虽存在区别，但所述区别不能带来视觉上的显著影响，因此本专利与证据1~3相近似，不符合专利法第23条的规定。

在上述工作的基础上，合议组认为本案事实已清楚，可以依法作出审查决定。

二、决定的理由

1. 证据

专利权人对证据1~3的真实性无异议，并且上述证据的公开日均在本专利的申请日之前，可以将证据1~3作为在先设计与本专利进行相近似比较。

2. 专利法第23条

专利法第23条规定：授予专利权的外观设计，应当同申请日以前在国内外出版物上公开发表过或者国内公开使用过的外观设计不相同和不相近似，并不得与他人在先取得的合法权利相冲突。

本专利涉及一种包装罐，请求保护色彩。从主视图看，本产品的罐身为金黄色，罐身上部标有"畅饮红牛赢F1套票"蓝色字样，文字下方为两只角相对的红色公牛及红色圆环图案，罐身中部由上至下依次为黑色"REDBULL"及"红牛"字样，罐身下部有一圈黑色装饰带，装饰带内有白色文字；从后视图看，罐身中央为一矩形装饰框，矩形装饰框上部有黄色装饰带，内有"畅饮红牛赢F1套票"字样，罐身中央为一白色矩形框，内有文字，罐身右侧从上至下依次为"F1套票"字样、赛车模型图案以及"饮料罐"图案，罐身下部为一圈黑色装饰带，装饰带内部有白色文字（详见本专利附图）。

证据1是名称为包装罐的外观设计专利，与本专利属于相同或相近类别的产品，可以与本专利进行相近似性判断。从主视图观察，证据1的罐身为金黄色，罐身上部为两只角相对的红色公牛，中部为黑色"红牛"及"REDBULL"字样，下方有一圈黑色装饰带，装饰带内有白色文字；证据1的后视图与主视图基本一致，不同在于黑色装饰带内的文字不同（详见证据1附图）。

口头审理过程中，专利权人及请求人均认可证据1与本专利相比至少在后视图上存在区别，双方争议在于所述区别能否对包装罐的整体视觉效果产生显著影响。对此合议组认为，包装罐在使用时可以根据使用者的需要以任意朝向直立摆放，不属于在使用时具有特定朝向的商品，圆柱形罐身四周均易于被一般消费者观察到，故包装罐罐身周围的各个面均可能对其整体视觉效果产生显著影响。虽然本专利与证据1罐身形状一致，且罐身均以金黄色为底色，但是证据1与本专利的后视图在色彩、图案上均存在明显差异，并使得证据1与本专利的整体视觉效果差异明显，一般消费者在上述差异的基础上很容易将二者区分开来，因此本专利与证据1不相近似。

证据3是名称为饮料罐（二）的外观设计专利，从主视图观察，其罐身为金黄色，罐身中央为两只角相对的红色公牛及红色圆环图案，罐身中部由上至下依次为红色"REDBULL"及"红牛"字样，证据3的后视图与主视图相同（详见证据3附图）。

将本专利与证据3相比，二者至少在后视图上存在明显差异，基于与证据1相同的理由，证据3与本专利相比整体视觉效果差异明显，二者不相近似。

证据2是名称为饮料罐（金牛皇）的外观设计专利，从主视图看，其罐身为金黄色，罐身中央为一白色五边形装饰框及红色公牛图案，其下方有黑色"金牛皇"字样，罐身底部有一圈黑色装饰带，装饰带内有白色文字；证据2的后视图与主视图基本一致，不同在于黑色装饰带内的文字不同（详见证据2附图）。

将本专利与证据2相比，二者的主视图及后视图无论在文字还是图案上均存在明显差异，整体视觉效果差异明显，二者不相近似。

基于以上事实和理由，本案合议组作出如下审查决定。

三、决定

维持200430067925.5外观设计专利权有效。

当事人对本决定不服的，可以根据专利法第46条第2款的规定，自收到本决定之日起三个月内向北京市第一中级人民法院起诉。根据该款的规定，一方当事人起诉后，另一方当事人应当作为第三人参加诉讼。

汽车保险杠

无效宣告请求审查决定（第 9786 号）

决 定 号	第 9786 号
决 定 日	2007 年 5 月 18 日
发明创造名称	汽车保险杠
外观设计分类号	12-16
无效宣告请求人	邵建根
专 利 权 人	罗家德
专 利 号	200530028016.5
申 请 日	2005 年 4 月 25 日
授权公告日	2005 年 12 月 7 日
合议组组长	钱亦俊
主 审 员	翁晓君
参 审 员	左 一
附 图	2 页

法律依据 专利法第 23 条

决定要点

汽车保险杠的外表面是最容易引起一般消费者注意的部位，由于在先设计与本专利设计各部分的形状设计、装饰图案相近似，两者的视觉效果相同，二者存在的细微差别在整体视觉中不具有显著性影响，所以根据整体观察、综合判断的方式，可以认定两者属于相近似的外观设计。

一、案由

本无效宣告请求涉及国家知识产权局于 2005 年 12 月 7 日授权公告的，名称为"汽车保险杠"的外观设计专利（下称本专利），其申请号是 200530028016.5，申请日是 2005 年 4 月 25 日，专利权人是罗家德。

针对上述专利权，邵建根（下称请求人）于 2006 年 2 月 21 日向专利复审委员会提出无效宣告请求，其理由是：在本专利申请日之前已有与之相同的外观设计在国内出版物上公开发表过，本专利不符合专利法第 23 条和专利法实施细则第 13 条第 1 款的规定。与此同时，请求人提交了如下附件作为证据：

附件 1：专利号为 200430070470.2 的中国外观设计专利视图；

附件 2：本专利外观设计专利视图；

附件3：附件1和附件2所示专利视图及其专利公告著录项目公开信息及图片的对比图，其中附件1所示专利的公告日为2005年3月23日。

请求人指出：本专利外观设计与附件1专利的外观设计完全相同，因此本专利不符合专利法第23条和专利法实施细则第13条第1款的规定。

经形式审查合格后，专利复审委员会受理了该无效宣告请求，于2006年7月31日向双方当事人发出了无效宣告请求受理通知书，并将专利权无效宣告请求书及其附件清单中所列附件副本转给了被请求人，要求其在指定的期限内答复。专利复审委员会依法成立合议组对本案进行审查。

针对上述无效宣告请求，专利权人于2006年9月1日向专利复审委员会寄交了意见陈述书，并提交了如下证据：

证据1：东风南充汽车有限公司新产品评审验收单的复印件共1页；

证据2：东风南充汽车有限公司产品技术问题通知单的复印件共1页；

证据3：本专利外观设计视图复印件及其专利产品主视图照片共1页，200430070470.2号中国外观专利视图复印件及其专利产品主视图照片共1页；

证据4：南充市开发区宏达玻璃厂营业执照的复印件共1页

在上述意见陈述书中，专利权人指出：根据证据1至证据4可以证明专利人是应厂家车型需要而独立研制开发的，并非是仿造附件1的专利，并且本专利的产品明显是加宽型，其外观美观、大方，设计线条大气、豪放，而附件1的产品则是普通型，并且两者所使用、配装的车辆型号是完全不同的。因此本专利应予维持。

合议组于2007年1月5日向双方当事人发出了口头审理通知书，定于2007年3月13日进行口头审理，并随口头审理通知书向请求人转送了专利权人于2006年9月1日寄交的意见陈述书和附件的副本。

口头审理如期举行，专利权人未出席口头审理。在口头审理中，请求人对合议组成员变更无异议，对合议组成员无回避请求。请求人明确放弃专利法实施细则第13条的无效理由，并且明确其无效理由为：本专利外观设计不符合专利法第23条的规定。请求人认为本专利与附件1的区别点在于主视图中五个凹槽下边缘与底边的距离宽度不同，在先设计1中主视图的虚线部分表示向内凹陷。

国家知识产权局专利复审委员会于2007年4月10日向专利权人发出合议组成员告知通知书。专利权人在指定期限内未对合议组成员变更提出异议。

基于上述当事人的意见陈述及口头审理，合议组认为本案事实已经清楚，可以依法作出审查决定。

二、决定的理由

1. 关于证据

请求人提交的附件1为专利号为200430070470.2的中国外观设计专利视图，附件2是本专利的外观设计专利视图，附件3是附件1和附件2所示专利视图及其专利公告著录项目的对比图，经合议组核实，附件1和附件3中所示的200430070470.2号中国外观设计专利图及其专利公告著录项目与该专利的公告文本的内容一致，其内容真实，因此附件1和附件3可以作为有效证据。附件1和附件3所示200430070470.2号外观设计（下称在先设计）专利的公告日（2005年3月23日）早于本专利的申请日（2005年4月25日），属于专利法第23条所述公开出版物，可以用于评价本专利是否符合专利法第23条的规定。

专利权人提交的证据1、2和4是关于东风南充汽车有限公司汽车保险杠研发、生产的资料复印件以及南充市开发区宏达玻璃厂营业执照的复印件，由于专利权人没有出席口头审理，而且也没有提交证据1、2和4的原件,合议组对证据1、2和4的真实性不予认可。证据3是本专利视图复印件及其专利产品主视图照片、200430070470.2号中国外观专利视图复印件及其专利产品主视图照片,经合议组核实,证据3中的本专利视图和200430070470.2号中国外观专利视图与所示专利的公告文本的内容一致,其内容真实,即是请求人提交的附件1和附件2。但对于证据3中的两张照片,合议组认为,无论该两张照片是否是专利权人应厂家车型需要而独立研制开发的,均与本专利是否符合专利法第23条规定的判断结论无关,即使照片产品是独立研发的,如果其与申请日之前公开的外观设计相同或相近似,仍应判定本专利不符合专利法第23条的授权规定,故该照片与本案无关。

3. 关于专利法第23条

专利法第23条规定:授予专利权的外观设计,应当同申请日以前在国内外出版物上公开发表过或者国内公开使用过的外观设计不相同和不相近似,并不得与他人在先取得的合法权利相冲突。

现将本专利与在先设计比较如下:

本专利是一种汽车保险杠,其整体形状左右对称,大致呈横长方形。

从主视图上看,呈横长方形的汽车保险杠分成三个平面,即中间向外突出的长方形中间面和与该中间面以一条圆弧棱线为界的左右两个向内凹陷的面,其中左右两个侧面各占汽车保险杠总长度的四分之一。该中间面的中部上边缘向上凸起梯形状的凸缘,在该凸缘的中部具有上下两层相互平行的通气孔,其中每层具有间隔放置的四个扁平长方形的通孔。在该中间面表面的中下部设置了向内凹陷的长方形,该长方形的长度大于上述凸缘下底边的长度,其中该长方形的左上角和右上角具有一定的圆弧度,并且在该长方形的中部设置了五个间隔放置的向内凹陷的小长方形凹槽,其中这些小长方形凹槽的左上角和右上角具有一定的圆弧度,五个凹槽下边缘与汽车保险杠的底边具有一定的距离,同时在五个间隔小长方形凹槽的中上部、靠近该长方形的上边缘设置了一个向外凸出的长方形,其长度大约为该长方形上边缘长度的三分之一,并且该向外凸出的长方形的左下角和右下角具有一定的圆弧度。在该长方形上边缘的上部和上述梯形凸缘之间设置了一个向内凹陷的狭长长方形,其长度略小于梯形凸缘的上底边的长度。在汽车保险杠左右两个向内凹陷的面上,左右两个面的设置完全对称,在左侧面的大致中间位置设置了一个长方形的通孔,其长度大约占据左侧面的三分之一,该通孔的右侧边与上述作为界线的圆弧棱线之间形成了一个逐渐向外的倾斜面,该通孔的下部、在左侧面上设置了一个向内凹陷的长楔形。该左侧面的上边缘向上凸起近似长方形的凸缘,在该凸缘的左侧具有一个小阶梯状,凸缘的右侧与上述中间面凸缘的左侧联成一体。

从其左右视图上看,大体上呈一个钝角状包角;从其俯视图上看,呈一具有略微向下弧度的弓形,其中在整个弓形的两端部,分别具有向上弯曲的倒角,其中两个倒角与汽车保险杠本体上边缘的连接线分别具有一个向下的凹陷;从仰视图上看,其整体形状与俯视图所视形状正好相互对称,即呈一具有略微向上弧度的弓形,其中在整个弓形的两端部,分别具有向下弯曲的倒角,其中两个倒角与汽车保险杠本体下边缘的连接线分别具有一个向上的凹陷(详见本专利视图)。

在先设计是一种汽车保险杠,其整体形状左右对称,大致呈横长方形。

从主视图上看,呈横长方形的汽车保险杠分成三个平面,即中间向外突出的长方形中间面和与该中间面以一条圆弧棱线为界的左右两个向内凹陷的面,其中左右两个侧面各占汽车保险杠总长度的四分之一。该中间面的中部上边缘向上凸起梯形状的凸缘,在该凸缘的中部具有上下两层相互平行的通气孔,其中每层具有间隔放置的四个扁平长方形的通孔。在该中间面表面的中下部设置了向内凹陷的长方形,该长方形的长度大于上述凸缘下底边的长度,其中该长方形的左上角和右上角具有一定的圆弧度,并且在该长方形的中部设置了五个间隔放置的向内凹陷的小长方形凹槽,其中这些小长方形凹槽的左上角和右上角具有一定的圆弧度,五个凹槽下边缘与汽车保险杠的底边具有一定的距离,同时在五个间隔小长方形凹槽的中上部、靠近该长方形的上边缘设置了一个向外凸出的长方形，其长度大约为该长方形上边缘长度的三分之一，并且该向外凸出的长方形的左下角和右下角具有一定的圆弧度。在该长方形上边缘的上部和上述梯形凸缘之间设置了一个由虚线绘制的狭长长方形，其长度略小于梯形凸缘的上底边的长度。在汽车保险杠左右两个向内凹陷的面上，左右两个面的设置完全对称，在左侧面的大致中间位置设置了一个长方形的通孔，其长度大约占据左侧面的三分之一，该通孔的右侧边与上述作为界线的圆弧棱线之间形成了一个逐渐向外的倾斜面，该通孔的下部、在左侧面上设置了一个向内凹陷的长楔形。该左侧面的上边缘向上凸起近似长方形的凸缘，在该凸缘的左侧具有一个小阶梯状，凸缘的右侧与上述中间面凸缘的左侧联成一体。

从其左右视图上看，大体上呈一个钝角状包角；从其俯视图上看，呈一具有略微向下弧度的弓形，其中在整个弓形的两端部，分别具有向上弯曲的倒角，其中两个倒角与汽车保险杠本体上边缘的连接线分别具有一个向下的凹陷；从仰视图上看，其整体形状与俯视图所视形状正好相互对称，即呈一具有略微向上弧度的弓形，其中在整个弓形的两端部，分别具有向下弯曲的倒角，其中两个倒角与汽车保险杠本体下边缘的连接线分别具有一个向上的凹陷（详见在先设计视图）。

将本专利与在先设计进行比较可知，两者均为汽车保险杠，属于同类产品，整体形状均为大致呈横长方形，而且两者各部分的设计形状和装饰图案几乎完全相同，两者的不同点仅在于：（1）本专利汽车保险杠中的五个凹槽下边缘与汽车保险杠底边的距离略大于在先设计中相应的距离，（2）在本专利汽车保险杠中，在中间面上的长方形上边缘的上部和梯形凸缘之间设置了一个向内凹陷的狭长长方形，而在先设计在相应位置处设置了一个由虚线绘制的狭长长方形。合议组认为：上述区别属于局部微小的差别，不会使普通消费者产生明显不同的视觉效果而将两者认定为不同款式的产品。合议组认为汽车保险杠的主视图外表面是最容易引起一般消费者注意的部位，由于两者各部分的设计形状、装饰图案相近似，两者的视觉效果相同，二者存在的上述差别在整体视觉中不具有显著性影响，所以根据整体观察、综合判断的方式，可以认定两者属于相近似的外观设计，故本专利不符合专利法第23条的规定。

三、决定

宣告200530028016.5号外观设计专利权全部无效。

当事人对本决定不服的，可以根据专利法第46条第2款的规定，自收到本决定之日起三个月内向北京市第一中级人民法院起诉。根据该款规定，一方当事人起诉后，另一方当事人应当作为第三人参加诉讼。

主视图1

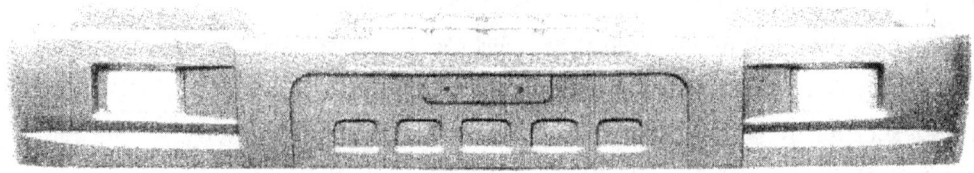

后视图2

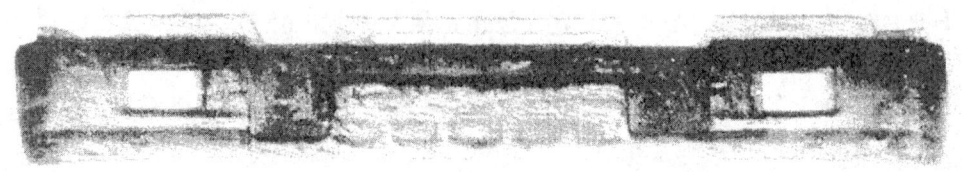

左视图3　　　　右视图4

俯视图5

仰视图6

本专利视图

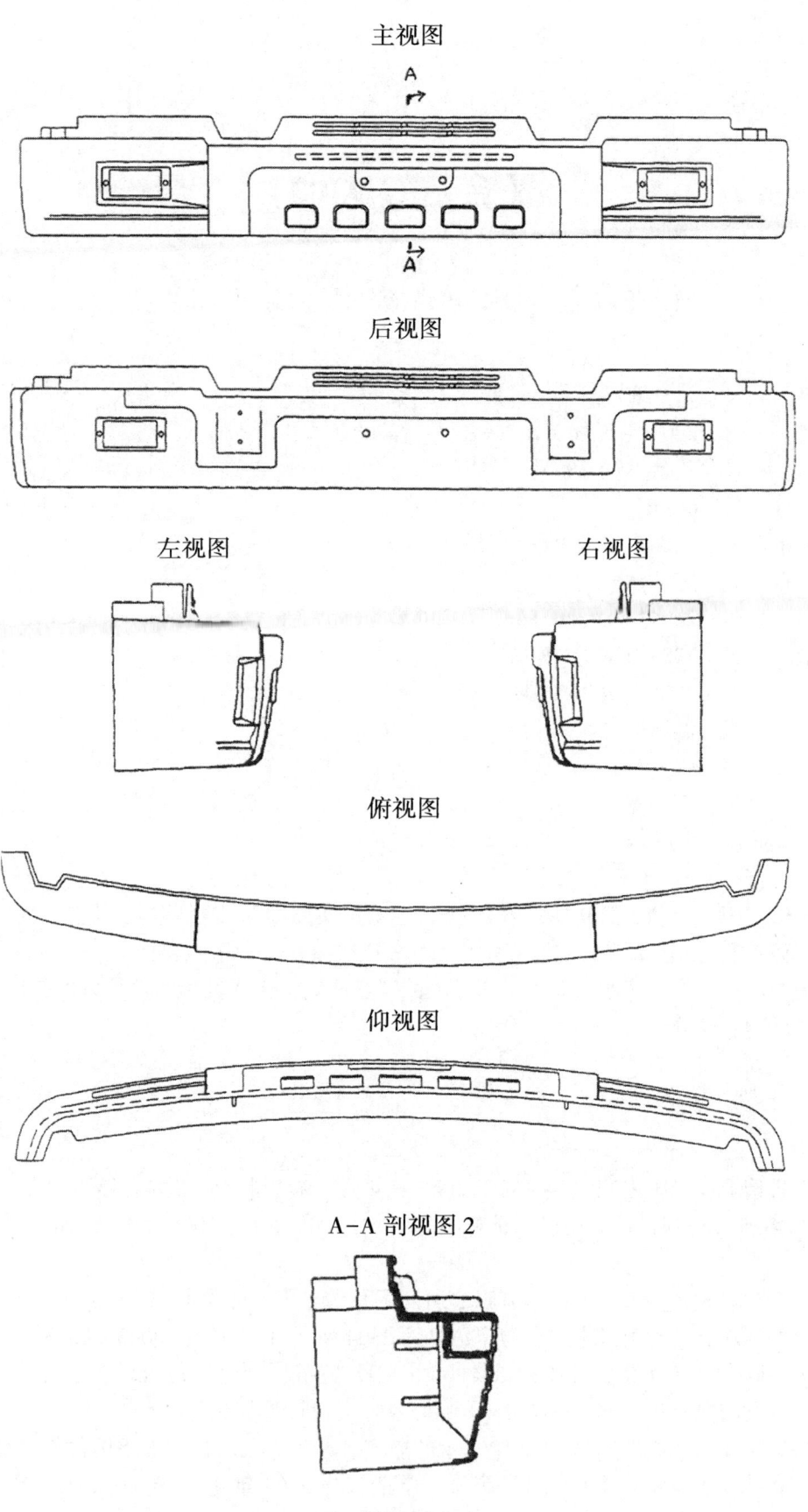

餐台（OD303）

无效宣告请求审查决定（第9787号）

决　定　号	第9787号
决　定　日	2007年5月8日
发明创造名称	餐台（OD303）
外观设计分类号	06-03
无效宣告请求人	东莞市恒大家具有限公司
专　利　权　人	陈浩然
专　利　号	200430064346.5
申　请　日	2004年8月18日
授权公告日	2005年4月13日
合议组组长	温丽萍
主　审　员	张　凌
参　审　员	石　竞
附　　　图	2页

法　律　依　据　专利法第9条、第23条，专利法实施细则第13条第1款

决　定　要　点

对于外表使用透明材料的产品而言，通过人的视觉能观察到的其透明部分以内的形状也应视为该产品的外观设计的一部分。

一、案由

本无效宣告请求涉及国家知识产权局于2005年4月13日授权公告的名称为"餐台（OD303）"的200430064346.5号外观设计专利权（下称本专利），其申请日为2004年8月18日，专利权人为陈浩然。

针对上述专利权，东莞市恒大家具有限公司（下称请求人）于2006年4月19日向专利复审委员会提出无效宣告请求，其理由是本专利与申请日为2004年4月15日的200430008638.7号外观设计专利和申请日为2003年10月13日的200330114626.8号外观设计专利相近似，因而不符合专利法第23条的规定；本专利与同日申请的200430064040.X号外观设计也属于相近似的外观设计，因而其授权不符合专利法第9条和实施细则第13条第1款的规定。请求人同时提交如下附件作为证据：

附件1：200430008638.7号外观设计公告，申请日为2004年4月15日，授权公告日为2004年11月24日，共1页；

附件2：200330114626.8号外观设计公告，授权公告日为2004年4月21日，共1页；

附件3：200430064040.X号外观设计公告，申请日为2004年8月18日，授权公告日为2005年4月27日，共1页。

经形式审查合格后，专利复审委员会依法受理了上述无效宣告请求，并于2006年4月19日将无效宣告请求书及相关文件的副本转给专利权人，要求其在指定的期限内答复。

针对上述无效宣告请求，专利权人于2006年6月8日提交了意见陈述。专利权人认为本专利与附件1～3均存在明显差异，不属于相近似的外观设计，因而符合专利法的相关规定。

2006年8月3日专利复审委员会将上述意见陈述转送请求人，同时向双方当事人发出口头审理通知书，定于2006年9月14日下午对本案进行口头审理。

2006年9月6日，请求人针对专利权人的答复提交了意见陈述，对于附件1、2坚持其原有意见，认可专利权人关于本专利与附件3的台脚形状完全不同、二者不相近似的答辩意见。

口头审理如期举行，专利权人及双方当事人委托的代理人参加了口头审理。口头审理中请求人明确对附件3要求按照专利法实施细则第13条第1款处理，坚持本专利与附件2、3为相近似的外观设计。专利权人对附件2予以认可，但认为附件1的公开日在本专利的申请日之后，不能适用专利法第23条，附件3不能适用专利法实施细则第13条第1款，本专利与附件2、3不相近似。合议组当庭告知双方当事人附件1的公开日在本专利的申请日之后，因而不能适用专利法第23条。

在上述审理的基础上，合议组经合议，认为本案事实清楚，依法作出本审查决定。

二、决定的理由

1. 法律依据

基于请求人提出无效宣告请求所依据的理由和证据，合议组对本专利是否符合专利法第9、23条和专利法实施细则第13条第1款的规定进行审查。

专利法第9条规定：两个以上的申请人分别就同样的发明创造申请专利的，专利权授予最先申请的人。

专利法第23条规定：授予专利权的外观设计，应当同申请日以前在国内外出版物上公开发表过或者国内公开使用过的外观设计不相同和不相近似，并不得与他人在先取得的合法权利相冲突。

专利法实施细则第13条第1款规定：同样的发明创造只能被授予一项专利权。

2. 证据和事实认定

专利权人对附件1～3的真实性均无异议。附件1的公开日期为2004年11月24日，在本专利申请日（2004年8月18日）之后。口头审理时合议组当庭告知请求人附件1不能适用专利法第23条，其也未变更无效理由，因此附件1不属于专利法第23条所规定的在本专利申请日以前公开的外观设计，在相同相近似判断中对其不予考虑。

附件2的公开日为2004年4月21日，在本专利的申请日之前，可以适用专利法第23条。

附件3虽由不同申请人提出，但与本专利在同日申请，因而不适用专利法第9条。口头审理时请求人明确对附件3要求按照专利法实施细则第13条第1款处理，即将无效宣告理由专利法第9条变更为专利法实施细则第13条第1款。根据审查指南的有关规定，合议组对这种变更予以接受，因此附件3可以适用专利法实施细则第13条第1款。

3. 外观设计相同相近似性认定

附件2、3与本专利都是餐台，与本专利属于相同种类的产品，故将其与本专利进行如下相同、相近似对比。

本专利所示餐台（见附图）由长方形台面板和四根台脚组成。台面板四角为直角，台面板的顶面到底面以半圆形弧角过渡。观察其左、右视图和立体图可知，台面板的左右两端各有一环状凹槽。台角皆为圆柱形，分为两组，每组两根台脚通过设在其上部、平行与台面板的横担与台面板连接。台角与台面板的两侧平齐，但相对于两端面向内推，台角之间的纵向距离小于台面板的长度。横担与台面板通过粒状物连接。

附件2所示餐台（见附图）由长方形台面板和四根台脚组成。台面板四角为直角，观察其仰视图、俯视图可知，台面板为透明的，透过台面板可看到其下的长方形架体、设在架体内的横担及设于横担上的粒状连接物。四根台脚皆为圆柱形，与台面板垂直，并与台面板的四角平齐。台脚分为两组，每组两根台脚都通过横担与台面板连接，横担与台面板之间通过粒状物连接。

本专利与附件2相比，区别在于本专利的台面板是不透明的，无法透过其看到下方架体的形状，而附件2的台面板为透明的，透过台面板可看到其下的长方形架体、设在架体内的横担及设于横担上的粒状连接物。对此，请求人认为外观设计专利不保护产品的材料特征，台面板是否采用透明材料制成对其专利保护范围没有影响。合议组认为对于外表使用透明材料的产品而言，通过人的视觉能观察到的其透明部分以内的形状也应视为该产品的外观设计的一部分。具体本案而言，上述附件2中通过透明台面板可以看到的形状等要素应视为附件2外观设计的一部分。本专利与附件2的台面板不同还在于本专利的台面板左右两端各有一环状凹槽，台面板的顶面到底面以半圆形弧角过渡，而附件2的台面板两端无凹槽，其顶面到底面之间为直线过渡。其次台角相对于台面板的位置不同。本专利的台角与台面板的两侧平齐，但相对于两端面向内推，台角之间的纵向距离小于台面板的长度。附件2的台脚与台面板的四角平齐。通过整体观察，上述差别足以使一般消费者在视觉上产生明显不同的外观效果，因此本专利与附件2是不相同、不相近似的外观设计，不属于同样的发明创造。本专利符合专利法第23条的规定。

附件3所示餐台（见附图）由长方形台面板和两组"U"形台脚组成，台面板不透明，四角为圆角，外沿有长方形框体，框体下由两组"U"形台脚支撑。从左视图观察，框体与"U"形台脚直接连接在一起。

本专利与附件3相比，区别在于首先台面板不同，本专利的台面板为无框的长方形板体，附件3的台面板外沿有长方形框体。其次台角形状不同，本专利由四根圆柱形台角组成，而附件3由两组"U"形台脚组成。从两侧面观察，本专利的台角通过设于其上的横担与台面板连接。台面板与下方架体之间通过粒状物连接，餐台相应的被分为上下两部分，而附件3的台面与台角直接连为一体。通过整体观察，上述差别足以使一般消费者在视觉上产生明显不同的外观设计效果，因此本专利与附件3是不相同、不相近似的外观设计，不属于同样的发明创造。本专利符合专利法实施细则第13条第1款的规定。

综上所述，附件2、3与本专利相比，均不相同也不相近似。请求人提出的无效宣告理由不成立。

三、决定

维持200430064346.5号外观设计专利权有效。

当事人对本决定不服的，可以根据专利法第46条第2款的规定，自收到本决定之日起三个月内向北京市第一中级人民法院起诉。根据该款的规定，一方当事人起诉后，另一方当事人应当作为第三人参加诉讼。

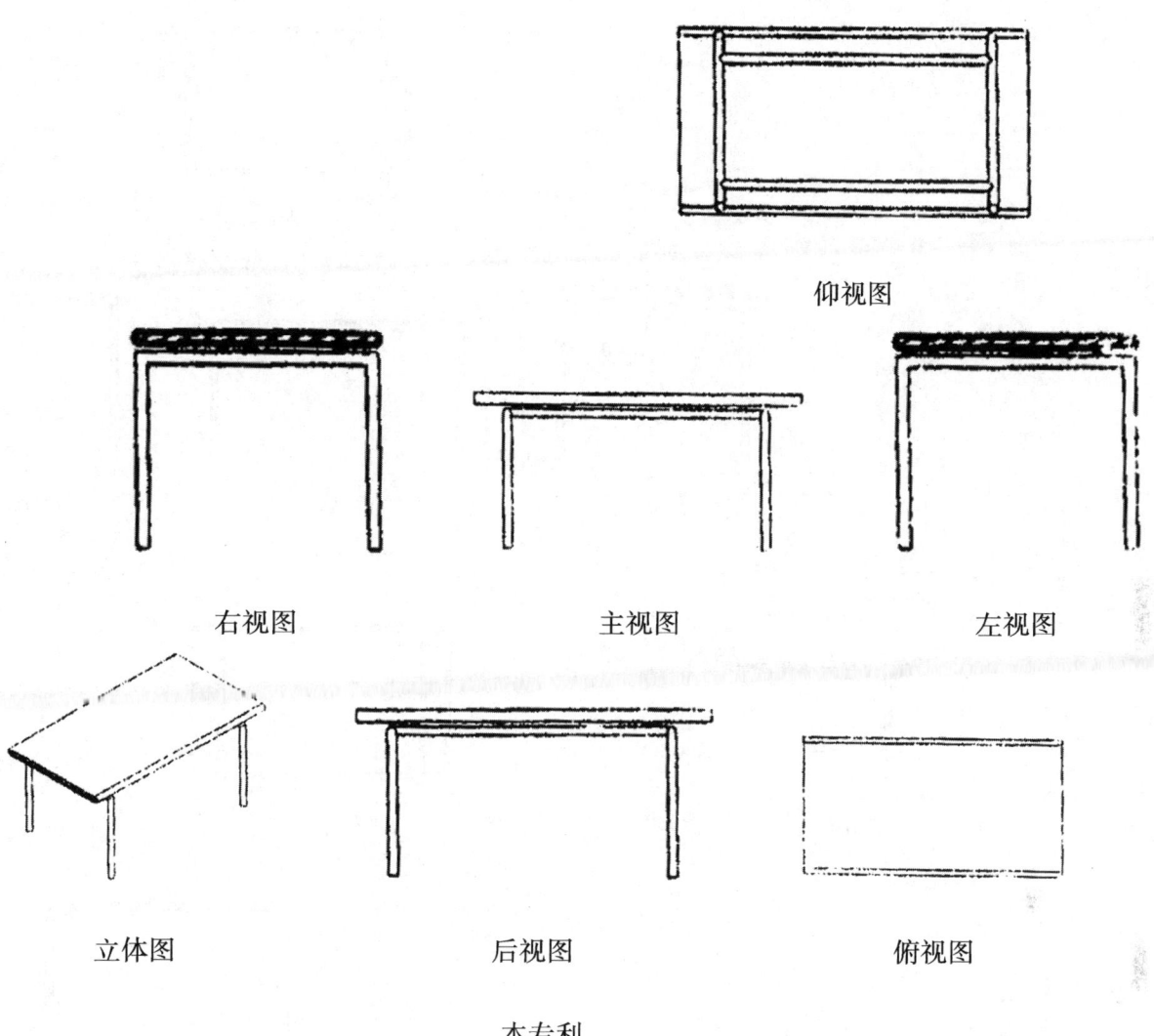

仰视图

右视图　　　主视图　　　左视图

立体图　　　后视图　　　俯视图

本专利

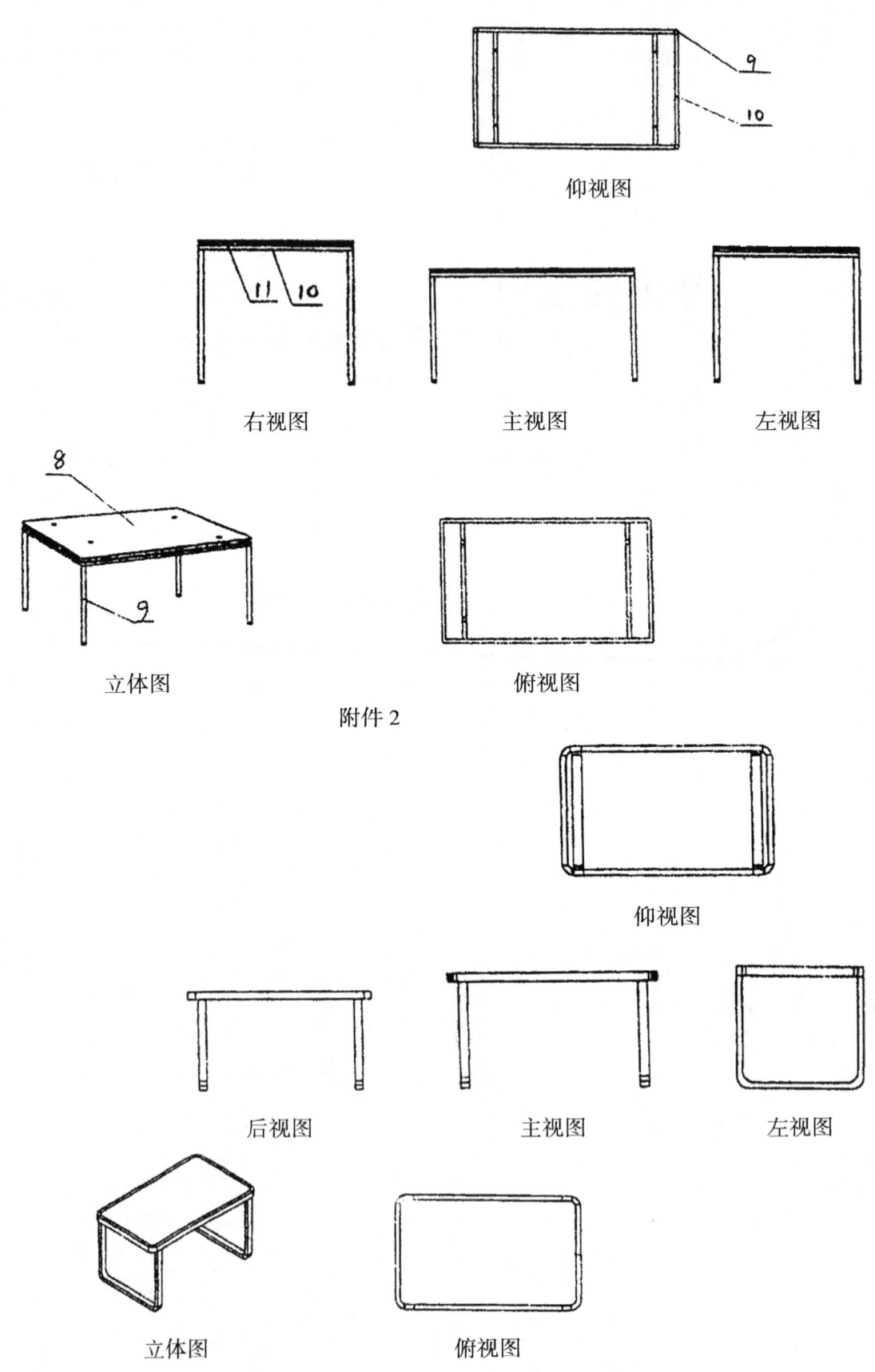

仰视图

右视图　　主视图　　左视图

立体图　　俯视图

附件2

仰视图

后视图　　主视图　　左视图

立体图　　俯视图

附件3

床（OB312）

无效宣告请求审查决定（第9788号）

决 定 号	第9788号
决 定 日	2007年5月8日
发明创造名称	床（OB312）
外观设计分类号	06-01
无效宣告请求人	东莞市恒大家具有限公司
专 利 权 人	陈浩然
专 利 号	200430064351.6
申 请 日	2004年8月18日
授权公告日	2005年4月27日
合议组组长	温丽萍
主 审 员	张凌
参 审 员	石竞
附 图	1页
法 律 依 据	专利法第23条

决 定 要 点

在相同或者相近似判断中，应当以表示在图片或者照片中的该外观设计专利产品为准。

当产品上的某些设计是该类产品中公认的惯常设计时，其余设计的变化通常对整体视觉效果更有显著影响。

一、案由

本无效宣告请求涉及国家知识产权局于2005年4月27日授权公告的名称为"床（OB312）"的200430064351.6号外观设计专利权（下称本专利），其申请日为2004年8月18日，专利权人为陈浩然。

针对上述专利权，东莞市恒大家具有限公司（下称请求人）于2006年4月19日向专利复审委员会提出无效宣告请求，其理由是本专利不符合专利法第23条的规定，并同时提交如下附件作为证据：

附件1：03361108.4号外观设计公告，授权公告日为2004年3月31日，共1页；

附件2：200430071318.6号外观设计公告，申请日为2004年8月9日，授权公告日为2005年2月16日，共1页；

附件3：03318679.0号外观设计公告，授权公告日为2003年9月10日，共1页；

附件4：200430029194.5号外观设计公告，授权公告日为2004年12月1日，共1页；

附件5：03334017.X号外观设计公告，授权公告日为2004年6月9日，共1页；

附件6：200430051928.X号外观设计公告，授权公告日为2005年4月6日，共1页；

附件7：03350373.7号外观设计公告，授权公告日为2003年12月24日，共1页。

请求人认为：附件1、2中所示的外观设计在本专利的申请日前已经公开，其与本专利是相近似的外观设计，因此本专利不符合专利法第23条的规定。

经形式审查合格后，专利复审委员会依法受理了上述无效宣告请求，并于2006年4月19日将无效宣告请求书及相关文件的副本转给专利权人，要求其在指定的期限内答复。

针对上述无效宣告请求，专利权人于2006年6月12日提交了答复意见。专利权人认为本专利与证据1~7均存在明显差异，不属于相近似的外观设计，因而符合专利法的相关规定。

2006年8月3日专利复审委员会向双方当事人发出口头审理通知书，定于2006年9月14日下午对本案进行口头审理。

2006年9月6日，请求人针对专利权人的答复提交了意见陈述，坚持附件1、2与本专利为相近似的外观设计的原有意见。

口头审理如期举行，专利权人及双方当事人委托的代理人参加了口头审理。请求人当庭放弃使用附件3~7。专利权人对附件1予以认可，认为附件2的公开日在本专利的申请日之后，因而不能适用专利法第23条，本专利与附件1不相近似。合议组当庭告知双方当事人附件2的公开日在本专利的申请日之后，因而不能适用专利法第23条。请求人坚持本专利与附件1为相近似的外观设计。

在上述审理的基础上，合议组经合议，认为本案事实清楚，依法作出本审查决定。

二、决定的理由

1. 法律依据

基于请求人提出无效宣告请求所依据的事实和理由，合议组对本专利是否符合专利法第23条的规定进行审查。

专利法第23条规定，授予专利权的外观设计，应当同申请日以前在国内外出版物上公开发表过或者国内公开使用过的外观设计不相同和不相近似，并不得与他人在先取得的合法权利相冲突。

2. 证据和事实认定

双方当事人对附件1的真实性均予认可，且附件1的公开日为2004年3月31日，在本专利的申请日前，其可以适用专利法第23条，与本专利进行相同、相近似对比。

附件2的公开日为2005年2月16日，在本专利的申请日（2004年8月18日）之后。口头审理时合议组当庭告知请求人附件2不能适用专利法第23条，但其坚持用附件2与本专利作相近似对比。由于附件2的公开日在本专利的申请日之后，因而不属于专利法第23条所规定的在本专利申请日以前公开的出版物，在相同相近似判断中对其不予考虑。

鉴于请求人在口头审理中已明确表示放弃使用附件3~7，对其不再予以评述。

3. 外观设计相同相近似性认定

附件1与本专利都是床，属于相同类别的产品，故将其与本专利进行如下相近似对比。

综合观察本专利的各个视图，可以看出其所示的外观设计由床体和床头组成，其中床体为长方形箱式，周边床沿较宽，床体由底部支撑，并通过其与地面直接接触。床头与床体形成圆弧过渡而连成一体，床头的高度较低，内侧呈内弯弧形，下部悬空，外侧呈向外突出的弧面形状。

综合观察附件1的各个视图，可以看出其也由床体和床头组成，其中床体为长方形箱式，周边床沿较窄，床体除由底部支撑外，在其前部左右两侧还各有一个圆柱形支脚，床体通过底部和支脚与地面接触。床头与床体形成圆弧过渡而连成一体，床头的高度较高，其上设有背垫，中间有花纹，内侧呈上部稍稍内弯下部略向外凸的弧线形，下部与床体齐平，外侧为近乎直角的封闭式形状。

本专利与附件1相比，区别在于：本专利床体的周边床沿较宽，床体完全由底部支撑，而附件1床体的周边床沿较窄，床体除由底部支撑外，在其前部左右两侧还各有一个圆柱形支脚；本专利的床头高度较低，下部悬空，内侧呈内弯弧形，外侧呈向外突出的弧面形状，其上没有背垫也没有花纹，附件1的床头高度较高，下部与床体齐平，内侧呈上部稍稍内弯下部略向外凸的弧线形，外侧为近乎直角的封闭式形状，床头上设有背垫，中间有花纹。

请求人认为，附件1的背垫仅是功能性附加物，不影响其与本专利进行对比；本专利的床头下部悬空的设计在使用状态下很难为一般消费者所注意，因此对外观设计的整体视觉效果不具有显著影响。合议组认为在相同或者相近似判断中，应当以表示在图片或者照片中的该外观设计专利产品为准，具体到本案就是以外观设计专利公告中各视图相结合所反映出的产品的形状作为判断的对象。附件1在其左、右视图和立体图中都绘出了背垫，其是床头的一个组成部分。因此在确定附件1的床头形状时，应以设置背垫时床头的形状为准，而不能将其忽略。对于床头下部的悬空设计，合议组认为，由于一般的床体多为长方形箱式，床头的设计通常对床的整体视觉效果更有显著影响。本专利床头下部的悬空设计是与床头内侧内弯、外侧外凸的圆弧形状相适应的，并与其一同构成了对于一般消费者能够产生引人注目的视觉效果的特定设计，因此对请求人的观点不予采纳。

通过整体观察，合议组认为，上述差别足以使一般消费者在视觉上产生明显不同的外观设计效果。因此本专利与附件1是不相同、不相近似的外观设计，不属于同样的发明创造。本专利符合专利法第23条的规定。

综上所述，无效宣告请求人提出的无效宣告理由不成立。

三、决定

维持200430064351.6号外观设计专利权有效。

当事人对本决定不服的，可以根据专利法第46条第2款的规定，自收到本决定之日起三个月内向北京市第一中级人民法院起诉。根据该款的规定，一方当事人起诉后，另一方当事人应当作为第三人参加诉讼。

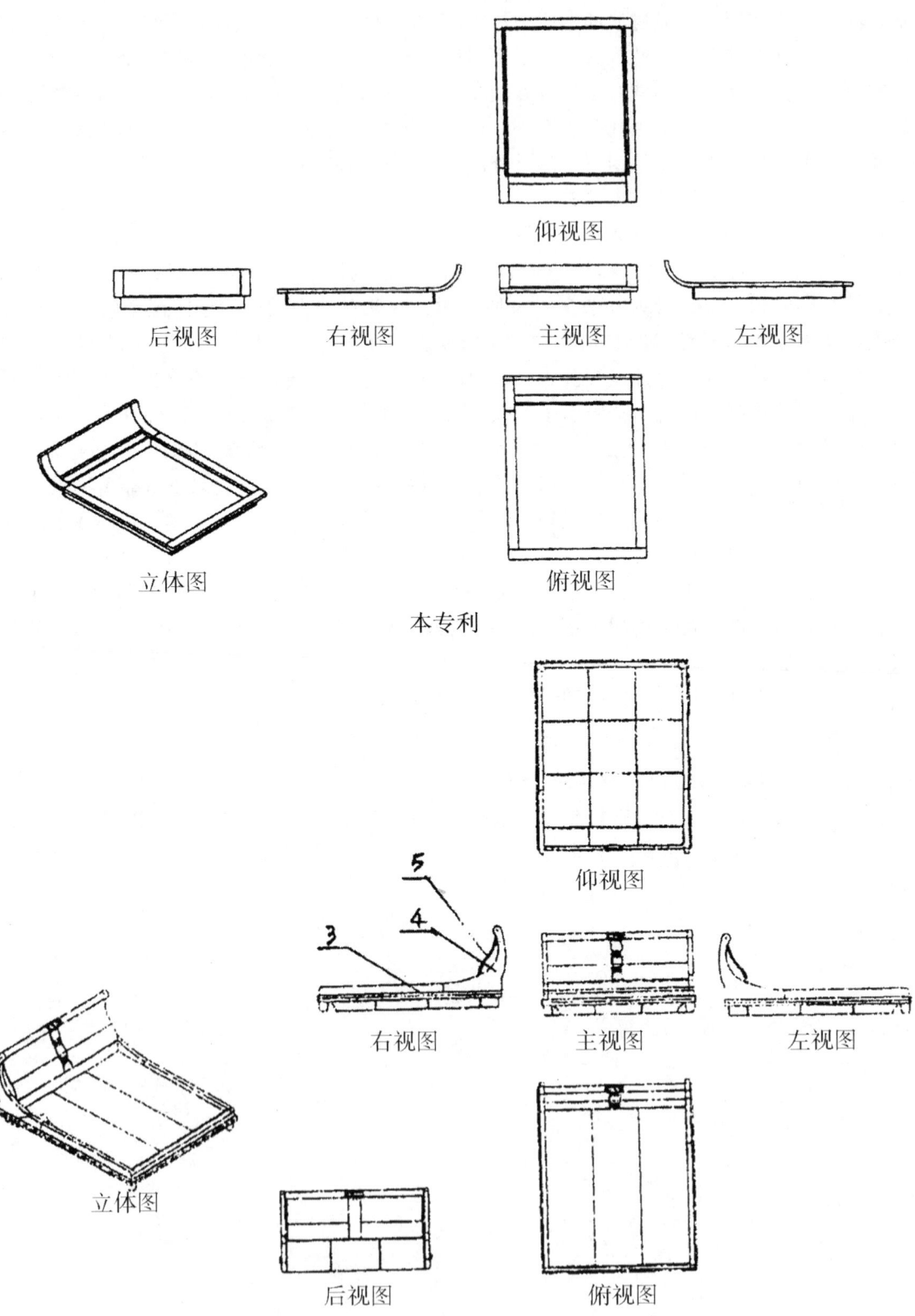

瓶子（精品老作坊）

无效宣告请求审查决定（第9789号）

决 定 号	第9789号
决 定 日	2007年5月9日
发明创造名称	瓶子（精品老作坊）
外观设计分类号	09-01
无效宣告请求人	金仁宏
专 利 权 人	王 浩
专 利 号	02349575.8
申 请 日	2002年6月24日
授 权 公 告 日	2003年5月7日
合议组组长	张 度
主 审 员	傅 玉
参 审 员	贾彦飞
附 图	1页

法 律 依 据 专利法第23条

决 定 要 点

麻油瓶在销售使用的过程中通常都装有麻油，被比设计的带有麦穗图案的凹槽与在先设计的带有类似音符形的凹槽间的细微差别在使用过程中对于产品外观设计的整体视觉效果不具有显著的影响。

在本专利申请日前已有与之相近似的外观设计在出版物上公开发表过，因此本专利不符合专利法第23条的规定。

一、案由

本无效宣告请求涉及的是国家知识产权局于2003年5月7日授权公告的名称为"瓶子（精品老作坊）"的外观设计专利，其专利号是02349575.8，申请日是2002年6月24日，专利权人是王浩。

针对上述外观设计专利权，金仁宏（下称请求人）于2006年8月8日向专利复审委员会提出无效宣告请求，认为02349575.8号专利（下称被比设计）不符合专利法第23条的规定。其理由是：（1）附件1中的凤阳"御膳"纯芝麻油的油瓶与被比设计的瓶子外观完全相同，唯一的不同点在于瓶子的两侧的凹槽是否带有麦穗，但是此种局部的些微不同，一般消费者无法辨识，故二者属于近似的外观设计产品；（2）被比设计的瓶子通常由玻璃制作，用于装麻油，这种瓶子装麻油后，其两侧的凹槽显示不清晰，一般消费者无法辨识，可以证明二者凹槽局部是近似的；（3）凤阳"御膳"纯芝麻油的油瓶公开在先，而专利权人在该麻油瓶凹槽部位作了些小文章，申请专利在后，华安食品公司本身即在使用凤阳"御膳"纯芝麻油的油瓶，请求人生产的仁宏牌麻油也使用了凤阳"御膳"纯芝麻油的油瓶，而专利权人却举报仁宏牌麻油瓶侵犯其专利权。

同时，请求人提交了如下的附件作为证据：

附件1：钱江晚报1999年8月2日第24版复印件，共1页；

附件2：安徽华安食品有限公司"鸡笼山纯芝麻油"宣传单原件，共1页；

附件3：授权公告日为2003年3月26日第02334205.6号芝麻油瓶（御膳）外观设计专利的网络打印页，共1页；

附件4：被比外观设计的网络打印页，共1页；

专利复审委员会于2006年9月8日受理了上述无效宣告请求，并将无效宣告请求书及其附件清单中所列附件副本转送给专利权人，专利权人逾期未答复。

专利复审委员会依法成立合议组对本案进行审查，并于2007年3月7日向双方当事人发出口头审理通知书，定于2007年4月23日对本案进行口头审理。

请求人于2007年3月21日提交了口审回执，表示参加口头审理，专利权人逾期未答复。

口头审理如期举行，专利权人未出席此次口头审理，请求人对合议组成员没有回避请求，请求人当庭明确其无效理由为：本外观设计专利不符合专利法第23条的规定。请求人明确其证据为：附件1：钱江晚报1999年8月2日第24版共一页；附件2：安徽华安食品公司宣传单共一页；附件4：023495758瓶子（精品老作坊）外观设计图片共一页，并放弃附件3作为证据。请求人当庭出示附件1的原件并表示口审意见以书面意见为准。

在上述工作的基础上，合议组认为本案事实已经清楚，现依法作出审查决定。

二、决定的理由

1. 关于证据

附件1的晚报属于公开出版物，其公开日为1999年8月2日，在被比设计的申请日之前，并且请求人在口头审理时提交了附件1的原件，因而附件1可以作为与被比设计相同或相近似性判断的证据；附件2为包含被比设计的宣传页，请求人没有提供关于该宣传页公开时间的证明，合议组无法认定该宣传页的公开时间，因而附件2不予考虑；请求人当庭放弃了附件3，因而合议组对附件3不予考虑；附件4被比外观设计的网络打印页，即附件4即为被比设计本身，因而附件4不作为与被比设计进行比较的证据。

2. 关于专利法第23条

专利法第23条规定：授予专利权的外观设计，应当同申请日以前在国内外出版物上公开发表过或者国内公开使用过的外观设计不相同和不相近似，并不得与他人在先取得的合法权利相冲突。

被比设计的专利公报中包含了主视图、后视图、左视图、右视图、仰视图和俯视图，其中被比设计的产品由瓶口、瓶颈及瓶体三部分组成。瓶口为带螺纹及齿环的圆柱形；瓶颈为圆柱状；从主视图结合左、右视图观察，瓶体正前方和正后方约三分之一比例的中部为门拱形面，在门拱形面的上方有三角形图案及一行被涂覆的文字，门拱形面上有长方形平面，长方形平面的下方有一行被涂覆的文字，瓶体呈腰部左右两侧向内凹的提琴形，在瓶体左右内凹的腰部前后两侧分别有两条带有麦穗图案的凹槽（详见被比设计附图）。

无效请求人提交的附件1刊登广告部分公开了一个500ml和一个250ml凤阳"御膳"牌纯芝麻油油瓶的图片（下称在先设计），其显示的外观设计主要特征为（见在先设计附图）：产品由瓶口、瓶颈及瓶体三部分组成。瓶口盖有圆柱状瓶盖；瓶颈为圆柱状；瓶体正前方约1/3比例的中部为门拱形面，在门拱形面的上方有一贴有"御膳"字样的圆形瓶贴，门拱形面上有长方形平面，该长方形平面上贴有"纯芝麻油"的瓶贴，长方形平面的下方有一行凹凸的透明文字，瓶内装有芝麻油，瓶体呈腰部左右两侧向内凹的提琴形，内凹的腰部有类似音符形的凹槽。

合议组把上述两个产品进行比较可以得知：两个产品的整体形状是相近似的，差别仅在于：（1）被比设计瓶口处为带螺纹及齿环的圆柱形，而在先设计瓶口盖有圆柱状瓶盖；（2）被比设计的左右内凹的腰部前后两侧分别有两条带有麦穗图案的凹槽，而在先设计的图片仅有类似音符形的凹槽；（3）被比设计门拱形面的上方有一被涂覆的图案，而在先设计门拱形面的上方贴有的是圆形瓶贴。

由于麻油瓶在销售使用的过程中通常都装有麻油，被比设计的带有麦穗图案的凹槽与在先设计的仅有类似音符形的凹槽间的细微差别在使用过程中对于产品外观设计的整体视觉效果不具有显著的影响；而且麻油瓶在使用销售过程中瓶口通常都盖有瓶盖，因而被比设计带螺纹及齿环的圆柱形瓶口通常都被螺纹与之相匹配的圆柱形瓶盖所覆盖，而麻油瓶在使用过程中也通常都贴有瓶贴，也就是说，被比设计的门拱形面的上方的三角形图案及被涂覆的文字在使用过程中也通常被瓶贴所覆盖，所以消费者在购买麻油时很难区分两个产品的外观形状。合议组认为：两个外观设计整体形状是相近似的，即在本专利申请日前已有与之相近似的外观设计在出版物上公开发表，本专利不符合专利法第 23 条的规定。

三、决定

宣告 02349575.8 号的外观设计专利权无效。

当事人对本决定不服的，可以根据专利法第 46 条第 2 款的规定，自收到本决定之日起三个月内向北京市第一中级人民法院起诉。根据该款的规定，一方当事人起诉后，另一方当事人应当作为第三人参加诉讼。

俯视图　　　　　　　　仰视图

左视图　　主视图　　后视图　　右视图

本专利

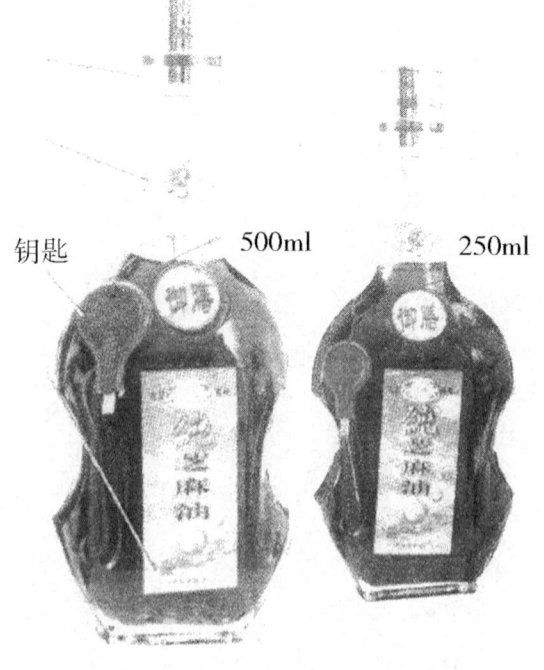

钥匙　　500ml　　　250ml

在先设计

摩托车

无效宣告请求审查决定（第9793号）

决 定 号	第9793号
决 定 日	2007年5月14日
发明创造名称	摩托车
外观设计分类号	12-11
无效宣告请求人	重庆力帆实业（集团）有限公司
专 利 权 人	本田技研工业株式会社
专 利 号	96305242.X
申 请 日	1996年5月9日
优 先 权 日	1995年11月10日
授权公告日	1997年7月16日
合议组组长	钟 华
主 审 员	张跃平
参 审 员	徐清平
附 图	5页
法 律 依 据	专利法第9条、第23条，专利法实施细则第13条第1款

决 定 要 点

对于踏板式摩托车产品的外观设计的相近似性判断，应遵从整体观察、综合判断的判断方式。在比较判断时，不仅要比较由各部件构成的摩托车的整体设计，还要比较所述各部分外观的差异，最后，充分考虑各组成部分外观设计的异同对摩托车整体设计的影响，综合判断其对整体视觉效果的影响，最终得出结论。

一、案由

本无效宣告请求涉及的是中国专利局于1997年7月16日授权公告的申请号为96305242.X的外观设计专利，其产品名称是"摩托车"，申请日是1996年5月9日，优先权日是1995年11月10日。专利权人是本田技研工业株式会社。

针对上述外观设计专利权（下称本专利），重庆力帆实业（集团）有限公司（下称请求人）于2004年5月11日向专利复审委员会提出无效宣告请求，其理由是：本专利与他人在先取得的外观设计专利产生了冲突（见附件1和附件2），并且本专利与申请日以前的相似外观设计可能引起混淆（见附件5、附件6、附件7和附件8），故本专利不符合专利法第23条的规定。另外，本专利与在先申请的外观设计专利属于同样的发明创造，故也不符合专利法第9条（见附件1和附件2）及专利法实施细则第13条第1款（见附件1）的规定。与此同时，请求人提交了如下证据作为对比文件：

附件1：93303569.1号外观设计专利公报（复印件）；
附件2：92307683.2号外观设计专利公报（复印件）；
附件3：《坐式摩托车图册》相关页（复印件）；
附件4：《世界级摩托车精选》相关页（复印件）；
附件5：《风火轮》92机车年鉴（复印件）；
附件6：《坐式摩托车图册》相关页（复印件）；
附件7：《坐式摩托车图册》相关页（复印件）；
附件8：95301158.5号外观设计专利公报（复印件）。

专利复审委员会经形式审查合格后受理了上述无效宣告请求，并将请求书及有关证据的副本转送专利权人。限其在指定的期限内进行答复。

2004年6月10日、2004年6月11日和2004年6月14日，请求人先后提交如下补充证据：（编号续前）

附件9：95312267.1号外观设计专利公报（复印件）；
附件10：起诉状。

针对上述无效宣告请求，2004年6月14日专利权人提交意见陈述认为，请求人没有指明与本专利最接近的对比文件，并且没有结合证据详细阐明具体的无效理由，因此，无法作出具体答复。

专利复审委员会于2004年11月8日将请求人提交的补充证据转送专利权人，同时将专利权人的意见陈述转送请求人，要求双方在指定期限内答复。同时，向双方当事人发出口头审理通知书，定于2004年12月8日在专利复审委员会对本案进行口头审理。后因故改在2004年12月16日进行，并于2004年11月16日再次向双方当事人发出口头审理通知书。

口头审理如期举行，请求人的代表及双方代理人出席了口头审理。口头审理中，请求人进一步确认无效宣告请求的理由是专利法第9条、第23条和专利法实施细则第13条第1款。请求人放弃了上述附件3~10。并认为93303569.1号外观设计专利与本专利最为接近。专利权人对上述附件1~2的真实性没有异议。另外，为证实本专利具有专利性，专利权人提交了如下反证，证实与本专利相关的一些专利申请在实施实质审查制的台湾地区和日本已经被授予专利权：

反证1：第220703号中国台湾新式样专利公告文本（复印件）；
反证2：第271321号中国台湾新式样专利公告文本（复印件）；
反证3：第198574号中国台湾新式样专利公告文本（复印件）；
反证4：第978848号日本意匠公告文本（复印件）；
反证5：第902594号日本意匠公告文本（复印件）。

2005年1月17日专利权人根据口头审理内容再次提交意见陈述，认为本专利与附件1、附件2属于不相同且不相近似的外观设计，并进行了详细比较。

经过上述审理，合议组认为本案事实清楚，于2005年2月25日作出第6890号无效宣告请求审查决定，宣告本专利权无效。其理由是：请求人提交的附件1即93303569.1号外观设计专利公开了一款摩托车，将本专利与该对比文件相比，二者的整体轮廓和主要部位的设计都是相同或极为近似的，所存在的差异属于不瞩目、易被忽略的局部细微设计，不足以使二者在整体视觉上产生明显差异，因此，本专利与上述对比文件属于相近似的外观设计。本专利不符合专利法第23条的规定，故作出宣告本专利权无效的第6890号无效宣告请求审查决定。

专利权人不服第6890号无效宣告请求审查决定，向北京市第一中级人民法院提起行政诉讼。北京市第一中级人民法院经审理，于2005年12月25日作出"（2005）一中行初字第657号行政判决书"（以下简称一审判决）。一审法院认为，踏板式摩托车是一种较为成熟的产品，一般情况下，踏板式摩托车包括车把、后视镜、仪表盘、踏板、前后车架、座垫和尾部等部分，但是不同型号、风格的踏板式摩托车产品在上述这些必备的部件上所采用的具体外观设计是不同的，因此，踏板式摩托车产品虽然普遍具有某些必备的共有的部件，其基本结构已经定型，可以认为这些部件本身是惯常设计，但是，这些必备的、共有的部件的外观仍然可以采用各种不同设计，设计者仍有着广阔的设计空间。因此，一审法院将本专利与对比文件的整体轮廓、前罩轮廓、车前灯、操作部、踏板的轮廓线条、后车体罩部分、座垫、后视镜和仪表盘进行了比较，认为根据整体观察、综合判断的原则和比较结果，两外观设计从各个设计要素所综合体现出的整体设计虽在一定程度上有近似之处，但是本专利与对比文件在车前灯、操作部、后车体罩部分的差异比较明显，在其他部件上亦有一些不同之处，一般消费者对本专利和对比文件进行观察后，会注意到上述差别并对两外观的整体设计产生影响，进而予以区分，不致造成混淆。因此，两外观设计为不相同亦不相近似的外观设计。专利复审委员会在对比两外观设计时，未充分考虑两外观设计的差别以及这些差别对两外观设计整体的影响，其结论是错误的。最后一审判决撤销被告专利复审委员会作出的第6890号无效宣告请求审查决定，维持本专利权有效。

请求人（即一审第三人重庆力帆实业（集团）有限公司）不服一审判决，向北京市高级人民法院上诉。北京市高级人民法院经审理于2006年9月20日作出（2005）高行终字第176号行政判决书（下称二审判决）。二审判决的观点与一审判决基本相同。此外，二审判决进一步认为：本案的特殊性在于，本专利及附件1均为本田株式会社出品的同一系列摩托车产品，只是型号、规格有所不同，很明显本专利系对附件1作出的改进设计，故二者在整体、车身、车架及某些主要组成部件上均采用了相同或近似的设计。但不容否认，二者在前转向灯位置、后车体罩、仪表盘、操作部等处也存在较大差异。基于公平原则，并遵从整体观察、结合比较的判定方法，二审法院认为一般消费者对本专利和对比文件进行观察后，会注意上述区别、进而予以区分，不能造成混淆，两外观设计应属于不相同亦不相近似的外观设计，专利复审委员会未充分考虑本案之特殊性及两外观设计的差异之处，其所得出的结论有失公允，应予纠正。二审判决认为一审判决认定事实清楚、适用法律正确，审理程序合法。二审法院最终驳回上诉，维持原判。

为此，专利复审委员会重新成立合议组对本专利无效宣告请求重新进行审理。

专利复审委员会于2006年10月26日向双方当事人发出合议组成员告知通知书。并告知双方当事人如对合议组成员有回避请求的，于收到本通知之日起7日内提交书面请求书，并且说明理由，必要时附具有关证据。逾期未答复，视为无回避请求。

双方当事人在指定答复期限内没有对合议组成员提出回避请求。

本案合议组基于请求人提出的无效宣告请求的理由及其提供的证据以及二审判决，对本案作出如下决定。

二、决定的理由

请求人提出的无效宣告请求的理由是专利法第9条、第23条和专利法实施细则第13条第1款。

专利法第9条规定：两个以上的申请人分别就同样的发明创造申请专利的，专利权授予最先申请的人。

专利法第23条规定：授予专利权的外观设计，应当同申请日以前在国内外出版物上公开发表过或者国内公开使用过的外观设计不相同和不相近似，并不得与他人在先取得的合法权利相冲突。

专利法实施细则第 13 条第 1 款规定：同样的发明创造只能被授予一项专利。

二审判决认定："在进行摩托车产品外观设计相近似判断时，通常应采用综合判定的方式……本案的特殊性在于本专利及附件 1 均为本田株式会社出品的同一系列摩托车产品，只是型号、规格有所不同，很明显本专利系对附件 1 作出的改进设计，故二者在整体、车身、车架及某些主要组成部件上均采用了相同或近似的设计。但不容否认，二者在前转向灯位置、后车体罩、仪表盘、操作部等处也存在较大差异。基于公平原则，并遵从整体观察、综合比较的判断方法，本院认为一般消费者对本专利和对比文件进行观察后，会注意上述差别、进而予以区分，不能造成混淆，两外观设计应属于不相同亦不相近似的外观设计，专利复审委员会未充分考虑本案之特殊性及两外观设计的差异之处，其所得结论有失公允，应予纠正。"

合议组注意到，无论是一审判决还是二审判决，对外观设计相同和相近似的判断原则还停留在混淆误认的判断原则上，2004 年审查指南修改后，外观设计相同和相近似的判断原则已经修改为二者的差别是否对产品外观设计的整体视觉效果具有显著影响。

由于第 6890 号决定认定本专利与附件 1 属于相近似的外观设计，不符合专利法第 23 条的规定，故对请求人提出的其他证据和理由没有进行评述。二审维持本专利权有效的终审判决也是基于认定本专利与附件 1 既不相同也不相近似的基础上作出的，合议组基于法院的生效判决，认定附件 1 和本专利既不相同也不相近似。但合议组注意到请求人在无效宣告审查程序中除放弃的证据外，认为本专利与附件 1 和附件 2 均相近似，而且无效宣告请求理由还涉及本专利与他人在先取得的外观设计专利产生了冲突并且不符合专利法第 9 条和专利法实施细则第 13 条第 1 款的规定。因此合议组还应当对第 6890 号无效宣告请求审查决定中没有审查的理由和证据进一步审查。

因请求人在提出无效宣告请求时，没有按照专利法第 65 条第 3 款的规定提交生效的能够证明权利冲突的处理决定或者判决。根据最高人民法院关于审理专利纠纷案件适用法律问题的若干规定第 16 条的规定，在先取得的合法权利不包括专利权，所以，请求人提交的所有证据均不能支持其主张。

关于请求人提出的本专利不符合专利法第 9 条和专利法实施细则第 13 条第 1 款的规定的理由，合议组认为，由于上述法院生效判决已经认定本专利与附件 1 相比既不相同也不相近似，故二者亦不属于同样的发明创造，因此，请求人以附件 1 证明本专利不符合专利法第 9 条和专利法实施细则第 13 条第 1 款规定的理由不能成立。

请求人在无效宣告请求程序中还认为本专利与附件 2 公开的外观设计属于相近似的外观设计，不符合专利法第 9 条、第 23 条和专利法实施细则第 13 条第 1 款的规定。

附件 2 是 92307683.2 号外观设计专利公报复印件，合议组对其真实性进行了核实确认其真实性。该外观设计的公开日为 1994 年 1 月 5 日，在本专利申请日之前，专利权人是光阳工业股份有限公司，与本专利权人不同，可以作为评价本专利是否符合专利法第 9 条、第 23 条和专利法实施细则第 13 条第 1 款规定之证据予以采纳。附件 2 公开的也是一款摩托车，与本专利属于相同类别，可以进行相同和相近似性比较。

故合议组将本专利与附件 2 公开的外观设计进行下列相同和相近似性比较：

从图片上观察，附件 2 公开了一种踏板式车型，车头转向部形状为类似三角形的圆滑曲面，从正前方看，所述三角形圆滑曲面下方有两个类似昆虫眼睛的转向灯；车前罩形状为类似楔形的圆滑曲面，下端较尖，上部凸起一个大灯罩，内含双灯，大灯罩下有两条凸沿；车前部、踏板部与座垫间的内弧线围成不规则的折线形；座垫形状呈阶梯状；车座垫与脚踏板延伸部分之间的车后部分车体罩凹凸不平，车后灯在车后体罩后部两侧，并凸出于车后体罩；脚踏板从车前罩延伸到车后体罩下端中部；车尾部上扬为近似鸭尾形；轮辐、消音器、转向灯、车把、后视镜、仪表板、车后挡板及脚架等结构（详见附件2附图）。

本专利也是一种踏板式车型，车头转向部形状为类似三角形的圆滑曲面；车前罩形状为类似楔形的圆滑曲面，下端较尖，上部凸起一个大灯罩，内含一个大灯；车前部、踏板部与座垫间的内弧线围成不规则的折线形，并且车前罩、踏板与后罩连接成一体；座垫形状呈阶梯状；座垫与脚踏板之间的车后体光滑平整，整体感较强；脚踏板延伸到车后体罩的下部前端；车尾部上扬为近似鸭尾形，两个车后灯并排位于车后体罩后部下方；轮辐为肋条型；其他另有消音器、转向灯、车把、后视镜、仪表板、后挡板等结构（详见本专利附图）。

将本专利与附件2公开的踏板式摩托车相比较可知，本专利与附件2摩托车的车头转向部形状虽然近似，但转向灯及其转向灯之间的具体设计、仪表盘有所不同，车前罩大灯罩内灯的数量不同，另有其他细微结构的形状有所不同，本专利的后车体罩及与脚踏板延伸部分的连接较为平整，而附件2相应部分的连接比较有层次感。从整体视觉观察，本专利摩托车外观设计整体感强，比附件2所示外观设计更加简洁明快，对一般消费者而言二者的上述区别对整体视觉效果具有显著影响。因此二者属于不相同也不相近似的外观设计，即本专利与对比文件不属于同样的发明创造。由此可知，请求人以此证据证明本专利不符合专利法第9条、第23条和专利法实施细则第13条第1款规定的主张不能成立。

综上所述，请求人提交的所有证据均不足以支持其主张。

三、决定

依据法院生效判决和专利法第9条、第23条和专利法实施细则第13条第1款的规定，维持96305242.X号外观设计专利权有效。

当事人对本决定不服的，可以根据专利法第46条第2款的规定，自收到本决定之日起三个月内向北京市第一中级人民法院起诉。根据该款的规定，一方当事人起诉后，另一方当事人应当作为第三人参加诉讼。

参考图 1　　　　参考图 2

参考图 3　　　　参考图 4

本专利附图

主视图

后视图

左视图

右视图

俯视图

仰视图

附件1 附图

左前立体图

左后立体图

右前立体图

右后立体图

附件1附图

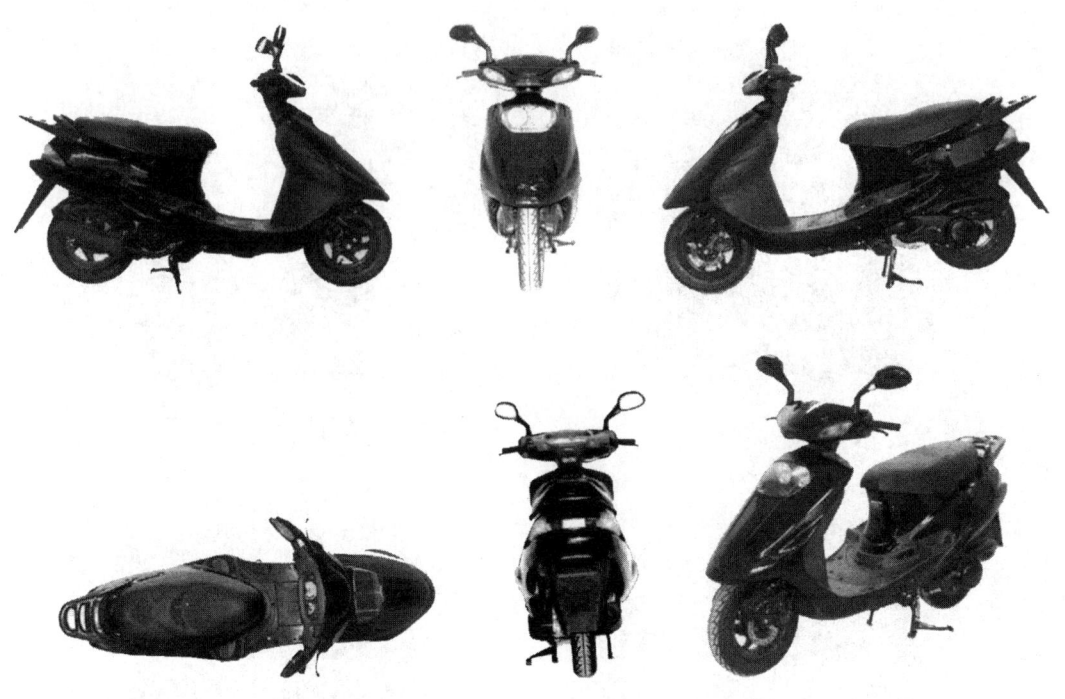

附件 2 附图

巧克力包装盒标贴

无效宣告请求审查决定（第9794号）

决 定 号	第9794号
决 定 日	2007年5月10日
发明创造名称	巧克力包装盒标贴
外观设计分类号	09-03
无效宣告请求人	意大利费列罗公司
专 利 权 人	开平市金诺食品有限公司
专 利 号	01325260.7
申 请 日	2001年5月17日
授权公告日	2002年2月20日
合议组组长	张跃平
主 审 员	严若艳
参 审 员	徐清平
附 图	1页

法 律 依 据 专利法第23条

决 定 要 点

本专利与在先设计的产品用途相同，属于相同类别的产品，可以进行外观设计的相近似性比较。二者外观设计的素材和构图方式近似，整体视觉印象近似，二者的区别属于局部细微的差异，对整体视觉效果不具有显著影响。本专利与在先设计相近似，本专利的授予不符合专利法第23条的规定。

一、案由

本无效宣告请求涉及的是国家知识产权局于2002年2月20日授权公告的01325260.7号外观设计专利，使用外观设计的产品名称是"巧克力包装盒标贴"，申请日是2001年5月17日，专利权人是开平市金诺食品有限公司。

针对上述外观设计专利权（下称本专利），意大利费列罗公司（下称请求人）于2006年10月13日向专利复审委员会提出无效宣告请求，其理由是本专利的授予不符合专利法第23条的规定。请求人认为：1984年2月，费列罗公司FERRERO ROCHER系列巧克力通过中国粮油食品进出口总公司进入中国大陆市场，在本专利申请日以前，请求人曾在杂志、报刊上发布FERRERO ROCHER巧克力产品广告，其中的标贴部分与本专利外观设计相近似，因此本专利与其申请日以前在国内外公开发表的外观设计相近似，本专利的授予不符合专利法第23条的规定。请求人提交了如下附件作为证据：

附件 1：《寄售业务十周年》1988 复印件 1 页；
附件 2：《今日中国》封面及内页复印件各 1 页；
附件 3：《中国民航》1990 年 12 月第 6 期及付费通知单复印件共 5 页；
附件 4：《广东侨务专辑》封面及内页复印件各 1 页；
附件 5：《北京晚报》2000 年 12 月 12 日第 19 版复印件 1 页；
附件 6：《北京晚报》2000 年 12 月 19 日第 18 版复印件 1 页；
附件 7：《申江服务导报》2000 年 12 月 6 日 B4 版复印件 1 页；
附件 8：《申江服务导报》2000 年 12 月 13 日 B5 版复印件 1 页；
附件 9：《申江服务导报》2000 年 12 月 20 日 B13 版复印件 1 页；
附件 10：《北京青年报》2000 年 12 月 5 日第 16 版复印件 1 页；
附件 11：《北京青年报》2000 年 12 月 20 日第 20 版复印件 1 页；
附件 12：《新民晚报》2000 年 12 月 14 日第九版复印件 1 页；
附件 13：《新民晚报》2000 年 12 月 18 日第二十四版复印件 1 页；
附件 14：《羊城晚报》2000 年 12 月 5 日第 B1 版复印件 1 页；
附件 15：《羊城晚报》2000 年 12 月 20 日第 A16 版复印件 1 页；
附件 16：《娱乐新闻》2000 年 12 月 13 日第 B2 版复印件 1 页；
附件 17：《娱乐新闻》2000 年 12 月 20 日第 B2 版复印件 1 页；
附件 18：《深圳特区报》2000 年 12 月 20 日第 3 版复印件 1 页；
附件 19：本专利图片 1 页。

专利复审委员会根据无效宣告请求审查程序的规定受理了该无效宣告请求，并于 2006 年 12 月 4 日将上述无效宣告请求书及其附件的副本转送给专利权人，要求其在指定期限内陈述意见。

专利权人在指定期限内未提交答复意见。

专利复审委员会于 2007 年 2 月 27 日向双方当事人发出口头审理通知书，定于 2007 年 4 月 17 日对本案进行口头审理。

2007 年 4 月 17 日口头审理如期举行。请求人的委托代理人出庭。专利权人未向专利复审委员会提交口头审理通知书回执，也未参加口头审理。根据审查指南的规定，在无效宣告程序中，专利权人不参加口头审理的，可以缺席审理。在口头审理中，请求人当庭提交了附件 1、附件 6、附件 9、附件 10、附件 14 的原件。经合议组核实，提交的附件 1 的原件与无效宣告请求日提交的附件 1 不完全一致，附件 9 的原件与复印件一致，提交的附件 6、附件 10、附件 14 的原件为图书馆保藏原件的扫描件，盖有"国家图书馆报纸第三阅览室"印章，内容与复印件一致。请求人未提交其他附件的原件，因此声明放弃其他附件作为本案的证据。在口头审理中，请求人表明附件 6、附件 9、附件 10、附件 14 中作为证据部分的内容相同，附件 9 有原件，其他附件是扫描件，因此以附件 9 作为与本专利最接近的对比文件。请求人坚持无效请求的理由，并就附件 1、附件 9 与本专利外观设计的相近似性陈述了意见。

在请求人的意见陈述和口头审理的基础上，合议组经合议，认为本案事实清楚，依法作出本审查决定。

二、决定的理由

1. 法律依据

基于请求人提出无效宣告请求的理由，合议组依据专利法第 23 条的规定进行审理。

专利法第 23 条规定：授予专利权的外观设计，应当同申请日以前在国内外出版物上公开发表过或者国内公开使用过的外观设计不相同和不相近似，并不得与他人在先取得的合法权利相冲突。

2. 证据认定

请求人提交的附件9为2000年12月20日出版的《申江服务导报》B13版，经合议组核实其原件，该附件的真实性可以确认。本专利的申请日是2001年5月17日，附件9的出版日是2000年12月20日，早于本专利的申请日，因此附件9公开的外观设计属于"申请日以前在国内外出版物上公开发表过"的外观设计，适用专利法第23条。

3. 相同相近似对比

（1）附件9所示报纸登载的是巧克力产品广告，其内容为包装完整的巧克力，包装盒上有用于捆扎的带子，正中间的带子上面贴有标贴。请求人表明以此标贴（下称在先设计）作为宣告本专利无效的对比外观设计。合议组认为：本专利使用外观设计的产品名称是"巧克力包装盒标贴"，尽管授权公告的分类号为09-03，但其用途是作为巧克力包装盒的标贴使用，在先设计也是用在巧克力包装盒上的标贴，二者用途相同，属于相同类别的产品，可以进行外观设计相同相近似比较。

（2）在先设计公开的是一种使用在巧克力包装盒上的标贴，具体内容为：上部为一椭圆形图案，椭圆的外圈有若干条装饰线，内部印有"FERRERO ROCHER"字样，分两行排列，椭圆的底色为白色，其上的装饰线和文字的颜色为香槟金色。椭圆图案的下方，居中位置有一粒用纸包装的球状巧克力的图案，巧克力的底部是深褐色纸质底托，顶部贴有一椭圆形的标贴，左边是一粒打开的巧克力球的图案，右边有栗色果仁和绿色树叶的图案（详见在先设计附图）。

本专利是一种巧克力包装盒标贴的外观设计，其仅公开了一幅主视图，请求保护色彩。具体是：上部为一椭圆形图案，椭圆的外圈有半圆和圆尖状突起交替构成的花边状图案和一圈装饰线，内部印有"JINNUO CHOCHER"字样，分两行排列，椭圆的底色和花边的颜色为白色，装饰线为浅褐色，文字的颜色为深褐色，其他部分为深灰色。椭圆图案的下方，居中位置有一粒用纸包装的球状巧克力的图案，巧克力的底部是白色纸质底托，顶部贴有一椭圆形的标贴，左边有两粒栗色果仁，底部是绿色树叶，有栗色绶带贯穿其中（详见本专利附图）。

比较本专利与在先设计，其不相同点为：二者上部椭圆图案的外圈不同，在先设计为若干条椭圆形装饰线，本专利为花边和椭圆圈；椭圆内部的文字内容不同；在先设计的下部左边为打开的巧克力球，右边为果仁，本专利的左边为两粒果仁，右边只有树叶；本专利有绶带，在先设计没有。合议组认为：尽管本专利与在先设计有上述不同之处，但其整体视觉印象是近似的。首先，二者的设计素材近似，设计素材均为带文字的椭圆形标志、巧克力球、果仁、树叶等。其次，二者的构图方式相同，构图方式均为上部的椭圆形标志占据主要位置，显示产品的品牌，下部的巧克力球和果仁揭示该标贴用在什么产品上。第三，二者在设计素材和构图方式上的上述相同之处，尤其是请求人费列罗公司的巧克力很早就进入中国市场，其标贴的这种特有设计会使一般消费者忽略二者的差异。虽然椭圆内部的文字内容不同，但外观设计专利不保护文字的具体含义，只是将其作为图案考虑，二者均为两行排列的大写英文字母。二者的其他不同之处（如椭圆外圈图案的差异、色彩的差异）相对于其相同之处而言，均属于局部细微的差异，对整体视觉效果不具有显著影响。本专利外观设计与在先设计相近似。

（3）综上所述，本专利与在先设计相近似。

本专利与申请日以前在国内出版物上公开发表过的外观设计相近似，因此本专利的授予不符合专利法第23条的规定。

鉴于上述已得出本专利不符合专利法第23条规定的结论，本决定对请求人提交的其他证据不再评述。

三、决定

宣告 01325260.7 号外观设计专利权全部无效。

当事人对本决定不服的，可以根据专利法第 46 条第 2 款的规定，自收到本决定之日起三个月内向北京市第一中级人民法院起诉。根据该款的规定，一方当事人起诉后，另一方当事人应当作为第三人参加诉讼。

在先设计附图

本专利附图

包装袋（德氏草莓真果）

无效宣告请求审查决定（第9799号）

决　定　号	第9799号
决　定　日	2007年5月21日
发明创造名称	包装袋（德氏草莓真果）
外观设计分类号	09-05
无效宣告请求人	可尔必思株式会社
专利权人	王德刚
专　利　号	02332650.6
申　请　日	2002年8月1日
授权公告日	2003年4月2日
合议组组长	程　强
主　审　员	刘　妍
参　审　员	杜微科
法律依据	专利法第23条

决定要点

对于域外证据，如果公证认证不是对域外证据的真实性、公开性所作的公证认证，而只是对证人出具证人证言行为的真实性所作的公证认证，在没有其他证据予以佐证的情况下，该公证认证不能用于证明域外证据的真实性、公开性，不能作为本案的定案依据。

一、案由

本无效宣告请求涉及国家知识产权局于2003年4月2日授权公告的，名称为"包装袋（德氏草莓真果）"的02332650.6号外观设计专利（下称本专利），其申请日为2002年8月1日，专利权人为王德刚，该专利权已于2004年8月2日终止。

针对本专利，可尔必思株式会社（下称请求人）于2005年12月20日向专利复审委员会提出无效宣告请求，其理由是：在本专利的申请日前已经有与本专利相近似的外观设计在出版物上公开发表过，因此本专利不符合专利法第23条的规定，请求人同时提交如下附件作为证据：

附件1：请求人声称中文名称为《饮料商品指南》的日文印刷品原件及复印件；

附件2：请求人声称中文名称为《CALPIS公司饮料制品目录》的日文印刷品彩色复印件及黑白复印件；

附件3：证人高井由香出具的声明的复印件及其译文，东京法务局对该声明出具的证明的复印件及其译文，以及中国驻日本大使馆领事部出具的认证书复印件。

经形式审查合格，专利复审委员会于2006年7月24日受理了上述无效宣告请求，并于同日将无效宣告请求书及其附件的副本转给专利权人，要求其在指定的期限内答复。专利权人逾期未陈述意见。

专利复审委员会于2007年2月12日向双方当事人发出口头审理通知书，定于2007年3月29日举行口头审理。

口头审理如期举行，请求人的代理人出席了本次口头审理，专利权人未参加口头审理。请求人在口审中坚持其无效理由并充分陈述了意见，请求人于口审中出示了附件1、2的原件，指出附件3的原件在编号为W606047的无效宣告请求案件的案卷中，并请求合议组依职权予以核实。在口头审理中，请求人的代理人对变更后的合议组成员无回避请求。合议组于口头审理后向专利权人发出《合议组成员告知通知书》，专利权人在指定的期限内未对变更后的合议组成员提出回避请求。

至此，合议组认为本案事实已经调查清楚，可以作出如下审查决定。

二、决定的理由

1. 法律依据

专利法第23条规定：授予专利权的外观设计，应当同申请日以前在国内外出版物上公开发表过或者国内公开使用过的外观设计不相同和不相近似，并不得与他人在先取得的合法权利相冲突。

2. 证据和事实认定

请求人提交的附件1是其声称中文名称为《饮料商品指南》的日文印刷品原件及复印件，附件2是请求人声称中文名称为《CALPIS公司饮料制品目录》的日文印刷品彩色复印件及黑白复印件，请求人认可附件1、2为从境外提供的证据，属于域外形成的证据。

合议组依职权对请求人提供的附件3进行了核实，可以确认其形式上的真实性。附件3中包括由证人高井由香出具的声明的复印件，其证明的内容为声明所附文件真实有效且与原件一致；附件3中包括由东京法务局的公证人五井幸雄出具的公证书，其公证的内容为见证高井由香在所附文件上署名；附件3中包括由东京法务局局长户田信久出具的证明，其证明的内容为上述签名系东京法务局公证人的真实签名，并且所附公章真实有效，同时该印章经日本国外务省领事认证真实有效；附件3中包括由中华人民共和国驻日本国大使馆领事部一等秘书兼领事黄邦久出具的认证书，其认证内容为证明前述日本国外务省的印章和该省官员的签字均属实，但文书内容由出文机构负责。

合议组认为，根据附件3的上述内容可知，附件3不属于对附件1、附件2本身的真实性或公开性所作的公证认证，实际上只是对高井由香出具证言行为的真实性所作的公证认证。附件3虽然可以证明高井由香确实作出过声明，但不能证明所述声明内容的真实性，在没有其他证据予以佐证的情况下，附件3无法证明附件1、附件2的真实性、公开性。

基于上述理由，合议组认为附件1、2为域外证据，请求人未能对附件1、2的真实性、公开性进行公证认证，也没有提供其他证据佐证。因此，附件1至附件3不能证明本专利不符合专利法第23条的规定。

综上所述，请求人提交的所有证据均不能支持其主张，其无效宣告请求不成立。

三、决定

维持02332650.6号外观设计专利权有效。

当事人对本决定不服的，可以根据专利法第46条第2款的规定，自收到本决定之日起三个月内向北京市第一中级人民法院起诉，根据该款规定，一方当事人起诉后，另一方当事人应当作为第三人参加诉讼。

啤酒瓶（刻花折光）

无效宣告请求审查决定（第9802号）

决 定 号	第9802号
决 定 日	2007年5月21日
发明创造名称	啤酒瓶（刻花折光）
外观设计分类号	09-01
无效宣告请求人	安庆市玻璃有限责任公司
专 利 权 人	安庆天柱啤酒有限责任公司
专 利 号	01317800.8
申 请 日	2001年3月20日
授权公告日	2002年1月2日
合议组组长	徐清平
主 审 员	严若艳
参 审 员	李巍巍
附 图	1页

法律依据 专利法第23条

决定要点

本专利与在先设计所示瓶子形状相近且都属于该类产品常见的形状，瓶身图案相近且在瓶子表面的分布位置相同，瓶口、瓶颈、瓶底部及瓶身图案的细微变化不会对整体视觉效果产生显著影响，二者属于相近似的外观设计，本专利的授予不符合专利法第23条的规定。

一、案由

本无效宣告请求涉及的是国家知识产权局2002年1月2日授权公告的01317800.8号外观设计专利，使用外观设计的产品名称是"啤酒瓶（刻花折光）"，申请日是2001年3月20日，专利权人是安庆天柱啤酒有限责任公司。

针对上述外观设计专利权（下称本专利），2006年11月22日安庆市玻璃有限责任公司（下称请求人）向专利复审委员会提出无效宣告请求，其理由是本专利不符合专利法第23条的规定。请求人认为：在本专利申请日之前，已有相近似的外观设计在中国外观设计专利公报上公开发表；安徽省淮南第二玻璃厂和安徽省淮南第三玻璃厂2000年第四季度生产的玻璃瓶与本专利外观设计相近似，已在市场上公开使用，并且本专利中冰花图案的设计在2000年前就已在玻璃瓶制造行业中广泛使用。请求人提交了如下附件作为证据：

附件1：国家知识产权局网站下载的00311337.X号外观设计专利图片及著录项目信息，公告日是2000年9月27日；

附件2：请求人搜集的玻璃瓶实物照片的复印件1页；

附件3：工矿产品购销合同复印件1页；

附件4：《关于要求保留营业执照的报告》复印件1页；

附件5：华润雪花啤酒（安徽）有限公司出具的证明文件复印件1页。

专利复审委员会根据无效宣告请求审查程序的规定受理了该无效宣告请求，并于2006年12月22日将《专利权无效宣告请求书》及其附件的副本转送专利权人。

专利权人在指定期限内未提交答复意见。

专利复审委员会于2007年3月29日向双方当事人发出合议组成员告知通知书。双方当事人在指定期限内均未对合议组成员提出回避请求。

依据请求人提交的证据和意见陈述，合议组经合议，认为本案事实清楚，依法作出本审查决定。

二、决定的理由

1. 法律依据

基于请求人提出的无效宣告请求的理由，合议组依据专利法第23条的规定进行审理。

专利法第23条规定：授予专利权的外观设计，应当同申请日以前在国内外出版物上公开发表过或者国内公开使用过的外观设计不相同和不相近似，并不得与他人在先取得的合法权利相冲突。

2. 证据认定

请求人提交的附件1是国家知识产权局网站下载的00311337.X号外观设计专利图片及著录项目信息，公告号为CN3161378，公告日为2000年9月27日。经合议组核实，该附件所示内容真实，确系在本专利申请日（2001年3月20日）以前公告的外观设计专利权，适用专利法第23条。

请求人提交的附件2~5，与请求人于2005年12月15日针对本专利提出的无效宣告请求中补充的证据（编号为附件2~5）相同，依据的无效宣告请求理由也相同，专利复审委员会已生效的第8665号审查决定已经对上述证据及理由作出认定，根据一事不再理的原则，本案合议组对请求人提交的附件2~5及其依据的理由不再审理。

3. 相同相近似对比

附件1公开的是一种酒瓶的外观设计（下称在先设计），本专利使用外观设计的产品是啤酒瓶。合议组认为：本专利和在先设计均为酒瓶类产品的外观设计，二者用途相同，属于相同类别的产品，可以进行相同相近似比较。

在先设计所示酒瓶的瓶身为圆柱形，瓶颈为细长圆锥的一部分，瓶口为中间略细上下两端略粗并且圆滑过渡的回转体，瓶颈与瓶身的连接在靠近瓶颈部分以小圆弧过渡，靠近瓶身部分以大圆弧过渡。瓶身下部和瓶身与瓶颈的过渡部位分布有不规则的多边形图案，多边形的形状主要为三角形和四边形（详见在先设计附图）。

本专利所示酒瓶的瓶身为圆柱形，瓶颈为细长圆锥的一部分，瓶口为中间略鼓上下两端略细的回转体，瓶颈与瓶身的连接在靠近瓶颈部分以大圆弧过渡，靠近瓶身部分以小圆弧过渡。瓶身下部和瓶身与瓶颈的过渡部位分布有不规则的多边形图案，多边形的形状有三角形、四边形等多种不规则的形状。瓶子底部靠近边缘的部分有放射状的线条（详见本专利附图）。

比较在先设计与本专利，其不同点为：二者瓶身高度与直径的比例有所不同；二者瓶身下部和瓶身与瓶颈的过渡部位的多边形的形状及排列方式也有所不同；另外瓶口、瓶颈及底部都有细微的不同。合议组认为：本专利与在先设计所示的瓶子的整体形状都是由圆柱形的瓶身、细长圆锥一部分的瓶颈和瓶口构成，尽管瓶身高度与瓶身直径的比例有所不同，但瓶子的整体形状近似且都是常见的酒类包装瓶的形状。二者瓶身下部和瓶身与瓶颈的过渡部位的不规则排列的多边形图案为容易引起消费者注意的部位，这两组图案在各自产品中所在的位置相同，与瓶子整体的比例也基本相同，使一般消费者对二者产生相近似的视觉印象，虽然多边形的具体形状和排列方式不相同，但由于图案本身的特点在于不规则的多边形和不规则的排列方式，因此不规则多边形的具体形状和具体的排列方式的细节不同不会对整体视觉印象产生显著影响。瓶口在整个瓶子中所占比例很小，瓶颈与瓶身的连接部分过渡弧度略有差异，瓶子底部属于使用时不容易看到的部位，上述各部位的细微变化不会对整体视觉效果产生显著影响。因此本专利与在先设计属于相近似的外观设计。

综上所述，在本专利申请日以前已有与其相近似的外观设计在出版物上公开发表过，本专利不符合专利法第23条的规定。

三、决定

宣告01317800.8号外观设计专利权全部无效。

当事人对本决定不服的，可以根据专利法第46条第2款的规定，自收到本决定之日起三个月内向北京市第一中级人民法院起诉。根据该款的规定，一方当事人起诉后，另一方当事人应当作为第三人参加诉讼。

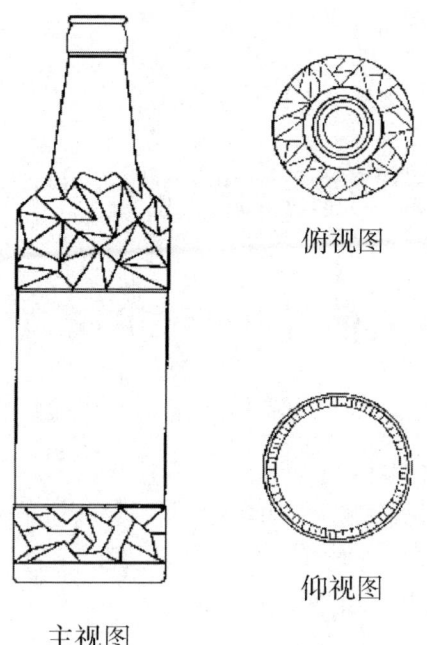

俯视图

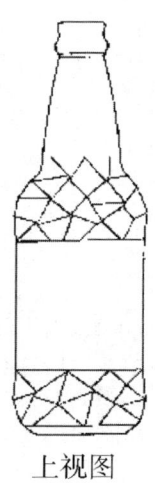

仰视图

主视图

本专利附图

上视图

俯视图   仰视图

在先设计附图

台灯（鼠标电脑 GUL0305C）

无效宣告请求审查决定（第 9804 号）

决 定 号	第 9804 号
决 定 日	2007 年 5 月 15 日
发明创造名称	台灯（鼠标电脑 GUL0305C）
外观设计分类号	26-05
无效宣告请求人	佛山市南海区里水皓汉电器厂
专 利 权 人	林建雄
专 利 号	200330102441.5
申 请 日	2003 年 10 月 31 日
授权公告日	2004 年 9 月 15 日
合议组组长	李 隽
主 审 员	余心蕾
参 审 员	徐洁玲
附 图	2 页

法 律 依 据 专利法第 23 条

决 定 要 点

如果一项专利要求保护的外观设计和申请日前已公开的在先设计的不同点属于局部细微差别，并不足以对二者的整体外观产生明显不同的视觉效果，应认定二者相近似，该专利不符合专利法第 23 条的规定。

一、案由

本无效宣告请求涉及国家知识产权局于 2004 年 9 月 15 日授权公告的 200330102441.5 号外观设计专利（下称本专利），本专利申请日为 2003 年 10 月 31 日、产品名称为"台灯（鼠标电脑 GUL0305C）"、专利权人为林建雄。

针对本专利，佛山市南海区里水皓汉电器厂（下称请求人）于 2006 年 3 月 10 日向专利复审委员会提出了无效宣告请求。请求人提出无效宣告请求的理由是本专利不符合专利法第 23 条的规定；同时提交了第 02324688.X 号外观设计专利公报与本专利的各视图对比图。

请求人在无效宣告请求书中指出：第 02324688.X 号外观设计专利公报公开的外观设计与本专利外观设计相近似，导致本专利不符合专利法第 23 条的规定。具体认为：本专利和在先设计的整体形状特征相同，不同仅在于：本专利设计的灯座上表面尾部略窄，但二者相近似；本专利设计的灯杆略短，但二者相近似；本专利灯杆和灯座间的连接件略长些；本专利灯座的底面中的线条与在先设计不同，但这属于不常见部位。所以一般消费者会将在先设计误认为是本专利，两者属于相近似的外观设计，本专利不符合专利法第23条的规定。

请求人于2006年3月20日提交了无效请求的补正书，同时补交了专利号为02324688.X、名称为"台灯（RL-e01）"、授权公告日为2003年4月16日的外观设计专利公报（下称"证据1"）的复印件1页。

经形式审查合格，专利复审委员会于2006年5月11日向双方当事人发出了无效宣告请求受理通知书，同时将专利权无效宣告请求书及其附件清单中所列附件的副本以及请求人2006年3月20日提交的无效请求的补正书、证据1转送给专利权人，要求专利权人在指定的期限内答复。

2006年6月8日，专利权人针对请求人提出的无效宣告请求提交了意见陈述书，同时提交了如下附件：

（1）意见陈述书正文；
（2）外观专利对比附图；
（3）ZL200330102441.5外观专利证书复印件；
（4）ZL200330102441.5外观专利公报复印件；
（5）ZL200330102441.5外观专利2005年年费收据复印件；
（6）授权委托书。

专利权人在意见陈述书中指出，本专利的台灯的外观设计与请求人提交的证据1中的台灯的外观设计不相近似，符合专利法第23条以及专利法实施细则第2条第3款的规定，具体理由为：（1）和证据1相比，本专利设计的底座在上盖形状、开关撇片形状、底座上沿形状上存在较大的差异；（2）在灯杆的设计上，本专利的灯杆比证据1的灯杆略短、略细；（3）在底座和灯头的连接部位的连接固定件的设计上，本专利的连接件较之证据1的略长；（4）本专利的灯头顶端至灯头前端有一条装饰条，而证据1中无装饰条。

2006年7月26日，专利权人提交了意见陈述书的补正书及附件2的替换页。

专利复审委员会依法成立合议组对本无效宣告请求进行审查。合议组于2007年2月2日向双方当事人发出无效宣告请求口头审理通知书，定于2007年3月28日进行口头审理，并将专利权人于2006年6月8日提交的意见陈述书及其附件副本转送请求人。

口头审理如期举行，无效宣告请求人委托代理人出席了口头审理，并对合议组成员无回避请求。专利权人未出席口头审理。

请求人在口头审理中，坚持认为本专利与证据1相近似，不符合专利法第23条的规定。

至此，合议组认为本案事实已经调查清楚，可依法作出无效宣告请求审查决定。

二、决定的理由

基于请求人提出的无效宣告请求的理由，合议组依据专利法第23条的规定对本案进行审理。

1. 法律依据

专利法第23条规定：授予专利权的外观设计，应当同申请日以前在国内外出版物上公开发表过或者国内公开使用过的外观设计不相同和不相近似，并不得与他人在先取得的合法权利相冲突。

2. 证据的认定

证据1（第02324688.X号外观设计专利）为中国专利文献，属专利法意义上的公开出版物，其授权公告日为2003年4月16日，早于本专利申请日，故证据1构成本专利的在先设计，可以作为评价本专利是否符合专利法第23条规定的证据使用。

3. 关于本专利是否符合专利法第23条

本专利外观设计包括台灯的六面视图，即俯视图、后视图、仰视图、右视图、左视图和主视图。

如各视图所示，台灯分为底座、灯杆和灯头三部分：其中底座具有类似鼠标的外形，从俯视图看，底座整体呈现右侧稍宽于左侧的类椭圆形，底座上表面有蟹爪线条，从主视图看，底座底面为一平面，底座的上部前面向下和两侧较平滑地倾斜，后面向下和两侧较急剧地倾斜；从仰视图看，底座底面呈类椭圆形轮廓，其内右侧有一长方形，四周有4个较大的圆圈；结合俯视图看，底座表面靠左侧沿横向中线连接着灯杆，灯杆向底座的右方延伸，灯杆连接着灯头，灯头也是向右方延伸，灯头背部中间横向有一装饰线；结合主视图看灯杆为一弧形杆，灯头具有稍粗于灯杆的长条形的窄灯罩，灯杆与灯头、灯座通过连接件相连，连接件略长，并呈圆台型；结合右视图看，灯头的截面呈半圆形，灯罩周边有外翻凸显的环边，灯管略凸出灯罩（具体参见本决定附图）。

证据1包括台灯的六面视图和立体图，即俯视图、仰视图、右视图、左视图、主视图、后视图和立体图。如各视图所示，台灯分为底座、灯杆和灯头三部分：其中底座具有类似鼠标的外形，从俯视图看，底座整体呈现椭圆形，其上表面右侧部分有一个半椭圆线条，结合右视图，该半椭圆线条沿纵向中间被一直线分隔为两半，每半中间有一小椭圆形线条，从主视图看，底面为一平面，上部前面向下和两侧较平滑地倾斜，后面向下和两侧较急剧地倾斜，从仰视图看，底座底部呈椭圆轮廓，其内右侧有一长方形，四周有7个较小的圆圈；结合俯视图看，底座靠左侧沿横向中线连接着灯杆，灯杆向底座的右方延伸，灯头也是向右方延伸；结合主视图看，灯杆为一弧形杆，灯杆与灯头、灯座通过连接件相连，连接件略短，呈圆台型，灯头具有稍粗于灯杆的长条形的窄灯罩；结合右视图看，灯头的截面呈半圆形，灯罩周边有外翻凸显的环边，灯管略凸出灯罩（具体参见本决定附图）。

经上述比较，二者的相同点是：二者均为台灯，属于同类产品；在使用状态下整体形状相同，均为底座呈常规鼠标状、灯杆呈细圆弧状、灯头细长的台灯。二者的不同点在于：（1）本专利灯座的鼠标表面图形较之证据1略不同；（2）本专利设计的灯杆较之证据1略短，且本专利灯杆和灯座、灯头间的连接件较之证据1略长；（3）本专利设计灯头背面的中间有一道装饰线，而证据1没有；（4）本专利设计灯座的底面与证据1不同。

针对上述不同点，合议组进一步分析认为：关于区别（1），尽管本专利底座表面上有蟹爪线条，而证据1底座上表面有内含两小椭圆、中间有一直线的半椭圆线条，但二者总体都是鼠标形状，并且鼠标的整体形状相似，设计风格也是相同的，一般消费者在购买上述产品时，在二个台灯整体风格、设计非常接近，并且底座整体均呈常规鼠标形状的情况下，注意力将主要集中在台灯整体造型上，二个底座在表面图形上的细微差别不会带来视觉效果的显著影响，上述差别属于局部细微的差别。至于灯杆、连接件的长度比例的差别，由于本专利和证据1的灯杆都是呈现圆弧型的设计，并且均具有一段较长的长度，二者的连接件均为圆台型的，仅是在长度/比例上略有不同，属于局部更细微的变化，不能给消费者造成视觉上的明显差异。关于灯头背部的装饰线，首先，灯头背部不是消费者重点关注的部位，并且，在其上多一道很细的装饰线，仅属于局部细微的差异，不能给消费者造成视觉上的明显差异。而灯座底部属于使用时不容易看到的部位，对整体视觉效果没有显著影响。

基于上述分析，合议组认为：本专利与其申请日之前公开发表在出版物上的外观设计相近似，本专利权的授予不符合专利法第23条的规定。

三、决定

宣告200330102441.5号外观设计专利权无效。

当事人对本决定不服的，可以根据专利法第46条第2款的规定，自收到本决定之日起三个月内向北京市第一中级人民法院起诉。根据该款的规定，一方当事人起诉后，另一方当事人应当作为第三人参加诉讼。

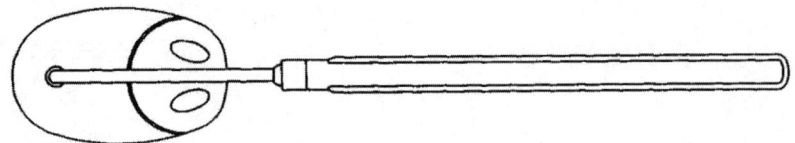

俯视图

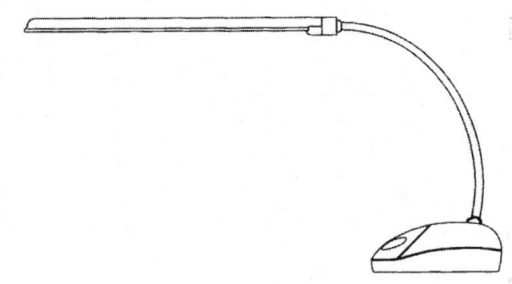

后视图

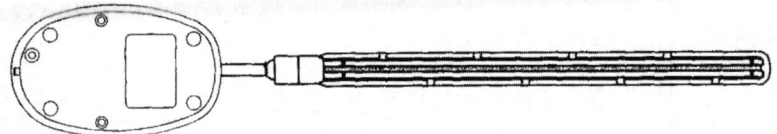

仰视图

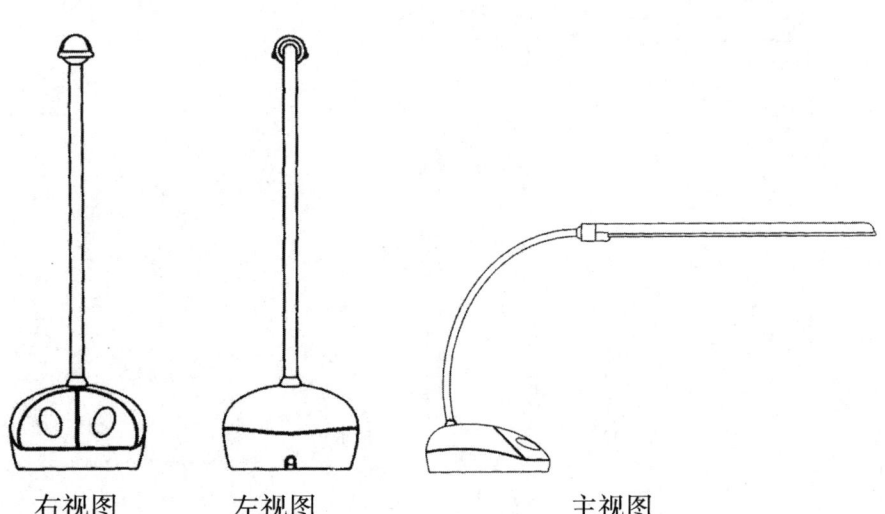

右视图　　左视图　　　　主视图

证据1附图

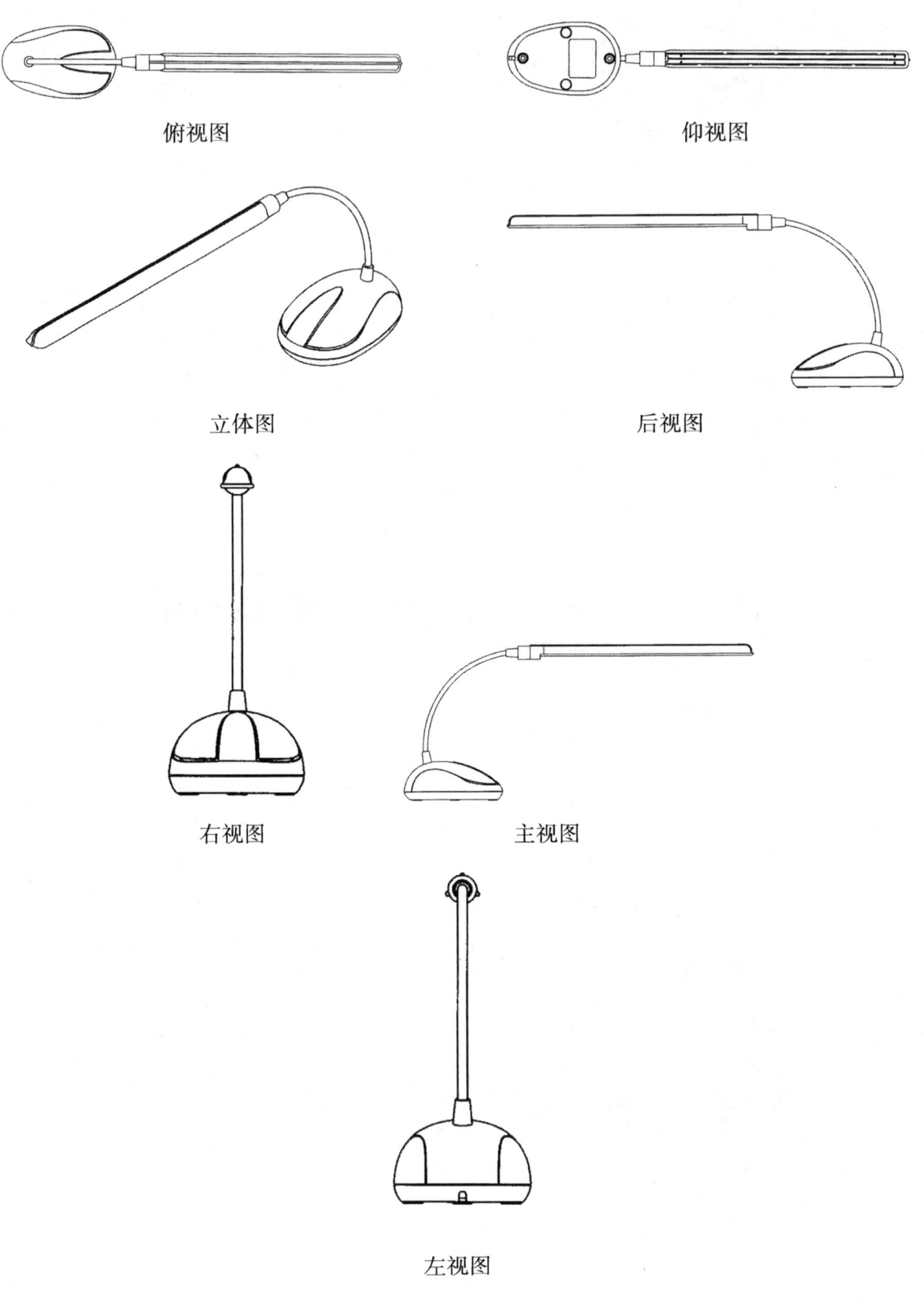

头戴式放大镜

无效宣告请求审查决定（第9806号）

决 定 号	第9806号
决 定 日	2007年5月24日
发明创造名称	头戴式放大镜
外观设计分类号	16-06
无效宣告请求人	宁波亚太光学仪器有限公司
专 利 权 人	振宇光学有限公司
专 利 号	98325782.5
申 请 日	1998年9月28日
授权公告日	1999年5月26日
合议组组长	张雪飞
主 审 员	李改平
参 审 员	徐清平
附 图	3页
法 律 依 据	专利法第23条

决 定 要 点

请求人提交的证据所示产品外观设计与本专利在镜片形状、有无檐状支撑板上均有明显区别，不能证明在本专利申请日前已有与本专利相同或相近似的外观设计在出版物上公开发表，请求人的无效宣告请求的主张不能得到有效证据的支持。

一、案由

本无效宣告请求涉及的是国家知识产权局于1999年5月26日授权公告的、名称为"头戴式放大镜"的外观设计专利，其申请号是98325782.5，申请日是1998年9月28日，专利权人是振宇光学有限公司。

针对上述专利权（下称本专利），宁波亚太光学仪器有限公司（下称请求人）于2006年11月29日向专利复审委员会提出无效宣告请求，其理由是：本专利同申请日以前在国内外出版物上公开发表过的外观设计相近似，不符合专利法第23条的规定，请求宣告本专利无效。请求人提交了如下附件作为证据：

附件1是第795819号日本意匠公报复印件，申请号为昭81-30353，名称为"立体影相用装置"（译名），公开日为1990年9月19日；

附件 2 是第 815330 之类似 1 号日本意匠公报复印件，申请号为平 1-23499，名称为"立体眼镜"（译名），公开日为 1991 年 8 月 12 日；

附件 3 是本专利图片及著录项目。

经形式审查合格，专利复审委员会受理了此案，并于 2006 年 11 月 30 日将无效请求书及相关材料副本转送给专利权人。2006 年 12 月 28 日请求人补充提交了附件 1 和附件 2 的著录项目中文译文（分别为附件 4 和附件 5），2007 年 1 月 12 日专利权人提交了意见陈述书。专利权人认为：本专利圆框带后方中间位置为卡扣式，附件 1、附件 2 的圆框带看不出来；本专利在圆框带中间部位左右两侧向前延伸连接有固定座，固定座上设有发光体，这在附件 1、附件 2 中均没有体现，本专利的放大镜片形状为大桃形。这些差别正是本专利的设计要点所在，因此，本专利与附件 1、附件 2 中的产品是不相同且不相近似的外观设计。2007 年 2 月 27 日专利复审委员会将该答辩意见陈述书转送请求人，请求人逾期未答复。

2007 年 2 月 27 日专利复审委员会将上述中文译文转送专利权人，专利权人逾期未答复。

2007 年 2 月 27 日专利复审委员会向双方当事人发出合议组成员告知通知书，双方当事人对此逾期均未答复。

至此，合议组认为本案事实清楚，可以依法作出审查决定。

二、决定的理由

1. 法律依据

基于请求人提出的无效宣告请求理由，合议组对本专利是否符合专利法第 23 条的规定进行审查。

专利法第 23 条规定：授予专利权的外观设计，应当同申请日以前在国内外出版物上公开发表过或者国内公开使用过的外观设计不相同和不相近似，并不得与他人在先取得的合法权利相冲突。

2. 证据认定

附件 1 是申请号为昭 81-30353 的意匠公报复印件，经合议组核实，其内容属实。该意匠公报公开日为 1990 年 9 月 19 日，在本专利的申请日（1998 年 9 月 28 日）之前，故附件 1 可以作为判断本专利是否符合专利法第 23 条的规定的证据。

附件 2 是申请号为平 1-23499 的意匠公报复印件，经合议组核实，其内容属实。该意匠公报的公开日为 1991 年 8 月 12 日，在本专利的申请日（1998 年 9 月 28 日）之前，故附件 2 可以作为判断本专利是否符合专利法第 23 条的规定的证据。

附件 3 可证明本专利相关信息。

附件 4 和附件 5 分别为附件 1 和附件 2 的著录项目中文译文，与附件 1 和附件 2 分别结合使用。

3. 外观设计对比

观察本专利各视图可以看到：本专利为头戴式放大镜的外观设计，其卡扣式圆带前方突出一帽檐状支撑板，支撑板上方设有固定座，固定座上安装有照明灯，同时此板前边固定有放大镜片，该镜片整体为大桃形，无镜框（详见本专利附图）。

附件 1 中所示为"立体影相用装置"的外观设计（下称在先设计 1），其圆带形框直接与镜框连接，且镜框为长方形（详见在先设计 1 附图）。由于在先设计 1 与本专利都是头戴式辅助人眼进行观看的产品，两者用途相近似，具有可比性。将在先设计 1 与本专利进行对比可以看到，两者的差别在于：（1）在先设计 1 中无帽檐状支撑板以及其上的照明灯；（2）镜片形状不同：本专利的镜片整体为大桃形，无镜框，在先设计 1 中有镜框且为长方形。由此可见，两者之间的区别明显，足以导致二者的整体外观设计产生显著的视觉差别，因此二者属于不相同且不相近似的外观设计。

附件 2 中所示为"立体眼镜"的外观设计（下称在先设计 2），圆带形框与镜框连接，且镜框中装有对称的两块镜片，镜框四周呈直角状，中下部为"∧"形开口（详见在先设计2附图）。由于在先设计2与本专利都是头戴式辅助人眼进行观看的产品，两者用途相近似，具有可比性。将在先设计2与本专利进行对比可以看到，两者的差别在于：（1）在先设计2中无帽檐状支撑板以及其上的照明灯；（2）镜片形状不同：本专利的镜片整体为大桃形，无镜框，在先设计2中有镜框，镜框四周呈直角状，中下部为"∧"形开口。由此可见，两者的区别明显，足以导致二者的整体外观设计产生显著的视觉差别，因此二者属于不相同且不相近似的外观设计。

4. 结论

综上，请求人提交的证据所示产品外观设计均与本专利区别明显，不能证明在本专利申请日前已有与本专利相同或相近似外观设计在出版物上公开发表，亦即不能证明本专利不符合专利法第23条的规定。请求人的无效宣告请求的主张未得到有效证据的支持。

三、决定

维持98325782.5号外观设计专利权有效。

当事人对本决定不服的，可以根据专利法第46条第2款的规定，自收到本决定之日起三个月内向北京市第一中级人民法院起诉。根据该款的规定，一方当事人起诉后，另一方当事人应当作为第三人参加诉讼。

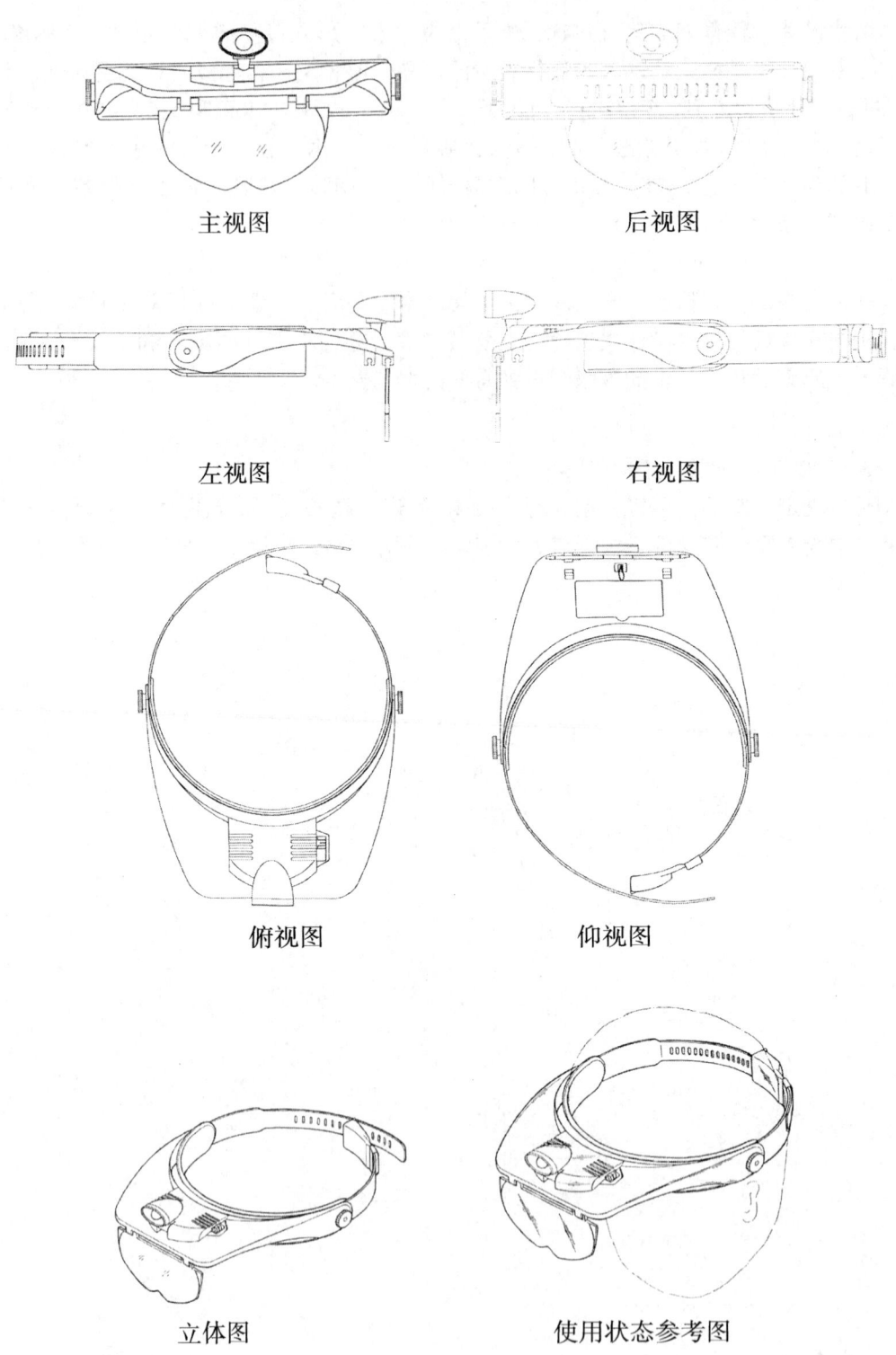

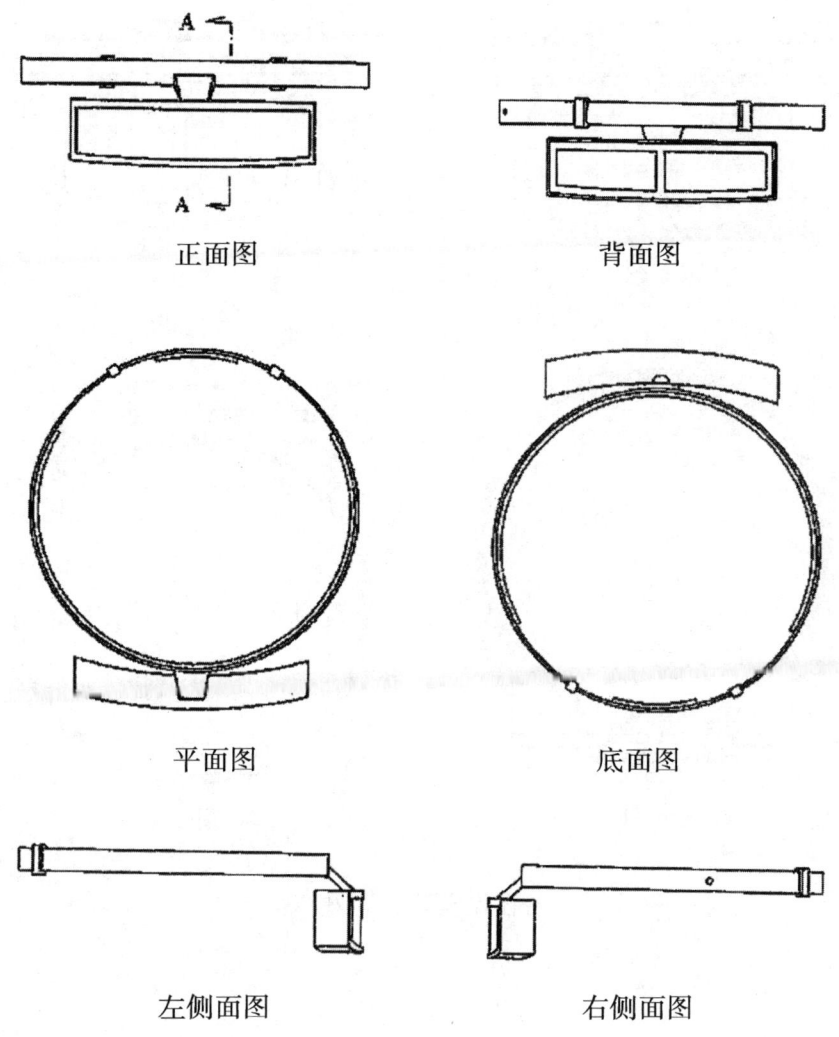

在先设计1附图

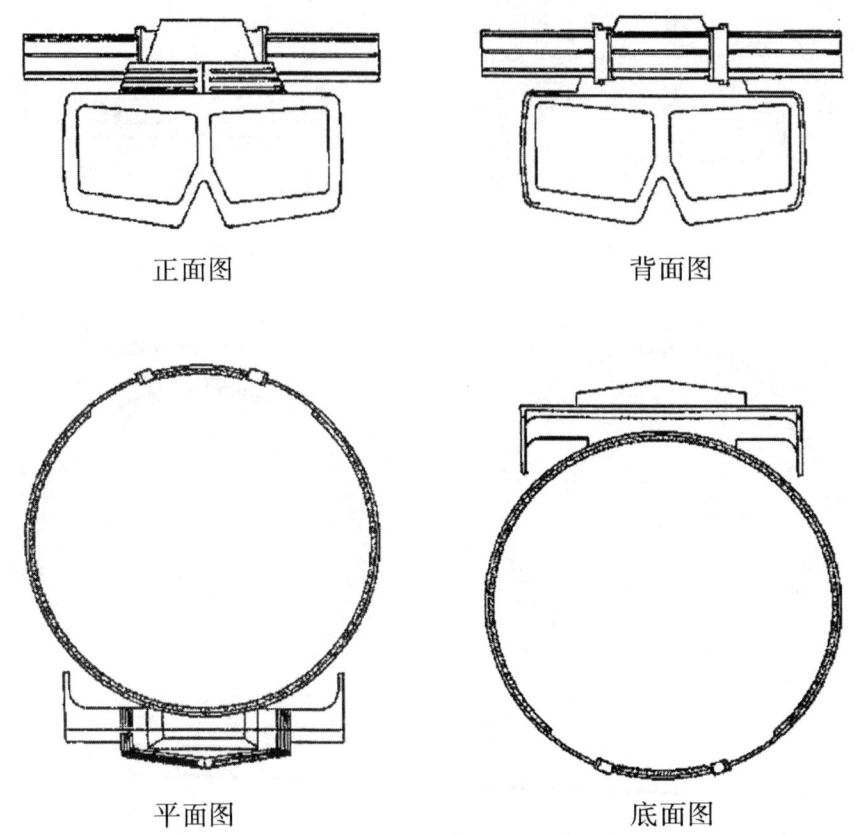

在先设计 2 附图

平底爪链

无效宣告请求审查决定（第 9808 号）

决 定 号	第 9808 号
决 定 日	2007 年 5 月 18 日
发明创造名称	平底爪链
外观设计分类号	11-01
无效宣告请求人	上海流行饰品有限公司
专 利 权 人	潘国基
申 请 号	00339865.X
申 请 日	2000 年 11 月 8 日
授权公告日	2001 年 7 月 18 日
合议组组长	吴赤兵
主 审 员	李巍巍
参 审 员	王霞军
附 图	1 页
法 律 依 据	专利法第 23 条

决 定 要 点

本专利作为一种用于饰品制作所需的特殊产品，其一般消费者应定义为饰品加工者或者维修者，这些消费者根据需要决定其购买何种类型的"爪链"，他们最关注的是爪座的设计是否符合所需的要求。在本专利与在先设计均为只有形状要素的情况下，在在先设计没有清楚完整地公开已有外观设计，及所公开部分在整体视觉效果上具有显著差别的情况下，不能得出二者是否相同或者相近似的结论，在此情况下，不能仅依据在先设计公开的"爪座"底部证明本专利不符合专利法第 23 条的规定。

一、案由

本无效宣告请求涉及 2001 年 7 月 18 日国家知识产权局授权公告的 00339865.X 号外观设计专利，其产品名称是"平底爪链"，申请日是 2000 年 11 月 8 日，专利权人是潘国基。

针对上述外观设计专利权（下称本专利），上海流行饰品有限公司（下称请求人）于 2003 年 9 月 25 日向专利复审委员会提出无效宣告请求，其主要理由是本专利不符合专利法第 23 条的规定。请

求人认为在本专利申请日前已有与其相近似的外观设计在出版物公开发表过和在国内公开销售过,并提交了下列附件作为证据:

附件1是第209837号中国台湾专利公报复印件10页;

附件2是第252059号中国台湾专利公报复印件13页;

附件3是税收(出口货物专用)缴款书复印件和上海增值税专用发票复印件各1张;

附件4是台湾《文笔合作外销采购电话簿》复印件6页。

专利复审委员会根据无效宣告请求审查程序的规定受理了该无效宣告请求,并于2003年10月22日将无效宣告请求书和证据的副本转送给专利权人,限其在指定的期限内答复。并告知专利权人如逾期不答复,不影响专利复审委员会的审理。

专利权人在规定的期限内未作出任何答复意见。

专利复审委员会于2004年2月19日向双方当事人发出《无效宣告请求口头审理通知书》,定于2004年3月22日进行口头审理。

口头审理如期举行,双方均有代理人出庭。在口头审理过程中,请求人当庭出示了附件4所示电话簿的原件两本和取自台湾的相关专利公报和资料,并演示了实物以说明涉及的产品本身微小;而专利权人认为请求人提交的证据中有的没有披露外观设计,有的取自台湾且未作公证认证,应属于无效证据,同时其上所示的外观设计也与本专利不相同和不相近似。

口头审理结束后,请求人分别于2004年3月30日和2004年4月1日提交了意见陈述书,再次提交了附件3,并提交了经由国家知识产权局专利检索咨询中心认证的附件1和附件2所示台湾专利的公报文本。

专利复审委员会于2004年4月28日将上述请求人的两次意见陈述书的副本转送专利权人。专利权人分别于2004年5月9日和2004年6月12日提交了意见陈述书,认为请求人提交的附件1和附件2的认证件在形式上与原有证据不符,不能作为本案证据;附件3中加盖公章也不能视为有效证据;对于爪链这类工业原料产品应站在高于正常人的本领域工匠的角度上进行识别判断。

在当事人意见陈述和口头审理的基础上,合议组经合议,认为本案事实清楚,依法于2004年6月17日作出第6180号无效宣告请求审查决定(下称第6180号决定),并于2004年6月22日向双方当事人发出第6180号决定。专利复审委员会在第6180号决定中认定请求人提交的附件2属于专利法第23条所规定的公开出版物,适用于本案。且其上公开的外观设计(下称对比文件)与本专利相近似,因此本专利不符合专利法第23条的规定,从而宣告本专利全部无效。

专利权人不服第6180号决定,向北京市第一中级人民法院提起行政诉讼。专利权人认为第6180号决定认定事实不清,适用法律不当,请求人民法院撤销第6180号决定。

北京市第一中级人民法院经审理后,于2004年12月10日作出了"(2004)一中行初字第697号行政判决",维持了第6180号无效宣告请求审查决定。专利权人不服北京市第一中级人民法院的"(2004)一中行初字第697号行政判决",向北京市高级人民法院提出上诉。二审法院经过审理,认为(1)"爪链"产品是一种用于加工饰品的中间产品,该产品的"一般消费者"群体应当是饰品加工者或者维修者。(2)"爪链"产品是一种柔性长链产品,由工字型连接片将爪座串联起来,连接片部分是由其功能决定的惯常设计,而爪座的形状变化更容易引起饰品加工者或维修者的注意,因此,应当将爪座确定为要部,采用要部判断的方法。(3)从本案专利的左、右、主、后视图均可以明显看出该外观设计呈梯形,而对比文件呈方形。在本案和对比文件均只有形状要素的情况下,爪座在形状上的变化对于关注爪链外形的饰品的加工者或维修者来说是明显的，容易区别。因此，二者不构成相近似的外观设计。二审法院于2005年11月15日作出了（2005）高行终字第117号判决，撤销了北京市第一中级人民法院（2004）一中行初字第697号行政判决，和专利复审委员会作出的第6180号无效宣告请求审查决定。

在此前提下，针对上述无效宣告请求复审委员会重新成立合议组进行审查。

专利复审委员会于2007年1月16日向双方当事人发出《合议组成员告知通知书》，并告知如对合议组成员有回避请求的，请于收到本通知之日起7天内提交书面请求书，并且说明理由，必要时附具有关证据。逾期未答复，视为无回避请求。

专利复审委员会于2007年3月21日向双方当事人发出《无效宣告请求口头审理通知书》，定于2007年5月8日在专利复审委员会进行本案口头审理。

口头审理如期举行，双方当事人均委托代理人出席了口头审理。在口头审理过程中，双方当事人各自坚持原有的主张，请求人当庭提交了盖有"国家知识产权局专利检索咨询中心检索专用章（2）"的附件1第209837号台湾专利公报复印件，指认附图7与本专利相近似；请求人认为附件3发票复印件上盖有国家行政机关的公章，应属于有效的证据。针对附件4台湾《文笔合作外销采购电话簿》请求人未提交原件及有关的证明文件。专利权人认为附件1第209837号台湾专利与本专利不相同也不相近，附件3和附件4未提交原件或有关的证明文件，对其的真实性不予认定。

在以上审理的基础上，经本案合议组合议，认为本案事实清楚，依法作出本审查决定。

二、决定的理由

1. 法律依据

根据请求人提出的无效宣告请求的理由和提交的证据，本案合议组依据专利法第23条的规定对本案进行审理。

专利法第23条规定："授予专利权的外观设计，应当同申请日以前在国内外出版物上公开发表过或者国内公开使用过的外观设计不相同和不相近似，并不得与他人在先取得的合法权利相冲突。"

2. 证据的认定

请求人提交的附件1是第209837号台湾专利公报复印件，附件2是第252059号台湾专利公报，请求人于2004年4月1日（第一次口头审理后）提交了经国家知识产权局专利检索咨询中心2004年3月22日认证的附件1和附件2所示的台湾专利的公报文本（前合议组已于2004年4月28日转送专利权人），在2007年5月8日的口头审理时请求人再次提交了盖有"国家知识产权局专利检索咨询中心检索专用章（2）"的附件1和附件2所示的台湾专利的公告文本。针对上述附件，合议组认为：通过附件1的认证件已能够确认第209837号台湾专利的真实性，且相关的内容也能够通过国家知识产权局相关部门查询，因此第209837号台湾专利的公报文本属于有效、公开的出版物，该台湾专利的公开日为1993年7月21日，早于本专利申请日（2000年11月8日），因此能够认定第209837号台湾专利的公报文本属于专利法第23条所规定的公开出版物，适用于本案。鉴于附件2第252059号台湾专利在已生效的二审法院"（2005）高行终字第117号判决"中认定该证据与本专利相比不构成相近似的外观设计，因此，本案不予评述。

请求人提交的附件3是第4657238号税收（出口货物专用）缴款书复印件和第11391957号上海增值税专用发票复印件各1张，其上盖有"上海市金山区国家税务局第三税务所"的公章，虽然请求人于2004年3月30日（第一次口头审理后）提交了附件3盖有公章的复印件，并进行了说明：税务局只对税收缴款书盖红章，并认为发票是企业开出的，故不能盖章；税收缴款书上的发票号码、课税数量、单位价格和计税金额与增值税发票号上的内容一致。前合议组已于2004年4月28日转送专利权人，专利权人对其的真实性仍不予认可。在2007年5月8日第二次口头审理中请求人仍坚持认为附件3盖有税务局公章，应为有效证据。合议组认为：参照最高人民法院《关于行政诉讼证据若干问题的规定》的第57条的规定：下列证据材料不能作为定案依据："（六）当事人无正当理由拒不提供原件、原物，又无其他证据印证，且对方当事人不予认可的证据的复印件或者复制品；"而一方面，请求人在第一次口头审理后所递交的附件3与在提出无效宣告请求时所提交的附件3在形式上与原有证据不符（无"上海市金山区国家税务局对外税务所监督专用章"），附件3本身存在一定的瑕疵；此外该证据的销货单位及缴款单位均是"上海流行饰品有限公司"，即请求人，请求人为该证据的直接关系人之一，能够提交确未提交该证据的原件，也未提交其他证据印证该证据的客观真实性，且专利权人对其真实性有异议，因此，仅凭附件3不能单独作为本案的定案依据。

请求人提交的附件4分别是1988年7月、1995年1月和1998年7月由中国台湾地区出版的《文笔合作外销采购电话簿》封面及相关页复印件，参照《最高人民法院关于行政诉讼证据若干问题的规定》中第16条第2款的规定：当事人提供的中华人民共和国香港特别行政区、澳门特别行政区和台湾地区内形成的证据应当具有按照有关规定办理的证明手续。第57条的规定：下列证据材料不能作为定案依据：……第（五）项在中华人民共和国领域以外或者在中华人民共和国香港特别行政区、澳门特别行政区和台湾地区内形成的未办理法定证明手续的证据材料；……合议组认为：请求人在提起无效宣告请求和两次口头审理时，均未提交该附件的证明文件以证明其客观真实性，因此，附件4不能作为定案依据。

3. 关于本专利是否符合专利法第23条的规定

附件1第209837号台湾专利的公告文本中公开了一种"饰品铜爪链一次冲压成型的方法及其装置"的发明专利。请求人在2007年5月8日的口头审理时指定附图7与本专利相近似，附件1附图7为"垂直式连续冲模制成下之镶石件成型过程图"，其上为未冲压片材、冲压后爪座片材和冲压后的爪座底部（下称在先设计），从所示视图观察，单体爪座的底面呈矩形，腰线略呈弧形内缩（详见在先设计）。

本专利是一种爪链的外观设计，通过形状近似"工"字形连接片将多个单体爪座通过连接片连接而成的爪链，从各视图观察，单体爪座形状近似梯形盒，底面大致呈正方形，单体爪座侧面四棱凸出（详见本专利附图）。

本专利为一种"平底爪链"的外观设计，视图中显示了爪座底部，在先设计所示"垂直式连续冲模制成下之镶石件成型过程图"中公开了冲压成型后爪座的底部，二者属于相同类别的产品。本专利作为一种用于饰品制作所需的特殊产品，其一般消费者应定义为饰品加工者或者维修者，这些消费者根据需要决定其购买何种类型的"爪链"，他们最关注的是爪座的设计是否符合所需的要求，即"在判断外观设计是否相同或相近似时，应当基于被比设计产品的一般消费者的知识水平和认知能力进行评价"、"不同类别的被比设计产品具有不同的消费者群体"（《审查指南第四部分第五章3和5.1》），而非是产品成形后的最终使用者。在先设计只公开了爪座的底部形状，没有完整清楚地公开爪链整体的外观设计，并且，本专利与在先设计单体爪座底面的形状不同，本专利大致呈正方形，在先设计呈矩形；单体爪座的腰线形状不同，本专利的腰线为直线，在先设计的腰线略呈弧形内缩。合议组认为：在在先设计没有清楚完整地公开已有外观设计，仅凭公开部分外观设计的比较，不能将本专利的"平底爪链"与在先设计公开的"爪座"进行整体观察、综合判断，从而不能得出二者是否相同或者相近似的结论，在此情况下，不能仅依据在先设计公开的"爪座"底部外观设计证明本专利不符合专利法第23条的规定。

综上所述，请求人据此证明本专利不符合专利法第23条规定的主张不能成立。

请求人针对其提出的无效宣告请求的主张，有责任向专利复审委员会提交充分的证据，如果其提交的证据均不足以支持其无效宣告请求理由，应承担其主张不能成立的法律后果。

三、决定

维持00339865.X号外观设计专利权有效。

当事人对本决定不服的，可以根据专利法第46条第2款的规定，自收到本决定之日起三个月内向北京市第一中级人民法院起诉。根据该款的规定，一方当事人起诉后，另一方当事人应当作为第三人参加诉讼。

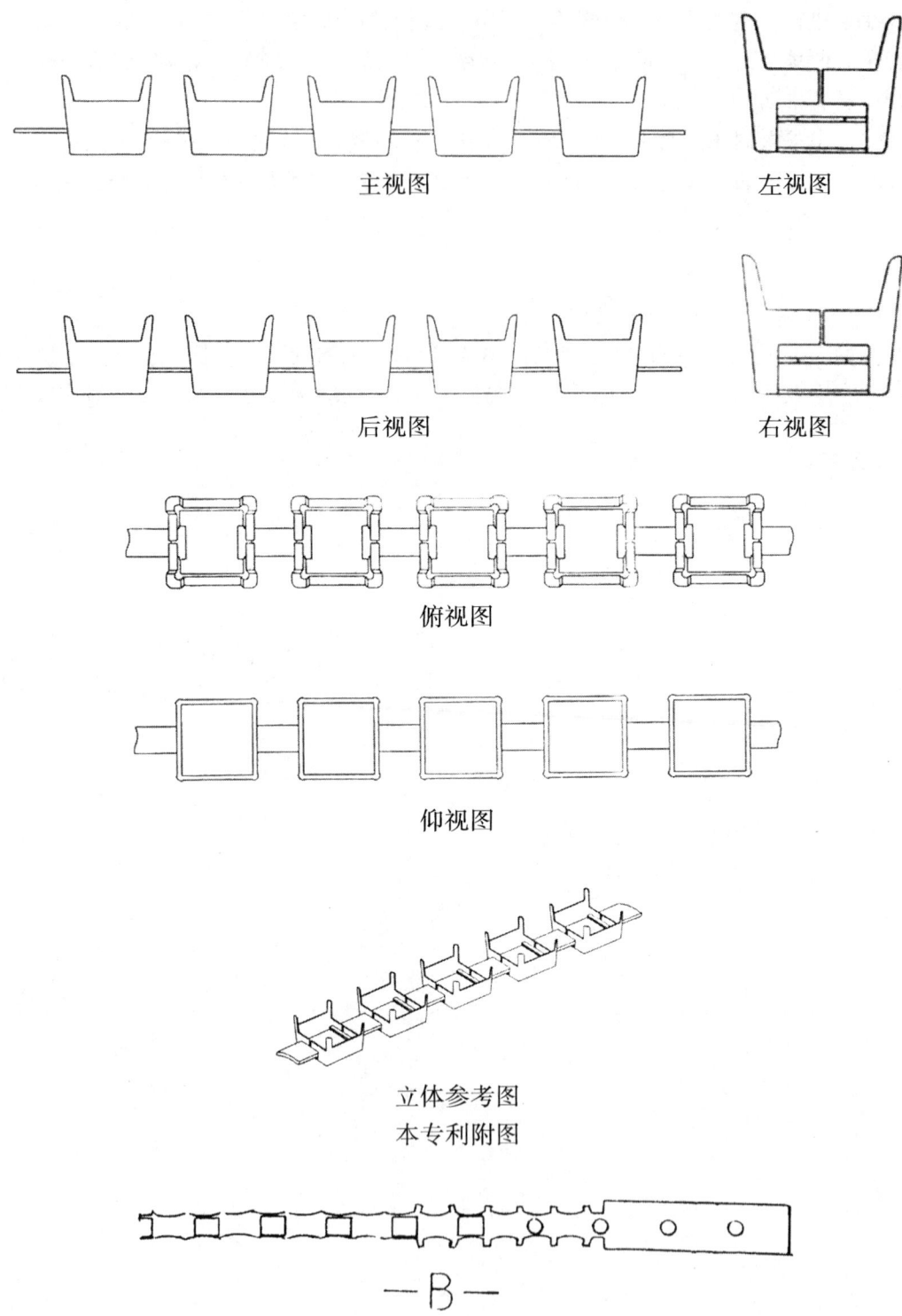

主视图　　左视图

后视图　　右视图

俯视图

仰视图

立体参考图
本专利附图

—B—

对比文件附图

带纸圆珠笔

无效宣告请求审查决定（第9811号）

决 定 号	第9811号
决 定 日	2007年5月28日
发明创造名称	带纸圆珠笔
外观设计分类号	19-06-B0061
无效宣告请求人	郑彰明
专 利 权 人	张国男
申 请 号	99336983.9
申 请 日	1999年10月20日
授权公告日	2000年6月28日
合议组组长	白剑锋
主 审 员	陈海平
参 审 员	祁轶军
附 图	1页

法律依据 专利法第23条

决定要点

在外观设计专利与同类产品的在先外观设计之间仅存在有局部差异时，如果该局部差异不足以使一般消费者从整体视觉上清楚地将它们区分成两种不同造型的产品，则二者属于相近似的外观设计。

一、案由

本无效宣告请求案涉及的是国家知识产权局于2000年6月28日授权公告的，名称为"带纸圆珠笔"的外观设计专利，其专利号为99336983.9，申请日为1999年10月20日，专利权人是张国男。

针对上述专利权（下称本专利），郑彰明（下称请求人）于2005年6月3日以本专利的授予不符合专利法第23条为由，向专利复审委员会提出无效宣告请求。请求人提交了以下附件作为证据（均为复印件）：

附件1：甲洋产业有限公司"广告媒体笔"（1页）；
附件2：07222200号中国台湾新型专利（公报及说明书全文）；
附件3：91228967.8号中国实用新型专利申请说明书；
附件4：83210493号中国台湾新型专利（公报第1页及说明书全文）；

附件5：94201603.3中国实用新型专利说明书。

请求人认为附件1、2可构成证据链，其余附件可单独使用。

经形式审查合格，专利复审委员会于2006年1月12日受理了此案，并将无效宣告请求书及相关材料转寄给专利权人。

专利权人未对上述无效宣告请求进行答复。

专利复审委员会本案合议组于2007年3月8日向请求人及专利权人发出了口头审理通知书，定于2007年4月19日在专利复审委员会举行本案的口头审理。

口头审理如期举行，请求人出席了口头审理，专利权人未出席口头审理。

请求人未向合议组提交附件1的原件。

专利复审委员会于2006年4月19日向专利权人发出合议组成员告知通知书，专利权人未在指定期限内对合议组成员提出回避请求。

在上述程序的基础上，本案合议组经合议，认为本案事实已经清楚，依法作出本审查决定。

二、决定的理由

（1）基于请求人提出的无效宣告请求的理由和提供的证据，本案合议组依据专利法第23条的规定对本案进行审理。

专利法第23条规定：授予专利权的外观设计，应当同申请日以前在国内外出版物上公开发表过或者国内公开使用过的外观设计不相同和不相近似，并不得与他人在先取得的合法权利相冲突。

（2）合议组选用请求人所提交的证据中的附件4即83210493号中国台湾新型专利作为本案的对比文件，该对比文件的真实性已经合议组核实可以认定。

本对比文件的公告日为1997年3月11日，在本专利的申请日之前，其涉及的产品为一种"纸张笔"，与本专利属于相同种类产品，二者具有可比性。

（3）本专利与对比文件的对比。

本专利"带纸圆珠笔"包括包括6幅视图：主视图、右视图、左视图、后视图、仰视图、俯视图；并附"纸拉出状态参考图"。

结合本专利各视图，可见本专利的"圆珠笔"为一种带笔夹的按钮式圆珠笔，笔杆近笔尖部近似子弹头状；笔杆顶部略收缩；笔杆主体上有可以拉出纸张的纵槽。

对比文件说明书附图2中也公开了一种带笔夹的按钮式圆珠笔，笔杆近笔尖部近似子弹头状；笔杆顶部略收缩；笔杆主体上有可以拉出纸张的纵槽。

本专利与对比文件相比较在细部存在一些区别：如对比文件的笔杆在纵槽上端再略向上处设有一周向凸环，纵槽下端略再向下处也设有一周向凸环，而本专利的笔杆在纵槽上端以上上没周向凸环，纵槽下端直接与一周向凸环接触；又如对比文件的笔夹下端轴向越过纵槽上端，而本专利的笔夹下端轴向未达到纵槽上端处等。

但根据整体观察、综合判断的原则，合议组认为：本专利与对比文件的带纸笔外观的整体形状轮廓是基本相同的；虽然如前文所述在两者间也存在有一些细部区别，但相对于二者产品整体造型而言，这些区别对于圆珠笔的整体视觉效果不具有显著的影响，它们不属于可使得二产品外观形状呈现出整体显著差异的局部不同。

因此合议组认为本专利与对比文件属于相近似的外观设计。

由于依据对比文件已得出本专利与现有外观设计相近似的结论，本决定中对于请求人所提交的其他证据不再进行评述。

三、决定

宣告 99336983.9 号外观设计专利权全部无效。

当事人对本决定不服的，可以根据专利法第 46 条第 2 款的规定，自收到本决定之日起三个月内向北京市第一中级人民法院起诉。根据该款的规定，一方当事人起诉后，另一方当事人应当作为第三人参加诉讼。

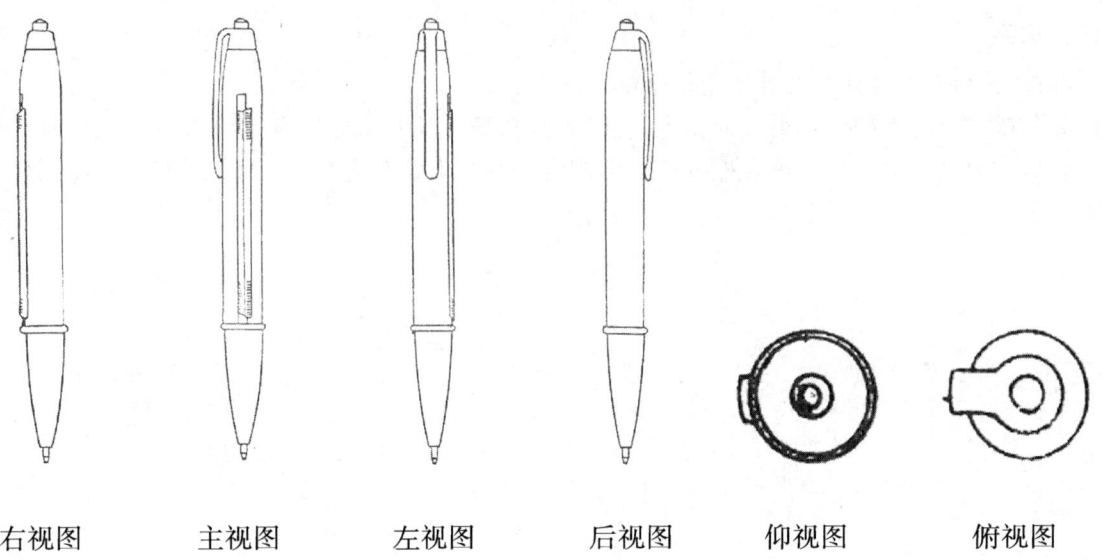

右视图　　主视图　　左视图　　后视图　　仰视图　　俯视图

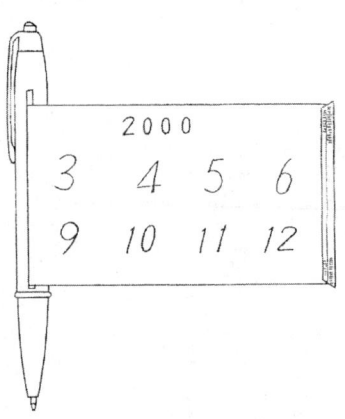

纸拉出状态参考图
本专利附图

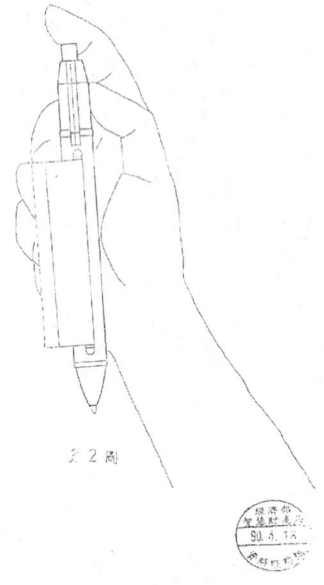

对比文件图

包装袋（秦白二号）

无效宣告请求审查决定（第 9812 号）

决 定 号	第 9812 号
决 定 日	2007 年 5 月 29 日
发明创造名称	包装袋（秦白二号）
外观设计分类号	09-05
无效宣告请求人	王桂芬
专 利 权 人	杨凌农业高科技发展股份有限公司
专 利 号	200530150914.8
申 请 日	2005 年 12 月 6 日
授权公告日	2006 年 9 月 20 日
合议组组长	王霞军
主 审 员	徐清平
参 审 员	周 佳
附 图	1 页

法 律 依 据 专利法第 23 条
决 定 要 点

本专利与其申请日前授权公告的外观设计专利所示包装袋外观设计相近似，即已有与其相近似的外观设计在出版物上在先公开发表过，因此，本专利不符合专利法第 23 条的规定。

一、案由

本无效宣告请求涉及的是国家知识产权局于 2006 年 9 月 20 日授权公告的 200530150914.8 号外观设计专利，使用该外观设计的产品名称为"包装袋（秦白二号）"，申请日是 2005 年 12 月 6 日，专利权人是杨凌农业高科技发展股份有限公司。

针对上述专利权（下称本专利），王桂芬（下称请求人）于 2006 年 12 月 4 日向专利复审委员会提出无效宣告请求，其依据的事实和理由是：本专利与在先申请、授权公告的 99308374.9 号外观设计专利所示包装袋为同样的外观设计，因此，本专利不符合专利法第 9 条、第 23 条的规定，应予宣告无效。请求人同时提交了如下附件作为证据：

附件 1：本专利著录项目及外观设计图片 1 页；
附件 2：99308374.9 号外观设计专利的公报复印件 1 页。

专利复审委员会经形式审查合格受理了该无效宣告请求，并于 2006 年 12 月 29 日将无效宣告请求书及其附件的副本转送给专利权人，要求其在指定期限内陈述意见。并成立合议组对本案进行审理。

2007年1月30日专利复审委员会收到专利权人提交的意见陈述书，专利权人认为：其从1995年开始从事秦白二号大白菜及其种植技术的示范推广，为秦白二号及其专利技术的产权所有人，该公司使用原包装已有10余年历史，是该包装的原创单位（见反证1），专利权人法人主体单位明确，是独立的法人企业单位（见反证2）；本专利与原有外观设计专利所采用的白菜图片不同，本专利所使用的秦白二号是改良复壮后的新型白菜，其外观和品质都与原专利不同，二者背景颜色及包装袋背面所使用的图案、线条的长短、色度等都有明显不同。专利权人同时提交了如下反证证据：

反证1：西北农林科技大学"关于划归陕油6号等作物品种的决定""校产发〔2000〕173号"文件复印件及西北农林科技大学承诺书复印件各1页；

反证2：西北农林科技大学事业单位法人证书（副本）复印件1页。

2007年4月27日专利复审委员会分别向请求人和专利权人发出合议组成员告知通知书，双方均未对合议组成员提出回避请求。

合议组经合议，认为本案事实清楚，依法作出本审查决定。

二、决定的理由

（1）请求人提出无效宣告请求的理由是本专利不符合专利法第9条、第23条的规定，根据请求人所提交的证据，结合本案案情，合议组首先对本专利是否符合专利法第23条的规定进行审查。

专利法第23条规定：授予专利权的外观设计，应当同申请日以前在国内外出版物上公开发表过或者国内公开使用过的外观设计不相同和不相近似，并不得与他人在先取得的合法权利相冲突。

（2）请求人提交的作为证据的附件2是99308374.9号外观设计专利的公报复印件，其所示专利的授权公告日为2000年1月19日，使用外观设计的产品名称为"种子包装袋（秦白二号）"，经合议组核实，该复印件所示内容属实，其公告日在本专利申请日之前，确系本专利申请日之前公开发表的外观设计（下称在先设计），可以作为判断本专利是否符合专利法第23条规定的证据。

（3）在先设计与本专利均为包装袋的外观设计，属相同种类的产品，故对二者外观设计作如下对比：

本专利包括主视图、后视图，请求保护的外观设计包含有色彩。所示包装袋正面以蓝色天空、白色云朵、绿色山崖、白色瀑布和相应河流、平桥等构成的自然风景为背景图案，中部靠左侧为一近似球形大白菜图案，靠右侧为"秦白二号"红色文字，另有多行其他较小文字和圆形图案；包装袋背面主要背景色为蓝、白渐变过渡色，顶部和底部有粉色、绿色横条图案，中部为说明性表格和多行较小文字（详见本专利附图）。

在先设计包括主视图、后视图，未包含有色彩设计。所示包装袋正面以天空、白云、山崖、瀑布和相应河流、平桥等构成的自然风景为图案背景，中部靠左侧为一近似球形大白菜图案，靠右侧为"秦白二号"深色文字，另有多行其他较小文字和近似圆形图案；包装袋背面为深、浅渐变过背景图案，顶部和底部有横条图案，中部为说明性表格和多行较小文字（详见在先设计附图）。

将本专利与在先设计相比较，二者所示包装袋正面的背景图案、大白菜图案、文字排列及构图均基本相同，背面图案、文字排列亦基本相同，其不同之处主要在于在先设计未显示有关色彩设计，二者部分文字排列略有差异。合议组认为，二者包装袋正面所示由天空、白云、山崖、瀑布、河流、平桥等丰富内容构成的背景图案和突出显示的大白菜图案具有显著视觉效果，在此情况下，在先设计虽未显示有关色彩设计，但其图案明暗对比关系与本专利基本相同，且本专利所示色彩亦为相应的自然风景或植物的自然色，故二者的色彩差异对所述具有显著视觉效果的图案设计不具显著影响；专利权人所称本专利图片中的大白菜因通过改良而存在品质差异，其不属于外观设计对比所考虑的内容；二者包装袋背面设计为一般消费者不易关注的面，况且二者背面的图案、文字排列设计亦基本相同；二者部分文字排列的差异明显为局部细微差异。因此，本专利与在先设计所示包装袋外观设计整体视觉效果相近似，其属于相近似的外观设计。

综上所述，本专利与其申请日前授权公告的外观设计专利所示包装袋外观设计相近似，即已有与其相近似的外观设计在出版物上在先公开发表过，因此，本专利不符合专利法第23条的规定。

专利权人提交反证1用于证明有关权利归属的事实，反证2用于证明专利权人主体资格，其不能否定上述附件2所证明的本专利申请日前公开发表的事实，因此不能否定上述认定的本专利不符合专利法第23条规定的结论。

鉴于上述已得出本专利不符合专利法第23条规定的结论，本决定对请求人提出的其他理由和证据不作评述。

三、决定

宣告200530150914.8号外观设计专利权全部无效。

当事人对本决定不服的，可以根据专利法第46条第2款的规定，自收到本决定之日起三个月内向北京市第一中级人民法院起诉。根据该款的规定，一方当事人起诉后，另一方当事人应当作为第三人参加诉讼。

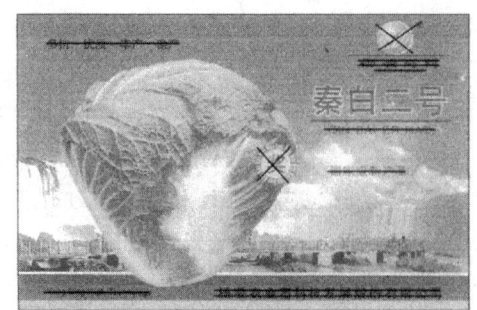 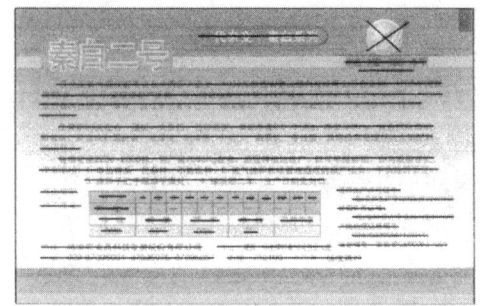

主视图　　　　　　　　　　　　后视图

本专利附图

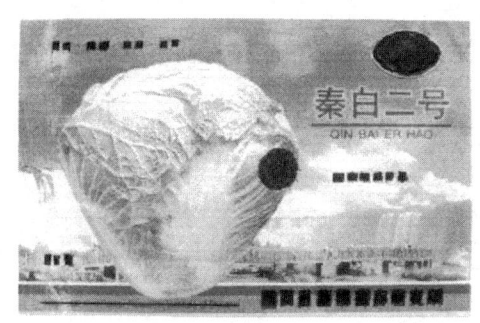 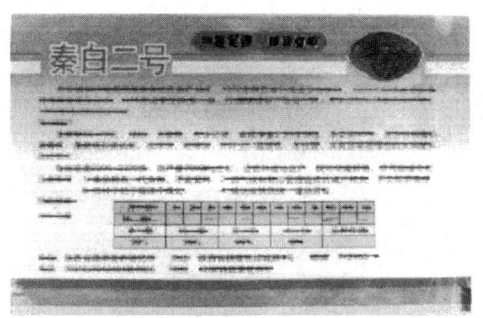

主视图　　　　　　　　　　　　后视图

在先设计附图

MP3 播放器（TA-690）

无效宣告请求审查决定（第 9814 号）

决 定 号	第 9814 号
决 定 日	2007 年 5 月 17 日
发明创造名称	MP3 播放器（TA-690）
外观设计分类号	14-01
无效宣告请求人	帝技特伟（昆山）电子有限公司
专 利 权 人	李秦吉
申 请 号	200430092889.8
申 请 日	2004 年 11 月 19 日
授 权 公 告 日	2005 年 6 月 29 日
合 议 组 组 长	徐清平
主 审 员	李 卉
参 审 员	毕艳红
附 图	1 页

法 律 依 据 专利法第 23 条

决 定 要 点

在先设计的所示 MP3 播放器未公开的部位属于该类产品使用状态下不会被一般消费者关注的部位，并且本专利在相应部位的设计的变化也不会对产品的整体视觉效果产生显著影响，因此不影响对二者进行整体观察、综合判断。

一、案由

本无效宣告请求涉及的是国家知识产权局于 2005 年 6 月 29 日授权公告的 200430092889.8 号外观设计专利，名称为"MP3 播放器（TA-690）"，申请日是 2004 年 11 月 19 日，专利权人是李秦吉。

针对上述外观设计专利权（下称本专利），帝技特伟（昆山）电子有限公司（下称请求人）于 2005 年 9 月 21 日向专利复审委员会提出无效宣告请求，其理由是本专利不符合专利法第 23 条的规定。请求人认为本专利与在其申请日以前在国内外出版物上公开发表过以及国内公开使用过的外观设计相同。请求人同时提交了作为证据的 4 个附件：

附件 2：2004 年第 17 期《计算机与网络》杂志（出版日为 2004 年 9 月 12 日）的封面和第 15 页的复印件（共 2 页）；

附件 3：2004 年第 32 期《Sp 计算机产品与流通》杂志（出版日为 2004 年 9 月 6 日）的封面和

第 62 页的复印件（共 2 页）；

附件 4：2004 年 10 月期的《科博 Stuff》杂志（出版日为 2004 年 10 月）的封面、第 21 页、第 27 页的复印件（共 3 页）；

附件 5：开票日期为 2004 年 9 月 23 日的江苏省增值税发票复印件 4 页、开票日期为 2004 年 10 月 22 日的江苏省增值税发票复印件 5 页、开票日期为 2004 年 10 月 28 日的江苏省增值税发票复印件 1 页、开票日期为 2004 年 11 月 22 日的江苏省增值税发票复印件 2 页和开票日期为 2004 年 11 月 24 日的江苏省增值税发票复印件 1 页。

专利复审委员会根据无效宣告请求审查程序的规定受理了该无效宣告请求，并向双方当事人发出了无效宣告受理通知书，并将请求人的无效宣告请求文件的副本转送专利权人。

专利权人未提交意见陈述书。

专利复审委员会于 2007 年 3 月 6 日向双方当事人发出无效宣告请求口头审理通知书，定于 2007 年 4 月 26 日对本案进行口头审理。

请求人于 2007 年 3 月 21 日提交了无效宣告请求口头审理通知书回执，请求人在回执中表示参加 2007 年 4 月 26 日举行的口头审理。

专利复审委员会于 2007 年 4 月 26 日收到请求人提交的附件 2~4 的原件各一本。

2007 年 4 月 26 日，双方当事人均未参加口头审理。

合议组经合议，认为本案事实清楚，可依法作出本审查决定。

二、决定的理由

基于请求人提出的无效宣告请求的理由，合议组依据专利法第 23 条的规定对本案进行审理。

专利法第 23 条规定：授予专利权的外观设计，应当同申请日以前在国内外出版物上公开发表过或者国内公开使用过的外观设计不相同和不相近似，并不得与他人在先取得的合法权利相冲突。

请求人提交的附件 3 是 2004 年第 32 期《Sp 计算机产品与流通》杂志（出版日为 2004 年 9 月 6 日）的封面和第 62 页的复印件。请求人提交了上述杂志的原件，杂志的封面记载有杂志名称、日期及发行信息，合议组确认请求人提交的杂志原件是国内公开出版物，其公开日期早于本专利的申请日（2004 年 11 月 19 日），经合议组与杂志的原件核实，该附件 3 的证据所示内容真实有效，确系在本专利申请日（2004 年 11 月 19 日）以前在出版物上公开发表的外观设计，适用于专利法第 23 条的规定，本案予以采信。

附件 3 的 62 页的左下角公开了一款型号为"MPIO FG100"的 MP3 的外观设计（下称对比文件），合议组认为：本专利和对比文件均为 MP3 的外观设计，二者用途相同，属于相同种类的物品，具有可比性。现将其与本专利进行相同相近似比较：

本专利是 MP3 的外观设计，从主视图：正面的端部的左右两端皆为梯形，正面的面板上的左右两端分别有两个直径略小于面板宽度的大圆形装饰，其中左端的大圆形的圆周是光滑的，右端的大圆形的圆周具有防滑的纹路，两端大圆形的内部分别具有一个直径约为大圆形直径 1/3 的小圆形按钮，在两端大圆形的中间有一长方形的显示屏，显示屏的上下各具有一行字母；从俯视图看：在上表面接近左右端部各有一个圆形按钮，两个圆形按钮之间具有一长方形的 USB 接口盖片，并呈圆弧倒角，三者之外有线条包围连接。从产品的左视图看：左面的整体形状类似梯形，梯形的中部具有一类似长方形的框，其内部具有上下两个圆孔，圆孔的中间有一细横条线装饰；产品的仰视图为近似梯形的形状，上端的两头各有一三角形；产品右视图为近似梯形的形状（详见本专利附图）。

对比文件以立体图表示出 MP3 的外观设计，正面的端部左端为梯形，右端不可见，正面的面板上的左右两端分别有两个直径略小于面板宽度的大圆形装饰，其中左端的大圆形的圆周是光滑的，右端的大圆形的圆周具有防滑的纹路，两端大圆形的内部分别具有一个直径约为大圆形直径1/3的小圆形按钮，在两端大圆形的中间有一长方形的显示屏，显示屏的上下各具有一行字母；产品的上表面接近左右端部各有一个圆形按钮，两个圆形按钮之间具有一长方形USB接口盖片，并呈圆弧倒角，三者之外有线条进行连接。产品的左表面具有上下两个圆孔，圆孔的中间有一细横条线装饰（详见对比文件附图）。

将本专利与对比文件相比较，除了由于立体图可视角度的原因，对比文件的产品的背面和右面不可见之外，对比文件与本专利的外观设计是完全相同的。对此合议组认为：本专利和对比文件均属于MP3产品，首先，对比文件外观设计未公开的部分属于MP3产品在使用状态下不会被一般消费者关注的部位，在本案中对比文件的立体图可以观察到的三个面属于一般消费者需要经常操作和使用的面，在视觉效果上为一般消费者所关注的面，这三个面与本专利采用了相同的设计，而对比文件立体图不可观察到的面并不是一般消费者所关注的部位；其次，从整体视觉观察，对比文件和本专利都采用了容易使一般消费者印象深刻的类似收录机的造型，虽然对比文件的产品有部分不可见，但是该部分即使在设计上有变化，也不会对产品的整体造型和已显示部分形成的整体视觉效果产生显著的影响。因此，通过整体观察，综合判断，二者应属于相近似的外观设计。

综上所述，在本专利申请日以前已有与其相近似的外观设计在出版物上公开发表过，本专利不符合专利法第23条的规定。

鉴于由上述对比文件和本专利相比较已得出本专利不符合专利法所规定的授权条件的结论，合议组对请求人提出的其他理由和证据不再予以评述。

三、决定

宣告200430092889.8号外观设计专利权全部无效。

当事人对本决定不服的，可以根据专利法第46条第2款的规定，自收到本决定之日起三个月内向北京市第一中级人民法院起诉。根据该款的规定，一方当事人起诉后，另一方当事人应当作为第三人参加诉讼。

仰视图

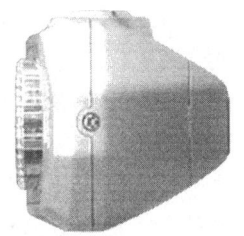 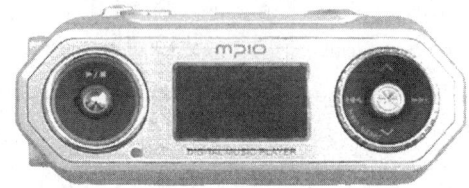 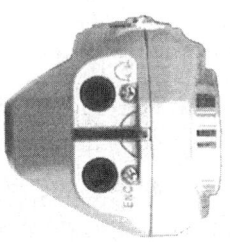

右视图　　　　　　主视图　　　　　　左视图

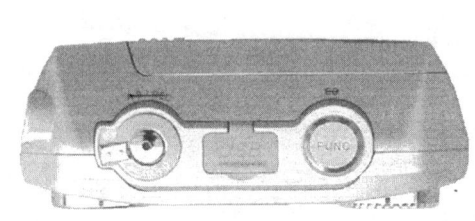 

俯视图　　　　　　立体图

本专利附图

对比文件附图

笔 具

无效宣告请求审查决定（第9822号）

决 定 号	第9822号
决 定 日	2007年5月31日
发明创造名称	笔具
外观设计分类号	19-06
无效宣告请求人	上海派克笔有限公司
专 利 权 人	亚坦股份有限公司
申 请 号	02301553.5
申 请 日	2002年1月22日
授权公告日	2002年8月7日
合议组组长	吴赤兵
主 审 员	严若艳
参 审 员	王霞军

法 律 依 据 专利法第22条

决 定 要 点

专利法第22条规定的是发明和实用新型专利的授权条件，而本专利是一项外观设计专利权，不能用专利法第22条规定的"新颖性、创造性和实用性"条件来评价一项外观设计专利权是否有效，请求人提出无效宣告请求的理由不能成立。

一、案由

本无效宣告请求涉及的是国家知识产权局于2002年8月7日授权公告的02301553.5号外观设计专利，使用外观设计的产品名称是"笔具"，申请日是2002年1月22日，专利权人是亚坦股份有限公司。

针对上述外观设计专利权（下称本专利），上海派克笔有限公司（下称请求人）于2006年11月2日向专利复审委员会提出无效宣告请求，其理由是本专利不符合专利法第22条的规定。请求人认为该笔型外观设计是行业通用设计，且在本专利申请日以前产品已经在大范围内生产销售，同时还认为本专利与96320783.0号外观设计专利相近似。请求人提交了如下附件作为证据：

附件1：国家知识产权局网站下载的96320783.0号外观设计专利图片。

专利复审委员会根据无效宣告请求审查程序的规定受理了该无效宣告请求，并于2006年11月2日将上述无效宣告请求书及其附件的副本转送给专利权人，要求其在指定期限内陈述意见。

专利权人于2006年12月6日提交了意见陈述书。专利权人认为：请求人无效宣告理由中的"本专利外观设计属于行业通用设计,且在本专利申请日前该产品已经大范围生产、销售"的观点缺乏证据支持;请求人在无效宣告请求书中引用的法律依据为专利法第22条,不适用于本专利;请求人引用的96320783.0号外观设计专利与本专利既不相同也不相近似,无法破坏本专利的新颖性。专利权人据此请求维持本专利有效。

专利复审委员会于2007年1月26日将上述专利权人提交的意见陈述书及附件的副本转送请求人,要求其在指定期限内陈述意见,同时向双方当事人发出合议组成员告知通知书。2007年2月11日,专利复审委员会向请求人发出无效宣告请求审查通知书,告知其专利法第22条规定的是发明和实用新型专利的授权条件,本专利是外观设计专利,关于外观设计专利的授权条件是由专利法第23条规定的,请求人应当变更无效宣告请求的理由,期满未答复的,不影响专利复审委员会审理。

双方当事人在指定期限内均未对合议组成员提出回避请求,视为双方均无回避请求。请求人在指定期限内未提交答复意见,视为请求人已得知转送文件的内容并无反对意见。请求人未在指定期限内变更无效宣告请求的理由,视为请求人坚持原无效宣告请求的理由。

二、决定的理由

1. 法律依据

基于请求人提出无效宣告请求的理由,合议组根据专利法第22条的规定进行审理。

专利法第22条规定:授予专利权的发明和实用新型,应当具备新颖性、创造性和实用性。

新颖性,是指在申请日以前没有同样的发明或者实用新型在国内外出版物上公开发表过、在国内公开使用过或者以其他方式为公众所知,也没有同样的发明或者实用新型由他人向国务院专利行政部门提出过申请并且记载在申请日以后公布的专利申请文件中。

创造性,是指同申请日以前已有的技术相比,该发明有突出的实质性特点和显著的进步,该实用新型有实质性特点和进步。

实用性,是指该发明或者实用新型能够制造或者使用,并且能够产生积极效果。

2. 关于无效宣告请求的理由

请求人提出无效宣告请求的理由是本专利不符合专利法第22条的规定,以不符合专利法第22条为理由提出无效宣告请求的只能针对发明或实用新型专利,而本专利是一项外观设计专利权,因此专利法第22条不能作为请求宣告本专利无效的理由。

合议组根据审查指南第四部分第三章第4节的规定,向请求人发出无效宣告请求审查通知书,明确告知其提出无效宣告请求的理由不适用本专利,并允许其在指定期限内变更无效宣告请求的理由。请求人未在指定期限内答复,视为其坚持无效宣告请求的理由为专利法第22条。根据无效宣告请求审查程序的请求原则,合议组依据专利法第22条的规定进行审理。

合议组认为:专利法第22条规定的是发明和实用新型专利的授权条件,而本专利是一项外观设计专利权,不能用专利法第22条规定的"新颖性、创造性和实用性"条件来评价一项外观设计专利权是否有效,请求人提出无效宣告请求的理由不能成立。

3. 结论

综上所述,请求人提出无效宣告请求的理由不能成立。

三、决定

维持02301553.5号外观设计专利权有效。

当事人对本决定不服的,可以根据专利法第46条第2款的规定,自收到本决定之日起三个月内向北京市第一中级人民法院起诉。根据该款的规定,一方当事人起诉后,另一方当事人应当作为第三人参加诉讼。

北京市第一中级人民法院
行政裁定书

(2007) 一中行初字第 1112 号

原告上海派克笔有限公司，住所地上海市浦东新区联明路 696 号 2 号楼。

委托代理人郭宇航，上海白玉兰律师事务所律师。

委托代理人尹智育，上海白玉兰律师事务所律师。

被告中华人民共和国国家知识产权局专利复审委员会，住所地北京市海淀区北四环西路 9 号银谷大厦 10~12 层。

法定代表人廖涛，副主任 委托代理人周佳，国家知识产权局专利复审委员会审查员。

委托代理人瞿晓峰，国家知识产权局专利复审委员会审查员。

第三人亚坦股份有限公司，住所地台湾省台北县。

原告上海派克笔有限公司（以下简称派克笔公司）不服被告中华人民共和国国家知识产权局专利复审委员会（以下简称专利复审委员会）于 2007 年 5 月 31 日作出的第 9822 号无效宣告请求审查决定，于法定期限内向本院提起行政诉讼。本院于 2007 年 8 月 14 日受理后，依法组成合议庭对本案进行审理。2007 年 11 月 30 日原告派克笔公司向本院提交书面撤诉申请，申请撤回对被告专利复审委员会的起诉。

本院认为，原告派克笔公司的撤诉申请理由正当、未违反有关法律规定，应予准许。依照《中华人民共和国行政诉讼法》第五十一条之规定，本院裁定如下：

准予原告上海派克笔有限公司撤回对被告中华人民共和国国家知识产权局专利复审委员会的起诉。

案件受理费 100 元，减半收取 50 元，由原告上海派克笔有限公司负担（已交纳）。

审 判 长 姜 颖
代理审判员 苏 杭
代理审判员 芮松艳
二〇〇七年十二月十一日
书 记 员 陈文煊

抽油烟机

无效宣告请求审查决定（第 9827 号）

决 定 号	第 9827 号
决 定 日	2007 年 6 月 1 日
发明创造名称	抽油烟机
外观设计分类号	23-04
无效宣告请求人	成都市瑞发通讯器材有限公司
专 利 权 人	余泰成
申 请 号	200530026981.9
申 请 日	2005 年 1 月 27 日
授 权 公 告 日	2005 年 9 月 14 日
合议组组长	王霞军
主 审 员	周 佳
参 审 员	张雪飞
附 图	1 页
法 律 依 据	专利法第 23 条
决 定 要 点	

产品使用说明书、目录册与由出版社印刷并经发行渠道正式出版发行的图书不同，其印制方式和印刷内容较灵活，在没有其他证据为佐证的情况下，不能对其真实性进行核实，故不足以作为证据使用。

一、案由

本无效宣告请求涉及的是 2005 年 9 月 14 日国家知识产权局授权公告的 200530026981.9 号外观设计专利，其名称为"抽油烟机"，申请日是 2005 年 1 月 27 日，专利权人为余泰成。

针对上述外观设计专利权（下称本专利），2006 年 11 月 16 日成都市瑞发通讯器材有限公司（下称请求人）向专利复审委员会提出无效宣告请求，其理由是本专利不符合专利法第 23 条的规定。请求人认为在本专利申请日以前已有与其外观设计相近似的产品在国内出版物上公开发表过并且在国内公开使用过，并提交了如下 3 个附件作为证据：

附件 1：涉及型号 CXW180-02 新型抽油烟机的《立式抽油烟机使用说明书》原件，其上标注印制日期为 2004 年 8 月 6 日。

附件 2：02352320.4 号外观设计专利著录项目及图片复印件，其申请日为 2002 年 8 月 26 日，授权公告日为2003年3月5日。

附件3：ZL200430031889.7号外观设计专利公报复印件，其申请日为2004年7月2日，授权公告日为2005年5月11日。

经形式审查合格后，专利复审委员会受理了上述无效宣告请求，于2006年11月16日向双方当事人发出了无效宣告请求受理通知书，并将无效宣告请求书及其附件副本转送给专利权人，要求其在指定期限内答复。

请求人在提出无效宣告请求之后1个月内于2006年12月14日补充提交意见陈述书，认为有证据证明在本专利申请日2005年1月27日之前有与其相近似的产品在国内公开使用过，请求人同时提交了如下2个附件作为补充证据：（编号续前）

附件4：中华人民共和国海关进口货物报关单复印件，其上记载型号为UNDER的抽油烟机于2003年12月21日从意大利进口到中国上海海关。

附件5：记载有型号为UNDER昂德抽油烟机产品的2003~2004进口抽油烟机目录原件。

专利权人于2006年12月30日提交意见陈述书，对附件1的真实性提出质疑，认为附件1为无效宣告请求人提供的本公司产品宣传册，且无其他证据加以证明，不足以证实CXW180-02新型抽油烟机宣传资料已于申请日前随产品公开的事实。对于附件2和附件3，专利权人认为其上所示外观设计均与本专利存在明显差别，既不相同也不相近似，附件1、附件2、附件3均不能证明本专利不符合专利法第23条的规定，应维持本专利权有效。

2007年2月12日合议组向双方当事人发出口头审理通知书，拟定于2007年3月28日对该无效请求进行口头审理，并随口头审理通知书将请求人补充提交的意见陈述书及附件副本、专利权人提交的意见陈述书分别转送给对方当事人。

2007年3月22日专利权人提交意见陈述书及附页，对请求人补充提交的附件4和附件5的真实性和有效性提出异议，并提交了关于02380989.2号外观设计专利的无效宣告请求审查决定和法院判决，用以说明由于广告宣传页的制作随意性大，所以其本身不足以证明公开发行的事实，因此附件4和附件5仍不能证明本专利违反专利法第23条的规定，专利权人同时提交了如下2个反证：

反证1：中华人民共和国国家知识产权局专利复审委员会第7977号无效宣告请求审查决定书及决定正文，复印件。

反证2：中华人民共和国北京市高级人民法院（2006）高行终字第460号行政判决书，复印件。

口头审理如期举行，请求人方由当事人代表和委托代理人出庭，专利权人方由委托代理人出庭，双方对合议组成员无回避请求。合议组当庭向请求人转送了专利权人于2007年3月22日提交的意见陈述书及附件，并要求其在口头审理结束后一个月内对该意见陈述书答复意见。

口头审理开始前，请求方代理人提出其代表两个请求人进行出庭，即成都市瑞发通讯器材有限公司和四川瑞鑫电器有限公司，并当庭提交了委托书。专利权方代理人对对方出庭人员身份有疑义，认为无效宣告请求受理通知书中只受理了一个请求人。合议组经核实，认为请求人应与无效宣告请求受理通知书中受理的主体一致。请求方代理人撤回了增加另一请求人的请求。

在口头审理过程中，请求人明确其无效宣告请求的理由是本专利不符合专利法第23条的规定，在本专利申请日以前已有与其相近似的外观设计在国内外出版物上公开发表过。请求人当庭提交了附件1和附件5的原件，表示放弃附件3和附件4作为证据，仅以附件1、附件2和附件5作为本无效宣告请求的三份证据，即：

证据1：涉及型号CXW180-02新型抽油烟机的《立式抽油烟机使用说明书》原件，其上标注印制日期为2004年8月6日。

证据2：02352320.4号外观设计专利复印件，其申请日为2002年8月26日，授权公告日为2003年3月5日。

证据3：2003~2004进口抽油烟机目录原件。

双方就证据的真实性和关联性进行了质证，并就外观设计的相近似比较进行了辩论，在各自坚持其观点的基础上进一步详细阐述了自己的具体主张及理由。请求人在口审辩论中明确了以证据1封面页所示产品图片、证据3第3张中所示UNDER昂德的产品图片作为与本专利进行对比的图片。

口头审理结束后，2007年4月13日请求人提交意见陈述书，坚持证据1的真实性，并随附提交了四份附件支持其理由：（编号续前）

附件6：四川省泵类及通用设备产品质量监督检验站（2004）DJ-196号检验报告原件；

附件7：四川省成都市律政公证处（2007）川律公证字第3990号公证书原件；

附件8：四川省成都蜀都公证处（2006）成蜀证内民字第29130号公证书复印件；

附件9：四川省成都蜀都公证处（2006）成蜀证内民字第29247号公证书复印件。

在双方当事人意见陈述及口头审理的基础上，合议组经合议，认为本案事实清楚，依法作出本审查决定。

二、决定的理由

1. 法律依据

基于请求人提交的无效宣告请求理由，合议组依据专利法第23条对本案进行审理。

专利法第23条规定：授予专利权的外观设计，应当同申请日以前在国内外出版物上公开发表过或者国内公开使用过的外观设计不相同和不相近似，并不得与他人在先取得的合法权利相冲突。

2. 证据和事实的认定

在口头审理过程中，合议组当庭向请求人转送了专利权人于2007年3月22日提交的意见陈述书及附件，并要求其在口头审理结束后一个月内对该意见陈述书进行答复。2007年4月13日请求人提交意见陈述书，请求人认为专利权人2007年3月22日提交的意见陈述书中所述理由不能成立，并同时提交补充附件6、附件7、附件8、附件9用以证明证据1的真实性及其上印制日期的真实性。合议组认为，根据审查指南第四部分第三章第4节关于举证期限的规定，对请求人在提出无效宣告请求之日起一个月后补充证据的，专利复审委员会一般不予考虑，本案口头审理结束后，请求人只能在规定期限内对其当庭接收的专利权人的意见陈述书进行答复，而不能再补充提交其他证据，请求人补充提交的附件6、附件7、附件8、附件9是为了进一步证明证据1真实性的新证据，是在提出无效宣告请求一个月之后提交的，不符合审查指南的规定，因此对附件6、附件7、附件8、附件9不予考虑。

请求人提交的证据1为CXW180-02型立式抽油烟机使用说明书，说明书封底右侧纵向标注有"2004年8月6日印制"的字样，请求人认为该印制日期表示其上所示产品已于本专利申请日前在出版物上公开。合议组认为，请求人提交的证据1为其本公司的产品使用说明书，由请求人自行印制并散发，与由出版社印刷并经发行渠道正式出版发行的图书不同，此类纸件载体的印制方式和印制内容较为灵活，其印制的文字内容不必然受到印制时间的限制，且请求人未能在举证期限内提交其他佐证证明证据1的形成方式、形成时间、以何种方式对外公开发表，合议组无法对证据1的真实性进行核实，故对证据1不予认可。

请求人提交的证据3为进口抽油烟机目录，目录首页封面记载有"2003~2004进口抽油烟机目录"和"BEIJING GLORY TRADING CO. LTD"字样。请求人认为证据3中第3张所示的UNDER昂德产品图片与本专利相近似，且目录封面"2003~2004进口抽油烟机目录"字样显示了该目录的年份，应可推断出其印刷日期不晚于2004年12月31日，即可证明相关产品于本专利申请日前公开发表的事实。合议组认为，证据3为产品目录册，其不是经出版社印刷并经发行渠道正式出版发行的正式出版物，在证据3首页封面记载有英文字样，而请求人未在举证期限内提交中文译文，对该部分内容不能作为证据使用，而证据3中其他部分也未载明相关的印刷、发行信息，且请求人未能提交其他证据说明证据3的来源，由于此类印刷品其印制内容可不受地域、时间的限制，合议组仅凭该证据无法核实其真实性，故对证据3不予认可。

请求人提交的证据2为02352320.4号外观设计专利复印件，其所示专利的授权公告日为2003年3月5日，使用外观设计的产品名称为"吸排油烟机"（下称在先设计）。合议组经核实，该复印件所示内容属实，确系在本专利申请日前授权公告的外观设计专利，能够作为本案适用专利法第23条的有效证据。

3. 相同和相近似性认定

在先设计与本专利均为抽油烟机的外观设计，属于相同种类的产品，故对二者的外观设计作如下对比：

本专利包括主视图、左视图、右视图、俯视图、仰视图和立体图，并在简要说明中载明右视图与左视图对称，省略右视图。本专利由进风面板和出风管组成。出风管为近似长方柱体，位于进风面板正上方，出风管正面平滑，正面向侧面呈圆弧过渡，出风管管体向下延伸与进风面板顶端面相交。进风面板正面为开放式，从主视图观察，进风面板为近似长方形，其下方区域和上方区域横向平行分布有两个长条状进风口，下方进风口明显宽于上方进风口，罩在进风口处的过滤网呈竖棱状结构。上方进风口的上部左右分布两个椭圆形，进风面板顶部前檐右侧分布有操纵部件。从左视图看，进风面板为向上微翘的近似檐状体，檐状体内侧为弧线形，外侧在翘起部分呈弧线形，而在与进风管相交的下方为沿进风管管体向下延伸的垂直形。进风面板底部中央挂有一个储油盒（详见本专利附图）。

在先设计包括主视图、后视图、俯视图、仰视图和左视图。在先设计由进风面板和出风管组成。出风管位于进风面板正上方，为近似长方棱柱体，由正面向侧面呈明显的切面过渡。从主视图看，进风面板正面为开放式，正面分布三块纵向排列的进风口，罩在进风口处的过滤网呈蜂窝状结构，每块进风口网罩正上方有一长方形抠手。从左视图看，进风面板为直角形檐状体，顶端面水平，后端面垂直，顶端面与出风管管体垂直相交，进风面板内侧由下向上为斜线形，至顶面圆滑过渡为水平形（详见在先设计附图）。

将在先设计与本专利对比，二者均由出风管和进风面板两部分构成，且进风面板均为开放立式结构，即由正面可直接观察到进风面板内侧的进风口且进风口沿竖置方向排布。二者的不同之处在于，本专利的进风口为两个横向平行分布的长条状，下方进风口明显宽于上方进风口，两者间有明显间隔，且进风口与进风面板的边界处有一定距离。而在先设计的进风口为三块纵向排列的长方形状，进风口之间紧密排列无间隙，且进风口基本布满进风面板的立面，与进风面板的边界处无明显距离。合议组认为，进风面板上的进风口设计位于产品正面且占据产品的主要部分，会给一般消费者留下直接的视觉感受。本专利的进风口给人以分隔的感受，而在先设计的进风口给人以整体性的感受，且就进风过滤网而言，本专利的竖棱状结构与在先设计的蜂窝状结构也存在着明显的区别。本专利与在先设计的进风面板形状也存在着差别，从侧面观察，本专利的进风面板为向上微翘的弧形檐状体，且面板厚度较薄，在先设计的进风面板为直角形的檐状体，立面的面板厚度由下向上逐渐变厚。此外，本专利的出风管管体由正面向两侧圆滑过渡，而在先设计的出风管管体由正面向两侧呈切线过渡。结合出风管和进风面板整体观察，本专利的出风管与进风面板为一体式设计，且整体呈圆滑的弧线形造型，而在先设计的出风管与进风面板为分体连接式设计，且整体为棱角分明的折线形造型。另外本专利与在先设计在进风面板顶部前檐的操作部件、出风管风道的位置、有无储油盒等方面也存在着不同。所以二者在整体视觉效果上会给一般消费者以显著不同的视觉感受，二者属于不相同也不相近的外观设计。

综上所述，请求人提交的证据均不能支持其无效请求的理由。

专利权人提供的反证与本案无关，故合议组对此不再予以评述。

三、决定

维持 200530026981.9 号外观设计专利权有效。

当事人对本决定不服的，可以根据专利法第 46 条第 2 款的规定，自收到本决定之日起三个月内向北京市第一中级人民法院起诉。根据该款的规定，一方当事人起诉后，另一方当事人应当作为第三人参加诉讼。

俯视图

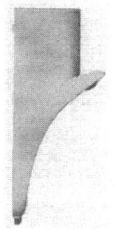

左视图　　　主视图　　　立体图

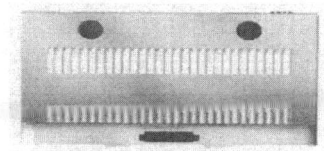

仰视图
本专利附图

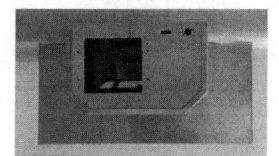

俯视图

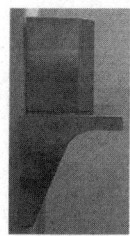

左视图　　　主视图　　　后视图

仰视图
在先设计附图

篮球中胎（十二片）

无效宣告请求审查决定（第9830号）

决 定 号	第9830号
决 定 日	2007年5月28日
发明创造名称	篮球中胎（十二片）
外观设计分类号	21-02
无效宣告请求人	北京市宏燕青文体用品有限公司
专 利 权 人	郭吉祥
专 利 号	200530005235.1
申 请 日	2005年3月16日
授权公告日	2006年2月22日
合议组组长	吴赤兵
主 审 员	李改平
参 审 员	张雪飞
附 图	2页

法 律 依 据 专利法第23条

决 定 要 点

请求人提交的证据所示产品外观设计与本专利在整体球面上表皮结合纹路相近似，表皮数量相同，足以证明在本专利申请日前已有与本专利相近似的外观设计在出版物上公开发表过，因此，本专利不符合专利法第23条的规定。

一、案由

本无效宣告请求涉及的是国家知识产权局于2006年2月22日授权公告的、名称为"篮球中胎（十二片）"的外观设计专利，其申请号是200530005235.1，申请日是2005年3月16日，专利权人是郭吉祥。

针对上述专利权（下称本专利），北京市宏燕青文体用品有限公司（下称请求人）于2006年11月13日向专利复审委员会提出无效宣告请求，其理由是：本专利与在先的外观设计专利几乎完全相同，本专利不符合专利法第23条的规定。请求人提交了本专利的公报复印件（附件1）、专利号为03358466.4、名称为"篮球"的外观设计专利公告文本复印件（附件2），以及专利号为03358465.6、名称为"篮球"的外观设计专利公告文本复印件（附件3）作为证据。

经形式审查合格，专利复审委员会受理了此案，并于2006年11月14日将无效请求书及相关材料副本转送给专利权人。专利权人逾期未答复。

请求人于 2006 年 12 月 1 日补交了一份意见陈述书和一份由国家知识产权局专利检索咨询中心出具的编号为 G062391 的外观设计检索报告复印件，该报告中提供了专利号为 03358466.4 以及专利号为 03358465.6 的公告内容。专利复审委员会于 2007 年 2 月 12 日将上述意见陈述书和检索报告复印件转送给专利权人。专利权人逾期未答复。

专利复审委员会于 2007 年 2 月 12 日向双方当事人发出合议组成员告知通知书。双方当事人逾期未答复。

至此，合议组认为本案事实清楚，可以依法作出审查决定。

二、决定的理由

1. 法律依据

基于请求人提出的无效宣告请求理由，合议组对本专利是否符合专利法第 23 条的规定进行审查。

专利法第 23 条规定：授予专利权的外观设计，应当同申请日以前在国内外出版物上公开发表过或者国内公开使用过的外观设计不相同和不相近似，并不得与他人在先取得的合法权利相冲突。

2. 证据认定

附件 1 是本专利的公报复印件，用以说明本专利的相关信息。

附件 3 是专利号为 03358465.6、名称为"篮球"的外观设计专利公告文本复印件，经合议组核实属实。该专利公告日为 2004 年 5 月 19 日，在本专利的申请日（2005 年 3 月 16 日）之前，故可以作为判断本专利是否符合专利法第 23 条的规定的证据。

3. 外观设计对比

观察本专利"篮球中胎（十二片）"外观设计的各视图，可以看到本专利产品球面由 12 片表皮组成，其结合纹路包括两个互相垂直的圆环和四个分别与圆环相交的圆弧（详见本专利附图）。

观察附件 3 所示的"篮球"的外观设计（下称在先设计）的各视图，可以看到在先设计球面由 12 片表皮组成，其结合纹路包括两个互相垂直的圆环和四个分别与圆环相交的圆弧，球面上还有文字（详见在先设计附图）。由于在先设计与本专利的外观设计都用于"篮球"，两者用途相同，故具有可比性。将在先设计与本专利进行比较可以看到，两者球面都由 12 片表皮组成，其结合纹路包括两个互相垂直相交的圆环和四个分别与圆环相交的圆弧。两者的不同之处在于结合纹路中与圆环相交的圆弧的弧度略有差异，在先设计的球面上有简单的文字图案，本专利的球体表面上没有文字，仅涉及形状及纹路设计，上述不同点均不足以导致两者整体外观设计视觉上的显著区别，因此，合议组认为，在先设计与本专利属于相近似的外观设计。

4. 结论

综上，请求人提交的证据证明在本专利申请日前已有与本专利相近似的外观设计在公开出版物上公开发表，故本专利不符合专利法第 23 条的规定。

鉴于已经得出本专利不符合专利法第 23 条的规定的结论，故对请求人提交的其他证据不再作出评述。

三、决定

宣告 200530005235.1 号外观设计专利权全部无效。

当事人对本决定不服的，可以根据专利法第 46 条第 2 款的规定，自收到本决定之日起三个月内向北京市第一中级人民法院起诉。根据该款的规定，一方当事人起诉后，另一方当事人应当作为第三人参加诉讼。

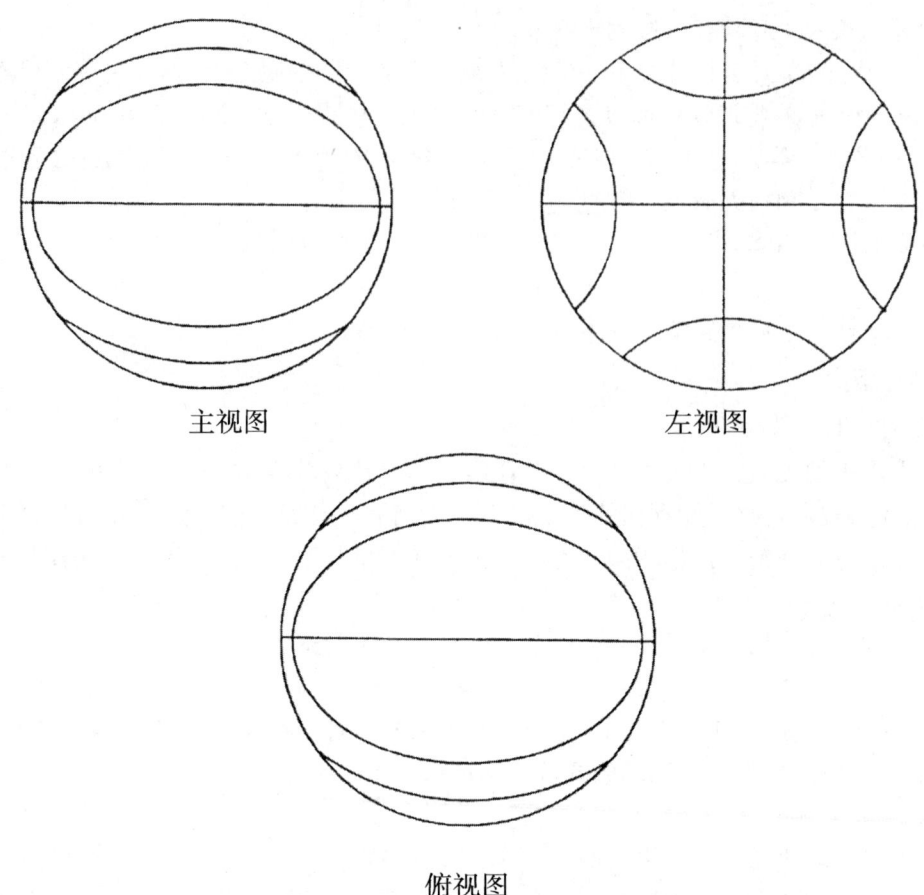

主视图 左视图

俯视图

本专利附图

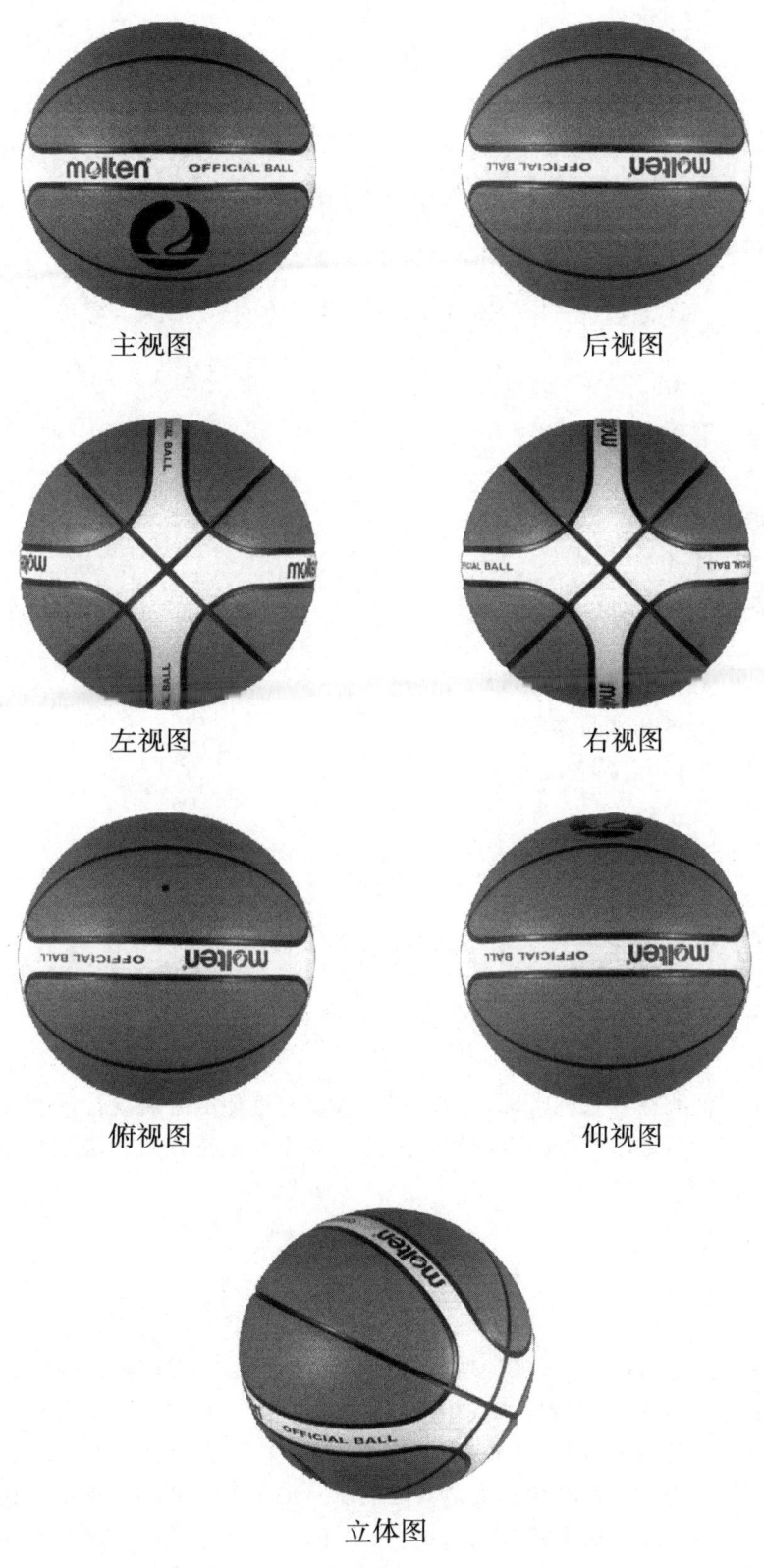

主视图　　　　　　　　后视图

左视图　　　　　　　　右视图

俯视图　　　　　　　　仰视图

立体图

在先设计附图

篮 球

无效宣告请求审查决定（第9831号）

决 定 号	第9831号
决 定 日	2007年5月28日
发明创造名称	篮球
外观设计分类号	21-02
无效宣告请求人	马佰刚
专 利 权 人	李士乔
专 利 号	200530129214.0
申 请 日	2005年9月29日
授权公告日	2006年7月12日
合议组组长	吴赤兵
主 审 员	李改平
参 审 员	徐清平
附 图	2页

法 律 依 据 专利法第9条，专利法实施细则第13条第1款

决 定 要 点

请求人提交的证据证明在本专利申请日前已有他人就相近似的外观设计向国家知识产权局提出专利申请，并在本专利申请日之后被授予专利权，因此，本专利不符合专利法第九条以及专利法实施细则第十三条第一款的规定。

一、案由

本无效宣告请求涉及的是国家知识产权局于2006年7月12日授权公告的、名称为"篮球"的外观设计专利，其申请号是200530129214.0，申请日是2005年9月29日，专利权人是李士乔。

针对上述专利权（下称本专利），马佰刚（下称请求人）于2006年9月25日向专利复审委员会提出无效宣告请求，其理由是：在本专利申请日之前已有他人就近似的外观设计提出专利申请，故本专利不符合专利法第9条、专利法实施细则第13条第1款的规定，应被宣告无效。请求人提交了专利号为2005300052351.名称为"篮球中胎（十二片）"的网上公告文本复印件作为证据。

经形式审查合格，专利复审委员会受理了此案，并于2006年9月25日将无效请求书及相关材料副本转送给专利权人。专利权人逾期未答复。

请求人于2006年10月24日补交了专利号为200530005235.1的公报文本复印件作为证据。专利

复审委员会于 2007 年 1 月 25 日将该文本复印件转给专利权人。专利权人逾期未答复。

专利复审委员会于 2007 年 1 月 25 日向双方当事人发出合议组成员告知通知书。双方当事人逾期未答复。

至此，合议组认为本案事实清楚，可以依法作出审查决定。

二、决定的理由

1. 法律依据

基于请求人提出的无效宣告请求理由，合议组对本专利是否符合专利法第九条以及专利法实施细则第十三条第一款的规定进行审查。

专利法第九条规定：两个以上的申请人分别就同样的发明创造申请专利的，专利权授予最先申请的人。

专利法实施细则第十三条第一款规定：同样的发明创造只能被授予一项专利。

2. 证据认定

请求人于 2006 年 9 月 25 日提交的证据和 2006 年 10 月 24 日补交的证据都是专利号为 200530005235.1 的公告文本，只是公告文本的形式不同。该专利的产品名称为"篮球中胎（十二片）"，申请日为 2005 年 3 月 16 日、公告日为 2006 年 2 月 22 日，专利权人为王健。该专利的申请日在本专利的申请日（2005 年 9 月 29 日）之前，公告日在本专利的申请日之后，属于他人在先申请的外观设计专利（下称在先设计），可以作为判断本专利是否符合专利法第九条以及专利法实施细则第十三条第一款规定的证据。

3. 外观设计对比

观察本专利的左视图，可以看到本专利所示篮球由 12 片表皮组成，其结合纹路包括两条互相垂直的直线和四条分别与直线相交的弧线，这些直线和弧线将整体球面分成 12 个区域，也即形成 12 片表皮形状。观察本专利的右视图，可以看到此视图与左视图对称。其他视图表示出了左右视图所示纹路在球体表面的相应纹路。在主后视图中有文字及图案。详见本专利附图。

观察在先设计的左视图，可以看到所示篮球中胎（十二片）亦由 12 片表皮组成，其结合纹路包括两条互相垂直的直线和四条分别与直线相交的弧线，这些直线和弧线将整体球面分成 12 个区域，也即形成 12 片表皮形状。从简要说明可知，该在先设计的右视图与左视图对称。其他视图表示出了左右视图所示纹路在球体表面的相应纹路。详见在先设计附图。

由于本专利和在先设计都用于篮球，用途相同，故两者可以进行对比。将在先设计的左视图与本专利的左视图进行比较可以看到，两者表皮结合纹路都包括两条互相垂直的直线和四条分别与直线相交的弧线，这些直线和弧线将整体球面分成 12 个区域，也即形成 12 片表皮形状。两者的区别在于表皮结合的纹路的弧度略有差异；比较两者的其他视图，可以看到，表皮结合纹路相同，只是纹路的弧度略有差异。从整体上，在先设计的球面上没有文字及图案，而本专利的球面上有文字及图案。由于表皮结合纹路弧度的差异很小，文字及图案的有无差异也不能造成两者的显著区别，因此合议组认为，两者属于相近似的外观设计，属于同样的发明创造。

4. 结论

综上，请求人提交的证据证明在本专利申请日前已有他人以相近似的外观设计在国家知识产权局提出了专利申请，并在本专利申请日之后被授予专利权，因此，本专利不符合专利法第九条以及专利法实施细则第十三条第一款的规定。

三、决定

宣告 200530129214.0 号外观设计专利权无效。

当事人对本决定不服的，可以根据专利法第46条第2款的规定，自收到本决定之日起三个月内向北京市第一中级人民法院起诉。根据该款的规定，一方当事人起诉后，另一方当事人应当作为第三人参加诉讼。

主视图

后视图

左视图

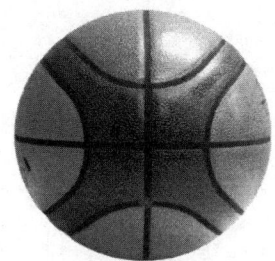
右视图

俯视图

仰视图

使用状态参考图

本专利附图

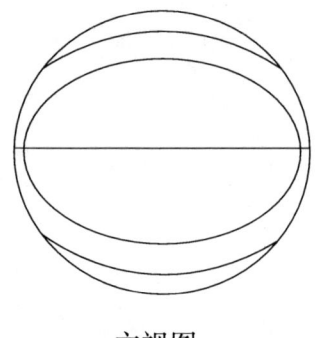 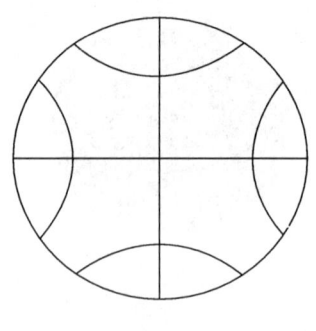 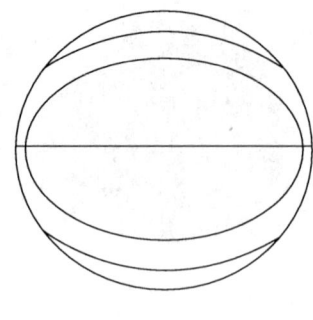

主视图　　　　　　　左视图　　　　　　　俯视图

在先设计附图

前组合灯（WY-036）

无效宣告请求审查决定（第9832号）

决 定 号	第9832号
决 定 日	2007年6月4日
发明创造名称	前组合灯（WY-036）
外观设计分类号	26-06
无效宣告请求人	丹阳东港灯具有限公司
专 利 权 人	汪华生
专 利 号	200430070781.9
申 请 日	2004年10月12日
授权公告日	2005年4月6日
合议组组长	钟 华
主 审 员	徐清平
参 审 员	严若艳
附 图	2页

法 律 依 据 专利法第23条

决 定 要 点

对于本专利与在先设计所示组合灯外观设计，其正面整体造型和各功能灯的形状、排列、大小比例关系等相组合具有显著的视觉效果，二者正面外形设计相近似，组合大灯、小灯的形状、数量及比例位置关系基本相同，大部分灯腔反光罩纹理相近似，由此形成了相近似的整体视觉效果，因此二者属于相近似的外观设计。

一、案由

本无效宣告请求涉及的是国家知识产权局于2005年4月6日授权公告的200430070781.9号外观设计专利，使用该外观设计的产品名称为"前组合灯（WY-036）"，申请日是2004年10月12日，专利权人是汪华生。

针对上述专利权（下称本专利），丹阳东港灯具有限公司（下称请求人）于2007年2月25日向专利复审委员会提出无效宣告请求，其依据的事实和理由是：本专利与其申请日前授权公告的03314215.7号外观设计专利所示汽车组合灯外观设计相近似，因此，本专利不符合专利法第23条的规定，应予宣告无效。请求人同时提交了03314215.7号外观设计专利的著录项目和外观设计图片作为证据。

专利复审委员会经形式审查合格受理了该无效宣告请求,并于2007年2月26日将无效宣告请求书及其附件的副本转送给专利权人,要求其在指定期限内陈述意见。专利复审委员会同时成立合议组对本案进行审理。

2007年3月27日专利权人提交了意见陈述书,专利权人将本专利与请求人提交的03314215.7号外观设计专利进行了详细分析对比,认为二者产品形状和图案设计均有明显区别,特别是二者前组合灯的正面设计风格和整体视觉效果完全不同,二者不相同也不相近似,本专利符合专利法第23条的规定。

2007年4月27日专利复审委员会分别向请求人和专利权人发出合议组成员告知通知书,双方均未对合议组成员提出回避请求。

合议组经合议,认为本案事实清楚,依法作出本审查决定。

二、决定的理由

（1）基于请求人提出无效宣告请求所依据的事实和理由,合议组对本专利是否符合专利法第23条的规定进行审查。专利法第23条规定：授予专利权的外观设计,应当同申请日以前在国内外出版物上公开发表过或者国内公开使用过的外观设计不相同和不相近似,并不得与他人在先取得的合法权利相冲突。

（2）请求人提交了03314215.7号外观设计专利的著录项目和外观设计图片作为证据,其所示专利公告日为2003年8月27日,使用外观设计的产品名称为"组合前照灯（6880）",经合议组核实,该证据所示内容属实,其公告日在本专利申请日之前,确系本专利申请日之前公开发表的外观设计（下称在先设计）,可以作为判断本专利是否符合专利法第23条规定的证据。

（3）在先设计为"组合前照灯"的外观设计,与本专利使用外观设计的产品"前组合灯"属相同种类的产品,故对二者外观设计作如下对比：

本专利包括六面正投影视图和两幅立体图,所示组合灯的正面为上下两条曲线围合而成的近似凤眼造型,前端面为透明弧形曲面,灯罩内中部设有两个圆形大灯、左上角有两个圆形小灯和右下角有一个圆形小灯；其中两个大灯造型为突出的近似鼓形,其内有较小的圆形遮光板；大灯上下部分的灯腔反光罩带有竖向条纹并在上部分还有横向斜线条纹,其上部分反光罩相对于左上角灯腔呈抬升的台阶状,左上角灯腔则相对为凹陷状并有同心圆弧线和射线相交条纹；灯的背面为台阶状和弧形面设计,并有与正面大灯、小灯相对应的近似圆柱形设计（详见本专利附图）。

在先设计包括六面正投影视图和一幅立体图,所示组合灯的正面为上下两条曲线围合而成的近似凤眼造型,前端面为透明弧形曲面,灯罩内中部设有两个圆形大灯、左上角有两个圆形小灯和右下角有一个圆形小灯；其中两个大灯造型为突出的近似鼓形,其内有较小的近似五角星形遮光板；大灯上下部分的灯腔反光罩带有竖向条纹并在上部分还有横向斜线条纹,其上部分反光罩相对于左上角灯腔呈抬升的台阶状,左上角灯腔则相对为凹陷状并有凸点状纹理；灯的背面为台阶状和弧形面设计,并有与正面大灯、小灯相对应的近似圆柱形设计（详见在先设计附图）。

将本专利与在先设计相比较,二者不同之处主要在于其灯的正面外形和前端面弧度有所差异,左上角灯腔底纹不同,大灯遮光板形状不同；除此之外二者所示大灯、小灯的形状、数量及比例位置关系基本相同,灯腔反光罩竖向、横向斜线条纹基本相同。合议组认为,二者正面外形虽有差异,但仅在于外形曲线具体的弧度、尖角和造型的长宽比例略有不同,而整体造型仍为左上和右下角呈曲线尖角状、其他部分呈流线弧形的近似凤眼造型,故二者正面外形是相近似的,而二者前端面弧度的不同明显为细微差异；二者左上角灯腔底纹、大灯遮光板形状在灯的整体设计中仅为较小面或细小部件的具体设计,其差异为局部细微差异。

合议组进一步认为，对于二者所示组合灯外观设计，其正面整体造型和各功能灯的形状、排列、大小比例关系等相组合具有显著的视觉效果，专利权人所称因国家和行业标准要求组合灯的各功能灯位置布设是基本相同的，但并未举证说明必须是本专利和在先设计所示布设位置，故不能将上述功能灯的位置布设排除在外观设计近似性对比所应考虑的因素之外；如前述，本专利与在先设计所示灯的正面外形相近似，组合大灯、小灯的形状、数量及比例位置关系基本相同，大部分灯腔反光罩纹理相近似，由此形成了二者相近似的整体视觉效果，上述差异对其不具显著影响，因此二者属于相近似的外观设计。

综上所述，本专利与其申请日前授权公告的外观设计专利相近似，即已有与其相近似的外观设计在出版物上在先公开发表过，因此，本专利不符合专利法第23条的规定。

三、决定

宣告200430070781.9号外观设计专利权全部无效。

当事人对本决定不服的，可以根据专利法第46条第2款的规定，自收到本决定之日起三个月内向北京市第一中级人民法院起诉。根据该款的规定，一方当事人起诉后，另一方当事人应当作为第三人参加诉讼。

 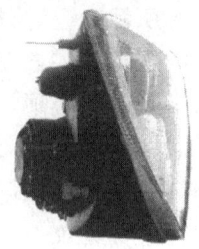 

主视图　　　　　左视图　　　　右视图

 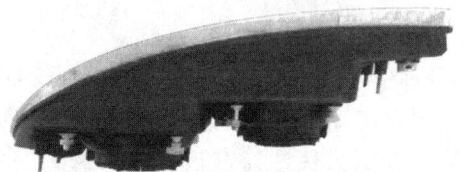

俯视图　　　　　　　　仰视图

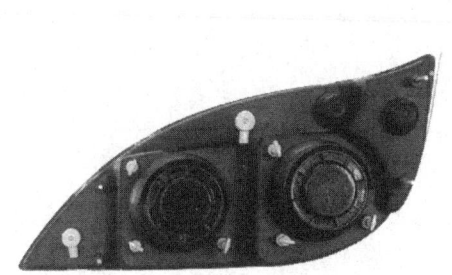 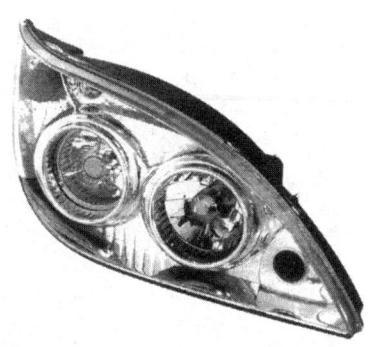

后视图　　　　　　立体图1

立体图2

本专利附图

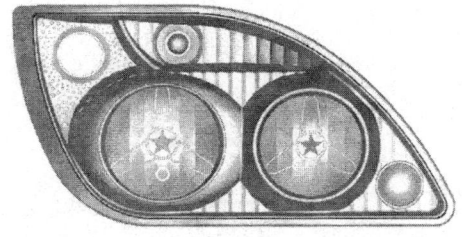
主视图

左视图

右视图

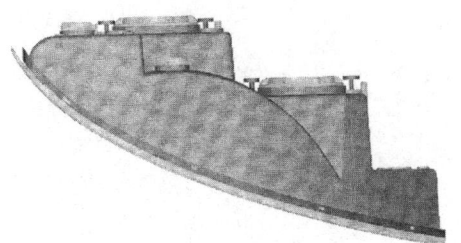
俯视图

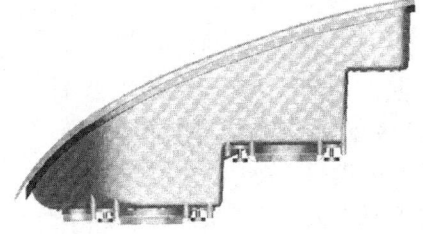
仰视图

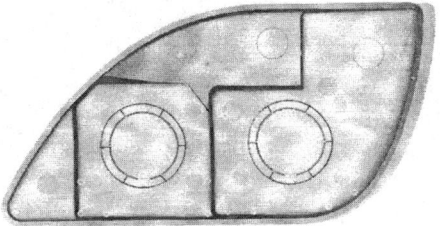
后视图

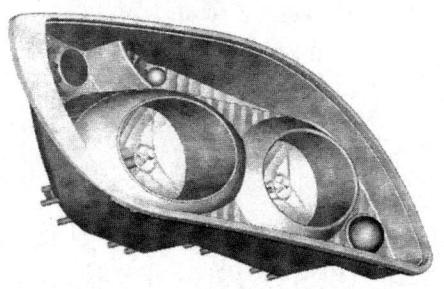
立体图

在先设计

滤芯（有扣）

无效宣告请求审查决定（第 9835 号）

决 定 号	第 9835 号
决 定 日	2006 年 12 月 15 日
发明创造名称	滤芯（有扣）
外观设计分类号	23-01
无效宣告请求人	麻 艳
专 利 权 人	3R（香港）有限公司，佳利来实业（深圳）有限公司
专 利 号	01342714.8
申 请 日	2001 年 9 月 26 日
授权公告日	2002 年 5 月 1 日
合议组组长	熊 婷
主 审 员	孙克良
参 审 员	孙治国
附 图	1 页

法 律 依 据 专利法第 23 条

决 定 要 点

如果被比设计与在先设计的相同部分为该类产品的惯常设计，而不同部分对产品的整体视觉效果具有显著影响，则二者既不相同，也不相近似。

一、案由

本无效宣告请求案涉及国家知识产权局于 2002 年 5 月 1 日授权公告的 01342714.8 号专利（下称本专利），其名称为"滤芯（有扣）"，申请日为 2001 年 9 月 26 日，专利权人是 3R（香港）有限公司，共同专利权人为佳利来实业（深圳）有限公司（下统称专利权人）。

针对上述专利权，麻艳（下称请求人）于 2006 年 4 月 18 日向国家知识产权局专利复审委员会提出无效宣告请求，认为本专利不符合专利法第 23 条的规定，请求宣告该专利无效。请求人提交了下述附件作为证据：

附件 1：中国专利 01342714.8 外观设计的复印件，其申请日为 2001 年 9 月 26 日（即本专利）；

附件 2：日本昭 52-138568 号实用新型公报复印件，其公开日为 1977 年 10 月 20 日（下称证据 1）。

2006 年 5 月 16 日请求人向国家知识产权局专利复审委员会补充提交了意见陈述书，并再次提交了附件 1 和附件 2。请求人在意见陈述书中认为：该外观设计同申请日以前已经在国内外公开出版物上公开发表过的在先设计（即证据1）属于相同物品，均为滤芯。由本专利的各视图和证据1的图2相比可看出，二者设计的滤芯均为一具有中心孔的的圆柱体，该圆柱体都分为两段，其中上段圆柱比下段圆柱体略粗，且在上段的圆柱体的相对侧均设有一条带体，虽然该外观设计中两条带体上设有扣体，但属于微小差异被消费者所忽略。因此二者属于相同的外观设计，因而本专利不符合专利法第23条的规定。

经形式审查合格，专利复审委员会依法受理了上述无效宣告请求，于2006年5月31日向请求人和专利权人发出无效宣告请求受理通知书，并将请求人提交的无效宣告请求书及其附件清单中所列附件的副本、无效宣告请求人于2006年5月16日提交的补充意见及其附件清单中所列附件副本转送给专利权人，要求其在指定的期限内答复，同时成立合议组对本无效宣告请求案进行审理。

本案合议组于2006年9月13日向双方当事人发出口头审理通知书，定于2006年11月21日进行口头审理。

专利复审委员会于2006年10月10日收到请求人的回执，请求人表示不参加口头审理。

请求人和专利权人均未参加2006年11月16日举行的口头审理。

至此，合议组认为本案事实清楚，现依法作出本审查决定。

二、决定的理由

1. 关于证据

证据1是日本昭52-138568号实用新型公报复印件，其公开日为1977年10月20日。经合议组核实，复印件与原件相符。由于其公开日早于本专利的申请日，因此证据1可以作为评述本专利是否符合专利法第23条规定的证据。

2. 关于专利法第23条

专利法第23条规定：授予专利权的外观设计，应当同申请日以前在国内外出版物上公开发表过或者国内公开使用过的外观设计不相同和不相近似，并不得与他人在先取得的合法权利相冲突。

本专利所示外观设计的产品名称是"滤芯（有扣）"，包括立体图、主视图、左视图、俯视图和仰视图。后视图与主视图对称，右视图与左视图对称。

纵观本专利的各视图可知，本专利的滤芯为一中心带孔的圆柱体，圆柱体分为上下两部分，上一部分的直径比下一部分的直径略大，圆柱体上一部分的高度比下一部分小，上一部分圆柱体的相对侧各设有一带体，每个带体上各设有一"X"形扣体，该带体沿上一部分侧面圆周向上至顶面，并沿顶面半径方向延伸至中心带孔内，下一部分布满正写实心"RRR"和倒写空心"RRR"的图案。

证据1中专利的名称是滤油器的滤芯。从图2可以看出，其为一中心带孔的圆柱体，圆柱体分为上下两部分，上一部分的直径比下一部分的直径略大，圆柱体上一部分的高度与下一部分基本相同，上一部分圆柱体的相对侧各设有一带体，该带体沿上一部分侧面圆周向上至顶面，并沿顶面半径方向延伸至中心带孔内。

将本专利与证据1进行比较，二者均为滤芯的外观设计，属相同种类产品。将二者各面的形状和图案进行比较，不同之处在于：（1）圆柱体上下两部分的高度的比例不同；（2）本专利的下一部分有"RRR"的图案，证据1没有；（3）本专利的带体上设有X形扣体，证据1没有。合议组认为：如果被比设计与在先设计的相同部分为该类产品的惯常设计，而不同部分对产品的整体视觉效果具有显著影响，则二者既不相同，也不相近似。就本专利而言，滤芯为一包括上下两部分的圆柱体，这是该类产品的惯常设计，不易引起一般消费者的关注，而本专利对一般消费者关注的圆柱体下一部分的图案、扣体及圆柱体上下两部分的高度比例与证据1的外观设计完全不同，二者的设计变化更容易引起一般消费者的关注，对于产品的外观设计的整体视觉效果具有显著的影响。因此，本专利与证据1

的外观设计既不相同，也不相近似。

综上，本专利与证据1属于既不相同也不相近似的外观设计，因此本专利符合专利法第23条的规定。

三、决定

维持01342714.8号外观设计专利权有效。

当事人对本决定不服的，可以根据专利法第46条第2款的规定，自收到本决定之日起三个月内向北京市第一中级人民法院起诉。根据该款的规定，一方当事人起诉后，另一方当事人应当作为第三人参加诉讼。

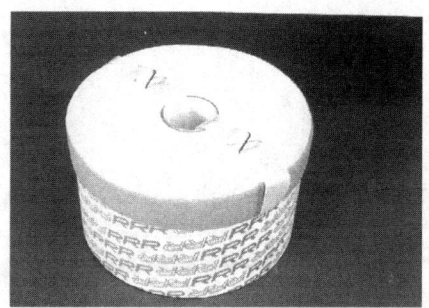
立体图

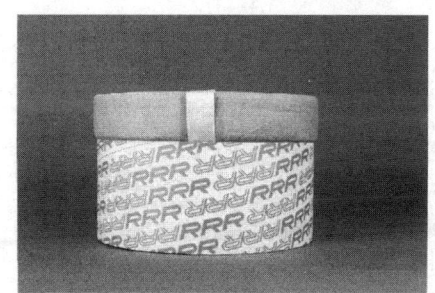
左视图

仰视图

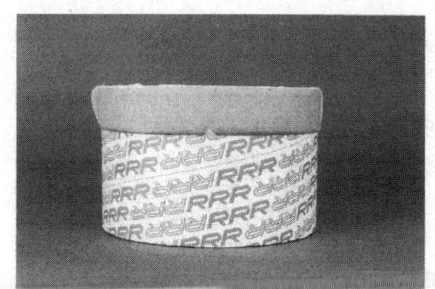
主视图

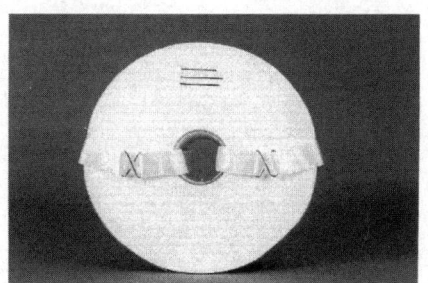
俯视图

本专利附图

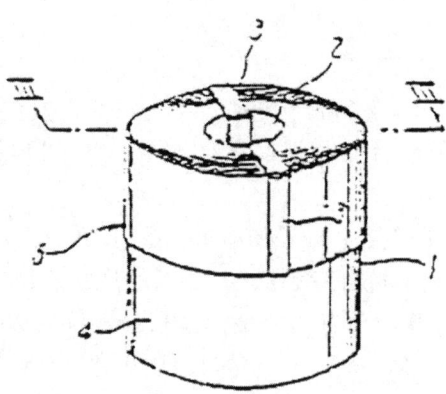
对比文件附图

电吹风（RW-615）

无效宣告请求审查决定（第9838号）

决 定 号	第9838号
决 定 日	2007年5月30日
发明创造名称	电吹风（RW-615）
外观设计分类号	28-03
无效宣告请求人	松下电工株式会社
专 利 权 人	陈炯芳
专 利 号	200430022847.7
申 请 日	2004年6月1日
授权公告日	2004年12月15日
合议组组长	程 强
主 审 员	刘 静
参 审 员	汪送来
附 图	2页

法 律 依 据 专利法第23条

决 定 要 点

如果被比设计与在先设计的区别仅在于局部的细微变化，这种局部的细微变化对整体的视觉效果不足以产生显著的影响，那么被比设计与在先设计相近似。

一、案由

本无效宣告请求案涉及国家知识产权局于2004年12月15日授权公告的、名称为"电吹风（RW-615）"的200430022847.7号外观设计专利权（下称本专利），其申请日为2004年6月1日，专利权人为陈炯芳。

针对上述专利权，松下电工株式会社（下称请求人）于2005年10月24日向专利复审委员会提出无效宣告请求，其理由是本专利不符合专利法第23条的规定。请求人同时提交了如下证据：

证据1：第1204178号日本外观设计专利公报，授权公告日为2004年5月10日，4页。

请求人认为：（1）本专利与证据1相比，整体比例相同，外延轮廓也相近似，两者的整体造型大体相同；（2）两者的区别在于：吹风管与手柄之间的装饰不同，手柄上开关的位置不同，手柄张开的角度不同，吹风管前端是否有集风罩；（3）根据整体观察、综合判断的原则，本专利与证据1相近似。

经形式审查合格后，专利复审委员会受理了上述无效宣告请求，于2006年7月5日向双方当事人发出《无效宣告请求受理通知书》，并将《专利权无效宣告请求书》及其附件清单中所列附件的副本转送给专利权人，要求其在指定的期限内答复。在指定期限内，专利权人没有答复。

2006年12月28日，专利复审委员会向双方当事人发出《合议组成员告知通知书》，到指定期限届满时双方均没有提出回避请求。

至此，合议组认为本案的事实已经调查清楚，可以作出审查决定。

二、决定的理由

1. 关于证据

请求人提交的证据1是日本专利文献，合议组依职权核实后，认可证据1的真实性。证据1的公开日在本专利申请日之前，可以作为申请日以前已有的外观设计评价本专利是否符合专利法第23条的规定。

2. 关于相近似性比较

专利法第23条规定：授予专利权的外观设计，应当同申请日以前在国内外出版物上公开发表过或者国内公开使用过的外观设计不相同和不相近似，并不得与他人在先取得的合法权利相冲突。

如果被比设计与在先设计的区别仅在于局部的细微变化，这种局部的细微变化对整体的视觉效果不足以产生显著的影响，那么被比设计与在先设计相近似。

本专利的外观设计（下称被比设计）是由吹风筒、后盖、手柄组成的吹风机，整体形状呈"7"字形；其中吹风筒为近似圆柱形，自后端向吹风口处逐渐略变细；在吹风筒与手柄的连接处，吹风筒上设计有向上凸起的弧形连接片，其与手柄连接处设计有一个小圆轴；手柄后方设计有扁长方形的开关，手柄下端有螺纹，并设有一个小圆环；吹风筒后盖为网状半球形；如使用状态参考图所示，使用时可以在吹风管的前端加一个集风罩（参见被比设计附图）。

证据1的外观设计（下称在先设计）是由吹风筒、后盖、手柄、集风罩组成的吹风机，整体形状呈"7"字形；其中吹风筒为近似圆柱形，自后端向吹风口处逐渐略变细，吹风筒在靠近吹风口的上方有一个小凸起；在吹风筒与手柄的连接处，吹风筒上设计有向上凸起的弧形连接片，其与手柄连接处为弧形；手柄前方设计有扁长方形的开关，手柄下端有螺纹，并设有一个小圆环；后盖为网状半球形（参见被比设计附图）。

由于被比设计的六面视图不含吹风罩，即被比设计要求保护不含吹风罩的外观设计，因此在被比设计与在先设计比较时，不考虑在先设计的吹风罩。由此可见，被比设计与在先设计整体形状相同，吹风筒、手柄的形状相同，在吹风筒与手柄的连接处，吹风筒上向上凸起的弧线相同，两者的区别在于：（1）在吹风筒与手柄的连接处，被比设计的手柄上设计有一个小圆轴，在先设计的手柄为弧形连接；（2）被比设计的开关设置在手柄后方，在先设计的开关设置在手柄前方；（3）在先设计吹风筒在靠近吹风口的上方有一个小凸起，被比设计没有。由于被比设计与在先设计的整体设计风格相同、形状相同，上述区别都属于局部的细微变化，对整体的视觉效果不足以产生显著影响，因此被比设计与在先设计属于相近似的外观设计，本专利不符合专利法第23条的规定。

基于以上事实和理由，本案合议组作出如下审查决定。

三、决定

宣告200430022847.7号外观设计专利权无效。

当事人对本决定不服的，可以根据专利法第46条第2款的规定，自收到本决定之日起三个月内向北京市第一中级人民法院起诉。根据该款的规定，一方当事人起诉后，另一方当事人应当作为第三人参加诉讼。

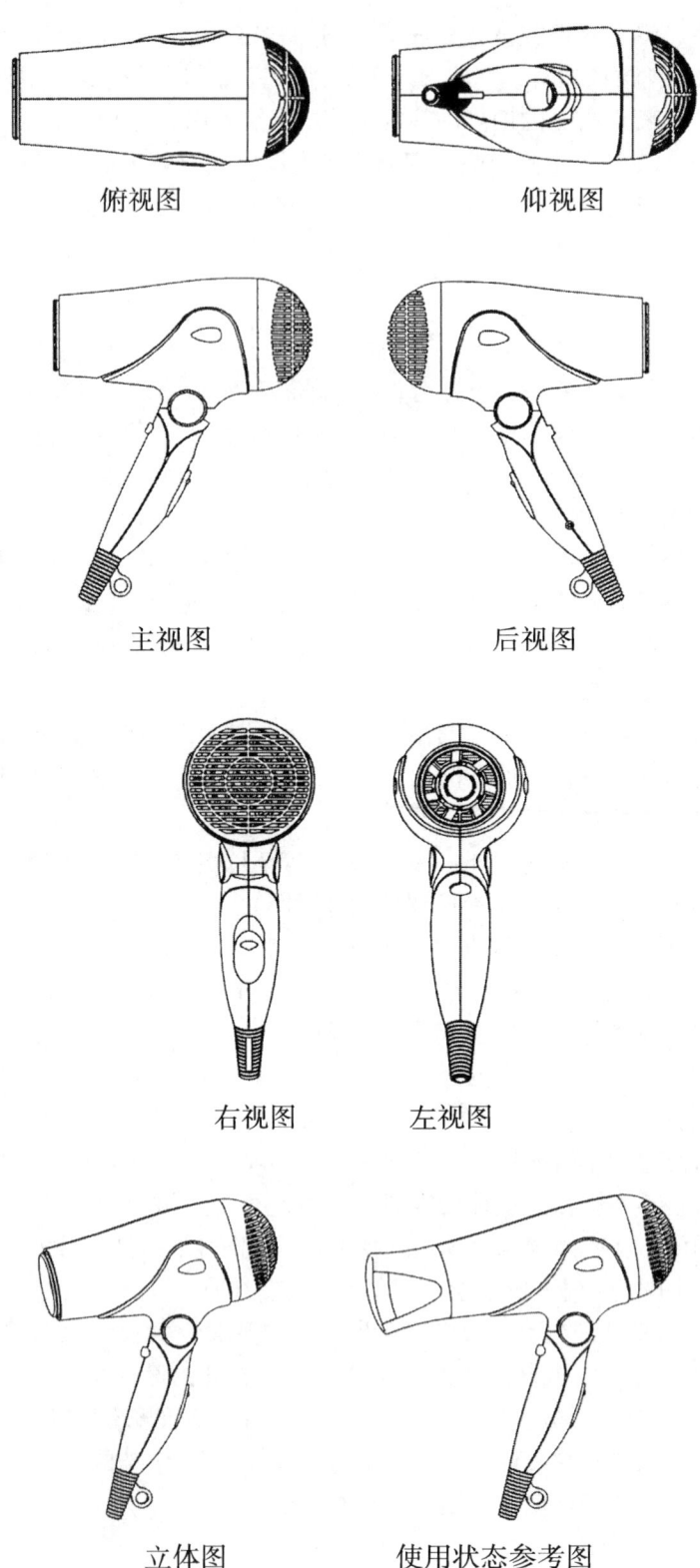

被比设计附图

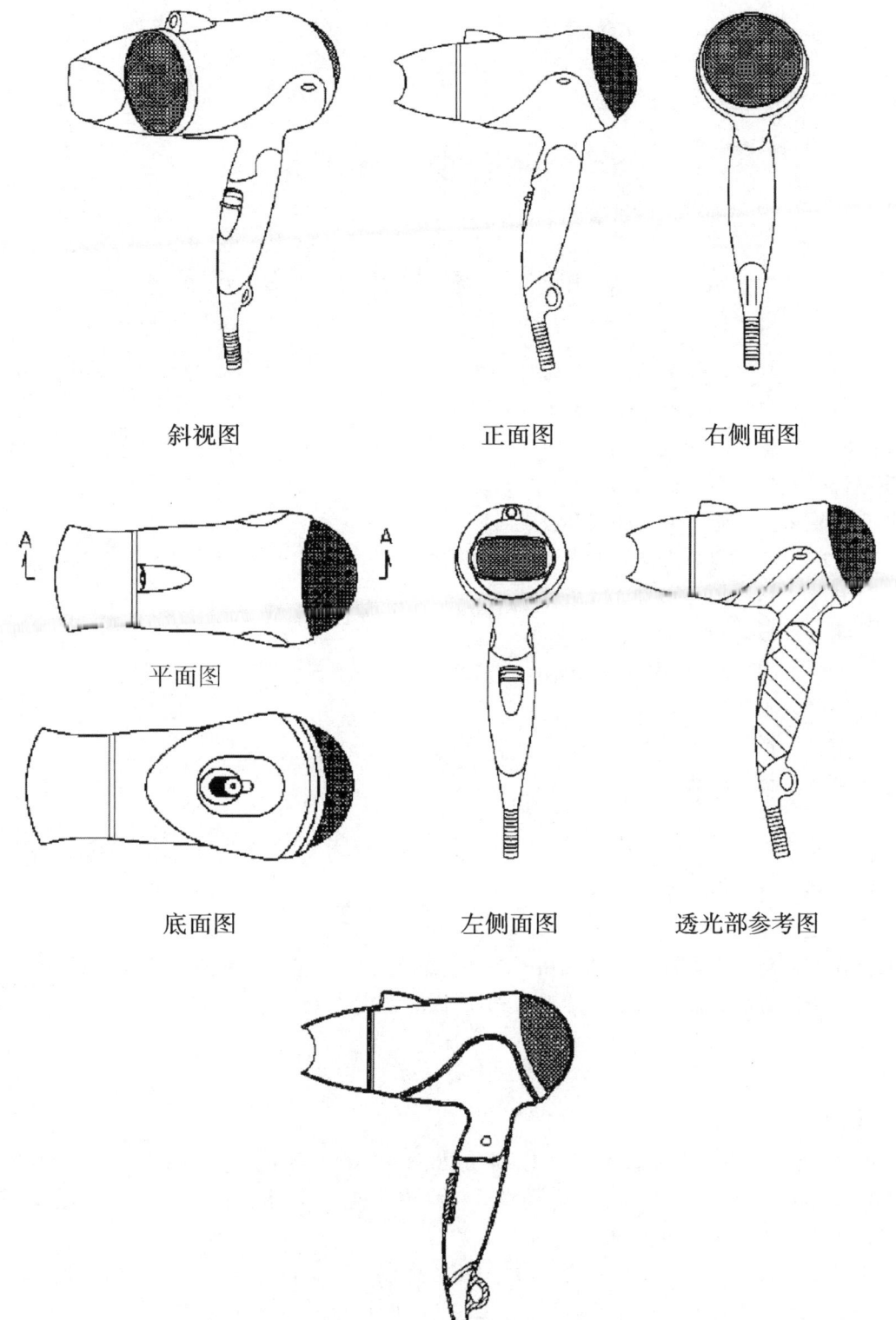

斜视图　　　　　正面图　　　　　右侧面图

平面图

底面图　　　　　左侧面图　　　　透光部参考图

内部结构断面图

在先设计附图

电吹风（1）

无效宣告请求审查决定（第9839号）

决 定 号	第9839号
决 定 日	2007年5月29日
发明创造名称	电吹风（1）
外观设计分类号	28-03
无效宣告请求人	松下电工株式会社
专 利 权 人	余姚市佳宇电子工业有限公司
专 利 号	200530009128.6
申 请 日	2005年3月17日
授权公告日	2005年10月19日
合议组组长	程 强
主 审 员	刘 静
参 审 员	汪送来
附 图	2页
法 律 依 据	专利法第23条

决 定 要 点

如果被比设计与在先设计的区别仅在于局部的细微变化，这种局部的细微变化对整体的视觉效果不足以产生显著的影响，那么被比设计与在先设计相近似。

一、案由

本无效宣告请求案涉及国家知识产权局于2005年10月19日授权公告的、名称为"电吹风（1）"的200530009128.6号外观设计专利权（下称本专利），其申请日为2005年3月17日，专利权人为余姚市佳宇电子工业有限公司。

针对上述专利权，松下电工株式会社（下称请求人）于2006年5月22日向专利复审委员会提出无效宣告请求，其理由是本专利不符合专利法第23条的规定。请求人同时提交了如下证据：

证据1：第1173200号日本外观设计专利公报，授权公告日为2003年5月19日，5页。

请求人认为：（1）本专利与证据1相比，吹风筒外形相同，手柄和主体的大小比例相同，连接位置相同，夹角相同，中间的贯穿的弧线也相同；（2）两者的区别在于：本专利的吹风筒前部有三条装饰线，而证据1没有；（3）根据整体观察、综合判断的原则，本专利与证据1相近似。

经形式审查合格后，专利复审委员会受理了上述无效宣告请求，于2006年7月7日向双方当事人发出《无效宣告请求受理通知书》，并将《专利权无效宣告请求书》及其附件清单中所列附件的副本转送给专利权人，要求其在指定的期限内答复。

2006年12月28日，专利复审委员会向双方当事人发出《合议组成员告知通知书》，到指定期限届满时双方均没有提出回避请求。

至此，合议组认为本案的事实已经调查清楚，可以作出审查决定。

二、决定的理由

1. 关于证据

请求人提交的证据1是日本专利文献，合议组依职权核实后，认可证据1的真实性。证据1的公开日在本专利申请日之前，可以作为申请日以前已有的外观设计评价本专利是否符合专利法第23条的规定。

2. 关于相近似形比较

专利法第23条规定：授予专利权的外观设计，应当同申请日以前在国内外出版物上公开发表过或者国内公开使用过的外观设计不相同和不相近似，并不得与他人在先取得的合法权利相冲突。

如果被比设计与在先设计的区别仅在于局部的细微变化，这种局部的细微变化对整体的视觉效果不足以产生显著的影响，那么被比设计与在先设计相近似。

本专利的外观设计（下称被比设计）是由吹风筒、手柄组成的吹风机，整体形状呈"7"字形；其中吹风筒为近似圆柱形，从主视图观察，吹风筒前端的吹风口处呈弧形，吹风筒中部较粗，两头逐渐略缩小，吹风筒和手柄自上而下贯穿了一条波浪条纹；从左视图观察，整个吹风筒的柱面上分布有8条装饰线，后端进风口为网状的球冠型；手柄为略带弧形的长方形，朝吹风口的一面设置有按钮，底端有一细头和圆环片（参见被比设计附图）。

证据1的外观设计（下称在先设计）也是由吹风筒、手柄组成的吹风机，整体形状呈"7"字形；其中吹风筒为近似圆柱形，从主视图观察，吹风筒前端的吹风口处呈弧形；吹风筒中部较粗，两头逐渐略缩小，吹风筒和手柄自上而下贯穿了一条波浪条纹；吹风筒后端的进风口为网状的球冠型；手柄为略带弧形的长方形，朝吹风口的一面设置有按钮（参见在先设计附图）。

由此可见，被比设计与在先设计整体形状相同，吹风筒、手柄的形状相同，吹风口、进风口的形状相同，按钮位置相同，中间贯穿的波浪条纹也相同，两者的区别在于：被比设计整个吹风头的柱面上分布有8条装饰线，手柄底端有一细头和圆环片，而在先设计没有。由于从被比设计的某一个角度最多同时看到3条装饰线，而且被比设计的装饰线以及手柄底端的细头和圆环片相对于吹风机整体而言，属于局部的细微变化，对整体的视觉效果不足以产生显著影响，因此被比设计与在先设计属于相近似的外观设计，本专利不符合专利法第23条的规定。

基于以上事实和理由，本案合议组作出如下审查决定。

三、决定

宣告200530009128.6号外观设计专利权无效。

当事人对本决定不服的，可以根据专利法第46条第2款的规定，自收到本决定之日起三个月内向北京市第一中级人民法院起诉。根据该款的规定，一方当事人起诉后，另一方当事人应当作为第三人参加诉讼。

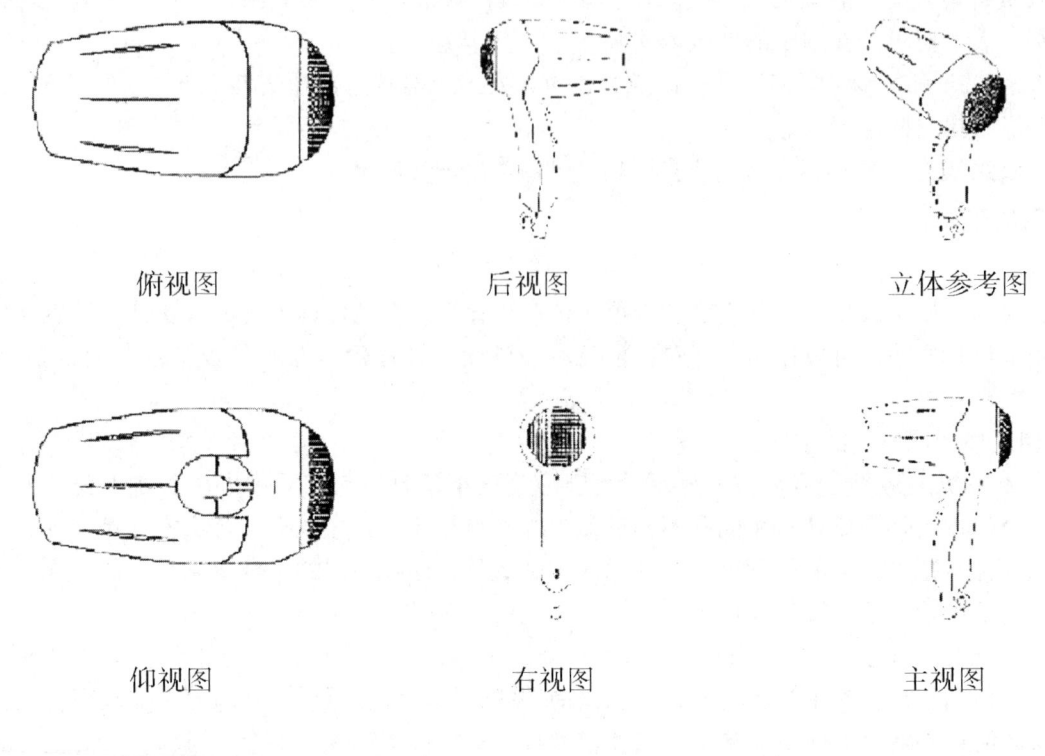

俯视图　　　后视图　　　立体参考图

仰视图　　　右视图　　　主视图

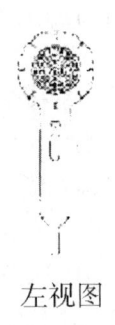

左视图

被比设计附图

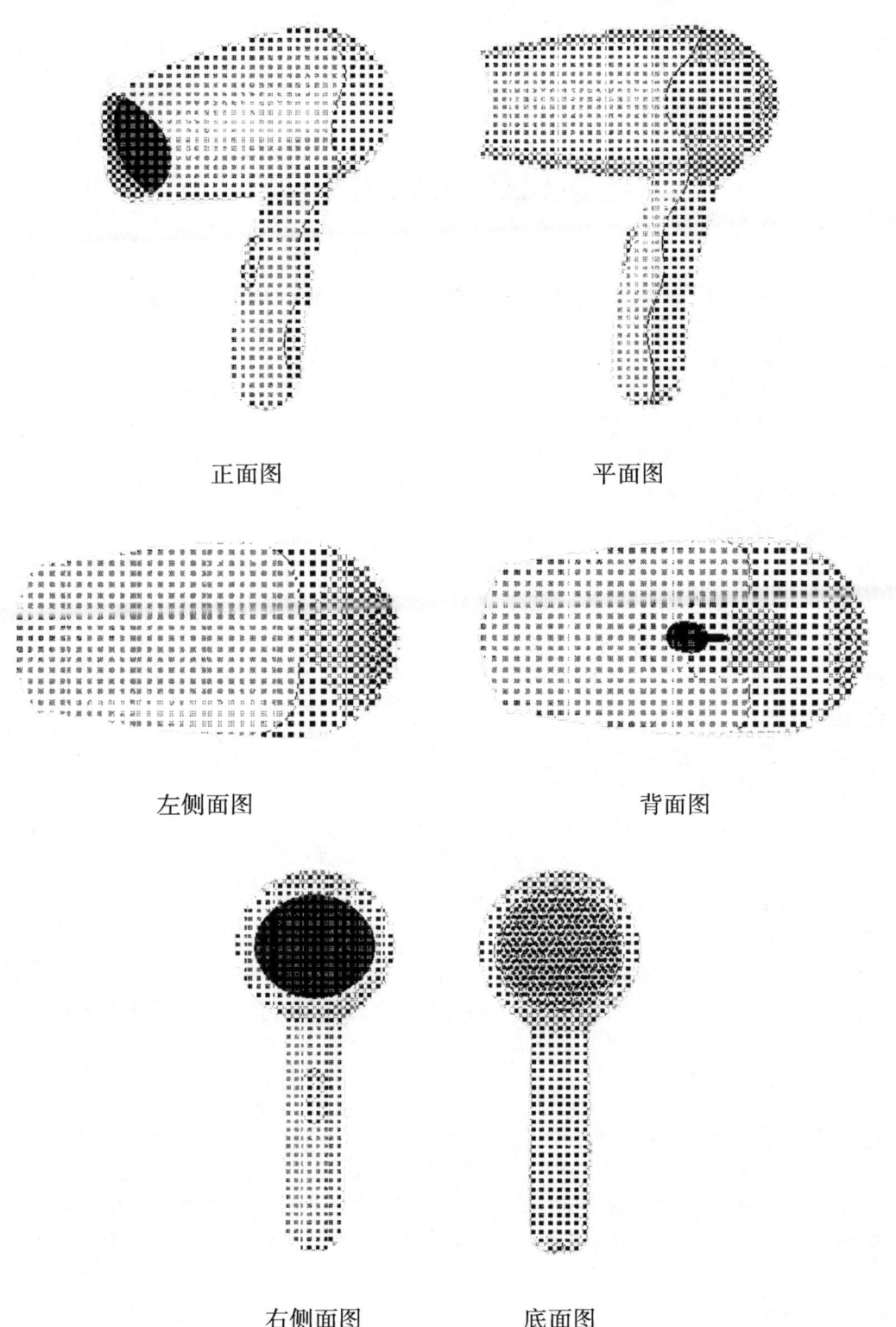

正面图　　　　　　　　平面图

左侧面图　　　　　　　背面图

右侧面图　　　　　　　底面图

在先设计附图

电脑机箱面板（1821）

无效宣告请求审查决定（第 9842 号）

决 定 号	第 9842 号
决 定 日	2007 年 7 月 5 日
发明创造名称	电脑机箱面板（1821）
外观设计分类号	14-02
无效宣告请求人	何剑平
专 利 权 人	东莞市金翔电器设备有限公司
专 利 号	200530074685.6
申 请 日	2005 年 11 月 4 日
授权公告日	2006 年 8 月 16 日
合议组组长	王霞军
主 审 员	高桂莲
参 审 员	刘颖杰
附 图	4 页

法 律 依 据　专利法第 23 条

决 定 要 点

如果将被比设计与对比文件外观设计从整体观察二者存在显著的区别，且该区别并不是该类产品的惯常设计，对一般消费者不会将被比设计与对比文件外观设计误认和混同，则被比设计和对比文件外观设计不相同也不相近似。

一、案由

本无效宣告请求涉及国家知识产权局于 2006 年 8 月 16 日授权公告的 200530074685.6 号、名称为"电脑机箱面板（1821）"的外观设计专利（下称本专利），其专利权人是东莞市金翔电器设备有限公司，申请日是 2005 年 11 月 4 日。

针对上述专利权，何剑平（下称请求人）于 2006 年 11 月 3 日向专利复审委员会提出无效宣告请求，理由是本专利不符合专利法第 23 条的规定。随同其专利权无效宣告请求书，请求人提交了如下四份附件：

附件 1：专利号为 ZL200430110959.8 的外观设计专利公报复印件，其授权公告日为 2005 年 11 月 2 日；

附件 2：专利号为 ZL200430074107.8 的外观设计专利公报复印件，其授权公告日为 2005 年 4 月

20日；

附件3：专利号为ZL200430075691.9的外观设计专利公报复印件，其授权公告日为2005年5月11日；

附件4：本外观设计专利公报复印件。

请求人的具体无效理由是：本专利和附件1的产品属于同类产品，且属于相同和相近似的外观设计，根据一般的常识和惯例，电脑机箱面板的创作部位应为其主视图，其中附件1的产品的主视图的上部分为长方形，下部分为方形，上下部分的交界处中央设置有圆形指示灯。上部分长方形横向分为六条光驱挡板，从上到下第二条较窄，右侧设置有圆形小按键；第六条较宽，中间设置有软驱挡板，形成回字长条，其整体布局、设计风格几乎与本专利完全相同，非常相似，本专利不符合专利法第23条的规定。

经形式审查合格，专利复审委员会依法受理了上述无效宣告请求，并于2006年11月7日向请求人和专利权人发出无效宣告请求受理通知书，同时将专利权无效宣告请求书及其相关文件副本转给专利权人，要求其在1个月内对该无效宣告请求陈述意见，并告知其逾期不答复，不影响专利复审委员会的审理。

专利权人逾期未答复。

专利复审委员会依法成立合议组，对本案进行审理，合议组于2007年3月20日向请求人和专利权人发出口头审理通知书，告知双方当事人合议组定于2007年5月24日对本案进行口头审理。

口头审理如期举行，请求人及其代理人出席了口头审理，专利权人未参加口头审理。在口头审理中，请求人明确其无效宣告请求的理由和范围是本外观设计专利不符合专利法第23条的规定，其认为：本专利主视图有六个横条，附件1的上部分与本专利的上部分基本是相同的，下半部分均为方形，只是大按钮部分下方的小按钮有所不同，本专利是椭圆形，附件1是小圆形。俯视图和仰视图看都是梯形的。从整体上看两者的外形是完全一致的。本专利左下角是大的圆弧形，附件1是小椭圆形。附件1的CD光驱旁边有灯，而本专利没有。本专利大的圆形按钮旁边的横条与附件1大圆形按钮旁边的横条是有细微的差别的，但属于细微差别，不影响整个外观。并使用附件2、3证明机箱下面的直角和圆弧都是惯常设计。

至此，合议组认为本案事实清楚，现依法作出如下审查决定。

二、决定的理由

1. 关于证据

请求人共提交了三份附件作为证据，即附件1~3，均为中国外观设计专利公报复印件，经合议组核实，复印件与原件相符，其真实性可以确认。附件1~3的授权公告日均在本专利的申请日之前，确系本专利申请日之前公开发表的外观设计，可作为判断本专利是否符合专利法第23条规定的证据。

2. 关于专利法第23条

专利法第23条规定：授予专利权的外观设计，应当同申请日以前在国内外出版物上公开发表过或者国内公开使用过的外观设计不相同和不相近似，并不得与他人在先取得的合法权利相冲突。

具体在本案中，请求人认为本专利相对于附件1不符合专利法第23条的规定，附件2和附件3证明了机箱下面的直角和圆弧属于惯常设计。

本专利与附件1（下称对比文件）均为电脑机箱面板，二者用途相同，可以进行相近似比较。

本专利涉及的电脑机箱面板，共包括立体图、主视图、仰视图、俯视图、右视图和左视图，省略后视图。从本专利的主视图可见，电脑机箱面板整体为矩形，具有一圈粗线条的外边，该矩形的左上和右下角为直角，右上角为一小的圆滑导角的直角，左下角是一大的圆弧直角，该面板从上大约三分之二处被一粗细不对称的横条分成两部分，该横条中间为一大的圆形按钮，按钮左边横条较细，按钮右边横条较粗，在面板的不对称横条的以上部分又分为六个横向矩形框，由上自下第二个矩形框较窄并在一侧具有一小的指示灯，在第六个矩形框内为一矩形 CD 光驱插入口，在不对称横条上的大圆形按钮的正中下方依此排列有两个逐渐减小的椭圆形部件（详见本专利附图）。

对比文件外观设计披露的电脑机箱面板，包括立体图、主视图、仰视图、俯视图和右视图，省略后视图和左视图。从附件 1 的主视图可见，该电脑机箱面板整体为矩形，具有一圈粗线条外框，该矩形外框的四个角为具有相同的圆弧小导角的直角，该面板从上大约五分之三处具有一粗细均匀的横条，横条的中间位置是一大的圆形按钮，该面板的横条以上部分被分为六个横向矩形框，由上自下第二个矩形框较窄并在一侧具有一小的指示灯，在第六个矩形框内为一矩形 CD 光驱插入口，该 CD 光驱插入口左右两侧各有两个竖向排列的指示灯，该面板横条大圆形按钮的下部正中处具有一圆形部件（详见附件 1 附图）。

根据一般的常识和惯例，电脑机箱面板的创作部位主要在其主视图，将本专利的主视图与对比文件的主视图对照比较可以看出，二者的相同点在于：从整体上看都是矩形，都具有一圈粗线条外框，面板中间位置都有一大圆形按钮，并且安装光驱的位置相同。二者的主要区别在于：（1）本专利电脑机箱面板的矩形外框左下角为一大的圆弧直角，对比文件外观设计的左下角是一个小圆弧导角的直角；（2）本专利分隔面板的横条左右两部分粗细呈不对称形，对比文件外观设计的横条粗细均匀；（3）本专利 CD 光驱的插入口左右两侧无指示灯，对比文件外观设计在其上述两侧各有两个竖向排列的指示灯；（4）本专利大圆形按钮的下方为依此排列有两个逐渐减小的椭圆形部件，对比文件外观设计的相应位置处仅为一个圆形部件。合议组认为，虽然本专利与对比文件整体形状都为矩形，都具有粗线条外框，但二者整体图案布局有很大差异，尤其是本专利左下角大圆弧直角与对比文件左下角的小圆弧导角的区别在视觉效果上显然构成了显著影响，因此，从一般消费者的角度看，本专利与对比文件视觉效果明显不同，所以二者属于不相近似的外观设计，本专利符合专利法第 23 条的规定。

此外，请求人认为附件 2 和附件 3 可以证明机箱下面的直角和圆弧属于惯常设计。

对此，合议组认为，附件 2 公开了一种电脑面板，从主视图可见在面板下方为两个对称的小圆弧导角的直角设计；附件 3 公开了一种电脑机箱的面板，从其主视图可见其面板右下角为一小的圆弧导角的直角。由于惯常设计属于常见的某些产品通用的外形、轮廓，如易拉罐产品的圆柱形状设计、床体的长方形状设计等。它处于为一般公众所熟知并司空见惯的。对于电脑机箱面板的矩形外框下部分的设计为一个大的圆弧直角对一般消费者来说并不是司空见惯的，此外，附件 2 和 3 公开的机箱面板下部分的直角与本专利的大圆弧直角也并不相同，由此也进一步印证了这种设计并不是电脑机箱在该部分的通用外形，因此其并不属于惯常设计。

综上所述，请求人提交的证据不能支持其无效宣告请求主张，不能证明本专利不符合专利法第 23 条的规定。

三、决定

维持 200530074685.6 号外观设计专利权有效。

当事人对本决定不服的，可以根据专利法第 46 条第 2 款的规定，在收到本决定之日起三个月内向北京市第一中级人民法院起诉。根据该款规定，一方当事人起诉后，另一方当事人应当作为第三人参加诉讼。

仰视图

右视图　　主视图　　左视图

俯视图

立体图

本专利

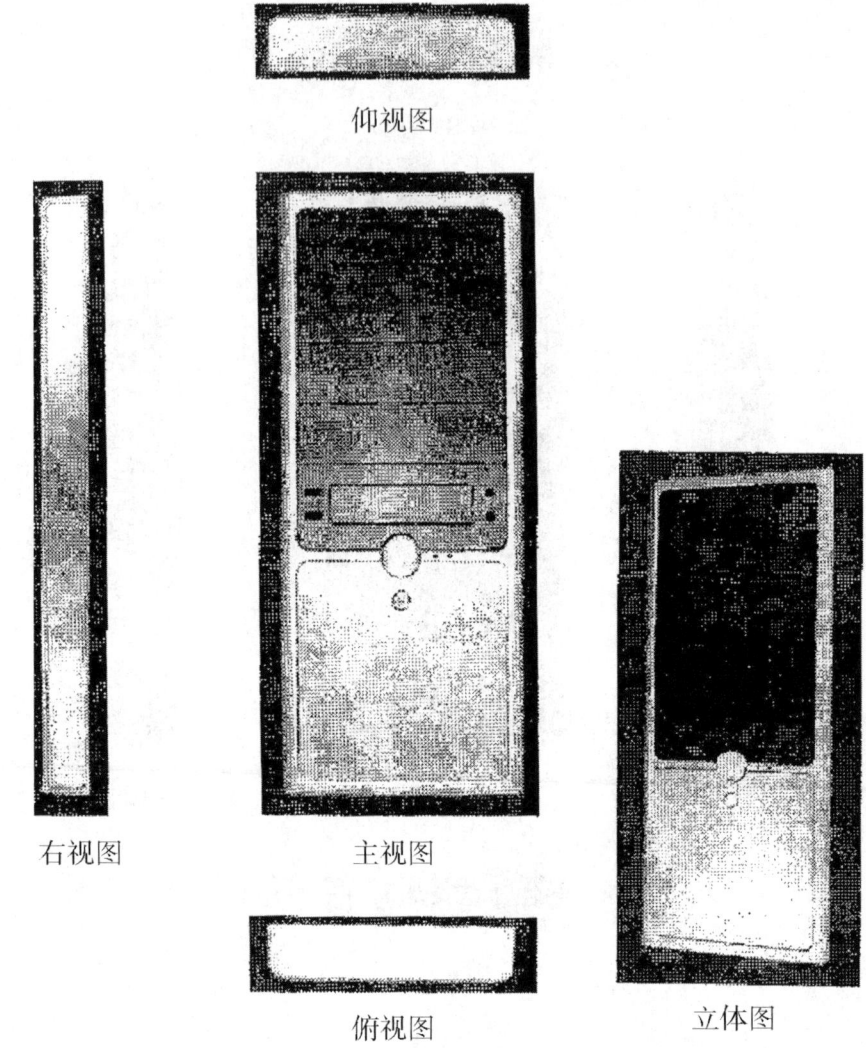

附件1

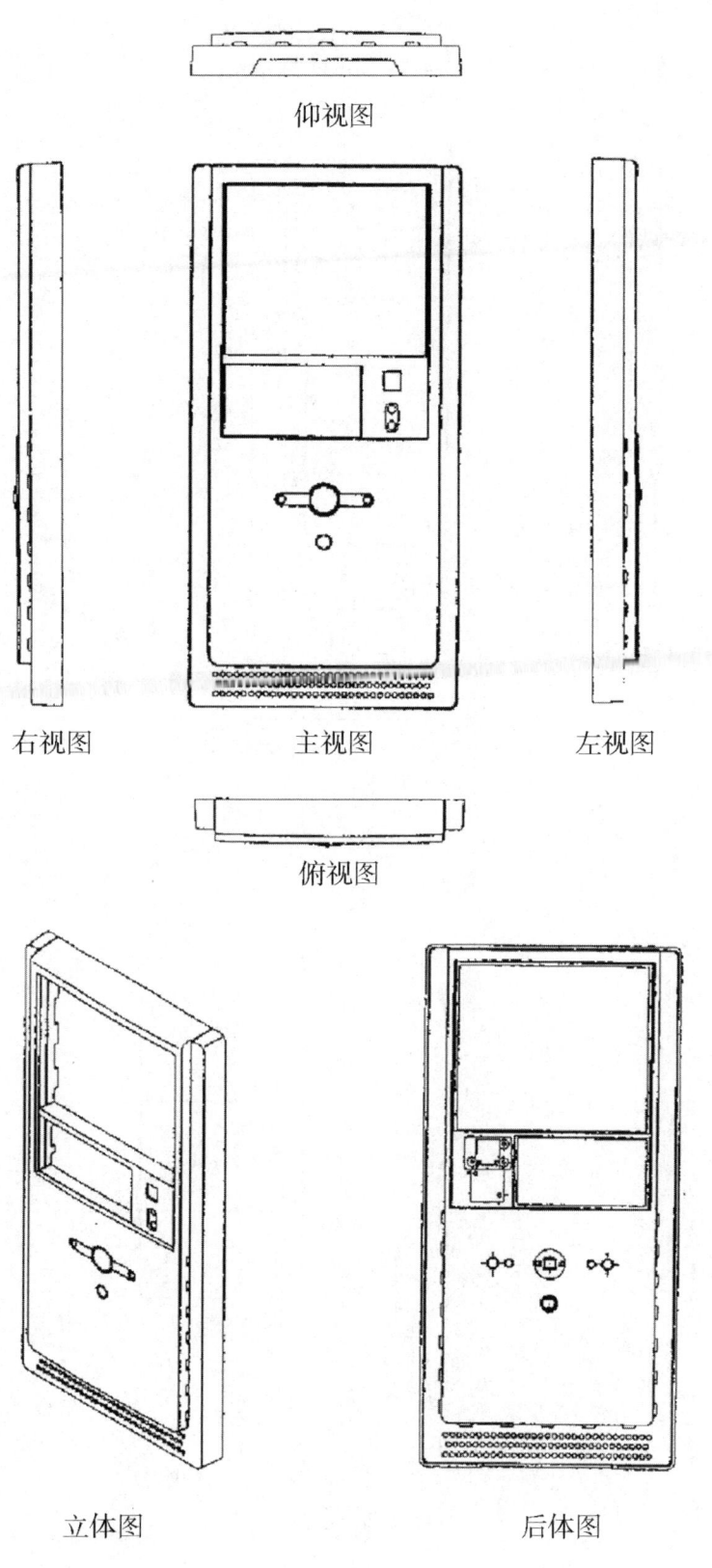

附件2

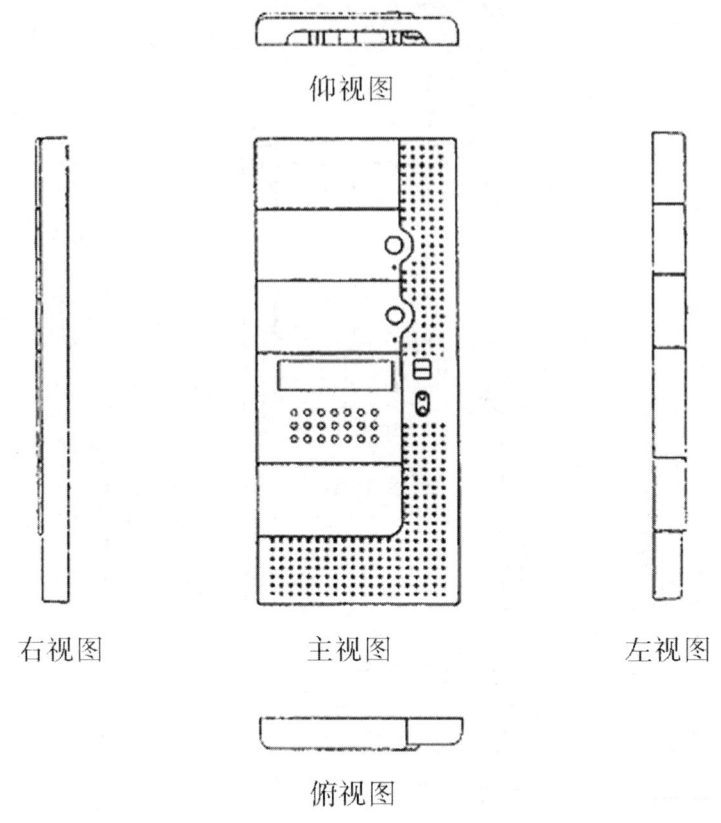

仰视图　右视图　主视图　左视图　俯视图

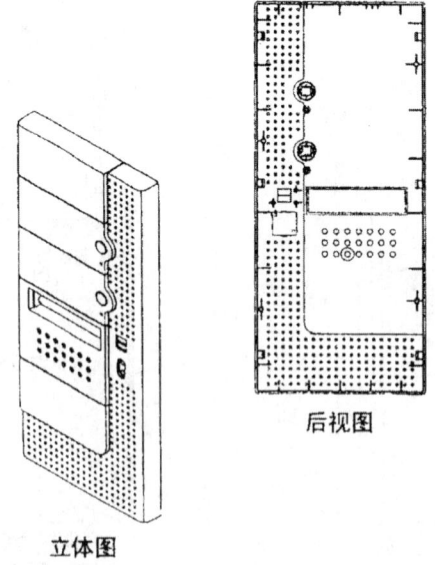

后视图

立体图

附件3

反光工矿靴

无效宣告请求审查决定（第 9845 号）

决 定 号	第 9845 号
决 定 日	2007 年 5 月 28 日
发明创造名称	反光工矿靴
外观设计分类号	02-04
无效宣告请求人	鹤壁飞鹤股份有限公司
专 利 权 人	四川省资阳市征峰鞋业有限责任公司
专 利 号	200530027296.8
申 请 日	2005 年 3 月 7 日
授权公告日	2006 年 1 月 11 日
合议组组长	陈海平
主 审 员	宋鸣镝
参 审 员	路剑锋
附 图	2 页

法 律 依 据　专利法第 23 条

决 定 要 点

虽然证据没有反映出物品的全部视图，但是一般消费者能够容易地从证据所给出的视图中理解出该物品所具有的整体形状，故应根据一般消费者对该证据所作出的理解来对本专利外观设计的相近似性进行判断。

一、案由

本无效宣告请求涉及国家知识产权局于 2006 年 1 月 11 日公告授权的、专利号为 200530027296.8、名称为"反光工矿靴"的外观设计专利（下称本专利），其申请日为 2005 年 3 月 7 日，专利权人为四川省资阳市征峰鞋业有限责任公司。

针对上述外观设计专利权，鹤壁飞鹤股份有限公司（下称请求人）于 2006 年 3 月 8 日向国家知识产权局专利复审委员会提出了无效宣告请求，请求专利复审委员会宣告本专利全部无效。请求宣告无效的理由是：本专利不符合专利法第 23 条的规定。请求人认为：在本专利申请日以前授权公告的在先专利中已经公开了与本专利相近似的外观设计，并提交了以下 4 份附件作为证据：

附件 1：本专利授权公告网络检索文本复印件（共 7 页）；

附件 2：授权公告号为 CN2305075Y、专利号为 97227450.2、授权公告日为 1999 年 1 月 27 日的中国实用新型专利说明书复印件（共 3 页）（下称证据 1）；

附件 3：哈尔滨轻工业品进出口公司进出口三部关于工矿靴的广告宣传页原件（共 2 页）及中国铁通哈尔滨分公司在网络上作出的关于"哈尔滨本地网电话号码升 8 位通知"的相关报道复印件（共 1 页）（下称证据 2）；

附件 4：国家知识产权局专利复审委员会于 2004 年 10 月 12 日作出的第 6457 号无效宣告请求审查决定复印件（共 5 页）。

经形式审查合格后，专利复审委员会受理了上述无效宣告请求，于 2006 年 7 月 19 日向请求人和专利权人发出了无效宣告请求受理通知书，并将上述专利权无效宣告请求书及其相关文件副本转送给专利权人，要求专利权人在指定期限内进行意见陈述，同时依法成立合议组对本案进行审理。

专利权人于 2006 年 8 月 4 日提交了意见陈述书，专利权人认为，请求人所提出的无效宣告请求的理由不能成立，请求人提供的证据不能否定本专利的新颖性，本专利满足专利法关于新颖性的要求，请求维持本专利全部有效。并提供以下附件作为反证：

反证 1：四川省人民政府于 2005 年颁发的第 7339 号四川名牌证书复印件（共 1 页）；

反证 2：国家质量监督检验检疫总局颁发的（2005）国免字 510420061 号产品质量免检证书复印件（共 1 页）；

反证 3：四川省工商行政管理局颁发的第 04086 号四川省著名商标证书复印件（共 1 页）；

反证 4：本专利授权公告网络检索文本部分图样的复印件（共 5 页）。

专利复审委员会于 2007 年 3 月 1 日向双方当事人发出口头审理通知书，定于 2007 年 4 月 17 日在专利复审委员会举行口头审理，同时将专利权人在 2006 年 8 月 4 日提交的意见陈述书及其相关文件副本转送给请求人，并要求请求人在指定期限内进行意见陈述。

请求人在指定期限内未进行意见陈述。

口头审理如期举行，仅专利权人一方当事人出席了本次口头审理，请求人缺席本次口头审理。在口头审理过程中，专利权人表示对证据 1 的真实性无异议，对证据 2 的真实性有异议；专利权人还表示坚持其原有观点，并对此充分陈述了意见。

在上述程序的基础上，合议组认为本案事实已经清楚，可以依法作出如下审查决定。

二、决定的理由

1. 法律依据

基于请求人提出的无效宣告请求的理由、范围和提供的证据，本案合议组依据专利法第 23 条的规定对本案进行审理。

专利法第 23 条规定：授予专利权的外观设计，应当同申请日以前在国内外出版物上公开发表过或者国内公开使用过的外观设计不相同和不相近似，并不得与他人在先取得的合法权利相冲突。

2. 证据的认定

证据 1 为中国专利文献，属于公开出版物，专利权人对该证据 1 的真实性无异议，且该证据 1 经合议组核实对其真实性予以确认。证据 1 的授权公告日为 1999 年 1 月 27 日，早于本专利的申请日，故证据 1 可以作为用于评价本专利是否符合专利法第 23 条规定的现有技术，合议组对其予以采纳。本专利与证据 1 均涉及"反光工矿靴"，它们属于相同种类的物品，并且用途相同，二者具有可比性。

3. 相近似性比较

本专利是工矿靴的外观设计，其整体形状为筒靴形，近靴口处环绕有反光带，靴口部分为与靴体部分具有略微不同光亮程度的护帮，护帮上部设有穿系于其内的系带（详见附图）。

证据1公开了一款工矿靴的侧面视图，从图片上观察，证据1侧面视图所反映出的工矿靴的形状为筒靴形，近靴口处环绕有网格状反光带（详见附图）。

将本专利与证据1相比较，其不同点为：证据1仅有一幅侧面图，没有反映出其他面的视图，二者反光带的设计略有不同，筒靴的形状比例略有不同，证据1中没有护帮和系带。合议组认为，从整体视觉观察，虽然证据1没有反映出某些面的视图，但是一般消费者能够容易地从侧面图中理解出工矿靴的整体形状，且本专利在证据1没有给出视图的相应面上也未作出能够对视觉产生显著性影响的设计；同时，二者工矿靴的形状均为筒靴形，整体形状比例差别很小。本专利的护帮与靴体为同一颜色，只是光亮程度略微不同，其不能构成对一般消费者在视觉上的冲击，靴口处有无系带属于对工矿靴本身功能性的限定，对其外部形状不会产生显著影响，对于整体工矿靴而言属于局部的细微差异，这些细小差别均不足以对二者的整体外观设计产生显著性的影响。本专利和证据1在靴体的整体形状和反光带的位置上的设计是一致的，这已经导致了二者的外观设计在整体上产生了相近似的视觉效果，而反光带上具体细小形状的不同未能改变环状反光带这一视觉特性，一般消费者仍容易对二者产生混淆。因此，二者属于相近似的外观设计。

综上所述，在本专利申请日以前已有与其相近似的外观设计在出版物上公开发表过，本专利不符合专利法第23条的规定。

鉴于由上述证据1与本专利相比较已经得出本专利不符合专利法第23条所规定的授予专利权条件的结论，合议组对请求人提出的其他证据不再予以评述。

三、决定

宣告200530027296.8号外观设计专利权全部无效。

当事人对本决定不服的，可以根据专利法第46条第2款的规定，自收到本决定之日起三个月内向北京市第一中级人民法院起诉。根据该款的规定，一方当事人起诉后，另一方当事人应当作为第三人参加诉讼。

包装袋（转化洗衣粉）

无效宣告请求审查决定（第 9856 号）

决 定 号	第 9856 号
决 定 日	2007 年 6 月 9 日
发明创造名称	包装袋（转化洗衣粉）
外观设计分类号	09-05
无效宣告请求人	杭州传化花王有限公司
专 利 权 人	张家田
专 利 号	200430002222.4
申 请 日	2004 年 2 月 17 日
授权公告日	2004 年 10 月 6 日
合议组组长	钟 华
主 审 员	李 熙
参 审 员	杜 宇
附 图	1 页

法 律 依 据 专利法第 23 条

决 定 要 点

就包装袋一类的产品而言，其最易引起一般消费者瞩目的部位是具有特定图案和名称品牌标记的正面视图，这是一般消费者识别并留有视觉印象的主要标志性的部分，也正是判定此类产品中两个外观设计是否相同和相近似的主要部分，本专利和对比文件在整体形状和正面图案的设计上均是极其相近似的，已足以导致一般消费者对二者的整体外观设计产生同样的视觉效果，因此二者应属于相近似的外观设计。

一、案由

本无效宣告请求涉及国家知识产权局于 2004 年 10 月 6 日授权公告的 200430002222.4 号外观设计专利，使用该外观设计的产品名称为"包装袋（转化洗衣粉）"，申请日是 2004 年 2 月 17 日，专利权人是张家田。

针对上述专利权（下称本专利），杭州传化花王有限公司（下称请求人）于 2006 年 7 月 18 日向专利复审委员会提出无效宣告请求，其依据的事实和理由是：本专利与请求人所拥有的 03331287.7 号中国外观设计专利极相近似，请求人所拥有该专利已于 2003 年 11 月 26 日授权公告，并在国内市场公开使用，并且本专利与请求人在先取得的合法权利相冲突，因此，本专利不符合专利法第 23 条的规定。请求人同时提交了如下附件作为证据：

附件1：对比文件，授权公告日为2003年11月26日的第03331287.7号中国外观设计专利证书复印件1页（请求人在证据清单中宣称该附件1包括有03331287.7号中国外观设计的专利证书及图片复印件共4页，但事实上，请求人只提交了专利证书复印件1页，未提交该专利的图片复印件）。

经形式审查合格后，专利复审委员会受理了上述无效宣告请求，于2006年9月11日向双方当事人发出《无效宣告请求受理通知书》，并将《专利权无效宣告请求书》及其附件的副本转送给专利权人，要求其在指定期限内陈述意见。

在超出指定期限的情况下，专利权人至今未作任何答复。

2006年9月31日，请求人向专利复审委员会寄交了《意见陈述书》，明确其无效理由为："200430002222.4号外观设计与其申请日前在国内外出版物上公开发表过的外观设计相近似，该专利权的授予不符合专利法第23的规定"，没有再提出本专利在申请日以前已经在国内市场公开使用过这个无效理由，主动撤回了本专利与请求人在先取得的合法权利相冲突这一无效理由，并且再次提交了附件1，其中，附件1共4页，包括有03331287.7号中国外观设计专利的专利证书及图片复印件。

专利复审委员会依法成立合议组对本无效宣告请求案进行审理。

2007年3月20日，本案合议组发出《无效宣告请求口头审理通知书》，定于2007年4月27日进行口头审理，并将请求人于2006年9月31日提交的《意见陈述书》随转给专利权人。

2007年4月27日，口头审理如期举行：（1）专利权人未到庭参加口头审理；（2）请求人对合议组成员变更没有异议，对合议组成员没有回避请求；（3）请求人明确其无效理由为本专利与附件1相比不符合专利法第23条有关在先公开发表过的规定；明确放弃专利法第23条有关"与在先取得的合法权益相冲突"的无效理由。

2007年4月28日，专利复审委员会向专利权人发出《合议组成员告知通知书》，专利权人逾期未对合议组成员提出回避请求。

合议组在双方充分陈述意见的基础上，认为本案事实已经清楚，可以作出本决定。

二、决定的理由

1. 关于证据

请求人将第03331287.7号中国外观设计专利（对比文件）作为证据使用，于2006年7月18日提出无效宣告请求时提交了该对比文件的专利证书复印件，并于2006年9月31日提交了该对比文件的专利证书复印件及其外观图形打印件。专利权人从未对该证据的真实性、合法性等提出过异议。经核实，该对比文件的内容真实，合议组认为该对比文件属于本专利申请日前的公开出版物，能够作为本案定案依据使用。

2. 关于专利法第23条

专利法第23条规定：授予专利权的外观设计，应当同申请日以前在国内外出版物上公开发表过或者国内公开使用过的外观设计不相同和不相近似，并不得与他人在先取得的合法权利相冲突。

请求人认为：本专利与其申请日以前在国内外出版物上公开发表过的外观设计相近似，因此不符合专利法第23条的规定。

合议组认为：本专利与对比文件使用的外观设计的产品名称均为"包装袋"，并且均为洗衣粉包装袋，属相同种类的产品，故对二者进行如下相近似性对比：

本专利包括主视图和后视图，未要求保护色彩。所示包装袋形状为长方形，主视图所示包装袋正面有一开口朝向右上方的抛物线，该抛物线起自包装袋的右上角延及包装袋的左下部并划回到包装袋的右下部，抛物线内部为浅色背景，外部为深色背景，并且沿着该抛物线的起始及结束弧线部分有浅色条状过渡短弧；包装袋的正中有一椭圆形文字图案设计，该文字图案正中显著位置为"转化"二字，背景为颜色较浅的椭圆形设计，沿该椭圆形的左、右半圆均有更深颜色、两头收尖的弧形条；包装袋右下部有一白色短袖衣服图案以及一自衣服左上方延到衣服右侧下部的半圆弧设计；在包装袋正面的左上角、右侧上部以及左下部、右下部半圆弧内还分别有划掉的艺术字设计。后视图所示包装袋背面主要为两个左右并排的白色矩形框及其内的文字、图表等产品说明性设计，并且在左边矩形框上方有"转化"文字及其文字背景图案设计，右边矩形框上方有划掉的艺术字设计（详见本专利附图）。

对比文件所示外观设计专利包括主视图和后视图，未要求保护色彩，所示包装袋为长方形，沿上下边缘有多个细小的齿。主视图所示包装袋正面有一开口朝向右上方的抛物线，该抛物线起自包装袋的右上角延及包装袋的左下部并划回到包装袋的右下部，抛物线内部为浅色背景，外部为深色背景，并且沿着该抛物线的起始及结束弧线部分有浅色条状过渡短弧；包装袋的正中有一椭圆形的文字背景图案设计，该文字图案正中显著位置为"传化"二字，背景为颜色较深的椭圆形设计，沿该椭圆形的左、右半圆均有更深颜色、两头收尖的弧形条；包装袋右下部有一白色短袖衣服图案以及一自衣服左上方延到衣服右侧下部的半圆弧设计；在包装袋正面左上角、右侧上部、正下部以及右下方半圆弧内还分别有划掉的艺术字设计。后视图所示包装袋背面主要为两个左右并排的白色矩形框及其内的文字、图表等产品说明性设计，左边的矩形框略低于右边矩形框，左边矩形框上方有"转化"文字及其文字背景图案设计，右边矩形框上方有艺术字设计（详见对比文件附图）。

将本专利与对比文件所示外观设计相比较，由于二者均未要求保护色彩，故不进行色彩对比。由上述表述可知，二者形状相同，其包装袋正面设计均采用了极相近似的醒目圆弧抛物线划分和正中突出位置为品牌文字的设计，两者图案、文字整体布局基本相同，颜色深浅对比相同，不同之处在于正中的文字内容有所不同，但文字构图和文字背景图案形状均相同，文字中二者分别所示的"转化"和"传化"图案效果极相近似，至于包装袋正面的其他不同均明显属于细微差异；因此，二者所示包装袋正面的整体形状、图案视觉效果是极相近似的。在此情况下，虽然本专利包装袋背面设计与对比文件包装袋背面设计略有不同，但两者背面均为文字、图表等产品说明性设计，对于一般消费者而言在外观视觉效果上属极易忽略的次要部分，对前述包装袋正面所形成的整体视觉效果影响甚微。二者相近似的包装袋正面设计决定了其相似的整体外观视觉效果。因此，本专利与对比文件属于相近似的外观设计。

综上所述，本专利与其申请日前授权公告的外观设计专利相近似，即已有相近似的外观设计在本专利申请日前出版物上公开发表过，因此，本专利不符合专利法第 23 条的规定。

三、决定

依据专利法第 23 条的规定，宣告 200430002222.4 号外观设计专利权全部无效。

当事人对本决定不服的，可以根据专利法第 46 条第 2 款的规定，自收到本决定之日起三个月内向北京市第一中级人民法院起诉。根据该款的规定，一方当事人起诉后，另一方当事人应当作为第三人参加诉讼。

主视图　　　　　　　　后视图

本专利附图

 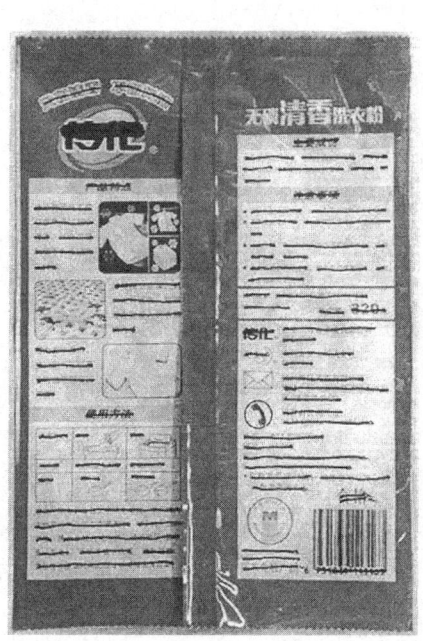

主视图　　　　　　　　后视图

对比文件附图

警示夹克衫（04-06）

无效宣告请求审查决定（第9857号）

决　定　号	第9857号
决　定　日	2007年6月6日
发明创造名称	警示夹克衫（04-06）
外观设计分类号	02-02
无效宣告请求人	诸暨市天龙雨衣厂
专　利　权　人	曹月花
专　利　号	200430079438.0
申　请　日	2004年8月11日
授权公告日	2005年4月27日
合议组组长	崔峥
主　审　员	祁轶军
参　审　员	武树辰
附　　　图	2页

法　律　依　据　专利法第23条

决　定　要　点

若在一项外观设计专利的申请日前已经有与之相近似的在先外观设计在出版物上公开发表，则该项外观设计专利不符合专利法第23条的规定。

一、案由

本无效宣告请求涉及专利号为200430079438.0、名称为"警示夹克衫（04-06）"的外观设计专利，该专利的申请日为2004年8月11日，授权公告日为2005年4月27日，专利权人为曹月花。

针对上述专利权（下称本专利），诸暨市天龙雨衣厂（下称请求人）于2005年11月6日向国家知识产权局专利复审委员会提出了无效宣告请求，其理由是本专利不符合专利法第23条和实施细则第2条第3款的规定，并同时提交了如下附件作为证据：

附件1：由诸暨市牌头镇环境卫生管理站出具的证明、编号为0005990的收款凭证和编号为0002472的浙江省诸暨市天龙雨衣厂销售清单的复印件，共3页；

附件2：警示夹克衫的照片2张；

附件3：由诸暨市环境卫生管理处出具的证明及编号为0531342的浙江省货物销售统一发票存根联的复印件，共2页；

附件4：2002年10月24日出版的《诸暨日报》第3版的局部复印件，共1页；
附件5：2002年10月28日出版的《诸暨日报》第1版的局部复印件，共1页；
附件6：2003年10月20日出版的《义乌日报》第5版的局部复印件，共1页。

请求人认为：附件1证明诸暨市天龙雨衣厂曾于2001年5月向诸暨市牌头镇环境卫生管理站出售过反光工作服及两种型号的反光专用工作衣；附件2为诸暨市牌头镇环境卫生管理站一直使用的警示夹克衫的实物照片；附件3证明诸暨市天龙雨衣厂曾于2003年8月向诸暨市环境卫生管理处出售过工作服和背心；附件4中"城市美容师"标题栏下的照片示出了环卫工人所穿着的警示夹克衫与本专利相同；附件5的照片中也示出了环卫工人所穿着的警示夹克衫与本专利相同；附件6第5版左方照片上环卫工人所穿的警示夹克衫的外观与本专利相同。由此证明本专利早已被普遍使用，属于公知技术，不符合专利法第23条的规定。

请求人于2005年12月3日向专利复审委员会提交了意见陈述书，同时补充下述附件作为证据：
附件7：《奋进中的义乌》的首页及相关页的复印件，共2页；
附件8：2000年2月28日出版的《诸暨日报》第1版的复印件及局部放大照片，共3页。

请求人认为：附件7和8均证明在本专利的申请日前与本专利相同的外观设计已经被广泛使用，不符合专利法第23条的规定。

经形式审查合格后，专利复审委员会受理了该无效宣告请求案，于2005年12月14日向双方当事人发出了无效宣告请求受理通知书，并将《专利权无效宣告请求书》及其附件清单中所列附件的副本以及请求人于2005年12月3日提交的意见陈述书及补充证据的副本转给专利权人，并要求其在指定期限内陈述意见，同时依法成立合议组对本无效宣告请求案进行审理。

专利权人于2006年2月15日向专利复审委员会提交了意见陈述书，其认为：附件1~3是由本案的利害关系人出具的，因此对其真实性有疑问；附件1、3与本专利之间没有关联性；附件2没有生产日期，不能用来证明本专利在申请日前已经公开使用；专利权人的专利产品的正面有两个口袋，而在附件4和5的照片中，环卫工人的工作服上看不出口袋；在附件6~8的照片中，环卫工人所穿的工作服没有完整的反映出其正面和后面的形状、图案，故不能与本专利进行对比。

专利复审委员会本案合议组于2006年7月19日向请求人及专利权人发出了口头审理通知书，定于2006年8月29日举行口头审理。同时将专利权人于2006年2月15日提交的意见陈述书转送给请求人。

口头审理如期举行，仅请求人一方当事人出席了本次口头审理。请求人明确其无效理由为本专利不符合专利法第23条的规定，放弃以专利法实施细则第2条第3款作为无效理由。请求人未出示附件1的销售清单和收款凭证及附件3中的第0531342号发票的原件，请求人当庭出示了附件1中由"牌头镇环境卫生管理站"出具的证明原件、附件2的原件、附件3中的证明原件及附件4~8的原件，经核实，上述原件与复印件相符。请求人明确表示：附件1~8均单独使用，与本专利进行比对。诸暨市牌头镇环境卫生管理站工作人员何伯祥当庭作证，其证明该管理站于2001年从诸暨市天龙雨衣厂购买反光背心及反光工作服。

在上述工作的基础上，本案合议组经过合议，认为本案的事实已经清楚，可以作出审查决定。

二、决定的理由

1. 证据认定

附件8为2000年2月28日出版的《诸暨日报》第一版的复印件，请求人在口头审理时当庭出示了附件8的原件，经核实，该原件与复印件相符，合议组对其真实性予以认可。鉴于作为公开出版物的附件8其公开日在本专利的申请日之前，故其公开的技术内容可以作为在先设计与本专利进行对比。

2. 关于专利法第 23 条

专利法第 23 条规定：授予专利权的外观设计，应当同申请日以前在国内外出版物上公开发表过或者国内公开使用过的外观设计不相同和不相近似，并不得与他人在先取得的合法权利相冲突。

请求人认为：附件 8 单独使用可证明本专利不符合专利法第 23 条的规定。

经查，本外观设计专利涉及一种警示夹克衫，该外观设计专利在授权时的文件有两幅视图，即：主视图和后视图，该专利未要求保护色彩。由其视图可知，该警示夹克衫包括有衣领、衣身、衣袖和衣身下摆，衣领为外翻式，衣袖为缩口或松紧口式，衣领、衣袖和衣身下摆通体采用第一种颜色的面料，衣身前面或正面居中设置有由衣服下摆延伸到衣领顶端的拉链，衣身下摆为松紧式缩口；在拉链两侧的一定宽度范围内由衣领至下摆采用与衣领、衣袖及下摆同色（下称第一种颜色）的面料对称延伸成两个较宽的条带状部分，由衣袖与衣身的接缝处至中间的条带状部分外边界之间采用不同颜色（下称第二种颜色）的面料，在第二种颜色的面料上对应于人体的胸部位置成左右对称地分别设置有两条平行的装饰条或反光条，在第二种颜色的面料上于下侧设置有两个第一种颜色的内插式斜兜；在该夹克衫的背面，衣身采用第二种颜色的面料，在衣袖与衣身的两个接缝处之间横向延伸有两条平行的装饰条或反光条；在该夹克衫正面的左上侧位置上有一环形标识，在该环形标识内有一英文字母"W"形图案。

由附件 8 的插图可以看出：身穿工作服的三名园林工人正围着花坛工作，三名园林工人所穿着的工作服上衣均为以浅灰色（即第一种颜色）和蓝色（即第二种颜色）为主色调的夹克衫，鉴于插图中所示的三名园林工人应在同一个工作单位工作，其所穿着的工作服上衣应为其所在单位统一配发，因此在没有相反证据存在的情况下，应认定三名工人所穿着的工作服上衣为同一款式。在该插图中，三名园林工人所处的位置恰好基本上反映出该款夹克衫式工作服上衣的主视图、后视图及侧视图，因此可以将该插图所反映出的夹克衫式工作服上衣认定为在先设计。该款夹克衫式工作服上衣包括有衣领、衣身、衣袖和下摆，衣领为外翻式，衣袖为缩口或松紧口式，衣领、衣袖和衣身下摆通体采用第一种颜色的面料，衣身前面或正面居中设置有由衣服下摆延伸到衣领顶端的拉链，衣身下摆为松紧式缩口；在拉链两侧的一定宽度范围内由衣领至下摆采用与衣袖、衣领及下摆同色（第一种颜色）的面料对称延伸成两个较宽的条带状部分，由衣袖与衣身的接缝处至中间的条带状部分外边界之间采用第二种颜色的面料，在第二种颜色的面料上对应于人体的胸部位置成左右对称地分别设置有两条平行的装饰窄条或反光条，在第二种颜色的面料上于下侧设置有两个第一种颜色的内插式斜兜；在该夹克衫的背面，衣身通体采用第二种颜色的面料，在衣袖与衣身的两个接缝处之间横向延伸有两条平行的装饰窄条或反光条。

通过对比可以看出，本专利和附件 8 所反映出的在先设计属于相同类别产品的外观设计，其主要差别在于：本专利在夹克衫正面左上侧位置有一个环形标识，在该环形标识内有一英文字母"W"形图案，而从附件 8 的插图中则不能明显看出该在先设计在相应位置上带有环形标识。由此，本专利与附件 8 所示的在先设计仅在局部存在细微的差别，而存在上述差别的部位属于该类产品在使用状态下不会被一般消费者关注的部位，一般消费者基于其知识水平和认知能力对本专利与附件 8 所反映出的在先设计容易产生误认和混同，上述差别对于该产品的整体视觉效果不具有显著的影响，故根据"整体观察、综合判断"的原则，二者属于相近似的外观设计。

综上所述，在本专利申请日前已经有与之相近似的在先外观设计在出版物上公开发表，因此本专利不符合专利法第 23 条的规定。

鉴于通过将本专利与附件 8 所反映出的在先设计进行比较判断已经得出相近似的结论，故本决定对请求人提交的其他证据不作评述。

三、决定

宣告 200430079438.0 号外观设计专利权无效。

当事人对本决定不服的，可以根据专利法第 46 条第 2 款的规定，自收到本决定之日起三个月内向北京市第一中级人民法院起诉。根据该款的规定，一方当事人起诉后，另一方当事人应当作为第三人参加诉讼。

主视图

后视图

本专利附图

附件8 附图

洗盆的混合龙头

无效宣告请求审查决定（第 9862 号）

决 定 号	第 9862 号
决 定 日	2007 年 6 月 8 日
发明创造名称	洗盆的混合龙头
外观设计分类号	23-01
无效宣告请求人	开平市水口镇康谷五金铸造水暖厂
专 利 权 人	丹麦莎有限责任公司
专 利 号	03369032.4
优 先 权 日	2003 年 3 月 12 日
申 请 日	2003 年 9 月 11 日
授 权 公 告 日	2004 年 11 月 24 日
合议组组长	张惠军
主 审 员	张 曦
参 审 员	周 航
附 图	2 页

法 律 依 据 专利法第 33 条

决 定 要 点

如果授权公告时的外观设计与原始申请文件中表示的相应的外观设计相比，属于不相同的设计，则导致授权公告时的外观设计超出了原图片或者照片表示的范围，不符合专利法第 33 条的规定。

一、案由

本无效宣告请求涉及国家知识产权局于 2004 年 11 月 24 日授权公告的、名称为"洗盆的混合龙头"的 03369032.4 号外观设计专利权（下称本专利），其申请日是 2003 年 9 月 11 日，授权公告时的专利权人是丹麦莎公司，2005 年 8 月 31 日变更为丹麦莎有限责任公司。

针对上述专利权，开平市水口镇康谷五金铸造水暖厂（下称请求人）于 2005 年 7 月 8 日向专利复审委员会提出无效宣告请求，请求人的具体理由是：附件 1 第 4~7 页中是本专利在提出申请时提交的图片或照片，其中立体图 1 表现了龙头的一种外观设计，立体图 2 表现了龙头的第二种外观设计，立体图 3 和主视图 3 表现了龙头的第三种外观设计，但申请人在申请日后提交的外观设计图替换页表现的是龙头的第四种外观设计，其中包括主视图、后视图、左视图、右视图和立体图五张图片，分别与作为本专利授权公告文本的附件2中的图片一致，通过对比，第四种外观设计明显超出了前三种中任意一种外观设计所表示的范围，因此根据专利法第33条的规定以及审查指南第一部分第三章第2.2节和第3.2.3节的规定，可以毫无疑义地得出本专利外观设计申请文件的修改已经超出了原图片或照片表示的范围，不符合专利法第33条的规定。请求人提交的附件如下：

附件1：本专利的申请案卷复印件（共20页），其上加盖有"中华人民共和国国家知识产权局专利审查业务章"印章和"此件为原件复印件"红章；

附件2：本专利的授权公告文本复印件（共6页）。

经形式审查合格后，专利复审委员会受理了上述无效宣告请求，于2005年12月15日向双方当事人发出无效宣告请求受理通知书，并将无效宣告请求书及附件清单中所列附件副本转送给专利权人，要求其在指定期限内答复。

针对上述无效宣告请求，专利复审委员会于2006年1月18日收到专利权人的意见陈述书，专利权人在其意见陈述书中认为：本专利授权的五张外观视图表示的外观设计与原始提交的立体图2体现的外观设计是同一个外观设计，这种修改未超出原始图片或者照片表示的范围，符合专利法第33条的规定。

针对上述无效宣告请求，专利复审委员会依法成立合议组对本案进行审理。

2006年10月13日，专利复审委员会本案合议组向双方当事人发出无效宣告请求口头审理通知书，指出本案定于2006年11月28日举行口头审理，并随口审通知书向请求人转送了专利权人的上述意见陈述书副本。

口头审理如期举行，双方当事人均出席了口头审理，对对方出席人员的资格没有异议，对合议组成员没有回避请求。在口头审理过程中，请求人明确其无效宣告请求的理由、证据和范围是：使用的证据为附件1和附件2，具体理由是本专利申请文件中有三幅立体图，一幅主视图，授权公告文本中的五幅外观设计图片与申请时提交的前三幅外观设计图片不相关，从比例关系上来看与原始提交的立体图2不一致；并且授权公告的外观设计图片中有底座，审查指南中规定外观设计图片的背景应当单一，因此该底座是外观设计的一部分，授权公告文本超出原始申请文件的范围；授权公告的左视图和右视图的比例关系与原始提交的立体图2的设计风格相同，但授权公告的主视图和后视图更接近原始提交的立体图1，授权公告的立体图介于原始提交的立体图1和立体图2之间；原始提交的立体图1和立体图2不是一种设计，简要说明中也未进行说明，补正文件应当沿用原始提交的立体图；审查指南中规定立体外观设计应提交六面视图，而申请时并未提交六面视图，仅提交了一幅主视图和三幅立体图，而不清楚该主视图反映的是何产品，因此对申请文件的补正必然超范围；根据审查指南中关于外观设计申请享受优先权的相关规定，享受优先权的条件是相同主题的外观设计，但本专利授权公告的外观设计产品与原始提交的外观设计产品不是相同主题的外观设计。

专利权人认可附件1和附件2的真实性，并且认为授权公告的外观设计产品与原始提交的立体图1和2涉及的产品是一致的，但拍摄角度不同产生了视觉上的差异；底座是拍摄时不可避免的，底座就是背景，符合审查指南的规定；原始提交的立体图1和立体图2是同一种产品的不同状态；立体图不能完全真实反映实际尺寸，但能反映出比例关系，照片由于拍摄角度的变化在图片上反映出的尺寸和比例关系也会发生变化；原始提交的外观设计图片是电脑设计图，补正的图片是真实物品的照片，表达的是同一设计；外观设计的主题是否相同不是判断外观设计专利是否超范围的依据。

双方当庭均充分发表了意见。

在上述事实的基础上，合议组经合议依法作出审查决定。

二、决定的理由

1. 关于证据

请求人提交的附件1和附件2分别为本专利申请阶段的相关文件和授权公告文本，专利权人对其真实性无异议，经合议组审查，上述附件与原件一致，可以作为本案证据使用，用来判断本专利授权公告的外观设计图片是否超出了原始申请时提交的外观设计图片的范围。

2. 关于专利法第33条

专利法第33条规定：申请人可以对其专利申请文件进行修改，但是，对发明和实用新型专利申请文件的修改不得超出原说明书和权利要求书记载的范围，对外观设计专利申请文件的修改不得超出原图片或者照片表示的范围。

在本案中，专利权人在提出申请时提交的外观设计图或照片包括立体图1、立体图2、立体图3和主视图3；专利权人于2004年5月24日提交的修改文件中，外观设计或图片仅保留了一种设计，即"洗盆的混合龙头"，其中包括主视图、后视图、左视图、右视图和立体图，并以此文本为基础于2004年11月24日获得授权并公告。请求人认为授权公告文本中的外观设计超出了原始申请时提交的图片或者照片表示的范围。专利权人认为授权公告文本中的外观设计与原始申请时提交的立体图1和2涉及的产品外观设计一致。

将专利权人提出申请时提交的立体图1和立体图2与本专利授权公告文本中的五幅视图相比较可以看出，在原始提交的立体图2表示的龙头中主要包括弯曲的颈部、与颈部相连的长方形扁平中间座和方柱形底座这三个设计要素，颈部延伸的末端下方有圆柱形出水口，中间座分为居中和两侧的三个矩形部分，之间有分隔线；原始提交的立体图1表示的龙头中也包括弯曲的颈部、与颈部相连的长方形扁平中间座和方柱形底座这三个设计要素，颈部延伸的末端下方有圆柱形出水口，中间座分为居中和两侧的三个矩形部分，之间有分隔线，中间座后部有向上突出的部分，该部分下端较薄、上端较厚，中间座最右侧矩形部分向前突出（详见本专利原始申请时提交的立体图1和2）。

本专利授权公告文本中包括后视图、立体图、右视图、左视图和主视图，这五幅视图中均能反映出该龙头包括弯曲的颈部、与颈部相连的长方形扁平中间座和方柱形底座，颈部延伸的末端下方有圆柱形出水口，中间座分为居中和两侧的三个矩形部分，但除此之外，各个视图中还包括位于方柱形底座下方、与其相连的梯形台状底座，该梯形台状底座具有形状和轮廓，并且与龙头的方柱形底座构成一体。该梯形台状底座的这些设计要素并未包含在原始提交的申请文件范围内，使得授权公告的外观设计与原始申请文件中表示的相应的外观设计相比，属于不相同的设计，因此超出了原图片或者照片表示的范围。另外，原始提交的视图中并不包含该龙头的后视图，根据原始提交的立体图1或2也均不能反映出从后侧观察该龙头时的外观设计要素，并且原始申请时也未对省略后视图的原因进行简要说明，也就是说原始提交的外观设计图片所要求的保护范围中并不包含后视图，而本专利授权公告文本中包含后视图，这种修改也超出了原图片或者照片表示的范围（详见本专利授权公告时的后视图、立体图、右视图、左视图和主视图）。

专利权人认为该梯形台状底座是拍摄时不可避免的，是照片的背景。根据审查指南第一部分第三章第4.2.4节的规定，照片应当背景单一，产品和背景有适当的明度差，并且应当避免强光、反光、阴影、倒影、衬托物。合议组认为，该梯形台状底座的轮廓反映出了该底座形状的外观设计，其与上部的方柱形底座构成一体，并且明显与各个视图的背景存在明度差，因此不能将该梯形台状底座视为照片的背景，而应视为该本专利洗盆的混合龙头外观设计的一部分，在原始提交的外观设计图片所限定的保护范围中并不包含该梯形台状底座，如果该梯形台状底座不是本专利外观设计的一部分，而是衬托物，即使在拍摄时不能避免其出现在照片中，专利权人也完全可以并应当对照片或图片进行处理，避免其出现在照片或图片中、从而影响本专利的保护范围。因此专利权人的上述主张不能成立。

综上所述，本专利授权公告的文本超出了原图片或者照片表示的范围，不符合专利法第33条的规定。

三、决定

宣告03369032.4号外观设计专利权无效。

当事人对本决定不服的，可以根据专利法第46条第2款的规定，自收到本决定之日起三个月内向北京市第一中级人民法院起诉。根据该款的规定，一方当事人起诉后，另一方当事人应当作为第三人参加诉讼。

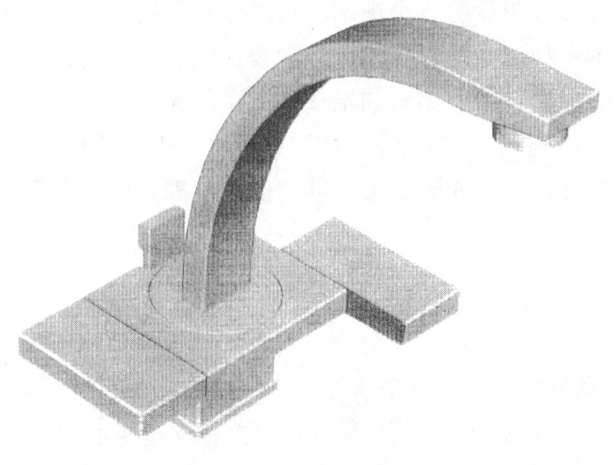

立体图 1

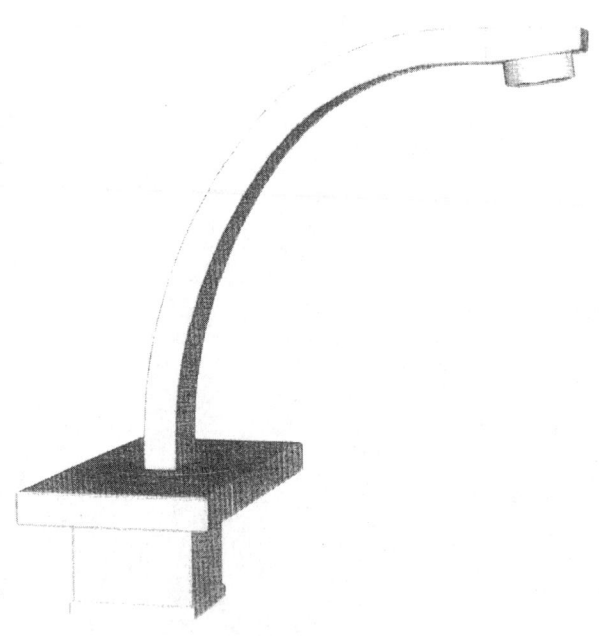

立体图 2

本专利原始申请时提交的立体图 1 和立体图 2

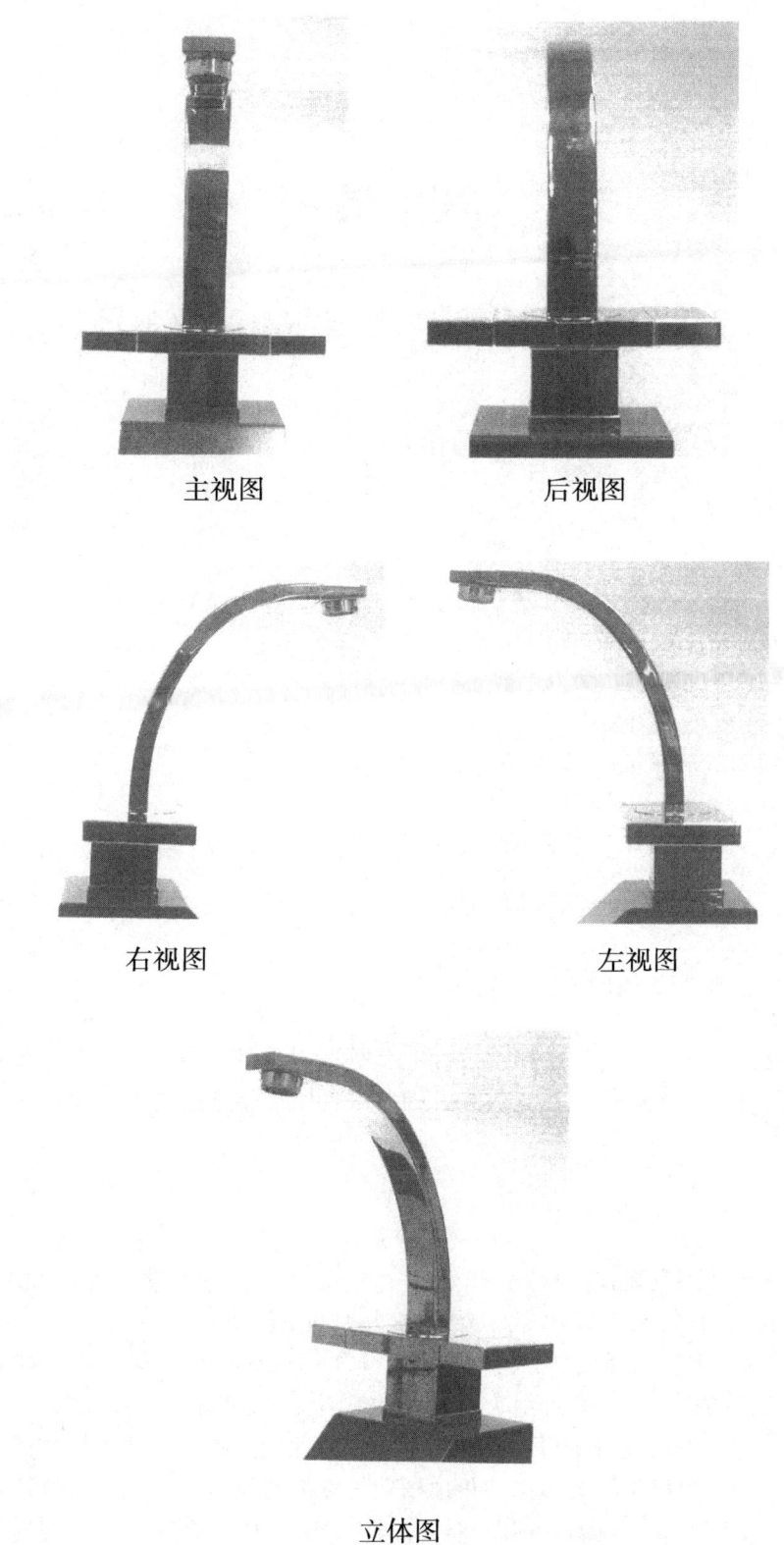

主视图　　后视图

右视图　　左视图

立体图

本专利授权公告时的外观设计图片或照片

瓷　砖

无效宣告请求审查决定（第 9863 号）

决　定　号　第 9863 号
决　定　日　2007 年 5 月 25 日
外观设计名称　瓷　砖
外观设计分类号　25-01
无效宣告请求人　陈立闽
专　利　权　人　刘正权
申　请　号　200530167760.3
申　请　日　2005 年 12 月 9 日
授权公告日　2006 年 10 月 4 日
合议组组长　张跃平
主　审　员　龙　安
参　审　员　周雷鸣

法　律　依　据　专利法第 23 条
决　定　要　点
　　本专利与在先设计相比，二者虽在局部设计上有所不同，但主体图案、构图布局非常近似，从而使二者的整体外观设计产生了同样的视觉效果，因此二者属于相近似的外观设计。

一、案由

　　本无效宣告请求涉及国家知识产权局于 2006 年 10 月 4 日授权公告的 200530167760.3 号外观设计专利（下称本专利），其名称为"瓷砖"，专利权人为刘正权。

　　针对上述专利，陈立闽（下称请求人）于 2006 年 11 月 16 日向国家知识产权局专利复审委员会提出宣告本专利权无效的请求，主要理由为：对于一般消费者，瓷砖以主视图为主要观察对象，将本专利主视图与证据 1 主视图对比分析可知，两者形状完全相同，均为长方形，构图上，两者均为在长方形中部形成一凸起的四角星状图案，该四角顶抵到长方形的长边上，该四角分别向长方形短边延伸并颈缩形成一五边形平面，其上点缀有凹凸花纹，长方形表面的其余部分形成规则的横纹，该规则横纹及五边形平面图案更衬托出中间四角星状凸起图案的立体效果。其细微的差别仅在于花纹的纹理略有不同。本专利与证据 1，两者无论在设计风格，还是构图结构及视觉效果均相近似，二者属于同样的外观设计。因此，本专利不符合专利法第 23 条及专利法实施细则第 13 条的规定。

　　请求人随专利权无效宣告请求书同时提交了证据 1：专利号为 ZL200430067996.5、授权公告日为 2005 年 2 月 16 日的外观设计专利公报，复印件 1 页。

经形式审查合格后，专利复审委员会受理了上述请求，并将所述专利权无效宣告请求书及证据转送给专利权人。

专利权人在规定期限内未提交任何意见陈述书。

专利复审委员会于 2007 年 3 月 12 日向双方当事人发出无效宣告请求口头审理通知书，定于 2007 年 4 月 25 日对所述无效宣告请求进行口头审理。

口头审理如期举行，双方当事人均出席此次口头审理。在口头审理过程中，双方当事人对合议组成员变更没有异议，对合议组成员没有回避请求。双方当事人对对方出庭人员的身份没有异议。请求人当庭明确其无效理由为本专利相对于证据 1（ZL200430067996.5 号专利公告）不符合专利法第 23 条的规定，不符合专利法实施细则第 13 条的规定。专利权人当庭表示对证据 1 的真实性没有异议。在双方当事人已充分陈述各自意见的基础上，合议组告知双方当事人，口头审理后将不再接受双方当事人的任何意见和证据。

至此，合议组认为此案事实已经清楚，可作出审查决定。

二、决定的理由

1. 关于证据

请求人提交的证据 1 是授权公告日为 2005 年 2 月 16 日的 ZL200430067996.5 号外观设计公报复印件。经核实，该复印件内容与原件一致，该公报是本专利申请日前公开发表的出版物，可以作为评价本专利是否符合专利法第 23 条规定的证据使用。

2. 关于本外观设计专利是否符合专利法第 23 条的规定

专利法第 23 条规定：授予专利权的外观设计，应当同申请日以前在国内外出版物上公开发表过或者国内公开使用过的外观设计不相同或不相近似，并不得与他人在先取得的合法权利相冲突。

（1）本专利。

本专利是有关瓷砖的外观设计专利，包括主视图、后视图、左视图、右视图、俯视图、仰视图、立体图 1 和立体图 2。

其中从主视图上看，瓷砖整体呈长方形，由中部的主体图案和四周的背景图案构成。其中主体图案是凸起的四角星状图案，该四角分别抵到长方形的长边上。该四角中部构成正八边形，内有凸出的四角星。该四角还分别与长方形的两个短边构成五边形图案，其上点缀有凹凸花纹。长方形表面的其余部分形成规则的横纹，该规则横纹及五边形平面图案可衬托出四角星状图案的立体效果。

（2）证据 1。

证据 1 是有关瓷砖的外观设计，包括主视图、左视图、俯视图、立体图，其中右视图与左视图对称，仰视图与俯视图对称。

从主视图看，瓷砖整体呈长方形，由中部的主体图案和四周的背景图案构成。其中主体图案是凸起的四角星状图案，该四角分别抵到长方形的长边上。该四角中部构成正四边形。该四角还分别与长方形的两个短边构成五边形图案，其上点缀有凹凸花纹。长方形表面的其余部分形成规则的横纹，该规则横纹及五边形平面图案可衬托出四角星状图案的立体效果。

（3）本专利与证据 1 中的外观设计比较、结论。

本专利与证据 1 的专利是同类产品的外观设计，二者的设计在整体构图和图案的排列上基本相同。两者均为瓷砖的设计，其设计的主要部分都是长方形砖中部的四角星形图案，该部分最吸引消费者的注意。二者的主要区别体现在四角中部图案和其他部分图案的花纹纹理上。四角中部及花纹纹理的变化相对于整体构图及醒目的四角星形图案而言，属于局部细微的改变，无法对两个外观设计在整体视觉效果上产生显著影响。由此可见，本专利与证据1中的设计属于相近似的外观设计。本专利申请日前已有与其相近似的产品外观设计在国内公开出版发表，因此，本专利不符合专利法第23条的规定。

在得出上述结论的情况下，合议组对请求人提出的其他无效理由不再予以评述。

三、决定

宣告 200530167760.3 号外观设计专利权全部无效。

当事人如对本决定不服，可以根据专利法第46条第2款的规定，自收到本决定之日起三个月内向北京市第一中级人民法院起诉。根据该款的规定，一方当事人起诉后，另一方当事人应当作为第三人参加诉讼。

节能灯（R50）

无效宣告请求审查决定（第 9867 号）

决 定 号	第 9867 号
决 定 日	2007 年 6 月 5 日
发明创造名称	节能灯（R50）
外观设计分类号	26-05
无效宣告请求人	利安电光源（香港）有限公司
专 利 权 人	王 凯
专 利 号	200530079991.9
申 请 日	2005 年 1 月 13 日
授权公告日	2005 年 9 月 28 日
合议组组长	程 强
主 审 员	任晓兰
参 审 员	侯 曜
法 律 依 据	专利法第 23 条

决 定 要 点

如果同一类产品的两项外观设计基本外形极为近似，二者的差别仅为局部细微的设计，在整体设计中所占比例很小，其变化不足以对产品外观设计的整体视觉效果产生显著影响，则二者属于相近似的外观设计。

一、案由

本无效宣告请求案涉及国家知识产权局于 2005 年 9 月 28 日公告授予的、名称为"节能灯（R50）"的外观设计专利（下称本专利），其申请号为 200530079991.9，申请日为 2005 年 1 月 13 日，专利权人为王凯。

针对上述专利权，利安电光源（香港）有限公司（下称请求人）于 2006 年 7 月 12 日向专利复审委员会提出无效宣告请求，并提交了如下附件作为证据：

附件 1：MEGAMAN 公司 2002/2003 产品目录的封面、第 7 页和封底，复印件共 3 页；
附件 2：《MARIE CLAIRE》的封面、广告页和封底，复印件共 3 页；
附件 3：档案编号为马字-305（1）的香港公证文件及其认证文件，复印件共 25 页。

请求人认为：本专利与附件 1 和附件 2 中刊登的产品立体图单独对比，整体形状十分相似，虽然在例如灯管形状上存在细微差别，但总体视觉效果相似。尽管在附件 1 和 2 中不能看出本专利显示的灯头顶端的形状，但对于灯具来说，灯头顶部并非一般消费者注意的部位，这种细微差异对整体视觉效果不构成显著影响，因此，本专利与附件1和2中公开的产品相近似，不符合专利法第23条的规定。

经形式审查合格后，专利复审委员会受理了上述请求，于2006年8月10日向双方当事人发出《无效宣告请求受理通知书》，并将《专利权无效宣告请求书》及其他有关文件的副本转送给专利权人，要求其在指定的期限内答复，同时成立合议组对本无效宣告请求案进行审理。专利权人在指定的期限内未进行答复。

2007年1月22日，本案合议组向双方当事人发出《无效宣告请求口头审理通知书》，定于2007年4月25日进行口头审理。

2007年4月25日，口头审理如期进行，请求人的代理人出席了口头审理，专利权人缺席。合议组当庭告知了合议组成员的变更情况，请求人对合议组成员无回避请求。请求人当庭出示了附件2的原件，并指出第24页有关该杂志的出版发行信息表明该杂志为公开出版物，其书脊上标明了该杂志的印刷时间为2003年12月；请求人确定的无效理由是，本专利与附件1和2公开的外观设计相近似，不符合专利法第23条的规定。

2007年4月27日，合议组向专利权人发出《合议组成员告知通知书》和《转送文件通知书》，告知合议组成员的变更情况，并将请求人当庭出示的附件2原件的封面（包括书脊）复印件、第24页的复印件转送专利权人，告知专利权人应当在收到所述文件之日起7日内答复。

在指定的期限内，合议组未收到专利权人关于上述转送文件的任何意见陈述。

至此，合议组认为本案的事实清楚，可以作出审查决定。

二、决定的理由

1. 证据的认定

在请求人提交的附件3中，通过公证认证的方式证实了附件2的真实性，同时，请求人当庭出示了附件2的原件，合议组经核实，认可附件2的真实性。并且，附件2是由南华传媒公开出版发行的杂志，公开时间为2003年12月，早于本专利的申请日，在其第365页公开的曼佳美牌R50节能灯与本专利属于相同的产品类别，因此，附件2可以用于与本专利进行相同、相近似性对比，评价本专利是否符合专利法第23条的规定。

2. 本专利是否符合专利法第23条的规定

专利法第23条规定：授予专利权的外观设计，应当同申请日以前在国内外出版物上公开发表过或者国内公开使用过的外观设计不相同和不相近似，并不得与他人在先取得的合法权利相冲突。

本专利涉及节能灯的外观设计，其灯身由一较细的上柱体与一较粗的下柱体连接而成，上柱体的顶端与螺纹状灯头相连，灯身外壳由透明材料构成，透过该外壳可以依稀看到灯身内部的电路；从仰视图可见，下柱体内灯管是由两个H型灯管对称连接形成的（详见本专利附图）。

附件2公开了一种曼佳美牌R50节能灯（详见附件2附图），将其与本专利进行对比可见，二者的外观设计在整体视觉上极为相近，其灯身均由一较细的上柱体与一较粗的下柱体连接而成，上柱体的顶端与螺纹状灯头相连，灯身外壳由透明材料构成，透过该外壳可以依稀看到灯身内部的电路。二者的主要区别在于：本专利下柱体内的灯管由两个H型灯管对称连接形成，而附件2中的灯管则是由两个J型灯管对称连接构成的。

由于一般消费者在看到二者的外观时，通常会对二者整体上占很大比例的相同部分留下主要印象，而忽略二者的灯管形状到底是两个H形还是两个J型的区别；而且，所述灯管形状在整个节能灯的外观设计中只占很小的一部分，其局部细微的变化不足以对整体视觉效果产生显著影响。因此，在二者的整体设计、基本外形极为近似的情况下，合议组认为，本专利与附件2属于相近似的外观设计，不符合专利法第23条的规定。

基于以上事实和理由，本案合议组作出如下审查决定。

三、决定

宣告200530079991.9号外观设计专利权无效。

当事人对本决定不服的，可以根据专利法第46条第2款的规定，自收到本决定之日起三个月内向北京市第一中级人民法院起诉。根据该款的规定，一方当事人起诉后，另一方当事人应当作为第三人参加诉讼。

美工刀（FL-04）

无效宣告请求审查决定（第9868号）

决 定 号	第9868号
决 定 日	2007年6月8日
发明创造名称	美工刀（FL-04）
外观设计分类号	19-06
无效宣告请求人	余姚市华特电信设备有限公司
专 利 权 人	陆建定
专 利 号	200330109500.1
申 请 日	2003年12月1日
授权公告日	2004年7月7日
合议组组长	马文霞
主 审 员	刘静
参 审 员	程强
附 图	2页

法 律 依 据 专利法第23条

决 定 要 点

如果一般消费者经过对被比设计与在先设计的整体观察可以看出，两者的差别对于产品外观的整体视觉效果具有显著的影响，则被比设计与在先设计不相近似。

一、案由

本无效宣告请求案涉及国家知识产权局于2004年7月7日授权公告的、名称为"美工刀（FL-04）"的200330109500.1号外观设计专利权（下称本专利），其申请日为2003年12月1日，专利权人为陆建定。

针对上述专利权，余姚市华特电信设备有限公司（下称请求人）于2006年12月13日向专利复审委员会提出无效宣告请求，其理由是本专利与证据1~3的外观专利相近似，不符合专利法第23条的规定。请求人提交的证据1~3如下：

证据1：第01310238.9号外观设计专利公报，申请日为2001年1月12日，授权公告日为2001年9月19日，1页；

证据2：第02347888.8号外观设计专利公报，申请日为2002年9月16日，授权公告日为2003年4月16日，1页；

证据3：第02347887.X号外观设计专利公报，申请日为2002年9月16日，授权公告日为2003年4月30日，1页。

经形式审查合格后，专利复审委员会受理了上述无效宣告请求，于2006年12月15日向双方当事人发出《无效宣告请求受理通知书》，并将《专利权无效宣告请求书》及其附件清单中所列附件的副本转送给专利权人，要求其在指定的期限内答复。

针对上述无效宣告请求，专利权人于2007年1月16日向专利复审委员会提交了意见陈述书，专利权人认为：（1）本专利的主视图中美工刀金属刀套是直接固定在塑料套的外面，没有藏入塑料套里面中间，所以显得比较宽大，刀片推钮也是直接露在刀套的外面，显示得更加宽厚，而证据2、3的美工刀是将金属刀套藏入到塑料壳中间，所以显得窄，刀片的推钮部分也在里面，使其显示得也窄；（2）本专利在推钮和盖子上的装饰条纹是直条纹，而不是点纹，而证据2、3采用点纹设计；（3）在美工刀的正面，本专利在塑料壳上面的包胶中部没有装饰条纹，而证据2、3的外观设计美工刀上面全部都有竖立条纹，此外金属刀套端部造型和塑料壳端部包胶部造型也不一样；（4）后视图上，本专利在美工刀的端部没有镶嵌装饰块设计，而是采用在中间部位成型出椭圆形装饰块，在顶部带有月牙形装饰块，所以造成视觉上明显差异；（5）由于本专利的金属刀套和推钮是不藏入在塑料壳中，所以体现在左视图上也有明显不同；（6）综上所述，本专利与证据2、3不相近似；（7）证据1与本专利相差更远。

2007年1月9日，请求人提交了补充证据，认为证据2与本专利相近似，不符合专利法第23条的规定：

证据4：国家知识产权局专利信息中心出具的外观设计检索报告，编号06-460，复印件10页。其中证据4包括第200330109500.1号外观设计（本专利）专利公报、第02347888.8号外观设计专利公报（证据2）、第01359736.1号外观设计专利公报、第99331281.0号外观设计专利公报、第01310238.9号外观设计专利公报（证据1）、第03300497.8号外观设计专利公报。

2007年3月9日，专利复审委员会向双方当事人发出《无效宣告请求口头审理通知书》，拟定于2007年4月18日对本案进行口头审理，并随口头审理通知书向请求人转送专利权人于2007年1月16日提交的意见陈述书，向专利权人转送请求人于2007年1月9日提交的补充理由及证据材料，要求双方在口头审理时一并答复。

2007年4月18日，口头审理如期进行，双方当事人均委托代理人出席了口头审理。在口头审理中，请求人放弃证据1、3，仅使用证据2与本专利进行相同相近似的对比。请求人明确其无效理由、证据为：（1）本专利与证据2相近似，不符合专利法第23条的规定；（2）证据4用来进一步说明本专利与证据2相近似。专利权人对证据2的真实性没有异议，对证据4本身及所附文献的真实性没有异议，但认为证据4是单方委托的检索报告，对其证明的效力有异议。在此基础上，双方当事人就本案的无效理由及证据充分陈述了各自的意见。

至此，合议组认为本案的事实已经调查清楚，可以作出审查决定。

二、决定的理由

1. 关于证据

请求人提交的证据2为中国专利文献，证据4为国家知识产权局专利信息中心出具的外观设计检索报告，专利权人对上述证据的真实性没有异议，合议组对证据2、4的真实性予以确认。证据2是在本专利申请日之前公开的专利文件，因此根据专利法第23条的规定，证据2可以作为在先设计评价本专利是否符合专利法第23条的规定。对于证据4的检索报告，请求人明确了其仅用于进一步说明证据2与本专利相近似，由于证据4的检索报告只能供合议组参考，对合议组没有约束力，合议组将依据专利法和审查指南的规定，来判断本专利与证据2是否相同或相近似。

2. 相同相近似的比较

专利法第23条规定：授予专利权的外观设计，应当同申请日以前在国内外出版物上公开发表过或者国内公开使用过的外观设计不相同和不相近似，并不得与他人在先取得的合法权利相冲突。

如果一般消费者经过对被比设计与在先设计的整体观察可以看出，两者的差别对于产品外观的整体视觉效果具有显著的影响，则被比设计与在先设计不相近似。

本专利的外观设计（下称被比设计）是一个美工刀，从主视图的角度看，金属刀套的表面与塑料壳的表面处在同一水平面上，金属刀套占整个美工刀表面积的大部分，所以显得十分宽厚，金属刀套的下边缘有方形锯齿状造型，金属刀套的表面凸出有一个短宽的推钮，按钮上分布有直条纹和四个点图案，塑料壳上部的两侧分布有直条纹，中间没有直条纹，下部有波浪线，从后视图的角度看，塑料壳中部有一个椭圆形装饰块，顶部带有月牙形装饰块（参见被比设计附图）。

证据2的外观设计（下称在先设计）也是一个美工刀，从主视图的角度看，金属刀套的表面与塑料壳的表面不在同一水平面上，即金属刀套镶嵌在塑料壳中，金属刀套占整个美工刀的表面积较小，所以显得比较窄，金属刀套的上边缘有波浪状造型，金属刀套的表面内嵌了一个细长的推钮，按钮上整体分布有直条纹，塑料壳上部整体分布有直条纹，下部有波浪线，从后视图的角度看，塑料壳中部没有装饰块（参见被比设计附图）。

由此可见，被比设计与在先设计存在很多区别之处，主要有以下几点：（1）被比设计中，由于金属刀套的表面与塑料壳的表面处在同一水平面上，金属刀套占整个美工刀表面积的大部分，而且推钮向外凸出十分明显，所以显得十分宽厚，具有力量感；被比设计中，金属刀套镶嵌在塑料壳中，金属刀套占整个美工刀表面积的小部分，而且推钮表面几乎与美工刀表面平齐，所以显得比较窄小，秀气，有单薄感。（2）被比设计中，金属刀套的表面凸出了一个短宽的推钮，按钮上分布有直条纹和四个点图案；在先设计中，金属刀套的表面内嵌了一个细长的推钮，按钮上整体分布有直条纹。（3）被比设计从后视图的角度看，塑料壳中部有一个椭圆形装饰块，顶部带有月牙形装饰块；在先设计从后视图的角度看，塑料壳中部没有装饰块。上述的主要区别点，使得被比设计的刀套、按钮都给人一种更为爽快大气的感觉，金属质感的视觉冲击更为强烈，而在先设计则给人比较秀气、小巧的感觉，金属质感的效果要弱很多，因此被比设计与在先设计的差别对于美工刀外观设计的整体视觉效果产生了显著的影响，被比设计与在先设计不相近似。

基于以上事实和理由，本案合议组作出如下审查决定。

三、决定

维持200330109500.1号外观设计专利权有效。

当事人对本决定不服的，可以根据专利法第46条第2款的规定，自收到本决定之日起三个月内向北京市第一中级人民法院起诉。根据该款的规定，一方当事人起诉后，另一方当事人应当作为第三人参加诉讼。

 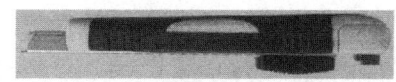

仰视图　　　　　　　俯视图

 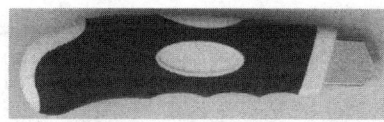

主视图　　　　　　　后视图

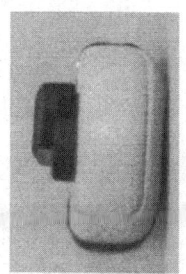 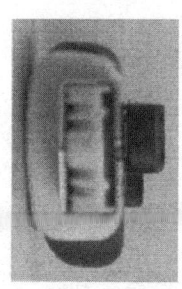

右视图　　左视图

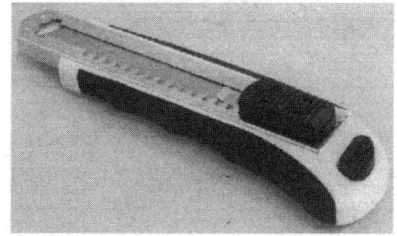

立体图

被比设计附图

俯视图　　　　　　　　　后视图

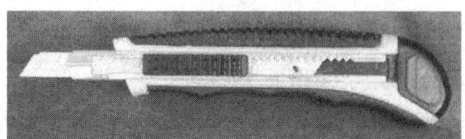 

使用状态参考图　　　　　仰视图

 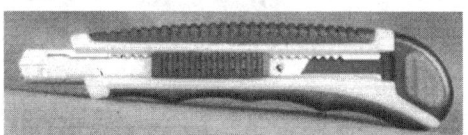

右视图　　　　　主视图

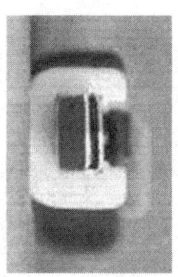

左视图

在先设计附图

329

鲜橙多饮料标签

无效宣告请求审查决定（第9870号）

决 定 号	第9870号
决 定 日	2007年6月3日
发明创造名称	鲜橙多饮料标签
外观设计分类号	19-08
无效宣告请求人	统一企业股份有限公司
专 利 权 人	宁小禄
专 利 号	200430034154.X
申 请 日	2004年3月12日
授权公告日	2004年11月17日
合议组组长	钱亦俊
主 审 员	张梅珍
参 审 员	张 曦
附 图	1页
法律依据	专利法第23条

决 定 要 点

如果一项标签外观设计与在先设计属于同类产品，且引起视觉瞩目的主要部分在图案、色彩上相近似，区别仅在于局部的细微差别，上述差别不易引起一般消费者关注，则应认为该外观设计与在先设计相近似。

一、案由

本无效宣告请求涉及国家知识产权局于2004年11月17日授权公告的名称为"鲜橙多饮料标签"的ZL200430034154.X号外观设计专利权（下称本专利），其申请日为2004年3月12日，专利权人为宁小禄。

针对本专利权，统一企业股份有限公司（下称请求人）于2005年5月17日向专利复审委员会提出无效宣告请求，其无效宣告理由是本专利不符合专利法第23条的规定，应宣告本专利权无效。同时提交如下附件作为证据：ZL03353745.3号中国外观设计专利公报复印件及彩色图片，其公告日为2003年12月17日。

请求人认为，本专利与上述附件在整体构图、所采用的图案和文字排列完全相同，二者的区别只是在图案的细节上，而这种局部的细微改变不能引起一般消费者视觉上的注意，因此本专利与该附件是相近似的外观外计，不符合专利法第23条的规定。

经形式审查合格，专利复审委员会依法受理了上述无效宣告请求，并于2005年8月23日向双方当事人发出了无效宣告请求受理通知书，同时将请求人提交的无效宣告请求书及附件清单所列附件的副本转给专利权人，要求其在指定的期限内答复，并指出逾期不答复不影响专利复审委员会对本案的审理。

专利权人逾期未答复。

在此基础上，专利复审委员会依法成立合议组对本案进行审理。本案合议组于2007年3月22日向双方当事人发出合议组成员告知通知书，指出如对合议组成员有回避请求，应当于收到本通知之日起7日内提交书面的请求书，逾期未答复，视为无回避请求。

双方当事人逾期均未对上述通知书进行答复，视为双方对合议组成员无回避请求。

至此，合议组认为本案事实已经清楚，可以依法作出审查决定。

二、决定的理由

1. 关于证据

请求人在无效宣告程序中共提交1份证据，其为本专利申请日以前公布的中国外观设计专利复印件以及彩色图片，专利权人并未对该附件的真实性提出异议，合议组经核实，其真实性可以确认，因此该附件（下称证据）可以作为本案的证据使用，其构成了本专利的在先设计。

2. 关于专利法第23条

专利法第23条规定：授予专利权的外观设计，应当同申请日以前在国内外出版物上公开发表过或者国内公开使用过的外观设计不相同和不相近似，并不得与他人在先取得的合法权利相冲突。

外观设计相同是指被比设计与在先设计是同一类别的产品的外观设计，并且被比设计的全部要素与在先设计的相应要素相同，其中外观设计要素是指形状、图案以及色彩。而外观设计相近似的判断基础是产品相同或者属于相近类别。同一类别的产品是指用途完全相同的产品。对于相同类别产品的外观设计是否相近似的判断是指对相同产品的形状、图案、色彩的设计进行整体观察、综合判断。

本专利为鲜橙多饮料标签，分类号为19-08，请求人提交的证据为标贴（统一鲜橙多－蓝标500ml），分类号也为19-08，两者用途和功能完全相同，且分类号相同，属于相同类别产品。

本专利要求保护色彩，其标签以浅橙色作底色，从左到右分为三部分。第一部分主要由上、下两部分图案构成，位于上部的是近似长方形的红色色块，该色块的上部和下部呈曲线状，并在该色块上部有较小字体，该色块中部有占该色块较大比例的"鲜橙多"字样。位于该色块下方且与该色块衔接的是堆放的多个大小不同的橙子，其中在"橙多"下方的是一个半剖的橙子，其明显大于其他橙子，其余橙子均为完整橙子。以该多个橙子图形为背景左低右高排列两排字"补充每日所需"、"维他命C"，该橙子图形下方有两排小字。第二部分的上部横向排列多排汉字，中部是一圆形图案，该图案下有一排横向排列的红色汉字，该红色汉字下方的左侧是竖向排列的汉字，右侧是条形码。最下方分别是可循环利用的标志以及垃圾入筒的图标。第三部分的图案与第一部分基本相同，且上述两个部分占整个标签的大部分比例（详见本专利附图）。

证据涉及的外观设计专利请求保护色彩，其标贴以浅橙色作底色，从左到右分为三部分。第一部分主要由上、下两部分图案构成，位于上部的是近似长方形的红色色块，该色块的上部和下部呈曲线状，并在该色块上有两排排列的五个白色大字："统一"、"鲜橙多"，位于该色块下方且与该色块衔接的是堆放的多个大小不同的橙子，其中在"橙多"下方的是一个半剖的橙子，其明显大于其他橙子，一滴橙汁从该半剖的橙子上滴出，其余橙子均为完整橙子。以该多个橙子图形为背景左低右高排列两排字"补充每日所需"、"维他命C"。第二部分的上部横向排列多排汉字，下部在橙子图形背景上纵向排列两个长方形色块。第三部分的图案与第一部分基本相同，且上述两个部分占整个标贴的大部分比例。堆放该橙子的图形遍布该标贴下半部（详见证据附图）。

将本专利与证据进行比较，其相同之处在于：（1）标贴底色均为浅橙色；（2）均由三部分构成，其中第三部分的图案与第一部分基本相同，且上述两个部分占整个标贴的大部分比例，而第二部分仅占很小的比例；（3）第一部分均是由近似长方形的红色色块以及下部的橙子图形构成；在红色色块上均有白色汉字"鲜橙多"，且在"橙多"下方都有半剖的橙子；以该橙子图形为背景左低右高排列两排字"补充每日所需"、"维他命C"；（4）第二部分整体上均是由上部横向排列的多排汉字，下部纵向排列的两部分内容构成。

本专利与证据的主要区别在于：（1）证据中三部分的橙子图形形成一整体，且该图形一直延伸至该标贴的左、右、下边界，而本专利中第二部分没有橙子图形，因此第一部分的橙子图形未与第三部分的橙子图形形成一整体，且未延伸至该标贴的左、右、下边界。（2）近似长方形的红色色块上除了"鲜橙多"之外，证据还有"统一"二字；证据中半剖的橙子滴有一滴橙汁，而本专利半剖的橙子上未滴出橙汁。（3）本专利第二部分中部具有一较小的圆形图案，该图案下有一排横向排列的红色汉字，而证据相应部分无上述内容。

合议组认为，通过上述比较可知，本专利与证据整体形状、图案、布局基本相同，在三个部分的构成中，虽然第二部分存在一些差别，但由于标贴在使用状态即将其贴到鲜橙多饮料瓶上时，第一、第三部分图案所占比例较大，该部分视觉特征明显，如"鲜橙多"以及长方形状背景组成的图案，再有下部堆放的完整橙子和较大的半剖橙子，都给一般消费者留下了深刻视觉印象，二者在该部分给一般消费者视觉上带来了图案的构成、颜色的使用等方面近乎相同的印象。至于第一、三部分中存在的上述区别，由于其所占比例较小，因此相对上述相同点而言这些区别成为局部的、细微的差别，对于产品外观设计的整体视觉效果不具有显著的影响，因此对于一般消费者而言，证据产品和本专利产品外观设计容易造成视觉上的混淆、误认，也就是说本专利与证据所示的在先设计相近似，本专利不符合专利法第23条的规定。

基于以上事实和理由，本案合议组作出如下决定。

三、决定

宣告200430034154.X号外观设计专利权全部无效。

当事人对本决定不服的，可以根据专利法第46条第2款的规定，自收到本决定之日起三个月内向北京市第一中级人民法院起诉，根据该款规定，一方当事人起诉后，另一方当事人应当作为第三人参加诉讼。

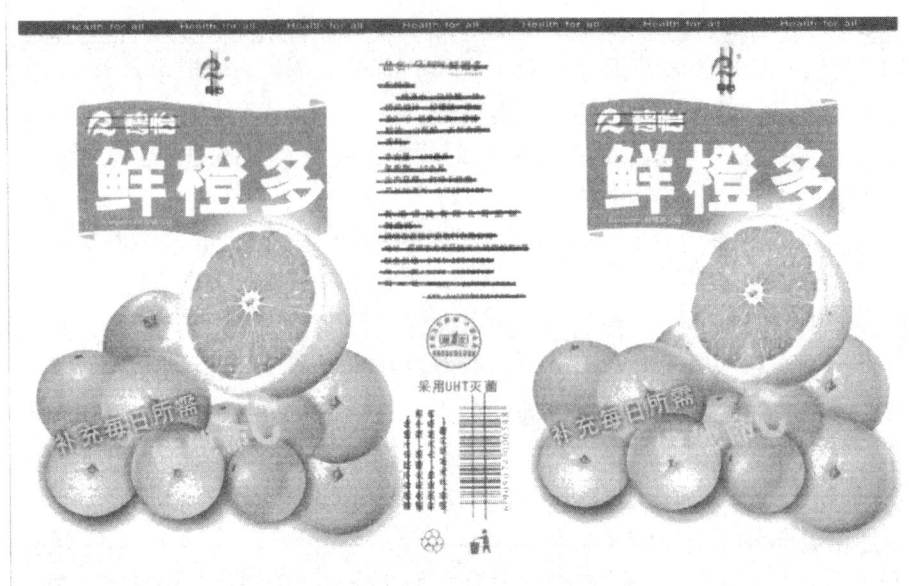

本专利附图

主视图

使用状态参考图

证据附图

标贴（统一桂花清茶）

无效宣告请求审查决定（第9871号）

决 定 号	第9871号
决 定 日	2007年6月7日
发明创造名称	标贴（统一桂花清茶）
外观设计分类号	19-08
无效宣告请求人	天津顶津食品有限公司
专 利 权 人	统一企业股份有限公司
专 利 号	200530020795.4
申 请 日	2005年12月29日
授权公告日	2006年8月30日
合议组组长	吴赤兵
主 审 员	李巍巍
参 审 员	徐清平
附 图	1页
法 律 依 据	专利法第23条

决 定 要 点

本专利和在先设计都是用于饮料容器上的标贴，在构图方法、图案题材、表现方式及其文字图案的排列均相同及相近似的情况下，二者的不同点属于局部细微的差别，不足以使得一般消费者产生明显不同的视觉效果，因此，二者属于相近似的外观设计。

一、案由

本无效宣告请求涉及2006年8月30日国家知识产权局授权公告的200530020795.4号外观设计专利，其产品名称是"标贴（统一桂花清茶）"，申请日是2005年12月29日，专利权人是统一企业股份有限公司。

针对上述外观设计专利权（下称本专利），天津顶津食品有限公司（下称请求人）于2007年1月17日向专利复审委员会提出无效宣告请求，其理由是本专利不符合专利法第23条的规定。请求人认为本专利与在先公开的外观设计专利相近似，应予宣告无效。并提交了如下附件作为证据：

附件1是200530005469.6号外观设计专利公报复印件及其外观设计彩色图片共2页；

附件2是200530005522.2号外观设计专利公报复印件及其外观设计彩色图片共2页；

附件3是本专利外观设计专利公报复印件共1页。

专利复审委员会根据无效宣告请求审查程序的规定受理了该无效宣告请求，并于2007年3月2日将无效宣告请求书和证据的副本转送给专利权人，限其在指定的期限内答复。并告知专利权人如逾期不答复，不影响专利复审委员会的审理。

专利复审委员会于2007年4月12日收到专利权人的意见陈述书，专利权人针对无效宣告请求的理由进行意见陈述，专利权人认为：将请求人提交的附件1和附件2分别与本专利相比，其二者存在以下区别：（1）二者的色彩或者色彩构成的图案不同；（2）二者体现创意的设计构思不同；（3）二者组成构图的图案亦不同。这些区别使得二者在整体视觉效果上明显不同，因此，二者既不相同也不相近似，应当维持本专利有效。

专利复审委员会于2007年4月5日向双方当事人发出《合议组成员告知通知书》，指出如对本案合议组人员有回避请求的，请于收到本通知之日起7天内提交书面请求书，逾期未答复，视为无回避请求。在规定的期限内双方当事人均未对合议组成员提出回避的请求。

在以上审理的基础上，本案合议组经合议，认为本案事实清楚，依法作出本审查决定。

二、决定的理由

1. 法律依据

根据请求人提出的无效宣告请求的理由和提交的证据，本案合议组依据专利法第23条的规定对本案进行审理。

专利法第23条规定：授予专利权的外观设计，应当同申请日以前在国内外出版物上公开发表过或者国内公开使用过的外观设计不相同和不相近似，并不得与他人在先取得的合法权利相冲突。

2. 证据的认定

请求人提交的附件1是200530005469.6号外观设计专利公报复印件及其外观设计彩色图片，经合议组核实，其与该公报原件一致，其真实性可以确定。该专利的申请日2005年3月11日，授权公告日是2005年10月26日，授权公告号是CN3483211D，使用外观设计的产品名称为"瓶贴（清茶低糖-PET500）"（下称在先设计）。其授权公告日早于本专利申请日（2005年12月29日），属于专利法第23条所规定的出版物，适用于本案。

合议组认为：在先设计与本专利均为标贴类的外观设计，用途相同，属于相同类别的产品，可以进行相近似比较。

3. 本专利外观设计

本专利是用于饮料包装标贴的外观设计，要求保护色彩，其整体形状为长方形，其上分别有四组自上而下的白色枝蔓组成的图案、两组云角长形条框及被覆盖了的文字，在长形条框上、左侧和上方分别有"桂花清茶"（文字为绛黑色、土黄色勾边）、商标、"统一"（文字土黄色）、"低糖含蜂蜜"（"低糖"文字为红色、"含蜂蜜"文字为绿色）的文字图案，长形条框的左下方及下方分别为花朵、水纹、枝蔓图案，底色为绿色，标贴的上端有一与标贴等宽的花纹装饰条，整体底色为绿色、白色、绿色过渡（详见本专利附图）。

在先设计也是用于饮料包装瓶贴的外观设计，其整体形状为长方形，其上分别有四组自上而下的土黄色枝蔓组成的图案、两组长形条框及被覆盖了的文字，在长形条框上、右侧和上方分别有"茉莉清茶"（文字为白色、土黄色勾边）、"康师傅"（文字绿色）、"淡雅低糖"（"低糖"文字底色为白色）、"花清香茶新味"（文字绿色）的文字图案和不规则的红色印章，长形条框的左下方及长形条框的下方为花朵图案，标贴的上下端各有一与标贴等宽的花纹装饰条，整体底色为绿色、土黄色、绿色过渡（详见在先设计附图）。

将本专利与在先设计相比较，二者相同之处在于：整体形状均为长方形，其上均有四组自上而下的枝蔓组成的图案，两个长形条框，条框上及上方均有文字图案，条框上的文字均有土黄色勾边，条框的左下方均有花朵图案，标贴的上方均有与其等宽的花纹装饰条，整体底色均为绿色、白色、绿色过渡；二者不同点为：整体底色的颜色深浅不同，本专利颜色略偏淡，在先设计较浓重；条框上的文字颜色不同，本专利绛黑，在先设计白色；部分文字图案的位置不同，本专利在条框左侧，在先设计在条框右侧及两条框之间；条框下方的图案不同，本专利为水纹及枝蔓，在先设计为花朵；标贴两端等宽的花纹装饰条不同，本专利下端无，在先设计上下两端均有。合议组认为：（1）标贴上出现的包括产品名称在内的文字不考虑其文字的字意，仅视为是一种图案。（2）二者都是用于饮料容器上的标贴，虽然本专利请求保护标贴的色彩，但二者色彩的明暗变化、过渡方法均相近似，在本专利与在先设计在构图方法、图案题材、表现方式及其文字图案的排列均相同及相近似的情况下，以一般消费者作为判断主体，从整体观察，二者的不同点属于局部细微的差别，不足以使得一般消费者产生明显不同的视觉效果，因此，二者属于相近似的外观设计。

综上所述，本专利在申请日前已有与其相近似的外观设计在出版物上公开发表过，因此不符合专利法第23条的规定。

鉴于上述认定已经得出本专利不符合专利法所规定的授权条件的结论，本审查决定对请求人提出的其他证据不再作出评述。

三、决定

宣告200530020795.4号外观设计专利权全部无效。

当事人对本决定不服的，可以根据专利法第46条第2款的规定，自收到本决定之日起三个月内向北京市第一中级人民法院起诉。根据该款的规定，一方当事人起诉后，另一方当事人应当作为第三人参加诉讼。

主视图　　　　　　　　使用状态参考图

本专利附图

主视图　　　　　　　　使用状态参考图

在先设计附图

活动铅笔（TM017）

无效宣告请求审查决定（第 9872 号）

决 定 号	第 9872 号
决 定 日	2007 年 5 月 18 日
发明创造名称	活动铅笔（TM017）
外观设计分类号	19-06
无效宣告请求人	温州市佰思德笔业有限公司
专 利 权 人	韩爱国
专 利 号	200630033790.X
申 请 日	2006 年 2 月 16 日
授权公告日	2006 年 10 月 4 日
合议组组长	吴赤兵
主 审 员	李巍巍
参 审 员	王霞军
法 律 依 据	专利法第 23 条

决 定 要 点

在没有其他证据佐证的情况下，公证书所附公司网页记载的内容不足以证明在本专利申请日前已有相同或相近似的外观设计公开发表和销售过。

一、案由

本无效宣告请求涉及 2006 年 10 月 4 日国家知识产权局授权公告的 200630033790.X 号外观设计专利，其产品名称是"活动铅笔（TM017）"，申请日是 2006 年 2 月 16 日，专利权人是韩爱国。

针对上述外观设计专利权（下称本专利），温州市佰思德笔业有限公司（下称请求人）于 2006 年 11 月 27 日向专利复审委员会提出无效宣告请求，其理由是本专利不符合专利法第 23 条的规定。请求人认为在本专利申请日前已有名为"天卓 TM170C"的活动铅笔在国内公开销售，该产品的外观设计与本专利外观设计相同；另外，还有一种名为"马培德梦幻橡皮"的产品也在国内公开销售，该种梦幻橡皮是一种带有活动翻盖的橡皮，其外观设计与本专利"活动铅笔 TM017"上端的活动翻盖橡皮的外观设计相同，而该活动翻盖橡皮正是本专利外观设计的要部，鉴于该二者为同类产品，其整体外观构成相近似。请求人同时提交了如下附件作为证据：

附件 1 是浙江省温州市华东公证处（2006）浙温华证内字第 004428 号公证书复印件；

附件 2 是"天卓 TM17-C"活动铅笔（实物 1 只）。

专利复审委员会根据无效宣告请求审查程序的规定受理了该无效宣告请求，并于 2006 年 12 月 20 日将无效宣告请求书和证据的副本转送给专利权人，限其在指定的期限内答复。并告知专利权人如逾期不答复，不影响专利复审委员会的审理。

2007 年 1 月 12 日专利权人针对无效宣告请求的理由进行了意见陈述，专利权人认为：（1）鉴于销售商发布的上市信息的随意性和网页上记载的上市时间易于修改的特点，故网站上显示的页面信息的真实性难于确认，仅凭网页上记载的上市时间即推断为公开销售时间，缺乏充分的证据支持，不能证明"天卓 TM017C"活动铅笔在本专利申请日前已在国内公开销售过；（2）"马培德梦幻橡皮"与本专利的活动铅笔不属于同类产品，两者不具有可比性，不能作为认定与本专利相同或相近似的判断依据。应当维持本专利有效。

专利复审委员会于 2007 年 3 月 22 日将专利权人提交的意见陈述书转送给请求人，告知其在口头审理时一并答复；期满未答复的，视为当事人已得知转送文件中所涉及的事实、理由和证据，并且未提出反对意见。同日向双方当事人发出《无效宣告请求口头审理通知书》，定于 2007 年 5 月 8 日在专利复审委员会进行口头审理，并向双方当事人发出《合议组告知通知书》，告知如对合议组成员有回避请求，请于收到本通知之日起 7 日内提交书面请求书，并且说明理由，必要时附具有关证据。

2007 年 1 月 24 日专利权人再次向专利复审委员会提交意见陈述书，专利权人认为：网络上的产品发布不同于出版物公开，其落款日期具有随意性易改变等特点，公证书的内容仅仅能证明在保全该网站日期，即 2006 年 11 月 24 日有公证书显示的"天卓 TM017C"与"马培德梦幻橡皮"二产品在该网站上公开过，而该日期晚于本专利申请日，而且所显示的图片不能详细识别，无法与本专利的六面视图进行相同与否的对比。不能证明在本专利申请日前已有相同的外观公开过，也不能证明与本专利构成相同或相近似。应当维持本专利有效。

专利复审委员会于 2007 年 3 月 27 日将专利权人提交的意见陈述转送给请求人，告知其在口头审理时一并答复；期满未答复的，视为当事人已得知转送文件中所涉及的事实、理由和证据，并且未提出反对意见。

口头审理如期举行，双方均有代表出席。在口头审理过程中，请求人当庭提交了附件 1 的原件，认为"天卓 TM017"铅笔在 2005 年就已经在市场上销售，而且也带有活动翻盖的橡皮，活动翻盖橡皮是本专利的设计要点，笔杆为市场上常见的产品；无效宣告请求时所提交的附件 2 实物就是专利权人生产的产品，是在提起无效宣告请求时在市场上购买的。本案合议组当庭将附件 1 公证书原件转交给专利权人进行核实，专利权人对公证书的真实性无异议，但认为其内容的真实性无法确认；专利权人认可附件 2 实物证据为其所生产的产品。双方均坚持其原有主张。

在以上审理的基础上，本案合议组经合议，认为本案事实清楚，依法作出本审查决定。

二、决定的理由

1. 法律依据

根据请求人提出的无效宣告请求的理由和提交的证据，本案合议组依据专利法第 23 条的规定对本案进行审理。

专利法第 23 条规定：授予专利权的外观设计，应当同申请日以前在国内外出版物上公开发表过或者国内公开使用过的外观设计不相同和不相近似，并不得与他人在先取得的合法权利相冲突。

2. 证据的认定

请求人提交的附件 1 是中华人民共和国浙江省温州市华东公证处于 2006 年 11 月 24 日出具的"（2006）浙温华证内字第 004428 号"公证书。该公证书记载了同日公证人员登录"http：//www.baidu.com"网站，在该网页输入"天卓活动铅笔"抢搜索项信息，登录"http：//www.google.com"网站，在该网页输入"马培德梦幻橡皮"的检索2页信息。该公证书附有"http：//www.baidu.com"网站和"易事达"网页资料共4页，在"易事达"网页中有"天卓.TM017C（0.5 0.7）活动铅笔、上市日期：2005年1月1日"的字样，并附有活动铅笔的图片；该公证书还附有"http：//www.google.com"网站和"上海讯言办公用品配送网"网页资料共4页，在"上海讯言办公用品配送网"网页中有"马培德（Maped）梦幻橡皮（#011320）、上架日期：2005年6月28日"的字样，并附有马培德梦幻橡皮的图片。在百度搜索的信息页中（该公证书的附件第1页第3条），还记载有"天卓牌活动铅笔详细信息浏览—产品展示—中国学生网……天卓牌活动铅笔详细信显示中国铝材信息网网罗铝业资讯产品基本信息［最后更新时间2006……天卓牌活动铅笔 制造商：上海盛轩文教用品有限公司制造商主页：产地上海上市时间：06-03-05 经销商：中国学生用品网销售热线……www.chinaxsyp.cn/good/read.asp？id＝84987K2006-11-9-百度快照"文字。合议组认为，互联网页有可编辑性和时效性，对相同网址内和网页的内容可随时更新，所以，公证日对当天登录网址中网页内容所作的公证，只能证明该公证当时的网页内容。另外，尽管"易事达"网页上有"天卓.TM017C（0.5 0.7）活动铅笔的上市日期：2005年01月01日"和"马培德（Maped）梦幻橡皮（#011320）上架日期：2005年6月28日"的字样，但仅凭该文字不足以说明该产品外观设计在本专利申请日之前公开发表和销售过，且在"（2006）浙温华证内字第004428号"公证书中，附件第1页第3条信息中记载的"天卓牌活动铅笔"上市时间为"06-03-05"，晚于本专利申请日（2006年2月16日），在同一份网络证据保全公证书中，"天卓牌活动铅笔"出现了两个不同的上市时间，即从该公证书中不能确定"天卓牌活动铅笔"的上市时间，合议组认为，"（2006）浙温华证内字第004428号"公证书是对网页的公证，根据公证书的内容，仅仅能够证明在公证当日网页上显示了公证书中所记载的有关内容，但这些信息内容本身的真实性，公证书并未予以认证，在第三人不予认可，且又无其他有效证据佐证的情况下，公证书所附网页中所记载的有关内容的客观真实性无法认定，因此，附件1不能证明进行公证时下载的网页中的内容是在本专利申请日（2006年2月16日）以前发表的，其上所附网页图片所显示的产品也不能认定为构成本专利的在先外观设计。

请求人提交的附件2是"天卓TM17-C"活动铅笔（实物1只），在口头审理时请求人陈述其是在提出本案无效宣告请求时购买的，虽然专利权人认可其为本单位产品，但鉴于请求人未提交其他有效证据佐证该产品是在本专利申请日前已经公开销售过，合议组认为，该证据不能作为评价本专利是否符合专利法第23条规定的有效证据予以采信。

综上所述，请求人提交的证据均不足以支持其无效宣告请求的理由，即请求人提交的证据不足以证明本专利不符合专利法第23条的规定。

请求人对其提出的无效宣告请求的主张有责任提供充分的证据，如果其提供的证据不够充分，应承担其主张不能成立的法律后果。

三、决定

维持200630033790.X号外观设计专利权有效。

当事人对本决定不服的，可以根据专利法第46条第2款的规定，自收到本决定之日起三个月内向北京市第一中级人民法院起诉。根据该款的规定，一方当事人起诉后，另一方当事人应当作为第三人参加诉讼。

北京市第一中级人民法院
行政判决书

(2007) 一中行初字第 1193 号

原告温州市佰思德笔业有限公司，住所地浙江省温州市工业园区中兴路 154 号。

法定代表人丁方桂，董事长。

委托代理人杨介寿，浙江震瓯律师事务所律师。

被告国家知识产权局专利复审委员会，住所地北京市海淀区北四环西路 9 号银谷大厦 10~12 层。

法定代表人廖涛，副主任。

委托代理人王霞军，女，国家知识产权局专利复审委员会审判员。

委托代理人隋璐，女，国家知识产权局专利复审委员会审查员。

第三人韩爱国，男，1958 年 2 月 12 日出生，汉族，住浙江省温州市鹿城区南门街道蝉河 38 号。

委托代理人吴继道，男，温州瓯越专利代理有限公司专利代理人。

委托代理人王如，男，1982 年 6 月 2 日出生，汉族，温州瓯越专利代理有限公司职员，住浙江省瑞安市塘下镇罗凤海滨路 19 号。

原告温州市佰思德笔业有限公司不服被告国家知识产权局专利复审委员会于 2007 年 5 月 18 日作出的第 9872 号无效宣告请求审查决定（以下简称被诉决定），向本院提起行政诉讼。本院受理后，依法组成合议庭，并依法通知与本案被诉决定存在法律上利害关系的韩爱国作为本案第三人参加诉讼。2007 年 10 月 30 日，本院公开开庭审理了本案。原告的委托代理人杨介寿，被告的委托代理人王霞军、隋璐以及第三人的委托代理人王如到庭参加了诉讼。本案现已审理终结。

2007 年 5 月 18 日，被告根据原告的无效请求，针对专利权人为本案第三人、名称为"活动铅笔（TM017）"的外观设计专利（以下简称本专利）作出被诉决定，认定原告提交的对比文件 1 [即浙江省温州市华东公证处（2006）浙温华证内字第 004428 号公证书复印件] 不能证明进行公证时下载的网页中的内容是在本专利申请日前发表的，其上所附网页图片所显示的产品也不能被认定构成本专利的在先设计；原告也不能证明对比文件 2（"天卓 TM 17-C"活动铅笔 1 只）是在本专利申请日前公开销售。故决定维持本专利权有效。

在法定期限内，被告向本院提交了下列证据以证明被诉决定合法：（1）本专利公报复印件；（2）对比文件 1。

原告不服，诉称：被诉决定对相关证据的认证有误，导致其认定事实也是错误的。首先，对比文件 1 中的网页并非原告自己的陈述，而是中立第三方在不知道相关争议存在的情况下事先形成的客观陈述，除非有相反证据证明其为虚假陈述，否则应当作为有效证据采信。其次，"易事达"网页上的"天卓 TM017C 活动铅笔的上市日期：2005 年 01 月 01 日"字样和上海讯信办公用品配送网上的"马培德（Maped）梦幻橡皮（#011320）上架日期：2005 年 6 月 28 日"的字样，表明该两公司分别确认其上市销售相关商品的确切时间、被告应予认定。第三，对比文件 1 附件第 1 页第 3 条信息中记载的中国学生网上"天卓 TM017C 活动铅笔"的上市时间与"易事达"网页上记载的上市时间并不矛盾，因为两个不同的商家并不必然在同一时间开始上市销售同一商品。而且，"易事达"网页上记载的上市时间足以表明该活动铅笔至少在2005年1月1日前已经公开销售。第四，第三人已经确认对比文件2系其生产的产品，其与对比文件1结合可以说明对比文件2在本专利生产日前公开销售过。综上，请求人民法院撤销被诉决定。

原告在法定期限内向本院提交了下列证据：（1）原告的营业执照副本复印件，用以证明原告的诉讼主体资格；（2）第三人户籍证明，证明第三人的身份情况；（3）本专利授权公告文本，用以证明本专利的专利权人、外观设计的详情及第三人的通讯住址；（4）派通有限公司（Pentel CO. LTD）1998年产品目录，用以证明本专利笔身部分的设计方案在1998年即已经被公开；（5）马培德（MAPED）公司2003年产品目录，用以证明本专利笔头部分的活动翻盖橡皮设计于2003年时即已被公开。

被告辩称：首先，对比文件1是网络证据，互联网页有可编辑性和时效性，对相同网址内和网页的内容可以随时更新，公证日对当天登录网址中网页内容所作的公证，只能证明该公证当时的网页内容，但这些信息内容本身的真实性并未得到认证。在第三人对对比文件1不予认可，且无其他有效证据佐证的情况下，对比文件1所记载内容的真实性无法认定。其次，原告未提交其他有效证据证明对比文件2的产品在本专利申请日前已经公开销售过。第三，原告在诉讼中提交的证据5、6未在行政程序中提交，不应采信。综上，被诉决定认定事实清楚，适用法律正确，程序合法，请求人民法院维持被诉决定，驳回原告的诉讼请求。

第三人陈述意见称：首先，网页内容具有可编辑性和时效性，对相同网址和相同网页的内容是可以随时更新的，这种能被当事人或者其他人进行技术处理而无法辩明真伪的证据，不符合证据真实性的要求，而且该网页内容并非官方网站显示的网页内容，不具有公信力。因此，对比文件1中记载的相关产品的上市日期无法确定其真实性。其次，对比文件2虽然为我单位产品，但是，原告未能提交其他有效证据证明该产品是在本专利申请日前已经公开销售过。第三，原告在诉讼中提交的证据5、6均未在行政阶段提交，其真实性无法确定。综上，请求人民法院维持被诉决定，驳回原告的诉讼请求。

在法定期限内，第三人未向本院提交证据。

此外，我院依法向被告调取了"口头审理记录表"，用以证明原告与第三人在行政程序中提出的主张。

经庭审质证，原告与第三人对于被告证据的真实性无异议；被告与第三人对于原告证据1~4的真实性无异议，但认为证据5、6未在行政阶段提交，不能作为诉讼阶段的证据。原告与第三人对于本院依法调取的被告的"口头审理记录表"的真实性无异议。

本院经审查认为，原告的证据5、6未在行政阶段提交，其无正当理由在诉讼中提交，本院不予接纳；原告的其他证据、被告提交的证据以及本院依职权调取的证据均与本案有关联，且合法、真实，本院均予确认。

根据上述有效证据及各方当事人无争议的陈述，本院认定事实如下：

本专利申请日是2006年2月16日，由国家知识产权局2006年10月4日授权公告，专利号为200630033790.X。

针对本专利权，原告于2006年11月27日向被告提出无效宣告请求，理由是本专利不符合《中华人民共和国专利法》（以下简称《专利法》）第二十三条的规定。原告认为在本专利申请日前已有名为"天卓TM170C"的活动铅笔在国内公开销售，该产品的外观设计与本专利外观设计相同；另外，还有一种名为"马培德梦幻橡皮"的产品也在国内公开销售，该种梦幻橡皮是一种带有活动翻盖的橡皮，其外观设计与本专利"活动铅笔TM017"上端的活动翻盖橡皮的外观设计相同，而该活动翻盖橡皮正是本专利外观设计的要部，鉴于该二者为同类产品，其整体外观构成相近似。原告还向被告提交了对比文件1、2作为证据。

被告受理上述无效宣告请求后，于2006年12月20日将上述材料的副本转送给第三人，限其在指定的期限内答复，并告知其如逾期不答复，不影响案件的审理。

2007年1月12日，第三人向被告提交了意见陈述书：（1）鉴于销售商发布的上市信息的随意性和网页上记载的上市时间易于修改的特点，故网站上显示的页面信息的真实性难于确认，仅凭网页上记载的上市时间即推断为公开销售时间，缺乏充分的证据支持，不能证明"天卓TM017C"活动铅笔在本专利申请日前已在国内公开销售过；（2）"马培德梦幻橡皮"与本专利的活动铅笔不属于同类产品，两者不具有可比性，不能作为认定与本专利相同或相近似的判断依据，应当维持本专利有效。

被告于2007年3月22日依法将上述材料转给了原告，并告知其在口头审理时一并答复；期满未答复的，视为其已得知转送文件中所涉及的事实、理由和证据。被告还于同日向原告与第三人发出《无效宣告请求口头审理通知书》，定于2007年5月8日在被告处进行口头审理，并向双方当事人发出《合议组告知通知书》，告知如对合议组成员有回避请求，于收到该通知之日起7日内提交书面请求书，并且说明理由，必要时附具有关证据。

2007年1月24日，第三人再次向被告提交意见陈述书：网络上的产品发布不同于出版物公开，其落款日期具有随意性易改变等特点，公证书的内容仅仅能证明在保全该网站日期，即2006年11月24日有公证书显示的"天卓TM017C"与"马培德梦幻橡皮"二产品在该网站上公开过，而该日期晚于本专利申请日，而且所显示的图片不能详细识别，无法与本专利的六面视图进行相同与否的对比。不能证明在本专利申请日前已有相同的外观公开过，也不能证明与本专利构成相同或相近似，应当维持本专利有效。被告亦依法进行了转文。

口头审理如期举行，双方均有代表出席。在口头审理过程中，原告当庭提交了对比文件1的原件，认为"天卓TM017"铅笔在2005年就已经在市场上销售，而且也带有活动翻盖的橡皮，活动翻盖橡皮是本专利的设计要点，笔杆为市场上常见的产品；无效宣告请求时所提交的对比文件2就是第三人生产的产品，是在提起无效宣告请求时在市场上购买的。第三人对公证书的真实性无异议，但认为其内容的真实性无法确认；第三人认可对比文件2为其所生产的产品。双方均坚持其原有主张。

原告提交的对比文件1记载了同日公证人员登录"http://www.baidu.com"网站，在该网页输入"天卓活动铅笔"搜索项信息，登录"http://www.google.com"网站，在该网页输入"马培德梦幻橡皮"检索2页信息。该公证书附有"http://www.baidu.com"网站和"易事达"网页资料共4页，在"易事达"网页中有"天卓.TM017C（0.5 0.7）活动铅笔、上市日期：2005年01月01日"的字样，并附有活动铅笔的图片；该公证书还附有"http://www.google.com"网站和"上海讯言办公用品配送网"网页资料共4页，在"上海讯言办公用品配送网"网页中有"马培德（Maped）梦幻橡皮（#011320）、上架日期：2005年6月28日"的字样，并附有马培德梦幻橡皮的图片。在百度搜索的信息页中（该公证书的附件第1页第3条），还记载有"天卓牌活动铅笔详细信息浏览-产品展示-中国学生网……天卓牌活动铅笔详细信息显示中国铝材信息网网罗铝业资讯产品基本信息［最后更新时间2006……天卓牌活动铅笔制造商：上海盛轩文教用品有限公司制造商主页：产地上海上市时间：06-03-05经销商：中国学生用品网销售热线……www.chinaxsyp.cn/good/read.asp? id=849

87K2006-11-9-百度快照"文字。

被告经审查认为，互联网页有可编辑性和时效性，对相同网址内和网页的内容可随时更新，所以，公证日对当天登录网址中网页内容所作的公证，只能证明该公证当时的网页内容。另外，尽管"易事达"网页上有"天卓.TM017C（0.5 0.7）活动铅笔的上市日期：2005年01月01日"和"马培德（Maped）梦幻橡皮（#011320）上架日期：2005年6月28日"的字样，但仅凭该文字不足以说明该产品外观设计在本专利申请日之前公开发表和销售过，且在对比文件1的附件第1页第3条信息中记载的"天卓牌活动铅笔"上市时间为"06-03-05"，晚于本专利申请日，在同一份网络证据保全公证书中，"天卓牌活动铅笔"出现了两个不同的上市时间，即从该公证书中不能确定"天卓牌活动铅笔"的上市时间，对此被告认为，对比文件1中的公证书是对网页的公证，根据公证书的内容，仅仅能够证明在公证当日网页上显示了公证书中所记载的有关内容，但这些信息内容本身的真实性，公证书并未予以认证，在第三人不予认可，且又无其他有效证据佐证的情况下，公证书所附网页中所记载的有关内容的客观真实性无法认定。因此，对比文件1不能证明进行公证时下载的网页中的内容是在本专利申请日以前发表的，其上所附网页图片所显示的产品也不能认定为构成本专利的在先外观设计。

对比文件2是铅笔实物，在口头审理时原告陈述其是在提出本案无效宣告请求时购买的，虽然第二人认可其为本单位产品，但鉴于原告未提交其他有效证据佐证该产品是在本专利申请日前已经公开销售过，被告认为该证据不能作为评价本专利是否符合《专利法》第二十三条规定的有效证据。

基于上述理由，被告作出了被诉决定。原告不服，在法定期限内，向本院提起行政诉讼，请求撤销被诉决定。

开庭审理中，原告明确表示对于被诉决定的下列内容不持异议：被诉决定作出的行政程序；被诉决定"案由"部分记载的内容。

本院认为，被诉决定中原告与第三人不持异议的部分，本院经审查，对其合法性进行确认。在此基础上，本案的争议焦点在于：对比文件1、2可否作为评价本专利是否符合《专利法》第二十三条规定的有效证据。

首先，关于对比文件1的问题。互联网页有可编辑性和时效性，对相同网址内和网页的内容可随时更新，所以，对登录网址中网页内容所作的公证，只能证明该公证当时的网页内容。对比文件1是对网页的公证，根据公证书的内容，仅仅能够证明在公证当日网页上显示了公证书中所记载的有关内容，但并不能直接证明其所记载的内容是真实的。在第三人对该内容不予认可，且又无其他有效证据佐证其真实性的情况下，公证书所附网页中所记载的有关内容的真实性无法认定。因此，被告认定对比文件1不能证明进行公证时下载的网页中的内容是在本专利申请日以前发表的，其上所附网页图片所显示的产品也不能构成本专利的在先外观设计是正确的。

对比文件2是铅笔实物，原告在口头审理时明确承认该实物是其在提出本案无效宣告请求时购买的，而且原告未提交其他有效证据佐证该产品是在本专利申请日前已经公开销售过。因此，被告认为该证据同样不能作为评价本专利是否符合《专利法》第二十三条规定的有效证据也是正确的。

综上，被诉决定认定事实清楚，适用法律正确，程序合法，本院应予维持。原告的诉讼请求缺乏事实及法律依据，本院不予支持。依照《中华人民共和国行政诉讼法》第五十四条第（一）项之规定，判决如下：

维持被告国家知识产权局专利复审委员会于二〇〇七年五月十八日作出的第9872号无效宣告请

求审查决定。

案件受理费 100 元，由原告温州市佰思德笔业有限公司负担（已交纳）。

如不服本判决，各方当事人可于判决书送达之日起 15 日内，向本院递交上诉状，并按对方当事人人数提出副本，上诉于北京市高级人民法院。上诉人在上诉期满后 7 日内未预交上诉费，又未提出缓交申请的，按自动撤回上诉处理。

审 判 长 梁 菲
代理审判员 司品华
人民陪审员 付勇军
二〇〇七年十一月十四日
书 记 员 王 丽

北京市高级人民法院
行政判决书

（2008）高行终字第 71 号

上诉人（一审原告）温州市佰思德笔业有限公司，住所地浙江省温州市工业园区中兴路 154 号。

法定代表人丁方桂，董事长。

被上诉人（一审被告）国家知识产权局专利复审委员会，住所地北京市海淀区北四环西路 9 号银谷大厦 10~12 层。

法定代表人廖涛，副主任。

委托代理人隋璐，女，国家知识产权局专利复审委员会审查员。

委托代理人李巍巍，女，国家知识产权局专利复审委员会审判员。

被上诉人（一审第三人）韩爱国，男，1958 年 2 月 12 日出生，汉族，住浙江省温州市鹿城区南门街道蝉河 38 号。

委托代理人王如，男，温州瓯越专利代理有限公司职员，住浙江省瑞安市塘下镇罗凤海滨路 19 号。

上诉人温州佰思德笔业有限公司（以下简称温州佰思德公司）因专利权无效宣告审查决定一案，不服北京市第一中级人民法院（2007）一中行初字第 1193 号行政判决，向本院提起上诉。本院受理后，依法组成合议庭，公开开庭审理了本案。上诉人温州佰思德公司的法定代表人丁方桂，被上诉人国家知识产权局专利复审委员会（以下简称专利复审委）的委托代理人隋璐，被上诉人韩爱国的委托代理人王如到庭参加诉讼。本案现已审理终结。

2007 年 5 月 18 日，专利复审委就温州佰思德公司针对专利权人为韩爱国、名称为"活动铅笔（TM017）"的外观设计专利权（以下简称本专利）提出的无效宣告请求，作出第 9872 号无效宣告请求审查决定（以下简称第 9872 号决定），决定维持本专利有效。温州佰思德公司不服，向北京市第一中级人民法院提起诉讼。

北京市第一中级人民法院经审理认为，被诉决定中温州佰思德公司与韩爱国不持异议的部分，法院经审查，对其合法性进行确认。在此基础上，本案的争议焦点在于：对比文件1、2可否作为评价本专利是否符合《中华人民共和国专利法》（以下简称《专利法》）第二十三条规定的有效证据。

首先，关于对比文件1的问题。互联网页有可编辑性和时效性，对相同网址内和网页的内容可随时更新，所以，对登录网址中网页内容所作的公证，只能证明该公证当时的网页内容。对比文件1是对网页的公证，根据公证书的内容，仅仅能够证明在公证当日网页上显示了公证书中所记载的有关内容，但并不能直接证明其所记载的内容是真实的。在韩爱国对该内容不予认可，且又无其他有效证据佐证其真实性的情况下，公证书所附网页中所记载的有关内容的真实性无法认定。因此，专利复审委认定对比文件1不能证明进行公证时下载的网页中的内容是在本专利申请日以前发表的，其上所附网页图片所显示的产品也不能构成本专利的在先外观设计是正确的。

对比文件2是铅笔实物，温州佰思德公司在口头审理时明确承认该实物是其在提出本案无效宣告请求时购买的，而且其未提交其他有效证据佐证该产品是在本专利申请日前已经公开销售过。因此，专利复审委认为该证据同样不能作为评价本专利是否符合《专利法》第二十三条规定的有效证据也是正确的。

综上，第9872号决定认定事实清楚，适用法律正确，程序合法，应予维持。温州佰思德公司的诉讼请求缺乏事实及法律依据，法院不予支持。依照《中华人民共和国行政诉讼法》第五十四条第（一）项之规定，判决维持专利复审委于2007年5月18日作出的第9872号决定。

上诉人温州佰思德公司上诉称，第一，一审法院采纳专利复审委在举证期限后提供的证据，程序违法。在法定举证期限内，专利复审委仅提供两份证据用以证明其行政行为的合法性，即专利公报复印件及对比文件1，并未将口审笔录及对比文件2作为证据提交法庭。在法定举证期限内，专利复审委也未申请延期举证。根据《最高人民法院关于行政诉讼证据若干问题的规定》及举证情况，一审法院因专利复审委未依法举证转而依职权调取口审笔录，实质上变相延长了其举证期限，属于程序违法。且一审法院在判决书中予以认证的对比文件2（活动铅笔）亦无相应当事人的举证为前提。第二，一审法院认定证据有误，导致其认定的事实错误。上诉人认为对比文件1的网页内容具有可编辑性，但这些网页属于非利害关系的第三方的网站内容，其编辑权限并不在上诉人的控制之下，上诉人不可能进行编辑。韩爱国对该网页内容真实性有异议，应当提供反证。在其未提交任何反证且无证据表明网站与上诉人存在利害关系的情况下，一审法院仅以韩爱国不予认可为由，对上述公证的网页内容真实性不予认定，属认定错误。综上，一审法院违反程序，认定事实错误，请求二审法院依法撤销一审判决，将本案发回重审或依法改判。

被上诉人专利复审委答辩称：根据《最高人民法院关于行政诉讼证据若干问题的规定》第九条第一款的规定，一审法院依法调取口头审理记录表不属程序违法。关于对比文件1、2，本委坚持被诉决定中论述的认定理由及认定结论。一审判决认定事实清楚，适用法律正确，程序合法，请求二审法院驳回上诉，维持一审判决。

被上诉人韩爱国答辩称：在无效审查程序中，温州佰思德公司明确承认对比文件2铅笔实物是其在提出无效宣告请求时购买的，但在一审开庭时又称该铅笔是其在本专利申请日之前购买的。为查明事实，一审法院依职权调取了口头审理记录表。一审法院的上述作法不违反《最高人民法院关于行政诉讼证据若干问题的规定》的规定。一审判决认定事实清楚，适用法律正确，符合法定程序。请求二审法院驳回上诉，维持一审判决。

经审理查明，本专利的申请日为2006年2月16日，授权公告日为2006年10月4日，专利号为

200630033790.X，专利权人为韩爱国。

针对本专利权，温州佰思德公司于2006年11月27日向专利复审委提出无效宣告请求，理由是本专利不符合《专利法》第二十三条的规定。温州佰思德公司认为在本专利申请日前已有名为"天卓TM170C"的活动铅笔在国内公开销售，该产品的外观设计与本专利外观设计相同；此外，已在国内公开销售的名为"马培德梦幻橡皮"带有活动翻盖的橡皮，其外观设计与本专利上端的活动翻盖橡皮的外观设计相同，而该活动翻盖橡皮正是本专利外观设计的要部，鉴于二者为同类产品，整体外观构成相近似。温州佰思德公司向专利复审委提交了两份对比文件：附件1温州市华东公证处2006年11月24日出具的（2006）浙温华证内字第004428号公证书（即对比文件1）；附件2"天卓TM17-C"活动铅笔1支（即对比文件2）。其中，对比文件1记载了公证人员于2006年11月24日根据温州佰思德公司的请求对相关网站的信息进行证据保全的过程。公证书后附"http：//www.baidu.com"网站和"易事达"网页资料共4页，百度网站的信息页中有"天卓牌活动铅笔详细信息浏览-产品展示-中国学生网……天卓牌活动铅笔详细信息显示中国铝材信息网网罗铝业资讯产品基本信息［最后更新时间2006……天卓牌活动铅笔制造商：上海盛轩文教用品有限公司制造商主页：产地上海上市时间：06-03-05经销商：中国学生用品网销售热线……www.chinaxsyp.cn/good/read.asp？id=849 87K2006-11-9-百度快照"的内容；"易事达"网页中有"天卓.TM017C（0.5 0.7）活动铅笔、上市日期：2005年01月01日"的内容，并附有活动铅笔的图片。公证书所附"http：//www.google.com"网站和"上海讯言办公用品配送网"网页资料共4页，在"上海讯言办公用品配送网"网页中有"马培德（Maped）梦幻橡皮（#011320）、上架日期：2005年6月28日"的内容，并附有马培德梦幻橡皮的图片。

专利复审委受理上述无效宣告请求后，于2006年12月20日将上述材料的副本转送给韩爱国。韩爱国于2007年1月12日向专利复审委提交了意见陈述书，认为：（1）鉴于销售商发布的上市信息的随意性和网页上记载的上市时间易于修改的特点，故网页信息的真实性难于确认，仅凭网页上记载的上市时间即推断为公开销售时间，缺乏充分的证据支持，不能证明"天卓TM017C"活动铅笔在本专利申请日前已在国内公开销售过；（2）"马培德梦幻橡皮"与本专利的活动铅笔不属于同类产品，两者不具有可比性，不能作为认定与本专利相同或相近似的判断依据，应当维持本专利有效。

专利复审委于2007年3月22日将上述材料转给温州佰思德公司，同时通知该公司口头审理的时间及无效审查程序中当事人的权利和应当注意的事项。

2007年1月24日，韩爱国再次提交意见陈述书，坚持认为网络上的产品发布不同于出版物公开，其落款日期具有随意性、易改变等特点，公证书的内容仅仅能证明在保全之时即2006年11月24日有公证书显示的"天卓TM017C"与"马培德梦幻橡皮"二产品在该网站上公开过，该日期晚于本专利申请日，而且所显示的图片不能详细识别，无法与本专利的六面视图进行相同与否的对比。不能证明在本专利申请日前已有相同的外观公开过，也不能证明与本专利构成相同或相近似，应当维持本专利有效。专利复审委亦向温州佰思德公司进行了转文。

2007年5月8日，专利复审委进行了口头审理，双方均出席。在口头审理过程中，温州佰思德公司当庭提交了对比文件1的原件，认可对比文件2是该公司在提出无效宣告请求时在市场上购买的。韩爱国对对比文件1的真实性无异议，但认为公证书所附网页内容的真实性无法确认；认可对比文件2为其所生产的产品。双方均坚持原有主张。

经审查，专利复审委于2007年5月18日作出第9872号决定，决定维持本专利有效。理由如下：

关于对比文件1。互联网页有可编辑性和时效性，对相同网址内和网页的内容可随时更新，所以，公证日对当天登录网址中网页内容所作的公证，只能证明该公证当时的网页内容。另外，尽管"易事达"网页上有"天卓.TM017C（0.5 0.7）活动铅笔的上市日期：2005年01月01日"和"马培德（Maped）梦幻橡皮（#011320）上架日期：2005年6月28日"的字样，但仅凭该文字不足以说明该产品外观设计在本专利申请日之前公开发表和销售过，且在对比文件1的附件第1页第3条信息中记载的"天卓牌活动铅笔"上市时间为"06-03-05"，晚于本专利申请日，在同一份网络证据保全公证书中，"天卓牌活动铅笔"出现了两个不同的上市时间，即从该公证书中不能确定"天卓牌活动铅笔"的上市时间。对比文件1中的公证书是对网页的公证，根据公证书的内容，仅仅能够证明在公证当日网页上显示了公证书中所记载的有关内容，公证书并未认证信息内容本身的真实性，在韩爱国不予认可，且又无其他有效证据佐证的情况下，公证书所附网页中所记载的有关内容的客观真实性无法认定。因此，对比文件1不能证明进行公证时下载的网页中的内容是在本专利申请日以前发表的，其上所附网页图片所显示的产品也不能认定为构成本专利的在先外观设计。

对比文件2是铅笔实物，在口头审理时温州佰思德公司承认该公司是在提出本案无效宣告请求时购买的。虽然韩爱国认可对比文件2为自己生产，但鉴于温州佰思德公司未提交其他有效证据佐证该产品是在本专利申请日前已经公开销售过，该证据不能作为评价本专利是否符合《专利法》第二十三条规定的有效证据。

温州佰思德公司不服第9872号决定，向一审法院提起诉讼。

一审庭审中，温州佰思德公司对第9872号决定作出的行政程序、第9872号决定"案由"部分记载的内容无异议。

一审期间，专利复审委在法定期限内向一审法院提交了下列证据以证明第9872号决定合法：（1）本专利公报复印件；（2）对比文件1。

温州佰思德公司在举证期限内向一审法院提交了下列证据：（1）该公司的营业执照副本复印件；（2）韩爱国的户籍证明；（3）本专利授权公告文本；（4）对比文件1；（5）派通有限公司（Pentel CO. LTD）1998年产品目录，用以证明本专利笔身部分的设计方案在1998年即已经被公开；（6）马培德（MAPED）公司2003年产品目录，用以证明本专利笔头部分的活动翻盖橡皮设计于2003年时即已被公开。

韩爱国在举证期限内未向一审法院提交证据。

一审庭审中，温州佰思德公司的委托代理人主张该公司购买对比文件2铅笔实物的时间早于本专利的申请日，一审法院当庭要求专利复审委提交了口头审理记录表，记录表记载有温州佰思德公司陈述称对比文件2铅笔实物是该公司在提出无效宣告请求时所购买的内容。

一审法院经审查认为，温州佰思德公司提交的证据5、6未在行政阶段提交，且无正当理由在诉讼中提交，不予接纳；专利复审委提交的证据、温州佰思德公司提交的其他证据以及一审法院依职权调取的口头审理记录表均与本案有关联，且合法、真实，予以确认。

上述证据材料均已随案移送本院。

二审期间，各方当事人均未提交新的证据材料。

经审查，本院认为，一审法院根据庭审中出现的新情况，要求专利复审委补充提交证据，不违反最高人民法院《关于行政诉讼证据若干问题的规定》第九条第一款的规定。一审法院对于各方当事人提交的证据材料的认证意见正确，本院予以确认。本院根据上述经认证的证据及当事人无争议的陈述认定本案事实。

本院认为,《专利法》第二十三条规定:"授予专利权的外观设计,应当同申请日以前在国内外出版物上公开发表过或者国内公开使用过的外观设计不相同和不相近似,并不得与他人在先取得的合法权利相冲突。"温州佰思德公司主张本专利的授权不符合上述规定,请求专利复审委宣告本专利无效,该公司应当提交申请日以前在国内外出版物上公开发表过或者国内公开使用过的外观设计,以证明本专利与上述在先设计相同或相近似。为此,温州佰思德公司在无效审查程序中提交了两份对比文件。其中,对比文件1附有公证机构在本专利申请日之后通过登录相关网站获取的网络信息,网络信息的形成涉及生成、传递、存储、显现等诸环节公证书记载了公证人员通过将相应的关键词输入搜索引擎,继而进入搜索引擎提供的相应网站,然后下载网站中的相应网页信息的过程,这一过程只涉及网络信息的显现环节,公证机构的公证行为只能证明对上述网络信息进行保全的过程合法、真实,不能必然证明上述网络信息本身具有真实性,而且公证书所附两则网页信息中关于天卓铅笔的上市时间也不一致;由于韩爱国对上述网页信息的真实性不予认可,温州佰思德公司应当提供其他相应的证据予以补强。现温州佰思德公司未完成上述举证责任,专利复审委认定对比文件1不能构成评价本专利是否符合《专利法》第二十三条的在先设计是正确的。温州佰思德公司在口头审理中承认对比文件2铅笔实物的购买时间晚于本专利的申请日,又未能提交其他相应的证据证明该种铅笔在国内的公开销售时间早于本专利的申请日,专利复审委认定对比文件2也不能构成在先设计,也是正确的。一审判决维持被诉决定认定事实清楚,适用法律正确,符合审判程序,本院应予维持。温州佰思德公司的上诉请求缺少相应的事实与法律依据,本院不予支持。据此,依照《中华人民共和国行政诉讼法》第六十一条第(一)项之规定,判决如下:

驳回上诉,维持一审判决。

二审案件受理费100元,由上诉人温州佰思德笔业有限负担(已交纳)。

本判决为终审判决。

审　判　长　王　燕
审　判　员　朱世宽
代理审判员　赵宇晖
二〇〇八年三月二十日
书　记　员　张　怡

灯座控制面板

无效宣告请求审查决定（第9873号）

决 定 号	第9873号
决 定 日	2007年6月6日
发明创造名称	灯座控制面板
外观设计分类号	26-05
无效宣告请求人	梁国英
专 利 权 人	江门市金莱特电器灯饰厂有限公司
专 利 号	200530057385.7
申 请 日	2005年4月17日
授权公告日	2005年12月7日
合议组组长	张 度
主 审 员	李 熙
参 审 员	龙 安

法 律 依 据 专利法实施细则第2条第3款

决 定 要 点

专利法实施细则第2条第3款是对可获得专利保护的外观设计的一般性定义，对"美感"的判断存在着因人而宜的因素，而且请求人对本案外不属于"新设计"的主张也没有提供相应的证据加以证明。请求人对其主张负有举证的责任，如果其未提供相应的证据，则应当承担其主张不成立的法律后果。

一、案由

本无效宣告请求涉及国家知识产权局于2005年12月7日授权公告的、名称为"灯座控制面板"的外观设计专利权，其申请号是200530057385.7，申请日是2005年4月17日，专利权人是江门市金莱特电器灯饰厂有限公司。

针对上述专利权（下称本专利），梁国英（下称请求人）于2006年9月27日向专利复审委员会提出无效宣告请求，其依据的理由是：本专利不符合专利法实施细则第2条第3款的规定。请求人认为，本专利属于很普通的设计不符合专利法实施细则第2条第3款富有美感且是新设计的规定，应为无效专利。

经形式审查合格后，专利复审委员会受理了上述无效宣告请求，于2006年11月29日向双方当事人发出无效宣告请求受理通知书，并将专利权无效宣告请求书转送给专利权人，要求其在指定期限内陈述意见。

专利权人逾期未作任何答复。

专利复审委员会依法成立合议组对本无效宣告请求案进行审理。

2007年3月22日，本案合议组发出无效宣告请求口头审理通知书，定于2007年6月4日进行口头审理。

2007年6月4日，口头审理如期举行：（1）专利权人未到庭参加口头审理；（2）请求人对合议组成员无回避请求；（3）请求人明确其无效理由为本专利不符合专利法实施细则第2条第3款的规定，具体理由以提出无效宣告请求时的书面意见为准。

合议组在双方充分陈述意见的基础上，认为本案事实已经清楚，可以作出本决定。

二、决定的理由

专利法实施细则第2条第3款规定：专利法所称外观设计，是指对产品的形状、图案或者其结合以及色彩与形状、图案的结合所作出的富有美感并适于工业应用的新设计。

请求人认为：本专利属于很普通的设计不符合专利法实施细则第2条第3款富有美感且是新设计的规定。

合议组认为：专利法实施细则第2条第3款是对可获得专利保护的外观设计的一般性定义。对于本案是否符合专利法实施细则的2条第3款的规定，合议组将针对无效宣告请求的具体意见，从是否"富有美感"和是否属于"新设计"两个方面具体评述如下：

第一，对于美感的判断存在着因人而异的因素，美感可以是一种时尚，也可以带有时代的特征，还可以是特定的消费群体的特定的爱好，对于一件外观设计产品是否"富有美感"并不能由某位特定消费者的观点所决定，是否"富有美感"也不能以单个消费者的欣赏水平、欣赏角度等来进行判断。因此，在无效宣告请求中仅有一句"无美感"的结论，连简单陈述都没有的情况下，合议组无法认定本专利不具美感。

第二，对于新设计，新设计是指该外观设计是一种新的设计方案。请求人认为本专利面板为及其传统的构件，旋钮以及两个开关也为很实用的部件，且三者组合在一起的方式也是众所周知的方式，并不能体现出新设计的含义。合议组认为，以上"本专利的面板为及其传统的构件，面板上旋钮的组合方式也是众所周知的方式"等内容仅是请求人单方声称的内容，对此请求人应提供相应的证据来证明，如果其未举据，则应当承担其主张不成立的法律后果。因此，由于请求人对于本专利外观设计产品是否属于"新设计"没有提供有力证据，合议组认为仅根据请求人的简单意见，无法认定本专利不是新设计。

综上所述，合议组认为请求人提出的无效宣告请求理由不成立，本专利符合专利法实施细则第2条第3款的规定。

三、决定

维持200530057385.7号外观设计专利权有效。

当事人对本决定不服的，可以根据专利法第46条第2款的规定，自收到本决定之日起三个月内向北京市第一中级人民法院起诉。根据该款的规定，一方当事人起诉后，另一方当事人应当作为第三人参加诉讼。

膝下热浴器（3）

无效宣告请求审查决定（第 9874 号）

决 定 号	第 9874 号
决 定 日	2007 年 6 月 11 日
发明创造名称	膝下热浴器（3）
外观设计分类号	23-02
无效宣告请求人	余姚市恒帅电子科技有限公司
专 利 权 人	慈溪市发达家电实业有限公司
专 利 号	02314271.5
申 请 日	2002 年 4 月 29 日
授 权 公 告 日	2002 年 11 月 6 日
合议组组长	崔　峥
主 审 员	祁轶军
参 审 员	吴亚琼
附　　　图	4 页
法 律 依 据	专利法第 23 条，专利法实施细则第 2 条第 3 款

决 定 要 点

若一项外观设计专利与在先设计在局部和整体上均存在差别，上述差别对于产品外观设计的整体视觉效果具有显著的影响，则依据"整体观察、综合判断"的原则，被比设计与在先设计既不相同，也不相近似。

一、案由

本无效宣告请求涉及专利号为 02314271.5、名称为"膝下热浴器（3）"的外观设计专利，该专利的申请日为 2002 年 4 月 29 日，授权公告日为 2002 年 11 月 6 日，专利权人为慈溪市发达家电实业有限公司。

针对上述专利权（下称本专利），余姚市恒帅电子科技有限公司（下称请求人）于 2006 年 3 月 3 日向国家知识产权局专利复审委员会提出了无效宣告请求，其理由是本专利不符合专利法第 23 条及专利法实施细则第 2 条第 3 款的规定，并同时提交了如下附件作为证据：

附件 1：公开日为 2002 年 4 月 2 日、专利号为 US6363548 的美国专利说明书的摘要、摘要附图及说明书附图的复印件，共 4 页；

附件 2：授权公告日为 1998 年 10 月 7 日、授权公告号为 CN3086846D 的中国外观设计专利公报的复印件，共1页；

附件3：公告日为1997年10月15日、公告号为CN3066198的中国外观设计专利公报的复印件，共2页；

附件4：公开日为2000年12月19日、公开号为特开2000-350763的日本公开特许公报的复印件，共3页。

请求人认为：本专利公告文本中各视图关于支撑脚的部分不对应，导致其保护范围不清楚，不能用于工业生产，故不符合专利法实施细则第2条第3款的规定；本专利与附件1~4所涉及的在先设计具有相同或相似的外观，故不符合专利法第23条的规定。

经形式审查合格后，专利复审委员会受理了该无效宣告请求案，于2006年3月6日向双方当事人发出了无效宣告请求受理通知书，并将《专利权无效宣告请求书》及其所附附件的副本转给专利权人，要求其在指定期限内答复，同时依法成立合议组对本无效宣告请求案进行审理。

请求人于2006年3月17日向专利复审委员会补充提交了上述附件1和附件4的全文及相关部分的中文译文。

专利权人于2006年5月22日向专利复审委员会提交了意见陈述书，其认为：本专利的公告文本为照片，并非用制图方法制作而成的产品图，而且从后视图中可以清楚地看到产品底部有四个支撑脚，这足以说明产品的内容，故本专利符合专利法实施细则第2条第3款的规定；本专利涉及一种膝下热浴器，该产品为立体产品而非平面产品，因此应在全面考虑六个视图的基础上将各对比文件与本专利进行对比；附件1的图1仅仅是一个平面图，它与本专利的主视图相比，形状存在不同，从附件1的图2、3可知，其产品从外观形状、比例等方面来看与本专利均存在明显不同，故二者不相近似；附件2、3和4属于明显缺乏对比内容的对比文件，而且其外观形状基本为类似方形的形状，故与本专利不相近似。

专利复审委员会本案合议组于2006年7月19日向请求人及专利权人发出了无效宣告请求口头审理通知书，定于2006年8月29日举行口头审理。同时将请求人于2006年3月17日提交的意见陈述书及其所附附件的副本转送给专利权人，将专利权人于2006年5月22日提交的意见陈述书转送给请求人，并分别要求其在指定期限内答复。

口头审理如期举行。专利权人对请求人提交的附件1~4的真实性无异议。请求人明确其无效理由为：本专利不符合专利法实施细则第2条第3款及专利法第23条的有关规定。请求人明确表示用附件1的图1、2、3和7及附件4的图1、3与本专利进行对比。

在上述工作的基础上，本案合议组经过合议，认为本案的事实已经清楚，可以作出审查决定。

二、决定的理由

1. 证据认定

附件1~4均为专利文献的复印件，专利权人对其真实性无异议，合议组对其真实性予以认可。附件1~4的公开日均早于本专利的申请日，故其所公开的相关技术内容可以作为在先设计与本专利进行对比。

2. 关于专利法实施细则第2条第3款

专利法实施细则第2条第3款规定：专利法所称外观设计，是指对产品的形状、图案或者其结合以及色彩与形状、图案的结合所作出的富有美感并适合于工业应用的新设计。

请求人认为：根据正确的对应关系，其仰视图和俯视图的外轮廓中，应该各有四个支脚，但事实上在本专利的公告文本中，其仰视图和俯视图分别只有两个支脚，显然本专利不符合正确的视图关系，不能用于工业生产。

经查：

本外观设计专利涉及到一种膝下热浴器，从其主视图及左右视图可以看出，该热浴器整体上为一个近似椭圆形的盆体，在椭圆形盆体的长轴轴线方向有一突出的鼻形隔断部分，椭圆形盆体的外壁和鼻形隔断部分限定了两个相对鼻形隔断部分对称设置的足形凹槽，两个足形凹槽在底面上设置有一些点状凸起并在足跟处彼此联通，在两个足形凹槽的脚趾前部分别设置有一台阶状部分，台阶状部分与鼻形隔断部分的下部呈平滑弧线过渡，在足形凹槽的前方设置有一相对椭圆长轴轴线对称的长条形控制面板，鼻形隔断部分的上部有一圆柱形凸起（磨脚石）；从其左右视图可以看出：该热浴器大体为底角处略向内收缩的桶形或盆状；从其仰视图、俯视图及左右视图可以看出：该椭圆形盆体底面的四个拐角部分分别设置有一支脚；从其后视图可以看到：该椭圆形盆体底面上沿椭圆长轴轴线方向设置有三条凸棱（详见附图）。

合议组认为：虽然在本专利的仰视图和俯视图中仅能够看到两个支脚，但其后视图却清楚地示出了在该热浴器底面的四个拐角处分别设置有一个支脚，而且一般消费者基于其所应具有的知识水平和认知能力借助于这些视图能够很容易地判断出该产品具有四个支脚，因此这种视图上的不对应并不足以影响该外观设计应用于产业上并形成批量生产。由此，本专利是针对膝下热浴器这种产品的形状、图案及其结合所作出的富有美感并适合于工业应用的新设计，其属于外观设计的保护客体，符合专利法实施细则第2条第3款的规定，故本案合议组对请求人所提出的本专利不符合专利法实施细则第2条第3款之规定的主张不予支持。

3. 关于专利法第23条

专利法第23条规定：授予专利权的外观设计，应当同申请日以前在国内外出版物上公开发表过或者国内公开使用过的外观设计不相同和不相近似，并不得与他人在先取得的合法权利相冲突。

请求人认为：本专利与附件1的附图1、2、3、7和附件4的附图1、3所示出的在先设计相近似，因此不符合专利法第23条的规定。

专利权人认为：本专利的主视图中，整体形状不同于附件1所示出的在先设计，具体表现在：（1）主视图中，本专利的两侧为略带圆弧的形状；（2）本专利的控制面板为长条形，附件1为近似方形；（3）本专利的左右凹坑非常接近于人脚的形状，而附件1则不完全接近于脚形；（4）本专利的侧视图中，其形状为下部向里收缩的桶形，而附件1中则为近似长方形；（5）附件1中没有仰视图和俯视图；（本专利与附件1的整体形状，比例不同，附件1的鼻状部分可能是一个平面图案。请求人认为本专利权人所声称的上述区别属于细微的差别，其形状差别均为惯常设计，不足以造成显著影响。

经查：

附件1涉及一种带有温度控制器的足浴器，与本专利属于相同类别的产品，从附件1的附图中可以看出：该足浴器整体上为一个长方形的盆体，该长方形盆体在底角处略向内收缩；该长方形盆体相对于其中心轴线呈对称状，长方形盆体外轮廓的两个短边处呈弧形并与两个长边平滑过渡，在长方形盆体沿其长轴轴线方向有一鼻形部分，在盆体的外壁和鼻形部分之间限定了两个相对鼻形部分对称排列的近似足形的凹槽，两个足形凹槽在底面上设置有脚趾状图案部分，在两个足形凹槽的脚趾前部分别设置有台阶状部分，台阶状部分与鼻形部分呈曲线过渡，在足形凹槽的前方设置有一相对椭圆长轴轴线对称的近似等腰梯形的控制面板，该盆体底面上设置有支脚（详见附件1的附图1、2、3和7）。

附件2涉及一种足浴器，与本专利属于相同类别的产品，从附件2的各个视图中可以看出：该足浴器整体上为一个近似方形的盆体；该方形盆体相对于其中心轴线呈对称状，该方形盆体包括四个外壁，其中一个外壁呈略向外凸出的弧形，与该外凸弧形外壁相对的外壁则近似为直线状，在该直线状外壁的中间位置上设置有一个圆形旋钮，而其余两个外壁基本上呈平滑的弧形并相对其中心轴线对称设置；该方形盆体的内底壁呈平面状；该方形盆体外壁的顶部设置有凸缘，其底面上设置有支脚；在方形盆体沿对称轴线的方向设置有一个长条形隔断部分，在该隔断部分的中间处设置有半球形凸起（详见附件2的各视图）。

附件3涉及一种按摩脚盆，与本专利属于相同类别的产品，从附件3的各个视图中可以看出：该按摩脚盆整体上为一个近似桃形的盆体；该桃形盆体相对于其中心轴线呈对称状，该桃形盆体的其中一个外壁呈向外凸出的弧形，与该外凸弧形外壁相对的外壁则为略向内凹入的弧形状，其余两个外壁基本上呈平滑的直线形并相对其中心轴线对称设置；该方形盆体的内底壁上居中设置有一个长条形隔断部分，该长条形隔断部分的中部呈球形，由此球形部分沿中心轴线向后延伸并与略向内凹入的外壁以平滑曲线过渡，由该球形部分沿中心轴线向前呈斜坡状延伸，在该长条形隔断部分的末端与略向内凹入的外壁的过渡部分设置有一个圆形旋钮；该盆体的内壁和该长条形隔断部分限定了两个大致呈人脚形的凹槽，且该长条形隔断部分未将两个凹槽完全隔开；该桃形盆体外壁的顶部设置有圆滑的凸缘，其底面上设置有支脚（详见附件3的各视图）。

附件4涉及一种足浴器，与本专利属于相同类别的产品，从附件4的附图中可以看出：该足浴器整体上为一个方形的盆体；该方形盆体相对于其中心轴线呈对称状，该方形盆体的其中一个外壁呈向外凸出的弧形，与该外凸弧形外壁相对的外壁则以平滑曲线略向内收缩，其余两个外壁基本为直线状并在此两外壁的外侧分别设置有一手柄，方形盆体沿其长轴轴线方向有一鼻形部分，在盆体的外壁和鼻形部分之间限定了两个相对鼻形部分对称排列的近似足形的凹槽，在凹槽的底面上设置有一些凸起，在足形凹槽的前方设置有一相对椭圆长轴轴线对称的近似等腰三角形的控制面板，该控制面板上带有四个按钮形图案，此外，该方形盆体的底面上设置有支脚（详见附件4的附图1和3）。

将本专利与附件1所示的在先设计进行对比，可以看出主要存在以下区别：a. 整体形状不同，本专利整体形状为椭圆形，附件1所示的在先设计整体呈长方形；b. 本专利的控制面板为长条形，而在先设计的控制面板近似为等腰梯形；c. 侧视图形状不同：本专利的长度与厚度的比例关系明显不同于在先设计的长度与厚度的比例关系，本专利的左右侧视图分别示出了一个在热浴器两侧壁上由底部沿厚度方向垂直延伸的凸起部分，而附件1的图2（侧视图）基本为平面状，显然不具本专利这样的凸起部分，本专利在侧视图中呈现为一个底部收缩的盆形或水桶形，而附件1的侧视图则为长方形；d. 本专利的足形凹槽比附件1所示的足形凹槽更接近于人脚的形状；e. 本专利的鼻形隔断未将两个足形凹槽完全隔开，而附件1的图1中示出了沿足浴器的中心轴线方向有一个位于两个足形凹槽之间并将其完全分开的鼻形图案；f. 在后视图中，本专利在底面上沿长轴轴线方向设置有三条平行的凸棱，而附件1则没有后视图、仰视图和俯视图；g. 本专利在鼻形隔断部分上带有一个圆柱形凸起（磨脚石），而附件1所公开的在先设计在鼻形图案部分则没有这样的凸起。

将本专利与附件2所示的在先设计进行对比，可以看出主要存在以下区别：a. 整体形状不同，本专利整体形状为椭圆形，附件2所示的在先设计整体呈方形；b. 本专利设置有一长条形控制面板，而附件2所示的在先设计无控制面板，但在与本专利相对应的位置上设置有一圆形旋钮；c. 侧视图形状不同：本专利的左、右侧视图分别示出了一个在热浴器两侧壁上由底部沿厚度方向垂直延伸的凸起部分，而附件2的俯视图和仰视图则无此凸起部分；本专利在侧视图中呈现为一个侧壁底部有明显收缩部分的盆形或水桶形，而附件2的侧视图则为侧壁顶部带有凸缘且在底部无明显收缩部分的矩形；d. 本专利的鼻形隔断部分与附件2的长条形隔断部分形状不同，而且由隔断部分和盆体内壁限定而成的足形凹槽部分其形状不同，本专利的足形凹槽更接近于人脚的形状；e. 本专利在底面上沿长轴轴线方向设置有三条平行的凸棱，而在附件2的仰视图中其底面设置有一个圆环状凹槽；g. 本专利在鼻形隔断部分的前端上还带有一个圆柱形凸起（磨脚石），而附件2中则在隔断部分的中间设置半球形凸起。

将本专利与附件3所示的在先设计进行对比，可以看出主要存在以下区别：a. 整体形状不同，本专利整体形状为椭圆形，附件3所示的在先设计整体呈桃形；b. 本专利设置有一长条形控制面板，而附件3所示的在先设计无控制面板，但在相应的部位设置有一个圆形旋钮；c. 侧视图形状不同：本专利的左、右侧视图分别示出了一个在热浴器两侧壁上由底部沿厚度方向垂直延伸的凸起部分，而附件3的俯视图和仰视图则无此凸起部分；本专利在侧视图中呈现为一个侧壁底部有明显收缩部分的盆形或水桶形，而附件3的侧视图则为侧壁顶部带有凸缘且在底部无明显收缩部分的矩形；d. 本专利的足形凹槽比附件3所示的足形凹槽更接近于人脚的形状，而且本专利在足形凹槽的底面上还设置有人脚形图案；e. 在后视图中，本专利在底面上沿长轴轴线方向设置有三条平行的凸棱，而在附件3中则没有上述凸棱，但有一圆形凸起和一个插销状凹槽；g. 本专利的鼻形隔断部分与附件3所公开的在先设计的长条形隔断部分其形状明显不同，而且本专利的鼻形隔断部分的前端上还带有一个圆柱形凸起（磨脚石），而附件3中则在隔断部分的中间处有一半球形凸起。

将本专利与附件4所示的在先设计进行对比，可以看出主要存在以下区别：a. 整体形状不同，本专利整体形状为椭圆形，附件4所示的在先设计整体呈方形；b. 本专利的控制面板为长条形，而在先设计的控制面板近似为等腰三角形；c. 侧视图形状不同：本专利的左、右侧视图分别示出了一个在热浴器两侧壁上由底部沿厚度方向垂直延伸的凸起部分，而附件4的图3（侧视图）基本为平面状，显然不具本专利这样的凸起部分，本专利在侧视图中呈现为一个侧壁底部有明显收缩部分的盆形或水桶形，而附件4的侧视图则为侧壁顶部带有凸缘的方形；d. 本专利的足形凹槽比附件4所示的足形凹槽更接近于人脚的形状，而且本专利在足形凹槽的底面上还设置有人脚形图案；e. 在后视图中，本专利在底面上沿长轴轴线方向设置有三条平行的凸棱，而附件4则没有后视图、仰视图和俯视图；g. 本专利在鼻形隔断部分上带有一个圆柱形凸起（磨脚石），而附件4所公开的在先设计在鼻形图案部分则没有这样的凸起。

通过上述的分析可以看出：本专利与附件1、2、3和4所公开的在先设计在局部和整体上均存在差别，一般消费者基于其知识水平和认知能力不会对本专利与附件1~4所公开的在先设计产生误认和混同，而且上述差别对于产品外观设计的整体视觉效果具有显著的影响，因此，依据"整体观察、综合判断"的原则，本专利与附件1、2、3和4所公开的在先设计既不相同，也不相近似。

综上所述，本专利与附件1~4所公开的在先设计既不相同，也不相近似，故本案合议组对请求人提出的本专利不符合专利法第23条之规定的主张不予支持。

三、决定

维持02314271.5号外观设计专利权有效。

当事人对本决定不服的，可以根据专利法第46条第2款的规定，自收到本决定之日起三个月内向北京市第一中级人民法院起诉。根据该款的规定，一方当事人起诉后，另一方当事人应当作为第三人参加诉讼。

仰视图

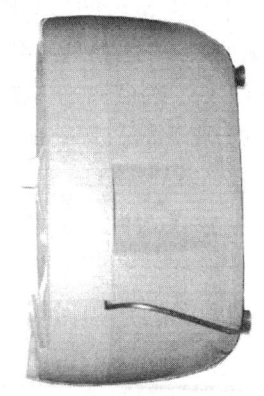 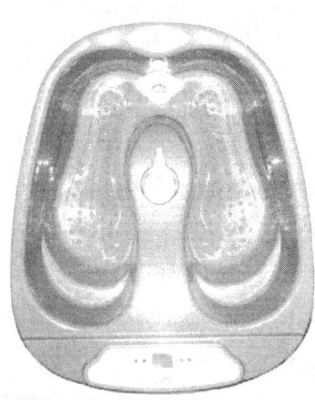 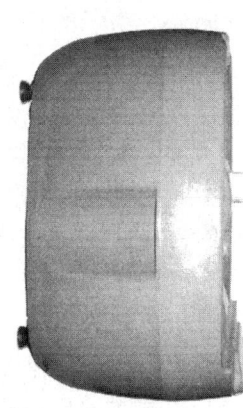

右视图　　　　　　主视图　　　　　　左视图

 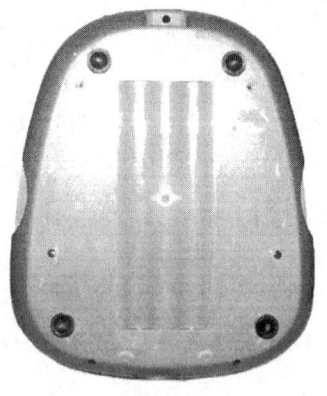

俯视图　　　　　　后视图

本专利附图

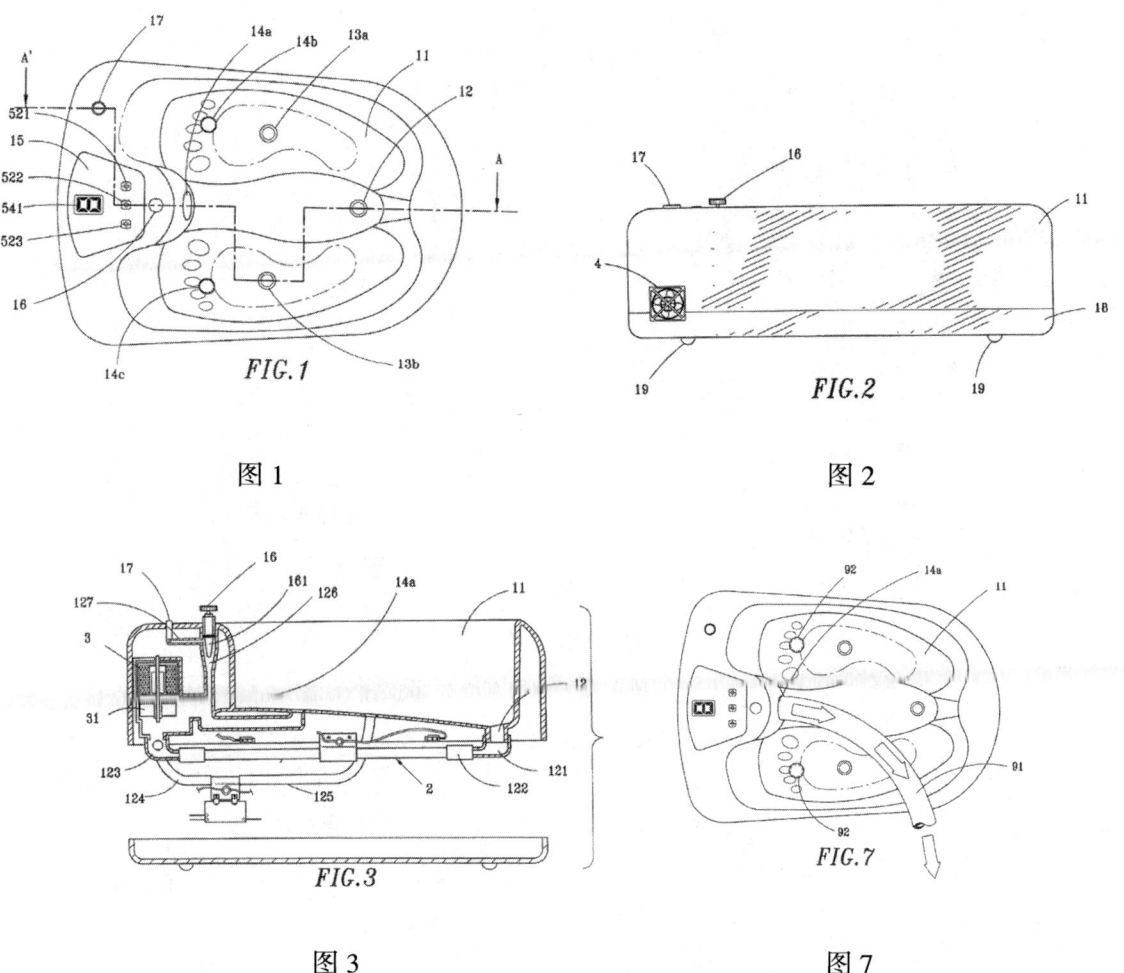

图 1

图 2

图 3

图 7

附件1附图

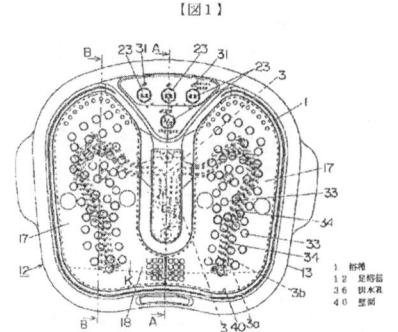
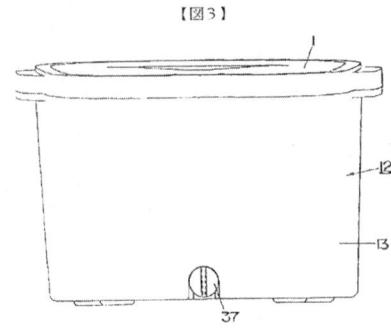

附件 4

主视图

仰视图

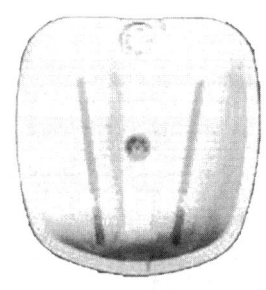
俯视图

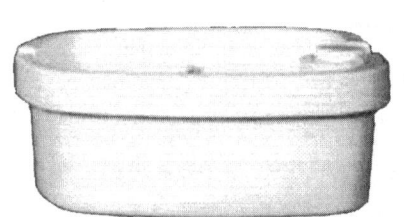
右视图

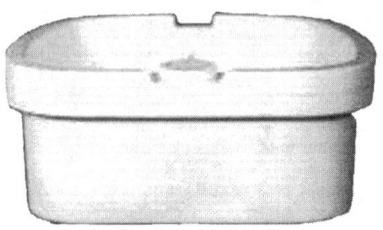
后视图

附件 2

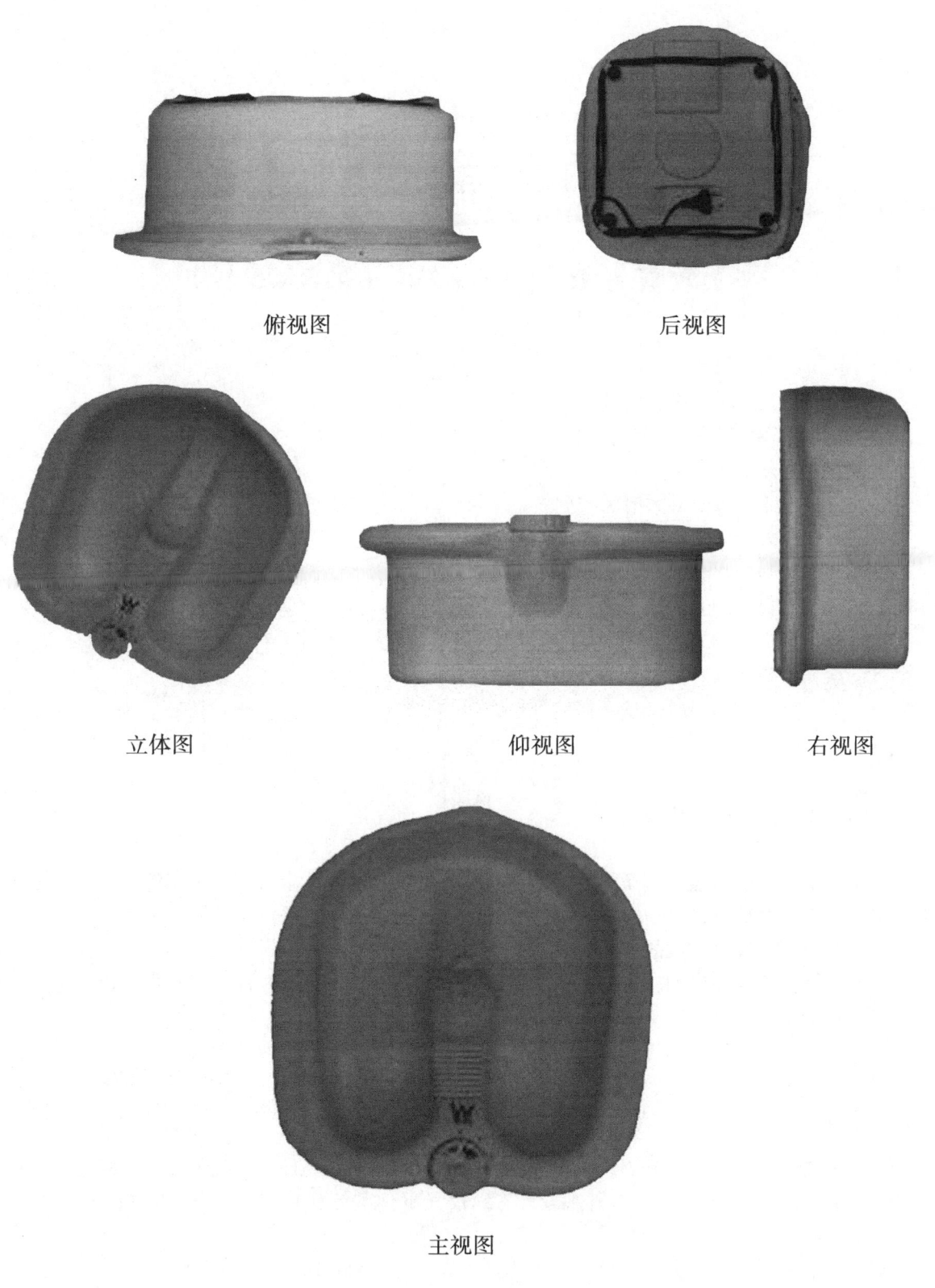

酒瓶（溶江三花）

无效宣告请求审查决定（第9876号）

决 定 号	第9876号
决 定 日	2007年6月7日
发明创造名称	酒瓶（溶江三花）
外观设计分类号	09-01
无效宣告请求人	兴安县大溶江酒厂
专 利 权 人	周祖社
专 利 号	200530028326.7
申 请 日	2005年5月17日
授权公告日	2006年1月18日
合议组组长	耿 博
主 审 员	刘 妍
参 审 员	田 华

法 律 依 据 专利法第23条

决 定 要 点

一般情况下，酒瓶瓶盖上喷涂的日期为酒产品的生产日期，请求人提交证据的酒瓶上注明了生产日期，专利权人提交的反证仅证明了对该生产日期涂改的可能性，并不足以证明请求人提交的证据中酒瓶上的生产日期是经过修改的。

如果有证据证明某证据的获得确实具有很大的随意性，而又没有其他证据来佐证该证据的真实性时，则对该证据不予认可。

一、案由

本无效宣告请求案涉及的是国家知识产权局于2006年1月18日公告授予的、名称为"酒瓶（溶江三花）"的第200530028326.7号外观设计专利权（下称本专利），其申请日为2005年5月17日，专利权人为周祖社。

针对本专利权，兴安县大溶江酒厂（下称请求人）于2006年3月31日向专利复审委员会提出无效宣告请求，其理由是：专利权人周祖社被授予外观设计专利的酒瓶，在其申请日之前，早就在中国广西桂林市范围内公开使用，使用的酒瓶与申请专利的酒瓶完全相同，不符合专利法第23条第1款、专利法实施细则第64条第2款的规定。与此同时，请求人提交了如下证据：

证据1：请求人声称为涉案专利产品的实物照片四幅，2页；

证据2：老佰仔批发部销货单，复印件1页。

请求人于2006年4月5日提交了以下补充证据：

证据3：请求人声称为涉案专利产品与其他厂家生产的产品的对比照片四幅，2页。

经形式审查合格后，专利复审委员会受理了上述请求，于2006年6月22日向双方当事人发出《无效宣告请求受理通知书》，并将《宣告专利权无效请求书》及其他有关文件的副本转送给专利权人，要求其在指定的期限内答复，同时成立合议组对本无效请求案进行审理。

专利权人于2006年7月19日作出答复，认为请求人所提出的无效理由不能成立。答复的具体理由为：证据1实物照片中的产品是专利权人的产品，而专利权人在申请日前没有生产过这种产品，因此不可能有生产日期为2004年10月18日的产品存在。请求人提供的证据1是经请求人涂改后伪造的，不能用来证明涉案专利在申请日前已被使用公开。请求人提供的证据2是一张随意可以得到的销货单，而不是正规的发票，该销货单还存在以下缺陷：（1）其开出日期在2006年3月25日，是在涉案专利申请日后。（2）其书写不规范。（3）没有证明销货单中的产品即是证据1中的产品。（4）其上没有销货单位盖章。请求人提供的证据3（黄果树牌酒瓶）不能证明涉案专利在申请日前已被使用公开。证据3中的两组数据是不符合酒类生产日期的标注习惯和国家标准。因此请求专利复审委员会维持专利权有效。同时专利权人提供了以下证据：

反证1：证据1涂改瓶盖上生产日期过程的照片四幅，共2页；

反证2：标准号为GB10344-1989；饮料酒标签标准（中华人民共和国国家标准），复印件3页；

反证3：老佰仔批发部销货单，空白原件1页。

2007年2月12日，合议组将专利权人的上述答复转送给请求人。并于同日向双方当事人发出《无效宣告请求口头审理通知书》，拟定于2007年3月28日对该专利权的无效请求进行口头审理。

请求人在2007年2月26日提交的口头审理通知书回执中请求在口头审理中提交专利权人在申请日前已生产并在市场上销售的同种酒瓶以及其他酒厂在专利权人申请日前已经公开在市场上销售的同种酒瓶。

2007年3月28日，口头审理如期进行，请求人的法定代表人及其代理人参加了口头审理，专利权人未出席口头审理。请求人一方对合议组成员无回避请求。在口头审理中，请求人当庭提交了证据2的原件以及证据1和证据3的酒瓶实物。请求人对本专利相对于上述证据不符合专利法第23条的规定充分发表了意见。合议组告知请求人对其当庭提交的证据不予认可。

至此，合议组认为本案的事实清楚，可以作出审查决定。

二、决定的理由

1. 法律依据

专利法第23条规定：授予专利权的外观设计，应当同申请日以前在国内外出版物上公开发表过或者国内公开使用过的外观设计不相同和不相近似，并不得与他人在先取得的合法权利相冲突。

2. 证据的认定

证据1为请求人提交的其声称为涉案专利产品的实物照片，请求人声称其在口头审理当庭提交的酒瓶为证据1的涉案专利产品实物，其中照片以及酒瓶实物均贴有"溶江三花"字样标贴，瓶盖上标注的日期为"2004.10.18"。

证据2为老佰仔批发部销货单复印件，请求人当庭提交了该证据2的原件，经合议组核实证据2的复印件与原件相符。

请求人在口审中声称证据1照片中的酒瓶瓶盖上的日期证明本专利的酒瓶在2004年10月18日

之前就已经使用"溶江三花"的标贴在市场上公开使用过，即本专利的酒瓶在申请日之前已经在市场上公开；证据2的票据证明本专利的酒瓶在申请日之前已经在市场上公开销售过。对此专利权人在提交的意见陈述书中认为，证据1实物照片中的产品是专利权人的产品，但是证据1中瓶盖上的生产日期是经请求人涂改后伪造的，不能用来证明涉案专利在申请日前已被使用公开。请求人提供的证据2是一张随意可以得到的销货单，而不是正规的发票，同时该销货单还存在多处缺陷，不足以认定销货单的真实性。

对此合议组认为，通常酒瓶瓶盖上都会注明生产日期，请求人提交的证据1照片中的瓶盖上标注的日期是"2004年10月18日"，口头审理过程中请求人出示的酒瓶瓶盖上的日期也是"2004年10月18日"，经合议组核实该日期字样，未发现有更改或涂改过的痕迹。专利权人在意见陈述中承认了证据1实物照片中的产品是涉案专利产品，但其主张瓶盖上的日期是修改过的，反证1为证据1涂改瓶盖上生产日期过程的照片。合议组认为反证1仅能证明瓶盖上生产日期有被涂改的可能性，专利权人对此仅仅是推测和怀疑，并无证据证明请求人提交的证据1的照片中酒瓶瓶盖上的日期就是经过涂改的，所以不能证明其所主张的更改事实。因此合议组对于证据1的真实性予以认可，可以认定证据1为涉案专利产品，生产日期为"2004年10月18日"。

证据2的销货单仅是一张市场上的购酒凭证，并不是正规的销售发票，而且专利权人提交的反证2为一张空白的"老佰仔批发部销货单"原件，这也证明证据2的取得确实具有很大的随意性，在没有其他佐证用来证明证据2的真实性的情况下，合议组无法认定证据2在内容上的真实性，故对该证据不予采信；同时合议组注意到，证据2的销货单的"品名及规格"注明的产品名称是"2004溶江三花"，这与涉案专利的名称并不对应，"2004"字样也并不能证明涉案专利的销售时间；销售单上的销售日期是"2006年3月25日"，该日期在涉案专利的申请日之后，也无法证明涉案专利在申请日前确实公开销售过。

综上所述，证据1仅能够证明其照片上的涉案专利的生产日期为2004年10月18日，即在涉案专利申请日之前进行过生产，对证据2的真实性无法认定，且该证据也不能证明涉案专利在申请日前公开销售过，即并不能证明涉案专利在申请日前处于公开状态；请求人也没有其他证据能够证明涉案专利在申请日前公开使用，因此无法证明涉案专利不符合专利法第23条的规定。

证据3为涉案专利产品与贴有"黄果树"标贴的酒瓶的对比照片，在"黄果树"酒瓶瓶贴背面有一单独打印后粘贴的小纸片，上印两行数字"20030507-1"和"200305026"。请求人在口头审理中主张该"黄果树"酒产品的生产日期是商标后面的白条显示的2003年，证明附件3的公开时间也仅靠商标后面的白条。专利权人在意见陈述书中认为证据3中在单独小底片上打印的两组数据不是原厂家提供的生产日期，而且这样的小纸条任何人都可以打印和粘贴，同时证据3中产品的外观设计与涉案专利的外观设计既不相同也不相近似。合议组认为证据3用粘贴在酒瓶瓶贴背面的单独的小纸片来标注生产日期的方式与通常的生产日期标注方式不符（通常将生产日期直接标注在标贴，瓶盖上或直接印制在标贴背面），这种采用单独的小纸片来标注生产日期的方式更容易被更改或替换；瓶贴背面小纸片上标注了两行数字且不完全相同，请求人也没有其他证据证明这两行数字即表明"黄果树"酒的生产日期，合议组无法确定这两行数字的真正含义，也无法确定该"黄果树"酒的生产日期，即无法证明该"黄果树"酒在涉案专利申请日之前公开使用。因此，证据3无法证明涉案专利不符合专利法第23条的规定。

综上所述，请求人提交的证据1、2无法证明涉案专利在申请日之前公开使用过，证据3的公开使用日无法确定，因此均无法证明涉案专利不符合专利法第23条的规定。

基于以上事实和理由，本案合议组作出如下审查决定。

三、决定

维持200530028326.7号外观设计专利权有效。

当事人对本决定不服的，可以根据专利法第46条第2款的规定，自收到本决定之日起三个月内向北京市第一中级人民法院起诉。根据该款的规定，一方当事人起诉后，另一方当事人应当作为第三人参加诉讼。

封口机（FW-D2）

无效宣告请求审查决定（第9878号）

决 定 号	第9878号
决 定 日	2007年5月29日
发明创造名称	封口机（FW-D2）
外观设计分类号	15-99
无效宣告请求人	广州市伊东机电有限公司
专 利 权 人	广州市富华工贸发展有限公司
申 请 号	02357107.1
申 请 日	2002年6月19日
授 权 公 告 日	2003年1月1日
合 议 组 组 长	徐清平
主 审 员	吴红权
参 审 员	张家祥
附 图	2页
法 律 依 据	专利法实施细则第13条第1款

决 定 要 点

在判断是否构成专利法实施细则第13条第1款所述的"同样的发明创造"时，应当以表示在两件外观设计专利申请或专利的图片或者照片中的外观设计为准。同样的外观设计是指两项外观设计相同或者相近似。如果本专利与在先设计专利既不相同也不相近似，那么本专利与在先设计专利不属于同样的外观设计，从而本专利符合专利法实施细则第13条第1款的规定。

一、案由

本无效宣告请求涉及国家知识产权局于2003年1月1日授权公告、申请日为2002年6月19日、名称为"封口机（FW-D2）"的第02357107.1号外观设计专利（下称本专利），专利权人为广州市富华工贸发展有限公司。

针对本专利，广州市伊东机电设备制造有限公司（下称请求人）于2004年1月14日向专利复审委员会提出无效宣告请求，其主要理由是本专利不符合专利法第23条和专利法实施细则第13条第1款的规定。请求人认为在本申请申请日前已有与本专利外观设计相同的产品在国内通过销售而公开，并且在此之前已有同样的外观设计被授予了专利权，并提交了如下证据：

证据1：送货单复印件；收获单位：刘小明；送货单位：广州市富华工贸发展有限公司厨具经营

部；时间 2004 年 6 月 8 日；编号：NO.003159；

证据2：送货单复印件；收获单位，俊丰经营部；送货单位：广州市富华工贸发展有限公司厨具经营部；时间：2002 年 6 月 2 日；编号：NO.003152；

证据3：本专利的外观设计专利公报1页（复印件）；

证据4：专利号为 02321469.4 的外观设计专利公报1页（复印件）；

经形式审查合格后，专利复审委员会于 2004 年 1 月 14 日受理了该无效宣告请求，并将请求人的无效宣告请求文件的副本转送专利权人。

请求人于 2004 年 2 月 12 日向专利复审委员会补充提交了意见陈述书及证据，请求人进一步强调认为通过所提交的证据足以证明本专利产品早在申请日之前已经公开销售，本专利不符合专利法第 23 条的规定，请求宣告无效。请求人补充提交的证据为：

证据5：武汉市公证处出具的公证书（2004）武证民字第 52 号复印件；

证据6：分别由证人刘燕屏、汤立文、王辉、欧春风、李建南、李国贤、梁建龙、唐林固、何新荣、林智明、王应庚、李俊峰、谢春华、陈仲荣、刘小明出具的证言复印件。

专利权人于 2004 年 2 月 12 日提交了意见陈述书及证据。专利权人在意见陈述书中认为：证据1、2 中的送货单位并不是专利权人，两者之间没有任何关系；证据1、2 的送货单的日期和货物名称的填写具有很大的随意性，其上所标的型号于本专利的型号不同，也没有送货实物或有关实物照片，并且没有经过公证部门的公证；证据1、2 送货单上的盖章单位的法定代表人同本案的请求人具有利害关系，由于送货单位的印章仍由该人掌握，所以开具送货单具有很大的随意性；证据4是专利权人的另一项外观设计专利，通过两者对比，可以认定两者是两个完全不同的外观设计，所以本专利的授权完全符合专利法实施细则第 13 条第 1 款的规定。专利权人同时提交了如下附件作为证据：

附件1：广州市富华工贸发展有限公司厨具经营部企业登记注册资料复印件1页；

附件2：广州市富华工贸发展有限公司企业法人营业执照副本复印件1页；

附件3：广州市伊东机电设备制造有限公司企业详细资料复印件1页。

合议组于 2004 年 11 月 2 号将请求人 2004 年 2 月 12 日提交的意见陈述及补充提交的证据的副本转送给专利权人，并向双方当事人发出口头审理通知书，定于 2005 年 1 月 6 日在专利复审委员会进行口头审理。

口头审理如期举行，双方当事人均参加了口头审理。请求人当厅提交了证据1、2、5 的原件，专利权人认可这些证据的原件与复印件一致，但不认可其证明内容。证人刘小明、周慕贞分别出席口头审理作证，并接受了合议组及双方当事人的质证，专利权人对证人刘小明、周慕贞的证人资格没有异议。请求人当厅提交了三份证据（均为复印件）：（1）（2004）越法民一初字第 784 号民事判决书；（2）分公司设立登记申请书；（3）原告为广州市富华工贸发展有限公司的民事诉状。专利权人提交了广东省社会主义学院出具的证明及广州市工商行政管理局白云分局出具的证明（均为复印件）。双方当事人结合提交的证据就本专利是否符合专利法第 23 条、专利法实施细则第 13 条第 1 款充分向合议组陈述了意见。

专利权人于 2005 年 1 月 7 日向合议组提交了意见陈述书，其陈述的意见与口头审理时陈述过的内容基本相同。

至此，合议组于 2005 年 3 月 30 日作出了第 7018 号无效宣告请求审查决定（下称第 7018 号决定）。

第 7018 号决定认为，本专利产品在申请日之前已经公开销售过，因此本专利不符合专利法第 23 条的规定，宣告本专利权无效。鉴于已经得出本专利不符合专利法第 23 条规定的结论，合议组对请求人提出的其他理由和证据不再予以评述。

专利权人对第7018号决定不服,在法定期限内向北京市第一中级人民法院起诉。经过审理,北京市第一中级人民法院作出第(2005)一中行初字第750号行政判决(下称第750号判决),认为:根据请求人提供的证据尚不能认定本专利在申请日之前在国内公开使用过,专利复审委员会作出的第7018号决定认定事实不清,予以撤销。鉴于专利复审委员在决定中对请求人提出的有关本专利不符合专利法实施细则第13条第1款规定的无效理由没有评述,专利复审委员会应就此重新作出无效宣告请求审查决定。

请求人对第750号判决不服,在法定期限内向北京市高级人民法院提出上诉。经过审理,北京市高级人民法院作出第(2006)高行终字第180号行政判决,认为,原审判决认定事实清楚,适用法律正确,维持第750号判决。

专利复审委员会重新组成合议组,对本无效宣告请求重新进行审查。

2007年1月15日,合议组向双方当事人发出《无效宣告请求口头审理通知书》,定于2007年3月20日举行口头审理。

2007年3月20日,口头审理如期举行。双方当事人的代理人均出席了口头审理。在口头审理过程中,请求人提交了主体变更证明,请求人变更为广州市伊东机电有限公司,双方当事人对对方出庭人员的身份和资格无异议,对合议组成员没有回避请求,合议组就本案的无效理由及证据逐一进行了调查,请求人确认除750号判决已作出认定的事实和无效宣告理由之外,所余下未经审理过的无效理由为:本专利相对于证据2或证据6不符合专利法第23条的规定,相对于证据4不符合专利法实施细则第13条第1款的规定,双方对此充分进行了意见陈述。

至此,合议组认为本案的事实已经调查清楚,可以依法作出审查决定。

二、决定的理由

1. 证据和事实认定

经合议组查实,请求人提交的证据2与证据1的唯一区别在于收货单位和日期,发货单位都为广州市富华工贸发展有限公司厨具经营部,二者在其他形式上也一致,由于生效判决(北京市高级人民法院行政判决书(2006)高行终字第180号)已作出认定,根据证据1不足以证明本专利产品在其申请日之前在国内公开使用过,因此,请求人关于证据2构成本专利产品在申请日之前在国内公开使用过从而不符合专利法第23条规定的无效理由也不能成立。

请求人以证据6证明本专利产品在其申请日之前在国内公开使用过从而不符合专利法第23条的规定。合议组认为,证据6作为证人出具的书面证言,在无其他相关原始证据佐证的情况下,不能单独作为认定案件事实的依据,因此请求人以证据6来宣告本专利无效的理由不能成立。

请求人提交的证据4(专利号为02321469.4的外观设计专利公报1页)是专利文献,在专利权人对其真实性没有异议的情况下,经核实,合议组对证据4的真实性予以认可,其申请日为2002年1月23日,授权公告日为2002年11月20日,其申请日早于本专利的申请日,因此证据4可以作为评价本专利是否符合专利法实施细则第13条第1款规定的对比文件。

2. 关于专利法实施细则第13条第1款

专利法实施细则第13条第1款规定:同样的发明创造只能被授予一项专利权。

本专利为封口机的外观设计,其是大体呈柜式装置,正面中部有可拉出的托板,右侧顶部设有突出的手把,背面设有两个大小基本相同的胶卷辊筒(详见本专利附图)。

证据4为一种封膜机的外观设计(下称在先设计),其同样为大体呈柜式装置,正面底部有突出的托板,右侧顶部设有突出的手把,背面只具有一个胶卷辊筒(详见在先设计附图)。

将本专利与在先设计相比较，本专利是封口机，在先设计为封膜机，二者在用途上基本相同，属于相近类别的产品，具有可比性。二者至少存在以下区别：（1）本专利是两个胶卷辊筒，而在先设计仅为一个胶卷辊筒，在先设计在对应本专利另一个胶卷辊筒的部位是一个带透气孔的箱体；（2）本专利的托板位于封口机的中部，而在先设计的托板贴在底部。对此，合议组认为，本专利与在先设计虽然都属于柜体结构的装置，并且都具有一个突出的手把，但是二者在托板的位置和胶卷辊筒的数目上存在明显区别，而托板和胶卷辊筒在整个装置中所占体量较大，它们位置和数目的变化对整体视觉效果具有显著的影响，因此，二者属于不相同也不相近似的外观设计。

在判断是否构成专利法实施细则第 13 条第 1 款所述的"同样的发明创造"时，应当以表示在两件外观设计专利申请或专利的图片或者照片中的外观设计为准。同样的外观设计是指两项外观设计相同或者相近似。如果本专利与在先设计专利既不相同也不相近似，那么本专利与在先设计专利不属于同样的外观设计，从而本专利符合专利法实施细则第 13 条第 1 款的规定。

对于其他证据，鉴于前述生效判决已作出认定，其不足以支持请求人的无效宣告理由，本决定在此不再作评述。

根据上述事实和理由，合议组作出如下审查决定。

三、决定

维持 02357107.1 号外观设计专利权有效。

当事人对本决定不服的，可以根据专利法第 46 条第 2 款的规定，自收到本决定之日起三个月内向北京市第一中级人民法院起诉。根据该款规定，一方当事人起诉后，另一方当事人应当作为第三人参加诉讼。

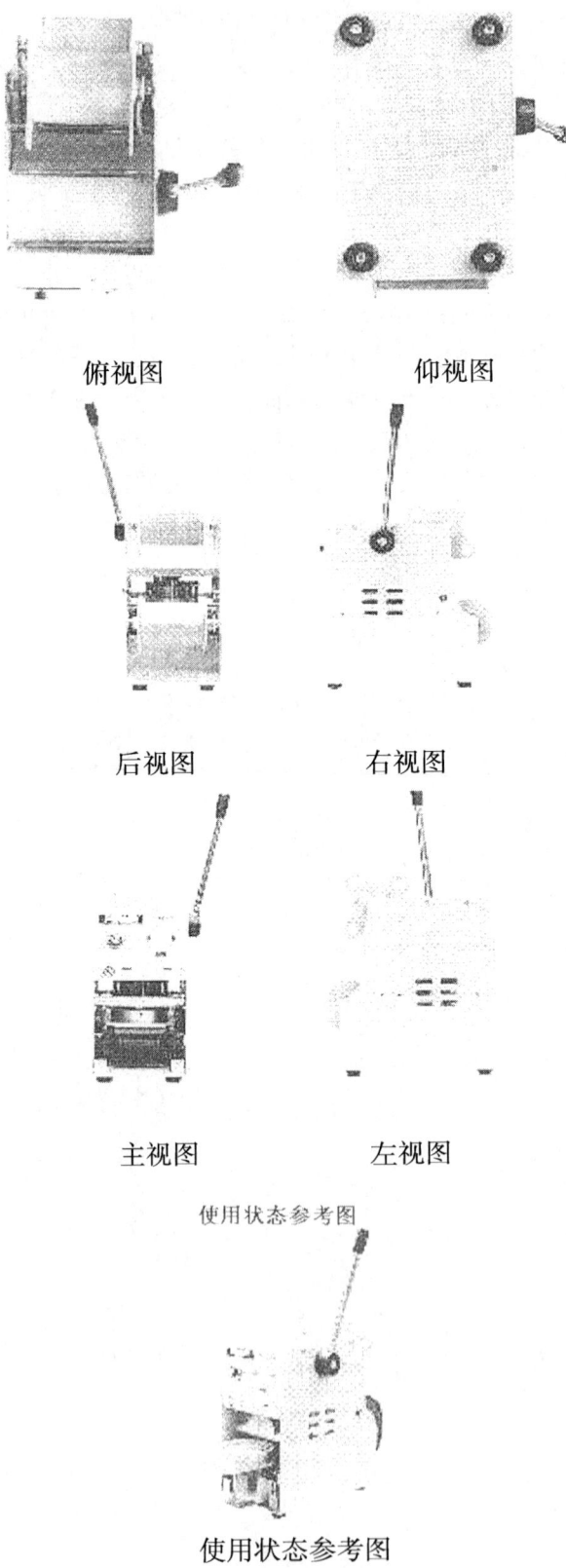

俯视图　　仰视图

后视图　　右视图

主视图　　左视图

使用状态参考图

使用状态参考图

本专利附图

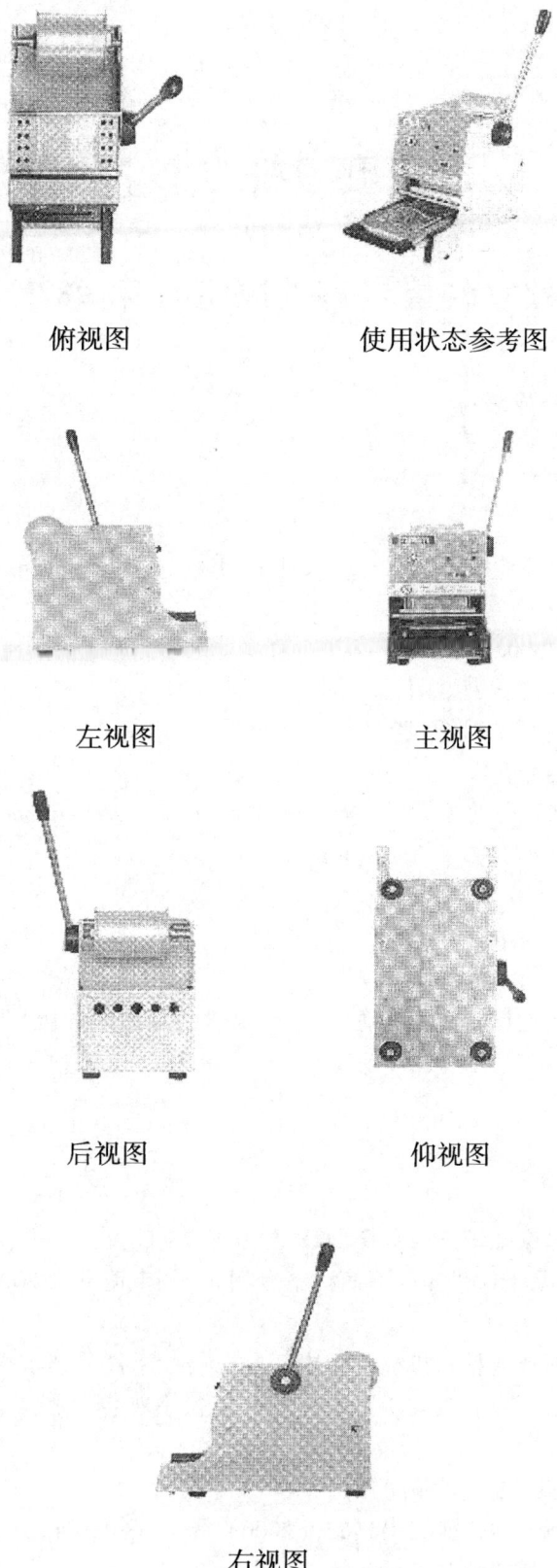

俯视图　　使用状态参考图

左视图　　主视图

后视图　　仰视图

右视图

在先设计附图

珩磨刀杆（三）

无效宣告请求审查决定（第 9879 号）

决 定 号	第 9879 号
决 定 日	2007 年 6 月 8 日
发明创造名称	珩磨刀杆（三）
国 际 分 类 号	0803
无效宣告请求人	江西佳业精密机械有限责任公司
专 利 权 人	易祖平
专 利 号	200430014337.5
申 请 日	2004 年 3 月 24 日
授 权 公 告 日	2004 年 9 月 29 日
合 议 组 组 长	白剑锋
主 审 员	陈海平
参 审 员	祁轶军

法 律 依 据 专利法第 23 条

决 定 要 点

如同一出证人先后出具的证言相互抵触，则不能就此出证人的证言中的某一份作为认定事实的依据。

一、案由

本无效宣告请求涉及国家知识产权局于 2004 年 9 月 29 日授权公告、名称为"珩磨刀杆（三）"的 200430014337.5 号外观设计专利（以下简称本专利），其申请日为 2004 年 3 月 24 日，专利权人为易祖平。

针对上述专利权，江西佳业精密机械有限责任公司（以下简称请求人）于 2006 年 5 月 16 日向专利复审委员会提出无效宣告请求，其理由是本专利的授权不符合专利法第 23 条的规定，并同时提交了以下附件作为证据：

证据 1：江西赣新砂轮厂的"产品简介"；

证据 2（1）：江西省新干县公证处出具的（2006）干证字第 184 号公证书，其对江西省新干县印刷厂于 2006 年 4 月 10 日出具的证明进行公证；

证据 2（2）：证据 1 的复印件，加盖有江西省新干县印刷厂印鉴；

证据 2（3）：编号为 No：00304627 的江西增值税专用发票一份（复印件，加盖有江西省新干县印刷厂印鉴）；

证据2（4）：江西省增值税专用发票销货清单一份（复印件，加盖有江西省新干县印刷厂印鉴）；

证据3：江西省新干县工商局于2006年4月11日出具的证明。

请求人认为：在其所提交的证据1即江西赣新砂轮厂的"产品简介"中第3页的图1中所显示出的江西赣新砂轮厂的金刚石珩磨刀具的外观与本专利完全相同。虽然证据1中并没有直接表明其印刷时间，但其与证据2（1）~2（4）、证据3组成证据链后即可证明证据1的印刷日期早于本专利的申请日，其中：证据2（1）中的江西省新干县印刷厂出具的证明可以证明证据1是在2000年7月份由江西省新干县印刷厂印刷的，证据2（2）~2（4）佐证了证据2（1）中所述的事实；依据证据1左栏下方记载的江西赣新砂轮厂的厂址为"江西省新干县城车站北路97号"，结合证据3即江西省新干县工商局出具的证明中的厂址变更信息，也可以证明证据1的印刷时间位于本专利的申请日之前。同时，在证据1第2页左栏也指出其中介绍的刀具已"普及国内各地，替代已进口多年"，由此可以证明本专利的外观设计在申请日之前已经在国内公开使用。

经形式审查合格后，专利复审委员会受理了上述请求，于2006年6月29日向双方当事人发出无效宣告请求受理通知书，同时将无效宣告请求书及附件的副本转寄给专利权人，要求其在指定的期限内答复。

专利权人于2006年8月4日寄交了意见陈述书进行答复，并同时提交以下证据作为请求人所提交的证据的反证（均为复印件）：

反证1：江西省新干县公证处出具的（2006）干证字第190号公证书，其对江西省新干县印刷厂于2006年4月18日出具的声明进行公证；

反证2：江西省新干县公证处出具的（2006）干证字第191号公证书，其对江西省新干县印刷厂于2006年4月20日出具的证明进行公证；

反证3：江西省新干县工商局于2006年7月出具的证明。

请求人于2007年1月12日再次寄交了意见陈述书，并同时提交以下补充证据（均为复印件）：

补充证据1：江西省南昌市中级人民法院调查取证函；

补充证据2：扎努西电气机械天津压缩机有限公司出具的"关于江西省南昌市中级人民法院调查取证函的答复"；

补充证据3：扎努西电气机械天津压缩机有限公司出具的证明。

专利复审委员会于2007年4月18日向双方当事人发出了口头审理通知书，定于2007年5月29日对本案进行口头审理，并同时将上述双方当事人寄交的意见陈述书及所附证据副本转寄给对方当事人。

口头审理如期举行，双方当事人参加了口头审理。

口头审理中：

双方当事人对合议组成员无回避请求，对对方当事人出席口头审理的身份和资格无异议。

请求人明确其无效宣告请求的理由与所采用的证据与无效宣告请求书中所提出的相同。

合议组告知请求人，由于其所提交的补充证据1~3的提交时间不符合专利法实施细则第66条以及审查指南第四部分第三章第4.3.1节的规定，所以在本案中对补充证据1~3不予考虑。

专利权人提交了其所提交的反证1~3的原件以及请求人所提交的证据2（2）、2（3）的原件。

双方当事人均对对方所提交的证据的形式上的真实性予以认可，但是对其内容的真实性不予认可。

在上述程序的基础上，合议组作出本审查决定。

二、决定的理由

请求人认为：本专利的授权不符合专利法第23条的规定。

专利法第23条规定："授予专利权的外观设计，应当同申请日以前在国内外出版物上公开发表过或者国内公开使用过的外观设计不相同和不相近似，并不得与他人在先取得的合法权利相冲突。"

请求人作为支持其所提出的主张的证据1~3与专利权人所提出的反证形式上的真实性均由对方当事人予以认可，合议组采纳上述证据与反证作为本案的证据对请求人的无效宣告请求进行评述。

请求人所提交的证据1为江西赣新砂轮厂的"产品简介"；证据2（1）为江西省新干县公证处出具的（2006）干证字第184号公证书，其对江西省新干县印刷厂于2006年4月10日出具的证明进行公证，该证明中称江西赣新砂轮厂在2000年7月份委托江西省新干县印刷厂印刷"彩色产品简介说明书"；证据2（2）为证据1的复印件，加盖有江西省新干县印刷厂印鉴证明其与原件相符；证据2（3）为编号为No：00304627的江西增值税专用发票，其中显示江西赣新砂轮厂于2000年7月20日将"印刷品（详见销货清单）"的货款付给了江西省新干县印刷厂；证据2（4）为江西省增值税专用发票销货清单，其中显示江西省新干县印刷厂于2000年7月将"产品说明书"销售给了江西赣新砂轮厂；证据3为江西省新干县工商局于2006年4月11日出具的证明，证明江西赣新砂轮厂在2002年9月3日前的地址为江西省新干县城车站北路97号而于其后变更。

请求人认为在其所提交的证据1即江西赣新砂轮厂的"产品简介"中第3页的图1中所显示出的江西赣新砂轮厂的金刚石珩磨刀具的外观与本专利完全相同。虽然证据1中并没有直接表明其印刷时间，但其与证据2（1）~2（4）、证据3组成证据链后即可证明证据1的印刷日期早于本专利的申请日，其中：证据2（1）中的江西省新干县印刷厂出具的证明可以证明证据1是在2000年7月份由江西省新干县印刷厂印刷的，证据2（2）~2（4）佐证了证据2（1）中所述的事实；依据证据1左栏下方记载的江西赣新砂轮厂的厂址为"江西省新干县城车站北路97号"，结合证据3即江西省新干县工商局出具的证明中的厂址变更信息，也可以证明证据1的印刷时间位于本专利的申请日之前。同时，在证据1第2页左栏也指出其中介绍的刀具已"普及国内各地，替代进口已多年"，由此可以证明本专利的外观设计在申请日之前已经在国内公开使用。

专利权人针对请求人所提出的上述证据提交了反证1~3：反证1为江西省新干县印刷厂出具的声明，其中称："任何单位和个人不能以该《证明》（即请求人提交的证据2（1））作为证据"；反证2为江西省新干县印刷厂出具的证明，其中称江西省新干县印刷厂在2000年7月份为江西赣新砂轮厂印刷的产品说明书不是请求人所提交的证据1。反证3为江西省新干县工商局出具的证明，其中称："任何单位和个人不能以该"证明"（即请求人提交的证据3）作为法律依据"。

合议组认为：由于上述同一出证人出具的证据与反证的内容中存在抵触或叙述矛盾，使得请求人为证明证据1印刷于本专利申请日以前而提交的证据2（1）与证据3中所述的事实在本案中无法认定。而证据2（2）~2（4）仅能佐证证据2（1）中所述的事实，不能据其单独证明证据1印刷于本专利申请日以前。因此，请求人所提出的证据1在本专利的申请日以前已经公开的这一主张在本案中不能予以认定，这样在本案中就不能将该证据1视为可与本专利进行相同和相近似对比的现有技术，所以请求人认为本专利的授权不符合专利法第23条的主张在本案中不能成立。

三、决定

维持第200430014337.5号外观设计专利权有效。

当事人如对本决定不服，可以根据专利法第46条第2款的规定，自收到本决定之日起3个月内向北京市第一中级人民法院起诉。根据该款的规定，一方当事人起诉后，另一方当事人应当作为第三人参加起诉。

自动煎药机（4）

无效宣告请求审查决定（第9883号）

决 定 号	第9883号
决 定 日	2007年7月1日
外观设计名称	自动煎药机（4）
外观设计分类号	24-01
无效宣告请求人	郑州三延科贸有限责任公司
专 利 权 人	北京东华原医疗设备有限责任公司
专 利 号	02330072.8
申 请 日	2002年6月10日
授权公告日	2003年1月8日
合议组组长	钱亦俊
主 审 员	宋 瑞
参 审 员	张梅珍
法律依据	专利法第23条

决 定 要 点

当产品的某些设计是这类产品公认的惯常设计时，则产品中其余部分设计的变化通常对整体视觉效果更具有显著的影响。本案涉及产品为煎药机，双方均认为带手轮的三个压力锅是该类产品固有的惯常设计部位，故该部位不应作为本专利与对比文件相近似比较判断的关键，即其余部分的设计对整体视觉效果更具有显著影响。

一、案由

本无效宣告请求涉及中华人民共和国国家知识产权局于2003年1月8日授权公告的、名称为"自动煎药机（4）"的外观设计专利权（下称本专利），其专利号是02330072.8，申请日是2002年6月10日，专利权人是北京东华原医疗设备有限责任公司。

针对本专利权，郑州三延科贸有限责任公司（下称请求人）于2006年7月13日向专利复审委员会提出无效宣告请求，认为本专利相对于韩国外观设计专利申请号为3019990021335的专利文献不符合专利法第23条的规定，其所提交的附件如下：

附件1：国家知识产权局对本专利进行网上公告的复印件1页；

附件2：申请号为3019990021335的韩国外观设计专利文献的中文翻译件共3页，其公告日期为2000年6月15日；

附件3：法定代表人张奇石的身份证明及张奇石的身份证复印件一份共2页；

附件4：郑州三延科贸有限责任公司的企业法人营业执照（副本）复印件和组织机构代码证复印件各一份共2页；

附件5：河南省高级人民法院告知合议庭组成人员通知书复印件一份；

附件6：河南省高级人民法院关于"2006年豫法民三终字第39号"专利侵权纠纷一案的传票复印件一份；

附件7：郑州市中级人民法院关于一审案号为"（2006）郑民三初字7号"的缴纳上诉费用通知复印件一份；

附件8：专利权无效宣告程序授权委托书一份。

经形式审查合格，专利复审委员会依法受理了上述无效宣告请求，并于2006年7月14日向双方当事人发出无效宣告请求受理通知书，同时将无效宣告请求书及其附件清单中所列附件的副本转送给专利权人。

专利复审委员会于2006年8月25日收到专利权人针对上述无效宣告请求提交的意见陈述书，认为请求人所提交的附件2与本专利的外观明显不同，不能破坏本专利的专利性。

专利复审委员会于2006年10月24日收到请求人提交的专利权无效宣告请求书的补正书，其中无效宣告请求所依据的证据涉及专利号为00259663.6的中国实用新型专利，该证据在请求人提出无效宣告请求时并未提交。

专利复审委员会依法成立合议组，本案合议组于2007年1月5日向双方当事人发出无效宣告请求口头审理通知书，指出本案定于2007年3月14日举行口头审理，并将专利复审委员会于2006年8月25日收到的专利权人提交的意见陈述书副本转给请求人，将请求人于2006年10月24日提交的无效宣告请求书副本转给专利权人。

专利复审委员会于2007年1月17日收到请求人提交的专利权无效宣告请求书的补正书共8页，其内容和请求人于2006年10月24日提交的补正书相同，但采用了新的表格。

专利复审委员会于2007年1月25日向专利权人发出转送文件通知书，将专利复审委员会于2007年1月17日收到的请求人提交的上述补正书转送给专利权人。

口头审理如期举行，双方当事人均出席了口头审理。在口头审理中，请求人明确其无效宣告请求的理由为本专利与附件2相近似，不符合专利法第23条的规定。合议组当庭告知请求人，专利复审委员会于2006年10月24日和2007年1月17日收到的请求人提交的无效宣告请求书的补正书均为提出无效宣告请求之日起一个月以后提交的，合议组对其中涉及的新证据不予接受，请求人对此表示无异议。专利权人对附件2的真实性有异议，认为请求人提交的内容都是中文，没有提供该韩国专利的原文。合议组对请求人提交的附件2进行了核实，当庭将从专利局文献部获得的该韩国专利复印件转给专利权人，要求其在口头审理后指定期限内核实并答复，并告知逾期不答复则视为无异议。请求人认为附件2和本专利从名称上讲都是煎药用的，所以功能是相同的，本专利与附件2从主视图上看外观几乎是一样的，上面的部分是完全相同的，唯一的差别是附件2的控制装置在下方柜体中间，本专利的控制装置独立设置在柜体的右边，控制装置的放置是有随意性的，放在哪里都不破坏外观。本专利的柜体下方带有横向把手的排水阀，而附件2的排水阀是电动的。请求人认为附件2中也有柜门，只是从图中无法看出来。请求人和专利权人都对附件2和本专利是否相近似充分发表了意见。双方均认可手轮、立柱、罐体组成的三个压力锅是本领域惯常设计。

专利权人在指定的期限内没有对附件2的真实性和其中文译文的准确性发表意见。

至此，合议组认为本案事实清楚，现依法作出审查决定。

二、决定的理由

1. 关于法律依据

基于请求人提出的无效宣告请求的理由及其提交的证据，合议组依据专利法第 23 条对本案进行审理。

专利法第 23 条规定：授予专利权的外观设计，应当同申请日以前在国内外出版物上公开发表过或者国内公开使用过的外观设计不相同和不相近似，并不得与他人在先取得的合法权利相冲突。

审查指南第四部分第五章第 4 节判断原则第（2）项中规定：当产品上某些设计被证明是该类产品公认的惯常设计（如易拉罐产品的圆柱形状设计）时，则其余设计的变化通常对整体视觉效果更具有显著的影响。

2. 关于证据

请求人在无效宣告请求日提交的作为在先设计的证据为附件 2，即申请号为 3019990021335 的韩国外观设计专利文献的中文翻译件，专利权人在指定期限内未对附件 2 的真实性及其中文译文的准确性提出异议，经合议组审查，认为附件 2 真实可信，可以作为本案证据使用。由于其公开日在本专利申请日以前，本专利与附件 2 涉及的产品都是煎药设备，属于同类产品，因此附件 2 构成了本专利的在先设计。

请求人主张作为本案证据使用的专利号为 00259663.6 号中国专利文件是在其提出无效宣告请求一个月以后提出的，并且未提交该证据，根据专利法实施细则第 66 条的规定，因此本案合议组对该证据不予考虑。

3. 相近似比较

（1）本专利（详见附图）。

本专利共包括 6 幅照片，分别为"主视图"、"左视图"、"右视图"、"后视图"、"俯视图"和"立体图"。从上述视图照片可以看出：本专利的自动煎药机主要包括三个部分，即柜体、在柜体上方的罐体、立柱和手轮等组成的三个压力锅以及在柜体右上方的电控盒。

其中，柜体呈长方体，其长度大于高度；从主视图可以看出，所述柜体正面包括三个大小相同的单元柜门，每个单元柜门由上部的大致呈正方形的柜门和下部呈扁长方形柜门构成，每个上方柜门在靠近其侧边处设有一个竖直长条形柜门开关，每个下方柜门在其中央偏上位置设有一个横向手柄；在柜体下方四角分别设有四个滚轮；从主视图和右视图可以看出，在柜体右侧面下方设有一个水龙头；从后视图可以看出，对应于上述三个单元柜体，在柜体后面设有三块矩形的带有散热孔的背板。

柜体上方三个压力锅由三个分别在上述单元柜体上方的三个相同单元构成，每个单元包括从柜体台面上方突出的圆柱形罐体、罐体上的紧固法兰和罐盖、罐盖上方中央突出的长圆柱形立柱和立柱顶端的手轮。所述罐盖周边等距布置有四个紧固旋钮，从主视图中可以看出，罐盖左半部分设有一个安全阀和压力表。

从主视图可以看出，在柜体右侧上方设置有一个矩形的电控盒，其由圆柱形支承件支撑，电控盒面板上包括三个横向排列的控制单元，每个控制单元包括上下三排数码显示器和多个控制按钮。

（2）作为在先设计的附件 2（详见附图）。

附件 2 是一种中药抽出机的韩国外观设计专利的中文译文，共包括"斜图"、"正面图"、"背面图"、"左面图"、"右面图"、"平面图"和"底面图"共 7 幅视图。从上述视图可以看出，附件 2 的中药抽出机主要由柜体和在柜体上方的罐体、立柱和手轮等组成的柜体上方部分这两个部分组成。

其中，柜体呈长方体，其长度大于高度；从附件 2"正面图"可以看出，所述柜体正面中央偏上位置设有横向长条形控制面板，该控制面板上水平方向排列三组控制单元；在柜体下方四角分别设有四个滚轮；从背面图、左面图和右面图可以看出，在柜体后方下侧中央位置有一个突出的横向管状部件。

柜体上方三个压力锅由三个分别在上述柜体上方的三个相同单元构成，每个单元包括从柜体台面上方突出的紧固法兰和罐盖、罐盖上方中央突出的长圆柱形立柱和立柱顶端的手轮。所述罐盖周边等距布置有五个紧固旋钮，从斜图和正面图中可以看出，罐盖左半部分设有一个安全阀，右半部分设有一个压力表。

（3）相近似比较判断。

本案合议组经审查后认为，本专利和附件2的柜体和控制部分存在以下几点区别：（1）本专利中的电控盒在柜体的右上方，与柜体分离设置，附件2中的控制面板在柜体正面中央偏上位置，与柜体是一体设计；（2）本专利中的柜体正面包括三个大小相同的单元柜门，每个单元柜门由上部的大致呈正方形的柜门和下部呈扁长方形柜门构成，每个上方柜门在靠近其侧边处设有一个竖直长条形柜门开关，每个下方柜门在其中央偏上位置设有一个横向手柄，而附件2中的柜体正面是一个整体平面，中央偏上方向设有控制面板；（3）本专利柜体右侧下方有一个水龙头，而附件2中没有；（4）本专利柜体背板为三块带有散热孔的背板，而附件2的背面图中可以看出，其柜体背面为一个整体平面，看不到有散热孔。对于上述第4点区别，由于背板在产品后面，在使用时不容易看到，因此在使用过程中不被一般消费者关注，不容易对产品的整体视觉效果产生显著的影响。

除此以外，本专利和附件2的柜体上方部分还存在以下区别：本专利和附件2中的柜体上方部分中紧固旋钮的数量不同，本专利中为4个，附件2中为5个；本专利中的安全阀和压力表一起设置在罐盖的左半部分上，而附件2中的安全阀设置在罐盖的左半部分上，压力表设置在罐盖的右半部分上；本专利中从柜体台面上露出了一部分圆柱形罐体，而附件2中的罐体基本上没有从柜体台面上露出。二者的相同点是都具有扁长矩形柜体，柜体台面上都可以看到三个罐体，以及在罐体上方长长的立柱和立柱顶端的手轮。根据审查指南第四部分第五章第4节第（2）点中的规定，当产品的某些设计是这类产品公认的惯常设计时，则产品中其余部分设计的变化通常对整体视觉效果更具有显著的影响。由于在口头审理中，请求人和专利权人均认可立柱、手轮和罐体组成的压力锅是本领域惯常设计，因此相对于属于惯常设计的柜体上方部分而言，柜体部分、电控部分等其余部分设计上的区别对整体视觉效果更具有显著的影响。

4. 结论

由于本专利和附件2在柜体部分和控制部分存在上述4点区别，尤其是上述前3点区别，相对于相同点而言，对本专利和附件2中的产品外观的整体视觉效果造成了显著的影响，使得本专利的自动煎药机和附件2中的中药抽出机对于一般消费者而言在整体视觉上产生了显著差别，本专利与附件2中的外观设计不相同也不相近似，因此本专利相对于附件2而言符合专利法第23条的规定。

三、决定

维持02330072.8号外观设计专利权有效。

当事人对本决定不服的，可以根据专利法第46条第2款的规定，自收到本决定之日起三个月内向北京市第一中级人民法院起诉。根据该款的规定，一方当事人起诉后，另一方当事人应当作为第三人参加诉讼。

毛衣（5568674）

无效宣告请求审查决定（第9884号）

决 定 号	第9884号
决 定 日	2007年6月13日
发明创造名称	毛衣（5568674）
外观设计分类号	02-02
无效宣告请求人	杭州山水人家服装有限公司
专 利 权 人	李琳
专 利 号	200530111144.6
申 请 日	2005年6月7日
授权公告日	2006年5月10日
合议组组长	崔国振
主 审 员	刘亚
参 审 员	吴红权

法 律 依 据 专利法第23条

决 定 要 点

在无效宣告请求案的审理过程中，按照"谁主张谁举证"的原则，提出主张的一方当事人负有相应的举证责任，因此，若请求人仅提交了书证的复印件，没有提交该书证的原件，在专利权人对该书证的真实性不予认可的情况下，合议组对该书证的真实性亦不予认可，请求人应承担举证不能和举证不利的法律后果。

一、案由

本无效宣告请求案涉及国家知识产权局于2006年5月10日公告授予的、名称为"毛衣（5568674）"的第200530111144.6号外观设计专利（下称本专利），其申请日为2005年6月7日，专利权人为李琳。

针对上述专利权，杭州山水人家服装有限公司（下称请求人）于2006年8月10日向专利复审委员会提出无效宣告请求，其理由是本专利不符合专利法第23条的规定。请求人同时提交了下述证据材料：

附件1：瑞丽伊人风尚杂志总第173期，出版日期为2005年4月11日，第108页，复印件共1页。

请求人认为：被比设计（即本专利）与附件1的外观设计（参见最左边模特上身所穿的毛衣）

都是毛衣类，在国际外观设计分类中同属于 02-02 类；被比设计从主视图看包括本体、短衣袖、高领，本体上采用横条纹设计并且本体右下角有切割再缝制的设计，从后视图看本体左下角有切割再缝制的设计；附件 1 的外观设计包括本体、短衣袖并且本体上采用横条纹设计；被比设计与附件 1 的外观设计相比较，二者整体外观产生的视觉效果基本相同，普通消费者在购买上述产品时无法区分两者，因此被比设计与附件 1 的外观设计所应用的产品类别相同，内容相近似，二者属于相近似的外观设计，因此本专利不符合专利法第 23 条的规定，应被宣告无效。

经形式审查合格后，专利复审委员会受理了上述无效宣告请求，于 2006 年 8 月 10 日向双方当事人发出《无效宣告请求受理通知书》，并将《专利权无效宣告请求书》及其附件清单中所列附件的副本转送给专利权人，要求其在指定的期限内答复。

专利复审委员会于 2006 年 9 月 5 日收到了专利权人针对上述无效宣告请求所提交的意见陈述书，专利权人认为：本专利与请求人提交的附件 1 相比，明显存在以下几大差异：附件 1 的服装衣领无法辨别，被比设计（即本专利）的衣领是红色圆形高领，附件 1 的服装有一条围巾作为装饰，被比设计无此特点，附件 1 的服装正面全部为彩色横条条格状，被比设计正面的右侧为错位彩色横条条格，附件 1 的服装下摆是束腰式黑色松紧带，被比设计的色彩全部是彩色；虽然上衣服装的整体形状基本上都是一致的，区别在于设计风格、色彩和款式变化，但局部的改变也会影响服装的整体感觉，以普通消费者的身份可以明显感觉两件服装存在差异，两者并不相似，因此本专利符合专利法第 23 条的规定。

2006 年 10 月 26 日，专利复审委员会本案合议组向双方当事人发出《无效宣告请求口头审理通知书》，拟定于 2006 年 12 月 5 日对该专利权的无效宣告请求进行口头审理，并将专利权人提交的上述意见陈述书随口头审理通知书转送给请求人。

2006 年 11 月 14 日，专利复审委员会收到了请求人提交的口头审理通知书回执，在回执中请求人表示不参加口头审理。

2006 年 12 月 5 日，口头审理如期进行，请求人没有出席，专利权人委托的代理人出席了口头审理，本案合议组在请求人缺席的情况下就本无效宣告请求案进行了审理。口头审理过程中，专利权人对合议组成员无回避请求，专利权人对请求人提交的附件 1 的真实性不予认可。

由于参加口头审理的合议组成员发生了变更，因而本案合议组于 2006 年 12 月 7 日向请求人发出了《合议组成员告知通知书》。请求人未在该通知书规定的期限内作出答复，故视为对合议组成员无回避请求。

至此，合议组认为本案的事实清楚，可以作出审查决定。

二、决定的理由

基于请求人提出的无效宣告请求的理由，合议组依据专利法第 23 条的规定对本案进行审理。

专利法第 23 条规定：授予专利权的外观设计，应当同申请日以前在国内外出版物上公开发表过或者国内公开使用过的外观设计不相同和不相近似，并不得与他人在先取得的合法权利相冲突。

在无效宣告请求案的审理过程中，按照"谁主张谁举证"的原则，提出主张的一方当事人负有相应的举证责任，因此，若请求人仅提交了书证的复印件，没有提交该书证的原件，在专利权人对该书证的真实性不予认可的情况下，合议组对该书证的真实性亦不予认可，请求人应承担举证不能和举证不利的法律后果。

就本案而言，请求人在提出无效宣告请求时仅提交了附件 1 作为证据材料。请求人提交的附件 1 只是一页复印件，该复印件本身既未显示杂志名称，也未显示公开出版日期，仅能表明其页码为第 108 页。合议组向双方当事人发出《无效宣告请求口头审理通知书》，表示需要调查无效宣告请求的事实和理由，但是请求人没有参加口头审理，在口头审理结束前请求人也没有向合议组提交附件1的原件以供核实；口头审理过程中，专利权人对附件1的真实性明确提出质疑；在此情况下，合议组无法认定附件1的真实性，因此，合议组对请求人提交的附件1不予采信。

基于此，请求人以本专利不符合专利法第23条的规定为由请求宣告本专利权无效的主张因没有有效证据的支持而不能成立。

根据上述事实和理由，本案合议组作出如下审查决定。

三、决定

维持200530111144.6号外观设计专利权有效。

当事人对本决定不服的，可以根据专利法第46条第2款的规定，自收到本决定之日起三个月内向北京市第一中级人民法院起诉。根据该款的规定，一方当事人起诉后，另一方当事人应当作为第三人参加诉讼。

包装桶

无效宣告请求审查决定（第 9886 号）

决 定 号	第 9886 号
决 定 日	2007 年 6 月 11 日
发明创造名称	包装桶
外观设计分类号	09-02
无效宣告请求人	壳牌统一（北京）石油化工有限公司
专 利 权 人	徐 亮
专 利 号	200530099118.6
申 请 日	2005 年 12 月 9 日
授 权 公 告 日	2006 年 10 月 18 日
合 议 组 组 长	张 度
主 审 员	贾彦飞
参 审 员	穆丽娟
附 图	1 页

法 律 依 据 专利法第 23 条

决 定 要 点

请求人提供的证据的外观设计与本专利相比较即不相同也不相近似，因此其提出的无效宣告请求的理由不成立。

一、案由

本无效宣告请求涉及中华人民共和国国家知识产权局于 2006 年 10 月 18 日授权公告的 200530099118.6 号外观设计专利（下称本专利）的专利权，名称为包装桶，申请日为 2005 年 12 月 9 日，专利权人是徐亮。

针对上述专利权，壳牌统一（北京）石油化工有限公司（下称请求人）于 2006 年 11 月 16 日向国家知识产权局专利复审委员会提出了宣告本专利权无效的请求，同时，请求人提交了如下附件作为证据：

附件 1（下称证据 1）：第 02350772.1 号外观设计专利的授权公报复印件 1 份 1 页，其授权公告日为 2003 年 8 月 27 日；

附件 2（本专利）：第 200530099118.6 号外观设计专利的授权公报复印件 1 份 1 页，其申请日为 2005 年 12 月 9 日。

其主要无效理由是：在先外观设计专利中，从主视图、后视图、左视图与右视图看，整体形状为带盖的近似椭圆台形，从俯视图看，桶盖顶面周边环绕齿状凸起，中部为双瓶形凹进和圆形图案，仰视图为椭圆形；本专利中，桶体整体形状为带盖的近似椭圆台形，从俯视图看，桶盖顶面周边环绕齿状凸起，从俯视图看，整体为椭圆形，底部有两个腰形凹进；本专利与在先外观设计的比较，两者均为包装桶的外观设计，用途相同，整体构思和造型近似，其区别仅在于在先设计在桶盖顶面中部多了双瓶形凹进和圆形图案的设计，但对于其整体外观而言不具有显著的影响，因此本专利与在先设计相近似，不符合专利法第23条的规定。

对于上述无效宣告请求，专利复审委员会经形式审查合格，于2006年12月29日发出受理通知书，同时将无效宣告请求书及其附件清单中所列附件的副本转寄给专利权人。

专利权人于2007年1月28日提交了意见陈述书，其主要意见是：从本专利主视图上看，本专利带有提梁，从俯视图上看，桶盖下沿可见较薄的片状物即启盖拉环，本专利的桶盖上表面是平面，而在先设计的桶盖上表面设有一个双瓶形凹进和一个圆形图案，从俯视图看，本专利的桶底对称设有两个腰形凹进。请求人请求宣告被比设计专利权无效的事实及理由是不充分的。

专利复审委员会依法成立合议组对本无效宣告请求进行审查。

合议组于2007年3月9日向双方当事人发出口头审理通知书，定于2007年4月26日对本案举行口头审理，同时随口头审理通知书将专利权人于2007年1月28日提交的意见陈述书转给请求人。

口头审理如期举行，双方当事人均出席口头审理并各自陈述了意见。在口头审理中，双方当事人对合议组成员没有回避请求；请求人明确其无效理由为本专利相对于证据1不符合专利法第23条的规定，本专利与证据1整体相近似；专利权人对证据1的真实性没有异议，证据1（02350772.1号外观专利）与本专利外观有以下区别：（1）证据1椭圆顶盖中部有一个较大的双瓶形凹进；（2）证据1椭圆顶盖有一个直径较大的圆形图案；（3）本专利设有起盖拉环；（4）本专利带有提梁；（5）本专利桶底带有两个扣手。

至此，合议组认为本案事实已经清楚，现依法作出审查决定。

二、决定的理由

1. 关于证据

证据1为在本专利申请日前公开的专利文件，且专利权人对其真实性没有异议，其可以作为在先设计与本专利进行对比。

2. 关于专利法第23条

专利法第23条规定：授予专利权的外观设计，应当同申请日以前在国内外出版物上公开发表过或者国内公开使用过的外观设计不相同和不相近似，并不得与他人在先取得的合法权利相冲突。

本专利请求保护一种包装桶，其分类号为09-02；在先设计为塑桶，其分类号为09-02，虽然在先设计与本专利的名称不同，但是其属于同一领域，可以进行相似性对比。

将在先设计与本专利进行对比可知：

在先设计为一椭圆塑桶，从主视图、后视图、左视图与右视图看，整体形状为带盖的近似椭圆台形，从俯视图看，桶盖顶面为椭圆形，桶盖顶面周边环绕齿状凸起，齿状凸起的外部到桶盖边缘环绕一圈凸起，中部为双瓶形凹进，该双瓶形凹进的瓶口部分紧靠，两个瓶体凹进部分之间呈30度左右的夹角，并且桶盖顶面双瓶之间夹有一个直径较大的圆形图案，从仰视图看，桶底为椭圆形，桶底周围外缘内侧有一圈凸起（详见对比文件附图）。

本专利为一包装桶，从主视图和右视图看，其整体形状为带盖的椭圆台形，并且其带有提梁，提梁呈双梯形，梯形的上底较其他边更粗；从俯视图看，其为椭圆形上盖，上盖顶面周围环绕齿状凸起,齿状凸起的外部到桶盖边缘环绕一圈凸起,并且在盖的边缘外侧有一个倒 8 形环,在椭圆形的长轴上有一个提梁,中间部分较两边更粗;从仰视图看,桶底的椭圆形短轴两端对称设有两个腰形凹进,上述两个凹进呈椭圆形,该凹进的椭圆形的长轴与呈椭圆形的桶底的长轴基本平行,桶底边缘内侧有一圈凸起(详见本专利附图)。

经过对比,合议组认为:从主视图和右视图看,相同点在于本专利和在先设计均为整体形状为带盖的椭圆台形,不同点在于本专利的桶带有提梁,提梁呈双梯形,梯形的上底较其他边更粗;从仰视图看,相同点在于本专利与被比设计的桶底均为椭圆形,桶底的边缘内侧均有一圈凸起,不同点在于本专利包装桶桶底的椭圆形短轴两端对称设有两个腰形凹进,上述两个凹进呈椭圆形,该凹进的椭圆形的长轴与呈椭圆形的桶底的长轴基本平行;从俯视图中可以看,相同点在于本专利的包装桶与在先设计的上盖均为椭圆形,上盖顶面周围环绕齿状凸起,齿状凸起的外部到桶盖边缘环绕一圈凸起;不同点在于本专利的上盖的边缘外侧有一个倒 8 形环,在椭圆形的长轴上有一个提梁,中间部分较两边更粗,在先设计桶盖顶面中部为双瓶形凹进,该双瓶形凹进的瓶口部分紧靠,两个瓶体凹进部分之间呈 30 度左右的夹角,并且桶盖顶面双瓶之间夹有一个直径较大的圆形图案。

综上所述,在先设计与本专利的相似之处在于:整体形状为带盖的椭圆台形,椭圆形桶底的边缘内侧均有一圈凸起,椭圆形桶盖顶面周边均环绕齿状凸起,齿状凸起的外部到桶盖边缘环绕一圈凸起。不同之处在于:本专利带有提梁,桶底设有对称的两个腰形凹进,桶盖边缘外侧有一个倒 8 形环;在先设计的桶盖中部为双瓶形凹进,该双瓶形凹进的瓶口部分紧靠,两个瓶体凹进部分之间呈 30 度左右的夹角,并且桶盖顶面双瓶之间夹有一个直径较大的圆形图案。合议组认为:根据整体观察,综合判断的原则,本专利与在先设计存在较大的不同,并且该不同之处对于整体视觉效果具有显著的影响,一般消费者在观察两者时,难以产生误认或混同。故本专利和证据 1 属于不相同且不相近似的外观设计,请求人提出的无效宣告请求的理由不成立。

三、决定

维持 200530099118.6 号外观设计专利权有效。

当事人对本决定不服的,可以根据专利法第 46 条第 2 款的规定,自收到本决定之日起三个月内向北京市第一中级人民法院起诉。根据该款的规定,一方当事人起诉后,另一方当事人应当作为第三人参加诉讼。

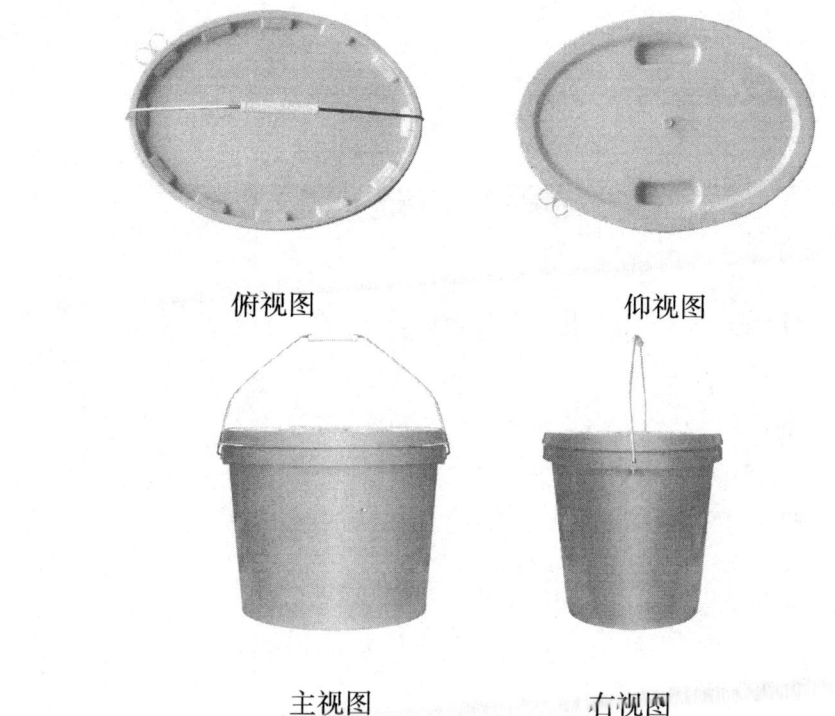

俯视图　　　　仰视图

主视图　　　　右视图

本专利

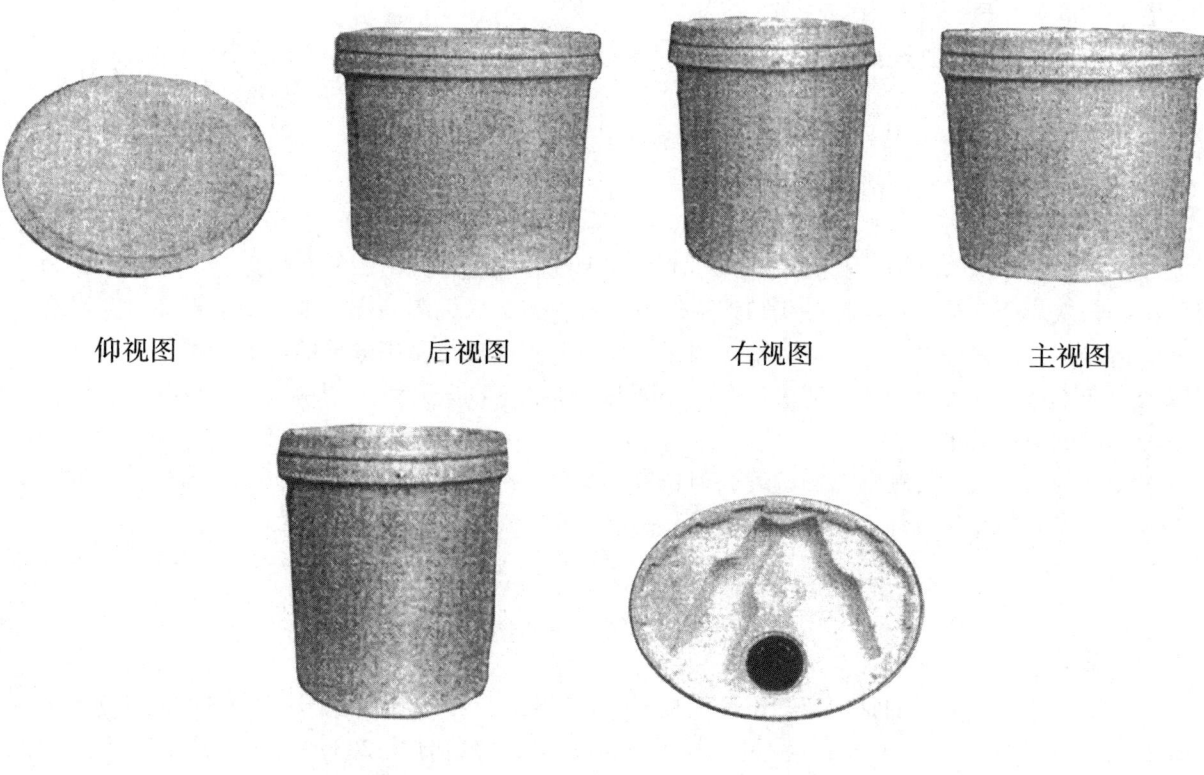

仰视图　　后视图　　右视图　　主视图

左视图　　俯视图

对比文件

拉手（985）

无效宣告请求审查决定（第9887号）

决　定　号	第9887号
决　定　日	2007年6月8日
发明创造名称	拉手（985）
外观设计分类号	08-06
无效宣告请求人	东莞市冠辉五金有限公司
专利权人	何雨得
专　利　号	200530061457.5
申　请　日	2005年6月21日
授权公告日	2006年3月15日
合议组组长	王霞军
主　审　员	严若艳
参　审　员	李巍巍
附　　　图	1页

法律依据 专利法第23条

决定要点

非正规出版单位印刷的企业产品宣传样本，其上没有记载相关出版发行信息，不足以视其为公开出版物。公众能否获知以及何时可获知该附件所记载内容，仅凭产品样本本身不能得知，在没有其他佐证的情况下，该附件不足以支持请求人的无效理由。企业自行印制散发的产品样本，本身并不必然意味着会向不特定的公众公开，请求人有责任证明其真实性和公开性。请求人未完成举证责任，应承担举证不能的不利后果。

本专利与在先设计的基本结构相近，但在各个部分的外观设计区别明显，对整体视觉效果产生显著影响，本专利与在先设计不相近似，本专利的授予符合专利法第23条的规定。

一、案由

本无效宣告请求涉及的是国家知识产权局于2006年3月15日授权公告的200530061457.5号外观设计专利，使用外观设计的产品名称是"拉手（985）"，申请日是2005年6月21日，专利权人是何雨得。

针对上述外观设计专利权（下称本专利），东莞市冠辉五金有限公司（下称请求人）于2006年12月25日向专利复审委员会提出无效宣告请求，其理由是本专利不符合专利法第23条的规定。请求人认为：本专利与在先公开发表的外观设计相同相近似。请求人提交了如下附件作为证据：

附件1：2005《中华家私》产品广告期刊复印件2页；

附件2：深圳永和达公司《美达诗》产品宣传册复印件2页；

附件3：国家知识产权局网站下载的本专利著录项目及图片1页。

专利复审委员会根据无效宣告请求审查程序的规定受理了该无效宣告请求，并于2006年12月25日将上述无效宣告请求书及其附件的副本转送给专利权人，要求其在指定期限内陈述意见。

专利权人于2007年1月18日提交了意见陈述书。专利权人认为：请求人提交的附件1、附件2不属于专利法第23条规定的国内公开出版物，不能作为本案的证据使用，请求专利复审委员会维持本专利有效。

2007年1月23日专利复审委员会收到请求人补充的新证据和根据新证据陈述的具体意见。补充证据如下（编号续前）：

附件4：深圳永和达《美达诗》产品宣传册复印件4页；

附件5：国家知识产权局网站下载的03303570.9号外观设计专利著录项目及图片1页。

请求人认为：本专利与附件4相比，二者无论形状还是拉手表面的图案都相同，属于同样的外观设计；本专利与附件5相比，二者形状及拉手表面的图案近似，区别仅在于二者拉手连接脚的形状稍有不同，上述区别不会对拉手的视觉效果产生显著影响，二者属于相近似的外观设计。因此本专利的授予不符合专利法第23条的规定。

专利复审委员会于2007年2月27日向双方当事人发出口头审理通知书，定于2007年5月10日对本案进行口头审理。随口头审理通知书将专利权人2007年1月18日提交的意见陈述书的副本转送请求人，将2007年1月23日收到的请求人提交的意见陈述书及附件的副本转送专利权人，告知专利权人可以在指定期限内陈述意见，也可以在口头审理时一并陈述意见。

2007年5月10日口头审理如期举行。请求人和专利权人委托代理人出庭，双方对对方出庭人员资格均没有异议，对合议组成员没有回避请求。在口头审理中，请求人提交了附件4的原件，声明附件2的内容与附件4其中的两页相同，并指出附件4中与本专利最接近的对比设计是第4页中标号为521128的产品。专利权人当庭核实了附件4的原件，认可复印件与原件相符，但对原件的真实性有异议，认为附件4是企业的内部刊物，无出版号和出版商的信息，无广告经营许可证，因此不是专利法意义上的公开出版物。请求人未提交附件1的原件，专利权人对附件1的真实性有异议，对附件5的真实性无异议。双方当事人就附件4中请求人指定的最接近的对比设计、附件5的外观设计与本专利的外观设计是否相同相近似进行了辩论。

在当事人的意见陈述和口头审理的基础上，合议组经合议，认为本案事实清楚，依法作出本审查决定。

二、决定的理由

1. 法律依据

基于请求人提出无效宣告请求的理由，合议组依据专利法第23条的规定进行审理。

专利法第23条规定：授予专利权的外观设计，应当同申请日以前在国内外出版物上公开发表过或者国内公开使用过的外观设计不相同和不相近似，并不得与他人在先取得的合法权利相冲突。

2. 证据认定

请求人提交的附件1是2005《中华家私》产品广告期刊复印件，请求人未出示附件1的原件，专利权人对其真实性提出异议的情况下：参照最高人民法院《关于行政诉讼证据若干问题的规定》第71条："下列证据不能单独作为定案依据……（四）难以识别是否经过修改的视听资料；（五）无法与原件、原物核对的复制件或者复制品……"，合议组认为：附件1是无法与原件核对的复印件，无法进行质证，不能单独作为认定案件事实的依据，而本案中亦没有与之关联的其他证据佐证，故对于附件1，合议组不予采信。

附件4、附件5为请求人在提出无效宣告请求之日起1个月内补充提交的证据，并结合该证据具体说明了相关的无效宣告理由，合议组对上述证据予以考虑。

附件4是深圳永和达《美达诗》产品宣传册复印件，在口头审理时请求人当庭递交了该附件的整本原件，为深圳永和达公司的产品样本，请求人称该产品样本由深圳永和达公司提供。经合议组核对，复印件与原件相符，包括封面、无页码的内页、第4页和封底。封面印有公司名称的英文和产品名称的中英文，下部有"2004"字样，未标注页码的内页是关于深圳永和达公司的介绍，第4页是拉手产品图片，封底是深圳永和达公司的地址及联系方式。专利权人认为该产品样本是企业的内部刊物，无出版号和出版商的信息，无广告经营许可证，因此不是专利法意义上的公开出版物。请求人认为该产品样本是公开发行的，并认为封底的内容是出版商的信息，封面的"2004"是出版日期。对于专利权人对其真实性的质疑，请求人认为应当由专利权人提供非真实的证据。合议组认为：从该附件记载的内容看，其属于非正规出版单位印刷的企业产品宣传样本，其上没有记载相关出版发行信息，封底的内容明显不是出版商的信息，不足以视其为公开出版物。封面的"2004"无从推定就是印刷日期，且该附件是否向公众散发以及何时以何种方式向公众公开散发，即公众能否获知以及何时可获知该附件所记载内容，仅凭该附件本身不能得知。在没有其他相关佐证的情况下，该附件不足以支持请求人的无效理由。关于举证责任的分配，合议组认为，对于这种企业自行印制散发的产品样本，既无期刊号也没有出版商的信息，他人无法核实其真实性，样本本身并不必然意味着会向不特定的公众公开，因此请求人有责任证明其真实性和公开性，专利权人质疑其真实性，应当认为是请求人未完成举证责任，应承担举证不能的不利后果。

附件5为03303570.9号外观设计专利文献，经合议组核实，其真实性可以确认。其申请日是2003年3月17日，公告日为2003年9月24日，公告号是CN3323676，使用外观设计的产品名称是"拉手（8802）"。附件5的公告日早于本专利的申请日2005年6月21日，属于"申请日以前在国内外出版物上公开发表过"的外观设计，适用专利法第23条。

附件2是附件4其中的两页，其内容完全包含于附件4；附件3为本专利授权公告的图片，用以证明本专利的真实性。本决定对附件2、附件3不作评述。

3. 相同相近似对比

（1）附件5为03303570.9号外观设计专利，使用外观设计的产品是拉手，本专利使用外观设计的产品也是拉手，二者属于相同种类的产品，可以进行相同相近似对比。

（2）附件5公开的是一种拉手的外观设计（下称在先设计），包括主视图、后视图、俯视图、右视图和立体图，简要说明为"仰视图与俯视图对称，省略仰视图；左视图与右视图对称，省略左视图"。拉手由两个连接脚（用于固定拉手与壁板）和一个拉手面（使用时手握的部位）构成。拉手面的形状近似细长方体，连接脚由小长方体弯曲而成弧形，由拉手面到连接脚的过渡部位内外均为凸起的圆弧面，与壁板接触的面为长方体的端面即长方形。连接脚与拉手面的色彩不同，形成灰度对比（详见在先设计附图）。

本专利包括主视图、左视图、俯视图、仰视图和立体图，简要说明为"后视图与主视图相同，省略后视图；右视图与左视图相同，省略右视图"。拉手整体成宽而矮的门形，包括两个连接脚和拉手面。拉手面为扁平的条状，向外的表面有矩形图案，矩形内部色彩与其他部位不同，形成灰度对比。连接脚为被切掉一小块的圆柱，连接脚与拉手面垂直，其过渡部位向内为小圆弧过渡，向外为凹陷的大圆弧面过渡（详见本专利附图）。

比较本专利与在先设计，其相同点为：二者均包括拉手面和两个连接脚，连接脚位于拉手面的两端，拉手长宽高比例近似。合议组认为：拉手包括拉手面和两个连接脚是这类拉手产品的常见结构，具体到拉手每一部分，二者均存在较大差异。本专利的拉手面为扁平的条状，向外的表面有矩形图案，在先设计的拉手面为细长方体，虽然请求人在意见陈述书中认为在先设计的拉手表面也带有矩形图案，但其图片中并未显示有上述内容；本专利的连接脚为圆柱形，与拉手面相比要厚很多，在先设计的连接脚为弯曲的长方体，厚度与拉手面的厚度相近；二者在拉手面与连接脚过渡的部位完全不同；二者各部分图案及色彩灰度对比，本专利给人的视觉印象是拉手为一整体，拉手面外表面镶嵌一矩形纯色图案，在先设计给人的视觉印象是通过色彩灰度的对比将拉手区分为三个部分，即拉手面和两端的连接脚。请求人认为拉手在使用时看不到底部，因此连接脚的方形、圆形区别不明显，但由于一般消费者对这类产品的接触始于购买，连接脚的形状也影响到使用时的状况，因此合议组认为连接脚也是一般消费者会注意的地方。尽管本专利与在先设计基本结构相近，但上述各个部分的明显区别会对外观设计的整体视觉效果产生显著影响，本专利与在先设计不相近似。

（3）综上所述，本专利与在先设计不相近似，请求人提交的附件5不能证明本专利的授予不符合专利法第23条的规定。

三、决定

维持200530061457.5号外观设计专利权有效。

当事人对本决定不服的，可以根据专利法第46条第2款的规定，自收到本决定之日起三个月内向北京市第一中级人民法院起诉。根据该款的规定，一方当事人起诉后，另一方当事人应当作为第三人参加诉讼。

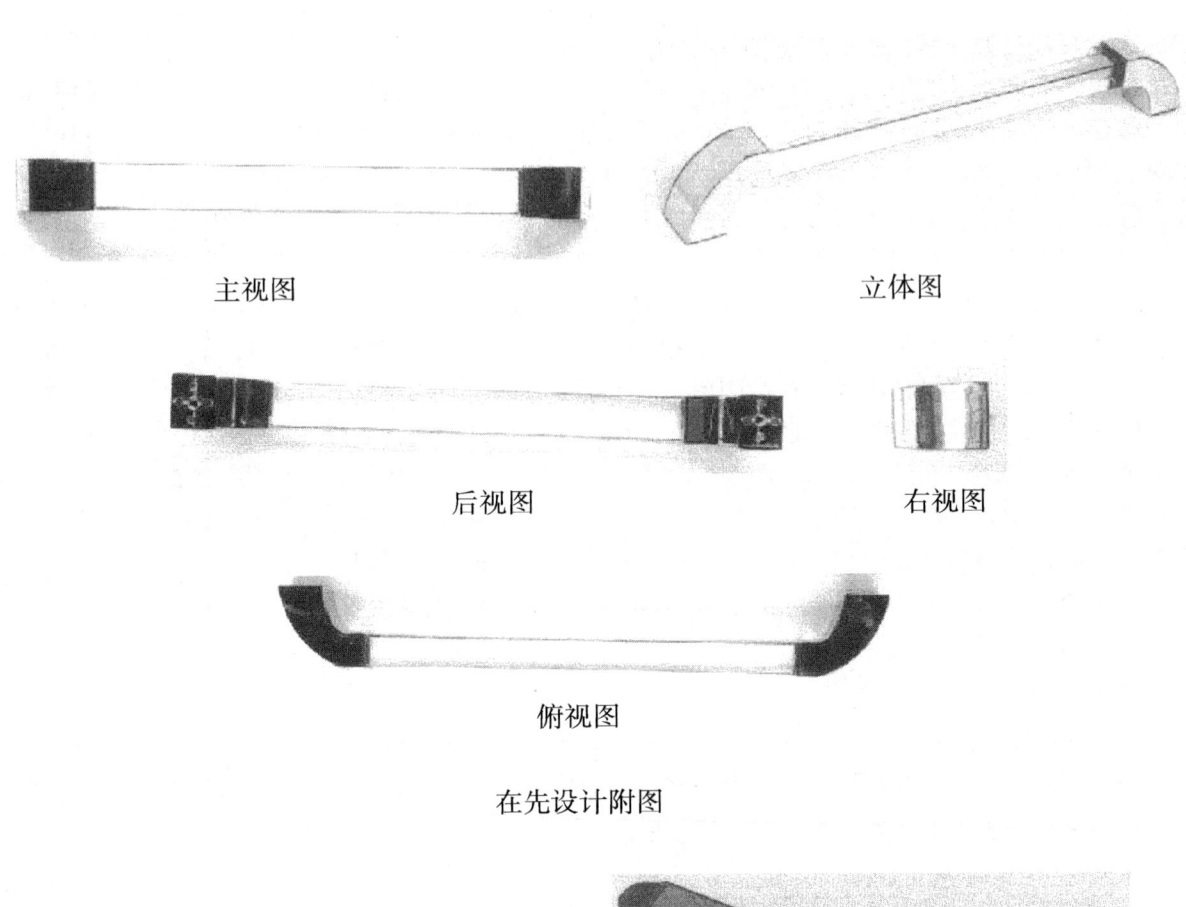

主视图　　　　　　　　　立体图

后视图　　　　　　　　　右视图

俯视图

在先设计附图

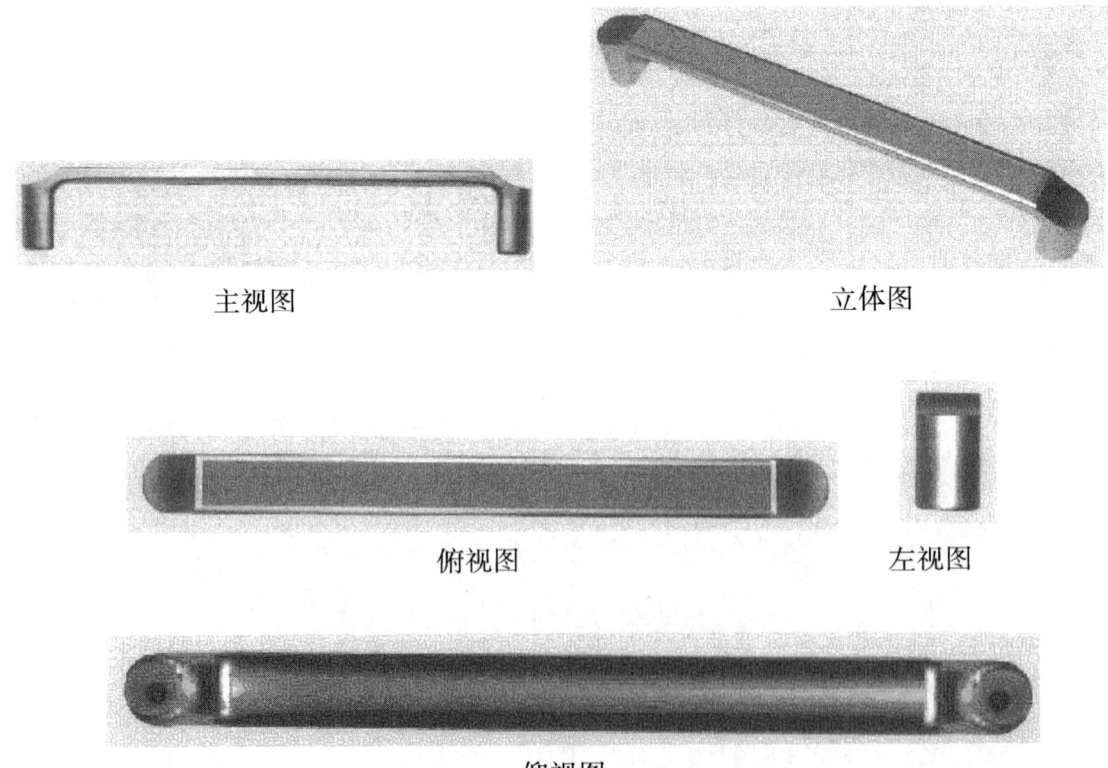

主视图　　　　　　　　　立体图

俯视图　　　　　　　　　左视图

仰视图

本专利附图

USB 移动硬盘（U225B 型）

无效宣告请求审查决定（第 9891 号）

决 定 号	第 9891 号
决 定 日	2007 年 6 月 6 日
发明创造名称	USB 移动硬盘（U225B 型）
外观设计分类号	14-02
无效宣告请求人	深圳市忆捷信息技术有限公司
专 利 权 人	深圳市图美电子技术有限公司
专 利 号	200530011944.0
申 请 日	2005 年 4 月 20 日
授权公告日	2006 年 3 月 1 日
合议组组长	黄毅斐
主 审 员	涂洪文
参 审 员	李韵美
附 图	2 页
法 律 依 据	专利法第 23 条

决 定 要 点

如果被比外观设计与在先外观设计的差别对产品外观设计的整体视觉效果具有显著影响，则两者既不相同，也不相近似。

一、案由

本无效宣告请求案涉及国家知识产权局于 2006 年 3 月 1 日授权公告、名称为"USB 移动硬盘（U225B 型）"的 200530011944.0 号外观设计专利（下称本专利），本专利的申请日为 2005 年 4 月 20 日，专利权人是深圳市图美电子技术有限公司。

针对该专利权，深圳市忆捷信息技术有限公司（下称请求人），于 2006 年 7 月 7 日向专利复审委员会提出无效宣告请求。请求人所提交的附件为：

附件 1：本专利；
附件 2：03319973.6 号中国外观设计专利，公告日为 2003 年 9 月 24 日；
附件 3：明基电通（台湾）有限公司宣传页 1 页。

请求人认为附件 2 与本专利请求保护的产品都是移动硬盘，具有可比性。对两款专利产品的主视图进行比较，附件 2 所示主视图的顶部俯视面所在中部段是一段平面插孔，仅此一点不同，不影响主视图整体视觉效果，本专利上部是齐边，如果将附件2主视图上、下翻转180度，则仅与两边半圆形的横向矩形饰图有些微的不同，其主视图视觉效果基本一致。

附件3的产品与本专利产品的不同仅仅在于本专利主视图下部有横向矩形图饰，其余完全一样。

从本专利与附件2和附件3的图形比较后可以推出，本专利是对附件2的产品进行少许的改动，基本相似，与附件3所示产品相似。因此本专利不符合专利法第23条的规定。

经形式审查合格，专利复审委员会受理了上述无效宣告请求，并于2006年8月9日将该无效宣告请求书及其附件清单中所列附件副本转送给专利权人。

专利权人于2006年10月31日向专利复审委员会提交了针对上述无效宣告请求的答复意见，指出请求人提供的附件的外观设计内容与本专利既非相同，也不近似。专利权人认为请求人完全采用个别局部而放弃整体，对不同之处避而不谈的方式来比较两个外观设计，完全没有依据。专利权人还指出附件2的外观设计的显著特征在于：顶部的插口设计，两侧有突起边缘，指示区域设计在主视图上方且与查接端靠近。从左右视图可以明显看出其一端为平型，另一端为180度弧形，其后视图上还设有铭牌位置。而本专利的显著特征在于：外壳面板为两端90度弧面过渡，与后盖扣合，两侧螺钉固定，而后盖与两侧面为整体度弧面过渡，使得整体呈流线型，别具一格。再则插口面集合了多个内容，包括拷贝按钮、保护锁、USB插口、电源插口，与附件2有明显差别。同时专利权人还对附件3的真实性提出异议，并认为附件3无法整体来进行判断。

本案合议组于2007年1月18日向双方当事人发出了口头审理通知书，拟定于2007年3月6日进行口头审理，并向请求人发送转送文件通知书，将专利权人于2006年10月31日提交的意见陈述书的副本转送给请求人。

双方当事人均向合议组提交了口头审理回执，表示参加口头审理。

口头审理如期举行，专利权人的代理人参加了口头审理，请求人没有出席口头审理。在口头审理中，专利权人对合议组成员没有回避请求。专利权人对附件2的真实性没有异议，对附件3的真实性有异议，并且陈述了认为本专利符合专利法第23条规定的理由。

基于上述工作，合议组认为本案事实已经清楚，可以作出本决定。

二、决定的理由

1. 关于证据

由于专利权人对附件2的真实性没有异议，因此本案合议组经核实后对附件2的真实性予以确认。由于专利权人对附件3的真实性有异议，并且附件3上印刷有"廣告M2.TW6905.300（台工商）印廣登字第493號"的文字，说明其为明基电通（台湾）有限公司在台湾发行的产品宣传页，该证据的形成地为台湾，根据审查指南第四部分第八章第2.2.2节的规定，其属于域外证据，但是请求人没有出示相关机构的法律文件对其真实性进行确认，因此本案合议组对附件3不予采信。

2. 关于本专利是否符合专利法第23条的规定

专利法第23条规定：授予专利权的外观设计，应当同申请日以前在国内外出版物上公开发表过或者国内公开使用过的外观设计不相同和不相近似，并不得与他人在先取得的合法权利相冲突。

如果被比外观设计与在先外观设计的差别对产品外观设计的整体视觉效果具有显著影响，则两者既不相同，也不相近似。

合议组认为：附件2与本专利请求保护的产品都是移动硬盘，属相同类型的产品，具有可比性。

本专利的外观设计共有6个视图，分别为主视图、后视图、仰视图、俯视图、左视图，其中省略与左视图对应的右视图。其主视图所示移动硬盘的左下部有一凸起的扁圆形的半球形长条，长条有一边框包围，硬盘两侧边缘也有边框包围；其俯视图所示移动硬盘的上部边缘及两侧由一边框包围，左上和右上两角呈圆角；其后视图所示移动硬盘的上端中部、下端中部各有一凸起的小长条；其仰视图所示移动硬盘从左到右依次分布3个插口，两个为圆形，一个为方形；其左视图右侧及右上角、右下角被边框包围，并且右上角和右下角呈圆角，上部和下部靠近边缘处有螺母固定，右视图与左视图对应（参见本专利附图）。

附件2的外观设计共有7个视图，分别为主视图、后视图、仰视图、俯视图、立体图、左视图、右视图。其主视图所示移动硬盘的顶部中间是一段平面插孔，移动硬盘上端中部靠近该插孔处有一扁圆形长条，长条有一边框包围；其仰视图所示硬盘的中间有一贯通的横条，上部可以看见其凸起的扁圆形长条，四角呈90度直角；其后视图所示移动硬盘的中央靠近下部边缘有长条形的凹进部分；其俯视图所示移动硬盘插孔两侧中部有横条，插孔位于凹进部分顶部，中间分布两个大小不一的方形插口；从其左右视图所示移动硬盘上部可以看见插孔的凸起边缘，上部两侧成圆角（参见附件2附图）。

由此可见，本专利的外观设计与附件2的外观设计之间的区别主要在于：（1）二者主视图中扁圆形长条的位置、形状、大小以及中间的条纹、周围的边框等均不相同，且本专利的主视图中所示移动硬盘的扁圆形长条有边框包围，而附件2中的硬盘没有边框包围；（2）本专利主视图上部中央没有如附件2主视图所示的插口槽；（3）本专利俯视图中有三条边被边框包围，而附件2中没有；（4）本专利后视图上部、下部各有一凸起的小长条，而附件2的后视图中没有小长条，本专利中央靠近下部边缘没有如附件2后视图中所示的长条形的凹进部分；（5）本专利的仰视图中插口槽中插口的数量和分布与附件2均不相同，也没有如附件2的凸起的扁圆形长条的边框；（6）本专利的左、右视图上、下、右面均被边框包围，上、下部靠近边缘处有螺母固定，而附件2的左右视图中间有贯通上下的缝隙，能看见上部插口槽的边框和主视图中凸起的扁圆形长条的边框。

合议组认为：将本专利与附件2进行对比，二者的上述差别对于产品外观设计的整体视觉效果具有显著的影响。具体理由如下：（1）二者主视图中的扁圆形长条所处的位置不同，大小不同，形状不同，其边框也不同，而且该扁圆形长条不是功能性结构，且都处于能够引起消费者关注的部位，对产品的外观具有显著的影响；（2）附件2中的插孔部位虽然属于功能设计，但是该插口的形状并不是由其功能唯一限定的，因为该插孔既可以有凹槽，也可以没有凹槽，因此其对附件2的外观设计也具有显著影响；（3）二者的后视图中附件2没有如本专利的两个小长条，而本专利亦没有如附件2的凹进的扁圆形长条，这些区别都位于产品的能够引起消费者关注的部位，对外观设计具有显著影响；（4）对二者所有视图进行对比，都能发现二者边框的形状、弧度都有明显的区别，并非该类产品的惯常设计，并且能够引起消费者关注，对二者的外观设计也具有显著影响。由此可见，本专利的产品外观和附件2的产品外观既不相同，也不相近似。

因此，本专利符合专利法第23条的规定。

三、决定

维持200530011944.0号外观设计专利权有效。

当事人对本决定不服的，可以根据专利法第46条第2款的规定，自收到本决定之日起三个月内向北京市第一中级人民法院起诉。根据该条款的规定，一方当事人起诉后，另一方当事人应当作为第三人参加诉讼。

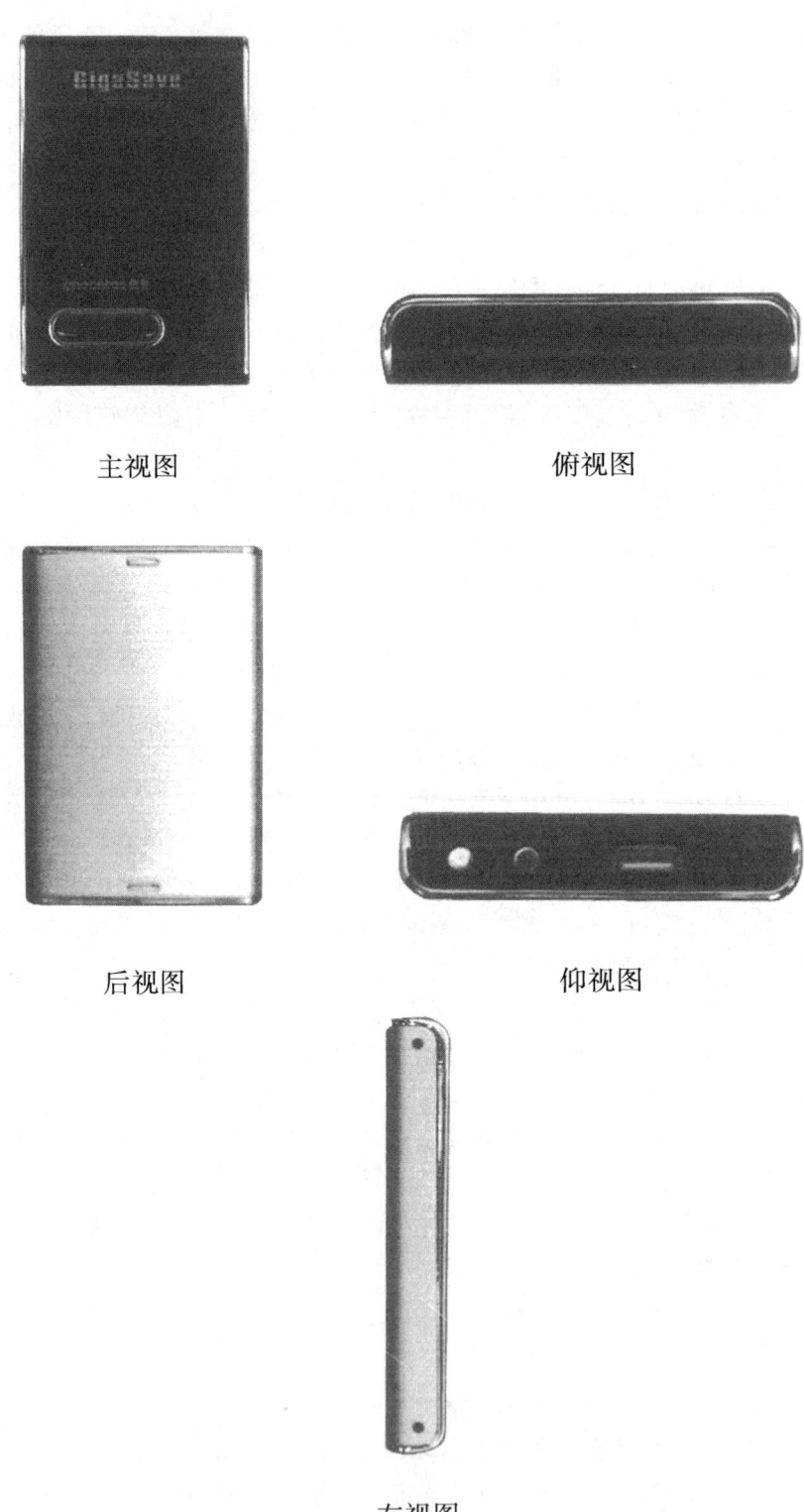

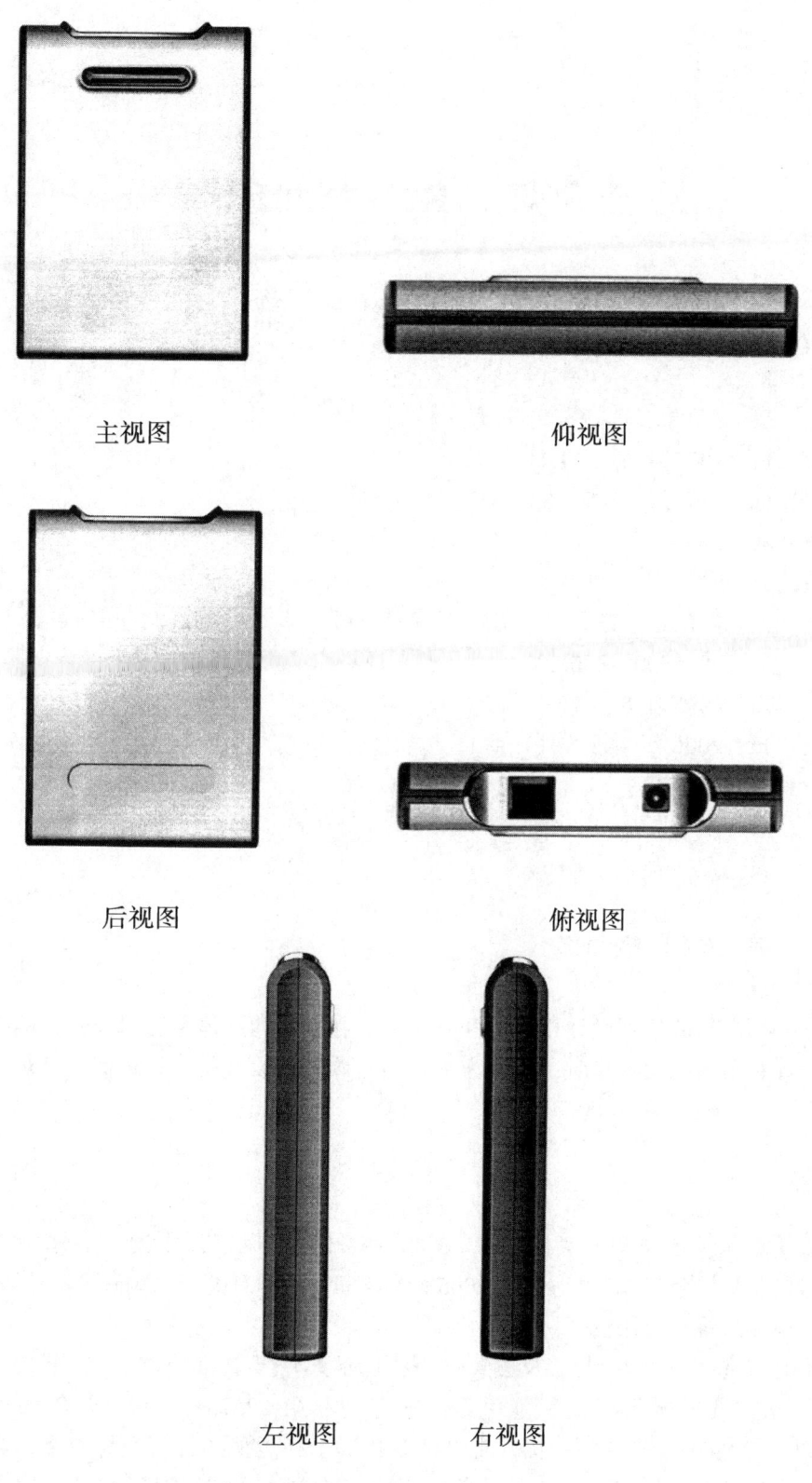

附件2附图

应急灯（KN-1830RD）

无效宣告请求审查决定（第9892号）

决 定 号	第9892号
决 定 日	2007年6月11日
发明创造名称	应急灯（KN-1830RD）
外观设计分类号	26-05
无效宣告请求人	梁国英
专 利 权 人	江门市金莱特电器灯饰厂有限公司
专 利 号	200530067860.9
申 请 日	2005年8月26日
授权公告日	2006年4月5日
合议组组长	张 度
主 审 员	李 熙
参 审 员	龙 安
法 律 依 据	专利法第23条

决 定 要 点

判断应急灯一类产品的外观设计相近似性，当本专利灯座的立体形状以及其上的控制面板这些主要部位与在先设计有明显视觉差异时，应认为本专利与该在先设计是不相近似的外观设计。

一、案由

本无效宣告请求涉及国家知识产权局于2006年4月5日授权公告的、名称为"应急灯（KN-1830RD）"的外观设计专利，其申请号是200530067860.9，申请日是2005年8月26日，专利权人是江门市金莱特电器灯饰厂有限公司。

针对上述专利权（下称本专利），梁国英（下称请求人）于2006年9月27日向专利复审委员会提出无效宣告请求，其依据的事实和理由是：本专利与第02323148.3号、第93300441.9号、第93300036.7号以及第94301157.4号中国外观设计专利属于相近似的外观设计专利，且本专利较上述外观设计专利的申请日晚，故违反了专利法第23条以及专利法实施细则第13条第1款的规定，请求人认为应宣告本专利无效。请求人同时提交了如下附件作为证据：

附件1：第02323148.3号中国外观设计专利公报，网上下载的打印件共1页，其公开日为2002年12月4日（下称对比文件1）；

附件2：第93300441.9号中国外观设计专利公报，网上下载的打印件共1页，其公开日为1993年10月27日（下称对比文件2）；

附件3：第93300036.7号中国外观设计专利公报，网上下载的打印件共1页，其公开日为1993年10月27日（下称对比文件3）；

附件4：第94301157.4号中国外观设计专利公报，网上下载的打印件共1页，其公开日为1995年11月1日（下称对比文件4）。

经形式审查合格后，专利复审委员会受理了上述无效宣告请求，于2006年11月29日向双方当事人发出无效宣告请求受理通知书，并将专利权无效宣告请求书转送给专利权人，要求其在指定期限内陈述意见。

专利权人于2006年12月25日提交了意见陈述书，认为请求人所提交的四份对比文件与本专利既不相同也不相近似，不足以使一般消费者从整体形成显著的相近似的视觉印象而产生混淆和误认、误购，本专利符合专利法第23条、专利法实施细则第13条的规定。

专利复审委员会依法成立合议组对本无效宣告请求案进行审理。

2007年3月22日，本案合议组发出无效宣告请求口头审理通知书，定于2007年6月4日对本案进行口头审理。

口头审理如期举行：（1）双方当事人对对方出席人员的身份和资格没有异议，对合议组成员没有回避请求；（2）专利权人当庭表示对对比文件1~4的真实性没有异议；（3）请求人明确其无效的理由、证据、范围以及证据的使用情况为：本外观设计分别相对于附件1~4不符合专利法第23条和专利法实施细则第13条第1款的规定，具体理由以提出无效宣告请求时的书面意见为准。

合议组在双方充分陈述意见的基础上，认为本案事实已经清楚，可以作出本决定。

二、决定的理由

1. 关于证据

请求人将第02323148.3号、第93300441.9号、第93300036.7号以及第94301157.4号中国外观设计专利（对比文件1~4）作为证据使用。专利权人对对比文件1~4的真实性没有异议。经核实，对比文件1~4的内容均真实，且均属于本专利申请日前的公开出版物，合议组认为能够作为本案的定案依据使用。

2. 关于专利法第23条

专利法第23条规定：授予专利权的外观设计，应当同申请日以前在国内外出版物上公开发表过或者国内公开使用过的外观设计不相同和不相近似，并不得与他人在先取得的合法权利相冲突。

合议组认为：本专利与对比文件1~4使用的外观设计的产品名称均为"应急灯"，并且均为手提式立柱状应急灯，属相同种类的产品，故对本专利与对比文件1~4进行如下相近似性对比：

本专利的授权公报共包括6幅视图，即主视图、左视图、右视图、俯视图、仰视图和后视图，未要求保护色彩。本专利产品的整体形状为立柱状，应急灯由顶盖、灯管和灯罩、底座三部分组成。顶盖部分，从俯视图可观察到，其横截面形状为三个边略具弧度的近似三角形，其顶面有装饰性图案。灯管和灯罩部分，从主视图、左视图、右视图以及后视图均可观察到，灯罩为透明材料制成，表面局部有横线，透过灯罩可看到灯罩内有纵向安装的多个圆柱形灯管。底座部分呈三角台状，从仰视图可观察到，其横截面形状为三个边略具弧度的近似三角形；从主视图可观察到，底座正面为弧形面，其上设计有控制面板；该控制面板基本充满底座正面的整个弧面，正中为一醒目的圆形图案，圆形表面上有从圆心向外放射状排布的多个小孔；该控制面板左侧有两个控制钮以及两个指示灯，纵向成一字形排列；该控制面板右侧上部有两个略凸出于面板表面的圆点，右侧下部有一个较大的圆形旋钮（本专利产品形状详见本决定附图）。

对比文件1包括7幅图片。对比文件1产品的整体形状为立柱状，应急灯由顶盖、灯管和灯罩、底座三部分组成。顶盖部分，从俯视图可观察到，其横截面形状为近似长方形的四边形，其两对称边为直线、另两对称边为向外凸的弧形，整体形状近似"０"字形。灯罩部分上有横线。底座部分的横截面形状与顶盖部分的横截面类似，为近似"０"字形的四边形（对比文件1产品形状详见本决定附图）。

对比文件2包括5幅视图。对比文件2产品的整体形状为立柱状，应急灯由顶盖、灯管和灯罩、底座三部分组成。顶盖部分，从俯视图可观察到，其横截面形状为近似"０"字形的四边形。灯罩上有横线，透过灯罩可看到灯管。底座部分的横截面形状为近似"０"字形的四边形（对比文件2产品形状详见本决定附图）。

对比文件3包括5幅视图。对比文件2产品的整体形状为立柱状，应急灯由顶盖、灯管和灯罩、底座三部分组成。顶盖部分，从俯视图可观察到，其横截面形状为近似"０"字形的四边形。灯罩上有横线，透过灯罩可看到灯管。底座部分的横截面形状为近似"０"字形的四边形，从主视图可观察到其底座正面有一圆形旋钮（对比文件3产品形状详见本决定附图）。

对比文件4包括4幅视图。对比文件4产品的整体形状为立柱状，应急灯由顶盖、灯管和灯罩、底座三部分组成。顶盖部分的横截面形状为圆角长方形。灯罩为透明材料制成，透过灯罩可看到灯罩内有两根圆柱形灯管。底座部分为四方台状，其横截面与顶盖的横截面类似，为圆角长方形，从后视图可观察到，底座后平面上有长方形的控制面板，面板上有按钮（对比文件4产品形状详见本决定附图）。

合议组将本专利产品分别与对比文件1～4产品的外观进行对比分析，本专利与对比文件1～4的主要区别点均在于：本专利底座部分为三角台状，其横截面形状为近似三角形，正面有基本充满整个弧形面的控制面板，面板正中有醒目的圆形设计，面板两侧有旋钮及指示灯设计；对比文件1～3底座部分的横截面均为近似"０"字形的四边形，无控制面板；对比文件4底座为四方台状，后表面有一长方形控制面板，其上有按钮。

对于以上主要差异，合议组认为：首先，本专利与对比文件1～4灯座的立体形状不同，灯座作为构成应急灯的主要部件，其整体形状的不同必然会对应急灯产品的整体视觉效果产生显著影响；其次，本专利灯座上的控制面板设计与对比文件1～4明显不同，对于应急灯这种产品，一般消费者在选购和使用时，必定会非常关注控制面板，底座上控制面板的设计会给一般消费者留下明显的视觉印象。因此，合议组认为本专利分别与对比文件1～4相比均有明显的差异，已构成整体视觉效果的不相近似。

至于本专利与对比文件1～4的其他不同点，合议组认为以上灯座立体形状及其上控制面板的明显差异已经使得一般消费者认为本专利与在先设计的整体视觉效果显著不同，足以认定本专利分别与对比文件1～4相比既不相同也不相近似，因此不再逐一评述。

3. 关于专利法实施细则第13条第1款

专利法实施细则第13条第1款规定：同样的发明创造只能被授予一项专利。

基于以上第2点的分析，合议组认定本专利与对比文件1～4不相近似，本专利与对比文件1～4不属于同样的发明创造，符合专利法实施细则第13条第1款的规定。

综上所述，合议组认为本专利外观设计和其申请日之前公开出版物上发表的外观设计不相近似，本专利符合专利法第 23 条的规定，符合专利法实施细则第 13 条第 1 款的规定。

三、决定

维持 200530067860.9 号外观设计专利权有效。

当事人对本决定不服的，可以根据专利法第 46 条第 2 款的规定，自收到本决定之日起三个月内向北京市第一中级人民法院起诉。根据该款的规定，一方当事人起诉后，另一方当事人应当作为第三人参加诉讼。

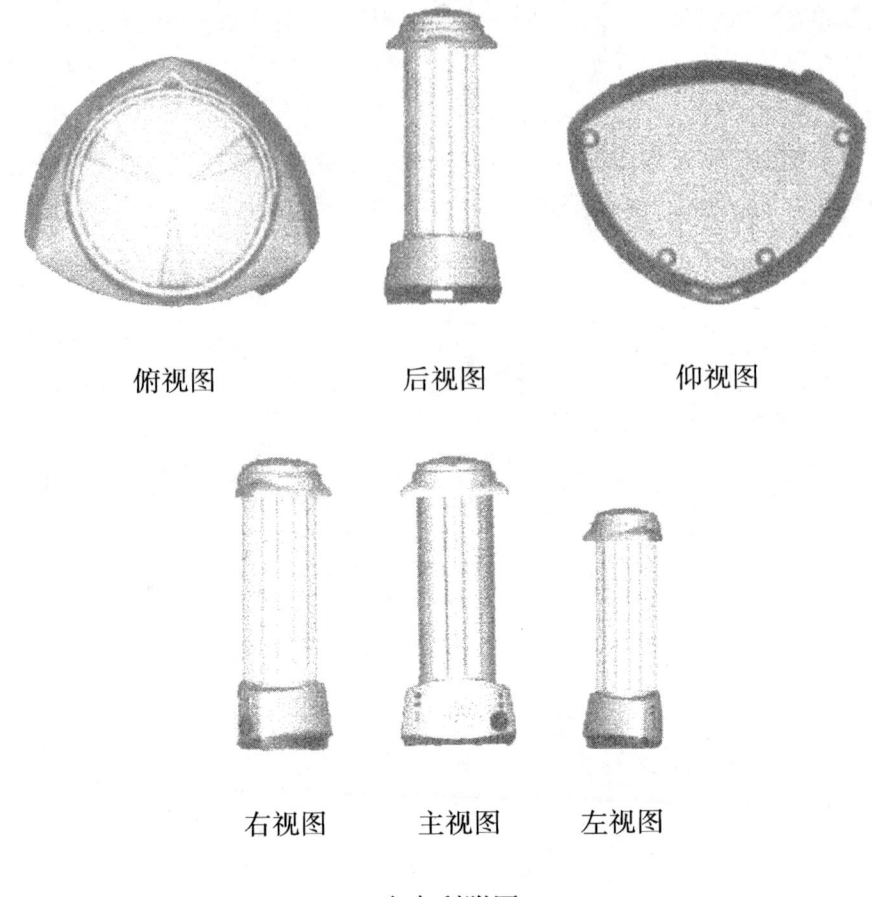

俯视图　　　后视图　　　仰视图

右视图　　　主视图　　　左视图

本专利附图

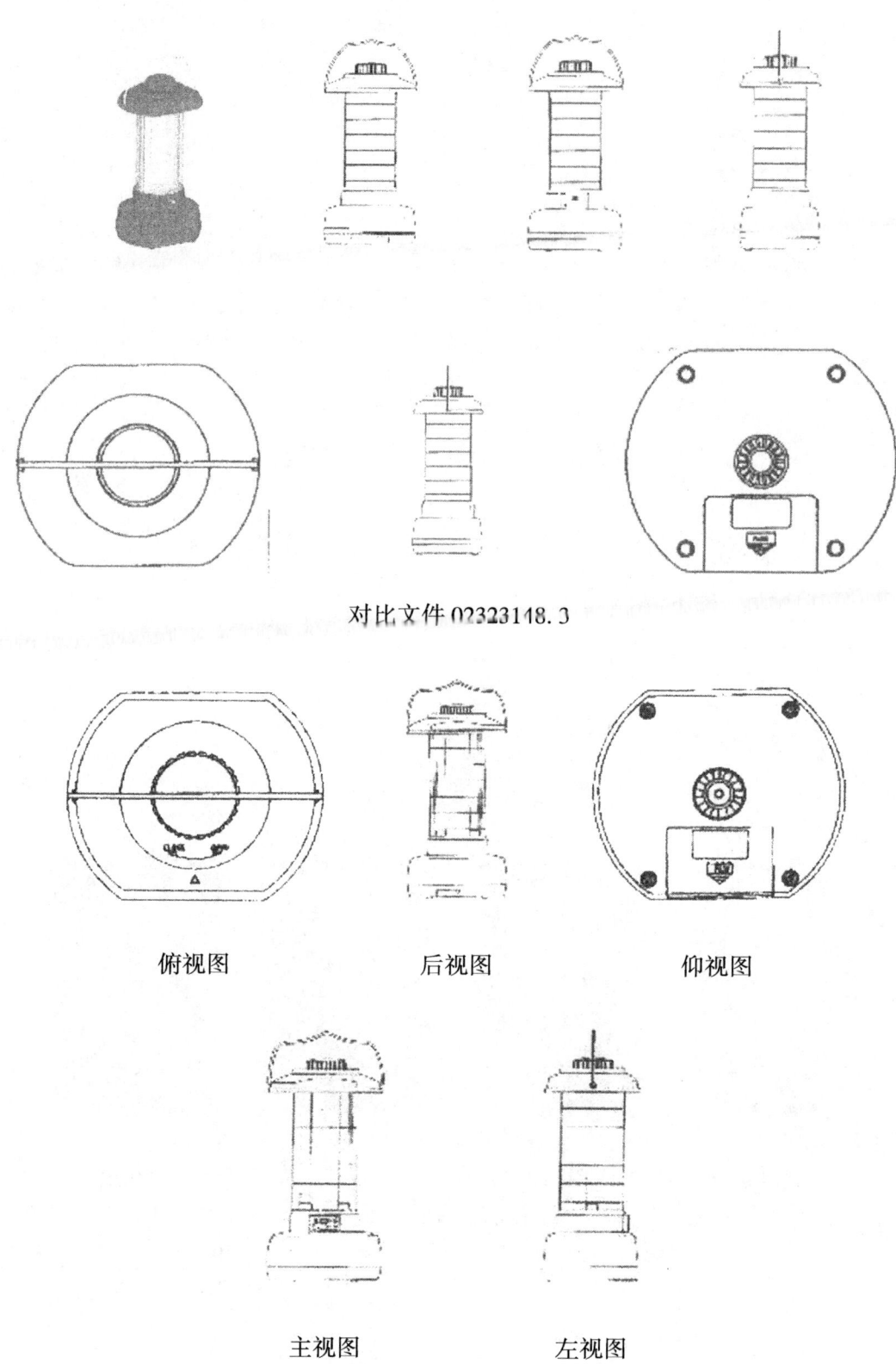

对比文件 02323148.3

俯视图　　　后视图　　　仰视图

主视图　　　左视图

对比文件　93300441.9

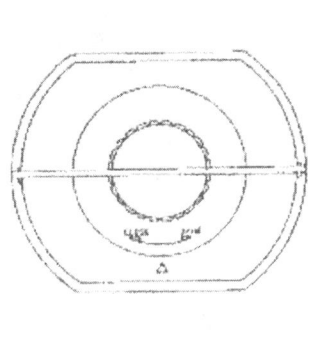  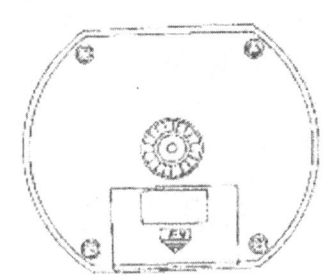

俯视图　　　　　后视图　　　　　仰视图

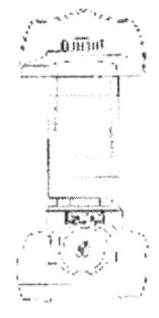 

主视图　　　　　左视图

对比文件 93300036.7

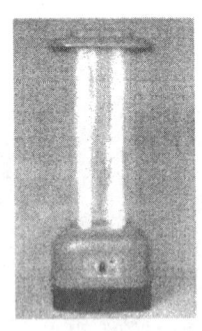  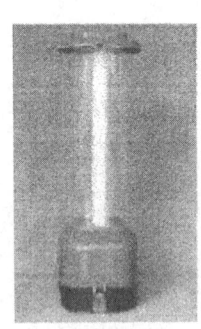 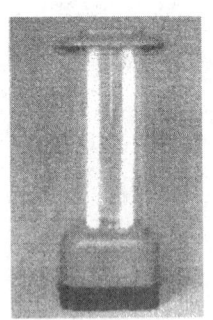

后视图　　　立体图　　　右视图　　　主视图

对比文件 94301157.4

椅扶手

无效宣告请求审查决定（第9893号）

决 定 号	第9893号
决 定 日	2007年6月6日
发明创造名称	椅扶手
外观设计分类号	06-01
无效宣告请求人	弗可座椅系统（M）股份有限公司
专 利 权 人	麦文聪
专 利 号	200430064208.7
申 请 日	2004年8月16日
授权公告日	2005年4月6日
合议组组长	黄毅斐
主 审 员	李韵美
参 审 员	唐向阳

法 律 依 据　专利法第23条

决 定 要 点

若请求人没有提交证据的原件，并且没有提供其他佐证用以证明证据的真实性，则不能认定其真实性，从而导致无效宣告请求的理由没有证据支持，无效宣告请求的理由不能成立。

一、案由

本无效宣告请求案涉及国家知识产权局于2005年4月6日授权公告、名称为椅扶手的200430064208.7号外观设计专利（下称本专利），其申请日为2004年8月16日，专利权人为麦文聪。

针对上述专利权，弗可座椅系统（M）股份有限公司（下称请求人）于2005年11月1日向国家知识产权局专利复审委员会提出无效宣告请求，其理由是本专利不符合专利法第23条的规定，请求宣告专利权无效。

请求人提交了下述证据：

附件1：注册号为GB2042355的英国外观设计复印件共3页（下称对比文件1），注册日期为1994年10月4日，颁证日期为1995年5月15日；

附件2：名称为《auditoria》的杂志的复印件共9页，封面印有2004年7月（下称对比文件2）。

请求人认为，本专利与申请日前国内外出版物上公开发表的外观设计的形状相近似，本专利不符合专利法第23条的规定。其具体理由如下：本专利涉及的产品与对比文件1中所涉及的产品相同，均为椅扶手，其功能和用途相同，且其外观设计分类号也相同，因此本专利与对比文件1、2所涉及的产品属于同一类别。本专利椅扶手是以与写字板相连的铰接部为起点，分别设有与铰接部相连的向座椅的前侧斜向下延伸与椅子前侧相连的下支杆和向着椅子方向基本与水平面平行延伸的上支杆；该下支杆的整体呈流畅的直线与曲线平滑过渡相连的流线型；该上支杆的外侧为直线，内侧呈直线与曲线平滑过渡的流线型，且该上支杆的外侧为直线，内侧呈直线与曲线平滑过渡的流线型，且上支杆的内侧与该下支杆的内侧由圆滑过渡曲线连接，以在上支杆和下支杆的内侧之间形成略呈平滑三角形的形状。

通过上述分析二者的整体形状都是由铰接部、上支杆、下支杆组成，且各部分的比例及各视觉区域的划分都十分接近，且两者的整体设计均呈极为相似的流线型设计；无论从产品的主视图、后视图和立体图，两者的外轮廓的整体的流线型、比例极为相近似、所体现出的设计风格、给消费者带来的视觉效果都很近似，且各部分组成的形状也都近似，尤其是上支杆与下支杆为内侧之间由圆滑曲线连接以形成近似三角形的形状设计更是如出一辙。请求人认为，对于椅扶手这种具有较多设计空间的产品来说，在判断该类产品外观设计是否相近似时，应立足于将椅扶手的整体外形作为比较的重点，即应是整体观察法。因此，对于对比文件1中的椅扶手与本专利中的椅扶手而言，两者虽存在一些细微区别，但两者所应用的均是用于椅子的椅扶手，在一般消费者施以一般注意力的情况下，这种细微的差别对于产品的整体视觉效果不具有显著的影响，不能使一般消费者将二者区分为两个不同的外观设计产品，必然造成混淆、误认。

对比文件2同样也公开了本专利的形状，从整体观察结合综合判断，则其与对比文件1同样解释了本专利的形状。

经形式审查合格后，专利复审委员会依法受理了上述无效宣告请求，于2006年1月17日向请求人和专利权人发出《无效宣告请求受理通知书》，并将请求人提交的无效宣告请求书及其附件清单中所列附件的副本转送给专利权人，要求其在指定的期限内答复。

专利权人在指定的期限内没有答复。

合议组于2006年10月12日向双方当事人发出《无效宣告请求口头审理通知书》，定于2006年11月22日进行口头审理。

口头审理于2006年11月22日在专利复审委员会如期举行，专利权人未参加此次口头审理，本案合议组对请求人提出的无效理由和事实进行了调查，并充分听取了请求人的陈述。在口头审理过程中请求人对合议组的变更没有异议、对合议组成员均无回避请求。请求人当庭明确其无效理由为本专利与对比文件1或2相近似，不符合专利法第23条的规定。

经过上述审理程序，合议组认为本案事实已经清楚，可以依法作出审查决定。

二、决定的理由

请求人没有提交对比文件1和对比文件2的原件，也没有提供其他证据对对比文件1、2的真实性进行佐证，合议组无法确认对比文件1、2的真实性。请求人提出的无效宣告请求的理由没有相关证据支持，无效理由不能成立。

三、决定

维持200430064208.7号外观设计专利权有效。

当事人对本决定不服的，可以根据专利法第46条第2款的规定，自收到本决定之日起三个月内向北京市第一中级人民法院起诉。根据该款的规定，一方当事人起诉后，另一方当事人应当作为第三人参加诉讼。

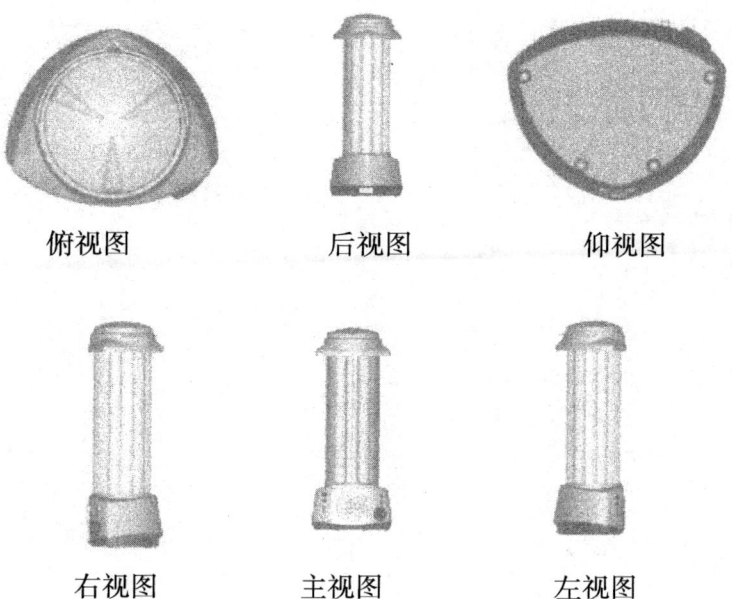

俯视图　　　后视图　　　仰视图

右视图　　　主视图　　　左视图

本专利附图

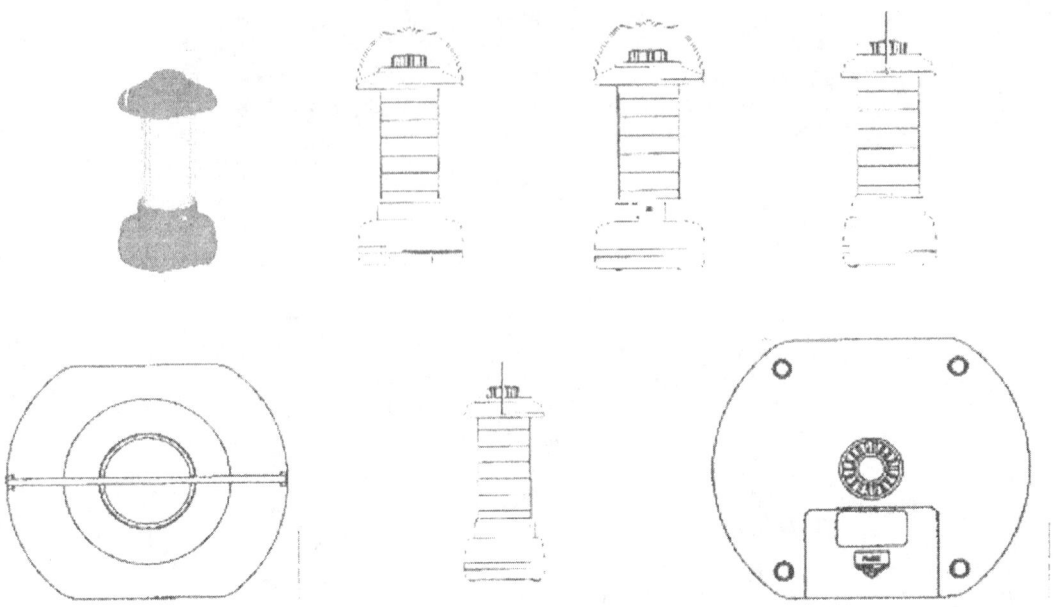

对比文件 02323148.3

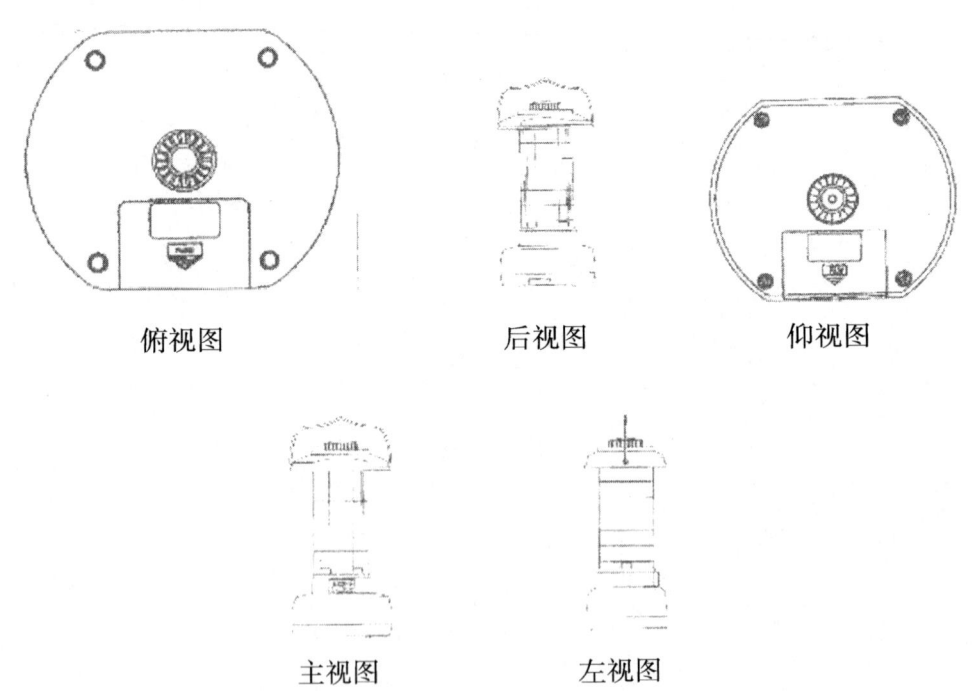

俯视图　　　　后视图　　　　仰视图

主视图　　　　左视图

对比文件 93300441.9

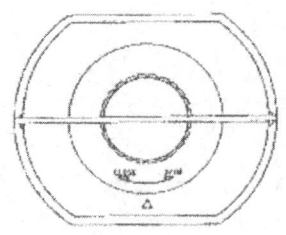  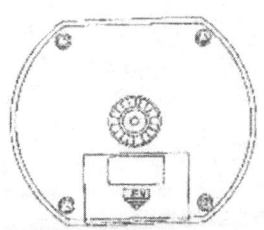

俯视图　　　　　后视图　　　　　仰视图

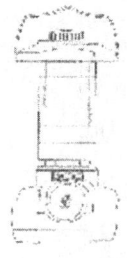 

主视图　　　　　左视图

对比文件 93300036.7

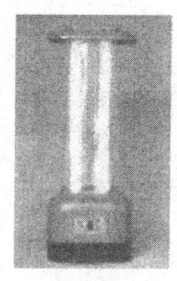  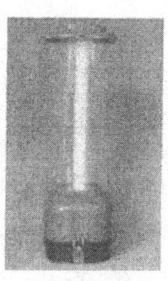 

后视图　　　立体图　　　右视图　　　主视图

对比文件 94301157.4

包装盒（酒B）

无效宣告请求审查决定（第9895号）

决 定 号	第9895号
决 定 日	2007年6月8日
发明创造名称	包装盒（酒B）
外观设计分类号	09-03
无效宣告请求人	四川省宜宾五粮液集团有限公司
专 利 权 人	巩文杰
专 利 号	02358652.4
申 请 日	2002年7月26日
授权公告日	2003年6月25日
合议组组长	钟 华
主 审 员	周 佳
参 审 员	李巍巍
附 图	2页

法 律 依 据 专利法第23条

决 定 要 点

对于包装盒类产品而言，盒体形状、盒体表面装饰性图案对产品的整体外观设计会产生显著的视觉影响，采用透明材质的包装盒，其盒体表面的装饰性纹样更加醒目、突出，一般消费者会对此留下深刻的视觉感受。各在先设计与本专利的形状、图案对整体外观设计形成的视觉效果均存在着显著的差别，因此均与本专利既不相同也不相近似。

一、案由

本无效宣告请求涉及的是2003年6月25日国家知识产权局授权公告的02358652.4号外观设计专利，使用外观设计的产品名称为"包装盒（酒B）"，申请日是2002年7月26日，专利权人为巩文杰。

1. 第一次无效宣告请求

针对上述外观设计专利权（下称本专利），2006年6月13日四川省宜宾五粮液集团有限公司（下称请求人）向专利复审委员会提出无效宣告请求，其依据的事实和理由是：本专利与在先授权公告的00347136.5号外观设计专利相近似，不符合专利法第23条的规定，应予以宣告无效。请求人同时提交了如下附件作为证据：

附件1-1：本外观设计专利的公报复印件1页；

附件1-2：00347136.5号外观设计专利的公报复印件1页。

专利复审委员会经形式审查合格受理了上述无效宣告请求，于2006年11月20日向双方当事人发出无效宣告请求受理通知书，并将无效宣告请求书及其附件副本转送给专利权人，要求其在指定期限内答复。

专利权人未在指定期限内陈述意见。

合议组于2007年2月12日向双方当事人发出合议组成员告知通知书。同时向请求人发出无效宣告请求审查通知书，告知其可在指定期限内再次陈述意见。

在规定的期限内，双方当事人未对合议组告知通知书进行答复，视为对合议组成员没有回避请求。请求人未对无效宣告请求审查通知书进行陈述。

2. 第二次无效宣告请求

2007年1月29日请求人再次向专利复审委员会提出无效宣告请求，其依据的事实和理由是：本专利与在先授权公告的96324304.7号外观设计专利相近似，不符合专利法第23条的规定，应予以宣告无效。请求人同时提交了如下附件作为证据：

附件2-1：本专利外观设计专利的公报复印件1页；

附件2-2：96324304.7号外观设计专利的公报复印件1页。

专利复审委员会经形式审查合格受理了上述无效宣告请求，于2007年1月29日向双方当事人发出无效宣告请求受理通知书，并将无效宣告请求书及其附件副本转送给专利权人，要求其在指定期限内答复。

专利权人未在指定期限内陈述意见。

合议组于2007年3月30日向双方当事人发出合议组成员告知通知书。同时向请求人发出无效宣告请求审查通知书，告知其可在指定期限内再次陈述意见。

在规定的期限内，双方当事人未对合议组告知通知书进行答复，视为对合议组成员没有回避请求。请求人未对无效宣告请求审查通知书进行陈述。

在上述事实的基础上，合议组经合议认为本案事实清楚，本着提高审查效率和减少当事人负担的原则，现对上述两个无效宣告请求合并审理，并依法作出审查决定。

二、决定的理由

1. 法律依据

基于请求人提出的无效宣告请求理由，合议组对本专利是否符合专利法第23条的规定进行审查。

专利法第23条规定：授予专利权的外观设计，应当同申请日以前在国内外出版物上公开发表过或者国内公开使用过的外观设计不相同和不相近似，并不得与他人在先取得的合法权利相冲突。

2. 证据的认定

附件1-1和附件2-1均为本外观设计专利公报复印件，经合议组核实，其内容真实。

附件1-2是00347136.5号外观设计专利的公报复印件，专利申请日是2000年12月25日，授权公告日为2001年8月8日，授权公告号是CN3195592D，使用外观设计的产品名称为"酒瓶外罩"（下称在先设计1），系本专利申请日之前公开的外观设计专利，属于专利法第23条所规定的出版物，适用于本案。

附件2-2是96324304.7号外观设计专利的公报复印件，专利申请日是1996年12月4日，授权公告日为1998年1月7日，使用外观设计的产品名称为"包装盒"（下称在先设计2），系本专利申请之前公开的外观设计专利，属于专利法第23条所规定的出版物，适用于本案。

3. 外观设计相近似性比较

在先设计1为酒瓶外罩，在先设计2为包装盒，本专利为酒包装盒，其分类号均为09-03类，用途相同，属于相同种类的产品，故对外观设计作出如下对比：

本专利包括主视图、后视图、左视图、右视图、俯视图、仰视图、立体图、使用状态参考图1和使用状态参考图2，简要说明中载明产品为透明状。所示包装盒为四棱长方柱体，盒体宽度略小于盒体高度的1/2，盒体厚度略大于盒体宽度的1/2。盒体上部盖有一扁状长方体盒盖，盒盖边缘略宽于盒体。包装盒整体为透明体，从主视图看，盒体中部纵列印有"丰谷王酒"四字，文字左右两侧分别等距纵列排有三个动物图案，文字上方水平印有"四川名酒"四字。从后视图看，盒体上方中部印有一马形图案，其下方左右分别等距纵列排有三个动物图案，上方的马形图案略大于其他的动物图案（详见本专利附图）。

在先设计1包括主视图、后视图、左视图、仰视图、俯视图、使用状态参考图，简要说明载明右视图与左视图对称，省略右视图。所示酒瓶外罩为直六棱柱体，盒体宽度约为高度的1/2。盒体的每三个间隔的棱柱面分别等宽，其中较短棱边宽度约为较长棱边宽度的1/2，三个较短棱柱面下方中部有一圆圈。从俯视图看，盒体顶面中心区有一同心圆圈。使用状态参考图显示，在先设计1为透明体，可看到盒体内部结构，盒体内顶面中心下方垂直连接一圆柱体，盒体内底部为一定高度的底托，底托中部为圆形凹槽（详见在先设计1附图）。

在先设计2包括主视图、左视图、俯视图、立体图、剖面图，简要说明载明后视图与主视图相同、右视图与左视图相同、仰视图与俯视图相同，省略后视图、右视图、仰视图，及该外观设计的材料为透明材料。在先设计2为长方柱体，其长度与宽度相等。盒体表面透明，无图案。盒体正面与背面上方区域中央有一类似"⊥"形状的镂空槽，在镂空槽下方一定距离处盒体顶面封闭（详见在先设计2附图）。

将本专利与在先设计1相比较，二者的盒体均为透明状，且盒体均为直棱柱体。二者的不同之处在于，直棱柱体的形状不同，本专利为四棱长方柱体，在先设计1为六棱柱体；图案不同，本专利在盒体正面和背面有文字、动物图案混合排布，在先设计1只在局部位置有圆圈、同心圆图案排布。合议组认为，包装盒盒体的造型、盒体表面装饰性图案及构图方式等，会对其整体外观产生显著的视觉影响。本专利与在先设计1的盒体形状不同，二者具有较明显的视觉差异。本专利的盒体透明，使得盒体表面印制的文字和动物图案共同构成的装饰性纹样更加醒目、突出，而在先设计1在相应部分则无此纹样，在三个较短棱柱面和顶面的局部位置有圆圈、同心圆图案，装饰性效果不鲜明、突出，二者的整体呈明显不同的设计风格。本专利与在先设计1在形状和图案上均存在着明显的差别，一般消费者会对二者留下显著不同的视觉印象，因此二者属于不相同也不相近似的外观设计。

将本专利与在先设计2相比较，两者均为长方柱体，且均为透明体。两者的不同之处主要在于，盒体的长度与宽度的比例不一样，盒体的封闭结构不相同，且盒体表面的图案不相同。合议组认为，本专利盒体的长度约为宽度的两倍，为扁状的长方体，而在先设计2盒体的长度与宽度相等，为等宽的方状长方体，由于在长度与宽度的比例上相差较大，两种盒体形状给人以明显不同的视觉感受。本专利的盒体上方扣有盒盖，盒盖边缘略宽于盒体，形成盖式密封结构。在先设计2的顶面盖口位于镂空槽下方，盒体的顶端面不封闭，形成内嵌式密封结构。包装盒的顶面为一般消费者可直接观察到的视觉面，两者在该部分采用明显不同的封闭结构，会造成显著差异的视觉效果。另外，本专利的正面和背面印制的文字与动物图案共同构成了对透明盒体表面的装饰效果，由于盒体透明，使得装饰性的纹样更加醒目、突出。而在先设计2的盒体表面无图案，仅在盒体正面与背面的上方有两个对称的类似"⊥"形状镂空槽，给人较简洁的设计风格。对于包装盒类产品而言，盒体表面图案所形成的装饰性效果会直接影响产品的整体外观，本专利和在先设计2在此方面也存在着显著差异。由于本专利和在先设计2的上述差别对于两者的整体视觉效果具有显著影响，所以两者既不相同也不相近似。

综上所述，由于本专利与在先设计1和在先设计2均既不相同也不相近似，请求人提出本专利不符合专利法第23条的理由不能成立。

三、决定

维持02358652.4号外观设计专利权有效。

当事人对本决定不服的，可以根据专利法第46条第2款的规定，自收到本决定之日起三个月内向北京市第一中级人民法院起诉。根据该款的规定，一方当事人起诉后，另一方当事人应当作为第三人参加诉讼。

俯视图

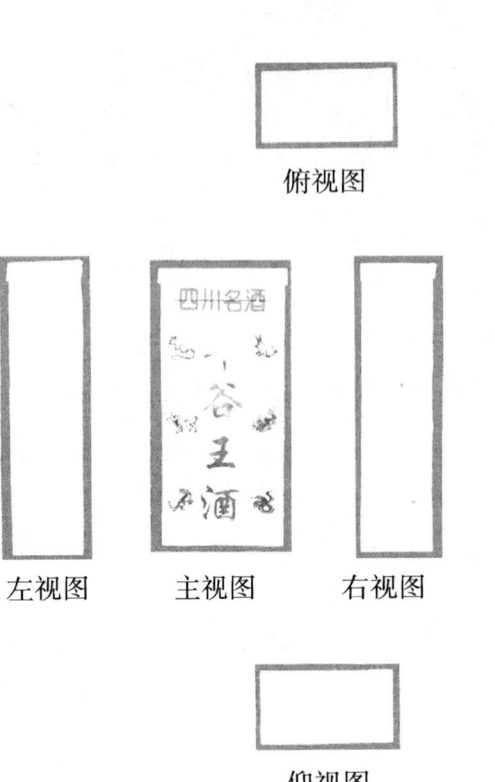

左视图　主视图　右视图　后视图

仰视图

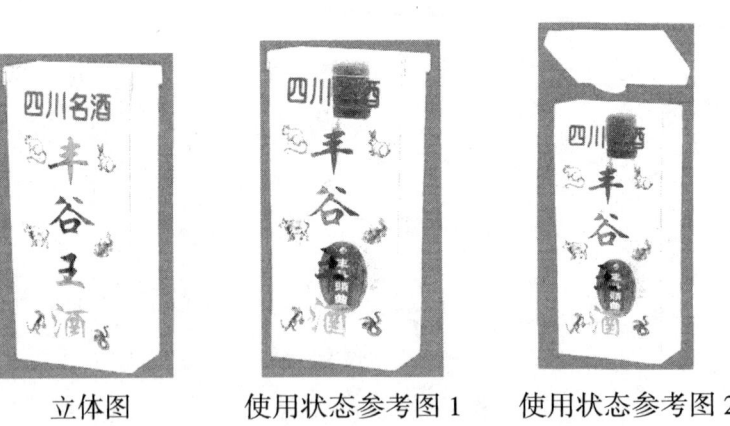

立体图　使用状态参考图1　使用状态参考图2

本专利

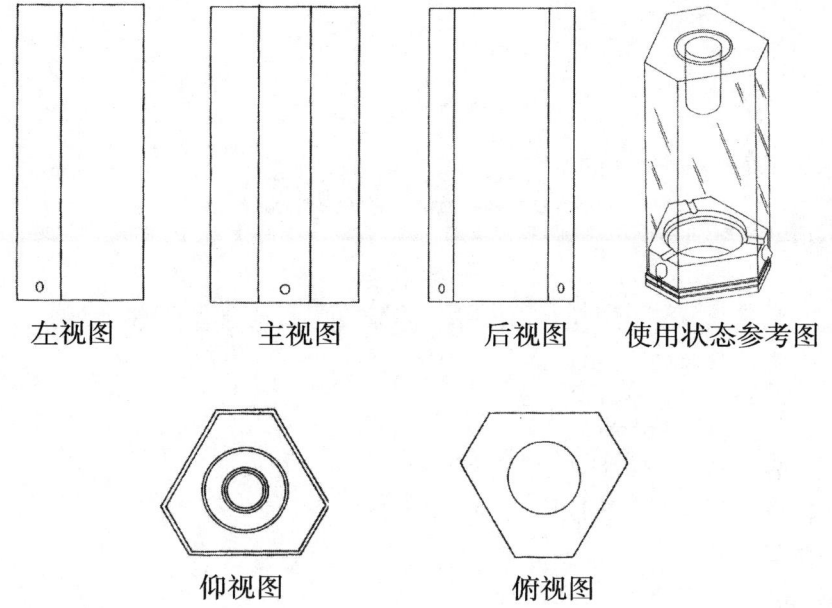

左视图　　　主视图　　　后视图　　　使用状态参考图

仰视图　　　俯视图

在先设计1

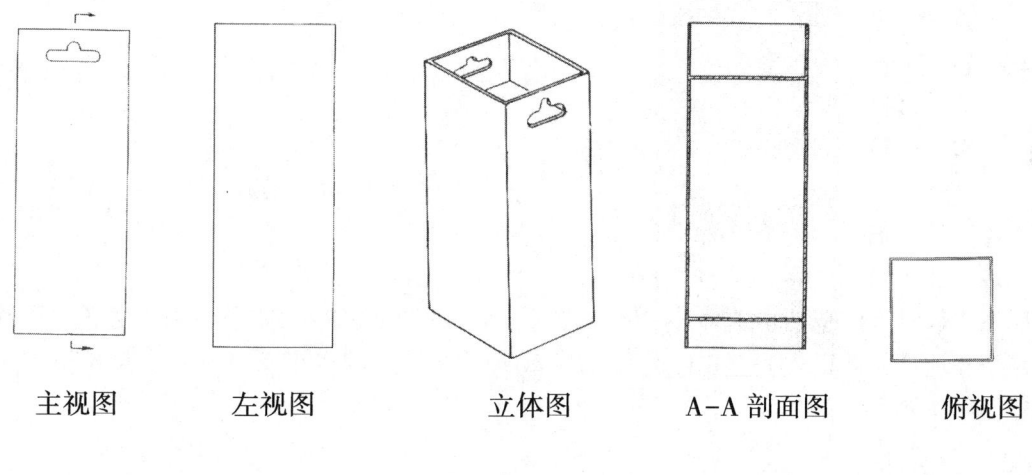

主视图　　　左视图　　　立体图　　　A-A剖面图　　　俯视图

在先设计2

包装盒（粉底）

无效宣告请求审查决定（第 9896 号）

决 定 号	第 9896 号
决 定 日	2007 年 6 月 1 日
外观设计名称	包装盒（粉底）
外观设计分类号	09-03
无效宣告请求人	邵素怡
专 利 权 人	霍济康
专 利 号	200530147045.3
申 请 日	2005 年 11 月 14 日
授 权 公 告 日	2006 年 10 月 4 日
合议组组长	钟 华
主 审 员	龙 安
参 审 员	周雷鸣
法 律 依 据	专利法第 23 条

决定要点

如果在先设计图片或照片未公开的部位属于该类产品在使用状态下不会被消费者关注的部位，并且本专利在相应部位的设计的变化也不会对产品的整体视觉效果产生显著影响，则不影响对二者进行整体观察，综合判断。

一、案由

本无效宣告请求涉及国家知识产权局于 2006 年 10 月 4 日授权公告的 200530147045.3 号外观设计专利，其名称为"包装盒（粉底）"，专利权人为霍济康。

针对本专利，邵素怡（下称请求人）于 2006 年 11 月 23 日向国家知识产权局专利复审委员会提出宣告本专利权无效的请求，主要理由为：本外观设计在申请日前已在公开出版物上多次发表。请求人选取其中有代表性的 3 期《今日人像》杂志和 6 期《人像摄影》杂志，其中的广告页均公开了与本外观设计相同或相近似的化妆品包装盒。具体而言，本专利的主视图、俯视图、左视图分别与广告彩页中包装盒的正面、上面、左面相近似。因此本专利不符合专利法第 23 条的规定。

请求人同时提交了如下文件：

附件 1：《今日人像》杂志 2004 年第 9 期复印件；

附件 2：《今日人像》杂志 2005 年第 4 期复印件；

附件3：《今日人像》杂志2005年第8期复印件；
附件4：《人像摄影》杂志2002年第9期复印件；
附件5：《人像摄影》杂志2003年第5期复印件；
附件6：《人像摄影》杂志2003年第9期复印件；
附件7：《人像摄影》杂志2004年第9期复印件；
附件8：《人像摄影》杂志2004年第12期复印件；
附件9：《人像摄影》杂志2005年第8期复印件；
附件10：200530147045.3号外观设计（本专利）复印件。

经形式审查合格后，专利复审委员会受理了上述请求，并将所述专利权无效宣告请求书及证据转送给专利权人。

专利权人逾期未陈述意见。

专利复审委员会于2007年3月9日向双方当事人发出无效宣告请求口头审理通知书，定于2007年4月23日对所述无效宣告请求进行口头审理。

口头审理如期举行，仅请求人一方参加了此次口头审理。请求人当庭提交附件2、7的原件，放弃使用附件1、3~6、8、9，同时陈述本专利相对于附件2、7而言，不符合专利法第23条的理由。

合议组于2007年4月23日向专利权人发出合议组成员告知通知书，专利权人逾期未作答复。

至此，合议组认为此案事实已经清楚，可以作出审查决定。

二、决定理由

1. 关于证据

请求人当庭提交了附件2、7的原件，经核实原件与复印件相符，合议组对附件2、7的真实性予以确认。附件2是2005年第4期《今日人像》杂志的封面及第76页的复印件，附件2的公开日期推定为2005年4月30日，早于本专利申请日。附件7是2004年第9期的《人像摄影》杂志的封面及第9页的复印件，附件7的公开日推定为2004年9月30日，早于本专利的申请日。因此，附件2、7上记载的外观设计皆可作为在先设计与本专利分别进行比较。

2. 关于专利法第23条

专利法第23条规定：授予专利权的外观设计，应当同申请日以前在国内外出版物上公开发表过或者国内公开使用过的外观设计不相同或不相近似，并不得与他人在先取得的合法权利相冲突。

（1）本专利。

本专利所示外观设计的产品名称是"包装盒（粉底）"，包括主视图、后视图、俯视图、仰视图、左视图、右视图和立体图，其整体形状为长方体。其中，主视图为接近正方形的矩形，上方有两行英文，分别是COVERFACE和naturactor，其中naturactor两侧有与其等高的小长方块，在上述两行英文间有一条状图案，左下角有一朵花的局部图案，包含四个花瓣，其中的两个花瓣不完整，右下角有三行被涂覆的文字；后视图有若干行被涂覆的文字，右下角有条形码；俯视图中部有近似括号状的图案，左上角有一行被涂覆的文字；仰视图中间有一行被涂覆的文字，左上角有一花瓣状图案可与主视图的一个局部花瓣构成一个完整花瓣；左视图的上方有一与正面的图案相连的条状图案，左视图的右下方有一与主视图的一个局部花瓣构成一个完整花瓣的图案，并有若干列被涂覆的文字；右视图上部有一左窄右宽的条状图案，左下角有两行被涂覆的文字；立体图由俯视图、主视图和左视图构成（详见本专利附图）。

(2) 附件 2。

附件 2 公开了一幅包装盒的立体图（下称在先设计），其包含正面（对应于本专利的主视图）、侧面（对应于本专利的左视图）和顶面（对应于本专利的俯视图）。正面为接近正方形的矩形，上方有两行英文，分别是 COVERFACE 和 naturactor，其中 naturactor 两侧有与其等高的小长方块，在上述两英文之间有一条状图案，左下角有一朵花的局部图案，包含四个花瓣，其中的两个花瓣不完整，右下角由于被遮挡而未示出；侧面的上方有一与正面的图案相连的条状图案，右下方有一与正面的一个局部花瓣构成一个完整花瓣的图案，在整个侧面上有若干列文字；顶面中间有一对称的括号状图案，左上角有一行文字（详见对比文件附图）。

(3) 本专利与在先设计比较、结论。

将本专利与在先设计进行比较可知，二者均为包装盒的外观设计，属相同种类产品。二者的图案相同，主视图上的文字的位置相同，不同之处在于：①在先设计未示出包装盒的后视图、仰视图和右视图；②在先设计正面图的右下角被遮挡；③在先设计的侧面上有若干列文字，本专利的左视图没有。

针对上述区别，合议组认为，①对于包装盒的外观设计，正面图案即主视图是使用时最容易被看到的部分，其向消费者提供识别和认购的主要信息，所述图案对整体视觉效果的影响比其他视图对整体视觉效果的影响要大，因此正面视图应作为相近似判断的重要依据，而其他视图包含的信息量有限，不容易引起一般消费者的关注。基于此，尽管在先设计中没有后视图、仰视图和右视图，但不影响对二者进行的整体观察，综合判断；②虽然在先设计的右下角被遮挡，但本专利主视图的右下角的三行小的英文字母已被涂覆，且此部分只占正面较小面积，因此该差别对整体视觉效果没有显著影响；③本专利的左视图与在先设计的侧面图案相近似，虽然在先设计的侧面还有若干列文字而本专利左视图的文字已被覆盖，但该差别不容易引起一般消费者的关注。

综上所述，二者的上述差别会导致一般消费者将本专利与在先设计误认、混同，所述差别对于产品的整体视觉效果不具有显著影响，二者相近似。因此，本专利与在先设计属于相近似的外观设计，本专利不符合专利法第 23 条的规定。

在使用附件 2 已得出上述结论的情况下，合议组对请求人提交的附件 7 不再予以评述。

三、决定

宣告 200530147045.3 号外观设计专利权全部无效。

当事人如对本决定不服，可以根据专利法第 46 条第 2 款的规定，自收到本决定之日起三个月内向北京市第一中级人民法院起诉。根据该款的规定，一方当事人起诉后，另一方当事人应当作为第三人参加诉讼。

北京市第一中级人民法院
行政判决书

(2007) 一中行初字第1449号

原告霍济康，男，1945年8月27日出生，大兴号贸易有限公司董事，住中华人民共和国香港特别行政区新界火炭华乐工业中心C座12字楼13室。

委托代理人张正星，男，北京三高永信知识产权代理有限责任公司职员。

委托代理人王文俊，女，北京三高永信知识产权代理有限责任公司职员。

被告中华人民共和国国家知识产权局专利复审委员会，住所地北京市海淀区北四环西路9号银谷大厦10~12层。

法定代表人廖涛，副主任。

委托代理人龙安，女，中华人民共和国国家知识产权局专利复审委员会审查员。

委托代理人郭鹏鹏，男，中华人民共和国国家知识产权局专利复审委员会审查员。

第三人邵素怡，女，1963年1月1日出生，中山天然保有限公司经理，住中华人民共和国广东省中山市东区松苑新村银河阁10号804房。

委托代理人林旻，男，1962年10月25日出生，汉族，自由职业者，住中华人民共和国广东省中山市东区松苑新村银河阁10号804房。

原告霍济康不服国家知识产权局专利复审委员会（以下简称复审委）作出的第9896号无效宣告请求审查决定（以下称被诉决定），于2007年9月11日向本院提起行政诉讼，后又于2007年10月22日向本院提交了授权委托书的公证认证材料。本院受理后，于2007年10月30日向复审委送达了起诉状副本及应诉通知书。本院依法组成合议庭，于2007年12月14日公开开庭审理了本案。原告霍济康的委托代理人张正星、王文俊，被告复审委的委托代理人龙安、郭鹏鹏及第三人邵素怡的委托代理人林旻到庭参加诉讼。本案现已审理终结。2007年6月1日，经对邵素怡提出的无效宣告请求进行审查，复审委作出被诉决定，宣告第200530147045.3号外观设计专利权（以下称为本专利）全部无效。原告霍济康诉称，本专利是一个包装盒（粉底），是具有完整六面视图的外观设计专利。而邵素怡提供的在先设计证据只是表示出了包括正面等三个视图的包装盒广告，其提供的证据没有完整表示出在先设计的全部图案，而没有表现出的图案构成了本专利和在先设计的明显差别，该明显差别影响着对二者进行的整体观察和综合判断，而且该差别对整体视觉效果会产生明显的影响，也不容易引起一般消费者产生混淆和误认，不会造成误购，因此本专利和在先设计是不相近似的。另外，本专利正视图的右下角所占面积较大，其所占部分对整体视觉影响较大，复审委认定该部分对整体视觉效果没有显著影响不妥。本专利符合《中华人民共和国专利法》（以下简称《专利法》）第二十三条的规定，综上，请求法院判决撤销被诉决定。被告复审委答辩坚持被诉决定中的意见，同时认为原告的起诉期限不符合法律规定，请求法院维持被诉决定。第三人邵素怡同意复审委意见，请求法院维持被诉决定。复审委在答辩期内向法院提交了以下证据材料：（1）本专利外观设计图片；（2）《今日人像》杂志2005年第4期封面及第76页（即被诉决定中的附件2，原告提供的证据2），被告在庭审时向法庭出示了该证据的原件。原告在答辩期间向本院提交了以下证据材料：（1）本专利的外观设计专利证书及外观设计六面视图及立体图；（2）同被告证据2；（3）《人像摄影》杂志2004年第9期封面及第9页的复印件（即被诉决定中的附件7）。第三人未向法庭提交证据。

经庭审质证，原告和被告提交的证据可以作为证明本案件事实的依据，本院予以认定。

根据经过认证的证据，本院对以下案件事实予以认定：

霍济康于2005年11月14日向国家知识产权局提出本专利的申请，其名称为"包装盒（粉底）"，并于2006年10月4日获得授权公告。

针对本专利，邵素怡于2006年11月23日向复审委提出宣告本专利权无效的请求，主要理由为：本外观设计在申请日前已在公开出版物上多次发表过，本专利同申请日以前刊登在多期杂志上的化妆品包装盒的设计相同或者相近似。

邵素怡在提出无效宣告请求同时向复审委提交了10份附件，附件1、附件2、附件3、附件4、附件5、附件6、附件7、附件8、附件9为各期杂志，附件10为本专利，以支持其无效理由。在2007年4月23日进行的口头审理当中，邵素怡当庭提交了附件2和附件7（即原告提交的证据3）的原件，放弃使用附件1、附件3、附件4、附件5、附件6、附件8、附件9，同时陈述本专利相对于附件2、附件7而言，不符合《专利法》第二十三条规定。

经复审委合法通知，霍济康在复审阶段没有陈述意见和参加口头审理，对复审委发出的合议组成员告知通知书亦未作出答复。

复审委经审理作出被诉决定认为：

1. 关于证据

邵素怡参加口头审理时向复审委提交了附件2、附件7的原件，经核实原件与复印件相符，合议组对附件2、附件7的真实性予以确认。附件2是2005年第4期《今日人像》杂志的封面及第76页的复印件，附件2的公开日期推定为2005年4月30日，早于本专利申请日。附件7是2004年第9期的《人像摄影》杂志的封面及第9页的复印件，附件7的公开日推定为2004年9月30日，早于本专利的申请日。因此，附件2、附件7上记载的外观设计皆可作为在先设计与本专利分别进行比较。

2. 关于《专利法》第二十三条

《专利法》第二十三条规定：授予专利权的外观设计，应当同申请日以前在国内外出版物上公开发表过或者国内公开使用过的外观设计不相同或不相近似，并不得与他人在先取得的合法权利相冲突。

（1）本专利。

本专利所示外观设计的产品名称是"包装盒（粉底）"，包括主视图、后视图、俯视图、仰视图、左视图、右视图和立体图，其整体形状为长方体。其中，主视图为接近正方形的矩形，上方有两行英文，分别是COVER FACE和naturactor，其中naturactor两侧有与其等高的小长方块，在上述两行英文间有一条状图案，左下角有一朵花的局部图案，包含四个花瓣，其中的两个花瓣不完整，右下角有三行被涂覆的文字；后视图有若干行被涂覆的文字，右下角有条形码；俯视图中部有近似括号状的图案，左上角有一行被涂覆的文字；仰视图中间有一行被涂覆的文字，左上角有一花瓣状图案可与主视图的一个局部花瓣构成一个完整花瓣；左视图的上方有一与正面的图案相连的条状图案，左视图的右下方有一与主视图的一个局部花瓣构成一个完整花瓣的图案，并有若干列被涂覆的文字；右视图上部有一左窄右宽的条状图案，左下角有两行被涂覆的文字；立体图由俯视图、主视图和左视图构成。

（2）附件2。

附件2公开了一幅包装盒的立体图（以下简称在先设计），其包含正面（对应于本专利的主视图）、侧面（对应于本专利的左视图）和顶面（对应于本专利的俯视图）。正面为接近正方形的矩形，上方有两行英文，分别是COVER FACE和naturactor，其中naturactor两侧有与其等高的小长方块，在上述两英文之间有一条状图案，左下角有一朵花的局部图案，包含四个花瓣，其中的两个花瓣不完整，右下角由于被遮挡而未示出；侧面的上方有一与正面的图案相连的条状图案，右下方有一与正面的一个局部花瓣构成一个完整花瓣的图案，在整个侧面上有若干列文字；顶面中间有一对称的括号状图案，左上角有一行文字。

（3）本专利与在先设计比较、结论。

将本专利与在先设计进行比较可知，二者均为包装盒的外观设计，属相同种类产品。二者的图案相同，主视图上的文字的位置相同，不同之处在于：①在先设计未示出包装盒的后视图、仰视图和右视图；②在先设计正面图的右下角被遮挡；③在先设计的侧面上有若干列文字，本专利的左视图没有。

针对上述区别，合议组认为，①对于包装盒的外观设计，正面图案即主视图是使用时最容易被看到的部分，其向消费者提供识别和认购的主要信息，所述图案对整体视觉效果的影响比其他视图对整体视觉效果的影响要大，因此正面视图应作为相近似判断的重要依据，而其他视图包含的信息量有限，不容易引起一般消费者的关注。基于此，尽管在先设计中没有后视图、仰视图和右视图，但不影响对二者进行的整体观察，综合判断。②虽然在先设计的右下角被遮挡，但本专利主视图的右下角的三行小的英文字母已被涂覆，且此部分只占正面较小面积，因此该差别对整体视觉效果没有显著影响。③本专利的左视图与在先设计的侧面图案相近似，虽然在先设计的侧面还有若干列文字而本专利左视图的文字已被覆盖，但该差别不容易引起一般消费者的关注。

综上所述，二者的上述差别会导致一般消费者将本专利与在先设计误认、混同，所述差别对于产品的整体视觉效果不具有显著影响，二者相近似。因此，本专利与在先设计属于相近似的外观设计，本专利不符合《专利法》第二十三条的规定。

在使用附件2已得出上述结论的情况下，复审委对邵素怡提交的附件7不再予以评述。

基于以上事实和理由，复审委作出被诉决定，宣告本专利权无效。

经审查，本院对被诉决定记载的在先设计及本专利的内容予以认定。

本院认为，原告的代理人于2007年9月11日向本院提交了有原告签字的授权委托书和经过公证认证的原告身份证明，后又于2007年10月22日向本院补交了授权委托书的公证认证材料，对于该委托授权手续的真实性本院予以认可，原告系在法定期限内向本院提起行政诉讼。故被告对于原告起诉期限所提出的诉讼意见，本院不予支持。

根据《专利法》第二十三条的规定，授予专利权的外观设计，应当同申请日以前在国内外出版物公开发表过或者国内公开使用过的外观设计不相同或者不相近似，并不得与他人在先取得的合法权利相冲突。

被诉决定中的在先设计与本专利均为包装盒的外观设计。复审委对在先设计的公开日推定为2005年4月30日并无不当，本院予以认可。该设计的公开日早于本专利申请日，可以作为与本专利进行近似性比较的依据。

涉及本案被诉决定合法性审查的焦点问题是在先设计与本专利是否属于相同或者相近似的外观设计。

本专利和在先设计均为包装盒，使用该类产品时最容易看到的部位为该产品的正面图案即正视图。故本专利和在先设计的正视图设计变化相对于其他角度视图的设计变化在整体视觉效果中明显更具有显著的影响。在先设计的后视图、仰视图和右视图虽然没有被公开，但这些部位属于该类产品使用中不会被一般消费者关注的部位，以上部位设计的变化也不会对产品的整体视觉效果产生显更具有显著的影响。在先设计的后视图、仰视图和右视图虽然没有被公开，但这些部位属于该类产品使用中不会被一般消费者关注的部位，以上部位设计的变化也不会对产品的整体视觉效果产生显著的影响，复审委据此对本专利和在先设计进行比较并无不妥。

对比本专利和在先设计的正视图，二者外观一致，作为各个构图要素的英文及其组成、花瓣图案的形状和位置相同；二者的俯视图中央位置都有类似左右括号结合而成的相似图案；在先设计的侧面和本专利的左视图图案组成基本一致。对本专利和在先设计进行整体观察，虽然本专利各个视图存在一些被涂覆的文字，在先设计正视图右下方小部分被遮盖且侧面有一些文字，但对于一般消费者来说，以上二者的差别对于整体视觉效果并不具有显著的影响。本专利和在先设计容易导致一般消费者的误认、混同，属于相同或者相近似的外观设计。故对于原告提出的在先设计缺乏全部视图图案、缺乏的视图图案和本专利差别明显、本专利正视图右下角部分对整体视觉效果影响显著、本专利和在先设计不属于相近似的外观设计的诉讼理由，本院不予支持。

综上，复审委作出的被诉决定证据充分，适用法律正确，符合法定程序，本院应予维持。原告的诉讼请求没有事实和法律依据，本院不予支持。依照《中华人民共和国行政诉讼法》第五十四条第（一）项之规定，判决如下：

维持被告中华人民共和国国家知识产权局专利复审委员会第9896号无效宣告请求审查决定。

本案诉讼费人民币100元，由原告霍济康负担（已交纳）。

如不服本判决，原告霍济康可在本判决书送达之日起30日内，被告中华人民共和国国家知识产权局专利复审委员会、第三人邵素怡可在本判决书送达之日起15日内，向本院递交上诉状，并按对方当事人人数提出副本，预交上诉案件受理费人民币100元，上诉于北京市高级人民法院。在上诉期满后7日内未预交上诉案件受理费又不提出缓交申请的，按自动撤回上诉处理。

审　判　长　娄宇红
代理审判员　张锭卿
代理审判员　孟玉珍
二〇〇八年一月二日
书　记　员　殷　悦

多用架

无效宣告请求审查决定（第 9900 号）

决 定 号	第 9900 号
决 定 日	2007 年 6 月 10 日
发明创造名称	多用架
外观设计分类号	06-07
无效宣告请求人	光明乳业股份有限公司，毕翠玲
专 利 权 人	陈 实
专 利 号	200430080278.1
申 请 日	2004 年 9 月 29 日
授 权 公 告 日	2005 年 4 月 20 日
合 议 组 组 长	崔国振
主 审 员	任晓兰
参 审 员	汪送来
法 律 依 据	专利法第 23 条

决定要点

如果在先设计与被比设计相比，在一般消费者容易看到的、在整个外观设计中占显著位置的部位上存在区别，且所述区别又足以使得一般消费者将二者区别开，则所述区别对于产品外观设计的整体视觉效果具有显著影响，在先设计与被比设计属于不相同、不相近似的外观设计。

一、案由

本无效宣告请求案涉及国家知识产权局于 2005 年 4 月 20 日公告授予的、名称为"多用架"的 200430080278.1 号外观设计专利权（下称本专利），其申请日为 2004 年 9 月 29 日，专利权人为陈实。

针对上述专利权，光明乳业股份有限公司（下称请求人 I）于 2006 年 5 月 31 日向专利复审委员会提出无效宣告请求，认为本专利与附件 1 和 2 中公开的镜框相近似，不符合专利法第 23 条的规定，并提交了如下附件：

附件 1：ZL200430080278.1 外观设计公报（即，本专利），复印件共 1 页；

附件 2：香港贸易发展局出版的《HONG KONG enterprise》（香港企业杂志），2001 年第 8 卷，封面和相关页复印件共 2 页；

附件 3：香港贸易发展局出版的《HONG KONG enterprise》（香港企业杂志），2004 年第 8 卷，封面和相关页复印件共 2 页；

附件4：上海怡德装饰设计有限公司电汇给广州商业进出口贸易股份有限公司的购书电汇凭证复印件，和广州商业进出口贸易股份有限公司为怡德装饰设计有限公司开具的刊物订阅发票复印件，共1页。

经形式审查合格后，专利复审委员会受理了上述请求，于2006年5月31日向双方当事人发出《无效宣告请求受理通知书》，并将《专利权无效宣告请求书》及其他有关文件的副本转送给专利权人，要求其在指定的期限内答复，同时成立合议组对本无效宣告请求案进行审理。

2006年6月26日，请求人I补充提交了意见陈述书及如下附件，拟证明本专利与申请日前国内外出版物公开的产品相近似：

附件5：盖有浙江图书馆印章的香港贸易发展局出版的《HONG KONG GIFTS, PREMIUMS & STATIONERY》（香港礼品 & 赠品杂志），2004年第3卷，封面、目录和相关页复印件共3页；

附件6：上海市卢湾区公证处出具的（2006）沪卢证经字第1552号公证书及公证书附件复印件，共10页（公证书附件之一为香港贸易发展局出版的《HONG KONG enterprise》（香港企业杂志），2001年第8卷，封面、目录和相关页共3页（下称附件6-1）；之二为香港贸易发展局出版的《HONG KONG enterprise》（香港企业杂志），2003年第8卷，封面、目录和相关页共4页（下称附件6-2））；

附件7：盖有国家图书馆印章的香港贸易发展局出版的《HONG KONG enterprise》（香港企业杂志），2004年第8卷，封面和相关页复印件共2页。

2006年6月29日，专利权人针对《无效宣告请求受理通知书》和《专利权无效宣告请求书》作出答复，认为：（1）请求人提交的证据为复印件，没有证据效力；（2）即使请求人能够提供证据的原件，也不能证明所述杂志是公开发行的；（3）附件2和3是外文证据，未提供相应的中文译文；（4）附件4说明所述杂志不是公开发行的；（5）从一般消费者的一般注意力来分辨，本专利与请求人提供的文件不相近似。

2006年11月1日，本案合议组向双方当事人发出《无效宣告请求口头审理通知书》，定于2006年12月13日进行口头审理，同时将请求人I补充提交的意见陈述书和相应的附件的副本转送专利权人，将专利权人的答复意见转送请求人I。

针对上述专利权，毕翠玲（下称请求人II）于2006年7月19日向专利复审委员会提出无效宣告请求，认为本专利相对于附件A不符合专利法第23条的规定，并提交了如下附件：

附件A：公开号为2019980006480的韩国实用新型专利的部分翻译件，共3页；

附件B：第ZL200430080278.1号中国外观设计专利公报（即本专利），复印件共1页；

经形式审查合格后，专利复审委员会受理了上述请求，于2006年7月19日向双方当事人发出《无效宣告请求受理通知书》，并将《专利权无效宣告请求书》及其他有关文件的副本转送给专利权人，要求其在指定的期限内答复，同时成立合议组对本无效宣告请求案进行审理。

2006年8月18日，请求人II提交以下附件C用于替换之前提交的附件A：

附件C：经国家知识产权局专利检索咨询中心盖章确认的公开号为2019980006480的韩国实用新型专利文件复印件6页，及其部分中文译文4页。

2006年8月24日，专利权人针对《无效宣告请求受理通知书》和《专利权无效宣告请求书》作出答复，认为：（1）请求人提交的证据为复印件，没有证据效力；（2）请求人提交的证据为外文证据，未提供相应的中文译文；（3）从一般消费者的一般注意力来分辨，本专利与请求人提供的外国专利不相同也不相近似。

2006年9月4日，请求人II提交以下附件D：

附件D：公开号为2019980006480的韩国实用新型专利的中文译文共4页。

2006年11月1日，本案合议组向双方当事人发出《无效宣告请求口头审理通知书》，定于2006年12月13日进行口头审理，同时将请求人Ⅱ补充提交的意见陈述书和相应的附件的副本转送专利权人，将专利权人的答复意见转送请求人Ⅱ。

2006年12月13日，口头审理如期进行，请求人Ⅰ、Ⅱ及专利权人的代理人出席了口头审理。合议组当庭告知了合议组成员的变更情况，各当事人对合议组成员无回避请求，对对方出庭人员的身份无异议。合议组在此情况下就本无效宣告请求案进行了庭审调查，并记录了以下事项：

（1）请求人Ⅰ放弃附件2~4，提交了盖有"浙江图书馆"红色印章的附件5的复印件、附件6的原件、以及盖有"国家图书馆报刊资料部外文期刊组"红色印章的附件7的复印件，并当庭出示了附件5、附件6-1及附件7的原件。专利权人对附件5~7的真实性没有异议，对附件5和7是否为公开出版物以及其公开时间有异议，并且认为附件6的公证书中对附件6-1和6-2的公开日期的认定超出了公证的范围，但没有提供任何证据。请求人Ⅰ明确：使用附件5最后一页左下角的四个拼接图案、附件6中的SPA-3、SKL516A和SKL516B、附件7中的TMP-010作为在先设计与本专利进行对比。

（2）请求人Ⅱ放弃附件A。专利权人对附件C的真实性及其中文译文的准确性没有异议，认为附件D的提交超出了举证期限。请求人Ⅱ明确，使用附件C的中文译文中所示的附图3和4与本专利进行对比。

合议组就本案的无效理由和证据逐一进行了调查，各方当事人均充分陈述了自己的意见，至此，合议组认为本案的事实清楚，可以作出审查决定。

二、决定的理由

1. 法律依据

专利法第23条规定：授予专利权的外观设计，应当同申请日以前在国内外出版物上公开发表过或者国内公开使用过的外观设计不相同和不相近似，并不得与他人在先取得的合法权利相冲突。

2. 证据的认定及无效理由的确定

（1）请求人Ⅰ提供的证据及无效理由。

附件5是香港贸易发展局出版的《HONG KONG GIFTS, PREMIUMS & STATIONERY》（香港礼品&赠品杂志），2004年第3卷。请求人认为该证据的出版日期是2004年3月，专利权人对其公开时间提出异议。对此，合议组认为，从该证据所示"2004年第3卷"和"3/2004"可以确认该证据为一年出版多卷的杂志，在未明确该杂志是季刊、月刊或者半月刊等出版信息时，仅从"2004年第3卷"和"3/2004"尚不能唯一确定该证据的出版日期就是2004年3月，因此，无法确认该证据的公开时间是否在本专利的申请日（2004年9月29日）之前，故而附件5不能作为本案的有效证据使用。

附件6是上海市卢湾区公证处出具的公证书，其公证内容是：公证员对2001年8月的《HONG KONG enterprise》（香港企业杂志，即，附件6-1）及2003年8月的《HONG KONG enterprise》（香港企业杂志，即，附件6-2）进行了证据保全。专利权人对附件6的真实性无异议，合议组对该证据的真实性予以认可。专利权人认为公证书中对附件6-1和6-2公开时间的认定超出了公证的范围。对此，合议组认为，首先，专利权人未提供任何证据证明其主张；其次，从附件6-1和附件6-2分别显示的"2001年第8卷"和"2003年第8卷"可以确认该杂志为一年出版多卷的杂志，在没有证据证明其为不定期出版物的情况下，按常理应当推知该杂志是定期出版物，并且从二者为第8卷可以推知附件6-1和6-2是月刊。因此，在没有相反证据表明公证书中对所述两个附件的公开时间认定明显有误的情况下，合议组对专利权人的上述主张不予支持。基于附件6中已经认定附件6-1和6-2的公开时间分别为 2001 年 8 月和 2003 年 8 月，均在本专利的申请日之前，并且基于其可以从公共渠道获得，合议组认为附件 6 可以作为本案的有效证据使用。

附件 7 是香港贸易发展局出版的《HONG KONG enterprise》（香港企业杂志），2004 年第 8 卷。专利权人对其真实性没有异议，合议组在此基础上认可该证据的真实性。依据以上附件 6 中关于该杂志公开时间的认定，可以确认该附件 7 的公开时间为 2004 年 8 月，在本专利的申请日之前，并且基于其可以从公共渠道获得，合议组认为附件 7 可以作为本案的有效证据使用。

在此基础上，合议组审查的请求人 I 的无效理由是：本专利相对于附件 6 和附件 7 不符合专利法第 23 条的规定。

（2）请求人 II 提供的证据及无效理由。

附件 C 是经国家知识产权局专利检索咨询中心确认的公开号为 2019980006480 的韩国实用新型专利文件及其部分中文译文。专利权人对其真实性没有异议。合议组经核实，认可该证据的真实性，并且基于其公开日期为 1998 年 4 月 30 日，在本专利的申请日之前，因此，认为该证据可以作为本案的有效证据。

请求人 II 针对本专利权提出无效宣告请求的日期是 2006 年 7 月 19 日。2006 年 9 月 4 日，请求人 II 补充提交附件 D，即证据 A 的中文译文。根据《施行修订后审查指南的过渡办法》，对于在 2006 年 7 月 1 日之后提出的无效宣告请求，其外文证据中文译文的提交适用 2006 年 7 月 1 日起施行的审查指南。根据 2006 版审查指南第四部分第三章 4.3 节的规定，合议组对于请求人 II 在提出无效宣告请求之日起 1 个月后补充提交的附件 D 不予考虑。

在此基础上，合议组审查的请求人 II 的无效理由是：本专利相对于附件 C 不符合专利法第 23 条的规定。

3. 本专利是否符合专利法第 23 条的规定

本专利涉及一种多用架的外观设计（参见本专利附图），由主视图看出，该多用架外部轮廓为一个四角均为弧形的正方形框架，正方形框架上边、左边中部各有一弧形突起，正方形框架下边、右边中部各有一凹形凹进，框架正面中央部位是凹进去的正方形内框；由后视图看出，框架背面为平面；由左视图与俯视图看出，上边、左边均为中间有一弧形突起的长方形；由右视图与仰视图看出，下边、右边均为中间有一凹形凹进的长方形。

请求人 I 提供的附件 6 和 7 中均公开了一种镜框，从图示效果来看，该镜框除了可以镶嵌图片外，还可以象拼图一样多个相互组合达到装饰的目的，在本专利未明确其多用架用途的情况下，一般消费者知道本专利的多用架可以镶嵌图片并可以多个相互组合，因此，合议组认为附件 6、7 中公开的镜框与本专利属于相同类别的产品，二者可以进行相同、相近似性对比。

请求人 I 明确使用附件 6 中的图片 SPA-3、SKL516A 和 SKL516B（参见附件 6 附图）、附件 7 中的图片 TMP-010（参见附件 7 附图）与本专利进行比较。

SPA-3 从整体上看呈波浪形，四边均为流线型曲线，四角呈尖锐的锐角或钝角，上边靠近右侧、右边靠近下侧的位置各有一个近椭圆形突起，下边靠近右侧、左边靠近下侧位置各有一个近椭圆形凹进，镜框中央略靠近右上角处有一近似正方形的内框。将其与本专利的外观设计进行对比可以发现，二者至少存在以下区别：（1）外部轮廓不同，本专利的外部轮廓整体上为正方形，SPA-3 的四边为流线型曲线；（2）四角形状不同，本专利的四角均为弧形，SPA-3 的四角为尖锐的锐角或钝角；（3）突起与凹进在各边上的位置不同，本专利的突起与凹进均处于各边中间的位置上，而 SPA-3 的突起与凹进不在各边的中间位置上；（4）正方形内框的位置不同，本专利中正方形内框距离各边的位置大致相等，而 SPA-3 中内框更偏向于右上角。由于外部轮廓、四角的形状、突起与凹进在各边上的位置、以及内框在整个框架中的位置均为一般消费者容易看到的部位，并且在整个外观设计中占显著位置。在这些设计要素存在上述区别的情况下，一般消费者通常不会将二者误认、混同，所述区别对产品外观设计的整体视觉效果产生了显著的影响，因此，合议组认为，本专利与SPA-3既不相同、也不相近似。

SKL516A从整体上看，外部轮廓为四角均为弧形的正方形框架，正方形框架上边中间有一弧形突起，正方形框架下边、左边、和右边各有一凹形凹进，框架正面中央部位是凹进去的正方形内框；SKL516B与SKL516A外部轮廓及内框相似，但其有三个弧形突起，一个凹形凹进，三个弧形突起分别位于上边、左边、和右边，一个凹形凹进位于下边。将SKL516A、SKL516B与本专利进行对比可以发现，它们最主要的区别在于突起与凹进的数量不同：本专利有两个突起，两个凹进；SKL516A有一个突起，三个凹进，而SKL516B则有三个突起，一个凹进。由于一般消费者在看到二者的外观时，通常会对二者容易看到的部位留下主要印象，突起与凹进数量上的不同使得一般消费者不会将二者误认、混同，对产品外观设计的整体视觉效果产生了显著影响，故而，本专利与SKL516A或SKL516B相比，既不相同、也不相近似。

TMP-010从整体上看，实际上是由两个单独的组件构成的，这两个组件的外部轮廓均为四角呈弧形的正方形框架，位于左侧的组件在其四个边上各有一个占该边较大比例的长方形凹进，框架正面中央部位有一凹进去的正方形内框，位于右侧的组件在其四个边上各有一个占该边较大比例的长方形突起，框架正面中央部位则有一凹进去的圆形内框。将TMP-010的左侧组件与本专利进行对比可以发现，其主要区别在于：本专利外观设计的四个边上有两个突起，两个凹进，并且所述突起与凹进都是弧形的，TMP-010的左侧组件在四个边上共有四个凹进，没有突起，并且凹进的形状是长方形的。将TMP-010的右侧组件与本专利进行对比可以发现，其主要区别在于：（1）本专利外观设计的四个边上有两个突起，两个凹进，并且所述突起与凹进都是弧形的，而TMP-010的右侧组件在四个边上共有四个突起，没有凹进，且突起的形状是长方形的；（2）本专利的内框呈正方形，TMP-010右侧组件的内框呈圆形。由于一般消费者在看到二者的外观时，通常会对二者容易看到的、在整个外设设计中占显著位置的部位留下主要印象，当一般消费者看到本专利与TMP-010的外观时，四边上存在的是突起还是凹进、以及内框形状是正方形还是圆形，这种区别使得一般消费者不会将二者误认、混同，其大小比例、数量的区别对产品外观设计的整体视觉效果产生了显著影响，因此，合议组认为，本专利与TMP-010的外观设计相比，既不相同、也不相近似。

综上，请求人I提供的所有证据与本专利相比均为不相同或不相近似的外观设计，因而，与请求人I提供的所有证据相比，本专利符合专利法第23条的规定。

请求人II提供的附件C涉及一种画框（参见附件C附图），从其中文译文的附图3和4可以看出，该镜框除了可以镶嵌图片外，还可以象拼图一样多个相互组合达到装饰的目的，在本专利未明确其多用架用途的情况下，一般消费者知道本专利的多用架可以镶嵌图片并可以多个相互组合，因此，合议组认为附件C中公开的画框与本专利属于相同类别的产品，二者可以进行相同、相近似性对比。

在附件C的图4中共包括了7个子图，中间为标为图号10的大图，在其周围分布有5个形状相对规则的小图和一个形状极不规则的小图，其中与本专利最为接近的为左下角分别标有图号15和图号10a的两个小图、以及右下角标有图号10a的小图（下称在先设计）。将其与本专利的外观设计进行对比可以发现，二者主要存在以下区别：（1）外部轮廓不同，本专利的外部轮廓整体上看为正方形，在先设计的四边为流线型曲线；（2）四角形状不同，本专利的四角均为弧形，在先设计的四角为尖锐的锐角或钝角；（3）突起与凹进在四边上的位置不同，本专利在上边与左边中间的位置上各有一个突起、在下边与右边中间的位置上各有一个凹进，所述突起与凹进均处于各边中间的位置上，而在先设计在上边偏右、左边偏上的位置上各有一个突起，在下边偏右、右边偏上的位置上各有一个凹进，突起与凹进不在各边的中间位置上；（4）正方形内框的位置不同，本专利中正方形内框距离各边的位置大致相等，而在先设计中内框更偏向于左边。由于外部轮廓、四角的形状、突起与凹进在各边上的位置、以及内框在整个框架中的位置均为一般消费者容易看到的部位，并且在整个外观设计中占显著位置，因此，在这些设计要素存在上述区别的情况下，一般消费者不会将二者误认、混同，所述区别对产品外观设计的整体视觉效果产生了显著的影响，因此，合议组认为，本专利与在先设计既不相同、也不相近似。

附件C中的其他图与本专利相比，除了存在上述区别之外，还存在其他不同之处，例如，处于附图C中间位置的大图在每一边上均包括一个突起和一个凹进；处于大图右下角标有图号16的小图、以及处于大图右上角标有图号10a的小图中内框为长方形。基于以上相同的理由，本专利与这些图中所示的外观设计不相同、不相近似。

综上，请求人Ⅱ提供的所有证据与本专利相比既不相同也不相近似，因而，不足以说明本专利不符合专利法第23条的规定。

基于以上事实和理由，本案合议组作出如下审查决定。

三、决定

维持200430080278.1号外观设计专利权有效。

当事人对本决定不服的，可以根据专利法第46条第2款的规定，自收到本决定之日起三个月内向北京市第一中级人民法院起诉。根据该款的规定，一方当事人起诉后，另一方当事人应当作为第三人参加诉讼。

北京市第一中级人民法院
行政判决书

（2007）一中行初字第1293号

原告光明乳业股份有限公司，住所地上海市吴中路578号。

委托代理人包宇霆，男，1957年7月22日出生，上海欣创专利商标事务所职员，住上海市静安区长寿路999弄61号4C室。

委托代理人王琼，女，1970年11月6日出生，上海金羽广告有限公司经理，住上海市普陀区长风二村186号203室。

被告国家知识产权局专利复审委员会，住所地北京市海淀区北四环西路9号银谷大厦10~12层。

法定代表人廖涛，副主任。

委托代理人任晓兰，该专利复审委员会审查员。

委托代理人刘妍，该专利复审委员会审查员。

第三人陈实，男，1972年12月1日出生，汉族，住广东省汕头市澄海区广益街道城北益华园8幢704号。

委托代理人杨思东，北京市建元律师事务所律师。

委托代理人王宝勇，北京市建元律师事务所律师。

原告光明乳业股份有限公司（以下简称光明乳业公司）作为对名称为"多用架"申请号为

200430080278.1外观设计专利（以下简称本专利）的无效宣告请求人，不服国家知识产权局专利复审委员会（以下简称专利复审委员会）于2007年6月10日作出的第9900号无效宣告请求审查决定（以下简称第9900号决定），向本院提起诉讼。本院于2007年9月21日受理后，依法组成合议庭，并依法通知本专利的专利权人陈实作为第三人参加诉讼，于2007年11月20日公开开庭进行了审理。原告光明乳业公司的委托代理人包宇霆、王琼，被告专利复审委员会的委托代理人任晓兰、刘妍，第三人陈实的委托代理人杨思东、王宝勇到庭参加诉讼。本案现已审理终结。第9900号决定认为：光明乳业公司的无效理由是本专利相对于附件6和附件7不符合《专利法》第二十三条的规定。本专利涉及一种"多用架"外观设计。光明乳业公司提供的附件6和附件7中均公开了一种镜框，从图示效果看，该镜框不仅可以镶嵌图片，还可以多个相互拼图组合达到装饰目的，在本专利未明确其"多用架"用途的情况下，一般消费者知道本专利可以镶嵌图片并可以多个相互组合，因此，附件6、附件7中公开的镜框与本专利属于相同类别的产品，二者可以进行相同、相近似性对比。即附件6中的图片SPA-3、SKL516A和SKL516B（参见附件6附图）、附件7中图片TMP-010（参见附件7附图）可与本专利进行比较。本专利与SPA-3相比，由于外部轮廓、四角的形状、突起与凹陷在各边上的位置、以及内框在整个框架中的位置均为一般消费者容易看到的部位，并且在整个外观设计中占显著位置，在这些设计要素存在区别的情况下，一般消费者通常不会将二者误认、混同，所述区别对产品外观设计的整体视觉效果产生了显著的影响，因此，本专利与SPA-3既不相同、也不相近似。将SKL516A、SKL516B与本专利进行对比可以发现，它们最主要的区别在于突起与凹陷的数量不同。由于一般消费者在看到二者的外观时，通常会对二者容易看到的部位留下主要印象，突起与凹陷数量上的不同使得一般消费者不会将二者误认、混同，对产品外观设计的整体视觉效果产生了显著影响，故而，本专利与SKL516A或SKL516B相比，既不相同、也不相近似。由于一般消费者在看到本专利与TMP-010二者的外观时，通常会对二者容易看到的、在整个外设设计中占显著位置的部位留下主要印象，当一般消费者看到本专利与TMP-010的外观时，四边上存在的是突起还是凹陷、以及内框形状是正方形还是圆形，这种区别使得一般消费者不会将二者误认、混同，其大小比例、数量的区别对产品外观设计的整体视觉效果产生了显著影响，因此，本专利与TMP-010的外观设计相比，既不相同、也不相近似。综上，光明乳业公司提供的所有证据与本专利相比均为不相同或不相近似的外观设计，本专利符合《专利法》第二十三条的规定。据此，决定维持本专利权有效。原告光明乳业公司不服被告专利复审委员会作出的第9900号决定，在法定期限内向本院提起诉讼，其诉称：第9900号决定认定事实有误，适用法律不当。1.该决定违反了外观设计相似性比较原则。（1）本专利与附件6中SKL516A和SKL516B的区别点仅在于突起与凹陷的数量不同，但从突起与凹陷的数量上确定两者不相近似不合理。首先，这种突起与凹陷数量的不同只是这种产品的一个合理变换，我们递交的所有证据表明，这种数量上的变换具有随意性，属于惯常设计。其次，这种突起与凹陷的部位属于功能部位，是供接插用的，应在使用状态下进行对比和观察。在使用状态下，是由一组产品通过突起与凹陷部位相互依次插接一体，在这种情况下，一般消费者不会注意突起与凹陷部位的数量，极易造成误认和混同，对产品外观设计的整体视觉效果没有产生显著影响。所以本专利与在先设计SKL516A或SKL516B相比，是相近似的。（2）关于对证据附件6中在先设计SPA-3的认定。审查指南中规定，对于产品外观设计整体形状而言，圆形和三角形、四边形相比，其形状有较大差异，不能认定为相近似。第9900号决定认定本专利与附件6的在先设计SPA-3相比较存在外部轮廓不同，即本专利的外部轮廓整体为正方形，SPA-3的四边为流线型曲线。但本专利正方形只是一个惯常设计，而在先设计也为四边，只是对正方形有个微小的变换，所以这一不同不足以影响两者的相似性。第9900号决定还认定两者四角形状不同，本专利的四角为弧形，SPA-3的四角为尖锐的锐角或钝角。但这两者的区别更是细微，均是局部边角的微小变换，并不影响整体的形状。第9900号决定还认定两者突起与凹陷在各边上的位置不同，本专利的突起与凹陷均处于各边中间的位置上，而SPA-3的突起与凹陷不在各边的中间位置。但位置的不同，一个在中间，一个略偏移中间，不能认为形状有较大的差异，整体上是相近似的。第9900号决定认定两者正方形内框的位置不同，本专利中正方形内框距离各边的位置大致相等，而在先设计中内框更偏向于右上角。但内框位置的不同，不能认为形状有较大的差异，整体上是相近似的。2. 第9900号决定在认定附件6中的在先设计SKL516A、SKL516B和SPA-3与本专利的关系时违反了整体观察，综合判断的原则。本专利的三大设计部分，有两个相同，仅有一个在突起与凹陷数量上的不同，而不相同部位仅是细小的局部变化，并且这些局部变化从整体视觉上观察尚不能对其整体形状产生显著的差别，两者是属于相近似的外观设计。对于SPA-3的认定，在外部轮廓不同、四角形状不同、突起与凹陷在各边上的位置不同、正方形内框的位置不同的情况下，只是局部的细微变化，不足以对整体造成影响。综上所述，本专利涉及一种多用架的外观设计，该多用架外部轮廓为一个四角均为弧形的正方形框架，框架正面中央部位是凹陷的正方形内框，这部分是镜框的一种惯常设计，该多用架与普通镜框相比，只是在各边上有突起或凹陷，而在先设计中均是在四边形的四边上具有突起与凹陷的结构，由于本外观设计专利与所提供的证据在形状上相同和相近似，且是一种司空见惯的几何形状，所以不符合《专利法》第二十三条和《专利法实施细则》的相关规定。综上，原告请求人民法院依法撤销第9900号决定。被告专利复审委员会的答辩意见为：关于本专利与SKL516A、SKL516B的比较。原告同意第9900号决定中关于本专利外观设计与SKL516A、SKL516B区别的认定，即本专利与SKL516A、SKL516B相比，最主要的区别在于突起与凹陷的数量不同。但原告认为突起与凹陷数量的不同属于惯常设计，突起与凹陷属于功能部位，供接插用，因此，应当将一组产品通过突起与凹陷相互依次插接在一起后的状态进行对比。首先，原告在无效过程中并未提出突起与凹陷数量的不同属于惯常设计这一主张；其次，原告也没有提供证据表明突起与凹陷的数量为惯常设计；第三，突起与凹陷的数量是消费者容易看到的部位，消费者在看到本专利与对比文件的外观时，会对二者容易看到的部位留下主要印象，而突起与凹陷数量上的不同使得消费者不会将二者误认混同，因此对产品外观设计的整体视觉效果产生了显著影响，在此基础上得出本专利与SKL516A、SKL516B不相近似的结论并无不当。在本专利乃至无效宣告过程中原告从未主张过本专利必须是几个产品插接在一起使用，从原告提供的所有证据可见，本专利产品既可以单独使用，也可以几个组合使用。在此情况下，只能对单个产品的外观进行对比，不能将几个产品组合在一起的状态作为对比对象。因此，第9900号决定中关于本专利与SKL516A、SKL516B的比较并未违反外观设计相近似的判断原则，也未违反整体观察、综合判断的原则。关于本专利与SPA-3的比较。原告认同第9900号决定中关于本专利与SPA-3相比的区别所在，但认为这些区别都是细微或微小的变换，本专利与SPA-3整体上看是相似的。但本专利外观设计中外部轮廓、四角形状、突起与凹陷的数量和位置、以及内框在整个框架中的位置为消费者容易看到的部位，在整个外观设计中占显著位置。在这些设计要素都存在差别的情况下，一般消费者不会将本专利与SPA-3误认混同，这些区别会对外观设计的整体视觉效果产生显著的影响。因此，第9900号决定中关于本专利与SPA-3的比较既未违反外观设计相近似的判断原则，也未违反整体观察、综合判断的原则。综上所述，第9900号决定认定事实清楚、适用法律正确、审理程序合法，原告的诉讼理由不能成立，提求人民法院驳回原告的诉讼请求，维持第9900号决定。第三人陈实的意见为：第9900号决定正确。将本专利与在先设计SKL516A和SKL516B相比，除第9900号决定提到的突起和凹陷的数量不同外，还可以观察到在先设计的突起和凹陷的形状也和本专利的突起、凹陷形状有很大不同。尤其在先设计的一个突起已经明显呈现圆形的手柄形状，给人以突兀的感觉，SKL516A侧边的凹陷范围较大、较深，和凹陷所在的侧边相比，所占比例较大；而本专利的两个突起为柔和的半圆形，和在先设计的突起有明显差别，本专利的凹陷较小，在侧边所占的比例较小。在先设计的突起和凹陷由于数量的不同，也呈不对称的形状，对于SKL516A，其侧面的两个凹陷和底部的凹陷从宽度上有明显区别；对于SKL516B，其顶部的突起与侧面的突起形状上也存在明显的差别，顶部为手柄形较大突起，侧面为矩形突起，而本专利的突起和凹陷均呈相同的对称形状。将本专利和在先设计遵循"整体观察、综合判断"的原则，从整体观察来看，由于在先设计与本专利的突起、凹陷的数量不同、形状不同、占整体的比例不同、对称性不同，致使消费者可以明显感觉到在先设计和本专利的显著区别。同时，本专利由于突起和凹陷占整体比例较小，相互对称，形状接近规则的正方形，而在先设计由于突起和凹陷所占整体比例较大且不对称，形状远远偏离四方形，因而本专利产品和在先设计相比具有强烈的美感，而在先设计明显缺乏美感，二者在整体观察上，具有很大的区别，而不只是局部细微的差别。对于原告提出的在使用状态下观察，由于本专利不仅可以插接后使用，而且可以单独使用，因此使用状态应该为单个使用的状态，而不是插接后的使用状态，原告的理由是没有根据的。对于附件6中的SPA-3，第9900号决定中提到的四点不同足以证明本专利与SPA-3具有较大差异，不会给一般消费者造成混淆，本专利与SPA-3的四点不同导致了它们在整体形态上的显著差异，因此是不相同也不相近似的。第9900号决定得出本专利与在先设计不相同也不相近似是对"整体观察、综合判断"原则的正确应用。综上，恳请法院依法驳回原告的诉讼请求，维持第9900号决定。

经过开庭审理并听取当事人的陈述，本院确认各方当事人对以下事实不持异议：

陈实是名称为"多用架"、申请号为200430080278.1外观设计专利（即本专利）的专利权人，本专利于2004年9月29日申请，于2005年4月20日授权公告。光明乳业公司于2006年5月31日针对本专利向专利复审委员会提出无效宣告请求，认为本专利与在先设计相近似，不符合《专利法》第二十三条的规定，并提交附件6等证据。

本专利涉及一种"多用架"外观设计，其公告视图包括主视图、仰视图、俯视图、左、右视图和后视图（见附图1）。由主视图可见，该多用架外部轮廓为一个四角均为弧形的正方形框架，正方形框架上边、左边中部各有一弧形突起，正方形框架下边、右边中部各有一凹陷形，框架正面中部是凹陷的正方形内框；由后视图可见，框架背面为平面；由左视图与俯视图可见，上边、左边均为中间有一弧形突起的长方形；由右视图与仰视图可见，下边、右边均为中间有一凹陷形的长方形。附件6中公开了编号为SPA-3、SKL516A、SKL516B三种镜框（见附图2、3、4），与本专利属于相同类别的产品。其中：

SPA-3从整体上看呈波浪形，四边均为流线型曲线，四角呈尖锐的锐角或钝角，上边靠近右侧、右边靠近下侧的位置各有一个近椭圆形突起，下边靠近右侧、左边靠近下侧位置各有一个近椭圆形凹陷，镜框中央略靠近右上角处有一近似正方形的内框。将其与本专利的外观设计进行对比可以发现，二者至少存在以下区别：（1）外部轮廓不同，本专利的外部轮廓整体上为正方形，SPA-3的四边为流线型曲线；（2）四角形状不同，本专利的四角均为弧形，SPA-3的四角为尖锐的锐角或钝角；（3）突起与凹陷在各边上的位置不同，本专利的突起与凹陷均处于各边中间的位置上，而SPA-3的突起与凹陷不在各边的中间位置上；（4）正方形内框的位置不同，本专利中正方形内框距离各边的位置大致相等，而SPA-3中内框更偏向于右上角。

SKL516A从整体上看，外部轮廓为四角均为弧形的正方形框架，正方形框架上边中间有一弧形突起，正方形框架下边、左边、右边各有一凹陷形，框架正面中央部位是凹陷的正方形内框；SKL516B与SKL516A外部轮廓及内框相似，但其有三个弧形突起，一个凹陷形，三个弧形突起分别位于上边、左边、和右边，一个凹陷形位于下边。将SKL516A、SKL516B分别与本专利进行对比，其区别均在于侧面中部的突起或凹陷的合计数量不同：本专利有两个突起，两个凹陷；SKL516A有一个突起，三个凹陷，而SKL516B则有三个突起，一个凹陷。

原告在诉讼中明确表示其仅是对第9900号决定涉及的附件6与本专利的对比结论的理由持有异议。

上述事实有第9900号决定和本专利公报及附图、（2006）沪卢证经字第1552号《公证书》以及当事人庭审陈述笔录等证据在案证实。

本院认为：

鉴于原告的起诉理由仅涉及附件6与本专利对比的事实和结论，故本案仅在该事实范围对第9900号决定进行审理。

根据当事人的陈述，第9900号决定对附件6中公开的编号为SPA-3、SKL516A、SKL516B的三种镜框在先设计与本专利的形状描述和对比区别特征描述，各方当事人并无异议，对此，本院予以确认。本案的争议在于原告对上述对比结论持有异议。

第一，根据在先设计SPA-3与本专利的对比结果可见，两者在四角角度形状、四边线型形状、四边上的突起与凹陷位置上存在不同，这些不同虽然在单独观察时属于细部的不同，但因不同的形状因素分布于对比形状的整体，在整体观察时必然产生整体视觉效果上的形状差异，并可以使消费者产生在形状和设计风格上存在较大差异的认识，因此，两者不是相近似的外观设计。

第二，根据在先设计SKL516A、SKL516B分别与本专利的对比结果可见，SKL516A、SKL516B侧面中部的突起或凹陷的合计数量与本专利均存在不同。由于突起与凹陷数量的不同是否属于惯常设计原告并未提交证据予以证明，同时，突起与凹陷形状的对比应当在接插后进行的理由也已经超出了本案的审理范围，因此，专利复审委员会认定突起与凹陷的数量是消费者容易看到的部位，消费者在看到本专利与SKL516A、SKL516B的外观时，会对二者容易看到的部位差异留下深刻印象，使得消费者不会将二者误认混同，本专利与SKL516A、SKL516B不相近似，该结论并无不当。

综上，原告的诉讼主张缺乏法律依据，不能成立，本院不予支持。第9900号决定认定事实清楚，决定的理由符合法律规定，维持本专利有效的结论适当，该决定应予以维持。依照《中华人民共和国行政诉讼法》第五十四条第（一）项，本院判决如下：

维持被告国家知识产权局专利复审委员会作出的第9900号无效宣告请求审查决定。

案件受理费100元，由原告光明乳业股份有限公司负担（已交纳）。

如不服本判决，可在本判决书送达之日起15日内向本院提交上诉状及副本，交纳上诉案件受理费100元，上诉于北京市高级人民法院。上诉期满后7日内未交纳上诉案件受理费的，按自动撤回上诉处理。

审　判　长　姜　颖
代理审判员　苏　杭
代理审判员　唐晓君
二〇〇八年一月二日
书　记　员　陈文煊

包装箱

无效宣告请求审查决定（第 9901 号）

决 定 号	第 9901 号
决 定 日	2007 年 6 月 7 日
发明创造名称	包装箱
外观设计分类号	09-03-P0009
无效宣告请求人	法科达拉（苏州）包装有限公司
专 利 权 人	京威鳄鱼环保包装（上海）有限公司
专 利 号	01344207.4
申 请 日	2001 年 9 月 3 日
授权公告日	2002 年 3 月 27 日
合议组组长	柴爱军
主 审 员	任晓兰
参 审 员	汪送来

法律依据 专利法第 23 条

决定要点

对于组装关系唯一的组件产品，一般消费者会对各构件组合后的产品的整体外观设计留下印象，因此应当以各构件组合状态下的整体外观设计作为比较对象。

如果被比设计与在先设计存在差别，但所述差别仅为局部细微的设计，在整体设计中所占比例很小，足以导致一般消费者将二者误认、混同，则所述差别对于产品外观设计的整体视觉效果不具有显著的影响，二者属于相近似的外观设计。

一、案由

本无效宣告请求案涉及国家知识产权局于 2002 年 3 月 27 日公告授予的、名称为"包装箱"的外观设计专利权（下称本专利），其专利号为 01344207.4，申请日为 2001 年 9 月 3 日，专利权人为京威鳄鱼环保包装（上海）有限公司。

针对上述专利权，法科达拉（苏州）包装有限公司（下称请求人）于 2006 年 5 月 30 日向专利复审委员会提出无效宣告请求，认为本专利与美国专利 US 5535909A 相比，其部件 7 所示连接构件与美国专利中的保持夹形状相同，部件 1~6 均为扁平的长方体平板，构成的箱体为长方体，平板中用于配合连接构件的部位以圆角矩形表示槽的形状，这些与美国专利中所示的设计完全相同，因此，本专利不符合专利法第 23 条的规定。同时，本专利中关于平板的图片形状为司空见惯的几何形状，明显不是新设计，因此，也不符合专利法实施细则第 2 条第 3 款的规定。在提交无效宣告请求时，请求人提交了第一套证据 A，包括：

证据 A-1：美国专利 US 5535909A 的英文文本，复印件共 9 页；

证据 A-2：美国专利 US 5535909A 的部分中文译文，打印件共 3 页；

证据 A-3：本专利授权公告文本，复印件共 2 页。

经形式审查合格后，专利复审委员会受理了上述无效宣告请求，于 2006 年 5 月 30 日向双方当事人发出《无效宣告请求受理通知书》，并将《专利权无效宣告请求书》及其他有关文件的副本转送给专利权人，要求其在指定的期限内答复，同时成立合议组对本无效宣告请求案进行审理。

2006 年 6 月 30 日，请求人补充提交了意见陈述书，同时补充如下三套证据 B、C 和 D（编号续前）：

第二套证据 B 是经过公证认证的英国鳄鱼包装有限公司的常务董事昆廷。迈克尔。卡梅伦。菲利普的宣誓书、宣誓书中提及的 23 份附件及其相关中文译文，其包括：

证据 B-1：经英国伦敦公证员安德鲁·J. 克劳德特公证的昆廷·迈克尔·卡梅伦·菲利普的宣誓书（复印件共 11 页）、所述宣誓书的中文译文（复印件共 5 页）、中华人民共和国驻英国大使馆的认证文件及其中文译文（复印件共 3 页）；

证据 B-2：编号为 QMCP1 的附件，即英国鳄鱼包装有限公司的产品宣传册 "Box Clever"（复印件共 4 页），及其公证书与公证书中文译文（复印件共 2 页）；

证据 B-3：编号为 QMCP2 的附件，即英国电讯办公室网站下载资料 "A brief history of recent UK telecoms and Oftel"（复印件共 26 页），及其公证书与公证书中文译文（复印件共 2 页）；

证据 B-4：编号为 QMCP3 的附件，即 LRS 公司给 Julian 的一封信及其附件（复印件共 11 页）、该信的中文译文（复印件共 1 页），及其公证书与公证书中文译文（复印件共 2 页）；

证据 B-5：编号为 QMCP4 的附件，即 T&D 公司的产品宣传册 "CROCBOX IBC"（复印件共 4 页），及其公证书与公证书中文译文（复印件共 2 页）；

证据 B-6：编号为 QMCP5 的附件，即英国鳄鱼包装有限公司产品宣传册 "It's a jungle out there……only the strongest survive"（复印件共 9 页）、其部分中文译文（复印件共 1 页），及其公证书与公证书中文译文（复印件共 2 页）；

证据 B-7：编号为 QMCP6 的附件，即橡树果印刷公司 Alison Larkin 给 Lilian Philip 的信件及其附件（复印件共 7 页）、该信件的中文译文（复印件共 1 页），及其公证书与公证书中文译文（复印件共 2 页）；

证据 B-8：编号为 QMCP7 的附件，即鳄鱼包装有限公司关于 ISO9002 和 ISO9001 的国际质量体系认证登记证书（复印件共 2 页）、其中文译文（复印件共 2 页），及其公证书与公证书中文译文（复印件共 2 页）；

证据 B-9：编号为 QMCP8 的附件，即京威鳄鱼环保包装公司的宣传册（复印件共 10 页），及其公证书与公证书中文译文（复印件共 2 页）；

证据 B-10：编号为 QMCP9 的附件，即 RODA ENGINEERING、CHAMSA、以及上海华隆进出口公司关于金属夹子的设计图（复印件共 6 页），及其公证书与公证书中文译文（复印件共 2 页）；

证据 B-11：编号为 QMCP10 的附件，即客户名称为 NOKIA 的订单（复印件共 1 页），及其公证书与公证书中文译文（复印件共 2 页）；

证据 B-12：编号为 QMCP11 的附件，即《Liquids Handling》（液体处理杂志），1998 年 5 月刊（复印件共 56 页），其第 34 页的中文译文（复印件共 1 页），及其公证书与公证书中文译文（复印件共 2 页）；

证据B-13：编号为QMCP12的附件，即《What's new in industry》（工业新进展），1999年4月刊（复印件共97页），其广告页中201号广告的中文译文（复印件共1页），及其公证书与公证书中文译文（复印件共2页）；

证据B-14：编号为QMCP13的附件，即一则公告（复印件共4页），及其公证书与公证书中文译文（复印件共2页）；

证据B-15：编号为QMCP14的附件，即一些图片的电脑打印件（复印件共5页），及其公证书与公证书中文译文（复印件共2页）；

证据B-16：编号为QMCP15的附件，即标有http://www.crocodile.uk.com/services.html网址的打印件（复印件共2页），及其公证书与公证书中文译文（复印件共2页）；

证据B-17：编号为QMCP16的附件，即鳄鱼给诺基亚（苏州）电信的发票传真（复印件共2页），及其公证书与公证书中文译文（复印件共2页）；

证据B-18：编号为QMCP17的附件，即林迪。里森致昆廷的信及回函（复印件共3页），其中文译文（复印件共1页），及其公证书与公证书中文译文（复印件共2页）；

证据B-19：编号为QMCP18的附件，即鳄鱼包装有限公司在京威鳄鱼控股有限公司的股份证明书（复印件共1页），及其公证书与公证书中文译文（复印件共2页）；

证据B-20：编号为QMCP19的附件，即鳄鱼包装有限公司与京威鳄鱼控股有限公司的许可协议（复印件共18页），其中文译文（复印件共13页），及其公证书与公证书中文译文（复印件共2页）；

证据B-21：编号为QMCP20的附件，即昆廷至李剑英的信函及一份授权委托书（复印件共2页），信函中文译文（复印件共1页），及其公证书与公证书中文译文（复印件共2页）；

证据B-22：编号为QMCP21的附件，即专利号为01344204.X、01344207.4、01344206.6、01344205.8的外观设计专利授权公告文本（复印件共2页），及其公证书与公证书中文译文（复印件共2页）；

证据B-23：编号为QMCP22的附件，即鳄鱼包装有限公司与京威鳄鱼环保包装（上海）有限公司签署的非独占许可协议（复印件共20页），其中文译文（复印件共12页），及其公证书与公证书中文译文（复印件共2页）；

证据B-24：编号为QMCP23的附件，即京威鳄鱼环保包装上海有限公司与法科达拉（苏州）包装有限公司签署的非独占许可协议（复印件共16页），其部分中文译文（复印件共7页），及其公证书与公证书中文译文（复印件共2页）。

第三套证据C是上海市黄浦区第一公证处出具的（2006）沪黄一证经字5091号公证书及其附件（复印件共25页），其中包括：

证据C-1：曾任京威鳄鱼环保包装（上海）有限公司副总经理的李剑英的声明（复印件共2页）；

证据C-2：京威鳄鱼环保包装（上海）有限公司为李剑英申请居留证的申请书（复印件共1页）；

证据C-3：京威鳄鱼环保包装（上海）有限公司胡伟亮致昆廷。菲利普的信函（复印件共2页），及其中文译文（复印件共1页）；

证据C-4：昆廷。菲利普致李剑英的信函（复印件共1页），及其中文译文（复印件共1页）；

证据C-5：李剑英写给昆廷。菲利普的回函（复印件共1页），及其中文译文（复印件共1页）；

证据C-6：鳄鱼包装有限公司昆廷。菲利普签署的一份委托书（复印件共1页）；

证据C-7：英国鳄鱼包装有限公司的产品样本（复印件共6页）；

证据C-8：京威鳄鱼环保包装（上海）有限公司的产品样本（复印件共6页）。

第四套证据D是上海市黄浦区第一公证处出具的（2006）沪黄一证经字5092号公证书及其附件

(复印件共7页)，其中包括：

证据D-1：http：//web.archive.org网站关于http：//crocodile.uk.com的档案内容（复印件共2页）；

证据D-2：2001年5月20日http：//crocodile.uk.com的网站历史记录内容（复印件共2页）。

请求人认为：补充提交的三套证据B-D可以表明，与本专利的外观设计产品相近似的图片已经在本专利的申请日之前在国内外出版物上公开，因此，本专利不符合专利法第23条的规定。

2006年11月1日，专利复审委员会将请求人补充提交的意见陈述书及其所附文件的副本转送给专利权人。

专利复审委员会于2006年12月11日收到专利权人针对上述《转送文件通知书》的答复意见，专利权人认为请求人证据很多，要求延期举证。

2007年1月31日，本案合议组向专利权人发出《延长期限审批通知书》，告知专利权人其延期请求不符合审查指南第四部分第三章4.3.3节关于延期举证的规定。并同时向双方当事人发出《无效宣告请求口头审理通知书》，定于2007年3月28日对本案进行口头审理。

2007年3月28日，口头审理如期进行，双方当事人均委托代理人出席了口头审理，对对方当事人和出庭人员的身份没有异议，对合议组成员均无回避请求，合议组在此情况下就本无效宣告请求案进行了庭审调查：

（1）请求人放弃本专利不符合专利法实施细则第2条第3款的无效理由，明确本案的无效理由是本专利不符合专利法第23条的规定；

（2）专利权人对第一套证据的真实性、合法性、关联性均没有异议，对相关中文译文的准确性没有异议；

（3）请求人当庭提交了第二套证据的原件，并明确放弃其中的证据B-19、B-20、B-21、B-23和B-24。专利权人将该原件与复印件核对后认为，原件中的每一个子证据B-2至B-24的首页上均有公证员的签章和"Certified a true copy"的公证意见，而复印件上却无此类内容；证据B-6和B-7的复印件与原件相比有缺页，页数不相对应；原件中的证据B-13本身是活页，随意性较大，而其复印件与原件的各页顺序不一致；因此，2006年6月30日提交的第二套证据的复印件与当庭提交的第二套证据的原件并不完全相符，对证据B-2至B-18的真实性有异议，对证据B-22的真实性无异议；专利权人还认为，第二套证据原件的提交超出了举证期限，不应予以考虑。同时，专利权人还认为证据B-2至B-5、B-7、B-10、B-14至B-18没有译文。

（4）请求人当庭提交第三套证据的原件，专利权人认为提供给公证员的文件均为复印件，依此对其真实性提出异议。

（5）请求人当庭提交第四套证据的原件，专利权人对公证书本身及公证过程没有异议，对公证书附件（即，证据D-1和D-2）的真实性提出异议。

（6）合议组就本案的无效理由及证据逐一进行了调查，双方当事人充分陈述了各自的意见。

2007年4月9日，合议组向双方当事人发出《无效宣告请求审查通知书》，要求请求人在指定的期限内提交对于"Certified a true copy"（即口头审理时当庭提交的第二套证据的全套公证书原件中每一个子证据首页上出现的公证意见）的中文译文。

2007年4月13日，请求人针对《无效宣告请求审查通知书》作出答复，并以附件的形式提交了相关的中文译文。

2007年4月18日，合议组向专利权人发出《转送文件通知书》，将请求人的上述答复意见及相应的附件副本转送专利权人，要求专利权人在指定的期限内答复。

2007年5月2日，专利权人针对《转送文件通知书》作出答复。

至此，合议组认为本案的事实清楚，可以作出审查决定。

二、决定的理由

1. 法律依据

基于请求人的无效宣告请求理由，合议组对本专利是否符合专利法第 23 条的规定进行审查。

专利法第 23 条规定：授予专利权的外观设计，应当同申请日以前在国内外出版物上公开发表过或者国内公开使用过的外观设计不相同和不相近似，并不得与他人在先取得的合法权利相冲突。

2. 证据的认定

对于请求人当庭提交的第二套证据的原件，经与请求人于 2006 年 6 月 30 日提交的第二套证据的复印件比较，合议组确认确实存在有专利权人当庭指出的复印件与原件不相一致的情形：（1）证据 B-6 和 B-7 的复印件与原件相比有缺页，页数不相对应；（2）原件中的每一个子证据 B-2 至 B-24 的首页上均有公证员的签章和 "Certified a true copy" 公证意见，而复印件上却无此类内容。

对于（1）所述的情形，合议组认为，证据 B-6 和 B-7 的复印件页数少于原件的页数，此种情形的出现存在一定的可能性和合理性，由于第二套证据原件本身就达几百页之多，请求人在复印、提交该证据的过程中可能出现失误，故导致其中的部分证据复印件页数少于原件页数的情形出现，因此该情形的存在并不能必然否认第二套证据原件的真实性，但对于该原件中多于 2006 年 6 月 30 日提交的第二套证据的复印件的相关页，由于属于专利法实施细则第 66 条规定所指的逾期补充证据的情形，并不属于自提出无效宣告请求之日起一个月内补充的证据，因此，合议组对在 2006 年 6 月 30 日提交的第二套证据的复印件中没有、而在原件中具有的这些页以及其内容均不予以考虑。

对于（2）所述的情形，即与 2006 年 6 月 30 日提交的第二套证据的复印件相比，请求人当庭提交的原件在每一个子证据 B-2 至 B-24 的首页上出现了公证员的签章和 "Certified a true copy" 的公证意见，复印件上却无此类内容，合议组查看了第二套证据的原件，该原件的全部文件被绑缚在一起并由英国外交和联邦事务部的印章所粘贴，原件中的公证以及认证文件符合法律规定，仅凭原件上有签章和公证意见而复印件上无签章和公证意见尚不足以否认该证据的真实性；虽然专利权人还主张该证据的公证程序违法，但专利权人并没有充分的理由及其证据证明该证据的公证程序有重大瑕疵以使合议组信服从而足以否定该证据的真实性。另外，对于专利权人主张的第二套证据原件的提交超出举证期限的问题，合议组认为，请求人当庭提交该原件实质上是为了证明之前提交的复印件的真实性，属于审查指南第四部分第三章 4.3 节规定的用于完善证据法定形式的公证书，并不属于新证据，因此根据审查指南的上述规定，合议组对与 2006 年 6 月 30 日提交的第二套证据的复印件相符的该原件中的内容予以考虑。

至于专利权人对第二套证据提出的其他异议，合议组认为，证据 B-13 的原件与复印件的各页顺序不同，仅是复印件在装订时产生的问题，该情形并不能够否认该证据的真实性；对于中文译文，合议组认为请求人可以根据证据的情形来提交相应的译文，如果认为图片的内容已经足以反映外观设计产品的类别及其外观设计的内容，则可以不用提交单独的中文译文，在无效宣告请求书中的相应解释和说明可以作为相应的中文译文使用。

第二套证据中的证据 B-12 是《Liguids Handling》（液体处理杂志），1998 年 5 月刊。双方当事人对于原件证据 B-12 首页上的签字均认可为公证员的签字，但对公证意见 "Certified a true copy" 的英文解释不相同，请求人将其译为 "公证的真实的文本"，专利权人将其译为 "经核准无误的复印件"，但双方实质上都认定该文本是经公证员核准无误的，在没有相反证据推翻公证员对所述证据的认定的情况下，合议组对该证据 B-12 的真实性予以认可。并且，基于该杂志的公开日期为 1998 年 5 月，在本专利的申请日之前，因此，合议组认为证据 B-12 中的第 34 页左下角所示的外观设计可以作为在先设计评价本专利是否符合专利法第 23 条规定的证据使用。

3. 相同、相近似性对比

本专利涉及可以通过 7 个部件组装而成的包装箱，证据 B-12 第 34 页公开了一种易于装拆的箱子，二者属于相同类别的产品，可以进行相同、相近似性对比。

本专利授权公告文本共包括 7 个部件共 41 幅视图以及组合状态参考图，从这些视图看，本专利是由这 7 个部件组装在一起构成的，其组装关系唯一。根据审查指南第四部分第五章 5.4.1 节的规定，对于组装关系唯一的组件产品，在购买和使用时，一般消费者会对各构件组合后的产品的整体外观设计留下印象，因此，应当以各构件组合状态下的整体外观设计作为比较对象。

本专利组合后的包装箱为一个长方体箱，主箱体由六块长方形平面板材相互扣接而成，从部件 1 与 6、部件 2 与 3、部件 4 与 5 的视图可以看出，主箱体的上下、左右、前后分别对称。每一个扣接部位均包括两个分别位于相邻两块板材上的腰圆形孔、和一个处于两孔之间的 L 形扣接件（夹子），主箱体在长度方向上具有五个夹子，宽度方向上具有三个夹子，高度方向上具有两个夹子。在主箱体下部四角各具有一小长方体垫块，四个垫块下面为由四块扁平长方体板材相连而成的"口"形底板。

证据 B-12 中公开了一种箱体，从整体上看，该箱体为长方体箱，主箱体由六块长方形平面板材相互扣接而成。每一个扣接部位均包括两个分别位于相邻两块板材上的"一"字形孔、和一个处于两孔之间的 L 形扣接件（夹子），主箱体在长度方向和宽度方向上均具有四个夹子，高度方向上具有三个夹子。在主箱体下部左、中、右边各具有一条长方体垫块。

将本专利与证据 B-12 的外观设计进行对比可以看出，二者的整体外形极为相近，主要区别在于：（1）夹子的数量不同；（2）扣接部位的孔的形状有细微的差别，本专利中为腰圆形孔，证据 B-12 中为"一"字形孔；（3）主箱体下部垫块的形状和数目不同。

由于一般消费者在看到二者的外观时，通常会对二者整体上占很大比例的垫块以上部分留下主要印象。在本专利与证据 B-12 的外观设计中，整个箱体的形状、箱体各面通过夹子扣接而成的设计要素在二者的外观设计中占有很大比例，而夹子的数量、扣接部位的孔的形状、主箱体下部垫块的形状和数目在整个包装箱的外观设计中只占很小的一部分，在二者的整体设计、基本外形极为近似的情况下，一般消费者极易将二者误认、混同，这些局部细微的变化不足以对整体视觉效果产生显著影响。因此，合议组认为，本专利与证据 B-12 所示的外观设计属于相近似的外观设计，本专利不符合专利法第 23 条的规定。

专利权人认为证据 B-12 中箱子呈阶梯状，因此其外观设计与本专利不同。对此，合议组认为，从图示效果观察，是因文字部分覆盖了图片的一角所致，箱体实际为长方体。基于以上理由，合议组对专利权人的上述主张不予支持。

综上，合议组认为，证据 B-12 中公开的包装箱与本专利的包装箱相近似，本专利不符合专利法第 23 条的规定。

鉴于依据证据 B-12 已经得出本专利不符合专利法第 23 条规定的结论，本决定对于请求人提出的其他无效理由和证据不再评述。

基于以上事实和理由，本案合议组作出如下审查决定。

三、决定

宣告 01344207.4 号外观设计专利权无效。

当事人对本决定不服的，可以根据专利法第 46 条第 2 款的规定，自收到本决定之日起三个月内向北京市第一中级人民法院起诉。根据该款的规定，一方当事人起诉后，另一方当事人应当作为第三人参加诉讼。

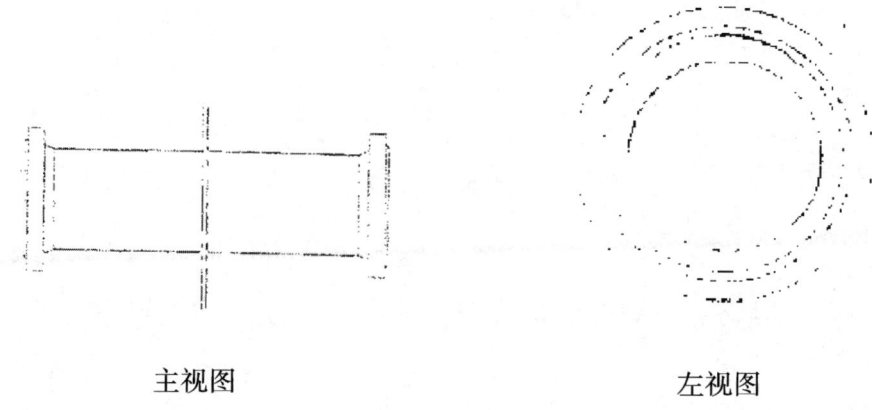

主视图　　　　　　　　　左视图

本专利附图

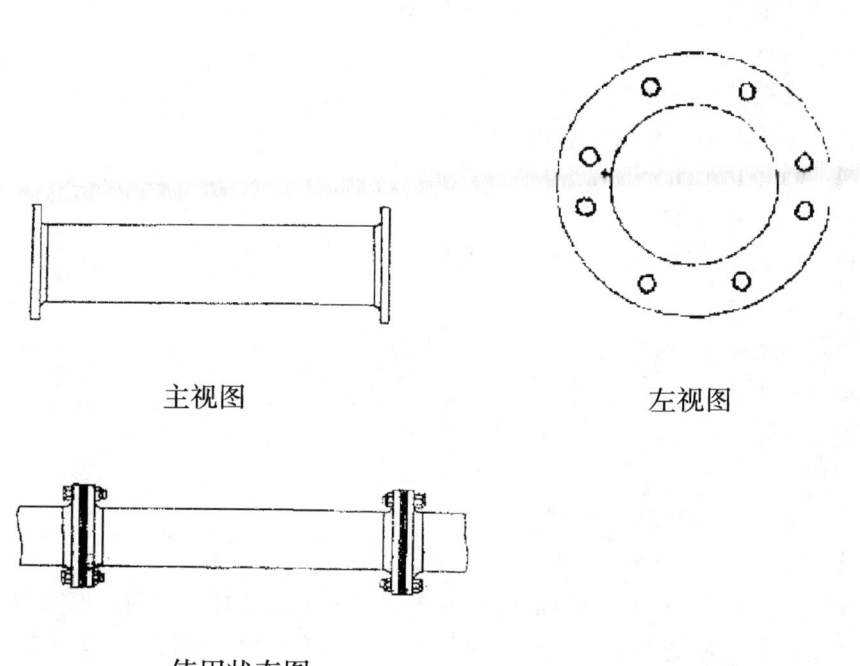

主视图　　　　　　　　　左视图

使用状态图

附件1的附图

沙发（2）

无效宣告请求审查决定（第 9904 号）

决 定 号	第 9904 号
决 定 日	2007 年 6 月 12 日
发明创造名称	沙发（2）
外观设计分类号	06-01
无效宣告请求人	金斯曼有限公司
专 利 权 人	厦门群力金属制品有限公司
专 利 号	98323540.6
申 请 日	1998 年 7 月 10 日
授权公告日	1999 年 4 月 28 日
合议组组长	钟 华
主 审 员	李改平
参 审 员	张雪飞
附 图	2 页
法 律 依 据	专利法第 9 条

决 定 要 点

请求人提交的证据证明在本专利申请日前已有他人就相近似的外观设计向国家知识产权局提出专利申请，并在本专利申请日之后被授予专利权，因此，本专利不符合专利法第 9 条的规定。

一、案由

本无效宣告请求涉及的是国家知识产权局于 1999 年 4 月 28 日授权公告的、名称为"沙发（2）"的外观设计专利，其申请号是 98323540.6，申请日是 1998 年 7 月 10 日，专利权人是厦门群力金属制品有限公司。

针对上述专利权（下称本专利），金斯曼有限公司（下称请求人）于 2006 年 12 月 11 日向专利复审委员会提出无效宣告请求，其理由是：在本专利申请日前已有他人就同样的外观设计向国家知识产权局提出专利申请，并在本专利申请日之后被授予专利权，因此，本专利不符合专利法第 9 条的规定，请求宣告本专利无效。请求人提交了申请号为 98322420.X 的中国外观设计专利公报复印件（证据 1）作为证据。

经形式审查合格，专利复审委员会受理了此案，并于 2006 年 12 月 22 日将无效请求书及相关材料副本转送给专利权人。2007 年 2 月 7 日专利权人提交了意见陈述书。专利权人认为：从主视图看，专利号为98322420.X的专利（证据1）采用的是"四座位式"的设计，而本专利采用的是"三座位式"的设计，首先在视觉上这两件专利产品已经不足以被消费者所混淆。从仰视图可以看出，本专利的底部是采用空心加固的设计，而对比专利号为98322420.X的专利，底部采用的是实心加固的设计。这两种不同的设计点也足以用来区分两种产品。因此，本专利与证据1所示外观设计专利是不相同的，恳请专利复审委员会驳回请求人的无效宣告请求。且通过请求人在2004年11月2日申请的专利号为200430102973.3的外观设计专利，说明请求人本身认定在采用"四座位式"与"三座位式"的不同设计方式时会产生明显的区别。专利权人同时提交了200430102973.3号外观设计专利公报复印件作为反证。

2007年2月28日专利复审委员会将该意见陈述书转送请求人，请求人逾期未答复。

2007年2月28日专利复审委员会向双方当事人发出合议组成员告知通知书，双方当事人对此逾期均未答复。

至此，合议组认为本案事实清楚，可以依法作出审查决定。

二、决定的理由

1. 法律依据

基于请求人提出的无效宣告请求理由，合议组对本专利是否符合专利法第9条的规定进行审查。

专利法第9条规定：两个以上的申请人分别就同样的发明创造申请专利的，专利权授予最先申请的人。

2. 证据认定

请求人提交的证据为专利号为98322420.X的中国外观设计专利公报复印件，经合议组核实，其内容属实。该专利的申请日为1998年2月27日，公开日为1999年9月15日，专利权人为金斯曼同仁有限公司。该专利的申请日在本专利的申请日（1998年7月10日）之前，公开日在本专利的申请日之后，故该专利属于他人在先申请的外观设计专利，可以作为判断本专利是否符合专利法第9条规定的证据。该外观设计专利授予的是一项座椅的外观设计（下称在先设计）。

3. 外观设计对比

观察本专利的各视图，可以看到，本专利整体上有三个座位，一对扶手，一对支腿，中间一根截面呈正三角形的支梁。各座位的座面与靠背面都为平面且均匀布置有小孔，座面与靠背面背后都设有一对支架，这些支架均呈长三角形且中部三处镂空；左右布置的一对扶手为中空的三角形状；一对支腿均呈"∧"字形并略有变形（详见本专利附图）。

观察在先设计的各视图，可以看到，在先设计整体上有四个座位，一对扶手，一对支腿，中间一根截面呈正三角形的支梁。各座位的座面与靠背面都为平面，座面与靠背面背后都设有一对支架，这些支架均呈长三角形且中部三处镂空；左右布置的一对扶手为中空的三角形状；一对支腿均呈"∧"字形并略有变形（详见在先设计附图）。

由于本专利与在先设计的外观设计都用于"座椅"，两者用途相同，故具有可比性。将本专利与在先设计进行对比，可以看到，两者都由多个座位组成，都有一对扶手，一对支腿，中间有一根截面呈正三角形的支梁。各座位的座面与靠背面都为平面，座面与靠背面背后都设有一对支架，这些支架均呈长三角形且中部三处镂空，镂空形状基本相同；左右布置的一对扶手均为中空的三角形状，其对应的内角角度基本相同；一对支腿均呈"∧"字形并略有变形，且变形基本一致。两者的不同之处在于：本专利设有三个座位，而在先设计有四个座位；本专利各座位的座面与靠背面都均匀布置有小孔，而在先设计的各座位的座面与靠背面上没有小孔；本专利的支梁采用空心加固的设计，而在先设计采用的是实心加固的设计。对于存在的这些差异，合议组认为，座位数量的差异，只是对同一座位外形的重复次数不同，并不对整体外观设计产生显著的影响；座面与靠背面是否布置有小孔属于细微部分；加固设计采用的是空心还是实心只是加固方式上的差别，并未引起截面呈正三角形的支梁整体外观设计的明显改变。由此可见，这些不同之处不足以导致二者整体外观设计产生显著的视觉差别，因此，合议组认为，本专利与在先设计属于相近似的外观设计，两者属于同样的发明创造。

专利权人提交反证用以证明请求人认可"四座位式"与"三座位式"的不同设计区别明显。对此，合议组认为，该反证所示外观设计与本专利和在先设计的对比判断无关，不影响上述相近似判断的结论。

结论

综上，请求人提交的证据证明在本专利申请日前已有他人就相近似的外观设计在国家知识产权局提出了专利申请，并在本专利申请日之后被授予专利权，因此，本专利不符合专利法第9条的规定。

三、决定

宣告98323540.6号外观设计专利权全部无效。

当事人对本决定不服的，可以根据专利法第46条第2款的规定，自收到本决定之日起三个月内向北京市第一中级人民法院起诉。根据该款的规定，一方当事人起诉后，另一方当事人应当作为第三人参加诉讼。

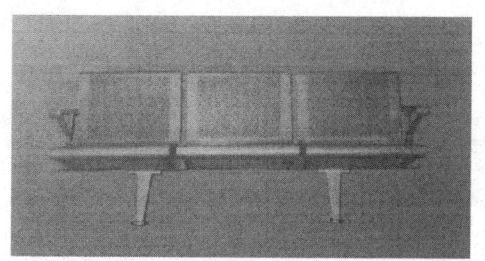
主视图

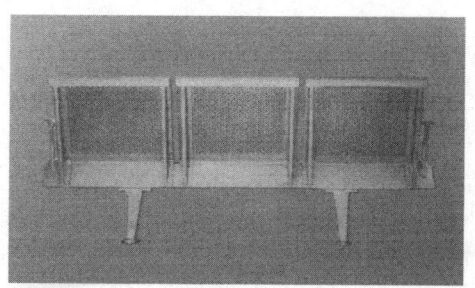
后视图

俯视图

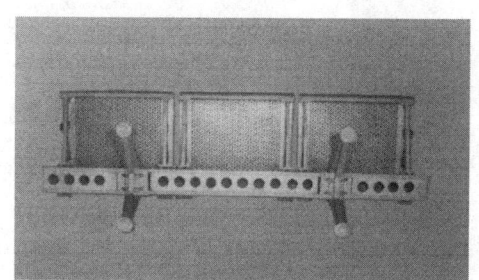
仰视图

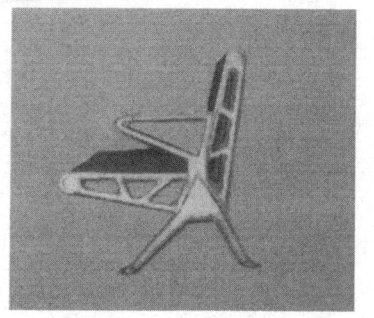
右视图

本专利附图

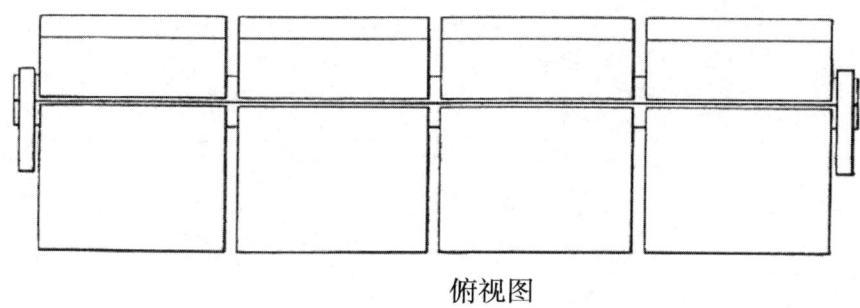
俯视图

右视图

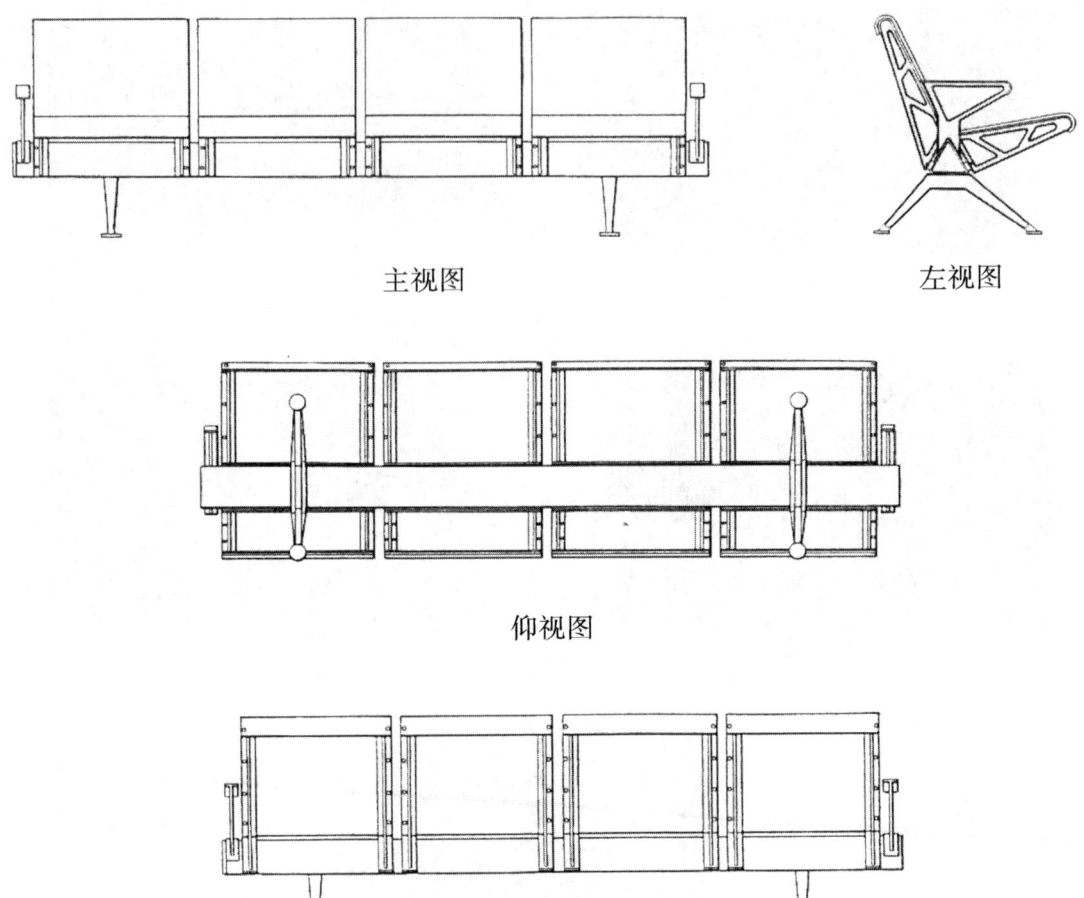

主视图　　左视图

仰视图

后视图

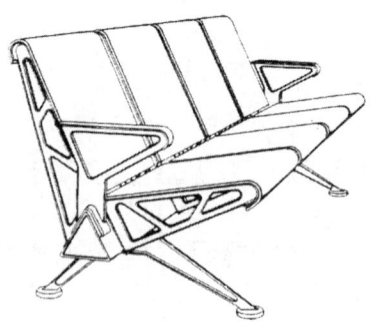

立体图

在先设计附图

马灯（2）

无效宣告请求审查决定（第 9909 号）

决 定 号	第 9909 号
决 定 日	2007 年 6 月 11 日
发明创造名称	马灯（2）
外观设计分类号	26-02
无效宣告请求人	蒋光勇
专 利 权 人	梁国英
专 利 号	200530055875.3
申 请 日	2005 年 4 月 8 日
授权公告日	2006 年 6 月 28 日
合议组组长	柴爱军
主 审 员	任晓兰
参 审 员	汪送来

法 律 依 据 专利法实施细则第 13 条第 1 款

决 定 要 点

专利法实施细则第 13 条第 1 款规定，同样的发明创造只能被授予一项专利。

对于外观设计而言，同样的外观设计是指两项外观设计相同或者相近似。

如果同一类产品的两项外观设计存在差别，但所述差别仅为局部细微的变化，对于产品外观设计的整体视觉效果并不具有显著的影响，则二者属于相近似的外观设计。

一、案由

本无效宣告请求案涉及国家知识产权局于 2006 年 6 月 28 日公告授予的、名称为"马灯（2）"的外观设计专利（下称本专利），其专利号为 200530055875.3，申请日为 2005 年 4 月 8 日，专利权人为梁国英。

针对上述专利权，蒋光勇（下称请求人）于 2006 年 8 月 15 日向专利复审委员会提出无效宣告请求，认为本专利与专利权人在同一日申请的 200530055874.9、200530055869.8 中国外观设计专利分别相近似，属于同样的发明创造，不符合专利法实施细则第 13 条第 1 款的规定；本专利与申请日前在出版物上公开发表的产品的外观设计相近似，不符合专利法第 23 条的规定。在提交无效宣告请求时，请求人提交了如下附件：

附件 1：专利号为 200530055875.3 的中国外观设计专利授权文本（即，本专利），复印件共

2 页；

附件 2：专利号为 200530055874.9 的中国外观设计专利公报，申请日为 2005 年 4 月 8 日，授权公告日为 2005 年 12 月 21 日，专利权人为梁国英，复印件共 1 页（下称证据 1）；

附件 3：专利号为 200530055869.8 的中国外观设计专利公报，申请日为 2005 年 4 月 8 日，授权公告日为 2005 年 12 月 21 日，专利权人为梁国英，复印件共 1 页（下称证据 2）；

附件 4：印有"Lighting"字样的产品宣传册，封面、目录、相关页的复印件共 3 页；部分中文译文共 2 页；环球市场集团（亚洲）有限公司的证明，复印件共 1 页（下称证据 3）；

附件 5：印有"Light Sources & components"字样的产品宣传册，封面及相关页的复印件共 2 页；环球市场集团（亚洲）有限公司的证明，复印件共 1 页（下称证据 4）。

经形式审查合格后，专利复审委员会受理了上述无效宣告请求，于 2006 年 8 月 15 日向双方当事人发出《无效宣告请求受理通知书》，并将《专利权无效宣告请求书》及其他有关文件的副本转送给专利权人，要求其在指定的期限内答复，同时成立合议组对本无效宣告请求案进行审理。

2006 年 9 月 10 日，专利权人针对上述《专利权无效宣告请求书》提交了意见陈述书，认为本专利与证据 1、证据 2 的控制面板的外观设计完全不同，而该控制面板属于使用时容易看到的部位，这种不同所形成的对消费者的视觉差异，对于整体视觉效果将产生显著的影响，因此，本专利与证据 1、证据 2 属于不相同也不相近似的外观设计。对于证据 3 和证据 4，专利权人对其真实性和合法性不予认可。

2007 年 1 月 22 日，本案合议组向双方当事人发出《无效宣告请求口头审理通知书》，并将专利权人于 2006 年 9 月 10 日提交的意见陈述书的副本转送请求人，要求其在口头审理时答复。

2007 年 4 月 4 日，口头审理如期进行，双方当事人均出席了口头审理，并对对方当事人的身份和出庭资格没有异议，对合议组成员无回避请求。合议组就本案的无效理由及证据逐一进行了调查，在双方当事人充分陈述了各自的意见的情况下，记录了如下事项：

（1）专利权人对证据 1 和 2 的真实性没有异议。请求人当庭放弃证据 3，提交了证据 4 的公证认证文件原件，合议组在专利权人当庭核实原件后将该文件的复印件转送专利权人。

（2）合议组当庭告知专利权人，本专利与证据 1 和 2 单独对比，在整体上相近似，属于同样的外观设计，不符合专利法实施细则第 13 条第 1 款的规定。专利权人应当在口头审理结束后 15 日内分别向专利局和专利复审委员会提交自申请日起放弃本专利权的书面声明或者自申请日起放弃证据 1（ZL 200530055874.9）和证据 2（ZL 200530055869.8）的专利权的书面声明。如果专利权人逾期未选择，专利复审委员会将依法宣告本专利权无效。如果专利权人选择放弃证据 1 和 2 的专利权，专利复审委员会将针对其他无效理由和证据作出审查决定。如果专利权人放弃本专利权，专利复审委员会将依法终止本专利权的无效宣告程序。

在指定的期限内，合议组未收到专利权人关于专利权选择的任何意见陈述。

至此，合议组认为本案的事实清楚，可以作出审查决定。

二、决定的理由

1. 关于证据认定

证据 1、证据 2 与本专利所示的外观设计均为同一申请人（梁国英）在同一申请日（2005 年 4 月 8 日）提交的中国外观设计专利，其授权公告日分别为 2005 年 12 月 21 日、2005 年 12 月 21 日、2006 年 6 月 28 日，可见这三项中国外观设计专利属于同一专利权人，并且具有相同的申请日。专利权人对请求人提交的证据 1 和 2 的真实性没有异议，合议组经核实，认可证据 1 和 2 的真实性，而且，证据 1 和 2 与本专利均涉及马灯的外观设计，属于同一产品类别，因此，可以作为判断本专利是否符合专利法实施细则第 13 条第 1 款规定的证据。

2. 关于专利法实施细则第 13 条第 1 款

专利法实施细则第 13 条第 1 款规定：同样的发明创造只能被授予一项专利。

对于外观设计而言，同样的外观设计是指两项外观设计相同或者相近似。如果同一类产品的两项外观设计存在差别，但所述差别仅为局部细微的变化，对于产品外观设计的整体视觉效果并不具有显著的影响，则二者属于相近似的外观设计。

本专利外观设计涉及的产品是马灯（参见本专利附图）。从主视图观察，该马灯由上而下分为三部分，最上部为带有银色倒 U 形提手的塔形红色顶盖，该塔形顶盖呈三层阶梯分布，由上而下依次增大，从俯视图可以看出，第一层和第二层呈圆形，第三层整体大致为正方形，四角被倒成圆角，左右两边微向外呈弧形凸出，第一层顶面为带均匀红斑的白色，并印有红色长方形框。马灯中部有一圆柱形透明材质外罩，外罩横向等距平行分布有若干条横纹，透过该外罩可以看见内部有两根竖向平行排放的白色灯管，两灯管外侧与灯管平行竖置两银色金属条。马灯下部为一扁长方体灯座，上表面微向外呈弧形凸出。灯座整体为红色，处于透明外罩内部的部分为白色，底部呈黑色。从主视图看，灯座前部有一白色长方形控制面板，微向内凹陷，从左向右依次排列有一个大圆黑钮、两个竖向排列的红色小圆点、以及两个横向排列的黑色长方形按钮。从仰视图可以看出，灯座整体也呈大致正方形，四角被倒成圆角，左右两边微向外呈弧形凸出。灯座底部为黑色，中心有一个小长方形图标，下方有一较大的长方形腔盖。从后视图可以看出，灯座后方有一圆形多孔区域。

证据 1 的外观设计涉及的产品也是马灯（参见证据 1 附图）。从主视图观察，该马灯由上而下分为三部分，最上部为带有银色倒 U 形提手的塔形红色顶盖，该塔形顶盖呈三层阶梯分布，由上而下依次增大，从俯视图可以看出，第一层和第二层呈圆形，第三层整体大致为正方形，四角被倒成圆角，左右两边微向外呈弧形凸出，第一层顶面为带均匀红斑的白色，并印有红色长方形框。马灯中部有一圆柱形透明材质外罩，外罩横向等距平行分布有若干条横纹，透过该外罩可以看见内部有两根竖向平行排放的白色灯管，两灯管外侧与灯管平行竖置两银色金属条。马灯下部为一扁长方体灯座，上表面微向外呈弧形凸出。灯座整体为红色，处于透明外罩内部的部分为白色，底部呈黑色。从主视图看，灯座前部有一白色长方形控制面板，微向内凹陷，靠近上方有一黑色按钮。从仰视图可以看出，灯座整体也呈大致正方形，四角被倒成圆角，左右两边微向外呈弧形凸出。灯座底部为黑色，中心有一个小长方形图标，下方有一较大的长方形腔盖。

本专利与证据 1 所涉及的产品均为马灯，属于相同类别的产品。将本专利与证据 1 所示的外观设计进行比较可知，二者的主要区别在于：（1）本专利外观设计灯座后部有一圆形多孔区域，而证据 1 所示的外观设计无此设计；（2）二者的控制面板设计有所不同。对此，合议组认为，从整体上看，两项外观设计均采用了三层阶梯状的顶盖设计、内置灯管的圆柱形灯体、扁长方体灯座三部分作为主体构成，而每一部分的设计在形状和色彩的上又大致相同，因此，相对于马灯的整体外观设计而言，本专利灯座后部的圆形多孔区域仅属于局部细微的变化，对灯座本身的形状并未产生显著的影响，而二者的控制面板虽在具体设计细节上有所不同，但控制面板所处的位置是相同的，控制面板大致的形状也是类似的，并未对灯座本身的形状产生显著的影响，在三部分主体的形状、色彩以及三部分组合后形成的整体外观设计均相近似的情况下，局部的变化并没有使一般消费者在整体视觉上产生明显不同的视觉差异，因此，二者属于相近似的外观设计，本专利相对于证据 1 而言不符合专利法实施细则第 13 条第 1 款的规定。

证据 2 的外观设计涉及的产品也是马灯（参见证据 2 附图）。从主视图观察，该马灯由上而下分为三部分，最上部为带有银色倒 U 形提手的塔形红色顶盖，该塔形顶盖呈三层阶梯分布，由上而下依次增大，从俯视图可以看出，第一层和第二层呈圆形，第三层整体大致为正方形，四角被倒成圆角，左右两边微向外呈弧形凸出，第一层顶面为带均匀红斑的白色，并印有红色长方形框。马灯中部有一圆柱形透明材质外罩，外罩横向等距平行分布有若干条横纹，透过该外罩可以看见内部有三根竖向平行排放的白色灯管，灯管外侧与灯管平行竖置两银色金属条。马灯下部为一扁长方体灯座，上表面微向外呈弧形凸出。灯座整体为红色，处于透明外罩内部的部分为白色，底部呈黑色。从主视图看，灯座前部中心处有一圆形银白色灯状物，两边各有一块较小的白色长方形控制面板，面板上靠近圆形银白色灯状物处各有一黑色按钮。从仰视图可以看出，灯座整体也呈大致正方形，四角被倒成圆角，左右两边微向外呈弧形凸出。灯座底部为黑色，中心有一个小长方形图标，下方有一较大的长方形腔盖。

本专利与证据2所涉及的产品均为马灯，属于相同类别的产品。将本专利与证据2所示的外观设计进行比较可知，二者的主要区别在于：（1）灯管的数量不同；（2）二者的控制面板设计有所不同；（3）证据2在灯座前部具有圆形灯设计，而本专利所示的外观设计无此设计。对此，合议组认为，从整体上看，两项外观设计均采用了三层阶梯状的顶盖设计、内置灯管的圆柱形灯体、扁长方体灯座三部分作为主体构成，而每一部分的设计在形状和色彩的上又大致相同，因此，相对于马灯的整体外观设计而言，证据2所示的外观设计虽然在灯座前部具有圆形灯设计，本专利无此设计，但并未对二者灯座本身的形状产生显著的影响，二者灯座的形状仍然是大致相同的；二者的控制面板以及灯管数量虽然有所不同，但也仍然未对灯座本身、圆柱形灯体的形状产生显著的影响，在三部分主体的形状、色彩以及三部分组合后形成的整体外观设计均相近似的情况下，局部的变化并没有使一般消费者在整体视觉上产生明显不同的视觉差异，因此，二者属于相近似的外观设计，本专利相对于证据2而言不符合专利法实施细则第13条第1款的规定。

综上，本专利与证据1和2相比较分别属于相近似的外观设计，本专利的授权不符合专利法实施细则第13条第1款的规定。在专利权人未选择放弃本专利或者证据1和2的专利权的情况下，依据审查指南的规定，应宣告本专利权无效。

鉴于依据证据1和2已经得出上述结论，因此，对于请求人提出的其他无效理由和证据在此不予评述。

基于以上事实和理由，本案合议组作出如下审查决定。

三、决定

宣告200530055875.3号外观设计专利权无效。

当事人对本决定不服的，可以根据专利法第46条第2款的规定，自收到本决定之日起三个月内向北京市第一中级人民法院起诉。根据该款的规定，一方当事人起诉后，另一方当事人应当作为第三人参加诉讼。

花　布

无效宣告请求审查决定（第9920号）

决　定　号	第9920号
决　定　日	2007年6月14日
发明创造名称	花　布
外观设计分类号	05-05
无效宣告请求人	科奇公司
专　利　权　人	颜国强
专　利　号	01307383.4
申　请　日	2001年5月15日
授权公告日	2002年9月4日
合议组组长	张雪飞
主　审　员	郑　直
参　审　员	武　磊
附　　　图	1页

法　律　依　据　专利法第23条

决　定　要　点

本专利与其申请日前在出版物上公开发表的提包上使用的面料外观设计相近似，因此，本专利不符合专利法第23条的规定。

一、案由

本无效宣告请求涉及的是国家知识产权局于2002年9月4日授权公告的01307383.4号外观设计专利，使用该外观设计的产品名称为"花布"，申请日是2001年5月15日，专利权人是颜国强。

针对上述专利权（下称本专利），科奇公司（下称请求人）于2006年7月3日向专利复审委员会提出无效宣告请求，其依据的事实和理由是：在本专利申请日前，已经有与其相同的外观设计在出版物上公开发表过，因此，本专利不符合专利法第23条的规定。请求人提交了如下附件作为证据：

附件1：编号为22547的香港律师证明书复印件，共5页，其内有2001年5月3日《经济日报》，其内载有"C"形字母图案产品的广告复印本；

附件2：编号为22548的香港律师证明书复印件，共9页，其内有2001年4月第23期《Zip》杂志，其内载有"C"形字母图案产品的广告复印本；

附件3：编号为22549的香港律师证明书复印件，共5页，其内有2001年4月2日《新报》，其内载有"C"形字母图案产品的广告复印本。

经形式审查合格后，专利复审委员会受理了该无效宣告请求，并于 2006 年 8 月 10 日向双方当事人发出了无效宣告请求受理通知书，并将无效宣告请求书及其附件的副本转送给专利权人，要求其在指定期限内陈述意见。

上述寄送的《无效宣告受理通知书》、无效宣告请求书及其附件的副本因专利权人"逾期不领"而被退回，根据专利法实施细则第 5 条第 5 款的规定，专利复审委员会于 2006 年 11 月 8 日以公告的方式送达。专利权人逾期未答复。

专利复审委员会在此基础上依法成立合议组对本无效宣告请求进行审理。合议组于 2007 年 1 月 17 日向双方当事人发出无效宣告请求口头审理通知书，定于 2007 年 3 月 20 日举行口头审理。

上述寄送的《无效宣告请求口头审理通知书》因专利权人"逾期不领"而被退回，根据专利法实施细则第 5 条第 5 款的规定，专利复审委员会于 2007 年 2 月 28 日以公告的方式送达。

因口审期限不足，合议组于 2007 年 3 月 14 日再次发出无效宣告请求口头审理通知书，定于 2007 年 6 月 5 日举行口头审理，同时将发给专利权人的无效宣告请求受理通知书予以公告，公告日为 2007 年 4 月 25 日。

针对上述无效宣告请求，专利权人至今未提交任何意见陈述。

2007 年 6 月 5 日，口头审理如期举行，请求人委托代理人参加了口头审理，专利权人未参加口头审理。请求人对合议组成员无回避请求。请求人当庭提交了附件 1~3 的原件，并明确其无效请求的理由和范围是：本专利与在先公开发表的外观设计相同和相近似，不符合专利法第 23 条的规定。

合议组经合议，认为本案事实清楚，依法作出本审查决定。

二、决定的理由

1. 法律依据

基于请求人提出无效宣告请求所依据的事实和理由，合议组依据专利法第 23 条的规定进行审理。

专利法第 23 条规定：授予专利权的外观设计，应当同申请日以前在国内外出版物上公开发表过或者国内公开使用过的外观设计不相同和不相近似，并不得与他人在先取得的合法权利相冲突。

2. 关于证据

请求人在口头审理过程中提交了由香港律师薛建平出具的、加盖有"中国人民共和国司法部委托香港律师办理内地使用的公证文书转递专用章"的编号为 22547、22548、22549 号证明书的原件。

编号为 22547 的《证明书》证明其内附的于 2001 年 5 月 3 日出版的《经济日报》内载有"C"形字母图案产品的广告复印本与该文件原本相符，并且经律师本人查证其原本属实。

编号为 22548 的《证明书》证明其内附的 2001 年 4 月第 23 期《Zip》杂志内载有"C"形字母图案产品的广告复印本与该文件原本相符，并且经律师本人查证其原本属实。

编号为 22549 的《证明书》证明其内附的于 2001 年 4 月 2 日出版的《新报》内载有"C"形字母图案产品的广告复印本与该文件原本相符，并且经律师本人查证其原本属实。

合议组经核实，请求人于口头审理过程中提交的证明书原件与提出无效宣告请求时提交的复印件相一致，并且上述附件已经相关公证认证手续确认其真实性，合议组对其予以采信。《证明书》中所涉及杂志属于本专利申请日前的公开出版物，可适用专利法第 23 条的规定作为本案有效证据。

3. 关于专利法第 23 条

附件 2 第 9 页所示的于 2001 年 4 月出版的第 23 期《Zip》杂志的广告页上刊载有一款提包的照片图，其内公开了一款面料的外观设计（下称在先设计），在先设计与本专利均属于面料的外观设计，属于相同种类的产品，故对二者进行如下相近似性对比：

本专利未请求保护色彩，故对其色彩不作比较。本专利包括主视图，其所示花布以近似"C"字母图案作基本图案，由此作横竖变化排列构成单元图案，每个单元图案包括8个"C"字母图案，其两两相对、两两并列，并一正一反作四方连续，每个"C"字母图案的特点是：由一个起点起笔，笔划由细变粗至中部，再从中部由粗变细至终点。在本专利的背景图案上有明显的点状纹理（详见本专利附图）。

在先设计以近似"C"形图案作基本图案，由此作横竖变化排列构成单元图案，每个单元图案包括8个"C"形图案，其两两相对、两两并列，并一正一反作四方连续，每个"C"字母图案的特点是：由一个起点起笔，笔划由细变粗至中部，再从中部由粗变细至终点（详见在先设计附图）。

将本专利与在先设计相比较，二者不同之处主要在于：在本专利的背景图案上有明显的点状纹理，而在先设计没有。但是，合议组认为，二者所采用的单元基本图案均为"C"形字母图案，并且单元图案的构成方式，以及整体图案的连续方式均相同，且本专利背景图案的点状纹理也是由密布网线形成的，在突出主体的单元图案连续排列的影响下，其与在先设计的区别并不明显，二者之间的主要区别对图案的整体视觉效果并无显著影响。因此，二者属于相近似的外观设计。

综上所述，本专利与其申请日前在出版物上公开发表过的提包面料外观设计相近似，因此，本专利不符合专利法第23条的规定。

鉴于上述已得出本专利不符合专利法第23条规定的结论，本决定对请求人提出的其他证据不再作出评述。

三、决定

宣告01307383.4号外观设计专利权全部无效。

当事人对本决定不服的，可以根据专利法第46条第2款的规定，自收到本决定之日起三个月内向北京市第一中级人民法院起诉。根据该款的规定，一方当事人起诉后，另一方当事人应当作为第三人参加诉讼。

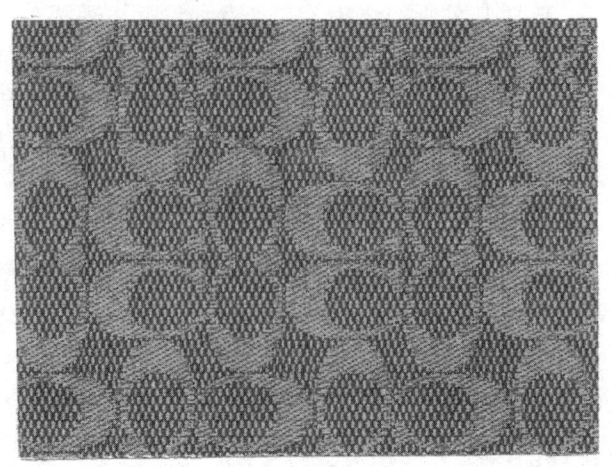

本专利附图

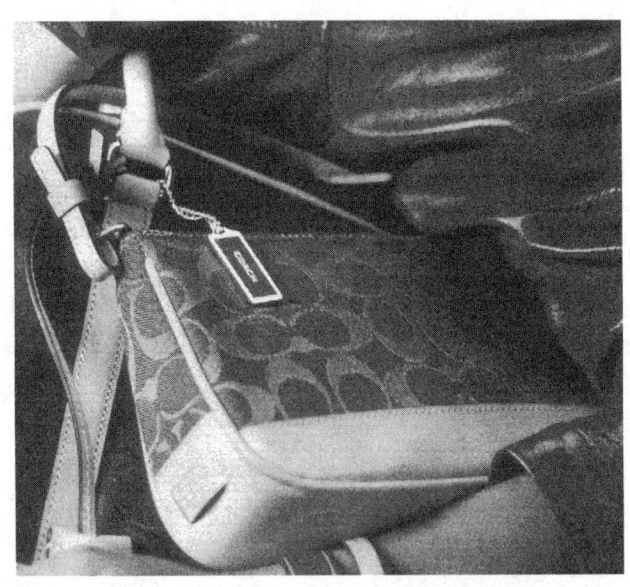

在先设计附图

节能灯（GU10-2）

无效宣告请求审查决定（第9925号）

决 定 号	第9925号
决 定 日	2007年6月14日
发明创造名称	节能灯（GU10-2）
外观设计分类号	26-05
无效宣告请求人	利安电光源（香港）有限公司
专 利 权 人	上海海安照明电器有限公司
专 利 号	200430071411.7
申 请 日	2004年8月10日
授权公告日	2005年4月13日
合议组组长	黄玉平
主 审 员	张梅珍
参 审 员	李 礼
附 图	2页

法律依据 专利法第23条

决定要点

如果一项外观设计与在先设计的区别容易引起视觉瞩目，一般消费者不易将二者混同、误认，则应认为该外观设计与在先设计不相同、不相近似。

一、案由

本无效宣告请求涉及国家知识产权局于2005年4月13日授权公告的、名称为"节能灯（GU10-2）"的200430071411.7号外观设计专利权（下称本专利），其申请日为2004年8月10日，专利权人为上海海安照明电器有限公司。

针对上述外观设计专利权，利安电光源（香港）有限公司（下称请求人）于2006年7月12日向专利复审委员会提出无效宣告请求，其无效宣告理由是本专利不符合专利法第23条的规定，同时提交如下附件作为证据：

附件1：ZL03329400.3号中国外观设计专利公报复印件，其授权公告日为2003年10月8日；

附件2：MEGAMAN公司2002/2003年度产品目录封面、封底、第8页复印件（共3页）及其公证文件；

附件3：标记有"03 2004"的《Modern Home》的封面、封底、第137页复印件（共3页）及其公证文件。

请求人认为，本专利与附件1~3中的任意一篇相比，差别均在于附件灯身的下柱体上端有比较小的切面，而本专利不可见，但该差别为细微差别，对整体视觉效果不能构成显著影响，因此本专利与附件1~3中的任意一篇均构成相近似。

经形式审查合格，专利复审委员会依法受理了上述无效宣告请求，于2006年8月15日向双方当事人发出了无效宣告请求受理通知书，同时将请求人提交的无效宣告请求书及附件清单所列附件的副本转给专利权人，要求其在指定的期限内答复，并指出逾期不答复不影响专利复审委员会对本案的审理。

专利权人逾期未答复。

在此基础上，专利复审委员会依法成立合议组对本案进行审理。本案合议组于2007年2月26日向双方当事人发出无效宣告请求口头审理通知书，指出本案定于2007年4月11日举行口头审理。

口头审理如期举行，双方当事人均出席了口头审理。请求人明确无效理由、证据及范围为：本专利相对于附件1~3中的任一个均不符合专利法第23条的规定。请求人当庭出示了附件3的原件，并认为附件2封面页上的"2002/2003"说明附件2的公开时间早于本专利的申请日，附件3侧边上标记有"03 2004"，而附件3为月刊，因此其公开时间为2004年3月，也早于本专利的申请日。专利权人对附件1~3的真实性无异议，但认为附件2的散发时间不能确定，至于附件3应当是季刊，因此公开时间应当是2004年9月，晚于本专利申请日，不能用于评价本专利。在口头审理中，双方当事人就本专利是否符合专利法第23条的规定充分发表了意见，其观点如下：（1）请求人认为附件1与本专利不同之处在于附件1的柱体上有一个比较小的切面，但认为该区别对整体外观不构成显著影响。附件2封面页右上角的附图与本专利的区别在于附件2包含有螺口灯头，但认为该部分在使用时不可见；附件2第8页中上部的图在下柱体上两侧对称位置各有一个切面，但切面很小，不影响其整体视觉效果。附件3第137页最右边附图上的灯的型号是GU10，与附件2的外形是一样的，所以与本专利的外观也是相近似的。（2）专利权人认为附件1中有两个很大的切面，而本专利没有该切面。附件2封面页上的附图与本专利的区别在于：附件2中是透明无飞边具有螺口灯头的灯；附件2第8页中上部的附图与本专利的区别在于：附件2的细圆柱是透明的，粗圆柱不透明，附件2的圆柱具有切面。附件3与本专利的区别还包括附件3的圆柱具有切面。（3）双方当事人均认为附件2中第8页中上部附图中的细圆柱是透明的，粗圆柱是不透明的，附件3所使用的附图与附件2第8页所使用的附图形状是一样的，但不透明。

至此，合议组认为本案事实清楚，现依法作出审查决定。

二、决定的理由

1. 关于证据

请求人在无效宣告程序中共提交3份证据，即附件1~3。专利权人认可上述附件1~3的真实性，因此合议组认为其可以作为本案的证据使用。其中附件1为中国外观设计专利公报复印件，其授权公开日早于本专利的申请日，因此其构成了本专利的在先设计。关于附件2的公开时间，专利权人认为不能确定，合议组认为：附件2封面页上印有"2002/2003"的字样，根据审查指南的规定，出版物的印刷日视为公开日，印刷日只写明年月或者年份的，以所写月份的最后一日或者所写年份的12月31日为公开日，因此附件2的公开日应当视为2003年12月31日。关于附件3的公开日，附件3为一杂志，其侧边上标记有"03 2004"。专利权人认为附件3为季刊，因此认为其公开日为2004年9月，晚于本专利的申请日，请求人认为该附件为月刊，公开日为2004年3月。合议组认为，对于非月刊形式出版的定期出版物，例如双月刊或季刊，通常在封面页印有"双月刊"或者"季刊"等标识，而附件3中并无上述标识，而且请求人并未提供相应证据来证实其是季刊，因此按常态应当将该附件推定为月刊更为合理，另外，经审查，该附件3第57页印有"现金券"，并附有说明：有效期至31/03/2004前。印有现金券是为了供大家使用，因此其进一步证实该刊物应当在现金券有效期31/03/2004之前出版，故推定该附件3的公开日为2004年3月31日。可见附件2、3的公开日均早于本专利的申请日，因此其构成本专利的在先设计。

2. 关于专利法第23条

专利法第23条规定：授予专利权的外观设计，应当同申请日以前在国内外出版物上公开发表过或者国内公开使用过的外观设计不相同和不相近似，并不得与他人在先取得的合法权利相冲突。

如果一项外观设计与在先设计的区别容易引起视觉瞩目，一般消费者不易将二者混同、误认，则应认为该外观设计与在先设计不相同、不相近似。

（1）本专利与附件1是否相近似。

本专利的节能灯包括仰视图、俯视图、主视图、左视图以及立体图，由上述视图可以看出，该节能灯的灯身由一较细的上柱体与一较粗的下柱体构成，上柱体与下柱体由一呈锥体状过渡部分连接，从其主视图上可见，上柱体的顶端有两个T字形灯脚，下柱体的底端外缘向外稍稍突出形成小的圆环形飞边，该圆环形飞边在圆周上四等分处各有一个较小的半圆形缺口。从下柱体底端看，有两个J字形灯管对称连接。详见本决定附图"本专利"。

附件1的产品名称为节能灯，其包括仰视图、俯视图、主视图和右视图。从右视图可以看到，该节能灯灯身由一较细的上柱体与一较粗的下柱体构成，上柱体与下柱体由一呈锥体状过渡部分连接。在下柱体上端的左右两侧各有一个切面，使得该节能灯灯身从主视图看为三个由下到上逐渐变细的柱体分别通过两个锥体过渡构成的塔形，从主视图看上柱体的顶端有两个T字形灯脚，下柱体的底端外缘向外稍稍突出形成小的飞边。从下柱体底端看，有两个J字形灯管对称连接。详见本决定附图"附件1"。

将本专利与附件1进行比较，其相同之处在于：①灯身由粗细不同的柱体构成，不同柱体之间通过锥体过渡；②上柱体的顶端有两个T字形灯脚，下柱体的底端外缘向外稍稍突出形成小的飞边；③从下柱体底端看，有两个J字形灯管对称连接。

本专利与附件1的主要区别在于：①本专利的下柱体上没有切面，而附件1在下柱体上端的左右两侧各有一个切面，使得该节能灯灯身从主视图看为三个由下到上逐渐变细的柱体分别通过两个锥体过渡部分构成了塔形；②本专利圆环形飞边在圆周上四等分处各有一个半圆形缺口，而附件1的飞边上没有缺口。

通过上述比较，合议组认为：本专利与附件1虽然在灯脚以及灯管形状方面比较接近，但附件1中下柱体切面的存在使得二者在主视图、右视图以及俯视图上明显区别开来，尤其在主视图上附件1的节能灯为三个柱体依次连接，而本专利为两个柱体连接，因此该切面对于产品外观设计的整体视觉效果产生了显著的影响，对于一般消费者而言能够很容易地将附件1的产品和本专利产品区分开来，也就是说本专利与附件1的在先设计不相同、也不相近似，符合专利法第23条的规定。

（2）本专利与附件2是否相近似。

请求人使用附件2位于封面页较上部的图以及第8页中部的图分别与本专利进行比较。

附件2位于封面页较上部的图为一节能灯的立体图。该节能灯由螺口灯头和半透明灯身构成，其灯身包括一较细的上柱体与一较粗的下柱体，上柱体与下柱体由一锥体过渡部分连接。下柱体底端有两个J字形灯管对称连接。从上柱体半透明的外壳可看到内部的块状物以及条状物，下柱体上有平行于柱体长度方向的两个短线条以及与沿柱体圆周方向与上述短线条相连的长线条，并从该短线条限定的区域能看到块状物。详见本决定附图"附件2封面页"。

将本专利与附件2封面页进行比较，其相同之处在于：①灯身由粗细不同的柱体通过锥体过渡部分构成；②从下柱体底端看，有两个J字形灯管对称连接。

本专利与附件2封面页的主要区别在于：①本专利不透明，而附件2封面页中的节能灯外壳半透明，能明显看到位于外壳内部的块状物和条状物；②本专利下柱体底端有飞边，而附件2封面页中的节能灯下柱体底端无飞边；③附件2封面页的节能灯下柱体上有两短线条和一长线条，而本专利下柱体上无上述线条；④本专利上柱体顶端有两个T字形灯脚，而附件2封面页中的节能灯具有螺口灯头。

通过上述比较，合议组认为：本专利与附件2封面页虽然在灯身的构成以及灯管形状方面比较接近，但附件2封面页中的节能灯外壳半透明，并且从中能明显看到位于外壳内部的块状物和条状物，再加上二者在有无飞边以及有无平行于柱体长度方向的短线条和与其相连的长线条的区别，使得一般消费者能够很容易地将附件2封面页的产品和本专利产品区分开来，也就是说二者不相同、也不相近似。

附件2第8页中上部的图为一节能灯的立体图。该节能灯灯身包括一较细的上柱体与一较粗的下柱体，上柱体与下柱体由一锥体过渡部分连接。整个上柱体以及下柱体的上部呈半透明状，因此隐约可见内部的块状物以及条状物。上柱体的顶端有T字形灯脚。下柱体上部具有切面，下柱体底端有两个J字形灯管对称连接。详见本决定附图"附件2第8页"。

将本专利与附件2第8页进行比较，其相同之处在于：①灯身由粗细不同的柱体通过锥体过渡部分构成；②从下柱体底端看，有两个J字形灯管对称连接；③上柱体顶端有T字形灯脚。

本专利与附件2第8页的主要区别在于：①本专利不透明，而附件2封面页中的节能灯整个上柱体以及下柱体的上部呈半透明状，能看到位于内部的块状物和条状物；②本专利的下柱体上没有切面，而附件1在下柱体上端的具有切面。合议组认为，上述区别构成了节能灯整个外观设计的显著影响，使得一般消费者能够很容易地将附件2第8页的产品和本专利产品区分开来，也就是说二者不相同、也不相近似。

（3）本专利与附件3是否相近似。

双方当事人均认为附件3与附件2第8页的附图形状相同，只是附件3中的节能灯外壳是不透明的。如前所述，本专利与附件2第8页的主要区别有两点，其中第1点涉及是否透明带来的区别，而本专利与附件3均不透明，因此二者的主要区别在于：本专利的下柱体上没有切面，而附件1在下柱体上端的左右两侧各有一个切面。合议组认为，如前所述，该切面对于产品外观设计的整体视觉效果产生了显著的影响，对于一般消费者而言能够很容易地将附件3的产品和本专利产品区分开来，也就是说本专利与附件3的在先设计不相同，也不相近似。

综上所述，本专利与附件1-3中的任一在先设计相比均不相同、也不相近似，符合专利法第23条的规定，因此本案合议组作出如下决定。

三、决定

维持200430071411.7号外观设计专利权有效。

当事人对本决定不服的，可以根据专利法第46条第2款的规定，自收到本决定之日起三个月内向北京市第一中级人民法院起诉，根据该款规定，一方当事人起诉后，另一方当事人应当作为第三人参加诉讼。

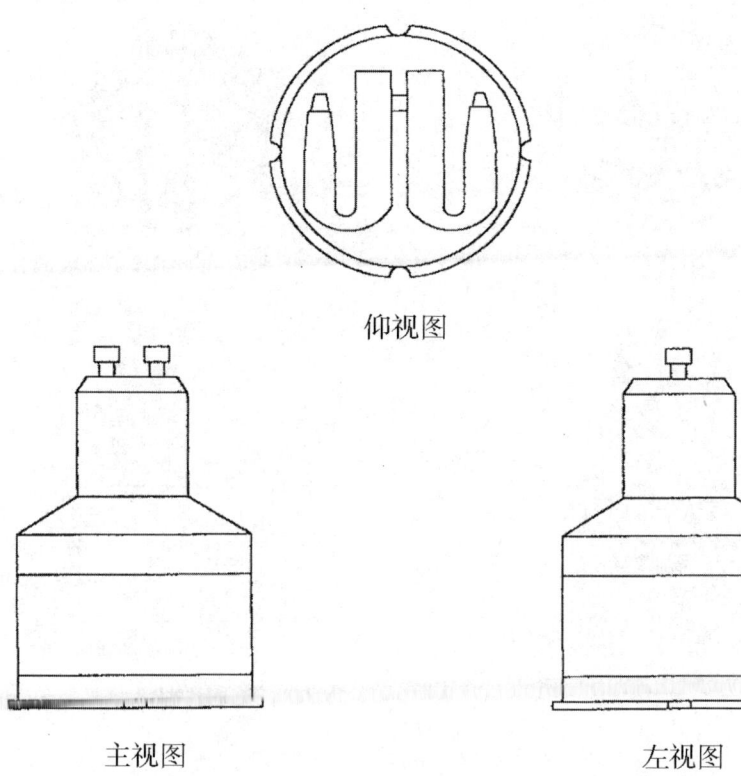

仰视图

主视图 左视图

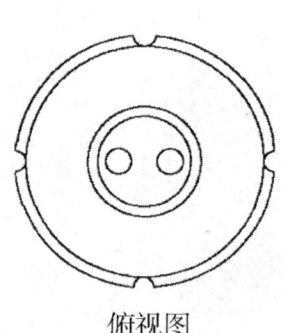

俯视图

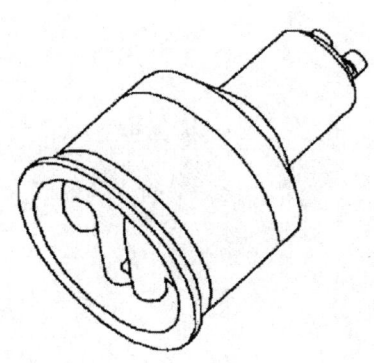

立体图

本专利

俯视图

仰视图

右视图

主视图

附件1

附件2封面页

附件2第8页

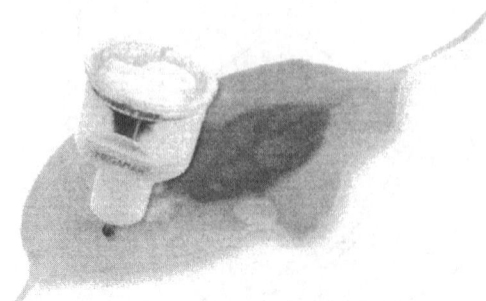
Compact Reflector GU10型號以專利冷端技術消除熱量,並散發均勻光線。

附件3

集尘极室（4）

无效宣告请求审查决定（第9927号）

决 定 号	第9927号
决 定 日	2007年6月7日
发明创造名称	集尘极室（4）
外观设计分类号	15-99
无效宣告请求人	江西华邦复合材料有限公司
专 利 权 人	宜兴市化工成套设备厂
专 利 号	03315514.3
申 请 日	2003年3月27日
授权公告日	2004年10月6日
合议组组长	吴亚琼
主 审 员	陈海平
参 审 员	冯 涛
附 图	1页

法 律 依 据 专利法实施细则第13条第1款

决 定 要 点

本专利与对比文件相比从整体上产生了相近似的视觉效果，使得一般消费者会将二者的外观设计相混淆，因此本专利与对比文件属于相近似的外观设计。

一、案由

本无效宣告请求涉及国家知识产权局于2003年10月6日授权公告的申请号为03315514.3的外观设计专利，其产品名称是"集尘极室（4）"，申请日是2003年3月27日，专利权人是宜兴市化工成套设备厂。

针对上述外观设计专利权（下称本专利），江西华邦复合材料有限公司（下称请求人）于2006年6月5日向专利复审委员会提出了无效宣告请求，请求人提出的宣告本专利无效的理由是本专利不符合专利法第23条，专利法实施细则第13条第1款，第2条第3款的规定。请求人同时提交了如下附件作为证据：

附件 1：专利号为 97305260.0 的中国外观设计专利公报复印件，其授权公告日为 1998 年 11 月 11 日；

附件 2：专利号为 ZL03315512.7 的中国外观设计专利公报复印件，其申请日为 2003 年 3 月 27 日，专利权人为宜兴市化工成套设备厂；

附件 3：专利号为 ZL03315516.X 的中国外观设计专利公报复印件，其申请日为 2003 年 3 月 27 日，专利权人为宜兴市化工成套设备厂。

请求人指出：附件 1~3 与本专利属于同一技术领域，它们所公开的外观设计分别与本专利相近似，而且附件 1 的公开日早于本专利的申请日，因此本专利相对于附件 1 不符合专利法第 23 条的规定；附件 2 和附件 3 的申请日与本专利的申请日相同，并且都被授予专利权，因此本专利分别相对于附件 2 和附件 3 不符合专利法实施细则第 13 条第 1 款的规定；且本专利的外观无法实现集尘极室，因此本专利不符合专利法实施细则第 2 条第 3 款。

经专利复审委员会形式审查合格后，受理了该无效宣告请求，并于 2006 年 6 月 6 日将无效宣告请求书及其附件副本转送给了专利权人，要求其在指定的期限内答复，同时依法成立合议组对本案进行审理。

针对上述无效宣告请求，专利权人于 2006 年 7 月 20 日提交了意见陈述书，专利权人指出：本专利申请日为 2003 年 3 月 27 日，而附件 2 和件 3 的公开日为 2003 年 10 月 8 日，所以附件 2 和附件 3 构不成专利法第 23 条所指对比外观设计；附件 2、附件 3 与本专利的外观设计完全不相同，不是同样的发明创造，所以本专利符合专利法实施细则第 13 条第 1 款的规定；虽然附件 1 的公开日早于本专利的申请日，但是两者外观设计不相同，所以本专利符合专利法第 23 条的规定；本专利为产品形状设计，符合专利法实施细则第 2 条第 3 款的规定。

请求人于 2006 年 6 月 27 日向专利复审委员会提交了关于请求宣告本专利无效补充证据的意见陈述书，请求人同时提交了如下附件作为补充证据：

附件 4：专利号为 ZL03315513.5 的中国外观设计专利公报复印件，其申请日为 2003 年 3 月 27 日，专利权人为宜兴市化工成套设备厂；

附件 5：江西省贵溪市公证处于 2006 年 4 月 13 日出具的（2006）贵证字第 181 号公证书复印件共 8 页。

请求人指出：本专利相对于附件 4 不符合专利法实施细则第 13 条第 1 款的规定，本专利相对于附件 5 不符合专利法第 23 条的规定。

合议组于 2007 年 2 月 5 日向双方当事人发出了口头审理通知书，定于 2007 年 3 月 27 日在专利复审委员会进行口头审理，同时将请求人于 2006 年 6 月 27 日提交的意见陈述书及附件转送给专利权人，将专利权人于 2006 年 7 月 20 日提交的意见陈述书转送给请求人。

口头审理如期举行，双方当事人均出席了口头审理。在口头审理中，双方当事人对合议组成员无回避请求。双方当事人对对方当事人身份无异议。请求人明确其无效理由为：本专利外观设计不符合专利法第 23 条、专利法实施细则第 13 条第 1 款、第 2 条第 3 款的规定。请求人具体评述的理由为：本专利相对于附件 2、3、4 不符合专利法实施细则第 13 条第 1 款的规定；本专利相对于附件 1、5 不符合专利法第 23 条的规定；本专利名称是集尘极室，但图片上显示的并不是集尘极室，不符合专利法实施细则第 2 条第 3 款的规定。请求人当庭出示了附件 5 的原件。专利权人对请求人提交的附件 1~4 的真实性无异议，对请求人出示的附件 5 的原件与复印件的内容一致未提出异议，但认为附件 5 不能作为本案的有效证据。

专利权人当庭提交了意见陈述书，其中指出：附件 4 为专利权人同日申请的另一外观设计，与本专利为两个不相同及不相近似的外观设计，所以不属于专利法实施细则第 13 条第 1 款所称的"同样的发明创造"；附件5是一份图纸公证书，由于公证书和公证图纸存在较多瑕疵，以其作为宣告专利无效的证据是不充分的。合议组当庭将该意见陈述书转给请求人。

双方当事人并就涉及本案的事实和理由进行了辩论。

至此，在当事人意见陈述和口头审理的基础上，本案合议组经合议，认为本案事实清楚，依法作出本审查决定。

二、决定的理由

请求人提交的附件3为中国外观设计专利公报复印件，专利权人对该证据本身的真实性无异议；附件3的外观设计专利的申请日为2003年3月27日，与本专利申请日相同，附件3的外观设计的产品名称为"集尘极室"，申请人为宜兴市化工成套设备厂。附件3的外观设计专利属于同一专利权人在本专利申请日同日提出申请并在其后被授予专利权的外观设计专利，可以用于作为以专利法实施细则第13条第1款的规定为理由所提出的无效宣告请求的证据。

专利法实施细则第13条第1款规定：同样的发明创造只能被授予一项专利。

附件3（下称对比文件）与本专利产品相比，属于相同种类的产品，可以进行如下相同和相近似的比较。

本专利的集尘极室包括主视图、左视图与俯视图，其由两个同样的集尘极室单体并排放置，每个集尘极室单体大致呈方形柱体，每个集尘极室单体的主视图和左视图的形状完全相同。每单个集尘极室的底部与顶部有形状彼此对称的（一正一倒）具均布竖棱的正梯形端座。而梯形座之间的集尘极室主体上有均布的水平筋条。从俯视图观察可见每个集尘极室单体内均为由微小正六边形孔洞聚集成的类蜂窝状图案基本充满。（详见本专利附图。）

对比文件的集尘极室包括主视图、左视图与俯视图，其由两个同样的集尘极室单体并排放置，每个集尘极室单体大致呈方形柱体，每集尘极室单体的主视图和左视图的形状基本相同。每个集尘极室单体的底部与顶部有形状彼此对称的（一正一倒）具竖棱的梯形端座。而梯形座之间的集尘极室主体上有均布的水平筋条。从俯视图观察可见每单个集尘极室内均为由微小圆形孔洞聚集成的类蜂窝状图案基本充满。（详见对比文件附图。）

在本专利与对比文件的"简要说明"中均指出其"后视图与主视图相同、右视图与左视图相同、仰视图与俯视图相同"，故对两者的后视图、右视图与仰视图的对比方式与前文中对两者的主视图、左视图与俯视图的对比方式相同，不再重复列出。

将上述本专利与对比文件的外观进行比较可见两者的"集尘极室"的形状基本相同，外观整体风格相近似。虽然在两者间存在有一些细部区别，如两者的水平筋条数量有差别、对比文件的梯形端座从主视图上看在对接部有缺角而本专利的梯形端座在相应部分不缺角（正梯形）、两者的梯形端座上的竖棱数量不同、两者中的类蜂窝状图案中微小孔洞的形状与个数有差别等；但是，相对于二者产品整体造型而言，这些区别不足以使二产品外观形状出现整体显著差异，其对于集尘极室的整体视觉效果不具有显著的影响，根据整体观察、综合判断的判断原则，本专利与对比文件为相近似的外观设计。根据审查指南第一部分第三章第4.5.1节的规定，两者属于"同样的发明创造"，因此本专利相对于对比文件不符合专利法实施细则第13条第1款的规定。同时，专利权人在无效审查期间，未按照审查指南第四部分第七章第2节的规定提交放弃对比文件或本专利中之一项专利权的书面声明，因此合议组认为本专利应当被宣告无效。

由于依据对比文件与专利法实施细则第13条第1款的规定已得出本专利无效的结论，合议组对请求人提出的其他无效理由及证据不再进行评述。

三、决定

宣告 03315514.3 号外观设计专利权全部无效。

当事人对本决定不服的，可以根据专利法第 46 条第 2 款的规定，自收到本决定之日起三个月内向北京市第一中级人民法院起诉。根据该款规定，一方当事人起诉后，另一方当事人应当作为第三人参加诉讼。

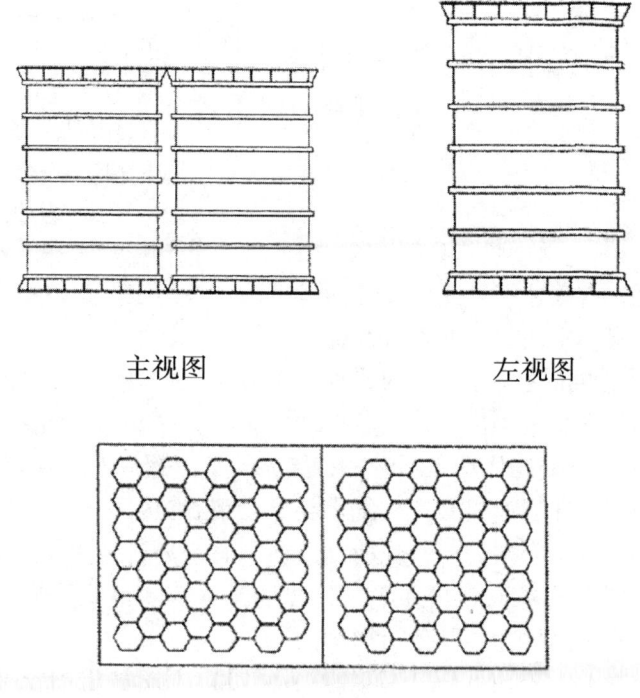

主视图 左视图

俯视图

本专利附图

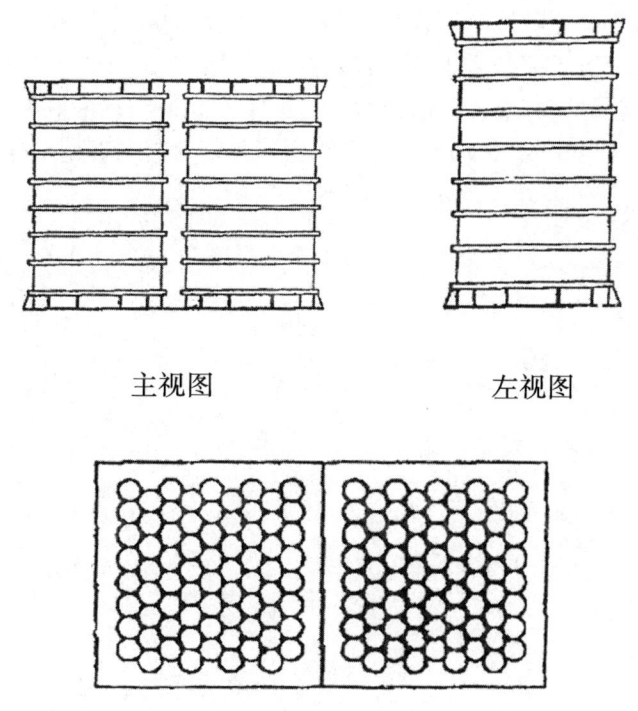

主视图 左视图

俯视图

对比文件附图

北京市第一中级人民法院
行政裁定书

（2007）一中行初字第 1066 号

原告江西华邦复合材料有限公司，住所地江西省贵溪市罗河工业区。
委托代理人江长生，贵溪市法律援助中心律师。
委托代理人朱黎光，北京金之桥知识产权代理有限公司。
被告国家知识产权局专利复审委员会，住所地北京市海淀区北四环西路 9 号银谷大厦 10~12 层。
法定代表人廖涛，副主任 委托代理人陈海平，国家知识产权局专利复审委员会审查员。
委托代理人杜微科，国家知识产权局专利复审委员会审查员。
第三人宜兴市化工成套设备有限公司，住所地江西省宜兴环科园绿园路 105 号。
法定代表人宋小良，董事长 委托代理人丁琛，北京市高界律师事务所律师。
委托代理人周缅，北京市高界律师事务所律师。

原告江西华邦复合材料有限公司（以下简称华邦公司）不服被告国家知识产权局专利复审委员会（以下简称专利复审委员会）于 2007 年 6 月 7 日作出的第 9927 号无效宣告请求审查决定，于法定期限内向本院提起行政诉讼。本院于 2007 年 8 月 8 日受理后，依法组成合议庭，通知宜兴市化工成套设备有限公司作为第三人参加本案诉讼，并于 2007 年 8 于 31 日公开开庭进行审理。2007 年 9 月 6 日原告华邦公司向本院提提交书面撤诉申请，申请撤回对被告专利复审委员会的起诉。

本院认为，原告华邦公司的撤诉申请理由正当、未违反有关法律规定，应予准许。依照《中华人民共和国行政诉讼法》第五十一条之规定，裁定如下：

准予原告江西华邦复合材料有限公司撤回对被告国家知识产权局专利复审委员会的起诉。

案件受理费 100 元，减半收取 50 元，由原告江西华邦复合材料有限公司负担（已交纳）。

审　判　长　姜　颖
代理审判员　周云川
代理审判员　乔　平
二〇〇七年九月十七日
书　记　员　牛　捷

北京市第一中级人民法院
行政判决书

(2007) 一中行初字第1042号

原告宜兴市化工成套设备有限公司，住所地江西省宜兴环科园绿园路105号。

法定代表人宋小良，董事长。

委托代理人丁琛，北京市高界律师事务所律师。

委托代理人周缅，北京市高界律师事务所律师。

被告国家知识产权局专利复审委员会，住所地北京市海淀区北四环西路9号银谷大厦10~12层。

法定代表人廖涛，副主任。

委托代理人陈海平，国家知识产权局专利复审委员会审查员。

委托代理人杜微科，国家知识产权局专利复审委员会审查员。

第三人江西华邦复合材料有限公司，住所地江西省贵溪市罗河工业区。

法定代表人朱晓华，董事长。

委托代理人江长生，江西省贵溪市法律援助中心律师。

委托代理人朱黎光，北京金之桥知识产权代理有限公司专利代理人。

原告宜兴市化工成套设备有限公司（以下简称化工成套公司）不服被告国家知识产权局专利复审委员会（以下简称专利复审委员会）作出的第9927号无效宣告请求审查决定（以下简称第9927号决定），在法定期限内向本院提起行政诉讼。本院于2007年7月31日受理本案后，依法组成合议庭，并通知江西华邦复合材料有限公司（以下简称华邦公司）作为第三人参加本案诉讼，于2007年8月31日公开开庭进行了审理。原告化工成套公司的委托代理人丁琛、周缅，被告专利复审委员会的委托代理人陈海平、杜微科，第三人华邦公司的委托代理人江长生、朱黎光到庭参加了诉讼。本案现已审理终结。

第9927号决定系被告专利复审委员会就第三人华邦公司针对原告化工成套公司拥有的名称为"集尘极室（4）"的外观设计专利（以下简称本专利）提出的无效宣告请求而作出，该决定认为：附件3（以下简称对比文件）的外观设计专利属于同一专利权人在本专利申请日同日提出申请并在其后被授予专利权的外观设计专利，可以用于作为以《中华人民共和国专利法实施细则》（以下简称《专利法实施细则》）第十三条第一款的规定为理由所提出的无效宣告请求的证据。将本专利与对比文件的外观进行比较可见，两者的"集尘极室"的形状基本相同，外观整体风格相近似。虽然在两者间存在有一些细部区别，如：两者的水平筋条数量有差别；对比文件的梯形端座从主视图上看在对接部有缺角，而本专利的梯形端座在相应部分不缺角（正梯形）；两者的梯形端座上的竖棱数量不同；两者中的类蜂窝状图案中微小孔洞的形状与个数有差别等。但是，相对于二者产品整体造型而言，这些区别不足以使二产品外观形状出现整体显著差异，其对于集尘极室的整体视觉效果不具有显著的影响，根据整体观察、综合判断的判断原则，本专利与对比文件为相近似的外观设计。根据《审查指南》第一部分第三章第4.5.1节的规定，两者属于"同样的发明创造"，因此，本专利相对于对比文件不符合《专利法实施细则》第十三条第一款的规定。同时，化工成套公司在无效审查期间，未按照《审查指南》第四部分第七章第2节的规定提交放弃对比文件或本专利中之一项专利权的书面声明，因此本专利应当被宣告无效。由于依据对比文件与《专利法实施细则》第十三条第一款的规定已得出本专利无效的结论，对华邦公司提出的其他无效理由及证据不再进行评述。据此，专利复审委员会作出第9927号决定，宣告本专利无效。

化工成套公司不服第9927号决定，在法定期限内向本院提起行政诉讼称：（1）被告在没有准确界定评价主体的情况下，就作出了本专利与对比文件的外观设计为同一发明创造的判断，违反了法定的判断程序，造成案件认定事实出现严重错误。（2）本专利和对比文件中的主视图实际上显示的都是一个单独的集尘室单体的正面视图，而非"两个同样的集尘室单体的并排放置"。被告将一个产品的外观设计错误地理解为并排放置的两个产品的外观，是导致其后关于"相同或近似判断"发生重大错误的主要原因。（3）本专利与对比文件的外观存在重大差异，这些差异的存在足以说明二者并非《专利法实施细则》第十三条第一款所规定的"同样的发明创造"，可以分别获得专利权。据此，请求人民法院撤销第9927号决定，并判决维持本专利权有效。

被告专利复审委员会坚持其在第9927号决定中的意见，认为其认定事实清楚，适用法律正确，程序合法，请求人民法院维持该决定。

第三人华邦公司同意被告的意见。

本院经审理查明：

产品名称为"集尘极室（4）"的外观设计专利（即本专利）由宜兴市化工设备成套厂于2003年3月27日向国家知识产权局提出申请，于2003年10月6日被授权公告，专利号为03315514.3。本专利授权公告有3幅视图，包括主视图、左视图、俯视图（见附图），"简要说明"中指出"后视图与主视图相同、右视图与左视图相同、仰视图与俯视图相同，省略后视图、右视图仰视图"

2006年6月5日，华邦公司以本专利不符合《中华人民共和国专利法》（以下简称《专利法》）第二十三条和《专利法实施细则》第二条第三款、第十三条第一款的规定为由，向专利复审委员会提出无效宣告请求，并提交了3份附件，其中：

附件3系专利号为ZL03315516.X的中国外观设计专利公报复印件。该专利的申请日为2003年3月27日，专利权人为宜兴市化工成套设备厂。该专利公报包括3幅视图，即主视图、左视图俯视图（见附图），"简要说明"中指出"后视图与主视图相同、右视图与左视图相同、仰视图与俯视图相同，省略后视图、右视图、仰视图"。

2006年6月27日，华邦公司补充了2份附件。

2007年3月27日，专利复审委员会就华邦公司的无效宣告请求进行了口头审理。2007年6月7日，专利复审委员会作出第9927号决定。

本院另查明，2004年7月22日，宜兴市化工成套设备厂经无锡市宜兴工商行政管理局核准变更企业名称为宜兴市化工成套设备有限公司

上述事实，有本专利公报复印件、第9927号决定、附件3、"公司变更核准通知书"等证据在案佐证。

本院认为：

《专利法》第九条规定：两个以上的申请人分别就同样的发明创造申请专利的，专利权授予最先申请的人。该条规定体现了专利制度中禁止重复授权的基本原则，其目的在于避免多项专利权之间发生冲突。但该条仅涉及不同申请人就相同的发明创造申请专利的处理，而没有涉及同一申请人就相同的发明创造多次申请专利的问题，没有排斥同一申请人可以就相同的发明创造获得多项专利权的可能性，违背了禁止重复授权的基本原则。为了弥补该条规定的缺陷，在《专利法实施细则》第十三条第一款中规定：同样的发明创造只能被授予一项专利。这一规定不仅涵盖了不同申请人的情况，也涵盖了同一申请人的情况；不仅涵盖了先后提出两项以上专利申请的情况，也涵盖了同日提出两项以上

专利申请的情况，更为全面地表述了禁止重复授权的原则。

《审查指南》第一部分第三章第4.5.1节判断原则中针对在外观设计领域如何理解《专利法》第九条和《专利法实施细则》第十三条第一款规定的"同样的发明创造"进行了规定，即，同样的外观设计是指两项外观设计相同或者相近似。根据《专利法》及《专利法实施细则》和《审查指南》的上述规定，无论是同一申请人还是不同申请人，亦无论是同日还是先后就相同产品申请两件以上相同或者相近似的外观设计均属于重复授权。

本院认为，在判断是否属于重复授权时，应当结合禁止重复授权这一原则的立法目的进行。申请人的发明创造只要符合相关法律规定，不会导致多项专利权之间存在冲突，且没有侵犯国家利益、社会公共利益及他人的合法权益，即应当予以保护。同一申请人在同一日申请两项或两项以上相近似的外观设计，既不会因权利主体不同而导致权利冲突，亦不会因为保护期不同而导致权利人的专利权获得超过法定期限的保护而损害国家利益，社会公共利益或他人的合法权益，如果对其多项申请均授予专利权，并不违背禁止重复授权的基本原则，不应属于重复授权。因此，就同一申请人就相同产品于同一日申请多项外观设计的情况，《审查指南》将"同样的外观设计"界定为"两项外观设计相同或者相近似"明显与《专利法》及《专利法实施细则》的立法本意不符，该规定不应成为本院审理本案的参照。在此情况下，

"同样的外观设计"应解释为相同的外观设计，而不应包括相近似的外观设计。本案中，由于本专利与对比文件均为原告于2003年3月27日提出的外观设计专利申请，属于同一申请人同一日申请的情形，则判断本专利是否违反《专利法实施细则》第十三条第一款的关键在于，本专利与对比文件是否属于相同的外观设计。

《审查指南》在第四部分第五章中明确规定，在判断外观设计是否相同或者相近似时，应当基于被比设计产品的一般消费者的知识水平和认知能力进行评价。其中，还对一般消费者应当具备的特点进一步进行了说明。《审查指南》上述关于判断主体的规定，是被告进行外观设计相同或者相近似判断的根据。在《审查指南》已对判断主体应具备的知识和水平进行了规定的情况下，被告在其作出的第9927号决定中没有对判断主体的确定进行表述，并不能说明被告对于判断主体的界定错误。因此，原告关于被告未确定判断主体属违反法定程序，并导致决定错误的理由不能成立，本院不予支持。

将本专利与对比文件进行比较可知，二者均由两个对称的部分组成，其整体形状、构成要素基本相同。其不同在主视图和左视图中体现为：（1）水平凸棱数量不同，本专利为5条，对比文件为6条；（2）上下梯形座的竖棱数量不同，本专利为16条，对比文件为10条；（3）上下梯形座的中部设计不同，本专利为Λ形，对比文件为Π形。其不同在俯视图中体现为类蜂窝状图案设计的蜂窝数量不同，本专利为8×7，对比文件为9×8。基于本专利与对比文件存在上述差别，二者不属于相同的外观设计，其专利权的授予不属于重复授权，没有违反《专利法实施细则》第十三条第一款的规定。被告依据《专利法实施细则》第十三条第一款关于重复授权的规定宣告本专利权无效属于理解和适用法律错误，本院不予支持。

综上，被告作出的第9927号决定适用法律错误，原告请求撤销该决定的部分理由成立，本院予以支持。由于被告在第9927号决定中未对第三人提出的本专利不符合《专利法》第二十三条和《专利法实施细则》第二条第三款的无效理由及相关证据进行评述，其应当在对这些理由和证据进行审查的基础上重新作出无效宣告请求审查决定。同时，基于该理由，本院对原告提出的维持本专利权有效的诉讼请求不予支持。依照《中华人民共和国行政诉讼法》第五十四条第（二）项第2目，最高人民法院《关于执行〈中华人民共和国行政诉讼法〉若干问题的解释》（法释〔2000〕8号）第五

十六条第（四）项之规定，本院判决如下：

（1）撤销被告国家知识产权局专利复审委员会作出的第9927号无效宣告请求审查决定；

（2）被告国家知识产权局专利复审委员会就专利号为03315514.3的外观设计专利重新作出无效宣告请求审查决定；

（3）驳回原告宜兴市化工成套设备有限公司的其他诉讼请求。

案件受理费100元，由被告国家知识产权局专利复审委员会负担（于本判决生效之日起7日内交纳）。

如不服本判决，各方当事人可于本判决送达之日起15日内，向本院提交上诉状及其副本，并交纳上诉案件受理费100元，上诉于北京市高级人民法院。

审　判　长　姜　颖
代理审判员　周云川
代理审判员　乔　平
二〇〇七年十二月二十八日
书　记　员　牛　捷

附图：

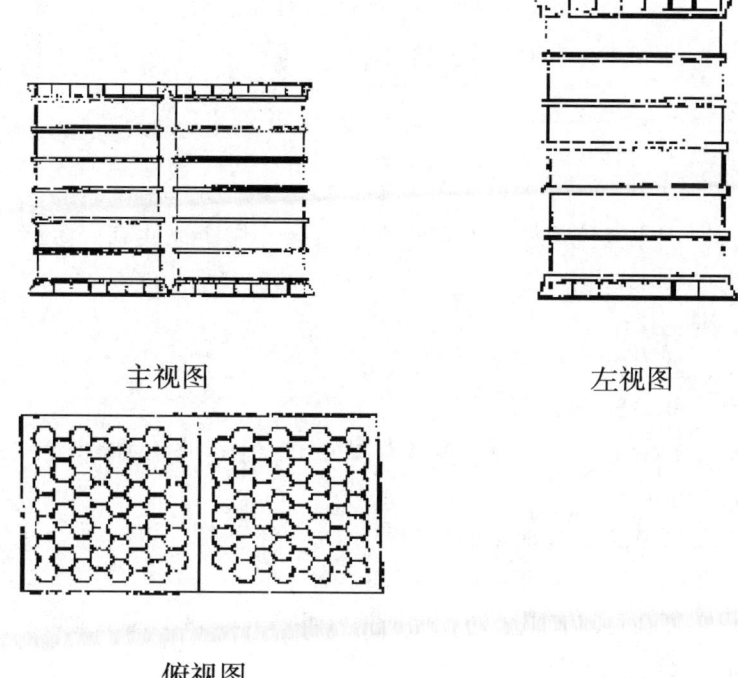

主视图　　　　　　　左视图

俯视图

本专利

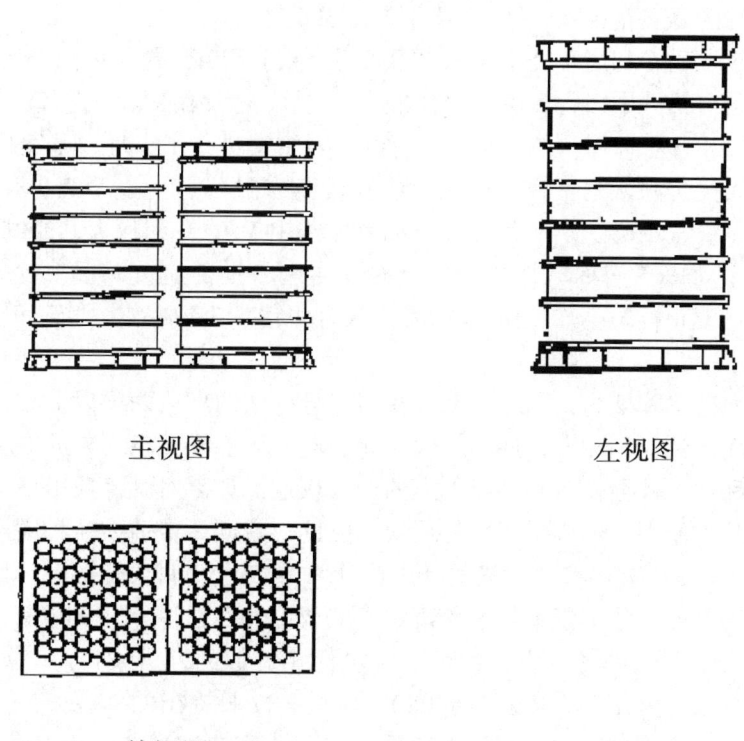

主视图　　　　　　　左视图

俯视图

对比文件

北京市高级人民法院
行政判决书

(2008) 高行终字第 377 号

上诉人（原审被告）国家知识产权局专利复审委员会，住所地北京市海淀区北四环西路 9 号银谷大厦 10~12 层。

法定代表人廖涛，副主任。

委托代理人陈海平，该委员会审查员。

委托代理人杜微科，该委员会审查员。

被上诉人（原审原告）宜兴市化工成套设备有限公司，住所地江西省宜兴环科园绿园路 105 号。

法定代表人宋小良，董事长。

委托代理人丁琛，北京市高界律师事务所律师。

委托代理人周缅，北京市高界律师事务所律师。

原审第三人江西华邦复合材料有限公司，住所地江西省贵溪市罗河工业区。

法定代表人朱晓华，董事长。

委托代理人江长生，江西省贵溪市法律援助中心律师。

委托代理人朱黎光，男，汉族，1961 年 12 月 26 日出生，北京金之桥知识产权代理有限公司专利代理人，住北京市海淀区复兴路甲 49 号院 2 楼 4 单元 306 号。

上诉人国家知识产权局专利复审委员会（以下简称专利复审委员会）因外观设计专利权无效行政纠纷一案，不服北京市第一中级人民法院（2007）一中行初字第 1042 号行政判决，向本院提出上诉。本院 2008 年 5 月 28 日受理后，依法组成合议庭，对本案进行了审理。本案现已审理终结。

北京市第一中级人民法院认定，宜兴市化工成套设备有限公司（以下简称化工成套公司）是名称为"集尘极室（4）"的外观设计专利（以下简称本专利）的专利权人。2006 年 6 月 5 日，江西华邦复合材料有限公司（以下简称华邦公司）针对本专利权向专利复审委员会提出无效宣告请求。2007 年 6 月 7 日，专利复审委员会作出第 9927 号无效宣告请求审查决定（以下简称第 9927 号决定），宣告本专利权无效。

北京市第一中级人民法院认为，同一申请人在同一日申请两项或两项以上相近似的外观设计，既不会因权利主体不同而导致权利冲突，亦不会因为保护期不同而导致权利人的专利权获得超过法定期限的保护而损害国家利益、社会公共利益或他人的合法权益，如果对其多项申请均授予专利权，并不违背禁止重复授权的基本原则，不应属于重复授权。因此，就同一申请人就相同产品于同一日申请多项外观设计的情况，《审查指南》将"同样的外观设计"界定为"两项外观设计相同或者相近似"明显与专利法及其实施细则的立法本意不符，该规定不应成为人民法院审理的参照。在此情况下，"同样的外观设计"应解释为相同的外观设计，而不应包括相近似的外观设计。本案中，由于本专利与附件 3（下称对比文件）均为化工成套公司于 2003 年 3 月 27 日提出的外观设计专利申请，属于同一申请人同一日申请的情形，则判断本专利是否违反《专利法实施细则》第十三条第一款的关键在于，本专利与对比文件是否属于相同的外观设计。将本专利与对比文件进行比较可知，二者存在一定的差别，不属于相同的外观设计，其专利权的授予不属于重复授权。专利复审委员会依据《专利法实施细则》第十三条第一款宣告本专利权无效属于理解和适用法律错误。

北京市第一中级人民法院依照《中华人民共和国行政诉讼法》第五十四条第（二）项第2目，最高人民法院《关于执行〈中华人民共和国行政诉讼法〉若干问题的解释》（法释〔2000〕8号）第五十六条第（四）项之规定，判决：（1）撤销专利复审委员会做出的第9927号决定；（2）专利复审委员会就本专利重新做出无效宣告请求审查决定；（3）驳回化工成套公司的其他诉讼请求。

专利复审委员会不服原审判决，向本院提出上诉，请求撤销原审判决，维持第9927号决定。其理由是：《审查指南》是国家知识产权局公布的行政规章，是行政机关依法行政的依据和标准；彼此相近似的两项外观设计专利，具有相同的保护范围，应当视为属于同样的外观设计，是《专利法实施细则》第十三条第一款中所述的同样的发明创造。

化工成套公司、华邦公司服从原审判决。

经审理查明，本专利由宜兴市化工设备成套厂于2003年3月27日向国家知识产权局提出申请，2003年10月6日被公告授予专利权，专利号为03315514.3。2004年7月22日，宜兴市化工成套设备厂经无锡市宜兴工商行政管理局核准变更企业名称为宜兴市化工成套设备有限公司。

2006年6月5日，华邦公司以本专利不符合《专利法》第二十三条和《专利法实施细则》第二条第三款、第十三条第一款的规定为由，向专利复审委员会提出无效宣告请求，并提交了3份附件，其中：

附件3：

ZL03315516.X号中国外观设计专利公报复印件。该专利的申请日为2003年3月27日，专利权人为宜兴市化工成套设备厂。2006年6月27日，华邦公司补充了2份附件。

2007年6月7日，专利复审委员会作出第9927号决定，宣告本专利权无效，理由是：对比文件的外观设计专利属于同一专利权人在本专利申请日同日提出申请并在其后被授予专利权的外观设计专利，可以用于作为以《专利法实施细则》第十三条第一款的规定为理由所提出的无效宣告请求的证据。将本专利与对比文件的外观进行比较可见，两者的"集尘极室"的形状基本相同，外观整体风格相近似。虽然在两者间存在有一些细部区别，如：两者的水平筋条数量有差别；对比文件的梯形端座从主视图上看在对接部有缺角，而本专利的梯形端座在相应部分不缺角（正梯形）；两者的梯形端座上的竖棱数量不同；两者中的类蜂窝状图案中微小孔洞的形状与个数有差别等。但是，相对于二者产品整体造型而言，这些区别不足以使二产品外观形状出现整体显著差异，其对于集尘极室的整体视觉效果不具有显著的影响，根据整体观察、综合判断的判断原则，本专利与对比文件为相近似的外观设计。根据《审查指南》第一部分第三章第4.5.1节的规定，两者属于"同样的发明创造"，因此，本专利相对于对比文件不符合《专利法实施细则》第十三条第一款的规定。同时，化工成套公司在无效审查期间，未按照《审查指南》第四部分第七章第2节的规定提交放弃对比文件或本专利中之一项专利权的书面声明，因此本专利应当被宣告无效。由于依据对比文件与《专利法实施细则》第十三条第一款的规定已得出本专利无效的结论，对华邦公司提出的其他无效理由及证据不再进行评述。

据此，专利复审委员会作出第9927号决定。

上述事实有本专利公报复印件、第9927号决定、附件3、"公司变更核准通知书"及当事人陈述等证据在案佐证。

本院认为，《专利法》第九条规定："两个以上的申请人分别就同样的发明创造申请专利的，专利权授予最先申请的人。"《专利法实施细则》第十三条第一款规定："同样的发明创造只能被授予一项专利"。据此，不同申请人就同样的发明创造先后申请专利时，专利权只能授予在先申请人；同一申请人就同样的发明创造先后申请专利时，在后申请不应被授予专利权；同一申请人就同样的发明创造同日申请多项专利时,只有一项申请可以被授予专利权。

就外观设计专利而言,《审查指南》第一部分第三章第4.5.1节规定:"同样的外观设计是指两项外观设计相同或者相近似。"当不同申请人就同一产品申请两项以上相近似的外观设计,以及同一申请人先后就同一产品申请两项以上相近似的外观设计时,《审查指南》的上述规定并无不妥。但是,当同一申请人就相同产品于同一日申请两项以上相近似的外观设计时,《审查指南》的上述规定明显与专利法及《专利法实施细则》的立法本意不符。在这种情况下,"同样的外观设计"仅应解释为外观设计相同,而不应包括外观设计相近似的情况。

本案中,化工成套公司于同一日就相同产品申请了多项相近似的外观设计,并不违反相关法律规定,没有侵犯国家利益、社会公共利益及他人的合法权益,符合专利法及《专利法实施细则》关于鼓励发明创造、促进科技创新和进步的立法本意,应当予以认可和保护。专利复审委员会依据《专利法实施细则》第十三条第一款的规定宣告本专利权无效属于理解和适用法律错误,依法应予撤销。由于专利复审委员会未对华邦公司针对本专利提出的其他无效理由及所依据的证据进行评述,其应当在对这些证据进行审查的基础上重新做出无效宣告请求审查决定。

综上,专利复审委员会的上诉理由不能成立,其上诉请求不予支持。原判决认定事实清楚,适用法律正确。依照《中华人民共和国行政诉讼法》第六十一条第一款第(一)项之规定,判决如下:

驳回上诉,维持原判。

一审案件受理费100元,由国家知识产权局专利复审委员会负担(于本判决生效之日起7日内交纳);二审案件受理费100元,由国家知识产权局专利复审委员会负担(已交纳)。

本判决为终审判决。

审　判　长　刘　辉
代理审判员　岑宏宇
代理审判员　焦　彦
二〇〇八年七月十八日
书　记　员　耿巍巍

矿泉水瓶（4）

无效宣告请求审查决定（第9928号）

决 定 号	第9928号
决 定 日	2007年5月12日
发明创造名称	矿泉水瓶（4）
外观设计分类号	09-01
无效宣告请求人	上海好奇小子家居用品有限公司
专 利 权 人	游耀州
专 利 号	200430031594.X
申 请 日	2004年5月14日
授权公告日	2004年12月22日
合议组组长	王桂莲
主 审 员	张惠军
参 审 员	周 航
附 图	3页
法 律 依 据	专利法第9条、第23条

决 定 要 点

如果一般消费者经过对被比设计与在先设计的整体观察可以看出，二者的差别对于产品外观设计的整体视觉效果具有显著的影响，则应当认为被比设计与在先设计不相近似。

一、案由

本无效宣告请求涉及国家知识产权局于2004年12月22日授权公告的、名称为"矿泉水瓶（4）"的200430031594.X号外观设计专利权（下称本专利），其申请日是2004年5月14日，专利权人是游耀州。

针对本专利权，上海好奇小子家居用品有限公司（下称请求人）于2006年8月10日向专利复审委员会提出无效宣告请求，其理由是本专利不符合专利法第23条的规定。同时，请求人提交了如下附件作为证据：

附件1：包括附件1-1，1-2和1-3，其中附件1-1是太空杯的实物照片1张，附件1-2是浙江增值税专用发票（No.01998049）复印件1页，其开票日期为2004年4月16日，购货单位为北京华联综合超市股份有限公司学院路分公司，销货单位为台州太空实业有限公司，货物名称为"太空杯"，附件1-3为送货单（No.106991）复印件1页，其上记载收货方为北京华联，货物名称为"太空杯",单据开出时间为 2004 年 4 月 14 日。

附件 2：ZL 200430017628.X 号外观设计专利网络下载件，其发明名称为"太空杯"（0151），申请日为 2004 年 4 月 7 日，授权公告日为 2004 年 12 月 15 日，专利权人为夏炳异；

附件 3：ZL 200430018413.X 号外观设计专利网络下载件，其发明名称为"饮水杯（滤叶太空杯 2 型）"，申请日为 2004 年 4 月 28 日，授权公告日为 2004 年 12 月 22 日，专利权人为吴秀杰。

请求人认为，附件 1 证明在本专利申请日之前与本专利相近似的产品已经在国内公开销售和使用过；附件 2 和附件 3 分别证明在本专利申请日之前已有相近似的外观设计被专利出版物所公开，因此本专利不符合专利法第 23 条的规定。

经形式审查合格后，专利复审委员会受理了上述无效宣告请求，于 2006 年 8 月 10 日向双方当事人发出无效宣告请求受理通知书，并将无效宣告请求书及其附件清单中所列附件副本转送给专利权人，要求其在指定期限内答复；期满未答复的，不影响专利复审委员会审理。

在指定期限内专利权人未作出答复。

专利复审委员会依法成立合议组对本案进行审理。合议组于 2007 年 1 月 9 日向双方当事人发出无效宣告请求口头审理通知书，定于 2007 年 3 月 7 日对本案进行口头审理。

口头审理如期举行，双方当事人均委托代表参加，且对对方出席口头审理人员的身份及资格均无异议。

请求人明确其无效宣告的理由、范围和证据是：本专利不符合专利法第 23 条的规定，并当庭增加本专利不符合专利法第 9 条的无效宣告理由；附件 1 证明与本专利相近似的产品已在先公开销售，附件 2 的外观与本专利相近似。请求人明确表示附件 3 不作为相同或相近似性的证据使用，仅作为佐证，证明附件 2 产品的弧状形状是公知的。请求人当庭提交了附件 1-2 和附件 1-3 的原件，专利权人经核对，认可附件 1-2 和 1-3 的复印件与原件一致，但认为这两份证据原件上并未加盖公章，因此对附件 1-2 和附件 1-3 的真实性有异议；此外，专利权人认为附件 1-1，附件 1-2 和附件 1-3 与本专利没有关联性，附件 2 和附件 3 的公告日均晚于本专利的申请日，不适用于专利法第 23 条这一无效理由。请求人坚持专利法第 23 条这一无效理由。

关于本专利与附件 1 照片上显示的产品是否相近似，请求人认为附件 1 的太空杯与本专利的矿泉水瓶用途相同、分类号都属于 7-01，二者的区别在于附件 1 照片中的太空杯有一个钩手，除此之外二者的技术特征相同，因此二者相近似。对此专利权人认为，本专利的分类号为 9-01，不是 7-01，二者使用功能相近似，并认可二者外观上基本相近似。

关于本专利与附件 2 的产品是否相近似，请求人认为附件 2 与本专利相比，增加了一个盖，附件 2 与本专利的共同点在于：中心有圆弧形过渡，附件 2 下面装饰有横条纹，二者构成相近似。并且认为，本专利瓶口的设计和腰部的曲线设计属于惯用手段。对此，专利权人认为，本专利矿泉水瓶分为三个部分：螺口瓶口、朝鲜鼓形的上部和等直径筒体的下部，而附件 2 的侧面是圆弧状过渡的波浪形形状，没有等直径筒体，并且附件 2 没有图案，附件 2 与本专利不相近似；本外观设计专利是一个整体，是不同要件的组合，而不是简单的叠加，且附件 2 呈葫芦形，不能证明本专利瓶身上的圆弧曲线是常见的。

至此，合议组认为本案的事实已经清楚，现依法作出审查决定。

二、决定的理由

1. 关于证据

请求人在提出无效宣告请求时共提交了三份附件，即附件 1 至附件 3，在口头审理时请求人明确表示附件 3 不作为相同或相近似性的证据使用，仅作为佐证，证明附件 2 产品的弧状形状是公知的。

附件 2 和附件 3 均为外观设计专利，且专利权人对附件 2 和附件 3 的真实性均没有表示异议，因此在本案中附件 2 和附件 3 可以作为证据使用。

附件 1 包括附件 1-1，1-2 和 1-3，其中附件 1-1 是太空杯的实物照片，附件 1-2 为增值税专用发票，附件 1-3 为送货单。请求人当庭提交了附件 1-2 和附件 1-3 的原件，专利权人经核对，认可附件 1-2 和 1-3 的复印件与原件一致，但认为这两份附件原件上并未加盖公章，因此对附件 1-2 和附件 1-3 的真实性有异议，对附件 1-1 的真实性没有提出异议，并认为附件 1-1，附件 1-2 和附件 1-3 与本专利没有关联性。

经合议组审查认为，附件 1-2 增值税发票上显示出的购货单位为"北京华联综合超市股份有限公司学院路分公司"，销货单位为"台州太空实业有限公司"，商品名称为"太空杯"，其开票日期为 2004 年 4 月 16 日；附件 1-3 送货单上显示出的收货单位为"北京华联"，收货地址为"海淀区学院路 50 号"，送货方为"太空 方"，其开据日期为 2004 年 4 月 14 日。附件 1-2 和附件 1-3 上显示出的货物名称均为"太空杯"，所显示出的数量和单价等信息均彼此对应，但"太空杯"涉及一类产品，其包括多种具体产品，而附件 1-2 和附件 1-3 上均没有显示"太空杯"的具体型号，缺少关于该"太空杯"产品的任何结构信息；附件 1-1 是太空杯实物照片，但其上没有拍摄地点和时间，也没有产品型号等信息，即没有将其与附件 1-2 和附件 1-3 的"太空杯"关联起来的必要信息，因此附件 1-1 与附件 1-2 和 1-3 之间缺乏关联性。另外，虽然附件 1-2 和附件 1-3 两者之间所记载的信息相符，但也只能证明在本专利申请日之前（即在 2004 年 4 月 16 日），台州太空实业有限公司向北京华联综合超市股份有限公司学院路分公司销售了名称为"太空杯"的产品，缺少能够表明所销售的该"太空杯"外观的证据，因此附件 1-1，1-2 和 1-3 不能形成一个完整的证据链证明与本专利外观设计相同或相近似的产品在本专利申请日之前已经公开销售使用。

2. 关于专利法第 9 条和第 23 条

专利法第 9 条：两个以上的申请人分别就同样的发明创造申请专利的，专利权授予最先申请的人。

专利法第 23 条：授予专利权的外观设计，应当同申请日以前在国内外出版物上公开发表过或者国内公开使用过的外观设计不相同和不相近似，并不得与他人在先取得的合法权利相冲突。

请求人认为附件 2 与本专利相近似，附件 3 不作为相同或相近似性的证据使用，仅作为佐证，证明附件 2 产品的弧状形状是公知的，由此认为本专利不符合专利法第 9 条和第 23 条的规定。专利权人认为附件 2 和附件 3 的公告日均晚于本专利的申请日，不适用于专利法第 23 条这一无效理由。

对此，合议组认为，附件 2 和附件 3 均为他人在本专利申请日之前提出并在本专利申请日之后授权公告的外观设计专利，因而不适用于专利法第 23 条这一无效理由，只可用于评价本专利是否符合专利法第 9 条的规定。同时，鉴于请求人明确表示附件 3 不作为相同或相近似判断的证据使用，因此合议组将只对本专利相对于附件 2 是否符合专利法第 9 条的规定进行审查。

本专利要求保护一种矿泉水瓶，分类号为 09-01。本专利包括主视图、左视图、仰视图、俯视图、立体图和使用状态参考图。在摘要中指出本外观设计产品采用透明材料制成。从本专利的各个视图可以看出，该矿泉水瓶可分成瓶口与瓶身两部分。瓶口为常规的螺纹瓶口。瓶身的上部（大约占整个瓶身一半）为中间向内凹进、两侧直径大致相同的朝鲜鼓形，瓶身的下部近似为等直径的圆柱形，瓶身靠近底部的部分带有凸凹花纹（参见本专利附图）。

附件 2 公开了一种太空杯，分类号为 07-01，尽管其分类号与本专利的分类号不同，但附件 2 所公开的太空杯与本专利请求保护的矿泉水瓶两者均为装盛饮用水或饮料且便于携带的瓶罐类用品，两者属于相同种类的外观设计产品，可以使用附件 2 与本专利进行相近似性比较。附件 2 包括俯视图、主视图、左视图、右视图和立体图。从附件2的各个视图可以看出，附件2的太空杯由盖有瓶盖的瓶口部分和瓶身组成，瓶口部分被瓶盖覆盖，不可见；在整个瓶身大致中央的位置处向内凹进，而瓶身上下两端相对于所述的凹进部分向外突出，瓶身的侧面呈现出圆弧状过渡的波浪形形状，瓶身整体上近似葫芦形，且瓶身上没有凸凹花纹（参见附件2附图）。

通过对比本专利与附件2的图片可以看出，两者存在以下区别：（1）本专利为螺纹状瓶口，而附件2的瓶口上盖有瓶盖，其瓶口的设计不可见；（2）本专利矿泉水瓶瓶身的上部呈现出大致朝鲜鼓形形状，瓶身的下部具有大致相等直径，上部与下部在整个瓶身上所占的比例大致相同，均约占整个瓶身的二分之一，且瓶身侧面凹进的位置处于瓶身的上部；而附件2的瓶身的凹进部分大致处于整个瓶身的中央位置，其瓶身并不存在等直径的圆柱部分，而且从主视图和左右视图均可看出，瓶身侧面呈现出圆弧状过渡的波浪形形状，瓶身整体上近似葫芦形，与本专利瓶身的形状存在较大差异；（3）本专利瓶身的下部具有凸凹花纹，而附件2的瓶身上不带有凸凹花纹。

对于上述区别特征（1），合议组认为，虽然附件2由于盖有瓶盖而显示不出瓶口的设计，但本专利矿泉水瓶的瓶口是一种螺纹瓶口，在使用时通过瓶盖上的螺纹与瓶口的螺纹啮合，从而将盖子固定在瓶口上，而这种螺纹瓶口是该类产品公认的惯常设计，对整体视觉不具有显著的影响。

对于上述区别特征（2）和（3），合议组认为，本专利的矿泉水瓶与附件2的瓶身形状存在很大差异：本专利产品的瓶身上部呈现大致朝鲜鼓形状，下部具有大致相等直径，且瓶身上带有凸凹花纹，而附件2的瓶身并不存在等直径的圆柱部分，且其瓶身上也不带有凸凹花纹，由于本专利的矿泉水瓶与附件2在太空杯的瓶身的形状和图案上均存在较大差异，并且这些差异对于产品的整体视觉影响具有显著的影响，因此本专利与附件2不相同也不相近似，符合专利法第9条的规定。

请求人用附件3证明附件2产品的弧状形状是公知的，并认为本专利腰部的曲线属于惯用手段。对此合议组认为，附件3公开了一种饮水杯，与本专利矿泉水瓶属于相同种类的外观设计产品。从附件3的各幅视图可以看出，其饮水杯腰身在大致中央的位置处向内凹进，而杯身上下两端相对于所述的凹进部分向外突出，确与附件2产品腰部的弧状形状相近，但这并不能证明本专利与附件2之间的区别属于惯常设计，因此合议组对请求人的上述主张不予支持。

综上所述，本专利相对于请求人所提供的证据符合专利法第23条和第9条的规定，请求人的无效宣告请求的理由均不成立。

三、决定

维持200430031594.X号外观设计专利权有效。

当事人对本决定不服的，可以根据专利法第46条第2款的规定，自收到本决定之日起三个月内向北京市第一中级人民法院起诉。根据该款的规定，一方当事人起诉后，另一方当事人应当作为第三人参加诉讼。

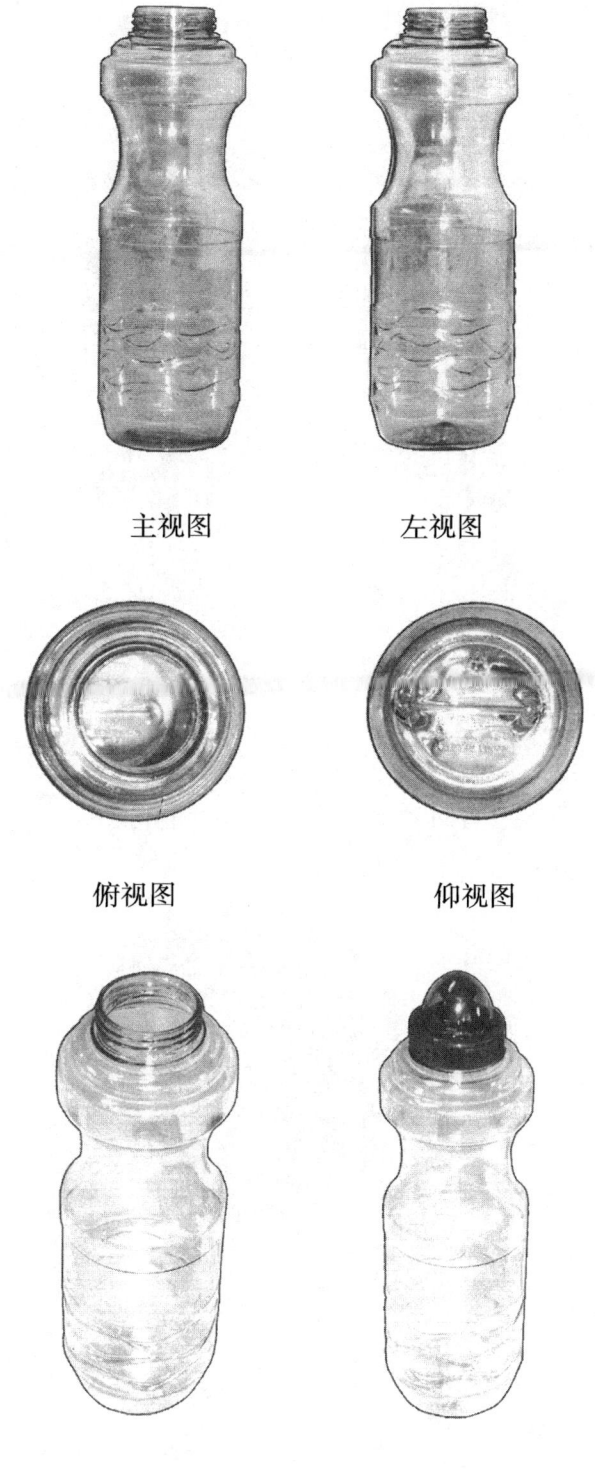

主视图　　左视图

俯视图　　仰视图

立体图　　使用状态参考图

本专利附图

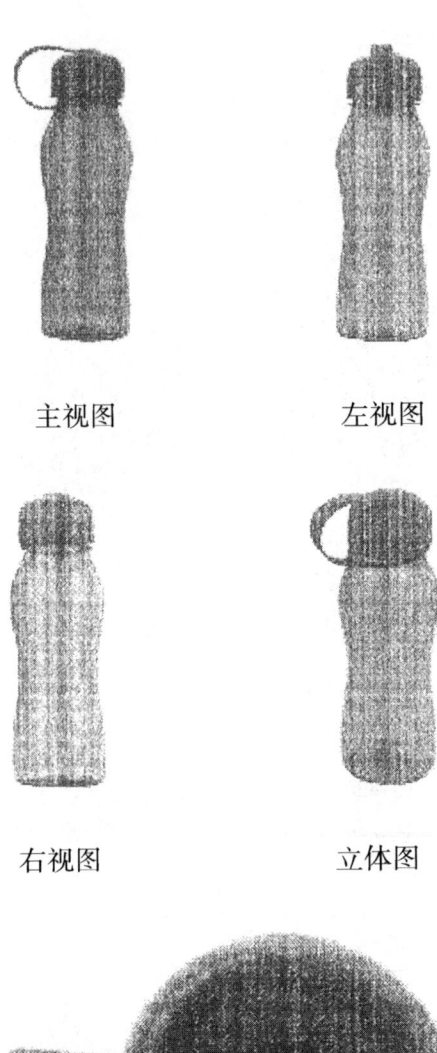

主视图　　　　左视图

右视图　　　　立体图

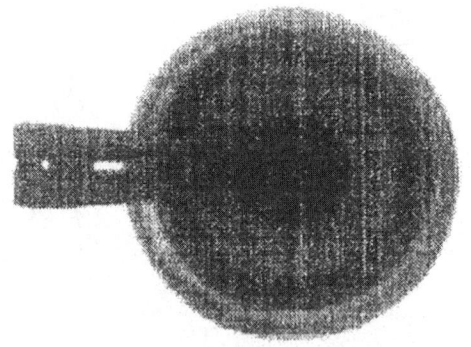

俯视图

附件2附图

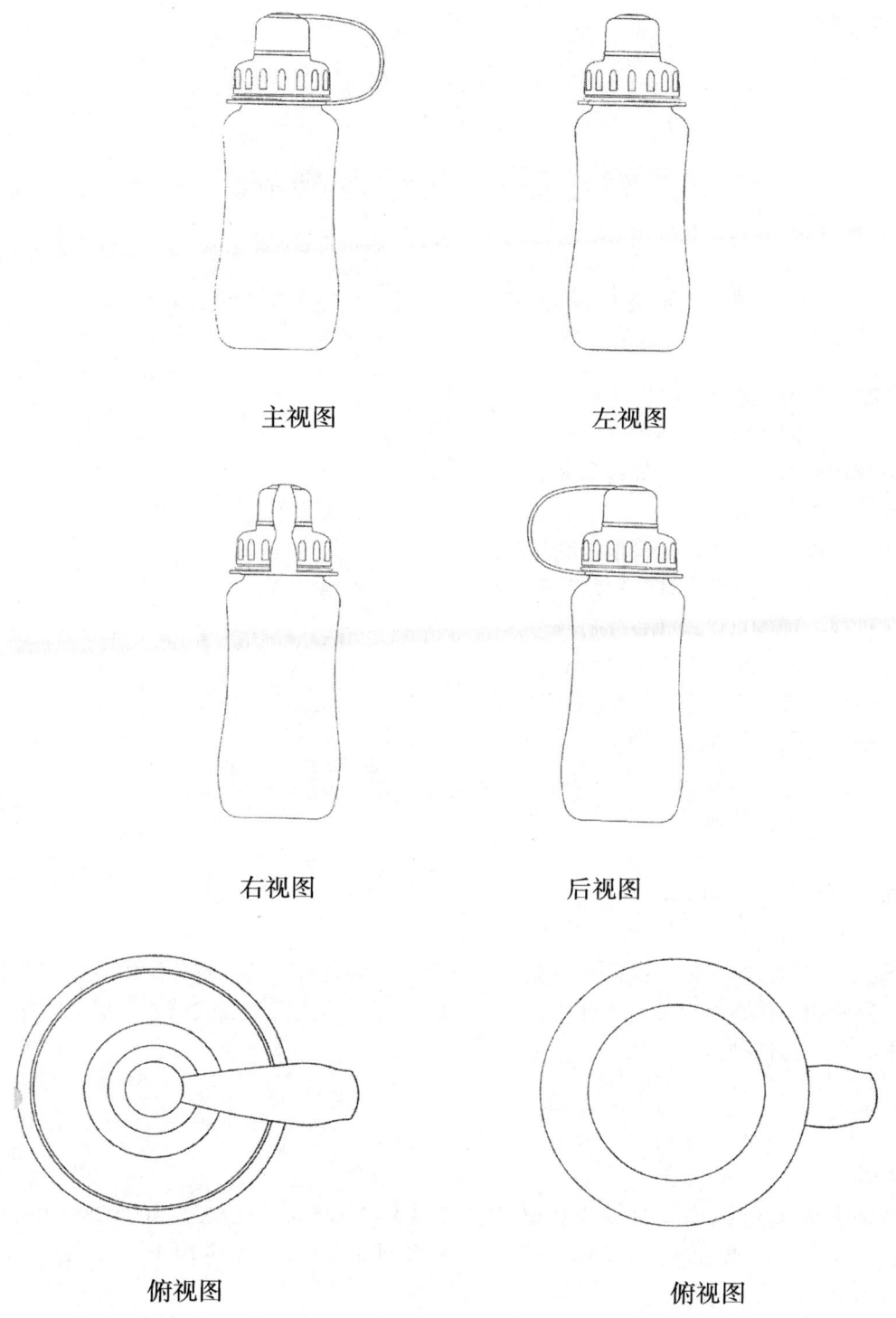

主视图　　　　　　　左视图

右视图　　　　　　　后视图

俯视图　　　　　　　俯视图

附件3附图

编织袋（黑绿蓝条）

无效宣告请求审查决定（第9933号）

决　定　号	第9933号
决　定　日	2007年6月11日
发明创造名称	编织袋（黑绿蓝条）
外观设计分类号	09-05
无效宣告请求人	兖州市隆泰塑料制品有限公司
专　利　权　人	金乡台鑫塑料制品有限公司
专　利　号	02352011.6
申　请　日	2002年7月10日
授权公告日	2003年2月26日
合议组组长	吴亚琼
主　审　员	陈海平
参　审　员	杨凤云
法　律　依　据	专利法第23条
决　定　要　点	

作为国家特定职权机关的产品质量监督检验所及其法人代表在其职权范围内对该机关的职权行为事实及其保存的相关档案材料作出了证明，这些证明所证明的内容与相关的原始证据相印证，足以认定其证明的有关产品被抽检的事实。

一、案由

本无效宣告请求涉及的是国家知识产权局于2003年2月26日授权公告的02352011.6号外观设计专利，其产品名称为"编织袋（黑绿蓝条）"，申请日是2002年7月10日，专利权人是金乡台鑫塑料制品有限公司。

针对上述专利权（下称本专利），兖州市隆泰塑料制品有限公司于2004年10月8日向专利复审委员会提出无效宣告请求，其依据的事实和理由是：与本专利具有相近似外观设计的塑料编织袋早在本专利申请日之前就已在国内生产销售，因此本专利不符合专利法第23条的规定。请求人同时提交了如下证据（均为复印件）：

（1）兖州市产品质量监督检验所出具的证明材料2页；

（2）（2004）兖证经字92号公证书（公证员张庆鑫），其中附有"检验报告台账（99年下半年）"1份、"检验报告"5份、"日常产品质量监督抽样单"6份；

(3)（2004）兖证经字93号公证书（公证员张庆鑫）；

(4) "济宁市质量技术监督局文件济质技监人发[2002]57号"（1页、盖有有张庆鑫承办签字的复印件核实章）；

(5) "法定代表人证明书"（1页、盖有有张庆鑫承办签字的复印件核实章）；

(6)（2004）济宁证民字第245号公证书（公证员张弢）；

(7)（2004）济宁证民字第246号公证书（公证员张弢）。

请求人说明上述复印件证据的原件在专利复审委员会案卷W63654/W64058内。

专利复审委员会根据无效宣告请求审查程序的规定受理了该无效宣告请求，并于2005年1月26日将无效宣告请求书及其证据的副本转送给专利权人，要求其在指定期限内陈述意见。

专利权人未针对上述无效宣告请求陈述意见。

专利复审委员会于2007年2月28日向双方当事人发出了口头审理通知书，定于2007年4月10日对本案进行口头审理。

口头审理如期举行，专利权人未参加审理，仅请求人一方到庭。在审理中请求人进一步详细阐述了自己所主张的事实和理由，并坚持原有观点。

合议组当庭核对了请求人所述的其参加专利复审委员会W63654/W64058无效宣告请求案时所提交的证据原件，在请求人在本案中所提交的证据中，证据4、5无原件，其余证据均有相符的原件。

合议组经合议，认为本案事实清楚，依法作出本审查决定。

二、决定的理由

(1) 基于请求人提出无效宣告请求所依据的事实和理由，合议组对本专利是否符合专利法第23条的规定进行审查。

专利法第23条规定：授予专利权的外观设计，应当同申请日以前在国内外出版物上公开发表过或者国内公开使用过的外观设计不相同和不相近似，并不得与他人在先取得的合法权利相冲突。

(2) 请求人提交的作为证据的证据2是"（2004）兖证经字92号"公证书，其公证内容是证明其中附具兖州市产品质量监督检验所出具的"检验报告台账（99年下半年）"、"检验报告"与"日常产品质量监督抽样单"的复印件与原件相符，其上的"兖州市产品质量监督检验所"印鉴属实；证据3是对兖州市产品质量监督检验所所长杨连春的"声明书"所作的"（2004）兖证经字93号"公证书，其公证内容是证明兖州市产品质量监督检验所的法定代表人杨连春在"声明书"上签字属实，其上的"兖州市产品质量监督检验所"印鉴属实；证据1是兖州市产品质量监督检验所于2003年12月25日出具的"证明"，其中对监督抽查生产、销售透明塑料编织袋的企业的情况进行了说明。

上述证据中：证据2中包括了"泰安市产品质量监督检验所"接受"兖州市质检所"委托对兖州市兴隆庄镇六合塑编厂等四家企业的塑料编织袋抽检产品所作的"检验报告"；在证据2中的另一份文件"检验报告台账（99年下半年）"中的记载包括前述五份检验报告所涉及的企业，其中所记载的前述四家企业的产品规格、受检单位名称及编号和检验结论等均分别与上述"检验报告"相符；在证据2中的另一份文件"日常产品质量监督抽样单"中记载了兖州市产品质量监督检验所分别对兴隆镇六合塑编厂等五家企业生产的塑料编织袋进行产品抽样的有关情况，时间均为2000年3月30日，其中编号为No.0001478的抽样单生产企业为兴隆镇六合塑编厂。

证据3是杨连春以"兖州市产品质量监督检验所法定代表人"的身份所作的"声明书"，其内容是证明该所自1999年度开始对兴隆庄镇六合塑编厂等企业生产、销售的透明塑料编织袋进行定期监督抽检，1999年度所抽样品委托"泰安市产品质量监督检验所"检验，并出具了检验报告，有关检验报告及其台账原件保存于该所，2000年度抽取样品的质量监督抽样品单原件及其编织袋实物也保存于该所，其中No.0001478的抽样品单与所抽样品保存于同一档案内，2003年12月25日该所为请求人出具的证明所附四张照片即为该抽样品单和所抽编织袋样品的实物照片。证据1即上述"兖州市产品质量监督检验所"于2003年12月25日出具的"证明"，其主要内容与上述"声明书"基本相同，并附有四张照片。

合议组认为，证据3、证据1是国家特定职权机关及其法人代表在其职权范围内对该机关的职权行为事实及其保存的相关档案材料所作证明，并有证据2所示相关联的原始证据在涉及有关企业、产品名称、规格、产品抽检时间等方面相印证，据此足以证明证据1照片所示塑料编织袋为证据2中No.0001478产品抽样单所记载抽检的样品。由于其抽检性质为定期质量监督检验，抽样时间为2000年3月30日，因此证据1照片中所示塑料编织袋（下称对比文件）已在本专利申请日之前于国内公开生产、销售过。

（3）对比文件所示塑料编织袋与本专利使用外观设计的产品"编织袋"属相同种类的产品，现对二者进行如下相近似性对比：

本专利的塑料编织袋为长方形，请求保护色彩，编织袋左侧有一条竖向彩条，该彩条由竖向的蓝、黑、绿色狭条从左至右相拼而成；该编织袋除彩条外其余部分由透明塑料条编织而成（详见本专利附图及简要说明）。

对比文件所示塑料编织袋为长方形，其左右两侧各有一条竖向彩条，每条彩条由竖向的蓝绿、黑、蓝绿色狭条顺次相拼而成（详见对比文件附图）。

将本专利与对比文件相比较，二者所示编织袋均有相似的三色相拼的彩条设计，形状相同；但本专利所示编织袋仅在正面和背面的左侧有一条彩条，而对比文件照片中显示为其左右侧各有一条彩条。

合议组认为：虽然二者彩条在编织袋上设置位置不同，由于本专利彩条以外的其他部分为透明材料，其每一面均能透过透明材料显出另一面的彩条，故二者彩条在编织袋上设置位置的不同也不会在视觉效果上产生明显差别。由于本专利与对比文件所示编织袋其醒目的视觉效果主要在于采用的彩条设计，而二者在相同形状编织袋的相似位置上采用了相似的竖向彩条设计，这导致了相似的外观视觉效果，因此本专利与对比文件所示编织袋属于相近似的外观设计。

（4）综上所述，请求人提交的上述证据足以证明本专利与其申请日前生产销售的编织袋外观设计产品相近似，因此，本专利不符合专利法第23条的规定。

鉴于上述已得出本专利不符合专利法第23条规定的结论，本决定对请求人提交的其他证据不作评述。

三、决定

宣告02352011.6号外观设计专利权全部无效。

当事人对本决定不服的，可以根据专利法第46条第2款的规定，自收到本决定之日起三个月内向北京市第一中级人民法院起诉。根据该款的规定，一方当事人起诉后，另一方当事人应当作为第三人参加诉讼。

杯（龙）

无效宣告请求审查决定（第9936号）

决 定 号	第9936号
决 定 日	2007年6月1日
发明创造名称	杯（龙）
外观设计分类号	07-01
无效宣告请求人	山东黄金鑫意首饰有限公司
专 利 权 人	山东梦金园珠宝首饰有限公司
专 利 号	03312038.2
申 请 日	2003年1月16日
授权公告日	2003年9月3日
合议组组长	程 强
主 审 员	许 磊
参 审 员	何 炜
法律依据	专利法第23条

决定要点

当事人对自己提出的无效宣告请求所依据的事实有责任提供证据加以证明。没有证据或者证据不足以证明当事人的事实主张的，由负有举证责任的当事人承担不利后果。

一、案由

本无效宣告请求案涉及国家知识产权局于2003年9月3日公告授予的、名称为"杯（龙）"的第03312038.2号外观设计专利权（下称本专利），其申请日为2003年1月16日。2006年1月25日，专利权人由王忠善变更为山东梦金园珠宝首饰有限公司。

针对上述专利权，山东黄金鑫意首饰有限公司（下称请求人）于2006年11月28日向专利复审委员会提出无效宣告请求，认为本专利不符合专利法第23条的规定，并提交了下述证据：

证据1：发票号为01223423的山东增值税专用发票，复印件共1页；

证据2：标题为"龙行天下"的照片，复印件共1页。

请求人认为证据1和2表明在本专利申请日之前已有与本专利图案相似的产品大量生产销售，因此本专利不符合专利法第23条的规定。

经形式审查合格后，专利复审委员会受理了上述请求，于2006年11月30日向双方当事人发出《无效宣告请求受理通知书》，并将《专利权无效宣告请求书》及其附件清单中所列附件的副本转送

给专利权人，要求其在指定的期限内答复，同时成立合议组对本无效请求案进行审理。

专利权人于2006年12月29日作出答复，认为请求人提交的证据1和2不足以说明其所述事实的客观真实性，因此，本专利符合专利法第23条的规定。

2007年3月16日，本案合议组向双方当事人发出《无效宣告请求口头审理通知书》，定于2007年5月15日对该专利权的无效请求进行口头审理，同时将专利权人于2006年12月29日提交的意见陈述书转交给请求人，要求其在口头审理时一并答复。

2007年5月17日，口头审理如期进行，双方当事人均出席了口头审理。庭审过程中，合议组就本案的无效理由及证据逐一进行了调查，双方当事人充分陈述了各自的意见。请求人认为证据2中所示产品与本专利产品相近似。请求人未提供证据1和证据2的原件，专利权人对其真实性和关联性有异议。

至此，合议组认为本案的事实清楚，可以作出审查决定。

二、决定的理由

1. 关于证据

当事人对自己提出的无效宣告请求所依据的事实有责任提供证据加以证明。没有证据或者证据不足以证明当事人的事实主张的，由负有举证责任的当事人承担不利后果。

本案中，请求人在无效宣告请求时提交的证据1和2均为复印件，其中附件1是增值税发票的复印件，附件2是照片的复印件，请求人未提供这些证据的原件，专利权人对其真实性有异议，在请求人没有进一步提供证明证据1和证据2的真实性的其他证据的情况下，合议组对证据1和2的真实性不予确认。

2. 关于专利法第23条

专利法第23条规定：授予专利权的外观设计，应当同申请日以前在国内外公开出版物上公开发表或者国内公开使用过的外观设计不相同和不相近似，并且不得与他人在先取得的合法权利相冲突。

本案中，请求人认为证据1和证据2表明在本专利申请日之前已有与本专利图案相似的产品大量生产销售，本专利不符合专利法第23条的规定。但是，由于请求人提交的所有证据的真实性均得不到确认，因此，合议组认为，请求人的理由在得不到证据支持的情况下不能成立。

基于以上事实和理由，本案合议组作出如下审查决定。

三、决定

维持03312038.2号外观设计专利权有效。

当事人对本决定不服的，可以根据专利法第46条第2款的规定，自收到本决定之日起三个月内向北京市第一中级人民法院起诉。根据该款的规定，一方当事人起诉后，另一方当事人应当作为第三人参加诉讼。

杯子（金玉满堂）

无效宣告请求审查决定（第9937号）

决 定 号	第9937号
决 定 日	2007年6月1日
发明创造名称	杯子（金玉满堂）
外观设计分类号	07-01
无效宣告请求人	山东黄金鑫意首饰有限公司
专 利 权 人	山东梦金园珠宝首饰有限公司
专 利 号	200330109738.4
申 请 日	2003年10月14日
授权公告日	2004年9月15日
合议组组长	程 强
主 审 员	许 磊
参 审 员	何 炜
法 律 依 据	专利法第23条

决 定 要 点

当事人对自己提出的无效宣告请求所依据的事实有责任提供证据加以证明。没有证据或者证据不足以证明当事人的事实主张的，由负有举证责任的当事人承担不利后果。

一、案由

本无效宣告请求案涉及国家知识产权局于2004年9月15日公告授予的、名称为"杯子（金玉满堂）"的第200330109738.4号外观设计专利权（下称本专利），其申请日为2003年10月14日。2005年12月7日，专利权人由王忠善变更为山东梦金园珠宝首饰有限公司。

针对上述专利权，山东黄金鑫意首饰有限公司（下称请求人）于2006年11月28日向专利复审委员会提出无效宣告请求，认为本专利不符合专利法第23条的规定，并提交了下述证据：

证据1：发票号为01208581的山东增值税专用发票，复印件共1页；

证据2：标题为"金玉满堂"的照片，复印件共1页。

请求人认为证据1和证据2表明在本专利申请日之前已有与本专利图案相似的产品大量生产销售，因此本专利不符合专利法第23条的规定。

经形式审查合格后，专利复审委员会受理了上述请求，于2006年11月30日向双方当事人发出《无效宣告请求受理通知书》，并将《专利权无效宣告请求书》及其附件清单中所列附件的副本转送

给专利权人，要求其在指定的期限内答复，同时成立合议组对本无效请求案进行审理。

专利权人于2006年12月29日作出答复，认为请求人提交的证据1和2不足以说明其所述事实的客观真实性，因此，本专利符合专利法第23条的规定。

2007年3月16日，本案合议组向双方当事人发出《无效宣告请求口头审理通知书》，定于2007年5月15日对该专利权的无效请求进行口头审理，同时将专利权人于2006年12月29日提交的意见陈述书转交给请求人，要求其在口头审理时一并答复。

2007年5月17日，口头审理如期进行，双方当事人均出席了口头审理。庭审过程中，合议组就本案的无效理由及证据逐一进行了调查，双方当事人充分陈述了各自的意见。请求人认为证据2中所示产品与本专利产品相近似。请求人未提供证据1和2的原件，专利权人对其真实性和关联性有异议。

至此，合议组认为本案的事实清楚，可以作出审查决定。

二、决定的理由

1. 关于证据

当事人对自己提出的无效宣告请求所依据的事实有责任提供证据加以证明。没有证据或者证据不足以证明当事人的事实主张的，由负有举证责任的当事人承担不利后果。

本案中，请求人在无效宣告请求时提交的证据1和证据2均为复印件，其中附件1是增值税发票的复印件，附件2是照片的复印件，请求人未提供这些证据的原件，专利权人对其真实性有异议，在请求人没有进一步提供证明证据1和证据2的真实性的其他证据的情况下，合议组对证据1和2的真实性不予确认。

2. 关于专利法第23条

专利法第23条规定：授予专利权的外观设计，应当同申请日以前在国内外公开出版物上公开发表或者国内公开使用过的外观设计不相同和不相近似，并且不得与他人在先取得的合法权利相冲突。

本案中，请求人认为证据1和证据2表明在本专利申请日之前已有与本专利图案相似的产品大量生产销售，本专利不符合专利法第23条的规定。但是，由于请求人提交的所有证据的真实性均得不到确认，因此，合议组认为，请求人的理由在得不到证据支持的情况下不能成立。

基于以上事实和理由，本案合议组作出如下审查决定。

三、决定

维持200330109738.4号外观设计专利权有效。

当事人对本决定不服的，可以根据专利法第46条第2款的规定，自收到本决定之日起三个月内向北京市第一中级人民法院起诉。根据该款的规定，一方当事人起诉后，另一方当事人应当作为第三人参加诉讼。

杯（竹报平安）

无效宣告请求审查决定（第9938号）

决 定 号	第9938号
决 定 日	2007年6月1日
发明创造名称	杯（竹报平安）
外观设计分类号	07-01
无效宣告请求人	山东黄金鑫意首饰有限公司
专 利 权 人	山东梦金园珠宝首饰有限公司
专 利 号	03312035.8
申 请 日	2003年1月16日
授权公告日	2003年9月3日
合议组组长	程 强
主 审 员	许 磊
参 审 员	何 炜
法律依据	专利法第23条

决 定 要 点

当事人对自己提出的无效宣告请求所依据的事实有责任提供证据加以证明。没有证据或者证据不足以证明当事人的事实主张的，由负有举证责任的当事人承担不利后果。

一、案由

本无效宣告请求案涉及国家知识产权局于2003年9月3日公告授予的、名称为"杯（竹报平安）"的第03312035.8号外观设计专利权（下称本专利），其申请日为2003年1月16日。2006年1月18日，专利权人由王忠善变更为山东梦金园珠宝首饰有限公司。

针对上述专利权，山东黄金鑫意首饰有限公司（下称请求人）于2006年11月28日向专利复审委员会提出无效宣告请求，认为本专利不符合专利法第23条的规定，并提交了下述证据：

证据1：发票号为01223429的山东增值税专用发票，复印件共1页；

证据2：标题为"竹报平安"的照片，复印件共1页。

请求人认为证据1和证据2表明在本专利申请日之前已有与本专利图案相似的产品大量生产销售，因此本专利不符合专利法第23条的规定。

经形式审查合格后，专利复审委员会受理了上述请求，于2006年11月30日向双方当事人发出《无效宣告请求受理通知书》，并将《专利权无效宣告请求书》及其附件清单中所列附件的副本转送

给专利权人，要求其在指定的期限内答复，同时成立合议组对本无效请求案进行审理。

专利权人于 2006 年 12 月 29 日作出答复，认为请求人提交的证据 1 和 2 不足以说明其所述事实的客观真实性，因此，本专利符合专利法第 23 条的规定。

2007 年 3 月 16 日，本案合议组向双方当事人发出《无效宣告请求口头审理通知书》，定于 2007 年 5 月 15 日对该专利权的无效请求进行口头审理，同时将专利权人于 2006 年 12 月 29 日提交的意见陈述书转交给请求人，要求其在口头审理时一并答复。

2007 年 5 月 17 日，口头审理如期进行，双方当事人均出席了口头审理。庭审过程中，合议组就本案的无效理由及证据逐一进行了调查，双方当事人充分陈述了各自的意见。请求人认为证据 2 中所示产品与本专利产品相近似。请求人未提供证据 1 和证据 2 的原件，专利权人对其真实性和关联性有异议。

至此，合议组认为本案的事实清楚，可以作出审查决定。

二、决定的理由

1. 关于证据

当事人对自己提出的无效宣告请求所依据的事实有责任提供证据加以证明。没有证据或者证据不足以证明当事人的事实主张的，由负有举证责任的当事人承担不利后果。

本案中，请求人在无效宣告请求时提交的证据 1 和 2 均为复印件，其中附件 1 是增值税发票的复印件，附件 2 是照片的复印件，请求人未提供这些证据的原件，专利权人对其真实性有异议，在请求人没有进一步提供证明证据 1 和证据 2 的真实性的其他证据的情况下，合议组对证据 1 和 2 的真实性不予确认。

2. 关于专利法第 23 条

专利法第 23 条规定：授予专利权的外观设计，应当同申请日以前在国内外公开出版物上公开发表或者国内公开使用过的外观设计不相同和不相近似，并且不得与他人在先取得的合法权利相冲突。

本案中，请求人认为证据 1 和证据 2 表明在本专利申请日之前已有与本专利图案相似的产品大量生产销售，本专利不符合专利法第 23 条的规定。但是，由于请求人提交的所有证据的真实性均得不到确认，因此，合议组认为，请求人的理由在得不到证据支持的情况下不能成立。

基于以上事实和理由，本案合议组作出如下审查决定。

三、决定

维持 03312035.8 号外观设计专利权有效。

当事人对本决定不服的，可以根据专利法第 46 条第 2 款的规定，自收到本决定之日起三个月内向北京市第一中级人民法院起诉。根据该款的规定，一方当事人起诉后，另一方当事人应当作为第三人参加诉讼。

杯（凤）

无效宣告请求审查决定（第 9939 号）

决 定 号	第 9939 号
决 定 日	2007 年 6 月 1 日
发明创造名称	杯（凤）
外观设计分类号	07-01
无效宣告请求人	山东黄金鑫意首饰有限公司
专 利 权 人	山东梦金园珠宝首饰有限公司
专 利 号	03312037.4
申 请 日	2003 年 1 月 16 日
授权公告日	2003 年 10 月 1 日
合议组组长	程 强
主 审 员	许 磊
参 审 员	何 炜
法 律 依 据	专利法第 23 条

决 定 要 点

当事人对自己提出的无效宣告请求所依据的事实有责任提供证据加以证明。没有证据或者证据不足以证明当事人的事实主张的，由负有举证责任的当事人承担不利后果。

一、案由

本无效宣告请求案涉及国家知识产权局于 2003 年 10 月 1 日公告授予的、名称为"杯（凤）"的第 03312037.4 号外观设计专利权（下称本专利），其申请日为 2003 年 1 月 16 日。2005 年 11 月 30 日，专利权人由王忠善变更为山东梦金园珠宝首饰有限公司。

针对上述专利权，山东黄金鑫意首饰有限公司（下称请求人）于 2006 年 11 月 28 日向专利复审委员会提出无效宣告请求，认为本专利不符合专利法第 23 条的规定，并提交了下述证据：

证据 1：1-1：发票号为 01223434 的山东增值税专用发票，复印件共 1 页；
　　　　1-2：票号不清楚的山东省商业批发统一发票（记账联），复印件共 1 页；
证据 2：标题为"丹凤呈祥"的照片，复印件共 1 页。

请求人认为证据 1 和 2 表明在本专利申请日之前已有与本专利图案相似的产品大量生产销售，因此本专利不符合专利法第 23 条的规定。

经形式审查合格后，专利复审委员会受理了上述请求，于 2006 年 11 月 30 日向双方当事人发出

《无效宣告请求受理通知书》，并将《专利权无效宣告请求书》及其附件清单中所列附件的副本转送给专利权人，要求其在指定的期限内答复，同时成立合议组对本无效请求案进行审理。

专利权人于 2006 年 12 月 29 日作出答复，认为请求人提交的证据 1 和 2 不足以说明其所述事实的客观真实性，因此，本专利符合专利法第 23 条的规定。

2007 年 3 月 16 日，本案合议组向双方当事人发出《无效宣告请求口头审理通知书》，定于 2007 年 5 月 15 日对该专利权的无效请求进行口头审理，同时将专利权人于 2006 年 12 月 29 日提交的意见陈述书转交给请求人，要求其在口头审理时一并答复。

2007 年 5 月 17 日，口头审理如期进行，双方当事人均出席了口头审理。庭审过程中，合议组就本案的无效理由及证据逐一进行了调查，双方当事人充分陈述了各自的意见。请求人认为证据 2 中所示产品与本专利产品相近似。请求人未提供证据 1 和 2 的原件，专利权人对其真实性和关联性有异议。

至此，合议组认为本案的事实清楚，可以作出审查决定。

二、决定的理由

1. 关于证据

当事人对自己提出的无效宣告请求所依据的事实有责任提供证据加以证明。没有证据或者证据不足以证明当事人的事实主张的，由负有举证责任的当事人承担不利后果。

本案中，请求人在无效宣告请求时提交的证据 1 和 2 均为复印件，其中附件 1 是增值税发票的复印件，附件 2 是照片的复印件，请求人未提供这些证据的原件，专利权人对其真实性有异议，在请求人没有进一步提供证明证据 1 和 2 的真实性的其他证据的情况下，合议组对证据 1 和 2 的真实性不予确认。

2. 关于专利法第 23 条

专利法第 23 条规定：授予专利权的外观设计，应当同申请日以前在国内外公开出版物上公开发表或者国内公开使用过的外观设计不相同和不相近似，并且不得与他人在先取得的合法权利相冲突。

本案中，请求人认为证据 1 和 2 表明在本专利申请日之前已有与本专利图案相似的产品大量生产销售，本专利不符合专利法第 23 条的规定。但是，由于请求人提交的所有证据的真实性均得不到确认，因此，合议组认为，请求人的理由在得不到证据支持的情况下不能成立。

基于以上事实和理由，本案合议组作出如下审查决定。

三、决定

维持 03312037.4 号外观设计专利权有效。

当事人对本决定不服的，可以根据专利法第 46 条第 2 款的规定，自收到本决定之日起三个月内向北京市第一中级人民法院起诉。根据该款的规定，一方当事人起诉后，另一方当事人应当作为第三人参加诉讼。

杯子（花开富贵）

无效宣告请求审查决定（第9940号）

决 定 号	第9940号
决 定 日	2007年5月28日
发明创造名称	杯子（花开富贵）
外观设计分类号	07-01
无效宣告请求人	山东黄金鑫意首饰有限公司
专 利 权 人	山东梦金园珠宝首饰有限公司
专 利 号	200330109745.4
申 请 日	2003年10月14日
授权公告日	2004年6月23日
合议组组长	程 强
主 审 员	许 磊
参 审 员	何 炜
法 律 依 据	专利法第23条

决 定 要 点

当事人对自己提出的无效宣告请求所依据的事实有责任提供证据加以证明。没有证据或者证据不足以证明当事人的事实主张的，由负有举证责任的当事人承担不利后果。

一、案由

本无效宣告请求案涉及国家知识产权局于2004年6月23日公告授予的、名称为"杯子（花开富贵）"的第200330109745.4号外观设计专利权（下称本专利），其申请日为2003年10月14日。2006年3月22日，专利权人由王忠善变更为山东梦金园珠宝首饰有限公司。

针对上述专利权，山东黄金鑫意首饰有限公司（下称请求人）于2006年11月28日向专利复审委员会提出无效宣告请求，认为本专利不符合专利法第23条的规定，并提交了下述证据：

证据1：发票号为01223470的山东增值税专用发票，复印件共1页；

证据2：标题为"花开富贵"的照片，复印件共1页。

请求人认为证据1和2表明在本专利申请日之前已有与本专利图案相似的产品大量生产销售，因此本专利不符合专利法第23条的规定。

经形式审查合格后，专利复审委员会受理了上述请求，于2006年11月30日向双方当事人发出《无效宣告请求受理通知书》，并将《专利权无效宣告请求书》及其附件清单中所列附件的副本转送

给专利权人，要求其在指定的期限内答复，同时成立合议组对本无效请求案进行审理。

专利权人于2006年12月29日作出答复，认为请求人提交的证据1和2不足以说明其所述事实的客观真实性，因此，本专利符合专利法第23条的规定。

2007年3月16日，本案合议组向双方当事人发出《无效宣告请求口头审理通知书》，定于2007年5月15日对该专利权的无效请求进行口头审理，同时将专利权人于2006年12月29日提交的意见陈述书转交给请求人，要求其在口头审理时一并答复。

2007年5月17日，口头审理如期进行，双方当事人均出席了口头审理。庭审过程中，合议组就本案的无效理由及证据逐一进行了调查，双方当事人充分陈述了各自的意见。请求人认为证据2中所示产品与本专利产品相近似。请求人未提供证据1和2的原件，专利权人对其真实性和关联性有异议。

至此，合议组认为本案的事实清楚，可以作出审查决定。

二、决定的理由

1. 关于证据

当事人对自己提出的无效宣告请求所依据的事实有责任提供证据加以证明。没有证据或者证据不足以证明当事人的事实主张的，由负有举证责任的当事人承担不利后果。

本案中，请求人在无效宣告请求时提交的证据1和2均为复印件，其中附件1是增值税发票的复印件，附件2是照片的复印件，请求人未提供这些证据的原件，专利权人对其真实性有异议，在请求人没有进一步提供证明证据1和2的真实性的其他证据的情况下，合议组对证据1和2的真实性不予确认。

2. 关于专利法第23条

专利法第23条规定：授予专利权的外观设计，应当同申请日以前在国内外公开出版物上公开发表或者国内公开使用过的外观设计不相同和不相近似，并且不得与他人在先取得的合法权利相冲突。

本案中，请求人认为证据1和2表明在本专利申请日之前已有与本专利图案相似的产品大量生产销售，本专利不符合专利法第23条的规定。但是，由于请求人提交的所有证据的真实性均得不到确认，因此，合议组认为，请求人的理由在得不到证据支持的情况下不能成立。

基于以上事实和理由，本案合议组作出如下审查决定。

三、决定

维持200330109745.4号外观设计专利权有效。

当事人对本决定不服的，可以根据专利法第46条第2款的规定，自收到本决定之日起三个月内向北京市第一中级人民法院起诉。根据该款的规定，一方当事人起诉后，另一方当事人应当作为第三人参加诉讼。

塑料大桶（一）

无效宣告请求审查决定（第9941号）

决 定 号	第9941号
决 定 日	2007年6月18日
发明创造名称	塑料大桶（一）
外观设计分类号	07-07
无效宣告请求人	荔城区黄石七境塑料厂
专 利 权 人	林成铭
专 利 号	200430152544.7
申 请 日	2004年12月13日
授权公告日	2006年2月22日
合议组组长	吴赤兵
主 审 员	徐清平
参 审 员	李巍巍
附 图	1页

法 律 依 据　专利法第23条

决 定 要 点

生效行政处罚决定所记载的事实，并有其他证据佐证，在没有相反证据足以推翻的情况下，对该决定所记载的事实应予以采信。

一、案由

本无效宣告请求涉及2006年2月22日国家知识产权局授权公告的200430152544.7号外观设计专利，其产品名称是"塑料大桶（一）"，申请日是2004年12月13日，专利权人是林成铭。

针对上述外观设计专利权（下称本专利），荔城区黄石七境塑料厂（下称请求人）于2006年4月28日向专利复审委员会提出无效宣告请求，其理由是本专利不符合专利法第23条的规定。请求人认为在本专利申请日前已经批量生产和销售了与本专利外观设计相同的产品，同时，请求人提交了如下附件作为证据：

附件1是莆田市荔城区工商行政管理局"荔工商处（2003）257号"行政处罚决定书复印件2页；

附件2是莆田市荔城区工商行政管理局黄石工商所查扣的产品照片和证明的翻拍照片1张；

附件3是莆田市荔城区工商行政管理局黄石工商所出具的证明及所附照片（原件）1页；

附件4是请求人1987年成立时的营业执照复印件1页；

附件5是请求人2001年成立厂支部委员会当天拍的照片（扫描件）1页；

附件6是请求人2001年成立厂支部委员会当天拍的照片（扫描件）1页；

附件7是请求人2001年成立厂支部委员会当天拍的照片（扫描件）1页；

附件8是中国共产党莆田市荔城区黄石镇委员会出具的证明及所附照片（原件）1页；

附件9是莆田市荔城区黄石镇工会联合会出具的证明及所附照片（原件）1页；

附件10是莆田市荔城区黄石镇七境村民委员会及莆田市荔城区黄石镇人民政府出具的证明及所附照片（原件）1页；

附件11请求人的产品模具照片（原件）2张；

附件12本专利外观设计图片复印件1页；

附件13是专利权人产品广告照片（扫描件）1页。

专利复审委员会根据无效宣告请求审查程序的规定受理了该无效宣告请求，并于2006年5月31日将无效宣告请求书和证据的副本转送给专利权人，要求其在指定的期限内陈述意见。

2006年6月22日专利权人提交了意见陈述书，专利权人认为：附件1为复印件，对其真实性有异议，所示行政处罚决定书的内容只是表明请求人因不诚信而受到行政处罚，与本专利无关联性；附件2所示黄石工商所提供的照片出处不明，且照片中的产品外观无法辨认，故不能采信；附件3所示黄石工商所出具的证明，其证词来源不明，无法支持请求人的观点；附件4来源不明，无法确认其真实性；附件5~7的照片为请求人自行拍摄，拍摄时间及出处不明确，照片中的产品外观均难以识别，不能采信；附件8~10分别为请求人所在地中共黄石镇委员会、黄石镇工会和黄石镇七镜村委会于2006年4月17日出具的证明，均来源不明，不可采信；附件11所示模具照片的来源及其证明对象不明，不能采信；附件12不能支持请求人的观点；附件13所示广告照片的来源不明，且无法表明该照片为公开出版物，不能采信。综上所述，请求人的无效宣告理由缺乏证据支持，因此，应当维持本专利有效。

专利复审委员会成立合议组对本案进行审理，于2007年2月26日向双方当事人发出口头审理通知书，定于2007年3月26日在专利复审委员会进行口头审理。同时将上述专利权人的意见陈述转送给请求人。

口头审理如期举行，双方委托的代理人及专利权人本人参加了审理。在口头审理过程中，请求人当庭出示了附件1、附件2、附件4~7、附件13的原件，当庭补充提交了莆田市荔城区工商行政管理局"工商听告字（2003）第61号"听证告知书原件（下称附件14）、莆田市荔城区工商行政管理局"No.0000848号财物清单"（下称附件15）原件、中共黄石镇委员会"黄委发（2001）第43号"文件（下称附件16）、莆田县总工会（批复）"荔工组字（2001）138号"文件（下称附件17）；合议组当庭将附件14~17转送专利权人。请求人认为，附件1~3可形成证据链，并与附件14、附件15相结合可佐证本专利产品在申请日前已公开使用；附件16、附件17可分别证明附件8、附件9所示出证单位的成立的时间及所述销售事实；附件5~7为请求人厂支部成立大会时拍摄的部分照片，会议场所周围堆放的部分产品与本专利的外形结构相同；附件13为专利权人的广告照片，其上右侧举条幅的男孩是专利权人的儿子，该男孩现已长大为成人，因此，该照片也可佐证在本专利申请日前已经公开销售的事实。专利权人对附件1、附件14、附件15的真实性无异议，但认为附件1所示行政处罚决定书仅能证明请求人的不正当竞争行为，从该决定所列举的产品不能得出与本专利有对应关系；对附件2的真实性和合法性有异议；对附件3上莆田市荔城区工商行政管理局黄石工商所的印章没有异议，但对证明的内容有异议，因无经办人签名作证，且时间和来源也不明确；对附件4真实性没有异议；对附件5～7照片的真实性无异议，但对照片的形成时间和来源有异议，且照片中所示的产品不清楚，无法与本专利对比；对附件8～10、附件16和附件17的真实性均无异议，但认为出具证明的单位与请求人属于上下级的关系，其出具的证明无法保证客观公正性；附件11制造的时间无法确定；附件13照片形成的时间无法确定，但专利权人认可照片中的男孩是其儿子，并承认该男孩现已长大为成人的事实。对于上述证据中所涉及的莆田市荔城区工商行政管理局黄石工商所与莆田市荔城区工商行政管理局黄石分局的关系，请求人称该工商分局是该工商所的前身，该工商分局现已变更为该工商所，专利权人对此未提出异议。请求人认为附件2、附件3、附件8～10中所示产品及当庭指定的附件13中有关产品的外观设计与本专利相同；专利权人认为，附件2和附件13中所示产品为堆叠在一起，无法与本专利进行对比，附件3、附件8～10所示产品外观设计与本专利不相同也不相近似。双方均坚持其原有主张。

在以上审理的基础上，合议组经合议，认为本案事实清楚，依法作出本审查决定。

二、决定的理由

1. 法律依据

基于请求人提出无效宣告请求所依据的事实和理由，合议组对本专利是否符合专利法第23条的规定进行审查。专利法第23条规定：授予专利权的外观设计，应当同申请日以前在国内外出版物上公开发表过或者国内公开使用过的外观设计不相同和不相近似，并不得与他人在先取得的合法权利相冲突。

2. 证据和事实认定

请求人提交的附件1是莆田市荔城区工商行政管理局"荔工商处（2003）257号"行政处罚决定书，其上记载："当事人荔城区黄石镇七境塑料厂，在自己生产的塑料制品上标注"南洋塑料制品有限公司"和"普江竹塑厂"为厂名，于2003年10月9日被我局黄石分局查获……违反了《产品质量法》第30条之规定，属伪造产品厂名行为。根据《产品质量法》第53条之规定，本局决定作如下处罚：责令改正，并处罚款人民币5000元，上缴财政"；附件2是莆田市荔城区工商行政管理局黄石工商所查扣的产品照片，及其出具的证明，其证明内容是："2003年10月20日黄石工商所到黄石七境塑料厂当场检查拍照图片"；附件3是莆田市荔城区工商行政管理局黄石工商所出具的证明，其内容是："本工商行政管理局黄石工商所曾经于2003年10月9日对荔城区黄石七境村塑料厂生产的标注'南洋塑料制品有限公司'和'普江竹塑厂'的29600件塑料制品盆、桶作出荔工商处（2003）257号行政处罚，在该次行政处罚中的部分产品的外形结构与上述图片中的产品外形结构完全相同。在处罚的当年以前，该产品在本地区老百姓的日常生活中就早已广泛使用"；附件13是专利权人产品广告照片，在照片的正面显示有各种日用塑料产品，及由两人举起的"莆田市涵江区成铭日用品经营部"的条幅，照片的背面印有"本经营部多年经营再生塑料产品，农用品、日用品，集各厂家优质，畅销产品之大成。历年来积累了不少经验，产品销路广泛……"；附件14是莆田市荔城区工商行政管理局"工商听告字（2003）第61号"听证告知书，其上记载："你厂在自己生产的塑料制品上标注'南洋塑料制品有限公司'和'普江竹塑厂'为厂名，于2003年10月9日被我局黄石分局查获……违反了《产品质量法》第30条规定，属伪造产品厂名行为。根据《产品质量法》第53条之规定，本局拟作如下处罚：责令整改，并处罚款人民币5000元，上缴财政；落款日期为2003年11月6日"；附件15是莆田市荔城区工商行政管理局"第0000848号财物清单"，其上记载"现金、人民币、5000元整、当事人/保管人：陈益博、2003年10月20日、承办人：翁少军、李胜辉、2003年10月20日"；请求人在口头审理时出示了上述证据的原件。专利权人对附件1、附件14、附件15的真实性无异议，但认为附件1莆田市荔城区工商行政管理局行政处罚书仅证明请求人的不正当竞争行为，从行政处罚书所列举的产品中不能得出与本专利有对应关系；对附件2的真实性和合法性有异议，认为其上无时间及经办人的签名，请求人的产品是违法的不能作为证据使用；对附件3上莆田市荔城区工商行政管理局黄石工商所的印章没有异议，但对证明的内容有异议，因无经办人的签名和作证，时间和来源也不明确；认为附件13照片形成的时间无法确定，但专利权人认可照片中的男孩是专利权人的儿子，承认其儿子现已长大为成人的事实。

合议组认为：

附件14和附件15虽然是在提出无效宣告请求之日起1个月后提交的，但其是对附件1所证明的具体事实的补充证明，根据2001年《审查指南》的相关规定（本无效宣告请求日在2006年7月1日之前，按照《施行修订后审查指南的过渡办法》的规定，对自无效宣告请求之日起1个月后提出的新理由、新证据的审查应适用2001年10月18日公布的审查指南），其不属于不予考虑的新证据。

附件1、附件14和附件15可以证明在本专利申请日前，请求人因违反《产品质量法》相关规定，受到荔城区工商行政管理局的行政处罚，并缴纳了罚款的事实；附件2、附件3所示照片来源及原照片形成的时间或照片中产品所公开使用的时间在莆田市荔城区工商行政管理局黄石工商所出具的证明中已予以证明，并加盖有莆田市荔城区工商行政管理局黄石工商所印章；同时附件15中请求人缴纳罚款的时间，也与附件2中莆田市荔城区工商行政管理局黄石工商所到黄石七境塑料厂当场检查拍照图片的时间相对应，罚款金额与附件1、附件14和附件15中所述的金额相对应；附件3中莆田市荔城区工商行政管理局黄石工商所证明的内容与附件1和附件14中所记载的内容一致；虽然行政处罚决定中请求人伪造他人厂名从事生产活动的行为是违法的，但并不影响该生效决定所记载事实涉及的产品作为证据的合法性，在没有相反证据足以推翻的情况下，对该决定中所记载的事实应予采信；附件13虽然未标明其形成的时间，但从专利权人认可其上举条幅男孩现已长大成人的事实可推定该证据形成于本专利申请日之前。综上，请求人提交的附件1至附件3、附件14和附件15相互印证，可以证明所涉及的生产销售事实的时间在本专利申请日之前，同时根据附件13照片所示相关产品，也可佐证在本专利申请日前已经公开销售使用过附件2、附件3中所示塑料桶产品。因此，上述证据中所涉及产品塑料桶的外观设计，属于在本专利申请日前已经公开使用过的在先设计。

3. 外观设计对比

本专利和附件3所示产品外观设计（下称在先设计）均为塑料桶的外观设计，其用途相同，属于相同类别的产品，故对二者外观设计作如下对比：

本专利所示塑料桶整体外形为带有锥度的柱状体，其桶口部较桶底直径略大，桶口部有向外翻边状的突沿，并有两个对称设置的提耳。详见本专利附图。

在先设计所示塑料桶整体外形为带有锥度的柱状体，其桶口部较桶底直径略大，桶口部有向外翻边状的突沿，并有两个对称设置的提耳（详见在先设计附图）。

将本专利与在先设计相比较，二者不同之处为在先设计所示桶的锥度较本专利略大，合议组认为其明显为细微差异，除此之外二者在桶的整体形状、突沿、提耳等其他设计上基本相同，其整体视觉效果明显相近似，因此二者属于相近似的外观设计。

综上所述，本专利在申请日前已有与其相近似的外观设计在国内公开使用过，因此，本专利不符合专利法第23条的规定。

鉴于上述已得出本专利不符合专利法第23条规定的结论，本决定对请求人提出的其他理由和证据不作评述。

三、决定

宣告 200430152544.7 号外观设计专利权全部无效。

当事人对本决定不服的，可以根据专利法第 46 条第 2 款的规定，自收到本决定之日起三个月内向北京市第一中级人民法院起诉。根据该款的规定，一方当事人起诉后，另一方当事人应当作为第三人参加诉讼。

主视图　　　　　　　左视图

俯视图　　　　　　　仰视图

本专利

在先设计

塑料大桶（二）

无效宣告请求审查决定（第9942号）

决 定 号	第9942号
决 定 日	2007年6月18日
发明创造名称	塑料大桶（二）
外观设计分类号	07-07
无效宣告请求人	荔城区黄石七境塑料厂
专 利 权 人	林成铭
专 利 号	200430152545.1
申 请 日	2004年12月13日
授权公告日	2006年2月22日
合议组组长	吴赤兵
主 审 员	徐清平
参 审 员	李巍巍
附 图	1页
法 律 依 据	专利法第23条

决 定 要 点

生效行政处罚决定所记载的事实，并有其他证据佐证，在没有相反证据足以推翻的情况下，对该决定所记载的事实应予以采信。

一、案由

本无效宣告请求涉及2006年2月22日国家知识产权局授权公告的200430152545.1号外观设计专利，其产品名称是"塑料大桶（二）"，申请日是2004年12月13日，专利权人是林成铭。

针对上述外观设计专利权（下称本专利），荔城区黄石七境塑料厂（下称请求人）于2006年4月28日向专利复审委员会提出无效宣告请求，其理由是本专利不符合专利法第23条的规定。请求人认为在本专利申请日前已经批量生产和销售了与本专利外观设计相同的产品，同时，请求人提交了如下附件作为证据：

附件1是莆田市荔城区工商行政管理局"荔工商处（2003）257号"行政处罚决定书复印件2页；

附件2是莆田市荔城区工商行政管理局黄石工商所查扣的产品照片和证明的翻拍照片1张；

附件3是莆田市荔城区工商行政管理局黄石工商所出具的证明及所附照片复印件1页；

附件4是请求人1987年成立时的营业执照复印件1页；

附件5是请求人2001年成立厂支部委员会当天拍的照片（扫描件）1页；

附件6是请求人2001年成立厂支部委员会当天拍的照片（扫描件）1页；

附件7是请求人2001年成立厂支部委员会当天拍的照片（扫描件）1页；

附件8是中国共产党莆田市荔城区黄石镇委员会出具的证明及所附照片复印件1页；

附件9是莆田市荔城区黄石镇工会联合会出具的证明及所附照片复印件1页；

附件10是莆田市荔城区黄石镇七境村民委员会及莆田市荔城区黄石镇人民政府出具的证明及所附照片复印件1页；

附件11是请求人的产品模具照片（原件）2张；

附件12是本专利外观设计图片复印件1页；

附件13是专利权人产品广告照片（扫描件）1页。

专利复审委员会根据无效宣告请求审查程序的规定受理了该无效宣告请求，并于2006年5月31日将无效宣告请求书和证据的副本转送给专利权人，要求其在指定的期限内陈述意见。

2006年6月22日专利权人提交了意见陈述书，专利权人认为：附件1为复印件，对其真实性有异议，所示行政处罚决定书的内容只是表明请求人因不诚信而受到行政处罚，与本专利无关联性；附件2所示黄石工商所提供的照片出处不明，且照片中的产品外观无法辨认，故不能采信；附件3所示黄石工商所出具的证明，其证词来源不明，无法支持请求人的观点；附件4来源不明，无法确认其真实性；附件5~7的照片为请求人自行拍摄，拍摄时间及出处不明确，照片中的产品外观均难以识别，不能采信；附件8~10分别为请求人所在地中共黄石镇委员会、黄石镇工会和黄石镇七镜村委会于2006年4月17日出具的证明，均来源不明，不可采信；附件11所示模具照片的来源及其证明对象不明，不能采信；附件12不能支持请求人的观点；附件13所示广告照片的来源不明，且无法表明该照片为公开出版物，不能采信。综上所述，请求人的无效宣告理由缺乏证据支持，因此，应当维持本专利有效。

专利复审委员会成立合议组对本案进行审理，于2007年2月26日向双方当事人发出口头审理通知书，定于2007年3月26日在专利复审委员会进行口头审理。同时将上述专利权人的意见陈述转送给请求人。

口头审理如期举行，双方委托的代理人及专利权人本人参加了审理。在口头审理过程中，请求人当庭出示了附件1~10、附件13的原件，当庭补充提交了莆田市荔城区工商行政管理局"工商听告字（2003）第61号"听证告知书原件（下称附件14）、莆田市荔城区工商行政管理局"No.0000848财物清单"（下称附件15）原件、中共黄石镇委员会"黄委发（2001）第43号"文件（下称附件16）、莆田县总工会（批复）"荔工组字（2001）138号"文件（下称附件17）；合议组当庭将附件14~17转送专利权人。请求人认为，附件1~3可形成证据链，并与附件14、附件15相结合可佐证本专利产品在申请日前已公开使用；附件16、附件17可分别证明附件8、附件9所示出证单位的成立的时间及所述销售事实；附件5~7为请求人厂支部成立大会时拍摄的部分照片，会议场所周围堆放的部分产品与本专利的外形结构相同；附件13为专利权人的广告照片，其上右侧举条幅的男孩是专利权人的儿子，该男孩现已长大为成人，因此，该照片也可佐证在本专利申请日前已经公开销售的事实。专利权人对附件1、附件14、附件15的真实性无异议，但认为附件1所示行政处罚决定书仅能证明请求人的不正当竞争行为，从该决定所列举的产品不能得出与本专利有对应关系；对附件2的真实性和合法性有异议；对附件3上莆田市荔城区工商行政管理局黄石工商所的印章没有异议，但对证明的内容有异议，因无经办人签名作证，且时间和来源也不明确；对附件4真实性没有异议；对附件5~7照片的真实性无异议，但对照片的形成时间和来源有异议，且照片中所示的产品不清楚，无法与本专利对比；对附件8至附件10、附件16和附件17的真实性均无异议，但认为出具证明的单位与请求人属于上下级的关系，其出具的证明无法保证客观公正性；附件11制造的时间无法确定；附件13照片形成的时间无法确定，但专利权人认可照片中的男孩是其儿子，并承认该男孩现已长大为成人的事实。对于上述证据中所涉及的莆田市荔城区工商行政管理局黄石工商所与莆田市荔城区工商行政管理局黄石分局的关系，请求人称该工商分局是该工商所的前身，该工商分局现已变更为该工商所，专利权人对此未提出异议。请求人认为附件2、附件3、附件8~10中所示产品及当庭指定的附件13中有关产品的外观设计与本专利相同；专利权人认为，附件2所示产品为堆叠在一起，无法与本专利进行对比，附件3、附件8~10、附件13所示产品外观设计与本专利不相同也不相近似。双方均坚持其原有主张。

在以上审理的基础上，合议组经合议，认为本案事实清楚，依法作出本审查决定。

二、决定的理由

1. 法律依据

基于请求人提出无效宣告请求所依据的事实和理由，合议组对本专利是否符合专利法第23条的规定进行审查。专利法第23条规定：授予专利权的外观设计，应当同申请日以前在国内外出版物上公开发表过或者国内公开使用过的外观设计不相同和不相近似，并不得与他人在先取得的合法权利相冲突。

2. 证据和事实认定

请求人提交的附件1是莆田市荔城区工商行政管理局"荔工商处（2003）257号"行政处罚决定书，其上记载："当事人荔城区黄石镇七境塑料厂，在自己生产的塑料制品上标注"南洋塑料制品有限公司"和"普江竹塑厂"为厂名，于2003年10月9日被我局黄石分局查获……违反了《产品质量法》第30条之规定，属伪造产品厂名行为。根据《产品质量法》第53条之规定，本局决定作如下处罚：责令改正，并处罚款人民币5000元，上缴财政"；附件2是莆田市荔城区工商行政管理局黄石工商所查扣的产品照片，及其出具的证明，其证明内容是："2003年10月20日黄石工商所到黄石七境塑料厂当场检查拍照图片"；附件3是莆田市荔城区工商行政管理局黄石工商所出具的证明，其内容是："本工商行政管理局黄石工商所曾经于2003年10月9日对荔城区黄石七境村塑料厂生产的标注'南洋塑料制品有限公司'和'普江竹塑厂'的29600件塑料制品盆、桶作出荔工商处（2003）257号行政处罚，在该次行政处罚中的部分产品的外形结构与上述图片中的产品外形结构完全相同。在处罚的当年以前，该产品在本地区老百姓的日常生活中就早已广泛使用"；附件13是专利权人产品广告照片，在照片的正面显示有各种日用塑料产品，及由两人举起的"莆田市涵江区成铭日用品经营部"的条幅，照片的背面印有"本经营部多年经营再生塑料产品，农用品、日用品，集各厂家优质，畅销产品之大成。历年来积累了不少经验，产品销路广泛……"；附件14是莆田市荔城区工商行政管理局"工商听告字（2003）第61号"听证告知书，其上记载："你厂在自己生产的塑料制品上标注'南洋塑料制品有限公司'和'普江竹塑厂'为厂名，于2003年10月9日被我局黄石分局查获……违反了《产品质量法》第30条之规定，属伪造产品厂名行为。根据《产品质量法》第53条规定，本局拟作如下处罚：责令整改，并处罚款人民币5000元，上缴财政；落款日期为2003年11月6日"；附件15是莆田市荔城区工商行政管理局"第0000848号财物清单"，其上记载"现金、人民币、5000元整、当事人/保管人：陈益博、2003年10月20日、承办人：翁少军、李胜辉、2003年10月20日"；请求人在口头审理时出示了上述证据的原件。专利权人对附件1、附件14、附件15的真实性无异议，但认为附件1莆田市荔城区工商行政管理局行政处罚书仅证明请求人的不正当竞争行为，从行政处罚书所列举的产品中不能得出与本专利有对应关系；对附件2的真实性和合法性有异议，认为其上无时间及经办人的签名，请求人的产品是违法的不能作为证据使用；对附件3上莆田市荔城区工商行政管理局黄石工商所的印章没有异议，但对证明的内容有异议，因无经办人的签名和作证，时间和来源也不明确；认为附件13照片形成的时间无法确定，但专利权人认可照片中的男孩是专利权人的儿子，承认其儿子现已长大为成人的事实。

合议组认为：

附件14和附件15虽然是在提出无效宣告请求之日起1个月后提交的，但其是对附件1所证明的具体事实的补充证明，根据2001年审查指南的相关规定（本无效宣告请求日在2006年7月1日之前，按照《施行修订后审查指南的过渡办法》的规定，对自无效宣告请求之日起1个月后提出的新理由、新证据的审查应适用2001年10月18日公布的审查指南），其不属于不予考虑的新证据。

附件1、附件14和附件15可以证明在本专利申请日前，请求人因违反《产品质量法》相关规定，受到荔城区工商行政管理局的行政处罚，并缴纳了罚款的事实；附件2、附件3所示照片来源及原照片形成的时间或照片中产品所公开使用的时间在莆田市荔城区工商行政管理局黄石工商所出具的证明中已予以证明，并加盖有莆田市荔城区工商行政管理局黄石工商所印章；同时附件15中请求人缴纳罚款的时间，也与附件2中莆田市荔城区工商行政管理局黄石工商所到黄石七境塑料厂当场检查拍照图片的时间相对应，罚款金额与附件1、附件14和附件15中所述的金额相对应；附件3中莆田市荔城区工商行政管理局黄石工商所证明的内容与附件1和附件14中所记载的内容一致；虽然行政处罚决定中请求人伪造他人厂名从事生产活动的行为是违法的，但并不影响该生效决定所记载事实涉及的产品作为证据的合法性，在没有相反证据足以推翻的情况下，对该决定中所记载的事实应予采信；附件13虽然未标明其形成的时间，但从专利权人认可其上举条幅男孩现已长大成人的事实可推定该证据形成于本专利申请日之前。综上，请求人提交的附件1至附件3、附件14和附件15相互印证，可以证明所涉及的生产销售事实的时间在本专利申请日之前，同时根据附件13照片所示相关产品，也可佐证在本专利申请日前已经公开销售使用过附件2、附件3中所示塑料桶产品。因此，上述证据中所涉及产品塑料桶的外观设计，属于在本专利申请日前已经公开使用过的在先设计。

3. 外观设计对比

本专利和附件3所示产品外观设计（下称在先设计）均为塑料桶的外观设计，其用途相同，属于相同类别的产品，故对二者外观设计作如下对比：

本专利所示塑料桶整体外形为带有锥度的柱状，其桶口部较桶底直径略大，桶口部有向外翻边状的突沿，并有两个对称设置的提耳。详见本专利附图。

在先设计所示塑料桶整体外形为带有锥度的柱状，其桶口部较桶底直径略大，桶口部有向外翻边状的突沿，并有两个对称设置的提耳（详见在先设计附图）。

将本专利与在先设计相比较，二者不同之处为在先设计所示桶的锥度较本专利略大，合议组认为其明显为细微差异，除此之外二者在桶的整体形状、突沿、提耳等其他设计上基本相同，其整体视觉效果明显相近似，因此二者属于相近似的外观设计。

综上所述，本专利在申请日前已有与其相近似的外观设计在国内公开使用过，因此，本专利不符合专利法第23条的规定。

鉴于上述已得出本专利不符合专利法第23条规定的结论，本决定对请求人提出的其他理由和证据不作评述。

三、决定

宣告 200430152545.1 号外观设计专利权全部无效。

当事人对本决定不服的，可以根据专利法第 46 条第 2 款的规定，自收到本决定之日起三个月内向北京市第一中级人民法院起诉。根据该款的规定，一方当事人起诉后，另一方当事人应当作为第三人参加诉讼。

主视图　　　　　　　　左视图

俯视图　　　　　　　　仰视图

本专利

在先设计

塑料桶（三）

无效宣告请求审查决定（第9943号）

决 定 号	第9943号
决 定 日	2007年6月18日
发明创造名称	塑料桶（三）
外观设计分类号	07-07
无效宣告请求人	荔城区黄石七境塑料厂
专 利 权 人	林成铭
专 利 号	200430152523.5
申 请 日	2004年12月10日
授权公告日	2006年2月22日
合议组组长	吴赤兵
主 审 员	徐清平
参 审 员	李巍巍
附 图	1页

法 律 依 据　专利法第23条

决 定 要 点

生效行政处罚决定所记载的事实，并有其他证据佐证，在没有相反证据足以推翻的情况下，对该决定所记载的事实应予以采信。

一、案由

本无效宣告请求涉及2006年2月22日国家知识产权局授权公告的200430152523.5号外观设计专利，其产品名称是"塑料桶（三）"，申请日是2004年12月10日，专利权人是林成铭。

针对上述外观设计专利权（下称本专利），荔城区黄石七境塑料厂（下称请求人）于2006年4月28日向专利复审委员会提出无效宣告请求，其理由是本专利不符合专利法第23条的规定。请求人认为在本专利申请日前已经批量生产和销售了与本专利外观设计相同的产品，同时，请求人提交了如下附件作为证据：

附件1是莆田市荔城区工商行政管理局"荔工商处（2003）257号"行政处罚决定书复印件2页；

附件2是莆田市荔城区工商行政管理局黄石工商所查扣的产品照片和证明的翻拍照片1张；

附件3是莆田市荔城区工商行政管理局黄石工商所出具的证明及所附照片（原件）1页；

附件4是请求人87年成立时的营业执照复印件1页；

附件5是请求人2001年成立厂支部委员会当天拍的照片（扫描件）1页；

附件6是请求人2001年成立厂支部委员会当天拍的照片（扫描件）1页；

附件7是请求人2001年成立厂支部委员会当天拍的照片（扫描件）1页；

附件8是中国共产党莆田市荔城区黄石镇委员会出具的证明及所附照片（原件）1页；

附件9是莆田市荔城区黄石镇工会联合会出具的证明及所附照片（原件）1页；

附件10是莆田市荔城区黄石镇七境村民委员会及莆田市荔城区黄石镇人民政府出具的证明及所附照片（原件）1页；

附件11是请求人的产品模具照片（原件）2张；

附件12是本专利外观设计图片复印件1页；

附件13是专利权人产品广告照片（扫描件）1页。

专利复审委员会根据无效宣告请求审查程序的规定受理了该无效宣告请求，并于2006年5月31日将无效宣告请求书和证据的副本转送给专利权人，要求其在指定的期限内陈述意见。

2006年6月22日专利权人提交了意见陈述书，专利权人认为：附件1为复印件，对其真实性有异议，所示行政处罚决定书的内容只是表明请求人因不诚信而受到行政处罚，与本专利无关联性；附件2所示黄石工商所提供的照片出处不明，且照片中的产品外观无法辨认，故不能采信；附件3所示黄石工商所出具的证明，其证词来源不明，无法支持请求人的观点；附件4来源不明，无法确认其真实性；附件5～7的照片为请求人自行拍摄，拍摄时间及出处不明确，照片中的产品外观均难以识别，不能采信；附件8～10分别为请求人所在地中共黄石镇委员会、黄石镇工会和黄石镇七镜村委会于2006年4月17日出具的证明，均来源不明，不可采信；附件11所示模具照片的来源及其证明对象不明，不能采信；附件12不能支持请求人的观点；附件13所示广告照片的来源不明，且无法表明该照片为公开出版物，不能采信。综上所述，请求人的无效宣告理由缺乏证据支持，因此，应当维持本专利有效。

专利复审委员会成立合议组对本案进行审理，于2007年2月26日向双方当事人发出口头审理通知书，定于2007年3月26日在专利复审委员会进行口头审理。同时将上述专利权人的意见陈述转送给请求人。

口头审理如期举行，双方委托的代理人及专利权人本人参加了审理。在口头审理过程中，请求人当庭出示了附件1、附件2、附件4～7、附件13的原件，当庭补充提交了莆田市荔城区工商行政管理局"工商听告字（2003）第61号"听证告知书原件（下称附件14）、莆田市荔城区工商行政管理局"No.0000848号财物清单"（下称附件15）原件、中共黄石镇委员会"黄委发（2001）第43号"文件（下称附件16）、莆田县总工会（批复）"荔工组字（2001）138号"文件（下称附件17）；合议组当庭将附件14～17转送专利权人。请求人认为，附件1～3可形成证据链，并与附件14、附件15相结合可佐证本专利产品在申请日前已公开使用；附件16、附件17可分别证明附件8、附件9所示出证单位的成立的时间及所述销售事实；附件5～7为请求人厂支部成立大会时拍摄的部分照片，会议场所周围堆放的部分产品与本专利的外形结构相同；附件13为专利权人的广告照片，其上右侧举条幅的男孩是专利权人的儿子，该男孩现已长大为成人，因此，该照片也可佐证在本专利申请日前已经公开销售的事实。专利权人对附件1、附件14、附件15的真实性无异议，但认为附件1所示行政处罚决定书仅能证明请求人的不正当竞争行为，从该决定所列举的产品不能得出与本专利有对应关系；对附件2的真实性和合法性有异议；对附件3上莆田市荔城区工商行政管理局黄石工商所的印章没有异议，但对证明的内容有异议，因无经办人签名作证，且时间和来源也不明确；对附件4真实性没有异议；对附件 5~7 照片的真实性无异议，但对照片的形成时间和来源有异议，且照片中所示的产品不清楚，无法与本专利对比；对附件 8~10、附件 16 和附件 17 的真实性均无异议，但认为出具证明的单位与请求人属于上下级的关系，其出具的证明无法保证客观公正性；附件 11 制造的时间无法确定；附件 13 照片形成的时间无法确定，但专利权人认可照片中的男孩是其儿子，并承认该男孩现已长大为成人的事实。对于上述证据中所涉及的莆田市荔城区工商行政管理局黄石工商所与莆田市荔城区工商行政管理局黄石分局的关系，请求人称该工商分局是该工商所的前身，该工商分局现已变更为该工商所，专利权人对此未提出异议。请求人认为附件 2、附件 3、附件 8~10 中所示产品及当庭指定的附件 13 中有关产品的外观设计与本专利相同；专利权人认为，附件 2 和附件 13 中所示产品为堆叠在一起或者图片不清楚，无法与本专利进行对比，附件 3、附件 8~10 所示产品外观设计与本专利不相同，是相近似的。双方均坚持其原有主张。

在以上审理的基础上，合议组经合议，认为本案事实清楚，依法作出本审查决定。

二、决定的理由

1. 法律依据

基于请求人提出无效宣告请求所依据的事实和理由，合议组对本专利是否符合专利法第 23 条的规定进行审查。专利法第 23 条规定：授予专利权的外观设计，应当同申请日以前在国内外出版物上公开发表过或者国内公开使用过的外观设计不相同和不相近似，并不得与他人在先取得的合法权利相冲突。

2. 证据和事实认定

请求人提交的附件 1 是莆田市荔城区工商行政管理局"荔工商处（2003）257 号"行政处罚决定书，其上记载："当事人荔城区黄石镇七境塑料厂，在自己生产的塑料制品上标注"南洋塑料制品有限公司"和"普江竹塑厂"为厂名，于 2003 年 10 月 9 日被我局黄石分局查获……违反了《产品质量法》第 30 条之规定，属伪造产品厂名行为。根据《产品质量法》第 53 条之规定，本局决定作如下处罚：责令改正，并处罚款人民币 5000 元，上缴财政"；附件 2 是莆田市荔城区工商行政管理局黄石工商所查扣的产品照片，及其出具的证明，其证明内容是："2003 年 10 月 20 日黄石工商所到黄石七境塑料厂当场检查拍照图片"；附件 3 是莆田市荔城区工商行政管理局黄石工商所出具的证明，其内容是："本工商行政管理局黄石工商所曾经于 2003 年 10 月 9 日对荔城区黄石七境村塑料厂生产的标注'南洋塑料制品有限公司'和'普江竹塑厂'的 29600 件塑料制品盆、桶作出荔工商处（2003）257 号行政处罚，在该次行政处罚中的部分产品的外形结构与上述图片中的产品外形结构完全相同。在处罚的当年以前，该产品在本地区老百姓的日常生活中就早已广泛使用"；附件 13 是专利权人产品广告照片，在照片的正面显示有各种日用塑料产品，及由两人举起的"莆田市涵江区成铭日用品经营部"的条幅，照片的背面印有"本经营部多年经营再生塑料产品，农用品、日用品，集各厂家优质，畅销产品之大成。历年来积累了不少经验，产品销路广泛……"；附件 14 是莆田市荔城区工商行政管理局"工商听告字（2003）第 61 号"听证告知书，其上记载："你厂在自己生产的塑料制品上标注'南洋塑料制品有限公司'和'普江竹塑厂'为厂名，于 2003 年 10 月 9 日被我局黄石分局查获……违反了《产品质量法》第 30 条规定，属伪造产品厂名行为。根据《产品质量法》第 53 条之规定，本局拟作如下处罚：责令整改，并处罚款人民币 5000 元，上缴财政；落款日期为 2003 年 11 月 6 日"；附件 15 是莆田市荔城区工商行政管理局"财物第 0000848 号清单"，其上记载"现金、人民币、5000 元整、当事人/保管人：陈益博、2003 年 10 月 20 日、承办人：翁少军、李胜辉、2003 年 10 月 20 日"；请求人在口头审理时出示了上述证据的原件。专利权人对附件 1、附件 14、附件 15 的真实性无异议，但认为附件 1 莆田市荔城区工商行政管理局行政处罚书仅证明请求人的不正当竞争行为，从行政处罚书所列举的产品中不能得出与本专利有对应关系；对附件2的真实性和合法性有异议，认为其上无时间及经办人的签名，请求人的产品是违法的不能作为证据使用；对附件3上莆田市荔城区工商行政管理局黄石工商所的印章没有异议，但对证明的内容有异议，因无经办人的签名和作证，时间和来源也不明确；认为附件13照片形成的时间无法确定，但专利权人认可照片中的男孩是专利权人的儿子，承认其儿子现已长大为成人的事实。

合议组认为：

附件14和附件15虽然是在提出无效宣告请求之日起1个月后提交的，但其是对附件1所证明的具体事实的补充证明，根据2001年审查指南的相关规定（本无效宣告请求日在2006年7月1日之前，按照《施行修订后审查指南的过渡办法》的规定，对自无效宣告请求之日起1个月后提出的新理由、新证据的审查应适用2001年10月18日公布的审查指南），其不属于不予考虑的新证据。

附件1、附件14和附件15可以证明在本专利申请日前，请求人因违反《产品质量法》相关规定，受到荔城区工商行政管理局的行政处罚，并缴纳了罚款的事实；附件2、附件3所示照片来源及原照片形成的时间或照片中产品所公开使用的时间在莆田市荔城区工商行政管理局黄石工商所出具的证明中已予以证明，并加盖有莆田市荔城区工商行政管理局黄石工商所印章；同时附件15中请求人缴纳罚款的时间，也与附件2中莆田市荔城区工商行政管理局黄石工商所到黄石七境塑料厂当场检查拍照图片的时间相对应，罚款金额与附件1、附件14和附件15中所述的金额相对应；附件3中莆田市荔城区工商行政管理局黄石工商所证明的内容与附件1和附件14中所记载的内容一致；虽然行政处罚决定中请求人伪造他人厂名从事生产活动的行为是违法的，但并不影响该生效决定所记载事实涉及的产品作为证据的合法性，在没有相反证据足以推翻的情况下，对该决定中所记载的事实应予采信；附件13虽然未标明其形成的时间，但从专利权人认可其上举条幅男孩现已长大成人的事实可推定该证据形成于本专利申请日之前。综上，请求人提交的附件1~3、附件14和附件15相互印证，可以证明所涉及的生产销售事实的时间在本专利申请日之前，同时根据附件13照片所示相关产品，也可佐证在本专利申请日前已经公开销售使用过附件2、附件3中所示塑料桶产品。因此，上述证据中所涉及产品塑料桶的外观设计，属于在本专利申请日前已经公开使用过的在先设计。

3. 外观设计对比

将本专利和附件3所示产品外观设计（下称在先设计）相对比，二者除桶体形状的锥度略有不同外，其余设计基本相同，专利权人在口头审理中亦认可二者是相近似的，合议组由此认定二者为相近似的外观设计（详见本专利附图和在先设计附图）。

综上所述，本专利在申请日前已有与其相近似的外观设计在国内公开使用过，因此，本专利不符合专利法第23条的规定。

鉴于上述已得出本专利不符合专利法第23条规定的结论，本决定对请求人提出的其他理由和证据不作评述。

三、决定

宣告200430152523.5号外观设计专利权全部无效。

当事人对本决定不服的，可以根据专利法第46条第2款的规定，自收到本决定之日起三个月内向北京市第一中级人民法院起诉。根据该款的规定，一方当事人起诉后，另一方当事人应当作为第三人参加诉讼。

| 主视图 | 左视图 |

| 俯视图 | 仰视图 |

本专利

在先设计

塑料桶（四）

无效宣告请求审查决定（第9944号）

决 定 号	第9944号
决 定 日	2007年6月18日
发明创造名称	塑料桶（四）
外观设计分类号	07-07
无效宣告请求人	荔城区黄石七境塑料厂
专 利 权 人	林成铭
专 利 号	200430152524.X
申 请 日	2004年12月10日
授权公告日	2006年2月22日
合议组组长	吴赤兵
主 审 员	徐清平
参 审 员	李巍巍
附 图	1页
法律依据	专利法第23条
决 定 要 点	

生效行政处罚决定所记载的事实，并有其他证据佐证，在没有相反证据足以推翻的情况下，对该决定所记载的事实应予以采信。

一、案由

本无效宣告请求涉及2006年2月22日国家知识产权局授权公告的200430152524.X号外观设计专利，其产品名称是"塑料桶（四）"，申请日是2004年12月10日，专利权人是林成铭。

针对上述外观设计专利权（下称本专利），荔城区黄石七境塑料厂（下称请求人）于2006年4月28日向专利复审委员会提出无效宣告请求，其理由是本专利不符合专利法第23条的规定。请求人认为在本专利申请日前已经批量生产和销售了与本专利外观设计相同的产品，同时，请求人提交了如下附件作为证据：

附件1是莆田市荔城区工商行政管理局"荔工商处（2003）257号"行政处罚决定书复印件2页；

附件2是莆田市荔城区工商行政管理局黄石工商所查扣的产品照片和证明的翻拍照片1张；

附件3是莆田市荔城区工商行政管理局黄石工商所出具的证明及所附照片（原件）1页；

附件4是请求人1987年成立时的营业执照复印件1页；

附件5是请求人2001年成立厂支部委员会当天拍的照片（扫描件）1页；

附件6是请求人2001年成立厂支部委员会当天拍的照片（扫描件）1页；

附件7是请求人2001年成立厂支部委员会当天拍的照片（扫描件）1页；

附件8是中国共产党莆田市荔城区黄石镇委员会出具的证明及所附照片（原件）1页；

附件9是莆田市荔城区黄石镇工会联合会出具的证明及所附照片（原件）1页；

附件10是莆田市荔城区黄石镇七境村民委员会及莆田市荔城区黄石镇人民政府出具的证明及所附照片（原件）1页；

附件11是请求人的产品模具照片（原件）2张；

附件12是本专利外观设计图片复印件1页；

附件13是专利权人产品广告照片（扫描件）1页。

专利复审委员会根据无效宣告请求审查程序的规定受理了该无效宣告请求，并于2006年8月9日将无效宣告请求书和证据的副本转送给专利权人，要求其在指定的期限内陈述意见。

2006年9月11日专利权人提交了意见陈述书，专利权人认为：附件1所示行政处罚决定书的内容只是表明请求人因不诚信而受到行政处罚，与本专利无关联性；附件2黄石工商所提供的照片出处不明，且照片中产品堆在一起，外观不清晰，无法与本专利对比，照片所示产品为违法产品，该证据不具合法性；附件3所示莆田市荔城区工商行政管理局黄石工商所出具的证明，其证词为黄石工商所事后根据请求人单方面提供的图片所作的证明，因请求人提供的图片来源及拍摄时间均不明确，无法确定其在申请日前就已生产并在市场上公开销售过，且出证日期距执法时间较远，故该证明的可信度及证明力均值得怀疑；附件4只能证明请求人在工商局的登记时间和经营范围，与本案没有丝毫联系；附件5~7的照片为请求人自行拍摄，拍摄时间及对象均不明确，不排除为事后布置场景根据需要拍摄的可能，且照片中的产品外观无法辨认；附件8~10分别为请求人所在地中共黄石镇委员会、黄石镇工会和黄石镇七镜村委会于出具的证明，由于其职责和工作与请求人有直接的厉害关系，无法保证出示材料的客观公正性，该证明不可采信；附件11模具制造时间不能确定，及其证明对象不明，不能采信；附件13广告照片的来源及拍摄的时间均无法确认不明，不能采信。综上所述，请求人的无效宣告理由缺乏证据支持，因此，应当维持本专利有效。

专利复审委员会成立合议组对本案进行审理，于2007年2月26日向双方当事人发出口头审理通知书，定于2007年3月26日在专利复审委员会进行口头审理。同时将上述专利权人的意见陈述转送给请求人。

口头审理如期举行，双方委托的代理人及专利权人本人参加了审理。在口头审理过程中，请求人当庭出示了附件1、附件2、附件4~7、附件13的原件，当庭补充提交了莆田市荔城区工商行政管理局"工商听告字（2003）第61号"听证告知书原件（下称附件14）、莆田市荔城区工商行政管理局"No.0000848号财物清单"（下称附件15）原件、中共黄石镇委员会"黄委发（2001）第43号"文件（下称附件16）、莆田县总工会（批复）"荔工组字（2001）138号"文件（下称附件17）；合议组当庭将附件14~17转送专利权人。请求人认为，附件1~3可形成证据链，并与附件14、附件15相结合可佐证本专利产品在申请日前已公开使用；附件16、附件17可分别证明附件8、附件9所示出证单位的成立的时间及所述销售事实；附件5~7为请求人厂支部成立大会时拍摄的部分照片，会议场所周围堆放的部分产品与本专利的外形结构相同；附件13为专利权人的广告照片，其上右侧举条幅的男孩是专利权人的儿子，该男孩现已长大为成人，因此，该照片也可佐证在本专利申请日前已经公开销售的事实。专利权人对附件1、附件14、附件15的真实性无异议，但认为附件1所示行政处罚决定书仅能证明请求人的不正当竞争行为，从该决定所列举的产品不能得出与本专利有对应关系；对附件2的真实性和合法性有异议；对附件3上莆田市荔城区工商行政管理局黄石工商的印章没有异议，但对证明的内容有异议，因无经办人签名作证，且时间和来源也不明确；对附件4真实性没有异议；对附件5~7照片的真实性无异议，但对照片的形成时间和来源有异议，且照片中所示的产品不清楚，无法与本专利对比；对附件8~10、附件16和附件17的真实性均无异议，但认为出具证明的单位与请求人属于上下级的关系，其出具的证明无法保证客观公正性；附件11制造的时间无法确定；附件13照片形成的时间无法确定，但专利权人认可照片中的男孩是其儿子，并承认该男孩现已长大为成人的事实。对于上述证据中所涉及的莆田市荔城区工商行政管理局黄石工商所与莆田市荔城区工商行政管理局黄石分局的关系，请求人称该工商分局是该工商所的前身，该工商分局现已变更为该工商所，专利权人对此未提出异议。请求人认为附件2、附件3、附件8~10中所示产品及当庭指定的附件13中有关产品的外观设计与本专利相同；专利权人认为，附件2和附件13中所示产品为堆叠在一起或照片不清楚，无法与本专利进行对比，附件3、附件8~10所示产品外观设计与本专利不相同也不相近似。双方均坚持其原有主张。

在以上审理的基础上，合议组经合议，认为本案事实清楚，依法作出本审查决定。

二、决定的理由

1. 法律依据

基于请求人提出无效宣告请求所依据的事实和理由，合议组对本专利是否符合专利法第23条的规定进行审查。专利法第23条规定：授予专利权的外观设计，应当同申请日以前在国内外出版物上公开发表过或者国内公开使用过的外观设计不相同和不相近似，并不得与他人在先取得的合法权利相冲突。

2. 证据和事实认定

请求人提交的附件1是莆田市荔城区工商行政管理局"荔工商处（2003）257号"行政处罚决定书，其上记载："当事人荔城区黄石镇七境塑料厂，在自己生产的塑料制品上标注"南洋塑料制品有限公司"和"普江竹塑厂"为厂名，于2003年10月9日被我局黄石分局查获……违反了《产品质量法》第30条之规定，属伪造产品厂名行为。根据《产品质量法》第53条之规定，本局决定作如下处罚：责令改正，并处罚款人民币5000元，上缴财政"；附件2是莆田市荔城区工商行政管理局黄石工商所查扣的产品照片，及其出具的证明，其证明内容是："2003年10月20日黄石工商所到黄石七境塑料厂当场检查拍照图片"；附件3是莆田市荔城区工商行政管理局黄石工商所出具的证明，其内容是："本工商行政管理局黄石工商所曾经于2003年10月9日对荔城区黄石七境村塑料厂生产的标注'南洋塑料制品有限公司'和'普江竹塑厂'的29600件塑料制品盆、桶作出荔工商处（2003）257号行政处罚，在该次行政处罚中的部分产品的外形结构与上述图片中的产品外形结构完全相同。在处罚的当年以前，该产品在本地区老百姓的日常生活中就早已广泛使用"；附件13是专利权人产品广告照片，在照片的正面显示有各种日用塑料产品，及由两人举起的"莆田市涵江区成铭日用品经营部"的条幅，照片的背面印有"本经营部多年经营再生塑料产品，农用品、日用品，集各厂家优质，畅销产品之大成。历年来积累了不少经验，产品销路广泛……"；附件14是莆田市荔城区工商行政管理局"工商听告字（2003）第61号"听证告知书，其上记载："你厂在自己生产的塑料制品上标注'南洋塑料制品有限公司'和'普江竹塑厂'为厂名，于2003年10月9日被我局黄石分局查获……违反了《产品质量法》第30条规定，属伪造产品厂名行为。根据《产品质量法》第53条之规定，本局决定拟作如下处罚：责令整改，并处罚款人民币5000元，上缴财政；落款日期为2003年11月6日"；附件15是莆田市荔城区工商行政管理局"第0000848号财物清单"，其上记载"现金、人民币、5000元整、当事人/保管人：陈益博、2003年10月20日、承办人：翁少军、李胜辉、2003年10月20日"；请求人在口头审理时出示了上述证据的原件。专利权人对附件1、附件14、附件15的真实性无异议，但认为附件1莆田市荔城区工商行政管理局行政处罚书仅证明请求人的不正当竞争行为，从行政处罚书所列举的产品中不能得出与本专利有对应关系；对附件2的真实性和合法性有异议，认为其上无时间及经办人的签名，请求人的产品是违法的不能作为证据使用；对附件3上莆田市荔城区工商行政管理局黄石工商所的印章没有异议，但对证明的内容有异议，因无经办人的签名和作证，时间和来源也不明确；认为附件13照片形成的时间无法确定，但专利权人认可照片中的男孩是专利权人的儿子，承认其儿子现已长大为成人的事实。

合议组认为：

附件14和附件15虽然是在提出无效宣告请求之日起1个月后提交的，但其是对附件1所证明的具体事实的补充证明，根据2001年审查指南的相关规定（本无效宣告请求日在2006年7月1日之前，按照《施行修订后审查指南的过渡办法》的规定，对自无效宣告请求之日起1个月后提出的新理由、新证据的审查应适用2001年10月18日公布的审查指南），其不属于不予考虑的新证据。

附件1、附件14和附件15可以证明在本专利申请日前，请求人因违反《产品质量法》相关规定，受到荔城区工商行政管理局的行政处罚，并缴纳了罚款的事实；附件2、附件3所示照片来源及原照片形成的时间或照片中产品所公开使用的时间在莆田市荔城区工商行政管理局黄石工商所出具的证明中已予以证明，并加盖有莆田市荔城区工商行政管理局黄石工商所印章；同时附件15中请求人缴纳罚款的时间，也与附件2中莆田市荔城区工商行政管理局黄石工商所到黄石七境塑料厂当场检查拍照图片的时间相对应，罚款金额与附件1、附件14和附件15中所述的金额相对应；附件3中莆田市荔城区工商行政管理局黄石工商所证明的内容与附件1和附件14中所记载的内容一致；虽然行政处罚决定中请求人伪造他人厂名从事生产活动的行为是违法的，但并不影响该生效决定所记载事实涉及的产品作为证据的合法性，在没有相反证据足以推翻的情况下，对该决定中所记载的事实应予采信；附件13虽然未标明其形成的时间，但从专利权人认可其上举条幅男孩现已长大成人的事实可推定该证据形成于本专利申请日之前。综上，请求人提交的附件1~3、附件14和附件15相互印证，可以证明所涉及的生产销售事实的时间在本专利申请日之前，同时根据附件13照片所示相关产品，也可佐证在本专利申请日前已经公开销售使用过附件2、附件3中所示塑料桶产品。因此，上述证据中所涉及产品塑料桶的外观设计，属于在本专利申请日前已经公开使用过的在先设计。

3. 外观设计对比

本专利和附件3所示产品外观设计（下称在先设计）均为塑料桶的外观设计，其用途相同，属于相同类别的产品，故对二者外观设计作如下对比：

本专利所示塑料桶整体外形为带有锥度的柱状，其桶口部较桶底直径略大，桶口部有向外翻边状的突沿，并有两个对称设置的提耳，桶体外表面有两条环状凸棱，桶底面有多条环状凸棱。详见本专利附图。

在先设计所示塑料桶整体外形为带有锥度的柱状，其桶口部较桶底直径略大，桶口部有向外翻边状的突沿，并有两个对称设置的提耳，桶体外表面有两条环状凸棱。详见在先设计附图。

将本专利与在先设计相比较，二者不同之处为在先设计所示桶的锥度较本专利略大，在先设计未显示本专利桶底面的凸棱设计，合议组认为二者锥度不同明显为细微差异，桶底面在使用状态下为不可见面，对视觉效果不具影响，除此这些不同之外二者在桶的整体形状、突沿、桶外表面凸棱、提耳等其他设计上基本相同，其整体视觉效果明显相近似，因此二者属于相近似的外观设计。

综上所述，本专利在申请日前已有与其相近似的外观设计在国内公开使用过，因此，本专利不符合专利法第 23 条的规定。

鉴于上述已得出本专利不符合专利法第 23 条规定的结论，本决定对请求人提出的其他理由和证据不作评述。

三、决定

宣告 200430152524.X 号外观设计专利权全部无效。

当事人对本决定不服的，可以根据专利法第 46 条第 2 款的规定，自收到本决定之日起三个月内向北京市第一中级人民法院起诉。根据该款的规定，一方当事人起诉后，另一方当事人应当作为第三人参加诉讼。

主视图　　　　　　左视图

俯视图　　　　　　仰视图

本专利

在先设计

塑料桶（五）

无效宣告请求审查决定（第9945号）

决　定　号	第9945号
决　定　日	2007年6月18日
发明创造名称	塑料桶（五）
外观设计分类号	07-07
无效宣告请求人	荔城区黄石七境塑料厂
专　利　权　人	林成铭
专　利　号	200430152525.4
申　请　日	2004年12月10日
授权公告日	2006年2月22日
合议组组长	吴赤兵
主　审　员	徐清平
参　审　员	李巍巍
附　图	1页
法律依据	专利法第23条

决定要点

生效行政处罚决定所记载的事实，并有其他证据佐证，在没有相反证据足以推翻的情况下，对该决定所记载的事实应予以采信。

一、案由

本无效宣告请求涉及2006年2月22日国家知识产权局授权公告的200430152525.4号外观设计专利，其产品名称是"塑料桶（五）"，申请日是2004年12月10日，专利权人是林成铭。

针对上述外观设计专利权（下称本专利），荔城区黄石七境塑料厂（下称请求人）于2006年4月28日向专利复审委员会提出无效宣告请求，其理由是本专利不符合专利法第23条的规定。请求人认为在本专利申请日前已经批量生产和销售了与本专利外观设计相同的产品，同时，请求人提交了如下附件作为证据：

附件1是莆田市荔城区工商行政管理局"荔工商处（2003）257号"行政处罚决定书复印件2页；

附件2是莆田市荔城区工商行政管理局黄石工商所查扣的产品照片和证明的翻拍照片1张；

附件3是莆田市荔城区工商行政管理局黄石工商所出具的证明及所附照片（原件）1页；

附件4是请求人1987年成立时的营业执照复印件1页；

附件5是请求人2001年成立厂支部委员会当天拍的照片（扫描件）1页；

附件6是请求人2001年成立厂支部委员会当天拍的照片（扫描件）1页；

附件7是请求人2001年成立厂支部委员会当天拍的照片（扫描件）1页；

附件8是中国共产党莆田市荔城区黄石镇委员会出具的证明及所附照片（原件）1页；

附件9是莆田市荔城区黄石镇工会联合会出具的证明及所附照片（原件）1页；

附件10是莆田市荔城区黄石镇七境村民委员会及莆田市荔城区黄石镇人民政府出具的证明及所附照片（原件）1页；

附件11是请求人的产品模具照片（原件）2张；

附件12是本专利外观设计图片复印件1页；

附件13是专利权人产品广告照片（扫描件）1页。

专利复审委员会根据无效宣告请求审查程序的规定受理了该无效宣告请求，并于2006年6月19日将无效宣告请求书和证据的副本转送给专利权人，要求其在指定的期限内陈述意见。

2006年6月29日专利权人提交了意见陈述书，专利权人认为：附件1为复印件，对其真实性有异议，所示行政处罚决定书的内容只是表明请求人因不诚信而受到行政处罚，与本专利无关联性；附件2所示黄石工商所提供的照片出处不明，且照片中的产品外观无法辨认，故不能采信；附件3所示黄石工商所出具的证明，其证词来源不明，无法支持请求人的观点；附件4来源不明，无法确认其真实性；附件5~7的照片为请求人自行拍摄，拍摄时间及出处不明确，照片中的产品外观均难以识别，不能采信；附件8~10分别为请求人所在地中共黄石镇委员会、黄石镇工会和黄石镇七镜村委会于2006年4月17日出具的证明，均来源不明，不可采信；附件11所示模具照片的来源及其证明对象不明，不能采信；附件12不能支持请求人的观点；附件13所示广告照片的来源不明，且无法表明该照片为公开出版物，不能采信。综上所述，请求人的无效宣告理由缺乏证据支持，因此，应当维持本专利有效。

专利复审委员会成立合议组对本案进行审理，于2007年2月26日向双方当事人发出口头审理通知书，定于2007年3月26日在专利复审委员会进行口头审理。同时将上述专利权人的意见陈述转送给请求人。

口头审理如期举行，双方委托的代理人及专利权人本人参加了审理。在口头审理过程中，请求人当庭出示了附件1、附件2、附件4~7、附件13的原件，当庭补充提交了莆田市荔城区工商行政管理局"工商听告字（2003）第61号"听证告知书原件（下称附件14）、莆田市荔城区工商行政管理局"No.0000848号财物清单"（下称附件15）原件、中共黄石镇委员会"黄委发（2001）第43号"文件（下称附件16）、莆田县总工会（批复）"荔工组字（2001）138号"文件（下称附件17）；合议组当庭将附件14~17转送专利权人。请求人认为，附件1~3可形成证据链，并与附件14、附件15相结合可佐证本专利产品在申请日前已公开使用；附件16、附件17可分别证明附件8、附件9所示出证单位的成立时间及所述销售事实；附件5~7为请求人厂支部成立大会时拍摄的部分照片，会议场所周围堆放的部分产品与本专利的外形结构相同；附件13为专利权人的广告照片，其上右侧举条幅的男孩是专利权人的儿子，该男孩现已长大为成人，因此，该照片也可佐证在本专利申请日前已经公开销售的事实。专利权人对附件1、附件14、附件15的真实性无异议，但认为附件1所示行政处罚决定书仅能证明请求人的不正当竞争行为，从该决定所列举的产品不能得出与本专利有对应关系；对附件2的真实性和合法性有异议；对附件3上莆田市荔城区工商行政管理局黄石工商所的印章没有异议，但对证明的内容有异议，因无经办人签名作证，且时间和来源也不明确；对附件4真实性没有异议；对附件5~7照片的真实性无异议，但对照片的形成时间和来源有异议，且照片中所示的产品不清楚，无法与本专利对比；对附件8~10、附件16和附件17的真实性均无异议，但认为出具证明的单位与请求人属于上下级的关系，其出具的证明无法保证客观公正性；附件11制造的时间无法确定；附件13照片形成的时间无法确定，但专利权人认可照片中的男孩是其儿子，并承认该男孩现已长大为成人的事实。对于上述证据中所涉及的莆田市荔城区工商行政管理局黄石工商所与莆田市荔城区工商行政管理局黄石分局的关系，请求人称该工商分局是该工商所的前身，该工商分局现已变更为该工商所，专利权人对此未提出异议。请求人认为附件2、附件3、附件8~10中所示产品及当庭指定的附件13中有关产品的外观设计与本专利相同；专利权人认为，附件2和附件13中所示产品为堆叠在一起或照片不清楚，无法与本专利进行对比，附件3、附件8~10所示产品外观设计与本专利是相近似的。双方均坚持其原有主张。

在以上审理的基础上，合议组经合议，认为本案事实清楚，依法作出本审查决定。

二、决定的理由

1. 法律依据

基于请求人提出无效宣告请求所依据的事实和理由，合议组对本专利是否符合专利法第23条的规定进行审查。专利法第23条规定：授予专利权的外观设计，应当同申请日以前在国内外出版物上公开发表过或者国内公开使用过的外观设计不相同和不相近似，并不得与他人在先取得的合法权利相冲突。

2. 证据和事实认定

请求人提交的附件1是莆田市荔城区工商行政管理局"荔工商处（2003）257号"行政处罚决定书，其上记载："当事人荔城区黄石镇七境塑料厂，在自己生产的塑料制品上标注"南洋塑料制品有限公司"和"普江竹塑厂"为厂名，于2003年10月9日被我局黄石分局查获……违反了《产品质量法》第30条之规定，属伪造产品厂名行为。根据《产品质量法》第53条之规定，本局决定作如下处罚：责令改正，并处罚款人民币5000元，上缴财政"；附件2是莆田市荔城区工商行政管理局黄石工商所查扣的产品照片，及其出具的证明，其证明内容是："2003年10月20日黄石工商所到黄石七境塑料厂当场检查拍照图片"；附件3是莆田市荔城区工商行政管理局黄石工商所出具的证明，其内容是："本工商行政管理局黄石工商所曾经于2003年10月9日对荔城区黄石七境村塑料厂生产的标注'南洋塑料制品有限公司'和'普江竹塑厂'的29600件塑料制品盆、桶作出荔工商处（2003）257号行政处罚，在该次行政处罚中的部分产品的外形结构与上述图片中的产品外形结构完全相同。在处罚的当年以前，该产品在本地区老百姓的日常生活中就早已广泛使用"；附件13是专利权人产品广告照片，在照片的正面显示有各种日用塑料产品，及由两人举起的"莆田市涵江区成铭日用品经营部"的条幅，照片的背面印有"本经营部多年经营再生塑料产品，农用品、日用品，集各厂家优质、畅销产品之大成。历年来积累了不少经验，产品销路广泛……"；附件14是莆田市荔城区工商行政管理局"工商听告字（2003）第61号"听证告知书，其上记载："你厂在自己生产的塑料制品上标注'南洋塑料制品有限公司'和'普江竹塑厂'为厂名，于2003年10月9日被我局黄石分局查获……违反了《产品质量法》第30条规定，属伪造产品厂名行为。根据《产品质量法》第53条之规定，本局拟作如下处罚：责令整改，并处罚款人民币5000元，上缴财政；落款日期为2003年11月6日"；附件15是莆田市荔城区工商行政管理局"第0000848号财物清单"，其上记载"现金、人民币、5000元整、当事人/保管人：陈益博、2003年10月20日、承办人：翁少军、李胜辉、2003年10月20日"；请求人在口头审理时出示了上述证据的原件。专利权人对附件1、附件14、附件15的真实性无异议，但认为附件1莆田市荔城区工商行政管理局行政处罚书仅证明请求人的不正当竞争行为，从行政处罚书所列举的产品中不能得出与本专利有对应关系；对附件2的真实性和合法性有异议，认为其上无时间及经办人的签名，请求人的产品是违法的不能作为证据使用；对附件3上莆田市荔城区工商行政管理局黄石工商所的印章没有异议，但对证明的内容有异议，因无经办人的签名和作证，时间和来源也不明确；认为附件13照片形成的时间无法确定，但专利权人认可照片中的男孩是专利权人的儿子，承认其儿子现已长大为成人的事实。

合议组认为：

附件14和附件15虽然是在提出无效宣告请求之日起1个月后提交的，但其是对附件1所证明的具体事实的补充证明，根据2001年审查指南的相关规定（本无效宣告请求日在2006年7月1日之前，按照《施行修订后审查指南的过渡办法》的规定，对自无效宣告请求之日起1个月后提出的新理由、新证据的审查应适用2001年10月18日公布的审查指南），其不属于不予考虑的新证据。

附件1、附件14和附件15可以证明在本专利申请日前，请求人因违反《产品质量法》相关规定，受到荔城区工商行政管理局的行政处罚，并缴纳了罚款的事实；附件2、附件3所示照片来源及原照片形成的时间或照片中产品所公开使用的时间在莆田市荔城区工商行政管理局黄石工商所出具的证明中已予以证明，并加盖有莆田市荔城区工商行政管理局黄石工商所印章；同时附件15中请求人缴纳罚款的时间，也与附件2中莆田市荔城区工商行政管理局黄石工商所到黄石七境塑料厂当场检查拍照图片的时间相对应，罚款金额与附件1、附件14和附件15中所述的金额相对应；附件3中莆田市荔城区工商行政管理局黄石工商所证明的内容与附件1和附件14中所记载的内容一致；虽然行政处罚决定中请求人伪造他人厂名从事生产活动的行为是违法的，但并不影响该生效决定所记载事实涉及的产品作为证据的合法性，在没有相反证据足以推翻的情况下，对该决定中所记载的事实应予采信；附件13虽然未标明其形成的时间，但从专利权人认可其上举条幅男孩现已长大成人的事实可推定该证据形成于本专利申请日之前。综上，请求人提交的附件1~3、附件14和附件15相互印证，可以证明所涉及的生产销售事实的时间在本专利申请日之前，同时根据附件13照片所示相关产品，也可佐证在本专利申请日前已经公开销售使用过附件2、附件3中所示塑料桶产品。因此，上述证据中所涉及产品塑料桶的外观设计，属于在本专利申请日前已经公开使用过的在先设计。

3. 外观设计对比

将本专利和附件3所示产品外观设计（下称在先设计）相对比，二者除桶体形状的锥度略有不同外，其余设计基本相同，专利权人在口头审理中亦认可二者是相近似的，合议组由此认定二者为相近似的外观设计（详见本专利附图和在先设计附图）。

综上所述，本专利在申请日前已有与其相近似的外观设计在国内公开使用过，因此，本专利不符合专利法第23条的规定。

鉴于上述已得出本专利不符合专利法第23条规定的结论，本决定对请求人提出的其他理由和证据不作评述。

三、决定

宣告200430152525.4号外观设计专利权全部无效。

当事人对本决定不服的，可以根据专利法第46条第2款的规定，自收到本决定之日起三个月内向北京市第一中级人民法院起诉。根据该款的规定，一方当事人起诉后，另一方当事人应当作为第三人参加诉讼。

主视图　　　　　左视图

俯视图　　　　　仰视图

本专利

在先设计

桶（六）

无效宣告请求审查决定（第9946号）

决 定 号	第9946号
决 定 日	2007年6月18日
发明创造名称	桶（六）
外观设计分类号	07-07
无效宣告请求人	荔城区黄石七境塑料厂
专 利 权 人	林成铭
专 利 号	200430152539.6
申 请 日	2004年12月13日
授权公告日	2006年2月22日
合议组组长	吴赤兵
主 审 员	徐清平
参 审 员	李巍巍
附 图	1页

法律依据 专利法第23条

决定要点

生效行政处罚决定所记载的事实，并有其他证据佐证，在没有相反证据足以推翻的情况下，对该决定所记载的事实应予以采信。

一、案由

本无效宣告请求涉及2006年2月22日国家知识产权局授权公告的200430152539.6号外观设计专利，其产品名称是"桶（六）"，申请日是2004年12月13日，专利权人是林成铭。

针对上述外观设计专利权（下称本专利），荔城区黄石七境塑料厂（下称请求人）于2006年4月28日向专利复审委员会提出无效宣告请求，其理由是本专利不符合专利法第23条的规定。请求人认为在本专利申请日前已经批量生产和销售了与本专利外观设计相同的产品，同时，请求人提交了如下附件作为证据：

附件1是莆田市荔城区工商行政管理局"荔工商处（2003）257号"行政处罚决定书复印件2页；

附件2是莆田市荔城区工商行政管理局黄石工商所查扣的产品照片和证明的翻拍照片1张；

附件3是莆田市荔城区工商行政管理局黄石工商所出具的证明及所附照片（原件）1页；

附件4是请求人87年成立时的营业执照复印件1页；

附件5是请求人2001年成立厂支部委员会当天拍的照片（扫描件）1页；

附件6是请求人2001年成立厂支部委员会当天拍的照片（扫描件）1页；

附件7是请求人2001年成立厂支部委员会当天拍的照片（扫描件）1页；

附件8是中国共产党莆田市荔城区黄石镇委员会出具的证明及所附照片（原件）1页；

附件9是莆田市荔城区黄石镇工会联合会出具的证明及所附照片（原件）1页；

附件10是莆田市荔城区黄石镇七境村民委员会及莆田市荔城区黄石镇人民政府出具的证明及所附照片（原件）1页；

附件11是请求人的产品模具照片（原件）2张；

附件12是本专利外观设计图片复印件1页；

附件13是专利权人产品广告照片（扫描件）1页。

专利复审委员会根据无效宣告请求审查程序的规定受理了该无效宣告请求，并于2006年5月24日将无效宣告请求书和证据的副本转送给专利权人，要求其在指定的期限内陈述意见。

2006年6月22日专利权人提交了意见陈述书，专利权人认为：附件1为复印件，对其真实性有异议，所示行政处罚决定书的内容只是表明请求人因不诚信而受到行政处罚，与本专利无关联性；附件2所示黄石工商所提供的照片出处不明，且照片中的产品外观无法辨认，故不能采信；附件3所示黄石工商所出具的证明，其证词来源不明，无法支持请求人的观点；附件4来源不明，无法确认其真实性；附件5~7的照片为请求人自行拍摄，拍摄时间及出处不明确，照片中的产品外观均难以识别，不能采信；附件8~10分别为请求人所在地中共黄石镇委员会、黄石镇工会和黄石镇七镜村委会于2006年4月17日出具的证明，均来源不明，不可采信；附件11所示模具照片的来源及其证明对象不明，不能采信；附件12不能支持请求人的观点；附件13所示广告照片的来源不明，且无法表明该照片为公开出版物，不能采信。综上所述，请求人的无效宣告理由缺乏证据支持，因此，应当维持本专利有效。

专利复审委员会成立合议组对本案进行审理，于2007年2月26日向双方当事人发出口头审理通知书，定于2007年3月26日在专利复审委员会进行口头审理。同时将上述专利权人的意见陈述转送给请求人。

口头审理如期举行，双方委托的代理人及专利权人本人参加了审理。在口头审理过程中，请求人当庭出示了附件1、附件2、附件4~7、附件13的原件，当庭补充提交了莆田市荔城区工商行政管理局"工商听告字（2003）第61号"听证告知书原件（下称附件14）、莆田市荔城区工商行政管理局"No.0000848号财物清单"（下称附件15）原件、中共黄石镇委员会"黄委发（2001）第43号"文件（下称附件16）、莆田县总工会（批复）"荔工组字（2001）138号"文件（下称附件17）；合议组当庭将附件14~17转送专利权人。请求人认为，附件1~3可形成证据链，并与附件14、附件15相结合可佐证本专利产品在申请日前已公开使用；附件16、附件17可分别证明附件8、附件9所示出证单位的成立的时间及所述销售事实；附件5~7为请求人厂支部成立大会时拍摄的部分照片，会议场所周围堆放的部分产品与本专利的外形结构相同；附件13为专利权人的广告照片，其上右侧举条幅的男孩是专利权人的儿子，该男孩现已长大为成人，因此，该照片也可佐证在本专利申请日前已经公开销售的事实。专利权人对附件1、附件14、附件15的真实性无异议，但认为附件1所示行政处罚决定书仅能证明请求人的不正当竞争行为，从该决定所列举的产品不能得出与本专利有对应关系；对附件2的真实性和合法性有异议；对附件3上莆田市荔城区工商行政管理局黄石工商所的印章没有异议，但对证明的内容有异议，因无经办人签名作证，且时间和来源也不明确；对附件4真实性没有异议；对附件5~7照片的真实性无异议，但对照片的形成时间和来源有异议，且照片中所示的产品不清楚，无法与本专利对比；对附件8~10、附件16和附件17的真实性均无异议，但认为出具证明的单位与请求人属于上下级的关系，其出具的证明无法保证客观公正性；附件11制造的时间无法确定；附件13照片形成的时间无法确定，但专利权人认可照片中的男孩是其儿子，并承认该男孩现已长大为成人的事实。对于上述证据中所涉及的莆田市荔城区工商行政管理局黄石工商所与莆田市荔城区工商行政管理局黄石分局的关系，请求人称该工商分局是该工商所的前身，该工商分局现已变更为该工商所，专利权人对此未提出异议。请求人认为附件2、附件3、附件8~10中所示产品及当庭指定的附件13中有关产品的外观设计与本专利相同；专利权人认为，附件2和附件13中所示产品为堆叠在一起或照片不清楚，无法与本专利进行对比，附件3、附件8~10所示产品外观设计与本专利是相近似的。双方均坚持其原有主张。

在以上审理的基础上，合议组经合议，认为本案事实清楚，依法作出本审查决定。

二、决定的理由

1. 法律依据

基于请求人提出无效宣告请求所依据的事实和理由，合议组对本专利是否符合专利法第23条的规定进行审查。专利法第23条规定：授予专利权的外观设计，应当同申请日以前在国内外出版物上公开发表过或者国内公开使用过的外观设计不相同和不相近似，并不得与他人在先取得的合法权利相冲突。

2. 证据和事实认定

请求人提交的附件1是莆田市荔城区工商行政管理局"荔工商处（2003）257号"行政处罚决定书，其上记载："当事人荔城区黄石镇七境塑料厂，在自己生产的塑料制品上标注"南洋塑料制品有限公司"和"普江竹塑厂"为厂名，于2003年10月9日被我局黄石分局查获……违反了《产品质量法》第30条之规定，属伪造产品厂名行为。根据《产品质量法》第53条之规定，本局决定作如下处罚：责令改正，并处罚款人民币5000元，上缴财政"；附件2是莆田市荔城区工商行政管理局黄石工商所查扣的产品照片，及其出具的证明，其证明内容是："2003年10月20日黄石工商所到黄石七境塑料厂当场检查拍照图片"；附件3是莆田市荔城区工商行政管理局黄石工商所出具的证明，其内容是："本工商行政管理局黄石工商所曾经于2003年10月9日对荔城区黄石七境村塑料厂生产的标注'南洋塑料制品有限公司'和'普江竹塑厂'的29600件塑料制品盆、桶作出荔工商处（2003）257号行政处罚，在该次行政处罚中的部分产品的外形结构与上述图片中的产品外形结构完全相同。在处罚当年以前，该产品在本地区老百姓的日常生活中就早已广泛使用"；附件13是专利权人产品广告照片，在照片的正面显示有各种日用塑料产品，及由两人举起的"莆田市涵江区成铭日用品经营部"的条幅，照片的背面印有"本经营部多年经营再生塑料产品，农用品、日用品，集各厂家优质，畅销产品之大成。历年来积累了不少经验，产品销路广泛……"；附件14是莆田市荔城区工商行政管理局"工商听告字（2003）第61号"听证告知书，其上记载："你厂在自己生产的塑料制品上标注'南洋塑料制品有限公司'和'普江竹塑厂'为厂名，于2003年10月9日被我局黄石分局查获……违反了《产品质量法》第30条规定，属伪造产品厂名行为。根据《产品质量法》第53条之规定，本局拟作如下处罚：责令整改改，并处罚款人民币5000元，上缴财政；落款日期为2003年11月6日"；附件15是莆田市荔城区工商行政管理局"第0000848号财物清单"，其上记载"现金、人民币、5000元整、当事人/保管人：陈益博、2003年10月20日、承办人：翁少军、李胜辉、2003年10月20日"；请求人在口头审理时出示了上述证据的原件。专利权人对附件1、附件14、附件15的真实性无异议，但认为附件1莆田市荔城区工商行政管理局行政处罚书仅证明请求人的不正当竞争行为，从行政处罚书所列举的产品中不能得出与本专利有对应关系；对附件2的真实性和合法性有异议，认为其上无时间及经办人的签名，请求人的产品是违法的不能作为证据使用；对附件3上莆田市荔城区工商行政管理局黄石工商所的印章没有异议，但对证明的内容有异议，因无经办人的签名和作证，时间和来源也不明确；认为附件13照片形成的时间无法确定，但专利权人认可照片中的男孩是专利权人的儿子，承认其儿子现已长大为成人的事实。

合议组认为：

附件14和附件15虽然是在提出无效宣告请求之日起1个月后提交的，但其是对附件1所证明的具体事实的补充证明，根据2001年审查指南的相关规定（本无效宣告请求日在2006年7月1日之前，按照《施行修订后审查指南的过渡办法》的规定，对自无效宣告请求之日起1个月后提出的新理由、新证据的审查应适用2001年10月18日公布的审查指南），其不属于不予考虑的新证据。

附件1、附件14和附件15可以证明在本专利申请日前，请求人因违反《产品质量法》相关规定，受到荔城区工商行政管理局的行政处罚，并缴纳了罚款的事实；附件2、附件3所示照片来源及原照片形成的时间或照片中产品所公开使用的时间在莆田市荔城区工商行政管理局黄石工商所出具的证明中已予以证明，并加盖有莆田市荔城区工商行政管理局黄石工商所印章；同时附件15中请求人缴纳罚款的时间，也与附件2中莆田市荔城区工商行政管理局黄石工商所到黄石七境塑料厂当场检查拍照图片的时间相对应，罚款金额与附件1、附件14和附件15中所述的金额相对应；附件3中莆田市荔城区工商行政管理局黄石工商所证明的内容与附件1和附件14中所记载的内容一致；虽然行政处罚决定中请求人伪造他人厂名从事生产活动的行为是违法的，但并不影响该生效决定所记载事实涉及的产品作为证据的合法性，在没有相反证据足以推翻的情况下，对该决定中所记载的事实应予采信；附件13虽然未标明其形成的时间，但从专利权人认可其上举条幅男孩现已长大成人的事实可推定该证据形成于本专利申请日之前。综上，请求人提交的附件1~3、附件14和附件15相互印证，可以证明所涉及的生产销售事实的时间在本专利申请日之前，同时根据附件13照片所示相关产品，也可佐证在本专利申请日前已经公开销售使用过附件2、附件3中所示桶的产品。因此，上述证据中所涉及产品桶的外观设计，属于在本专利申请日前已经公开使用过的在先设计。

3. 外观设计对比

将本专利和附件3所示桶的外观设计（下称在先设计）相对比，在先设计除未显示在使用状态下不可见或不易的桶底面和桶盖底面设计外，其余设计基本相同，专利权人在口头审理中亦认可二者是相近似的，合议组由此认定二者为相近似的外观设计（详见本专利附图和在先设计附图）。

综上所述，本专利在申请日前已有与其相近似的外观设计在国内公开使用过，因此，本专利不符合专利法第23条的规定。

鉴于上述已得出本专利不符合专利法第23条规定的结论，本决定对请求人提出的其他理由和证据不作评述。

三、决定

宣告200430152539.6号外观设计专利权全部无效。

当事人对本决定不服的，可以根据专利法第46条第2款的规定，自收到本决定之日起三个月内向北京市第一中级人民法院起诉。根据该款的规定，一方当事人起诉后，另一方当事人应当作为第三人参加诉讼。

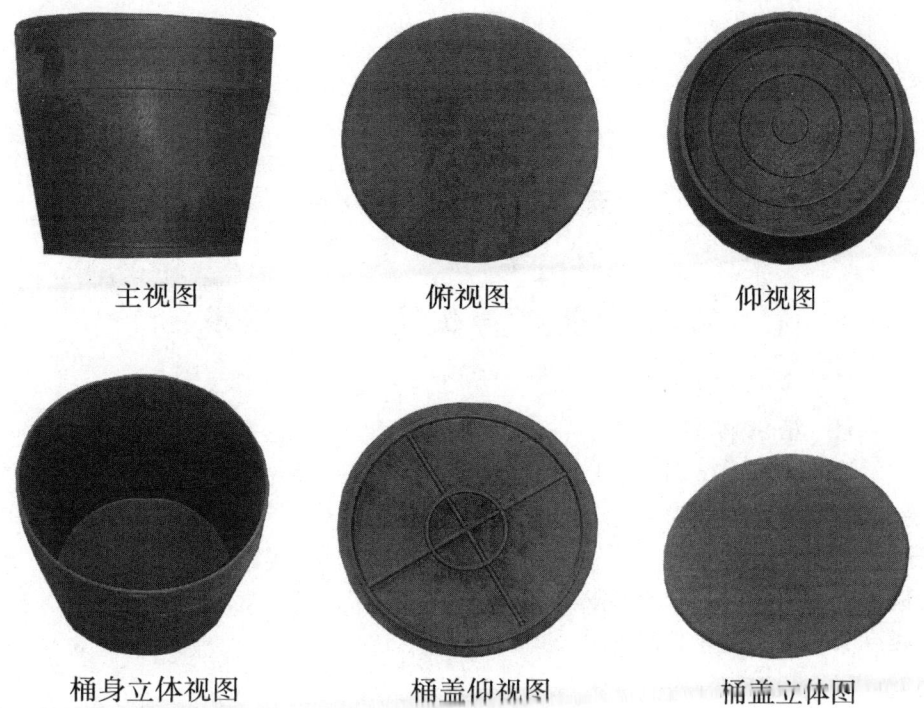

| 主视图 | 俯视图 | 仰视图 |

| 桶身立体视图 | 桶盖仰视图 | 桶盖立体图 |

本专利

在先设计

钓竿用导线环

无效宣告请求审查决定（第9949号）

决 定 号	第9949号
决 定 日	2007年6月12日
发明创造名称	钓竿用导线环
外观设计分类号	22-05
无效宣告请求人	威海世原渔具有限公司
专 利 权 人	富士工业股份有限公司
专 利 号	99305751.9
申 请 日	1999年4月5日
授权公告日	1999年12月8日
合议组组长	钟 华
主 审 员	张雪飞
参 审 员	王霞军
附 图	1页

法 律 依 据 专利法第23条

决 定 要 点

请求人提交的域外证据缺少必要的证据证明其真实性，在专利权人提出质疑的情况下，其真实性不能被认定。

对于相近似性判断中得出的明显差别，在请求人未能举证说明该差别属于应弱化考虑的惯常设计等情形的情况下，则认为该明显差别对整体外观设计的视觉效果具有显著的影响。

一、案由

本无效宣告请求涉及的是国家知识产权局于1999年12月8日授权公告的99305751.9号外观设计专利，使用该外观设计的产品名称是"钓竿用导线环"，其申请日是1999年4月5日，专利权人是富士工业股份有限公司。

针对上述外观设计专利权（下称本专利），威海世原渔具有限公司（下称请求人）于2006年10月23日向专利复审委员会提出无效宣告请求，其理由是本专利不符合专利法第23条和专利法实施细则第2条第2款的规定。请求人认为本专利与在先公开发行的出版物上发表的BEG和OBEG等系列产品的外观设计基本相同，且专利权人在侵权诉讼程序中也认可请求人生产的BEG和TEG等系列产品与本专利产品构成相同和等同，因此应宣告本专利全部无效。请求人同时提交了如下证据附件：

附件1是韩国贸易协会出版的《93/94韩国出口产品精选》一书的封面及第279页复印件共2页，另附BEG系列简要说明图1页；

附件2是原告为专利权人、被告为请求人的专利侵权诉状复印件5页；

附件3是《FISHING TACKLE GUIDE》样本的封面、第10页、第11页和封底复印件共4页。

专利复审委员会根据无效宣告请求审查程序的规定受理了该无效宣告请求，并于2006年10月25日将请求人的无效宣告请求文件转送专利权人。

其后，请求人又于2006年11月16日提交了意见陈述，坚持认为本专利与其申请日以前已有的外观设计基本相同，本专利不具有新颖性，并补充了如下证据附件：（编号续前）

附件4是盖有国家图书馆文献检索专用章的《检索证明》和《中国钓鱼》1999年第一期（总第102期）杂志的部分页面复印件共5页，另附LN type简要说明图1页。

专利复审委员会于2006年11月24日收到了专利权人针对请求人于无效请求之日提出的理由和证据所作出的意见陈述书，专利权人认为请求人提交的附件1所示《93/94韩国出口产品精选》一书的公开出版日期不明，"93/94"并不确定是1993年或1994年，且其第279页中登载的产品没有记载型号，与BEG系列产品无关，其外观设计也与本专利完全不同，附件3所示样本属于外文证据，请求人未提交中文译文，不能作为证据使用，且该样本公开出版日期不明，其内登载的产品也与本专利产品完全不同，因此本专利应予维持。

专利复审委员会于2007年1月16日分别将上述请求人补充的意见陈述及附件和专利权人的意见陈述转送对方当事人；同时向双方当事人发出口头审理通知书，定于2007年3月21日进行口头审理。

专利权人于2007年2月14日提交了意见陈述书，认为请求人提交的附件4所示《中国钓鱼》杂志中登载的LN type型产品与后附的LN type简要说明图无关，且《中国钓鱼》杂志中登载的LN type型产品的外观设计与本专利区别明显，二者既不相同也不相近似，本专利应予维持。

请求人于2007年2月27日提交了意见陈述书，认为附件1所示《93/94韩国出口产品精选》一书中虽然没有公开出版日期，但的确来源于韩国贸易协会，且从其上登载的威海市电话号码可知其应早于本专利申请日，另外专利权人对于附件1的其他陈述也不正确。请求人同时提交了威海市政府的电信类网页资料和附件2的部分页面等附件。

2007年3月21日口头审理如期举行，双方当事人均委托代理人出庭，双方均对对方出庭人员的身份无异议，对合议组成员均无回避请求。合议组当庭将上述专利权人的意见陈述和请求人的意见陈述及附件分别转送对方当事人。

在口头审理中，请求人声明放弃专利法实施细则第2条第2款的无效请求理由，放弃附件3作为本案的证据，并说明2007年2月27日提交的附件不作为证据使用，对于其他理由和证据仍坚持原有观点。其当庭提交了附件1中《93/94韩国出口产品精选》一书的整本原件、附件3原件和附件4中国家图书馆的检索资料原件，并演示了相关型号产品的实物和皮筋演示实物。另外，请求人当庭出示第七期《中国钓鱼》杂志作为旁证，合议组当庭告知请求人由于超出了举证期限，因此对该证据不予考虑。

专利权人也坚持原有观点，认可附件2和附件4中《检索证明》的真实性，但认为附件1中《93/94韩国出口产品精选》一书属于域外证据，应有相关的公证认证，对真实性和合法性持有异议，附件2诉状所示的BEG型号与附件1没有关联性，附件4所示的《中国钓鱼》杂志没有原件和公证件，真实性和合法性不认可，且请求人于2007年2月27日补充的附件是网上打印的，无其他证据的证明，其真实性和合法性不认可。专利权人当庭演示了本专利产品实物。

针对专利权人的质疑，请求人除坚持原有观点外，认为附件1中《93/94韩国出口产品精选》一书是中文版的，不需要公证认证，该证据是位于韩国的韩国贸易协会交给本企业董事长（系韩国人）的，附件1后附的BEG系列简要说明图是本企业人员根据《93/94韩国出口产品精选》一书中登载的产品绘制的，附件4所示《检索证明》和《中国钓鱼》杂志来源于国家图书馆，后附的LN type简要说明图是本企业人员根据《中国钓鱼》杂志中登载的产品绘制的。

在相近似性判断方面，双方当事人均各自坚持原有观点。

合议组当庭告知双方当事人对于当庭转送的文件仍有一个月的答复期限。

口头审理结束后，请求人在指定期限内未继续作出答复。专利权人于2007年4月20日提交了意见陈述书，坚持其原有观点。

在上述审理的基础上，合议组经合议，认为本案事实清楚，依法作出本审查决定。

二、决定的理由

（1）基于请求人提出的无效宣告请求的理由，合议组依据专利法第23条的规定对本案进行审理。

专利法第23条规定：授予专利权的外观设计，应当同申请日以前在国内外出版物上公开发表过或者国内公开使用过的外观设计不相同和不相近似，并不得与他人在先取得的合法权利相冲突。

（2）请求人提交的附件1是韩国贸易协会出版的《93/94韩国出口产品精选》一书的封面及第279页复印件，另附BEG系列简要说明图；请求人在口头审理中提交了《93/94韩国出口产品精选》一书的原件；请求人以此证明本专利已构成在出版物上公开。针对附件1，合议组认为：虽然请求人提交了《93/94韩国出口产品精选》一书的原件，但由于其上标示的出版者为处于韩国的韩国贸易协会，因此其属于域外证据，而请求人既未履行相应的公证认证手续，又无其他证据证明其真实性，因此在专利权人不认可其真实性的情况下，合议组对其真实性不予认定。同时对于附件1后附的BEG系列简要说明图，由于其是请求人根据《93/94韩国出口产品精选》一书中登载的产品自行绘制的图片，因此其本身并不属于出版物上公开的内容，也不能支持请求人的无效请求理由。

（3）请求人提交的附件2是原告为专利权人、被告为请求人的专利侵权诉状复印件；请求人以此结合附件1证明专利权人也认可请求人生产的CREG、TEG和BEG等系列产品的形状与本专利构成相同或者等同。针对上述附件，合议组认为：虽然专利权人在诉状中表明了相关产品与本专利进行相近似性对比的观点，但是相近似性判断的结论是基于专利执法部门根据相关法律法规的规定而作出的客观评判，不以当事人的观点作为评判标准，而且附件2所示诉状本身未体现相关产品的外观设计，同时附件1所示真实性尚不能认定的《93/94韩国出口产品精选》一书中也未体现相关产品的型号，其与附件2中涉及的CREG、TEG和BEG等系列产品的关联性不足，故附件1和附件2均未对专利执法部门进行相近似性判断的客观评判提供必要的客体，因此其结合仍不足以支持请求人的无效请求理由。

（4）请求人提交的附件4是盖有国家图书馆文献检索专用章的《检索证明》和《中国钓鱼》1999年第一期（总第102期）杂志的部分页面复印件，另附LN type简要说明图；请求人在口头审理中提交了上述检索资料的原件；请求人以此证明本专利已构成在出版物上公开。

针对附件4，合议组认为：该检索资料中包含的《检索证明》和《中国钓鱼》1999年第一期（总第102期）杂志的部分页面上均盖有国家图书馆文献检索专用章以及骑缝章，同时在《检索证明》上记载有相关杂志、相关页面的检索结果，从形式和内容上均是统一的，虽然专利权人质疑《中国钓鱼》1999年第一期（总第102期）杂志的部分页面的真实性，但是未提交任何反证支持其质疑，在国家图书馆这一权威性的公共部门出具的检索材料中已证明了相关杂志的名称、年代、期号、馆藏地点和相关内容等足量信息的情况下，合议组对该检索资料中证明的《中国钓鱼》1999年第一期（总第102期）杂志相关页面的内容的真实性予以认定。

对于附件4后附的LN type 简要说明图，由于其是请求人根据《中国钓鱼》1999年第一期（总第102期）杂志中登载的产品自行绘制的图片，因此其本身并不属于出版物上公开的内容，合议组不予认定。

在该杂志的出版信息页上标明出版日期为1999年1月4日，在本专利申请日（1999年4月5日）以前，因此该杂志属于专利法第23条所规定的公开出版物，适用于本案。

请求人认为该杂志中登载的富士工业株式会社生产的LN type型钓竿用导线环的外观设计（下称在先设计）与本专利基本相同。从图片上观察，在先设计由圆环和两侧支架组成；一侧支架从圆环下端呈弧线伸出；另一侧支架从圆环上端两侧呈环状伸出，远端闭合成条状（详见在先设计附图）。

本专利同样是钓竿用导线环的外观设计，由圆环和两侧支架组成；一侧支架从圆环下端呈折线伸出；另一侧支架从圆环上端两侧呈长环状伸出，远端闭合成条状（详见本专利附图）。

合议组认为：本专利和在先设计均为钓竿用导线环的外观设计，用途相同，属于相同类别的产品，具有可比性。

将本专利与在先设计相比较，其相同点为：二者均有圆环和两侧条状、闭合环状支架设计。合议组认为：从整体视觉观察，虽然二者存在上述相同之处，但是由于本专利的一侧支架设计相对于在先设计明显拉长，导致二者的整体外观设计形状和比例关系均明显不同，一般消费者不会产生误认、混淆，同时请求人未能举证说明二者的上述明显差别属于应弱化考虑的惯常设计等情形，因此上述明显差别对于二者整体外观设计的视觉效果具有显著的影响，二者应属于不相同且不相近似的外观设计。

（5）对于请求人在口头审理中（2007年3月21日）出示的第七期《中国钓鱼》杂志，由于其超出了自无效请求之日（2006年10月23日）起一个月的举证期限，根据专利法实施细则第66条的规定：在专利复审委员会受理无效宣告请求后，请求人可以在提出无效宣告请求之日起1个月内增加理由或者补充证据。逾期增加理由或者补充证据的，专利复审委员会可以不予考虑。因此本案对该超期提交的证据不予考虑。

（6）对于请求人在口头审理中演示的实物，由于其仅用于辅助说明相近似性判断的观点，并非属于举证期限内的有效证据，因此合议组不再予以评述。

综上所述，请求人提交的证据均不能支持其无效请求的理由，其无效请求的理由不成立。

三、决定

维持99305751.9号外观设计专利权有效。

当事人对本决定不服的，可以根据专利法第46条第2款的规定，自收到本决定之日起三个月内向北京市第一中级人民法院起诉。根据该款的规定，一方当事人起诉后，另一方当事人应当作为第三人参加诉讼。

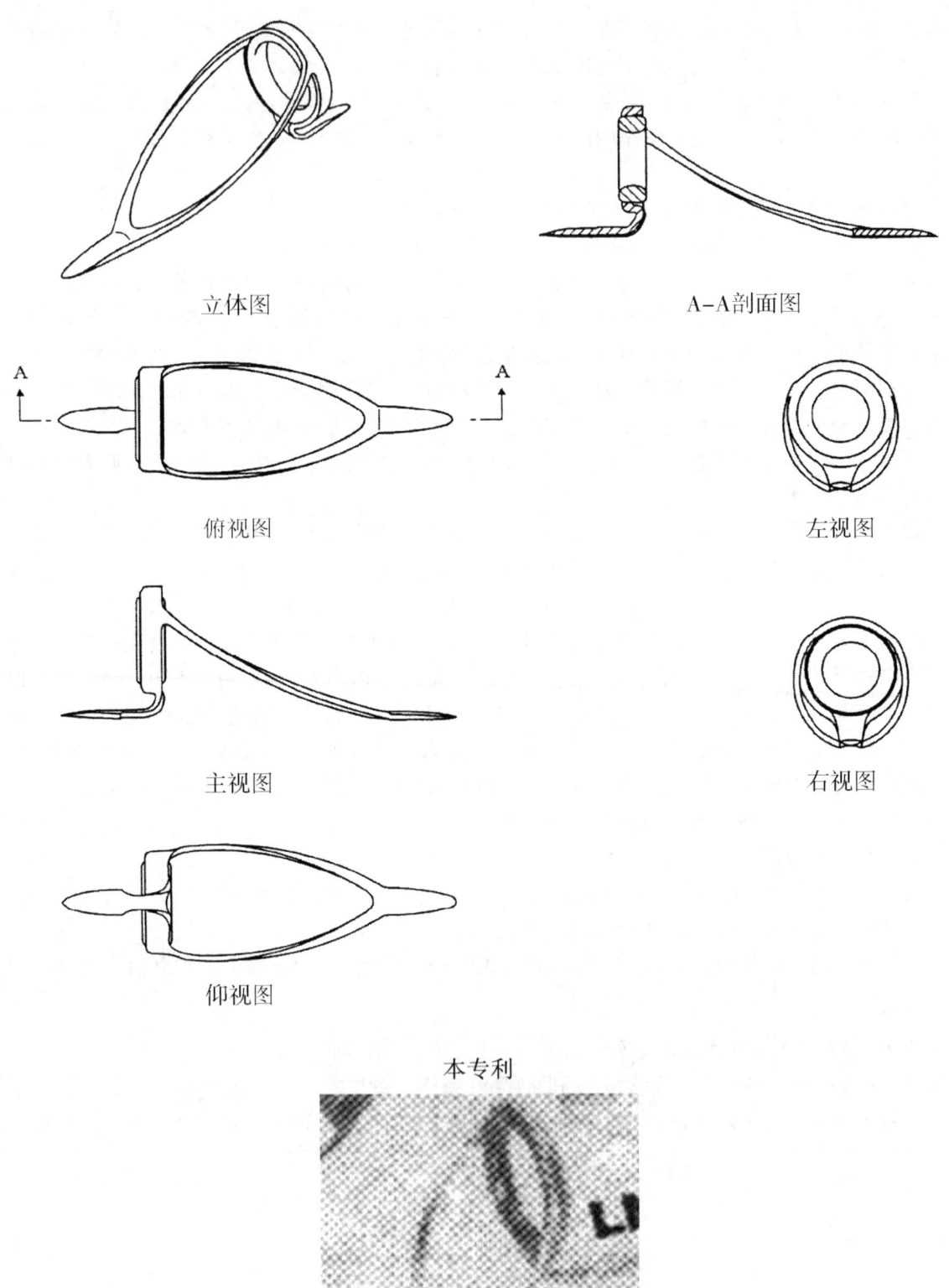

插跟（坡型）

无效宣告请求审查决定（第 9950 号）

决 定 号	第 9950 号
决 定 日	2007 年 6 月 8 日
发明创造名称	插跟（坡型）
外观设计分类号	02-04
无效宣告请求人	山东鲁泰鞋业有限公司
专 利 权 人	温州正益橡胶有限公司
专 利 号	200530085232.3
申 请 日	2005 年 6 月 16 日
授权公告日	2006 年 4 月 12 日
合议组组长	钟 华
主 审 员	张雪飞
参 审 员	王霞军
附 图	1 页

法 律 依 据 专利法第 23 条

决 定 要 点

专利权人举证说明了其原先产品在先销售使用的事实，请求人也表示认可，因此虽然双方当事人在原先产品的外观设计与本专利的相近似性判断方面存在分歧，但是对于所涉及的在先销售使用的事实应当予以确认。

在外观设计相近似性判断中，仅以外观设计的构成要素形状、图案和色彩进行对比，并不考虑材料、重量及视觉上不可见的内部构造等方面的内容。

一、案由

本无效宣告请求涉及国家知识产权局于 2006 年 4 月 12 日授权公告的 200530085232.3 号外观设计专利，使用该外观设计的产品名称是"插跟（坡型）"，其申请日是 2005 年 6 月 16 日，专利权人是温州正益橡胶有限公司。

针对上述外观设计专利权（下称本专利），山东鲁泰鞋业有限公司（下称请求人）于 2006 年 11 月 13 日向专利复审委员会提出无效宣告请求，其理由是本专利不符合专利法第 5 条、第 22 条、第 23 条和专利法实施细则第 44 条第 2 款、第 3 款，第 53 条第 2 款的规定。请求人认为本专利不具有新颖性和创造性，在其申请日以前已有多家企业生产销售过，本专利属于公知技术，其被授予专利权侵犯了公共利益，应予宣告无效。请求人同时提交了如下证据附件：

附件 1 是临沂市鲁安模具有限公司开具的第 00052737 号《山东省临沂市工业统一发票发票联》复印件 1 页；

附件 2 是临沂市鲁安模具有限公司于 2006 年 10 月 3 日出具的《证明》复印件 1 页；

附件 3 是赵二周签名并按指印的《证明》复印件 1 页；

附件 4 是洛阳市胶鞋厂开具的第 0004872 号《河南省洛阳市胶鞋厂发票发票联》复印件 1 页；

附件 5 是洛阳胶鞋厂生产的护士鞋照片 2 张；

附件 6 是山东诸城生产的"宏润"牌护士鞋照片 2 张；

附件 7 是东泰鞋业生产的"中瓯"牌护士鞋照片 2 张。

专利复审委员会根据无效宣告请求审查程序的规定受理了该无效宣告请求，并于 2006 年 11 月 14 日将请求人的无效宣告请求文件转送专利权人。

专利复审委员会于 2006 年 12 月 13 日收到专利权人的意见陈述书，专利权人认为临沂市鲁安模具有限公司的经营范围并不包括附件 1 发票所体现的生产加工配件，且该公司已于 2005 年底被工商局吊销工商执照，因此附件 2 所示《证明》本身是违法的、无效的；同时在其他证据中，洛阳胶鞋厂生产的鞋所用的插跟是由加工个体户陈桂三提供的，该插跟在后跟高度和外形上与本专利产品存在多处差别，山东诸城生产的"宏润"牌鞋所用的插跟在材料、后跟高度和是否区分左右脚等方面与本专利产品存在差别，东泰鞋业生产的鞋所用的插跟是窃用本企业的专利产品，其上载有本企业持有的商标；因此本专利应予维持。专利权人同时提交了如下反证附件：

反证 1 是陈桂三签名并按指印的《证明》复印件 1 页；

反证 2 是山东诸城生产的"宏润"牌护士鞋及其内使用的插跟图片共 2 张；

反证 3 是专利权人与施瑞金签署的《调解协议书》复印件 1 页；

反证 4 是李长华签名并按印的《加工坡跟鞋插跟的真实情况经过》复印件 1 页；

反证 5 是李长华签名并按印的 3 张《领款凭证》复印件 1 页；

反证 6 是盖有临沂市工商局信息中心查询专用章的《公司吊销情况》复印件 1 页；

反证 7 是第 505777 号《商标注册证》、《核准续展注册商标证明》、《核准转让注册商标证明》和《注册商标变更证明》复印件共 4 页；

反证 8 是反证 2 所示产品实物；

反证 9 是东泰鞋业生产的"中瓯"牌护士鞋实物；

反证 10 是本专利产品实物。

专利复审委员会于 2007 年 2 月 13 日将专利权人的意见陈述及反证（不含实物）转送请求人；同时向双方当事人发出口头审理通知书，定于 2007 年 4 月 17 日进行口头审理，并告知双方当事人将在口头审理中演示相关实物。

口头审理如期举行，双方当事人均委托代理人出庭，双方均对对方出庭人员的身份无异议，对合议组成员均无回避请求。

在口头审理中，请求人声明放弃专利法第 22 条、专利法实施细则第 44 条和第 53 条作为无效请求的理由，并说明无效宣告请求书中写明的专利法实施细则第 44 条第 2 款、第 3 款属于笔误，应为专利法实施细则第 2 条第 3 款。对此，合议组当庭告知请求人，由于在无效宣告请求书中并未记载专利法实施细则第 2 条第 3 款，因此其在口头审理中提出的专利法实施细则第 2 条第 3 款的无效请求理由属于超期提出的理由，本案不予考虑。

对于专利法第 23 条的无效请求理由，请求人仍坚持其原有观点，并说明附件 1 和附件 2 相结合、附件3~5相结合、附件6和附件7单独使用，均可证明在本专利申请日以前已有与其外观设计相同或者相近似的产品在国内公开使用过，同时也可证明本专利将公知技术获取专利权妨害了公共利益，不符合专利法第5条的规定。请求人当庭提交了附件2至附件4的原件，并演示了附件5~7照片所示产品的实物。

专利权人也坚持原有观点，说明以反证6抗辩附件1和附件2的组合，以反证1抗辩附件3~5的组合，以反证2和反证8抗辩附件6，以反证3~5、反证7和反证9抗辩附件7。针对请求人提交的证据，专利权人认可附件2和附件7本身的真实性，但认为附件1所示发票的复印件不能证明加工事实，附件2所示证明的出证主体资格无效，其合法性不认可，附件3所示证明出具的随意性大，真实性不认可，附件4发票所示的品名为"护士"，不能认定为护士鞋，且其上记载的购货单位为"周口永兴鞋批"，与附件3所示证明的出证人赵二周不符，附件5照片所示产品和当庭演示的实物是否一致不能确定，且请求人不能证明该产品在本专利申请日以前就已销售的事实，附件6所示产品实物本身未显示生产日期，附件7所示产品也未在本专利申请日以前公开销售。专利权人当庭提交了反证1、反证3、反证4、反证6的原件和反证5的确认件，并演示了反证8~10所示产品实物；为加强反证1，专利权人说明本企业改制前的前身是温州橡胶厂，洛阳胶鞋厂使用的是温州橡胶厂生产的插跟，并当庭提交了温州橡胶厂1990年的插跟图纸和本专利产品图纸以证明原先的插跟与本专利明显不同，同时提交了原洛阳胶鞋厂总工程师何瑞贤出具的证明及其身份简历。合议组当庭将上述用以结合反证1进行图片对比的温州橡胶厂1990年的插跟图纸转送请求人。

针对专利权人的质疑，请求人认为附件2所示证明的出证主体被吊销不能说明该企业不能出证明，其还存在债权债务的清理，附件3所示证明的出证人是真实存在的，附件4中虽然发票所示的品名为"护士"，但是该发票是鞋厂开具的，购货单位是买卖鞋的，货品单位是"双"，均可证明"护士"的品名一定是指护士鞋，且其上记载的购货单位是附件3所示证明的出证人赵二周的经营点，附件5所示产品购于赵二周处。针对专利权人提交的反证，请求人认可反证1、反证6和反证8的真实性，说明反证1及相关图纸可以印证附件3~5，证明洛阳胶鞋厂在本专利申请日以前确曾使用过温州橡胶厂生产用的相关产品的事实，对于其他反证的真实性有异议。

在相近似性判断方面，专利权人认为洛阳胶鞋厂曾使用的插跟与本专利在高度、外形、材料、重量和内部构造等方面均不同，属于不相同且不相近似的外观设计；请求人认为材料和内部构造等方面与外观设计相近似性判断无关，从外形上看二者是相同或者相近似的。

在上述审理的基础上，合议组经合议，认为本案事实清楚，依法作出本审查决定。

二、决定的理由

（1）基于请求人提出的无效宣告请求的理由，合议组首先依据专利法第23条的规定对本案进行审理。

专利法第23条规定：授予专利权的外观设计，应当同申请日以前在国内外出版物上公开发表过或者国内公开使用过的外观设计不相同和不相近似，并不得与他人在先取得的合法权利相冲突。

（2）请求人提出本专利构成使用公开，不符合专利法第23条的规定，支持其无效请求理由的事实之一是在本专利申请日以前洛阳胶鞋厂生产销售的护士鞋所用的插跟与本专利构成相同或者相近似，并提交了附件3~5作为证据；对此专利权人提交了反证1及温州橡胶厂1990年的插跟图纸等反证进行抗辩，而请求人认为专利权人提交的上述反证与附件3~5相互印证。

合议组认为：反证1是由专利权人一方的证人陈桂三出具的《证明》，其内说明陈桂三作为加工个体户，自1990年开始为温州橡胶厂（即专利权人前身）加工插跟，1996年洛阳胶鞋厂委托温州橡胶厂人员向其购买温州橡胶厂生产用的插跟，2005年下半年专利权人重新设计开发新型插跟由其加工生产,对此专利权人提交了温州橡胶厂1990年的插跟图纸以说明原先使用的插跟形状与本专利明显不同;请求人对上述在先销售使用的事实表示认可;因此通过上述反证及口头审理确定的内容能够认定1996年洛阳胶鞋厂就购买使用了个体加工户陈桂三为温州橡胶厂(即专利权人前身)加工的插跟,并结合专利权人提交的温州橡胶厂1990年的插跟图纸,能够认定温州橡胶厂1990年的插跟图纸上所示的插跟在本专利申请日(2005年6月16日)以前已在国内公开销售使用的事实。

(3)在该图纸上记载有一款坡跟女鞋用插跟的外观设计(下称在先设计)。从图片上观察,在先设计的整体形状为近似楔形,上大下小,前低后高;侧面为近似三角形;顶斜面为近似铲状(详见在先设计附图)。

本专利也是鞋用插跟的外观设计,未请求保护色彩;其整体形状为近似楔形,上大下小,前低后高;侧面为近似三角形;顶斜面为近似铲状,并沿内周有铲状间隙(详见本专利附图)。

合议组认为:本专利和在先设计均为鞋用插跟的外观设计,用途相同,属于相同类别的产品,具有可比性。

将本专利与在先设计相比较,其不同点为:二者顶斜面的铲状轮廓有所不同,且本专利的顶斜面内周有铲状间隙,另有一些其他的细微差别。合议组认为:从整体视觉观察,本专利顶斜面的铲状间隙是由于具有装配间隙而形成的视觉变化,并未导致整体外观设计形状产生明显的改变,且其他不同点在整体形状上也明显属于细微变化,均不足以导致二者的整体外观设计形状产生显著的视觉差别,因此二者应属于相近似的外观设计。对于专利权人认为的材料、重量和内部构造等方面的差别,由于本专利的授权图片并未体现其材料、重量,也未体现任何视觉可见的内部构造,同时上述内容也不属于外观设计所包含的形状、图案和色彩等构成要素,因此也不属于外观设计相近似性判断的考虑内容。

(4)综上所述,在本专利申请日以前已有与其外观设计相近似的产品在国内公开销售使用过,本专利不符合专利法第23条的规定。

(5)鉴于由上述认定已得出本专利不符合中国专利法所规定的授权条件的结论,本案对请求人提出的其他无效请求理由和证据以及专利权人提交的其他反证不再予以评述。

三、决定

宣告200530085232.3号外观设计专利权全部无效。

当事人对本决定不服的,可以根据专利法第46条第2款的规定,自收到本决定之日起三个月内向北京市第一中级人民法院起诉。根据该款的规定,一方当事人起诉后,另一方当事人应当作为第三人参加诉讼。

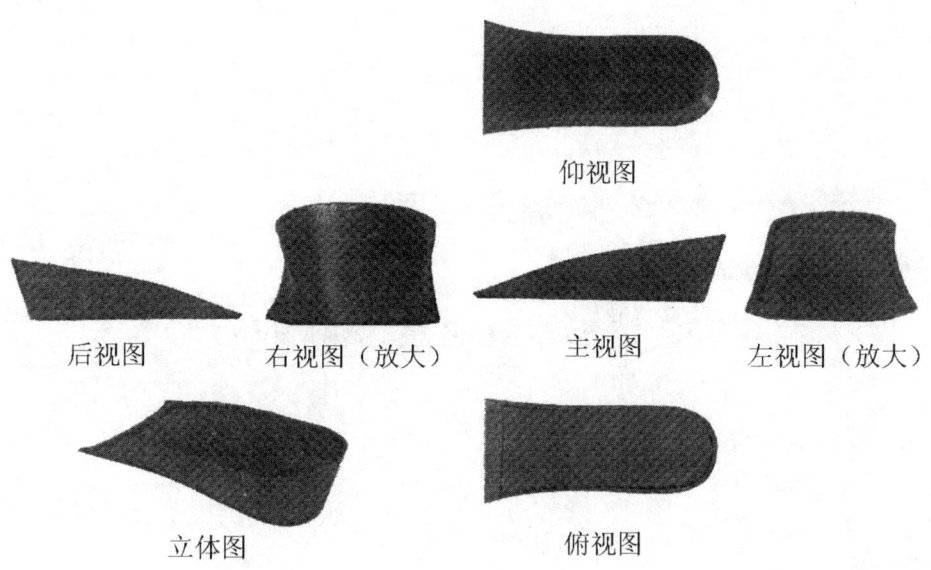

　　　仰视图

后视图　右视图（放大）　主视图　左视图（放大）

立体图　　　俯视图

本专利

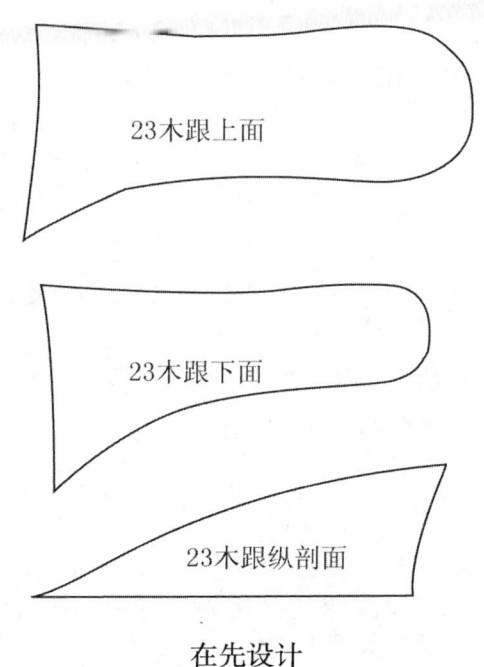

23木跟上面

23木跟下面

23木跟纵剖面

在先设计

土工格室

无效宣告请求审查决定（第 9956 号）

决 定 号	第 9956 号
决 定 日	2007 年 6 月 15 日
发明创造名称	土工格室
外观设计分类号	25-02
无效宣告请求人	常州市鹏腾土工复合材料工程有限公司
专 利 权 人	高 红
专 利 号	200430015426.1
申 请 日	2004 年 3 月 16 日
授权公告日	2004 年 9 月 22 日
合议组组长	吴亚琼
主 审 员	宋鸣镝
参 审 员	冯 涛
法 律 依 据	专利法第 23 条，专利法实施细则第 66 条、第 2 条第 3 款
决 定 要 点	

在某项外观设计专利申请日以前申请并且在该申请日以后公告的实用新型专利不能作为与该外观设计专利进行相同或相近似性对比的在先设计。

一、案由

本无效宣告请求涉及国家知识产权局于 2004 年 9 月 22 日授权公告的、专利号为 200430015426.1、名称为"土工格室"的外观设计专利（下称本专利），其申请日为 2004 年 3 月 16 日，专利权人为高红。

针对上述外观设计专利权，常州市鹏腾土工复合材料工程有限公司（下称请求人）于 2006 年 6 月 12 日向国家知识产权局专利复审委员会提出了无效宣告请求，请求专利复审委员会宣告本专利全部无效。请求宣告无效的理由是：本专利不符合专利法第 23 条以及专利法实施细则第 2 条第 3 款的规定。请求人同时提交了如下附件作为证据：

证据 1：授权公告号为 CN2618951Y、授权公告日为 2004 年 6 月 2 日、申请日为 2003 年 1 月 17 日的中国实用新型专利说明书第 1~4 和 6~7 页的复印件（共 6 页）。

请求人认为：证据 1 公开了一种加筋土工格室，其说明书附图公开了本专利全部内容，本专利的授予不符合专利法的规定，应宣告其全部无效。

经形式审查合格后，专利复审委员会受理了上述无效宣告请求，于2006年6月14日向请求人和专利权人发出了无效宣告请求受理通知书，并将上述专利权无效宣告请求书及其相关文件副本转送给专利权人，要求专利权人在指定期限内进行意见陈述，同时依法成立合议组对本案进行审理。

2006年7月13日，请求人补充提交如下4份证据：

证据2：公开号为CN1441126A、公开日为2003年9月10日的中国发明专利申请公开说明书的复印件；

证据3：授权公告号为CN2325422Y、授权公告日为1999年6月23日的中国实用新型专利说明书的复印件；

证据4：授权公告号为CN2447391Y、授权公告日为2001年9月12日的中国实用新型专利说明书的复印件；

证据5：授权公告号为CN2305431Y、授权公告日为1999年1月27日的中国实用新型专利说明书的复印件。

专利权人于2006年7月28日提交了意见陈述书，专利权人认为，本专利的授予完全符合专利法的规定，请求人所提出的无效宣告请求的理由不能成立，请求维持本专利权全部有效。并提供了检索报告等反证材料以证明其主张。

专利复审委员会于2007年4月20日向双方当事人发出口头审理通知书，定于2007年5月29日在专利复审委员会举行口头审理。

口头审理如期举行，双方当事人均参加了本次口头审理。在口头审理过程中，合议组当庭将请求人于2006年7月13日提交的补充证据转送给专利权人，并当庭告知双方当事人由于请求人提出无效宣告请求的日期为2006年6月12日，上述请求人提交的补充证据已经超出了专利法实施细则及审查指南规定的举证期限，合议组对上述补充证据将不予考虑；合议组当庭将专利权人于2006年7月28日提交的意见陈述书以及相关反证材料转送给请求人，专利权人则表示放弃其于2006年7月28日提交的相关反证材料；专利权人表示对请求人提交的证据1的真实性无异议，但认为证据1的公开日期晚于本专利的申请日，不属于在先设计，同时证据1是实用新型专利，而本专利是外观设计专利，不存在权利之间的冲突；请求人明确其无效宣告请求的理由仅为本专利不符合专利法实施细则第2条第3款的规定，具体为本专利的主视图与立体图的比例不相符，由此导致无法确定本专利的保护范围。双方当事人分别充分发表了意见。

在上述程序的基础上，合议组认为本案事实已经清楚，可以依法作出如下审查决定。

二、决定的理由

1. 证据的认定

证据1为中国实用新型专利文献，属于公开出版物，专利权人对证据1的真实性无异议，且证据1经合议组核实对其真实性予以确认。证据1的授权公告日为2004年6月2日，晚于本专利的申请日2004年3月16日，故证据1不能作为专利法第23条所规定的可以与本专利进行对比的在先设计。

证据2~5的提交日期为2006年7月13日，而请求人提出无效宣告请求的日期为2006年6月12日，上述证据2~5的提交已经超出了专利法实施细则第66条及2001版审查指南第四部分第三章第3.1节规定的举证期限，且合议组在口头审理过程中已经将上述事实告知了双方当事人，故合议组对证据2~5不予考虑。

2. 关于专利法实施细则第2条第3款

专利法实施细则第2条第3款规定：专利法所称外观设计，是指对产品的形状、图案或者其结合以及色彩与形状、图案的结合所作出的富有美感并适于工业应用的新设计。

请求人认为：本专利的主视图与立体图的比例不相符，由此导致无法确定本专利的保护范围，故本专利不符合专利法实施细则第2条第3款的规定。

合议组认为：本专利涉及一种用于固定泥土的土工格室，其由多条具有柔性的栅带组成，相邻的栅带之间通过间距交错排列的结点将它们连结成一个整体，形成具有三维立体结构的网状格室。本专利的主视图照片是水平拍摄的，其中示出了挡住内层栅带的最外层栅带和其上的结点，本专利的立体图照片是与水平方向有一定角度拍摄的，其中示出了该土工格室的整体形状。一般消费者均知晓本专利的主视图照片真实地反映了栅带的实际长宽比例，而立体图照片由于拍摄角度导致其图面上的长宽比例并不能如实反映栅带的实际长宽比例，其只是示出了本专利为四方连续无限定边界的立体产品，故一般消费者根据本专利所给出的主视图和立体图能够理解本专利土工格室的外观形状，由此不会造成本专利的保护范围不清楚或无法实施，故合议组对于请求人所提出的上述主张不予支持。

三、决定

维持200430015426.1号外观设计专利权继续有效。

当事人对本决定不服的，可以根据专利法第46条第2款的规定，自收到本决定之日起三个月内向北京市第一中级人民法院起诉。根据该款的规定，一方当事人起诉后，另一方当事人应当作为第三人参加诉讼。

包装盒（高堂菜脯）

无效宣告请求审查决定（第 9960 号）

决 定 号	第 9960 号
决 定 日	2007 年 6 月 7 日
发明创造名称	包装盒（高堂菜脯）
外观设计分类号	0903
无效宣告请求人	饶平县高堂吴老头食品厂
专 利 权 人	吴育生
申 请 号	200430063938.5
申 请 日	2004 年 8 月 10 日
授权公告日	2005 年 3 月 9 日
合议组组长	冯 涛
主 审 员	陈海平
参 审 员	吴亚琼
法 律 依 据	专利法第 23 条
决 定 要 点	

本专利与在先设计相比从整体上产生了相似的视觉效果，使得一般消费者会将二者的外观设计相混淆，因此本专利与在先设计属于相近似的外观设计。

一、案由

本无效宣告请求涉及的是国家知识产权局于 2005 年 3 月 9 日授权公告的申请号为 200430063938.5 的外观设计专利权，其产品名称是"包装盒（高堂菜脯）"，申请日是 2004 年 8 月 10 日，专利权人是吴育生。

针对上述外观设计专利权（下称本专利），饶平县高堂吴老头食品厂（下称请求人）于 2005 年 6 月 1 日向专利复审委员会提出无效宣告请求，请求人提出的宣告本专利权无效的理由是本专利不符合专利法第 23 条的规定。同时，请求人提交了下述附件作为证据：

附件 1：请求人所使用的包装盒的照片；

附件 2：专利侵权纠纷处理请求书（其附件包括本专利专利证书和专利公报、专利权人的调处请求书、销售收据）、专利执法勘验检查通知书和专利执法案件现场勘验检查登记表、答辩通知书（均为复印件）；

附件 3：汕头市金园区鹏辉印刷厂出具的证明（附委托书、送货单、包装盒图样，均为复印件）；

附件4：机动车身外侧喷涂广告批准书的照片，相关的发票（均为复印件）。

专利复审委员会经形式审查合格后受理了该无效宣告请求，并将请求书及有关证据的副本转送专利权人，限其在指定期限内进行意见陈述；专利权人未针对上述无效宣告请求陈述意见。

2007年4月12日，专利复审委员会向双方当事人发出口头审理通知书，定于2007年5月22日进行口头审理。

口头审理如期举行，请求人的代理人出席了口头审理，专利权人未出席口头审理。口头审理中请求人的代理人当庭出示了附件3、4的原件，认为本专利与附件4中所显示的对应外观设计相近似。

至此，合议组认为本案事实清楚，依法作出本审查决定。

二、决定的理由

（1）根据请求人提出的无效宣告请求的范围、理由和提交的证据，本案合议组依据专利法第23条对本案进行审理。

专利法第23条规定：授予专利权的外观设计，应当同申请日以前在国内外出版物上公开发表过或者国内公开使用过的外观设计不相同和不相近似，并不得与他人在先取得的合法权利相冲突。

（2）请求人提交的附件4中包括一件"机动车身外侧喷涂广告批准书"，请求人在口审时出具了其原件，经合议组核实对其真实性予以确认。该批准书的批准日为2004年7月5日，早于本专利申请日；在该附件的背面印有一喷涂有广告的厢式货车照片，其中绘有一个"高堂菜脯"包装盒。

附件3是汕头市金园区鹏辉印刷厂出具的证明及其附件（附件3在本案口头审理时也出具了相应原件并经核实），其中提供了该厂为请求人印制"高堂菜脯"纸盒（或称"萝卜盒"）的情况的有关证据。

合议组认为：附件3证明请求人在2004年5月已经委托印刷了"高堂菜脯"的包装盒，作好了销售的准备，同时附件4即"机动车身外侧喷涂广告批准书"背面的照片中所摄厢式货车在该"批准书"的批准日（2004年7月5日）前已被喷涂广告，图片所示的一款包装盒与附件3中所示的包装盒基本一致。该厢式货车的所有人为澄海市莲上陆运站，故可以认定该货车具有日常的运营性质。据此，并基于广告本身的展示目的以及厢式货车所执行的日常送货业务，附件3与附件4相互印证，可以证明请求人在本专利申请日前为了销售的目的在送货车上对"高堂菜脯"作广告足以导致广告图片中所示的外观设计处于公众可以得知的状态。

综上所述，上述附件4广告上所绘制的"高堂菜脯"包装盒可以作为本专利的在先外观设计（下称在先设计）。

下面将本专利与在先设计进行以下对比：

本专利的"包装盒"包括其主视图、俯视图与左视图，在申请日提交的"外观设计简要说明"中指出本专利的"后视图与主视图相同"、"右视图与左视图相同"、"仰视图无设计要点"。

其中：

本专利的主（后）视图为横长方形，沿视图外边缘内侧环绕有四角具花饰的装饰性图框，图框内侧的右侧有商品名称、左侧有图形标记，视图中央部分为横长方形的画面，画面中部的图形为放置在碟中的菜脯、背景为菜地和天空；

俯视图为横长方形，其中上下叠置两个同样的狭长横长方形的四角具花饰的装饰性图框；

左（右）视图接近方形，沿视图外边缘内侧环绕有四角具花饰的装饰性图框，图框内侧上部为图形标记，下部为文字说明（详见本专利附图及其简要说明）。

在先设计的"包装盒"为其立体透视图，其形状为一横长方体，其中：

对应于本专利主视图的图面为横长方形，沿视图外边缘内侧环绕有四角具花饰的装饰性图框，图框内侧的右侧有商品名称、左侧有图形标记，中央部分为横长方形的画面，画面中部的图形为放置在碟中的菜脯、背景为菜地和天空；

俯视图与右视图的图面由于该透视图的透视角度近于正视，故不甚清晰（详见在先设计）。

从在先设计中不能看到对应于本专利后视图、左视图、仰视图的图面；但是，在通常情况下，此类包装盒其后视图均与主视图相同、左视图均与右视图相同、仰视图均不设计图面。

综上所述，虽然从在先设计中只能看清相当于本专利的主（后）视图的图面的外观，但就此类包装盒产品来说，其主（后）视图以外的视图属于在包装盒使用状态下不会被一般消费者关注的部位，其设计的变化也不会对产品的整体视觉产生显著的影响，故不影响对本专利与外观设计进行整体观察、综合判断。

将本专利与在先设计相比较，二者均为"包装盒"，其形状基本相同，总体的图形与文字布局基本相同，所形成外观整体风格相近似。合议组认为：本专利与在先设计从整体上产生了相似的视觉效果，一般消费者会将二者的外观设计相混淆。根据整体观察、综合判断的判断原则，本专利与在先设计所示"包装盒"为相近似的外观设计。

（3）由于在本专利申请日前已经有与其相近似的包装盒外观设计被公开，因此本专利不符合专利法第23条的规定。

三、决定

宣告200430063938.3号外观设计专利权无效。

当事人对本决定不服的，可以根据专利法第46条第2款的规定，自收到本决定之日起三个月内向北京市第一中级人民法院起诉。根据该款的规定，一方当事人起诉后，另一方当事人应当作为第三人参加诉讼。

电壁炉

无效宣告请求审查决定（第9961号）

决 定 号	第9961号
决 定 日	2007年6月13日
发明创造名称	电壁炉
外观设计分类号	23-03
无效宣告请求人	北京通路宝商贸有限公司
专 利 权 人	上海宝路通电器有限公司
申 请 号	01345394.7
申 请 日	2001年10月25日
授权公告日	2002年4月17日
合议组组长	吴亚琼
主 审 员	陈海平
参 审 员	祁轶军
法 律 依 据	专利法第9条
决 定 要 点	

在外观设计专利与同类产品的在先外观设计之间仅存在有局部差异时，如果该局部差异不足以使普通消费者根据两者的整体形状从视觉上清楚地将两者区别开来，则二者属于相近似的外观设计。

一、案由

本无效宣告请求涉及的是国家知识产权局于2002年4月17日授权公告的、名称为"电壁炉"的外观设计专利，其申请号是01345394.7，申请日是2001年10月25日。专利权人是上海宝路通电器有限公司。

针对上述专利权（下称本专利），北京通路宝商贸有限公司（下称请求人）于2005年11月24日以本专利不符合专利法第23条的规定为无效宣告请求的理由向专利复审委员会提出无效宣告请求，请求人同时提交了下述证据：

证据1：外观设计专利号为CN00313905.0的公告文件复印件，公告日为2000年12月27日；

证据2：外观设计专利为CN01344430.1的公告文件复印件，申请日为2001年9月13日、公告日为2002年4月10日。

经形式审查合格后，专利复审委员会受理了该无效宣告请求，并将请求书及相关附件转送给专利权人，要求其在指定期限内答复，同时成立合议组对本案进行审理。

专利权人于 2006 年 1 月 6 日针对上述无效宣告请求提交意见陈述书，专利权人认为本专利与上述证据存在着明显不同，如：证据 1 与本专利相比"壁炉腔的视窗位置不同"、"雕花设计不同"；证据 2 与本专利相比"整体形状截然不同"、"图案设计不同"，本专利没有证据 2 中的"滑轮"。所以证据 1 或 2 与本专利都不是相近似的外观设计。

请求人于 2005 年 12 月 9 日提交了一份补充证据：

补充证据：外观设计专利 CN01344439.5，申请日为 2001 年 9 月 13 日、公告日为 2002 年 4 月 10 日。

请求人认为该补充证据公开了本专利的外观设计，本专利不符合专利法第 23 条的规定。

专利复审委员会本案合议组于 2006 年 9 月 21 日向双方当事人发出了口头审理通知书，通知双方当事人参加在专利复审委员会举行的口头审理，同时将上述专利权人所提交的意见陈述书转送给请求人，上述请求人所提交的补充证据转送给专利权人。

口头审理原定于 2006 年 11 月 17 日举行，后延期至 2007 年 1 月 22 日举行，请求人出席了口头审理，专利权人未出席口头审理。

请求人补充了专利法第 9 条作为无效理由，请求人认为其所提交的证据 1 适用于其所提出的专利法第 23 条的无效理由，对比文件 2、3 适用于其所提出的专利法第 9 条的无效理由。

合议组于 2007 年 1 月 24 日向双方当事人发出无效宣告请求审查通知书，要求专利权人在指定期限内针对请求人所补充的专利法第 9 条的无效理由进行答复。专利权人在指定期限内未提交答复意见。

在上述程序的基础上，合议组依法作出下述决定。

二、决定的理由

（1）合议组采用请求人所提交的补充证据即外观设计专利 CN01344439.5 作为本案的对比文件。请求人认为该证据所适用的法律条款为专利法第 9 条。

专利法第 9 条规定：两个以上的申请人分别就同样的发明创造申请专利的，专利权授予最先申请的人。

上述外观设计专利 CN01344439.5（下称对比文件）的真实性经合议组核实无误。对比文件公开的外观设计产品名称为"壁炉"（从所公开图片上看也是一种电壁炉），与本专利的产品属于同类产品，其申请日为 2001 年 9 月 13 日，在本专利申请日（2001 年 10 月 25 日）以前，申请人为应剑强。因此，对比文件适用于专利法第 9 条。

（2）本专利与对比文件之间的对比：

本专利以六面视图（主视图、后视图、左视图、右视图、俯视图、仰视图）与立体图的形式显示了一种电壁炉的外观，其中：

主视图显示该电壁炉的正面，其外廓为近似于方形的横长方形，该横长方形中部偏上有横长方形炉口，中部下方有狭横长方形格栅，炉口上方有一带花形装饰的横额，两侧有贯通上下的柱形饰条。

左右视图对称，显示该电壁炉的侧面，其轮廓略呈立长方形，但炉面部分向上伸出。

俯视图与仰视图形状接近，分别显示该电壁炉的顶、底面，其中炉面部分横向狭长，炉体部分为横长方形与梯形的组合形。

后视图显示该电壁炉的背面，其外廓为近似于方形的横长方形（详见本专利）。

对比文件以三面视图（主视图、左视图、俯视图）与使用状态参考图（在"简要说明"中指出其中"右视图与左视图对称，省略右视图"）显示了一种电壁炉的外观，其中：

主视图为该电壁炉的正面视图，其外廓为近似于方形的横长方形，该横长方形中部偏上有横长方形炉口，中部下方有狭横长方形格栅，炉口上方有一带花形装饰的横额，两侧有贯通上下的柱形体。

左右视图对称，显示该电壁炉的侧面，可见壁炉侧面轮廓基本为立长方形，下沿两侧可见柱脚。

俯视图显示该电壁炉的顶面，其轮廓基本呈横长方形（详见对比文件）。

虽然在对比文件中没有出现对应于本专利的仰、后视图的视图，但是上述视图所反映的电壁炉的底面与后面属于在电壁炉使用状态下不会被一般消费者关注的部位，其设计的变化也不会对产品的整体视觉产生显著的影响，故不影响对二者进行整体观察、综合判断。

将本专利与对比文件对比可以看出，两者的电壁炉之间的整体视觉效果是基本相同的。虽然本专利与对比文件的电壁炉在外观上存在有一些细部差别，例如本专利相对于对比文件中没有柱脚、从侧面看炉面向上伸出等。但是，根据整体观察、综合判断的原则，两者的整体外观形状轮廓是基本相同的，两者间所存在的一些局部细节差别对于壁炉的整体视觉形状和风格来说相对较为细微，不足以使普通消费者产生明显不同的视觉效果而将两者认定为具有显著不同款式的产品。

综上所述，本专利与对比文件属于相近似的外观设计，按照审查指南第一部分第三章第 6.5.1 节及第四部分第五章的规定，两者属于"同样的发明创造"，故本专利依据专利法第 9 条不能被授予专利权。

三、决定

宣告 01345394.7 号外观设计专利权无效。

当事人对本决定不服的，可以根据专利法第 46 条第 2 款的规定，自收到本决定之日起三个月内向北京市第一中级人民法院起诉。根据该款规定，一方当事人起诉后，另一方当事人应当作为第三人参加诉讼。

轮胎（HN308）

无效宣告请求审查决定（第9963号）

决 定 号	第9963号
决 定 日	2007年6月18日
发明创造名称	轮胎（HN308）
外观设计分类号	12-15
无效宣告请求人	米其林沈阳轮胎有限公司
专 利 权 人	米其林（中国）投资有限公司
专 利 号	200430067106.0
申 请 日	2004年10月12日
授权公告日	2005年5月18日
合议组组长	张雪飞
主 审 员	徐清平
参 审 员	吴赤兵
附 图	1页

法律依据 专利法第23条

决定要点

本专利与在先设计在整体形状上均采用基本相同的惯常环形轮胎造型，其显著视觉效果在于胎面纹理设计，二者单元纹理在整体上相近似，且其排列方式、列数、比例关系基本相同，由此形成的胎面纹理整体视觉效果相近似，因此二者属于相近似的外观设计。本专利与其申请日前美国专利公告的轮胎外观设计相近似，因此，本专利不符合专利法第23条的规定。

一、案由

本无效宣告请求涉及的是国家知识产权局于2005年5月18日授权公告的200430067106.0号外观设计专利，使用该外观设计的产品名称为"轮胎（HN308）"，申请日是2004年10月12日，专利权人原为风神轮胎股份有限公司，之后变更为米其林（中国）投资有限公司。

针对上述专利权（下称本专利），米其林沈阳轮胎有限公司（下称请求人）于2006年4月29日向专利复审委员会提出无效宣告请求，其依据的事实和理由是：本专利与其申请日前美国外观设计公报公开的一种汽车轮胎外观设计完全相同，并将二者进行了详细对比，据此认为本专利不符合专利法第23条的规定。请求人同时提交了如下附件作为证据：

附件1：美国Des.379607号外观设计专利公报复印件及其中文译文共4页；

附件2：本专利公报复印件1页。

专利复审委员会经形式审查合格受理了该无效宣告请求，并于2006年6月14日将无效宣告请求书及其附件的副本转送给专利权人，要求其在指定期限内陈述意见。

2006年7月29日专利权人提交了意见陈述书，专利权人认为：请求人提交的附件1所示外观设计与本专利不相同且不相近似。首先，二者轮胎图案虽都是不规则四边形，但本专利图案中胎面中部四边形的幅度与附件1中的图案不同；其次，本专利胎面两侧部分的纵向花纹图案与附件1中的两侧面花纹图案不同；并且二者花纹及组成花纹的各花块布局和比例关系不同。因此应维持本专利有效。

2006年8月31日请求人提交了意见陈述，称请求人和专利权人正在和解谈判中，请求暂缓审理本案，并附双方盖章的暂缓审理请求书复印件。

专利复审委员会成立合议组对本案进行审理，于2007年5月8日分别向请求人和专利权人发出合议组成员告知通知书，同时告知双方自收到该通知之日起7天时间作为和解期限，期满未达成和解的，不影响合议组作出审查决定。

双方均未对合议组成员提出回避请求，亦未达成和解而撤回无效宣告请求。

合议组经合议，认为本案事实清楚，依法作出本审查决定。

二、决定的理由

1. 法律依据

基于请求人提出无效宣告请求所依据的事实和理由，合议组对本专利是否符合专利法第23条的规定进行审查。

专利法第23条规定：授予专利权的外观设计，应当同申请日以前在国内外出版物上公开发表过或者国内公开使用过的外观设计不相同和不相近似，并不得与他人在先取得的合法权利相冲突。

2. 证据认定

请求人提交的作为证据的附件1是美国Des.379607号外观设计专利公报复印件及其中文译文，所示专利公告日为1997年6月3日，外观设计产品名称为"轮胎面"，经合议组核实，该复印件所示内容属实，其公告日在本专利申请日之前，确系本专利申请日之前公开发表的外观设计（下称在先设计），可作为判断本专利是否符合专利法第23条规定的证据。

3. 外观设计对比

在先设计为"轮胎面"的外观设计，与本专利使用外观设计的产品种类相同，故对二者外观设计作如下对比：

本专利所示轮胎整体形状同常见环形轮胎，其胎面中部为三列由不规则四边形单元连续排列形成的纹理，其中左右两列四边形单元纹理相同，中间列四边形单元纹理与左右列对称，单元纹理之间及各列之间有较深的沟槽；胎面两侧还各有一列由不规则四边形单元连续排列形成的纹理，其单元纹理的短边略呈"S"形，单元纹理之间有较浅的沟槽（详见本专利附图）。

在先设计所示轮胎整体形状同常见环形轮胎，其胎面中部为三列由不规则四边形单元连续排列形成的纹理，其中左右两列四边形单元纹理相同，中间列四边形单元图案与左右列对称，单元纹理之间及各列之间有较深的沟槽；胎面两侧还各有一列由不规则四边形单元连续排列形成的纹理，其单元纹理的短边略呈"S"形，单元纹理之间有较浅的沟槽（详见在先设计附图）。

将本专利与在先设计相比较，二者轮胎面的单元纹理略有不同，在先设计沟槽宽度较本专利略宽，除此之外二者单元纹理的连续排列方式、列数、比例关系基本相同。合议组认为，本专利与在先设计在整体形状上均采用基本相同的惯常环形轮胎造型，其显著视觉效果在于胎面纹理设计，二者在单元纹理、沟槽宽度上虽有不同，但其不同仅为极细微差异，在整体视觉效果中难以引起一般消费者注意，而二者单元纹理在整体上相近似，且其排列方式、列数、比例关系基本相同，由此形成的胎面纹理整体视觉效果相近似，容易导致一般消费者误认、混同，因此二者属于相近似的外观设计。

综上所述，本专利与其申请日前美国专利公告的轮胎外观设计相近似，因此，本专利不符合专利法第23条的规定。

三、决定

宣告200430067106.0号外观设计专利权全部无效。

当事人对本决定不服的，可以根据专利法第46条第2款的规定，自收到本决定之日起三个月内向北京市第一中级人民法院起诉。根据该款的规定，一方当事人起诉后，另一方当事人应当作为第三人参加诉讼。

主视图

左视图

立体图

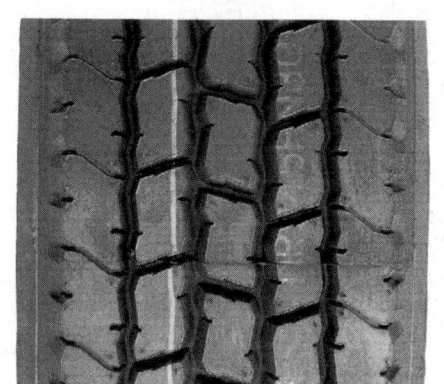
轮胎花纹局部放大图

本专利

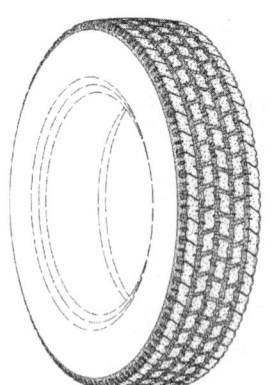

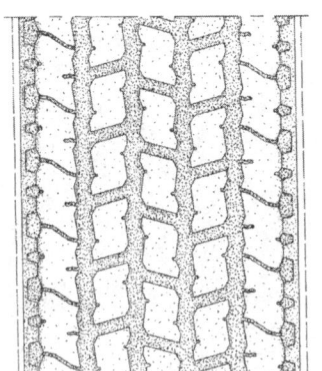

在先设计

按摩器（RT-Q008）

无效宣告请求审查决定（第9967号）

决 定 号	第9967号
决 定 日	2007年6月10日
发明创造名称	按摩器（RT-Q008）
外观设计分类号	28-03
无效宣告请求人	松下电工株式会社
专 利 权 人	林光荣
申 请 号	200330106822.0
申 请 日	2003年10月8日
授权公告日	2004年4月21日
合议组组长	崔国振
主 审 员	吴红权
参 审 员	刘亚
附 图	1页
法 律 依 据	专利法第23条

决 定 要 点

对于要求保护形状的外观设计产品而言，如果其与在先设计产品的整体形状、各部分布局及各部分的形状基本相同，则二者之间的局部不同之处对该产品外观设计的整体视觉效果不具有显著影响，属于相近似的外观设计。

一、案由

本无效宣告请求涉及国家知识产权局于2004年4月21日授权公告的、名称为"按摩器（RT-Q008）"的第200330106822.0号外观设计专利（下称本专利），其申请日为2003年10月8日，专利权人是林光荣。

针对上述专利权，松下电工株式会社（下称请求人）于2006年4月27日向专利复审委员会提出无效宣告请求，其理由是：本专利不符合专利法第23条的规定，并提交了如下证据：

证据1：新商品情报 脚按摩器EP1500脚美容广告宣传册，公开日为2003年2月，复印件共3页，以及由松下电工株式会社董事长畑中浩一出具的宣誓书、由大阪法务局公证人堀川和男出具的2005年第264号公证书、由日本大阪法务所出具的第264-2005号公证证明书、由日本外务省出具的总第1144号证明和由中国驻大阪总领事馆出具的（2005）阪领认字第0001228号认证书及其中文译文，复印件；

证据 2：生活的空间 情趣 2003 年 春（夏号广告宣传册，公开日为 2003 年 6 月，复印件共 3 页，以及由松下电工株式会社董事长畑中浩一出具的宣誓书、由大阪法务所所属公证人堀川和男出具的 2005 年第 270 号公证书、由日本大阪法务所出具的第 270-2005 号公证证明书、由日本外务省出具的总第 1150 号证明和由中国驻大阪总领事馆出具的（2005）阪领认字第 0001222 号认证书及其中文译文，复印件；

证据 3：日本"意匠登录第 1192748 号"外观设计专利公告文本，公告日为 2003 年 12 月 22 日，复印件共 4 页。

请求人认为：本专利的外观设计与申请日以前的国外公开出版物公开发表的证据 1 和证据 2 所展示产品的外观设计相近似，其中证据 3 是请求人在日本申请的专利，证据 1 和证据 2 是该专利产品。

经形式审查合格后，专利复审委员会受理了上述无效宣告请求，于 2006 年 6 月 14 日向双方当事人发出了《无效宣告请求受理通知书》，并将《专利权无效宣告请求书》及其附件清单中所列附件的副本转送给专利权人，要求其在指定的期限内答复，同时成立合议组对本无效宣告请求案进行审理。

专利权人在指定期限内没有答复。

2006 年 9 月 7 日，本案合议组向双方当事人发出《无效宣告请求口头审理通知书》，拟定于 2006 年 11 月 1 日对本案举行口头审理。

口头审理如期举行。请求人的代理人参加了口头审理，合议组在专利权人没有出庭的情况下就本无效宣告请求案进行了庭审调查。在口头审理过程中，请求人当庭出示了证据 1 和证据 2 的原件，合议组就本案的无效理由及证据逐一进行了调查，当事人充分陈述了意见并在庭审中确认了以下事项：（1）请求人放弃证据 3 作为证据使用；（2）请求人确认无效宣告理由为本专利不符合专利法第 23 条的规定；（3）请求人认为证据 1 和证据 2 中的产品型号相同，两者是相同的产品。

2006 年 11 月 14 日，请求人提交了意见陈述书，认为证据 1 和证据 2 都是同一种型号产品，都是 EP1500，只用一个证据来对比即可。请求认还提供了第 8765 号和第 8766 号无效宣告请求审查决定作为参考。

至此，合议组认为本案的事实已经调查清楚，可以依法作出审查决定。

二、决定的理由

1. 关于无效理由和法律依据

请求人提出无效宣告请求的理由是本专利不符合专利法第 23 条的规定。

专利法第 23 条规定：授予专利权的外观设计，应当同申请日以前在国内外出版物上公开发表过或者国内公开使用过的外观设计不相同和不相近似，并不得与他人在先取得的合法权利相冲突。

2. 关于证据

请求人提交的证据 2 是松下电工株式会社的产品广告宣传册《生活的空间 情趣 2003 年 春（夏号）》以及对其所作的相关公证、认证书复印件及其中文译文，该公证、认证书的内容是，松下电工株式会社董事长畑中浩一宣誓证明所附文件"《生活的空间 情趣 2003 年 春（夏号）》"是由新星印刷有限公司在 2003 年 6 月发行，日本大阪法务所公证人证明有关委托人宣誓证明畑中浩一签字属实，并有日本外务省、大阪法务局及所属官员签章、签字分别证明有关公证人权限及印章属实，中国驻大阪总领事馆及领事盖章、签字认证前述日本外务省和该省官员签字、印章属实。

请求人当庭提交了该产品广告宣传册、宣誓证明和相关公证、认证的原件。专利权人在指定的答复期内没有对该证据的真实性提出异议，合议组经核查，（1）证据 2 是印有松下电工株式会社许多产品图案的一本装订成册的产品广告宣传册，其上记载的图案不仅仅是脚按摩器，还有许多其他小家电；（2）证据2的封面上印有"2003年春（夏号"和"2003年6月现在"字样，其封面和封底印有"平成15年6月现在"字样（平成15年即公元2003年），该产品宣传册上记载的日期与以宣誓方式证明该产品宣传册的公开日期是一致的；（3）专利权人没有参加口头审理并且也没有以书面形式对证据2的真实性提出任何异议；因此，合议组对证据2的真实性予以认可，并由此认定该广告宣传册的公开日期为2003年6月，属于本专利申请日之前的公开出版物，可作为本案的有效证据使用。

3. 相近似比较

对于要求保护形状的外观设计产品而言，如果其与在先设计产品的整体形状、各部分布局及各部分的形状基本相同，则二者之间的局部不同之处对该产品外观设计的整体视觉效果不具有显著影响，属于相近似的外观设计。

本专利所示按摩器外观设计为一盆型设计，按摩器前上部有一弧形的罩，按摩器中部为向上凸出的操作台，操作台表面为一个长条的组合按钮，按钮形状为方形，该操作台将按摩器空间一分为二，形成可以容置左右两只脚的空间，按摩器两边为挡板，挡板的外延形成台阶状；从仰、俯视图看，按摩器上部为两个方形的凹部，中部两边为凸台，底部为收缩的底盘；从左、右视图看，前述的台阶状是从按摩器的前向后下斜的方向延伸（参见本专利附图）。

证据2中显示的图片为脚按摩器，从所显示的两个角度看，按摩器外观设计为一个盆型，前上部有一弧形的罩，按摩器中部为向上凸出的操作台，操作台的表面为一个长条的组合按钮，按钮形状为圆形，该操作台将按摩器空间一份为二，形成可以容置左右两只脚的空间，按摩器两边为挡板，挡板的外延形成台阶状，按摩器后部的上部为两个方形的凹部，前述的台阶状是从按摩器的前向后下斜的方向延伸，由于角度的原因，无法看到按摩器的底部（参见证据2附图）。

证据2为脚按摩器，与本专利的产品类别相同，因此可以作为本专利的在先设计。由上面的描述可知，本专利与在先设计两者的整体盆型，左右容置脚的空间，操作台的位置，左右的挡板（包括台阶状外延），前上部的弧形的罩基本相同。本专利与在先设计的主要不同之处在于：（1）操作台的按钮形状不同，本专利为方形，而在先设计为圆形；（2）本专利可以见到底盘，在先设计由于角度的原因无法见到底盘。合议组认为，区别（1）为局部的细节差异，该区别对两者的整体视觉效果影响甚微；关于区别（2），在先设计虽未公开脚按摩器底盘，但底盘是在使用状态下不会被一般消费者关注的部位，该相应部位的设计的变化也不会对产品的整体视觉效果产生显著影响，此外，本专利在外观设计简要说明中也强调了后视图为不经常看到部分，因此在本专利中省略后视图。因此，上述区别对产品外观设计的整体视觉效果不构成显著影响，故本专利和在先设计属于相近似的外观设计，本专利不符合专利法第23条的规定。

鉴于根据证据2已经得出本专利不符合专利法第23条规定的结论，故合议组对请求人提交的其他证据不作进一步评述。根据上述事实和理由，合议组作出如下审查决定。

三、决定

宣告200330106822.0号外观设计专利权无效。

当事人对本决定不服的，可以根据专利法第46条第2款的规定，自收到本决定之日起三个月内向北京市第一中级人民法院起诉。根据该款的规定，一方当事人起诉后，另一方当事人应当作为第三人参加诉讼。

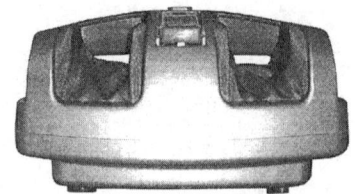
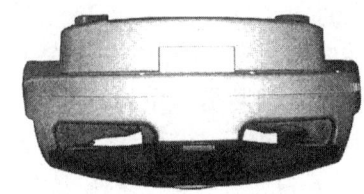

仰视图　　　　　　　俯视图

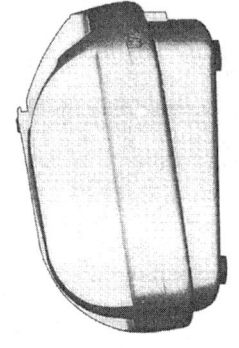 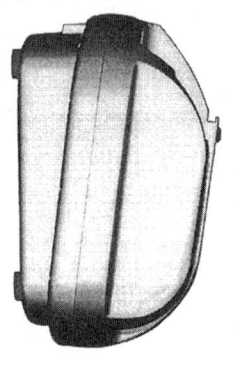 

右视图　　　　左视图　　　　主视图

 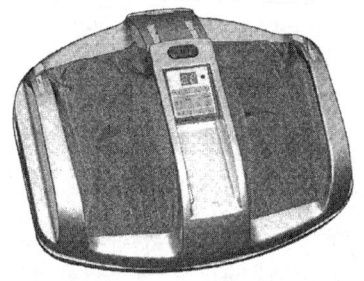

立体图　　　　　使用状态参考图

本专利附图

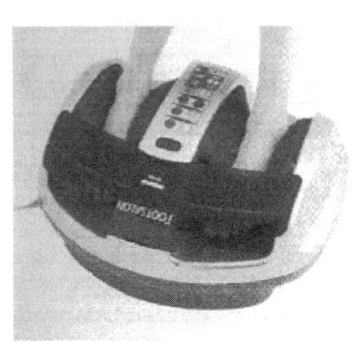

证据2附图

石膏板封头纸

无效宣告请求审查决定（第9969号）

决 定 号	第9969号
决 定 日	2007年6月11日
发明创造名称	石膏板封头纸
国际分类号	19-08
无效宣告请求人	上海市汇业律师事务所
专 利 权 人	王立周
专 利 号	200430110119.1
申 请 日	2004年12月2日
授权公告日	2005年6月29日
合议组组长	宋鸣镝
主 审 员	路传亮
参 审 员	周晓军
法律依据	专利法第23条

决定要点

根据民事诉讼法有关单位出具的证明文书的相关规定，有关单位出具的证明文书，应由单位负责人签名或者盖章，并加盖单位印章。若由单位出具的证明文书缺少单位负责人的签名或盖章，除有其他证据予以佐证外，一般不应予以采信。

一、案由

本无效宣告请求涉及专利号为200430110119.1、名称为"石膏板封头纸"的外观设计专利，该专利的申请日为2004年12月2日，授权公告日为2005年6月29日，专利权人为王立周。

针对上述专利权（下称被比外观设计），上海市汇业律师事务所（下称请求人）于2005年10月12日向国家知识产权局专利复审委员会提出无效宣告请求，其理由是本专利不符合专利法第23条的规定，并同时提交了如下证据：

证据1-1：上海法拉基公司的生产供应商上海鹿达胶粘带制品有限公司出具的证明材料原件，共1页；

证据1-2：上海鹿达胶粘带制品有限公司的企业法人营业执照的复印件，共1页；

证据1-3：盖有上海鹿达胶粘带制品有限公司公章的增值税专用发票的复印件，共4页；

证据2-1：上海法拉基公司的授权经销商上海源胜实业有限公司出具的证明材料原件，共1页；

证据2-2：上海源胜实业有限公司的企业法人营业执照的复印件，共1页；

证据2-3：盖有上海源胜实业有限公司公章的增值税专用发票，共7页；

证据3-1：上海法拉基公司的授权经销商上海华锡商务有限公司出具的证明材料原件，共1页；

证据3-2：上海华锡商务有限公司的企业法人营业执照的复印件，共1页；

证据3-3：盖有上海华锡商务有限公司公章的增值税专用发票的复印件，共2页；

证据4：上海市建筑材料行业协会出具的关于上海法拉基石膏建材有限公司在先使用"石膏包边纸"的证明材料原件，共1页。

请求人认为上述四组证据均能证明上海法拉基公司早在1998年就已经使用这种在图案、颜色及其排列组合上与被比外观设计均十分相似的包边纸，故认为被比外观设计已被在先使用，不符合专利法第23条的规定。

经形式审查合格后，专利复审委员会受理了该无效宣告请求案，于2006年6月23日向双方当事人发出了无效宣告请求受理通知书，将专利权无效宣告请求书及其附件副本转送给专利权人，并要求专利权人在指定的期限内陈述意见，同时成立合议组对本无效宣告请求案进行审理。

专利权人在指定的期限内没有进行意见陈述。

专利复审委员会本案合议组于2007年3月14日向请求人及专利权人发出了口头审理通知书，定于2007年4月23日在专利复审委员会举行口头审理。

口头审理如期举行，仅请求人一方到庭参加口头审理。在口头审理的过程中，请求人明确其无效理由是本专利不符合专利法第23条的规定。请求人未能提供所有企业法人营业执照及销售发票的原件。

在上述工作的基础上，本案合议组经过合议，认为本案的事实已经清楚，可以作出审查决定。

二、决定的理由

专利法第23条规定：授予专利权的外观设计，应当同申请日以前在国内外出版物上公开发表过或者国内公开使用过的外观设计不相同和不相近似，并不得与他人在先取得的合法权利相冲突。

请求人提交的证据1-1、证据2-1、证据3-1、证据4均是相关法人单位出具的证明材料。而证据1-2、证据2-2、证据3-2均为相关法人的营业执照的复印件。其中证据1-1、证据2-1、证据3-1、证据4均属于法人单位出具证明文书，目的是为了证明在被比外观设计的申请日之前已经在先购买或者销售过与被比外观设计相类似的产品。

对此，合议组认为，首先，请求人提交的证据1-2、证据2-2、证据3-2均为相关企业法人的营业执照的复印件，请求人没有提供原件，合议组对证据1-2、证据2-2、证据3-2的真实性无法确认，不能作为定案的依据；其次，根据民事诉讼法有关单位出具的证明文书的相关规定，有关单位出具的证明文书，应由单位负责人签名或者盖章，并加盖单位印章，请求人出具的证据1-1、证据2-1、证据3-1、证据4均是仅有相关单位的签章，没有相关单位负责人的签名或者签章，且相关单位的负责人也未出庭作证，在没有其他证据予以佐证的情况下，合议组对该组证据不予采信。证据1-3、证据2-3、证据3-3分别是相关企业法人单位出具的增值税专用发票的复印件，请求人提供的上述证据均是仅仅加盖了相关企业法人单位的公章，没有提供它们的原件，合议组认为仅凭其上加盖的相关企业单位印章而没有其他证据予以佐证的情况下，这些证据真实性无法确认，而且仅根据上述发票上所显示的商品名称和规格也无法确认其对应的产品是否与本专利一致，故合议组认为证据1-3、证据2-3、证据3-3与其他证据之间不具有关联性，上述证据不能形成完整的证据链来证明与本专利技术方案相同的产品已于本专利申请日之前公开使用。

综上所述，合议组认为基于请求人目前提供的证据尚不足以证明被比外观设计不符合专利法第

23条的规定。

三、决定

维持200430110119.1号外观设计专利有效。

若当事人对本决定不服，可以根据专利法第46条第2款的规定，自收到本决定之日起三个月内向北京市第一中级人民法院起诉。根据该款的规定，一方当事人起诉后，另一方当事人应当作为第三人参加诉讼。

罐贴（红毛丹水果罐）

无效宣告请求审查决定（第 9970 号）

决 定 号	第 9970 号
决 定 日	2007 年 6 月 1 日
发明创造名称	罐贴（红毛丹水果罐）
外观设计分类号	19-08
无效宣告请求人	汕头市铭骏贸易有限公司
专 利 权 人	南宁顺鸿贸易有限责任公司
专 利 号	02327120.5
申 请 日	2002 年 3 月 20 日
授权公告日	2002 年 9 月 18 日
合议组组长	徐清平
主 审 员	张家祥
参 审 员	任晓兰
法 律 依 据	专利法第 23 条

决 定 要 点

对于经过公证认证的域外证据，如果所公证内容的真实性无从考证，即使其在形式上是真实的，也不能认可该证据的真实性。

一、案由

本无效宣告请求案涉及国家知识产权局于 2002 年 9 月 18 日授权公告的、名称为"罐贴（红毛丹水果罐）"的第 02327120.5 号外观设计专利（下称本专利），其申请日为 2002 年 3 月 20 日，专利权人为南宁顺鸿贸易有限责任公司。

针对上述专利权，汕头市铭骏贸易有限公司（下称请求人）于 2006 年 4 月 11 日向专利复审委员会提出无效宣告请求，认为本专利的外观设计在申请日前已经被出版物公开并且已经在国内公开使用，因此不符合专利法第 23 条的规定，同时提交了下述附件作为证据：

附件 1：泰国外交部出具的第 239580 号公证书、该公证书的中文译文和中华人民共和国驻泰王国大使馆出具的（2005）泰认字第 0001167 号认证书，复印件，共 4 页；

附件 2：泰国外交部出具的第 239583 号公证书、该公证书的中文译文和中华人民共和国驻泰王国大使馆出具的（2005）泰认字第0001166号认证书，复印件，共5页；

附件3：泰国外交部出具的第239586号公证书、该公证书的中文译文和中华人民共和国驻泰王国大使馆出具的（2005）泰认字第0001165号认证书，复印件，共25页；

附件4：泰国外交部出具的第239585号公证书、该公证书的中文译文和中华人民共和国驻泰王国大使馆出具的（2005）泰认字第0001164号认证书，复印件，共22页；

附件5：泰国外交部出具的第239581号公证书、该公证书的中文译文和中华人民共和国驻泰王国大使馆出具的（2005）泰认字第0001168号认证书，复印件，共11页；

附件6：汕头经济特区南峰集团食品公司就破损的红毛丹罐头请求保险赔偿的相关文件及部分中文译文复印件，共27页；

附件7：泰国蔡宝成兴良罐头厂就红毛丹罐头的托运单（托运单号为211109494）、泰国蔡宝成兴良罐头厂出具的发票和装箱单（发票号为98/010）、WLS集装箱船运公司海运提单（提单号为WSH-99079）、泰国METROPOLE保险公司的海运货物保险单（单号为980001/C001005213）及其中文译文，复印件，共20页；

附件8：泰国蔡宝成兴良罐头厂出具的发票和装箱单三份（发票号分别为95/007、93/002和96/006）、泰国METROPOLE保险公司的海运货物保险单（单号为95-09-489C和96-06-3804）、泰国公共卫生部商业疾病管理署出具的果类、食品、蔬菜检疫证明书两份（文件编号分别为0409/3056和0409/1791）、汇票（编号为93/002）、SEA TAINER海运公司海运提单（提单号为900520）、WORLDLINK船运公司海运提单（提单号为WSH-015）及其中文译文，复印件，共28页。

经形式审查合格后，专利复审委员会受理了上述请求，于2006年5月24日向双方当事人发出《无效宣告请求受理通知书》，并将《专利权无效宣告请求书》及其附件的副本转送给专利权人，要求其在指定的期限内答复，同时成立合议组对本无效请求案进行审理。

2006年4月30日，请求人补交了下述附件作为证据：

附件9：托运单（托运单号为211109497）、泰国蔡宝成兴良罐头厂的发票和装箱单（发票号为99/005）、WLS集装箱船运公司海运提单（提单号为WSH-99079）、泰国METROPOLE保险公司的海运货物保险单（单号为990001/C001006399）及其中文译文，复印件，共21页；

附件10：罗泽伟出具的声明书，复印件，共1页；

附件11：中华人民共和国广东省汕头市公证处出具的（2006）汕市证内字第506号公证书，复印件，共3页；

附件12：中华人民共和国广东省汕头市公证处出具的（2006）汕市证内字第507号公证书，复印件，共3页；

专利权人于2006年7月7日针对《无效宣告请求受理通知书》作出答复，认为请求人所提供的附件1~4和6~8都是文字上的证明、证书、公告、请求赔偿的文件、托运单和出口到中国的单据，而没有出示过与本专利相关的照片或图片；附件5虽然示出了相应的商标标签，但商标标签与外观设计专利的保护范围是不同的，且该标签与文字证明是分别印制的，与所提供的相关证明无明确的对应关系，另外，没有证据证明该商标标签在中国境内公开使用过。因此，请求人的无效理由不成立。

2006年11月24日，合议组将专利权人的上述答复转送给请求人，要求其在壹个月内陈述意见。同时，将请求人于2006年4月30日提交的意见陈述书及其附件转送给专利权人。

2007年1月5日，请求人针对专利权人的答复提交了意见陈述书，认为请求人的各证据是相互关联的，形成了一个完整的证据链，足以证明本专利的外观设计在申请日前已经被公开，并且专利权人的理由没有证据支持，属主观猜测。

2007年1月18日，本案合议组向双方当事人发出《无效宣告请求口头审理通知书》，定于2007年3月21日对该专利权的无效请求进行口头审理。

2007年3月21日，口头审理如期进行，双方当事人均委托代理人出席了口头审理。本案合议组对请求人提出的无效理由和证据逐一进行了调查，双方当事人充分陈述了各自的意见。庭审过程中，（1）请求人提交了附件1~5的原件，专利权人对所示公证书本身的真实性以及中文译文的准确性没有异议，但对其中所涉及内容的真实性有异议，认为不能证明请求人所主张的事实；（2）请求人放弃了附件6~12。

至此，合议组认为本案的事实清楚，可以作出审查决定。

二、决定的理由

1. 法律依据

专利法第23条规定：授予专利权的外观设计，应当同申请日以前在国内外出版物上公开发表过或者国内公开使用过的外观设计不相同和不相近似，并不得与他人在先取得的合法权利相冲突。

2. 证据认定

附件1~5均是泰国外交部出具的公证书、公证书的中文译文以及中华人民共和国驻泰王国大使馆出具的认证书，请求人当庭提交了附件1~5的原件，专利权人对上述附件本身的真实性没有异议，但对其内容的真实性有异议。对此，合议组认为，附件1是泰国公共卫生部食品及药物管理委员会总秘书长Vanida Khaothiar女士签名出具的泰国公共卫生部食品及药物管理司的公函，盖有泰国公共卫生部食品及药物管理委员会的公章，并且该签名也经泰国外交部公证和中华人民共和国驻泰王国大使馆认证属实，因此，合议组对附件1的真实性予以认可；附件2的公证内容是糖水红毛丹的食品类注册证书，尽管经公证复印件与原件相符，但该注册证书中没有食品药物委员会的盖章，公证书中既没有记载该注册证书的来源，也没有对其中的签名予以公证，无从考证该食品注册证书本身是否属实，因此，合议组对附件2中的食品注册证书的真实性不予认可；附件3~4所公证的是泰国卫生部有关食品标签和食品密封包装的公告，其公证内容为"兹证明此文件在泰国外交部阅读"，而没有证明该公告内容是否真实，公证书中也没有记载所述公告的合法来源，无从考证该证据的真实性，因此，合议组对附件3~4中所示公告的真实性不予认可；附件5的公证内容是蔡宋汶申请增加生产出口用的食品商标标签的说明，虽然经公证证明原件与复印件相符，但公证书中没有记载原件的来源，无法证明原件本身的真实性，并且，附件5只是蔡宋汶提出的申请，不是通过审批的文件，亦无法证明所述标签已经公开，因此，合议组对附件5不予采信。由此可见，附件2~5中所涉及证据的真实性不能确认，故不能证明请求人所主张的事实。

3. 本专利是否符合专利法第23条的规定

附件1涉及泰国公共卫生部食品及药物管理委员会盖章及其总秘书长Vanida Khaothiar女士签字的证明，其证明名称为糖水红毛丹（袋鼠牌）的商品按规定进行了注册登记，食品注册号为10-1-24634-1-0002。合议组认为，首先，由于附件1没有记载糖水红毛丹（袋鼠牌）的注册登记时间，因此，依据附件1无法证明该商品在本专利的申请日前已经公开；其次，附件1中也没有记载该商品的标签图案，因此，无法将附件1与本专利进行相同和相近似比较。因而，本专利相对于附件1符合专利法第23条的规定。

综上所述，请求人以附件1~5证明本专利不符合专利法第23条规定的无效宣告理由不能成立，由于请求人放弃了附件6~12，合议组对附件6~12不予评述。

基于以上事实和理由，本案合议组作出如下审查决定。

三、决定

维持02327120.5号外观设计专利权有效。

当事人对本决定不服的，可以根据专利法第46条第2款的规定，自收到本决定之日起三个月内向北京市第一中级人民法院起诉。根据该款的规定，一方当事人起诉后，另一方当事人应当作为第三人参加诉讼。

酒　瓶

无效宣告请求审查决定（第 9973 号）

决　定　号	第 9973 号
决　定　日	2007 年 4 月 19 日
发明创造名称	酒　瓶
外观设计分类号	09-01
无效宣告请求人	沧州市宏昌制酒厂
专　利　权　人	河北三井酿酒有限责任公司
专　利　号	200330134195.1
申　请　日	2003 年 12 月 19 日
授权公告日	2006 年 4 月 5 日
合议组组长	崔国振
主　审　员	李金光
参　审　员	叶　娟
附　　　图	1 页
法　律　依　据	专利法第 23 条

决　定　要　点

如一般消费者经过对被比设计与在先设计的整体观察可以看出，二者的差别对于产品外观设计的整体视觉效果不具有显著的影响，则被比设计与在先设计相近似。

一、案由

本无效宣告请求涉及国家知识产权局于 2006 年 4 月 5 日授权公告的、名称为"酒瓶"的外观设计专利权（下称本专利），其专利号是 200330134195.1，申请日是 2003 年 12 月 19 日，专利权人是河北三井酿酒有限责任公司。

针对上述专利权，沧州市宏昌制酒厂（下称请求人）于 2006 年 11 月 1 日向专利复审委员会提出无效宣告请求。请求人认为：在本专利申请日之前，与本专利相近似或相同的产品已在国内出版物上公开发表或被公开使用过，所以本专利不符合专利法第 23 条的规定，请求人同时提交了本专利公告文本及其视图放大图和以下证据：

证据 1：本专利所示酒瓶实物；

证据 2："陈酿文君酒"广告以及第 47 页"德山大曲"广告，《华糖商情》，2003 年第 7 期，2003 年 3 月 2 日出版，复印件共 2 页；

证据3："红河酒"广告页,《华糖商情》,2003年第38期,2003年10月,复印件1页；

证据4：具有"银杏软黄金酒"图片的广告页,《华糖商情》,2003年第35期,2003年9月14日出版,复印件1页；

证据5：南皮县酒类监督管理局出具的"小刀"酒包装证明,出具日期为2005年2月1日,复印件1页；

证据6：(2006)南证民字158号《公证书》,出具日期为2006年10月27日,复印件共4页。

经形式审查合格后,专利复审委员会于2006年11月1日受理了上述无效宣告请求,并将《专利权无效宣告请求书》及所附文件的副本转送给专利权人,告知专利权人在指定期限内答复,期满未答复的不影响专利复审委员会审理。同日,专利复审委员会依法成立合议组对本案进行审理。

2006年11月15日,专利复审委员会向双方当事人发出《无效宣告请求口头审理通知书》,定于2006年12月28日在专利复审委员会对本案进行口头审理。

直至口头审理时,专利权人未提交任何意见陈述书。

2006年12月28日,口头审理如期举行,请求人出庭并提交了参加口头审理的回执和证据2~4、6的原件,专利权人未出庭。在庭审过程中,请求人明确其无效宣告请求的理由是本专利不符合专利法第23条的规定,请求人认为：证据2、4图示酒瓶与本专利产品不同之处在于瓶体上的"台阶"数量,证据3图示酒瓶与本专利产品的高矮胖瘦一样,证据5的原件在6W06294无效宣告请求案（请求人于2006年6月7日针对本专利权提出的无效宣告请求的案卷）中,该证据证明在本专利申请日前已有相似外观设计产品被公开使用。

经过上述审查程序,合议组认为本案事实已经调查清楚,可以依法作出本审查决定。

二、决定的理由

专利法第23条规定：授予专利权的外观设计,应当同申请日以前在国内外出版物上公开发表过或者国内公开使用过的外观设计不相同和不相近似,并不得与他人在先取得的合法权利相冲突。

如一般消费者经过对被比设计与在先设计的整体观察可以看出,二者的差别对于产品外观设计的整体视觉效果不具有显著的影响,则被比设计与在先设计相近似。

本案中,请求人明确其无效宣告请求理由是本专利不符合专利法第23条的规定,所以合议组仅对该无效宣告请求理由进行审查。

为支持其主张,请求人共提交了6份证据,并在口头审理时当庭提交了证据2~4、6的原件,其中证据2~4是定期发行的刊物《华糖商情》。专利权人未曾提交过任何意见陈述书且未参加口头审理,对证据2~4未提出任何反对意见,因此,合议组认可证据2~4的真实性和公开日期。证据2的出版日期是2003年3月2日,在本专利的申请日之前,其内容为分别印有"陈酿文君酒"和"德山大曲"酒的包装盒及相应酒瓶图片,其产品与本专利产品均属于酒瓶类,是同类产品,可用于与本专利进行相同或相近似比较,所以证据2可以作为与本专利相比较的在先设计使用。

本专利包括主视图、俯视图、仰视图共三幅视图。从主视图来看,本专利的酒瓶的主要组成包括瓶颈、瓶体和瓶盖三部分,瓶颈细长,瓶盖近瓶颈的1/2,瓶盖下部有一环状结构,瓶盖瓶颈总长与瓶体近等长,瓶体部直径是瓶颈直径的二倍多,在瓶体与瓶颈连接部分有二个"台阶"状环形结构；从仰视图来看,酒瓶底部具有环状螺纹形结构（见本专利的附图）。

证据2中的"德山大曲"广告上所示的酒瓶,主要组成包括瓶颈、瓶体和瓶盖三部分,瓶颈细长,瓶盖近瓶颈的1/2,瓶盖下部有一环状结构,瓶盖瓶颈总长与瓶体近等长,瓶体部直径是瓶颈直径的二倍多,在瓶体与瓶颈连接部分有一个"台阶"状环形结构（见证据2的附图）。

将本专利与证据2所示酒瓶相比,二者相同点至少包括：(1)主要组成部分相同,均包括瓶颈、瓶体和瓶盖三部分；（2）各部分的比例相近，均为瓶颈细长，瓶盖近瓶颈的 1/2，瓶盖瓶颈总长与瓶体近等长，瓶体部直径约为瓶颈直径的二倍多；（3）瓶盖下部均有一环状结构；（4）瓶体与瓶颈连接部分有"台阶"状环形结构。二者主要区别在于：（1）瓶体与瓶颈连接部分处的"台阶"状环形结构数目不同，本专利酒瓶中有二个"台阶"，证据 2 的酒瓶中有一个"台阶"；（2）本专利酒瓶底部具有环状螺纹形结构，证据 2 的酒瓶未示出酒瓶底部是否具有环状螺纹形结构。

根据以上事实，合议组认为，在本专利的酒瓶与证据 2 所示酒瓶主要组成部分及其布局相同、各组成部分形状相近似、各部分占据整体的比例相近的情况下，对于一般消费者而言，上述区别只是局部细节上的差别，且其中酒瓶底部的差异是使用时不容易看到的，所有这些差异均对整个产品的整体视觉效果不具有显著的影响，因此二者具有相近似的外观设计，本专利相对于证据 2 而言不符合专利法第 23 条的规定。

由于通过将本专利与证据 2 进行比较可以得出本专利与证据 2 属于相近似外观设计从而应予无效的结论，所以，本决定中对请求人提交的其他证据不再进行评述。

基于上述理由，合议组作出如下决定。

三、决定

宣告 200330134195.1 号外观设计专利权无效。

当事人对本决定不服的，可以根据专利法第 46 条第 2 款的规定，在收到本决定之日起三个月内向北京市第一中级人民法院起诉，根据该款的规定，一方当事人起诉后，另一方当事人应当作为第三人参加诉讼。

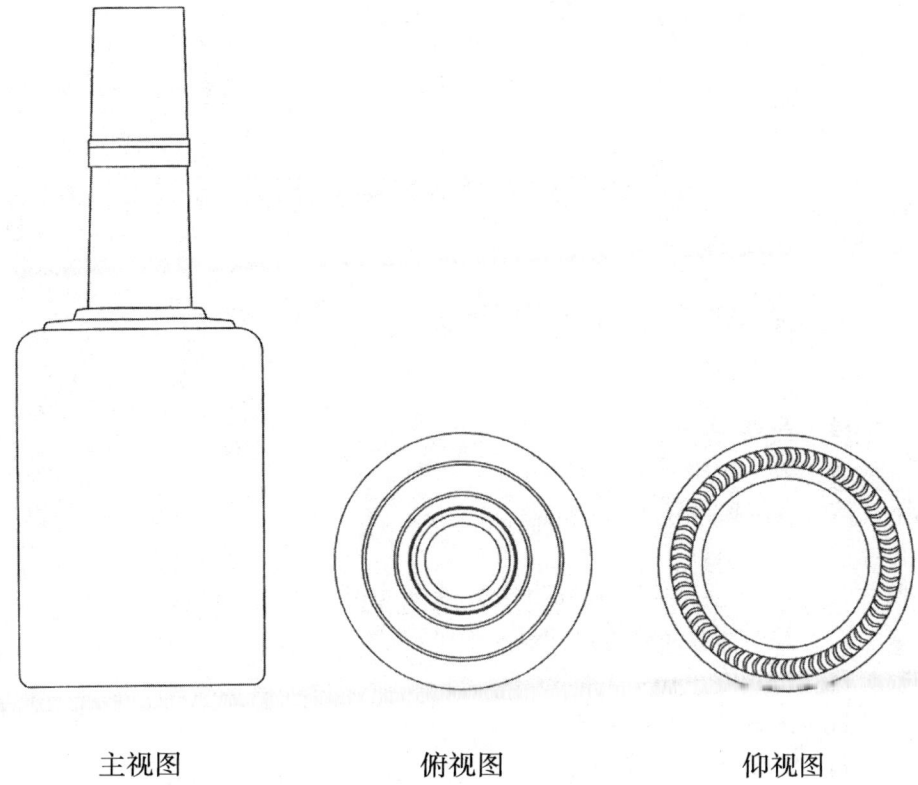

主视图　　　　　俯视图　　　　　仰视图

本专利的附图

证据 2 的附图

包装桶（WSO-1 4L）

无效宣告请求审查决定（第9979号）

决 定 号	第9979号
决 定 日	2007年6月19日
发明创造名称	包装桶（WSO-1 4L）
外观设计分类号	09-02
无效宣告请求人	壳牌统一（北京）石油化工有限公司
专 利 权 人	潍柴动力（潍坊）油品有限公司
专 利 号	200530136689.2
申 请 日	2005年12月31日
授权公告日	2006年12月6日
合议组组长	王霞军
主 审 员	张雪飞
参 审 员	严若艳
附 图	1页
法 律 依 据	专利法第23条

决 定 要 点

在外观设计相近似性判断中，局部细微的变化和仅作单一色彩的变化等均不足以导致整体外观设计产生显著的视觉差别。

一、案由

本无效宣告请求涉及国家知识产权局于2006年12月6日授权公告的200530136689.2号外观设计专利，使用该外观设计的产品名称是"包装桶（WSO-1 4L）"，其申请日是2005年12月31日，专利权人是潍柴动力（潍坊）油品有限公司。

针对上述外观设计专利权（下称本专利），壳牌统一（北京）石油化工有限公司（下称请求人）于2006年12月19日向专利复审委员会提出无效宣告请求，其理由是本专利不符合中国专利法第23条的规定。请求人认为本专利与在先刊登在中国国家知识产权局外观设计专利公报上的另外一项外观设计专利在用途、整体构思和造型设计等方面均相同，应当宣告本专利无效，并提交了如下证据附件：授权公告日为2000年7月5日的99341893.7号外观设计专利的公报文本复印件1页，其授权公告号为CN 3152939D。

专利复审委员会根据无效宣告请求审查程序的规定受理了该无效宣告请求，并于2007年1月15

日将请求人的无效宣告请求文件转送专利权人。

专利权人于 2007 年 2 月 27 日提交了意见陈述书，认为本专利与请求人提交的在先外观设计图案、色彩均不同，应予维持。

专利复审委员会于 2007 年 4 月 24 日向双方当事人发出合议组成员告知通知书。双方当事人在指定期限内均未对合议组成员提出回避请求。

在上述审理的基础上，合议组经合议，认为本案事实清楚，依法作出本审查决定。

二、决定的理由

（1）基于请求人提出的无效请求理由，合议组依据专利法第 23 条的规定对本案进行审理。

中国专利法第 23 条规定：授予专利权的外观设计，应当同申请日以前在国内外出版物上公开发表过或者国内公开使用过的外观设计不相同和不相近似，并不得与他人在先取得的合法权利相冲突。

（2）请求人提交的证据是授权公告日为 2000 年 7 月 5 日的 99341893.7 号外观设计专利的公报文本复印件，其授权公告号为 CN 3152939D；专利权人未对其真实性提出异议。经合议组核实，该证据内容真实，确系在本专利申请日（2005 年 12 月 31 日）以前公开的外观设计专利的公报文本，属于中国专利法第 23 条所规定的公开出版物，适用于本案。

（3）在该 99341893.7 号外观设计专利的公报文本中公开了一款包装桶的外观设计（下称在先设计）。从图片上观察，在先设计的整体形状为不规则的近似水滴形，一侧开有近似长圆形的孔洞形成弧形提手，另一侧上端分割出近似梯台形的桶盖（详见在先设计附图）。

本专利同样是包装桶的外观设计，请求保护色彩。其整体形状为不规则的近似水滴形，一侧开有近似长圆形的孔洞形成弧形提手，另一侧上端分割出近似梯台形的桶盖；整体底色为蓝色；桶身前、后两面均以灰色和蓝色图案为背景，其上设计有其他文字、图案（详见本专利附图）。

合议组认为：本专利和在先设计均为包装桶的外观设计，用途相同，属于相同类别的产品，具有可比性。

将本专利与在先设计相比较，其主要不同点为：在先设计主要体现整体形状，而本专利除整体形状外还具有特意的图案和色彩设计。合议组认为：从整体视觉观察，本专利和在先设计所示包装桶具有的不规则的、异型的整体形状设计应属于视觉瞩目的设计，而二者在此方面的设计基本相同；且二者虽然存在上述不同点，但由于本专利的整体色彩设计以单一蓝色为主色调，而其他色彩的文字、图案设计明显属于局部细微变化，并未导致本专利以整体蓝色搭配整体形状所作出的主体设计产生显著的视觉变化，同时由于本专利和在先设计的整体形状基本相同，因此本专利的上述单一蓝色主色调相对于已反映出单一灰色调的在先设计而言，属于单一色彩的外观设计仅作色彩改变的情形，并不会导致二者的整体外观设计产生显著的视觉差别；因此二者应属于相近似的外观设计。

（4）综上所述，在本专利申请日以前已有与其相近似的外观设计在出版物上公开发表过，本专利不符合专利法第 23 条的规定。

三、决定

宣告 200530136689.2 号外观设计专利权全部无效。

当事人对本决定不服的，可以根据专利法第 46 条第 2 款的规定，自收到本决定之日起三个月内向北京市第一中级人民法院起诉。根据该款的规定，一方当事人起诉后，另一方当事人应当作为第三人参加诉讼。

右视图　　　　　主视图　　　　　左视图

俯视图　　　　　后视图

本专利

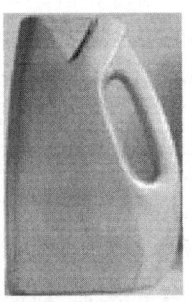

右视图　　　　　主视图　　　　　左视图

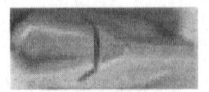

俯视图　　　　　后视图

在先设计

水泵自动控制器

无效宣告请求审查决定（第9980号）

决 定 号	第9980号
决 定 日	2007年6月18日
发明创造名称	水泵自动控制器
外观设计分类号	10-05
无效宣告请求人	温岭市环力电器有限公司
专 利 权 人	赵军彪
专 利 号	200530017387.3
申 请 日	2005年6月2日
授权公告日	2006年5月17日
合议组组长	吴赤兵
主 审 员	李巍巍
参 审 员	王霞军
附 图	2页

法 律 依 据 专利法第9条

决 定 要 点

将本专利与在先设计相比较，二者整体形状以及出水口、进水口、压力表、电线进出口等设计均基本相同，不同点属于局部的细微差别，二者的相同点足以使一般消费者在视觉印象上产生误认、混同。本专利和在先设计属于相近似的外观设计。

一、案由

本无效宣告请求涉及2006年5月17日国家知识产权局授权公告的200530017387.3号外观设计专利，其产品名称是"水泵自动控制器"，申请日是2005年6月2日，专利权人是赵军彪。

针对上述外观设计专利权（下称本专利），温岭市环力电器有限公司（下称请求人）于2006年8月8日向专利复审委员会提出无效宣告请求，其理由是本专利不符合中国专利法实施细则第13条第1款的规定。请求人认为本专利与在先申请的200530084203.5号外观设计专利相比，在整体形状或局部细节均全部相同，属于相同的外观设计。请求人提交了下列附件作为证据：

附件1是本专利著录项目信息页及图片复印件1页；

附件2是200530084203.5号外观设计著录项目及图片复印件1页。

专利复审委员会根据无效宣告请求审查程序的规定受理了该无效宣告请求，并于2006年9月11

日将无效宣告请求书和证据的副本转送给专利权人,限其在指定的期限内答复。并告知专利权人如逾期不答复,不影响专利复审委员会的审理。

专利复审委员会于 2007 年 1 月 25 日向双方当事人发出《合议组成员告知通知书》,指出如对本案合议组人员有回避请求的,请于收到本通知之日起 7 天内提交书面请求书,逾期未答复,视为无回避请求。在规定的期限内双方当事人均未对合议组成员提出回避请求。

专利复审委员会于 2007 年 3 月 16 日向请求人发出《无效宣告请求审查通知书》,告知请求人:在本案的无效宣告程序中,无效宣告请求人针对本专利提出无效宣告请求,其理由是认为本专利与 200530084203.5 号专利属于同样的发明创造,不符合专利法实施细则第 13 条第 1 款的规定。经审查专利复审委员会认为两者虽然属于同类的发明创造,但因 200530084203.5 号专利属于他人在先申请在后公开的在先设计,专利复审委员会将根据审查指南第四部分第七章第 3.2 节的规定,依据专利法第 9 条的规定进行审查。请无效宣告请求人在收到本通知之日起壹个月内答复,将无效宣告请求理由变更为"不符合专利法第 9 条的规定";期满未答复的,不影响专利复审委员会审理。

2007 年 3 月 27 日请求人递交了意见陈述书,将本案无效宣告请求的理由变更为:本专利的授予不符合专利法第 9 条的规定。

专利复审委员会于 2007 年 4 月 11 日将请求人的意见陈述书转送专利权人,告知其在收到通知之日起壹个月内答复;期满未答复的,视为当事人已得知转送文件中所涉及的事实、理由和证据,并且未提出反对意见。

针对请求人提出的无效宣告请求理由和提交的证据,及请求人变更无效宣告理由的陈述意见,专利权人至今未作出任何答复。

在以上审理的基础上,本案合议组经合议,认为本案事实清楚,依法作出如下审查决定。

二、决定的理由

(1) 根据请求人提出的无效宣告请求的理由和提交的证据,本案合议组依据专利法第 9 条的规定对本案进行审理。

专利法第 9 条规定:两个以上的申请人分别就同样的发明创造申请专利的,专利权授予最先申请的人。

(2) 请求人提交的附件 2 是 200530084203.5 号外观设计的著录项目及外观设计图片复印件,本案合议组经核实,该专利的申请日是 2005 年 6 月 1 日,授权公告日是 2006 年 5 月 3 日,授权公告号是 CN3524380,外观设计的产品名称为"电子压力控制器(DSK-5)"(下称在先设计),专利权人是陈仁德。专利权人与本专利的专利权人不相同,该专利申请日早于本专利申请日(2005 年 6 月 2 日),属于本专利的在先申请,可适用专利法第 9 条对本案进行审理。

本专利与在先设计所示的产品均是控制器的外观设计,属相同种类的产品,可进行如下相同和相近似性的比较。

(3) 本专利包括 7 幅视图,即主视图、后视图、左视图、右视图、俯视图、仰视图、使用状态参考图。从各视图观察,其整体形状大致呈长方体,控制器主体外壳的两侧略呈弧形,壳体的下半部有一正方形设计,正方形内从上至下分别排列有几行文字和三个圆形,控制器主体的上下中部各有一圆柱形出水口和进水口设计,从后视图观察,依附在控制器主体上的出水口和进水口圆柱形管上有螺纹和不同形状的凸起设计,在控制器主体的中上部圆柱形管的两侧分别为电线的进出口,在电线出口的下方为圆形压力表设计(详见本专利附图)。

(4) 在先设计外观设计包括 7 幅视图,即主视图、后视图、左视图、右视图、俯视图、仰视图、立体图。从各视图观察,其整体形状大致呈长方体,控制器主体外壳的两侧略呈弧形,壳体的下半部有一正方形设计，正方形内从上至下分别排列有一个三角形、几行文字和三个圆形，控制器主体的上下中部各有一圆柱形出水口和进水口设计，从后视图观察，依附在控制器主体上的出水口和进水口圆柱形管上有螺纹和不同形状的凸起设计，在控制器主体的中上部圆柱形管的两侧分别为电线的进出口，在电线出口的下方为圆形压力表设计（详见在先设计附图）。

将本专利与在先设计相比较，合议组认为，从整体观察二者整体形状以及出水口、进水口、压力表、电线进出口等的设计均基本相同，不同点仅在于控制器主体外壳上正方形内的图案略有不同，本专利中无三角形设计，文字居中，在先设计中有三角形设计，文字多数偏左侧，其不同点属于局部细微的差别，二者的差别对于控制器的整体视觉效果不具有显著的影响，而二者的相同点足以使一般消费者在视觉印象上产生误认、混同。因此，从整体观察本专利与在先设计属于相近似的外观设计。

专利法第9条中所述的"同样的发明创造"对外观设计专利而言，是指外观设计相同或者相近似，本专利与在先设计属于相近似的外观设计，所以，本专利的授予不符合专利法第9条的规定。

三、决定

宣告200530017387.3号外观设计专利权全部无效。

当事人对本决定不服的，可以根据专利法第46条第2款的规定，自收到本决定之日起三个月内向北京市第一中级人民法院起诉。根据该款的规定，一方当事人起诉后，另一方当事人应当作为第三人参加诉讼。

右视图　　　　主视图　　　　左视图

后视图　　　　俯视图　　　　仰视图

使用状态参考图

本专利附图

左视图　　　　　主视图　　　　　右视图

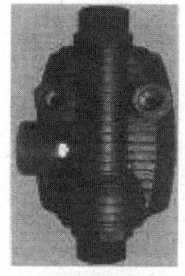  

后视图　　　　　俯视图　　　　　仰视图

立体图

在先设计附图

无轨自动伸缩门（中华豪门）

无效宣告请求审查决定（第 9981 号）

决 定 号	第 9981 号
决 定 日	2007 年 4 月 30 日
发明创造名称	无轨自动伸缩门（中华豪门）
外观设计分类号	25-02
无效宣告请求人	深圳市红门机电设备有限公司
专 利 权 人	谢植亮
专 利 号	03355662.8
申 请 日	2003 年 7 月 30 日
授权公告日	2004 年 3 月 24 日
合议组组长	钟 华
主 审 员	许 磊
参 审 员	尹 昕
附 图	1 页

法 律 依 据 专利法实施细则第 2 条第 3 款，专利法第 23 条

决 定 要 点

如果按照专利公报中所示外观设计视图，在实际应用中不可能生产出与其各视图均相符的外观设计产品，则该专利属于不适于工业上应用的设计，不符合专利法实施细则第 2 条第 3 款的规定。

一、案由

本无效宣告请求案涉及国家知识产权局于 2004 年 3 月 24 日公告授予的、名称为"无轨自动伸缩门（中华豪门）"的第 03355662.8 号外观设计专利权（下称本专利），其申请日为 2003 年 7 月 30 日，专利权人为谢植亮。

针对上述专利权，深圳市红门机电设备有限公司（下称请求人）于 2006 年 8 月 14 日向专利复审委员会提出无效宣告请求，认为本专利不符合专利法实施细则第 2 条第 3 款、第 27 条第 3 款以及专利法第 23 条的规定，并提交了下述附件：

附件 1：第 99332490.8 号外观设计专利网上下载信息，公告日为 1999 年 12 月 8 日，复印件共 4 页；

附件 2：第 00325145.4 号外观设计专利网上下载信息，公告日为 2001 年 5 月 9 日，复印件共 2 页；

附件3：第97240967.X号实用新型专利说明书，授权公告日为1998年9月9日，首页、说明书附图第2页，复印件共2页；

附件4：第98227455.6号实用新型专利说明书，授权公告日为1999年11月17日，首页、说明书附图第5页，复印件共2页；

附件5：第97240966.1号实用新型专利说明书，授权公告日为1998年12月9日，首页、说明书附图第1页，复印件共2页；

附件6：第99217843.6号实用新型专利说明书，授权公告日为2000年6月7日，首页、说明书附图第1页，复印件共2页；

附件7：本专利网上下载信息，复印件共5页；

附件8：第99341589.X号外观设计专利网上下载信息，公告日为2000年10月11日，复印件共1页。

请求人认为，（1）附件7（本专利）左视图标注的A处有一横杆，而右视图对应部位却没有，使得右视图和左视图不对应；本专利的名称为伸缩门，本领域技术人员公知，对于伸缩门而言，如附件8所示的可转动连接于门框横杆上的连杆是伸缩门必不可少的组成部分，但是在本专利的四个视图中并未显示连杆，从视图中无法看到连杆的形状以及其与其他部分的连接，而且由于本专利也未显示门的展开状态，因此人们无法从其视图中看出其是否能伸缩，所以，本专利未清楚地显示其请求保护的对象，未充分公开构成其外观设计的必要构件，导致其无法进行工业应用，不符合专利法实施细则第2条第3款以及第27条第3款的规定。（2）本专利的内容已被申请日前公开的附件1~6所公开，不符合专利法第23条的规定，其中：a.本专利与附件1的外观设计属于相同领域，其主视图、右视图、左视图分别与附件1的使用状态图、左视图和右视图形状相似，从而使得本专利与附件1从局部到整体都相似；b.本专利与附件2的外观设计属于相同领域，其左视图与附件2的左视图相似，因伸缩门的设计要部一般是左右视图，所以左右视图相似直接导致了两者的相似；c.本专利的左视图与附件3的图2形状相似；d.本专利的右视图与附件4的图6形状相似；e.本专利的右视图与附件5的图1形状相似；f.本专利的右视图及立体图与附件6的图1形状相似。

经形式审查合格后，专利复审委员会受理了上述请求，于2006年8月16日向双方当事人发出《无效宣告请求受理通知书》，并将《专利权无效宣告请求书》及其附件清单中所列文件的副本转送给专利权人，要求其在指定的期限内答复，同时成立合议组对本无效请求案进行审理。

2007年2月27日，本案合议组向双方当事人发出《无效宣告请求口头审理通知书》，定于2007年4月19日对本专利权的无效请求进行口头审理。

2007年4月19日，口头审理如期进行，双方当事人均委托代理人出席了口头审理。在口头审理中，双方当事人对对方出庭人员的身份和资格无异议；对合议组成员的变更未提出异议，对合议组成员均没有回避请求。请求人和专利权人都表示收到了经合议组转送的有关文件。专利权人对请求人提交的附件的真实性和公开性都没有异议。庭审过程中，合议组就本案的无效理由及证据逐一进行了调查，双方当事人充分陈述了各自的意见。

请求人当庭放弃了专利法实施细则第27条第3款的无效理由，同时放弃了附件1的使用状态图与本专利主视图相似的无效理由。请求人认为：（1）附件1~5、8的侧视图都与本专利的左视图和右视图相似，附件6的图1与本专利的立体图、左视图和右视图相似，本专利不符合专利法第23条的规定；（2）附件7（本专利）左视图有一个标注出来的横杆A，而右视图中相应位置没有该横杆，左右视图不对应，此外，本专利没有展开状态图，看不出伸缩门所必需具备的连杆，无法认定其是伸缩门，因此，本领域技术人员无法进行工业应用。

专利权人认为：（1）附件1~6、8与本专利不相同或相近似；（2）首先，本领域技术人员对伸缩门的结构十分清楚，本专利不是要对伸缩门的结构进行改进，本专利主要是针对门排进行的设计，而且从本专利的左视图中可以看出存在连杆结构，本专利并不存在缺少设计要部的问题，其次，虽然右视图中的确缺少相应的横杆，但是不管存不存在该横杆都不影响本专利的实施，本领域技术人员按照本专利所给出的图片完全能够实施本专利。同时，专利权人确认每一个门排后都有相应的横杆，其起的作用是连接加固的作用。

至此，合议组认为本案的事实清楚，可以作出审查决定。

二、决定的理由

专利法实施细则第2条第3款规定：专利法所称外观设计，是指对产品的形状、图案或者其结合以及色彩与形状、图案的结合所作出的富有美感并适于工业应用的新设计。

如果按照专利公报中所示外观设计视图，在实际应用中不可能生产出与其各视图均相符的外观设计产品，则该专利属于不适于工业上应用的设计，不符合专利法实施细则第2条第3款规定。

本专利授权公告共4副视图，其包括主视图、左视图、右视图和立体图。在本专利的左视图中，在右侧竖杆与左侧门体之间有一根明显的横杆，在立体图中在该竖杆与门体之间也存在相应的横杆，但是在右视图中，相应的位置却没有横杆。

专利权人在口审中确认本专利正面的每一根竖杆与背面的相应门框之间均有起连接固定作用的一根横杆，对右视图中缺少该横杆的现象，专利权人认为："可能是由于拍照的原因导致的，具体原因说不清楚"。对此，合议组认为，本专利外观设计的照片背景单一，明度差适当，没有明显的强光、反光、阴影，清晰地显示了外观设计的产品的右视图，将视图间产品结构不一致的现象解释为拍照原因造成的是无法令人信服的。而且，从左视图和立体图来看，该横杆十分明显，因此也不存在因为横杆过于细小或稀疏而使得在照片中不能反映出来的可能，但是，在右视图中，在相应位置却找不到该横杆的任何痕迹。专利权人声称虽然本专利左右视图不对称确实是存在的，但不影响产品的实施和使用，没有造成不适于工业应用的后果。对此，合议组认为，该横杆具有连接加固功能，存在与否显然会对门的牢固程度以及视觉效果产生影响，存在和不存在横杆的门显然属于不同的外观设计，因此，由于本专利的视图的不一致，使得读图者无法准确地从视图中唯一地确定本专利所保护的伸缩门的具体形状，即无法唯一地确定本专利的外观设计，从而在实际应用中无法生产出与本专利各视图均相符的外观设计产品。

综上所述，本专利外观设计的产品照片中存在矛盾之处，不能准确地表示真实产品，导致使用本外观设计的产品不能通过工业生产得以实施，即本专利不适于在工业上进行应用，不符合专利法实施细则第2条第3款的规定。

鉴于根据上述事实已经得出了本专利应被全部无效的结论，因此合议组对其他无效理由和证据不再进行评述。

三、决定

宣告03355662.8号外观设计专利权无效。

当事人对本决定不服的，可以根据专利法第46条第2款的规定，自收到本决定之日起三个月内向北京市第一中级人民法院起诉。根据该款的规定，一方当事人起诉后，另一方当事人应当作为第三人参加诉讼。

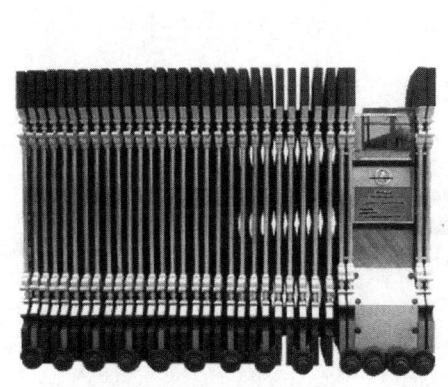

主视图　　　　　　左视图

右视图　　　　　　立体图

本专利

北京市第一中级人民法院
行政判决书

(2007) 一中行初字第 1343 号

原告谢植亮，男，1969 年 5 月 1 日出生，汉族，无业，住广西壮族自治区横县横州镇大和村委高杨村 368 号。

委托代理人郝颖洁，女，无业，住内蒙古自治区赤峰市元宝山区平庄东楼区家属楼 18 楼 3 单元 7 号。

被告国家知识产权局专利复审委员会，住所地北京市海淀区北四环西路 9 号银谷大厦 10~12 层。

法定代表人廖涛，副主任。

委托代理人许磊，国家知识产权局专利复审委员会审查员。

委托代理人高雪，国家知识产权局专利复审委员会审查员。

第三人深圳市红门机电设备有限公司，住所地深圳市龙岗区布吉下水径吉华路红门工业园 1 栋 6 楼。

法定代表人余家红，董事长。

委托代理人成义生，深圳市中知专利商标代理有限公司专利代理人。

原告谢植亮不服国家知识产权局专利复审委员会（以下简称专利复审委员会）作出的第 9981 号无效宣告请求审查决定（以下简称第 9981 号决定），于法定期限内向本院提起诉讼。本院于 2007 年 9 月 28 日受理本案后，依法组成合议庭，并依法通知深圳市红门机电设备有限公司（以下简称红门公司）作为第三人参加诉讼，于 2007 年 11 月 21 日公开开庭进行了审理。原告谢植亮的委托代理人郝颖洁；被告专利复审委员会的委托代理人许磊、高雪到庭参加诉讼。第三人红门公司经本院依法传票传唤，无正当理由没有到庭。本案现已审理终结。

专利复审委员会 2007 年 4 月 30 日作出的第 9981 号决定是针对红门公司对谢植亮享有的 03355662.8 号名称为"无轨自动伸缩门（中华豪门）"的外观设计专利（以下简称本专利）所提出的无效宣告请求作出的。专利复审委员会在决定中认定：

对右视图中缺少横杆的现象，谢植亮认为"可能是由于拍照原因所致，具体说不清"。我委认为本专利外观设计的照片背景单一，明度差适当，没有明显的强光、反光、阴影，清晰地显示了外观设计产品的右视图，该视图缺少一横杆，与左视图、立体图不一致，谢植亮将视图间产品结构不一致的现象解释为拍照原因所致，无法令人信服，且从左视图和立体图来看，该横杆十分明显，因此也不存在因横杆过于细小或稀疏而使照片没有反映的可能，但是在右视图中的相应位置处却找不到该横杆的任何痕迹。谢植亮声称虽然本专利左右图不对称确实是存在，但不影响产品的实施和使用，没有造成不适于工业应用的后果。我委认为，该横杆有连接加固功能，存在与否显然会对门的牢固程度以及视觉效果产生影响，存在和不存在横杆的门显然属于不同的外观设计，因此，由于本专利的视图不一致，使读图人无法准确地从视图中唯一地确定本专利所保护的伸缩门的具体形状，即无法唯一的确定本专利的外观设计，从而在实际应用中无法生产出与本专利各视图均相符的外观设计产品。综上，本专利外观设计照片中存在矛盾之处，不能准确地表示真实产品，导致使用本外观设计不能通过工业生产得以实施，即本专利不适于在工业上进行应用，不符合《中华人民共和国专利法实施细则》（以下简称《专利法实施细则》）第二条第三款之规定。决定：宣告 03355662.8 号外观设计专利无效。

原告谢植亮不服该决定,向本院起诉称:本专利的左视图与立体图中存在的横杆属于起加固作用的部件,位于伸缩门的内部,虽然在一定的角度下可视,但它既非形状的一部分,又非图案的一部分,不属于外观设计的内容,也不在外观设计保护的范围内,不违反《专利法实施细则》第二条第三款之规定,第9981号决定适用法律不当。决定中提到"该横杆具有连接加固功能,存在与否显然会对门的牢固程度以及视觉效果产生影响,存在与不存在横杆的门显然属于不同的外观设计"的说法属于认定事实不清。本专利是外观设计,不是实用新型或发明,结构和功能不属于外观设计保护的内容,该横杆隐藏在伸缩门内部,既不是产品造型中的一部分,也没有突出于门体之外对产品的形状造成影响,根据立柱形状图案,面板形状图案,通过外观设计的照片,本领域的普通技术人员无需任何创造性劳动就可以生产出同样外形的产品,是否存在横杆,不会对产品的外观设计产生任何影响,也不会造成视觉上的差异。《专利审查指南》指出:"适于工业应用,是指该外观设计能用于产业上,并形成批量生产",而并非第9981号决定中提到的"在实际应用中无法生产出与本专利各视图均相符的外观设计产品"。据此,请求撤销被告作出的第9981号决定。

被告专利复审委员会辩称:本专利产品照片中存在矛盾之处,不能准确地表示真实产品,从而使得本专利不适于在工业上进行应用。谢植亮认为可以应用显与事实不符,各视图之间的不一致,导致根据本专利无法唯一确定其所要保护的技术方案内容,据此不能应用于工业并形成批量生产,本专利不符合《专利法实施细则》第二条第三款之规定。故此,我委所作决定认定事实清楚、适用法律准确、程序合法,请求驳回原告的诉讼请求,维持第9981号决定。

第三人红门公司同意第9981号决定,认为专利复审委员会的决定正确,并书面称:《中华人民共和国专利法》(以下简称《专利法》)第五十六条第二款明确规定:"外观设计专利的保护范围以表示在图片或者照片中的该外观设计专利产品为准"。据此排除了人为解释保护范围的可能。由于谢植亮在其简要说明中已写明:其他视图无特征,省略其他视图,反而说明其所要求保护的四个视图当然都是有特征,有设计要点的。谢植亮所称:"横杆为起加固作用的部件,位于伸缩门的内部,虽然在一定的角度下可视,但其既非形状的一部分,又非图案的一部分,不属于外观设计的内容,也不在外观设计保护的范围内",然而外观设计保护不涉及产品内部也是指这一内部是不可视的,横杆显示在照片中是可视的,其左视图、立体图有横杆,而右视图无横杆,必然造成无法通过工业生产的后果。据此请求驳回谢植亮诉讼请求,维持第9981号决定。

经审理查明:

2003年7月30日,谢植亮申请了名称为"无轨自动伸缩门(中华豪门)"外观设计专利(即本专利),2004年3月24日获得授权,专利号为03355662.8。本专利保护范围见本判决后附的"外观设计图片或照片"。

2006年8月14日,红门公司以本专利左视图A处有一横杆,而右视图对应部位却没有,本专利不符合《专利法实施细则》第二条第三款之规定等为由提出无效宣告请求。

在本案庭审中,谢植亮承认其右视图中缺少如左视图部位的横杆,属于自己的失误,但认为根据左视图及立体图和主视图是可以实现工业生产的。专利复审委员会表示,谢植亮的权利范围包括了右视图在内的四个视图,确立了其所要求保护的外观设计产品的权利范围,其无权加以取舍。而依据四个视图无法实现产品制造。

上述事实有第9981号决定、03355662.8号外观设计专利、口头审理记录表,以及当事人陈述等证据在案佐证。

本院认为:

《专利法》第五十六条第二款明确规定,外观设计专利的保护范围以表示在图片或者照片中的该外观设计专利产品为准。根据"外观设计图片或照片"所视范围，该专利系由主视、左视、右视和立体图四个视图构成，缺一不可，以该专利制造的产品应能完整一致地体现四个视图所确定的视觉效果。然而，由于本专利在左视图与立体图中明示有一横杆，而在右视图中却无此横杆，视图出现矛盾，在此情况下专利复审委员会认定本专利无法适合工业制造并无不当，本院予以认可。据此本专利不符合《专利法实施细则》第二条第三款之规定，专利复审委员会所作第9981号决定认定事实清楚，适用法律正确，程序合法，依照《中华人民共和国行政诉讼法》第四十八条、第五十四条第（一）项；《最高人民法院关于执行〈中华人民共和国行政诉讼法〉若干问题的解释》第四十九条第三款之规定，本院判决如下：

维持被告国家知识产权局专利复审委员会作出的第9981号无效宣告请求审查决定。

案件受理费100元，由原告谢植亮负担（已交纳）。

如不服本判决，各方当事人于本判决书送达之日起15日内，向本院递交上诉状，并按对方当事人人数提交上诉状副本，同时交纳上诉案件受理费100元，上诉于北京市高级人民法院。

审　判　长　任　进
代理审判员　邢　军
人民陪审员　唐晓君
二〇〇七年十二月七日
书　记　员　袁　伟

主视图　　　　　　　　左视图

右视图　　　　　　　　立体图

本专利

北京市高级人民法院
行政判决书

(2008) 高行终字第 94 号

上诉人（原审原告）谢植亮，男，汉族，1969年5月1日出生，无业，住广西壮族自治区横县横州镇大和村委高杨村368号。

委托代理人郝颖洁，女，汉族，1975年10月22日出生，无业，住内蒙古自治区赤峰市元宝山区平庄东楼区家属楼18楼3单元7号。

被上诉人（原审被告）国家知识产权局专利复审委员会，住所地北京市海淀区北四环西路9号银谷大厦10~12层。

法定代表人廖涛，副主任。

委托代理人许磊，国家知识产权局专利复审委员会审查员。

委托代理人高雪，国家知识产权局专利复审委员会审查员。

原审第三人深圳市红门机电设备有限公司，住所地深圳市龙岗区布吉下水径吉华路红门工业园1栋6楼。

法定代表人余家红，董事长。

委托代理人成义生，男，汉族，1953年11月17日出生，深圳市中知专利商标代理有限公司专利代理人，住广东省深圳市福田区深海中路13号。

委托代理人付景虎，男，汉族，1983年7月17日出生，深圳市红门机电设备有限公司职员，住黑龙江省哈尔滨市香坊区赣水路12-8号。

上诉人谢植亮因专利权无效行政纠纷一案，不服北京市第一中级人民法院（2007）一中行初字第1343号行政判决，于法定期限内向本院提出上诉。本院于2008年2月28日受理后，依法组成合议庭，于2008年4月7日公开开庭审理了本案。上诉人谢植亮的委托代理人郝颖洁，被上诉人国家知识产权局专利复审委员会（以下简称专利复审委员会）的委托代理人许磊、高雪，原审第三人深圳市红门机电设备有限公司（以下简称红门公司）的委托代理人成义生、付景虎到庭参加了诉讼。本案现已审理终结。

北京市第一中级人民法院认定，谢植亮系名称为"无轨自动伸缩门（中华豪门）"外观设计专利（以下简称本专利）的权利人，红门公司以本专利不符合《中华人民共和国专利法实施细则》（以下简称《专利法实施细则》）第二条第三款之规定等为由请求宣告其无效。2007年4月30日，专利复审委员会作出第9981号无效宣告请求审查决定（以下简称第9981号决定），认为本专利外观设计照片中存在矛盾之处，不能准确地表示真实产品，致使本专利不能通过工业生产得以实施，即本专利不适于在工业上进行应用，不符合《专利法实施细则》第二条第三款之规定，遂决定宣告本专利无效。

北京市第一中级人民法院认为，本专利系由主视图、左视图、右视图和立体图四个视图构成，缺一不可，以该专利制造的产品应能完整一致地体现四个视图所确定的视觉效果。然而，由于本专利在左视图与立体图中明示有一横杆，而在右视图中却无此横杆，视图出现矛盾，在此情况下专利复审委员会认定本专利无法适合工业制造并无不当。因此，本专利不符合《专利法实施细则》第二条第三款之规定，第9981号决定认定事实清楚，适用法律正确，程序合法。北京市第一中级人民法院依照

《中华人民共和国行政诉讼法》第四十八条、第五十四条第（一）项及《最高人民法院关于执行〈中华人民共和国行政诉讼法〉若干问题的解释》第四十九条第三款之规定，判决：维持专利复审委员会作出的第9981号决定。

谢植亮不服一审判决并提出上诉，请求撤销原判，将本案发回重审。谢植亮的上诉理由是一审判决认定事实不清，适用法律错误。本专利的右视图虽然存在瑕疵，但立体图完全体现了右视图的所有特征，右视图只是处理照片失误造成失真，由立体图和左视图足以确定本专利保护的产品，第9981号决定仅以视图中的微小瑕疵宣告本专利无效违反了保护专利权的原则，第9981号决定及一审判决以本专利不符合《专利法实施细则》第二条第三款之规定为由宣告本专利无效并不恰当。

专利复审委员会及红门公司服从一审判决。

本院经审理查明：

本专利系名称为"无轨自动伸缩门（中华豪门）"的外观设计专利，其申请日为2003年7月30日，申请人为谢植亮。2004年3月24日，本专利获得授权，专利权人为谢植亮，专利号为03355662.8。本专利的授权图片详见附图。

2006年8月14日，红门公司以本专利左视图有一横杆，而右视图对应部位却没有该横杆，故本专利不符合《专利法实施细则》第二条第三款之规定等为由提出无效宣告请求。

2007年4月30日，专利复审委员会作出第9981号决定，其中认定：本专利外观设计的右视图缺少一横杆，与左视图、立体图不一致。该横杆有连接加固功能，存在与否显然会对门的牢固程度以及视觉效果产生影响，存在和不存在横杆的门属于不同的外观设计。因此，由于本专利的视图不一致，使读图人无法准确地从视图中唯一地确定本专利所保护的伸缩门的具体形状，即无法唯一地确定本专利的外观设计，从而在实际应用中无法生产出与本专利各视图均相符的外观设计产品。由于本专利外观设计照片中存在矛盾之处，不能准确地表示真实产品，导致使用本外观设计的产品不能通过工业生产得以实施，即本专利不适于在工业上进行应用，不符合《专利法实施细则》第二条第三款之规定。综上，专利复审委员会决定：宣告本专利无效。

在本案审理过程中，谢植亮承认其右视图中缺少如左视图部位的横杆，属于自己的失误，但认为根据左视图及立体图和主视图，本专利是可以实现工业生产的。

上述事实有第9981号决定、03355662.8号外观设计专利、口头审理记录表、庭审笔录以及当事人陈述等证据在案佐证。

本院认为，《专利法》所称外观设计，是指对产品的形状、图案或者其结合以及色彩与形状、图案的结合所作出的富有美感并适用于工业应用的新设计。《专利法》第五十六条规定，外观设计专利权的保护范围以表示在图片或照片中的该外观设计专利产品为准。《专利法实施细则》第二十七条第三款规定，申请人应当就每件外观设计产品所需要保护的内容提交有关视图或者照片，清楚地显示请求保护的对象。根据上述规定，申请人提交的外观设计视图应当按照技术制图或机械制图国家标准绘制，正确反应投影关系，各视图之间能够相互对应。如果视图中存在属于制图错误的重大瑕疵，使得外观设计专利的各个视图之间存在矛盾，导致外观设计保护对象无法确定，并且无法将其应用于产业上并批量生产，则该外观设计专利不符合《专利法实施细则》第二条第三款的规定，应当被宣告无效。

本专利系由主视图、左视图、右视图和立体图四个视图构成，缺一不可，利用本专利外观设计的产品应当能够完整一致地体现四个视图所确定的视觉效果。本专利左视图与立体图中明示有一横杆，而右视图中却无此横杆，显然，本专利视图之间存在矛盾。本领域普通设计人员根据本专利视图所示不能确定专利产品是否应具有该横杆，无法生产出左视图与立体图中有一横杆而右视图却无此横杆的专利产品，该瑕疵应属于明显的制图错误。由于该制图错误导致本专利的保护对象不能确定，任何人均无法按照本专利的视图制造出相应的产品，因此，本专利不符合《专利法实施细则》第二条第三款的规定，应当被宣告无效。上诉人谢植亮虽主张右视图只是处理照片失误造成失真，但并未提供有效证据证明该主张，故其关于本专利的上述瑕疵不足以导致本专利不符合《专利法实施细则》第二条第三款之规定的上诉主张没有事实和法律依据，本院不予支持。

综上，上诉人谢植亮的上诉理由缺乏事实及法律依据，不能成立，本院不予支持。一审判决认定事实清楚，适用法律正确，应予维持。依据《中华人民共和国行政诉讼法》第六十一条第（一）项之规定，判决如下：

驳回上诉，维持原判。

一审案件受理费100元，由谢植亮负担（已交纳）；二审案件受理费100元，由谢植亮负担（已交纳）。

本判决为终审判决。

审　判　长　刘继祥
审　判　员　莎日娜
代理审判员　刘晓军
二〇〇八年四月二十四日
书　记　员　刘　悠

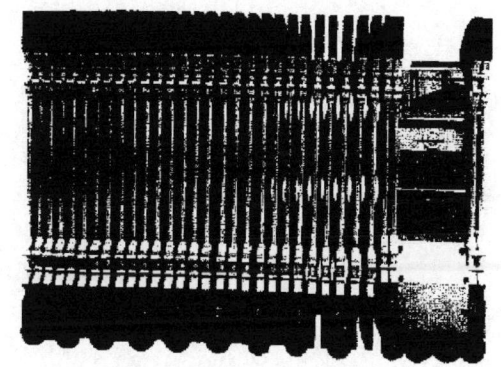
主视图

左视图

右视图

立体图

本专利

酵母包装袋

无效宣告请求审查决定（第9985号）

决 定 号	第9985号
决 定 日	2007年6月8日
发明创造名称	酵母包装袋
外观设计分类号	09-05
无效宣告请求人	定陶县安箕富强酵母厂
专 利 权 人	孙贵荣
申 请 号	200530090646.5
申 请 日	2005年3月11日
授权公告日	2005年11月30日
合议组组长	钟 华
主 审 员	汤 锷
参 审 员	李 熙
附 图	1页

法 律 依 据 专利法第23条

决 定 要 点

本专利与在先设计形状相同，图案的区别微乎其微，不足以对两者的整体视觉效果产生显著的影响。

一、案由

本无效宣告请求涉及中华人民共和国国家知识产权局于2005年11月30日授权公告的、名称为"酵母包装袋"的外观设计专利权（下称本专利），其申请号是200530090646.5，申请日是2005年3月11日，专利权人是孙贵荣。

针对本专利权，定陶县安箕富强酵母厂（下称请求人）于2006年5月15日向专利复审委员会提出无效宣告请求，认为本专利不符合专利法第23条的规定，同时请求人提交了如下附件：

附件1：网上检索到的200330126762.9号中国外观设计专利信息及其图形打印件，其授权公告日为2004年8月4日；

附件2：请求人声称于2004年印刷的宣传画；

附件3：请求人声称已使用多年的产品包装袋及其产品销售发票；

附件4：网上检索到的本专利外观设计专利信息及其图形打印件；

附件5：请求人声称的本专利产品包装袋；

请求人认为：（1）本专利与附件1所示外观设计是相近似的外观设计，不符合专利法第23条的规定；（2）附件2证明本专利在申请日以前已经公开发表和公开使用；（3）附件3证明本专利在申请日以前已经公开使用。

经形式审查合格，专利复审委员会依法受理了上述无效宣告请求，并于2006年7月24日向请求人和专利权人发出无效宣告请求受理通知书，同时将专利权无效宣告请求书及其附件清单中所列附件的副本转送给专利权人，并要求专利权人在指定的期限内陈述意见。

针对专利复审委员会于2006年7月24日发出的上述无效宣告请求受理通知书，专利权人于2006年8月21日提交了意见陈述书，并提交如下证据：

反证1：菏泽华亚实业有限公司彩印厂的证明；

反证2：山东金麦食品有限公司菏泽分公司的证明；

反证3：本专利的产品以及包装彩页、请求人所提交的附件1所对应的产品。

专利权人认为：本专利与附件1所示外观设计存在明显差异，两者既不相同也不相近似；两者主视图的色彩明显不同；两者字体大小明显不同；两者商标、商号更有显著不同；两者包装袋上侧绿色长方体尺寸上下间的宽度相差三分之一，且绿色的深浅明显差异，中间的英文字母字体，外观也显著差异；两者黄色半圆的色彩深浅差异明显。中间加注的各自商标更是显著不同；两者包装袋两侧的三角形大小形状差异明显，且红色颜色深浅不同。一个是两斜边为曲线，一个两斜边由一曲线和直线组成；两者银色主视图形状差异明显，一个是由两曲线组成的长形半椭圆体（馒头形），另一个是由两直线组成的锥形体；两者包装袋下侧印刷生产厂名的位置颜色不同，一个是透印在银底绿色长方体上，并与上侧印有英文字母的较宽形绿色和长方体形成对应。一个是用黑色字体直接印在银色包装带袋边，从而造成包装袋下边显著差异；两者包装袋背面更是差异显著：一是左上角商标差异显著，一个是产品说明、另一个是产品及使用说明；一个是用中文书写说明，另一个是用中、英文书写说明；右下角的条形码尺寸差异明显，底边一个即有红色字体的广告语、营养高、发面快、新一代、另一个无任何内容；一个是用黑色线围绕产品说明，另一个无任何围绕。因此，本专利权应得到维持。

专利复审委员会依法成立合议组对本案进行审查。

本案合议组于2007年3月16日向双方发出无效宣告请求口头审理通知书，定于2007年4月26日举行口头审理。随同口头审理通知书，将专利权人于2006年8月21日提交的意见陈述书及其附件清单中所列附件的副本转送给请求人。

口头审理如期举行，请求人单方参加了口头审理。在口头审理中，请求人对合议组成员没有回避请求，对合议组成员的变更没有异议。请求人当庭表示对专利权人提交的反证1、反证2的真实性有异议；对反证3的真实性没有异议。

请求人明确其无效的理由、证据、范围以及证据的使用情况为：附件1和本专利相近似，证明本外观设计专利在申请日以前在国内已经公开发表；附件2和本专利相近似，证明本外观设计专利在申请日以前已经公开发表和公开使用；附件3证明本外观设计专利在申请日以前已经公开使用。因此，本专利不符合专利法第23条的规定。

合议组于2007年4月26日向专利权人发出合议组成员告知通知书，要求其在指定的期限内答复，专利权人逾期未答复，视为无回避请求。

至此，合议组认为本案事实已经清楚，可以作出审查决定。

二、决定的理由

1. 关于证据

请求人提交的附件1是网上检索到的授权公告日为2004年8月4日、专利号为200330126762.9的中国外观设计专利信息及其图形打印件，经合议组核实其内容真实，并且由于附件1的公开日期2004年8月4日在本专利的申请日2005年3月11日前，因此合议组认为附件1可以用于评价本专利是否符合专利法第23条的规定。

专利权人提交的反证1、2均为公司出具的证明，其上虽有公司公盖，但缺少公司负责人或经办人的签名或盖单，缺少证明的构成要件，并且也没有相关证人出庭作证，同时请求人又对其真实性提出异议，因此，合议组无法确定上述反证1、2的真实性。

专利权人提交的反证3为本专利的产品以及包装彩页、请求人所提交的附件1所对应的产品。由于请求人对反证3的真实性没有异议，合议组对该证据予以采信。但反证3不能否认附件1的真实性，因此，附件1所记载的外观设计构成在本专利申请日前公开的外观设计（下称在先设计）。

2. 关于专利法第23条

专利法第23条规定：授予专利权的外观设计，应当同申请日以前在国内外出版物上公开发表过或者国内公开使用过的外观设计不相同和不相近似，并不得与他人在先取得的合法权利相冲突。

现对本专利与在先设计作相近似比较如下：

本专利为一种酵母包装袋，请求保护色彩，其主视图上方为一块长方形的绿色色块，中间有拼音字母，下面是一个黄色的半圆，半圆的下面是黑色的高活性干酵母字样，两侧为两个非直线的红色三角形，最下方为一较窄长方形的绿色色块（详见本专利附图）。

在先设计为一种酵母包装袋，包括主视图和后视图。其主视图上方为一块长方形的绿色色块，中间有拼音字母，下面是一个黄色半圆，半圆的半圆的下面是黑色的高活性干酵母字样，两侧为两个非直线的红色三角形。后视图所示包装袋背面主要为矩形边框及其内已被删掉的文字、图表等产品说明性设计（详见在先设计附图）。

将本专利与在先设计相比，两者的整体形状相同，图案相似，色彩近似。专利权人认为两者的主要区别在于：本专利与附件1存在一定的形状差别，例如三角形形状，一个是两斜边为曲线，一个是两斜边由一曲线和直线组成；包装袋下方印刷生产厂名的位置一个是透印在绿色长方体上，一个是直接印在白色包装袋袋边等。对此，合议组认为：本专利与在先设计的形状相同，上述图案和色彩的区别是微乎其微的，不足以对两者的整体视觉效果产生显著的影响，本专利后视图包装袋背面说明性设计对于一般消费者而言属于极易忽略的次要部分，对前述包装袋正面所形成的整体效果影响甚微，两者极相近似的包装袋正面设计决定了其相似的整体外观视觉效果。因此，应认定本专利与在先设计相近似，本专利不符合专利法第23条的规定。

鉴于上述评述已得出本专利不符合授权条件的结论，合议组对请求人提出的其他理由和证据不再予以评述。

根据上述的事实和理由，本案合议组依法作出以下决定。

三、决定

宣告200530090646.5号外观设计专利权无效。

当事人对本决定不服的，可以根据专利法第46条第2款的规定，自收到本决定之日起三个月内向北京市第一中级人民法院起诉。根据该款的规定，一方当事人起诉后，另一方当事人应当作为第三人参加诉讼。

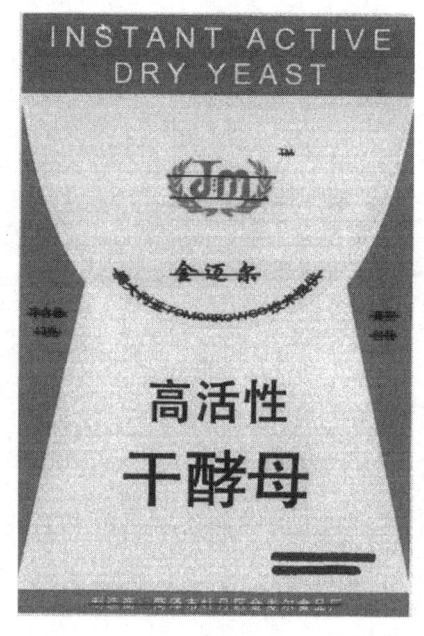

主视图　　　　　　　　　　　后视图

本专利

主视图　　　　　　　　　　　后视图

在先设计

条形熔断器式隔离开关

无效宣告请求审查决定（第9987号）

决 定 号	第9987号
决 定 日	2007年6月16日
发明创造名称	条形熔断器式隔离开关
外观设计分类号	13-03
无效宣告请求人	北京明日电器设备有限责任公司
专 利 权 人	维纳尔（北京）电气系统有限公司
专 利 号	03367238.5
申 请 日	2003年9月18日
授 权 公 告 日	2004年6月16日
合议组组长	钱亦俊
主 审 员	徐清平
参 审 员	钟 华
附 图	1页

法 律 依 据 专利法第23条

决 定 要 点

本案证据中产品宣传册虽为域外形成的证据，但在专利权人对其真实性无异议的情况下，无需相关公证认证即可对其真实性予以确认。

对于企业产品宣传册，在无证据表明为企业内部保密性材料的情况下，根据一般常识，其应属用于向不特定公众发放，即可认定属于专利法所规定的出版物。

本专利与其申请日前在出版物上开发表过的开关外观设计相近似，因此，本专利不符合专利法第23条的规定。

一、案由

本无效宣告请求涉及的是国家知识产权局于2004年6月16日授权公告03367238.5号外观设计专利，其使用该外观设计的产品名称为"条形熔断器式隔离开关"，申请日是2003年9月18日，专利权人是维纳尔（北京）电气系统有限公司。

针对上述专利权（下称本专利），北京明日电器设备有限责任公司（下称请求人）于2005年4月4日向专利复审委员会提出无效宣告请求，其理由是本专利不符合专利法第23条的规定，请求人认为在本专利申请日前已有与其相同或者相近似的外观设计在出版物上公开发表过和在国内公开销售使用过。与此同时，请求人提交了如下附件作为证据：

附件1：2002年第1期《低压电器》杂志相关页复印件3页；

附件2：上海增值税专用发票复印件1张；

附件3：产品说明书复印件3页。

专利复审委员会经形式审查合格受理了该无效宣告请求，并于2005年4月6日将无效宣告请求书及相关材料转送给专利权人。

专利复审委员会于2005年5月13日收到专利权人的意见陈述书，专利权人认为请求人提交附件1杂志公开的产品图片是三个拉手的开关，分别控制三个透明监视窗，与本专利外观设计即不相同也不相近似；附件2发票上没有具体视图，且孤证发票缺乏真实性，仅凭发票无法证明本专利产品在申请日前公开使用；附件3产品说明书没有出版日，不属于专利法第23条所述的申请日前公开出版物。

专利复审委员会于2005年5月25日将专利权人的意见陈述书转给请求人。请求人于2005年6月2日提交了意见陈述，请求人认为附件1图片公开了本专利除一个刀柄以外的其他外观设计要部；附件2上海嘉仪电气有限公司开给上海琪依电气有限公司的发票显示，产品型号为33097、33093的电器在本专利申请日前已在国内公开销售，对应附件3专利权人公司的产品宣传册可证明所销售产品的形状。

针对本专利，请求人于2005年6月2日再次向专利复审委员会提出无效宣告请求，其理由是：在本专利申请日前已有与本专利形状相同的产品在国外出版物上公开发表，本专利不符合专利法第23条的规定。请求人同时提交了一份附件作为证据（编号续前）：

附件4：维纳尔公司《ALLESMiTSPANNUNG》2002英文版产品宣传册复印件7页。

经形式审查合格，专利复审委员会受理了该无效宣告请求，并于2005年6月28日将无效请求书及相关材料转送给专利权人。

专利复审委员会于2005年9月22日对请求人的上述两次无效宣告请求合并进行口头审理，双方当事人均委托代理人参加了审理。请求人当庭提交附件1所示《低压电器》2002年第1期杂志原件一本，提交附件2所示上海嘉仪电气有限公司销售给上海琪依电气有限公司产品的发票原件一张，提交附件3所示产品说明书一本，提交附件4所示英文版产品说明书一本（缺末页）。专利权人对请求人提交的附件1的真实性无异议，对附件2、附件3的真实性有异议，对附件4的真实性没有异议，但认为该证据是在境外形成，应履行公证、认证手续。专利权人当庭也提交了一本附件4所示产品说明书，证明该说明书是专为工程技术人员掌握的设计资料，不是公开出版物。双方均认可附件4中请求人所指定的三幅产品图片表示的是同一产品。请求人当庭还补充提交了2份维纳尔（天津）电气有限公司于2002年12月10日将公司名称变更为维纳尔（北京）电气系统有限公司的证明材料和附件4相关页的中文译文3页，专利权人也提交了附件4所示英文版产品说明书末页译文2页，合议组当庭将双方当事人提交的证明材料及译文转给对方当事人，并告知双方当事人可在七日内陈述意见。

口头审理之后，专利复审委员会分别收到双方当事人的意见陈述书，各自坚持原有观点。

经过上述审理，专利复审委员会于2005年10月27日作出第7606号无效宣告请求审查决定，决定认定：附件1所示2002年第1期《低压电器》杂志属于本专利申请日之前于国内公开发行的出版物，并将其中刊登的一张照片所示"NH-条形熔断器式负荷隔离开关"外观设计与本专利进行了对比，认定二者应属不相同也不相近似外观设计。附件2发票所示销售商是上海嘉仪电气有限公司，而附件3是维纳尔公司的产品说明书，不同厂家产品型号相同不代表产品形状必然相同，即后者产品说明书中介绍的产品并不必然与前者所售产品形状相同，故附件2、附件3不能形成完整的证据链证明在本专利申请日前已有与本专利形状相同或相近似产品在国内公开使用这一事实。附件4所示印刷品为域外形成的证据，根据最高人民法院《民事诉讼证据司法解释》第11条的规定，请求人应对该证据进行公证、认证，请求人未能提交必要的公证、认证材料，该证据不符合证据形式要求，因此附件4不予采信。综上所述，请求人的主张未得到证据的有效支持，不能证明在本专利申请日以前已有相同或相近似的外观设计在国内公开发表过或在国内公开销售使用过，故作出维持本专利权有效的决定。

请求人不服专利复审委员会第7606号无效宣告请求审查决定，向北京市第一中级人民法院提起行政诉讼。北京市第一中级人民法院经过审理，于2006年6月26日作出"（2006）一中行初字第226号行政判决书"（以下简称行政判决）。判决认定："由于在行政程序中，维纳尔公司（即专利权人）对于附件4的真实性明确表示不持异议，被告在被诉决定中认为明日公司（即请求人）未能提交附件4必要的公证、认证材料，该证据不符合证据形式要求，因此对附件4不予采信的结论，缺乏法律依据，本院不予支持。"据此判决撤销专利复审委员会第7606号无效宣告请求审查决定。该判决现已生效。

根据审查指南有关规定，专利复审委员会重新组成合议组对上述无效宣告请求进行审理。

2006年8月30日请求人主动提交意见陈述书，请求人认为专利复审委员会第7606号无效宣告请求审查决定已被生效行政判决撤销，对于附件4的真实性应予确认，其所示产品手册为维纳尔公司向全球发布产品信息的手册，提供给任何需要相关信息的不特定公众，为出版日在本专利申请日之前的出版物，且公开了与本专利相近似的外观设计，并进行了详细外观设计对比，由此认为应宣告本专利无效。

2007年3月22日合议组向双方当事人发出无效宣告请求审查通知书，通知双方如有进一步意见陈述，应在指定期限内依照2006年7月1日施行的审查指南和"施行修订后审查指南的过渡办法"相关规定对本案陈述意见。同时将请求人于2006年8月30日提交的意见陈述书副本转送给专利权人，要求其在指定期限内内陈述意见。并以该通知告知双方新组成的合议组成员。

双方均逾期未作答复，均未对合议组成员提出回避请求。

合议组经合议，认为本案事实清楚，依法作出本审查决定。

二、决定的理由

1. 法律依据

基于请求人提出无效宣告请求所依据的事实和理由，合议组对本专利是否符合专利法第23条的规定进行审查。专利法第23条规定：授予专利权的外观设计，应当同申请日以前在国内外出版物上公开发表过或者国内公开使用过的外观设计不相同和不相近似，并不得与他人在先取得的合法权利相冲突。

2. 证据认定

请求人提交的作为证据的附件4是维纳尔公司《ALLESMiTSPANNUNG》2002英文版产品宣传册复印件，口头审理中提交了原件，专利权人认可其确是维纳尔公司印制的材料，对其真实性无异议，因此合议组对该证据予以采信。专利权人称附件4所示为工程技术人员掌握的设计资料，不是公开出版物，合议组认为，该证据所示材料作为企业产品宣传或说明性印刷册，在无证据表明为企业内部保密性材料的情况下，根据一般常识，其应属用于向不特定公众发放，同时该宣传册封二记载了其电子版CD-ROM的下载网址和订购电话，亦可进一步说明，由此可认定其属于专利法所规定的出版物；尽管专利权人在意见陈述中称所述网址下载必须在输入用户名和密码前提下，只有特定人才可以进入网页，而用户名和密码不是自由注册的，且网页上的资料与附件4所示印刷本没有一一对应关系，但专利权人对此并未举证证明，其不足以反驳前述该宣传册电子版可以公开订购的事实。在附件4宣传册封面印有"2002英文版"字样可表明其印刷发行时间，按照审查指南的相关规定可推定其公开日为2002年12月31日，即在本专利申请日之前，因此，该宣传册为本专利申请日之前的公开出版物，可以作为判断本专利是否符合专利法第23条规定的证据。

3. 外观设计对比

请求人指定了附件4宣传册中三幅图片所示产品外观设计与本专利进行对比，双方均认可该三幅图片表示的是同一产品，其产品名称为"NH条形熔断式负荷隔离开关"，与本专利属属相同种类的产品，合议组将其中第二幅图片所示产品外观设计（下称在先设计）与本专利作如下对比：

本专利包括六面正投影视图，简要说明记载请求保护色彩。所示开关整体形状为近似长条性长方体，其正面为三个蓝色监视窗，沿监视窗边框配有侧面呈弧形的白色开关刀柄，开关的下部为带有波浪状凹槽的半透明灰色护罩，开关两侧面有长条状透气孔及其垂直向凹槽，开关顶面有横向条纹，底面为前述护罩的拱形开口并可见内部有孔槽，背面为安装孔槽（详见本专利附图）。

在先设计为一幅立体图表示，其开关整体形状为近似长条性长方体，正面为三个蓝色监视窗，沿监视窗边框配有侧面呈弧形的白色开关刀柄，开关的下部为带有波浪状凹槽的半透明灰色护罩，透过护罩可见其底面拱形开口，开关一侧面有长条状透气孔及其垂直向凹槽，开关顶面有横向条纹，背面、另一侧面及透过底面开口的设计未显示（详见在先设计附图）。

将本专利与在先设计相比较，在先设计未显示出其开关背面、另一侧面及透过护罩底面开口所示设计，合议组认为，本专利与在先设计所示开关在使用状态下，其侧面、背面和透过底面开口内部的设计为不易见或不可见部位，不会被一般消费者所关注，而本专利的显著视觉效果在于其整体形状、正面监视窗、开关刀柄、护罩及色彩设计所形成的视觉效果，本专利对应于在先设计未显示面的设计不会对整体视觉效果产生显著影响，根据审查指南规定不影响对二者进行整体观察、综合判断。而二者除在先设计未显示面的其他设计均基本相同，即整体形状、正面监视窗、开关刀柄、护罩及色彩设计设计基本相同，其构成了二者相近似的整体视觉效果，因此本专利与在先设计属于相近似的外观设计。

综上所述，本专利与其申请日前在出版物上开发表过的外观设计相近似，因此，本专利不符合专利法第23条的规定。

鉴于上述已得出本专利不符合专利法第23条规定的结论，本决定对请求人提出的其他理由和证据不现作出评述。

三、决定

宣告03367238.5号外观设计专利权全部无效。

当事人对本决定不服的，可以根据专利法第46条第2款的规定，自收到本决定之日起三个月内向北京市第一中级人民法院起诉。根据该款的规定，一方当事人起诉后，另一方当事人应当作为第三人参加诉讼。

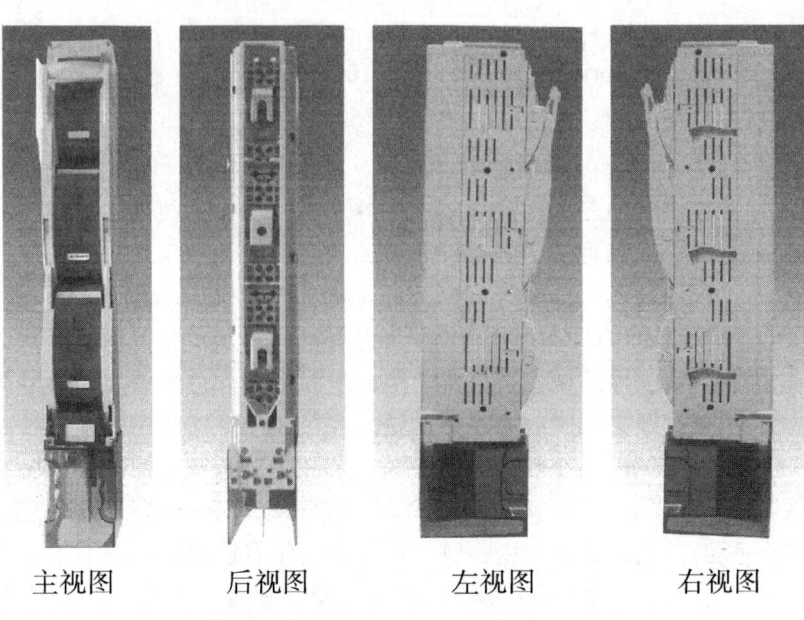

主视图　　后视图　　左视图　　右视图

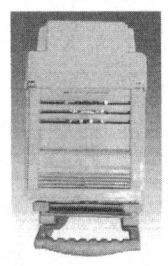 

俯视图　　仰视图

本专利

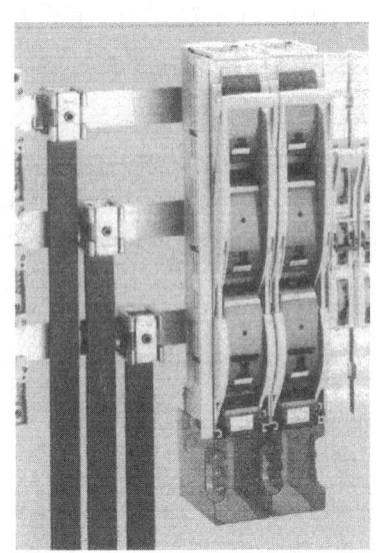

在先设计

外墙砖（世纪砖）

无效宣告请求审查决定（第 9993 号）

决 定 号	第 9993 号
决 定 日	2007 年 6 月 12 日
发明创造名称	外墙砖（世纪砖）
外观设计分类号	25-01
无效宣告请求人	苏翠筠
专 利 权 人	福建长江集团有限公司
申 请 号	00332047.2
申 请 日	2000 年 8 月 9 日
授 权 公 告 日	2001 年 3 月 28 日
合议组组长	徐清平
主 审 员	王霞军
参 审 员	钟 华
附 图	1 页

法 律 依 据 专利法第 9 条

决 定 要 点

同样的发明创造对于外观设计而言是指两项外观设计相同或者相近似，在本专利申请日前已有他人就同样的外观设计申请了专利，并在后被授予专利权，因此，本专利不符合专利法第 9 条的规定。

一、案由

本无效宣告请求涉及的是国家知识产权局于 2001 年 3 月 28 日授权公告的，名称为"外墙砖（世纪砖）"的外观设计专利（下称本专利），其申请号是 00332047.2，申请日是 2000 年 8 月 9 日，原专利权人是福建省长江集团公司，2006 年 6 月 21 日经公告变更为福建长江集团有限公司。

针对上述专利权，苏翠筠（下称请求人）于 2006 年 7 月 27 日向专利复审委员会提出无效宣告请求，其理由是：本专利与其申请日前在先申请、公告的外观专利比较，其形状完全相同，均为长方形砖体，表面形成花纹，区别仅在于花纹的细部略有不同，应当认定为相近似。本专利不符合专利法第 23 条、第 9 条和专利法实施细则第 13 条第 1 款的规定。与此同时，请求人提交了如下附件作为证据：

附件 1，99316006.9 号外观设计专利著录项目和图片复印件；
附件 2，00306581.2 号外观设计专利著录项目和图片复印件；
附件 3，00326799.7 号外观设计专利著录项目和图片复印件；

附件 4，本专利公报复印件。

经形式审查合格，专利复审委员会于 2006 年 10 月 11 日受理了此案，并将无效请求书及相关材料转送给专利权人。

专利权人于 2006 年 11 月 9 日针对请求人无效宣告请求书进行了答复。专利权人认为，请求人提交的三篇对比文件与本专利比较，虽然形状均长方形，但图案上有显著差别，本专利表面为直线断裂线分割成具有凹凸感的开裂效果，而三篇对比文件产品表面为立体花纹，由曲线分割成的凹凸感的如云状的图案，本专利看起来更具硬性的质感而对比文件更具有柔和的感觉，是完全不同的设计风格与视觉感受，因此本专利与对比文件不构成近似，请求维持本专利权有效。

专利复审委员会于 2006 年 12 月 29 日向双方当事人发出合议组成员告知通知书，在规定的期限内双方当事人均未对合议组成员提出回避请求。

合议组认为本案事实清楚，可以依法作出审查决定。

二、决定的理由

（1）基于请求人提出的无效宣告请求理由，合议组对本专利是否符合专利法第 23 条、第 9 条和专利法实施细则第 13 条第 1 款的规定进行审查。

专利法第 23 条规定：授予专利权的外观设计，应当同申请日以前在国内外出版物上公开发表过或者国内公开使用过的外观设计不相同和不相近似，并不得与他人在先取得的合法权利相冲突。

专利法第 9 条规定：两个以上的申请人分别就同样的发明创造申请专利的，专利权授予最先申请的人。

专利法实施细则第 13 条第 1 款规定"同样的发明创造只能被授予一项专利"。

（2）请求人提交的附件 3 是 00326799.7 号外观设计专利著录项目和图片（下称在先设计），经合议组核实，该著录项目内容和图片与该专利公报公开的内容相符，其真实性可以确认。在先设计的申请日是 2000 年 5 月 24 日，授权公告日为 2001 年 1 月 3 日，专利权是赖锦义，该在先设计是在本专利申请日以前申请并且在本专利申请日以后公告的他人外观设计专利，该证据适用专利法第 9 条的规定。

在先设计与本专利均为瓷砖类产品，用途相同，二者具有可比性，可以进行相同或相近似比较。

本专利公开了产品 3 面视图，即主视图、仰视图和左视图。简要说明：右视图与左视图相同，省略右视图；俯视图与仰视图对称省略俯视图；省略后视图。如图所示，本专利整体形状为长方体，四周有阶状矩形框，瓷砖表面由各种不规则略微凸起的块组成的图案，块与块之间由细条纹分割开（详见本专利附图）。

请求人提交了在先设计的主视图，如图所示，在先设计形状为长方体，四周有阶状矩形框，瓷砖表面图案由各种不规则形状的凹凸块组成（详见在先设计附图）。

审查指南第四部分第五章第 4 节判断原则中规定：使用时容易看到部分的设计变化相对于不容易看到或者看不到部位的设计变化，通常对整体视觉效果更具有显著的影响。合议组认为，瓷砖产品在使用时受朝向的限制，瓷砖正面所展示的图案是一般消费者最为瞩目的，在判断二者外观设计是否相近似时，正面的形状和图案通常对整体视觉效果更具有显著的影响。

将本专利与在先设计比较，其视觉要点在于产品的正面形状、图案，故应将在先设计的正面形状、图案与本专利作对比，二者相同点是，本专利与在先设计正面形状均为长方形，四周有阶状矩形框，瓷砖表面图案均由各种不规则的块组成，其区别点为：本专利在不规则的块与块之间由一条细条纹线分割开，而在先设计是由大的不规则凹凸块组成。合议组认为，本专利与在先设计的整体图案均由不规则的块组成，不规则形状块的图案已给一般消费者留下了相近似的整体视觉效果，二者差异不足以对整体视觉效果产生显著的影响。因此，本专利与在先设计产品属于相近似的外观设计。

（3）专利法第9条所述的"同样的发明创造"，对于外观设计而言，是指外观设计相同或者相近似。因此，本专利与在先设计属于同样的发明创造。

（4）综上所述，在本专利申请日前已有他人就同样的外观设计申请了专利并在之后被授予专利权，因此，本专利不符合专利法第9条的规定，鉴于已得出上述结论，本决定对请求人提出的其他理由和证据不再评述。

三、决定

宣告00332047.2号外观设计专利权全部无效。

当事人对本决定不服的，可以根据专利法第46条第2款的规定，自收到本决定之日起三个月内向北京市第一中级人民法院起诉。根据该款的规定，一方当事人起诉后，另一方当事人应当作为第三人参加诉讼。

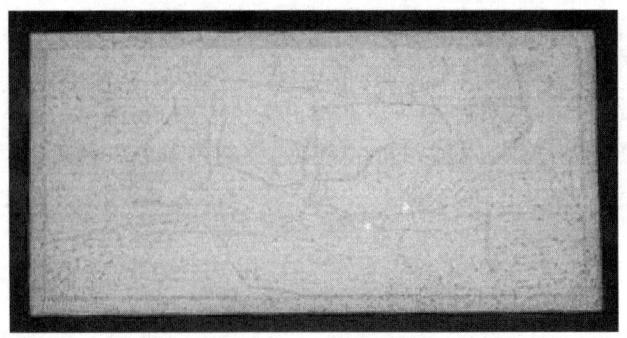

本专利主视图

在先设计附图

瓷砖（七）

无效宣告请求审查决定（第9994号）

决 定 号	第9994号
决 定 日	2007年6月19日
发明创造名称	瓷砖（七）
外观设计分类号	25-01
无效宣告请求人	张少勇
专 利 权 人	陈立闽
申 请 号	200430005993.9
申 请 日	2004年3月24日
授权公告日	2004年12月15日
合议组组长	钟 华
主 审 员	王霞军
参 审 员	徐清平
附 图	2页

法 律 依 据 专利法第23条

决 定 要 点

瓷砖类产品在使用时受朝向的限制，瓷砖正面所展示的图案是一般消费者最为瞩目的，在判断二者外观设计是否相近似时，正面的形状和图案通常对整体视觉效果更具有显著的影响。

本专利和在先设计产品在使用状态下，图案与图案之间相互拼接，其效果均是由四边形组成的图案，区别点仅为其中一个四边形内图案略不同，应属于局部细微变化。二者产品的形状、图案已给一般消费者留下了相近似的整体视觉效果，其差异不足以对整体视觉效果产生显著影响。因此，本专利与在先设计属于相近似的外观设计。

一、案由

本无效宣告请求涉及的是国家知识产权局于2004年12月15日授权公告的，名称为"瓷砖（七）"的外观设计专利（下称本专利），其申请号是200430005993.9，申请日是2004年3月24日，专利权人是陈立闽。

针对上述专利权，张少勇（下称请求人）于2006年7月26日向专利复审委员会提出无效宣告请求，其理由是：本专利与其申请日前已授权公告的外观设计专利相近似，本专利不符合专利法第23条的规定。与此同时，请求人提交了如下附件作为证据：

附件1，本专利著录项目和图片复印件；

附件2，02369360.6号外观设计专利公报复印件。

经形式审查合格，专利复审委员会于2006年10月20日受理了此案，并将无效请求书及相关材料转送给专利权人。

专利权人于2006年11月16日针对请求人无效宣告请求进行了答复。专利权人认为：本专利与附件2相比，图案设计风格不同，产生的视觉效果也不同。本专利的视觉感觉集中在瓷砖中间的平行四边形部分，而附件2的视觉感觉集中在中间的两三棱椎状组成的平行四边形上，因此，两者是不相同也不相近似的。本专利的授予符合专利法第23条的规定。

专利复审委员会于2006年12月29日向双方当事人发出合议组成员告知通知书，在规定的期限内双方当事人均未对合议组成员提出回避请求。

合议组经合议，认为本案事实清楚，可以依法作出审查决定。

二、决定的理由

（1）基于请求人提出的无效宣告请求理由，合议组对本专利是否符合专利法第23条的规定进行审查。

专利法第23条规定：授予专利权的外观设计，应当同申请日以前在国内外出版物上公开发表过或者国内公开使用过的外观设计不相同和不相近似，并不得与他人在先取得的合法权利相冲突。

（2）请求人提交的附件2是国家知识产权局于2003年6月18日授权公告的、专利号是02369360.6外观设计专利公报，经合议组核实，复印件与原件相符，其真实性可以确认。附件2的公开日期早于本专利的申请日，属于专利法第23条规定的出版物，其上记载的外观设计构成在本专利申请日前公开发表过的外观设计（下称在先设计），在先设计与本专利均为瓷砖类产品，用途相同，二者具有可比性，可以进行相近似比较。

本专利公报公开了6面视图，即主视图、左视图、右视图、仰视图、右视图和剖面视图，省略后视图。如图所示，本专利整体形状为长方体，瓷砖表面由两组相同呈正方形的图案，每组图案中部设计为对角相接的四边形，四边形内图案由若干略有凹凸的竖条波纹组成，四边形长边分别为两个对角三角形长边，三角形内为略突起三棱锥形状（详见本专利附图）。

在先设计公开了5幅视图，即主视图、左视图、右视图、仰视图和右视图，省略后视图。如图所示，在先设计整体形状为长方体，瓷砖表面由两组相同呈正方形的图案。每组图案中部为两个相对的三角形组成的四边形，三角形内为略突起三棱锥形状，四边形长边分别为两个对角三角形长边，三角形内的图案是由不规则的凹凸点组成（详见在先设计附图）。

审查指南第四部分第五章第4节判断原则中规定：使用时容易看到部分的设计变化相对于不容易看到或者看不到部位的设计变化，通常对整体视觉效果更具有显著的影响。合议组认为，瓷砖产品在使用时受朝向的限制，瓷砖正面所展示的图案是一般消费者最为瞩目的，在判断二者外观设计是否相近似时，正面的形状和图案通常对整体视觉效果更具有显著的影响。

将本专利与在先设计比较，其视觉要点在于产品的正面形状、图案，故应将在先设计的正面形状、图案与本专利作对比，二者相同点是：整体形状均为长方体，瓷砖表面由两组相同呈正方形的图案，每组图案均由四边形和三角形组合而成，其区别点为：本专利与在先设计的四边形和三角形内的图案设计互为相反，本专利四边形内为波纹图案，两对角三角形内为三棱锥形，而在先设计的四边形由两个三棱锥组成的三角形组合而成，两个对角三角形内为凹凸点图案。合议组进一步分析认为，本专利与在先设计产品整体形状相同，表面均由三棱锥形和凹凸不平形状组成，只是二者图案互为相反，已给一般消费者留下了相近似的整体视觉印象。本专利和在先设计在使用状态下，大面积拼贴后图案与图案之间是相互拼接的，其效果是每组的两个对角的三角形又组成一个四边形图案，循环往复。本专利拼装后图案为波纹组成的四边形和三棱锥形组成的四边形，而在先设计拼装后的图案为三棱锥形组成的四边形和凹凸点组成的四边形。拼装后主要区别点仅在于：本专利四边形内为凹凸波纹状，而在先设计的四边形内为不规则的凹凸点状，其差别应属于局部细微变化，二者四边形图案和三棱锥形的三角形形状已给一般消费者留下了相近似的整体视觉效果，其差异不足以对整体视觉效果产生显著影响。因此，本专利与在先设计产品属于相近似的外观设计。

综上所述，在本专利申请日以前已有与其相近似的外观设计在出版物上公开发表过，本专利不符合专利法第 23 条的规定。

三、决定

宣告 200430005993.9 号外观设计专利权无效。

当事人对本决定不服的，可以根据专利法第 46 条第 2 款的规定，自收到本决定之日起三个月内向北京市第一中级人民法院起诉。根据该款的规定，一方当事人起诉后，另一方当事人应当作为第三人参加诉讼。

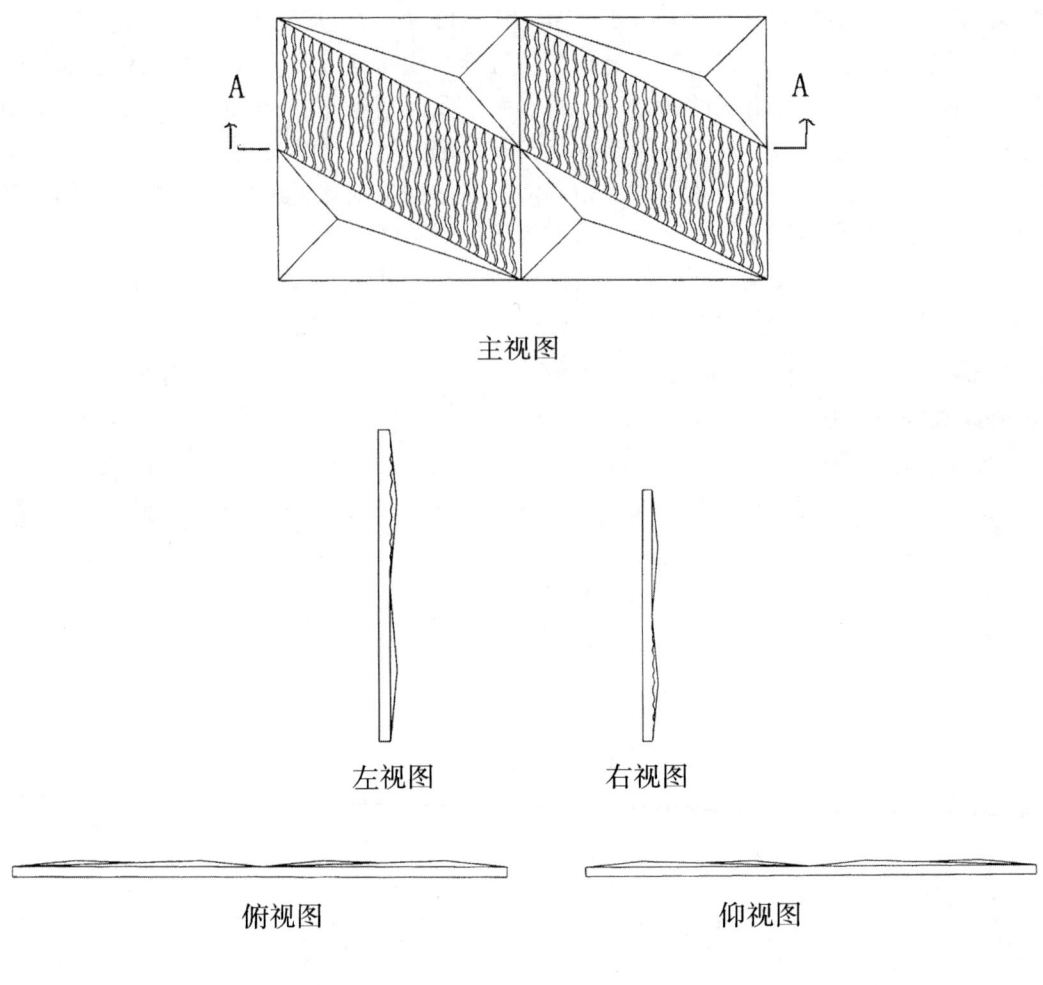

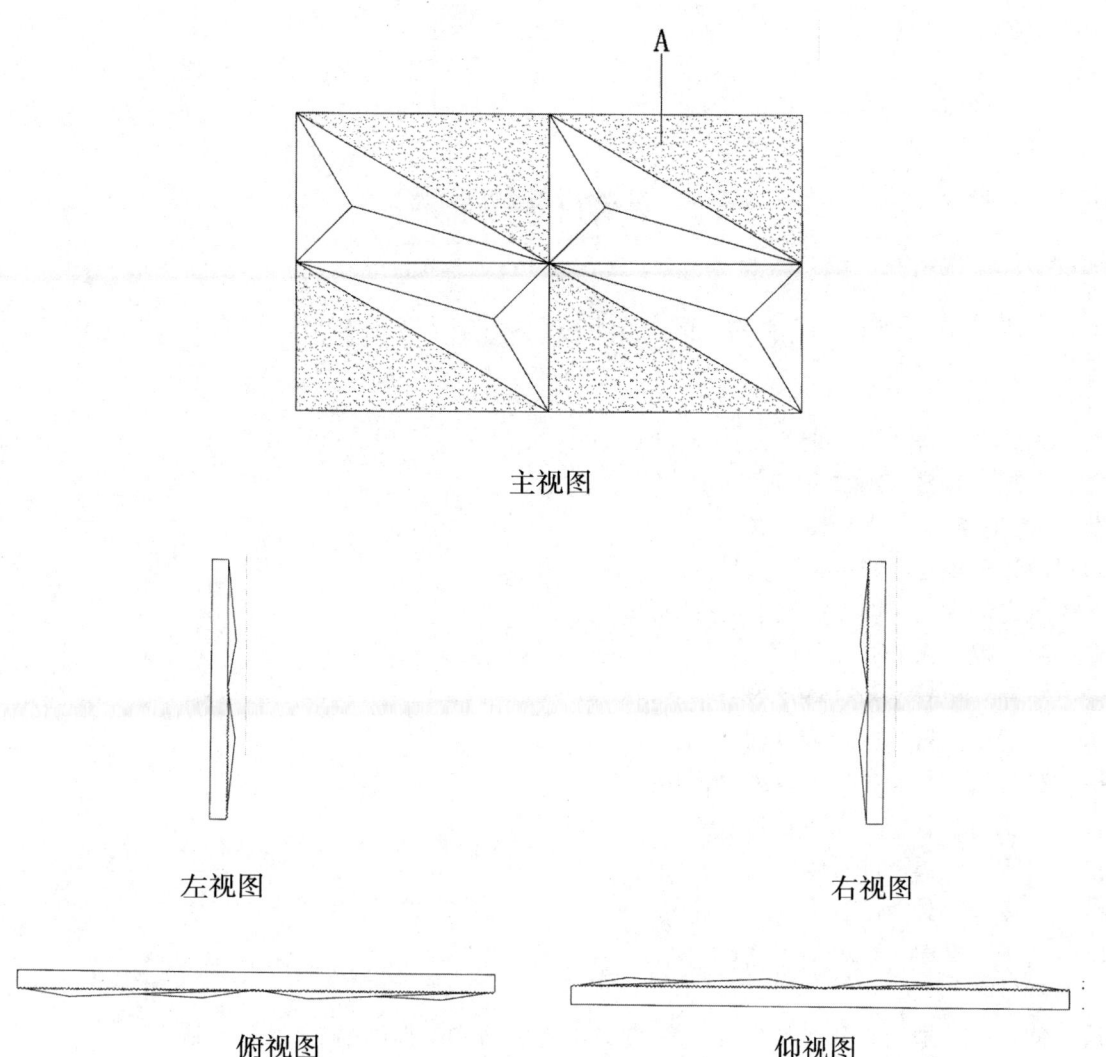

主视图

左视图　　　　　　　　　右视图

俯视图　　　　　　　　　仰视图

在先设计附图

手动搅拌器

无效宣告请求审查决定（第9995号）

决 定 号	第9995号
决 定 日	2007年6月8日
发明创造名称	手动搅拌器
外观设计分类号	07-04
无效宣告请求人	鹤山祺宝电器有限公司
专 利 权 人	百灵公司
专 利 号	99315592.8
申 请 日	1999年9月30日
授权公告日	2000年4月26日
合议组组长	吴赤兵
主 审 员	钟 华
参 审 员	徐清平
附 图	2页
法 律 依 据	专利法第9条、第23条，专利法实施细则第10条第1款
决 定 要 点	

本专利与在先设计整体形状近似，上部和中部的形状近似，下部形状的不同应属于局部的细微差别，本专利未请求保护色彩，其外表面的深色设计仅作为图案考虑，在产品整体形状近似的情况下，对于一般消费者而言，上述深色设计不足以对产品的整体视觉效果构成显著的影响，因此本专利与在先设计属于相近似的外观设计。

一、案由

本无效宣告请求涉及国家知识产权局于2000年4月26日授权公告的名称为"手动搅拌器"的99315592.8号外观设计专利（下称本专利），其申请日为1999年9月30日，优先权日为1999年4月1日，专利权人为百灵公司。

针对本专利，鹤山祺宝电器有限公司（下称请求人）于2006年8月22日向专利复审委员会提出无效宣告请求，其理由是本专利的外观设计特征早已在对比文件公开，如一般消费者施以一般注意力对两者进行综合观察，本专利与对比文件基本不存在显而易见的差别，不同之处属于局部的细微变化，因此本专利与对比文件属于相近似的外观设计，本专利不符合专利法第23条的规定。请求人同时提交如下证据：

证据1：本外观设计专利公报复印件，申请日为1999年9月30日，优先权日为1999年4月1日；

证据2：98326911.4号外观设计专利公报复印件，公开日为1999年8月4日；

证据3：97315877.8号外观设计专利公报复印件，公开日为1999年5月5日；

证据4：993112305.8号外观设计专利公报复印件，公开日为2000年4月5日；

证据5：96306461.4号外观设计专利公报复印件，公开日为1997年4月30日。

经形式审查合格，专利复审委员会依法受理了上述无效宣告请求，并于2006年9月12日将无效宣告请求书及相关文件的副本转给专利权人，要求其在指定的期限内答复。

2006年10月26日，专利权人提交了意见陈述书，认为：证据2~4的公开日均晚于本专利申请日，且本专利与请求人提交的证据2~5所记载的外观设计均不相同且不相近似，因此请求人提交的所有证据均不能证明本专利不符合专利法第23条的规定。

专利复审委员会于2007年1月10日将上述专利权人的意见陈述书转送给请求人，同时向双方当事人发出口头审理通知书，定于2007年3月6日举行口头审理。在口头审理通知书中，专利复审委员会告知双方当事人，请求人提出的无效宣告理由为本专利不符合专利法第23条的规定，本专利申请日虽然是1999年9月30日，但其优先权日为1999年4月1日，证据2~4均属于申请日（或优先权日）在先公开在后的外观设计专利，请求人可以将与上述证据对应的法律依据变更为专利法第9条。

口头审理如期举行，双方当事人均有代理人参加本次口头审理。在口头审理中，请求人认可本专利的优先权成立，明确以证据2~4证明本专利不符合专利法第9条的规定，以证据5证明本专利不符合专利法第23条的规定，认为上述对比文件均与本专利相近似。专利权人认可证据2~5的优先权成立，认为本专利与上述各对比文件均不相同且不相近似。在此基础上，双方当事人进行了充分的意见陈述和辩论。

至此，合议组认为本案事实已经调查清楚，可以作出如下审查决定。

二、决定的理由

1. 法律依据

专利法第9条规定：两个以上的申请日分别就同样的发明创造申请专利的，专利权授予最先申请的人。

专利法第23条规定：授予专利权的外观设计，应当同申请日以前在国内外出版物上公开发表过或者国内公开使用过的外观设计不相同和不相近似，并不得与他人在先取得的合法权利相冲突。

专利法实施细则第10条第1款规定：除专利法第28条和第42条规定的情形外，专利法所称申请日，有优先权的，指优先权日。

2. 证据的认定

证据1~5均为中国外观设计专利公报，经合议组核实，其内容真实，可以作为本案的定案依据。

证据1为本外观设计专利公报，其优先权日为1999年4月1日，请求人认可本专利的优先权成立。根据专利法实施细则第10条第1款的规定，在适用专利法第9条和专利法第23条时，应将本专利的优先权日1999年4月1日视为上述两条款所规定的"申请日"。

证据5为96306461.4号外观设计专利公报，其公开日为1997年4月30日，该日期早于本专利优先权日1999年4月1日，因此证据5上所记载的外观设计构成在本专利优先权日前公开发表过的外观设计（下称在先设计）。

3. 本专利是否符合专利法第23条的规定

本专利为手动搅拌器，在先设计为手持电动搅拌器，两者所属产品的种类相同，因此可以进行外观设计相近似性比较。

本专利为手动搅拌器，其整体形状近似站立的鸟的形状，上部为鸟头状，鸟喙略长，中部由上至下逐渐收缩的近似长圆锥形的鸟身部分，下部近似短圆锥形，下端设置有六个弧形缺口。鸟的头颈部的正面有长条的深色块，鸟的颈部的后面有椭圆形深色块，鸟身的中央部位也有深色环（详见本专利附图）。

在先设计为手持电动搅拌器，其整体形状近似站立的鸟的形状，上部为鸟头状，鸟喙略长，中部由上至下逐渐收缩的近似长圆锥形的鸟身部分，下部近似短圆锥形，侧面有多个条形孔（详见在先设计附图）。

将本专利与在先设计相比，两者的相同点为：整体形状均近似站立的鸟的形状，上部均为鸟头状，鸟喙均略长，中部均为由上至下逐渐收缩的近似长圆锥形的鸟身部分，下部均近似短圆锥形。两者的不同之处在于：本专利的下部的底端设置有六个弧形缺口，在先设计无此缺口；本专利的鸟喙较在先设计短，在先设计的下部侧面有多个条形孔，本专利无此条形孔；本专利的头颈部部有深色块，鸟身的中央部位也有深色环，在先设计无此设计。对此，合议组认为：本专利与在先设计整体形状近似，上部和中部的形状近似，下部形状和鸟喙长短的不同应属于局部的细微差别，对产品的整体视觉印象不具有显著的影响；本专利未请求保护色彩，其外观上的深色设计仅作为图案考虑，在产品整体形状近似的情况下，对于一般消费者而言，上述深色设计不足以对产品的整体视觉效果构成显著的影响。因此本专利与在先设计属于相近似的外观设计，本专利不符合专利法第23条的规定。

鉴于上述评述已经得出本专利不符合专利授权条件的结论，合议组对请求人提出的其他理由和证据不再予以评述。

三、决定

根据专利法第23条的规定，宣告99315592.8号外观设计专利权全部无效。

根据专利法第46条第2款的规定，当事人对本决定不服的，自收到本决定之日起三个月内向北京市第一中级人民法院起诉，根据该款规定，一方当事人起诉后，另一方当事人应当作为第三人参加诉讼。

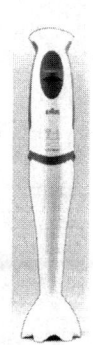 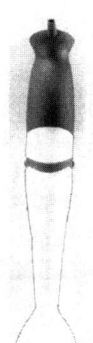

主视图　　后视图

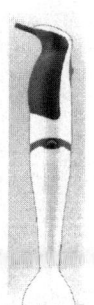 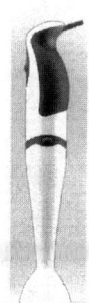

左视图　　右视图

俯视图　　仰视图

立体图

本专利附图

主视图

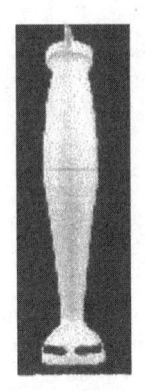
后视图

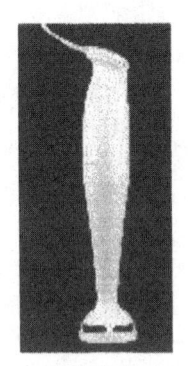
左视图

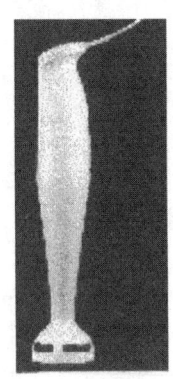
右视图

俯视图

仰视图

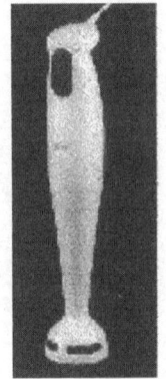
立体图

在先设计附图

北京市第一中级人民法院
行政判决书

（2007）一中行初字第1302号

原告百灵公司，住所地德意志联邦共和国图卢兹克隆博格 D-61476 法兰克福大街 145 号（FrankfurterStraβe145，D-61476Kronberg im Taunus，Germany）。

法定代表人索尼娅·克林格（Sonja Klinger），商标和外观设计高级法律顾问。

委托代理人马涛，北京市柳沈律师事务所律师。

委托代理人彭久云，北京市柳沈律师事务所律师。

被告中华人民共和国国家知识产权局专利复审委员会，住所地北京市海淀区北四环西路9号银谷大厦10~12层。

法定代表人廖涛，副主任。

委托代理人余心蕾，中华人民共和国国家知识产权局专利复审委员会审查员。

第三人鹤山祺宝电器有限公司，住所地广东省鹤山市桃源镇建设西路工业区。

法定代表人邓志明，总经理。

委托代理人陈广永，男，1965年6月11日出生，鹤山祺宝电器有限公司知识产权办公室主任，住广东省佛山市顺德区大良街道东苑新村东17座2号4楼。

原告百灵公司不服被告中华人民共和国国家知识产权局专利复审委员会（以下简称专利复审委员会）于2007年6月8日作出的第9995号无效宣告请求审查决定（以下简称第9995号决定），于法定期限内向本院提起行政诉讼。本院于2007年9月24日受理后，依法组成合议庭，并通知鹤山祺宝电器有限公司（以下简称祺宝公司）作为第三人到庭参加诉讼，于2007年11月21日公开开庭进行了审理。原告百灵公司的委托代理人马涛、彭久云，被告专利复审委员会的委托代理人余心蕾，第三人祺宝公司的委托代理人陈广永到庭参加了诉讼。本案现已审理终结。

2006年8月22日，祺宝公司针对百灵公司拥有的名称为"手动搅拌器"的外观设计（以下简称本专利）向专利复审委员会提出无效宣告请求。2007年6月8日，专利复审委员会作出第9995号决定，认为：（1）证据的认定。证据5为96306461.4外观设计专利公报，其公开日为1997年4月30日，该日期早于本专利优先权日1999年4月1日，因此证据5上所记载的外观设计构成在本专利优先权日前公开发表过的外观设计（以下简称在先设计）。（2）本专利是否符合《专利法》第二十三条的规定。本专利为手动搅拌器，在先设计为手持电动搅拌器，两者所属的产品的种类相同，因此可以进行外观设计相近似性比较。将本专利与在先设计相比，两者的相同点为：整体形状均近似站立的鸟的形状，上部均为鸟头状，鸟喙均略长，中部均为由上至下逐渐收缩的近似长圆锥形的鸟身部分，下部均近似短圆锥形。两者的不同之处在于：本专利的下部的底端设置有六个弧形缺口，在先设计无此缺口；本专利的鸟喙较在先设计短，在先设计的下部侧面有多个条形孔；本专利无此条形孔；本专利的头颈部有深色块，鸟身的中央部位也有深色环，在先设计无此设计。对此，专利复审委员会认为，本专利与在先设计整体形状近似，上部和中部的形状近似，下部形状和鸟喙长短的不同应属于局部2的细微差别，对产品的整体视觉印象不具有显著的影响；本专利未请求保护色彩，其外观上的深色设计仅作为图案考虑，在产品整体形状近似的情况下，对于一般消费者而言，上述深色设计不足以对产品的整体视觉效果构成显著的影响。因此本专利与在先设计属于相近似的外观设计，本专利不符合

《专利法》第二十三条的规定。鉴于上述评述已经得出本专利不符合专利授权条件的结论，对祺宝公司提出的其他理由和证据不再予以评述。综上，专利复审委员会作出第9995号决定，宣告本专利无效。

原告百灵公司不服第9995号决定，在法定期限内向本院提起行政诉讼。其诉称：（1）第9995号决定认定事实不清。①被告没有客观、清楚地认定本专利上部的图案在整个设计中的地位和作用。首先，不但"鸟的头颈部的正面有长条的深色块"，而且从本专利的后视图、左视图和右视图可见，该长条深色块自鸟喙下缘开始一直延伸到整体上部的1/3的位置，并占据了前半个圆周面，因此该图案无论大小还是色彩反差而言，都是突出而显著的。该长条深色块使得鸟的头、颈、胸等部位更加清晰，而且该深色块带有弧度的曲边以及向前略鼓的形状更突出了昂首的鸟的形态，使得整体更加活泼、生动，给人跃然纸上的感觉，避免了在先设计中单一色彩的苍白和呆板。其次，不但"鸟身的中央部位也有深色环"，而且该深色环将整个鸟大致分为两部分，上部对应于鸟的身体，下部对应于抽象的鸟的尾部，另外该深色环具有高低起伏而并非平直的圆环。该起伏的深色环与上述的深色块的外形相配合使得鸟的形态的整体感更强烈，进一步强化了本专利活泼、生动的设计风格。被告没有考虑上述图案在整个设计中的显著性及其对整体设计风格的影响。②被告没有客观、清楚地认定本专利下部在整个设计中的地位和作用。首先，从本专利的右视图中可以看出，该下部的高度约为整体高度的1/5，直径明显大于中部，因此下部的大小对于整体形状不是局部的、细微的。其次，本专利的下部六个弧形凹口的圆锥形与在先设计的半球形在形状上区别显著，而且本专利弧形凹口的设计在意象上模拟了鸟的尾部而与鸟的整体设计风格相融合，突出了鸟的形态，是整体设计的重要组成部分，但在先设计的半球形下部则没有这种视觉效果。因此，下部在整个设计风格中也并非局部的、细微的。最后，本专利的下部在实际使用中为搅拌头，属于搅拌器重要的工作部件，因此下部在一般消费者眼中仍然不是局部、细微的。③被告没有客观、清楚地认定在先设计的形状。首先，在先设计的上部并非为鸟头状，从在先设计的后视图和右视图可以清楚地看出该头部为圆盘形，在其下边缘存在超过3/4圆周的棱形轮廓线，这显然不是鸟头所应有的形状，其下面的凹部形成来用于手握持；而本专利的上部的下侧面则为圆弧平滑过渡，形成鸟头形状。其次，被告将中部相似作为本专利和在先设计整体形状相似的一个重要依据，但是该中部的逐渐收缩的近似长圆锥形是一种惯常设计。最后，在先设计的下部与鸟的形状无关。被告在看到本专利呈现出站立的鸟的形状之后，才下意识地认为在先设计也同样为站立的鸟的形状。④被告没有从整体考虑本专利的外观设计的视觉效果。被告将本专利和在先设计的各个组成部分逐一进行了比较，但是却没有将这些部分组和起来进行整体的比较，人为地割裂了各个组成部分之间的有机联系，不符合外观设计给人以整体视觉效果的实际情况。（2）第9995号决定适用法律错误。①被告在外观设计相同、相近似性的判断中适用主体错误。被告没有考虑同类或者相近似类产品的外观设计状况的常识性了解，从手动搅拌器的一般消费者的角度出发来对本专利和在先设计进行比较和判断，从而不正确地夸大了中部为逐渐收缩的近似长圆锥形这一惯常设计在相同和相近似判断中的作用，并且还错误地将下部的设计认为是局部、细微的。②被告在外观设计相同、相近似的判断中错误地忽略了本专利的图案设计。对于由形状和图案的结合所构成的一项外观设计，形状和图案都是整个外观设计的构成元素，二者没有孰重孰轻之分，二者之间更不存在某种依赖关系可以使得可从一个构成元素之间的关系可以推断甚至决定另一构成元素之间的关系。所以，"在产品整体形状近似的情况下"作为考虑本专利的图案对整个视觉效果影响的前提缺乏法律依据，而且"在产品整体形状近似的情况下……上述深色设计不足以对产品的整体视觉效果构成显著影响"这一推理同样没有法律基础，因此被告得出的结论不符合相关法律的规定。③被告对外观设计相同、相近似性的判断没有正确地适用整体观察、综合判断的方式。被告没有从整体上考虑本专利的外观设计的视觉效果，也没有意识到本专利相对于在先设计更生动、形象和活泼，更没有认识到本专利相对于在先设计的进步，因此没有依据整体观察、综合判断的方式对本专利与在先设计比较，从而得出了错误的结论。（3）本专利与在先设计不相同且不相近似。本专利的手动搅拌器整体上成一只昂首站立的鸟状，其中上部形成了具有鸟喙的向上昂起的圆润的头部，正面略鼓的长条深色块图案突出了昂首的鸟的前胸部，与高度相比稍细长的中部形成了挺立的鸟的身体并具有起伏的深色环，而底部带弧形的凹口则形成鸟张开的尾部，整体设计风格显得形象、生动而活泼。但是，在先设计的手持电动搅拌器与本专利在整体和细节上存在显著的差别，在先设计并没有完全形成一只站立的鸟状，其中上部为具有棱角轮廓而没有形成鸟头形状，其下部也与鸟的尾部无关，中部的逐渐收缩的近似长圆锥形则是一种惯常设计，表面更没有任何图案设计，整体设计风格显得呆板而无趣。手动搅拌器的一般消费者经过对本专利与在先设计的整体观察可以看出，二者之间的差别对于产品外观设计的整体视觉效果具有显著的影响，并足以使得一般消费者不会将本专利与在先设计误认、混同。所以，本专利与在先设计不相同且不相近似。综上，本专利与在先设计既不相同也不相近似，符合《专利法》第二十三条的规定，应当被维持有效。被告作出的第9995号决定认定事实不清，适用法律错误，请求人民法院撤销第9995号决定。

被告专利复审委员会坚持其在第9995号决定中的意见，认为第9995号决定认定事实清楚，适用法律正确，请求人民法院予以维持。

第三人祺宝公司口头述称：第三人同意被告作出的第9995号决定，请求人民法院予以维持。

本院经审理查明：1999年9月30日，百灵公司向国家知识产权局提出名称为"手动搅拌器"的外观设计专利（即本专利）申请。2000年4月26日，本专利被授权公告，专利号为99315592.8。本专利的优先权日为1999年4月1日，专利权人为百灵公司。

本专利授权公告的视图包括主视图、后视图、左视图、右视图、俯视图、仰视图和立体图。本专利的整体形状近似站立的鸟的形状，上部近似鸟头状，鸟喙略长，中部为由上至下逐渐收缩的近似长圆锥形的鸟身部位，下部近似短圆锥形，下端设有六个弧形缺口。鸟的头颈部的正面有长条的深色块，鸟的颈部的后面有椭圆形的深色块，鸟的中央部位有深色环（详见附图1）。

2006年8月22日，祺宝公司针对本专利向专利复审委员会提出无效宣告请求，理由是本专利不符合《专利法》第二十三条的规定。祺宝公司提交了五份证据，证据2为98326911.4号外观设计专利公报复印件，公开日为1999年8月4日，证据3为97315877.8号外观设计专利公报复印件，公开日为1999年5月5日，证据4为993112305.8号外观设计专利公报复印件，公开日为2000年4月5日。证据5为96306461.4号外观设计专利公报，其公开日为1997年4月30日。证据5公开了一种手持电动搅拌器，其整体形状近似站立的鸟的形状，上部为鸟头状，鸟喙略长，中部由上至下逐步收缩形成近似长圆锥形的鸟身部分，下部近似短圆锥形，侧面有多个条形孔（详见附图2）。

2007年3月6日，专利复审委员会举行了口头审理。2007年6月8日，专利复审委员会作出第9995号决定。

在本案庭审过程中，原告百灵公司主张，本专利与证据5的中部为倒立的锥形的形状比较相似，但从证据2~4可见，这是本领域的惯常设计。另外，本专利搅拌器的开关部分与证据5的开关部分并不相同，在先设计是一个长圆形，本专利是椭圆形。

上述事实，有第9995号决定、证据2~5、本专利及当事人陈述等证据在案佐证。

本院认为：

《专利法》第二十三条规定，授予专利权的外观设计，应当同申请日以前在国内外出版物上公开发表过或者国内公开使用过的外观设计不相同和不相近似，并不得与他人在先取得的合法权利相冲突。

证据5的公开日早于本专利的申请日，其公开了一种手持电动搅拌器，与本专利属于同类产品，可以进行相同或者相近似性的比较。将本专利与证据5公开的产品相比，二者的相同点在于：整体形状均为近似站立的鸟的形状，上部均为鸟头状，均具有略长的鸟喙，中部均为由上至下逐渐收缩的近似长圆锥形的鸟身部分，虽然二者的下部形状略有差别，但下部的整体形状均为近似圆锥形。二者的不同之处在于：本专利的鸟喙比证据5的略短，证据5的下部侧面有多个条形孔，本专利的下部没有条形孔。本专利的头颈部有深色块，鸟身的中央部位有深色环，证据5中无此设计。此外，二者的开关形状略有差别，本专利的开关为椭圆状，证据5的开关中部较平。对于一般消费者而言，本专利与在先设计的整体形状近似。虽然二者下部的形状、鸟喙的长短以及开关部位有细微差别，但均属于局部的细微差别，对整体视觉效果不具有显著的影响。此外，本专利上的深色设计作为一种图案，在本专利与证据5的产品整体形状近似的情况下，对于一般消费者而言，这种深色设计的图案不足以使一般消费者对产品的整体视觉效果产生显著的影响。因此，本专利与证据5的设计属于相近似的外观设计，本专利不符合《专利法》第二十三条的规定。原告关于产品中部为近似长圆锥形的设计属于惯常设计的主张，由于证据2~4的公开日均晚于本专利的优先权日，其依据证据2~4证明相应的形状为惯常设计没有法律依据，本院不予支持。

综上所述，被告作出的第9995号决定认定事实清楚，适用法律正确，审理程序合法，依法应当予以维持。原告的诉讼主张缺乏事实及法律依据，依法不能成立。其诉讼请求本院不予支持。依照《中华人民共和国行政诉讼法》第五十四条第（一）项之规定，本院判决如下：

维持被告中华人民共和国国家知识产权局专利复审委员会作出的第9995号无效宣告请求审查决定。

案件受理费100元，由原告百灵公司负担（已交纳）。

如不服本判决，原告百灵公司可在本判决送达之日起30日内，被告中华人民共和国国家知识产权局专利复审委员会及第三人鹤山祺宝电器有限公司可在本判决书送达之日起15日内，向本院递交上诉状及其副本，并交纳上诉案件受理费100元，上诉于中华人民共和国北京市高级人民法院。

审　判　长　彭文毅
代理审判员　江建中
代理审判员　张晰晰
二〇〇七年十二月二十日
书　记　员　吴　江

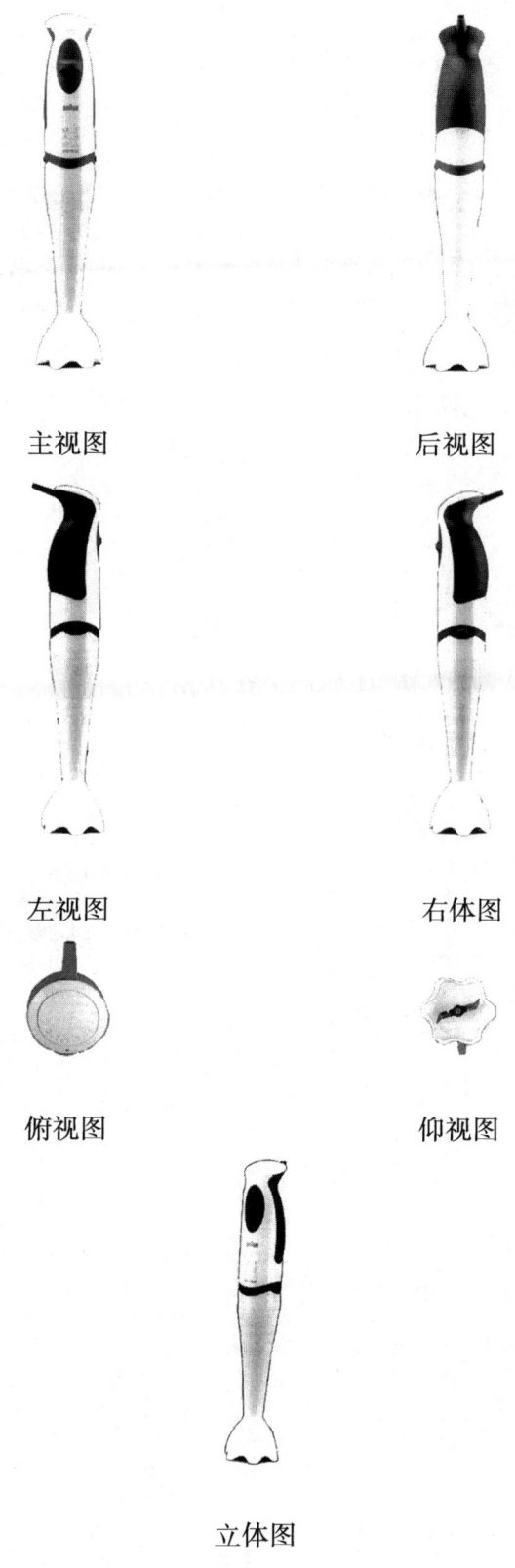

本专利（附图1）

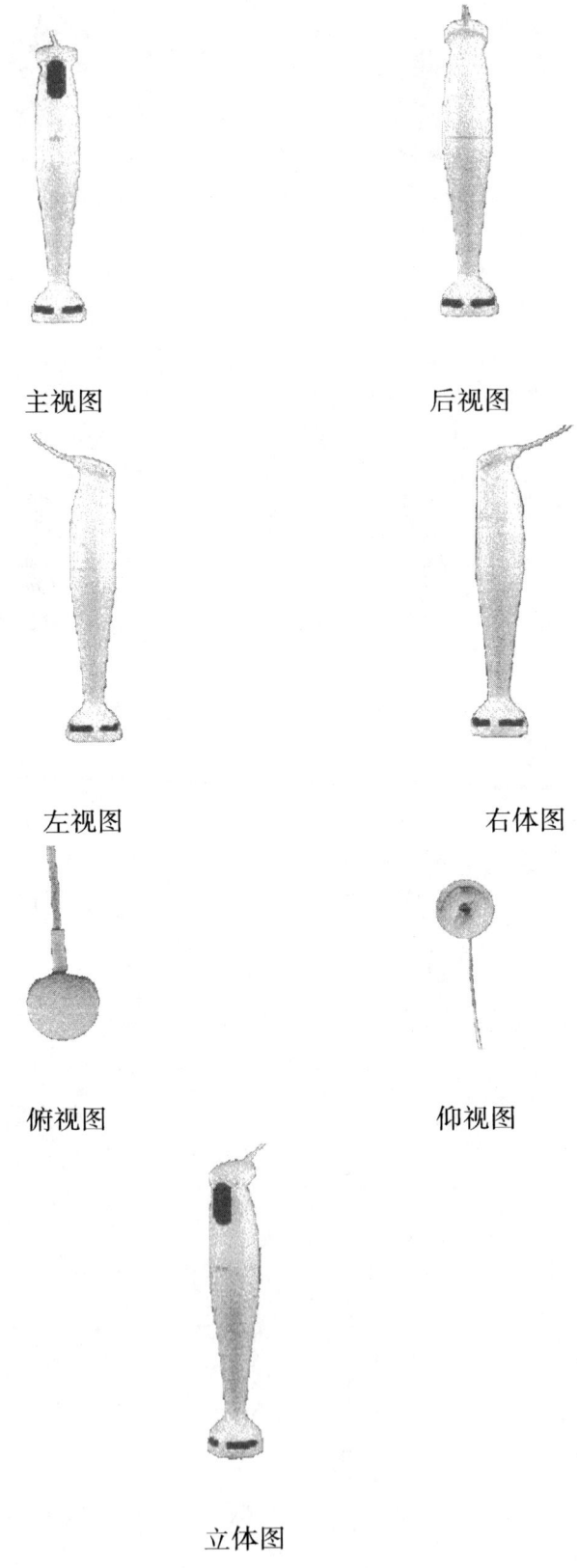

在先设计（附图2）

北京市高级人民法院
行政判决书

(2008) 高行终字第336号

上诉人（原审原告）百灵公司（Braun GmbH），住所地德意志联邦共和国图卢兹克隆博格D-61476法兰克福大街145号（Frankfurter Straβe 145，D-61476Kronbergim Taunus，Germany）。

法定代表人索尼娅·克林格（Sonja Klinger），该公司商标和外观设计高级法律顾问。

委托代理人马涛，北京市柳沈律师事务所律师。

委托代理人彭久云，北京市柳沈律师事务所律师。

被上诉人（原审被告）中华人民共和国国家知识产权局专利复审委员会，住所地中华人民共和国北京市海淀区北四环西路9号银谷大厦10~12层。

法定代表人廖涛，副主任。

委托代理人余心蕾，该委员会审查员。

委托代理人徐清平，该委员会审查员。

原审第三人鹤山祺宝电器有限公司，住所地中华人民共和国广东省鹤山市桃源镇建设西路工业区。

法定代表人邓志明，总经理。

委托代理人陈广永，男，汉族，1965年6月11日出生，该公司职员，住中华人民共和国广东省佛山市顺德区大良街道东苑新村东17座2号4楼。

上诉人百灵公司因外观设计专利权无效行政纠纷一案，不服中华人民共和国北京市第一中级人民法院（以下简称北京市第一中级人民法院）（2007）一中行初字第1302号行政判决，向本院提起上诉。本院2008年5月15日受理本案后，依法组成合议庭，于2008年6月11日公开开庭进行了审理。上诉人百灵公司的委托代理人马涛、彭久云，被上诉人中华人民共和国国家知识产权局专利复审委员会（以下简称专利复审委员会）的委托代理人余心蕾、徐清平，原审第三人鹤山祺宝电器有限公司（以下简称祺宝公司）的委托代理人陈广永到庭参加了诉讼。本案现已审理终结。

北京市第一中级人民法院认定，涉案专利系名称为"手动搅拌器"的外观设计（以下简称本专利），专利权人是百灵公司。2006年8月22日，祺宝公司针对本专利向专利复审委员会提出无效宣告请求，理由为本专利不符合《专利法》第二十三条的规定。2007年6月8日，专利复审委员会作出第9995号无效宣告请求审查决定（以下简称第9995号决定），宣告本专利权无效。百灵公司不服该决定，向原审法院提起诉讼。

北京市第一中级人民法院认为，将本专利与证据5公开的产品相比，对于一般消费者而言，本专利与在先设计的整体形状近似。虽然二者下部的形状、鸟喙的长短以及开关部位有细微差别，但均属于局部的细微差别，对整体视觉效果不具有显著的影响。本专利深色设计的图案不足以使一般消费者对产品的整体视觉效果产生显著的影响。因此，本专利与证据5的设计属于相近似的外观设计，本专利不符合《专利法》第二十三条的规定。

北京市第一中级人民法院依照《中华人民共和国行政诉讼法》第五十四条第（一）项之规定，判决：维持专利复审委员会做出的第9995号决定。

百灵公司不服原审判决，向本院提起上诉，请求撤销原审判决，撤销第9995号决定，专利复审委员会重新做出无效宣告请求审查决定，由专利复审委员会承担本案全部诉讼费用。其理由主要为：

（1）原审判决认定事实不清。①原审判决没有客观、清楚地认定本专利上部的图案在整个设计中的地位和作用，该图案无论大小还是色彩反差而言，都是突出而显著的。②原审判决没有客观、清楚地认定本专利下部在整个设计中的地位和作用，本专利下部的大小对于整体形状不是局部的、细微的。其次，本专利下部六个弧形凹口的圆锥形与在先设计的半球形在形状上区别显著，而且本专利弧形凹口的设计在意象上模拟了鸟的尾部，而与鸟的整体设计风格相融合，突出了鸟的形态，是整体设计的重要组成部分，但在先设计的半球形下部则没有这种视觉效果。因此，下部在整个设计风格中也并非局部的、细微的。最后，本专利的下部在实际使用中为搅拌头，属于搅拌器重要的工作部件，因此下部在一般消费者眼中仍然不是局部、细微的。③原审判决没有客观、清楚地认定在先设计的形状。在先设计的上部并非为鸟头状，本专利的上部形成鸟头形状。④原审判决没有从整体考虑本专利的外观设计的视觉效果，人为地割裂了各个组成部分之间的有机联系，不符合外观设计给人以整体视觉效果的实际情况。（2）原审判决适用法律错误。①原审判决在外观设计相同、相近似性的判断中适用主体错误，没有从手动搅拌器的一般消费者的角度出发来对本专利和在先设计进行比较和判断。②原审判决在外观设计相近似的判断中错误地忽略了本专利的图案设计。③原审判决对外观设计相近似性的判断没有正确地适用整体观察、综合判断的方式，本专利与在先设计不相同且不相近似，应当维持有效。专利复审委员会、祺宝公司服从原审判决。

本院经审理查明：1999年9月30日，百灵公司向国家知识产权局提出名称为"手动搅拌器"的外观设计专利（即本专利）申请。2000年4月26日，本专利被授权公告，专利号为99315592.8。本专利的优先权日为1999年4月1日，专利权人为百灵公司。

本专利授权公告的视图包括主视图、后视图、左视图、右视图、俯视图、仰视图和立体图。本专利的整体形状近似站立的鸟的形状，上部近似鸟头状，鸟喙略长，中部为由上至下逐渐收缩的近似长圆锥形的鸟身部位，下部近似短圆锥形，下端设有六个弧形缺口。鸟的头颈部的正面有长条的深色块，鸟的颈部的后面有椭圆形的深色块，鸟的中央部位有深色环（详见附图1）。

2006年8月22日，祺宝公司针对本专利向专利复审委员会提出无效宣告请求，理由是本专利不符合《专利法》第二十三条的规定。祺宝公司提交了五份证据。其中，证据5为96306461.4号外观设计专利公报复印件，其公开日为1997年4月30日。证据5公开了一种手持电动搅拌器，其整体形状近似站立的鸟的形状，上部为鸟头状，鸟喙略长，中部由上至下逐步收缩形成近似长圆锥形的鸟身部分，下部近似短圆锥形，侧面有多个条形孔（详见附图2）。

2007年6月8日，专利复审委员会作出第9995号决定。专利复审委员会认为：

（1）证据的认定。证据5为96306461.4号外观设计专利公报，其公开日为1997年4月30日，该日期早于本专利优先权日1999年4月1日，因此证据5上所记载的外观设计构成在本专利优先权日前公开发表过的外观设计。（2）本专利是否符合《专利法》第二十三条的规定。本专利为手动搅拌器，在先设计为手持电动搅拌器，两者所属的产品的种类相同，因此可以进行外观设计相近似性比较。将本专利与在先设计相比，两者的相同点为：整体形状均近似站立的鸟的形状，上部均为鸟头状，鸟喙均略长，中部均为由上至下逐渐收缩的近似长圆锥形的鸟身部分，下部均近似短圆锥形。两者的不同之处在于：本专利的下部的底端设置有六个弧形缺口，在先设计无此缺口；本专利的鸟喙较在先设计短，在先设计的下部侧面有多个条形孔；本专利无此条形孔；本专利的头颈部有深色块，鸟身的中央部位也有深色环，在先设计无此设计。对此，专利复审委员会认为，本专利与在先设计整体形状近似，上部和中部的形状近似，下部形状和鸟喙长短的不同应属于局部的细微差别，对产品的整体视觉印象不具有显著的影响；本专利未请求保护色彩，其外观上的深色设计仅作为图案考虑，在产品整体形状近似的情况下，对于一般消费者而言，上述深色设计不足以对产品的整体视觉效果构成显著的影响。因此本专利与在先设计属于相近似的外观设计，本专利不符合《专利法》第二十三条的规定。鉴于上述评述已经得出本专利不符合专利授权条件的结论，对祺宝公司提出的其他理由和证据不再予以评述。综上，专利复审委员会做出第9995号决定，宣告本专利权无效。

上述事实，有第9995号决定、证据2~5、本专利及当事人陈述等证据在案佐证。

本院认为：《专利法》第二十三条规定，授予专利权的外观设计，应当同申请日以前在国内外出版物上公开发表过或者国内公开使用过的外观设计不相同和不相近似，并不得与他人在先取得的合法权利相冲突。本案的核心问题在于本专利是否与证据5公开的外观设计相近似。

证据5公开了一种手持电动搅拌器。将本专利与证据5公开的产品相比，二者的相同点在于：整体形状均为近似站立的鸟的形状，上部均为鸟头状，均具有略长的鸟喙，中部均为由上至下逐渐收缩的近似长圆锥形的鸟身部分，虽然二者的下部形状略有差别，但下部的整体形状均为近似圆锥形。二者的不同之处在于：本专利的鸟喙比证据5的略短，证据5的下部侧面有多个条形孔，本专利的下部没有条形孔。本专利的头颈部有深色块，鸟身的中央部位有深色环，证据5中无此设计。此外，二者的开关形状有所差别，本专利的开关为椭圆状，证据5的开关中部较平。虽然二者下部的形状、鸟喙的长短以及开关部位有细微差别，但均属于局部的细微差别，对整体视觉效果不具有显著的影响。故对于一般消费者而言，本专利与在先设计的整体形状近似。此外，本专利上的深色设计作为一种图案，在本专利与证据5的产品整体形状近似的情况下，对于一般消费者而言，这种深色设计的图案不足以使一般消费者对产品的整体视觉效果产生显著的影响。因此，本专利与证据5公开的在先设计属于相近似的外观设计，本专利不符合《专利法》第二十三条的规定。百灵公司关于本专利与证据5相比不相同也不相近似的上诉主张依据不足，本院不予支持。

综上所述，原审判决认定事实清楚，适用法律正确，应予维持。百灵公司的上诉主张于法无据，本院不予支持。依照《中华人民共和国行政诉讼法》第六十一条第一款第（一）项之规定，判决如下：

驳回上诉，维持原判。

一审案件受理费100元，由百灵公司负担（已交纳）；二审案件受理费100元，由百灵公司负担（已交纳）。

本判决为终审判决。

审　判　长　刘　辉
代理审判员　岑宏宇
代理审判员　焦　彦
二〇〇八年六月二十日
书　记　员　耿巍巍
书　记　员　孙　娜

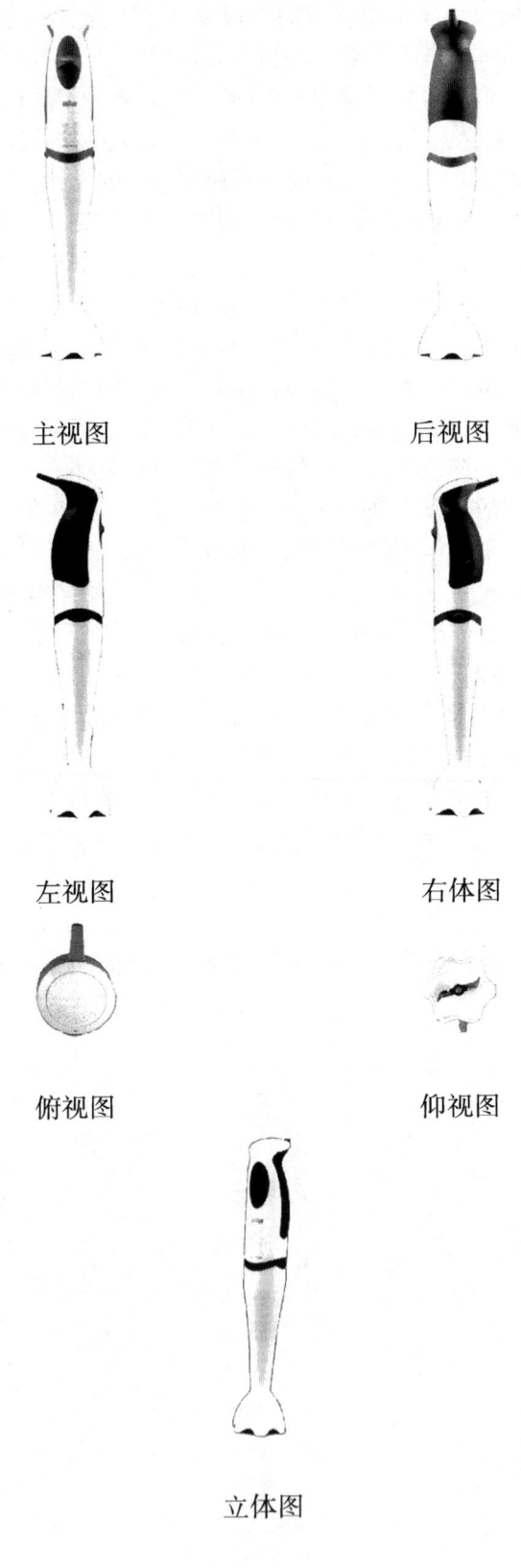

主视图　　　　　后视图

左视图　　　　　右体图

俯视图　　　　　仰视图

立体图

本专利（附图1）

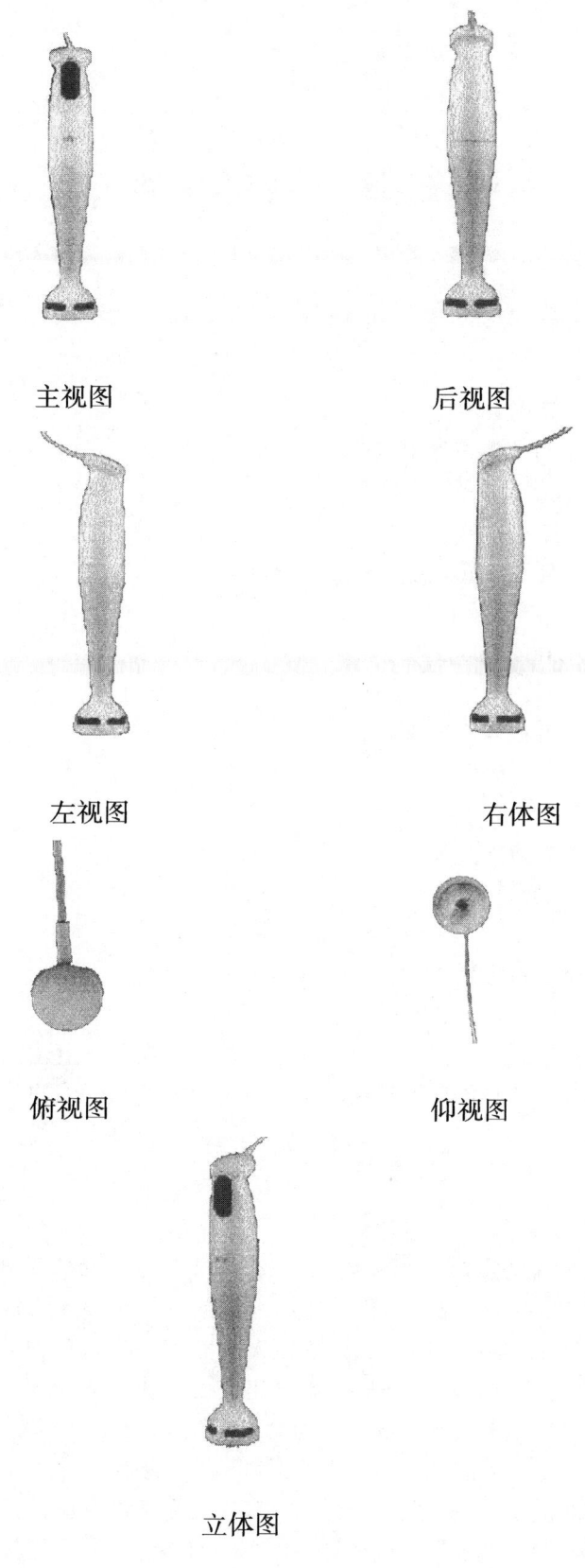

主视图　　　后视图

左视图　　　右体图

俯视图　　　仰视图

立体图

在先设计（附图2）

玩具（智醒甲虫车）

无效宣告请求审查决定（第9996号）

决 定 号	第9996号
决 定 日	2007年6月19日
发明创造名称	玩具（智醒甲虫车）
外观设计分类号	21-01
无效宣告请求人	温州市童泰儿童用品有限公司
专 利 权 人	王志光
专 利 号	200430040779.7
申 请 日	2004年5月21日
授权公告日	2005年3月2日
合议组组长	钟 华
主 审 员	张 凌
参 审 员	李巍巍
附 图	3页

法律依据 专利法第23条

决定要点

本专利与各在先设计形状上存在较大区别，通过整体观察，上述区别足以使一般消费者产生明显不同的视觉效果，则本专利与各在先设计均属于不相同也不相近似的外观设计。

一、案由

本无效宣告请求涉及国家知识产权局于2005年3月2日授权公告的名称为"玩具（智醒甲虫车）"的200430040779.7号外观设计专利权，其申请日为2004年5月21日，专利权人为王志光。

针对上述专利权（下称本专利），温州市童泰儿童用品有限公司（下称请求人）于2006年8月15日向专利复审委员会提出无效宣告请求，其理由是本专利与申请日为2001年12月13日的01356565.6号外观设计专利相近似，因而不符合专利法第23条的规定。请求人认为：本专利与在先设计均为无车顶设计，车头盖前部采用夸张的弧线构造，挡风车窗框用矩形表示，两侧有观后镜，方向盘置于车身的中前部也就是在挡风车窗框内，车座后尾部设有保护杆，整车车身各部棱角和导角大多采用圆弧过渡。二者的区别仅在于后视灯与汽车尾部略有不同，但就整体的视觉效果而言，一般消费者不能将二者区分开来，因此，本专利与在先设计构成相近似的设计。请求人同时提交如下证据：

证据1：01356565.6号外观设计著录项目及图片，公开（公告）日2002年7月31日（共1页）；

经形式审查合格后，专利复审委员会依法受理了上述无效宣告请求，并于2006年9月8日将无效宣告请求书及相关文件的副本转给专利权人，要求其在指定的期限内答复。

2006年9月11日，请求人再次提交了意见陈述，同时提交如下附件作为证据（编号续前）：

证据2：03337505.4号外观设计公告，授权公告日2003年12月7日（共1页）；

证据3：03317015.0号外观设计公告，授权公告日2004年1月14日（共1页）；

证据4：03347134.7号外观设计著录项目及图片，公开（公告）日2004年4月21日（共1页）。

请求人认为：证据3是关于玩具汽车的设计，主要由车轮和车身组成，车身为敞开式无车顶设计，方向盘置于车身的中前部，方向盘两侧设有波浪形观后镜，车身部采用夸张的弧线构造，车后部用弧形加强条作为汽车的保护杆，整车圆弧过渡。证据3与本专利在车身、方向盘、后视镜和保护杆的设计都相似。证据2、4与本专利在车体构造、设计要部也有近似之处。从整体视觉效果上来看，证据2、3、4都与本专利是相近似的外观设计。

2007年2月5日专利复审委员会将上述意见陈述转送专利权人，同时向双方当事人发出口头审理通知书，定于2007年4月5日上午对本案进行口头审理。

口头审理如期举行，双方当事人委托的代理人参加了口头审理。口头审理中双方当事人对合议组成员无回避请求，对对方出庭人员的资格无异议。请求人明确其无效宣告理由为专利法第23条（在先公开发表），当庭放弃证据2。专利权人对证据1、3、4的真实性无异议。双方当事人均同意指定以证据1作为最接近的对比文献与本专利进行相同相近似对比，专利权人坚持本专利与3份证据均不相同且不相近似。

在上述审理的基础上，合议组经合议，认为本案事实清楚，依法作出本审查决定。

二、决定的理由

1. 法律依据

基于请求人提出无效宣告请求所依据的理由和证据，合议组对本专利是否符合专利法第23条的规定进行审查。

专利法第23条规定，授予专利权的外观设计，应当同申请日以前在国内外出版物上公开发表过或者国内公开使用过的外观设计不相同和不相近似，并不得与他人在先取得的合法权利相冲突。

2. 证据认定

请求人共提交四份证据，在口头审理中表示放弃使用证据2，专利权人对请求人提交的证据1、3、4的真实性均无异议。请求人提交的证据1是01356565.6号外观设计著录项目及图片，本案合议组经核实该专利的申请日是2001年12月13日、授权公告日是2002年7月31日，授权公告号为CN3248889D，使用外观设计的产品名称为'电动车'，其与外观设计公报原件一致，其真实性可以确定。证据1的授权公告的时间早于本专利的申请日（2004年5月21日），属于专利法所规定的公开出版物，适用于本案。

证据3是03317015.0号外观设计公告，本案合议组经核实该专利的申请日是2003年6月7日、授权公告日是2004年1月14日，授权公告号为CN3347410D，使用外观设计的产品名称为'电动乘玩车'，其与外观设计公报原件一致，其真实性可以确定。证据3的授权公告的时间早于本专利的申请日，属于专利法所规定的公开出版物，适用于本案。

证据4是03347134.7号外观设计著录项目及图片，本案合议组经核实该专利的申请日是2003年8月27日、授权公告日是2004年4月21日，授权公告号为CN3364060D，使用外观设计的产品名称为'儿童电动车（1）'，其与外观设计公报原件一致，其真实性可以确定。证据4的授权公告的时间早于本专利的申请日，属于专利法所规定的公开出版物，适用于本案。

鉴于请求人在口头审理中已经表示放弃使用证据2，对其不再予以评述。

3. 外观设计相同相近似性认定

证据1、3、4与本专利都是玩具汽车，与本专利属于相同种类的产品，故将其与本专利进行如下相同、相近似对比。

本专利所示玩具汽车分为车头、车身、车尾三部分，整车各部棱角和导角大多采用圆弧过渡。车头部份为隆起的弧形，前部采用夸张的弧线构造，前机盖略微凸起、呈近似半月形，其由透明材料制成可看到内部的齿轮，延前机盖左右两侧圆弧各分布有一小、一大两个圆形车灯，挡风车窗框近似矩形，两侧有呈小手状的观后镜。车身为敞开式无车顶设计，方向盘置于车身中前部即挡风车窗框内，车身内部大致呈矩形，圆形轮胎的内圈部分略微凸起，其中没有其他结构。车尾背部设有一高出车身向内弯曲的弧形加强条，后车架呈阶梯状，车尾中部设有一圆形备胎（详见本专利附图）。

证据1所示玩具汽车（下称在先设计1）也分为车头、车身、车尾三部分，车头部分为隆起的弧形，前部为弧线构造，前机盖呈凸起的锚形，并被分隔为左右两个近似半月形的部分，车头左右两侧各有一个大的椭圆形车灯，车头前保险杠中部设有两个小的椭圆形车灯，挡风车窗框近似矩形，两侧有椭圆形的观后镜。车身为敞开式无车顶设计，方向盘置于车身中前部靠近挡风车窗框，车身内部大致呈矩形，圆形轮胎的内圈布设有辐条并组成五角星的形状、轮胎表面有花纹。车后部设有一高出车身向外凸出、中空的矩形框架，车尾后保险杠中部设有两个小的椭圆形尾灯（详见在先设计1附图）。

本专利与在先设计1相比，区别在于前机盖造型不同，本专利近似半月形，外盖是透明的，可看到内部的齿轮，在先设计1则大致呈锚形，不能看到内部结构；车灯的外形和分布位置不同，本专利在延前机盖弧线两侧各设有一大一小两个圆形车灯，在先设计1的车灯均为椭圆形，大的设于车头左右两侧，小的位于车前保险杠中部；观后镜的形状不同，本专利呈手形，在先设计1为椭圆形；轮胎内圈的形状和轮胎表面图案不同，本专利轮胎内圈为一略微凸起的圆形，其中无其他结构，轮胎表面无花纹，在先设计1的轮胎内圈布设有辐条并组成五角星的形状，轮胎表面有花纹；后车架轮廓不同，本专利呈阶梯形，其上设有一高出车身向内弯曲的弧形加强条，在先设计1的后车架为中空、高出车身向外凸出的矩形框架；此外本专利车尾上设有一个圆形的备胎，在先设计1则没有，在先设计1的后保险杠中部设有两个椭圆形的尾灯，本专利则无。上述区别体现出两个玩具汽车的整体外形存在较大差异，通过整体观察，这些区别足以使一般消费者产生明显不同的视觉效果，因此本专利与在先设计1是不相同且不相近似的外观设计。

证据3所示玩具汽车（下称在先设计2）车头部分为隆起的弧形，前保险杠凸出车体，呈"一"字形，无前挡风窗框，左右两个圆形大灯，相对于车体凸出，前机盖上有一个蝴蝶结。车身为敞开式无车顶设计，方向盘置于车身中前部，车身内部大致呈矩形，车身中部有图案，圆形轮胎的内圈布设有辐条。后车架呈向上、向内弯进的弧形，后保险杠凸出车体，也呈"一"字形（详见在先设计2附图）。

本专利与在先设计2相比，区别在于本专利的前、后保险杠均未凸出车体，前机盖上没有蝴蝶结的设置，车身中部无图案。此外本专利与在先设计2的车灯轮廓和分布位置不同、轮胎内圈和后车架的外形也不同。上述区别体现出两车的整体形状存在较大差异，通过整体观察，上述区别足以使一般消费者产生明显不同的视觉效果，因此本专利与在先设计2是不相同且不相近似的外观设计。

证据4所示玩具汽车（下称在先设计3）整体呈流线型，设计风格前卫，车头采用夸张的弧线构造，左右两侧的前车灯为两个相互连接、并部分重合的椭圆形，前挡风窗为向外凸出的半圆形，左右观后镜呈马蹄形，无前机盖。车身为敞开式无车顶设计，方向盘置于车身中前部，车身内部大致呈矩形，无车门。圆形轮胎内圈布设有辐条，呈一个类似等边三角形的形状。后车架为向后延伸的中空矩形框架，上底边同时在水平方向上向左右两边延伸出去，大致与车身平齐，车尾中部有图案（详见在先设计3附图）。

本专利与在先设计3相比，二者车灯的外形不同、前挡风窗的轮廓不同、观后镜的形状不同、轮胎内圈不同、后车架的外形不同，由此体现出二者总体形状的较大差异。通过整体观察，上述区别足以使一般消费者产生明显不同的视觉效果，因此本专利与在先设计3是不相同且不相近似的外观设计。

综上，本专利与证据1、3、4所示的在先设计均属于不相同且不相近似的外观设计，请求人提交的证据均不能证明本专利不符合专利法第23条的规定。

三、决定

维持200430040779.7号外观设计专利权有效。

当事人对本决定不服的，可以根据专利法第46条第2款的规定，自收到本决定之日起三个月内向北京市第一中级人民法院起诉。根据该款的规定，一方当事人起诉后，另一方当事人应当为第三人参加诉讼。

右视图　　　　主视图

后视图　　　　俯视图

立体图

本专利

在先设计 1

右视图

主视图

左视图

立体图

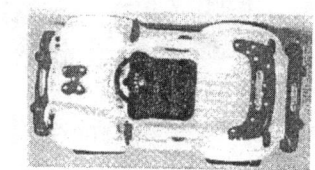
俯视图

在先设计 2

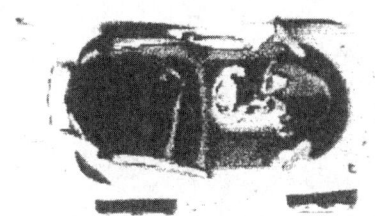
俯视图

后视图

主视图

左视图

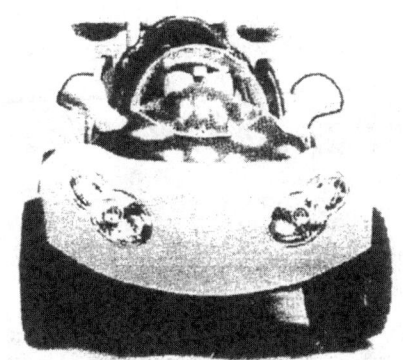
右视图

在先设计3

清洁刷手柄

无效宣告请求审查决定（第9997号）

决 定 号	第9997号
决 定 日	2007年6月12日
发明创造名称	清洁刷手柄
外观设计分类号	04-01
无效宣告请求人	宁波市镇海永盛头饰有限公司
专 利 权 人	洁威制刷（宁波）有限公司
专 利 号	02313028.8
申 请 日	2002年3月22日
授权公告日	2002年8月28日
合议组组长	钟 华
主 审 员	毕艳红
参 审 员	李玲玲
附 图	2页

法 律 依 据 专利法第23条

决 定 要 点

本专利与在先设计整体形状相似，虽然存在局部的细微变化，但上述变化不足以对整体视觉效果产生显著影响，因此本专利与在先设计属于相近似的外观设计，不符合专利法第23条的规定。

一、案由

本无效宣告请求涉及的是国家知识产权局于2002年8月28日授权公告，名称为"清洁刷手柄"的02313028.8号外观设计专利（下称本专利），其申请日是2002年3月22日，原专利权人是宁波启发制刷有限公司，2006年11月1日随专利权的转让，专利权人变更为洁威制刷（宁波）有限公司。

针对上述外观设计专利权，宁波市镇海永盛头饰有限公司（下称请求人）于2006年11月22日向国家知识产权局专利复审委员会提出无效宣告请求，其理由为本专利不符合专利法第23条、第9条及专利法实施细则第13条第1款的规定。请求人提交了如下附件作为证据：

附件1：中国专利文献CN3216087，授权公告日为2002年1月2日，著录信息及图片复印件共7页；

附件2：中国专利文献CN3220271，授权公告日为2002年1月30日，著录信息及图片复印件共1页；

附件3：中国专利文献CN3218175，授权公告日为2002年1月16日，著录信息及图片复印件共1页；

附件4：中国专利文献CN3216082，授权公告日为2002年1月2日，著录信息及图片复印件共8页；

附件5：中国专利文献CN3216083，授权公告日为2002年1月2日，著录信息及图片复印件共1页；

附件6：中国专利文献CN3216084，授权公告日为2002年1月2日，著录信息及图片复印件共8页；

附件7：中国专利文献CN3216085，授权公告日为2002年1月2日，著录信息及图片复印件共1页；

附件8：中国专利文献CN3246110，授权公告日为2002年7月17日，著录信息及图片复印件共1页。

请求人认为：附件1的在先设计与本专利外观设计极其近似，而且附件2~7与附件1为同类证据，当本专利与附件1中公开的外观设计相近似时，本专利外观设计与附件2~7的外观设计也相近似，并且附件1~7的授权公告日均早于本专利的申请日，因此本专利相对于附件1~7中的任一个外观设计均不符合专利法第23条的规定；附件8的在先设计与本专利外观设计相近似，附件8的申请日早于本专利的申请日，因此相对于附件8本专利不符合专利法第9条及专利法实施细则第13条第1款的规定，应宣告本专利专利权无效。

经形式审查合格，专利复审委员会依法于2006年11月22日受理了上述无效宣告请求，并于同日向双方当事人发出了无效宣告请求受理通知书，同时将请求人提交的无效宣告请求书及其附件清单中所列附件的副本转给专利权人，要求其在指定期限内答复。

2006年12月15日，请求人再次提交意见陈述书，将无效宣告请求书及无效请求正文第1页中的原专利权人（宁波启发制刷有限公司）改为变更后的专利权人（洁威制刷（宁波）有限公司）。

2007年1月5日，专利权人提交了意见陈述书，专利权人首先质疑附件1~8的真实性，认为附件1~8是从网站http：//search.sipo.gov.cn及http：//211.157.104.66上打印的，没有公证，不能说明这些内容确实来自国家知识产权局的官方网站；其次，国家知识产权局网站的免责声明中称专利公报是唯一准确记载专利内容的公开出版物，应以专利公报上的内容为准；最后，附件2~7中的刷子都使用了附件1中的刷柄；第四，即使附件1~8与专利公报核实无误，其所公开的外观设计也与本专利不相同、不相近似。因此，本专利相对于附件1~7符合专利法第23条、相对于附件8符合专利法第9条及专利法实施细则第13条第1款的相关规定，应当维持本专利权有效。

2006年12月22日，请求人再次提交意见陈述书，补充提交了以下证据（编号继前）：

附件9：针对ZL01329253.6号专利作出的第6309号无效宣告请求审查决定书正文复印件共6页。

在此次意见陈述中，请求人提出以下内容作为证据使用：(1) 附件9中提到的证据9：2004年4月12~14日在英国一贸易展览会上出版的名为"The Official Showguide for Interbrossa 2000"的期刊封面、第23页及封底；(2) 附件9中提到的证据10：两份广告传单，公开日为1999年7月7日，其中传单顶部分别载有7/7/99 3：44PM和7/7/99 2：36PM字样；(3) 附件9中提到的证据11："Hayco Manufacturing Ltd."于1999年8月10日出版的"BRUSHWARE"封面及第3页，其中每页右上角记载有"ISSUE DATE：10/8/99"字样；(4) 附件9中提到的证据12："Hayco Manufacturing Ltd."于2001年1月11日出版的"BRUSHWARE Cleaning Products Catalog"封面及第1页、第2页，其中内页记载有"VER：11/01/2001"字样；(5) 附件9中提到的证据13：2000年2月在德国公开的名为

"TOP FAIR"的杂志。

请求人认为，虽然他并未提交其所宣称的附件9中提到的证据9~13的原件或复印件，但附件9第3页第5行至第4页第19行采信了上述证据9~13，上述证据的原件与复印件在上述决定中也都提交过，因此可以作为本专利的对比文件进行相近似性比较判断，证据9第23页（详见附件9第6页对比文件图片）、证据10、证据11第3页、证据12第2页、证据13第85页分别公开了多种刷子使用与本专利相近似的手柄，因此本专利不符合专利法第23条的相关规定。

2007年4月6日，本案合议组向双方当事人发出口头审理通知书，定于2007年5月28日进行口头审理，并随本次口头审理通知书将专利权人于2007年1月5日提交的意见陈述书转送给请求人、将请求人于2006年12月15日和2006年12月22日分别提交的意见陈述书转送给专利权人。

2007年5月11日，专利权人针对请求人于2006年12月22日补充提交的意见陈述书，再次提交意见陈述。专利权人认为，请求人未提交证据9~13的复印件或原件，附件9也只是复印件，由于本案是一个新的无效宣告请求，应该有完整的证据质证程序；另外，从附件9对比文件的图来看，与本专利并不相似，因此请求人补充的证据并不能说明本专利存在不符合专利法第23条、第9条及专利法实施细则第13条第1款的规定之处，应当维持专利权有效。

口头审理如期举行，双方当事人均委托代理人出席了口头审理。在口头审理中，请求人当庭向合议组提交了盖有"国家知识产权局专利局专利文献部藏"章的本专利与附件1~8的外观设计专利公报复印件及口审提纲，合议组当庭将其转给专利权人，专利权人对附件1~8的真实性有异议，认为请求人没有提交相应原件，并且文献部并未在该复印件上加盖红章，所盖章也是复印的。请求人明确无效理由为：本外观设计专利分别与在先公开发表的附件1~7的外观设计相近似，不符合专利法第23条的规定。请求人明确表示放弃专利法第9条及专利法实施细则第13条第1款的无效理由、同时放弃附件8（中国专利文献CN3246110）作为证据使用。请求人明确表示补充的证据为附件9，用于说明专利审委员会外观设计相近似性比较的评判标准，决定中的图片并不用于与本外观设计专利进行比较，专利权人对此份补充证据的真实性也有异议，认为不能用于说明评判标准。

在口头审理过程中，双方当事人进行了充分的意见陈述和辩论。其中，专利权人坚持认为，本专利有蜂腰设计而附件1没有该设计，本专利的手柄在腹部和背部均有深色块图案，上述图案都进一步增强了本专利的蜂腰设计，而附件1仅在背部有深色块图案设计，进一步增强了其一体性的视觉；从左视图可以看到，本专利在靠近连接刷子端处，腹部是较长的曲线设计，背部是较短的斜线设计，而附件1在靠近连接刷子端处，背部是较短的曲线设计，腹部是较长的斜线设计；从左视图可以看到，在靠近通孔末端处，本专利的腹部比附件1更为外凸；从仰视图和俯视图可以看到，本专利为明显的圆形设计，而附件1则为圆角方形设计。请求人坚持意见陈述书的意见。在上述审查的基础上，合议组认为本案事实已经清楚，可以作出审查决定。

二、决定的理由

1. 法律依据

请求人明确表示放弃专利法第9条及专利法实施细则第13条第1款的无效理由，合议组依据请求人提出的专利法第23条的无效理由对本案进行审理。

专利法第23条规定：授予专利权的外观设计，应当同申请日以前在国内外出版物上公开发表过或者国内公开使用过的外观设计不相同和不相近似，并不得与他人在先取得的合法权利相冲突。

2. 关于证据

请求人明确表示放弃附件8的使用，同时明确表示补充的证据为附件9，用于说明专利复审委员会外观设计相近似性比较的评判标准，决定中的图片并不用于与本外观设计专利进行比较。由于附件

8 与补充提交的附件 9 不作为本案的证据使用，在此合议组不对其进行评述。

请求人提交了附件 1~7 的外观设计专利公报的复印件，专利权人对其真实性有异议，经合议组将其与外观设计专利公报核实，上述证据与外观设计专利公报的原件一致，其真实性应予确认，附件 1~7 的授权公告日均在本专利的申请日（2002 年 3 月 22 日）之前，属于专利法第 23 条规定的出版物，可以作为评价本专利是否符合专利法有关规定的证据使用（下称附件 1 所示的外观设计为在先设计 1）。

3. 本专利是否符合专利法第 23 条的规定

（1）本专利的描述。

本专利为一种清洁刷手柄的外观设计，从使用状态参考图看，该手柄为不规则的长圆柱体形状，手柄连接刷子一端为圆头，另一端收尾趋向扁形；从主视图来看，手柄腹部连接刷子端凸出部位及收腰处设有不规则形状的深色块，该深色块延至左右两侧视图，并至相对一侧图中两边边缘呈月牙形图案；从后视图来看，手柄收尾趋向扁形的一端带有一个近方圆形的通孔，并在靠近连接刷子端收腰，手柄背部接近末端通孔处和手柄连接刷子端之间设有"8"字形深色块，并延及左右两侧视图（详见本专利附图）。

（2）在先设计 1 的描述。

从立体图上看，在先设计 1 的清洁刷手柄为不规则的长圆柱体形状，手柄连接刷子一端为圆头，另一端收尾趋向扁形，该端具有一个近方圆形的通孔；从主视图来看，手柄背部接近末端通孔处和手柄连接刷子端之间设有不规则形状的深色块，并有大面积深色块图案延及左右两侧视图、有小月牙形深色块图案延及后视图；从左视图来看，手柄靠近连接刷子端收腰（详见在先设计 1 附图）。

（3）本专利与在先设计 1 是否构成相近似的外观设计。

将本专利与在先设计 1 相比，二者的相同点是：二者均为清洁刷手柄，属同类产品；整体形状相似，均为不规则的长圆柱体形状，从连接刷子端向另一端看去，该手柄背部、腹部均为凸凹凸的曲线轮廓，背部、腹部凹进去的部分均为收腰部位，并且背部收腰处均比腹部收腰处离连接刷子端更近，连接刷子端均为圆头，另一端均收尾趋向扁形，扁形的尾部均具有一个近方圆形的通孔；在背部均有不规则形状的深色块设计并均延及左右视图。二者的不同点是：a. 本专利手柄腹部在连接刷子端凸出部位及收腰处设有不规则形状的深色块，该色块延及至左右两侧视图，并至相对一侧图中两边边缘呈月牙形图案；b. 本专利与在先设计 1 背部色块图案不同，本专利的上述色块图案为"8"字型；c. 本专利在靠近连接刷子端处，腹部是较长的曲线设计，背部是较短的斜线设计，而在先设计 1 在靠近连接刷子端处，背部是较短的曲线设计，腹部是较长的斜线设计，上述设计的不同使得本专利手柄腹部在连接刷子端更为外凸；d. 在靠近通孔末端处，本专利的腹部比在先设计 1 更为外凸；e. 从仰视图和俯视图可以看到，本专利为明显的圆形设计，而在先设计 1 则为圆角方形设计。

对于上述区别 a、b，合议组认为尽管本专利清洁刷手柄在深色块数量、设置位置和形状上与在先设计 1 的有所不同，但由于这些深色块本身就设置在不规则的、类似圆柱体的手柄上，并且这些深色块均延及至多面视图中，从不同角度看来一般消费者的视觉上的感觉也就是均有深色块设计且其形状都是不规则的，而不会特别留意深色块的整体形状、设置位置与数量；对于上述区别 c，合议组认为，无论曲线、斜线的长短和位置如何设计，目的均为勾勒出凹凸有致的外部轮廓，本专利与在先设计 1 均做到了这一点，在设计所取得的视觉效果相近似的情况下，一般消费者不会注意何处使用了曲线而何处使用了斜线以及曲线、斜线的长短；对于上述区别 d，合议组认为，在整体形状相似且手柄末端腹部均外凸的情况下，凸出程度上的细微差别不会引起一般消费者的注意；对于上述区别 e，圆形和圆角方形为相近似的设计，也不会为一般消费者所关注。因此，上述区别均属于局部细微的变化，上述变化不足以对整体视觉效果产生显著影响，一般消费者不容易注意这些细微变化。

对于专利权人所认为的本专利有蜂腰设计而在先设计1没有该设计的意见，合议组认为从在先设计1的左视图上能够明显地看到蜂腰的设计，上述两种设计均使手柄背部靠近连接刷子端收腰，给一般消费者的视觉印象是相同的。

由于本专利与在先设计1所示外观设计的整体形状相似，并且局部的细微变化不足以对整体视觉效果产生显著影响，因此一般消费者容易将本专利与在先设计1在视觉上相混淆，即本专利与在先设计1所示外观设计相近似，不符合专利法第23条的规定。

（4）鉴于上述评述已经得出本专利不符合专利法第23条的结论，本决定对请求人提出的其他理由和证据不再予以评述。

三、决定

宣告02313028.8号外观设计专利权全部无效。

当事人对本决定不服的，可以根据专利法第46条第2款的规定，自收到本决定之日起三个月内向北京市第一中级人民法院起诉。根据该款的规定，一方当事人起诉后，另一方当事人应当作为第三人参加诉讼。

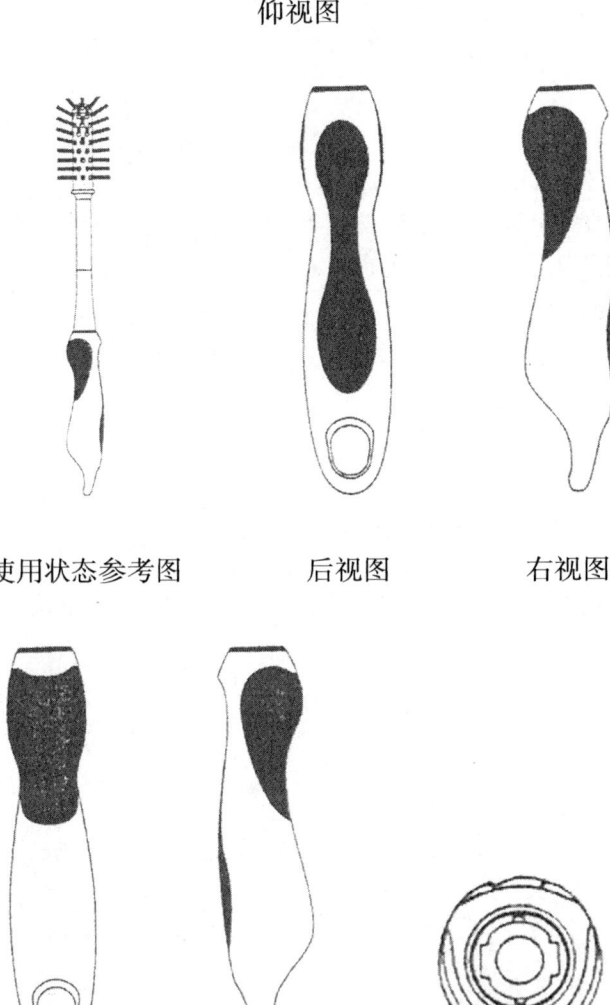

左视图　　　　主视图　　　　立体图

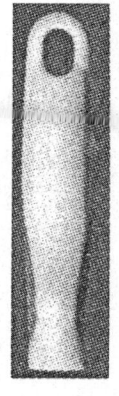  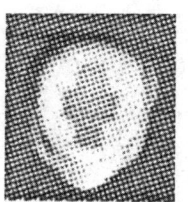

后视图　　　　俯视图　　　　仰视图

在先设计 1 附图

清洁刷（F-700）

无效宣告请求审查决定（第9998号）

决　定　号	第9998号
决　定　日	2007年6月14日
发明创造名称	清洁刷（F-700）
外观设计分类号	04-01
无效宣告请求人	宁波市镇海永盛头饰有限公司
专 利 权 人	洁威制刷（宁波）有限公司
专　利　号	02314693.1
申　请　日	2002年5月22日
授权公告日	2002年12月4日
合议组组长	钟　华
主　审　员	毕艳红
参　审　员	李玲玲
附　　　图	2页

法 律 依 据 专利法第23条
决 定 要 点

本专利与在先设计整体形状相近似，各组成部分的形状相似，各组成部分之间的相互位置关系和比例关系相近似，虽然存在局部的细微变化，但上述变化不足以对整体视觉效果产生显著影响，因此本专利与在先设计属于相近似的外观设计，不符合专利法第23条的规定。

一、案由

本无效宣告请求涉及的是国家知识产权局于2002年12月4日授权公告，名称为"清洁刷（F-700）"的02314693.1号外观设计专利（下称本专利），其申请日是2002年5月22日，专利权人为洁威制刷（宁波）有限公司。

针对上述外观设计专利权，宁波市镇海永盛头饰有限公司（下称请求人）于2006年11月22日向国家知识产权局专利复审委员会提出无效宣告请求，其理由为本专利不符合专利法第23条的规定。请求人提交了如下附件作为证据：

证据1：中国专利文献CN3220271，申请日为2001年5月25日，授权公告日为2002年1月30日，著录信息及图片复印件共1页；

证据2：中国专利文献CN3216085，申请日为2001年5月25日，授权公告日为2002年1月2

日，著录信息及图片复印件共 1 页。

证据 3：中国专利文献 CN3216084，申请日为 2001 年 5 月 25 日，授权公告日为 2002 年 1 月 2 日，著录信息及图片复印件共 8 页；

请求人认为：证据 1~3 为本专利申请日前的公开出版物，其公开日早于本专利的申请日 2002 年 5 月 22 日，证据 1~3 完全可以作为现有技术。证据 1~3 为同类证据，当本专利与证据 1 中公开的外观设计相近似时，本专利与证据 2、3 中公开的外观设计也相近似，因此相对于证据 1~3 本专利不符合专利法第 23 条的相关规定，应宣告本专利专利权无效。

经形式审查合格，专利复审委员会依法于 2006 年 11 月 22 日受理了上述无效宣告请求，并于同日向双方当事人发出了无效宣告请求受理通知书，同时将请求人提交的无效宣告请求书及其附件清单中所列附件的副本转给专利权人，要求其在指定期限内答复。

2006 年 12 月 22 日，请求人再次提交意见陈述书，补充提交了以下证据（编号继前）：

证据 4：针对 ZL01329254.4 号专利作出的第 6308 号无效宣告请求审查决定书正文复印件共 6 页及针对 ZL01329259.5 号专利作出的第 6533 号无效宣告请求审查决定书正文复印件共 5 页。

在此次意见陈述中，请求人提出以下内容作为证据使用：(1) 证据 4 中提到的证据 9：2004 年 4 月 12-14 日在英国一贸易展览会上出版的名为 "The Official Showguide for Interbrossa 2000" 的期刊封面、第 23 页及封底；(2) 证据 4 中提到的证据 10：两份广告传单，公开日为 1999 年 7 月 7 日，其中传单顶部分别载有 7/7/99 3：44PM 和 7/7/99 2：36PM 字样；(3) 证据 4 中提到的证据 11："Hayco Manufacturing Ltd." 于 1999 年 8 月 10 日出版的 "BRUSHWARE" 封面及第 3 页，其中每页右上角记载有 "ISSUE DATE：10/8/99" 字样；(4) 证据 4 中提到的证据 12："Hayco Manufacturing Ltd." 于 2001 年 1 月 11 日出版的 "BRUSHWARE Cleaning Products Catalog" 封面及第 1 页、第 2 页，其中内页记载有 "VER：11/01/2001" 字样；(5) 证据 4 中提到的证据 13：2000 年 2 月在德国公开的名为 "TOP FAIR" 的杂志。

请求人认为，虽然他并未提供上述证据 4 中提到的证据 9~13 的原件或复印件，但证据 4 中第 6308 号无效宣告请求审查决定书正文的第 3 页第 4 行至第 4 页第 20 行采信了上述证据 9~13，因此可以将其作为本专利的对比文件进行相近似性比较判断，证据 4 中提到的证据 9 第 23 页（详见证据 4 中第 6533 号无效宣告请求审查决定书正文第 4~5 页对比文件图片）、证据 10 第 1~2 页、证据 11 第 3 页、证据 12 第 2 页、证据 13 第 85 页（详见证据 4 中第 6308 号无效宣告请求审查决定书正文第 6 页对比文件图片）分别公开了多种与本专利相近似的刷子，因此本专利不符合专利法第 23 条的相关规定，应宣告其无效。

2007 年 1 月 5 日，专利权人针对请求人于 2006 年 11 月 22 日提交的无效宣告请求书及其附件清单中所列的附件，提交了意见陈述书，专利权人首先质疑证据 1~3 的真实性，认为证据 1~3 是从网站 http：//search.sipo.gov.cn 及 http：//211.157.104.66 上打印的，没有公证，不能说明这些内容确实来自国家知识产权局的官方网站；其次，国家知识产权局网站的免责声明中称专利公报是唯一准确记载专利内容的公开出版物，应以专利公报上的内容为准；最后，即使证据 1~3 与专利公报核实无误，它们所公开的外观设计也与本专利不相同、不相近似。因此，本专利相对于证据 1~3 符合专利法第 23 条的相关规定，应当维持本专利权有效。

2007 年 4 月 6 日，本案合议组向双方当事人发出口头审理通知书，定于 2007 年 5 月 28 日进行口头审理，并随本次口头审理通知书将专利权人于 2007 年 1 月 5 日提交的意见陈述书转送给请求人、将请求人于 2006 年 12 月 22 日提交的意见陈述书转送给专利权人。

2007 年 5 月 11 日，专利权人针对请求人于 2006 年 12 月 22 日补充提交的意见陈述书，再次提交意见陈述书。专利权人认为，请求人未提交证据9~13的复印件或原件，证据4也只是复印件，由于本案是一个新的无效宣告请求，应该有完整的证据质证程序；另外，从证据4的无效宣告请求决定书中对比文件的附图来看，与本专利并不相似，因此请求人补充的上述证据并不能说明本专利存在不符合专利法第23条的规定之处，应当维持专利权有效。

口头审理如期举行，双方当事人均委托代理人出席了口头审理。在口头审理中，请求人当庭向合议组提交了盖有"国家知识产权局专利局专利文献部藏"章的证据1-3的外观设计专利公报复印件和口审提纲，合议组当庭将其转给专利权人，专利权人对上述专利公报复印件的真实性有异议，认为请求人没有提交相应原件，并且文献部也并未在该复印件上加盖红章，所盖章也是复印的。请求人明确无效理由为：本外观设计专利与证据1、2的外观设计相近似，不符合专利法第23条的规定；放弃证据3（中国外观设计专利CN3216084）作为证据使用。请求人明确表示补充的证据为证据4，用于说明专利复审委员会外观设计相近似性比较的评判标准，决定中的图片并不用于与本外观设计专利进行相近似性比较，专利权人对证据4的真实性也有异议，认为不能用于说明评判标准。

在口头审理过程中，双方当事人进行了充分的意见陈述和辩论。专利权人认为，本专利与证据1的刷头存在显著区别，本专利的刷头呈椭圆形，并向细杆状颈部逐渐变细平滑过渡，其具有一小撮刷毛的背部隆起，刷头的细杆状颈部相对于刷柄具有明显的倾斜，侧视呈折线状；而证据1的刷头呈铲状，与向细杆状颈部突然变细过渡，其具有一小撮刷毛的背部内凹，刷头的细杆状颈部相对于刷柄略有倾斜，侧视呈圆滑的曲线状。同时，专利权人认为本专利与证据1的刷柄存在显著区别，本专利有蜂腰设计而证据1没有该设计，本专利的手柄在腹部和背部均有色块图案，上述图案都进一步增强了本专利的蜂腰设计，而证据1仅在背部有色块图案设计，进一步增强了其一体性的视觉；从右视图可以看到，本专利在靠近连接刷子端处，腹部是较长的曲线设计，背部是较短的斜线设计，而证据1在靠近连接刷子端处，背部是较短的曲线设计，腹部是较长的斜线设计；从右视图可以看到，在靠近通孔末端处，本专利的腹部比证据1的腹部更为外凸。在上述工作的基础上，合议组认为本案事实已经清楚，可以作出审查决定。

二、决定的理由

1. 法律依据

专利法第23条规定：授予专利权的外观设计，应当同申请日以前在国内外出版物上公开发表过或者国内公开使用过的外观设计不相同和不相近似，并不得与他人在先取得的合法权利相冲突。

2. 关于证据

请求人明确表示放弃证据3作为证据使用，同时明确表示补充的证据为证据4，该证据用于说明专利审委员会外观设计相近似性比较的评判标准，其中两份无效宣告请求审查决定中的图片并不用于与本外观设计专利进行相近似性比较。由于证据3与补充提交的证据4不作为本案的证据使用，在此合议组不对其进行评述。

请求人提交了证据1、证据2的外观设计专利公报的复印件，专利权人对其真实性有异议，经合议组将其与外观设计专利公报核实，上述证据与外观设计专利公报的原件一致，其真实性应予以确认，且证据1、2的授权公告日均在本专利的申请日（2002年5月22日）之前，属于专利法第23条规定的出版物，可以作为与本专利进行相近似性比较的证据使用（下称证据1的外观设计为在先设计1）。

3. 本专利是否符合专利法第23条的规定

（1）本专利的描述。

本专利为一种清洁刷的外观设计，从主视图来看，该清洁刷包括刷头、刷柄和位于刷头和刷柄之间的连杆三部分，刷头类似椭圆形，连杆从手柄端向刷头端逐渐变细，手柄为不规则的长圆柱体形状，手柄连接连杆一端为圆头，另一端收尾趋向扁形、末端带有一个近方圆形的通孔，手柄在靠近连接连杆端收腰，腹部在连接连杆端凸出部位及收腰处设有不规则形状的深色块；从后视图来看，手柄背部接近末端通孔处和手柄连接连杆端之间设有"8"字形深色块；从右视图来看，相对于竖直的刷柄，连杆弯向手柄腹部所在一侧，类似"撇"字形，刷头相对于连杆也具有一定的弯度，类似"捺"字形，在连杆弯向方向同侧的刷头基座上密植刷毛，在其另一侧仅有一小撮刷毛，并且具有该小撮刷毛的背部隆起（详见本专利附图）。

（2）在先设计1的描述。

在先设计1为一种刷子的外观设计，从主视图上看，该刷包括刷头、刷柄和位于刷头和刷柄之间的连杆三部分，刷头类似铲形，连杆从手柄端向刷头端逐渐变细，手柄为不规则的长圆柱体形状，手柄连接连杆一端为圆头，另一端收尾趋向扁形、末端带有一个近方圆形的通孔，手柄在靠近连接连杆端收腰，手柄背部接近末端通孔处和手柄连接连杆端之间设有不规则形状的深色块；从右视图来看，相对于竖直的刷柄，连杆弯向手柄腹部所在一侧，类似"撇"字形，刷头相对于连杆也具有一定的弯度，类似"捺"字形，在与连杆弯向方向同侧的刷头基座上密植刷毛，在其另一侧仅有一小撮刷毛，并且具有该小撮刷毛的背部内凹（详见在先设计1附图）。

（3）本专利与在先设计1是否构成相近似的外观设计。

将本专利与在先设计1相比，二者均为刷子，属同类产品；上述刷子均由刷头、刷柄和位于刷头和刷柄之间的连杆三部分组成，并且上述三个组成部分之间的相互位置关系和比例关系相近似；刷毛的设置位置和设置方式相近似；连杆形状相近似；刷柄的整体形状相近似，均为为不规则的长圆柱体形状，从连接连杆端向另一端看去，该手柄背部、腹部均为凸凹凸的曲线轮廓，背部、腹部凹进去的部分均为收腰部位，并且背部收腰处均比腹部收腰处离连接连杆端更近，连接连杆端均为圆头，另一端均收尾趋向扁形、扁形的尾部均具有一个近方圆形的通孔，在背部均有不规则形状的深色块设计并均延及左右视图。二者的主要不同点是：①对于刷头，本专利的刷头的圆弧状边缘轮廓线由远离连杆端起至靠近连杆端逐渐圆滑过渡收拢变细，也就是说在刷头在远离连杆的一端最宽，并且刷头背部隆起；在先设计1的刷头的圆弧状边缘轮廓线由远离连杆端起向靠近连杆端逐渐变宽，然后在连杆端突然收拢变细，并且刷头背部内凹。②对于刷柄，区别在于：a. 本专利手柄腹部在连接连杆端凸出部位及收腰处设有不规则形状的深色块，该色块延及至左右两侧视图，并至相对一侧图中两边边缘呈月牙形图案；b. 本专利与在先设计背部深色块图案不同，本专利的上述深色块图案为"8"字形；c. 本专利在靠近连接连杆端处，腹部是较长的曲线设计，背部是较短的斜线设计，而在先设计在靠近连接连杆端处，背部是较短的曲线设计，腹部是较长的斜线设计，上述设计的不同使得本专利手柄腹部在连接刷子端更为外凸；d. 在靠近通孔末端处，本专利的腹部比在先设计更为外凸。

对于上述刷头的不同点，合议组认为，由于本专利与在先设计1的刷头外部轮廓均采用了圆弧设计，刷头形状上的差异不大，而且刷头连接连杆处均较细，尽管变细的方式有所区别，但一般消费者在对上述两种刷子进行整体观察时所留下的印象均为从手柄端向刷头端逐渐变细的连杆连接一个外部轮廓为圆弧状的刷头，而不会特别留意刷头的两端究竟哪端宽些、哪端窄些，哪个背部凸一点、哪个背部凹一点。对于专利权人所认为的刷头存在的其他不同，合议组认为本专利与在先设计刷头的细杆状颈部相对于刷柄均具有明显的倾斜，侧视上呈折线或曲线的视觉效果相近似，一般消费者容易造成误认和混淆。对于上述手柄的不同点，针对上述区别a、b，合议组认为尽管本专利清洁刷手柄在深色块数量、设置位置和形状上与在先设计的有所不同，但由于这些深色块本身就设置在不规则的、类似圆柱体的手柄上，并且这些深色块均延及至多面视图中，从不同角度看来一般消费者的视觉上的感觉也就是均有深色块设计且其形状都是不规则的，而不会特别留意深色块的整体形状、设置位置与数量；针对上述区别 c，合议组认为，无论曲线、斜线的长短和位置如何设计，目的均为勾勒出凸凹有致的外部轮廓，本专利与在先设计均做到了这一点，在设计所取得的视觉效果相近似的情况下，一般消费者不会注意何处使用了曲线而何处使用了斜线以及曲线、斜线的长短；针对上述区别 d，合议组认为，在整体形状相似且手柄末端腹部均外凸的情况下，凸出程度上的细微差别不会引起一般消费者的注意。对于专利权人所认为的本专利有蜂腰设计而在先设计没有该设计的意见，合议组认为从在先设计 1 的右视图上能够明显地看到收腰的设计，上述两种设计均使手柄背部靠近连接连杆端收腰，给一般消费者的视觉印象是相近似的。

通过以上分析，合议组认为，本专利与在先设计 1 刷子的整体形状相近似，各组成部分的形状相近似，各组成部分之间的相互位置关系和比例关系相近似，虽然存在局部的细微变化，但上述变化不足以对整体视觉效果产生显著影响，一般消费者容易将二者误认、混淆，本专利与在先设计 1 所示外观设计相近似，不符合专利法第 23 条的规定。

（4）鉴于上述评述已经得出本专利不符合专利法第 23 条的结论，本决定对请求人提出的其他证据不再予以评述。

三、决定

宣告 02314693.1 号外观设计专利权全部无效。

当事人对本决定不服的，可以根据专利法第 46 条第 2 款的规定，自收到本决定之日起三个月内向北京市第一中级人民法院起诉。根据该款的规定，一方当事人起诉后，另一方当事人应当作为第三人参加诉讼。

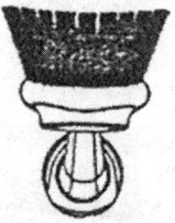

仰视图

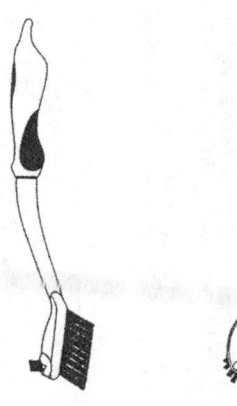  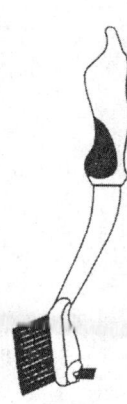 

左视图　　　后视图　　　右视图　　　主视图

俯视图

本专利附图

仰视图

  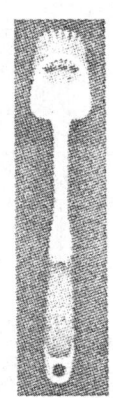

后视图　　右视图　　主视图

俯视图

在先设计 1 附图

包装盒（复方地塞米松乳膏）

无效宣告请求审查决定（第9542号）

决 定 号	第9542号
决 定 日	2007年2月5日
发明创造名称	包装盒（复方地塞米松乳膏）
外观设计分类号	09-03
无效宣告请求人	三九企业集团（深圳南方制药厂）
专 利 权 人	确山龙源药业有限公司
专 利 号	200430090442.7
申 请 日	2004年9月27日
授权公告日	2005年6月1日
合议组组长	李 隽
主 审 员	杨存吉
参 审 员	张 鹏
附 图	1页
法 律 依 据	专利法第23条

决 定 要 点

如果被比设计与在先设计整体形状基本相同，各视图形状、图案和色彩基本相同，两者的区别仅为细小的局部差别，对于一般的消费者而言，很容易将两者误认、混同，那么两者的差别对于产品外观设计的整体视觉效果不具有显著的影响，被比设计与在先设计属于相近似的外观设计。

一、案由

本无效宣告请求涉及国家知识产权局于2005年6月1日授权公告的200430090442.7号外观设计专利（下称本专利），其产品名称为"包装盒（复方地塞米松乳膏）"，申请日为2004年9月27日，专利权人为确山龙源药业有限公司。

针对本专利，三九企业集团（深圳南方制药厂）（下称请求人）于2006年3月22日向专利复审委员会提出无效宣告请求，其理由是本专利的授权不符合专利法第23条和专利法实施细则第2条第3款的规定。请求人同时提交了下列附件作为证据：

附件1：专利号为ZL02322243.3的外观设计公告文本（下称对比文件1）。

请求人认为：本专利与对比文件1属于同一种类的产品，二者整体形状和图案相近似，一般消费者会将本专利和对比文件1误认、混同，二者属于相近似的外观设计，因此本专利不符合专利法第

23 条的规定。

经形式审查合格，专利复审委员会受理了上述无效宣告请求，并于 2006 年 3 月 22 日向请求人和专利权人发出了无效宣告请求受理通知书，同时将专利权无效请求书及相关文件的副本转送给了专利权人，要求其在指定的期限内答复。

专利权人未在指定期限内答复。

专利复审委员会于 2006 年 12 月 11 日向双方当事人发出了口头审理通知书，定于 2007 年 1 月 25 日上午在专利复审委员会进行口头审理。

口头审理如期举行。请求人出席了口头审理，专利权人未出席口头审理。请求人对合议组成员无回避请求。在口头审理中，请求人明确对比文件 1 用于证明本专利不符合专利法第 23 条的规定，同时放弃本专利不符合专利法实施细则第 2 条第 3 款的规定的无效理由。请求人认为：本专利与对比文件 1 形状相同、大小相同、二者的图案相近似，并在此基础上进行了充分的意见陈述。

至此，合议组认为本案事实已经查清，可以依法作出如下决定。

二、决定的理由

1. 关于证据

对比文件 1 为专利号为 ZL02322243.3 的外观设计公告文本，经合议组核查属实，可以作为有效证据。附件 1 的公告号为 CN3260349D，公告日为 2002 年 10 月 23 日，早于本专利的申请日，其中记载的名称为包装盒（皮炎平小盒）的外观设计可作为本专利的在先外观设计。

2. 关于专利法第 23 条

专利法第 23 条规定：授予专利权的外观设计，应当同申请日以前在国内外出版物上公开发表过或者国内公开使用过的外观设计不相同和不相近似，并不得与他人在先取得的合法权利相冲突。

本专利为包装盒（复方地塞米松乳膏）的外观设计，该包装盒在使用状态下为长方体，其主视图和后视图均为长方形，该长方形左边部分近似为深色倒梯形，其中间位置有"666"构成的数字图案，该长方形中间靠右部分近似为白色平行四边形，其中间有较大一行"皮炎平软膏"的文字图案和较小一行"消炎、止痒、抗过敏"的文字图案，该长方形右边部分近似为深色梯形，其下部有"20 克"和"外"两处文字图案，其中在深色和白色的过渡区间具有由直线和弧线构成的五级台阶图案；该长方体的左视图为带有条码和数字图案的长方形，右视图为带有三行文字图案的深色长方形；该长方体的仰视图和俯视图分别为左边带有较大一行文字图案，右边带有多行较小文字图案的长方形，其中俯视图的右上角还带有较小的内含椭圆的近似正方形的图案（详见本专利）。

对比文件 1 公开了一种包装盒（皮炎平小盒）的外观设计，该包装盒在使用状态下为长方体，其主视图为长方形，该长方形左边部分近似为深色倒梯形，其中间位置有"999"构成的数字图案，该长方形中间靠右部分近似为白色平行四边形，其中间有较大一行"皮炎平软膏"的文字图案和较小一行"消炎、止痒、抗过敏"的文字图案，其中"软膏"二字为竖排，该长方形右边部分近似为深色梯形，其下部有"20 克"和"外"两处文字图案，其中在深色和白色的过渡区间具有由直线构成的五级台阶图案；该长方体的后视图为长方形，该长方形左边部分近似为深色倒梯形，其上部有两个文字图案，该长方形中间靠左部分近似为白色平行四边形，其中间有一大一小两行文字图案，该长方形右边部分近似为深色梯形，其中间位置有"666"构成的数字图案；该长方体的左视图为带有条码图案的长方形，右视图为带有三行文字图案的深色长方形；该长方体的仰视图和俯视图分别为左边带有较大一行文字图案，右边带有多行较小文字图案的长方形，其中仰视图的右上角还带有较小的一行文字图案（详见对比文件 1）。

将本专利和对比文件1在先公开的外观设计相比，存在如下区别：即主视图左边部分数字图案不同，本专利为"666"构成的数字图案，而对比文件1为"999"构成的数字图案；五级台阶图案的构成不同，本专利是由弧线和直线构成，而对比文件1仅由直线构成；"软膏"二字的排列不同，本专利是横排，而对比文件1是竖排；仰视图或俯视图右上角的图案不同，本专利为较小的内含椭圆的近似正方形的图案，对比文件1为较小一行文字图案。

由此可见，本专利与对比文件1中的外观设计整体形状基本相同，各视图形状、图案和色彩基本相同，上述区别仅为细小的局部差别，对于产品外观设计的整体视觉效果不具有显著的影响，对于一般的消费者而言，很容易将本专利与对比文件1中的外观设计误认、混同，因此合议组认为：本专利与对比文件1中的外观设计相近似，其不符合专利法第23条的规定。

三、决定

宣告200430090442.7号外观设计专利权无效。

根据专利法第46条第2款的规定，当事人对本决定不服的，可以自收到本决定通知书之日起三个月内向北京市第一中级人民法院起诉。根据该款的规定，一方当事人起诉后，另一方当事人应当作为第三人参加诉讼。

俯视图　　　　　　　　仰视图

主视图　　　　　　　　后视图

左视图　　　　　　　　右视图

本专利

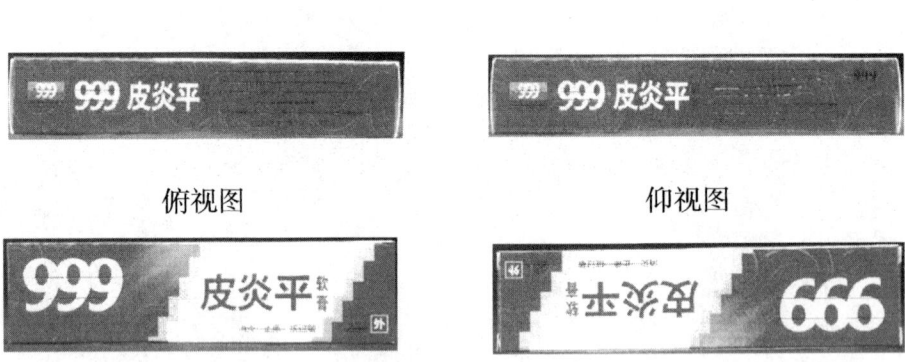

俯视图　　　　　　　　仰视图

主视图　　　　　　　　后视图

立体图　　　　左视图　　右视图

对比文件1

部中央偏上竖直相对布有两个按钮，其下水平相对布有两个按钮，按钮为边带有弧度的类似三角形，竖直排列的按钮左侧有一圆形指示灯（详见在先设计附图）。

合议组认为，将本专利与在先设计相比较，相同之处在于两者均为直圆柱体形状，由盖和盒（罐）体两部分组成，盒（罐）体均有透明材质。二者的不同之处在于：本专利盒体上布有文字和图案，文字位于盒体正面中央醒目位置，动物图案围绕回转的盒体纵列等距均匀排布，由于盒体透明，文字和图案共同构成了对盒体表面的醒目装饰性效果。而在先设计的罐体表面无图案，一半透明和一半不透明的材质使罐体呈明显等分的两部分，体现出对等分割的效果。另外，本专利的盒体整体透明，盒体内无其他结构，从任意角度观察隐约可见盒体另一面的图案映衬的效果。而在先设计的罐体一半透明，透过透明的罐体可见其内部有几排突出的支架。根据审查指南第四部分第五章的规定，对外表使用透明材料的产品而言，通过人的视觉能观察到的其透明部分以内的形状、图案，应视为该产品的外观设计的一部分。因此本专利的透明材质结合盒体表面图案的设计与在先设计透明材质结合罐体内部结构的设计使二者呈现出明显不同的视觉效果。本专利的盒盖为扁平状，而在先设计的罐盖较宽，其占据罐身整体的比例大于本专利的盒盖占据盒身整体的比例，且在先设计的罐盖顶面布有按钮和指示灯，而本专利的盒盖则无此设计构件。除此之外，两者在其他部分还存在一些局部细微差异。本专利未请求保护色彩，故不对二者的色彩进行比较。由于本专利与在先设计存在的上述差别对于外观设计的整体视觉效果具有显著影响，所以二者既不相同也不相近似。

综上所述，由于本专利与在先设计既不相同也不相近似，请求人提出本专利不符合专利法第23条的主张不能成立。

三、决定

维持02358653.2号外观设计专利权有效。

当事人对本决定不服的，可以根据专利法第46条第2款的规定，自收到本决定之日起三个月内向北京市第一中级人民法院起诉。根据该款的规定，一方当事人起诉后，另一方当事人应当作为第三人参加诉讼。

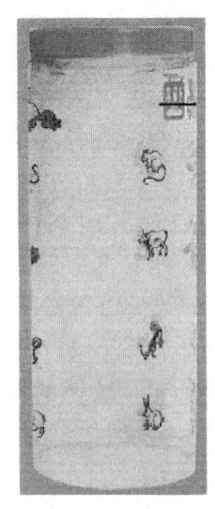  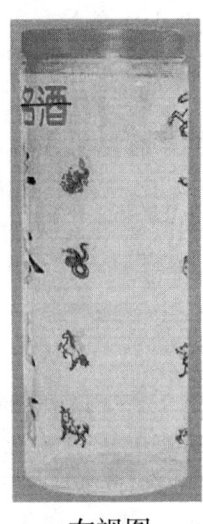 

左视图　　　　主视图　　　　右视图　　　　后视图

  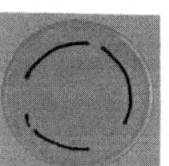

立体图　　　使用状态参考图　　　俯视图

本专利附图

俯视图

 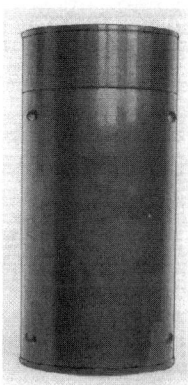 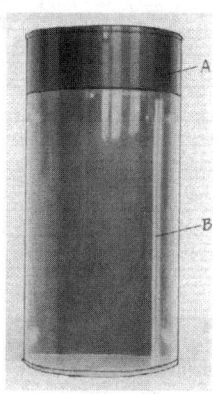 

左视图　　　主视图　　　后视图　　　立体图

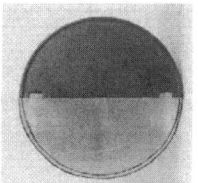

仰视图

  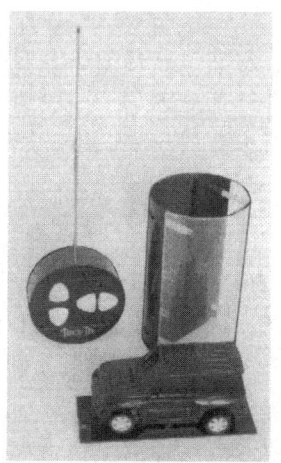

使用状态参考图一　　使用状态参考图二　　使用状态参考图三

在先设计附图

包装盒（酒C）

无效宣告请求审查决定（第10005号）

决 定 号	第10005号
决 定 日	2007年5月31日
发明创造名称	包装盒（酒C）
外观设计分类号	09-03
无效宣告请求人	宜宾五粮液股份有限公司
专 利 权 人	巩文杰
申 请 号	02358654.0
申 请 日	2002年7月26日
授 权 公 告 日	2003年2月12日
合议组组长	张跃平
主 审 员	李 卉
参 审 员	苏 青
附 图	2页
法 律 依 据	专利法第23条
决 定 要 点	

本专利的包装盒侧面具有图案，而在先设计的包装盒侧面不具有图案。由于本专利六面体包装盒的四个侧面上是否具有图案对于一般消费者会形成明显的视觉区别，会对包装盒的整体视觉效果具有显著的影响，因而本专利与在先设计属于不相同不相近似的外观设计。

一、案由

本无效宣告请求涉及的是国家知识产权局于2003年2月12日授权公告的、申请号为02358654.0的外观设计专利，名称为"包装盒（酒C）"，申请日是2002年7月26日，专利权人是巩文杰。

针对上述外观设计专利权（下称本专利），宜宾五粮液股份有限公司（下称请求人）于2007年1月8日向专利复审委员会提出无效宣告请求，其理由是本专利不符合专利法第23条的规定。请求人认为本专利与在其申请日以前在先公开的外观设计专利权相近似。请求人同时提交了作为证据的附件材料，即：

授权公告日为2001年8月8日的00347136.5号外观设计专利权的公报复印件1页，其授权公告号为CN 3195591D。

专利复审委员会根据无效宣告请求审查程序的规定受理了该无效宣告请求，并于2007年3月19

日向双方当事人发出了无效宣告请求受理通知书，并将请求人的无效宣告请求文件的副本转送专利权人。

专利权人未提交意见陈述。

经合议组合议，决定将本案以书面方式进行审理。

2007年4月20日，专利复审委员会向双方当事人发出合议组成员告知通知书，通知双方当事人如对合议组成员有回避请求，请于收到本通知书之日起7日内提交书面的请求书，逾期未答复视为无回避请求。

双方当事人在合议组指定的上述期限内对合议组成员未提出回避请求。

至此，合议组经合议认为本案事实已经清楚，可依法作出本审查决定。

二、决定的理由

基于请求人提出的无效宣告请求的理由，合议组依据专利法第23条的规定对本案进行审理。

专利法第23条规定：授予专利权的外观设计，应当同申请日以前在国内外出版物上公开发表过或者国内公开使用过的外观设计不相同和不相近似，并不得与他人在先取得的合法权利相冲突。

请求人提交的附件是授权公告日为2001年8月8日的00347136.5号外观设计专利权的公报复印件。经合议组核实，该证据所示内容真实，确系在本专利申请日（2002年7月26日）以前公开发表的外观设计（下称在先设计），适用于专利法第23条的规定，本案予以采纳。

合议组认为：本专利和在先设计均为酒类包装的外观设计，二者用途相同，属于相同种类的物品，具有可比性。现将其与本专利进行相同相近似比较：

本专利是的酒包装盒的外观设计，整体呈规则六面体状，盒体透明，上部有盖，从主视图看，六面体的一个侧面的中间偏上部位具有一马的图案，在该侧面的左边的面由上至下排列有比所述马图案稍小的鼠、牛、虎、兔的图案，在马图案侧面的右边的面由上至下排列有比所述马图案稍小的龙、蛇、马、羊的图案；从后视图可以看出，在六面体的与前述马图案侧面相对的侧面由上至下排列所述马图案稍小的猴、鸡、狗、猪的图案（详见本专利附图）。

在先设计为酒瓶外罩的外观设计，整体呈规则六面体状，盒体透明，底部有凸出的台座，盒体的上表面的中间具有一圆形图案（详见在先设计附图）。

将本专利与在先设计相比较，二者的盒体都呈相同的规则六面体状，且盒体透明，其主要区别在于：（1）本专利的包装盒在侧面的四个面上具有图案，而在先设计的侧面不具有图案；（2）本专利包装盒的上部具有盒盖，底部不具有台座，在先设计的包装盒上部不具有盒盖，而底部具有一凸出于盒体的台座。综上，合议组认为：对于本专利和在先设计的酒类包装盒这样的产品，一般消费者在购买酒类产品时，其包装盒的各个部位都是其所关注并且能见到的，因而在包装盒的主体侧面上是否具有图案对于一般消费者会形成明显的视觉区别，尤其是，本专利在包装盒侧面的大部分的面上都具有图案，而且，本专利与在先设计均为透明物品，通过透明外罩看到的盒子底部一个有台座一个没有，盒子上部一个有盖一个没有，这些区别结合起来对二者包装盒的整体视觉效果产生显著影响。综上所述，本专利与在先设计属于不相同且不相近似的外观设计，请求人提交的证据不能支持其主张。

三、决定

维持02358654.0号外观设计专利权有效。

当事人对本决定不服的，可以根据专利法第46条第2款的规定，自收到本决定之日起三个月内向北京市第一中级人民法院起诉。根据该款的规定，一方当事人起诉后，另一方当事人应当作为第三人参加诉讼。

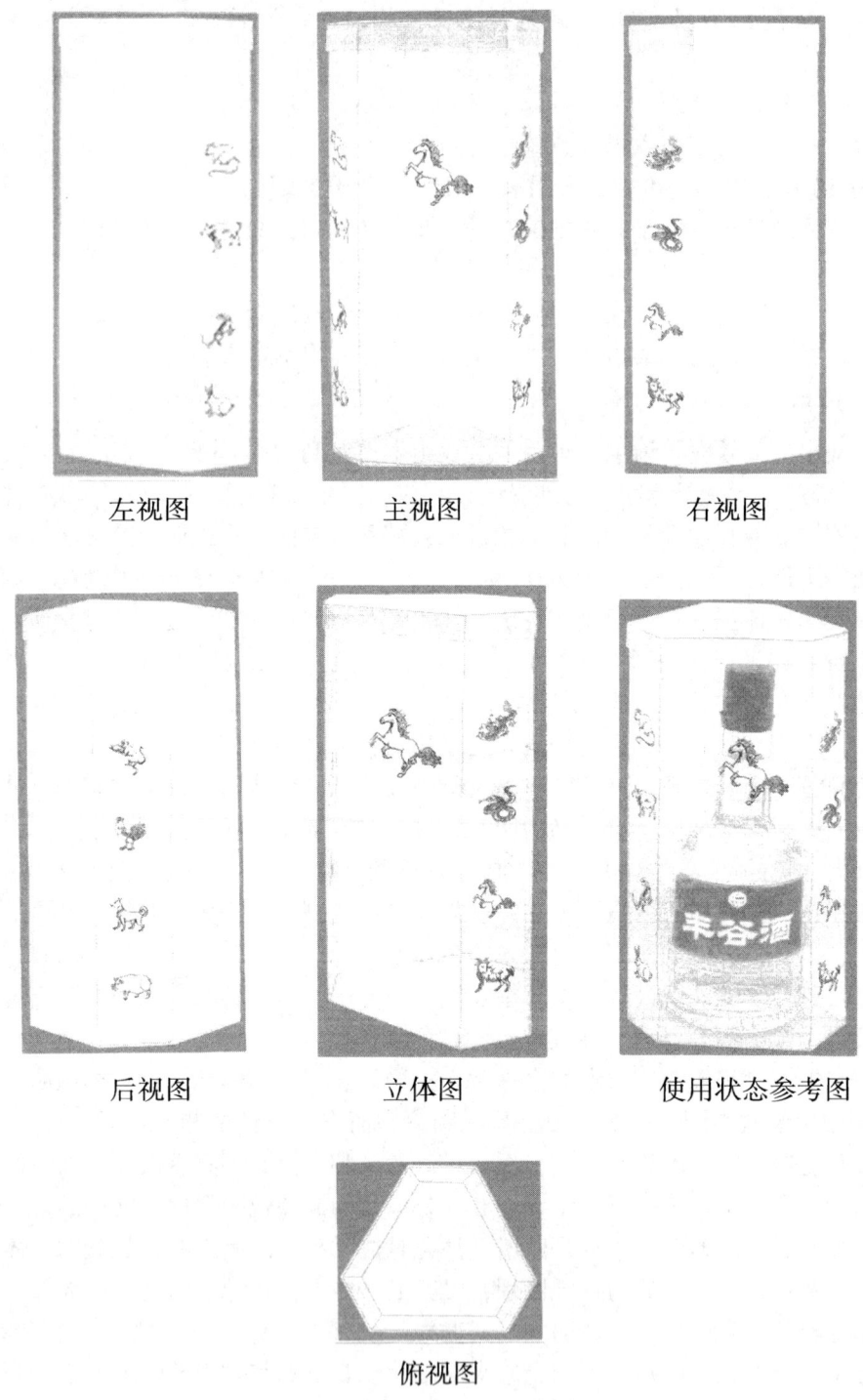

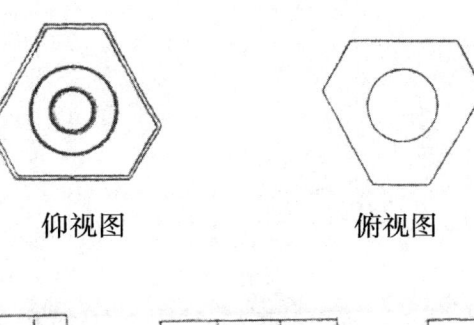

仰视图　　　　　俯视图

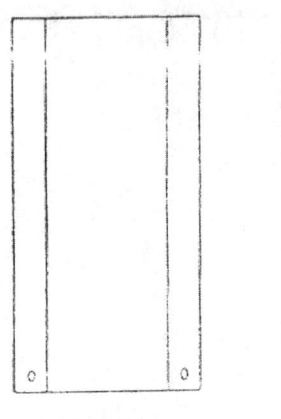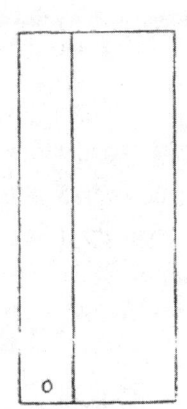

后视图　　　　主视图　　　　左视图

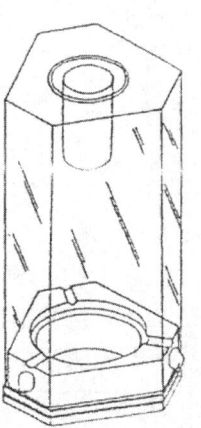

使用状态参考图

在先设计附图

包装盒（酒C）

无效宣告请求审查决定（第 10006 号）

决 定 号	第 10006 号
决 定 日	2007 年 5 月 31 日
发明创造名称	包装盒（酒C）
外观设计分类号	09-03
无效宣告请求人	四川省宜宾五粮液集团有限公司
专 利 权 人	巩文杰
申 请 号	02358654.0
申 请 日	2002 年 7 月 26 日
授权公告日	2003 年 2 月 12 日
合议组组长	张跃平
主 审 员	李 卉
参 审 员	苏 青
附 图	2 页

法 律 依 据 专利法第 23 条

决 定 要 点

本专利的包装盒侧面具有图案，而在先设计的包装盒侧面不具有图案。由于本专利六面体包装盒的四个侧面上是否具有图案对于一般消费者会形成明显的视觉区别，会对包装盒的整体视觉效果具有显著的影响，因而本专利与在先设计属于不相同不相近似的外观设计。

一、案由

本无效宣告请求涉及的是国家知识产权局于 2003 年 2 月 12 日授权公告的、申请号为 02358654.0 的外观设计专利，名称为"包装盒（酒C）"，申请日是 2002 年 7 月 26 日，专利权人是巩文杰。

针对上述外观设计专利权（下称本专利），四川省宜宾五粮液集团有限公司（下称请求人）于 2007 年 1 月 29 日向专利复审委员会提出无效宣告请求，其理由是本专利不符合专利法第 23 条的规定。请求人认为本专利与在其申请日以前在先公开的外观设计专利权相近似。请求人同时提交了作为证据的附件材料，即：

授权公告日为 2001 年 8 月 8 日的 00347136.5 号外观设计专利权的公报复印件 1 页，其授权公告号为 CN 3195591D。

专利复审委员会根据无效宣告请求审查程序的规定受理了该无效宣告请求，并于 2007 年 1 月 29 日向双方当事人发出了无效宣告请求受理通知书,并将请求人的无效宣告请求文件的副本转送专利权人。

专利权人未提交意见陈述。

专利复审委员会于 2007 年 2 月 27 日向双方当事人发出无效宣告请求口头审理通知书,定于 2007 年 4 月 20 日对本案进行口头审理。

由于专利权人未收到专利复审委员会所发出的口头审理通知书,经合议组合议,决定将本案以书面方式进行审理。

2007 年 4 月 20 日,专利复审委员会向双方当事人发出合议组成员告知通知书,通知双方当事人如对合议组成员有回避请求,请于收到本通知书之日起 7 日内提交书面的请求书,逾期未答复,视为无回避请求。

双方当事人在合议组指定的上述期限内对合议组成员未提出回避请求。

至此,合议组经合议认为本案事实已经清楚,可依法作出本审查决定。

二、决定的理由

基于请求人提出的无效宣告请求的理由,合议组依据专利法第 23 条的规定对本案进行审理。

专利法第 23 条规定:授予专利权的外观设计,应当同申请日以前在国内外出版物上公开发表过或者国内公开使用过的外观设计不相同和不相近似,并不得与他人在先取得的合法权利相冲突。

请求人提交的附件是授权公告日为 2001 年 8 月 8 日的 00347136.5 号外观设计专利权的公报复印件。经合议组核实,该证据所示内容真实,确系在本专利申请日(2002 年 7 月 26 日)以前公开发表的外观设计(下称在先设计),适用于专利法第 23 条的规定,本案予以采纳。

合议组认为:本专利和在先设计均为酒类包装的外观设计,二者用途相同,属于相同种类的物品,具有可比性。现将其与本专利进行相同相近似比较:

本专利是的酒包装盒的外观设计,整体呈规则六面体状,盒体透明,上部有盖,从主视图看,六面体的一个侧面的中间偏上部位具有一马的图案,在该侧面的左边的面由上至下排列有比所述马图案稍小的鼠、牛、虎、兔的图案,在马图案侧面的右边的面由上至下排列有比所述马图案稍小的龙、蛇、马、羊的图案;从后视图可以看出,在六面体的与前述马图案侧面相对的侧面由上至下排列所述马图案稍小的猴、鸡、狗、猪的图案(详见本专利附图)。

在先设计为酒瓶外罩的外观设计,整体呈规则六面体状,盒体透明,底部有凸出的台座,盒体的上表面的中间具有一圆形图案(详见在先设计附图)。

将本专利与在先设计相比较,二者的盒体都呈相同的规则六面体状,且盒体透明,其主要区别在于:(1)本专利的包装盒在侧面的四个面上具有图案,而在先设计的侧面不具有图案;(2)本专利包装盒的上部具有盒盖,底部不具有台座,在先设计的包装盒上部不具有盒盖,而底部具有一凸出于盒体的台座。综上,合议组认为:对于本专利和在先设计的酒类包装盒这样的产品,一般消费者在购买酒类产品时,其包装盒的各个部位都是其所关注并且能见到的,因而在包装盒的主体侧面上是否具有图案对于一般消费者会形成明显的视觉区别,尤其是,本专利在包装盒侧面的大部分的面上都具有图案,而且,本专利与在先设计均为透明物品,通过透明外罩看到的盒子底部一个有台座一个没有,盒子上部一个有盖一个没有,这些区别结合起来会对二者包装盒的整体视觉效果产生显著影响。综上所述,本专利与在先设计属于不相同且不相近似的外观设计,请求人提交的证据不能支持其主张。

三、决定

维持 02358654.0 号外观设计专利权有效。

当事人对本决定不服的,可以根据专利法第 46 条第 2 款的规定,自收到本决定之日起三个月内向北京市第一中级人民法院起诉。根据该款的规定,一方当事人起诉后,另一方当事人应当作为第三人参加诉讼。

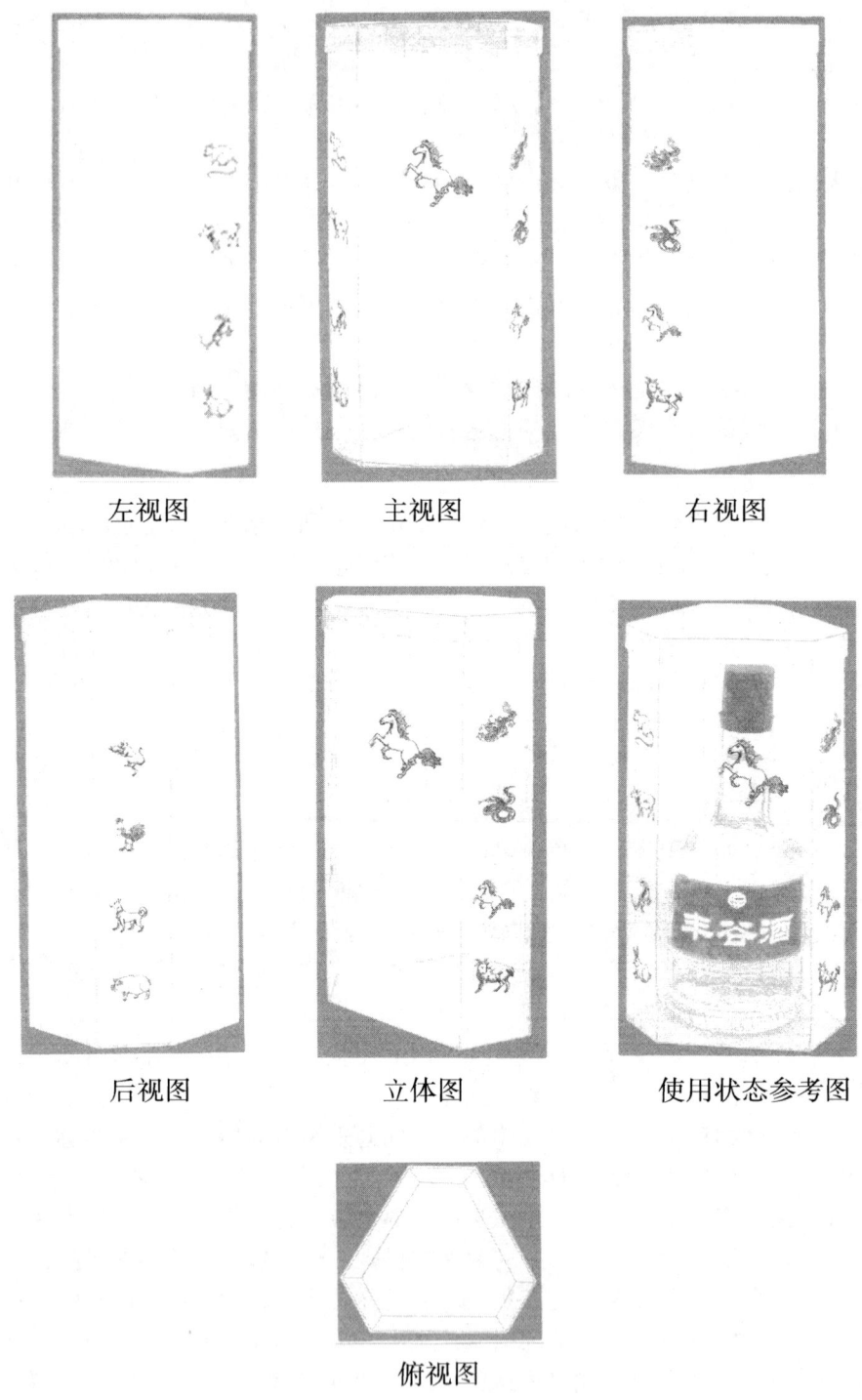

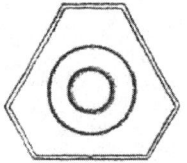 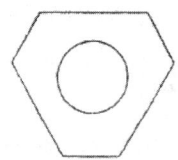

仰视图　　　　俯视图

后视图　　　　主视图　　　　左视图

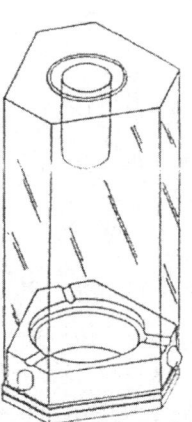

使用状态参考图

在先设计附图

391

包装盒（酒C）

无效宣告请求审查决定（第10007号）

决 定 号	第10007号
决 定 日	2007年5月31日
发明创造名称	包装盒（酒C）
外观设计分类号	09-03
无效宣告请求人	四川省宜宾五粮液集团有限公司
专 利 权 人	巩文杰
申 请 号	02358654.0
申 请 日	2002年7月26日
授权公告日	2003年2月12日
合议组组长	张跃平
主 审 员	李 卉
参 审 员	苏 青
附 图	2页

法 律 依 据　专利法第23条

决 定 要 点

本专利的包装盒侧面具有图案，而在先设计的包装盒侧面不具有图案。由于本专利六面体包装盒的四个侧面上是否具有图案对于一般消费者会形成明显的视觉区别，会对包装盒的整体视觉效果具有显著的影响，因而本专利与在先设计属于不相同和不相近似的外观设计。

一、案由

本无效宣告请求涉及的是国家知识产权局于2003年2月12日授权公告的、申请号为02358654.0的外观设计专利，名称为"包装盒（酒C）"，申请日是2002年7月26日，专利权人是巩文杰。

针对上述外观设计专利权（下称本专利），四川省宜宾五粮液集团有限公司（下称请求人）于2006年6月13日向专利复审委员会提出无效宣告请求，其理由是本专利不符合专利法第23条的规定。请求人认为本专利与在其申请日以前在先公开的外观设计专利权相近似。请求人同时提交了作为证据的附件材料，即：

授权公告日为2001年8月8日的00347136.5号外观设计专利权的公报复印件1页，其授权公告号为CN 3195591D。

专利复审委员会根据无效宣告请求审查程序的规定受理了该无效宣告请求，并于2006年8月10日向双方当事人发出了无效宣告请求受理通知书，并将请求人的无效宣告请求文件的副本转送专利权人。

专利权人于2006年9月18日提交了意见陈述书，认为请求人提交的在先外观设计与本专利不相同且不相近似，本专利应予维持。

专利复审委员会于2007年2月27日向双方当事人发出无效宣告请求口头审理通知书，定于2007年4月20日对本案进行口头审理。

由于专利权人未收到专利复审委员会所发出的口头审理通知书，经合议组合议，决定将本案以书面方式进行审理。

2007年4月20日，专利复审委员会向双方当事人发出合议组成员告知通知书，通知双方当事人如对合议组成员有回避请求，请于收到本通知书之日起7日内提交书面的请求书，逾期未答复视为无回避请求。

双方当事人在合议组指定的上述期限内对合议组成员未提出回避请求。

至此，合议组经合议认为本案事实已经清楚，可依法作出本审查决定。

二、决定的理由

基于请求人提出的无效宣告请求的理由，合议组依据专利法第23条的规定对本案进行审理。

专利法第23条规定：授予专利权的外观设计，应当同申请日以前在国内外出版物上公开发表过或者国内公开使用过的外观设计不相同和不相近似，并不得与他人在先取得的合法权利相冲突。

请求人提交的附件是授权公告日为2001年8月8日的00347136.5号外观设计专利权的公报复印件。经合议组核实，该证据所示内容真实，确系在本专利申请日（2002年7月26日）以前公开发表的外观设计（下称在先设计），适用于中国专利法第23条的规定，本案予以采纳。

合议组认为：本专利和在先设计均为酒类包装的外观设计，二者用途相同，属于相同种类的物品，具有可比性。现将其与本专利进行相同和相近似比较：

本专利是的酒包装盒的外观设计，整体呈规则六面体状，盒体透明，上部有盖，从主视图看，六面体的一个侧面的中间偏上部位具有一马的图案，在该侧面的左边的面由上至下排列有比所述马图案稍小的鼠、牛、虎、兔的图案，在马图案侧面的右边的面由上至下排列有比所述马图案稍小的龙、蛇、马、羊的图案；从后视图可以看出，在六面体的与前述马图案侧面相对的侧面由上至下排列所述马图案稍小的猴、鸡、狗、猪的图案（详见本专利附图）。

在先设计为酒瓶外罩的外观设计，整体呈规则六面体状，盒体透明，底部有凸出的台座，盒体的上表面的中间具有一圆形图案（详见在先设计附图）。

将本专利与在先设计相比较，二者的盒体都呈相同的规则六面体状，且盒体透明，其主要区别在于：（1）本专利的包装盒在侧面的四个面上具有图案，而在先设计的侧面不具有图案；（2）本专利包装盒的上部具有盒盖，底部不具有台座，在先设计的包装盒上部不具有盒盖，而底部具有一凸出于盒体的台座。综上，合议组认为：对于本专利和在先设计的酒类包装盒这样的产品，一般消费者在购买酒类产品时，其包装盒的各个部位都是其所关注并且能见到的，因而在包装盒的主体侧面上是否具有图案对于一般消费者会形成明显的视觉区别，尤其是，本专利在包装盒侧面的大部分的面上都具有图案，而且，本专利与在先设计均为透明物品，通过透明外罩看到的盒子底部一个有台座一个没有，盒子上部一个有盖一个没有，这些区别结合起来对二者包装盒的整体视觉效果产生显著影响。综上所述，本专利与在先设计属于不相同且不相近似的外观设计，请求人提交的证据不能支持其主张。

三、决定

维持02358654.0号外观设计专利权有效。

当事人对本决定不服的，可以根据专利法第46条第2款的规定，自收到本决定之日起三个月内向北京市第一中级人民法院起诉。根据该款的规定，一方当事人起诉后，另一方当事人应当作为第三人参加诉讼。

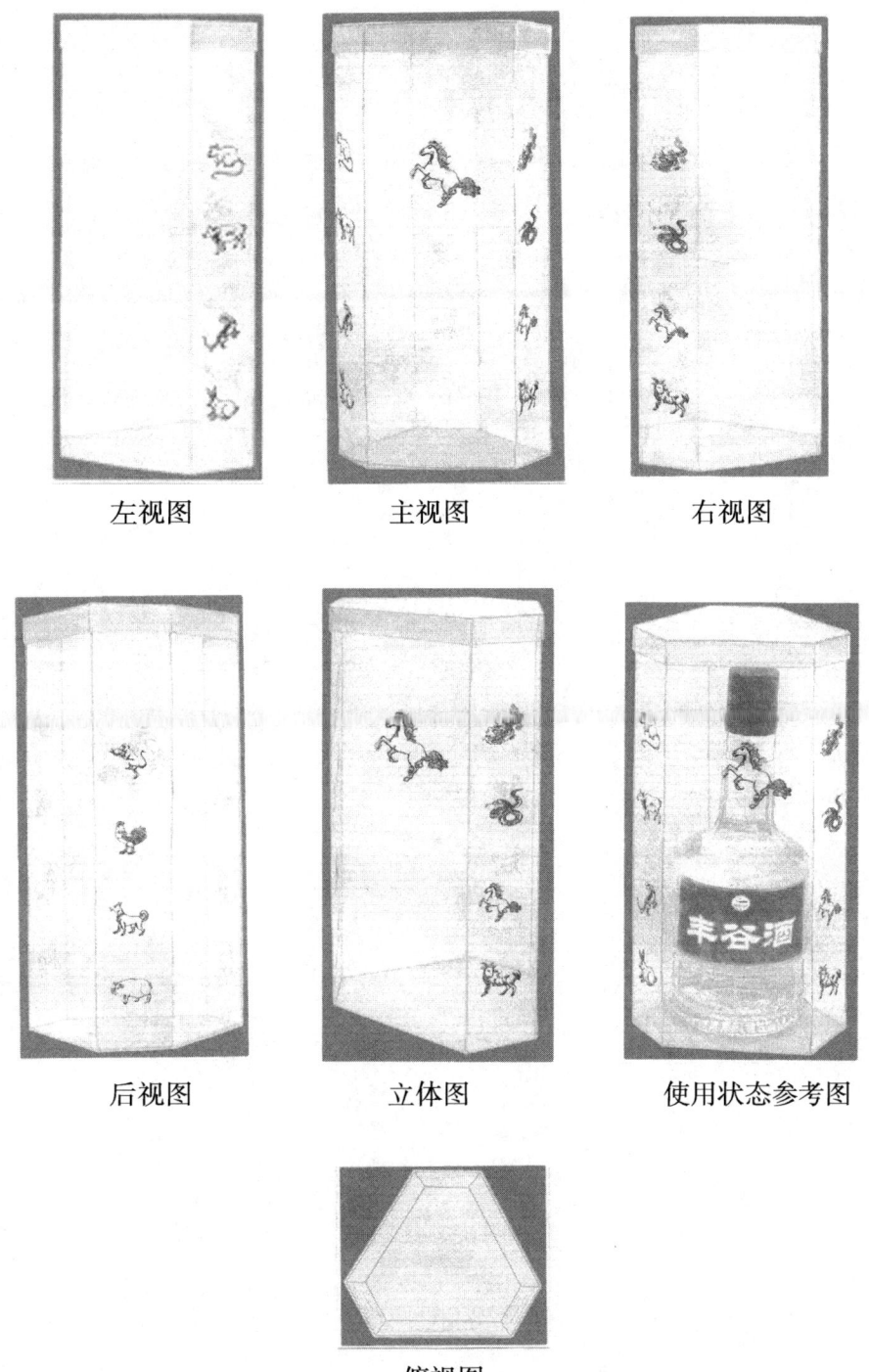

左视图　主视图　右视图

后视图　立体图　使用状态参考图

俯视图

本专利附图

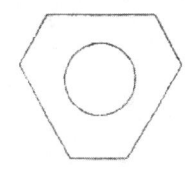

仰视图　　　　俯视图

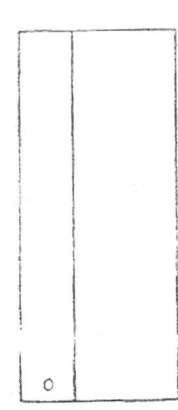

后视图　　　主视图　　　左视图

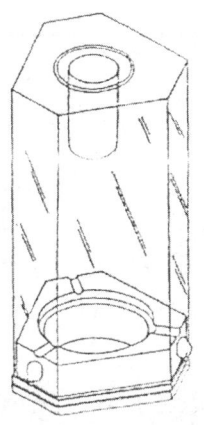

使用状态参考图

在先设计附图

清洁刷（F-600）

无效宣告请求审查决定（第10016号）

决 定 号	第10016号
决 定 日	2007年6月14日
发明创造名称	清洁刷（F-600）
外观设计分类号	04-01
无效宣告请求人	宁波市镇海永盛头饰有限公司
专 利 权 人	洁威制刷（宁波）有限公司
专 利 号	02315285.0
申 请 日	2002年6月11日
授权公告日	2003年1月29日
合议组组长	钟 华
主 审 员	毕艳红
参 审 员	李玲玲
附 图	2页

法 律 依 据 专利法第23条、第9条，专利法实施细则第13条第1款

决 定 要 点

如果一般消费者经过对本专利与在先设计的整体观察可以看出，二者的差别对于产品外观设计的整体视觉效果具有显著的影响，则本专利与在先设计既不相同，也不相近似。

一、案由

本无效宣告请求涉及的是国家知识产权局于2003年1月29日授权公告，名称为"清洁刷（F-600）"的02315285.0号外观设计专利（下称本专利），其申请日是2002年6月11日，专利权人为洁威制刷（宁波）有限公司。

针对上述外观设计专利权，宁波市镇海永盛头饰有限公司（下称请求人）于2006年11月22日向国家知识产权局专利复审委员会提出无效宣告请求，其无效理由为本专利不符合专利法第23条、第9条及专利法实施细则第13条第1款的规定。请求人提交了如下附件作为证据：

证据1：中国专利文献CN3216082，授权公告日为2002年1月2日，著录信息及图片复印件共8页；

证据2：中国专利文献 CN3278031，申请日为2002年5月23日，授权公告日为2003年2月19日，著录信息及图片复印件共7页；

证据3：中国专利文献 CN3270326，申请日为2002年5月8日，授权公告日为2003年1月1日，著录信息及图片复印件共2页。

请求人认为：证据1为本专利申请日前的公开出版物，证据1的在先设计与本专利外观设计相近似，因此本专利不符合专利法第23条的相关规定；证据2、证据3为本专利申请日之前由他人申请的外观设计专利，且与本专利相近似，因此本专利不符合专利法第9条及专利法实施细则第13条第1款的规定，应宣告本专利专利权无效。

经形式审查合格，专利复审委员会依法于2006年11月22日受理了上述无效宣告请求，并于同日向双方当事人发出了无效宣告请求受理通知书，同时将请求人提交的无效宣告请求书及其附件清单中所列附件的副本转给专利权人，要求其在指定期限内答复。

2006年12月22日，请求人再次提交意见陈述书，补充提交了以下证据（编号继前）：

证据4：针对 ZL01329255.2 号专利作出的第6310号无效宣告请求审查决定书正文复印件共6页。

在此次意见陈述中，请求人提出以下内容作为证据使用：（1）证据4中提到的证据9：2004年4月12-14日在英国一贸易展览会上出版的名为"The Official Showguide for Interbrossa 2000"的期刊封面、第23页及封底；（2）证据4中提到的证据10：两份广告传单，公开日为1999年7月7日，其中传单顶部分别载有 7/7/99 3：44PM 和 7/7/99 2：36PM 字样；（3）证据4中提到的证据11："Hayco Manufacturing Ltd."于1999年8月10日出版的"BRUSHWARE"封面及第3页，其中每页右上角记载有"ISSUE DATE：10/8/99"字样；（4）证据4中提到的证据12："Hayco Manufacturing Ltd."于2001年1月11日出版的"BRUSHWARE Cleaning Products Catalog"封面及第1页、第2页，其中内页记载有"VER：11/01/2001"字样；（5）证据4中提到的证据13：2000年2月在德国公开的名为"TOP FAIR"的杂志。

请求人认为，虽然他并未提交请求人自己所宣称的证据9~13的原件和复印件，但证据4的第3页第5行至第4页第19行采信了上述证据9~13，因此可以作为本专利的对比文件进行相近似性比较判断，证据4中提到的证据9第23页（详见证据4第6页的对比文件图片）、证据10第1~2页、证据11第3页、证据12第2页、证据13第85页分别公开了多种与本专利相近似的刷子，因此本专利不符合专利法第23条的相关规定，应宣告其无效。

2007年1月5日，专利权人针对请求人于2006年11月22日提交的无效宣告请求书及其附件清单中所列的附件，提交了意见陈述书，专利权人首先质疑证据1~3的真实性，认为证据1~3是从网站 http://search.sipo.gov.cn 及 http://211.157.104.66 上打印的，没有公证，不能说明这些内容确实来自国家知识产权局的官方网站；其次，国家知识产权局网站的免责声明中称专利公报是唯一准确记载专利内容的公开出版物，应以专利公报上的内容为准；最后，即使证据1~3与专利公报核实无误，它们所公开的外观设计也与本专利不相同、不相近似。因此，本专利相对于证据1符合专利法第23条、相对于证据2、3符合专利法第9条及专利法实施细则第13条第1款的相关规定，应当维持本专利权有效。

2007年4月6日，本案合议组向双方当事人发出口头审理通知书，定于2007年5月28日进行口头审理，并随本次口头审理通知书将专利权人于2007年1月5日提交的意见陈述书转送给请求人、将请求人于2006年12月22日提交的意见陈述书转送给专利权人。

2007年4月27日，专利权人针对请求人于2006年12月22日补充提交的意见陈述书，再次提交意见陈述。专利权人认为，请求人未提交证据4中提到的证据9~13的复印件或原件，证据4也只是复印件，由于本案是一个新的无效宣告请求，应该有完整的证据质证程序；另外，从证据4中对比文件的图来看，与本专利并不相似，因此请求人补充的上述证据并不能说明本专利存在不符合专利法第23条、第9条及专利法实施细则第13条第1款的规定之处，应当维持专利权有效。

口头审理如期举行，双方当事人均委托代理人出席了口头审理。在口头审理中，请求人当庭向合议组提交了盖有"国家知识产权局专利局专利文献部藏"章的证据1~3的外观设计专利公报复印件各两页和口审提纲，合议组当庭将其转给专利权人，专利权人对上述专利公报复印件的真实性有异议，认为请求人没有提交相应原件，并且文献部并未在该复印件上加盖红章，所盖章也是复印的。请求人明确无效理由为：本外观设计专利与证据1的外观设计相近似，不符合专利法第23条的规定；本专利与证据2的外观设计相近似，不符合专利法第9条及其实施细则第13条第1款的规定。放弃证据3（中国外观设计专利CN3270326）作为证据使用。请求人明确表示补充的证据仅为证据4即第6310号无效宣告请求审查决定书正文的复印件，用于说明专利审委员会外观设计相近似性比较的评判标准，决定中的图片并不用于与本外观设计专利进行比较，专利权人对此份补充证据的真实性也有异议，认为不能用于说明评判标准。

在口头审理过程中，双方当事人进行了充分的意见陈述和辩论。

在上述工作的基础上，合议组认为本案事实已经清楚，可以作出审查决定。

二、决定的理由

1. 法律依据

专利法第23条规定：授予专利权的外观设计，应当同申请日以前在国内外出版物上公开发表过或者国内公开使用过的外观设计不相同和不相近似，并不得与他人在先取得的合法权利相冲突。

专利法第9条规定：两个以上的申请人分别就同样的发明创造申请专利的，专利权授予最先申请的人。

专利法实施细则第13条第1款规定：同样的发明创造只能被授予一项专利。

审查指南第一部分第三章第6.5.1规定：同样的外观设计是指两项外观设计相同或者相近似。

2. 关于证据

请求人明确表示放弃证据3作为证据使用，同时明确表示补充的证据仅为证据4，该证据用于说明专利审委员会外观设计相近似性比较的评判标准，决定中的图片并不用于与本外观设计专利进行比较。由于证据3、补充提交的证据4不作为本案的证据使用，在此合议组不对其进行评述。

请求人提交了证据1、证据2的外观设计专利公报的复印件，专利权人对其真实性有疑义，经合议组将其与外观设计专利公报核实，上述证据1、2与外观设计专利公报的原件一致，合议组对其真实性予以确认。证据1的授权公告日为2002年1月2日，早于本专利的申请日2002年6月11日，属于专利法第23条规定的出版物，因此其上记载的刷子的外观设计可用以评价本专利是否符合专利法第23条的规定。证据2的申请日为2002年5月23日，公开日为2003年2月19日，其申请日早于本专利申请日，公开日晚于本专利申请日，申请人为吴平，因此其上记载的地板刷的外观设计可用以评价本专利是否符合专利法第9条及专利法实施细则第13条第1款的规定（下分别称证据1、证据2的外观设计为在先设计1、在先设计2）。

3. 本专利外观设计与在先设计1、2是否相同或者相近似

（1）本专利的描述。

本专利为一种清洁刷的外观设计，从主视图上看，该清洁刷包括刷头、刷柄和位于刷头和刷柄之

间的连杆三部分，连杆向手柄方向倾斜一定的角度，刷头与手柄在连杆同侧，平行设置，且手柄长度略大于刷子长度，刷头前端向后倾斜，刷毛根部所在的基座呈前后扁、中间厚的弧形设计，刷毛密植在刷头一侧，刷毛长度一致；手柄腹部连接刷子端凸出部位及收腰处设有不规则形状的深色块；从仰视图来看，刷头形似瓜子形，前尖后圆，腰部外凸，并与前后圆滑过渡；从俯视图来看，手柄为不规则的长圆柱体形状，手柄连接刷子一端为圆头，另一端收尾趋向扁形，该端带有一个近方圆形的通孔，并在靠近连接刷子端收腰，手柄背部接近末端通孔处和手柄连接刷子端之间设有"8"字形深色块（详见本专利附图）。

（2）在先设计1的描述。

在先设计1为一种刷子的外观设计，从主视图上看，该刷包括刷头、刷柄和位于刷头和刷柄之间的连杆三部分，连杆向手柄方向倾斜一定的角度，刷头与手柄在连杆同侧，平行设置，且手柄长度略大于刷子长度，刷头基座前后是一样的厚度，刷毛密植在刷头一侧，刷毛长度一致；从俯视图和仰视图来看，刷头前尖后圆，腰部内凹，为收腰设计；手柄为不规则的长圆柱体形状，在靠近连接刷子端收腰，手柄连接刷子一端为圆头，另一端收尾趋向扁形，该端带有一个近方圆形的通孔，手柄背部接近末端通孔处和手柄连接刷子端之间设有深色块（详见在先设计1附图）。

（3）在先设计2的描述。

在先设计2为一种刷子的外观设计，从主视图和立体图上看，该刷包括刷头、刷柄和位于刷头和刷柄之间的连杆三部分，连杆向手柄方向倾斜一定的角度，刷头与手柄在连杆同侧，刷头基座不是平直的，在靠近连杆的约1/3部分稍微翘起一定的角度，并且该翘起部分的刷毛与平直部分的刷毛颜色不同；手柄为不规则的长圆柱体形状，在靠近连接刷子端收腰，手柄连接刷子一端为圆头，另一端收尾趋向扁形，该端带有一个近方圆形的通孔，手柄背部接近末端通孔处和手柄连接刷子端之间设有深色块（详见在先设计2附图）。

（4）本专利与在先设计1是否构成相同或相近似的外观设计。

将本专利与在先设计1相比，二者均为刷子，属同类产品；均由刷头、刷柄和位于刷头和刷柄之间的连杆三部分组成；刷柄的整体形状相似，均为为不规则的长圆柱体形状。其主要不同点在于：本专利的刷头形似瓜子形，前尖后圆，腰部外凸，并与前后圆滑过渡，刷头基座呈前后扁、中间厚的弧形设计，即前后的厚度不同；在先设计1的刷头前尖后圆，腰部内凹，为收腰设计，刷头基座前后是一样的厚度。合议组认为，由于刷头是刷子的重要组成部分，从视觉效果上看，刷头形状和厚度存在着显著的差异，上述差异已经给两种外观设计的整体视觉效果带来了显著的影响，一般消费者不会将本专利与在先设计1相混淆，也不会造成误认，因此本专利与在先设计1不属于相同或相近似的外观设计，符合专利法第23条的规定。

（5）本专利与在先设计2是否构成相同或相近似的外观设计。

将本专利与在先设计2相比，二者均为刷子，属同类产品，均由刷头、刷柄和位于刷头和刷柄之间的连杆三部分组成，刷柄的整体形状相似，均为为不规则的长圆柱体形状。其主要不同点在于：本专利附着刷毛一侧的刷体是平直的，在先设计2从连接连杆一端起约近1/3的刷体相对于另一部分刷体翘起一定的角度。从视觉效果上看，刷头的形状存在着显著的差异，上述差异已经给两种外观设计的整体视觉效果带来了显著的影响，一般消费者不会将本专利与在先设计2相混淆，也不会造成误认，因此本专利与在先设计2不属于相同或相近似的外观设计，符合专利法第9条及专利法实施细则第13条第1款的规定。

综上所述，本专利与在先设计1、2均不相同且不相近似，因此请求人提交的证据无法证明本专利不符合专利法第 23 条、第 9 条及专利法实施细则第 13 条第 1 款的规定。

三、决定

维持 02315285.0 号外观设计专利权有效。

当事人对本决定不服的，可以根据专利法第 46 条第 2 款的规定，自收到本决定之日起三个月内向北京市第一中级人民法院起诉。根据该款的规定，一方当事人起诉后，另一方当事人应当作为第三人参加诉讼。

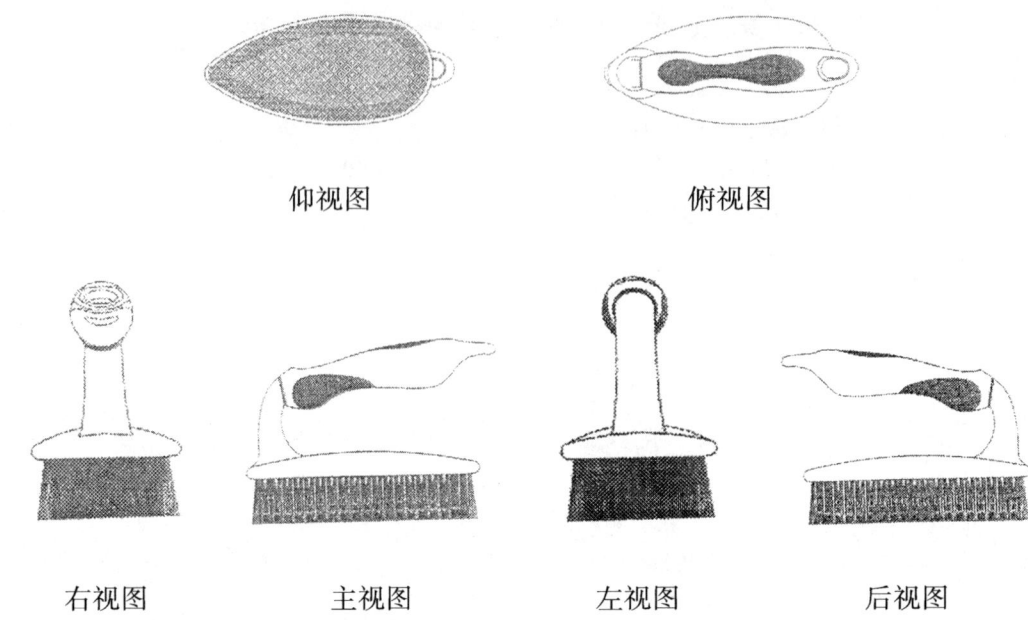

仰视图　　　　　　　　俯视图

右视图　　　主视图　　　左视图　　　后视图

本专利附图

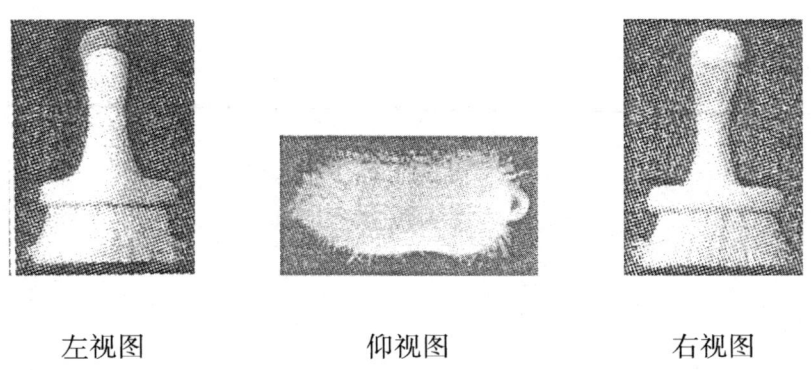

左视图　　　　仰视图　　　　右视图

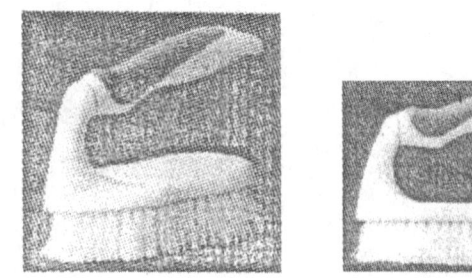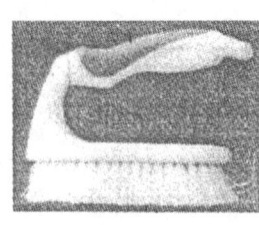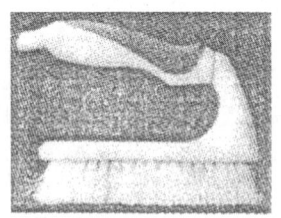

立体图　　　　主视图　　　　后视图　　　　仰视图

在先设计 1 附图

 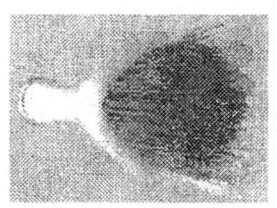

仰视图　　　　　　　俯视图

  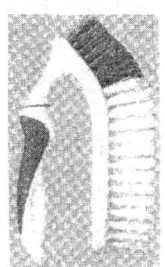 

立体图　　右视图　　主视图　　左视图

在先设计 2 附图

清洁刷（F-800）

无效宣告请求审查决定（第 10017 号）

决 定 号	第 10017 号
决 定 日	2007 年 6 月 18 日
发明创造名称	清洁刷（F-800）
外观设计分类号	04-01
无效宣告请求人	宁波市镇海永盛头饰有限公司
专 利 权 人	洁威制刷（宁波）有限公司
专 利 号	02315284.2
申 请 日	2002 年 6 月 11 日
授 权 公 告 日	2003 年 3 月 19 日
合议组组长	钟 华
主 审 员	毕艳红
参 审 员	李玲玲
附 图	3 页

法 律 依 据 专利法第 23 条、第 9 条，专利法实施细则第 13 条第 1 款

决 定 要 点

如果一般消费者经过对本专利与在先设计的整体观察可以看出，二者的差别对于产品外观设计的整体视觉效果具有显著的影响，则本专利与在先设计既不相同，也不相近似。

一、案由

本无效宣告请求涉及的是国家知识产权局于 2003 年 3 月 19 日授权公告，名称为"清洁刷（F-800）"的 02315284.2 号外观设计专利（下称本专利），其申请日是 2002 年 6 月 11 日，专利权人为洁威制刷（宁波）有限公司。

针对上述外观设计专利权，宁波市镇海永盛头饰有限公司（下称请求人）于 2006 年 11 月 22 日向国家知识产权局专利复审委员会提出无效宣告请求，其理由为本专利不符合专利法第 23 条、第 9 条及专利法实施细则第 13 条第 1 款的规定。请求人提交了如下附件作为证据：

证据 1：中国专利文献 CN3278029，申请日为 2002 年 5 月 23 日，授权公告日为 2003 年 2 月 19 日，著录信息及图片复印件共 2 页；

证据 2：中国专利文献 CN3278039，申请日为 2002 年 5 月 23 日，授权公告日为 2003 年 2 月 19 日，著录信息及图片复印件共 1 页；

证据3：中国专利文献CN3216085，申请日为2001年5月25日，授权公告日为2002年1月2日，著录信息及图片复印件共1页；

证据4：中国专利文献CN3220271，申请日为2001年5月25日，授权公告日为2002年1月30日，著录信息及图片复印件共1页。

请求人认为：证据1、2为本专利申请日前由他人申请的专利，它们的申请日均早于本专利的申请日（2002年6月11日）而授权公告日均晚于本专利的申请日，本专利与证据1、2的外观设计相近似，不符合专利法第9条及专利法实施细则第13条第1款的相关规定；证据3、4是本专利申请日之前的公开出版物，它们的公开日均早于本专利的申请日，本专利与证据3、4所公开发表的外观设计相近似，不符合专利法第23条的规定，应宣告本专利专利权无效。

经形式审查合格，专利复审委员会依法于2006年11月22日受理了上述无效宣告请求，并于同日向双方当事人发出了无效宣告请求受理通知书，同时将请求人提交的无效宣告请求书及其附件清单中所列附件的副本转给专利权人，要求其在指定期限内答复。

2007年1月5日，专利权人针对请求人于2006年11月22日提交的无效宣告请求书及其附件清单中所列的附件，提交了意见陈述书，专利权人首先质疑证据1~4的真实性，认为证据1~4是从网站http://search.sipo.gov.cn及http://211.157.104.66上打印的，没有公证，不能说明这些内容确实来自国家知识产权局的官方网站；其次，国家知识产权局网站的免责声明中称专利公报是唯一准确记载专利内容的公开出版物，应以专利公报上的内容为准；最后，即使证据1~4与专利公报核实无误，它们所公开的外观设计也与本专利不相近似。因此，本专利相对于证据1、2符合专利法第9条及专利法实施细则第13条第1款、相对于证据3、4符合专利法第23条的相关规定，应当维持本专利权有效。

2007年4月6日，本案合议组向双方当事人发出口头审理通知书，定于2007年5月28日进行口头审理，并随本次口头审理通知书将专利权人于2007年1月5日提交的意见陈述书转送给请求人。

口头审理如期举行，双方当事人均委托代理人出席了口头审理。在口头审理中，请求人当庭向合议组提交了盖有"国家知识产权局专利局专利文献部藏"章的证据1~4的外观设计专利公报复印件及口审提纲，合议组当庭将其转给专利权人，专利权人对上述专利公报复印件的真实性有异议，认为请求人没有提交相应原件，并且文献部也并未在该复印件上加盖红章，所盖章也是复印的。请求人明确无效理由为：本外观设计专利与证据1、2的外观设计相近似，不符合专利法第9条及专利法实施细则第13条第1款的相关规定；本外观设计专利与证据3、4的外观设计相近似，相对于证据3、4不符合专利法第23条的相关规定。

在口头审理过程中，双方当事人进行了充分的意见陈述和辩论。其中，请求人认为，本专利的刷头形似半圆形而证据1的刷头形似直角梯形以及专利权人所说的"刷头相对于刷柄有明显的倾斜角度，刨刀所在直线与刷柄形成明显的夹角，证据1的刨刀与手柄位于同一直线"的区别相对于整个刷子来说属于局部的细微变化，这种局部的改变不足以给整体视觉效果带来显著的影响。

在上述工作的基础上，合议组认为本案事实已经清楚，可以作出审查决定。

二、决定的理由

1. 法律依据

专利法第23条规定：授予专利权的外观设计，应当同申请日以前在国内外出版物上公开发表过或者国内公开使用过的外观设计不相同和不相近似，并不得与他人在先取得的合法权利相冲突。

专利法第9条规定：两个以上的申请人分别就同样的发明创造申请专利的，专利权授予最先申请的人。

专利法实施细则第 13 条第 1 款规定：同样的发明创造只能被授予一项专利。

审查指南第一部分第三章第 6.5.1 规定：同样的外观设计是指两项外观设计相同或者相近似。

2. 关于证据

请求人提交了证据 1~4 的外观设计专利公报的复印件，专利权人对其真实性有疑义，经合议组将其与外观设计专利公报核实，上述证据与外观设计专利公报的原件一致，其真实性应予以确认。证据 1、2 为本专利申请日前由他人申请的专利，其申请日均早于本专利的申请日（2002 年 6 月 11 日）而授权公告日均晚于本专利的申请日，可以作为评价本专利是否符合专利法第 9 条及专利法实施细则第 13 条第 1 款的证据使用；证据 3、4 是本专利申请日之前的公开出版物，其公开日均早于本专利的申请日，属于专利法第 23 条规定的出版物，可以作为评价本专利是否符合专利法第 23 条的证据使用（下分别称证据 1~4 的外观设计为在先设计 1~4）。

3. 本专利是否符合专利法第 9 条及专利法实施细则第 13 条第 1 款、专利法第 23 条的规定

（1）本专利的描述。

本专利为一种清洁刷的外观设计，从主视图来看，该清洁刷包括刷头、刷柄和位于刷头和刷柄之间的连接杆三部分，刷头形似半圆形、相对于竖直的刷柄弯向手柄腹部所在一侧，类似"撇"字形并且刷头在该侧带有刨刀，刨刀所在直线与刷柄形成明显的夹角，刷头末端带有尖角，连接杆为较短的直杆，手柄为不规则的长圆柱体形状，手柄连接连接杆一端为圆头，另一端收尾趋向扁形；从左视图来看，刷毛附着板背部存在多个小锯齿状的突起、刷毛朝向方向与刷柄腹部朝向方向相互垂直、刷毛长度一致，刷柄收尾趋向扁形的末端带有一个近方圆形的通孔；从右视图来看，刷柄背部接近末端通孔处和刷柄连接连接杆端之间设有"8"字形深色块（详见本专利附图）。

（2）在先设计 1 的描述。

在先设计 1 为一种刷子的外观设计，从后视图来看，该清洁刷包括刷头、刷柄和位于刷头和刷柄之间的连接杆三部分，刷头形似直角梯形、其与刷柄在一条直线上、并在刷柄腹部所在一侧的竖直延伸线上带有刨刀，刨刀与刷柄位于同一直线上，刷头末端带有尖角，刷毛附着板的背面带有四排竖直的小突起，连接杆为较短的直杆，刷柄为不规则的长圆柱体形状，刷柄连接连接杆一端为圆头，另一端收尾趋向扁形，刷柄在靠近连接杆端收腰；从左视图来看，刷柄收尾趋向扁形的末端带有一个近方圆形的通孔、刷毛朝向方向一致且与刷柄腹部朝向方向相互垂直、刷毛长度一致；从主视图来看，刷柄背部接近末端通孔处和刷柄连接连接杆端之间设有不规则形状的深色块，延及主后视图（详见在先设计 1 附图）。

（3）本专利与在先设计 1 是否构成相同或相近似的外观设计。

将本专利与在先设计 1 相比，二者均由刷头、刷柄和位于刷头和刷柄之间的连接杆三部分组成，刷柄的整体形状相似，均为不规则的长圆柱体形状。其主要不同点在于，本专利刷头为半圆形而在先设计 1 的刷头为直角梯形；本专利刷头与刷柄之间、刨刀所在直线与刷柄之间均有夹角，而在先设计 1 刷头与刷柄、刨刀与刷柄均位于同一直线上。合议组认为半圆形与直角梯形这两种几何形状存在的差异以及刷子主要组成部分之间相互位置关系的上述不同，已经给二者的整体视觉效果带来了显著的影响，二者既不相同也不相近似，本专利相对于在先设计 1 符合专利法第 9 条及专利法实施细则第 13 条第 1 款的规定。

（4）在先设计 2 的描述。

在先设计 2 为一种刷子的外观设计，从立体图来看，该刷子包括刷头、刷柄和位于刷头和刷柄之间的连接杆三部分，刷头形似长椭圆形，在整个设计中所占比例较大，刷毛附着板的宽度大于刷柄宽度且其背部内凹，另一侧密植长度一致且较长的刷毛，刷毛朝向方向一致且与刷柄腹部朝向方向相

同、刷毛长度一致；连接杆为较短的直杆；从左视图来看，刷柄为不规则的长圆柱体形状，刷柄连接连接杆一端为圆头，另一端收尾趋向扁形，刷柄在靠近连接杆端收腰；从主视图来看，刷柄收尾趋向扁形的末端带有一个近方圆形的通孔；从主视图来看，刷柄背部接近末端通孔处和刷柄连接连接杆端之间设有不规则形状的深色块（详见在先设计2附图）。

（5）本专利与在先设计2是否构成相同或相近似的外观设计。

将本专利与在先设计2相比，二者均由刷头、刷柄和位于刷头和刷柄之间的连接杆三部分组成，刷柄的整体形状相似，均为不规则的长圆柱体形状。其主要不同点在于，本专利刷头为半圆形，在先设计2的刷头为长椭圆形、背部内凹并比本专利刷头大且不带刨刀与背部的突起；在先设计2刷毛朝向与刷柄腹部朝向方向相同而本专利上述两个朝向相互垂直；另外本专利刷头与刷柄之间有夹角而在先设计2刷头与刷柄位于同一直线上。合议组认为，由于刷头形状及构成上的显著差异以及刷头与刷柄相互位置关系的不同，已经给两种外观设计的整体视觉效果带来了显著的影响，因此二者既不相同也不相近似，本专利相对于在先设计2符合专利法第9条及专利法实施细则第13条第1款的规定。

（6）在先设计3的描述。

在先设计3为刷子的外观设计，从立体图来看，该刷子包括刷头、刷柄和位于刷头和刷柄之间的连接杆三部分，刷毛附着板背部仅有一小撮刷毛，与背部相对的一侧密植刷毛，刷毛朝向不一致；连接杆较长，并相对于竖直的刷柄弯向刷柄腹部所朝向的一侧，形似"捺"字形；刷柄为不规则的长圆柱体形状，刷柄连接连接杆一端为圆头，另一端收尾趋向扁形，刷柄在靠近连接杆端收腰；从主视图来看，刷柄收尾趋向扁形的末端带有一个近方圆形的通孔，刷柄背部接近末端通孔处和刷柄连接连接杆端之间设有不规则形状的深色块；刷头形似长方形，刷头所占比例较小，在与刷柄腹部的朝向相垂直的方向上有稀疏的刷毛沿刷柄侧边一周向外延伸（详见在先设计3附图）。

（7）本专利与在先设计3是否构成相同或相近似的外观设计。

将本专利与在先设计3相比，二者均由刷头、刷柄和位于刷头和刷柄之间的连接杆三部分组成，刷柄的整体形状相似，均为不规则的长圆柱体形状。其主要不同点在于，本专利刷头为半圆形而在先设计3的刷头为长方形、不带刨刀与背部的突起；本专利刷毛朝向一致而在先设计3的刷毛朝向比较分散，本专利仅在刷头一侧有刷毛而在先设计3在刷头两侧均有刷毛；本专利连接杆较短且为直杆而在先设计3的连接杆较长且具有一定的弯度。合议组认为，由于刷头形状、构成以及刷头、刷柄及连接杆相互位置关系及比例关系上存在显著的差异，已经给两种外观设计的整体视觉效果带来了显著的影响，因此二者既不相同也不相近似，本专利相对于在先设计3符合专利法第23条的规定。

（8）在先设计4的描述。

在先设计4为一种刷子的外观设计，从主视图上看，该刷子包括刷头、刷柄和位于刷头和刷柄之间的连接杆三部分，刷头类似铲形，连接杆从手柄端向刷头端逐渐变细，手柄为不规则的长圆柱体形状，手柄连接连接杆一端为圆头，另一端收尾趋向扁形、末端带有一个近方圆形的通孔，手柄在靠近连接连接杆端收腰，手柄背部接近末端通孔处和手柄连接连接杆端之间设有不规则形状的深色块；从右视图来看，相对于竖直的刷柄，连接杆弯向手柄腹部所在一侧，刷头相对于连接杆刷柄背部所在一侧也具有一定的弯度，在与连接杆弯向方向同侧的刷头基座上密植刷毛，在其另一侧仅有一小撮刷毛，并且具有该小撮刷毛的背部内凹（详见在先设计4附图）。

（9）本专利与在先设计4是否构成相近似的外观设计。

将本专利与在先设计4相比，二者均由刷头、刷柄和位于刷头和刷柄之间的连接杆三部分组成，刷柄的整体形状相似，均为不规则的长圆柱体形状。其主要不同点在于，本专利刷头为半圆形而在先设计4的刷头形似铲形、不带刨刀与背部的突起；本专利仅在刷头一侧有刷毛而在先设计4在刷头两侧均有刷毛,本专利刷毛朝向与刷柄腹部朝向相互垂直而在先设计4上述两个朝向相同;本专利连接杆较短且为直杆而在先设计4的连接杆较长且具有一定的弯度。合议组认为,由于刷头形状、构成、刷毛朝向以及刷头、刷柄及连接杆相互位置关系及比例关系上存在显著的差异,已经给两种外观设计的整体视觉效果带来了显著的影响,因此二者既不相同也不相近似,本专利相对于在先设计4符合专利法第23条的规定。

综上所述,本专利与在先设计1~4均不相同且不相近似,因此请求人提交的证据无法证明本专利不符合专利法第23条、第9条及专利法实施细则第13条第1款的规定。

三、决定

维持02315284.2号外观设计专利权有效。

当事人对本决定不服的,可以根据专利法第46条第2款的规定,自收到本决定之日起三个月内向北京市第一中级人民法院起诉。根据该款的规定,一方当事人起诉后,另一方当事人应当作为第三人参加诉讼。

仰视图　　　　　　俯视图

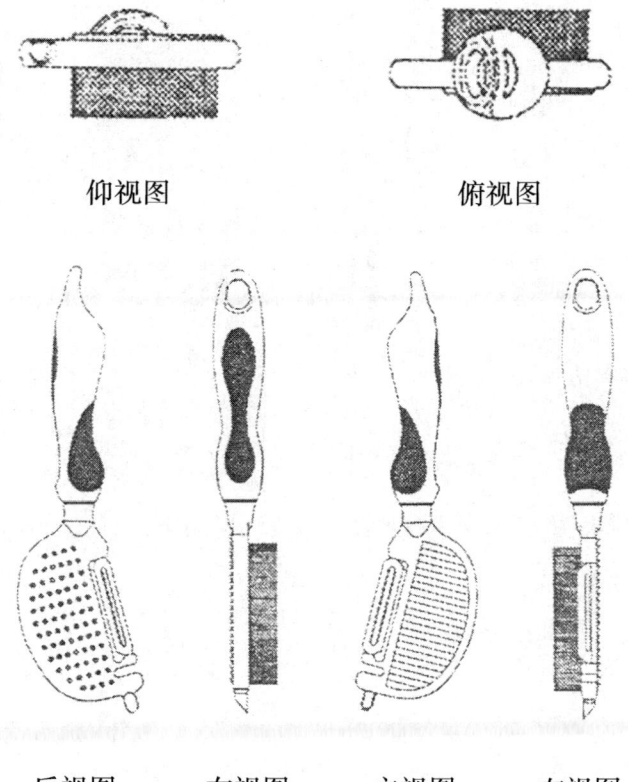

后视图　　右视图　　主视图　　左视图

本专利附图

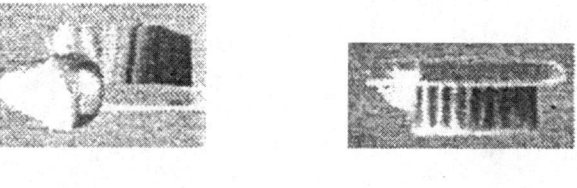

仰视图　　　　　　俯视图

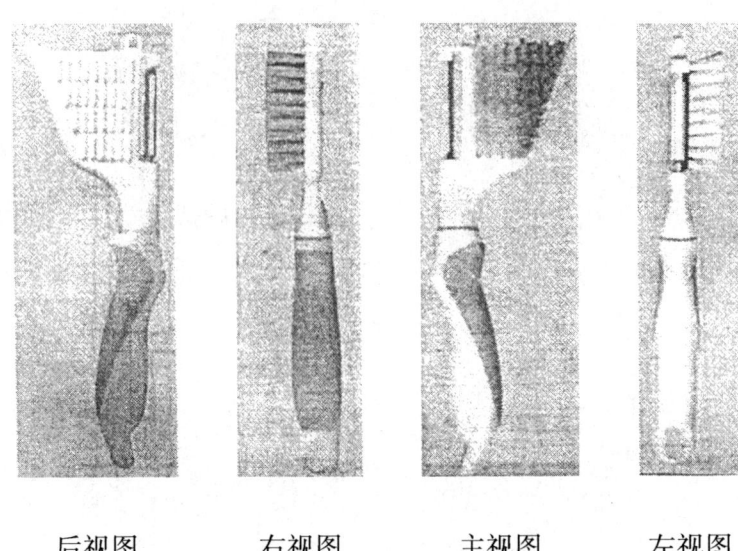

后视图　　　右视图　　　主视图　　　左视图

在先设计1附图

仰视图　　　　　　俯视图

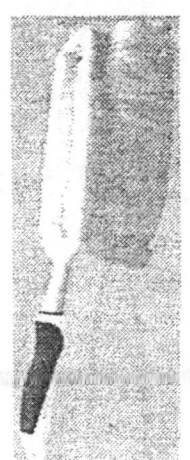
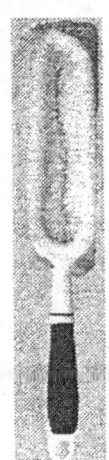

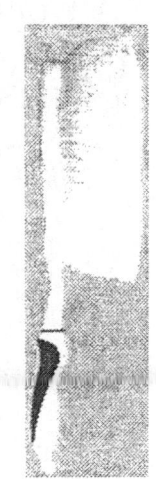

立体图　　后视图　　主视图　　左视图

在先设计 2 附图

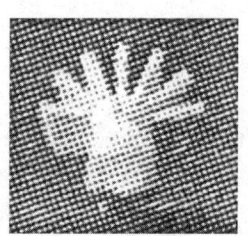

仰视图　　　　　　俯视图

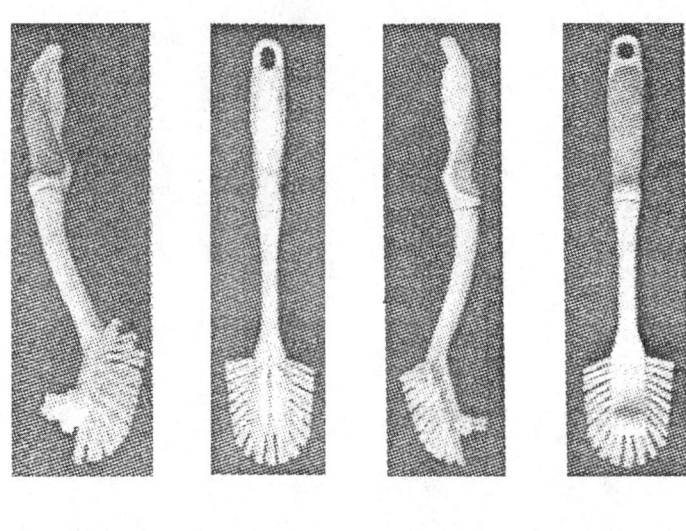

立体图　　后视图　　右视图　　主视图

在先设计 3 附图

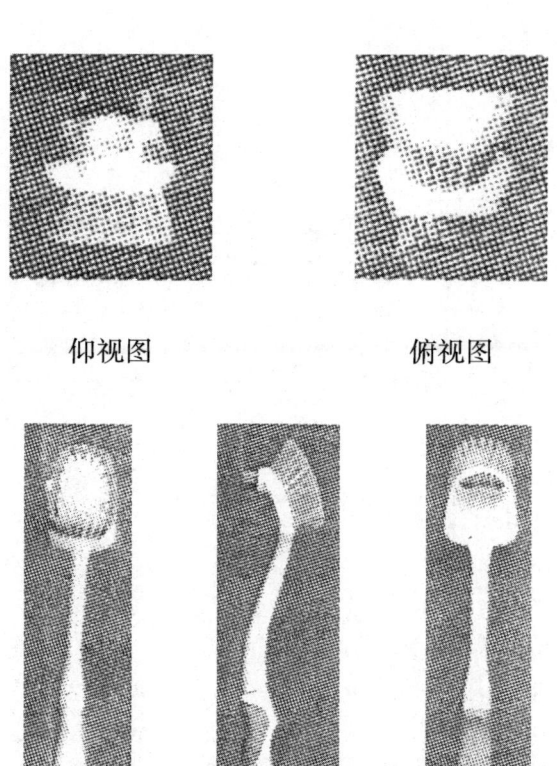

在先设计4附图

簸箕（二）

无效宣告请求审查决定（第 10018 号）

决 定 号	第 10018 号
决 定 日	2007 年 6 月 4 日
发明创造名称	簸箕（二）
外观设计分类号	07-05
无效宣告请求人	荔城区黄石七境塑料厂
专 利 权 人	林成铭
专 利 号	200430152527.3
申 请 日	2004 年 12 月 10 日
授 权 公 告 日	2006 年 2 月 22 日
合 议 组 组 长	钟 华
主 审 员	李巍巍
参 审 员	王霞军
附 图	1 页

法 律 依 据 专利法第 23 条

决 定 要 点

生效的行政处罚决定所记载的事实，并有其他证据佐证，在没有相反证据足以推翻的情况下，对该处罚决定记载的事实应予以采信。

一、案由

本无效宣告请求涉及 2006 年 2 月 22 日国家知识产权局授权公告的 200430152527.3 号外观设计专利，其产品名称是"簸箕（二）"，申请日是 2004 年 12 月 10 日；专利权人是林成铭。

针对上述外观设计专利权（下称本专利），荔城区黄石七境塑料厂（下称请求人）于 2006 年 4 月 28 日向专利复审委员会提出无效宣告请求，其理由是本专利不符合专利法第 23 条的规定。请求人认为在本专利申请日前已经批量生产和销售了与本专利外观设计相同的产品，同时提交了如下附件作为证据：

附件 1：莆田市荔城区工商行政管理局荔工商处（2003）257 号行政处罚决定书复印件 2 页；

附件 2：莆田市荔城区工商行政管理局黄石工商所查扣的产品照片及证明（翻拍件）1 页；

附件 3：莆田市荔城区工商行政管理局黄石工商所出具的证明及所附照片（原件）1 页；

附件 4：请求人 1987 年成立时的营业执照复印件 1 页；

附件5：请求人2001年成立厂支部委员会当天拍的照片（扫描件）1页；
附件6：请求人2001年成立厂支部委员会当天拍的照片（扫描件）1页；
附件7：请求人2001年成立厂支部委员会当天拍的照片（扫描件）1页；
附件8：中国共产党莆田市荔城区黄石镇委员会出具的证明及照片（原件）1页；
附件9：莆田市荔城区黄石镇工会联合会出具的证明及照片（原件）1页；
附件10：莆田市荔城区黄石镇七境村民委员会及莆田市荔城区黄石镇人民政府出具的证明及照片（原件）1页；
附件11：请求人的产品模具照片（原件）2张；
附件12：本专利外观设计图片复印件1页；
附件13：专利权人产品广告照片（扫描件）1页。

专利复审委员会根据无效宣告请求审查程序的规定受理了该无效宣告请求，并于2006年5月31日将无效宣告请求书和证据的副本转送给专利权人，限其在指定的期限内答复。并告知专利权人如逾期不答复，不影响专利复审委员会的审理。

专利权人于2006年6月22日向专利复审委员会提交了意见陈述书，专利权人针对无效宣告请求的理由进行了意见陈述，专利权人认为：附件1"荔工商处（2003）257号"行政处罚决定书的内容只是表明请求人因不诚信而受到行政处罚；附件2黄石工商所提供的所谓当场检查拍照图片出处不明，且照片中的产品外观无法辨认，不能采信；附件3莆田市荔城区工商行政管理局黄石工商所出具的证明，该证明所作的证词来源不明，无法支持请求人的观点；附件4来源不明，无法确认其真实性；附件5~7的照片为请求人自行拍摄，拍摄时间及出处均不明，且照片中的产品外观无法辨认，不能采信；附件8~10分别为请求人所在地中共黄石镇委员会、黄石镇工会和黄石镇七镜村委会于2006年4月17日出具的证明，由于其来源不明，故不可采信；附件11模具照片的来源及其证明对象不明，不能采信；附件13广告照片来源的不明，而且也无法表明该照片为公开出版物，不能采信。综上所述，请求人的无效宣告理由缺乏证据支持，因此，应当维持本专利有效。

专利复审委员会于2007年2月2日向双方当事人发出《合议组成员告知通知书》，指出如对本案合议组人员有回避请求的，请于收到本通知之日起7天内提交书面请求书，逾期未答复，视为无回避请求。同时向双方当事人发出《无效宣告请求口头审理通知书》，定于2007年3月26日在专利复审委员会进行口头审理。并将专利权人于2006年6月22日向专利复审委员会提交的意见陈述书同时转送请求人。

口头审理如期举行，双方当事人均参加了口头审理。在口头审理过程中，请求人当庭提交了附件1、附件2、附件5~7、附件13的原件，同时当庭还递交了莆田市荔城区工商行政管理局"工商听告字（2003）第61号"听证告知书（编号续前，下称附件14）原件、莆田市荔城区工商行政管理局"第0000848号财物清单"（编号续前，下称附件15）原件、中共黄石镇委员会"黄委发（2001）第43号"文件（编号续前，下称附件16）、莆田县总工会（批复）"荔工组字（2001）138号"文件（编号续前，下称附件17）。合议组当庭将上述四份证据转送专利权人。请求人认为，附件1~3可形成证据链，附件14及附件15可佐证本专利产品在申请日前已公开使用；附件16和附件17可证明附件8和附件9的出证单位的身份及中共莆田县黄石七境塑料厂支部、工会成立的时间和销售的事实；附件5~7照片为黄石七境塑料厂召开支部成立大会时拍摄的部分照片，会议场所周围堆放的部分产品与本专利的外形结构相同；附件13为专利权人的产品广告照片，其上右侧举条幅的男孩是专利权人的儿子，该男孩现已长大为成人，因此，从该照片上也可佐证在本专利申请日前已经公开销售的事实。专利权人对附件1、附件14、附件15的真实性无异议，但认为附件1荔城区工商行政管理局行政处罚书仅证明请求人的不正当竞争行为,从行政处罚书所列举的产品中不能得出其与本专利有对应关系;对附件2的真实性和合法性有异议;对附件3上莆田市荔城区工商行政管理局黄石工商所的印章没有异议,但对证明的内容有异议,认为附件3无经办人的签名和作证,时间和来源也不明确;对附件4真实性没有异议;对附件5~7照片的真实性无异议,但对照片的形成时间和来源有异议,且照片中所示的产品不清楚,无法与本专利对比;对附件8至附件10、附件16和附件17的真实性均无异议,但认为出具证明的单位与请求人属于上下级的关系,其出具的证明无法保证客观公正性;附件11制造的时间无法确定;附件13照片形成的时间无法确定,但专利权人认可照片中的男孩是其儿子,承认该男孩现已长大为成人的事实。请求人认为,附件2、附件3、附件8~10所示的图片为同一图片,附件3、附件8~10所示产品外观,及附件2和附件13中的部分产品外观与本专利相同。专利权人认为,附件3、附件8~10所示产品外观与本专利不相同也不相近似,附件2和附件13中所示产品外观或为折叠堆放或照片不清楚,无法比较。双方均坚持其原有主张。此外,合议组当庭询问双方当事人荔城区工商行政管理局黄石分局与荔城区工商行政管理局黄石工商所之间的关系,请求人称2004年黄石分局已变更为黄石工商所,专利权人对此未提出异议。

在以上审理的基础上,本案合议组经合议,认为本案事实清楚,依法作出本审查决定。

二、决定的理由

1. 法律依据

根据请求人提出的无效宣告请求的理由和提交的证据,本案合议组依据专利法第23条的规定对本案进行审理。

专利法第23条规定:授予专利权的外观设计,应当同申请日以前在国内外出版物上公开发表过或者国内公开使用过的外观设计不相同和不相近似,并不得与他人在先取得的合法权利相冲突。

2. 证据的认定

请求人提交的附件1是莆田市荔城区工商行政管理局于2003年11月6日作出的"荔工商处(2003)257号"行政处罚决定书,其上记载:当事人荔城区黄石镇七境塑料厂,在自己生产的塑料制品上标注"南洋塑料制品有限公司"和"普江竹塑厂"为厂名,于2003年10月9日被我局黄石分局查获……违反了《产品质量法》第30条之规定,属伪造产品厂名行为。根据《产品质量法》第53条之规定,本局决定作如下处罚:责令改正,并处罚款人民币5000元,上缴财政;附件2是莆田市荔城区工商行政管理局黄石工商所查扣的产品照片,及莆田市荔城区工商行政管理局黄石工商所出具的证明,其内容是:2003年10月20日黄石工商所到黄石七境塑料厂当场检查拍照图片;附件3是莆田市荔城区工商行政管理局黄石工商所2006年4月17日出具的证明,其内容是:"本工商行政管理局黄石工商所曾经于2003年10月9日对荔城区黄石七境村塑料厂生产的标注'南洋塑料制品有限公司'和'普江竹塑厂'的29600件塑料制品盆、桶作出'荔工商处(2003)257号'行政处罚,在该次行政处罚中的部分产品的外形结构与上述图片中的产品外形结构完全相同。在处罚的当年以前,该产品在本地区老百姓的日常生活中就早已广泛使用";附件13是专利权人产品广告照片,在照片的正面显示有各种日用塑料产品,及由两人举起的"莆田市涵江区成铭日用品经营部"的条幅,照片的背面印有"本经营部多年经营再生塑料产品,农用品、日用品,集各厂家优质,畅销产品之大成。历年来积累了不少经验,产品销路广泛……"等文字;附件14是莆田市荔城区工商行政管理局"工商听告字(2003)第61号"听证告知书,其上记载:你厂在自己生产的塑料制品上标注"南洋塑料制品有限公司"和"普江竹塑厂"为厂名,于2003年10月9日被我局黄石分局查获……违反了《产品质量法》第30条规定,属伪造厂名行为。根据《产品质量法》第53条之规定,本局拟作如下处罚:责令整改,并处罚款人民币5000元,上缴财政;落款日期为2003年11月6日;附件15

是莆田市荔城区工商行政管理局"第0000848号财物清单",其上记载"现金、人民币、5000元整、当事人/保管人:陈益博、2003年10月20日、承办人:翁少军、李胜辉、2003年10月20日";请求人在口头审理时递交了上述证据的原件。请求人通过此组证据证明在本专利申请日前与本专利相同的产品已公开销售使用。专利权人对附件1、附件14、附件15的真实性无异议,但认为附件1荔城区工商行政管理局行政处罚书仅证明请求人的不正当竞争行为,从行政处罚书所列举的产品中不能得出与本专利有对应关系;对附件2的真实性和合法性有异议,认为其上无时间及经办人的签名,请求人的产品是违法的不能作为证据使用;对附件3上莆田市荔城区工商行政管理局黄石工商所的印章没有异议,但对证明的内容有异议,因无经办人的签名和作证,时间和来源也不明确;认为附件13照片形成的时间无法确定,但专利权人认可照片中的男孩是专利权人的儿子,承认其儿子现已长大为成人的事实。对上述证据合议组进行了核实,其复印件均与原件相符。

合议组认为:本无效宣告请求是2006年7月1日之前提出的,对补充证据的规定适用2006年7月1日之前的审查指南。附件14和附件15虽然是在提出无效宣告请求之日起1个月后提交的,但其是对附件1的补强,证明行政处罚已执行,因此,属于可接受的新证据;由附件1、附件14和附件15可以证明在本专利申请日前,请求人因违反了《产品质量法》第30条规定,受到荔城区工商行政管理局的行政处罚,并根据《产品质量法》第53条的规定缴纳了罚款的事实;附件2、附件3所示照片来源及原照片形成的时间,或照片中产品所公开使用的时间在莆田市荔城区工商行政管理局黄石工商所出具的证明中已得到证明,并加盖有莆田市荔城区工商行政管理局黄石工商所印章,同时附件15中请求人缴纳罚款的时间,也能与附件2中莆田市荔城区工商行政管理局黄石工商所到黄石七境塑料厂当场检查拍照图片的时间相对应,罚款金额与附件1、附件14和附件15中所述的金额相对应,附件3中莆田市荔城区工商行政管理局黄石工商所证明的内容也与附件1和附件14中所记载的内容一致,虽然请求人伪造他人厂名从事生产销售的行为是违法的,但在没有相反证据足以推翻的情况下,对已经生效的荔工商处(2003)257号行政处罚决定书中记载的事实应予以采信;附件13虽然未标明其形成的时间,但从专利权人认可其上举条幅男孩现已长大为成人的事实可推出,该证据形成于本专利申请日之前。综上所述,即公开销售附件3中所示"簸箕"产品的事实合议组认为:请求人提交的附件1~3、附件14和附件15可以构成一个完整的证据链,其所涉及事实的形成时间在本专利申请日之前(2004年12月13日),同时附件13也可佐证在本专利申请日前已经公开销售使用过附件3中所示"簸箕"的产品。因此,上述证据中所涉及产品"簸箕"的外观设计,属于在本专利申请日前已经公开使用过的在先设计。

3. 相近似的判断

本专利和附件3所示外观设计(下称在先设计)均为簸箕的外观设计,其用途相同,属于相同类别的产品,具有可比性。

本专利是簸箕的外观设计,其整体形状近似楔形,在簸箕的上沿,有向外平伸的平沿,在该平沿上设有两个对称的"∈"形提手,在簸箕的外侧和底面有长方形格纹,簸箕底面撮物口有三条横向棱纹(详见本专利附图)。

在先设计也是簸箕的外观设计,其整体形状近似楔形,在簸箕的上沿,有向外平伸的平沿,在该平沿上设有两个对称的"∈"形提手(详见在先设计附图)。

将本专利与在先设计相比较,两者的相同点是:簸箕的整体形状;簸箕的平沿设计;及平沿上对称的提手设计,其不同点为:本专利簸箕外侧及底面的格纹和棱纹设计,在先设计未显示簸箕的底面及外侧的格纹。从整体观察,合议组认为:以一般消费者作为判断主体来观察二者的外观设计,在两者簸箕整体形状相同的情况下,其簸箕外侧的格纹和簸箕底面撮物处棱纹设计的差别对整体视觉效果不具有显著性的影响，且二者簸箕的底面的差异因在使用状态下不可见，故对整体视觉效果不具有影响，因此，二者属于相近似的外观设计。

综上所述，本专利在申请日前已有与其相近似的外观设计在国内公开使用过，因此不符合专利法第23条的规定。

在已经得出上述审查结论的基础上，本审查决定对请求人提交的其他证据不再作出评述。

三、决定

宣告200430152527.3号外观设计专利权全部无效。

当事人对本决定不服的，可以根据专利法第46条第2款的规定，自收到本决定之日起三个月内向北京市第一中级人民法院起诉。根据该款的规定，一方当事人起诉后，另一方当事人应当作为第三人参加诉讼。

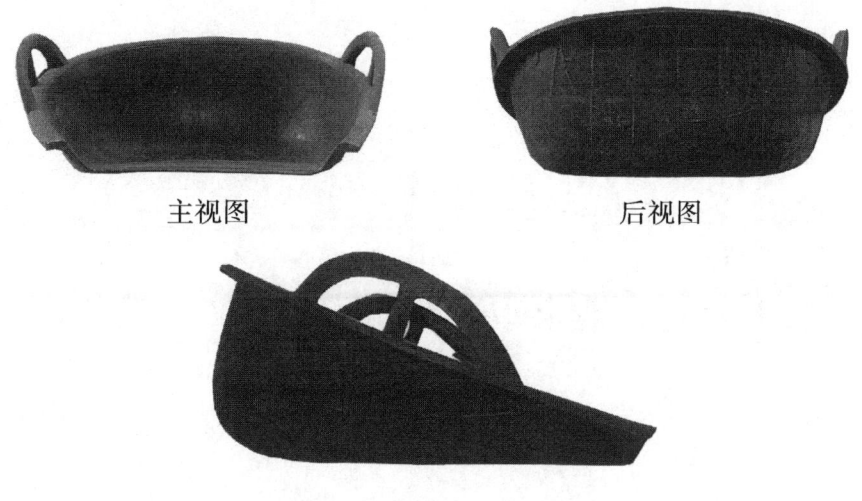

主视图　　　　　　后视图

左视图

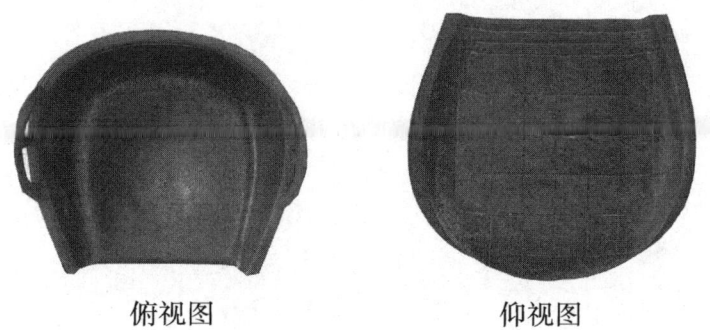

俯视图　　　　　　仰视图

本专利附图

在先设计附图

马桶（一）

无效宣告请求审查决定（第 10019 号）

决 定 号	第 10019 号
决 定 日	2007 年 6 月 1 日
发明创造名称	马桶（一）
外观设计分类号	23–02
无效宣告请求人	荔城区黄石七境塑料厂
专 利 权 人	林成铭
专 利 号	200430152530.5
申 请 日	2004 年 12 月 10 日
授权公告日	2005 年 12 月 7 日
合议组组长	钟 华
主 审 员	李巍巍
参 审 员	王霞军
附 图	1 页

法 律 依 据 专利法第 23 条

决 定 要 点

生效的行政处罚决定所认定的事实，在有其他证据佐证，且没有相反证据足以推翻的情况下，对该处罚决定记载的事实应予以采信。

一、案由

本无效宣告请求涉及 2005 年 12 月 7 日国家知识产权局授权公告的 200430152530.5 号外观设计专利，其产品名称是"马桶（一）"，申请日是 2004 年 12 月 10 日，专利权人是林成铭。

针对上述外观设计专利权（下称本专利），荔城区黄石七境塑料厂（下称请求人）于 2006 年 5 月 9 日向专利复审委员会提出无效宣告请求，其理由是本专利不符合专利法第 23 条的规定。在本专利申请日前请求人已经批量生产和销售了与本专利相同的产品，同时，请求人提交了如下附件作为证据：

附件 1：莆田市荔城区工商行政管理局荔工商处（2003）257 号行政处罚决定书复印件 2 页；

附件 2：莆田市荔城区工商行政管理局黄石工商所查扣的产品照片及证明（翻拍件）1 页；

附件 3：莆田市荔城区工商行政管理局黄石工商所出具的证明及所附照片（原件）1 页；

附件 4：请求人 87 年成立时的营业执照复印件 1 页；

附件5：请求人2001年成立厂支部委员会当天拍的照片（扫描件）1页；
附件6：请求人2001年成立厂支部委员会当天拍的照片（扫描件）1页；
附件7：请求人2001年成立厂支部委员会当天拍的照片（扫描件）1页；
附件8：中国共产党莆田市荔城区黄石镇委员会出具的证明及照片（原件）1页；
附件9：莆田市荔城区黄石镇工会联合会出具的证明及照片（原件）1页；
附件10：莆田市荔城区黄石镇七境村民委员会及莆田市荔城区黄石镇人民政府出具的证明及照片（原件）1页；
附件11：请求人的产品模具照片（原件）6张；
附件12：本专利外观设计图片复印件1页；
附件13：专利权人产品广告照片（扫描件）1页。

专利复审委员会根据无效宣告请求审查程序的规定受理了该无效宣告请求，并于2006年7月5日将无效宣告请求书和证据的副本转送给专利权人，限其在指定的期限内答复。并告知专利权人如逾期不答复，不影响专利复审委员会的审理。

专利权人于2006年7月12日向专利复审委员会提交了意见陈述书，专利权人针对无效宣告请求的理由进行意见陈述，专利权人认为：附件1"荔工商处（2003）257号"行政处罚决定书的内容只是表明请求人因不诚信而受到行政处罚，与本专利无关联性；附件2黄石工商所提供的所谓当场检查拍照图片出处不明，且照片中的产品外观无法辨认，不能采信，照片所示产品为违法产品，故该证据不具合法性；附件3莆田市荔城区工商行政管理局黄石工商所出具的证明，该证明所作的证词来源不明，无法支持请求人的观点；附件4来源不明，无法确认其真实性；附件5~7的照片为请求人自行拍摄，拍摄时间及出处均不明，且照片中的产品外观无法辨认，不能采信；附件8~10分别为请求人所在地中共黄石镇委员会、黄石镇工会和黄石镇七镜村委会于2006年4月17日出具的证明，由于其来源不明，故不可采信；附件11模具照片的来源及其证明对象不明，不能采信；附件13广告照片来源的不明，而且也无法表明该照片为公开出版物，不能采信。综上所述，请求人的无效理由缺乏证据支持，因此，应当维持本专利有效。

专利复审委员会于2007年2月2日向双方当事人发出《合议组成员告知通知书》，指出如对本案合议组人员有回避请求的，请于收到本通知之日起7天内提交书面请求书，逾期未答复，视为无回避请求。同时向双方当事人发出《无效宣告请求口头审理通知书》，定于2007年3月26日在专利复审委员会进行口头审理。并将专利权人于2006年7月12日向专利复审委员会提交的意见陈述书同时转送请求人。

口头审理如期举行，双方当事人均参加了口头审理。在口头审理过程中，请求人当庭提交了附件1、附件2、附件5~7、附件13的原件，补充提交了莆田市荔城区工商行政管理局"工商听告字（2003）第61号"听证告知书（编号续前，下称附件14）原件、莆田市荔城区工商行政管理局"第0000848号财物清单"（编号续前，下称附件15）原件、中共黄石镇委员会"黄委发（2001）第43号"文件（编号续前，下称附件16）、莆田县总工会（批复）"荔工组字（2001）138号"文件（编号续前，下称附件17）。合议组当庭将上述四份证据转送专利权人。请求人认为，附件1~3可形成证据链，附件14及附件15可佐证本专利产品在申请日前已公开使用；附件16和附件17可证明附件8和附件9出证单位的身份及中共莆田县黄石七境塑料厂支部、工会成立的时间和销售的事实；附件5~7照片为黄石七境塑料厂召开支部成立大会时拍摄的部分照片，会议场所周围堆放的部分产品与本专利的外形结构相同；附件13为专利权人的产品广告照片，其上右侧举条幅的男孩是专利权人的儿子，该男孩现已长大为成人，因此，从该照片上也可佐证在本专利申请日前已经公开销售的事实。专利权人对附件1、附件14、附件15的真实性无异议，但认为附件1莆田市荔城区工商行政管理局行政处罚书仅证明请求人的不正当竞争行为，从行政处罚书所列举的产品中不能得出与本专利有对应关系；对附件2的真实性和合法性有异议；对附件3上莆田市荔城区工商行政管理局黄石工商所的印章没有异议，但对证明的内容有异议，因无经办人的签名和作证，时间和来源也不明确；对附件4真实性没有异议；对附件5至附件7照片的真实性无异议，但对照片的形成时间和来源有异议，且照片中所示的产品不清楚，无法与本专利对比；对附件8~10、附件16和附件17的真实性均无异议，但认为出具证明的单位与请求人属于上下级的关系，其出具的证明无法保证客观公正性；附件11制造的时间无法确定；附件13照片形成的时间无法确定，但专利权人认可照片中的男孩是其儿子，承认该男孩现已长大为成人的事实。请求人认为，附件2、附件3、附件8~10所示的图片为同一图片，附件3、附件8~10所示产品外观，及附件2中所指定产品外观与本专利相同。专利权人认为，附件3、附件8~10所示产品外观与本专利不相同也不相近似，附件2中所示产品外观为折叠堆放，无法比较。双方均坚持其原有主张。此外，合议组当庭询问双方当事人荔城区工商行政管理局黄石分局与荔城区工商行政管理局黄石工商所之间的关系，请求人称2004年黄石分局已变更为黄石工商所，专利权人对此未提出异议。

在以上审理的基础上，本案合议组经合议，认为本案事实清楚，依法作出本审查决定。

二、决定的理由

1. 法律依据

根据请求人提出的无效宣告请求的理由和提交的证据，本案合议组依据专利法第23条的规定对本案进行审理。

专利法第23条规定：授予专利权的外观设计，应当同申请日以前在国内外出版物上公开发表过或者国内公开使用过的外观设计不相同和不相近似，并不得与他人在先取得的合法权利相冲突。

2. 证据的认定

请求人提交的附件1是莆田市荔城区工商行政管理局2003年11月6日作出的"荔工商处（2003）257号"行政处罚决定书，其上记载：当事人荔城区黄石镇七境塑料厂，在自己生产的塑料制品上标注"南洋塑料制品有限公司"和"普江竹塑厂"为厂名，于2003年10月9日被我局黄石分局查获……违反了《产品质量法》第30条之规定，属伪造产品厂名行为。根据《产品质量法》第53条之规定，本局决定作如下处罚：责令改正，并处罚款人民币5000元，上缴财政；附件2是莆田市荔城区工商行政管理局黄石工商所查扣的产品照片，及莆田市荔城区工商行政管理局黄石工商所出具的证明，其内容是：2003年10月20日黄石工商所到黄石七境塑料厂当场检查拍照图片；附件3是莆田市荔城区工商行政管理局黄石工商所2006年4月14日出具的证明，其内容是："本工商行政管理局黄石工商所曾经于2003年10月9日对荔城区黄石七境村塑料厂生产的标注'南洋塑料制品有限公司'和'普江竹塑厂'的29600件塑料制品盆、桶作出'荔工商处（2003）257号'行政处罚，在该次行政处罚中的部分产品的外形结构与上述图片中的产品外形结构完全相同。在处罚的当年以前，该产品在本地区老百姓的日常生活中就早已广泛使用"；附件13是专利权人产品广告照片，在照片的正面显示有各种日用塑料产品，及由两人举起的"莆田市涵江区成铭日用品经营部"的条幅，照片的背面印有"本经营部多年经营再生塑料产品，农用品、日用品，集各厂家优质，畅销产品之大成。历年来积累了不少经验，产品销路广泛……"等文字；附件14是莆田市荔城区工商行政管理局"工商听告字（2003）第61号"听证告知书，其上记载：你厂在自己生产的塑料制品上标注"南洋塑料制品有限公司"和"普江竹塑厂"为厂名，于2003年10月9日被我局黄石分局查获……违反了《产品质量法》第30条规定，属伪造厂名行为。根据《产品质量法》第53条之规定，本局拟作如下处罚：责令整改，并处罚款人民币 5000 元，上缴财政。形成日期为 2003 年 11 月 6 日；附件 15 是莆田市荔城区工商行政管理局"第 0000848 号财物清单"，其上记载"现金、人民币、5000 元整、当事人/保管人：陈益博、2003 年 10 月 20 日、承办人：翁少军、李胜辉、2003 年 10 月 20 日"；请求人在口头审理时递交了上述证据的原件及补充证据的原件。请求人通过此组证据证明在本专利申请日前与本专利相同的产品已公开销售使用，专利权人对附件 1、附件 14、附件 15 的真实性无异议，但认为附件 1 莆田市荔城区工商行政管理局行政处罚书仅证明请求人的不正当竞争行为，从行政处罚书所列举的产品中不能得出与本专利有对应关系；对附件 2 的真实性和合法性有异议，认为其上无时间及经办人的签名，请求人的产品是违法的不能作为证据使用；对附件 3 上莆田市荔城区工商行政管理局黄石工商所的印章没有异议，但对证明的内容有异议，因无经办人的签名和作证，时间和来源也不明确；认为附件 13 照片形成的时间无法确定，但专利权人认可照片中的孩子是专利权人的孩子，承认其儿子已长大为成人的事实。对上述证据合议组进行了核实，其复印件均与原件相符。

合议组认为：本无效宣告请求是 2006 年 7 月 1 日之前提出的，对补充证据的规定适用 2006 年 7 月 1 日之前的审查指南。附件 14 和附件 15 虽然是在提出无效宣告请求之日起 1 个月后提交的，但其是对附件 1 的补强，证明行政处罚已执行，因此，属于可接受的新证据；从附件 1、附件 14 和附件 15 可以证明在本专利申请日前，请求人因违反了《产品质量法》第 30 条规定，受到荔城区工商行政管理局的行政处罚，并根据《产品质量法》第 53 条的规定缴纳了罚款的事实；附件 2、附件 3 所示照片来源及原照片形成的时间，或照片中产品所公开使用的时间在莆田市荔城区工商行政管理局黄石工商所出具的证明中已得到证明，并加盖有莆田市荔城区工商行政管理局黄石工商所印章，同时附件 15 中请求人缴纳罚款的时间，也能与附件 2 中莆田市荔城区工商行政管理局黄石工商所到黄石七境塑料厂当场检查拍照图片的时间相对应，罚款金额与附件 1、附件 14 和附件 15 中所述的金额相对应，附件 3 中莆田市荔城区工商行政管理局黄石工商所证明的内容也与附件 1 和附件 14 中所记载的内容一致，虽然请求人伪造他人产品厂名从事生产销售的行为是违法的，但已经生效的荔工商处（2003）257 号行政处罚决定书中记载的生产、销售事实成立，在没有相反证据足以推翻的情况下，可以直接作为本案证据使用；附件 13 虽然未标明其形成的时间，但从其上举条幅孩子的当时年龄可推出，该证据形成于本专利申请日之前。综上所述，合议组认为：请求人提交的附件 1~3、附件 14 和附件 15 可以构成一个完整的证据链，其所涉及事实即公开销售附件 3 中所示"马桶"产品的事实的形成时间在本专利申请日之前（2004 年 12 月 13 日），同时附件 13 也可佐证在本专利申请日前已经公开销售使用过附件 3 中所示"马桶"的产品。因此，上述证据中所涉及产品"马桶"的外观设计，属于在本专利申请日前已经使用公开的在先设计。

3. 相近似的判断

本专利和附件 3 所示外观设计（下称在先设计）均为马桶的外观设计，用途相同，属于相同类别的产品，具有可比性。

本专利是马桶的外观设计，其整体形状为中部直径大于两端的圆柱体，在马桶的中部有一环形凸起，在马桶的中上部有四个蝴蝶图案，蝶身凸起与通过圆环与提手相连在桶身的中上部有鸳鸯戏水和双"喜"字图案，桶盖的顶部有三个圆环，在其中部有一长形把手，桶的底部有圆环图案（详见本专利附图）。

在先设计是马桶的外观设计，其整体形状为中部直径大于两端的圆柱体，在马桶的中部有一环形凸起，在马桶的中上部有凸起与通过长形环与提手相连，桶盖的顶部有三个圆环，在其中部有一长形把手（详见在先设计附图）。

将本专利与在先设计相比较，二者的相同点是：二者的整体形状均为中部直径大于两端的圆柱体,在马桶的中部有一环形凸起,在马桶的中上部有凸起与通过环形与提手相连,桶盖的顶部有三个圆环,在其中部有一长形把手。其不同点为:本专利桶体上有蝴蝶、鸳鸯戏水和双"喜"字图案,在先设计桶体无图案;本专利桶的底面有圆环设计,在先设计的底面不可视;桶身与提手的连接环不同,本专利为圆环形,在先设计为长形环。从整体观察,合议组认为:二者马桶的底面和桶盖的底面的差异因在使用状态下不可见,故对整体视觉效果不具有影响,以一般消费者作为判断主体来观察二者的外观设计,在马桶的整体形状相近似的情况下,其二者在蝴蝶、鸳鸯戏水、双"喜"字图案和连接环形状的不同,应属于局部细微的差别,对整体视觉效果不具有显著性的影响,容易使一般消费者误认、混同。因此,二者属于相近似的外观设计。

综上所述,本专利在申请日前已有与其相近似的外观设计在国内公开使用过,因此不符合专利法第23条的规定。

在已经得出上述审查结论的基础上,本审查决定对请求人提交的其他证据不再作出评述。

三、决定

宣告200430152530.5号外观设计专利权全部无效。

当事人对本决定不服的,可以根据专利法第46条第2款的规定,自收到本决定之日起三个月内向北京市第一中级人民法院起诉。根据该款的规定,一方当事人起诉后,另一方当事人应当作为第三人参加诉讼。

| 主视图 | 左视图 | 俯视图 |

| 仰视图 | 桶盖后视图 | 桶盖立体图 | 桶身立体图 |

本专利附图

对比文件附图

饲料槽

无效宣告请求审查决定（第 10020 号）

决 定 号	第 10020 号
决 定 日	2007 年 5 月 30 日
发明创造名称	饲料槽
外观设计分类号	30-03
无效宣告请求人	荔城区黄石七境塑料厂
专 利 权 人	林成铭
专 利 号	200430152557.4
申 请 日	2004 年 12 月 13 日
授 权 公 告 日	2005 年 12 月 7 日
合 议 组 组 长	钟 华
主 审 员	李巍巍
参 审 员	王霞军
附 图	1 页

法 律 依 据 专利法第 23 条

决 定 要 点

生效的行政处罚决定所记载的事实，在有其他证据佐证，且没有相反证据足以推翻的情况下，对该处罚决定记载的事实应予以采信。

一、案由

本无效宣告请求涉及 2005 年 12 月 7 日国家知识产权局授权公告的 200430152557.4 号外观设计专利，其产品名称是"饲料槽"，申请日是 2004 年 12 月 13 日，专利权人是林成铭。

针对上述外观设计专利权（下称本专利），荔城区黄石七境塑料厂（下称请求人）于 2006 年 5 月 9 日向专利复审委员会提出无效宣告请求，其理由是本专利不符合专利法第 23 条的规定。请求人在本专利申请日前已经批量生产和销售了与本专利外观设计相同的产品，同时，请求人提交了如下附件作为证据：

附件1：莆田市荔城区工商行政管理局荔工商处（2003）257 号行政处罚决定书复印件 2 页；

附件2：莆田市荔城区工商行政管理局黄石工商所查扣的产品照片及证明（翻拍件）1 页；

附件3：莆田市荔城区工商行政管理局黄石工商所出具的证明及所附照片（原件）1 页；

附件4：请求人 1987 年成立时的营业执照复印件 1 页；

附件5：请求人2001年成立厂支部委员会当天拍的照片（扫描件）1页；
附件6：请求人2001年成立厂支部委员会当天拍的照片（扫描件）1页；
附件7：请求人2001年成立厂支部委员会当天拍的照片（扫描件）1页；
附件8：中国共产党莆田市荔城区黄石镇委员会出具的证明及照片（原件）1页；
附件9：莆田市荔城区黄石镇工会联合会出具的证明及照片（原件）1页；
附件10：莆田市荔城区黄石镇七境村民委员会及莆田市荔城区黄石镇人民政府出具的证明及照片（原件）1页；
附件11：请求人的产品模具照片（原件）2张；
附件12：本专利外观设计图片复印件1页；
附件13：专利权人产品广告照片（扫描件）1页。

专利复审委员会根据无效宣告请求审查程序的规定受理了该无效宣告请求，并于2006年7月5日将无效宣告请求书和证据的副本转送给专利权人，限其在指定的期限内答复。并告知专利权人如逾期不答复，不影响专利复审委员会的审理。

专利权人于2006年7月12日向专利复审委员会提交了意见陈述书，针对无效宣告请求的理由进行了意见陈述，专利权人认为：附件1"荔工商处（2003）257号"行政处罚决定书的内容只是表明请求人因不诚信而受到行政处罚；附件2黄石工商所提供的所谓当场检查拍照图片出处不明，且照片中的产品外观无法辨认，不能采信；附件3莆田市荔城区工商行政管理局黄石工商所出具的证明，该证明所作的证词来源不明，无法支持请求人的观点；附件4来源不明，无法确认其真实性；附件5~7的照片为请求人自行拍摄，拍摄时间及出处均不明，且照片中的产品外观无法辨认，不能采信；附件8~10分别为请求人所在地中共黄石镇委员会、黄石镇工会和黄石镇七镜村委会于2006年4月17日出具的证明，由于附件8~10来源不明，故不可采信；附件11模具照片的来源及其证明对象不明，不能采信；附件13广告照片来源的不明，而且也无法表明该照片为法公开出版物，不能采信。综上所述，请求人的无效理由缺乏证据支持，因此，应当维持本专利有效。

专利复审委员会于2007年2月2日向双方当事人发出《合议组成员告知通知书》，指出如对本案合议组人员有回避请求的，请于收到本通知之日起7天内提交书面请求书，逾期未答复，视为无回避请求。同时向双方当事人发出《无效宣告请求口头审理通知书》，定于2007年3月26日在专利复审委员会进行口头审理。并将专利权人于2006年7月12日向专利复审委员会提交的意见陈述书同时转送请求人。

口头审理如期举行，双方当事人均参加了口头审理。在口头审理过程中，请求人当庭提交了附件1、附件2、附件5~7、附件13的原件，当庭还补充递交了莆田市荔城区工商行政管理局"工商听告字（2003）第61号"听证告知书（编号续前，下称附件14）原件、莆田市荔城区工商行政管理局"第0000848号财物清单"（编号续前，下称附件15）原件、中共黄石镇委员会"黄委发（2001）第43号"文件（编号续前，下称附件16）、莆田县总工会（批复）"荔工组字（2001）138号"文件（编号续前，下称附件17）。合议组当庭将上述四份证据转送专利权人。请求人认为，附件1~3可形成证据链，附件14及附件15可佐证本专利产品在申请日前已公开使用；附件16和附件17可证明附件8和附件9的出证单位的身份及中共莆田县黄石七境塑料厂支部、工会成立的时间和销售的事实；附件5~7照片为黄石七境塑料厂召开支部成立大会时所拍摄照片中显示，会议场所周围堆放的部分产品与本专利的外形结构相同；附件13为专利权人的产品广告照片，其上右侧举条幅的男孩是专利权人的儿子，该男孩现已长大为成人，因此，从该照片上也可佐证在本专利申请日前已经公开销售的事实。专利权人对附件1、附件14、附件15的真实性无异议，但认为附件1荔城区工商行政管理局行政处罚书仅证明请求人的不正当竞争行为，从行政处罚书所列举的产品中不能得出其与本专利有对应关系；对附件2的真实性和合法性有异议；对附件3上莆田市荔城区工商行政管理局黄石工商所的印章没有异议，但对证明的内容有异议，因无经办人的签名和作证，时间和来源也不明确；对附件4真实性没有异议；对附件5~7照片的真实性无异议，但对照片的形成时间和来源有异议，且照片中所示的产品不清楚，无法与本专利对比；对附件8~10、附件16和附件17的真实性均无异议，但认为出具证明的单位与请求人属于上下级的关系，其出具的证明无法保证客观公正性；附件11制造的时间无法确定；附件13照片形成的时间无法确定，但专利权人认可照片中的男孩是其儿子，承认该男孩现已长大为成人的事实。请求人认为，附件2、附件3、附件8~10所示的图片为同一图片，附件3、附件8~10所示产品外观，及附件2中的部分产品外观与本专利相同。专利权人认为，附件3、附件8~10所示产品外观与本专利不相同也不相近似，附件2中所示产品外观为折叠堆放，无法比较。双方均坚持其原有主张。此外，合议组当庭询问双方当事人荔城区工商行政管理局黄石分局与荔城区工商行政管理局黄石工商所之间的关系，请求人称2004年黄石分局已变更为黄石工商所，专利权人对此未提出异议。

在以上审理的基础上，本案合议组经合议，认为本案事实清楚，依法作出本审查决定。

二、决定的理由

1. 法律依据

根据请求人提出的无效宣告请求的理由和提交的证据，本案合议组依据专利法第23条的规定对本案进行审理。

专利法第23条规定：授予专利权的外观设计，应当同申请日以前在国内外出版物上公开发表过或者国内公开使用过的外观设计不相同和不相近似，并不得与他人在先取得的合法权利相冲突。

2. 证据的认定

请求人提交的附件1是莆田市荔城区工商行政管理局于2003年11月6日作出的"荔工商处（2003）257号"行政处罚决定书，其上记载：当事人荔城区黄石镇七境塑料厂，在自己生产的塑料制品上标注"南洋塑料制品有限公司"和"普江竹塑厂"为厂名，于2003年10月9日被我局黄石分局查获……违反了《产品质量法》第30条之规定，属伪造产品厂名行为。根据《产品质量法》第53条之规定，本局决定作如下处罚：责令改正，并处罚款人民币5000元，上缴财政；附件2是莆田市荔城区工商行政管理局黄石工商所查扣的产品照片，及莆田市荔城区工商行政管理局黄石工商所出具的证明，其内容是：2003年10月20日黄石工商所到黄石七境塑料厂当场检查拍照图片；附件3是莆田市荔城区工商行政管理局黄石工商所2006年4月17日出具的证明，其内容是："本工商行政管理局黄石工商所曾经于2003年10月9日对荔城区黄石七境村塑料厂生产的标注'南洋塑料制品有限公司'和'普江竹塑厂'的29600件塑料制品盆、桶作出'荔工商处（2003）257号'行政处罚，在该次行政处罚中的部分产品的外形结构与上述图片中的产品外形结构完全相同。在处罚的当年以前，该产品在本地区老百姓的日常生活中就早已广泛使用"；附件14是莆田市荔城区工商行政管理局"工商听告字（2003）第61号"听证告知书，其上记载：你厂在自己生产的塑料制品上标注"南洋塑料制品有限公司"和"普江竹塑厂"为厂名，于2003年10月9日被我局黄石分局查获……违反了《产品质量法》第30条规定，属伪造厂名行为。根据《产品质量法》第53条之规定，本局拟作如下处罚：责令整改，并处罚款人民币5000元，上缴财政；落款日期为2003年11月6日；附件15是莆田市荔城区工商行政管理局"第0000848号财物清单"，其上记载"现金、人民币、5000元整、当事人/保管人：陈益博、2003年10月20日、承办人：翁少军、李胜辉、2003年10月20日"；请求人在口头审理时递交了上述证据的原件及补充证据的原件。请求人通过此组证据证明在本专利申请日前与本专利相同的产品已公开销售使用。专利权人对附件1、附件14、附件15的真实性无异议，但认为附件1荔城区工商行政管理局行政处罚书仅证明请求人的不正当竞争行为，从行政处罚书所列举的产品中不能得出与本专利有对应关系；对附件2的真实性和合法性有异议，认为其上无时间及经办人的签名，请求人的产品是违法的不能作为证据使用；对附件3上莆田市荔城区工商行政管理局黄石工商所的印章没有异议，但对证明的内容有异议，因无经办人的签名和作证，时间和来源也不明确。对上述证据合议组进行了核实，其复印件均与原件均相符。

合议组认为：本无效宣告请求是2006年7月1日之前提出的，对补充证据的规定适用2006年7月1日之前的审查指南。附件14和附件15虽然是在提出无效宣告请求之日起1个月后提交的，但其是对附件1的补强，证明行政处罚已执行，因此，属于可接受的新证据；由附件1、附件14和附件15可以证明在本专利申请日前，请求人因违反了《产品质量法》第30条规定，受到荔城区工商行政管理局的行政处罚，并根据《产品质量法》第53条的规定缴纳了罚款的事实；附件2、附件3所示照片来源及原照片形成的时间，或照片中产品所公开使用的时间在莆田市荔城区工商行政管理局黄石工商所出具的证明中已得到证明，并加盖有莆田市荔城区工商行政管理局黄石工商所印章，同时附件15中请求人缴纳罚款的时间，也能与附件2中莆田市荔城区工商行政管理局黄石工商所到黄石七境塑料厂当场检查拍照图片的时间相对应，罚款金额与附件1、附件14和附件15中所述的金额相对应，附件3中莆田市荔城区工商行政管理局黄石工商所证明的内容也与附件1和附件14中所记载的内容一致，虽然请求人伪造他人厂名从事生产销售的行为是违法的，但在没有相反证据足以推翻的情况下，对已经生效的荔工商处（2003）257号行政处罚决定书中记载的事实应予以采信。合议组认为：请求人提交的附件1~3、附件14和附件15已构成一个完整的证据链，其所涉及销售事实即公开销售附件3中所示"饲料槽"产品的事实形成时间在本专利申请日之前（2004年12月13日）。因此，上述证据中所涉及产品"饲料槽"的外观设计，属于在本专利申请日前已经使用公开的在先设计。

3. 相近似的判断

本专利和附件3所示外观设计（下称在先设计）均为饲料槽的外观设计，用途相同，属于相同类别的产品，具有可比性。

本专利是饲料槽的外观设计，其整体形状近似"盆"，在饲料槽的边沿有三个呈半圆形的缺口，饲料槽的底部向上凸起，其上有若干个圆孔，饲料槽的底面的若干环形设计，其上出有若干个圆孔（详见本专利附图）。

在先设计也是饲料槽的外观设计，其整体形状近似"盆"形，在饲料槽的边沿有三个呈半圆形的缺口，饲料槽的底部向上凸起，其上有若干个圆孔，饲料槽的底面的若干环形设计，其上出有若干个圆孔（详见在先设计附图）。

将本专利与在先设计相比较，两者的相同点为：饲料槽的整体形状；槽的边沿上的缺口、底部向上凸起和其上的圆孔设计；其不同点为：本专利饲料槽的底面有若干个圆环设计，在先设计的底面未显示。从整体观察，合议组认为：以一般消费者作为判断主体来观察二者的外观设计，在两者饲料槽整体形状相近似的情况下，二者饲料槽底面的差异因在使用状态下不可见，故其对整体视觉效果不具有显著性的影响，因此，二者属于相近似的外观设计。

综上所述，本专利在申请日前已有与其相近似的外观设计在国内公开使用过，因此不符合专利法第23条的规定。

在已经得出上述审查结论的基础上，本审查决定对请求人提交的其他证据不再作出评述。

三、决定

宣告200430152557.4号外观设计专利权全部无效。

当事人对本决定不服的，可以根据专利法第46条第2款的规定，自收到本决定之日起三个月内向北京市第一中级人民法院起诉。根据该款的规定，一方当事人起诉后，另一方当事人应当作为第三人参加诉讼。

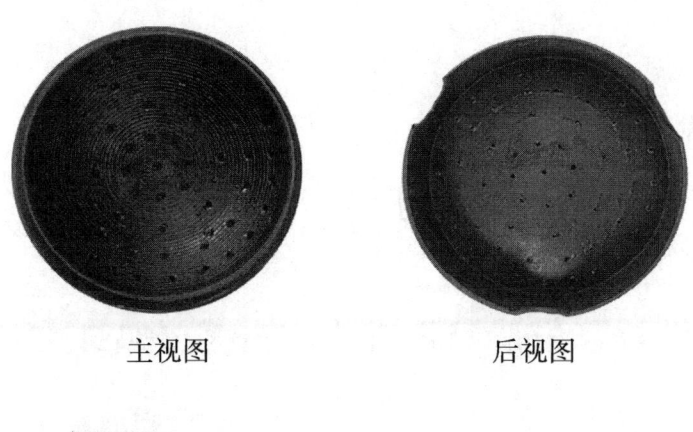

主视图　　　　　　　后视图

左视图　　　　仰视图

本专利附图

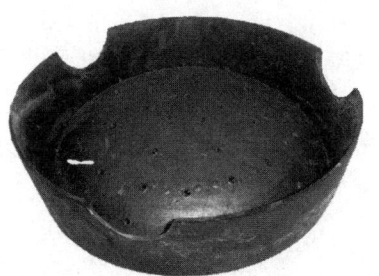

在先设计附图

饲料盘（一）

无效宣告请求审查决定（第10021号）

决 定 号	第10021号
决 定 日	2007年5月30日
发明创造名称	饲料盘（一）
外观设计分类号	30-03
无效宣告请求人	荔城区黄石七境塑料厂
专 利 权 人	林成铭
专 利 号	200430152528.8
申 请 日	2004年12月10日
授权公告日	2006年2月22日
合议组组长	钟 华
主 审 员	李巍巍
参 审 员	徐清平
附 图	1页

法律依据 专利法第23条

决定要点

生效的行政处罚决定所记载的事实，在有其他证据佐证，且没有相反证据足以推翻的情况下，对该处罚决定记载的事实应予以采信。

一、案由

本无效宣告请求涉及2006年2月22日国家知识产权局授权公告的200430152528.8号外观设计专利，其产品名称是"饲料盘（一）"，申请日是2004年12月10日，专利权人是林成铭。

针对上述外观设计专利权（下称本专利），荔城区黄石七境塑料厂（下称请求人）于2006年4月28日向专利复审委员会提出无效宣告请求，其理由是本专利不符合专利法第23条的规定。请求人认为在本专利申请日前已经批量生产和销售了与本专利外观设计相同的产品，同时，请求人提交了如下附件作为证据：

附件1：莆田市荔城区工商行政管理局行荔工商处（2003）257号政处罚决定书复印件2页；

附件2：莆田市荔城区工商行政管理局黄石工商所查扣的产品照片及证明（翻拍件）1页；

附件3：莆田市荔城区工商行政管理局黄石工商所出具的证明及所附照片（原件）1页；

附件4：请求人1987年成立时的营业执照复印件1页；

附件5：请求人2001年成立厂支部委员会当天拍的照片（扫描件）1页；
附件6：请求人2001年成立厂支部委员会当天拍的照片（扫描件）1页；
附件7：请求人2001年成立厂支部委员会当天拍的照片（扫描件）1页；
附件8：中国共产党莆田市荔城区黄石镇委员会出具的证明及照片（原件）1页；
附件9：莆田市荔城区黄石镇工会联合会出具的证明及照片（原件）1页；
附件10：莆田市荔城区黄石镇七境村民委员会及莆田市荔城区黄石镇人民政府出具的证明及照片（原件）1页；
附件11：请求人的产品模具照片（原件）2张；
附件12：本专利外观设计图片复印件1页；
附件13：专利权人产品广告照片（扫描件）1页。

专利复审委员会根据无效宣告请求审查程序的规定受理了该无效宣告请求，并于2006年8月9日将无效宣告请求书和证据的副本转送给专利权人，限其在指定的期限内答复。并告知专利权人如逾期不答复，不影响专利复审委员会的审理。

专利复审委员会于2006年9月19日收到专利权人提交的意见陈述书，专利权人针对无效宣告请求的理由进行了意见陈述，专利权人认为：附件1"荔工商处（2003）257号"行政处罚决定书的内容只是表明请求人因不诚信而受到行政处罚，与本专利无关联性；附件2黄石工商所提供的照片出处不明，且照片中的产品外观无法辨认，不能采信，照片所示产品为违法产品，该证据不具合法性；附件3莆田市荔城区工商行政管理局黄石工商所出具的证明，其证词为黄石工商所事后根据请求人单方面提供的图片所作的证明，因请求人提供的图片来源及拍摄时间均不明确，无法确定其在申请日前就已生产并在市场上公开销售过，且出证日期距执法时间较远，故该证明的可信度及证明力均值得怀疑；附件4只能证明请求人在工商局的登记时间和经营范围，与本案没有丝毫联系；附件5~7的照片为请求人自行拍摄，拍摄时间及对象均不明确，不排除为事后布置场景根据需要拍摄的可能，且照片中的产品外观无法辨认，不能采信；附件8~10分别为请求人所在地中共黄石镇委员会、黄石镇工会和黄石镇七镜村委会于2006年4月17日出具的证明，由于其的职责和工作有直接的厉害关系，无法保证出示材料的客观公正性，该证明不可采信；附件11模具制造时间不能确定，及其证明对象不明，不能采信；附件13广告照片的来源及拍摄的时间均无法确认不明，不能采信。综上所述，请求人的无效宣告理由缺乏证据支持，因此，应当维持本专利有效。

专利复审委员会于2007年2月2日向双方当事人发出《合议组成员告知通知书》，指出如对本案合议组人员有回避请求的，请于收到本通知之日起7天内提交书面请求书，逾期未答复，视为无回避请求。同时向双方当事人发出《无效宣告请求口头审理通知书》，定于2007年3月26日在专利复审委员会进行口头审理。并将专利复审委员会于2006年9月19日收到专利权人提交的意见陈述书同时转送请求人。

口头审理如期举行，双方当事人均参加了口头审理。在口头审理过程中，请求人当庭提交了附件1、附件2、附件5~7、附件13的原件，同时当庭还递交了莆田市荔城区工商行政管理局"工商听告字（2003）第61号"听证告知书（编号续前，下称附件14）原件、莆田市荔城区工商行政管理局"第0000848号财物清单"（编号续前，下称附件15）原件、中共黄石镇委员会"黄委发（2001）第43号"文件（编号续前，下称附件16）、莆田县总工会（批复）"荔工组字（2001）138号"文件（编号续前，下称附件17）。合议组当庭将上述四份证据转送专利权人。请求人认为，附件1~3可形成证据链，附件14及附件15可佐证本专利产品在申请日前已公开使用；附件16和附件17可证明附件8和附件9的出证单位的身份及中共莆田县黄石七境塑料厂支部、工会成立的时间和销售的事实；

附件5~7照片为黄石七境塑料厂召开支部成立大会时拍摄的部分照片，会议场所周围堆放的部分产品与本专利的外形结构相同；附件13为专利权人的广告照片，其上右侧举条幅的男孩是专利权人的儿子，该男孩现已长大为成人，因此，从该照片上也可佐证在本专利申请日前已经公开销售的事实。专利权人对附件1、附件14、附件15的真实性无异议，但认为附件1荔城区工商行政管理局行政处罚书仅证明请求人的不正当竞争行为，从行政处罚书所列举的产品中不能得出其与本专利有对应关系；对附件2的真实性和合法性有异议；对附件3上莆田市荔城区工商行政管理局黄石工商所的印章没有异议，但对证明的内容有异议，因无经办人的签名和作证，时间和来源也不明确；对附件4真实性没有异议；对附件5~7照片的真实性无异议，但对照片的形成时间和来源有异议，且照片中所示的产品不清楚，无法与本专利对比；对附件8~10、附件16和附件17的真实性均无异议，但认为出具证明的单位与请求人属于上下级的关系，其出具的证明无法保证客观公正性；附件11制造的时间无法确定；附件13照片形成的时间无法确定，但专利权人认可照片中的男孩是其儿子，承认该男孩现已长大为成人的事实。请求人认为，附件2、附件3、附件8~10所示的图片为同一图片，附件3、附件8~10所示产品外观，及附件2和附件13中所指定的产品外观与本专利相同。专利权人认为，附件3、附件8~10所示产品外观与本专利不相同也不相近似，附件2和附件13中所示产品外观或为折叠堆放或照片不清楚，无法比较。双方均坚持其原有主张。此外，合议组当庭询问双方当事人荔城区工商行政管理局黄石分局与荔城区工商行政管理局黄石工商所之间的关系，请求人称2004年黄石分局已变更为黄石工商所，专利权人对此未提出异议。

在以上审理的基础上，本案合议组经合议，认为本案事实清楚，依法作出本审查决定。

二、决定的理由

1. 法律依据

根据请求人提出的无效宣告请求的理由和提交的证据，本案合议组依据专利法第23条的规定对本案进行审理。

专利法第23条规定：授予专利权的外观设计，应当同申请日以前在国内外出版物上公开发表过或者国内公开使用过的外观设计不相同和不相近似，并不得与他人在先取得的合法权利相冲突。

2. 证据的认定

请求人提交的附件1是莆田市荔城区工商行政管理局于2003年11月6日作出的"荔工商处（2003）257号"行政处罚决定书，其上记载：当事人荔城区黄石镇七境塑料厂，在自己生产的塑料制品上标注"南洋塑料制品有限公司"和"普江竹塑厂"为厂名，于2003年10月9日被我局黄石分局查获……违反了《产品质量法》第30条之规定，属伪造产品厂名行为。根据《产品质量法》第53条之规定，本局决定作如下处罚：责令改正，并处罚款人民币5000元，上缴财政；附件2是莆田市荔城区工商行政管理局黄石工商所查扣的产品照片，及莆田市荔城区工商行政管理局黄石工商所出具的证明，其内容是：2003年10月20日黄石工商所到黄石七境塑料厂当场检查拍照图片；附件3是莆田市荔城区工商行政管理局黄石工商所2006年4月17日出具的证明，其内容是："本工商行政管理局黄石工商所曾经于2003年10月9日对荔城区黄石七境村塑料厂生产的标注'南洋塑料制品有限公司'和'普江竹塑厂'的29600件塑料制品盆、桶作出'荔工商处（2003）257号'行政处罚，在该次行政处罚中的部分产品的外形结构与上述图片中的产品外形结构完全相同。在处罚的当年以前，该产品在本地区老百姓的日常生活中就早已广泛使用"；附件13是专利权人产品广告照片，在照片的正面显示有各种日用塑料产品，及由两人举起的"莆田市涵江区成铭日用品经营部"的条幅，照片的背面印有"本经营部多年经营再生塑料产品，农用品、日用品，集各厂家优质，畅销产品之大成。历年来积累了不少经验，产品销路广泛……"等；附件14是莆田市荔城区工商行政管理局

"工商听告字（2003）第61号"听证告知书，其上记载：你厂在自己生产的塑料制品上标注"南洋塑料制品有限公司"和"普江竹塑厂"为厂名，于2003年10月9日被我局黄石分局查获……违反了《产品质量法》第30条规定，属伪造厂名行为。根据《产品质量法》第53条之规定，本局拟作如下处罚：责令整改，并处罚款人民币5000元，上缴财政；落款日期为2003年11月6日；附件15是莆田市荔城区工商行政管理局"第0000848号财物清单"，其上记载"现金、人民币、5000元整、当事人/保管人：陈益博、2003年10月20日、承办人：翁少军、李胜辉、2003年10月20日"；请求人在口头审理时递交了上述证据的原件。请求人通过此组证据证明在本专利申请日前与本专利相同的产品已公开销售使用。专利权人对附件1、附件14、附件15的真实性无异议，但认为附件1荔城区工商行政管理局行政处罚书仅证明请求人的不正当竞争行为，从行政处罚书所列举的产品中不能得出与本专利有对应关系；对附件2的真实性和合法性有异议，认为其上无时间及经办人的签名，请求人的产品是违法的不能作为证据使用；对附件3上莆田市荔城区工商行政管理局黄石工商所的印章没有异议，但对证明的内容有异议，因无经办人的签名和作证，时间和来源也不明确；认为附件13照片形成的时间无法确定，但专利权人认可照片中的男孩是专利权人的儿子，承认其儿子现已长大为成人的事实。对上述证据合议组进行了核实，其复印件均与原件相符。

合议组认为：本无效宣告请求是2006年7月1日之前提出的，对补充证据的规定适用2006年7月1日之前的审查指南。附件14和附件15虽然是在提出无效宣告请求之日起1个月后提交的，但其是对附件1的补强，证明行政处罚已执行，因此，属于可接受新证据；由附件1、附件14和附件15可以证明在本专利申请日前，请求人因违反了《产品质量法》第30条规定，受到荔城区工商行政管理局的行政处罚，并根据《产品质量法》第53条的规定缴纳了罚款的事实；附件2、附件3所示照片来源及原照片形成的时间，或照片中产品所公开使用的时间在莆田市荔城区工商行政管理局黄石工商所出具的证明中已得到证明，并加盖有莆田市荔城区工商行政管理局黄石工商所印章，同时附件15中请求人缴纳罚款的时间，也能与附件2中莆田市荔城区工商行政管理局黄石工商所到黄石七境塑料厂当场检查拍照图片的时间相对应，罚款金额与附件1、附件14和附件15中所述的金额相对应，附件3中莆田市荔城区工商行政管理局黄石工商所证明的内容也与附件1和附件14中所记载的内容一致，虽然请求人伪造他人厂名从事生产销售的行为是违法的，但在没有相反证据足以推翻的情况下，对已经生效的荔工商处（2003）257号行政处罚决定书中记载的事实应予以采信；附件13虽然未标明其形成的时间，但从专利权人认可其上举条幅男孩现已长大为成人的事实可推出，该证据形成于本专利申请日之前。综上所述，合议组认为：请求人提交的附件1~3、附件14和附件15可以构成一个完整的证据链，其所涉及事实即公开销售附件3中所示"饲料盘"产品的事实的形成时间在本专利申请日之前（2004年12月13日），同时附件13也可佐证在本专利申请日前已经公开销售使用过附件3中所示"饲料盘"的产品。因此，上述证据中所涉及产品"饲料盘"的外观设计，属于在本专利申请日前已经使用公开的在先设计。

3. 相近似的判断

本专利和附件3所示在先设计（下称在先设计）均为饲料盘的外观设计，用途相同，属于相同类别的产品，具有可比性。

本专利是饲料盘的外观设计，其整体形状为扁圆形，盘的边沿为向外延伸的盘沿，盘的中部有一圆形，其内为"福"文字图案，盘的底面有三个圆形（详见本专利附图）。

在先设计是饲料盘的外观设计，其整体形状为扁圆形，盘的边沿为向外延伸的盘沿，盘的中部有一圆形，其内为文字图案（详见在先设计附图）。

将本专利与在先设计相比较，二者的相同点是：二者的整体形状均为扁圆形，盘的边沿均为向外延伸的盘沿,盘的中部均有一圆形,其内均为文字图案。其不同点为:本专利饲料盘的底面有圆环设计,在先设计的底面未显示;盘中部圆形内的文字不同。合议组认为:饲料盘上出现的包括产品名称在内的文字不考虑其作为文字的字意,仅视为是一种图案。从整体观察,二者饲料盘的底部的差异因在使用状态下不可见,故对整体视觉效果不具有影响,以一般消费者作为判断主体来观察二者的外观设计,在二者饲料盘的整体形状相同的情况下,其二者在盘中的文字图案和盘底部的差别应属于局部细微的差别,对整体视觉效果不具有显著性的影响,容易使一般消费者误认、混同。因此,二者属于相近似的外观设计。

综上所述,本专利在申请日前已有与其相近似的外观设计在国内公开使用过,因此不符合专利法第 23 条的规定。

在已经得出上述审查结论的基础上,本审查决定对请求人提交的其他证据不再作出评述。

三、决定

宣告 200430152528.8 号外观设计专利权全部无效。

当事人对本决定不服的,可以根据专利法第 46 条第 2 款的规定,自收到本决定之日起三个月内向北京市第一中级人民法院起诉。根据该款的规定,一方当事人起诉后,另一方当事人应当作为第三人参加诉讼。

主视图

俯视图

仰视图

本专利附图

在先设计附图

马桶（二）

无效宣告请求审查决定（第10022号）

决 定 号	第10022号
决 定 日	2007年6月6日
发明创造名称	马桶（二）
外观设计分类号	23-02
无效宣告请求人	荔城区黄石七境塑料厂
专 利 权 人	林成铭
专 利 号	200430152531.X
申 请 日	2004年12月10日
授权公告日	2005年12月7日
合议组组长	钟 华
主 审 员	李巍巍
参 审 员	徐清平
附 图	2页

法 律 依 据 专利法第23条

决 定 要 点

生效的行政处罚决定所记载的事实，并在有其他证据佐证，且没有相反证据足以推翻的情况下，对该处罚决定记载的事实应予以采信。

一、案由

本无效宣告请求涉及2005年12月7日国家知识产权局授权公告的200430152531.X号外观设计专利，其产品名称是"马桶（二）"，申请日是2004年12月10日，专利权人是林成铭。

针对上述外观设计专利权（下称本专利），荔城区黄石七境塑料厂（下称请求人）于2006年5月9日向专利复审委员会提出无效宣告请求，其理由是本专利不符合专利法第23条的规定。请求人认为在本专利申请日前已经批量生产和销售了与本专利外观设计相同的产品，同时，请求人提交了如下附件作为证据：

附件1：莆田市荔城区工商行政管理局荔工商处（2003）257号行政处罚决定书复印件2页；
附件2：莆田市荔城区工商行政管理局黄石工商所查扣的产品照片及证明（翻拍件）1页；
附件3：莆田市荔城区工商行政管理局黄石工商所出具的证明及所附照片（原件）1页；
附件4：请求人1987年成立时的营业执照复印件1页；
附件5：请求人2001年成立厂支部委员会当天拍的照片（扫描件）1页；

附件6：请求人2001年成立厂支部委员会当天拍的照片（扫描件）1页；
附件7：请求人2001年成立厂支部委员会当天拍的照片（扫描件）1页；
附件8：中国共产党莆田市荔城区黄石镇委员会出具的证明及照片（原件）1页；
附件9：莆田市荔城区黄石镇工会联合会出具的证明及照片（原件）1页；
附件10：莆田市荔城区黄石镇七境村民委员会及莆田市荔城区黄石镇人民政府出具的证明及照片（原件）1页；
附件11：请求人的产品模具照片（原件）6张；
附件12：本专利外观设计专利图片复印件1页；
附件13：专利权人产品广告照片（扫描件）1页。

专利复审委员会根据无效宣告请求审查程序的规定受理了该无效宣告请求，并于2006年7月5日将无效宣告请求书和证据的副本转送给专利权人，限其在指定的期限内答复。并告知专利权人如逾期不答复，不影响专利复审委员会的审理。

专利权人于2006年7月12日向专利复审委员会提交了意见陈述书，专利权人针对无效宣告请求的理由进行意见陈述，专利权人认为：附件1"荔工商处（2003）257号"行政处罚决定书的内容只是表明请求人因不诚信而受到行政处罚；附件2黄石工商所提供的所谓当场检查拍照图片出处不明，且照片中的产品外观无法辨认，不能采信；附件3莆田市荔城区工商行政管理局黄石工商所出具的证明，该证明所作的证词来源不明，无法支持请求人的观点；附件4来源不明，无法确认其真实性；附件5~7的照片为请求人自行拍摄，拍摄时间及出处均不明，且照片中的产品外观无法辨认，不能采信；附件8~10分别为请求人所在地中共黄石镇委员会、黄石镇工会和黄石镇七镜村委会于2006年4月17日出具的证明，由于其来源不明，故不可采信；附件11模具照片的来源及其证明对象不明，不能采信；附件13广告照片来源的不明，而且也无法表明该照片为法公开出版物，不能采信。综上所述，请求人的无效宣告理由缺乏证据支持，因此，应当维持本专利有效。

专利复审委员会于2007年2月2日向双方当事人发出《合议组成员告知通知书》，指出如对本案合议组人员有回避请求的，请于收到本通知之日起7天内提交书面请求书，逾期未答复，视为无回避请求。同时向双方当事人发出《无效宣告请求口头审理通知书》，定于2007年3月26日在专利复审委员会进行口头审理。并将专利权人于2006年7月12日向专利复审委员会提交的意见陈述书同时转送请求人。

口头审理如期举行，双方当事人均参加了口头审理。在口头审理过程中，请求人当庭提交了附件1、附件2、附件5~7、附件13的原件，同时当庭还递交了莆田市荔城区工商行政管理局"工商听告字（2003）第61号"听证告知书（编号续前，下称附件14）原件、莆田市荔城区工商行政管理局"第0000848号财物清单"（编号续前，下称附件15）原件、中共黄石镇委员会"黄委发（2001）第43号"文件（编号续前，下称附件16）、莆田县总工会（批复）"荔工组字（2001）138号"文件（编号续前，下称附件17）。合议组当庭将上述四份证据转送专利权人。请求人认为，附件1~3可形成证据链，附件14及附件15可佐证本专利产品在申请日前已公开使用；附件16和附件17可证明附件8和附件9的出证单位的身份及中共莆田县黄石七境塑料厂支部、工会成立的时间和销售的事实；附件5~7照片为黄石七境塑料厂召开支部成立大会时拍摄的部分照片，会议场所周围堆放的部分产品，与本专利的外形结构相同；附件13为专利权人的广告照片，其上右侧举条幅的男孩是专利权人的儿子，该男孩现已长大为成人，因此，从该照片上也可佐证在本专利申请日前已经公开销售的事实。专利权人对附件1、附件14、附件15的真实性无异议，但认为附件1荔城区工商行政管理局行政处罚书仅证明请求人的不正当竞争行为，从行政处罚书所列举的产品中不能得出其与本专利有对应关系；对附件2的真实性和合法性有异议；对附件3上莆田市荔城区工商行政管理局黄石工商所的印章没有异议，但对证明的内容有异议，认为附件3无经办人的签名和作证，时间和来源也不明确；对附件4真实性没有异议；对附件5~7照片的真实性无异议，但对照片的形成时间和来源有异议，且照片中所示的产品不清楚，无法与本专利对比；对附件8~10、附件16和附件17的真实性均无异议，但认为出具证明的单位与请求人属于上下级的关系，其出具的证明无法保证客观公正性；附件11制造的时间无法确定；附件13照片形成的时间无法确定，但专利权人认可照片中的男孩是其儿子，承认该男孩现已长大为成人的事实。请求人认为，附件2、附件3、附件8~10所示的图片为同一图片，附件3、附件8~10所示产品外观，及附件2和附件13中的部分产品外观与本专利相同。专利权人认为，附件3、附件8~10所示产品外观与本专利不相同也不相近似，附件2和附件13中所示产品外观或为折叠堆放或照片不清楚，无法比较。双方均坚持其原有主张。此外，合议组当庭询问双方当事人荔城区工商行政管理局黄石分局与荔城区工商行政管理局黄石工商所之间的关系，请求人称2004年黄石分局已变更为黄石工商所，专利权人对此未提出异议。

在以上审理的基础上，本案合议组经合议，认为本案事实清楚，依法作出本审查决定。

二、决定的理由

1. 法律依据

根据请求人提出的无效宣告请求的理由和提交的证据，本案合议组依据专利法第23条的规定对本案进行审理。

专利法第23条规定：授予专利权的外观设计，应当同申请日以前在国内外出版物上公开发表过或者国内公开使用过的外观设计不相同和不相近似，并不得与他人在先取得的合法权利相冲突。

2. 证据的认定

请求人提交的附件1是莆田市荔城区工商行政管理局于2003年11月6日作出的"荔工商处（2003）257号"行政处罚决定书，其上记载：当事人荔城区黄石镇七境塑料厂，在自己生产的塑料制品上标注"南洋塑料制品有限公司"和"普江竹塑厂"为厂名，于2003年10月9日被我局黄石分局查获……违反了《产品质量法》第30条之规定，属伪造产品厂名行为。根据《产品质量法》第53条之规定，本局决定作如下处罚：责令改正，并处罚款人民币5000元，上缴财政；附件2是莆田市荔城区工商行政管理局黄石工商所查扣的产品照片，及莆田市荔城区工商行政管理局黄石工商所出具的证明，其内容是：2003年10月20日黄石工商所到黄石七境塑料厂当场检查拍照图片；附件3是莆田市荔城区工商行政管理局黄石工商所2006年4月17日出具的证明，其内容是："本工商行政管理局黄石工商所曾经于2003年10月9日对荔城区黄石七境村塑料厂生产的标注'南洋塑料制品有限公司'和'普江竹塑厂'的29600件塑料制品盆、桶作出'荔工商处（2003）257号'行政处罚，在该次行政处罚中的部分产品的外形结构与上述图片中的产品外形结构完全相同。在处罚的当年以前，该产品在本地区老百姓的日常生活中就早已广泛使用"；附件13是专利权人产品广告照片，在照片的正面显示有各种日用塑料产品，及由两人举起的"莆田市涵江区成铭日用品经营部"的条幅，照片的背面印有"本经营部多年经营再生塑料产品，农用品、日用品，集各厂家优质，畅销产品之大成。历年来积累了不少经验，产品销路广泛……"等；附件14是莆田市荔城区工商行政管理局"工商听告字（2003）第61号"听证告知书，其上记载：你厂在自己生产的塑料制品上标注"南洋塑料制品有限公司"和"普江竹塑厂"为厂名，于2003年10月9日被我局黄石分局查获……违反了《产品质量法》第30条规定，属伪造厂名行为。根据《产品质量法》第53条之规定，本局拟作如下处罚：责令整改，并处罚款人民币5000元，上缴财政；落款日期为2003年11月6日；附件15是莆田市荔城区工商行政管理局"第0000848号财物清单"，其上记载"现金、人民币、5000元整、当事人/保管人：陈益博、2003年10月20日、承办人：翁少军、李胜辉、2003年10月20日"；请求人在口头审理时递交了上述证据的原件。请求人通过此组证据证明在本专利申请日前与本专利相同的产品已公开销售使用。专利权人对附件1、附件14、附件15的真实性无异议，但认为附件1荔城区工商行政管理局行政处罚书仅证明请求人的不正当竞争行为，从行政处罚书所列举的产品中不能得出与本专利有对应关系；对附件2的真实性和合法性有异议，认为其上无时间及经办人的签名，请求人的产品是违法的不能作为证据使用；对附件3上莆田市荔城区工商行政管理局黄石工商所的印章没有异议，但对证明的内容有异议，因无经办人的签名和作证，时间和来源也不明确；认为附件13照片形成的时间无法确定，但专利权人认可照片中的男孩是专利权人的儿子，承认其儿子现已长大为成人的事实。对上述证据合议组进行了核实，其复印件均与原件相符。

合议组认为：本无效宣告请求是2006年7月1日之前提出的，对补充证据的规定适用2006年7月1日之前的审查指南。附件14和附件15虽然是在提出无效宣告请求之日起1个月后提交的，但其是对附件1的补强，证明行政处罚已执行，因此，属于可接受的新证据；由附件1、附件14和附件15可以证明在本专利申请日前，请求人因违反了《产品质量法》第30条规定，受到荔城区工商行政管理局的行政处罚，并根据《产品质量法》第53条的规定缴纳了罚款的事实；附件2、附件3所示照片来源及原照片形成的时间，或照片中产品所公开使用的时间在莆田市荔城区工商行政管理局黄石工商所出具的证明中已得到证明，并加盖有莆田市荔城区工商行政管理局黄石工商所印章，同时附件15中请求人缴纳罚款的时间，也能与附件2中莆田市荔城区工商行政管理局黄石工商所到黄石七境塑料厂当场检查拍照图片的时间相对应，罚款金额与附件1、附件14和附件15中所述的金额相对应，附件3中莆田市荔城区工商行政管理局黄石工商所证明的内容也与附件1和附件14中所记载的内容一致，虽然请求人伪造他人厂名从事生产销售的行为是违法的，但在有相反证据足以推翻的情况下，对已经生效的荔工商处（2003）257号行政处罚决定书中记载的事实应予以采信；附件13虽然未标明其形成的时间，但从专利权人认可其上举条幅男孩现已长大为成人的事实可推出，该证据形成于本专利申请日之前。综上所述，合议组认为：请求人提交的附件1~3、附件14和附件15可以构成一个完整的证据链，其所涉及事实即公开销售附件3中所示"马桶"产品的事实的形成时间在本专利申请日之前（2004年12月13日），同时附件13也可佐证在本专利申请日前已经公开销售使用过附件3中所示"马桶"的产品。因此，上述证据中所涉及产品"马桶"的外观设计，属于在本专利申请日前已经公开使用过的在先设计。

3. 相近似的判断

本专利和附件3所示外观设计（下称在先设计）均为马桶的外观设计，其用途相同，属于相同类别的产品，具有可比性。

本专利是马桶的外观设计，其整体形状为圆柱形，桶的上沿略宽于下部，桶身的中上部和下部分别有间断状凸棱，桶的底部有二个圆环及一个圆形；在桶身上部两侧各有两个对称的提耳；马桶盖由桶垫和小盖两部分组成，桶垫为圆环形，其底部有六个凸棱，小盖为圆形，中部有一齿轮形把手，其底部有六个凸棱（详见本专利附图）。

在先设计也是马桶的外观设计，其整体形状为圆柱形，桶的上沿略宽于下部，桶身的中上部和下部分别有凸棱；在桶身上部两侧各有两个对称的提耳；桶盖的中部有一凸起的圆形，在该圆形的中部有一齿轮形把手（详见在先设计附图）。

将本专利与在先设计相比较，两者的相同点为：马桶的整体形状；桶上部两侧两对称的提耳；桶身上两条间断状凸棱；桶盖中部圆形凸起及其上的齿轮形把手。其不同点为：本专利桶身上的凸棱为间断状，在先设计不间断；本专利马桶的底面有圆环设计，桶垫和小盖的底面有凸棱设计，在先设计的桶和桶盖的底面未显示；本专利显示了桶垫与小盖的独立图片，在先设计未显示。从整体观察，合议组认为：在马桶和桶盖的整体形状相近似的情况下，其组成桶盖的桶垫与小盖是否有独立的图片显示，对整体视觉效果不具有显著性的影响；二者马桶和桶盖的底面的差异因在使用状态下不可见，故对整体视觉效果不具有影响；以一般消费者作为判断主体来观察二者的外观设计，其桶身上凸棱的不同点应属于局部细微的差别，对整体视觉效果不具有显著性的影响，因此，二者属于相近似的外观设计。

综上所述，本专利在申请日前已有与其相近似的外观设计在国内公开使用过，因此不符合专利法第 23 条的规定。

在已经得出上述审查结论的基础上，本审查决定对请求人提交的其他证据不再作出评述。

三、决定

宣告 200430152531.X 号外观设计专利权全部无效。

当事人对本决定不服的，可以根据专利法第 46 条第 2 款的规定，自收到本决定之日起三个月内向北京市第一中级人民法院起诉。根据该款的规定，一方当事人起诉后，另一方当事人应当作为第三人参加诉讼。

主视图　　左视图

俯视图　　仰视图

使用状态立体图

2459

桶身立体视图

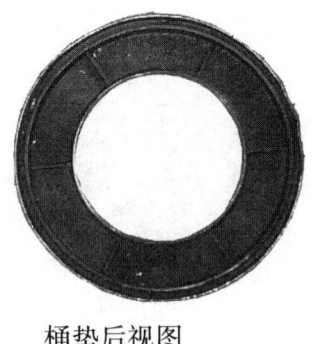 

桶垫后视图　　　　　桶垫立体图

桶盖后视图　　　　　桶盖立体图

本专利附图

在先设计附图

塑料缸（二）

无效宣告请求审查决定（第10023号）

决 定 号	第10023号
决 定 日	2007年5月28日
发明创造名称	塑料缸（二）
外观设计分类号	09-02
无效宣告请求人	荔城区黄石七境塑料厂
专 利 权 人	林成铭
专 利 号	200430152541.3
申 请 日	2004年12月13日
授权公告日	2006年2月22日
合议组组长	钟 华
主 审 员	李巍巍
参 审 员	徐清平
附 图	1页
法 律 依 据	专利法第23条

决 定 要 点

生效的行政处罚决定所记载的事实，在有其他证据佐证，且没有相反证据足以推翻的情况下，对该处罚决定记载的事实应予以采信。

一、案由

本无效宣告请求涉及2006年2月22日国家知识产权局授权公告的200430152541.3号外观设计专利，其产品名称是"塑料缸（二）"，申请日是2004年12月13日，专利权人是林成铭。

针对上述外观设计专利权（下称本专利），荔城区黄石七境塑料厂（下称请求人）于2006年4月28日向专利复审委员会提出无效宣告请求，其理由是本专利不符合专利法第23条的规定。请求人认为在本专利申请日前已经批量生产和销售了与本专利外观设计相同的产品，同时，请求人提交了如下附件作为证据：

附件1：莆田市荔城区工商行政管理局荔工商处（2003）257号行政处罚决定书复印件2页；
附件2：莆田市荔城区工商行政管理局黄石工商所查扣的产品照片及证明（翻拍件）1页；
附件3：莆田市荔城区工商行政管理局黄石工商所出具的证明及所附照片（原件）1页；
附件4：请求人1987年成立时的营业执照复印件1页；

附件5：请求人2001年成立厂支部委员会当天拍的照片（扫描件）1页；
附件6：请求人2001年成立厂支部委员会当天拍的照片（扫描件）1页；
附件7：请求人2001年成立厂支部委员会当天拍的照片（扫描件）1页；
附件8：中国共产党莆田市荔城区黄石镇委员会出具的证明及照片（原件）1页；
附件9：莆田市荔城区黄石镇工会联合会出具的证明及照片（原件）1页；
附件10：莆田市荔城区黄石镇七境村民委员会及莆田市荔城区黄石镇人民政府出具的证明及照片（原件）1页；
附件11：请求人的产品模具照片（原件）4张；
附件12：本专利外观设计图片复印件1页；
附件13：专利权人产品广告照片（扫描件）1页。

专利复审委员会根据无效宣告请求审查程序的规定受理了该无效宣告请求，并于2006年8月9日将无效宣告请求书和证据的副本转送给专利权人，限其在指定的期限内答复。并告知专利权人如逾期不答复，不影响专利复审委员会的审理。

专利权人于2006年9月11日向专利复审委员会提交了意见陈述书，专利权人针对无效宣告请求的理由进行了意见陈述，专利权人认为：附件1"荔工商处（2003）257号"行政处罚决定书的内容只是表明请求人因不诚信而受到行政处罚，与本专利无关联性；附件2黄石工商所提供的照片出处不明，且照片中的产品外观无法辨认，不能采信，照片所示产品为违法产品，故该证据不具合法性；附件3莆田市荔城区工商行政管理局黄石工商所出具的证明，其证词为黄石工商所事后根据请求人单方面提供的图片所作的证明，因请求人提供的图片来源及拍摄时间均不明确，无法确定其在申请日前就已生产并在市场上公开销售过，且出证日期距执法时间较远，故该证明的可信度及证明力均值得怀疑；附件4只能证明请求人在工商局的登记时间和经营范围，与本案没有丝毫联系；附件5~7的照片为请求人自行拍摄，拍摄时间及对象均不明确，不排除为事后布置场景根据需要拍摄的可能，且照片中的产品外观无法辨认，不能采信；附件8~10分别为请求人所在地中共黄石镇委员会、黄石镇工会和黄石镇七镜村委会于2006年4月17日出具的证明，由于其职责和工作与请求人有直接的利害关系，无法保证出示材料的客观公正性，上述证明不可采信；附件11模具制造时间不能确定，及其证明对象不明，不能采信；附件13广告照片的来源及拍摄的时间均无法确认，不能采信。综上所述，请求人的无效宣告理由缺乏证据支持，因此，应当维持本专利有效。

专利复审委员会于2007年2月2日向双方当事人发出《合议组成员告知通知书》，指出如对本案合议组人员有回避请求的，请于收到本通知之日起七天内提交书面请求书，逾期未答复，视为无回避请求。同时向双方当事人发出《无效宣告请求口头审理通知书》，定于2007年3月26日在专利复审委员会进行口头审理。并将专利权人于2006年9月11日向专利复审委员会提交的意见陈述书同时转送请求人。

口头审理如期举行，双方当事人均参加了口头审理。在口头审理过程中，请求人当庭提交了附件1、附件2、附件5~7、附件13的原件，同时当庭还递交了莆田市荔城区工商行政管理局"工商听告字（2003）第61号"听证告知书（编号续前，下称附件14）原件、莆田市荔城区工商行政管理局"第0000848号财物清单"（编号续前，下称附件15）原件、中共黄石镇委员会"黄委发（2001）第43号"文件（编号续前，下称附件16）、莆田县总工会（批复）"荔工组字（2001）138号"文件（编号续前，下称附件17）。合议组当庭将上述四份证据转送专利权人。请求人认为，附件1~3可形成证据链，附件14及附件15可佐证本专利产品在申请日前已公开使用；附件16和附件17可证明附件8和附件9的出证单位的身份及中共莆田县黄石七境塑料厂支部、工会成立的时间和销售的事实；

附件5~7照片为黄石七境塑料厂召开支部成立大会时拍摄的部分照片，会议场所周围堆放的部分产品与本专利的外形结构相同；附件13为专利权人的广告照片，其上右侧举条幅的男孩是专利权人的儿子，该男孩现已长大为成人，因此，从该照片上也可佐证在本专利申请日前已经公开销售的事实。专利权人对附件1、附件14、附件15的真实性无异议，但认为附件1荔城区工商行政管理局行政处罚书仅证明请求人的不正当竞争行为，从行政处罚书所列举的产品中不能得出其与本专利有对应关系；对附件2的真实性和合法性有异议；对附件3上莆田市荔城区工商行政管理局黄石工商所的印章没有异议，但对证明的内容有异议，认为附件3无经办人的签名和作证，时间和来源也不明确；对附件4真实性没有异议；对附件5~7照片的真实性无异议，但对照片的形成时间和来源有异议，且照片中所示的产品不清楚，无法与本专利对比；对附件8至附件10、附件16和附件17的真实性均无异议，但认为出具证明的单位与请求人属于上下级的关系，其出具的证明无法保证客观公正性；附件11制造的时间无法确定；附件13照片形成的时间无法确定，但专利权人认可照片中的男孩是其儿子，承认该男孩现已长大为成人的事实。请求人认为，附件2、附件3、附件8~10所示的图片为同一图片，附件3、附件8~10所示产品外观，及附件2和附件13中的部分产品外观与本专利相同。专利权人认为，附件3、附件8~10所示产品外观与本专利不相同也不相近似，附件2和附件13中所示产品外观或为折叠堆放或照片不清楚，无法比较。双方均坚持其原有主张。此外，合议组当庭询问双方当事人荔城区工商行政管理局黄石分局与荔城区工商行政管理局黄石工商所之间的关系，请求人称2004年黄石分局已变更为黄石工商所，专利权人对此未提出异议。

在以上审理的基础上，本案合议组经合议，认为本案事实清楚，依法作出本审查决定。

二、决定的理由

1. 法律依据

根据请求人提出的无效宣告请求的理由和提交的证据，本案合议组依据专利法第23条的规定对本案进行审理。

专利法第23条规定：授予专利权的外观设计，应当同申请日以前在国内外出版物上公开发表过或者国内公开使用过的外观设计不相同和不相近似，并不得与他人在先取得的合法权利相冲突。

2. 证据的认定

请求人提交的附件1是莆田市荔城区工商行政管理局于2003年11月6日作出的"荔工商处（2003）257号"行政处罚决定书，其上记载：当事人荔城区黄石镇七境塑料厂，在自己生产的塑料制品上标注"南洋塑料制品有限公司"和"普江竹塑厂"为厂名，于2003年10月9日被我局黄石分局查获……违反了《产品质量法》第30条之规定，属伪造产品厂名行为。根据《产品质量法》第53条之规定，本局决定作如下处罚：责令改正，并处罚款人民币5000元，上缴财政；附件2是莆田市荔城区工商行政管理局黄石工商所查扣的产品照片，及莆田市荔城区工商行政管理局黄石工商所出具的证明，其内容是：2003年10月20日黄石工商所到黄石七境塑料厂当场检查拍照图片；附件3是莆田市荔城区工商行政管理局黄石工商所2006年4月17日出具的证明，其内容是："本工商行政管理局黄石工商所曾经于2003年10月9日对荔城区黄石七境村塑料厂生产的标注'南洋塑料制品有限公司'和'普江竹塑厂'的29600件塑料制品盆、桶作出'荔工商处（2003）257号'行政处罚，在该次行政处罚中的部分产品的外形结构与上述图片中的产品外形结构完全相同。在处罚的当年以前，该产品在本地区老百姓的日常生活中就早已广泛使用"；附件13是专利权人产品广告照片，在照片的正面显示有各种日用塑料产品，及由两人举起的"莆田市涵江区成铭日用品经营部"的条幅，照片的背面印有"本经营部多年经营再生塑料产品，农用品、日用品，集各厂家优质，畅销产品之大成。历年来积累了不少经验，产品销路广泛……"等文字；附件14是莆田市荔城区工商行政管理局"工商听告字（2003）第61号"听证告知书，其上记载：你厂在自己生产的塑料制品上标注"南洋塑料制品有限公司"和"普江竹塑厂"为厂名，于2003年10月9日被我局黄石分局查获……违反了《产品质量法》第30条规定，属伪造厂名行为。根据《产品质量法》第53条之规定，本局拟作如下处罚：责令整改，并处罚款人民币5000元，上缴财政；落款日期为2003年11月6日；附件15是莆田市荔城区工商行政管理局"第0000848号财物清单"，其上记载"现金、人民币、5000元整、当事人/保管人：陈益博、2003年10月20日、承办人：翁少军、李胜辉、2003年10月20日"；请求人在口头审理时递交了上述证据的原件。请求人通过此组证据证明在本专利申请日前与本专利相同的产品已公开销售使用，专利权人对附件1、附件14、附件15的真实性无异议，但认为附件1荔城区工商行政管理局行政处罚书仅证明请求人的不正当竞争行为，从行政处罚书所列举的产品中不能得出与本专利有对应关系；对附件2的真实性和合法性有异议，认为其上无时间及经办人的签名，请求人的产品是违法的不能作为证据使用；对附件3上莆田市荔城区工商行政管理局黄石工商所的印章没有异议，但对证明的内容有异议，因无经办人的签名和作证，时间和来源也不明确；认为附件13照片形成的时间无法确定，但专利权人认可照片中的男孩是专利权人的儿子，承认其儿子现已长大为成人的事实。对上述证据合议组进行了核实，其复印件均与原件相符。

　　合议组认为：本无效宣告请求是2006年7月1日之前提出的，对补充证据的规定适用2006年7月1日之前的审查指南。附件14和附件15虽然是在提出无效宣告请求之日起1个月后提交的，但其是对附件1的补强，证明行政处罚已执行，因此，属于可接受的新证据；由附件1、附件14和附件15可以证明在本专利申请日前，请求人因违反了《产品质量法》第30条规定，受到荔城区工商行政管理局的行政处罚，并根据《产品质量法》第53条的规定缴纳了罚款的事实；附件2、附件3所示照片来源及原照片形成的时间，或照片中产品所公开使用的时间在莆田市荔城区工商行政管理局黄石工商所出具的证明中已得到证明，并加盖有莆田市荔城区工商行政管理局黄石工商所印章，同时附件15中请求人缴纳罚款的时间，也能与附件2中莆田市荔城区工商行政管理局黄石工商所到黄石七境塑料厂当场检查拍照图片的时间相对应，罚款金额与附件1、附件14和附件15中所述的金额相对应，附件3中莆田市荔城区工商行政管理局黄石工商所证明的内容也与附件1和附件14中所记载的内容一致，虽然请求人伪造他人厂名从事生产销售的行为是违法的，但在没有相反证据足以推翻的情况下，对已经生效的荔工商处（2003）257号行政处罚决定书中记载的事实应予以采信；附件13虽然未标明其形成的时间，但从专利权人认可其上举条幅男孩现已长大为成人的事实可推出，该证据形成于本专利申请日之前。综上所述，合议组认为：请求人提交的附件1~3、附件14和附件15可以构成一个完整的证据链，其所涉及事实即公开销售附件3中所示"缸"产品的事实的形成时间在本专利申请日之前（2004年12月13日），同时附件13也可佐证在本专利申请日前已经公开销售使用过附件3中所示"缸"的产品。因此，上述证据中所涉及产品"缸"的外观设计，属于在本专利申请日前已经公开使用过的在先设计。

　　3. 相近似的判断

　　本专利和附件3所示外观设计（下称在先设计）均为缸的外观设计，其用途相同，属于相同类别的产品，具有可比性。

　　本专利是缸的外观设计，其整体形状为不规则的圆桶形，在缸体的上半部呈"鼓"形，其上部有一棱形设计，缸的中部宽于上下部，从中部向上、下略呈弧形内缩，在接近缸体底部处弧形内缩幅度减少，缸口宽于缸的底部，在缸沿对称设有两个"┌┐"形提耳，缸体底面上有三个大小不一的圆环（详见本专利附图）。

　　在先设计也是缸的外观设计，其整体形状为不规则的圆桶形，在缸体的上半部呈"鼓"形，其表面上有一棱形图形设计，内有图案，缸的中部宽于上下部，从中部向上、下略呈弧形内缩，在接近缸体底部处弧形内缩幅度减少，缸口宽于缸的底部，在缸沿处对称设有两个"⌐¬"形提耳（详见在先设计附图）。

将本专利与在先设计相比较，两者的相同点为：缸上部的提耳；缸体上半部的"鼓"形和下半部的整体设计；其不同点为：在先设计的棱形中有图案，本专利无；本专利缸的底面有圆环设计，在先设计的底面未显示。从整体观察，合议组认为：以一般消费者作为判断主体来观察二者的外观设计，其整体形状近似的棱形设计中有无图案的不同应属于细微的差别，在两者缸体整体形状相同的情况下，其差别对整体视觉效果不具有显著性的影响，二者缸的底面的差异因在使用状态下不可见，故对整体视觉效果不具有影响，因此，二者属于相近似的外观设计。

综上所述，本专利在申请日前已有与其相近似的外观设计在国内公开使用过，因此不符合专利法第23条的规定。

在已经得出上述审查结论的基础上，本审查决定对请求人提交的其他证据不再作出评述。

三、决定

宣告200430152541.3号外观设计专利权全部无效。

当事人对本决定不服的，可以根据专利法第46条第2款的规定，自收到本决定之日起三个月内向北京市第一中级人民法院起诉。根据该款的规定，一方当事人起诉后，另一方当事人应当作为第三人参加诉讼。

主视图　　左视图

俯视图　　仰视图

本专利附图

在先设计附图